注释法典丛书

新五版 · 34

中华人民共和国

常用法律

注释法典

中国法制出版社
CHINA LEGAL PUBLISHING HOUSE

我国的立法体系①

全国人民代表大会	修改宪法，制定和修改刑事、民事、国家机构的和其他的基本法律
全国人民代表大会常务委员会	制定和修改除应当由全国人民代表大会制定的法律以外的其他法律；在全国人民代表大会闭会期间，对全国人民代表大会制定的法律进行部分补充和修改；根据全国人民代表大会授权制定相关法律；解释法律。
国务院	根据宪法、法律和全国人民代表大会及其常务委员会的授权，制定行政法规。
省、自治区、直辖市的人民代表大会及其常务委员会	根据本行政区域的具体情况和实际需要，在不同宪法、法律、行政法规相抵触的前提下，制定地方性法规。
设区的市、自治州的人民代表大会及其常务委员会	在不同上位法相抵触的前提下，可对城乡建设与管理、生态文明建设、历史文化保护、基层治理等事项制定地方性法规。
经济特区所在地的省、市的人民代表大会及其常务委员会	根据全国人民代表大会的授权决定，制定法规，在经济特区范围内实施。
上海市人民代表大会及其常务委员会	根据全国人民代表大会常务委员会的授权决定，制定浦东新区法规，在浦东新区实施。
海南省人民代表大会及其常务委员会	根据法律规定，制定海南自由贸易港法规，在海南自由贸易港范围内实施。
民族自治地方的人民代表大会	依照当地民族的政治、经济和文化的特点，制定自治条例和单行条例。对法律和行政法规的规定作出变通的规定，但不得违背法律或者行政法规的基本原则，不得对宪法和民族区域自治法的规定以及其他有关法律、行政法规专门就民族自治地方所作的规定作出变通规定。
国务院各部、委员会、中国人民银行、审计署和具有行政管理职能的直属机构以及法律规定的机构	根据法律和国务院的行政法规、决定、命令，在本部门的权限范围内，制定规章。
省、自治区、直辖市和设区的市、自治州的人民政府	根据法律、行政法规和本省、自治区、直辖市的地方性法规，制定规章。设区的市、自治州人民政府制定的地方政府规章限于城乡建设与管理、生态文明建设、历史文化保护、基层治理等方面的事项。
中央军事委员会	根据宪法和法律制定军事法规，在武装力量内部实施。
中国人民解放军各战区、军兵种和中国人民武装警察部队	根据法律和中央军事委员会的军事法规、决定、命令，在其权限范围内制定军事规章，在武装力量内部实施。
国家监察委员会	根据宪法和法律、全国人民代表大会常务委员会的有关决定，制定监察法规。
最高人民法院、最高人民检察院	作出属于审判、检察工作中具体应用法律的解释。

① 本图表为编者根据《立法法》相关规定编辑整理，供参考。

■ **因为专业　所以卓越**

出版说明

“注释法典”丛书是我社集数年法规编撰经验，创新出版的大型实用法律工具书。本套工具书不仅全面反映我国立法成果与现状，全面收录相关领域重要法律文件，而且秉持权威、实用的理念，从条文【注释】、【实务问答】及案例【裁判规则】多角度阐释重要法律规定，相信能够成为广大读者理解、掌握、适用法律的首选工具书。

本套工具书以中国特色社会主义法律体系为主线，结合实践确定分册，独家打造七重法律价值：

一、内容全面

本分册涵盖常用法律领域重要的法律、法规、部门规章、司法解释等文件，收录的文件均为现行有效文本，方便读者全面、及时掌握相关规定。

二、注释精炼

在重要法律文件前设【理解与适用】，介绍该法历史沿革、主要内容、适用注意事项；以【注释】形式对重难点条文进行详细阐释。注释内容在吸取全国人大常委会法制工作委员会、最高人民法院等权威解读的基础上，结合最新公布的相关规定及司法实践全新撰写，保证注释内容的准确性与时效性。另外，在重要条文注释中，提炼简明小标题，并予以加粗，帮助读者快速把握条文注释主要内容。

三、实务问答

在相关法条下设【实务问答】，内容来源于最高人民法院司法观点、相关函复等，解答法律适用中的重点与难点。

四、案例指导

在相关法条下设【案例】，案件主要来源于最高人民法院、最高人民检察院指导性案例及公报案例，整理案例【裁判规则】，展示解决法律问题的权威实例。

五、关联法规链接

在相关法条下以【链接】的方式索引关联条文，提供相关且有效的条文援引，全面体现相关法律规定。

六、层级清晰　检索便捷

(1) 目录按照法律文件的效力等级分为法律及文件、行政法规及文件、部门规章及文件、司法解释及文件四个层级。(2) 每一层级下法律文件大多按照公布或者最后一次修改时间排列，以方便读者快速定位目标文件，但为了方便读者对某一类问题进行集中查找，本书将一些联系紧密的文件进行了集中排版。

七、超值增值服务

为了使读者能够全面了解解决法律问题的实例，准确适用法律，同时及时充分了解我国立法的动态信息，凡是购买本书的读者，均可获得以下超值增值服务：(1) 扫码添加书后“法规编辑部”公众号→点击菜单栏→进入资料下载栏→选择注释法典资料项→点击网址或扫码下载，即可获取最高人民法院、最高人民检察院指导性案例电子版；(2) 通过“法规编辑部”公众号，及时了解最新立法信息，并可线上留言，编辑团队会就图书相关疑问进行动态解答。

能够为大家学习法律、解决法律难题提供实实在在的帮助，是我们全心努力的方向，衷心欢迎广大读者朋友反馈意见、建议。

中国法制出版社

2023 年 7 月

目　　录*

一、宪法、行政法

二、民法商法

* 编者按：本目录中的时间为法律文件的公布时间或最后一次修正、修订公布时间。

● **部门规章及文件**

2. 商　法

● **法律**

● **司法解释**

三、经济法

四、社会法

五、刑　法

六、程序法

一、宪法、行政法

1. 宪　法

中华人民共和国宪法

· 1982 年 12 月 4 日第五届全国人民代表大会第五次会议通过
· 1982 年 12 月 4 日全国人民代表大会公告公布施行
· 根据 1988 年 4 月 12 日第七届全国人民代表大会第一次会议通过的《中华人民共和国宪法修正案》、1993 年 3 月 29 日第八届全国人民代表大会第一次会议通过的《中华人民共和国宪法修正案》、1999 年 3 月 15 日第九届全国人民代表大会第二次会议通过的《中华人民共和国宪法修正案》、2004 年 3 月 14 日第十届全国人民代表大会第二次会议通过的《中华人民共和国宪法修正案》和 2018 年 3 月 11 日第十三届全国人民代表大会第一次会议通过的《中华人民共和国宪法修正案》修正

序　言

中国是世界上历史最悠久的国家之一。中国各族人民共同创造了光辉灿烂的文化,具有光荣的革命传统。

一八四〇年以后,封建的中国逐渐变成半殖民地、半封建的国家。中国人民为国家独立、民族解放和民主自由进行了前仆后继的英勇奋斗。

二十世纪,中国发生了翻天覆地的伟大历史变革。

一九一一年孙中山先生领导的辛亥革命,废除了封建帝制,创立了中华民国。但是,中国人民反对帝国主义和封建主义的历史任务还没有完成。

一九四九年,以毛泽东主席为领袖的中国共产党领导中国各族人民,在经历了长期的艰难曲折的武装斗争和其他形式的斗争以后,终于推翻了帝国主义、封建主义和官僚资本主义的统治,取得了新民主主义革命的伟大胜利,建立了中华人民共和国。从此,中国人民掌握了国家的权力,成为国家的主人。

中华人民共和国成立以后,我国社会逐步实现了由新民主主义到社会主义的过渡。生产资料私有制的社会主义改造已经完成,人剥削人的制度已经消灭,社会主义制度已经确立。工人阶级领导的、以工农联盟为基础的人民民主专政,实质上即无产阶级专政,得到巩固和发展。中国人民和中国人民解放军战胜了帝国主义、霸权主义的侵略、破坏和武装挑衅,维护了国家的独立和安全,增强了国防。经济建设取得了重大的成就,独立的、比较完整的社会主义工业体系已经基本形成,农业生产显著提高。教育、科学、文化等事业有了很大的发展,社会主义思想教育取得了明显的成效。广大人民的生活有了较大的改善。

中国新民主主义革命的胜利和社会主义事业的成就,是中国共产党领导中国各族人民,在马克思列宁主义、毛泽东思想的指引下,坚持真理,修正错误,战胜许多艰难险阻而取得的。我国将长期处于社会主义初级阶段。国家的根本任务是,沿着中国特色社会主义道路,集中力量进行社会主义现代化建设。中国各族人民将继续在中国共产党领导下,在马克思列宁主义、毛泽东思想、邓小平理论、“三个代表”重要思想、科学发展观、习近平新时代中国特色社会主义思想指引下,坚持人民民主专政,坚持社会主义道路,坚持改革开放,不断完善社会主义的各项制度,发展社会主义市场经济,发展社会主义民主,健全社会主义法治,贯彻新发展理念,自力更生,艰苦奋斗,逐步实现工业、农业、国防和科学技术的现代化,推动物质文明、政治文明、精神文明、社会文明、生态文明协调发展,把我国建设成为富强民主文明和谐美丽的社会主义现代化强国,实现中华民族伟大复兴。

在我国,剥削阶级作为阶级已经消灭,但是阶

级斗争还将在一定范围内长期存在。中国人民对敌视和破坏我国社会主义制度的国内外的敌对势力和敌对分子,必须进行斗争。

台湾是中华人民共和国的神圣领土的一部分。完成统一祖国的大业是包括台湾同胞在内的全中国人民的神圣职责。

社会主义的建设事业必须依靠工人、农民和知识分子,团结一切可以团结的力量。在长期的革命、建设、改革过程中,已经结成由中国共产党领导的,有各民主党派和各人民团体参加的,包括全体社会主义劳动者、社会主义事业的建设者、拥护社会主义的爱国者、拥护祖国统一和致力于中华民族伟大复兴的爱国者的广泛的爱国统一战线,这个统一战线将继续巩固和发展。中国人民政治协商会议是有广泛代表性的统一战线组织,过去发挥了重要的历史作用,今后在国家政治生活、社会生活和对外友好活动中,在进行社会主义现代化建设、维护国家的统一和团结的斗争中,将进一步发挥它的重要作用。中国共产党领导的多党合作和政治协商制度将长期存在和发展。

中华人民共和国是全国各族人民共同缔造的统一的多民族国家。平等团结互助和谐的社会主义民族关系已经确立,并将继续加强。在维护民族团结的斗争中,要反对大民族主义,主要是大汉族主义,也要反对地方民族主义。国家尽一切努力,促进全国各民族的共同繁荣。

中国革命、建设、改革的成就是同世界人民的支持分不开的。中国的前途是同世界的前途紧密地联系在一起的。中国坚持独立自主的对外政策,坚持互相尊重主权和领土完整、互不侵犯、互不干涉内政、平等互利、和平共处的五项原则,坚持和平发展道路,坚持互利共赢开放战略,发展同各国的外交关系和经济、文化交流,推动构建人类命运共同体;坚持反对帝国主义、霸权主义、殖民主义,加强同世界各国人民的团结,支持被压迫民族和发展中国家争取和维护民族独立、发展民族经济的正义斗争,为维护世界和平和促进人类进步事业而努力。

本宪法以法律的形式确认了中国各族人民奋斗的成果,规定了国家的根本制度和根本任务,是国家的根本法,具有最高的法律效力。全国各族人民、一切国家机关和武装力量、各政党和各社会团体、各企业事业组织,都必须以宪法为根本的活动准则,并且负有维护宪法尊严、保证宪法实施的职责。

第一章 总 纲

第一条 【国体】* 中华人民共和国是工人阶级领导的、以工农联盟为基础的人民民主专政的社会主义国家。

社会主义制度是中华人民共和国的根本制度。中国共产党领导是中国特色社会主义最本质的特征。禁止任何组织或者个人破坏社会主义制度。

第二条 【政体】中华人民共和国的一切权力属于人民。

人民行使国家权力的机关是全国人民代表大会和地方各级人民代表大会。

人民依照法律规定,通过各种途径和形式,管理国家事务,管理经济和文化事业,管理社会事务。

注释 全国人民代表大会和地方各级人民代表大会代表依照法律规定选举产生。全国人民代表大会代表是最高国家权力机关组成人员,地方各级人民代表大会代表是地方各级国家权力机关组成人员。全国人民代表大会和地方各级人民代表大会代表,代表人民的利益和意志,依照宪法和法律赋予本级人民代表大会的各项职权,参加行使国家权力。

第三条 【民主集中制原则】中华人民共和国的国家机构实行民主集中制的原则。

全国人民代表大会和地方各级人民代表大会都由民主选举产生,对人民负责,受人民监督。

国家行政机关、监察机关、审判机关、检察机关都由人民代表大会产生,对它负责,受它监督。

中央和地方的国家机构职权的划分,遵循在中央的统一领导下,充分发挥地方的主动性、积极性的原则。

第四条 【民族政策】中华人民共和国各民族一律平等。国家保障各少数民族的合法的权利和利益,维护和发展各民族的平等团结互助和谐关系。禁止对任何民族的歧视和压迫,禁止破坏民族团结和制造民族分裂的行为。

---

* 条文主旨为编者所加,全书同。

国家根据各少数民族的特点和需要，帮助各少数民族地区加速经济和文化的发展。

各少数民族聚居的地方实行区域自治，设立自治机关，行使自治权。各民族自治地方都是中华人民共和国不可分离的部分。

各民族都有使用和发展自己的语言文字的自由，都有保持或者改革自己的风俗习惯的自由。

第五条 【法治原则】中华人民共和国实行依法治国，建设社会主义法治国家。

国家维护社会主义法制的统一和尊严。

一切法律、行政法规和地方性法规都不得同宪法相抵触。

一切国家机关和武装力量、各政党和各社会团体、各企业事业组织都必须遵守宪法和法律。一切违反宪法和法律的行为，必须予以追究。

任何组织或者个人都不得有超越宪法和法律的特权。

第六条 【经济制度与分配制度】中华人民共和国的社会主义经济制度的基础是生产资料的社会主义公有制，即全民所有制和劳动群众集体所有制。社会主义公有制消灭人剥削人的制度，实行各尽所能、按劳分配的原则。

国家在社会主义初级阶段，坚持公有制为主体、多种所有制经济共同发展的基本经济制度，坚持按劳分配为主体、多种分配方式并存的分配制度。

第七条 【国有经济】国有经济，即社会主义全民所有制经济，是国民经济中的主导力量。国家保障国有经济的巩固和发展。

第八条 【集体经济】农村集体经济组织实行家庭承包经营为基础、统分结合的双层经营体制。农村中的生产、供销、信用、消费等各种形式的合作经济，是社会主义劳动群众集体所有制经济。参加农村集体经济组织的劳动者，有权在法律规定的范围内经营自留地、自留山、家庭副业和饲养自留畜。

城镇中的手工业、工业、建筑业、运输业、商业、服务业等行业的各种形式的合作经济，都是社会主义劳动群众集体所有制经济。

国家保护城乡集体经济组织的合法的权利和利益，鼓励、指导和帮助集体经济的发展。

第九条 【自然资源】矿藏、水流、森林、山岭、草原、荒地、滩涂等自然资源，都属于国家所有，即全民所有；由法律规定属于集体所有的森林和山岭、草原、荒地、滩涂除外。

国家保障自然资源的合理利用，保护珍贵的动物和植物。禁止任何组织或者个人用任何手段侵占或者破坏自然资源。

第十条 【土地制度】城市的土地属于国家所有。

农村和城市郊区的土地，除由法律规定属于国家所有的以外，属于集体所有；宅基地和自留地、自留山，也属于集体所有。

国家为了公共利益的需要，可以依照法律规定对土地实行征收或者征用并给予补偿。

任何组织或者个人不得侵占、买卖或者以其他形式非法转让土地。土地的使用权可以依照法律的规定转让。

一切使用土地的组织和个人必须合理地利用土地。

第十一条 【非公有制经济】在法律规定范围内的个体经济、私营经济等非公有制经济，是社会主义市场经济的重要组成部分。

国家保护个体经济、私营经济等非公有制经济的合法的权利和利益。国家鼓励、支持和引导非公有制经济的发展，并对非公有制经济依法实行监督和管理。

第十二条 【公共财产不可侵犯】社会主义的公共财产神圣不可侵犯。

国家保护社会主义的公共财产。禁止任何组织或者个人用任何手段侵占或者破坏国家的和集体的财产。

第十三条 【保护私有财产】公民的合法的私有财产不受侵犯。

国家依照法律规定保护公民的私有财产权和继承权。

国家为了公共利益的需要，可以依照法律规定对公民的私有财产实行征收或者征用并给予补偿。

第十四条 【发展生产与社会保障】国家通过提高劳动者的积极性和技术水平，推广先进的科学技术，完善经济管理体制和企业经营管理制度，实行各种形式的社会主义责任制，改进劳动组织，以不断提高劳动生产率和经济效益，发展社会生产力。

国家厉行节约，反对浪费。

国家合理安排积累和消费，兼顾国家、集体和个人的利益,在发展生产的基础上,逐步改善人民的物质生活和文化生活。

国家建立健全同经济发展水平相适应的社会保障制度。

实务问答社会保障制度一般包括哪些内容

社会保障制度一般包括以下内容:一是社会救助。社会救助是一项基础性保障制度,由财政负责提供专款,面向低收入或者贫困阶层,为符合条件者提供生活救助、灾害救助及其他专项救助。二是社会保险。社会保险是面向劳动者的基本保障制度,它建立在劳资分责、政府支持的基础上,负责解除劳动者在养老、医疗、工伤、失业等方面的后顾之忧。三是社会福利。主要面向特定群体提供福利津贴、福利设施与社会服务,如老年人福利包括老年津贴、老年设施、老年服务等,残疾人福利包括残疾人津贴、康复、特殊教育等。社会福利是需要政府主导、社会参与的保障系统。四是补充保障。补充保障是借助市场机制和社会力量举办的保障性项目,用于弥补法定的基本保障制度的不足,通常包括职业福利、商业保险、慈善事业、社会互助等。

链接本法第45条;《劳动法》;《劳动合同法》;《社会保险法》;《工伤保险条例》;《失业保险条例》

第十五条 【市场经济】国家实行社会主义市场经济。

国家加强经济立法,完善宏观调控。

国家依法禁止任何组织或者个人扰乱社会经济秩序。

第十六条 【国有企业】国有企业在法律规定的范围内有权自主经营。

国有企业依照法律规定,通过职工代表大会和其他形式,实行民主管理。

第十七条 【集体经济组织】集体经济组织在遵守有关法律的前提下,有独立进行经济活动的自主权。

集体经济组织实行民主管理,依照法律规定选举和罢免管理人员,决定经营管理的重大问题。

第十八条 【外资经济】中华人民共和国允许外国的企业和其他经济组织或者个人依照中华人民共和国法律的规定在中国投资,同中国的企业或者其他经济组织进行各种形式的经济合作。

在中国境内的外国企业和其他外国经济组织以及中外合资经营的企业,都必须遵守中华人民共和国的法律。它们的合法的权利和利益受中华人民共和国法律的保护。

链接《外商投资法》;《优化营商环境条例》

第十九条 【教育事业】国家发展社会主义的教育事业,提高全国人民的科学文化水平。

国家举办各种学校,普及初等义务教育,发展中等教育、职业教育和高等教育,并且发展学前教育。

国家发展各种教育设施,扫除文盲,对工人、农民、国家工作人员和其他劳动者进行政治、文化、科学、技术、业务的教育,鼓励自学成才。

国家鼓励集体经济组织、国家企业事业组织和其他社会力量依照法律规定举办各种教育事业。

国家推广全国通用的普通话。

第二十条 【科技事业】国家发展自然科学和社会科学事业,普及科学和技术知识,奖励科学研究成果和技术发明创造。

第二十一条 【医疗、卫生与体育事业】国家发展医疗卫生事业,发展现代医药和我国传统医药,鼓励和支持农村集体经济组织、国家企业事业组织和街道组织举办各种医疗卫生设施,开展群众性的卫生活动,保护人民健康。

国家发展体育事业,开展群众性的体育活动,增强人民体质。

第二十二条 【文化事业】国家发展为人民服务、为社会主义服务的文学艺术事业、新闻广播电视事业、出版发行事业、图书馆博物馆文化馆和其他文化事业,开展群众性的文化活动。

国家保护名胜古迹、珍贵文物和其他重要历史文化遗产。

第二十三条 【人才培养】国家培养为社会主义服务的各种专业人才,扩大知识分子的队伍,创造条件,充分发挥他们在社会主义现代化建设中的作用。

第二十四条 【精神文明建设】国家通过普及理想教育、道德教育、文化教育、纪律和法制教育,通过在城乡不同范围的群众中制定和执行各种守则、公约,加强社会主义精神文明的建设。

国家倡导社会主义核心价值观,提倡爱祖国、爱人民、爱劳动、爱科学、爱社会主义的公德,在人民中进行爱国主义、集体主义和国际主义、共产主义的教育,进行辩证唯物主义和历史唯物主义的教育,反对资本主义的、封建主义的和其他的腐朽思想。

第二十五条 【计划生育】国家推行计划生育,使人口的增长同经济和社会发展计划相适应。

链接《人口与计划生育法》

第二十六条 【环境保护】国家保护和改善生活环境和生态环境,防治污染和其他公害。

国家组织和鼓励植树造林,保护林木。

第二十七条 【国家机关工作原则】一切国家机关实行精简的原则,实行工作责任制,实行工作人员的培训和考核制度,不断提高工作质量和工作效率,反对官僚主义。

一切国家机关和国家工作人员必须依靠人民的支持,经常保持同人民的密切联系,倾听人民的意见和建议,接受人民的监督,努力为人民服务。

国家工作人员就职时应当依照法律规定公开进行宪法宣誓。

第二十八条 【维护社会秩序】国家维护社会秩序,镇压叛国和其他危害国家安全的犯罪活动,制裁危害社会治安、破坏社会主义经济和其他犯罪的活动,惩办和改造犯罪分子。

链接《刑法》及刑法修正案

第二十九条 【武装力量】中华人民共和国的武装力量属于人民。它的任务是巩固国防,抵抗侵略,保卫祖国,保卫人民的和平劳动,参加国家建设事业,努力为人民服务。

国家加强武装力量的革命化、现代化、正规化的建设,增强国防力量。

第三十条 【行政区划】中华人民共和国的行政区域划分如下:

(一)全国分为省、自治区、直辖市;

(二)省、自治区分为自治州、县、自治县、市;

(三)县、自治县分为乡、民族乡、镇。

直辖市和较大的市分为区、县。自治州分为县、自治县、市。

自治区、自治州、自治县都是民族自治地方。

第三十一条 【特别行政区】国家在必要时得设立特别行政区。在特别行政区内实行的制度按照具体情况由全国人民代表大会以法律规定。

链接《香港特别行政区基本法》;《澳门特别行政区基本法》

第三十二条 【对外国人的保护】中华人民共和国保护在中国境内的外国人的合法权利和利益,在中国境内的外国人必须遵守中华人民共和国的法律。

中华人民共和国对于因为政治原因要求避难的外国人,可以给予受庇护的权利。

第二章 公民的基本权利和义务

第三十三条 【公民权】凡具有中华人民共和国国籍的人都是中华人民共和国公民。

中华人民共和国公民在法律面前一律平等。

国家尊重和保障人权。

任何公民享有宪法和法律规定的权利,同时必须履行宪法和法律规定的义务。

实务问答 **1. 我国国籍如何取得**

具有我国国籍是宪法赋予公民资格的前提条件。根据我国《国籍法》的规定,以下情形可以取得我国国籍:

(1)父母双方或一方为中国公民,本人出生在中国,具有中国国籍。

(2)父母双方或一方为中国公民,本人出生在外国,具有中国国籍;但父母双方或一方为中国公民并定居在外国,本人出生时即具有外国国籍的,不具有中国国籍。

(3)父母无国籍或国籍不明,定居在中国,本人出生在中国,具有中国国籍。

(4)外国人或无国籍人,愿意遵守中国宪法和法律,符合法律规定的条件并申请加入中国国籍得到批准的,即取得中国国籍;被批准加入中国国籍的,不得再保留外国国籍。

2. 什么情况下会导致我国国籍丧失

我国不承认中国公民具有双重国籍。

(1)定居外国的中国公民,自愿加入或取得外国国籍的,即自动丧失中国国籍。

(2)符合法律规定的条件,申请退出中国国籍经批准的,即丧失中国国籍。

第三十四条 【选举权和被选举权】中华人民共和国年满十八周岁的公民,不分民族、种族、性别、职业、家庭出身、宗教信仰、教育程度、财产状况、居住期限,都有选举权和被选举权;但是依照法律被剥夺政治权利的人除外。

实务问答 **服刑人员、被羁押人员、受拘留处罚的人员是否享有选举权**

根据《全国人民代表大会常务委员会关于县级以下人民代表大会代表直接选举的若干规定》,

下列人员准予行使选举权利：(1)被判处有期徒刑、拘役、管制而没有附加剥夺政治权利的；(2)被羁押，正在受侦查、起诉、审判，人民检察院或者人民法院没有决定停止行使选举权利的；(3)正在取保候审或者被监视居住的；(4)正在受拘留处罚的。

据此，服刑人员是否享有选举权不能一概而论。如果被判处有期徒刑、拘役、管制而同时附加剥夺政治权利的，在被剥夺政治权利的期间，就不享有选举权；如果没有同时附加剥夺政治权利的，则享有选举权。被羁押人员享有选举权，但又要根据不同情况确定是否能够行使这项权利。因危害国家安全或其他严重刑事犯罪而受侦查、起诉、审判的，经司法机关决定，羁押期间停止行使该项权利。司法机关没有决定停止行使选举权的，则可以行使这项权利。受拘留处罚的人员则仍然享有选举权。以上所列人员参加选举，由选举委员会和执行监禁、羁押、拘留的机关共同决定，可以在流动票箱投票，或者委托有选举权的亲属或者其他选民代为投票。被判处拘役、受拘留处罚的人也可以在选举日回原选区参加选举。

第三十五条　【基本政治自由】中华人民共和国公民有言论、出版、集会、结社、游行、示威的自由。

第三十六条　【信仰自由】中华人民共和国公民有宗教信仰自由。

任何国家机关、社会团体和个人不得强制公民信仰宗教或者不信仰宗教，不得歧视信仰宗教的公民和不信仰宗教的公民。

国家保护正常的宗教活动。任何人不得利用宗教进行破坏社会秩序、损害公民身体健康、妨碍国家教育制度的活动。

宗教团体和宗教事务不受外国势力的支配。

第三十七条　【人身自由】中华人民共和国公民的人身自由不受侵犯。

任何公民，非经人民检察院批准或者决定或者人民法院决定，并由公安机关执行，不受逮捕。

禁止非法拘禁和以其他方法非法剥夺或者限制公民的人身自由，禁止非法搜查公民的身体。

第三十八条　【人格尊严及保护】中华人民共和国公民的人格尊严不受侵犯。禁止用任何方法对公民进行侮辱、诽谤和诬告陷害。

第三十九条　【住宅权】中华人民共和国公民的住宅不受侵犯。禁止非法搜查或者非法侵入公民的住宅。

第四十条　【通信自由和秘密权】中华人民共和国公民的通信自由和通信秘密受法律的保护。除因国家安全或者追查刑事犯罪的需要，由公安机关或者检察机关依照法律规定的程序对通信进行检查外，任何组织或者个人不得以任何理由侵犯公民的通信自由和通信秘密。

第四十一条　【公民的监督权和取得赔偿权】中华人民共和国公民对于任何国家机关和国家工作人员，有提出批评和建议的权利；对于任何国家机关和国家工作人员的违法失职行为，有向有关国家机关提出申诉、控告或者检举的权利，但是不得捏造或者歪曲事实进行诬告陷害。

对于公民的申诉、控告或者检举，有关国家机关必须查清事实，负责处理。任何人不得压制和打击报复。

由于国家机关和国家工作人员侵犯公民权利而受到损失的人，有依照法律规定取得赔偿的权利。

第四十二条　【劳动权利和义务】中华人民共和国公民有劳动的权利和义务。

国家通过各种途径，创造劳动就业条件，加强劳动保护，改善劳动条件，并在发展生产的基础上，提高劳动报酬和福利待遇。

劳动是一切有劳动能力的公民的光荣职责。国有企业和城乡集体经济组织的劳动者都应当以国家主人翁的态度对待自己的劳动。国家提倡社会主义劳动竞赛，奖励劳动模范和先进工作者。国家提倡公民从事义务劳动。

国家对就业前的公民进行必要的劳动就业训练。

第四十三条　【劳动者的休息权】中华人民共和国劳动者有休息的权利。

国家发展劳动者休息和休养的设施，规定职工的工作时间和休假制度。

第四十四条　【退休制度】国家依照法律规定实行企业事业组织的职工和国家机关工作人员的退休制度。退休人员的生活受到国家和社会的保障。

第四十五条　【获得救济的权利】中华人民共和国公民在年老、疾病或者丧失劳动能力的情况下，有从国家和社会获得物质帮助的权利。国家发展为公民享受这些权利所需要的社会保险、社会救济和医疗卫生事业。

国家和社会保障残废军人的生活，抚恤烈士家属，优待军人家属。

国家和社会帮助安排盲、聋、哑和其他有残疾的公民的劳动、生活和教育。

第四十六条 【受教育的权利和义务】中华人民共和国公民有受教育的权利和义务。

国家培养青年、少年、儿童在品德、智力、体质等方面全面发展。

实务问答 如何理解受教育既是公民的一项权利，又是公民的一项义务

受教育的权利，是指公民有从国家获得接受教育的机会以及接受教育的物质帮助的权利。受教育权是人与生俱来的权利，也是实现其他人权的基础。涉及教育的问题不仅有专门的法律法规予以规定，同时也散见于各种非专门的法律法规之中。所以，我们虽然可以主要地将教育以及受教育权的问题界定于义务教育、高等教育、科普教育、职业教育乃至国防教育、民办教育等已有法律规定的领域，但必须承认，受教育权是个相当有包容性的概念，其范围可以不断拓展和延伸。

受教育既是公民的一项权利，又是公民的一项义务，是权利和义务的结合。受教育为什么是公民的一项义务呢？一方面，从公民来说，人与动物的根本区别就在于，人是社会的人，必须谋求个人和社会的发展；而要谋求个人和社会的发展，受教育是一条基础性的不可缺少的途径，是人作为社会的一员所必须具备的条件。另一方面，对于国家来说，公民是组成国家的具体要素，国家的最重要职能就是谋求个人的幸福和发展，提高民族精神，增进社会道德，推动科技发展，实现国家的繁荣富强；要达到这些目标，就必须不断提高作为组成国家要素的公民素质；而要提高公民的素质，使其接受教育又成为必由之路。因此，国家就自然会将接受教育作为公民的一项义务予以要求。

第四十七条 【文化活动自由】中华人民共和国公民有进行科学研究、文学艺术创作和其他文化活动的自由。国家对于从事教育、科学、技术、文学、艺术和其他文化事业的公民的有益于人民的创造性工作，给以鼓励和帮助。

第四十八条 【男女平等】中华人民共和国妇女在政治的、经济的、文化的、社会的和家庭的生活等各方面享有同男子平等的权利。

国家保护妇女的权利和利益，实行男女同工同酬，培养和选拔妇女干部。

第四十九条 【婚姻家庭制度】婚姻、家庭、母亲和儿童受国家的保护。

夫妻双方有实行计划生育的义务。

父母有抚养教育未成年子女的义务，成年子女有赡养扶助父母的义务。

禁止破坏婚姻自由，禁止虐待老人、妇女和儿童。

第五十条 【华侨、归侨的权益保障】中华人民共和国保护华侨的正当的权利和利益，保护归侨和侨眷的合法的权利和利益。

第五十一条 【公民自由和权利的限度】中华人民共和国公民在行使自由和权利的时候，不得损害国家的、社会的、集体的利益和其他公民的合法的自由和权利。

注释 权利必须依据法律的规定才能实现，同样，权利也只有依据法律行使，才受到国家的保护。超越法律的规定去行使权利和自由，就必然要破坏法律秩序，损害国家的、社会的、集体的和其他公民的合法权利和利益。公民在行使宪法和法律规定的权利和自由时，不得损害国家的利益、社会的利益和集体的利益，也不得损害其他公民的合法的自由和权利。任何损害国家的、社会的、集体的利益以及其他公民的合法权利和自由的行为，造成一定的危害后果，就要承担相应的法律责任。

第五十二条 【维护国家统一和民族团结的义务】中华人民共和国公民有维护国家统一和全国各民族团结的义务。

第五十三条 【遵纪守法的义务】中华人民共和国公民必须遵守宪法和法律，保守国家秘密，爱护公共财产，遵守劳动纪律，遵守公共秩序，尊重社会公德。

第五十四条 【维护祖国的安全、荣誉和利益的义务】中华人民共和国公民有维护祖国的安全、荣誉和利益的义务，不得有危害祖国的安全、荣誉和利益的行为。

第五十五条 【保卫国家和服兵役的义务】保卫祖国、抵抗侵略是中华人民共和国每一个公民的神圣职责。

依照法律服兵役和参加民兵组织是中华人民共和国公民的光荣义务。

实务问答 1. 免服兵役的情形有哪些

有严重生理缺陷或者严重残疾不适合服兵役的公民，免服兵役。

2. 不得服兵役的情形是什么

依照法律被剥夺政治权利的公民，不得服兵役。

3. 兵役的缓征、不征集的情形是什么

应征公民是维持家庭生活唯一劳动力的，可以缓征。应征公民因涉嫌犯罪正在被依法监察调查、侦查、起诉、审判或者被判处徒刑、拘役、管制正在服刑的，不征集。

第五十六条 【纳税的义务】中华人民共和国公民有依照法律纳税的义务。

第三章 国家机构

第一节 全国人民代表大会

第五十七条 【全国人大的性质及常设机关】中华人民共和国全国人民代表大会是最高国家权力机关。它的常设机关是全国人民代表大会常务委员会。

第五十八条 【国家立法权的行使主体】全国人民代表大会和全国人民代表大会常务委员会行使国家立法权。

注释 根据《宪法》和《立法法》的规定，全国人民代表大会和全国人民代表大会常务委员会行使国家立法权。全国人民代表大会制定和修改刑事、民事、国家机构的和其他的基本法律；全国人民代表大会常务委员会制定和修改除应当由全国人民代表大会制定的法律以外的其他法律，在全国人民代表大会闭会期间，对全国人民代表大会制定的法律进行部分补充和修改，但是不得同该法律的基本原则相抵触。全国人民代表大会可以授权全国人民代表大会常务委员会制定相关法律。

第五十九条 【全国人大的组成及选举】全国人民代表大会由省、自治区、直辖市、特别行政区和军队选出的代表组成。各少数民族都应当有适当名额的代表。

全国人民代表大会代表的选举由全国人民代表大会常务委员会主持。

全国人民代表大会代表名额和代表产生办法由法律规定。

第六十条 【全国人大的任期】全国人民代表大会每届任期五年。

全国人民代表大会任期届满的两个月以前，全国人民代表大会常务委员会必须完成下届全国人民代表大会代表的选举。如果遇到不能进行选举的非常情况，由全国人民代表大会常务委员会以全体组成人员的三分之二以上的多数通过，可以推迟选举，延长本届全国人民代表大会的任期。在非常情况结束后一年内，必须完成下届全国人民代表大会代表的选举。

实务问答 全国人大代表任期起讫时间的计算如何确定

全国人民代表大会代表每届任期 5 年，从每届全国人民代表大会举行第一次会议开始，到下届全国人民代表大会举行第一次会议为止。

链接《全国人民代表大会组织法》第 42 条

第六十一条 【全国人大的会议制度】全国人民代表大会会议每年举行一次，由全国人民代表大会常务委员会召集。如果全国人民代表大会常务委员会认为必要，或者有五分之一以上的全国人民代表大会代表提议，可以临时召集全国人民代表大会会议。

全国人民代表大会举行会议的时候，选举主席团主持会议。

第六十二条 【全国人大的职权】全国人民代表大会行使下列职权：

（一）修改宪法；

（二）监督宪法的实施；

（三）制定和修改刑事、民事、国家机构的和其他的基本法律；

（四）选举中华人民共和国主席、副主席；

（五）根据中华人民共和国主席的提名，决定国务院总理的人选；根据国务院总理的提名，决定国务院副总理、国务委员、各部部长、各委员会主任、审计长、秘书长的人选；

（六）选举中央军事委员会主席；根据中央军事委员会主席的提名，决定中央军事委员会其他组成人员的人选；

（七）选举国家监察委员会主任；

（八）选举最高人民法院院长；

（九）选举最高人民检察院检察长；

（十）审查和批准国民经济和社会发展计划和计划执行情况的报告；

（十一）审查和批准国家的预算和预算执行情

况的报告；

（十二）改变或者撤销全国人民代表大会常务委员会不适当的决定；

（十三）批准省、自治区和直辖市的建置；

（十四）决定特别行政区的设立及其制度；

（十五）决定战争和和平的问题；

（十六）应当由最高国家权力机关行使的其他职权。

第六十三条 【全国人大的罢免权】全国人民代表大会有权罢免下列人员：

（一）中华人民共和国主席、副主席；

（二）国务院总理、副总理、国务委员、各部部长、各委员会主任、审计长、秘书长；

（三）中央军事委员会主席和中央军事委员会其他组成人员；

（四）国家监察委员会主任；

（五）最高人民法院院长；

（六）最高人民检察院检察长。

第六十四条 【宪法的修改及法律案的通过】宪法的修改，由全国人民代表大会常务委员会或者五分之一以上的全国人民代表大会代表提议，并由全国人民代表大会以全体代表的三分之二以上的多数通过。

法律和其他议案由全国人民代表大会以全体代表的过半数通过。

第六十五条 【全国人大常委会的组成及选举】全国人民代表大会常务委员会由下列人员组成：

委员长，

副委员长若干人，

秘书长，

委员若干人。

全国人民代表大会常务委员会组成人员中，应当有适当名额的少数民族代表。

全国人民代表大会选举并有权罢免全国人民代表大会常务委员会的组成人员。

全国人民代表大会常务委员会的组成人员不得担任国家行政机关、监察机关、审判机关和检察机关的职务。

第六十六条 【全国人大常委会的任期】全国人民代表大会常务委员会每届任期同全国人民代表大会每届任期相同，它行使职权到下届全国人民代表大会选出新的常务委员会为止。

委员长、副委员长连续任职不得超过两届。

第六十七条 【全国人大常委会的职权】全国人民代表大会常务委员会行使下列职权：

（一）解释宪法，监督宪法的实施；

（二）制定和修改除应当由全国人民代表大会制定的法律以外的其他法律；

（三）在全国人民代表大会闭会期间，对全国人民代表大会制定的法律进行部分补充和修改，但是不得同该法律的基本原则相抵触；

（四）解释法律；

（五）在全国人民代表大会闭会期间，审查和批准国民经济和社会发展计划、国家预算在执行过程中所必须作的部分调整方案；

（六）监督国务院、中央军事委员会、国家监察委员会、最高人民法院和最高人民检察院的工作；

（七）撤销国务院制定的同宪法、法律相抵触的行政法规、决定和命令；

（八）撤销省、自治区、直辖市国家权力机关制定的同宪法、法律和行政法规相抵触的地方性法规和决议；

（九）在全国人民代表大会闭会期间，根据国务院总理的提名，决定部长、委员会主任、审计长、秘书长的人选；

（十）在全国人民代表大会闭会期间，根据中央军事委员会主席的提名，决定中央军事委员会其他组成人员的人选；

（十一）根据国家监察委员会主任的提请，任免国家监察委员会副主任、委员；

（十二）根据最高人民法院院长的提请，任免最高人民法院副院长、审判员、审判委员会委员和军事法院院长；

（十三）根据最高人民检察院检察长的提请，任免最高人民检察院副检察长、检察员、检察委员会委员和军事检察院检察长，并且批准省、自治区、直辖市的人民检察院检察长的任免；

（十四）决定驻外全权代表的任免；

（十五）决定同外国缔结的条约和重要协定的批准和废除；

（十六）规定军人和外交人员的衔级制度和其他专门衔级制度；

（十七）规定和决定授予国家的勋章和荣誉称号；

（十八）决定特赦；

（十九）在全国人民代表大会闭会期间，如果遇到国家遭受武装侵犯或者必须履行国际间共同防止侵略的条约的情况，决定战争状态的宣布；

（二十）决定全国总动员或者局部动员；

（二十一）决定全国或者个别省、自治区、直辖市进入紧急状态；

（二十二）全国人民代表大会授予的其他职权。

第六十八条 【全国人大常委会的工作分工】全国人民代表大会常务委员会委员长主持全国人民代表大会常务委员会的工作，召集全国人民代表大会常务委员会会议。副委员长、秘书长协助委员长工作。

委员长、副委员长、秘书长组成委员长会议，处理全国人民代表大会常务委员会的重要日常工作。

第六十九条 【全国人大与其常委会的关系】全国人民代表大会常务委员会对全国人民代表大会负责并报告工作。

第七十条 【全国人大的专门委员会及其职责】全国人民代表大会设立民族委员会、宪法和法律委员会、财政经济委员会、教育科学文化卫生委员会、外事委员会、华侨委员会和其他需要设立的专门委员会。在全国人民代表大会闭会期间，各专门委员会受全国人民代表大会常务委员会的领导。

各专门委员会在全国人民代表大会和全国人民代表大会常务委员会领导下，研究、审议和拟订有关议案。

第七十一条 【特定问题的调查委员会】全国人民代表大会和全国人民代表大会常务委员会认为必要的时候，可以组织关于特定问题的调查委员会，并且根据调查委员会的报告，作出相应的决议。

调查委员会进行调查的时候，一切有关的国家机关、社会团体和公民都有义务向它提供必要的材料。

第七十二条 【提案权】全国人民代表大会代表和全国人民代表大会常务委员会组成人员，有权依照法律规定的程序分别提出属于全国人民代表大会和全国人民代表大会常务委员会职权范围内的议案。

第七十三条 【质询权】全国人民代表大会代表在全国人民代表大会开会期间，全国人民代表大会常务委员会组成人员在常务委员会开会期间，有权依照法律规定的程序提出对国务院或者国务院各部、各委员会的质询案。受质询的机关必须负责答复。

第七十四条 【司法豁免权】全国人民代表大会代表，非经全国人民代表大会会议主席团许可，在全国人民代表大会闭会期间非经全国人民代表大会常务委员会许可，不受逮捕或者刑事审判。

第七十五条 【言论、表决豁免权】全国人民代表大会代表在全国人民代表大会各种会议上的发言和表决，不受法律追究。

第七十六条 【全国人大代表的义务】全国人民代表大会代表必须模范地遵守宪法和法律，保守国家秘密，并且在自己参加的生产、工作和社会活动中，协助宪法和法律的实施。

全国人民代表大会代表应当同原选举单位和人民保持密切的联系，听取和反映人民的意见和要求，努力为人民服务。

第七十七条 【对全国人大代表的监督和罢免】全国人民代表大会代表受原选举单位的监督。原选举单位有权依照法律规定的程序罢免本单位选出的代表。

第七十八条 【全国人大及其常委会的组织和工作程序】全国人民代表大会和全国人民代表大会常务委员会的组织和工作程序由法律规定。

第二节 中华人民共和国主席

第七十九条 【主席、副主席的选举及任职】中华人民共和国主席、副主席由全国人民代表大会选举。

有选举权和被选举权的年满四十五周岁的中华人民共和国公民可以被选为中华人民共和国主席、副主席。

中华人民共和国主席、副主席每届任期同全国人民代表大会每届任期相同。

第八十条 【主席的职权】中华人民共和国主席根据全国人民代表大会的决定和全国人民代表大会常务委员会的决定，公布法律，任免国务院总理、副总理、国务委员、各部部长、各委员会主任、审计长、秘书长，授予国家的勋章和荣誉称号，发布特赦令，宣布进入紧急状态，宣布战争状态，发布动员令。

第八十一条 【主席的外交职权】中华人民共和国主席代表中华人民共和国，进行国事活动，接受外国使节；根据全国人民代表大会常务委员会的决定，派遣和召回驻外全权代表，批准和废除同外国缔结的条约和重要协定。

第八十二条 **【副主席的职权】**中华人民共和国副主席协助主席工作。

中华人民共和国副主席受主席的委托，可以代行主席的部分职权。

第八十三条 **【主席、副主席的行使职权期止】**中华人民共和国主席、副主席行使职权到下届全国人民代表大会选出的主席、副主席就职为止。

第八十四条 **【主席、副主席的缺位处理】**中华人民共和国主席缺位的时候，由副主席继任主席的职位。

中华人民共和国副主席缺位的时候，由全国人民代表大会补选。

中华人民共和国主席、副主席都缺位的时候，由全国人民代表大会补选；在补选以前，由全国人民代表大会常务委员会委员长暂时代理主席职位。

第三节　国务院

第八十五条 **【国务院的性质、地位】**中华人民共和国国务院，即中央人民政府，是最高国家权力机关的执行机关，是最高国家行政机关。

注释 在全国各级行政机关中，国务院处于最高的领导地位，国务院所属的各部委和地方各级行政机关都要服从国务院的领导。

第八十六条 **【国务院的组织】**国务院由下列人员组成：

总理，

副总理若干人，

国务委员若干人，

各部部长，

各委员会主任，

审计长，

秘书长。

国务院实行总理负责制。各部、各委员会实行部长、主任负责制。

国务院的组织由法律规定。

链接《国务院组织法》

第八十七条 **【国务院的任期】**国务院每届任期同全国人民代表大会每届任期相同。

总理、副总理、国务委员连续任职不得超过两届。

第八十八条 **【国务院的工作分工】**总理领导国务院的工作。副总理、国务委员协助总理工作。

总理、副总理、国务委员、秘书长组成国务院常务会议。

总理召集和主持国务院常务会议和国务院全体会议。

注释 国务院会议分为国务院常务会议和国务院全体会议。总理召集和主持国务院常务会议和国务院全体会议。国务院工作中的重大问题，须经国务院常务会议或者国务院全体会议讨论决定。

第八十九条 **【国务院的职权】**国务院行使下列职权：

（一）根据宪法和法律，规定行政措施，制定行政法规，发布决定和命令；

（二）向全国人民代表大会或者全国人民代表大会常务委员会提出议案；

（三）规定各部和各委员会的任务和职责，统一领导各部和各委员会的工作，并且领导不属于各部和各委员会的全国性的行政工作；

（四）统一领导全国地方各级国家行政机关的工作，规定中央和省、自治区、直辖市的国家行政机关的职权的具体划分；

（五）编制和执行国民经济和社会发展计划和国家预算；

（六）领导和管理经济工作和城乡建设、生态文明建设；

（七）领导和管理教育、科学、文化、卫生、体育和计划生育工作；

（八）领导和管理民政、公安、司法行政等工作；

（九）管理对外事务，同外国缔结条约和协定；

（十）领导和管理国防建设事业；

（十一）领导和管理民族事务，保障少数民族的平等权利和民族自治地方的自治权利；

（十二）保护华侨的正当的权利和利益，保护归侨和侨眷的合法的权利和利益；

（十三）改变或者撤销各部、各委员会发布的不适当的命令、指示和规章；

（十四）改变或者撤销地方各级国家行政机关的不适当的决定和命令；

（十五）批准省、自治区、直辖市的区域划分，批准自治州、县、自治县、市的建置和区域划分；

（十六）依照法律规定决定省、自治区、直辖市的范围内部分地区进入紧急状态；

（十七）审定行政机构的编制，依照法律规定任免、培训、考核和奖惩行政人员；

（十八）全国人民代表大会和全国人民代表大会常务委员会授予的其他职权。

第九十条　【各部、委首长负责制】国务院各部部长、各委员会主任负责本部门的工作；召集和主持部务会议或者委员会会议、委务会议，讨论决定本部门工作的重大问题。

各部、各委员会根据法律和国务院的行政法规、决定、命令，在本部门的权限内，发布命令、指示和规章。

第九十一条　【审计机关及其职权】国务院设立审计机关，对国务院各部门和地方各级政府的财政收支，对国家的财政金融机构和企业事业组织的财务收支，进行审计监督。

审计机关在国务院总理领导下，依照法律规定独立行使审计监督权，不受其他行政机关、社会团体和个人的干涉。

第九十二条　【国务院与全国人大及其常委会的关系】国务院对全国人民代表大会负责并报告工作；在全国人民代表大会闭会期间，对全国人民代表大会常务委员会负责并报告工作。

第四节　中央军事委员会

第九十三条　【中央军委的组成、职责与任期】中华人民共和国中央军事委员会领导全国武装力量。

中央军事委员会由下列人员组成：

主席，

副主席若干人，

委员若干人。

中央军事委员会实行主席负责制。

中央军事委员会每届任期同全国人民代表大会每届任期相同。

第九十四条　【中央军委向全国人大及其常委会负责】中央军事委员会主席对全国人民代表大会和全国人民代表大会常务委员会负责。

第五节　地方各级人民代表大会和地方各级人民政府

第九十五条　【地方人大及政府的设置和组织】省、直辖市、县、市、市辖区、乡、民族乡、镇设立人民代表大会和人民政府。

地方各级人民代表大会和地方各级人民政府的组织由法律规定。

自治区、自治州、自治县设立自治机关。自治机关的组织和工作根据宪法第三章第五节、第六节规定的基本原则由法律规定。

第九十六条　【地方人大的性质及常委会的设置】地方各级人民代表大会是地方国家权力机关。

县级以上的地方各级人民代表大会设立常务委员会。

第九十七条　【地方人大代表的选举】省、直辖市、设区的市的人民代表大会代表由下一级的人民代表大会选举；县、不设区的市、市辖区、乡、民族乡、镇的人民代表大会代表由选民直接选举。

地方各级人民代表大会代表名额和代表产生办法由法律规定。

第九十八条　【地方人大的任期】地方各级人民代表大会每届任期五年。

第九十九条　【地方人大的职权】地方各级人民代表大会在本行政区域内，保证宪法、法律、行政法规的遵守和执行；依照法律规定的权限，通过和发布决议，审查和决定地方的经济建设、文化建设和公共事业建设的计划。

县级以上的地方各级人民代表大会审查和批准本行政区域内的国民经济和社会发展计划、预算以及它们的执行情况的报告；有权改变或者撤销本级人民代表大会常务委员会不适当的决定。

民族乡的人民代表大会可以依照法律规定的权限采取适合民族特点的具体措施。

第一百条　【地方性法规的制定】省、直辖市的人民代表大会和它们的常务委员会，在不同宪法、法律、行政法规相抵触的前提下，可以制定地方性法规，报全国人民代表大会常务委员会备案。

设区的市的人民代表大会和它们的常务委员会，在不同宪法、法律、行政法规和本省、自治区的地方性法规相抵触的前提下，可以依照法律规定制定地方性法规，报本省、自治区人民代表大会常务委员会批准后施行。

第一百零一条　【地方人大的选举权】地方各级人民代表大会分别选举并且有权罢免本级人民政府的省长和副省长、市长和副市长、县长和副县长、区长和副区长、乡长和副乡长、镇长和副镇长。

县级以上的地方各级人民代表大会选举并且有权罢免本级监察委员会主任、本级人民法院院长和本级人民检察院检察长。选出或者罢免人民检察院检察长，须报上级人民检察院检察长提请该级人民代表大会常务委员会批准。

第一百零二条 【对地方人大代表的监督和罢免】省、直辖市、设区的市的人民代表大会代表受原选举单位的监督；县、不设区的市、市辖区、乡、民族乡、镇的人民代表大会代表受选民的监督。

地方各级人民代表大会代表的选举单位和选民有权依照法律规定的程序罢免由他们选出的代表。

第一百零三条 【地方人大常委会的组成、地位及产生】县级以上的地方各级人民代表大会常务委员会由主任、副主任若干人和委员若干人组成，对本级人民代表大会负责并报告工作。

县级以上的地方各级人民代表大会选举并有权罢免本级人民代表大会常务委员会的组成人员。

县级以上的地方各级人民代表大会常务委员会的组成人员不得担任国家行政机关、监察机关、审判机关和检察机关的职务。

第一百零四条 【地方人大常委会的职权】县级以上的地方各级人民代表大会常务委员会讨论、决定本行政区域内各方面工作的重大事项；监督本级人民政府、监察委员会、人民法院和人民检察院的工作；撤销本级人民政府的不适当的决定和命令；撤销下一级人民代表大会的不适当的决议；依照法律规定的权限决定国家机关工作人员的任免；在本级人民代表大会闭会期间，罢免和补选上一级人民代表大会的个别代表。

第一百零五条 【地方政府的性质、地位及行政首长负责制】地方各级人民政府是地方各级国家权力机关的执行机关，是地方各级国家行政机关。

地方各级人民政府实行省长、市长、县长、区长、乡长、镇长负责制。

第一百零六条 【地方政府的任期】地方各级人民政府每届任期同本级人民代表大会每届任期相同。

第一百零七条 【地方政府的职权】县级以上地方各级人民政府依照法律规定的权限，管理本行政区域内的经济、教育、科学、文化、卫生、体育事业、城乡建设事业和财政、民政、公安、民族事务、司法行政、计划生育等行政工作，发布决定和命令，任免、培训、考核和奖惩行政工作人员。

乡、民族乡、镇的人民政府执行本级人民代表大会的决议和上级国家行政机关的决定和命令，管理本行政区域内的行政工作。

省、直辖市的人民政府决定乡、民族乡、镇的建置和区域划分。

第一百零八条 【地方政府内部及各级政府之间的关系】县级以上的地方各级人民政府领导所属各工作部门和下级人民政府的工作，有权改变或者撤销所属各工作部门和下级人民政府的不适当的决定。

第一百零九条 【地方政府审计机关的地位和职权】县级以上的地方各级人民政府设立审计机关。地方各级审计机关依照法律规定独立行使审计监督权，对本级人民政府和上一级审计机关负责。

第一百一十条 【地方政府与同级人大、上级政府的关系】地方各级人民政府对本级人民代表大会负责并报告工作。县级以上的地方各级人民政府在本级人民代表大会闭会期间，对本级人民代表大会常务委员会负责并报告工作。

地方各级人民政府对上一级国家行政机关负责并报告工作。全国地方各级人民政府都是国务院统一领导下的国家行政机关，都服从国务院。

第一百一十一条 【居民委员会和村民委员会】城市和农村按居民居住地区设立的居民委员会或者村民委员会是基层群众性自治组织。居民委员会、村民委员会的主任、副主任和委员由居民选举。居民委员会、村民委员会同基层政权的相互关系由法律规定。

居民委员会、村民委员会设人民调解、治安保卫、公共卫生等委员会，办理本居住地区的公共事务和公益事业，调解民间纠纷，协助维护社会治安，并且向人民政府反映群众的意见、要求和提出建议。

第六节 民族自治地方的自治机关

第一百一十二条 【民族自治机关】民族自治地方的自治机关是自治区、自治州、自治县的人民代表大会和人民政府。

第一百一十三条 【自治地方的人大及其常委

会的组成】自治区、自治州、自治县的人民代表大会中,除实行区域自治的民族的代表外,其他居住在本行政区域内的民族也应当有适当名额的代表。

自治区、自治州、自治县的人民代表大会常务委员会中应当有实行区域自治的民族的公民担任主任或者副主任。

第一百一十四条 【自治地方政府首长的人选】自治区主席、自治州州长、自治县县长由实行区域自治的民族的公民担任。

第一百一十五条 【民族自治地方的自治权】自治区、自治州、自治县的自治机关行使宪法第三章第五节规定的地方国家机关的职权,同时依照宪法、民族区域自治法和其他法律规定的权限行使自治权,根据本地方实际情况贯彻执行国家的法律、政策。

第一百一十六条 【自治条例和单行条例】民族自治地方的人民代表大会有权依照当地民族的政治、经济和文化的特点,制定自治条例和单行条例。自治区的自治条例和单行条例,报全国人民代表大会常务委员会批准后生效。自治州、自治县的自治条例和单行条例,报省或者自治区的人民代表大会常务委员会批准后生效,并报全国人民代表大会常务委员会备案。

第一百一十七条 【财政自治权】民族自治地方的自治机关有管理地方财政的自治权。凡是依照国家财政体制属于民族自治地方的财政收入,都应当由民族自治地方的自治机关自主地安排使用。

第一百一十八条 【地方性经济的自主权】民族自治地方的自治机关在国家计划的指导下,自主地安排和管理地方性的经济建设事业。

国家在民族自治地方开发资源、建设企业的时候,应当照顾民族自治地方的利益。

第一百一十九条 【地方文化事业的自主权】民族自治地方的自治机关自主地管理本地方的教育、科学、文化、卫生、体育事业,保护和整理民族的文化遗产,发展和繁荣民族文化。

第一百二十条 【民族自治地方的公安部队】民族自治地方的自治机关依照国家的军事制度和当地的实际需要,经国务院批准,可以组织本地方维护社会治安的公安部队。

第一百二十一条 【自治机关的公务语言】民族自治地方的自治机关在执行职务的时候,依照本民族自治地方自治条例的规定,使用当地通用的一种或者几种语言文字。

第一百二十二条 【国家对民族自治地方的帮助、扶持】国家从财政、物资、技术等方面帮助各少数民族加速发展经济建设和文化建设事业。

国家帮助民族自治地方从当地民族中大量培养各级干部、各种专业人才和技术工人。

第七节 监察委员会

第一百二十三条 【监察机关】中华人民共和国各级监察委员会是国家的监察机关。

链接《监察法》第7条

第一百二十四条 【监察委员会】中华人民共和国设立国家监察委员会和地方各级监察委员会。

监察委员会由下列人员组成:

主任,

副主任若干人,

委员若干人。

监察委员会主任每届任期同本级人民代表大会每届任期相同。国家监察委员会主任连续任职不得超过两届。

监察委员会的组织和职权由法律规定。

第一百二十五条 【各级监察委员会间的关系】中华人民共和国国家监察委员会是最高监察机关。

国家监察委员会领导地方各级监察委员会的工作,上级监察委员会领导下级监察委员会的工作。

第一百二十六条 【对监察委员会的监督】国家监察委员会对全国人民代表大会和全国人民代表大会常务委员会负责。地方各级监察委员会对产生它的国家权力机关和上一级监察委员会负责。

第一百二十七条 【监察权的行使】监察委员会依照法律规定独立行使监察权,不受行政机关、社会团体和个人的干涉。

监察机关办理职务违法和职务犯罪案件,应当与审判机关、检察机关、执法部门互相配合,互相制约。

实务问答 监察机关对哪些人员进行监察

监察机关对下列公职人员和有关人员进行监察:(一)中国共产党机关、人民代表大会及其常务委员会机关、人民政府、监察委员会、人民法院、人民检察院、中国人民政治协商会议各级委员会机关、民主党派机关和工商业联合会机关的公务员，以及参照《中华人民共和国公务员法》管理的人员；（二）法律、法规授权或者受国家机关依法委托管理公共事务的组织中从事公务的人员；（三）国有企业管理人员；（四）公办的教育、科研、文化、医疗卫生、体育等单位中从事管理的人员；（五）基层群众性自治组织中从事管理的人员；（六）其他依法履行公职的人员。（参见《监察法》第15条）

第八节 人民法院和人民检察院

第一百二十八条 【审判机关】中华人民共和国人民法院是国家的审判机关。

第一百二十九条 【人民法院的级别、组织和任期】中华人民共和国设立最高人民法院、地方各级人民法院和军事法院等专门人民法院。

最高人民法院院长每届任期同全国人民代表大会每届任期相同，连续任职不得超过两届。

人民法院的组织由法律规定。

第一百三十条 【审判公开原则和辩护原则】人民法院审理案件，除法律规定的特别情况外，一律公开进行。被告人有权获得辩护。

第一百三十一条 【依法独立行使审判权】人民法院依照法律规定独立行使审判权，不受行政机关、社会团体和个人的干涉。

第一百三十二条 【各级审判机关间的关系】最高人民法院是最高审判机关。

最高人民法院监督地方各级人民法院和专门人民法院的审判工作，上级人民法院监督下级人民法院的审判工作。

第一百三十三条 【法院与人大的关系】最高人民法院对全国人民代表大会和全国人民代表大会常务委员会负责。地方各级人民法院对产生它的国家权力机关负责。

第一百三十四条 【人民检察院的性质】中华人民共和国人民检察院是国家的法律监督机关。

第一百三十五条 【检察院的级别、组织和任期】中华人民共和国设立最高人民检察院、地方各级人民检察院和军事检察院等专门人民检察院。

最高人民检察院检察长每届任期同全国人民代表大会每届任期相同，连续任职不得超过两届。

人民检察院的组织由法律规定。

第一百三十六条 【依法独立行使检察权】人民检察院依照法律规定独立行使检察权，不受行政机关、社会团体和个人的干涉。

第一百三十七条 【检察机关间的关系】最高人民检察院是最高检察机关。

最高人民检察院领导地方各级人民检察院和专门人民检察院的工作，上级人民检察院领导下级人民检察院的工作。

第一百三十八条 【检察院与人大的关系】最高人民检察院对全国人民代表大会和全国人民代表大会常务委员会负责。地方各级人民检察院对产生它的国家权力机关和上级人民检察院负责。

第一百三十九条 【诉讼语言】各民族公民都有用本民族语言文字进行诉讼的权利。人民法院和人民检察院对于不通晓当地通用的语言文字的诉讼参与人，应当为他们翻译。

在少数民族聚居或者多民族共同居住的地区，应当用当地通用的语言进行审理；起诉书、判决书、布告和其他文书应当根据实际需要使用当地通用的一种或者几种文字。

第一百四十条 【司法机关间的分工与制约原则】人民法院、人民检察院和公安机关办理刑事案件，应当分工负责，互相配合，互相制约，以保证准确有效地执行法律。

第四章 国旗、国歌、国徽、首都

第一百四十一条 【国旗、国歌】中华人民共和国国旗是五星红旗。

中华人民共和国国歌是《义勇军进行曲》。

链接《国旗法》；《国歌法》

第一百四十二条 【国徽】中华人民共和国国徽，中间是五星照耀下的天安门，周围是谷穗和齿轮。

第一百四十三条 【首都】中华人民共和国首都是北京。

2. 行政法

中华人民共和国行政处罚法

· 1996 年 3 月 17 日第八届全国人民代表大会第四次会议通过
· 根据 2009 年 8 月 27 日第十一届全国人民代表大会常务委员会第十次会议《关于修改部分法律的决定》第一次修正
· 根据 2017 年 9 月 1 日第十二届全国人民代表大会常务委员会第二十九次会议《关于修改〈中华人民共和国法官法〉等八部法律的决定》第二次修正
· 2021 年 1 月 22 日第十三届全国人民代表大会常务委员会第二十五次会议修订
· 2021 年 1 月 22 日中华人民共和国主席令第 70 号公布
· 自 2021 年 7 月 15 日起施行

理解与适用

《中华人民共和国行政处罚法》(以下简称《行政处罚法》)是我国规范政府共同行政行为的一部重要法律,于 1996 年 3 月 17 日由第八届全国人民代表大会第四次会议通过,根据 2009 年 8 月 27 日第十一届全国人民代表大会常务委员会第十次会议《关于修改部分法律的决定》第一次修正,根据 2017 年 9 月 1 日第十二届全国人民代表大会常务委员会第二十九次会议《关于修改〈中华人民共和国法官法〉等八部法律的决定》第二次修正,2021 年 1 月 22 日由第十三届全国人民代表大会常务委员会第二十五次会议修订通过,自 2021 年 7 月 15 日起施行。

制定和修改《行政处罚法》,是我国行政法制建设中的一件大事,也是加强社会主义民主政治建设的一个重要步骤。《行政处罚法》的制定和修改,对于规范行政机关有效地依法行政,改进行政管理工作,加强廉政建设,维护社会秩序和公共利益,保护公民的合法权益,促进社会主义市场经济的健康发展,起到重要作用。

一、《行政处罚法》的主要内容

(一)关于行政处罚的设定

行政处罚涉及公民的权利,实行法定原则,这包括三个方面:一是公民、法人或者其他组织的行为,只有依法明文规定应予行政处罚的,才受处罚,没有依法规定处罚的,不受处罚。二是行政处罚的设定依据包括法律、行政法规、地方性法规、部门规章和地方政府规章,必须由本法规定的国家机关在职权范围内依法设定,总体的制定权配置与统一的分层次立法体制相适应。不同的国家机关有权设定不同类型的行政处罚。三是行政机关设定行政处罚,必须严格依据《立法法》《行政处罚法》《行政法规制定程序条例》《规章制定程序条例》等进行。

(二)实施行政处罚的主体

行政处罚由具有行政处罚权的行政机关在法定职权范围内实施,这是行政处罚与刑事处罚(由法院判决)不同的一个重要特点。一是不是所有的行政机关都有行政处罚权。二是行政机关只能对自己主管业务范围内的违反行政管理秩序的行为给予行政处罚。三是每个行政机关有权给予什么种类的行政处罚,依法律、法规、规章规定。

(三)关于行政处罚的原则和程序

《行政处罚法》对实施行政处罚的原则作了规定。主要有:一是处罚与教育相结合的原则。行政处罚的目的,重在纠正违法行为,教育公民、法人或者其他组织自觉遵守法律。二是依法原则。行政机关实施行政处罚,必须以法律为准绳,严格遵守法定程序。三是公正、公开的原则。给予行政处罚,必须查明事实,以事实为根据,与违法行为的事实、性质、情节以及社会危害程度相当。有关行政处罚的规定要公布,使公民和组织能够知道;实施行政处罚要公开,以便人民群众进行监督。

(四)关于当事人的权利

《行政处罚法》对当事人的权利作了规定。一是陈述和包括听证在内的申辩权。二是申请行政复议或提起行政诉讼权。当事人对行政处罚不服,可以依法提请行政复议或者提起行政诉讼。三是要求行政赔偿权。公民、法人或者其他组织对于行政机关违法给予行政处罚受到损害的,有权依法取得赔偿。

(五)法律责任

为了制止乱处罚、乱罚款,保护公民、法人或者其他组织的合法权益不受侵犯,《行政处罚法》规定,对行政机关及其执法人员滥用处罚权等规定了严格的法律责任,详见第七章。

二、《行政处罚法》的2021年修订要点

本次修订的主要考虑包括:一是贯彻落实党中央重大决策部署,立法主动适应改革需要,体现和巩固行政执法领域中取得的重大改革成果。二是坚持问题导向,适应实践需要,扩大地方的行政处罚设定权限,加大重点领域行政处罚力度。三是坚持权由法定的法治原则,增加综合行政执法,赋予乡镇人民政府、街道办事处行政处罚权,完善行政处罚程序,严格行政执法责任,更好地保障严格规范公正文明执法。四是把握通用性,从行政处罚法是行政处罚领域的通用规范出发,认真总结实践经验,发展和完善行政处罚的实体和程序规则,为单行法律、法规设定行政处罚和行政机关实施行政处罚提供基本遵循。

(一)增加行政处罚的定义、扩大行政处罚的种类

原《行政处罚法》第8条列举了7项行政处罚种类,但没有规定何为行政处罚,实践中遇到不少困难,本次修订作了完善。

一是增加行政处罚的定义。第2条规定:"行政处罚是指行政机关依法对违反行政管理秩序的公民、法人或者其他组织,以减损权益或者增加义务的方式予以惩戒的行为。"简单来讲就是新的不利处分。

二是增加行政处罚种类。第9条增加规定通报批评、降低资质等级、限制开展生产经营活动、责令关闭、限制从业。

(二)扩大地方性法规设定行政处罚的权限

为充分发挥地方性法规在地方治理中的作用,第12条第3款增加规定:"法律、行政法规对违法行为未作出行政处罚规定,地方性法规为实施法律、行政法规,可以补充设定行政处罚。拟补充设定行政处罚的,应当通过听证会、论证会等形式广泛听取意见,并向制定机关作出书面说明。地方性法规报送备案时,应当说明补充设定行政处罚的情况。"同时,第11条第3款进一步明确了行政法规设定行政处罚的创制性立法权。

(三)完善行政处罚实施主体规定

一是根据党和国家机构改革和行政执法体制改革要求,首次规定"综合行政执法",在原第16条基础上增加1款,作为第18条第1款,规定:"国家在城市管理、市场监管、生态环境、文化市场、交通运输、应急管理、农业等领域推行建立综合行政执法制度,相对集中行政处罚权。"

二是进一步规范委托行政处罚。在原第18条基础上增加1款,作为第20条第2款,规定"委托书应当载明委托的具体事项、权限、期限等内容。委托行政机关和受委托组织应当将委托书向社会公布。"

三是规定交由乡镇人民政府、街道办事处行使县级人民政府部门的行政处罚权,但第24条规定了基层管理迫切需要、能够有效承接、定期组织评估、省(自治区、直辖市)决定应当公布、加强执法能力建设、完善评议考核制度等诸多限制性要求。

(四)完善行政处罚的适用

一是规定责令退赔和非法所得为"利润"。第28条第2款规定:"当事人有违法所得,除依法

应当退赔的外,应当予以没收。违法所得是指实施违法行为所取得的款项。法律、行政法规、部门规章对违法所得的计算另有规定的,从其规定。"

二是规定过错推定原则。这是对应受行政处罚行为构成要件的重大修改。第33条第2款规定:"当事人有证据足以证明没有主观过错的,不予行政处罚。法律、行政法规另有规定的,从其规定。"

三是首次规定了行政协助。第26条规定:"行政机关因实施行政处罚的需要,可以向有关机关提出协助请求。协助事项属于被请求机关职权范围内的,应当依法予以协助。"

四是规定同一个违法行为违反多个法律规范应当给予罚款处罚的,按照罚款数额高的规定处罚。

五是完善了"两法衔接"。首次要求从司法机关到行政机关的逆循环,及"对依法不需要追究刑事责任或者免予刑事处罚,但应当给予行政处罚的,司法机关应当及时将案件移送有关行政机关",并对衔接机制作了进一步规定,要求"行政处罚实施机关与司法机关之间应当加强协调配合,建立健全案件移送制度,加强证据材料移交、接收衔接,完善案件处理信息通报机制"。

六是规范行政处罚自由裁量权行使。完善了从轻或者减轻行政处罚,增加了初次违法可以不予处罚。增加规定行政机关可以依法制定行政处罚裁量基准。

七是完善追责时效,涉及公民生命健康安全、金融安全等重点领域的违法行为的追责期限由2年延长至5年。

八是增加"从旧兼从轻"适用规则,实施行政处罚,适用违法行为发生时的法律、法规、规章的规定。但是,作出行政处罚决定时,法律、法规、规章已被修改或者废止,且新的规定处罚较轻或者不认为是违法的,适用新的规定。

九是完善行政处罚决定无效制度。行政处罚没有依据或者实施主体不具有行政主体资格的,以及违反法定程序构成重大且明显违法的,行政处罚无效。

十是明确行政处罚证据种类和适用规则,规定证据必须经查证属实,方可作为认定案件事实的根据;以非法手段取得的证据,不得作为认定案件事实的根据。

十一是进一步明确适用范围。外国人、无国籍人、外国组织在中华人民共和国领域内有违法行为,应当给予行政处罚的,适用本法,法律另有规定的除外。

(五)完善行政处罚的程序

一是明确公示要求,增加规定行政处罚的实施机关、立案依据、实施程序和救济渠道等信息应当公示;具有一定社会影响的行政处罚决定应当依法公开。

二是体现全程记录,增加规定行政机关应当依法以文字、音像等形式,对行政处罚的启动、调查取证、审核、决定、送达、执行等进行全过程记录,归档保存。

三是细化法制审核程序,列明适用情形,明确未经法制审核或者审核未通过的,不得作出行政处罚决定。

四是规范非现场执法,利用电子技术监控设备收集、固定违法事实的,应当经过法制和技术审核,确保电子技术监控设备符合标准、设置合理、标志明显,设置地点应当向社会公布。电子技术监控设备记录违法事实应当真实、清晰、完整、准确。同时,要保障陈述权、申辩权。

五是进一步完善回避制度,细化回避情形,明确对回避申请应当依法审查,但不停止调查或者实施行政处罚。

六是增加规定发生重大传染病疫情等突发事件,为了控制、减轻和消除突发事件引起的社会危害,行政机关对违反突发事件应对措施的行为,依法快速、从重处罚,但不完全等于简化程序。

七是适应行政执法实际需要,将适用简易程序的罚款数额由50元以下和1000元以下,分别提高至200元以下和3000元以下。

八是增加立案程序和办理时限,除当场作出的行政处罚外,行政机关认为符合立案标准的,应当立案;案件办理时限原则上是九十日。

九是完善听证程序,扩大适用范围,增加了"没收较大数额违法所得、没收较大价值非法财物,降低资质等级,责令关闭,限制从业,其他较重的行政处罚"等,适当延长申请期限,明确行政机关应当结合听证笔录作出决定。

十是增加电子送达,当事人同意并签订确认书的,行政机关可以采用传真、电子邮件等方式,将行政处罚决定书等送达当事人。

(六)完善行政处罚的执行

一是适应行政执法实际需要,将行政机关当场收缴的罚款数额由20元以下提高至100元以下。

二是与《行政强制法》相衔接,完善行政处罚的强制执行程序,规定当事人逾期不履行行政处罚决定的,行政机关可以根据法律规定实施行政强制执行。

三是明确行政机关批准延期、分期缴纳罚款的,申请人民法院强制执行的期限,自暂缓或者分期缴纳罚款期限结束之日起计算。

四是增加对限制人身自由的行政处罚决定,当事人可以申请暂缓执行。

五是明确当事人申请行政复议或者提起行政诉讼的,加处罚款的数额在行政复议或者行政诉讼期间不予计算。

六是增加电子支付,当事人还可以通过电子支付系统缴纳罚款。

(七)加强行政执法监督

一是增加规定罚款、没收违法所得或者没收非法财物拍卖的款项,不得同作出行政处罚决定的行政机关及其工作人员的考核、考评直接或者变相挂钩。

二是增加规定县级以上人民政府应当定期组织开展行政执法评议、考核,加强对行政处罚的监督检查,规范和保障行政处罚的实施。

第一章 总 则

第一条 【立法目的和依据】为了规范行政处罚的设定和实施,保障和监督行政机关有效实施行政管理,维护公共利益和社会秩序,保护公民、法人或者其他组织的合法权益,根据宪法,制定本法。

第二条 【行政处罚的定义】行政处罚是指行政机关依法对违反行政管理秩序的公民、法人或者其他组织,以减损权益或者增加义务的方式予以惩戒的行为。

实务问答 **1. 什么是行政处罚,如何理解行政处罚的定义**

第一,行政处罚的实施主体是行政主体。第二,行政处罚针对的是公民、法人或其他组织违反行政管理秩序的行为。第三,行政处罚的方式是减损权益或者增加义务。第四,行政处罚的对象是作为外部相对人的公民、法人或者其他组织,而非内部相对人,这可使行政处罚区别于行政机关基于行政隶属关系、行政监察机关对公务员所作出的处分行为。第五,行政处罚的目的是"惩戒"。

第三条 【适用范围】行政处罚的设定和实施,适用本法。

第四条 【适用对象】公民、法人或者其他组织违反行政管理秩序的行为,应当给予行政处罚的,依照本法由法律、法规、规章规定,并由行政机关依照本法规定的程序实施。

注释 行政处罚以行政违法为前提,并且该违法行为处于"应当给予行政处罚"的程度范围。如果没有违反行政管理秩序的行为,或者行为没有达到或超出行政处罚标准,不应予以处罚。实践中,不属于"应当给予行政处罚"的典型情形有两种:一是轻微违反行政管理秩序的行为;二是严重违反行政管理秩序以至于构成犯罪,需要根据《刑法》予以处罚的行为。行政主体在实施行政处罚时,应依据法律的规定,区别不同的违法行为,给予不同的处理。

第五条 【适用原则】行政处罚遵循公正、公开的原则。

设定和实施行政处罚必须以事实为依据,与违法行为的事实、性质、情节以及社会危害程度相当。

对违法行为给予行政处罚的规定必须公布;未经公布的,不得作为行政处罚的依据。

第六条 【处罚与教育相结合原则】实施行政

处罚，纠正违法行为，应当坚持处罚与教育相结合，教育公民、法人或者其他组织自觉守法。

第七条 【行政处罚当事人的权利】公民、法人或者其他组织对行政机关所给予的行政处罚，享有陈述权、申辩权；对行政处罚不服的，有权依法申请行政复议或者提起行政诉讼。

公民、法人或者其他组织因行政机关违法给予行政处罚受到损害的，有权依法提出赔偿要求。

第八条 【被处罚者的其他法律责任】公民、法人或者其他组织因违法行为受到行政处罚，其违法行为对他人造成损害的，应当依法承担民事责任。

违法行为构成犯罪，应当依法追究刑事责任的，不得以行政处罚代替刑事处罚。

链接《行政执法机关移送涉嫌犯罪案件的规定》

第二章 行政处罚的种类和设定

第九条 【行政处罚的种类】行政处罚的种类：

（一）警告、通报批评；

（二）罚款、没收违法所得、没收非法财物；

（三）暂扣许可证件、降低资质等级、吊销许可证件；

（四）限制开展生产经营活动、责令停产停业、责令关闭、限制从业；

（五）行政拘留；

（六）法律、行政法规规定的其他行政处罚。

注释 与修订前的《行政处罚法》相比，2021年增加通报批评、降低资质等级、限制开展生产经营活动、责令关闭、限制从业等行政处罚种类，将修订前的《行政处罚法》中“暂扣或者吊销许可证、暂扣或者吊销执照”统一规定为“暂扣许可证件”以及“吊销许可证件”。

（1）警告是指行政机关对有违法行为的公民、法人和其他组织提出警示和告诫，使其认识所应负责任的一种处罚，通常用于情节较轻、危害性不大的违法行为。公安机关对当事人作出的“训诫”行为虽与警告较为接近，但性质不同。训诫本义指教导和劝诫，对照本法第2条有关行政处罚的定义，其不属于刑罚、行政处罚或行政强制措施，一般不应理解为行政处罚。

（2）通报批评主要表现为行政机关在一定范围内对违法行为人的违法事实予以公布，借此既制裁和教育违法者，又广泛教育他人。警告和通报批评通常都适用于违法程度轻微、社会危害性不大的行为。两者的主要区别在于，警告通常只针对个人作出，知晓范围也限于当事人本人或限定范围的人员，采取的是“点对点”的方式；而通报批评需要具备一定的公开性，其知晓范围明显大于警告，采取的是“点对面”的方式。

（3）罚款指行政机关责令有违法行为的公民、法人和其他组织在一定期限内缴纳一定数量货币的处罚行为。罚款、没收违法所得、没收非法财物属于传统财产罚。本条将旧法中分两项规定的“罚款”“没收违法所得、没收非法财物”合并为一项。

（4）没收违法所得与没收非法财物指国家行政机关将违法所得与非法财物收归国有的行政处罚，具有强制性与无偿性的特征。根据本法第28条，违法所得，是指实施违法行为所取得的款项，也就是特指金钱；根据本法第74条第1款，依法没收的非法财物必须按照国家规定公开拍卖或者按照国家有关规定处理。因此，非法财物一般指金钱以外的财产，在没收时需通过拍卖等方式转化为款项。

（5）暂扣许可证件、降低资质等级、吊销许可证件属于资格罚，指行政机关对有违法行为的公民、法人和其他组织，通过暂扣、吊销许可证件、降低资质等级的方式暂时剥夺或永久剥夺其从事生产或经营权利的行政处罚。

（6）限制开展生产经营活动、责令停产停业、责令关闭、限制从业属于行为罚，指行政机关对违反法律、法规的当事人，在一定期限内或者永久剥夺其从事某项生产经营活动权利的行政处罚。

“责令关闭”是较为严厉的一种行政处罚，与责令停产停业不同，责令停产停业通常附有期限要求，受处罚人在一定期限内纠正了违法行为，就可以恢复生产和经营；责令关闭否定了公民、法人或其他组织生产经营行为的存续，并无期限限制。责令关闭与吊销许可证件的关系在于，责令关闭是针对生产经营的事实状态，吊销许可证件是针对可以开展生产经营的法律前提要件。

“限制开展生产经营活动”相对于责令停产停业而言，范围和效果更轻，限制开展生产经营活动是在原有生产经营范围的基础上加以控制或缩减，但生产经营活动并不停止，而责令停产停业则意味着生产经营活动处于全面暂停的状态。

"限制从业"多发生在对于行业准入有特定要求的专业领域内,如《食品安全法》第135条第1款规定,被吊销许可证的食品生产经营者及其法定代表人、直接负责的主管人员和其他直接责任人员自处罚决定作出之日起5年内不得申请食品生产经营许可,或者从事食品生产经营管理工作、担任食品生产经营企业食品安全管理人员。

(7)"行政拘留"是指法定的行政机关依法对违反行政法律规范的人,在短期内限制其人身自由的一种行政处罚。行政拘留是行政处罚中最严厉的处罚,只有公安机关和法律规定的其他机关有权作为实施主体。目前有规定的其他机关是国家安全机关。

第十条 【法律的行政处罚设定权】法律可以设定各种行政处罚。

限制人身自由的行政处罚,只能由法律设定。

第十一条 【行政法规的行政处罚设定权】行政法规可以设定除限制人身自由以外的行政处罚。

法律对违法行为已经作出行政处罚规定,行政法规需要作出具体规定的,必须在法律规定的给予行政处罚的行为、种类和幅度的范围内规定。

法律对违法行为未作出行政处罚规定,行政法规为实施法律,可以补充设定行政处罚。拟补充设定行政处罚的,应当通过听证会、论证会等形式广泛听取意见,并向制定机关作出书面说明。行政法规报送备案时,应当说明补充设定行政处罚的情况。

第十二条 【地方性法规的行政处罚设定权】地方性法规可以设定除限制人身自由、吊销营业执照以外的行政处罚。

法律、行政法规对违法行为已经作出行政处罚规定,地方性法规需要作出具体规定的,必须在法律、行政法规规定的给予行政处罚的行为、种类和幅度的范围内规定。

法律、行政法规对违法行为未作出行政处罚规定,地方性法规为实施法律、行政法规,可以补充设定行政处罚。拟补充设定行政处罚的,应当通过听证会、论证会等形式广泛听取意见,并向制定机关作出书面说明。地方性法规报送备案时,应当说明补充设定行政处罚的情况。

第十三条 【国务院部门规章的行政处罚设定权】国务院部门规章可以在法律、行政法规规定的给予行政处罚的行为、种类和幅度的范围内作出具体规定。

尚未制定法律、行政法规的,国务院部门规章对违反行政管理秩序的行为,可以设定警告、通报批评或者一定数额罚款的行政处罚。罚款的限额由国务院规定。

第十四条 【地方政府规章的行政处罚设定权】地方政府规章可以在法律、法规规定的给予行政处罚的行为、种类和幅度的范围内作出具体规定。

尚未制定法律、法规的,地方政府规章对违反行政管理秩序的行为,可以设定警告、通报批评或者一定数额罚款的行政处罚。罚款的限额由省、自治区、直辖市人民代表大会常务委员会规定。

实务问答 地方政府规章能否就盐业公司之外的其他企业经营盐的批发业务设定行政处罚

(1)盐业管理的法律、行政法规没有设定工业盐准运证的行政许可,地方性法规或者地方政府规章不能设定工业盐准运证这一新的行政许可。(2)盐业管理的法律、行政法规对盐业公司之外的其他企业经营盐的批发业务没有设定行政处罚,地方政府规章不能对该行为设定行政处罚。(3)地方政府规章违反法律规定设定许可、处罚的,人民法院在行政审判中不予适用。(2014年4月9日最高人民法院发布的第二批指导性案例:鲁潍(福建)盐业进出口有限公司苏州分公司诉江苏省苏州市盐务管理局盐业行政处罚案)

第十五条 【行政处罚的立法后评估】国务院部门和省、自治区、直辖市人民政府及其有关部门应当定期组织评估行政处罚的实施情况和必要性,对不适当的行政处罚事项及种类、罚款数额等,应当提出修改或者废止的建议。

第十六条 【其他规范性文件禁止设定行政处罚】除法律、法规、规章外,其他规范性文件不得设定行政处罚。

第三章 行政处罚的实施机关

第十七条 【行政处罚的实施】行政处罚由具有行政处罚权的行政机关在法定职权范围内实施。

第十八条 【特殊类型的行政处罚实施机关】国家在城市管理、市场监管、生态环境、文化市场、交通运输、应急管理、农业等领域推行建立综合行政执法制度,相对集中行政处罚权。

国务院或者省、自治区、直辖市人民政府可以决定一个行政机关行使有关行政机关的行政处罚权。

限制人身自由的行政处罚权只能由公安机关和法律规定的其他机关行使。

第十九条 【授权实施行政处罚】法律、法规授权的具有管理公共事务职能的组织可以在法定授权范围内实施行政处罚。

实务问答 政府赋予行政管理职能的直属事业单位能否实施行政处罚

行政处罚原则上由具有行政处罚权的行政机关在法定职权范围内实施;行政机关以外的其他组织(包括政府直属事业单位),未经法律、法规授权,或者未经具有行政处罚权的行政机关依照法律、法规、规章的规定在其法定权限范围内委托,不得实施行政处罚。

第二十条 【委托实施行政处罚】行政机关依照法律、法规、规章的规定,可以在其法定权限内书面委托符合本法第二十一条规定条件的组织实施行政处罚。行政机关不得委托其他组织或者个人实施行政处罚。

委托书应当载明委托的具体事项、权限、期限等内容。委托行政机关和受委托组织应当将委托书向社会公布。

委托行政机关对受委托组织实施行政处罚的行为应当负责监督,并对该行为的后果承担法律责任。

受委托组织在委托范围内,以委托行政机关名义实施行政处罚;不得再委托其他组织或者个人实施行政处罚。

第二十一条 【受委托组织的条件】受委托组织必须符合以下条件:

(一)依法成立并具有管理公共事务职能;

(二)有熟悉有关法律、法规、规章和业务并取得行政执法资格的工作人员;

(三)需要进行技术检查或者技术鉴定的,应当有条件组织进行相应的技术检查或者技术鉴定。

第四章 行政处罚的管辖和适用

第二十二条 【行政处罚的管辖】行政处罚由违法行为发生地的行政机关管辖。法律、行政法规、部门规章另有规定的,从其规定。

实务问答 对道路交通安全违法行为的处罚,如何确定管辖

(1)对交通警察执勤执法中发现的违法行为的处罚由违法行为发生地的公安机关交通管理部门管辖。

(2)对交通技术监控资料记录的违法行为的处罚可以由违法行为发生、发现地或者机动车登记地的公安机关交通管理部门管辖。

(3)对违法行为人处以警告、罚款或者暂扣机动车驾驶证处罚的,由县级以上公安机关交通管理部门作出处罚决定。

(4)对处以吊销机动车驾驶证处罚的,由设区的市公安机关交通管理部门作出处罚决定。

(5)对违法行为人处以行政拘留的,由县、市公安局、公安分局或者相当于县一级的公安机关作出处罚决定。

第二十三条 【县级以上政府的管辖权】行政处罚由县级以上地方人民政府具有行政处罚权的行政机关管辖。法律、行政法规另有规定的,从其规定。

第二十四条 【乡镇政府和街道办事处的管辖权】省、自治区、直辖市根据当地实际情况,可以决定将基层管理迫切需要的县级人民政府部门的行政处罚权交由能够有效承接的乡镇人民政府、街道办事处行使,并定期组织评估。决定应当公布。

承接行政处罚权的乡镇人民政府、街道办事处应当加强执法能力建设,按照规定范围、依照法定程序实施行政处罚。

有关地方人民政府及其部门应当加强组织协调、业务指导、执法监督,建立健全行政处罚协调配合机制,完善评议、考核制度。

第二十五条 【管辖权争议】两个以上行政机关都有管辖权的,由最先立案的行政机关管辖。

对管辖发生争议的,应当协商解决,协商不成的,报请共同的上一级行政机关指定管辖;也可以直接由共同的上一级行政机关指定管辖。

第二十六条 【执法协助】行政机关因实施行政处罚的需要,可以向有关机关提出协助请求。协助事项属于被请求机关职权范围内的,应当依法予以协助。

第二十七条 【行政处罚与刑事司法的衔接】违法行为涉嫌犯罪的,行政机关应当及时将案件

移送司法机关，依法追究刑事责任。对依法不需要追究刑事责任或者免予刑事处罚，但应当给予行政处罚的，司法机关应当及时将案件移送有关行政机关。

行政处罚实施机关与司法机关之间应当加强协调配合，建立健全案件移送制度，加强证据材料移交、接收衔接，完善案件处理信息通报机制。

第二十八条 【改正违法行为及没收违法所得】行政机关实施行政处罚时，应当责令当事人改正或者限期改正违法行为。

当事人有违法所得，除依法应当退赔的外，应当予以没收。违法所得是指实施违法行为所取得的款项。法律、行政法规、部门规章对违法所得的计算另有规定的，从其规定。

第二十九条 【同一行为不得重复处罚】对当事人的同一个违法行为，不得给予两次以上罚款的行政处罚。同一个违法行为违反多个法律规范应当给予罚款处罚的，按照罚款数额高的规定处罚。

实务问答 如何理解“一事不再罚”

一事不再罚，又称“一行为不二罚”和“禁止双重处罚”，即针对同一个违法行为，不能给予两次以上的罚款，其他行政处罚类型不在此限。适用本条必须正确理解“同一个违法行为”，即“一行为”。如果存在多个违法行为，则完全可能给予两次以上的行政处罚，包括两次以上的罚款。常见的“法律上一行为”包括但不限于以下几种情形：

一是法律明确规定为一个行为。法律、行政法规、规章的构成要件已经对数个自然一行为进行了概括归纳，认为这些行为加在一起，违反了一个行政法的义务，则只需评价一次即可。

二是连续性行为。在某一个时空范围内，以同一方式重复实施相同或者相类似的行为，各行为之间又具有紧密的相互关系。例如，经营者针对不同消费者连续派发虚假广告的行为。

三是继续性行为。行为时间存在一定的持续性，且在持续期间内均构成非法。行为持续期间短暂的停止违法，并不中断继续性行为。例如，未经行政许可而从事应获许可事项。在实务中需要区分行为的继续与结果状态的继续。前者是指在持续期间内始终在实施某行为，因此相应的追责时效应当从行为终了时起算；后者是指行为已经结束，只是行为造成的事实效果一直在持续，甚至可以宽泛地说所有违法行为的结果状态都不可能百分之百被消除，因此相应的追责时效应当从行为完成时起算，而非结果状态消除时。

第三十条 【对未成年人处罚的限制】不满十四周岁的未成年人有违法行为的，不予行政处罚，责令监护人加以管教；已满十四周岁不满十八周岁的未成年人有违法行为的，应当从轻或者减轻行政处罚。

第三十一条 【对精神病人、智力残疾人处罚的限制】精神病人、智力残疾人在不能辨认或者不能控制自己行为时有违法行为的，不予行政处罚，但应当责令其监护人严加看管和治疗。间歇性精神病人在精神正常时有违法行为的，应当给予行政处罚。尚未完全丧失辨认或者控制自己行为能力的精神病人、智力残疾人有违法行为的，可以从轻或者减轻行政处罚。

第三十二条 【从轻、减轻处罚的条件】当事人有下列情形之一，应当从轻或者减轻行政处罚：

（一）主动消除或者减轻违法行为危害后果的；

（二）受他人胁迫或者诱骗实施违法行为的；

（三）主动供述行政机关尚未掌握的违法行为的；

（四）配合行政机关查处违法行为有立功表现的；

（五）法律、法规、规章规定其他应当从轻或者减轻行政处罚的。

第三十三条 【不予处罚的条件】违法行为轻微并及时改正，没有造成危害后果的，不予行政处罚。初次违法且危害后果轻微并及时改正的，可以不予行政处罚。

当事人有证据足以证明没有主观过错的，不予行政处罚。法律、行政法规另有规定的，从其规定。

对当事人的违法行为依法不予行政处罚的，行政机关应当对当事人进行教育。

第三十四条 【行政处罚裁量基准】行政机关可以依法制定行政处罚裁量基准，规范行使行政处罚裁量权。行政处罚裁量基准应当向社会公布。

第三十五条 【刑罚的折抵】违法行为构成犯罪，人民法院判处拘役或者有期徒刑时，行政机关已经给予当事人行政拘留的，应当依法折抵相应刑期。

违法行为构成犯罪，人民法院判处罚金时，行政机关已经给予当事人罚款的,应当折抵相应罚金;行政机关尚未给予当事人罚款的,不再给予罚款。

链接《行政执法机关移送涉嫌犯罪案件的规定》第11条

第三十六条 【行政处罚的时效】违法行为在二年内未被发现的,不再给予行政处罚;涉及公民生命健康安全、金融安全且有危害后果的,上述期限延长至五年。法律另有规定的除外。

前款规定的期限,从违法行为发生之日起计算;违法行为有连续或者继续状态的,从行为终了之日起计算。

实务问答法律另有规定的行政处罚时效,包括哪些例外情形

(1)违反治安管理行为在6个月内没有被公安机关发现的,不再处罚。

(2)违反税收法律、行政法规应当给予行政处罚的行为,在5年内未被发现的,不再给予行政处罚。但该条规定的在五年内未被发现,不再给予行政处罚,仅适用于违反税收法律、行政法规规定的违法行为;如果不属于税收法律、行政法规规定的税务行政违法行为,追责时效仍然适用二年的规定。例如,某公司系扣缴义务人,违反了国家税务总局部门规章《税务登记管理办法》第42条"扣缴义务人未按照规定办理扣缴税款登记的,税务机关应当自发现之日起3日内责令其限期改正,并可处以1000元以下的罚款"的规定,其违法行为就应当适用二年的追责时效。

第三十七条 【法律适用的从旧兼从轻原则】实施行政处罚,适用违法行为发生时的法律、法规、规章的规定。但是,作出行政处罚决定时,法律、法规、规章已被修改或者废止,且新的规定处罚较轻或者不认为是违法的,适用新的规定。

链接《最高人民法院关于印发〈关于审理行政案件适用法律规范问题的座谈会纪要〉的通知》

第三十八条 【行政处罚的无效】行政处罚没有依据或者实施主体不具有行政主体资格的,行政处罚无效。

违反法定程序构成重大且明显违法的,行政处罚无效。

第五章 行政处罚的决定

第一节 一般规定

第三十九条 【行政处罚信息公示】行政处罚的实施机关、立案依据、实施程序和救济渠道等信息应当公示。

第四十条 【行政处罚应当查明事实】公民、法人或者其他组织违反行政管理秩序的行为,依法应当给予行政处罚的,行政机关必须查明事实;违法事实不清、证据不足的,不得给予行政处罚。

第四十一条 【电子技术监控设备的适用】行政机关依照法律、行政法规规定利用电子技术监控设备收集、固定违法事实的,应当经过法制和技术审核,确保电子技术监控设备符合标准、设置合理、标志明显,设置地点应当向社会公布。

电子技术监控设备记录违法事实应当真实、清晰、完整、准确。行政机关应当审核记录内容是否符合要求;未经审核或者经审核不符合要求的,不得作为行政处罚的证据。

行政机关应当及时告知当事人违法事实,并采取信息化手段或者其他措施,为当事人查询、陈述和申辩提供便利。不得限制或者变相限制当事人享有的陈述权、申辩权。

第四十二条 【公正文明执法】行政处罚应当由具有行政执法资格的执法人员实施。执法人员不得少于两人,法律另有规定的除外。

执法人员应当文明执法,尊重和保护当事人合法权益。

第四十三条 【回避制度】执法人员与案件有直接利害关系或者有其他关系可能影响公正执法的,应当回避。

当事人认为执法人员与案件有直接利害关系或者有其他关系可能影响公正执法的,有权申请回避。

当事人提出回避申请的,行政机关应当依法审查,由行政机关负责人决定。决定作出之前,不停止调查。

第四十四条 【行政机关的告知义务】行政机关在作出行政处罚决定之前,应当告知当事人拟作出的行政处罚内容及事实、理由、依据,并告知当事人依法享有的陈述、申辩、要求听证等权利。

链接本法第62、64条

第四十五条 【当事人的陈述、申辩权】当事人有权进行陈述和申辩。行政机关必须充分听取当事人的意见,对当事人提出的事实、理由和证据,应当进行复核;当事人提出的事实、理由或者证据成立的,行政机关应当采纳。

行政机关不得因当事人陈述、申辩而给予更重的处罚。

第四十六条 【证据种类及适用规则】证据包括：

（一）书证；

（二）物证；

（三）视听资料；

（四）电子数据；

（五）证人证言；

（六）当事人的陈述；

（七）鉴定意见；

（八）勘验笔录、现场笔录。

证据必须经查证属实，方可作为认定案件事实的根据。

以非法手段取得的证据，不得作为认定案件事实的根据。

第四十七条 【行政处罚全过程记录】行政机关应当依法以文字、音像等形式，对行政处罚的启动、调查取证、审核、决定、送达、执行等进行全过程记录，归档保存。

第四十八条 【行政处罚决定的公开与撤回】具有一定社会影响的行政处罚决定应当依法公开。

公开的行政处罚决定被依法变更、撤销、确认违法或者确认无效的，行政机关应当在三日内撤回行政处罚决定信息并公开说明理由。

第四十九条 【突发事件应对】发生重大传染病疫情等突发事件，为了控制、减轻和消除突发事件引起的社会危害，行政机关对违反突发事件应对措施的行为，依法快速、从重处罚。

第五十条 【保密条款】行政机关及其工作人员对实施行政处罚过程中知悉的国家秘密、商业秘密或者个人隐私，应当依法予以保密。

第二节 简易程序

第五十一条 【简易程序的适用条件】违法事实确凿并有法定依据，对公民处以二百元以下、对法人或者其他组织处以三千元以下罚款或者警告的行政处罚的，可以当场作出行政处罚决定。法律另有规定的，从其规定。

第五十二条 【简易程序的适用要求】执法人员当场作出行政处罚决定的，应当向当事人出示执法证件，填写预定格式、编有号码的行政处罚决定书，并当场交付当事人。当事人拒绝签收的，应当在行政处罚决定书上注明。

前款规定的行政处罚决定书应当载明当事人的违法行为，行政处罚的种类和依据、罚款数额、时间、地点，申请行政复议、提起行政诉讼的途径和期限以及行政机关名称，并由执法人员签名或者盖章。

执法人员当场作出的行政处罚决定，应当报所属行政机关备案。

第五十三条 【简易程序的履行】对当场作出的行政处罚决定，当事人应当依照本法第六十七条至第六十九条的规定履行。

第三节 普通程序

第五十四条 【取证与立案】除本法第五十一条规定的可以当场作出的行政处罚外，行政机关发现公民、法人或者其他组织有依法应当给予行政处罚的行为的，必须全面、客观、公正地调查，收集有关证据；必要时，依照法律、法规的规定，可以进行检查。

符合立案标准的，行政机关应当及时立案。

实务问答 行政处罚立案的标准是什么

（1）存在违反行政管理法律法规规章且相关法条设定了行政处罚的行为，或者有存在前述违法行为的确切线索。此因素最为关键。经初步调查证明存在违法嫌疑时，才应当立案；经初步调查有确凿证据证明不存在违法行为的，不能立案。涉嫌违法，只要求有初步证据，不要求证据确凿。

（2）办案机关具有管辖权。

（3）违法行为仍在行政处罚追究时效内。

（4）不违反一事不再罚款原则。

（5）初步调查中未发现存在其他依法应当不予处罚的情形。

第五十五条 【执法调查检查程序】执法人员在调查或者进行检查时，应当主动向当事人或者有关人员出示执法证件。当事人或者有关人员有权要求执法人员出示执法证件。执法人员不出示执法证件的，当事人或者有关人员有权拒绝接受调查或者检查。

当事人或者有关人员应当如实回答询问，并协助调查或者检查，不得拒绝或者阻挠。询问或者检查应当制作笔录。

第五十六条 【证据收集程序】行政机关在收集证据时，可以采取抽样取证的方法；在证据可能灭失或者以后难以取得的情况下，经行政机关负责人批准，可以先行登记保存，并应当在七日内及时作出处理决定，在此期间，当事人或者有关人员不得销毁或者转移证据。

第五十七条 【处罚决定】调查终结，行政机关负责人应当对调查结果进行审查，根据不同情况，分别作出如下决定：

（一）确有应受行政处罚的违法行为的，根据情节轻重及具体情况，作出行政处罚决定；

（二）违法行为轻微，依法可以不予行政处罚的，不予行政处罚；

（三）违法事实不能成立的，不予行政处罚；

（四）违法行为涉嫌犯罪的，移送司法机关。

对情节复杂或者重大违法行为给予行政处罚，行政机关负责人应当集体讨论决定。

第五十八条 【法制审核】有下列情形之一，在行政机关负责人作出行政处罚的决定之前，应当由从事行政处罚决定法制审核的人员进行法制审核；未经法制审核或者审核未通过的，不得作出决定：

（一）涉及重大公共利益的；

（二）直接关系当事人或者第三人重大权益，经过听证程序的；

（三）案件情况疑难复杂、涉及多个法律关系的；

（四）法律、法规规定应当进行法制审核的其他情形。

行政机关中初次从事行政处罚决定法制审核的人员，应当通过国家统一法律职业资格考试取得法律职业资格。

第五十九条 【处罚决定书的内容】行政机关依照本法第五十七条的规定给予行政处罚，应当制作行政处罚决定书。行政处罚决定书应当载明下列事项：

（一）当事人的姓名或者名称、地址；

（二）违反法律、法规、规章的事实和证据；

（三）行政处罚的种类和依据；

（四）行政处罚的履行方式和期限；

（五）申请行政复议、提起行政诉讼的途径和期限；

（六）作出行政处罚决定的行政机关名称和作出决定的日期。

行政处罚决定书必须盖有作出行政处罚决定的行政机关的印章。

第六十条 【行政处罚决定作出期限】行政机关应当自行政处罚案件立案之日起九十日内作出行政处罚决定。法律、法规、规章另有规定的，从其规定。

第六十一条 【行政处罚决定书的送达】行政处罚决定书应当在宣告后当场交付当事人；当事人不在场的，行政机关应当在七日内依照《中华人民共和国民事诉讼法》的有关规定，将行政处罚决定书送达当事人。

当事人同意并签订确认书的，行政机关可以采用传真、电子邮件等方式，将行政处罚决定书等送达当事人。

第六十二条 【行政机关不履行告知义务不得作出处罚】行政机关及其执法人员在作出行政处罚决定之前，未依照本法第四十四条、第四十五条的规定向当事人告知拟作出的行政处罚内容及事实、理由、依据，或者拒绝听取当事人的陈述、申辩，不得作出行政处罚决定；当事人明确放弃陈述或者申辩权利的除外。

第四节 听证程序

第六十三条 【听证的适用范围】行政机关拟作出下列行政处罚决定，应当告知当事人有要求听证的权利，当事人要求听证的，行政机关应当组织听证：

（一）较大数额罚款；

（二）没收较大数额违法所得、没收较大价值非法财物；

（三）降低资质等级、吊销许可证件；

（四）责令停产停业、责令关闭、限制从业；

（五）其他较重的行政处罚；

（六）法律、法规、规章规定的其他情形。

当事人不承担行政机关组织听证的费用。

案例 黄泽富、何伯琼、何熠诉四川省成都市金堂工商行政管理局行政处罚案（指导案例6号）

裁判规则：行政机关作出没收较大数额涉案财产的行政处罚决定时，未告知当事人有要求举行听证的权利或者未依法举行听证的，人民法院应当依法认定该行政处罚违反法定程序。

第六十四条 【听证的基本程序】听证应当依照以下程序组织：

（一）当事人要求听证的，应当在行政机关告知后五日内提出；

（二）行政机关应当在举行听证的七日前，通知当事人及有关人员听证的时间、地点；

（三）除涉及国家秘密、商业秘密或者个人隐私依法予以保密外，听证公开举行；

（四）听证由行政机关指定的非本案调查人员主持；当事人认为主持人与本案有直接利害关系的，有权申请回避；

（五）当事人可以亲自参加听证，也可以委托一至二人代理；

（六）当事人及其代理人无正当理由拒不出席听证或者未经许可中途退出听证的，视为放弃听证权利，行政机关终止听证；

（七）举行听证时，调查人员提出当事人违法的事实、证据和行政处罚建议，当事人进行申辩和质证；

（八）听证应当制作笔录。笔录应当交当事人或者其代理人核对无误后签字或者盖章。当事人或者其代理人拒绝签字或者盖章的，由听证主持人在笔录中注明。

第六十五条 【听证结束后的处理】听证结束后，行政机关应当根据听证笔录，依照本法第五十七条的规定，作出决定。

第六章 行政处罚的执行

第六十六条 【处罚决定的自行履行】行政处罚决定依法作出后，当事人应当在行政处罚决定书载明的期限内，予以履行。

当事人确有经济困难，需要延期或者分期缴纳罚款的，经当事人申请和行政机关批准，可以暂缓或者分期缴纳。

第六十七条 【罚款的缴纳】作出罚款决定的行政机关应当与收缴罚款的机构分离。

除依照本法第六十八条、第六十九条的规定当场收缴的罚款外，作出行政处罚决定的行政机关及其执法人员不得自行收缴罚款。

当事人应当自收到行政处罚决定书之日起十五日内，到指定的银行或者通过电子支付系统缴纳罚款。银行应当收受罚款，并将罚款直接上缴国库。

注释 罚缴分离原则，是指除了依法当场收缴的罚款外，作出行政处罚决定的行政机关及其执法人员不得自行收缴罚款。行政机关可以指定银行作为收受罚款的专门机构，当事人到指定的银行缴纳罚款，银行应当收受罚款后直接上缴国库。

链接《罚款决定与罚款收缴分离实施办法》；《违反行政事业性收费和罚没收入收支两条线管理规定行政处分暂行规定》；《罚款代收代缴管理办法》；《罚没财物管理办法》

第六十八条 【当场收缴罚款】依照本法第五十一条的规定当场作出行政处罚决定，有下列情形之一，执法人员可以当场收缴罚款：

（一）依法给予一百元以下罚款的；

（二）不当场收缴事后难以执行的。

实务问答 关于当场收缴罚款的范围，治安管理处罚法有哪些特殊规定

受到罚款处罚的人应当自收到处罚决定书之日起15日内，到指定的银行缴纳罚款。但是，有下列情形之一的，人民警察可以当场收缴罚款：

（1）被处50元以下罚款，被处罚人对罚款无异议的；

（2）在边远、水上、交通不便地区，公安机关及其人民警察作出罚款决定后，被处罚人向指定的银行缴纳罚款确有困难，经被处罚人提出的；

（3）被处罚人在当地没有固定住所，不当场收缴事后难以执行的。

链接《治安管理处罚法》第104、105条

第六十九条 【可以当场收缴罚款的特殊规定】在边远、水上、交通不便地区，行政机关及其执法人员依照本法第五十一条、第五十七条的规定作出罚款决定后，当事人到指定的银行或者通过电子支付系统缴纳罚款确有困难，经当事人提出，行政机关及其执法人员可以当场收缴罚款。

第七十条 【行政机关出具专用票据的义务】行政机关及其执法人员当场收缴罚款的，必须向当事人出具国务院财政部门或者省、自治区、直辖市人民政府财政部门统一制发的专用票据；不出具财政部门统一制发的专用票据的，当事人有权拒绝缴纳罚款。

第七十一条 【当场收缴罚款的缴纳期限】执法人员当场收缴的罚款，应当自收缴罚款之日起二日内，交至行政机关；在水上当场收缴的罚款，应当自抵岸之日起二日内交至行政机关；行政机关应当在二日内将罚款缴付指定的银行。

第七十二条 【执行措施】当事人逾期不履行行政处罚决定的，作出行政处罚决定的行政机关可以采取下列措施：

（一）到期不缴纳罚款的，每日按罚款数额的

百分之三加处罚款，加处罚款的数额不得超出罚款的数额；

（二）根据法律规定，将查封、扣押的财物拍卖、依法处理或者将冻结的存款、汇款划拨抵缴罚款；

（三）根据法律规定，采取其他行政强制执行方式；

（四）依照《中华人民共和国行政强制法》的规定申请人民法院强制执行。

行政机关批准延期、分期缴纳罚款的，申请人民法院强制执行的期限，自暂缓或者分期缴纳罚款期限结束之日起计算。

第七十三条 【申请复议、提起诉讼不停止处罚执行及例外】当事人对行政处罚决定不服，申请行政复议或者提起行政诉讼的，行政处罚不停止执行，法律另有规定的除外。

当事人对限制人身自由的行政处罚决定不服，申请行政复议或者提起行政诉讼的，可以向作出决定的机关提出暂缓执行申请。符合法律规定情形的，应当暂缓执行。

当事人申请行政复议或者提起行政诉讼的，加处罚款的数额在行政复议或者行政诉讼期间不予计算。

第七十四条 【依法没收非法财物的处理】除依法应当予以销毁的物品外，依法没收的非法财物必须按照国家规定公开拍卖或者按照国家有关规定处理。

罚款、没收的违法所得或者没收非法财物拍卖的款项，必须全部上缴国库，任何行政机关或者个人不得以任何形式截留、私分或者变相私分。

罚款、没收的违法所得或者没收非法财物拍卖的款项，不得同作出行政处罚决定的行政机关及其工作人员的考核、考评直接或者变相挂钩。除依法应当退还、退赔的外，财政部门不得以任何形式向作出行政处罚决定的行政机关返还罚款、没收的违法所得或者没收非法财物拍卖的款项。

第七十五条 【行政处罚的监督】行政机关应当建立健全对行政处罚的监督制度。县级以上人民政府应当定期组织开展行政执法评议、考核，加强对行政处罚的监督检查，规范和保障行政处罚的实施。

行政机关实施行政处罚应当接受社会监督。公民、法人或者其他组织对行政机关实施行政处罚的行为，有权申诉或者检举；行政机关应当认真审查，发现有错误的，应当主动改正。

第七章 法律责任

第七十六条 【违法实施行政处罚的法律责任】行政机关实施行政处罚，有下列情形之一，由上级行政机关或者有关机关责令改正，对直接负责的主管人员和其他直接责任人员依法给予处分：

（一）没有法定的行政处罚依据的；

（二）擅自改变行政处罚种类、幅度的；

（三）违反法定的行政处罚程序的；

（四）违反本法第二十条关于委托处罚的规定的；

（五）执法人员未取得执法证件的。

行政机关对符合立案标准的案件不及时立案的，依照前款规定予以处理。

第七十七条 【不使用或使用非法罚没财物单据的法律责任】行政机关对当事人进行处罚不使用罚款、没收财物单据或者使用非法定部门制发的罚款、没收财物单据的，当事人有权拒绝，并有权予以检举，由上级行政机关或者有关机关对使用的非法单据予以收缴销毁，对直接负责的主管人员和其他直接责任人员依法给予处分。

第七十八条 【自行收缴罚款的处理】行政机关违反本法第六十七条的规定自行收缴罚款的，财政部门违反本法第七十四条的规定向行政机关返还罚款、没收的违法所得或者拍卖款项的，由上级行政机关或者有关机关责令改正，对直接负责的主管人员和其他直接责任人员依法给予处分。

第七十九条 【私分罚没财物的处理】行政机关截留、私分或者变相私分罚款、没收的违法所得或者财物的，由财政部门或者有关机关予以追缴，对直接负责的主管人员和其他直接责任人员依法给予处分；情节严重构成犯罪的，依法追究刑事责任。

执法人员利用职务上的便利，索取或者收受他人财物、将收缴罚款据为己有，构成犯罪的，依法追究刑事责任；情节轻微不构成犯罪的，依法给予处分。

第八十条 【使用、损毁查封、扣押财物的法律责任】行政机关使用或者损毁查封、扣押的财物，对当事人造成损失的，应当依法予以赔偿，对直接负责的主管人员和其他直接责任人员依法给予处分。

第八十一条 【违法实行检查和执行措施的法律责任】行政机关违法实施检查措施或者执行措施，给公民人身或者财产造成损害、给法人或者其他组织造成损失的，应当依法予以赔偿，对直接负责的主管人员和其他直接责任人员依法给予处分；情节严重构成犯罪的，依法追究刑事责任。

第八十二条 【以罚代刑的法律责任】行政机关对应当依法移交司法机关追究刑事责任的案件不移交，以行政处罚代替刑事处罚，由上级行政机关或者有关机关责令改正，对直接负责的主管人员和其他直接责任人员依法给予处分；情节严重构成犯罪的，依法追究刑事责任。

第八十三条 【行政不作为的法律责任】行政机关对应当予以制止和处罚的违法行为不予制止、处罚，致使公民、法人或者其他组织的合法权益、公共利益和社会秩序遭受损害的，对直接负责的主管人员和其他直接责任人员依法给予处分；情节严重构成犯罪的，依法追究刑事责任。

第八章 附 则

第八十四条 【涉外行政处罚】外国人、无国籍人、外国组织在中华人民共和国领域内有违法行为，应当给予行政处罚的，适用本法，法律另有规定的除外。

第八十五条 【期限的计算】本法中"二日""三日""五日""七日"的规定是指工作日，不含法定节假日。

第八十六条 【施行日期】本法自2021年7月15日起施行。

中华人民共和国行政强制法

- 2011年6月30日第十一届全国人民代表大会常务委员会第二十一次会议通过
- 2011年6月30日中华人民共和国主席令第49号公布
- 自2012年1月1日起施行

第一章 总 则

第一条 【立法宗旨】为了规范行政强制的设定和实施，保障和监督行政机关依法履行职责，维护公共利益和社会秩序，保护公民、法人和其他组织的合法权益，根据宪法，制定本法。

第二条 【行政强制的方式】本法所称行政强制，包括行政强制措施和行政强制执行。

行政强制措施，是指行政机关在行政管理过程中，为制止违法行为、防止证据损毁、避免危害发生、控制危险扩大等情形，依法对公民的人身自由实施暂时性限制，或者对公民、法人或者其他组织的财物实施暂时性控制的行为。

行政强制执行，是指行政机关或者行政机关申请人民法院，对不履行行政决定的公民、法人或者其他组织，依法强制履行义务的行为。

注释 本条将行政强制确定为一个法律概念，明确了行政强制包括行政强制措施和行政强制执行，行政强制的以下特点有利于将行政强制与其他行政行为相区分。行政强制具有以下四个特点：(1)行政性，行政强制是发生在行政管理领域中，为了实现行政管理目的，主要由行政机关依照行政程序作出的行政行为。值得一提的是，申请法院强制执行中执行机关是人民法院，理论上行使的是司法权，但考虑到我国行政强制执行体制的现状，可将其理解为行政权的延伸，一并纳入本法规范。行政性特点可以将行政强制与刑事强制及诉讼强制区分开。(2)服从性，即行政强制是典型的行政机关单方行为，当事人必须服从决定，没有自由选择的余地。服从性特点可以将行政强制与行政合同、行政指导、行政许可、行政给付等非强制性行政行为区分开。(3)物理性，即行政强制是直接作用于当事人人身、财产等权利，具有限制人身和改变财产物理状态效果的行政行为。其是发生可见动作的有形行为，而不是无形行为；不仅是意思行为，还是实力行为。物理性特点可以将行政强制与行政处罚、责令停止建设等行政命令相区分。(4)依附性，即行政强制尽管作为一类独立的行政行为存在，但依附性仍是其特点，行政强制本身不是目的，不能为了强制而强制，行政强制总是为其他行政行为的作出或者实现而服务的。

实务问答 **行政强制措施与行政强制执行有什么区别？**

行政强制措施与行政强制执行的不同在于：(1)行政强制措施是在行政决定作出前行政机关所采取的强制手段。如行政执法人员在执法过程中发现违法行为，可以将违法行为涉及的财物进行查封、扣押，行政机关实施查封、扣押要交付查封、扣押决定书。这时向当事人交付查封、扣押决定书主要是为了证明查封、扣押的事实存在，行政机关还需要根据情况作出处罚决定或者处理决定。一般情况下，查封、扣押发生在行政机关作出处罚决定或者处理决定之前。而行政强制执行是在行政决定作出后，为了执行该行政决定所采取的强制手段，如对违法行为人处以罚款，当事人逾期拒不缴纳罚款，行政机关或者人民法院就可以依法从该违法行为人的银行账户上划拨相应的款项。(2)行政强制措施都是暂时性的，查封、扣押的期限不得超过三十日；情况复杂的，经行政机关负责人批准，可以延长三十日，法律、行政法规对期限另有规定的除外。而行政强制执行是终局性的，如执行罚款，将从当事人那里执行的罚款上缴国库，即执行终结，除非行政决定被撤销或者执行错误，该罚款不会回转。

第三条 【行政强制设定和实施的根据】行政强制的设定和实施，适用本法。

发生或者即将发生自然灾害、事故灾难、公共卫生事件或者社会安全事件等突发事件，行政机关采取应急措施或者临时措施，依照有关法律、行政法规的规定执行。

行政机关采取金融业审慎监管措施、进出境货物强制性技术监控措施，依照有关法律、行政法规的规定执行。

链接《突发事件应对法》；《突发公共卫生事件应急条例》

第四条 【法定原则】行政强制的设定和实施，应当依照法定的权限、范围、条件和程序。

第五条 【适当原则】行政强制的设定和实施，应当适当。采用非强制手段可以达到行政管理目的的，不得设定和实施行政强制。

第六条 【教育与强制结合原则】实施行政强制，应当坚持教育与强制相结合。

第七条 【不得谋利原则】行政机关及其工作人员不得利用行政强制权为单位或者个人谋取利益。

第八条 【行政强制相对人的权利与救济】公民、法人或者其他组织对行政机关实施行政强制，享有陈述权、申辩权；有权依法申请行政复议或者提起行政诉讼；因行政机关违法实施行政强制受到损害的，有权依法要求赔偿。

公民、法人或者其他组织因人民法院在强制执行中有违法行为或者扩大强制执行范围受到损害的，有权依法要求赔偿。

实务问答 相对人对哪些行政强制措施不服，可以申请行政复议或提起行政诉讼？

根据《行政复议法》第6条第2项规定，有下列情形之一的，公民、法人或者其他组织可以依照本法申请行政复议：(二)对行政机关作出的限制人身自由或者查封、扣押、冻结财产等行政强制措施决定不服的。

根据《行政诉讼法》第12条第2项规定，人民法院受理公民、法人和其他组织提起的下列诉讼：(二)对限制人身自由或者对财产的查封、扣押、冻结等行政强制措施和行政强制执行不服的。

链接《行政复议法》；《行政诉讼法》

第二章 行政强制的种类和设定

第九条 【行政强制措施种类】行政强制措施的种类：

(一)限制公民人身自由；

(二)查封场所、设施或者财物；

(三)扣押财物；

(四)冻结存款、汇款；

(五)其他行政强制措施。

第十条 【行政强制措施的设定权限】行政强制措施由法律设定。

尚未制定法律，且属于国务院行政管理职权事项的，行政法规可以设定除本法第九条第一项、第四项和应当由法律规定的行政强制措施以外的其他行政强制措施。

尚未制定法律、行政法规，且属于地方性事务的，地方性法规可以设定本法第九条第二项、第三项的行政强制措施。

法律、法规以外的其他规范性文件不得设定行政强制措施。

第十一条 【行政强制措施的对象、条件、种类法定】法律对行政强制措施的对象、条件、种类作了规定的，行政法规、地方性法规不得作出扩大规定。

法律中未设定行政强制措施的，行政法规、地方性法规不得设定行政强制措施。但是，法律规定特定事项由行政法规规定具体管理措施的，行政法规可以设定除本法第九条第一项、第四项和应当由法律规定的行政强制措施以外的其他行政强制措施。

第十二条 【行政强制执行方式】行政强制执行的方式：

（一）加处罚款或者滞纳金；

（二）划拨存款、汇款；

（三）拍卖或者依法处理查封、扣押的场所、设施或者财物；

（四）排除妨碍、恢复原状；

（五）代履行；

（六）其他强制执行方式。

实务问答 **1. 到期不缴纳罚款的应该如何处理？**

《行政处罚法》第72条第1项规定，到期不缴纳罚款的，每日按罚款数额的百分之三加处罚款，加处罚款的数额不得超过罚款的数额。

2. 代履行和直接强制有何区别？

区别代履行和直接强制，一是看是否属于排除妨碍、恢复原状的情形，即当事人应当履行的义务是由于当事人事先的作为引起的，需要由当事人消除违法的后果；二是是否强迫当事人自己消除自己违法的后果，代履行排除了强迫当事人做出一定行为，体现了对当事人人格和自由的尊重；三是是否属于由当事人承担费用；四是如果代履行时当事人抵抗，则不能代履行；五是代履行的前提是行政决定的义务是可替代履行的，就是当事人履行和其他人履行效果没有不同。对不能履行的义务，只能直接强制，不能代履行。

第十三条 【行政强制执行的设定权限】行政强制执行由法律设定。

法律没有规定行政机关强制执行的，作出行政决定的行政机关应当申请人民法院强制执行。

第十四条 【设定行政强制的民主程序】起草法律草案、法规草案，拟设定行政强制的，起草单位应当采取听证会、论证会等形式听取意见，并向制定机关说明设定该行政强制的必要性、可能产生的影响以及听取和采纳意见的情况。

链接《行政许可法》第19条

第十五条 【行政强制评价制度】行政强制的设定机关应当定期对其设定的行政强制进行评价，并对不适当的行政强制及时予以修改或者废止。

行政强制的实施机关可以对已设定的行政强制的实施情况及存在的必要性适时进行评价，并将意见报告该行政强制的设定机关。

公民、法人或者其他组织可以向行政强制的设定机关和实施机关就行政强制的设定和实施提出意见和建议。有关机关应当认真研究论证，并以适当方式予以反馈。

链接《行政许可法》第20条

第三章 行政强制措施实施程序

第一节 一般规定

第十六条 【依法实施行政强制措施】行政机关履行行政管理职责，依照法律、法规的规定，实施行政强制措施。

违法行为情节显著轻微或者没有明显社会危害的，可以不采取行政强制措施。

链接《行政强制法》第5、17条；《森林防火条例》第38条

第十七条 【行政强制措施实施权限】行政强制措施由法律、法规规定的行政机关在法定职权范围内实施。行政强制措施权不得委托。

依据《中华人民共和国行政处罚法》的规定行使相对集中行政处罚权的行政机关，可以实施法律、法规规定的与行政处罚权有关的行政强制措施。

行政强制措施应当由行政机关具备资格的行政执法人员实施，其他人员不得实施。

实务问答 **对行政强制措施的实施主体如何规范？**

《行政强制法》对行政强制措施的实施主体作了严格规范：一是只有行政机关才能实施行政强制措施。二是行政机关中，只有法律、法规授予行政强制措施权的才能实施，未经授权的行政机关不得作为实施主体。三是法律、行政法规授权的具有管理公共事务职能的组织在法定授权范围内，可以实施行政强制。四是代表行政机关实施行政强制措施的必须是具备资格的行政执法人员，其他人员不得实施。

第十八条 【行政强制措施实施应遵守的规定】行政机关实施行政强制措施应当遵守下列规定：

（一）实施前须向行政机关负责人报告并经批准；

（二）由两名以上行政执法人员实施；

（三）出示执法身份证件；

（四）通知当事人到场；

（五）当场告知当事人采取行政强制措施的理由、依据以及当事人依法享有的权利、救济途径；

（六）听取当事人的陈述和申辩；

（七）制作现场笔录；

（八）现场笔录由当事人和行政执法人员签名或者盖章，当事人拒绝的，在笔录中予以注明；

（九）当事人不到场的，邀请见证人到场，由见证人和行政执法人员在现场笔录上签名或者盖章；

（十）法律、法规规定的其他程序。

第十九条 【当场实施行政强制措施的情形】 情况紧急，需要当场实施行政强制措施的，行政执法人员应当在二十四小时内向行政机关负责人报告，并补办批准手续。行政机关负责人认为不应当采取行政强制措施的，应当立即解除。

实务问答 **当场实施的行政强制措施，应该符合哪些条件？**

根据本条规定，实施即时强制应当遵守几个基本条件：(1)要符合法律规定的情形，具备必要性。本条将即时强制的实施条件笼统地归纳为“情况紧急”，一般指在紧迫场合，如不采取强制措施会损害公共利益和他人利益的情形。由于实践中的行政行为情形复杂，本法无法对即时强制的实施条件明确规定，只能依据各单行法律、法规的规定或者由执法人员作出判断。(2)必须遵循法定程序。本条规定了即时强制的特别程序，即事后报告和补办手续的程序。事后报告程序需要特别注意两点：一是事后报告必须在实施行政强制措施后二十四小时内。当然，本规定也不排斥当场实施强制措施当场报告的做法。二是情况紧急当场实施行政强制措施，除了可以事后报告并补办批准手续外，本法第18条第2项至第9项、第20条等规定的其他程序仍必须履行。(3)事后救济。即时强制本身的特点决定了其即时性，大多是由于情况紧急而不容拖延，并且有的属于事实行为，所以对有的即时强制的救济不能适用撤销诉讼，当事人只能请求损害赔偿或损失补偿的救济。但是，在有些情况下，即时强制的影响具有持续性，比如对人身的隔离。对于这种持续性的即时强制，本法规定行政机关负责人认为不应当采取行政强制措施的，应当立即解除，尽量减轻对当事人的损害，造成损害的，当事人可以要求赔偿或补偿。

第二十条 【限制人身自由的特殊规定】 依照法律规定实施限制公民人身自由的行政强制措施，除应当履行本法第十八条规定的程序外，还应当遵守下列规定：

（一）当场告知或者实施行政强制措施后立即通知当事人家属实施行政强制措施的行政机关、地点和期限；

（二）在紧急情况下当场实施行政强制措施的，在返回行政机关后，立即向行政机关负责人报告并补办批准手续；

（三）法律规定的其他程序。

实施限制人身自由的行政强制措施不得超过法定期限。实施行政强制措施的目的已经达到或者条件已经消失，应当立即解除。

第二十一条 【涉嫌犯罪的移送】 违法行为涉嫌犯罪应当移送司法机关的，行政机关应当将查封、扣押、冻结的财物一并移送，并书面告知当事人。

链接 《行政执法机关移送涉嫌犯罪案件的规定》

第二节 查封、扣押

第二十二条 【法定机关实施查封、扣押】 查封、扣押应当由法律、法规规定的行政机关实施，其他任何行政机关或者组织不得实施。

实务问答 **1. 如何理解行政强制措施中查封、扣押、冻结与行政处罚的区别？**

两者的区别：第一，处分权利与限制权利。行政强制措施与行政处罚的法律效果是不同的。行政强制措施是对相对人权利（特别是财产使用权和处分权）的一种临时限制，而行政处罚是对相对人权利的最终处分。第二，是否以违法为前提，是否具有制裁性。行政处罚是一种行政制裁，因而必然以行为的违法性为前提；行政强制措施则与相对人的行为是否违法没有必然联系。第三，中间行为与最终行为。行政强制措施是为保证最终行政行为的作出而采取的一种临时性措施，它没有达到对事件最终处理完毕的状态，而行政处罚是一种最终行政行为。

两者的联系：行政执法实践中，行政机关为查明相对人的违法事实或者为预防、制止违法行为的危害后果，经常会对相对人采取行政强制措施，查封、扣押、冻结其相关财物，然后进一步深入调查，最后对相对人作出行政处罚决定。但查封、扣押、冻结等行政强制措施不是行政处罚程序中的

"法定程序",对违法的相对人采取行政强制措施并不意味着必然对相对人进行行政处罚;行政机关对相对人进行处罚,并不一定都要或者都能采取行政强制措施,即使在有权采取行政强制措施的情形下,行政机关也可以裁量决定。

总之,行政强制措施与行政处罚决定是两个独立的行政行为,行政强制措施不是行政处罚所谓的法定程序,但是由于行政强制措施的目的、功能与属性等因素,导致其与行政处罚决定产生较多的关联,并且此种关联的程度亦因行政强制措施在行政处罚决定中的作用的不同而有所不同。所以,行政强制措施与行政处罚决定之间的关系既不是"一体论",也不是简单的"两体论",而是要根据案件的不同情形进行具体分析。

第二十三条 【查封、扣押的范围】查封、扣押限于涉案的场所、设施或者财物,不得查封、扣押与违法行为无关的场所、设施或者财物;不得查封、扣押公民个人及其所扶养家属的生活必需品。

当事人的场所、设施或者财物已被其他国家机关依法查封的,不得重复查封。

实务问答 哪些物品属于生活必需品,不得被行政机关查封、扣押?

按照《最高人民法院关于人民法院民事执行中查封、扣押、冻结财产的规定》第3条的规定,下列的财产不得查封、扣押、冻结:被执行人及其所扶养家属生活所必需的衣服、家具、炊具、餐具及其他家庭生活必需的物品;被执行人及其所扶养家属所必需的生活费用。当地有最低生活保障标准的,必需的生活费用依照该标准确定;被执行人及其所扶养家属完成义务教育所必需的物品;被执行人及其所扶养家属用于身体缺陷所必需的辅助工具、医疗物品;等等。

链接《治安管理处罚法》第89条

第二十四条 【查封、扣押决定书】行政机关决定实施查封、扣押的,应当履行本法第十八条规定的程序,制作并当场交付查封、扣押决定书和清单。

查封、扣押决定书应当载明下列事项:

(一)当事人的姓名或者名称、地址;

(二)查封、扣押的理由、依据和期限;

(三)查封、扣押场所、设施或者财物的名称、数量等;

(四)申请行政复议或者提起行政诉讼的途径和期限;

(五)行政机关的名称、印章和日期。

查封、扣押清单一式二份,由当事人和行政机关分别保存。

第二十五条 【查封、扣押期限】查封、扣押的期限不得超过三十日;情况复杂的,经行政机关负责人批准,可以延长,但是延长期限不得超过三十日。法律、行政法规另有规定的除外。

延长查封、扣押的决定应当及时书面告知当事人,并说明理由。

对物品需要进行检测、检验、检疫或者技术鉴定的,查封、扣押的期间不包括检测、检验、检疫或者技术鉴定的期间。检测、检验、检疫或者技术鉴定的期间应当明确,并书面告知当事人。检测、检验、检疫或者技术鉴定的费用由行政机关承担。

第二十六条 【查封、扣押中的保管】对查封、扣押的场所、设施或者财物,行政机关应当妥善保管,不得使用或者损毁;造成损失的,应当承担赔偿责任。

对查封的场所、设施或者财物,行政机关可以委托第三人保管,第三人不得损毁或者擅自转移、处置。因第三人的原因造成的损失,行政机关先行赔付后,有权向第三人追偿。

因查封、扣押发生的保管费用由行政机关承担。

注释 一般情况下,查封、扣押的场所、设施或者财物由行政机关保管,行政机关也可以委托第三人保管;保管的费用由行政机关承担。实践中还有一种情况,行政机关将查封、扣押场所、设施或者财物交由当事人保管的,当事人不得毁损或者擅自转移、处置。因当事人的原因造成的损失,由当事人承担。

第二十七条 【查封、扣押后的调查】行政机关采取查封、扣押措施后,应当及时查清事实,在本法第二十五条规定的期限内作出处理决定。对违法事实清楚,依法应当没收的非法财物予以没收;法律、行政法规规定应当销毁的,依法销毁;应当解除查封、扣押的,作出解除查封、扣押的决定。

链接《公安机关办理行政案件程序规定》

第二十八条 【解除查封、扣押的情形】有下列情形之一的,行政机关应当及时作出解除查封、扣押决定:

(一)当事人没有违法行为;

(二)查封、扣押的场所、设施或者财物与违法行为无关；

（三）行政机关对违法行为已经作出处理决定，不再需要查封、扣押；

（四）查封、扣押期限已经届满；

（五）其他不再需要采取查封、扣押措施的情形。

解除查封、扣押应当立即退还财物；已将鲜活物品或者其他不易保管的财物拍卖或者变卖的，退还拍卖或者变卖所得款项。变卖价格明显低于市场价格，给当事人造成损失的，应当给予补偿。

注释 需要注意的是，这里的表述是"补偿"而非"赔偿"。取得赔偿的前提是"违法"行使职权；而本条规定的情形是变卖价格明显低于市场价格，给当事人造成损失，不存在"违法"前提或情节较轻，因此这里是"补偿"。

第三节 冻 结

第二十九条 【法定机关实施冻结】冻结存款、汇款应当由法律规定的行政机关实施，不得委托给其他行政机关或者组织；其他任何行政机关或者组织不得冻结存款、汇款。

冻结存款、汇款的数额应当与违法行为涉及的金额相当；已被其他国家机关依法冻结的，不得重复冻结。

第三十条 【冻结通知】行政机关依照法律规定决定实施冻结存款、汇款的，应当履行本法第十八条第一项、第二项、第三项、第七项规定的程序，并向金融机构交付冻结通知书。

金融机构接到行政机关依法作出的冻结通知书后，应当立即予以冻结，不得拖延，不得在冻结前向当事人泄露信息。

法律规定以外的行政机关或者组织要求冻结当事人存款、汇款的，金融机构应当拒绝。

注释 在实践中，行政机关要求金融机构协助冻结的书面凭证多表现为协助冻结通知书或冻结通知书等，载有协助冻结单位的名称、冻结的法律依据、冻结的财产所在机构的名称和地址、冻结数额、冻结起止时间、其他需要说明的事项、决定冻结机关的公章和日期等信息。

第三十一条 【冻结决定书】依照法律规定冻结存款、汇款的，作出决定的行政机关应当在三日内向当事人交付冻结决定书。冻结决定书应当载明下列事项：

（一）当事人的姓名或者名称、地址；

（二）冻结的理由、依据和期限；

（三）冻结的账号和数额；

（四）申请行政复议或者提起行政诉讼的途径和期限；

（五）行政机关的名称、印章和日期。

第三十二条 【冻结期限】自冻结存款、汇款之日起三十日内，行政机关应当作出处理决定或者作出解除冻结决定；情况复杂的，经行政机关负责人批准，可以延长，但是延长期限不得超过三十日。法律另有规定的除外。

延长冻结的决定应当及时书面告知当事人，并说明理由。

第三十三条 【解除冻结的情形】有下列情形之一的，行政机关应当及时作出解除冻结决定：

（一）当事人没有违法行为；

（二）冻结的存款、汇款与违法行为无关；

（三）行政机关对违法行为已经作出处理决定，不再需要冻结；

（四）冻结期限已经届满；

（五）其他不再需要采取冻结措施的情形。

行政机关作出解除冻结决定的，应当及时通知金融机构和当事人。金融机构接到通知后，应当立即解除冻结。

行政机关逾期未作出处理决定或者解除冻结决定的，金融机构应当自冻结期满之日起解除冻结。

第四章 行政机关强制执行程序

第一节 一般规定

第三十四条 【行政机关行政强制执行的适用情形】行政机关依法作出行政决定后，当事人在行政机关决定的期限内不履行义务的，具有行政强制执行权的行政机关依照本章规定强制执行。

第三十五条 【催告】行政机关作出强制执行决定前，应当事先催告当事人履行义务。催告应当以书面形式作出，并载明下列事项：

（一）履行义务的期限；

（二）履行义务的方式；

（三）涉及金钱给付的，应当有明确的金额和给付方式；

（四）当事人依法享有的陈述权和申辩权。

链接《税收征收管理法》第 32 条

第三十六条　【陈述和申辩】当事人收到催告书后有权进行陈述和申辩。行政机关应当充分听取当事人的意见,对当事人提出的事实、理由和证据,应当进行记录、复核。当事人提出的事实、理由或者证据成立的,行政机关应当采纳。

第三十七条　【强制执行决定】经催告,当事人逾期仍不履行行政决定,且无正当理由的,行政机关可以作出强制执行决定。

强制执行决定应当以书面形式作出,并载明下列事项:

(一)当事人的姓名或者名称、地址;

(二)强制执行的理由和依据;

(三)强制执行的方式和时间;

(四)申请行政复议或者提起行政诉讼的途径和期限;

(五)行政机关的名称、印章和日期。

在催告期间,对有证据证明有转移或者隐匿财物迹象的,行政机关可以作出立即强制执行决定。

第三十八条　【送达】催告书、行政强制执行决定书应当直接送达当事人。当事人拒绝接收或者无法直接送达当事人的,应当依照《中华人民共和国民事诉讼法》的有关规定送达。

链接《民事诉讼法》第七章

第三十九条　【中止执行】有下列情形之一的,中止执行:

(一)当事人履行行政决定确有困难或者暂无履行能力的;

(二)第三人对执行标的主张权利,确有理由的;

(三)执行可能造成难以弥补的损失,且中止执行不损害公共利益的;

(四)行政机关认为需要中止执行的其他情形。

中止执行的情形消失后,行政机关应当恢复执行。对没有明显社会危害,当事人确无能力履行,中止执行满三年未恢复执行的,行政机关不再执行。

第四十条　【终结执行】有下列情形之一的,终结执行:

(一)公民死亡,无遗产可供执行,又无义务承受人的;

(二)法人或者其他组织终止,无财产可供执行,又无义务承受人的;

(三)执行标的灭失的;

(四)据以执行的行政决定被撤销的;

(五)行政机关认为需要终结执行的其他情形。

注释 终结执行是指在执行过程中,由于发生某种特殊情况,执行程序没有必要或不可能继续进行,从而结束执行程序。

实务问答 **1. 中止执行和终结执行有何区别?**

中止执行和终结执行都会使强制执行程序停止。但中止执行和终结执行有着明显的不同。执行中止是执行程序的暂时停止,待造成中止的原因消除后,执行程序恢复,执行工作继续进行;而终结执行后,执行程序就宣告结束,以后也不再恢复。

2. 终结执行和执行完毕有何区别?

执行完毕时,作为强制执行基础的行政决定书的内容已经全部落实;而终结执行则不同,债权人的权利没有全部实现,行政决定书的内容没有全部落实。

第四十一条　【执行回转】在执行中或者执行完毕后,据以执行的行政决定被撤销、变更,或者执行错误的,应当恢复原状或者退还财物;不能恢复原状或者退还财物的,依法给予赔偿。

链接《国家赔偿法》第二章

第四十二条　【执行协议】实施行政强制执行,行政机关可以在不损害公共利益和他人合法权益的情况下,与当事人达成执行协议。执行协议可以约定分阶段履行;当事人采取补救措施的,可以减免加处的罚款或者滞纳金。

执行协议应当履行。当事人不履行执行协议的,行政机关应当恢复强制执行。

注释 执行和解的形式是达成执行协议。从性质上看,执行协议属于行政合同,它既不同于由行政机关单方决定的行政决定,需要由行政机关与被执行人自愿协商达成,共同约定协议的内容;又不同于民事合同的平等性,在民事活动中当事人双方是完全自由的,在执行和解中,行政机关居主导地位,被执行人即使不同意订立执行协议,也有履行行政决定的义务。

第四十三条　【执行禁止行为】行政机关不得在夜间或者法定节假日实施行政强制执行。但是,情况紧急的除外。

行政机关不得对居民生活采取停止供水、供电、供热、供燃气等方式迫使当事人履行相关行政决定。

第四十四条 【强制拆除】对违法的建筑物、构筑物、设施等需要强制拆除的,应当由行政机关予以公告,限期当事人自行拆除。当事人在法定期限内不申请行政复议或者提起行政诉讼,又不拆除的,行政机关可以依法强制拆除。

第二节 金钱给付义务的执行

第四十五条 【罚款和滞纳金】行政机关依法作出金钱给付义务的行政决定,当事人逾期不履行的,行政机关可以依法加处罚款或者滞纳金。加处罚款或者滞纳金的标准应当告知当事人。

加处罚款或者滞纳金的数额不得超出金钱给付义务的数额。

注释 加处罚款或者滞纳金属于执行罚,是间接强制的一种。所谓执行罚是指,义务人不履行法定义务,而该义务又不能由他人代为履行或暂时尚不需由他人代为履行,有执行权的机关可通过使不履行义务的法定义务人承担新的持续不断的给付金钱义务,促使其履行义务。

为了防止加处罚款或者滞纳金被滥用,法律明确规定了适用加处罚款或者滞纳金的条件,行政机关在适用加处罚款或者滞纳金时必须遵循以下条件:一是当事人逾期不履行金钱给付义务的行政决定。金钱给付义务包括税收、行政事业性收费、罚款等以给付金钱作为义务内容的义务。二是行政机关应当将加处罚款或者滞纳金的标准告知当事人。告知对行政机关来说是一项法定义务,如果不履行这一义务将被认定为程序违法。三是加处罚款或者滞纳金的数额不得超出金钱给付义务的数额。四是加处罚款或者滞纳金次数限制。加处罚款或者滞纳金可以多次适用,至于适用几次为限,现在没有法律规定,似乎可以直至义务人履行义务为止。但是一般认为,执行罚款的适用也应该有次数限制,否则不符合比例原则。

第四十六条 【不缴纳罚款或滞纳金时的强制执行】行政机关依照本法第四十五条规定实施加处罚款或者滞纳金超过三十日,经催告当事人仍不履行的,具有行政强制执行权的行政机关可以强制执行。

行政机关实施强制执行前,需要采取查封、扣押、冻结措施的,依照本法第三章规定办理。

没有行政强制执行权的行政机关应当申请人民法院强制执行。但是,当事人在法定期限内不申请行政复议或者提起行政诉讼,经催告仍不履行的,在实施行政管理过程中已经采取查封、扣押措施的行政机关,可以将查封、扣押的财物依法拍卖抵缴罚款。

第四十七条 【依法划拨存款、汇款】划拨存款、汇款应当由法律规定的行政机关决定,并书面通知金融机构。金融机构接到行政机关依法作出划拨存款、汇款的决定后,应当立即划拨。

法律规定以外的行政机关或者组织要求划拨当事人存款、汇款的,金融机构应当拒绝。

第四十八条 【依法拍卖】依法拍卖财物,由行政机关委托拍卖机构依照《中华人民共和国拍卖法》的规定办理。

第四十九条 【款项依法归库】划拨的存款、汇款以及拍卖和依法处理所得的款项应当上缴国库或者划入财政专户。任何行政机关或者个人不得以任何形式截留、私分或者变相私分。

第三节 代履行

第五十条 【代履行的情形】行政机关依法作出要求当事人履行排除妨碍、恢复原状等义务的行政决定,当事人逾期不履行,经催告仍不履行,其后果已经或者将危害交通安全、造成环境污染或者破坏自然资源的,行政机关可以代履行,或者委托没有利害关系的第三人代履行。

链接《防洪法》第56条

第五十一条 【代履行应遵守的规定】代履行应当遵守下列规定:

(一)代履行前送达决定书,代履行决定书应当载明当事人的姓名或者名称、地址,代履行的理由和依据、方式和时间、标的、费用预算以及代履行人;

(二)代履行三日前,催告当事人履行,当事人履行的,停止代履行;

(三)代履行时,作出决定的行政机关应当派员到场监督;

(四)代履行完毕,行政机关到场监督的工作人员、代履行人和当事人或者见证人应当在执行文书上签名或者盖章。

代履行的费用按照成本合理确定,由当事人承担。但是,法律另有规定的除外。

代履行不得采用暴力、胁迫以及其他非法方式。

注释 代履行收费标准一直是重点规范内容。本条作了三项针对性规定:一是在代履行决定书中应当载明代履行预算费用,要求代履行费用应当事先基本明确。二是明确代履行费用按照成本合理确定。代履行本身不应是惩罚机制,不应以加大当事人负担为目的,因此代履行收费不能是纯粹商业性的,可以有一定利润,但应当以成本为基准将利润控制在一定范围内。三是代履行费用原则上由当事人承担,但法律另有规定的除外。

第五十二条 【代履行的立即实施】需要立即清除道路、河道、航道或者公共场所的遗洒物、障碍物或者污染物,当事人不能清除的,行政机关可以决定立即实施代履行;当事人不在场的,行政机关应当在事后立即通知当事人,并依法作出处理。

第五章 申请人民法院强制执行

第五十三条 【申请法院强制执行的情形】当事人在法定期限内不申请行政复议或者提起行政诉讼,又不履行行政决定的,没有行政强制执行权的行政机关可以自期限届满之日起三个月内,依照本章规定申请人民法院强制执行。

第五十四条 【管辖】行政机关申请人民法院强制执行前,应当催告当事人履行义务。催告书送达十日后当事人仍未履行义务的,行政机关可以向所在地有管辖权的人民法院申请强制执行;执行对象是不动产的,向不动产所在地有管辖权的人民法院申请强制执行。

第五十五条 【执行申请材料】行政机关向人民法院申请强制执行,应当提供下列材料:

(一)强制执行申请书;

(二)行政决定书及作出决定的事实、理由和依据;

(三)当事人的意见及行政机关催告情况;

(四)申请强制执行标的情况;

(五)法律、行政法规规定的其他材料。

强制执行申请书应当由行政机关负责人签名,加盖行政机关的印章,并注明日期。

第五十六条 【执行申请的受理】人民法院接到行政机关强制执行的申请,应当在五日内受理。

行政机关对人民法院不予受理的裁定有异议的,可以在十五日内向上一级人民法院申请复议,上一级人民法院应当自收到复议申请之日起十五日内作出是否受理的裁定。

第五十七条 【书面审查】人民法院对行政机关强制执行的申请进行书面审查,对符合本法第五十五条规定,且行政决定具备法定执行效力的,除本法第五十八条规定的情形外,人民法院应当自受理之日起七日内作出执行裁定。

第五十八条 【执行裁定】人民法院发现有下列情形之一的,在作出裁定前可以听取被执行人和行政机关的意见:

(一)明显缺乏事实根据的;

(二)明显缺乏法律、法规依据的;

(三)其他明显违法并损害被执行人合法权益的。

人民法院应当自受理之日起三十日内作出是否执行的裁定。裁定不予执行的,应当说明理由,并在五日内将不予执行的裁定送达行政机关。

行政机关对人民法院不予执行的裁定有异议的,可以自收到裁定之日起十五日内向上一级人民法院申请复议,上一级人民法院应当自收到复议申请之日起三十日内作出是否执行的裁定。

第五十九条 【立即执行】因情况紧急,为保障公共安全,行政机关可以申请人民法院立即执行。经人民法院院长批准,人民法院应当自作出执行裁定之日起五日内执行。

注释 对于什么情况属于情况紧急,是否属于保障公共安全,由行政机关根据具体情况作出判断,最后由人民法院进行裁量。当然如果法律、法规对情况紧急的情形作出规定,应遵守法律、法规的规定。

第六十条 【费用承担和执行措施】行政机关申请人民法院强制执行,不缴纳申请费。强制执行的费用由被执行人承担。

人民法院以划拨、拍卖方式强制执行的,可以在划拨、拍卖后将强制执行的费用扣除。

依法拍卖财物,由人民法院委托拍卖机构依照《中华人民共和国拍卖法》的规定办理。

划拨的存款、汇款以及拍卖和依法处理所得的款项应当上缴国库或者划入财政专户,不得以任何形式截留、私分或者变相私分。

第六章 法律责任

第六十一条 【违法行政强制的责任】行政机关实施行政强制,有下列情形之一的,由上级行政机关或者有关部门责令改正,对直接负责的主管人员和其他直接责任人员依法给予处分：

（一）没有法律、法规依据的；

（二）改变行政强制对象、条件、方式的；

（三）违反法定程序实施行政强制的；

（四）违反本法规定，在夜间或者法定节假日实施行政强制执行的；

（五）对居民生活采取停止供水、供电、供热、供燃气等方式迫使当事人履行相关行政决定的；

（六）有其他违法实施行政强制情形的。

实务问答在未发强行拆除通知、未予公告的情况下，行政机关是否要承担违法行政强制的责任？

凌晨对房屋进行强制拆除，程序上存在严重瑕疵，即采取强制拆除前未发出强制拆除通知，未向强拆房屋所在地的村民委员会、村民小组张贴公告限期自行拆除，违反了《中华人民共和国行政强制法》第34条、第44条的规定。而且，在夜间实施行政强制执行，不符合《中华人民共和国行政强制法》第43条第1款有关“行政机关不得在夜间或者法定节假日实行强制执行”的规定。

即使对于违法建筑的强制拆除，也要严格遵循《中华人民共和国行政强制法》的程序性规定，拆除之前应当先通知相对人自行拆除，在当地张贴公告且不得在夜间拆除。如未遵循这些程序要求，则会被人民法院判决确认违法。（2014年8月30日最高人民法院公布的人民法院征收拆迁十大案例：叶呈胜、叶呈长、叶呈发诉仁化县人民政府房屋行政强制案）

第六十二条　【滥用行政强制的责任】违反本法规定，行政机关有下列情形之一的，由上级行政机关或者有关部门责令改正，对直接负责的主管人员和其他直接责任人员依法给予处分：

（一）扩大查封、扣押、冻结范围的；

（二）使用或者损毁查封、扣押场所、设施或者财物的；

（三）在查封、扣押法定期间不作出处理决定或者未依法及时解除查封、扣押的；

（四）在冻结存款、汇款法定期间不作出处理决定或者未依法及时解除冻结的。

第六十三条　【渎职责任】行政机关将查封、扣押的财物或者划拨的存款、汇款以及拍卖和依法处理所得的款项，截留、私分或者变相私分的，由财政部门或者有关部门予以追缴；对直接负责的主管人员和其他直接责任人员依法给予记大过、降级、撤职或者开除的处分。

行政机关工作人员利用职务上的便利，将查封、扣押的场所、设施或者财物据为己有的，由上级行政机关或者有关部门责令改正，依法给予记大过、降级、撤职或者开除的处分。

第六十四条　【谋取私利的责任】行政机关及其工作人员利用行政强制权为单位或者个人谋取利益的，由上级行政机关或者有关部门责令改正，对直接负责的主管人员和其他直接责任人员依法给予处分。

第六十五条　【金融机构违法责任一】违反本法规定，金融机构有下列行为之一的，由金融业监督管理机构责令改正，对直接负责的主管人员和其他直接责任人员依法给予处分：

（一）在冻结前向当事人泄露信息的；

（二）对应当立即冻结、划拨的存款、汇款不冻结或者不划拨，致使存款、汇款转移的；

（三）将不应当冻结、划拨的存款、汇款予以冻结或者划拨的；

（四）未及时解除冻结存款、汇款的。

第六十六条　【金融机构违法责任二】违反本法规定，金融机构将款项划入国库或者财政专户以外的其他账户的，由金融业监督管理机构责令改正，并处以违法划拨款项二倍的罚款；对直接负责的主管人员和其他直接责任人员依法给予处分。

违反本法规定，行政机关、人民法院指令金融机构将款项划入国库或者财政专户以外的其他账户的，对直接负责的主管人员和其他直接责任人员依法给予处分。

第六十七条　【司法人员违法责任】人民法院及其工作人员在强制执行中有违法行为或者扩大强制执行范围的，对直接负责的主管人员和其他直接责任人员依法给予处分。

第六十八条　【赔偿责任和刑事责任】违反本法规定，给公民、法人或者其他组织造成损失的，依法给予赔偿。

违反本法规定，构成犯罪的，依法追究刑事责任。

链接《刑法》第382、383、385、397条

第七章　附　则

第六十九条　【期限的界定】本法中十日以内期限的规定是指工作日，不含法定节假日。

第七十条　【法定授权组织的适用情形】法

律、行政法规授权的具有管理公共事务职能的组织在法定授权范围内,以自己的名义实施行政强制,适用本法有关行政机关的规定。

第七十一条 **【实施日期】**本法自2012年1月1日起施行。

中华人民共和国治安管理处罚法

· 2005年8月28日第十届全国人民代表大会常务委员会第十七次会议通过

· 根据2012年10月26日第十一届全国人民代表大会常务委员会第二十九次会议《关于修改〈中华人民共和国治安管理处罚法〉的决定》修正

第一章 总 则

第一条 **【立法目的】**为维护社会治安秩序,保障公共安全,保护公民、法人和其他组织的合法权益,规范和保障公安机关及其人民警察依法履行治安管理职责,制定本法。

第二条 **【违反治安管理行为的性质和特征】**扰乱公共秩序,妨害公共安全,侵犯人身权利、财产权利,妨害社会管理,具有社会危害性,依照《中华人民共和国刑法》的规定构成犯罪的,依法追究刑事责任;尚不够刑事处罚的,由公安机关依照本法给予治安管理处罚。

第三条 **【处罚程序应适用的法律规范】**治安管理处罚的程序,适用本法的规定;本法没有规定的,适用《中华人民共和国行政处罚法》的有关规定。

第四条 **【适用范围】**在中华人民共和国领域内发生的违反治安管理行为,除法律有特别规定的外,适用本法。

在中华人民共和国船舶和航空器内发生的违反治安管理行为,除法律有特别规定的外,适用本法。

第五条 **【基本原则】**治安管理处罚必须以事实为依据,与违反治安管理行为的性质、情节以及社会危害程度相当。

实施治安管理处罚,应当公开、公正,尊重和保障人权,保护公民的人格尊严。

办理治安案件应当坚持教育与处罚相结合的原则。

第六条 **【社会治安综合治理】**各级人民政府应当加强社会治安综合治理,采取有效措施,化解社会矛盾,增进社会和谐,维护社会稳定。

第七条 **【主管和管辖】**国务院公安部门负责全国的治安管理工作。县级以上地方各级人民政府公安机关负责本行政区域内的治安管理工作。

治安案件的管辖由国务院公安部门规定。

第八条 **【民事责任】**违反治安管理的行为对他人造成损害的,行为人或者其监护人应当依法承担民事责任。

第九条 **【调解】**对于因民间纠纷引起的打架斗殴或者损毁他人财物等违反治安管理行为,情节较轻的,公安机关可以调解处理。经公安机关调解,当事人达成协议的,不予处罚。经调解未达成协议或者达成协议后不履行的,公安机关应当依照本法的规定对违反治安管理行为人给予处罚,并告知当事人可以就民事争议依法向人民法院提起民事诉讼。

第二章 处罚的种类和适用

第十条 **【处罚种类】**治安管理处罚的种类分为:

(一)警告;

(二)罚款;

(三)行政拘留;

(四)吊销公安机关发放的许可证。

对违反治安管理的外国人,可以附加适用限期出境或者驱逐出境。

第十一条 **【查获违禁品、工具和违法所得财物的处理】**办理治安案件所查获的毒品、淫秽物品等违禁品,赌具、赌资,吸食、注射毒品的用具以及直接用于实施违反治安管理行为的本人所有的工具,应当收缴,按照规定处理。

违反治安管理所得的财物,追缴退还被侵害人;没有被侵害人的,登记造册,公开拍卖或者按照国家有关规定处理,所得款项上缴国库。

第十二条 **【未成年人违法的处罚】**已满十四周岁不满十八周岁的人违反治安管理的,从轻或者减轻处罚;不满十四周岁的人违反治安管理的,不予处罚,但是应当责令其监护人严加管教。

第十三条 **【精神病人违法的处罚】**精神病人在不能辨认或者不能控制自己行为的时候违反治安管理的,不予处罚,但是应当责令其监护人严加看管和治疗。间歇性的精神病人在精神正常的时候违反治安管理的,应当给予处罚。

第十四条 【盲人或聋哑人违法的处罚】盲人或者又聋又哑的人违反治安管理的,可以从轻、减轻或者不予处罚。

第十五条 【醉酒的人违法的处罚】醉酒的人违反治安管理的,应当给予处罚。

醉酒的人在醉酒状态中,对本人有危险或者对他人的人身、财产或者公共安全有威胁的,应当对其采取保护性措施约束至酒醒。

第十六条 【有两种以上违法行为的处罚】有两种以上违反治安管理行为的,分别决定,合并执行。行政拘留处罚合并执行的,最长不超过二十日。

第十七条 【共同违法行为的处罚】共同违反治安管理的,根据违反治安管理行为人在违反治安管理行为中所起的作用,分别处罚。

教唆、胁迫、诱骗他人违反治安管理的,按照其教唆、胁迫、诱骗的行为处罚。

第十八条 【单位违法行为的处罚】单位违反治安管理的,对其直接负责的主管人员和其他直接责任人员依照本法的规定处罚。其他法律、行政法规对同一行为规定给予单位处罚的,依照其规定处罚。

第十九条 【减轻处罚或不予处罚的情形】违反治安管理有下列情形之一的,减轻处罚或者不予处罚:

(一)情节特别轻微的;

(二)主动消除或者减轻违法后果,并取得被侵害人谅解的;

(三)出于他人胁迫或者诱骗的;

(四)主动投案,向公安机关如实陈述自己的违法行为的;

(五)有立功表现的。

第二十条 【从重处罚的情形】违反治安管理有下列情形之一的,从重处罚:

(一)有较严重后果的;

(二)教唆、胁迫、诱骗他人违反治安管理的;

(三)对报案人、控告人、举报人、证人打击报复的;

(四)六个月内曾受过治安管理处罚的。

第二十一条 【应给予行政拘留处罚而不予执行的情形】违反治安管理行为人有下列情形之一,依照本法应当给予行政拘留处罚的,不执行行政拘留处罚:

(一)已满十四周岁不满十六周岁的;

(二)已满十六周岁不满十八周岁,初次违反治安管理的;

(三)七十周岁以上的;

(四)怀孕或者哺乳自己不满一周岁婴儿的。

第二十二条 【追究时效】违反治安管理行为在六个月内没有被公安机关发现的,不再处罚。

前款规定的期限,从违反治安管理行为发生之日起计算;违反治安管理行为有连续或者继续状态的,从行为终了之日起计算。

第三章 违反治安管理的行为和处罚

第一节 扰乱公共秩序的行为和处罚

第二十三条 【对扰乱单位、公共场所、公共交通和选举秩序行为的处罚】有下列行为之一的,处警告或者二百元以下罚款;情节较重的,处五日以上十日以下拘留,可以并处五百元以下罚款:

(一)扰乱机关、团体、企业、事业单位秩序,致使工作、生产、营业、医疗、教学、科研不能正常进行,尚未造成严重损失的;

(二)扰乱车站、港口、码头、机场、商场、公园、展览馆或者其他公共场所秩序的;

(三)扰乱公共汽车、电车、火车、船舶、航空器或者其他公共交通工具上的秩序的;

(四)非法拦截或者强登、扒乘机动车、船舶、航空器以及其他交通工具,影响交通工具正常行驶的;

(五)破坏依法进行的选举秩序的。

聚众实施前款行为的,对首要分子处十日以上十五日以下拘留,可以并处一千元以下罚款。

第二十四条 【对扰乱文化、体育等大型群众性活动秩序行为的处罚】有下列行为之一,扰乱文化、体育等大型群众性活动秩序的,处警告或者二百元以下罚款;情节严重的,处五日以上十日以下拘留,可以并处五百元以下罚款:

(一)强行进入场内的;

(二)违反规定,在场内燃放烟花爆竹或者其他物品的;

(三)展示侮辱性标语、条幅等物品的;

(四)围攻裁判员、运动员或者其他工作人员的;

（五）向场内投掷杂物，不听制止的；

（六）扰乱大型群众性活动秩序的其他行为。

因扰乱体育比赛秩序被处以拘留处罚的，可以同时责令其十二个月内不得进入体育场馆观看同类比赛；违反规定进入体育场馆的，强行带离现场。

第二十五条 【对扰乱公共秩序行为的处罚】有下列行为之一的，处五日以上十日以下拘留，可以并处五百元以下罚款；情节较轻的，处五日以下拘留或者五百元以下罚款：

（一）散布谣言，谎报险情、疫情、警情或者以其他方法故意扰乱公共秩序的；

（二）投放虚假的爆炸性、毒害性、放射性、腐蚀性物质或者传染病病原体等危险物质扰乱公共秩序的；

（三）扬言实施放火、爆炸、投放危险物质扰乱公共秩序的。

第二十六条 【对寻衅滋事行为的处罚】有下列行为之一的，处五日以上十日以下拘留，可以并处五百元以下罚款；情节较重的，处十日以上十五日以下拘留，可以并处一千元以下罚款：

（一）结伙斗殴的；

（二）追逐、拦截他人的；

（三）强拿硬要或者任意损毁、占用公私财物的；

（四）其他寻衅滋事行为。

第二十七条 【对利用封建迷信、会道门进行非法活动行为的处罚】有下列行为之一的，处十日以上十五日以下拘留，可以并处一千元以下罚款；情节较轻的，处五日以上十日以下拘留，可以并处五百元以下罚款：

（一）组织、教唆、胁迫、诱骗、煽动他人从事邪教、会道门活动或者利用邪教、会道门、迷信活动，扰乱社会秩序、损害他人身体健康的；

（二）冒用宗教、气功名义进行扰乱社会秩序、损害他人身体健康活动的。

第二十八条 【对干扰无线电业务及无线电台（站）行为的处罚】违反国家规定，故意干扰无线电业务正常进行的，或者对正常运行的无线电台（站）产生有害干扰，经有关主管部门指出后，拒不采取有效措施消除的，处五日以上十日以下拘留；情节严重的，处十日以上十五日以下拘留。

第二十九条 【对侵入、破坏计算机信息系统行为的处罚】有下列行为之一的，处五日以下拘留；情节较重的，处五日以上十日以下拘留：

（一）违反国家规定，侵入计算机信息系统，造成危害的；

（二）违反国家规定，对计算机信息系统功能进行删除、修改、增加、干扰，造成计算机信息系统不能正常运行的；

（三）违反国家规定，对计算机信息系统中存储、处理、传输的数据和应用程序进行删除、修改、增加的；

（四）故意制作、传播计算机病毒等破坏性程序，影响计算机信息系统正常运行的。

第二节 妨害公共安全的行为和处罚

第三十条 【对违反危险物质管理行为的处罚】违反国家规定，制造、买卖、储存、运输、邮寄、携带、使用、提供、处置爆炸性、毒害性、放射性、腐蚀性物质或者传染病病原体等危险物质的，处十日以上十五日以下拘留；情节较轻的，处五日以上十日以下拘留。

第三十一条 【对危险物质被盗、被抢、丢失不报行为的处罚】爆炸性、毒害性、放射性、腐蚀性物质或者传染病病原体等危险物质被盗、被抢或者丢失，未按规定报告的，处五日以下拘留；故意隐瞒不报的，处五日以上十日以下拘留。

第三十二条 【对非法携带管制器具行为的处罚】非法携带枪支、弹药或者弩、匕首等国家规定的管制器具的，处五日以下拘留，可以并处五百元以下罚款；情节较轻的，处警告或者二百元以下罚款。

非法携带枪支、弹药或者弩、匕首等国家规定的管制器具进入公共场所或者公共交通工具的，处五日以上十日以下拘留，可以并处五百元以下罚款。

第三十三条 【对盗窃、损毁公共设施行为的处罚】有下列行为之一的，处十日以上十五日以下拘留：

（一）盗窃、损毁油气管道设施、电力电信设施、广播电视设施、水利防汛工程设施或者水文监测、测量、气象测报、环境监测、地质监测、地震监测等公共设施的；

（二）移动、损毁国家边境的界碑、界桩以及其他边境标志、边境设施或者领土、领海标志设施的；

（三）非法进行影响国（边）界线走向的活动或者修建有碍国（边）境管理的设施的。

第三十四条　【对妨害航空器飞行安全行为的处罚】盗窃、损坏、擅自移动使用中的航空设施，或者强行进入航空器驾驶舱的，处十日以上十五日以下拘留。

在使用中的航空器上使用可能影响导航系统正常功能的器具、工具，不听劝阻的，处五日以下拘留或者五百元以下罚款。

第三十五条　【对妨害铁路运行安全行为的处罚】有下列行为之一的，处五日以上十日以下拘留，可以并处五百元以下罚款；情节较轻的，处五日以下拘留或者五百元以下罚款：

（一）盗窃、损毁或者擅自移动铁路设施、设备、机车车辆配件或者安全标志的；

（二）在铁路线路上放置障碍物，或者故意向列车投掷物品的；

（三）在铁路线路、桥梁、涵洞处挖掘坑穴、采石取沙的；

（四）在铁路线路上私设道口或者平交过道的。

第三十六条　【对妨害列车行车安全行为的处罚】擅自进入铁路防护网或者火车来临时在铁路线路上行走坐卧、抢越铁路，影响行车安全的，处警告或者二百元以下罚款。

第三十七条　【对妨害公共道路安全行为的处罚】有下列行为之一的，处五日以下拘留或者五百元以下罚款；情节严重的，处五日以上十日以下拘留，可以并处五百元以下罚款：

（一）未经批准，安装、使用电网的，或者安装、使用电网不符合安全规定的；

（二）在车辆、行人通行的地方施工，对沟井坎穴不设覆盖物、防围和警示标志的，或者故意损毁、移动覆盖物、防围和警示标志的；

（三）盗窃、损毁路面井盖、照明等公共设施的。

第三十八条　【对违反规定举办大型活动行为的处罚】举办文化、体育等大型群众性活动，违反有关规定，有发生安全事故危险的，责令停止活动，立即疏散；对组织者处五日以上十日以下拘留，并处二百元以上五百元以下罚款；情节较轻的，处五日以下拘留或者五百元以下罚款。

第三十九条　【对违反公共场所安全规定行为的处罚】旅馆、饭店、影剧院、娱乐场、运动场、展览馆或者其他供社会公众活动的场所的经营管理人员，违反安全规定，致使该场所有发生安全事故危险，经公安机关责令改正，拒不改正的，处五日以下拘留。

第三节　侵犯人身权利、财产权利的行为和处罚

第四十条　【对恐怖表演、强迫劳动、限制人身自由行为的处罚】有下列行为之一的，处十日以上十五日以下拘留，并处五百元以上一千元以下罚款；情节较轻的，处五日以上十日以下拘留，并处二百元以上五百元以下罚款：

（一）组织、胁迫、诱骗不满十六周岁的人或者残疾人进行恐怖、残忍表演的；

（二）以暴力、威胁或者其他手段强迫他人劳动的；

（三）非法限制他人人身自由、非法侵入他人住宅或者非法搜查他人身体的。

第四十一条　【对胁迫利用他人乞讨和滋扰乞讨行为的处罚】胁迫、诱骗或者利用他人乞讨的，处十日以上十五日以下拘留，可以并处一千元以下罚款。

反复纠缠、强行讨要或者以其他滋扰他人的方式乞讨的，处五日以下拘留或者警告。

第四十二条　【对侵犯人身权利六项行为的处罚】有下列行为之一的，处五日以下拘留或者五百元以下罚款；情节较重的，处五日以上十日以下拘留，可以并处五百元以下罚款：

（一）写恐吓信或者以其他方法威胁他人人身安全的；

（二）公然侮辱他人或者捏造事实诽谤他人的；

（三）捏造事实诬告陷害他人，企图使他人受到刑事追究或者受到治安管理处罚的；

（四）对证人及其近亲属进行威胁、侮辱、殴打或者打击报复的；

（五）多次发送淫秽、侮辱、恐吓或者其他信息，干扰他人正常生活的；

（六）偷窥、偷拍、窃听、散布他人隐私的。

第四十三条　【对殴打或故意伤害他人身体行为的处罚】殴打他人的，或者故意伤害他人身体的，处五日以上十日以下拘留，并处二百元以上五百元以下罚款；情节较轻的，处五日以下拘留或者

五百元以下罚款。

有下列情形之一的，处十日以上十五日以下拘留，并处五百元以上一千元以下罚款：

（一）结伙殴打、伤害他人的；

（二）殴打、伤害残疾人、孕妇、不满十四周岁的人或者六十周岁以上的人的；

（三）多次殴打、伤害他人或者一次殴打、伤害多人的。

第四十四条 【对猥亵他人和在公共场所裸露身体行为的处罚】猥亵他人的，或者在公共场所故意裸露身体，情节恶劣的，处五日以上十日以下拘留；猥亵智力残疾人、精神病人、不满十四周岁的人或者有其他严重情节的，处十日以上十五日以下拘留。

第四十五条 【对虐待家庭成员、遗弃被扶养人行为的处罚】有下列行为之一的，处五日以下拘留或者警告：

（一）虐待家庭成员，被虐待人要求处理的；

（二）遗弃没有独立生活能力的被扶养人的。

第四十六条 【对强迫交易行为的处罚】强买强卖商品，强迫他人提供服务或者强迫他人接受服务的，处五日以上十日以下拘留，并处二百元以上五百元以下罚款；情节较轻的，处五日以下拘留或者五百元以下罚款。

第四十七条 【对煽动民族仇恨、民族歧视行为的处罚】煽动民族仇恨、民族歧视，或者在出版物、计算机信息网络中刊载民族歧视、侮辱内容的，处十日以上十五日以下拘留，可以并处一千元以下罚款。

第四十八条 【对侵犯通信自由行为的处罚】冒领、隐匿、毁弃、私自开拆或者非法检查他人邮件的，处五日以下拘留或者五百元以下罚款。

第四十九条 【对盗窃、诈骗、哄抢、抢夺、敲诈勒索、损毁公私财物行为的处罚】盗窃、诈骗、哄抢、抢夺、敲诈勒索或者故意损毁公私财物的，处五日以上十日以下拘留，可以并处五百元以下罚款；情节较重的，处十日以上十五日以下拘留，可以并处一千元以下罚款。

第四节 妨害社会管理的行为和处罚

第五十条 【对拒不执行紧急状态决定、命令和阻碍执行公务的处罚】有下列行为之一的，处警告或者二百元以下罚款；情节严重的，处五日以上十日以下拘留，可以并处五百元以下罚款：

（一）拒不执行人民政府在紧急状态情况下依法发布的决定、命令的；

（二）阻碍国家机关工作人员依法执行职务的；

（三）阻碍执行紧急任务的消防车、救护车、工程抢险车、警车等车辆通行的；

（四）强行冲闯公安机关设置的警戒带、警戒区的。

阻碍人民警察依法执行职务的，从重处罚。

第五十一条 【对招摇撞骗行为的处罚】冒充国家机关工作人员或者以其他虚假身份招摇撞骗的，处五日以上十日以下拘留，可以并处五百元以下罚款；情节较轻的，处五日以下拘留或者五百元以下罚款。

冒充军警人员招摇撞骗的，从重处罚。

第五十二条 【对伪造、变造、买卖公文、证件、票证行为的处罚】有下列行为之一的，处十日以上十五日以下拘留，可以并处一千元以下罚款；情节较轻的，处五日以上十日以下拘留，可以并处五百元以下罚款：

（一）伪造、变造或者买卖国家机关、人民团体、企业、事业单位或者其他组织的公文、证件、证明文件、印章的；

（二）买卖或者使用伪造、变造的国家机关、人民团体、企业、事业单位或者其他组织的公文、证件、证明文件的；

（三）伪造、变造、倒卖车票、船票、航空客票、文艺演出票、体育比赛入场券或者其他有价票证、凭证的；

（四）伪造、变造船舶户牌，买卖或者使用伪造、变造的船舶户牌，或者涂改船舶发动机号码的。

第五十三条 【对船舶擅自进入禁、限入水域或岛屿行为的处罚】船舶擅自进入、停靠国家禁止、限制进入的水域或者岛屿的，对船舶负责人及有关责任人员处五百元以上一千元以下罚款；情节严重的，处五日以下拘留，并处五百元以上一千元以下罚款。

第五十四条 【对违法设立社会团体行为的处罚】有下列行为之一的，处十日以上十五日以下拘留，并处五百元以上一千元以下罚款；情节较轻的，处五日以下拘留或者五百元以下罚款：

(一)违反国家规定,未经注册登记,以社会团体名义进行活动,被取缔后,仍进行活动的;

(二)被依法撤销登记的社会团体,仍以社会团体名义进行活动的;

(三)未经许可,擅自经营按照国家规定需要由公安机关许可的行业的。

有前款第三项行为的,予以取缔。

取得公安机关许可的经营者,违反国家有关管理规定,情节严重的,公安机关可以吊销许可证。

第五十五条 【对非法集会、游行、示威行为的处罚】煽动、策划非法集会、游行、示威,不听劝阻的,处十日以上十五日以下拘留。

第五十六条 【对旅馆工作人员违反规定行为的处罚】旅馆业的工作人员对住宿的旅客不按规定登记姓名、身份证件种类和号码的,或者明知住宿的旅客将危险物质带入旅馆,不予制止的,处二百元以上五百元以下罚款。

旅馆业的工作人员明知住宿的旅客是犯罪嫌疑人员或者被公安机关通缉的人员,不向公安机关报告的,处二百元以上五百元以下罚款;情节严重的,处五日以下拘留,可以并处五百元以下罚款。

第五十七条 【对违法出租房屋行为的处罚】房屋出租人将房屋出租给无身份证件的人居住的,或者不按规定登记承租人姓名、身份证件种类和号码的,处二百元以上五百元以下罚款。

房屋出租人明知承租人利用出租房屋进行犯罪活动,不向公安机关报告的,处二百元以上五百元以下罚款;情节严重的,处五日以下拘留,可以并处五百元以下罚款。

第五十八条 【对制造噪声干扰他人生活行为的处罚】违反关于社会生活噪声污染防治的法律规定,制造噪声干扰他人正常生活的,处警告;警告后不改正的,处二百元以上五百元以下罚款。

第五十九条 【对违法典当、收购行为的处罚】有下列行为之一的,处五百元以上一千元以下罚款;情节严重的,处五日以上十日以下拘留,并处五百元以上一千元以下罚款:

(一)典当业工作人员承接典当的物品,不查验有关证明、不履行登记手续,或者明知是违法犯罪嫌疑人、赃物,不向公安机关报告的;

(二)违反国家规定,收购铁路、油田、供电、电信、矿山、水利、测量和城市公用设施等废旧专用器材的;

(三)收购公安机关通报寻查的赃物或者有赃物嫌疑的物品的;

(四)收购国家禁止收购的其他物品的。

第六十条 【对妨害执法秩序行为的处罚】有下列行为之一的,处五日以上十日以下拘留,并处二百元以上五百元以下罚款:

(一)隐藏、转移、变卖或者损毁行政执法机关依法扣押、查封、冻结的财物的;

(二)伪造、隐匿、毁灭证据或者提供虚假证言、谎报案情,影响行政执法机关依法办案的;

(三)明知是赃物而窝藏、转移或者代为销售的;

(四)被依法执行管制、剥夺政治权利或者在缓刑、暂予监外执行中的罪犯或者被依法采取刑事强制措施的人,有违反法律、行政法规或者国务院有关部门的监督管理规定的行为。

第六十一条 【对协助组织、运送他人偷越国(边)境行为的处罚】协助组织或者运送他人偷越国(边)境的,处十日以上十五日以下拘留,并处一千元以上五千元以下罚款。

第六十二条 【对偷越国(边)境行为的处罚】为偷越国(边)境人员提供条件的,处五日以上十日以下拘留,并处五百元以上二千元以下罚款。

偷越国(边)境的,处五日以下拘留或者五百元以下罚款。

第六十三条 【对妨害文物管理行为的处罚】有下列行为之一的,处警告或者二百元以下罚款;情节较重的,处五日以上十日以下拘留,并处二百元以上五百元以下罚款:

(一)刻划、涂污或者以其他方式故意损坏国家保护的文物、名胜古迹的;

(二)违反国家规定,在文物保护单位附近进行爆破、挖掘等活动,危及文物安全的。

第六十四条 【对非法驾驶交通工具行为的处罚】有下列行为之一的,处五百元以上一千元以下罚款;情节严重的,处十日以上十五日以下拘留,并处五百元以上一千元以下罚款:

(一)偷开他人机动车的;

(二)未取得驾驶证驾驶或者偷开他人航空器、机动船舶的。

第六十五条 【对破坏他人坟墓、尸体和乱停

放尸体行为的处罚】有下列行为之一的，处五日以上十日以下拘留；情节严重的，处十日以上十五日以下拘留，可以并处一千元以下罚款：

（一）故意破坏、污损他人坟墓或者毁坏、丢弃他人尸骨、骨灰的；

（二）在公共场所停放尸体或者因停放尸体影响他人正常生活、工作秩序，不听劝阻的。

第六十六条 【对卖淫、嫖娼行为的处罚】卖淫、嫖娼的，处十日以上十五日以下拘留，可以并处五千元以下罚款；情节较轻的，处五日以下拘留或者五百元以下罚款。

在公共场所拉客招嫖的，处五日以下拘留或者五百元以下罚款。

第六十七条 【对引诱、容留、介绍卖淫行为的处罚】引诱、容留、介绍他人卖淫的，处十日以上十五日以下拘留，可以并处五千元以下罚款；情节较轻的，处五日以下拘留或者五百元以下罚款。

第六十八条 【对传播淫秽信息行为的处罚】制作、运输、复制、出售、出租淫秽的书刊、图片、影片、音像制品等淫秽物品或者利用计算机信息网络、电话以及其他通讯工具传播淫秽信息的，处十日以上十五日以下拘留，可以并处三千元以下罚款；情节较轻的，处五日以下拘留或者五百元以下罚款。

第六十九条 【对组织、参与淫秽活动的处罚】有下列行为之一的，处十日以上十五日以下拘留，并处五百元以上一千元以下罚款：

（一）组织播放淫秽音像的；

（二）组织或者进行淫秽表演的；

（三）参与聚众淫乱活动的。

明知他人从事前款活动，为其提供条件的，依照前款的规定处罚。

第七十条 【对赌博行为的处罚】以营利为目的，为赌博提供条件的，或者参与赌博赌资较大的，处五日以下拘留或者五百元以下罚款；情节严重的，处十日以上十五日以下拘留，并处五百元以上三千元以下罚款。

第七十一条 【对涉及毒品原植物行为的处罚】有下列行为之一的，处十日以上十五日以下拘留，可以并处三千元以下罚款；情节较轻的，处五日以下拘留或者五百元以下罚款：

（一）非法种植罂粟不满五百株或者其他少量毒品原植物的；

（二）非法买卖、运输、携带、持有少量未经灭活的罂粟等毒品原植物种子或者幼苗的；

（三）非法运输、买卖、储存、使用少量罂粟壳的。

有前款第一项行为，在成熟前自行铲除的，不予处罚。

第七十二条 【对毒品违法行为的处罚】有下列行为之一的，处十日以上十五日以下拘留，可以并处二千元以下罚款；情节较轻的，处五日以下拘留或者五百元以下罚款：

（一）非法持有鸦片不满二百克、海洛因或者甲基苯丙胺不满十克或者其他少量毒品的；

（二）向他人提供毒品的；

（三）吸食、注射毒品的；

（四）胁迫、欺骗医务人员开具麻醉药品、精神药品的。

第七十三条 【对教唆、引诱、欺骗他人吸食、注射毒品行为的处罚】教唆、引诱、欺骗他人吸食、注射毒品的，处十日以上十五日以下拘留，并处五百元以上二千元以下罚款。

第七十四条 【对服务行业人员通风报信行为的处罚】旅馆业、饮食服务业、文化娱乐业、出租汽车业等单位的人员，在公安机关查处吸毒、赌博、卖淫、嫖娼活动时，为违法犯罪行为人通风报信的，处十日以上十五日以下拘留。

第七十五条 【对饲养动物违法行为的处罚】饲养动物，干扰他人正常生活的，处警告；警告后不改正的，或者放任动物恐吓他人的，处二百元以上五百元以下罚款。

驱使动物伤害他人的，依照本法第四十三条第一款的规定处罚。

第七十六条 【对屡教不改行为的处罚】有本法第六十七条、第六十八条、第七十条的行为，屡教不改的，可以按照国家规定采取强制性教育措施。

第四章 处罚程序

第一节 调 查

第七十七条 【受理治安案件须登记】公安机关对报案、控告、举报或者违反治安管理行为人主动投案，以及其他行政主管部门、司法机关移送的违反治安管理案件，应当及时受理，并进行登记。

第七十八条 【受理治安案件后的处理】公安机关受理报案、控告、举报、投案后,认为属于违反治安管理行为的,应当立即进行调查;认为不属于违反治安管理行为的,应当告知报案人、控告人、举报人、投案人,并说明理由。

第七十九条 【严禁非法取证】公安机关及其人民警察对治安案件的调查,应当依法进行。严禁刑讯逼供或者采用威胁、引诱、欺骗等非法手段收集证据。

以非法手段收集的证据不得作为处罚的根据。

第八十条 【公安机关的保密义务】公安机关及其人民警察在办理治安案件时,对涉及的国家秘密、商业秘密或者个人隐私,应当予以保密。

第八十一条 【关于回避的规定】人民警察在办理治安案件过程中,遇有下列情形之一的,应当回避;违反治安管理行为人、被侵害人或者其法定代理人也有权要求他们回避:

(一)是本案当事人或者当事人的近亲属的;

(二)本人或者其近亲属与本案有利害关系的;

(三)与本案当事人有其他关系,可能影响案件公正处理的。

人民警察的回避,由其所属的公安机关决定;公安机关负责人的回避,由上一级公安机关决定。

第八十二条 【关于传唤的规定】需要传唤违反治安管理行为人接受调查的,经公安机关办案部门负责人批准,使用传唤证传唤。对现场发现的违反治安管理行为人,人民警察经出示工作证件,可以口头传唤,但应当在询问笔录中注明。

公安机关应当将传唤的原因和依据告知被传唤人。对无正当理由不接受传唤或者逃避传唤的人,可以强制传唤。

第八十三条 【传唤后的询问期限与通知义务】对违反治安管理行为人,公安机关传唤后应当及时询问查证,询问查证的时间不得超过八小时;情况复杂,依照本法规定可能适用行政拘留处罚的,询问查证的时间不得超过二十四小时。

公安机关应当及时将传唤的原因和处所通知被传唤人家属。

第八十四条 【询问笔录、书面材料与询问不满十六周岁人的规定】询问笔录应当交被询问人核对;对没有阅读能力的,应当向其宣读。记载有遗漏或者差错的,被询问人可以提出补充或者更正。被询问人确认笔录无误后,应当签名或者盖章,询问的人民警察也应当在笔录上签名。

被询问人要求就被询问事项自行提供书面材料的,应当准许;必要时,人民警察也可以要求被询问人自行书写。

询问不满十六周岁的违反治安管理行为人,应当通知其父母或者其他监护人到场。

第八十五条 【询问被侵害人和其他证人的规定】人民警察询问被侵害人或者其他证人,可以到其所在单位或者住处进行;必要时,也可以通知其到公安机关提供证言。

人民警察在公安机关以外询问被侵害人或者其他证人,应当出示工作证件。

询问被侵害人或者其他证人,同时适用本法第八十四条的规定。

第八十六条 【询问中的语言帮助】询问聋哑的违反治安管理行为人、被侵害人或者其他证人,应当有通晓手语的人提供帮助,并在笔录上注明。

询问不通晓当地通用的语言文字的违反治安管理行为人、被侵害人或者其他证人,应当配备翻译人员,并在笔录上注明。

第八十七条 【检查时应遵守的程序】公安机关对与违反治安管理行为有关的场所、物品、人身可以进行检查。检查时,人民警察不得少于二人,并应当出示工作证件和县级以上人民政府公安机关开具的检查证明文件。对确有必要立即进行检查的,人民警察经出示工作证件,可以当场检查,但检查公民住所应当出示县级以上人民政府公安机关开具的检查证明文件。

检查妇女的身体,应当由女性工作人员进行。

第八十八条 【检查笔录的制作】检查的情况应当制作检查笔录,由检查人、被检查人和见证人签名或者盖章;被检查人拒绝签名的,人民警察应当在笔录上注明。

第八十九条 【关于扣押物品的规定】公安机关办理治安案件,对与案件有关的需要作为证据的物品,可以扣押;对被侵害人或者善意第三人合法占有的财产,不得扣押,应当予以登记。对与案件无关的物品,不得扣押。

对扣押的物品,应当会同在场见证人和被扣押物品持有人查点清楚,当场开列清单一式二份,由调查人员、见证人和持有人签名或者盖章,一份交给持有人,另一份附卷备查。

对扣押的物品,应当妥善保管,不得挪作他用;对不宜长期保存的物品,按照有关规定处理。经查明与案件无关的,应当及时退还;经核实属于他人合法财产的,应当登记后立即退还;满六个月无人对该财产主张权利或者无法查清权利人的,应当公开拍卖或者按照国家有关规定处理,所得款项上缴国库。

第九十条 【关于鉴定的规定】为了查明案情,需要解决案件中有争议的专门性问题的,应当指派或者聘请具有专门知识的人员进行鉴定;鉴定人鉴定后,应当写出鉴定意见,并且签名。

第二节 决 定

第九十一条 【处罚的决定机关】治安管理处罚由县级以上人民政府公安机关决定;其中警告、五百元以下的罚款可以由公安派出所决定。

第九十二条 【行政拘留的折抵】对决定给予行政拘留处罚的人,在处罚前已经采取强制措施限制人身自由的时间,应当折抵。限制人身自由一日,折抵行政拘留一日。

第九十三条 【违反治安管理行为人的陈述与其他证据的关系】公安机关查处治安案件,对没有本人陈述,但其他证据能够证明案件事实的,可以作出治安管理处罚决定。但是,只有本人陈述,没有其他证据证明的,不能作出治安管理处罚决定。

第九十四条 【陈述与申辩权】公安机关作出治安管理处罚决定前,应当告知违反治安管理行为人作出治安管理处罚的事实、理由及依据,并告知违反治安管理行为人依法享有的权利。

违反治安管理行为人有权陈述和申辩。公安机关必须充分听取违反治安管理行为人的意见,对违反治安管理行为人提出的事实、理由和证据,应当进行复核;违反治安管理行为人提出的事实、理由或者证据成立的,公安机关应当采纳。

公安机关不得因违反治安管理行为人的陈述、申辩而加重处罚。

第九十五条 【治安案件的处理】治安案件调查结束后,公安机关应当根据不同情况,分别作出以下处理:

(一)确有依法应当给予治安管理处罚的违法行为的,根据情节轻重及具体情况,作出处罚决定;

(二)依法不予处罚的,或者违法事实不能成立的,作出不予处罚决定;

(三)违法行为已涉嫌犯罪的,移送主管机关依法追究刑事责任;

(四)发现违反治安管理行为人有其他违法行为的,在对违反治安管理行为作出处罚决定的同时,通知有关行政主管部门处理。

第九十六条 【治安管理处罚决定书的内容】公安机关作出治安管理处罚决定的,应当制作治安管理处罚决定书。决定书应当载明下列内容:

(一)被处罚人的姓名、性别、年龄、身份证件的名称和号码、住址;

(二)违法事实和证据;

(三)处罚的种类和依据;

(四)处罚的执行方式和期限;

(五)对处罚决定不服,申请行政复议、提起行政诉讼的途径和期限;

(六)作出处罚决定的公安机关的名称和作出决定的日期。

决定书应当由作出处罚决定的公安机关加盖印章。

第九十七条 【宣告、送达、抄送】公安机关应当向被处罚人宣告治安管理处罚决定书,并当场交付被处罚人;无法当场向被处罚人宣告的,应当在二日内送达被处罚人。决定给予行政拘留处罚的,应当及时通知被处罚人的家属。

有被侵害人的,公安机关应当将决定书副本抄送被侵害人。

第九十八条 【听证】公安机关作出吊销许可证以及处二千元以上罚款的治安管理处罚决定前,应当告知违反治安管理行为人有权要求举行听证;违反治安管理行为人要求听证的,公安机关应当及时依法举行听证。

第九十九条 【期限】公安机关办理治安案件的期限,自受理之日起不得超过三十日;案情重大、复杂的,经上一级公安机关批准,可以延长三十日。

为了查明案情进行鉴定的期间,不计入办理治安案件的期限。

第一百条 【当场处罚】违反治安管理行为事实清楚,证据确凿,处警告或者二百元以下罚款的,可以当场作出治安管理处罚决定。

第一百零一条 【当场处罚决定程序】当场作

出治安管理处罚决定的，人民警察应当向违反治安管理行为人出示工作证件，并填写处罚决定书。处罚决定书应当当场交付被处罚人；有被侵害人的，并将决定书副本抄送被侵害人。

前款规定的处罚决定书，应当载明被处罚人的姓名、违法行为、处罚依据、罚款数额、时间、地点以及公安机关名称，并由经办的人民警察签名或者盖章。

当场作出治安管理处罚决定的，经办的人民警察应当在二十四小时内报所属公安机关备案。

第一百零二条 【不服处罚提起的复议或诉讼】被处罚人对治安管理处罚决定不服的，可以依法申请行政复议或者提起行政诉讼。

第三节 执 行

第一百零三条 【行政拘留处罚的执行】对被决定给予行政拘留处罚的人，由作出决定的公安机关送达拘留所执行。

第一百零四条 【当场收缴罚款范围】受到罚款处罚的人应当自收到处罚决定书之日起十五日内，到指定的银行缴纳罚款。但是，有下列情形之一的，人民警察可以当场收缴罚款：

（一）被处五十元以下罚款，被处罚人对罚款无异议的；

（二）在边远、水上、交通不便地区，公安机关及其人民警察依照本法的规定作出罚款决定后，被处罚人向指定的银行缴纳罚款确有困难，经被处罚人提出的；

（三）被处罚人在当地没有固定住所，不当场收缴事后难以执行的。

第一百零五条 【罚款交纳期限】人民警察当场收缴的罚款，应当自收缴罚款之日起二日内，交至所属的公安机关；在水上、旅客列车上当场收缴的罚款，应当自抵岸或者到站之日起二日内，交至所属的公安机关；公安机关应当自收到罚款之日起二日内将罚款缴付指定的银行。

第一百零六条 【罚款收据】人民警察当场收缴罚款的，应当向被处罚人出具省、自治区、直辖市人民政府财政部门统一制发的罚款收据；不出具统一制发的罚款收据的，被处罚人有权拒绝缴纳罚款。

第一百零七条 【暂缓执行行政拘留】被处罚人不服行政拘留处罚决定，申请行政复议、提起行政诉讼的，可以向公安机关提出暂缓执行行政拘留的申请。公安机关认为暂缓执行行政拘留不致发生社会危险的，由被处罚人或者其近亲属提出符合本法第一百零八条规定条件的担保人，或者按每日行政拘留二百元的标准交纳保证金，行政拘留的处罚决定暂缓执行。

第一百零八条 【担保人的条件】担保人应当符合下列条件：

（一）与本案无牵连；

（二）享有政治权利，人身自由未受到限制；

（三）在当地有常住户口和固定住所；

（四）有能力履行担保义务。

第一百零九条 【担保人的义务】担保人应当保证被担保人不逃避行政拘留处罚的执行。

担保人不履行担保义务，致使被担保人逃避行政拘留处罚的执行的，由公安机关对其处三千元以下罚款。

第一百一十条 【没收保证金】被决定给予行政拘留处罚的人交纳保证金，暂缓行政拘留后，逃避行政拘留处罚的执行的，保证金予以没收并上缴国库，已经作出的行政拘留决定仍应执行。

第一百一十一条 【退还保证金】行政拘留的处罚决定被撤销，或者行政拘留处罚开始执行的，公安机关收取的保证金应当及时退还交纳人。

第五章 执法监督

第一百一十二条 【执法原则】公安机关及其人民警察应当依法、公正、严格、高效办理治安案件，文明执法，不得徇私舞弊。

第一百一十三条 【禁止行为】公安机关及其人民警察办理治安案件，禁止对违反治安管理行为人打骂、虐待或者侮辱。

第一百一十四条 【社会监督】公安机关及其人民警察办理治安案件，应当自觉接受社会和公民的监督。

公安机关及其人民警察办理治安案件，不严格执法或者有违法违纪行为的，任何单位和个人都有权向公安机关或者人民检察院、行政监察机关检举、控告；收到检举、控告的机关，应当依据职责及时处理。

第一百一十五条 【罚缴分离原则】公安机关依法实施罚款处罚，应当依照有关法律、行政法规的规定，实行罚款决定与罚款收缴分离；收缴的罚款应当全部上缴国库。

第一百一十六条 【公安机关及其民警的行政责任和刑事责任】人民警察办理治安案件，有下列行为之一的，依法给予行政处分；构成犯罪的，依法追究刑事责任：

（一）刑讯逼供、体罚、虐待、侮辱他人的；

（二）超过询问查证的时间限制人身自由的；

（三）不执行罚款决定与罚款收缴分离制度或者不按规定将罚没的财物上缴国库或者依法处理的；

（四）私分、侵占、挪用、故意损毁收缴、扣押的财物的；

（五）违反规定使用或者不及时返还被侵害人财物的；

（六）违反规定不及时退还保证金的；

（七）利用职务上的便利收受他人财物或者谋取其他利益的；

（八）当场收缴罚款不出具罚款收据或者不如实填写罚款数额的；

（九）接到要求制止违反治安管理行为的报警后，不及时出警的；

（十）在查处违反治安管理活动时，为违法犯罪行为人通风报信的；

（十一）有徇私舞弊、滥用职权，不依法履行法定职责的其他情形的。

办理治安案件的公安机关有前款所列行为的，对直接负责的主管人员和其他直接责任人员给予相应的行政处分。

第一百一十七条 【赔偿责任】公安机关及其人民警察违法行使职权，侵犯公民、法人和其他组织合法权益的，应当赔礼道歉；造成损害的，应当依法承担赔偿责任。

第六章 附 则

第一百一十八条 【“以上、以下、以内”的含义】本法所称以上、以下、以内，包括本数。

第一百一十九条 【生效日期】本法自2006年3月1日起施行。1986年9月5日公布、1994年5月12日修订公布的《中华人民共和国治安管理处罚条例》同时废止。

中华人民共和国土地管理法

- 1986年6月25日第六届全国人民代表大会常务委员会第十六次会议通过
- 根据1988年12月29日第七届全国人民代表大会常务委员会第五次会议《关于修改〈中华人民共和国土地管理法〉的决定》第一次修正
- 1998年8月29日第九届全国人民代表大会常务委员会第四次会议修订
- 根据2004年8月28日第十届全国人民代表大会常务委员会第十一次会议《关于修改〈中华人民共和国土地管理法〉的决定》第二次修正
- 根据2019年8月26日第十三届全国人民代表大会常务委员会第十二次会议《关于修改〈中华人民共和国土地管理法〉、〈中华人民共和国城市房地产管理法〉的决定》第三次修正

第一章 总 则

第一条 【立法目的】为了加强土地管理，维护土地的社会主义公有制，保护、开发土地资源，合理利用土地，切实保护耕地，促进社会经济的可持续发展，根据宪法，制定本法。

第二条 【基本土地制度】中华人民共和国实行土地的社会主义公有制，即全民所有制和劳动群众集体所有制。

全民所有，即国家所有土地的所有权由国务院代表国家行使。

任何单位和个人不得侵占、买卖或者以其他形式非法转让土地。土地使用权可以依法转让。

国家为了公共利益的需要，可以依法对土地实行征收或者征用并给予补偿。

国家依法实行国有土地有偿使用制度。但是，国家在法律规定的范围内划拨国有土地使用权的除外。

第三条 【土地基本国策】十分珍惜、合理利用土地和切实保护耕地是我国的基本国策。各级人民政府应当采取措施，全面规划，严格管理，保护、开发土地资源，制止非法占用土地的行为。

第四条 【土地用途管制制度】国家实行土地用途管制制度。

国家编制土地利用总体规划，规定土地用途，

将土地分为农用地、建设用地和未利用地。严格限制农用地转为建设用地,控制建设用地总量,对耕地实行特殊保护。

前款所称农用地是指直接用于农业生产的土地,包括耕地、林地、草地、农田水利用地、养殖水面等;建设用地是指建造建筑物、构筑物的土地,包括城乡住宅和公共设施用地、工矿用地、交通水利设施用地、旅游用地、军事设施用地等;未利用地是指农用地和建设用地以外的土地。

使用土地的单位和个人必须严格按照土地利用总体规划确定的用途使用土地。

注释 **土地用途管制制度**

土地用途管制制度,是指国家为保证土地资源的合理利用以及经济、社会和环境的协调发展,通过编制国土空间规划划定土地利用区,确定每一块土地的用途,土地使用者、土地所有者应严格地按照国家确定的土地用途利用土地的制度。其核心是依据国土空间规划对土地用途转变实行严格控制。

第五条 **【土地管理体制】**国务院自然资源主管部门统一负责全国土地的管理和监督工作。

县级以上地方人民政府自然资源主管部门的设置及其职责,由省、自治区、直辖市人民政府根据国务院有关规定确定。

第六条 **【国家土地督察制度】**国务院授权的机构对省、自治区、直辖市人民政府以及国务院确定的城市人民政府土地利用和土地管理情况进行督察。

第七条 **【单位和个人的土地管理权利和义务】**任何单位和个人都有遵守土地管理法律、法规的义务,并有权对违反土地管理法律、法规的行为提出检举和控告。

第八条 **【奖励】**在保护和开发土地资源、合理利用土地以及进行有关的科学研究等方面成绩显著的单位和个人,由人民政府给予奖励。

第二章 土地的所有权和使用权

第九条 **【土地所有制】**城市市区的土地属于国家所有。

农村和城市郊区的土地,除由法律规定属于国家所有的以外,属于农民集体所有;宅基地和自留地、自留山,属于农民集体所有。

注释 我国土地的所有权主体只有两个,一个是国家,一个是农民集体。

宅基地,主要是指农民用于建造住房及其附属设施的一定范围内的土地;自留地是指我国农业合作化以后农民集体经济组织分配给本集体经济组织成员(村民)长期使用的土地;自留山是指农民集体经济组织分配给农民长期使用的少量的柴山和荒坡。

第十条 **【土地使用权】**国有土地和农民集体所有的土地,可以依法确定给单位或者个人使用。使用土地的单位和个人,有保护、管理和合理利用土地的义务。

案例 杨延虎等贪污案(最高人民法院指导案例11号)

裁判规则:土地使用权具有财产性利益,属于刑法第三百八十二条第一款规定中的“公共财物”,可以成为贪污的对象。

第十一条 **【集体所有土地的经营和管理】**农民集体所有的土地依法属于村农民集体所有的,由村集体经济组织或者村民委员会经营、管理;已经分别属于村内两个以上农村集体经济组织的农民集体所有的,由村内各该农村集体经济组织或者村民小组经营、管理;已经属于乡(镇)农民集体所有的,由乡(镇)农村集体经济组织经营、管理。

第十二条 **【土地所有权和使用权登记】**土地的所有权和使用权的登记,依照有关不动产登记的法律、行政法规执行。

依法登记的土地的所有权和使用权受法律保护,任何单位和个人不得侵犯。

第十三条 **【土地承包经营】**农民集体所有和国家所有依法由农民集体使用的耕地、林地、草地,以及其他依法用于农业的土地,采取农村集体经济组织内部的家庭承包方式承包,不宜采取家庭承包方式的荒山、荒沟、荒丘、荒滩等,可以采取招标、拍卖、公开协商等方式承包,从事种植业、林业、畜牧业、渔业生产。家庭承包的耕地的承包期为三十年,草地的承包期为三十年至五十年,林地的承包期为三十年至七十年;耕地承包期届满后再延长三十年,草地、林地承包期届满后依法相应延长。

国家所有依法用于农业的土地可以由单位或者个人承包经营,从事种植业、林业、畜牧业、渔业生产。

发包方和承包方应当依法订立承包合同,约定双方的权利和义务。承包经营土地的单位和个人,有保护和按照承包合同约定的用途合理利用土地的义务。

案例 王某荣与何某云、王某胜等农村土地承包经营权纠纷案①(最高人民法院公布保障民生第二批典型案例之一)

裁判规则:王某荣作为城市居民,在二轮土地延包中不享有土地承包经营权。第一,王某荣于1992年1月将户口从王某学家迁至白城市新立派出所辖区内落户。《农村土地承包法》第二十六条第三款规定:"承包期内,承包方全家迁入设区的市,转为非农业户口的,应当将承包的耕地和草地交回发包方。承包方不交回的,发包方可以收回承包的耕地和草地。"可见迁入设区的市、转为非农业户口,是丧失农村土地承包经营权的条件。由于目前我国法律没有对农村居民个人丧失土地承包经营权的条件作出明确具体的规定,因此,只能比照法律中最相类似的条款进行认定,上述规定应当成为认定在第二轮土地承包中,王某荣是否对王某学家承包的土地享有承包经营权的法律依据。此时王某荣的户口已经迁入设区的市,成为城市居民,因此不应再享有农村土地承包经营权。当地第二轮土地承包仍依照土地承包法第十五条之规定,以本集体经济组织的农户为单位。延包的含义是只丈量土地,不进行调整。符合增人不增地、减人不减地的政策。王某荣此时已不是王某学家庭成员,在二轮土地延包中不享有土地承包经营权。第二,《农村土地承包经营权证》是民事案件中认定当事人是否具有农村土地承包经营权的重要依据。

第十四条 【土地所有权和使用权争议解决】土地所有权和使用权争议,由当事人协商解决;协商不成的,由人民政府处理。

单位之间的争议,由县级以上人民政府处理;个人之间、个人与单位之间的争议,由乡级人民政府或者县级以上人民政府处理。

当事人对有关人民政府的处理决定不服的,可以自接到处理决定通知之日起三十日内,向人民法院起诉。

在土地所有权和使用权争议解决前,任何一方不得改变土地利用现状。

注释 **土地权属的争议**

土地权属的争议既有可能是关于土地的所有权,也有可能是关于土地的使用权而发生的争议。在发生权属争议时,争议双方应当先行协商,将纠纷尽快以最低成本解决;若协商不成,再交由人民政府处理。

不能作为土地权属争议案件受理的案件

土地侵权案件;行政区域边界争议案件;土地违法案件;农村土地承包经营权争议案件等。

第三章 土地利用总体规划

第十五条 【土地利用总体规划的编制依据和规划期限】各级人民政府应当依据国民经济和社会发展规划、国土整治和资源环境保护的要求、土地供给能力以及各项建设对土地的需求,组织编制土地利用总体规划。

土地利用总体规划的规划期限由国务院规定。

第十六条 【土地利用总体规划的编制要求】下级土地利用总体规划应当依据上一级土地利用总体规划编制。

地方各级人民政府编制的土地利用总体规划中的建设用地总量不得超过上一级土地利用总体规划确定的控制指标,耕地保有量不得低于上一级土地利用总体规划确定的控制指标。

省、自治区、直辖市人民政府编制的土地利用总体规划,应当确保本行政区域内耕地总量不减少。

第十七条 【土地利用总体规划的编制原则】土地利用总体规划按照下列原则编制:

(一)落实国土空间开发保护要求,严格土地用途管制;

(二)严格保护永久基本农田,严格控制非农业建设占用农用地;

(三)提高土地节约集约利用水平;

(四)统筹安排城乡生产、生活、生态用地,满足乡村产业和基础设施用地合理需求,促进城乡融合发展;

(五)保护和改善生态环境,保障土地的可持续利用;

① 本书收集的发生于《民法典》公布之前的案例,援引的法条为当时有效的条文,其中的裁判规则与《民法典》生效后的内容并不冲突,仍可作为参考。——编者注

（六）占用耕地与开发复垦耕地数量平衡、质量相当。

第十八条 【国土空间规划】国家建立国土空间规划体系。编制国土空间规划应当坚持生态优先，绿色、可持续发展，科学有序统筹安排生态、农业、城镇等功能空间，优化国土空间结构和布局，提升国土空间开发、保护的质量和效率。

经依法批准的国土空间规划是各类开发、保护、建设活动的基本依据。已经编制国土空间规划的，不再编制土地利用总体规划和城乡规划。

第十九条 【县、乡级土地利用总体规划的编制要求】县级土地利用总体规划应当划分土地利用区，明确土地用途。

乡（镇）土地利用总体规划应当划分土地利用区，根据土地使用条件，确定每一块土地的用途，并予以公告。

第二十条 【土地利用总体规划的审批】土地利用总体规划实行分级审批。

省、自治区、直辖市的土地利用总体规划，报国务院批准。

省、自治区人民政府所在地的市、人口在一百万以上的城市以及国务院指定的城市的土地利用总体规划，经省、自治区人民政府审查同意后，报国务院批准。

本条第二款、第三款规定以外的土地利用总体规划，逐级上报省、自治区、直辖市人民政府批准；其中，乡（镇）土地利用总体规划可以由省级人民政府授权的设区的市、自治州人民政府批准。

土地利用总体规划一经批准，必须严格执行。

第二十一条 【建设用地的要求】城市建设用地规模应当符合国家规定的标准，充分利用现有建设用地，不占或者尽量少占农用地。

城市总体规划、村庄和集镇规划，应当与土地利用总体规划相衔接，城市总体规划、村庄和集镇规划中建设用地规模不得超过土地利用总体规划确定的城市和村庄、集镇建设用地规模。

在城市规划区内、村庄和集镇规划区内，城市和村庄、集镇建设用地应当符合城市规划、村庄和集镇规划。

第二十二条 【相关规划与土地利用总体规划的衔接】江河、湖泊综合治理和开发利用规划，应当与土地利用总体规划相衔接。在江河、湖泊、水库的管理和保护范围以及蓄洪滞洪区内，土地利用应当符合江河、湖泊综合治理和开发利用规划，符合河道、湖泊行洪、蓄洪和输水的要求。

第二十三条 【土地利用年度计划】各级人民政府应当加强土地利用计划管理，实行建设用地总量控制。

土地利用年度计划，根据国民经济和社会发展计划、国家产业政策、土地利用总体规划以及建设用地和土地利用的实际状况编制。土地利用年度计划应当对本法第六十三条规定的集体经营性建设用地作出合理安排。土地利用年度计划的编制审批程序与土地利用总体规划的编制审批程序相同，一经审批下达，必须严格执行。

第二十四条 【土地利用年度计划执行情况报告】省、自治区、直辖市人民政府应当将土地利用年度计划的执行情况列为国民经济和社会发展计划执行情况的内容，向同级人民代表大会报告。

第二十五条 【土地利用总体规划的修改】经批准的土地利用总体规划的修改，须经原批准机关批准；未经批准，不得改变土地利用总体规划确定的土地用途。

经国务院批准的大型能源、交通、水利等基础设施建设用地，需要改变土地利用总体规划的，根据国务院的批准文件修改土地利用总体规划。

经省、自治区、直辖市人民政府批准的能源、交通、水利等基础设施建设用地，需要改变土地利用总体规划的，属于省级人民政府土地利用总体规划批准权限内的，根据省级人民政府的批准文件修改土地利用总体规划。

第二十六条 【土地调查】国家建立土地调查制度。

县级以上人民政府自然资源主管部门会同同级有关部门进行土地调查。土地所有者或者使用者应当配合调查，并提供有关资料。

第二十七条 【土地分等定级】县级以上人民政府自然资源主管部门会同同级有关部门根据土地调查成果、规划土地用途和国家制定的统一标准，评定土地等级。

第二十八条 【土地统计】国家建立土地统计制度。

县级以上人民政府统计机构和自然资源主管部门依法进行土地统计调查，定期发布土地统计资料。土地所有者或者使用者应当提供有关资料，不得拒报、迟报，不得提供不真实、不完整的资料。

统计机构和自然资源主管部门共同发布的土地面积统计资料是各级人民政府编制土地利用总体规划的依据。

第二十九条　【土地利用动态监测】国家建立全国土地管理信息系统，对土地利用状况进行动态监测。

第四章　耕地保护

第三十条　【占用耕地补偿制度】国家保护耕地，严格控制耕地转为非耕地。

国家实行占用耕地补偿制度。非农业建设经批准占用耕地的，按照"占多少，垦多少"的原则，由占用耕地的单位负责开垦与所占用耕地的数量和质量相当的耕地；没有条件开垦或者开垦的耕地不符合要求的，应当按照省、自治区、直辖市的规定缴纳耕地开垦费，专款用于开垦新的耕地。

省、自治区、直辖市人民政府应当制定开垦耕地计划，监督占用耕地的单位按照计划开垦耕地或者按照计划组织开垦耕地，并进行验收。

第三十一条　【耕地耕作层土壤的保护】县级以上地方人民政府可以要求占用耕地的单位将所占用耕地耕作层的土壤用于新开垦耕地、劣质地或者其他耕地的土壤改良。

第三十二条　【省级政府耕地保护责任】省、自治区、直辖市人民政府应当严格执行土地利用总体规划和土地利用年度计划，采取措施，确保本行政区域内耕地总量不减少、质量不降低。耕地总量减少的，由国务院责令在规定期限内组织开垦与所减少耕地的数量与质量相当的耕地；耕地质量降低的，由国务院责令在规定期限内组织整治。新开垦和整治的耕地由国务院自然资源主管部门会同农业农村主管部门验收。

个别省、直辖市确因土地后备资源匮乏，新增建设用地后，新开垦耕地的数量不足以补偿所占用耕地的数量的，必须报经国务院批准减免本行政区域内开垦耕地的数量，易地开垦数量和质量相当的耕地。

第三十三条　【永久基本农田保护制度】国家实行永久基本农田保护制度。下列耕地应当根据土地利用总体规划划为永久基本农田，实行严格保护：

（一）经国务院农业农村主管部门或者县级以上地方人民政府批准确定的粮、棉、油、糖等重要农产品生产基地内的耕地；

（二）有良好的水利与水土保持设施的耕地，正在实施改造计划以及可以改造的中、低产田和已建成的高标准农田；

（三）蔬菜生产基地；

（四）农业科研、教学试验田；

（五）国务院规定应当划为永久基本农田的其他耕地。

各省、自治区、直辖市划定的永久基本农田一般应当占本行政区域内耕地的百分之八十以上，具体比例由国务院根据各省、自治区、直辖市耕地实际情况规定。

注释 永久基本农田，是指根据一定时期人口和社会经济发展对农产品的需求以及对建设用地的预测，依据国土空间规划确定的不得擅自占用或改变用途并实行特殊保护的耕地。永久基本农田的划定主要是为了对耕地实行特殊保护。对于那些影响国民经济及农业发展的重点耕地，必须划入永久基本农田，实行严格保护。

链接《基本农田保护条例》第2、8—11条

第三十四条　【永久基本农田划定】永久基本农田划定以乡（镇）为单位进行，由县级人民政府自然资源主管部门会同同级农业农村主管部门组织实施。永久基本农田应当落实到地块，纳入国家永久基本农田数据库严格管理。

乡（镇）人民政府应当将永久基本农田的位置、范围向社会公告，并设立保护标志。

第三十五条　【永久基本农田的保护措施】永久基本农田经依法划定后，任何单位和个人不得擅自占用或者改变其用途。国家能源、交通、水利、军事设施等重点建设项目选址确实难以避让永久基本农田，涉及农用地转用或者土地征收的，必须经国务院批准。

禁止通过擅自调整县级土地利用总体规划、乡（镇）土地利用总体规划等方式规避永久基本农田农用地转用或者土地征收的审批。

第三十六条　【耕地质量保护】各级人民政府应当采取措施，引导因地制宜轮作休耕，改良土壤，提高地力，维护排灌工程设施，防止土地荒漠化、盐渍化、水土流失和土壤污染。

第三十七条　【非农业建设用地原则及禁止破坏耕地】非农业建设必须节约使用土地，可以利

用荒地的,不得占用耕地;可以利用劣地的,不得占用好地。

禁止占用耕地建窑、建坟或者擅自在耕地上建房、挖砂、采石、采矿、取土等。

禁止占用永久基本农田发展林果业和挖塘养鱼。

第三十八条 【非农业建设闲置耕地的处理】禁止任何单位和个人闲置、荒芜耕地。已经办理审批手续的非农业建设占用耕地,一年内不用而又可以耕种并收获的,应当由原耕种该幅耕地的集体或者个人恢复耕种,也可以由用地单位组织耕种;一年以上未动工建设的,应当按照省、自治区、直辖市的规定缴纳闲置费;连续二年未使用的,经原批准机关批准,由县级以上人民政府无偿收回用地单位的土地使用权;该幅土地原为农民集体所有的,应当交由原农村集体经济组织恢复耕种。

在城市规划区范围内,以出让方式取得土地使用权进行房地产开发的闲置土地,依照《中华人民共和国城市房地产管理法》的有关规定办理。

第三十九条 【未利用地的开发】国家鼓励单位和个人按照土地利用总体规划,在保护和改善生态环境、防止水土流失和土地荒漠化的前提下,开发未利用的土地;适宜开发为农用地的,应当优先开发成农用地。

国家依法保护开发者的合法权益。

第四十条 【未利用地开垦的要求】开垦未利用的土地,必须经过科学论证和评估,在土地利用总体规划划定的可开垦的区域内,经依法批准后进行。禁止毁坏森林、草原开垦耕地,禁止围湖造田和侵占江河滩地。

根据土地利用总体规划,对破坏生态环境开垦、围垦的土地,有计划有步骤地退耕还林、还牧、还湖。

第四十一条 【国有荒山、荒地、荒滩的开发】开发未确定使用权的国有荒山、荒地、荒滩从事种植业、林业、畜牧业、渔业生产的,经县级以上人民政府依法批准,可以确定给开发单位或者个人长期使用。

第四十二条 【土地整理】国家鼓励土地整理。县、乡(镇)人民政府应当组织农村集体经济组织,按照土地利用总体规划,对田、水、路、林、村综合整治,提高耕地质量,增加有效耕地面积,改善农业生产条件和生态环境。

地方各级人民政府应当采取措施,改造中、低产田,整治闲散地和废弃地。

链接《土地管理法实施条例》第10条

第四十三条 【土地复垦】因挖损、塌陷、压占等造成土地破坏,用地单位和个人应当按照国家有关规定负责复垦;没有条件复垦或者复垦不符合要求的,应当缴纳土地复垦费,专项用于土地复垦。复垦的土地应当优先用于农业。

第五章 建设用地

第四十四条 【农用地转用】建设占用土地,涉及农用地转为建设用地的,应当办理农用地转用审批手续。

永久基本农田转为建设用地的,由国务院批准。

在土地利用总体规划确定的城市和村庄、集镇建设用地规模范围内,为实施该规划而将永久基本农田以外的农用地转为建设用地的,按土地利用年度计划分批次按照国务院规定由原批准土地利用总体规划的机关或者其授权的机关批准。在已批准的农用地转用范围内,具体建设项目用地可以由市、县人民政府批准。

在土地利用总体规划确定的城市和村庄、集镇建设用地规模范围外,将永久基本农田以外的农用地转为建设用地的,由国务院或者国务院授权的省、自治区、直辖市人民政府批准。

第四十五条 【征地范围】为了公共利益的需要,有下列情形之一,确需征收农民集体所有的土地的,可以依法实施征收:

(一)军事和外交需要用地的;

(二)由政府组织实施的能源、交通、水利、通信、邮政等基础设施建设需要用地的;

(三)由政府组织实施的科技、教育、文化、卫生、体育、生态环境和资源保护、防灾减灾、文物保护、社区综合服务、社会福利、市政公用、优抚安置、英烈保护等公共事业需要用地的;

(四)由政府组织实施的扶贫搬迁、保障性安居工程建设需要用地的;

(五)在土地利用总体规划确定的城镇建设用地范围内,经省级以上人民政府批准由县级以上地方人民政府组织实施的成片开发建设需要用地的;

(六)法律规定为公共利益需要可以征收农民集体所有的土地的其他情形。

前款规定的建设活动,应当符合国民经济和

社会发展规划、土地利用总体规划、城乡规划和专项规划;第(四)项、第(五)项规定的建设活动,还应当纳入国民经济和社会发展年度计划;第(五)项规定的成片开发并应当符合国务院自然资源主管部门规定的标准。

第四十六条 【征地审批权限】征收下列土地的,由国务院批准:

(一)永久基本农田;

(二)永久基本农田以外的耕地超过三十五公顷的;

(三)其他土地超过七十公顷的。

征收前款规定以外的土地的,由省、自治区、直辖市人民政府批准。

征收农用地的,应当依照本法第四十四条的规定先行办理农用地转用审批。其中,经国务院批准农用地转用的,同时办理征地审批手续,不再另行办理征地审批;经省、自治区、直辖市人民政府在征地批准权限内批准农用地转用的,同时办理征地审批手续,不再另行办理征地审批,超过征地批准权限的,应当依照本条第一款的规定另行办理征地审批。

第四十七条 【土地征收程序】国家征收土地的,依照法定程序批准后,由县级以上地方人民政府予以公告并组织实施。

县级以上地方人民政府拟申请征收土地的,应当开展拟征收土地现状调查和社会稳定风险评估,并将征收范围、土地现状、征收目的、补偿标准、安置方式和社会保障等在拟征收土地所在的乡(镇)和村、村民小组范围内公告至少三十日,听取被征地的农村集体经济组织及其成员、村民委员会和其他利害关系人的意见。

多数被征地的农村集体经济组织成员认为征地补偿安置方案不符合法律、法规规定的,县级以上地方人民政府应当组织召开听证会,并根据法律、法规的规定和听证会情况修改方案。

拟征收土地的所有权人、使用权人应当在公告规定期限内,持不动产权属证明材料办理补偿登记。县级以上地方人民政府应当组织有关部门测算并落实有关费用,保证足额到位,与拟征收土地的所有权人、使用权人就补偿、安置等签订协议;个别确实难以达成协议的,应当在申请征收土地时如实说明。

相关前期工作完成后,县级以上地方人民政府方可申请征收土地。

链接《土地管理法实施条例》第26—31条

第四十八条 【土地征收补偿安置】征收土地应当给予公平、合理的补偿,保障被征地农民原有生活水平不降低、长远生计有保障。

征收土地应当依法及时足额支付土地补偿费、安置补助费以及农村村民住宅、其他地上附着物和青苗等的补偿费用,并安排被征地农民的社会保障费用。

征收农用地的土地补偿费、安置补助费标准由省、自治区、直辖市通过制定公布区片综合地价确定。制定区片综合地价应当综合考虑土地原用途、土地资源条件、土地产值、土地区位、土地供求关系、人口以及经济社会发展水平等因素,并至少每三年调整或者重新公布一次。

征收农用地以外的其他土地、地上附着物和青苗等的补偿标准,由省、自治区、直辖市制定。对其中的农村村民住宅,应当按照先补偿后搬迁、居住条件有改善的原则,尊重农村村民意愿,采取重新安排宅基地建房、提供安置房或者货币补偿等方式给予公平、合理的补偿,并对因征收造成的搬迁、临时安置等费用予以补偿,保障农村村民居住的权利和合法的住房财产权益。

县级以上地方人民政府应当将被征地农民纳入相应的养老等社会保障体系。被征地农民的社会保障费用主要用于符合条件的被征地农民的养老保险等社会保险缴费补贴。被征地农民社会保障费用的筹集、管理和使用办法,由省、自治区、直辖市制定。

注释 本条是关于土地征收补偿安置的条款,规定了补偿原则、补偿内容、补偿标准、地上附着物和青苗补偿、农村村民居住权益和住房财产权保护、被征地农民的社会保障等内容。

土地征收补偿的费用包括土地补偿费、安置补助费,农村村民住宅、地上附着物和青苗等的补偿费用,以及安排被征地农民的社会保障费用。土地补偿费和安置补助费由征地区片综合地价确定。省、自治区、直辖市应当制定公布区片综合地价,确定征收农用地的土地补偿费、安置补助费标准,并制定土地补偿费、安置补助费分配办法。区片综合地价应当至少每三年调整或者重新公布一次。地上附着物和青苗等的补偿标准,由省、自治区、直辖市制定,这主要是考虑到各地实际情况不同,由各省结合情况因地制宜制定标准,能够更好地保障农民利益。地上附着物和青苗等的补偿费用,归其所有权人所有。住宅安置的标准,补偿方式方面,在充分尊重农民意愿的前提下,考虑到各地实际情况不同,预留了多种补偿方式,比如,建设用地指标比较充裕的地区,可以重新安排宅基地,土地资源紧张的地区,可以通过建设安置房进行集中安置,对于已经不需要提供住房的农民,可以通过货币化的方式进行补偿。同时,明确提出将"因征收造成的搬迁、临时安置等费用"列入补偿内容,周全考虑了农民经济利益的具体情况,体现了公平公正的原则。将被征地农民纳入社会保障体系,是确保"长远生计有保障"的重要措施手段。实践中,各级政府已经逐渐将被征地农民纳入社保体系予以保障,但是各地保障方式不同,本条主要是作原则性规定,关于社保费用筹集、管理、使用的具体办法,授权各省级人民政府自行制定。社会保障费用主要用于符合条件的被征地农民的养老保险等社会保险缴费补贴,按省、自治区、直辖市的规定单独列支。

申请征收土地的县级以上地方人民政府应当及时落实土地补偿费、安置补助费、农村村民住宅以及其他地上附着物和青苗等的补偿费用、社会保障费用等,并保证足额到位,专款专用。有关费用未足额到位的,不得批准征收土地。

链接《土地管理法实施条例》第32条

案例 山西省某集团有限公司诉山西省某市人民政府收回国有土地使用权决定案(《中华人民共和国最高人民法院公报》2017年第1期)

裁判规则:有征收必有补偿,无补偿则无征收。征收补偿应当遵循及时补偿原则和公平补偿原则。补偿问题未依法定程序解决前,被征收人有权拒绝交出房屋和土地。

第四十九条　【征地补偿费用的使用】被征地的农村集体经济组织应当将征收土地的补偿费用的收支状况向本集体经济组织的成员公布,接受监督。

禁止侵占、挪用被征收土地单位的征地补偿费用和其他有关费用。

案例 南昌市某自然村、南昌市某镇人民政府承包地征收补偿费用分配纠纷案(最高人民法院民事裁定书〔2020〕最高法民申4067号)

裁判规则:某村委会作为基层自治组织与南昌市国土资源局某分局签订《征收土地协议书》,收到案涉相应征收补偿费用,有合同为据。某村委会在向被征地村民发放了各项补偿费用6066702元后,将剩余土地补偿费11071964元留存村集体经济组织而未向村民发放,某自然村为此向某村委会主张案涉剩余征地补偿费,原审确定双方争议法律关系性质为承包地征收补偿费用分配纠纷,并无不当。村民委员会是村民自我管理、自我教育、自我服务的基层群众性自治组织,依法管理本村属于村农民集体所有的土地和其他财产,依据《中华人民共和国村民委员会组织法》第二十四条第一款第七项规定"涉及村民利益的下列事项,经村民会议讨论决定方可办理:征地补偿费的使用、分配方案",征地补偿费用的使用和分配须经村民会议民主议定程序,案涉土地补偿费未经村民会议民主议定,原审认定某自然村无权直接要求某村委会支付剩余土地补偿费,并无不当。

第五十条　【支持被征地农民就业】地方各级人民政府应当支持被征地的农村集体经济组织和农民从事开发经营,兴办企业。

第五十一条　【大中型水利水电工程建设征地补偿和移民安置】大中型水利、水电工程建设征收土地的补偿费标准和移民安置办法,由国务院另行规定。

第五十二条　【建设项目用地审查】建设项目可行性研究论证时,自然资源主管部门可以根据土地利用总体规划、土地利用年度计划和建设用地标准,对建设用地有关事项进行审查,并提出意见。

第五十三条　【建设项目使用国有土地的审批】经批准的建设项目需要使用国有建设用地的,建设单位应当持法律、行政法规规定的有关文件,向有批准权的县级以上人民政府自然资源主管部门提出建设用地申请,经自然资源主管部门审查,报本级人民政府批准。

第五十四条　【国有土地的取得方式】建设单位使用国有土地,应当以出让等有偿使用方式取得;但是,下列建设用地,经县级以上人民政府依法批准,可以以划拨方式取得:

(一)国家机关用地和军事用地;

(二)城市基础设施用地和公益事业用地;

(三)国家重点扶持的能源、交通、水利等基础设施用地;

(四)法律、行政法规规定的其他用地。

第五十五条 【国有土地有偿使用费】以出让等有偿使用方式取得国有土地使用权的建设单位,按照国务院规定的标准和办法,缴纳土地使用权出让金等土地有偿使用费和其他费用后,方可使用土地。

自本法施行之日起,新增建设用地的土地有偿使用费,百分之三十上缴中央财政,百分之七十留给有关地方人民政府。具体使用管理办法由国务院财政部门会同有关部门制定,并报国务院批准。

第五十六条 【国有土地的使用要求】建设单位使用国有土地的,应当按照土地使用权出让等有偿使用合同的约定或者土地使用权划拨批准文件的规定使用土地;确需改变该幅土地建设用途的,应当经有关人民政府自然资源主管部门同意,报原批准用地的人民政府批准。其中,在城市规划区内改变土地用途的,在报批前,应当先经有关城市规划行政主管部门同意。

第五十七条 【建设项目临时用地】建设项目施工和地质勘查需要临时使用国有土地或者农民集体所有的土地的,由县级以上人民政府自然资源主管部门批准。其中,在城市规划区内的临时用地,在报批前,应当先经有关城市规划行政主管部门同意。土地使用者应当根据土地权属,与有关自然资源主管部门或者农村集体经济组织、村民委员会签订临时使用土地合同,并按照合同的约定支付临时使用土地补偿费。

临时使用土地的使用者应当按照临时使用土地合同约定的用途使用土地,并不得修建永久性建筑物。

临时使用土地期限一般不超过二年。

第五十八条 【收回国有土地使用权】有下列情形之一的,由有关人民政府自然资源主管部门报经原批准用地的人民政府或者有批准权的人民政府批准,可以收回国有土地使用权:

(一)为实施城市规划进行旧城区改建以及其他公共利益需要,确需使用土地的;

(二)土地出让等有偿使用合同约定的使用期限届满,土地使用者未申请续期或者申请续期未获批准的;

(三)因单位撤销、迁移等原因,停止使用原划拨的国有土地的;

(四)公路、铁路、机场、矿场等经核准报废的。

依照前款第(一)项的规定收回国有土地使用权的,对土地使用权人应当给予适当补偿。

案例 1. 魏某高、陈某志诉某县人民政府收回土地使用权批复案(最高人民法院指导案例22号)

裁判规则:根据《土地储备管理办法》和《安徽省国有土地储备办法》以收回方式储备国有土地的程序规定,某县国土资源行政主管部门在某县人民政府作出批准收回国有土地使用权方案批复后,应当向原土地使用权人送达对外发生法律效力的收回国有土地使用权通知。某县人民政府的批复属于内部行政行为,不向相对人送达,对相对人的权利义务尚未产生实际影响,一般不属于行政诉讼的受案范围。但本案中,某县人民政府作出批复后,某县国土资源行政主管部门没有制作并送达对外发生效力的法律文书,即直接交某县土地储备中心根据该批复实施拆迁补偿安置行为,对原土地使用权人的权利义务产生了实际影响;原土地使用权人也通过申请政府信息公开知道了该批复的内容,并对批复提起了行政复议,复议机关作出复议决定时也告知了诉权,该批复已实际执行并外化为对外发生法律效力的具体行政行为。因此,对该批复不服提起行政诉讼的,人民法院应当依法受理。

2. 某公司与海南省某县人民政府、第三人中国农业银行某支行收回国有土地使用权及撤销土地证案(《中华人民共和国最高人民法院公报》2015年第2期)

裁判规则:县政府根据省政府批准的总体规划要求为建设县政府办公楼需要使用涉案土地,收回某公司的土地使用权,应当依法给予"适当补偿"。所谓"适当补偿"应当是公平合理的补偿,即按照被收回土地的性质、用途、区位等,以作出收地决定之日的市场评估价予以补偿。县政府按土地原成本价予以补偿于法无据。某公司以收地决定违法,涉案土地使用权至今仍属于其享有为由,主张应以最终判决时的市场评估价予以补偿,其理由不能成立。本案收地决定属于违反程序,判决确认收地决定违法并未否定其法律效力。根据《物权法》第二十八条规定,涉案土地使用权自收地决定生效之日已经发生物权转移的效力。考虑到涉案土地登记资料中"土地用途"栏系空白,结合当地土地交易市场情况,对涉案土地以使用年限最长、市场价值最高的"住宅用地"用途进行评

估,有利于维护行政相对人的合法权益。鉴于县政府收回土地使用权行为违法,补偿价格明显不公,且收地决定作出后涉案土地升值较大,而当事人因不能以转让土地使用权方式及时偿还银行贷款,存在贷款利息损失,县政府在支付补偿款的同时,还应当支付自决定收回土地使用权之日起至实际支付全部补偿款之日的同期银行贷款利息。

第五十九条 【乡、村建设使用土地的要求】 乡镇企业、乡(镇)村公共设施、公益事业、农村村民住宅等乡(镇)村建设,应当按照村庄和集镇规划,合理布局,综合开发,配套建设;建设用地,应当符合乡(镇)土地利用总体规划和土地利用年度计划,并依照本法第四十四条、第六十条、第六十一条、第六十二条的规定办理审批手续。

第六十条 【村集体兴办企业使用土地】 农村集体经济组织使用乡(镇)土地利用总体规划确定的建设用地兴办企业或者与其他单位、个人以土地使用权入股、联营等形式共同举办企业的,应当持有关批准文件,向县级以上地方人民政府自然资源主管部门提出申请,按照省、自治区、直辖市规定的批准权限,由县级以上地方人民政府批准;其中,涉及占用农用地的,依照本法第四十四条的规定办理审批手续。

按照前款规定兴办企业的建设用地,必须严格控制。省、自治区、直辖市可以按照乡镇企业的不同行业和经营规模,分别规定用地标准。

第六十一条 【乡村公共设施、公益事业建设用地审批】 乡(镇)村公共设施、公益事业建设,需要使用土地的,经乡(镇)人民政府审核,向县级以上地方人民政府自然资源主管部门提出申请,按照省、自治区、直辖市规定的批准权限,由县级以上地方人民政府批准;其中,涉及占用农用地的,依照本法第四十四条的规定办理审批手续。

第六十二条 【农村宅基地管理】 农村村民一户只能拥有一处宅基地,其宅基地的面积不得超过省、自治区、直辖市规定的标准。

人均土地少、不能保障一户拥有一处宅基地的地区,县级人民政府在充分尊重农村村民意愿的基础上,可以采取措施,按照省、自治区、直辖市规定的标准保障农村村民实现户有所居。

农村村民建住宅,应当符合乡(镇)土地利用总体规划、村庄规划,不得占用永久基本农田,并尽量使用原有的宅基地和村内空闲地。编制乡(镇)土地利用总体规划、村庄规划应当统筹并合理安排宅基地用地,改善农村村民居住环境和条件。

农村村民住宅用地,由乡(镇)人民政府审核批准;其中,涉及占用农用地的,依照本法第四十四条的规定办理审批手续。

农村村民出卖、出租、赠与住宅后,再申请宅基地的,不予批准。

国家允许进城落户的农村村民依法自愿有偿退出宅基地,鼓励农村集体经济组织及其成员盘活利用闲置宅基地和闲置住宅。

国务院农业农村主管部门负责全国农村宅基地改革和管理有关工作。

注释 一户一宅

宅基地是农村村民用于建造住宅及其附属设施的集体建设用地,包括住房、附属用房和庭院等用地。农村村民一户只能拥有一处宅基地,面积不得超过本省、自治区、直辖市规定的标准。农村村民申请宅基地的,应当以户为单位向农村集体经济组织提出申请;没有设立农村集体经济组织的,应当向所在的村民小组或者村民委员会提出申请。宅基地申请依法经农村村民集体讨论通过并在本集体范围内公示后,报乡(镇)人民政府审核批准。涉及占用农用地的,应当依法办理农用地转用审批手续。农村村民应严格按照批准面积和建房标准建设住宅,禁止未批先建、超面积占用宅基地。经批准易地建造住宅的,应严格按照"建新拆旧"要求,将原宅基地交还村集体。对历史形成的宅基地面积超标和"一户多宅"等问题,要按照有关政策规定分类进行认定和处置。人均土地少、不能保障一户拥有一处宅基地的地区,县级人民政府在充分尊重农民意愿的基础上,可以采取措施,按照省、自治区、直辖市规定的标准保障农村村民实现户有所居。比如,在国土空间规划确定的城镇建设用地规模范围内,通过建设新型农村社区、农民公寓和新型住宅小区保障农民"一户一房"。这里"户"的组成人员中必须有集体经济组织成员。

宅基地使用权流转方式

根据本条第5款规定,宅基地使用权的流转有出卖、出租、赠与三种方式。关于"出卖",可以在集体经济组织内部进行,但是必须符合一定的条件:一是转让人与受让人必须是同一集体经济组织内部的成员。二是受让人没有住房和宅基地，且符合宅基地使用权申请分配的条件。三是转让行为需征得本集体经济组织的同意。"赠与"的法律效果和"出卖"基本相同。但是，农村村民出卖、出租、赠与住宅后，再申请宅基地的，不予批准。另外，需要说明的一点是，因房产继承等合法原因形成的多处住宅及宅基地，原则上不作处理，农村村民可以通过出卖等方式处理，也可以维护原状，但房屋不得翻建，房屋损坏后，多余的宅基地应当退出。

第六十三条　【集体经营性建设用地入市】土地利用总体规划、城乡规划确定为工业、商业等经营性用途，并经依法登记的集体经营性建设用地，土地所有权人可以通过出让、出租等方式交由单位或者个人使用，并应当签订书面合同，载明土地界址、面积、动工期限、使用期限、土地用途、规划条件和双方其他权利义务。

前款规定的集体经营性建设用地出让、出租等，应当经本集体经济组织成员的村民会议三分之二以上成员或者三分之二以上村民代表的同意。

通过出让等方式取得的集体经营性建设用地使用权可以转让、互换、出资、赠与或者抵押，但法律、行政法规另有规定或者土地所有权人、土地使用权人签订的书面合同另有约定的除外。

集体经营性建设用地的出租，集体建设用地使用权的出让及其最高年限、转让、互换、出资、赠与、抵押等，参照同类用途的国有建设用地执行。具体办法由国务院制定。

注释　集体经营性建设用地流转方式

国土空间规划确定为工业、商业等经营性用途，且已依法办理土地所有权登记的集体经营性建设用地，土地所有权人可以通过出让、出租等方式交由单位或者个人在一定年限内有偿使用。土地所有权人拟出让、出租集体经营性建设用地的，市、县人民政府自然资源主管部门应当依据国土空间规划提出拟出让、出租的集体经营性建设用地的规划条件，明确土地界址、面积、用途和开发建设强度等。市、县人民政府自然资源主管部门应当会同有关部门提出产业准入和生态环境保护要求。土地所有权人应当依据规划条件、产业准入和生态环境保护要求等，编制集体经营性建设用地出让、出租等方案，并依照本法第63条的规定，由本集体经济组织形成书面意见，在出让、出租前不少于10个工作日报市、县人民政府。市、县人民政府认为该方案不符合规划条件或者产业准入和生态环境保护要求等的，应当在收到方案后5个工作日内提出修改意见。土地所有权人应当按照市、县人民政府的意见进行修改。集体经营性建设用地出让、出租等方案应当载明宗地的土地界址、面积、用途、规划条件、产业准入和生态环境保护要求、使用期限、交易方式、入市价格、集体收益分配安排等内容。

土地所有权人应当依据集体经营性建设用地出让、出租等方案，以招标、拍卖、挂牌或者协议等方式确定土地使用者，双方应当签订书面合同，载明土地界址、面积、用途、规划条件、使用期限、交易价款支付、交地时间和开工竣工期限、产业准入和生态环境保护要求，约定提前收回的条件、补偿方式、土地使用权届满续期和地上建筑物、构筑物等附着物处理方式，以及违约责任和解决争议的方法等，并报市、县人民政府自然资源主管部门备案。未依法将规划条件、产业准入和生态环境保护要求纳入合同的，合同无效；造成损失的，依法承担民事责任。合同示范文本由国务院自然资源主管部门制定。

集体经营性建设用地使用者应当按照约定及时支付集体经营性建设用地价款，并依法缴纳相关税费，对集体经营性建设用地使用权以及依法利用集体经营性建设用地建造的建筑物、构筑物及其附属设施的所有权，依法申请办理不动产登记。

通过出让等方式取得的集体经营性建设用地使用权依法转让、互换、出资、赠与或者抵押的，双方应当签订书面合同，并书面通知土地所有权人。集体经营性建设用地的出租，集体建设用地使用权的出让及其最高年限、转让、互换、出资、赠与、抵押等，参照同类用途的国有建设用地执行，法律、行政法规另有规定的除外。

第六十四条　【集体建设用地的使用要求】集体建设用地的使用者应当严格按照土地利用总体规划、城乡规划确定的用途使用土地。

第六十五条　【不符合土地利用总体规划的建筑物的处理】在土地利用总体规划制定前已建的不符合土地利用总体规划确定的用途的建筑物、构筑物，不得重建、扩建。

第六十六条　【集体建设用地使用权的收回】有下列情形之一的，农村集体经济组织报经原批准用地的人民政府批准，可以收回土地使用权：

（一）为乡（镇）村公共设施和公益事业建设，需要使用土地的；

（二）不按照批准的用途使用土地的；

（三）因撤销、迁移等原因而停止使用土地的。

依照前款第（一）项规定收回农民集体所有的土地的，对土地使用权人应当给予适当补偿。

收回集体经营性建设用地使用权，依照双方签订的书面合同办理，法律、行政法规另有规定的除外。

第六章 监督检查

第六十七条 【监督检查职责】县级以上人民政府自然资源主管部门对违反土地管理法律、法规的行为进行监督检查。

县级以上人民政府农业农村主管部门对违反农村宅基地管理法律、法规的行为进行监督检查的，适用本法关于自然资源主管部门监督检查的规定。

土地管理监督检查人员应当熟悉土地管理法律、法规，忠于职守、秉公执法。

案例 张某竹诉某市国土资源局行政不作为案（最高人民法院发布人民法院关于行政不作为十大案例）

裁判规则：张某竹向河南省某市国土资源局（以下简称市国土局）书面提出申请，请求该局依法查处其所在村的耕地被有关工程项目违法强行占用的行为，并向该局寄送了申请书。市国土局于2013年10月17日收到申请后，没有受理、立案、处理，也未告知张某竹，张某竹遂以市国土局不履行法定职责为由诉至法院，请求确认被告不履行法定职责的具体行政行为违法，并要求被告对土地违法行为进行查处。法院审理后认为，原告张某竹向被告市国土局提出查处违法占地申请后，被告应当受理，被告既没有受理，也没有告知原告是否立案，故原告要求确认被告不履行法定职责违法，并限期履行法定职责的请求，有事实根据和法律依据，法院予以支持。

第六十八条 【监督检查措施】县级以上人民政府自然资源主管部门履行监督检查职责时，有权采取下列措施：

（一）要求被检查的单位或者个人提供有关土地权利的文件和资料，进行查阅或者予以复制；

（二）要求被检查的单位或者个人就有关土地权利的问题作出说明；

（三）进入被检查单位或者个人非法占用的土地现场进行勘测；

（四）责令非法占用土地的单位或者个人停止违反土地管理法律、法规的行为。

第六十九条 【出示监督检查证件】土地管理监督检查人员履行职责，需要进入现场进行勘测、要求有关单位或者个人提供文件、资料和作出说明的，应当出示土地管理监督检查证件。

第七十条 【有关单位和个人对土地监督检查的配合义务】有关单位和个人对县级以上人民政府自然资源主管部门就土地违法行为进行的监督检查应当支持与配合，并提供工作方便，不得拒绝与阻碍土地管理监督检查人员依法执行职务。

第七十一条 【国家工作人员违法行为的处理】县级以上人民政府自然资源主管部门在监督检查工作中发现国家工作人员的违法行为，依法应当给予处分的，应当依法予以处理；自己无权处理的，应当依法移送监察机关或者有关机关处理。

第七十二条 【土地违法行为责任追究】县级以上人民政府自然资源主管部门在监督检查工作中发现土地违法行为构成犯罪的，应当将案件移送有关机关，依法追究刑事责任；尚不构成犯罪的，应当依法给予行政处罚。

第七十三条 【不履行法定职责的处理】依照本法规定应当给予行政处罚，而有关自然资源主管部门不给予行政处罚的，上级人民政府自然资源主管部门有权责令有关自然资源主管部门作出行政处罚决定或者直接给予行政处罚，并给予有关自然资源主管部门的负责人处分。

注释 **应依法给予行政处罚的行为**

有下列土地违法行为之一，尚不构成犯罪的，由县级以上人民政府自然资源主管部门，依法给予行政处罚：（1）买卖或者以其他形式非法转让土地的；（2）非法占用耕地建窑、建坟或者擅自在耕地上建房、挖砂、采石、采矿、取土等，破坏种植条件的；（3）因开发土地造成土地荒漠化、盐渍化的；（4）违反本法规定，拒不履行土地复垦义务的；（5）未经批准或者采取欺骗手段骗取批准，非法占用土地的；（6）超过批准的数量或者规定的标准占用土地的；（7）无权批准征收、使用土地的单位或者个人非法批准占用土地的；（8）超越批准权限非法批准占用土地的；（9）不按照国土空间规划确定的用途批准用地的；（10）违反法律规定的程序批准占用、征收土地的；(11)依法被收回国有土地使用权当事人拒不交出土地的；(12)临时使用土地期满拒不归还的；(13)不按批准的用途使用国有土地的；(14)擅自将农民集体所有的土地的使用权出让、转让或者出租用于非农业建设的；(15)不依法办理土地变更登记的。

链接《土地管理法实施条例》第 49 条；《违反土地管理规定行为处分办法》

第七章 法律责任

第七十四条 【非法转让土地的法律责任】买卖或者以其他形式非法转让土地的，由县级以上人民政府自然资源主管部门没收违法所得；对违反土地利用总体规划擅自将农用地改为建设用地的，限期拆除在非法转让的土地上新建的建筑物和其他设施，恢复土地原状，对符合土地利用总体规划的，没收在非法转让的土地上新建的建筑物和其他设施；可以并处罚款；对直接负责的主管人员和其他直接责任人员，依法给予处分；构成犯罪的，依法追究刑事责任。

第七十五条 【破坏耕地的法律责任】违反本法规定，占用耕地建窑、建坟或者擅自在耕地上建房、挖砂、采石、采矿、取土等，破坏种植条件的，或者因开发土地造成土地荒漠化、盐渍化的，由县级以上人民政府自然资源主管部门、农业农村主管部门等按照职责责令限期改正或者治理，可以并处罚款；构成犯罪的，依法追究刑事责任。

第七十六条 【不履行复垦义务的法律责任】违反本法规定，拒不履行土地复垦义务的，由县级以上人民政府自然资源主管部门责令限期改正；逾期不改正的，责令缴纳复垦费，专项用于土地复垦，可以处以罚款。

第七十七条 【非法占用土地的法律责任】未经批准或者采取欺骗手段骗取批准，非法占用土地的，由县级以上人民政府自然资源主管部门责令退还非法占用的土地，对违反土地利用总体规划擅自将农用地改为建设用地的，限期拆除在非法占用的土地上新建的建筑物和其他设施，恢复土地原状，对符合土地利用总体规划的，没收在非法占用的土地上新建的建筑物和其他设施，可以并处罚款；对非法占用土地单位的直接负责的主管人员和其他直接责任人员，依法给予处分；构成犯罪的，依法追究刑事责任。

超过批准的数量占用土地，多占的土地以非法占用土地论处。

第七十八条 【非法占用土地建住宅的法律责任】农村村民未经批准或者采取欺骗手段骗取批准，非法占用土地建住宅的，由县级以上人民政府农业农村主管部门责令退还非法占用的土地，限期拆除在非法占用的土地上新建的房屋。

超过省、自治区、直辖市规定的标准，多占的土地以非法占用土地论处。

第七十九条 【非法批准征收、使用土地的法律责任】无权批准征收、使用土地的单位或者个人非法批准占用土地的，超越批准权限非法批准占用土地的，不按照土地利用总体规划确定的用途批准用地的，或者违反法律规定的程序批准占用、征收土地的，其批准文件无效，对非法批准征收、使用土地的直接负责的主管人员和其他直接责任人员，依法给予处分；构成犯罪的，依法追究刑事责任。非法批准、使用的土地应当收回，有关当事人拒不归还的，以非法占用土地论处。

非法批准征收、使用土地，对当事人造成损失的，依法应当承担赔偿责任。

第八十条 【非法侵占、挪用征地补偿费的法律责任】侵占、挪用被征收土地单位的征地补偿费用和其他有关费用，构成犯罪的，依法追究刑事责任；尚不构成犯罪的，依法给予处分。

第八十一条 【拒不交还土地、不按照批准用途使用土地的法律责任】依法收回国有土地使用权当事人拒不交出土地的，临时使用土地期满拒不归还的，或者不按照批准的用途使用国有土地的，由县级以上人民政府自然资源主管部门责令交还土地，处以罚款。

第八十二条 【擅自将集体土地用于非农业建设和集体经营性建设用地违法入市的法律责任】擅自将农民集体所有的土地通过出让、转让使用权或者出租等方式用于非农业建设，或者违反本法规定，将集体经营性建设用地通过出让、出租等方式交由单位或者个人使用的，由县级以上人民政府自然资源主管部门责令限期改正，没收违法所得，并处罚款。

第八十三条 【责令限期拆除的执行】依照本法规定，责令限期拆除在非法占用的土地上新建的建筑物和其他设施的，建设单位或者个人必须立即停止施工，自行拆除；对继续施工的，作出处罚决定的机关有权制止。建设单位或者个人对责令限期拆除的行政处罚决定不服的,可以在接到责令限期拆除决定之日起十五日内,向人民法院起诉;期满不起诉又不自行拆除的,由作出处罚决定的机关依法申请人民法院强制执行,费用由违法者承担。

第八十四条 【自然资源主管部门、农业农村主管部门工作人员违法的法律责任】自然资源主管部门、农业农村主管部门的工作人员玩忽职守、滥用职权、徇私舞弊,构成犯罪的,依法追究刑事责任;尚不构成犯罪的,依法给予处分。

第八章 附 则

第八十五条 【外商投资企业使用土地的法律适用】外商投资企业使用土地的,适用本法;法律另有规定的,从其规定。

第八十六条 【过渡期间有关规划的适用】在根据本法第十八条的规定编制国土空间规划前,经依法批准的土地利用总体规划和城乡规划继续执行。

第八十七条 【施行时间】本法自 1999 年 1 月 1 日起施行。

中华人民共和国政府信息公开条例

· 2007 年 4 月 5 日中华人民共和国国务院令第 492 号公布
· 2019 年 4 月 3 日中华人民共和国国务院令第 711 号修订
· 自 2019 年 5 月 15 日起施行

第一章 总 则

第一条 为了保障公民、法人和其他组织依法获取政府信息,提高政府工作的透明度,建设法治政府,充分发挥政府信息对人民群众生产、生活和经济社会活动的服务作用,制定本条例。

第二条 本条例所称政府信息,是指行政机关在履行行政管理职能过程中制作或者获取的,以一定形式记录、保存的信息。

第三条 各级人民政府应当加强对政府信息公开工作的组织领导。

国务院办公厅是全国政府信息公开工作的主管部门,负责推进、指导、协调、监督全国的政府信息公开工作。

县级以上地方人民政府办公厅(室)是本行政区域的政府信息公开工作主管部门,负责推进、指导、协调、监督本行政区域的政府信息公开工作。

实行垂直领导的部门的办公厅(室)主管本系统的政府信息公开工作。

第四条 各级人民政府及县级以上人民政府部门应当建立健全本行政机关的政府信息公开工作制度,并指定机构(以下统称政府信息公开工作机构)负责本行政机关政府信息公开的日常工作。

政府信息公开工作机构的具体职能是:

(一)办理本行政机关的政府信息公开事宜;

(二)维护和更新本行政机关公开的政府信息;

(三)组织编制本行政机关的政府信息公开指南、政府信息公开目录和政府信息公开工作年度报告;

(四)组织开展对拟公开政府信息的审查;

(五)本行政机关规定的与政府信息公开有关的其他职能。

第五条 行政机关公开政府信息,应当坚持以公开为常态、不公开为例外,遵循公正、公平、合法、便民的原则。

第六条 行政机关应当及时、准确地公开政府信息。

行政机关发现影响或者可能影响社会稳定、扰乱社会和经济管理秩序的虚假或者不完整信息的,应当发布准确的政府信息予以澄清。

第七条 各级人民政府应当积极推进政府信息公开工作,逐步增加政府信息公开的内容。

第八条 各级人民政府应当加强政府信息资源的规范化、标准化、信息化管理,加强互联网政府信息公开平台建设,推进政府信息公开平台与政务服务平台融合,提高政府信息公开在线办理水平。

第九条 公民、法人和其他组织有权对行政机关的政府信息公开工作进行监督,并提出批评和建议。

第二章 公开的主体和范围

第十条 行政机关制作的政府信息,由制作该政府信息的行政机关负责公开。行政机关从公民、法人和其他组织获取的政府信息,由保存该政府信息的行政机关负责公开;行政机关获取的其他行政机关的政府信息,由制作或者最初获取该政府信息的行政机关负责公开。法律、法规对政府信息公开的权限另有规定的,从其规定。

行政机关设立的派出机构、内设机构依照法律、法规对外以自己名义履行行政管理职能的,可以由该派出机构、内设机构负责与所履行行政管理职能有关的政府信息公开工作。

两个以上行政机关共同制作的政府信息,由牵头制作的行政机关负责公开。

第十一条 行政机关应当建立健全政府信息公开协调机制。行政机关公开政府信息涉及其他机关的,应当与有关机关协商、确认,保证行政机关公开的政府信息准确一致。

行政机关公开政府信息依照法律、行政法规和国家有关规定需要批准的,经批准予以公开。

第十二条 行政机关编制、公布的政府信息公开指南和政府信息公开目录应当及时更新。

政府信息公开指南包括政府信息的分类、编排体系、获取方式和政府信息公开工作机构的名称、办公地址、办公时间、联系电话、传真号码、互联网联系方式等内容。

政府信息公开目录包括政府信息的索引、名称、内容概述、生成日期等内容。

第十三条 除本条例第十四条、第十五条、第十六条规定的政府信息外,政府信息应当公开。

行政机关公开政府信息,采取主动公开和依申请公开的方式。

第十四条 依法确定为国家秘密的政府信息,法律、行政法规禁止公开的政府信息,以及公开后可能危及国家安全、公共安全、经济安全、社会稳定的政府信息,不予公开。

第十五条 涉及商业秘密、个人隐私等公开会对第三方合法权益造成损害的政府信息,行政机关不得公开。但是,第三方同意公开或者行政机关认为不公开会对公共利益造成重大影响的,予以公开。

第十六条 行政机关的内部事务信息,包括人事管理、后勤管理、内部工作流程等方面的信息,可以不予公开。

行政机关在履行行政管理职能过程中形成的讨论记录、过程稿、磋商信函、请示报告等过程性信息以及行政执法案卷信息,可以不予公开。法律、法规、规章规定上述信息应当公开的,从其规定。

第十七条 行政机关应当建立健全政府信息公开审查机制,明确审查的程序和责任。

行政机关应当依照《中华人民共和国保守国家秘密法》以及其他法律、法规和国家有关规定对拟公开的政府信息进行审查。

行政机关不能确定政府信息是否可以公开的,应当依照法律、法规和国家有关规定报有关主管部门或者保密行政管理部门确定。

第十八条 行政机关应当建立健全政府信息管理动态调整机制,对本行政机关不予公开的政府信息进行定期评估审查,对因情势变化可以公开的政府信息应当公开。

第三章 主动公开

第十九条 对涉及公众利益调整、需要公众广泛知晓或者需要公众参与决策的政府信息,行政机关应当主动公开。

第二十条 行政机关应当依照本条例第十九条的规定,主动公开本行政机关的下列政府信息:

(一)行政法规、规章和规范性文件;

(二)机关职能、机构设置、办公地址、办公时间、联系方式、负责人姓名;

(三)国民经济和社会发展规划、专项规划、区域规划及相关政策;

(四)国民经济和社会发展统计信息;

(五)办理行政许可和其他对外管理服务事项的依据、条件、程序以及办理结果;

(六)实施行政处罚、行政强制的依据、条件、程序以及本行政机关认为具有一定社会影响的行政处罚决定;

(七)财政预算、决算信息;

(八)行政事业性收费项目及其依据、标准;

(九)政府集中采购项目的目录、标准及实施情况;

(十)重大建设项目的批准和实施情况;

(十一)扶贫、教育、医疗、社会保障、促进就业等方面的政策、措施及其实施情况;

(十二)突发公共事件的应急预案、预警信息及应对情况;

(十三)环境保护、公共卫生、安全生产、食品药品、产品质量的监督检查情况;

(十四)公务员招考的职位、名额、报考条件等事项以及录用结果;

(十五)法律、法规、规章和国家有关规定规定应当主动公开的其他政府信息。

第二十一条 除本条例第二十条规定的政府信息外，设区的市级、县级人民政府及其部门还应当根据本地方的具体情况，主动公开涉及市政建设、公共服务、公益事业、土地征收、房屋征收、治安管理、社会救助等方面的政府信息；乡（镇）人民政府还应当根据本地方的具体情况，主动公开贯彻落实农业农村政策、农田水利工程建设运营、农村土地承包经营权流转、宅基地使用情况审核、土地征收、房屋征收、筹资筹劳、社会救助等方面的政府信息。

第二十二条 行政机关应当依照本条例第二十条、第二十一条的规定，确定主动公开政府信息的具体内容，并按照上级行政机关的部署，不断增加主动公开的内容。

第二十三条 行政机关应当建立健全政府信息发布机制，将主动公开的政府信息通过政府公报、政府网站或者其他互联网政务媒体、新闻发布会以及报刊、广播、电视等途径予以公开。

第二十四条 各级人民政府应当加强依托政府门户网站公开政府信息的工作，利用统一的政府信息公开平台集中发布主动公开的政府信息。政府信息公开平台应当具备信息检索、查阅、下载等功能。

第二十五条 各级人民政府应当在国家档案馆、公共图书馆、政务服务场所设置政府信息查阅场所，并配备相应的设施、设备，为公民、法人和其他组织获取政府信息提供便利。

行政机关可以根据需要设立公共查阅室、资料索取点、信息公告栏、电子信息屏等场所、设施，公开政府信息。

行政机关应当及时向国家档案馆、公共图书馆提供主动公开的政府信息。

第二十六条 属于主动公开范围的政府信息，应当自该政府信息形成或者变更之日起20个工作日内及时公开。法律、法规对政府信息公开的期限另有规定的，从其规定。

第四章 依申请公开

第二十七条 除行政机关主动公开的政府信息外，公民、法人或者其他组织可以向地方各级人民政府、对外以自己名义履行行政管理职能的县级以上人民政府部门（含本条例第十条第二款规定的派出机构、内设机构）申请获取相关政府信息。

第二十八条 本条例第二十七条规定的行政机关应当建立完善政府信息公开申请渠道，为申请人依法申请获取政府信息提供便利。

第二十九条 公民、法人或者其他组织申请获取政府信息的，应当向行政机关的政府信息公开工作机构提出，并采用包括信件、数据电文在内的书面形式；采用书面形式确有困难的，申请人可以口头提出，由受理该申请的政府信息公开工作机构代为填写政府信息公开申请。

政府信息公开申请应当包括下列内容：

（一）申请人的姓名或者名称、身份证明、联系方式；

（二）申请公开的政府信息的名称、文号或者便于行政机关查询的其他特征性描述；

（三）申请公开的政府信息的形式要求，包括获取信息的方式、途径。

第三十条 政府信息公开申请内容不明确的，行政机关应当给予指导和释明，并自收到申请之日起7个工作日内一次性告知申请人作出补正，说明需要补正的事项和合理的补正期限。答复期限自行政机关收到补正的申请之日起计算。申请人无正当理由逾期不补正的，视为放弃申请，行政机关不再处理该政府信息公开申请。

第三十一条 行政机关收到政府信息公开申请的时间，按照下列规定确定：

（一）申请人当面提交政府信息公开申请的，以提交之日为收到申请之日；

（二）申请人以邮寄方式提交政府信息公开申请的，以行政机关签收之日为收到申请之日；以平常信函等无需签收的邮寄方式提交政府信息公开申请的，政府信息公开工作机构应当于收到申请的当日与申请人确认，确认之日为收到申请之日；

（三）申请人通过互联网渠道或者政府信息公开工作机构的传真提交政府信息公开申请的，以双方确认之日为收到申请之日。

第三十二条 依申请公开的政府信息公开会损害第三方合法权益的，行政机关应当书面征求第三方的意见。第三方应当自收到征求意见书之日起15个工作日内提出意见。第三方逾期未提出意见的，由行政机关依照本条例的规定决定是否公开。第三方不同意公开且有合理理由的，行政机关不予公开。行政机关认为不公开可能对公共利益造成重大影响的，可以决定予以公开，并将决定公开的政府信息内容和理由书面告知第三方。

第三十三条 行政机关收到政府信息公开申请,能够当场答复的,应当当场予以答复。

行政机关不能当场答复的,应当自收到申请之日起20个工作日内予以答复;需要延长答复期限的,应当经政府信息公开工作机构负责人同意并告知申请人,延长的期限最长不得超过20个工作日。

行政机关征求第三方和其他机关意见所需时间不计算在前款规定的期限内。

第三十四条 申请公开的政府信息由两个以上行政机关共同制作的,牵头制作的行政机关收到政府信息公开申请后可以征求相关行政机关的意见,被征求意见机关应当自收到征求意见书之日起15个工作日内提出意见,逾期未提出意见的视为同意公开。

第三十五条 申请人申请公开政府信息的数量、频次明显超过合理范围,行政机关可以要求申请人说明理由。行政机关认为申请理由不合理的,告知申请人不予处理;行政机关认为申请理由合理,但是无法在本条例第三十三条规定的期限内答复申请人的,可以确定延迟答复的合理期限并告知申请人。

第三十六条 对政府信息公开申请,行政机关根据下列情况分别作出答复:

(一)所申请公开信息已经主动公开的,告知申请人获取该政府信息的方式、途径;

(二)所申请公开信息可以公开的,向申请人提供该政府信息,或者告知申请人获取该政府信息的方式、途径和时间;

(三)行政机关依据本条例的规定决定不予公开的,告知申请人不予公开并说明理由;

(四)经检索没有所申请公开信息的,告知申请人该政府信息不存在;

(五)所申请公开信息不属于本行政机关负责公开的,告知申请人并说明理由;能够确定负责公开该政府信息的行政机关的,告知申请人该行政机关的名称、联系方式;

(六)行政机关已就申请人提出的政府信息公开申请作出答复、申请人重复申请公开相同政府信息的,告知申请人不予重复处理;

(七)所申请公开信息属于工商、不动产登记资料等信息,有关法律、行政法规对信息的获取有特别规定的,告知申请人依照有关法律、行政法规的规定办理。

第三十七条 申请公开的信息中含有不应当公开或者不属于政府信息的内容,但是能够作区分处理的,行政机关应当向申请人提供可以公开的政府信息内容,并对不予公开的内容说明理由。

第三十八条 行政机关向申请人提供的信息,应当是已制作或者获取的政府信息。除依照本条例第三十七条的规定能够作区分处理的外,需要行政机关对现有政府信息进行加工、分析的,行政机关可以不予提供。

第三十九条 申请人以政府信息公开申请的形式进行信访、投诉、举报等活动,行政机关应当告知申请人不作为政府信息公开申请处理并可以告知通过相应渠道提出。

申请人提出的申请内容为要求行政机关提供政府公报、报刊、书籍等公开出版物的,行政机关可以告知获取的途径。

第四十条 行政机关依申请公开政府信息,应当根据申请人的要求及行政机关保存政府信息的实际情况,确定提供政府信息的具体形式;按照申请人要求的形式提供政府信息,可能危及政府信息载体安全或者公开成本过高的,可以通过电子数据以及其他适当形式提供,或者安排申请人查阅、抄录相关政府信息。

第四十一条 公民、法人或者其他组织有证据证明行政机关提供的与其自身相关的政府信息记录不准确的,可以要求行政机关更正。有权更正的行政机关审核属实的,应当予以更正并告知申请人;不属于本行政机关职能范围的,行政机关可以转送有权更正的行政机关处理并告知申请人,或者告知申请人向有权更正的行政机关提出。

第四十二条 行政机关依申请提供政府信息,不收取费用。但是,申请人申请公开政府信息的数量、频次明显超过合理范围的,行政机关可以收取信息处理费。

行政机关收取信息处理费的具体办法由国务院价格主管部门会同国务院财政部门、全国政府信息公开工作主管部门制定。

第四十三条 申请公开政府信息的公民存在阅读困难或者视听障碍的,行政机关应当为其提供必要的帮助。

第四十四条 多个申请人就相同政府信息向同一行政机关提出公开申请,且该政府信息属于可以公开的,行政机关可以纳入主动公开的范围。

对行政机关依申请公开的政府信息,申请人认为涉及公众利益调整、需要公众广泛知晓或者需要公众参与决策的,可以建议行政机关将该信息纳入主动公开的范围。行政机关经审核认为属于主动公开范围的,应当及时主动公开。

第四十五条 行政机关应当建立健全政府信息公开申请登记、审核、办理、答复、归档的工作制度,加强工作规范。

第五章 监督和保障

第四十六条 各级人民政府应当建立健全政府信息公开工作考核制度、社会评议制度和责任追究制度,定期对政府信息公开工作进行考核、评议。

第四十七条 政府信息公开工作主管部门应当加强对政府信息公开工作的日常指导和监督检查,对行政机关未按照要求开展政府信息公开工作的,予以督促整改或者通报批评;需要对负有责任的领导人员和直接责任人员追究责任的,依法向有权机关提出处理建议。

公民、法人或者其他组织认为行政机关未按照要求主动公开政府信息或者对政府信息公开申请不依法答复处理的,可以向政府信息公开工作主管部门提出。政府信息公开工作主管部门查证属实的,应当予以督促整改或者通报批评。

第四十八条 政府信息公开工作主管部门应当对行政机关的政府信息公开工作人员定期进行培训。

第四十九条 县级以上人民政府部门应当在每年1月31日前向本级政府信息公开工作主管部门提交本行政机关上一年度政府信息公开工作年度报告并向社会公布。

县级以上地方人民政府的政府信息公开工作主管部门应当在每年3月31日前向社会公布本级政府上一年度政府信息公开工作年度报告。

第五十条 政府信息公开工作年度报告应当包括下列内容:

(一)行政机关主动公开政府信息的情况;

(二)行政机关收到和处理政府信息公开申请的情况;

(三)因政府信息公开工作被申请行政复议、提起行政诉讼的情况;

(四)政府信息公开工作存在的主要问题及改进情况,各级人民政府的政府信息公开工作年度报告还应当包括工作考核、社会评议和责任追究结果情况;

(五)其他需要报告的事项。

全国政府信息公开工作主管部门应当公布政府信息公开工作年度报告统一格式,并适时更新。

第五十一条 公民、法人或者其他组织认为行政机关在政府信息公开工作中侵犯其合法权益的,可以向上一级行政机关或者政府信息公开工作主管部门投诉、举报,也可以依法申请行政复议或者提起行政诉讼。

第五十二条 行政机关违反本条例的规定,未建立健全政府信息公开有关制度、机制的,由上一级行政机关责令改正;情节严重的,对负有责任的领导人员和直接责任人员依法给予处分。

第五十三条 行政机关违反本条例的规定,有下列情形之一的,由上一级行政机关责令改正;情节严重的,对负有责任的领导人员和直接责任人员依法给予处分;构成犯罪的,依法追究刑事责任:

(一)不依法履行政府信息公开职能;

(二)不及时更新公开的政府信息内容、政府信息公开指南和政府信息公开目录;

(三)违反本条例规定的其他情形。

第六章 附 则

第五十四条 法律、法规授权的具有管理公共事务职能的组织公开政府信息的活动,适用本条例。

第五十五条 教育、卫生健康、供水、供电、供气、供热、环境保护、公共交通等与人民群众利益密切相关的公共企事业单位,公开在提供社会公共服务过程中制作、获取的信息,依照相关法律、法规和国务院有关主管部门或者机构的规定执行。全国政府信息公开工作主管部门根据实际需要可以制定专门的规定。

前款规定的公共企事业单位未依照相关法律、法规和国务院有关主管部门或者机构的规定公开在提供社会公共服务过程中制作、获取的信息,公民、法人或者其他组织可以向有关主管部门或者机构申诉,接受申诉的部门或者机构应当及时调查处理并将处理结果告知申诉人。

第五十六条 本条例自2019年5月15日起施行。

二、民法商法

1. 民法典

中华人民共和国民法典

· 2020 年 5 月 28 日第十三届全国人民代表大会第三次会议通过
· 2020 年 5 月 28 日中华人民共和国主席令第 45 号公布
· 自 2021 年 1 月 1 日起施行

理解与适用

《民法典》共 7 编、1260 条,各编依次为总则、物权、合同、人格权、婚姻家庭、继承、侵权责任,以及附则。

(一)总则编

第一编"总则"规定民事活动必须遵循的基本原则和一般性规则,统领民法典各分编。第一编基本保持现行民法总则的结构和内容不变,根据法典编纂体系化要求对个别条款作了文字修改,并将"附则"部分移到民法典草案的最后。第一编共 10 章、204 条,主要内容有:

1. 关于基本规定。第一编第一章规定了民法典的立法目的和依据。其中,将"弘扬社会主义核心价值观"作为一项重要的立法目的,体现坚持依法治国与以德治国相结合的鲜明中国特色(第一条)。同时,规定了民事权利及其他合法权益受法律保护,确立了平等、自愿、公平、诚信、守法和公序良俗等民法基本原则(第四条至第八条)。为贯彻习近平生态文明思想,将绿色原则确立为民法的基本原则,规定民事主体从事民事活动,应当有利于节约资源、保护生态环境(第九条)。

2. 关于民事主体。民事主体是民事关系的参与者、民事权利的享有者、民事义务的履行者和民事责任的承担者,具体包括三类:一是自然人。自然人是最基本的民事主体。草案规定了自然人的民事权利能力和民事行为能力制度、监护制度、宣告失踪和宣告死亡制度,并对个体工商户和农村承包经营户作了规定(第一编第二章)。对监护制度作了进一步完善,规定因发生突发事件等紧急情况,监护人暂时无法履行监护职责,被监护人的生活处于无人照料状态的,被监护人住所地的居民委员会、村民委员会或者民政部门应当为被监护人安排必要的临时生活照料措施(第三十四条第四款)。二是法人。法人是依法成立的,具有民事权利能力和民事行为能力,依法独立享有民事权利和承担民事义务的组织。草案规定了法人的定义、成立原则和条件、住所等一般规定,并对营利法人、非营利法人、特别法人三类法人分别作了具体规定(第一编第三章)。三是非法人组织。非法人组织是不具有法人资格,但是能够依法以自己的名义从事民事活动的组织。草案对非法人组织的设立、责任承担、解散、清算等作了规定(第一编第四章)。

3. 关于民事权利。保护民事权利是民事立法的重要任务。第一编第五章规定了民事权利制度,包括各种人身权利和财产权利。为建设创新型国家,草案对知识产权作了概括性规定,以统领各个单行的知识产权法律(第一百二十三条)。同时,对数据、网络虚拟财产的保护作了原则性规定(第一百二十七条)。此外,还规定了民事权利的取得和行使规则等内容(第一百二十九条至第一百三十二条)。

4. 关于民事法律行为和代理。民事法律行为是民事主体通过意思表示设立、变更、终止民事法律关系的行为,代理是民事主体通过代理人实施民事法律行为的制度。第一编第六章、第七章规定了民事法律行为制度、代理制度:一是规定民事法律行为的定义、成立、形式和生效时间等(第一编第六章第一节)。二是对意思表示的生效、方式、撤回和解释等作了规定(第一编第六章第二节)。三是规定民事法律行为的效力制度(第一编第六章第三节)。四是规定了代理的适用范围、效力、类型等代理制度的内容(第一编第七章)。

5. 关于民事责任、诉讼时效和期间计算。民事责任是民事主体违反民事义务的法律后果,是保障和维护民事权利的重要制度。诉讼时效是权利人在法定期间内不行使权利,权利不受保护的法律制度,其功能主要是促使权利人及时行使权利、维护交易安全、稳定法律秩序。第一编第八章、第九章、第十章规定了民事责任、诉讼时效和期间计算制度:一是规定了民事责任的承担方式,并对不可抗力、正当防卫、紧急避险、自愿实施紧急救助等特殊的民事责任承担问题作了规定(第一编第八章)。二是规定了诉讼时效的期间及其起算、法律效果,诉讼时效的中止、中断等内容(第一编第九章)。三是规定了期间的计算单位、起算、结束和顺延等(第一编第十章)。

(二)物权编

物权是民事主体依法享有的重要财产权。物权法律制度调整因物的归属和利用而产生的民事关系,是最重要的民事基本制度之一。2007 年第十届全国人民代表大会第五次会议通过了物权法。第二编"物权"在现行物权法的基础上,按照党中央提出的完善产权保护制度,健全归属清晰、权责明确、保护严格、流转顺畅的现代产权制度的要求,结合现实需要,进一步完善了物权法律制度。第二编共 5 个分编、20 章、258 条,主要内容有:

1. 关于通则。第一分编为通则,规定了物权制度基础性规范,包括平等保护等物权基本原则,物权变动的具体规则,以及物权保护制度。党的十九届四中全会通过的《中共中央关于坚持和完善中国特色社会主义制度推进国家治理体系和治理能力现代化若干重大问题的决定》对社会主义基本经济制度有了新的表述,为贯彻会议精神,草案将有关基本经济制度的规定修改为:"国家坚持和完善公有制为主体、多种所有制经济共同发展,按劳分配为主体、多种分配方式并存,社会主义市场经济体制等社会主义基本经济制度。"(第二百零六条第一款)

2. 关于所有权。所有权是物权的基础,是所有人对自己的不动产或者动产依法享有占有、使用、收益和处分的权利。第二分编规定了所有权制度,包括所有权人的权利,征收和征用规则,国家、集体和私人的所有权,相邻关系、共有等所有权基本制度。针对近年来群众普遍反映业主大会成立难、公共维修资金使用难等问题,在现行物权法规定的基础上,进一步完善了业主的建筑物区分所有权制度:一是明确地方政府有关部门、居民委员会应当对设立业主大会和选举业主委员会给予指导和协助(第二百七十七条第二款)。二是适当降低业主共同决定事项,特别是使用建筑物及其附属设施维修资金的表决门槛,并增加规定紧急情况下使用维修资金的特别程序(第二百七十八条、第二百八十一条第二款)。三是在征用组织、个人的不动产或者动产的事由中增加"疫情防控";明确物业服务企业和业主的相关责任和义务,增加规定物业服务企业或者其他管理人应当执行政府依法实施的应急处置措施和其他管理措施,积极配合开展相关工作,业主应当依法予以配合(第二百四十五条、第二百八十五条第二款、第二百八十六条第一款)。

3. 关于用益物权。用益物权是指权利人依法对他人的物享有占有、使用和收益的权利。第三分编规定了用益物权制度,明确了用益物权人的基本权利和义务,以及建设用地使用权、宅基地使用权、地役权等用益物权。草案还在现行物权法规定的基础上,作了进一步完善:一是落实党中央关于完善产权保护制度依法保护产权的要求,明确住宅建设用地使用权期限届满的,自动续期;续期费用的缴纳或者减免,依照法律、行政法规的规定办理(第三百五十九条第一款)。二是完善农村集体产权相关制度,落实农村承包地"三权分置"改革的要求,对土地承包经营权的相关规定作了完善,增加土地经营权的规定,并删除耕地使用权不得抵押的规定,以适应"三权分置"后土地经营权入市的需要(第二编第十一章、第三百九十九条)。考虑到农村集体建设用地和宅基地制度改革正在推进过程中,草案与土地管理法等作了衔接性规定(第三百六十一条、第三百六十三条)。三是为贯彻党的十九大提出的加快建立多主体供给、多渠道保障住房制度的要求,增加规定"居住权"这一新型用益物权,明确居住权原则上无偿设立,居住权人有权按照合同约定或者遗嘱,经登记占有、使用他人的住宅,以满足其稳定的生活居住需要(第二编第十四章)。

4. 关于担保物权。担保物权是指为了确保债务履行而设立的物权,包括抵押权、质权和留置权。第四分编对担保物权作了规定,明确了担保物权的含义、适用范围、担保范围等共同规则,以及抵押权、质权和留置权的具体规则。草案在现行物权法规定的基础上,进一步完善了担保物权制度,为优化营商环境提供法治保障:一是扩大担保合同的范围,明确融资租赁、保理、所有权保留等非典型担保合同的担保功能,增加规定担保合同包括抵押合同、质押合同和其他具有担保功能的合同(第三百八十八条第一款)。二是删除有关担保物权具体登记机构的规定,为建立统一的动产抵押和权利质押登记制度留下空间。三是简化抵押合同和质押合同的一般条款(第四百条第二款、第四百二十七条第二款)。四是明确实现担保物权的统一受偿规则(第四百一十四条)。

5. 关于占有。占有是指对不动产或者动产事实上的控制与支配。第五分编对占有的调整范围、无权占有情形下的损害赔偿责任、原物及孳息的返还以及占有保护等作了规定。(第二编第二十章)

(三)合同编

合同制度是市场经济的基本法律制度。1999 年第九届全国人民代表大会第二次会议通过了合同法。第三编"合同"在现行合同法的基础上,贯彻全面深化改革的精神,坚持维护契约、平等交换、公平竞争,促进商品和要素自由流动,完善合同制度。第三编共 3 个分编、29 章、526 条,主要内容有:

1. 关于通则。第一分编为通则,规定了合同的订立、效力、履行、保全、转让、终止、违约责任等一般性规则,并在现行合同法的基础上,完善了合同总则制度:一是通过规定非合同之债的法律适用规则、多数人之债的履行规则等完善债法的一般性规则(第四百六十八条、第五百一十七条至第五百二十一条)。二是完善了电子合同订立规则,增加了预约合同的具体规定,完善了格式条款制度等合同订立制度(第四百九十一条、第四百九十五条至第四百九十八条)。三是完善国家订货合同制度,规定国家根据抢险救灾、疫情防控或者其他需要下达国家订货任务、指令性计划的,有关民事主体之间应当依照有关法律、行政法规规定的权利和义务订立合同(第四百九十四条第一款)。四是针对实践中一方当事人违反义务不办理报批手续影响合同生效的问题,草案明确了当事人违反报批义务的法律后果,健全合同效力制度(第五百零二条第二款)。五是完善合同履行制度,落实绿色原则,规定当事人在履行合同过程中应当避免浪费资源、污染环境和破坏生态(第五百零九条第三款)。同时,在总结司法实践经验的基础上增加规定了情势变更制度(第五百三十三条)。六是完善代位权、撤销权等合同保全制度,进一步强化对债权人的保护,细化了债权转让、债务移转制度,增加了债务清偿抵充规则、完善了合同解除等合同终止制度(第三编第五章、第五百四十五条至第五百五十六条、第五百六十条、第五百六十三条至第五百六十六条)。七是通过吸收现行担保法有关定金规则的规定,完善违约责任制度(第五百八十六条至第五百八十八条)。

2. 关于典型合同。典型合同在市场经济活动和社会生活中应用普遍。为适应现实需要,在现行合同法规定的买卖合同、赠与合同、借款合同、租赁合同等 15 种典型合同的基础上,第二分编增加了 4 种新的典型合同:一是吸收了担保法中关于保证的内容,增加了保证合同(第三编第十三章)。二是适应我国保理行业发展和优化营商环境的需要,增加了保理合同(第三编第十六章)。三是针对物业服务领域的突出问题,增加规定了物业服务合同(第三编第二十四章)。四是增加规定合伙合同,将民法通则中有关个人合伙的规定纳入其中(第三编第二十七章)。

第三编还在总结现行合同法实践经验的基础上,完善了其他典型合同:一是通过完善检验期限的规定和所有权保留规则等完善买卖合同(第六百二十二条、第六百二十三条、第六百四十一条至第六百四十三条)。二是为维护正常的金融秩序,明确规定禁止高利放贷,借款的利率不得违反国家有关规定(第六百八十条第一款)。三是落实党中央提出的建立租购同权住房制度的要求,保护承租人利益,增加规定房屋承租人的优先承租权(第七百三十四条第二款)。四是针对近年来客运合同领域出现的旅客霸座、不配合承运人采取安全运输措施等严重干扰运输秩序和危害运输安全的问题,维护正常的运输秩序,草案细化了客运合同当事人的权利义务(第八百一十五条第一款、第八百一十九条、第八百二十条)。五是根据经济社会发展需要,修改完善了赠与合同、融资租赁合同、建设工程合同、技术合同等典型合同(第三编第十一章、第十五章、第十八章、第二十章)。

3. 关于准合同。无因管理和不当得利既与合同规则同属债法性质的内容,又与合同规则有所区别,第三分编"准合同"分别对无因管理和不当得利的一般性规则作了规定。(第三编第二十八章、第二十九章)

(四)人格权编

人格权是民事主体对其特定的人格利益享有的权利,关系到每个人的人格尊严,是民事主体最基本的权利。第四编"人格权"在现行有关法律法规和司法解释的基础上,从民事法律规范的角度规定自然人和其他民事主体人格权的内容、边界和保护方式,不涉及公民政治、社会等方面权利。第四编共6章、51条,主要内容有:

1. 关于一般规定。第四编第一章规定了人格权的一般性规则:一是明确人格权的定义(第九百九十条)。二是规定民事主体的人格权受法律保护,人格权不得放弃、转让或者继承(第九百九十一条、第九百九十二条)。三是规定了对死者人格利益的保护(第九百九十四条)。四是明确规定人格权受到侵害后的救济方式(第九百九十五条至第一千条)。

2. 关于生命权、身体权和健康权。第四编第二章规定了生命权、身体权和健康权的具体内容,并对实践中社会比较关注的有关问题作了有针对性的规定:一是为促进医疗卫生事业的发展,鼓励遗体捐献的善行义举,草案吸收行政法规的相关规定,确立器官捐献的基本规则(第一千零六条)。二是为规范与人体基因、人体胚胎等有关的医学和科研活动,明确从事此类活动应遵守的规则(第一千零九条)。三是近年来,性骚扰问题引起社会较大关注,草案在总结既有立法和司法实践经验的基础上,规定了性骚扰的认定标准,以及机关、企业、学校等单位防止和制止性骚扰的义务(第一千零一十条)。

3. 关于姓名权和名称权。第四编第三章规定了姓名权、名称权的具体内容,并对民事主体尊重保护他人姓名权、名称权的基本义务作了规定:一是对自然人选取姓氏的规则作了规定(第一千零一十五条)。二是明确对具有一定社会知名度,被他人使用足以造成公众混淆的笔名、艺名、网名等,参照适用姓名权和名称权保护的有关规定(第一千零一十七条)。

4. 关于肖像权。第四编第四章规定了肖像权的权利内容及许可使用肖像的规则,明确禁止侵害他人的肖像权:一是针对利用信息技术手段"深度伪造"他人的肖像、声音,侵害他人人格权益,甚至危害社会公共利益等问题,规定禁止任何组织或者个人利用信息技术手段伪造等方式侵害他人的肖像权。并明确对自然人声音的保护,参照适用肖像权保护的有关规定(第一千零一十九条第一款、第一千零二十三条第二款)。二是为了合理平衡保护肖像权与维护公共利益之间的关系,草案结合司法实践,规定肖像权的合理使用规则(第一千零二十条)。三是从有利于保护肖像权人利益的角度,对肖像许可使用合同的解释、解除等作了规定(第一千零二十一条、第一千零二十二条)。

5. 关于名誉权和荣誉权。第四编第五章规定了名誉权和荣誉权的内容:一是为了平衡个人名誉权保护与新闻报道、舆论监督之间的关系,草案对行为人实施新闻报道、舆论监督等行为涉及的民事责任承担,以及行为人是否尽到合理核实义务的认定等作了规定(第一千零二十五条、第一千零二十六条)。二是规定民事主体有证据证明报刊、网络等媒体报道的内容失实,侵害其名誉权的，有权请求更正或者删除（第一千零二十八条）。

6. 关于隐私权和个人信息保护。第四编第六章在现行有关法律规定的基础上，进一步强化对隐私权和个人信息的保护：一是规定了隐私的定义，列明禁止侵害他人隐私权的具体行为（第一千零三十二条、第一千零三十三条）。二是界定了个人信息的定义，明确了处理个人信息应遵循的原则和条件（第一千零三十四条、第一千零三十五条）。三是构建自然人与信息处理者之间的基本权利义务框架，明确处理个人信息不承担责任的特定情形，合理平衡保护个人信息与维护公共利益之间的关系（第一千零三十六条至第一千零三十八条）。四是规定国家机关及其工作人员负有保护自然人的隐私和个人信息的义务（第一千零三十九条）。

（五）婚姻家庭编

婚姻家庭制度是规范夫妻关系和家庭关系的基本准则。1980 年第五届全国人民代表大会第三次会议通过了新的婚姻法，2001 年进行了修改。1991 年第七届全国人大常委会第二十三次会议通过了收养法，1998 年作了修改。第五编"婚姻家庭"以现行婚姻法、收养法为基础，在坚持婚姻自由、一夫一妻等基本原则的前提下，结合社会发展需要，修改完善了部分规定，并增加了新的规定。第五编共 5 章、79 条，主要内容有：

1. 关于一般规定。第五编第一章在现行婚姻法规定的基础上，重申了婚姻自由、一夫一妻、男女平等等婚姻家庭领域的基本原则和规则，并在现行婚姻法的基础上，作了进一步完善：一是为贯彻落实习近平总书记有关加强家庭文明建设的重要讲话精神，更好地弘扬家庭美德，规定家庭应当树立优良家风，弘扬家庭美德，重视家庭文明建设（第一千零四十三条第一款）。二是为了更好地维护被收养的未成年人的合法权益，将联合国《儿童权利公约》关于儿童利益最大化的原则落实到收养工作中，增加规定了最有利于被收养人的原则（第一千零四十四条第一款）。三是界定了亲属、近亲属、家庭成员的范围（第一千零四十五条）。

2. 关于结婚。第五编第二章规定了结婚制度，并在现行婚姻法的基础上，对有关规定作了完善：一是将受胁迫一方请求撤销婚姻的期间起算点由"自结婚登记之日起"修改为"自胁迫行为终止之日起"（第一千零五十二条第二款）。二是不再将"患有医学上认为不应当结婚的疾病"作为禁止结婚的情形，并相应增加规定一方隐瞒重大疾病的，另一方可以向人民法院请求撤销婚姻（第一千零五十三条）。三是增加规定婚姻无效或者被撤销的，无过错方有权请求损害赔偿（第一千零五十四条第二款）。

3. 关于家庭关系。第五编第三章规定了夫妻关系、父母子女关系和其他近亲属关系，并根据社会发展需要，在现行婚姻法的基础上，完善了有关内容：一是明确了夫妻共同债务的范围。现行婚姻法没有对夫妻共同债务的范围作出规定。2003 年最高人民法院出台司法解释，对夫妻共同债务的认定作出规定，近年来成为社会关注的热点问题。2018 年 1 月，最高人民法院出台新的司法解释，修改了此前关于夫妻共同债务认定的规定。从新司法解释施行效果看，总体上能够有效平衡各方利益，各方面总体上赞同。因此，草案吸收新司法解释的规定，明确了夫妻共同债务的范围（第一千零六十四条）。二是规范亲子关系确认和否认之诉。亲子关系问题涉及家庭稳定和未成年人的保护，作为民事基本法律，草案对此类诉讼进行了规范（第一千零七十三条）。

4. 关于离婚。第五编第四章对离婚制度作出了规定，并在现行婚姻法的基础上，作了进一步完善：一是增加离婚冷静期制度。实践中，轻率离婚的现象增多，不利于婚姻家庭的稳定。为此，草案规定了提交离婚登记申请后三十日的离婚冷静期，在此期间，任何一方可以向登记机关撤回离婚申请（第一千零七十七条）。二是针对离婚诉讼中出现的"久调不判"问题，增加规定，经人民法院判决不准离婚后，双方又分居满一年，一方再次提起离婚诉讼的，应当准予离婚（第一千零七十九条第五款）。三是关于离婚后子女的抚养，将现行婚姻法规定的"哺乳期内的子女，以随哺乳的母亲抚养为原则"修改为"不满两周岁的子女，以由母亲直接抚养为原则"，以增强可操作性（第一千零八十四条第三款）。四是将夫妻采用法定共同财产制的，纳入适用离婚经济补偿的范围，以加强对家庭负担较多义务一方权益的保护（第一千零八十八条）。五是将"有其他重大过错”增加规定为离婚损害赔偿的适用情形(第一千零九十一条第五项)。

5. 关于收养。第五编第五章对收养关系的成立、收养的效力、收养关系的解除作了规定,并在现行收养法的基础上,进一步完善了有关制度:一是扩大被收养人的范围,删除被收养的未成年人仅限于不满十四周岁的限制,修改为符合条件的未成年人均可被收养(第一千零九十三条)。二是与国家计划生育政策的调整相协调,将收养人须无子女的要求修改为收养人无子女或者只有一名子女(第一千零九十八条第一项)。三是为进一步强化对被收养人利益的保护,在收养人的条件中增加规定“无不利于被收养人健康成长的违法犯罪记录”,并增加规定民政部门应当依法进行收养评估(第一千零九十八条第四项、第一千一百零五条第五款)。

(六)继承编

继承制度是关于自然人死亡后财富传承的基本制度。1985年第六届全国人民代表大会第三次会议通过了继承法。随着人民群众生活水平的不断提高,个人和家庭拥有的财产日益增多,因继承引发的纠纷也越来越多。根据我国社会家庭结构、继承观念等方面的发展变化,第六编“继承”在现行继承法的基础上,修改完善了继承制度,以满足人民群众处理遗产的现实需要。第六编共4章、45条,主要内容有:

1. 关于一般规定。第六编第一章规定了继承制度的基本规则,重申了国家保护自然人的继承权,规定了继承的基本制度。并在现行继承法的基础上,作了进一步完善:一是增加规定相互有继承关系的数人在同一事件中死亡,且难以确定死亡时间的继承规则(第一千一百二十一条第二款)。二是增加规定对继承人的宽恕制度,对继承权法定丧失制度予以完善(第一千一百二十五条第二款)。

2. 关于法定继承。法定继承是在被继承人没有对其遗产的处理立有遗嘱的情况下,继承人的范围、继承顺序等均按照法律规定确定的继承方式。第六编第二章规定了法定继承制度,明确了继承权男女平等原则,规定了法定继承人的顺序和范围,以及遗产分配的基本制度。同时,在现行继承法的基础上,完善代位继承制度,增加规定被继承人的兄弟姐妹先于被继承人死亡的,由被继承人的兄弟姐妹的子女代位继承(第一千一百二十八条第二款)。

3. 关于遗嘱继承和遗赠。遗嘱继承是根据被继承人生前所立遗嘱处理遗产的继承方式。第六编第三章规定了遗嘱继承和遗赠制度,并在现行继承法的基础上,进一步修改完善了遗嘱继承制度:一是增加了打印、录像等新的遗嘱形式(第一千一百三十六条、第一千一百三十七条)。二是修改了遗嘱效力规则,删除了现行继承法关于公证遗嘱效力优先的规定,切实尊重遗嘱人的真实意愿。

4. 关于遗产的处理。第六编第四章规定了遗产处理的程序和规则,并在现行继承法的基础上,进一步完善了有关遗产处理的制度:一是增加遗产管理人制度。为确保遗产得到妥善管理、顺利分割,更好地维护继承人、债权人利益,草案增加规定了遗产管理人制度,明确了遗产管理人的产生方式、职责和权利等内容(第一千一百四十五条至第一千一百四十九条)。二是完善遗赠扶养协议制度,适当扩大扶养人的范围,明确继承人以外的组织或者个人均可以成为扶养人,以满足养老形式多样化需求(第一千一百五十八条)。三是完善无人继承遗产的归属制度,明确归国家所有的无人继承遗产应当用于公益事业(第一千一百六十条)。

(七)侵权责任编

侵权责任是民事主体侵害他人权益应当承担的法律后果。2009年第十一届全国人大常委会第十二次会议通过了侵权责任法。侵权责任法实施以来,在保护民事主体的合法权益、预防和制裁侵权行为方面发挥了重要作用。第七编“侵权责任”在总结实践经验的基础上,针对侵权领域出现的新情况,吸收借鉴司法解释的有关规定,对侵权责任制度作了必要的补充和完善。第七编共10章、95条,主要内容有:

1. 关于一般规定。第七编第一章规定了侵权责任的归责原则、多数人侵权的责任承担、侵权责任的减轻或者免除等一般规则。并在现行侵权责任法的基础上作了进一步的完善:一是确立

"自甘风险"规则,规定自愿参加具有一定风险的文体活动,因其他参加者的行为受到损害的,受害人不得请求没有故意或者重大过失的其他参加者承担侵权责任(第一千一百七十六条第一款)。二是规定"自助行为"制度,明确合法权益受到侵害,情况紧迫且不能及时获得国家机关保护,不立即采取措施将使其合法权益受到难以弥补的损害的,受害人可以在保护自己合法权益的必要范围内采取扣留侵权人的财物等合理措施,但是应当立即请求有关国家机关处理。受害人采取的措施不当造成他人损害的,应当承担侵权责任(第一千一百七十七条)。

2. 关于损害赔偿。第七编第二章规定了侵害人身权益和财产权益的赔偿规则、精神损害赔偿规则等。同时,在现行侵权责任法的基础上,对有关规定作了进一步完善:一是完善精神损害赔偿制度,规定因故意或者重大过失侵害自然人具有人身意义的特定物造成严重精神损害的,被侵权人有权请求精神损害赔偿(第一千一百八十三条第二款)。二是为加强对知识产权的保护,提高侵权违法成本,草案增加规定,故意侵害他人知识产权,情节严重的,被侵权人有权请求相应的惩罚性赔偿(第一千一百八十五条)。

3. 关于责任主体的特殊规定。第七编第三章规定了无民事行为能力人、限制民事行为能力人及其监护人的侵权责任,用人单位的侵权责任,网络侵权责任,以及公共场所的安全保障义务等。同时,草案在现行侵权责任法的基础上作了进一步完善:一是增加规定委托监护的侵权责任(第一千一百八十九条)。二是完善网络侵权责任制度。为了更好地保护权利人的利益,平衡好网络用户和网络服务提供者之间的利益,草案细化了网络侵权责任的具体规定,完善了权利人通知规则和网络服务提供者的转通知规则(第一千一百九十五条、第一千一百九十六条)。

4. 关于各种具体侵权责任。第七编的其他各章分别对产品生产销售、机动车交通事故、医疗、环境污染和生态破坏、高度危险、饲养动物、建筑物和物件等领域的侵权责任规则作出了具体规定。并在现行侵权责任法的基础上,对有关内容作了进一步完善:一是完善生产者、销售者召回缺陷产品的责任,增加规定,依照相关规定采取召回措施的,生产者、销售者应当负担被侵权人因此支出的必要费用(第一千二百零六条第二款)。二是明确交通事故损害赔偿的顺序,即先由机动车强制保险理赔,不足部分由机动车商业保险理赔,仍不足的由侵权人赔偿(第一千二百一十三条)。三是进一步保障患者的知情同意权,明确医务人员的相关说明义务,加强医疗机构及其医务人员对患者隐私和个人信息的保护(第一千二百一十九条、第一千二百二十六条)。四是贯彻落实习近平生态文明思想,增加规定生态环境损害的惩罚性赔偿制度,并明确规定了生态环境损害的修复和赔偿规则(第一千二百三十二条、第一千二百三十四条、第一千二百三十五条)。五是加强生物安全管理,完善高度危险责任,明确占有或者使用高致病性危险物造成他人损害的,应当承担侵权责任(第一千二百三十九条)。六是完善高空抛物坠物治理规则。为保障好人民群众的生命财产安全,草案对高空抛物坠物治理规则作了进一步的完善,规定禁止从建筑物中抛掷物品,同时针对此类事件处理的主要困难是行为人难以确定的问题,强调有关机关应当依法及时调查,查清责任人,并规定物业服务企业等建筑物管理人应当采取必要的安全保障措施防止此类行为的发生(第一千二百五十四条)。

(八)附则

草案最后部分"附则"明确了民法典与婚姻法、继承法、民法通则、收养法、担保法、合同法、物权法、侵权责任法、民法总则的关系。民法典施行后,上述民事单行法律将被替代。因此,草案规定在民法典施行之时,同步废止上述民事单行法律。需要说明的是,2014年第十二届全国人大常委会第十一次会议通过的《全国人民代表大会常务委员会关于〈中华人民共和国民法通则〉第九十九条第一款、〈中华人民共和国婚姻法〉第二十二条的解释》,作为与民法通则、婚姻法相关的法律解释,也同步废止。

第一编 总 则

第一章 基本规定

第一条 【立法目的和依据】为了保护民事主体的合法权益,调整民事关系,维护社会和经济秩序,适应中国特色社会主义发展要求,弘扬社会主义核心价值观,根据宪法,制定本法。

第二条 【调整范围】民法调整平等主体的自然人、法人和非法人组织之间的人身关系和财产关系。

注释 民事主体是民事关系的参与者、民事权利的享有者、民事义务的履行者和民事责任的承担者。本条首先列举了民事主体的具体类型,包括自然人、法人和非法人组织三类。自然人是最为重要的民事主体,民法上使用这个概念,主要是与法人相区别。法人是法律上拟制的人,法人是一种社会组织,法律基于社会现实的需要,赋予符合一定条件的组织法人资格,便于这些组织独立从事民事活动,归根结底是为了扩展自然人从事民事活动的广度。《民法总则》创设了第三类民事主体非法人组织,包括个人独资企业、合伙企业等不具有法人资格的组织,《民法典》予以了延续。赋予这些组织以民事主体地位,有利于其开展民事活动,也与其他法律的规定相衔接。

自然人、法人、非法人组织之间的社会关系多种多样,并非所有社会关系都由民法调整。民法仅调整他们之间的民事关系,即作为平等主体的自然人、法人、非法人组织之间发生的社会关系。比如,行政机关在从事行政管理活动时,会与自然人或法人形成行政法律关系,这种行政法律关系双方的地位是不平等的,不由民法调整。机关从事民事活动,比如因购买商品而与公司签订买卖合同,民法要求其必须以机关法人的身份进行,此时机关法人与其他民事主体之间的法律地位是平等的,这种买卖合同关系则由民法调整。

民法所调整的民事关系根据权利义务所涉及的内容不同可以分为两大类,即民事主体之间的财产关系和人身关系。人身关系是指民事主体之间基于人格和身份形成的无直接物质利益因素的民事法律关系。人身关系有的与民事主体的人格利益相关,有的与民事主体的特定身份相关。如配偶之间的婚姻关系,父母子女之间抚养和赡养关系。财产关系是指民事主体之间基于物质利益而形成的民事法律关系。财产关系包括静态的财产支配关系,如所有权关系,还包括动态的财产流转关系,如债权债务关系等。从财产关系所涉及的权利内容而言,财产关系包括物权关系、债权关系等。

第三条 【民事权利及其他合法权益受法律保护】民事主体的人身权利、财产权利以及其他合法权益受法律保护,任何组织或者个人不得侵犯。

第四条 【平等原则】民事主体在民事活动中的法律地位一律平等。

第五条 【自愿原则】民事主体从事民事活动,应当遵循自愿原则,按照自己的意思设立、变更、终止民事法律关系。

第六条 【公平原则】民事主体从事民事活动,应当遵循公平原则,合理确定各方的权利和义务。

案例 朱兆龙诉东台市许河安全器材厂侵权责任纠纷案(《最高人民法院公报》2020年第2期)

裁判规则:个人经营的淘宝网店绑定企业营业执照后变更为企业性质网店的,虽仍由个人经营,但因淘宝店披露的信息均为该企业信息,导致该淘宝店实际已经有属于企业所有权的权利外观。在企业不再允许该绑定,且绑定不能被取消的情况下,企业径自取得该淘宝店经营权的,并不构成对个人经营权的侵权。鉴于个人对网店信用升级有一定贡献,企业将店铺经营权收回的同时,根据公平理念和利益平衡原则,应当对原经营者给予适当的补偿。

第七条 【诚信原则】民事主体从事民事活动,应当遵循诚信原则,秉持诚实,恪守承诺。

案例 韩龙梅等诉阳光人寿保险股份有限公司江苏分公司保险合同纠纷案(《最高人民法院公报》2010年第5期)

裁判规则:《保险法》规定:"订立保险合同,保险人应当向投保人说明保险合同的条款内容,并可以就保险标的或者被保险人的有关情况提出询问,投保人应当如实告知。"保险人或其委托的代理人出售"自助式保险卡"未尽说明义务,又未对相关事项向投保人提出询问,自行代替投保人激活保险卡形成数据电文形式的电子保险单,在保险合同生效后,保险人以电子保险单内容不准确,投保人违反如实告知义务为由主张解除保险合同的,人民法院不予支持。

第八条 【守法与公序良俗原则】民事主体从事民事活动，不得违反法律，不得违背公序良俗。

注释 公序良俗是指公共秩序和善良习俗。守法和公序良俗原则要求自然人、法人和非法人组织在从事民事活动时，不得违反各种法律的强制性规定，不违背公共秩序和善良习俗：(1)民事主体从事民事活动不得违反法律。不得违反法律中的法律不仅包括民事法律，还包括其他部门法。所谓不得违反法律，就是要求不违反法律的强制性规定。民事主体在从事民事活动时，只要法律未明文禁止，又不违背公序良俗，就可以根据自己的利益和需要创设权利、义务内容。民事主体在从事民事活动时享有较大的自主空间，实现充分的意思自治。由于民法的基本原则之一就是意思自治，民法通常情况下不会干预民事主体的行为自由，民法的大多数规范都是任意性规范。对于任意性规范，民事主体可以结合自身的利益需要，决定是否纳入自己的意思自治范围。但是，任何人的自由并非毫无限制的，民法同样需要维护社会基本的生产、生活秩序，需要维护国家的基本价值追求，法律的强制性规范就是为实现这一目的而制定的，民事主体在从事民事活动时，应当遵守法律的强制性规定。(2)民事主体从事民事活动不得违背公序良俗。不得违背公序良俗原则，就是不得违背公共秩序和善良习俗。公共秩序，是指政治、经济、文化等领域的基本秩序和根本理念，是与国家和社会整体利益相关的基础性原则、价值和秩序，在以往的民商事立法中被称为社会公共利益。善良习俗是指基于社会主流道德观念的习俗，也被称为社会公共道德，是全体社会成员所普遍认可、遵循的道德准则。善良习俗具有一定的时代性和地域性，随着社会成员的普遍道德观念的改变而改变。公共秩序强调的是国家和社会层面的价值理念，善良习俗突出的则是民间的道德观念，二者相辅相成，互为补充。

第九条 【绿色原则】民事主体从事民事活动，应当有利于节约资源、保护生态环境。

第十条 【处理民事纠纷的依据】处理民事纠纷，应当依照法律；法律没有规定的，可以适用习惯，但是不得违背公序良俗。

第十一条 【特别法优先】其他法律对民事关系有特别规定的，依照其规定。

第十二条 【民法的效力范围】中华人民共和国领域内的民事活动，适用中华人民共和国法律。法律另有规定的，依照其规定。

链接《涉外民事关系法律适用法》第3条

第二章 自然人

第一节 民事权利能力和民事行为能力

第十三条 【自然人民事权利能力的起止时间】自然人从出生时起到死亡时止，具有民事权利能力，依法享有民事权利，承担民事义务。

第十四条 【民事权利能力平等】自然人的民事权利能力一律平等。

第十五条 【出生和死亡时间的认定】自然人的出生时间和死亡时间，以出生证明、死亡证明记载的时间为准；没有出生证明、死亡证明的，以户籍登记或者其他有效身份登记记载的时间为准。有其他证据足以推翻以上记载时间的，以该证据证明的时间为准。

注释 本条将出生证明、死亡证明记载的时间作为判断自然人出生时间、死亡时间的最基本依据。出生证明，即出生医学证明，记载有新生儿的姓名、性别、出生时间、父母亲姓名等。

死亡证明是指有关单位出具的证明自然人死亡的文书。主要包括以下几类：公民死于医疗单位的，由医疗单位出具死亡医学证明书；公民正常死亡但无法取得医院出具的死亡证明的，由社区、村(居)委会或者基层卫生医疗机构出具证明；公民非正常死亡或者卫生部门不能确定是否属于正常死亡的，由公安司法部门出具死亡证明；死亡公民已经火化的，殡葬部门出具火化证明。死亡证明是记载死亡时间的原始凭证，具有证明死亡时间的准确性和规范性，因此本条将死亡证明记载的时间作为判断自然人死亡时间的最基本的依据。

依据本条规定，没有出生证明、死亡证明的，以户籍登记或者其他有效身份登记记载的时间为准。户籍登记是国家公安机关按照国家户籍管理法律法规，对公民的身份信息进行登记记载的制度。

户籍登记以外的其他有效身份登记，包括我国公民居住证、港澳同胞回乡证、台湾居民的有效旅行证件、外国人居留证等。

第十六条 【胎儿利益保护】涉及遗产继承、接受赠与等胎儿利益保护的，胎儿视为具有民事权利能力。但是,胎儿娩出时为死体的,其民事权利能力自始不存在。

链接《总则编解释》第4条

第十七条 【成年时间】十八周岁以上的自然人为成年人。不满十八周岁的自然人为未成年人。

第十八条 【完全民事行为能力人】成年人为完全民事行为能力人,可以独立实施民事法律行为。

十六周岁以上的未成年人,以自己的劳动收入为主要生活来源的,视为完全民事行为能力人。

注释民事行为能力是指民事主体独立参与民事活动,以自己的行为取得民事权利或者承担民事义务的法律资格。民事行为能力与民事权利能力不同,民事权利能力是民事主体从事民事活动的前提,民事行为能力是民事主体从事民事活动的条件。所有的自然人都有民事权利能力,但不一定都有民事行为能力。自然人一经出生即当然享有民事权利能力,但要独立从事民事活动,实施民事法律行为,还必须要具有相应的民事行为能力。自然人的辨识能力因年龄、智力、精神健康等因素不同而有差异。《民法典》根据自然人辨识能力的不同,将自然人的民事行为能力分为完全民事行为能力、限制民事行为能力和无民事行为能力。完全民事行为能力人具有健全的辨识能力,可以独立进行民事活动;限制民事行为能力人只能独立进行与其辨识能力相适应的民事活动;无民事行为能力人应当由其法定代理人代理实施民事活动。

第十九条 【限制民事行为能力的未成年人】八周岁以上的未成年人为限制民事行为能力人,实施民事法律行为由其法定代理人代理或者经其法定代理人同意、追认;但是,可以独立实施纯获利益的民事法律行为或者与其年龄、智力相适应的民事法律行为。

第二十条 【无民事行为能力的未成年人】不满八周岁的未成年人为无民事行为能力人,由其法定代理人代理实施民事法律行为。

注释无民事行为能力是指不具有以自己的行为取得民事权利或者承担民事义务的资格。8周岁以下的未成年人,生理心理发育仍然很不成熟,对自己行为的辨认识别能力以及行为后果的预见能力仍然非常不够,为了避免他们的权益受到损害,法律将其规定为无民事行为能力人。依据本条规定,8周岁以下的儿童不具有独立从事民事法律行为的资格,要由其法定代理人代理实施民事法律行为。

第二十一条 【无民事行为能力的成年人】不能辨认自己行为的成年人为无民事行为能力人,由其法定代理人代理实施民事法律行为。

八周岁以上的未成年人不能辨认自己行为的,适用前款规定。

注释无民事行为能力的成年人或者8周岁以上不能辨认自己行为的未成年人,在实施民事法律行为时,都须由其法定代理人代理,不得自己独立实施,否则为无效。

第二十二条 【限制民事行为能力的成年人】不能完全辨认自己行为的成年人为限制民事行为能力人,实施民事法律行为由其法定代理人代理或者经其法定代理人同意、追认;但是,可以独立实施纯获利益的民事法律行为或者与其智力、精神健康状况相适应的民事法律行为。

注释因智力障碍、精神障碍以及其他疾病导致不能完全辨认自己行为的成年人,均为限制民事行为能力人。限制民事行为能力的成年人实施民事法律行为一般由其法定代理人代理或者经其法定代理人同意、追认,但也可以独立实施一定的民事法律行为。关于"与其智力、精神健康状况相适应"的认定,可以从行为与本人生活相关联的程度,本人的智力、精神健康状况能否理解其行为并预见相应的后果,以及标的、数量、价款或者报酬等方面认定。

链接《总则编解释》第5条

第二十三条 【非完全民事行为能力人的法定代理人】无民事行为能力人、限制民事行为能力人的监护人是其法定代理人。

第二十四条 【民事行为能力的认定及恢复】不能辨认或者不能完全辨认自己行为的成年人,其利害关系人或者有关组织,可以向人民法院申请认定该成年人为无民事行为能力人或者限制民事行为能力人。

被人民法院认定为无民事行为能力人或者限制民事行为能力人的,经本人、利害关系人或者有关组织申请,人民法院可以根据其智力、精神健康恢复的状况,认定该成年人恢复为限制民事行为能力人或者完全民事行为能力人。

本条规定的有关组织包括:居民委员会、村民委员会、学校、医疗机构、妇女联合会、残疾人联合会、依法设立的老年人组织、民政部门等。

链接《民事诉讼法》第 194—196 条

第二十五条 【自然人的住所】自然人以户籍登记或者其他有效身份登记记载的居所为住所；经常居所与住所不一致的，经常居所视为住所。

链接《民事诉讼法》第 22、23 条

第二节 监 护

第二十六条 【父母子女之间的法律义务】父母对未成年子女负有抚养、教育和保护的义务。

成年子女对父母负有赡养、扶助和保护的义务。

第二十七条 【未成年人的监护人】父母是未成年子女的监护人。

未成年人的父母已经死亡或者没有监护能力的，由下列有监护能力的人按顺序担任监护人：

（一）祖父母、外祖父母；

（二）兄、姐；

（三）其他愿意担任监护人的个人或者组织，但是须经未成年人住所地的居民委员会、村民委员会或者民政部门同意。

第二十八条 【非完全民事行为能力成年人的监护人】无民事行为能力或者限制民事行为能力的成年人，由下列有监护能力的人按顺序担任监护人：

（一）配偶；

（二）父母、子女；

（三）其他近亲属；

（四）其他愿意担任监护人的个人或者组织，但是须经被监护人住所地的居民委员会、村民委员会或者民政部门同意。

第二十九条 【遗嘱指定监护】被监护人的父母担任监护人的，可以通过遗嘱指定监护人。

链接《总则编解释》第 7 条

第三十条 【协议确定监护人】依法具有监护资格的人之间可以协议确定监护人。协议确定监护人应当尊重被监护人的真实意愿。

链接《总则编解释》第 8 条

第三十一条 【监护争议解决程序】对监护人的确定有争议的，由被监护人住所地的居民委员会、村民委员会或者民政部门指定监护人，有关当事人对指定不服的，可以向人民法院申请指定监护人；有关当事人也可以直接向人民法院申请指定监护人。

居民委员会、村民委员会、民政部门或者人民法院应当尊重被监护人的真实意愿，按照最有利于被监护人的原则在依法具有监护资格的人中指定监护人。

依据本条第一款规定指定监护人前，被监护人的人身权利、财产权利以及其他合法权益处于无人保护状态的，由被监护人住所地的居民委员会、村民委员会、法律规定的有关组织或者民政部门担任临时监护人。

监护人被指定后，不得擅自变更；擅自变更的，不免除被指定的监护人的责任。

链接《总则编解释》第 9、10 条

第三十二条 【公职监护人】没有依法具有监护资格的人的，监护人由民政部门担任，也可以由具备履行监护职责条件的被监护人住所地的居民委员会、村民委员会担任。

第三十三条 【意定监护】具有完全民事行为能力的成年人，可以与其近亲属、其他愿意担任监护人的个人或者组织事先协商，以书面形式确定自己的监护人，在自己丧失或者部分丧失民事行为能力时，由该监护人履行监护职责。

第三十四条 【监护职责及临时生活照料】监护人的职责是代理被监护人实施民事法律行为，保护被监护人的人身权利、财产权利以及其他合法权益等。

监护人依法履行监护职责产生的权利，受法律保护。

监护人不履行监护职责或者侵害被监护人合法权益的，应当承担法律责任。

因发生突发事件等紧急情况，监护人暂时无法履行监护职责，被监护人的生活处于无人照料状态的，被监护人住所地的居民委员会、村民委员会或者民政部门应当为被监护人安排必要的临时生活照料措施。

第三十五条 【履行监护职责应遵循的原则】监护人应当按照最有利于被监护人的原则履行监护职责。监护人除为维护被监护人利益外，不得处分被监护人的财产。

未成年人的监护人履行监护职责，在作出与被监护人利益有关的决定时，应当根据被监护人的年龄和智力状况，尊重被监护人的真实意愿。

成年人的监护人履行监护职责，应当最大程度地尊重被监护人的真实意愿，保障并协助被监护人实施与其智力、精神健康状况相适应的民事法律行为。对被监护人有能力独立处理的事务，监护人不得干涉。

第三十六条 【监护人资格的撤销】监护人有下列情形之一的，人民法院根据有关个人或者组织的申请，撤销其监护人资格，安排必要的临时监护措施，并按照最有利于被监护人的原则依法指定监护人：

（一）实施严重损害被监护人身心健康的行为；

（二）怠于履行监护职责，或者无法履行监护职责且拒绝将监护职责部分或者全部委托给他人，导致被监护人处于危困状态；

（三）实施严重侵害被监护人合法权益的其他行为。

本条规定的有关个人、组织包括：其他依法具有监护资格的人，居民委员会、村民委员会、学校、医疗机构、妇女联合会、残疾人联合会、未成年人保护组织、依法设立的老年人组织、民政部门等。

前款规定的个人和民政部门以外的组织未及时向人民法院申请撤销监护人资格的，民政部门应当向人民法院申请。

链接《总则编解释》第9—11条

第三十七条 【监护人资格撤销后的义务】依法负担被监护人抚养费、赡养费、扶养费的父母、子女、配偶等，被人民法院撤销监护人资格后，应当继续履行负担的义务。

第三十八条 【监护人资格的恢复】被监护人的父母或者子女被人民法院撤销监护人资格后，除对被监护人实施故意犯罪的外，确有悔改表现的，经其申请，人民法院可以在尊重被监护人真实意愿的前提下，视情况恢复其监护人资格，人民法院指定的监护人与被监护人的监护关系同时终止。

第三十九条 【监护关系的终止】有下列情形之一的，监护关系终止：

（一）被监护人取得或者恢复完全民事行为能力；

（二）监护人丧失监护能力；

（三）被监护人或者监护人死亡；

（四）人民法院认定监护关系终止的其他情形。

监护关系终止后，被监护人仍然需要监护的，应当依法另行确定监护人。

链接《总则编解释》第12条

第三节 宣告失踪和宣告死亡

第四十条 【宣告失踪】自然人下落不明满二年的，利害关系人可以向人民法院申请宣告该自然人为失踪人。

链接《民事诉讼法》第190、192条；《总则编解释》第14条

第四十一条 【下落不明的起算时间】自然人下落不明的时间自其失去音讯之日起计算。战争期间下落不明的，下落不明的时间自战争结束之日或者有关机关确定的下落不明之日起计算。

第四十二条 【财产代管人】失踪人的财产由其配偶、成年子女、父母或者其他愿意担任财产代管人的人代管。

代管有争议，没有前款规定的人，或者前款规定的人无代管能力的，由人民法院指定的人代管。

链接《总则编解释》第15条

第四十三条 【财产代管人的职责】财产代管人应当妥善管理失踪人的财产，维护其财产权益。

失踪人所欠税款、债务和应付的其他费用，由财产代管人从失踪人的财产中支付。

财产代管人因故意或者重大过失造成失踪人财产损失的，应当承担赔偿责任。

第四十四条 【财产代管人的变更】财产代管人不履行代管职责、侵害失踪人财产权益或者丧失代管能力的，失踪人的利害关系人可以向人民法院申请变更财产代管人。

财产代管人有正当理由的，可以向人民法院申请变更财产代管人。

人民法院变更财产代管人的，变更后的财产代管人有权请求原财产代管人及时移交有关财产并报告财产代管情况。

第四十五条 【失踪宣告的撤销】失踪人重新出现，经本人或者利害关系人申请，人民法院应当撤销失踪宣告。

失踪人重新出现，有权请求财产代管人及时移交有关财产并报告财产代管情况。

链接《民事诉讼法》第193条

第四十六条 【宣告死亡】自然人有下列情形之一的，利害关系人可以向人民法院申请宣告该

自然人死亡：

（一）下落不明满四年；

（二）因意外事件，下落不明满二年。

因意外事件下落不明，经有关机关证明该自然人不可能生存的，申请宣告死亡不受二年时间的限制。

注释 宣告死亡是自然人下落不明达到法定期限，经利害关系人申请，人民法院经过法定程序在法律上推定失踪人死亡的一项民事制度。宣告自然人死亡，是对自然人死亡的法律上的推定，这种推定将产生与生理死亡基本一样的法律效果。

第四十七条 【宣告失踪与宣告死亡申请的竞合】对同一自然人，有的利害关系人申请宣告死亡，有的利害关系人申请宣告失踪，符合本法规定的宣告死亡条件的，人民法院应当宣告死亡。

第四十八条 【死亡日期的确定】被宣告死亡的人，人民法院宣告死亡的判决作出之日视为其死亡的日期；因意外事件下落不明宣告死亡的，意外事件发生之日视为其死亡的日期。

第四十九条 【被宣告死亡人实际生存时的行为效力】自然人被宣告死亡但是并未死亡的，不影响该自然人在被宣告死亡期间实施的民事法律行为的效力。

第五十条 【死亡宣告的撤销】被宣告死亡的人重新出现，经本人或者利害关系人申请，人民法院应当撤销死亡宣告。

第五十一条 【宣告死亡及其撤销后婚姻关系的效力】被宣告死亡的人的婚姻关系，自死亡宣告之日起消除。死亡宣告被撤销的，婚姻关系自撤销死亡宣告之日起自行恢复。但是，其配偶再婚或者向婚姻登记机关书面声明不愿意恢复的除外。

第五十二条 【死亡宣告撤销后子女被收养的效力】被宣告死亡的人在被宣告死亡期间，其子女被他人依法收养的，在死亡宣告被撤销后，不得以未经本人同意为由主张收养行为无效。

第五十三条 【死亡宣告撤销后的财产返还与赔偿责任】被撤销死亡宣告的人有权请求依照本法第六编取得其财产的民事主体返还财产；无法返还的，应当给予适当补偿。

利害关系人隐瞒真实情况，致使他人被宣告死亡而取得其财产的，除应当返还财产外，还应当对由此造成的损失承担赔偿责任。

第四节 个体工商户和农村承包经营户

第五十四条 【个体工商户】自然人从事工商业经营，经依法登记，为个体工商户。个体工商户可以起字号。

注释 个体工商户与法人和非法人组织的最大区别就是不具有组织性：1. 个体工商户没有“设立”过程，不存在“出资”行为，法律也不要求个体工商户一定要具有“字号”或“名称”。2. 个体工商户经登记机关登记的经营场所只能为一处，不得设立分支机构。3. 个体工商户的经营形式仅包括个人经营和家庭经营，进行工商业经营的自然人本身须参与具体经营活动；在家庭经营的情况下，“家庭”不是作为进行经营活动的“组织”出现。4. 个体工商户缴纳的税种是个人所得税。

有经营能力的自然人或家庭，经依法登记，领取个体工商户营业执照，从事工商业经营的，可以成为个体工商户。个体工商户应当依法登记下列事项：组成形式、经营范围、经营场所，经营者姓名、住所。个体工商户可以使用名称，也可以不使用名称。个体工商户使用名称的，登记事项还应当包括名称。一户个体工商户只能使用一个名称。个体工商户名称组织形式不得使用“企业”“公司”和“农民专业合作社”字样。

链接《促进个体工商户发展条例》；《市场主体登记管理条例》；《市场主体登记管理条例实施细则》

第五十五条 【农村承包经营户】农村集体经济组织的成员，依法取得农村土地承包经营权，从事家庭承包经营的，为农村承包经营户。

第五十六条 【“两户”的债务承担】个体工商户的债务，个人经营的，以个人财产承担；家庭经营的，以家庭财产承担；无法区分的，以家庭财产承担。

农村承包经营户的债务，以从事农村土地承包经营的农户财产承担；事实上由农户部分成员经营的，以该部分成员的财产承担。

第三章 法 人

第一节 一般规定

第五十七条 【法人的定义】法人是具有民事权利能力和民事行为能力，依法独立享有民事权利和承担民事义务的组织。

链接《公司法》第3条

第五十八条 【法人的成立】法人应当依法成立。

法人应当有自己的名称、组织机构、住所、财产或者经费。法人成立的具体条件和程序,依照法律、行政法规的规定。

设立法人,法律、行政法规规定须经有关机关批准的,依照其规定。

第五十九条 【法人的民事权利能力和民事行为能力】法人的民事权利能力和民事行为能力,从法人成立时产生,到法人终止时消灭。

第六十条 【法人的民事责任承担】法人以其全部财产独立承担民事责任。

链接《公司法》第 3、14 条

第六十一条 【法定代表人】依照法律或者法人章程的规定,代表法人从事民事活动的负责人,为法人的法定代表人。

法定代表人以法人名义从事的民事活动,其法律后果由法人承受。

法人章程或者法人权力机构对法定代表人代表权的限制,不得对抗善意相对人。

链接《公司法》第 13 条;《民事诉讼法》第 51 条

第六十二条 【法定代表人职务行为的法律责任】法定代表人因执行职务造成他人损害的,由法人承担民事责任。

法人承担民事责任后,依照法律或者法人章程的规定,可以向有过错的法定代表人追偿。

第六十三条 【法人的住所】法人以其主要办事机构所在地为住所。依法需要办理法人登记的,应当将主要办事机构所在地登记为住所。

第六十四条 【法人的变更登记】法人存续期间登记事项发生变化的,应当依法向登记机关申请变更登记。

第六十五条 【法人登记的对抗效力】法人的实际情况与登记的事项不一致的,不得对抗善意相对人。

案例 **北京公达房地产有限责任公司诉北京市祥和三峡房地产开发公司房地产开发合同纠纷案**(《最高人民法院公报》2010 年第 11 期)

裁判规则:公司的法定代表人依法代表公司对外进行民事活动。法定代表人发生变更的,应当在工商管理部门办理变更登记。公司的法定代表人在对外签订合同时已经被上级单位决定停止职务,但未办理变更登记,公司以此主张合同无效的,人民法院不予支持。

第六十六条 【法人登记公示制度】登记机关应当依法及时公示法人登记的有关信息。

第六十七条 【法人合并、分立后的权利义务承担】法人合并的,其权利和义务由合并后的法人享有和承担。

法人分立的,其权利和义务由分立后的法人享有连带债权,承担连带债务,但是债权人和债务人另有约定的除外。

链接《公司法》第 174、176 条

第六十八条 【法人的终止】有下列原因之一并依法完成清算、注销登记的,法人终止:

(一)法人解散;

(二)法人被宣告破产;

(三)法律规定的其他原因。

法人终止,法律、行政法规规定须经有关机关批准的,依照其规定。

链接《公司法》第 180 条;《企业破产法》第 2、7 条

第六十九条 【法人的解散】有下列情形之一的,法人解散:

(一)法人章程规定的存续期间届满或者法人章程规定的其他解散事由出现;

(二)法人的权力机构决议解散;

(三)因法人合并或者分立需要解散;

(四)法人依法被吊销营业执照、登记证书,被责令关闭或者被撤销;

(五)法律规定的其他情形。

实务问答 **如何认定公司经营管理发生严重困难**

《公司法》第 183 条将"公司经营管理发生严重困难"作为股东提起解散公司之诉的条件之一。判断"公司经营管理是否发生严重困难",应从公司组织机构的运行状态进行综合分析。公司虽处于盈利状态,但其股东会机制长期失灵,内部管理有严重障碍,已陷入僵局状态,可以认定为公司经营管理发生严重困难。对于符合公司法及相关司法解释规定的其他条件的,人民法院可以依法判决公司解散。

第七十条 【法人解散后的清算】法人解散的,除合并或者分立的情形外,清算义务人应当及时组成清算组进行清算。

法人的董事、理事等执行机构或者决策机构的成员为清算义务人。法律、行政法规另有规定的,依照其规定。

清算义务人未及时履行清算义务,造成损害的,

应当承担民事责任;主管机关或者利害关系人可以申请人民法院指定有关人员组成清算组进行清算。

第七十一条 【法人清算的法律适用】法人的清算程序和清算组职权,依照有关法律的规定;没有规定的,参照适用公司法律的有关规定。

第七十二条 【清算的法律效果】清算期间法人存续,但是不得从事与清算无关的活动。

法人清算后的剩余财产,按照法人章程的规定或者法人权力机构的决议处理。法律另有规定的,依照其规定。

清算结束并完成法人注销登记时,法人终止;依法不需要办理法人登记的,清算结束时,法人终止。

第七十三条 【法人因破产而终止】法人被宣告破产的,依法进行破产清算并完成法人注销登记时,法人终止。

第七十四条 【法人的分支机构】法人可以依法设立分支机构。法律、行政法规规定分支机构应当登记的,依照其规定。

分支机构以自己的名义从事民事活动,产生的民事责任由法人承担;也可以先以该分支机构管理的财产承担,不足以承担的,由法人承担。

第七十五条 【法人设立行为的法律后果】设立人为设立法人从事的民事活动,其法律后果由法人承受;法人未成立的,其法律后果由设立人承受,设立人为二人以上的,享有连带债权,承担连带债务。

设立人为设立法人以自己的名义从事民事活动产生的民事责任,第三人有权选择请求法人或者设立人承担。

第二节 营利法人

第七十六条 【营利法人的定义和类型】以取得利润并分配给股东等出资人为目的成立的法人,为营利法人。

营利法人包括有限责任公司、股份有限公司和其他企业法人等。

链接《公司法》第4、8、34条

第七十七条 【营利法人的成立】营利法人经依法登记成立。

链接《公司法》第6条

第七十八条 【营利法人的营业执照】依法设立的营利法人,由登记机关发给营利法人营业执照。营业执照签发日期为营利法人的成立日期。

链接《市场主体登记管理条例》第21条

第七十九条 【营利法人的章程】设立营利法人应当依法制定法人章程。

链接《公司法》第12、25条

第八十条 【营利法人的权力机构】营利法人应当设权力机构。

权力机构行使修改法人章程,选举或者更换执行机构、监督机构成员,以及法人章程规定的其他职权。

链接《公司法》第36、66、98条

第八十一条 【营利法人的执行机构】营利法人应当设执行机构。

执行机构行使召集权力机构会议,决定法人的经营计划和投资方案,决定法人内部管理机构的设置,以及法人章程规定的其他职权。

执行机构为董事会或者执行董事的,董事长、执行董事或者经理按照法人章程的规定担任法定代表人;未设董事会或者执行董事的,法人章程规定的主要负责人为其执行机构和法定代表人。

链接《公司法》第13、44、50、67条

第八十二条 【营利法人的监督机构】营利法人设监事会或者监事等监督机构的,监督机构依法行使检查法人财务,监督执行机构成员、高级管理人员执行法人职务的行为,以及法人章程规定的其他职权。

链接《公司法》第51、70、117条

第八十三条 【出资人滥用权利的责任承担】营利法人的出资人不得滥用出资人权利损害法人或者其他出资人的利益;滥用出资人权利造成法人或者其他出资人损失的,应当依法承担民事责任。

营利法人的出资人不得滥用法人独立地位和出资人有限责任损害法人债权人的利益;滥用法人独立地位和出资人有限责任,逃避债务,严重损害法人债权人的利益的,应当对法人债务承担连带责任。

案例 1. 徐工集团工程机械股份有限公司诉成都川交工贸有限责任公司等买卖合同纠纷案(最高人民法院指导案例15号)

裁判规则:关联公司的人员、业务、财务等方面交叉或混同,导致各自财产无法区分,丧失独立人格的,构成人格混同。

关联公司人格混同，严重损害债权人利益的，关联公司相互之间对外部债务承担连带责任。

2. 邵萍与云南通海昆通工贸有限公司、通海兴通达工贸有限公司民间借贷纠纷案（《最高人民法院公报》2017 年第 3 期）

裁判规则：依据《公司法》第 20 条第 3 款的规定，认定公司滥用法人人格和有限责任的法律责任，应综合多种因素作出判断。在实践中，公司设立的背景，公司的股东、控制人以及主要财务人员的情况，该公司的主要经营业务以及公司与其他公司之间的交易目的，公司的纳税情况以及具体债权人与公司签订合同时的背景情况和履行情况等因素，均应纳入考察范围。

第八十四条　【利用关联关系造成损失的赔偿责任】营利法人的控股出资人、实际控制人、董事、监事、高级管理人员不得利用其关联关系损害法人的利益；利用关联关系造成法人损失的，应当承担赔偿责任。

第八十五条　【营利法人出资人对瑕疵决议的撤销权】营利法人的权力机构、执行机构作出决议的会议召集程序、表决方式违反法律、行政法规、法人章程，或者决议内容违反法人章程的，营利法人的出资人可以请求人民法院撤销该决议。但是，营利法人依据该决议与善意相对人形成的民事法律关系不受影响。

案例“解聘总经理职务的决议所依据的事实是否属实，理由是否成立”是否属于司法审查范围

人民法院在审理公司决议撤销纠纷案件中应当审查：会议召集程序、表决方式是否违反法律、行政法规或者公司章程，以及决议内容是否违反公司章程。在未违反上述规定的前提下，解聘总经理职务的决议所依据的事实是否属实，理由是否成立，不属于司法审查范围。

第八十六条　【营利法人的社会责任】营利法人从事经营活动，应当遵守商业道德，维护交易安全，接受政府和社会的监督，承担社会责任。

第三节　非营利法人

第八十七条　【非营利法人的定义和范围】为公益目的或者其他非营利目的成立，不向出资人、设立人或者会员分配所取得利润的法人，为非营利法人。

非营利法人包括事业单位、社会团体、基金会、社会服务机构等。

第八十八条　【事业单位法人资格的取得】具备法人条件，为适应经济社会发展需要，提供公益服务设立的事业单位，经依法登记成立，取得事业单位法人资格；依法不需要办理法人登记的，从成立之日起，具有事业单位法人资格。

第八十九条　【事业单位法人的组织机构】事业单位法人设理事会的，除法律另有规定外，理事会为其决策机构。事业单位法人的法定代表人依照法律、行政法规或者法人章程的规定产生。

第九十条　【社会团体法人资格的取得】具备法人条件，基于会员共同意愿，为公益目的或者会员共同利益等非营利目的设立的社会团体，经依法登记成立，取得社会团体法人资格；依法不需要办理法人登记的，从成立之日起，具有社会团体法人资格。

第九十一条　【社会团体法人章程和组织机构】设立社会团体法人应当依法制定法人章程。

社会团体法人应当设会员大会或者会员代表大会等权力机构。

社会团体法人应当设理事会等执行机构。理事长或者会长等负责人按照法人章程的规定担任法定代表人。

第九十二条　【捐助法人】具备法人条件，为公益目的以捐助财产设立的基金会、社会服务机构等，经依法登记成立，取得捐助法人资格。

依法设立的宗教活动场所，具备法人条件的，可以申请法人登记，取得捐助法人资格。法律、行政法规对宗教活动场所有规定的，依照其规定。

第九十三条　【捐助法人章程和组织机构】设立捐助法人应当依法制定法人章程。

捐助法人应当设理事会、民主管理组织等决策机构，并设执行机构。理事长等负责人按照法人章程的规定担任法定代表人。

捐助法人应当设监事会等监督机构。

第九十四条　【捐助人的权利】捐助人有权向捐助法人查询捐助财产的使用、管理情况，并提出意见和建议，捐助法人应当及时、如实答复。

捐助法人的决策机构、执行机构或者法定代表人作出决定的程序违反法律、行政法规、法人章程，或者决定内容违反法人章程的，捐助人等利害关系人或者主管机关可以请求人民法院撤销该决定。但是，捐助法人依据该决定与善意相对人形

成的民事法律关系不受影响。

第九十五条 【公益性非营利法人剩余财产的处理】为公益目的成立的非营利法人终止时，不得向出资人、设立人或者会员分配剩余财产。剩余财产应当按照法人章程的规定或者权力机构的决议用于公益目的；无法按照法人章程的规定或者权力机构的决议处理的，由主管机关主持转给宗旨相同或者相近的法人，并向社会公告。

第四节 特别法人

第九十六条 【特别法人的类型】本节规定的机关法人、农村集体经济组织法人、城镇农村的合作经济组织法人、基层群众性自治组织法人，为特别法人。

注释 特别法人，是指我国现实生活中存在的，既不属于营利法人，也不属于非营利法人，具有民事权利能力和民事行为能力，依法独立享有民事权利和承担民事义务的组织。法律只规定了四类特别法人，包括机关法人、农村集体经济组织法人、合作经济组织法人和基层群众性自治组织法人。

第九十七条 【机关法人】有独立经费的机关和承担行政职能的法定机构从成立之日起，具有机关法人资格，可以从事为履行职能所需要的民事活动。

第九十八条 【机关法人的终止】机关法人被撤销的，法人终止，其民事权利和义务由继任的机关法人享有和承担；没有继任的机关法人的，由作出撤销决定的机关法人享有和承担。

第九十九条 【农村集体经济组织法人】农村集体经济组织依法取得法人资格。

法律、行政法规对农村集体经济组织有规定的，依照其规定。

第一百条 【合作经济组织法人】城镇农村的合作经济组织依法取得法人资格。

法律、行政法规对城镇农村的合作经济组织有规定的，依照其规定。

第一百零一条 【基层群众性自治组织法人】居民委员会、村民委员会具有基层群众性自治组织法人资格，可以从事为履行职能所需要的民事活动。

未设立村集体经济组织的，村民委员会可以依法代行村集体经济组织的职能。

第四章 非法人组织

第一百零二条 【非法人组织的定义】非法人组织是不具有法人资格，但是能够依法以自己的名义从事民事活动的组织。

非法人组织包括个人独资企业、合伙企业、不具有法人资格的专业服务机构等。

第一百零三条 【非法人组织的设立程序】非法人组织应当依照法律的规定登记。

设立非法人组织，法律、行政法规规定须经有关机关批准的，依照其规定。

第一百零四条 【非法人组织的债务承担】非法人组织的财产不足以清偿债务的，其出资人或者设立人承担无限责任。法律另有规定的，依照其规定。

第一百零五条 【非法人组织的代表人】非法人组织可以确定一人或者数人代表该组织从事民事活动。

第一百零六条 【非法人组织的解散】有下列情形之一的，非法人组织解散：

（一）章程规定的存续期间届满或者章程规定的其他解散事由出现；

（二）出资人或者设立人决定解散；

（三）法律规定的其他情形。

第一百零七条 【非法人组织的清算】非法人组织解散的，应当依法进行清算。

第一百零八条 【非法人组织的参照适用规定】非法人组织除适用本章规定外，参照适用本编第三章第一节的有关规定。

第五章 民事权利

第一百零九条 【一般人格权】自然人的人身自由、人格尊严受法律保护。

第一百一十条 【民事主体的人格权】自然人享有生命权、身体权、健康权、姓名权、肖像权、名誉权、荣誉权、隐私权、婚姻自主权等权利。

法人、非法人组织享有名称权、名誉权和荣誉权。

第一百一十一条 【个人信息受法律保护】自然人的个人信息受法律保护。任何组织或者个人需要获取他人个人信息的，应当依法取得并确保信息安全，不得非法收集、使用、加工、传输他人个人信息，不得非法买卖、提供或者公开他人个人信息。

第一百一十二条 【婚姻家庭关系等产生的人身权利】自然人因婚姻家庭关系等产生的人身权利受法律保护。

第一百一十三条 【财产权受法律平等保护】民事主体的财产权利受法律平等保护。

链接《宪法》第12、13条

第一百一十四条 【物权的定义及类型】民事主体依法享有物权。

物权是权利人依法对特定的物享有直接支配和排他的权利，包括所有权、用益物权和担保物权。

注释 物权，是对物的权利。物权是一种财产权，财产权主要有物权、债权、继承权和知识产权中的财产权。财产可分为有形财产和无形财产，物权是对有形财产的权利。这种权利是权利人在法律规定的范围内对特定的物享有的直接支配和排他的权利。由于物权是直接支配物的权利，因而物权又被称为"绝对权"；物权的权利人享有物权，任何其他人都不得非法干预，物权的权利人以外的任何人都是物权的义务人，因此物权又被称为"对世权"。

物权的权利人对物享有直接支配的权利，是物权的主要特征之一。各种物权均以直接支配物作为其基本内容。"直接"即权利人实现其权利不必借助于他人，在法律规定的范围内，完全可以按照自己的意愿行使权利。"支配"有安排、利用的意思，包括占有、使用、收益和处分的权能总和。"直接支配"指的是对于物不需要他人的协助、配合，权利人就能对物自主利用。对所有权来说，权利人可以按照自己的意愿行使占有、使用、收益和处分的权利。直接支配还有排除他人干涉的含义，其他人负有不妨碍、不干涉物权人行使权利的义务。

物权的排他性是指一物之上不能有相互冲突的物权，比如所有权，一物之上只能有一个所有权，此物是我的就不是你的（建筑物区分所有权等是特例）；即使一物之上可以设定若干个抵押权，但由于是按照抵押权设定的先后顺序优先受偿，其间也不存在冲突。

第一百一十五条 【物权的客体】物包括不动产和动产。法律规定权利作为物权客体的，依照其规定。

注释 法律上所指的物，主要是不动产和动产。不动产是不可移动的物，比如土地以及房屋、林木等土地附着物。动产是不动产以外的可移动的物，比如机动车、电视机等。物权法上的物指有体物或者有形物，有体物或者有形物是物理上的物，包括固体、液体、气体，也包括电等没有形状的物。所谓有体物或者有形物主要是与精神产品相对而言的，著作、商标、专利等是精神产品，是无体物或者无形物，精神产品通常不是物权制度规范的对象。同时，并非所有的有体物或者有形物都是物权制度规范的对象，能够作为物权制度规范对象的还必须是人力所能控制、有利用价值的物。随着科学技术的发展，一些原来无法控制且无法利用的物可以控制和利用了，也就纳入了物权制度的调整范围，物权制度规范的物的范围也在不断扩大。

精神产品不属于物权制度的调整范围，但是在有些情况下，财产权利可以作为担保物权的标的，比如可以转让的注册商标专用权、专利权、著作权等知识产权中的财产权，可以出质作为担保物权的标的，形成权利质权，由此权利也成为物权的客体。因此，本条规定，法律规定权利作为物权客体的，依照规定。

第一百一十六条 【物权法定原则】物权的种类和内容，由法律规定。

注释 物权法定中的"法"，指法律，即全国人民代表大会及其常务委员会制定的法律，除法律明确规定可以由行政法规、地方性法规规定的外，一般不包括行政法规和地方性法规。

物权法定，有两层含义：一是物权由法律规定，当事人不能自由创设物权；二是违背物权法定原则，所设"物权"没有法律效力。本条规定"物权的种类和内容，由法律规定"，需要注意以下几点：(1)设立哪些物权的种类，只能由法律规定，当事人之间不能创立。物权的种类大的分所有权、用益物权和担保物权，用益物权中还可分为土地承包经营权、建设用地使用权、宅基地使用权和地役权；担保物权中还可分为抵押权、质权和留置权。(2)物权的权利内容，一般也只能由法律规定，物权的内容指物权的权利义务，如土地承包经营权的承包期多长、何时设立、流转权限，承包地的调整、收回，被征收中的权利义务等。有关物权的规定许多都是强制性规范，当事人应当严格遵守，不能由当事人约定排除，除非法律规定了"有约定的按照约定""当事人另有约定的除外"这些例外情形。

第一百一十七条 【征收与征用】为了公共利益的需要，依照法律规定的权限和程序征收、征用不动产或者动产的，应当给予公平、合理的补偿。

第一百一十八条 【债权的定义】民事主体依法享有债权。

债权是因合同、侵权行为、无因管理、不当得利以及法律的其他规定，权利人请求特定义务人为或者不为一定行为的权利。

注释 债是因合同、侵权行为、无因管理、不当得利以及法律的其他规定，在特定当事人之间发生的权利义务关系。首先，债是一种民事法律关系，是民事主体之间以权利义务为内容的法律关系。其次，债是特定当事人之间的法律关系。债的主体各方均为特定当事人。再次，债是特定当事人之间得请求为或者不为一定行为的法律关系。享有权利的人是债权人，负有义务的人是债务人。债是以请求权为特征的法律关系，债权人行使债权，只能通过请求债务人为或者不为一定行为得以实现。最后，债是因合同、侵权行为、无因管理、不当得利以及法律的其他规定而发生的法律关系。债权是因合同、侵权行为、无因管理、不当得利以及法律的其他规定，权利人请求特定义务人为或者不为一定行为的权利。债权是现代社会生活中民事主体的一项重要财产权利。

合同是平等主体的自然人、法人、非法人组织之间设立、变更、终止民事权利义务关系的协议。合同依法成立后，即在当事人之间产生债权债务关系。基于合同所产生的债为合同之债。债权人有权按照合同约定，请求合同义务人履行合同义务。合同之债是民事主体为自己利益依自己意思自行设定的，合同之债属于意定之债。

侵权行为，是指侵害他人民事权益的行为。本法第 3 条规定，民事主体的人身权利、财产权利以及其他合法权益受法律保护，任何组织或者个人不得侵犯。在民事活动中，民事主体的合法权益受法律保护，任何人都负有不得侵害的义务。行为人侵害他人人身权利、财产权利以及其他合法权益的，应依法承担民事责任。民事权益受到侵害的，被侵权人有权请求侵权人承担侵权责任。因侵权行为，侵权人与被侵权人之间形成债权债务关系。侵权行为之债不是侵权人所愿意发生的法律后果，法律确认侵权行为之债的目的在于通过债权和民事责任使侵权行为人承担其不法行为所造成的不利后果，给被侵权人以救济，从而保护民事主体的合法民事权益。

无因管理，是指没有法定的或者约定的义务，为避免他人利益受损失进行管理的行为。无因管理行为虽为干预他人事务，但却是以避免他人利益受损失为目的，有利于社会的互助行为。法律为鼓励这一行为赋予管理人请求受益人偿还因管理行为支出的必要费用的权利。因无因管理产生的债称为无因管理之债。无因管理之债并不是基于当事人的意愿设定的，而是根据法律的规定，为法定之债。

不当得利，是指没有法律根据，取得不当利益，造成他人损失的情形。在社会生活中，任何民事主体不得没有法律根据，取得利益而致他人损害，因此，法律规定受损失的人有权请求取得不当得利的人返还不当利益。不当得利为债的发生原因，基于不当得利而产生的债称为不当得利之债。不当得利之债既不同于合同之债，也不同于无因管理之债。不当得利不是当事人双方间的合意，并非当事人寻求的法律目的，也不以当事人的意志为转移，而是法律为纠正不当得利，直接赋予当事人的权利义务，也是法定之债。

合同、侵权行为、无因管理、不当得利是债的发生的主要原因，除此以外，法律的其他规定也会引起债的发生，民事主体依法享有债权。如本法第 26 条规定，父母对未成年子女负有抚养、教育和保护的义务。成年子女对父母负有赡养、扶助和保护的义务。父母不履行抚养义务时，未成年的或不能独立生活的子女，有要求父母付给抚养费的权利。子女不履行赡养义务时，无劳动能力的或生活困难的父母，有要求子女付给赡养费的权利。此时，未成年的或不能独立生活的子女和无劳动能力的或生活困难的父母依据法律的规定享有债权。

第一百一十九条 【合同之债】依法成立的合同，对当事人具有法律约束力。

注释 合同是双方或多方的民事法律行为，只有各方的意思表示一致才能成立。合同之债是当事人在平等基础上自愿设定的，订不订合同、与谁订合同、合同的内容如何等，由当事人自愿约定。但是，合同依法成立以后，对当事人就具有了法律约束力。所谓法律约束力，是指当事人应当按照合同的约定履行自己的义务，非依法律规定或者取得对方同意，不得擅自变更或者解除合同。如果不履行合同义务或者履行合同义务不符合约定，应当承担违约责任。只有依法成立的合同才能产生合同之债。

第一百二十条 【侵权之债】民事权益受到侵害的，被侵权人有权请求侵权人承担侵权责任。

注释 被侵权人在其民事权益被侵权人侵害构成侵权时，有权请求侵权人承担侵权责任。这种权利是一种请求权。所谓请求权，是指请求他人为一定行为或不为一定行为的权利。请求权人自己不能直接取得作为该权利内容的利益，必须通过他人的特定行为间接取得。在侵权人的行为构成侵权，侵害了被侵权人的民事权益时，被侵权人有权请求侵权人承担侵权责任。被侵权人可以直接向侵权人行使请求权，也可以向法院提起诉讼，请求法院保护自己的合法权益。

被侵权人可以是所有具有民事权利能力的民事主体，只要是具有实体法上的民事权利能力，又因侵权行为而使其民事权益受到侵害的人，就具有被侵权人的资格，包括自然人、法人和非法人组织。被侵权人的资格不在于其是否具有民事行为能力，但是有无民事行为能力关系到其是否可以自己行使请求侵权人承担侵权责任的权利。

第一百二十一条 【无因管理之债】没有法定的或者约定的义务，为避免他人利益受损失而进行管理的人，有权请求受益人偿还由此支出的必要费用。

第一百二十二条 【不当得利之债】因他人没有法律根据，取得不当利益，受损失的人有权请求其返还不当利益。

第一百二十三条 【知识产权及其客体】民事主体依法享有知识产权。

知识产权是权利人依法就下列客体享有的专有的权利：

（一）作品；

（二）发明、实用新型、外观设计；

（三）商标；

（四）地理标志；

（五）商业秘密；

（六）集成电路布图设计；

（七）植物新品种；

（八）法律规定的其他客体。

第一百二十四条 【继承权及其客体】自然人依法享有继承权。

自然人合法的私有财产，可以依法继承。

第一百二十五条 【投资性权利】民事主体依法享有股权和其他投资性权利。

注释 股权是指民事主体因投资于公司成为公司股东而享有的权利。股权根据行使目的和方式的不同可分为自益权和共益权两部分。自益权指股东基于自身利益诉求而享有的权利，可以单独行使，包括资产收益权、剩余财产分配请求权、股份转让权、新股优先认购权等；共益权指股东基于全体股东或者公司的利益诉求而享有的权利，包括股东会表决权、股东会召集权、提案权、质询权、公司章程及账册的查阅权、股东会决议撤销请求权等。

其他投资性权利是指民事主体通过投资享有的权利。如民事主体通过购买证券、基金、保险等进行投资，而享有的民事权利。根据本条规定，民事主体依法享有其他投资性权利。这些投资性权利的具体权利内容根据证券法等具体法律规定依法享有。

链接《公司法》第4条

第一百二十六条 【其他民事权益】民事主体享有法律规定的其他民事权利和利益。

第一百二十七条 【对数据和网络虚拟财产的保护】法律对数据、网络虚拟财产的保护有规定的，依照其规定。

链接《网络安全法》第10条

第一百二十八条 【对弱势群体的特别保护】法律对未成年人、老年人、残疾人、妇女、消费者等的民事权利保护有特别规定的，依照其规定。

第一百二十九条 【民事权利的取得方式】民事权利可以依据民事法律行为、事实行为、法律规定的事件或者法律规定的其他方式取得。

注释 民事权利的取得，是指民事主体依据合法的方式获得民事权利。根据本条规定，民事权利可以依据民事法律行为、事实行为、法律规定的事件或者法律规定的其他方式取得。

1. 民事法律行为。民事法律行为是指民事主体通过意思表示设立、变更、终止民事法律关系的行为，民法理论一般称为法律行为。如订立买卖合同的行为、订立遗嘱、放弃继承权、赠与等。本法本编第六章专章规定了民事法律行为，对民事法律行为的概念、成立、效力等作了规定。

2. 事实行为。事实行为是指行为人主观上没有引起民事法律关系发生、变更或者消灭的意思，而依照法律的规定产生一定民事法律后果的行为。如自建房屋、拾得遗失物、无因管理行为、劳动生产等。事实行为有合法的，也有不合法的。拾得遗失物等属于合法的事实行为，侵害他人的人身、财产的侵权行为是不合法的事实行为。民事权利可以依据事实行为取得，如民事主体因无因管理行为取得对他人的无因管理债权等。

3. 法律规定的事件。法律规定的事件是指与人的意志无关而根据法律规定能引起民事法律关系变动的客观情况，如自然人的出生、死亡，自然灾害，生产事故、果实自落以及时间经过等。民事权利可以依据法律规定的事件取得，如民事主体因出生取得继承权等。

4. 法律规定的其他方式。除了民事法律行为、事实行为、法律规定的事件，民事权利还可以依据法律规定的其他方式取得。如本法第 229 条规定，因人民法院、仲裁机构的法律文书或者人民政府的征收决定等，导致物权设立、变更、转让或者消灭的，自法律文书或者征收决定等生效时发生效力。

第一百三十条 【权利行使的自愿原则】民事主体按照自己的意愿依法行使民事权利，不受干涉。

第一百三十一条 【权利人的义务履行】民事主体行使权利时，应当履行法律规定的和当事人约定的义务。

第一百三十二条 【禁止权利滥用】民事主体不得滥用民事权利损害国家利益、社会公共利益或者他人合法权益。

注释 不得滥用民事权利，指民事权利的行使不得损害国家利益、社会公共利益或者他人合法权益。权利的行使，有一定界限。行使民事权利损害国家利益、社会公共利益或者他人合法权益的，为滥用民事权利。滥用民事权利和侵权存在区别，权利滥用的前提是有正当权利存在，且是权利行使或与权利行使有关的行为，侵权行为一般事先没有正当权利存在；权利不得滥用原则是对民事主体行使民事权利的一定限制，通过限制民事主体不得滥用权利损害国家利益、社会公共利益或者他人合法权益达到民事权利与国家利益、社会公共利益、他人合法权益的平衡，而侵权责任制度设置的目的是保护民事主体的权利。

第六章 民事法律行为

第一节 一般规定

第一百三十三条 【民事法律行为的定义】民事法律行为是民事主体通过意思表示设立、变更、终止民事法律关系的行为。

注释 民事法律行为是对合同行为、婚姻行为、遗嘱行为等一系列能够产生具体权利义务关系的行为的抽象和概括，是民事主体在民事活动中实现自己意图的一项重要民事制度。

民事法律行为具有以下特征：

1. 民事法律行为是民事主体实施的行为。民事法律行为作为一种法律事实，其必须是由自然人、法人和非法人组织这些民事主体实施的行为，非民事主体实施的行为不是民事法律行为。

2. 民事法律行为应当是以发生一定的法律效果为目的的行为。民事主体在社会生产生活中会从事各种各样的活动，但并非任何行为都是民事法律行为。根据本条的规定，只有以设立、变更、终止民事法律关系为目的的行为才是民事法律行为，其最终结果是让民事主体具体地享受民事权利、承担民事义务。所谓设立民事法律关系，是指民事主体通过民事法律行为形成某种法律关系，例如在合同领域，双方当事人通过要约和承诺形成的买卖关系、租赁关系、委托关系等合同关系。所谓变更民事法律关系，是指民事主体在保持原有民事法律关系效力的基础上，通过民事法律行为对其内容作出一些调整。

3. 民事法律行为是以意思表示为核心要素的行为。意思表示是指民事主体意欲发生一定法律效果的内心意思的外在表达，是民事法律行为最为核心的内容。民事法律行为之所以能对民事主体产生法律约束力，就是因为其是民事主体按照自己的意思作出的。这也是民事法律行为与事实行为最根本的区别。

第一百三十四条 【民事法律行为的成立】民事法律行为可以基于双方或者多方的意思表示一致成立，也可以基于单方的意思表示成立。

法人、非法人组织依照法律或者章程规定的议事方式和表决程序作出决议的，该决议行为成立。

注释 本条第 1 款根据不同的民事法律行为类型对其不同的成立条件和成立时间作了规定：

1. 双方民事法律行为。双方民事法律行为是指双方当事人意思表示一致才能成立的民事法律行为。最为典型的双方民事法律行为是合同。

2. 多方民事法律行为。多方民事法律行为是指根据两个以上的民事主体的意思表示一致而成立的行为。订立公司章程的行为和签订合伙协议的行为就是较为典型的多方民事法律行为。

3. 单方民事法律行为。单方民事法律行为是指根据一方的意思表示就能成立的行为。与双方民事法律行为不同,单方民事法律行为不存在相对方,其成立不需要其他人的配合或者同意,而是依据行为人自己一方的意志就可以产生自己所期望的法律效果。在现实生活中单方民事法律行为也不少,这些民事法律行为从内容上划分,主要可以分为两类:(1)行使个人权利而实施的单方行为,例如所有权人抛弃所有权的行为等,这些单方民事法律行为仅涉及个人的权利变动,不涉及他人的权利变动;(2)涉及他人权利变动的单方民事法律行为,例如立遗嘱,授予代理权,行使撤销权、解除权、选择权等处分形成权的行为。

本条第2款规定了一种较为特殊的民事法律行为,即决议行为。决议行为是两个或者两个以上的当事人基于共同的意思表示、意图实现一定法律效果而实施的行为,其满足民事法律行为的所有条件,是一种民事法律行为。

第一百三十五条 【民事法律行为的形式】民事法律行为可以采用书面形式、口头形式或者其他形式;法律、行政法规规定或者当事人约定采用特定形式的,应当采用特定形式。

第一百三十六条 【民事法律行为的生效】民事法律行为自成立时生效,但是法律另有规定或者当事人另有约定的除外。

行为人非依法律规定或者未经对方同意,不得擅自变更或者解除民事法律行为。

注释 民事法律行为的生效是指民事法律行为产生法律约束力。

根据本条规定,民事法律行为从成立时具有法律拘束力。也就是说,民事法律行为自成立时生效,但是,民事法律行为成立和生效的时间,既有相一致的情形,也有不一致的情形:1. 民事法律行为的成立和生效处于同一个时间点,依法成立的民事法律行为,具备法律行为生效要件的,即时生效。2. 民事法律行为的成立和生效并非同一个时间,有三种情形:(1)法律规定民事法律行为须批准、登记生效的,成立后须经过批准、登记程序才能发生法律效力。(2)当事人约定民事法律行为生效条件的,约定的生效条件成就的,才能发生法律效力。(3)附生效条件、附生效期限的民事法律行为,其所附条件成就,或者所附期限到来时,该民事法律行为才能生效,其成立和生效也并非同一时间。

第二节 意思表示

第一百三十七条 【有相对人的意思表示的生效时间】以对话方式作出的意思表示,相对人知道其内容时生效。

以非对话方式作出的意思表示,到达相对人时生效。以非对话方式作出的采用数据电文形式的意思表示,相对人指定特定系统接收数据电文的,该数据电文进入该特定系统时生效;未指定特定系统的,相对人知道或者应当知道该数据电文进入其系统时生效。当事人对采用数据电文形式的意思表示的生效时间另有约定的,按照其约定。

注释 意思表示是指行为人为了产生一定民法上的效果而将其内心意思通过一定方式表达于外部的行为。意思是指设立、变更、终止民事法律关系的内心意图,表示是指将内心意思以适当方式向适当对象表示出来的行为。

本条是对有相对人的意思表示生效时间的规定。对于此类情况,本条根据是否采用对话方式作了不同规定:

1. 以对话方式作出的意思表示。所谓以对话方式作出的意思表示是指采取使相对方可以同步受领的方式进行的意思表示,例如面对面交谈、电话等方式。在以这种方式进行的意思表示中,表意人作出意思表示和相对人受领意思表示是同步进行的,没有时间差,因此,表意人作出意思表示并使相对人知道时即发生效力。基于此,本条第1款规定,以对话方式作出的意思表示,相对人知道其内容时生效。

2. 以非对话方式作出的意思表示。以非对话方式作出的意思表示,是指表意人作出意思表示的时间与相对人受领意思表示的时间不同步,二者之间存在时间差。非对话的意思表示在现实生活中存在的形式多样,例如传真、信函等。对于非对话的意思表示的生效时间,我国采用到达主义,规定意思表示到达相对人时生效。需要强调的是,这里“到达”并不意味着相对人必须亲自收到,只要进入相对人通常的地址、住所或者能够控制的地方(如信箱)即可视为到达,意思表示被相对人的代理人收到也可以视为到达。送达相对人时生效还意味着即使在意思表示送达相对人前相对人已经知道该意思表示内容的，该意思表示也不生效。

3. 以非对话方式作出的采用数据电文形式的意思表示。数据电文系指经由电子手段、电磁手段、光学手段或类似手段生成、发送、接收或存储的信息，这些手段包括但不限于电子数据交换、电子邮件、电报、电传或传真。采用数据电文方式作出的意思表示虽然也是以非对话方式进行的，但由于其发出和到达具有自动性、实时性等特点，意思表示发出即到达，其生效时间也与一般的非对话方式作出的意思表示的生效时间有所区别。采用数据电文形式订立合同，收件人指定特定系统接收数据电文的，该数据电文进入该特定系统的时间，视为到达时间；未指定特定系统的，该数据电文进入收件人的任何系统的首次时间，视为到达时间。当事人对采用数据电文形式的意思表示的生效时间另有约定的，按照其约定。

链接《电子签名法》第11条

第一百三十八条 【无相对人的意思表示的生效时间】无相对人的意思表示，表示完成时生效。法律另有规定的，依照其规定。

第一百三十九条 【公告的意思表示的生效时间】以公告方式作出的意思表示，公告发布时生效。

注释 实践中，在意思表示有相对人的情况下，可能会发生意思表示的表意人不知道相对人的具体地址、相对人下落不明的情形。对表意人来说，要通过信函、邮件等方式送达相对人是困难的，其意思表示就有可能迟迟不能生效，影响其利益。对此，必须允许表意人采取特殊方式送达其意思表示。本条明确规定了表意人在这种情况下可以以公告方式作出意思表示。本条规定，对于以公告方式作出的意思表示，公告发布时生效。这里的公告方式既可以是在有关机构的公告栏，例如人民法院的公告栏；也可以是在报纸上刊登公告的方式。以公告方式作出的意思表示，表意人一旦发出公告能够为社会公众所知道，就认为意思表示已经到达，即发生效力。

第一百四十条 【意思表示的方式】行为人可以明示或者默示作出意思表示。

沉默只有在有法律规定、当事人约定或者符合当事人之间的交易习惯时，才可以视为意思表示。

注释 沉默是一种既无语言表示也无行为表示的纯粹的缄默，是一种完全的不作为。沉默原则上不得作为意思表示的方式。只有在有法律规定、当事人约定或者符合当事人之间的交易习惯时，才可以视为意思表示。例如本法典合同编第638条第1款规定，试用买卖的买受人在试用期内可以购买标的物，也可以拒绝购买。试用期间届满，买受人对是否购买标的物未作表示的，视为购买。在这条规定中，试用期间届满后，买受人对是否购买标的物未作表示就是一种沉默，但这种沉默就可以视为买受人作出了购买的意思表示。

第一百四十一条 【意思表示的撤回】行为人可以撤回意思表示。撤回意思表示的通知应当在意思表示到达相对人前或者与意思表示同时到达相对人。

注释 意思表示的撤回，是指在意思表示作出之后但在发生法律效力之前，意思表示的行为人欲使该意思表示不发生效力而作出的意思表示。意思表示之所以可以撤回，是因为意思表示生效才能发生法律约束力，在其尚未生效之前，不会对意思表示的相对人产生任何影响，也不会对交易秩序产生任何影响。

行为人可以撤回意思表示，但不是在任何情况下都可以，而是有条件的。根据本条的规定，撤回意思表示的通知应当在意思表示到达相对人前或者与意思表示同时到达相对人。如果撤回意思表示的通知在意思表示到达相对人之后到达的，该意思表示已经生效，是否能够使其失效，则取决于相对人是否同意。因此，行为人若要撤回意思表示，必须选择以快于意思表示作出的方式发出撤回的通知，使之能在意思表示到达之前到达相对人。如果意思表示的行为人作出意思表示以后又立即以比作出意思表示更快的方式发出撤回通知，按照通常情况，撤回的通知应当先于或者最迟会与意思表示同时到达相对人，但因为其他原因耽误了，撤回的通知在意思表示到达相对人后才到达相对人，在这种情况下，相对人应当根据诚信原则及时通知意思表示的行为人，告知其撤回的通知已经迟到，意思表示已经生效；如果相对人怠于通知行为人，行为人撤回意思表示的通知视为未迟到，仍发生撤回表示的效力。

第一百四十二条 【意思表示的解释】有相对人的意思表示的解释，应当按照所使用的词句，结合相关条款、行为的性质和目的、习惯以及诚信原则，确定意思表示的含义。

无相对人的意思表示的解释，不能完全拘泥于所使用的词句，而应当结合相关条款、行为的性质和目的、习惯以及诚信原则，确定行为人的真实意思。

注释 所谓意思表示的解释是指因意思表示不清楚或者不明确发生争议时，由人民法院或者仲裁机构对意思表示进行的解释。解释的目的就是明确意思表示的真实含义。意思表示的解释具有以下特征：1. 意思表示解释的对象是当事人已经表示出来的、确定的意思，而非深藏于当事人内心的意思。深藏于当事人内心的意思无法作为认识的对象，是无法解释的。2. 对意思表示进行解释的主体是人民法院或者仲裁机构，并不是任何机构或者个人都可以对意思表示作出有权解释。只有人民法院或者仲裁机构对意思表示作出的解释才是有权解释，才会对当事人产生法律约束力。3. 人民法院或者仲裁机构对意思表示的解释不是任意的主观解释，而是必须遵循一定的规则进行解释，这些规则就是解释意思表示的方法。

第三节　民事法律行为的效力

第一百四十三条　【民事法律行为的有效条件】具备下列条件的民事法律行为有效：

（一）行为人具有相应的民事行为能力；

（二）意思表示真实；

（三）不违反法律、行政法规的强制性规定，不违背公序良俗。

注释 根据本条规定，民事法律行为应当具备的有效条件包括：

1. 行为人具有相应的民事行为能力。民事行为能力是行为人通过自己行为参与民事活动，享有权利和承担义务的能力。与作为法律资格的民事权利能力相比，民事行为能力是行为人实施民事法律行为的相应保证。

2. 意思表示真实。意思表示作为民事法律行为的核心要素，其真实性对于保证行为人正确实现行为目的至关重要。应当注意，此处的真实应作扩大解释，实际上还包含了传统民法理论意思表示自由的含义。比如，在因欺诈、胁迫实施民事法律行为的情形，受欺诈人、受胁迫人的意思表示虽然从表面看是真实的，但实际上并非其内心自由意志的体现。在意思表示不真实的情况下，民事法律行为不能具有完全有效的效力。

3. 不违反法律、行政法规的强制性规定，不违背公序良俗。

案例 云南福运物流有限公司与中国人寿财产保险股份公司曲靖中心支公司财产损失保险合同纠纷案（《最高人民法院公报》2016 年第 7 期）

裁判规则：当事人就货物保险损失达成的《赔偿协议书》及《货运险赔偿确认书》是对财产损害赔偿金额的自认，是真实意思表示，是有效的民事法律行为。

第一百四十四条　【无民事行为能力人实施的民事法律行为】无民事行为能力人实施的民事法律行为无效。

第一百四十五条　【限制民事行为能力人实施的民事法律行为】限制民事行为能力人实施的纯获利益的民事法律行为或者与其年龄、智力、精神健康状况相适应的民事法律行为有效；实施的其他民事法律行为经法定代理人同意或者追认后有效。

相对人可以催告法定代理人自收到通知之日起三十日内予以追认。法定代理人未作表示的，视为拒绝追认。民事法律行为被追认前，善意相对人有撤销的权利。撤销应当以通知的方式作出。

注释 限制民事行为能力人所从事的民事法律行为，须经法定代理人同意或者追认才能有效。如果没有经过同意或者追认，民事法律行为即使成立，也并不实际生效，而处于效力待定状态。这里对法定代理人补正限制民事行为能力人的行为能力规定了两种方式：一种是同意，指的是法定代理人事先对限制民事行为能力人实施某种民事法律行为予以明确认可；另一种是追认，指的是法定代理人事后明确无误地对限制民事行为能力人实施某种民事法律行为表示同意。无论是事先的同意还是事后的追认，都是法定代理人的单方意思表示，无须行为相对人的同意即可发生效力。需要说明的是，法定代理人对限制民事行为能力人行为的同意或者追认应当采用明示的方式作出，同时应当为行为相对人所知晓才能发生效力。

链接《总则编解释》第 29 条

第一百四十六条　【虚假表示与隐藏行为效力】行为人与相对人以虚假的意思表示实施的民事法律行为无效。

以虚假的意思表示隐藏的民事法律行为的效力,依照有关法律规定处理。

注释 虚假意思表示又称虚伪表示,是指行为人与相对人都知道自己所表示的意思并非真意,通谋作出与真意不一致的意思表示。虚假表示的特征在于,双方当事人都知道自己所表示出的意思不是真实意思,民事法律行为本身欠缺效果意思,双方均不希望此行为能够真正发生法律上的效力。一般而言,虚假表示在结构上包括内外两层行为:外部的表面行为是双方当事人共同作出与真实意思不一致的行为,也可称作伪装行为;内部的隐藏行为则是被隐藏于表面行为之下,体现双方真实意思的行为,也可称作非伪装行为。比如,双方名为买卖实为赠与,买卖并非双方的真实意思表示,属于表面行为或伪装行为;赠与是双方的真实意思表示,属于隐藏行为或者非伪装行为。尽管隐藏行为的存在与虚假表示联系在一起,但虚假表示与隐藏行为并不总是一一对应。具体而言,无虚假表示就无所谓隐藏行为,有隐藏行为也就存在虚假表示,但存在虚假表示,并不一定有隐藏行为。比如,以逃避债务为目的假装财产赠与,赠与行为是虚假表示,但并不存在隐藏行为。

案例 日照港集团有限公司煤炭运销部与山西焦煤集团国际发展股份有限公司借款合同纠纷案（《最高人民法院公报》2017 年第 6 期）

裁判规则:在三方或三方以上的企业间进行的封闭式循环买卖中,一方在同一时期先卖后买同一标的物,低价卖出高价买入,明显违背营利法人的经营目的与商业常理,此种异常的买卖实为企业间以买卖形式掩盖的借贷法律关系。企业间为此而签订的买卖合同,属于当事人共同实施的虚伪意思表示,应认定为无效。

在企业间实际的借贷法律关系中,作为中间方的托盘企业并非出于生产、经营需要而借款,而是为了转贷牟利,故借贷合同亦应认定为无效。借款合同无效后,借款人应向贷款人返还借款的本金和利息。因贷款人对合同的无效也存在过错,人民法院可以相应减轻借款人返还的利息金额。

第一百四十七条 【重大误解】基于重大误解实施的民事法律行为,行为人有权请求人民法院或者仲裁机构予以撤销。

注释 本条是关于基于重大误解实施的民事法律行为的效力规定。传统民法理论与重大误解相关的概念是错误。错误是指表意人非故意地使意思与表示不一致。按照意思表示本身的两个阶段,可以划分为意思形成阶段的错误和意思表达阶段的错误。其中,意思表达阶段的错误,是错误制度的主要规范对象,又可细分为表示错误与内容错误。所谓表示错误,是指表意人错误使用表示符号,该表示符号所表达的法律后果并非表意人内心的真实想法,典型的如将合同价款 10000 元写成 1000 元、误将 A 画当作 B 画取走等。所谓内容错误,不同于表示错误,它是指表意人使用的表示符号并没有错,但对该符号所表示的内容产生理解错误。典型的内容错误又可细分为同一性错误和行为类型错误。同一性错误如甲想和乙订立合同,却误将丙当作乙。行为类型错误如甲想把画卖给乙,对乙说:“我有一幅画,你要不要?”由于没有约定价格,乙理解为赠与而予以接受。此时,买卖合同因未形成合意而不成立,赠与因符合表示主义而成立。甲可以基于行为类型错误而主张撤销赠与合同。意思形成阶段的错误,是指表意人在形成意思表示时所产生的错误,也称为动机错误。原则上,法律行为的效力与动机错误无关。比如,当事人对相对人的履约能力是否符合自己需求产生错误认识,不应作为错误主张撤销。但是,动机错误一律不得作为错误予以撤销的原则也有例外,当有关人或物的性质错误被视为对交易具有重要作用时,这种情形下的动机错误视为内容错误,同样可以适用错误规则。性质错误典型的例子如,甲以为 A 赛马赢得过竞赛冠军,故以重金买下,但实际上赢得竞赛冠军的是 B 赛马。此时甲对 A 赛马是否赢得过竞赛冠军的能力产生错误认识,属于性质错误。

认定重大误解需满足以下几个条件:一是行为人主观上存在错误认识,这种错误可以是关于行为的性质,也可以是关于行为的相对人、交易标的的质量、数量等;二是行为的结果与行为人的意思相悖;三是行为人的错误认识与行为后果之间存在因果关系,即如果没有这种错误认识,将不会产生该行为后果;四是行为人在客观上遭受了较大损失,如果没有损失或者损失较小,也不能构成重大误解。行为人对行为的性质、对方当事人或者标的物的品种、质量、规格、价格、数量等产生错误认识,按照通常理解如果不发生该错误认识行为人就不会作出相应意思表示的,人民法院可以认定为本条规定的重大误解。

行为人能够证明自己实施民事法律行为时存在重大误解，并请求撤销该民事法律行为的，人民法院依法予以支持；但是，根据交易习惯等认定行为人无权请求撤销的除外。

链接《总则编解释》第19、20条；《最高人民法院关于印发〈全国法院贯彻实施民法典工作会议纪要〉的通知》第2条

第一百四十八条 【欺诈】一方以欺诈手段，使对方在违背真实意思的情况下实施的民事法律行为，受欺诈方有权请求人民法院或者仲裁机构予以撤销。

注释 民法中的欺诈，一般是指行为人故意欺骗他人，使对方陷入错误判断，并基于此错误判断作出意思表示的行为。欺诈的构成要件一般包括四项：一是行为人须有欺诈的故意。这种故意既包括使对方陷入错误判断的故意，也包括诱使对方基于此错误判断而作出意思表示的故意。二是行为人须有欺诈的行为。这种行为既可以是故意告知虚假情况，也可以是负有告知义务的人故意隐瞒真实情况。三是受欺诈人因行为人的欺诈行为陷入错误判断，即欺诈行为与错误判断之间存在因果关系。四是受欺诈人基于错误判断作出意思表示。

欺诈的构成并不需要受欺诈人客观上遭受损害后果的事实，只要受欺诈人因欺诈行为作出了实施民事法律行为的意思表示，即可成立欺诈。故意告知虚假情况，或者故意隐瞒真实情况，诱使当事人作出错误意思表示的，人民法院可以认定为本条规定的欺诈。欺诈的法律后果为可撤销，享有撤销权的是受欺诈人。其应通过人民法院或者仲裁机构行使撤销权。

案例 1. 刘向前诉安邦财产保险公司保险合同纠纷案（《最高人民法院公报》2013年第8期）

裁判规则：保险事故发生后，保险公司作为专业理赔机构，基于专业经验及对保险合同的理解，其明知或应知保险事故属于赔偿范围，而在无法律和合同依据的情况下，故意隐瞒被保险人可以获得保险赔偿的重要事实，对被保险人进行诱导，在此基础上双方达成销案协议的，应认定被保险人作出了不真实的意思表示，保险公司的行为违背诚信原则构成保险合同欺诈。被保险人请求撤销该销案协议的，人民法院应予支持。

2. 中国农业银行长沙市先锋支行与湖南金帆投资管理有限公司、长沙金霞开发建设有限公司借款担保合同纠纷案（《最高人民法院公报》2009年第1期）

裁判规则：导致合同当事人分别持有的合同文本内容有出入的原因复杂多样，不能据此简单地认定合同某一方当事人存在故意欺诈的情形。合同一方当事人如果据此主张对方当事人恶意欺诈，还应当提供其他证据予以证明。

第一百四十九条 【第三人欺诈】第三人实施欺诈行为，使一方在违背真实意思的情况下实施的民事法律行为，对方知道或者应当知道该欺诈行为的，受欺诈方有权请求人民法院或者仲裁机构予以撤销。

注释 本条中的第三人，一般是指民事法律行为的双方当事人之外、与一方存在某种关系的特定人。当事人之外的第三人对其中一方当事人实施欺诈，有可能是仅仅为了帮助对方当事人达成交易，也有可能是最终为实现自己的目的。

链接《总则编解释》第21条

第一百五十条 【胁迫】一方或者第三人以胁迫手段，使对方在违背真实意思的情况下实施的民事法律行为，受胁迫方有权请求人民法院或者仲裁机构予以撤销。

注释 胁迫的构成要件一般应当包括：1. 胁迫人主观上有胁迫的故意，即故意实施胁迫行为使他人陷入恐惧以及基于此恐惧心理作出意思表示。2. 胁迫人客观上实施了胁迫的行为，即以将要实施某种加害行为威胁受胁迫人，以此使受胁迫人产生心理恐惧。这种加害既可以是对自然人及其近亲属等的人身权利、财产权利以及其他合法权益造成损害，也可以是对法人、非法人组织的名誉、荣誉、财产权益等造成损害，客观上使受胁迫人产生了恐惧心理。3. 胁迫须具有不法性，包括手段或者目的的不法性，反之则不成立胁迫。4. 受胁迫人基于胁迫产生的恐惧心理作出意思表示。换言之，意思表示的作出与胁迫存在因果关系。此处因果关系的判断，应以受胁迫人自身而非其他人为标准。

从民法理论上讲，胁迫行为具有不法性，且构成对受胁迫人利益的侵害，应当认定因胁迫实施的民事法律行为无效。但考虑到民事活动的复杂性以及意思自治的民事基本原则，受胁迫人在其

权益受损时，有权基于自身的利益衡量对民事法律行为的效力作出选择。因此，本条将因胁迫实施的民事法律行为效力规定为可撤销，同时赋予受胁迫人以撤销权。

需要注意的是，根据本条规定，无论是一方胁迫还是第三人胁迫，受胁迫人均享有对民事法律行为的撤销权。

链接《总则编解释》第22条

第一百五十一条 【乘人之危导致的显失公平】一方利用对方处于危困状态、缺乏判断能力等情形，致使民事法律行为成立时显失公平的，受损害方有权请求人民法院或者仲裁机构予以撤销。

注释 本条的显失公平将原《民法通则》和《合同法》中的"显失公平"与"乘人之危"合并规定，并赋予了其新的内涵。

本条所规定的显失公平须包括两项要件：1. 主观上，民事法律行为的一方当事人利用了对方处于危困状态、缺乏判断能力等情形。这意味着，一方当事人主观上意识到对方当事人处于不利情境，且有利用这一不利情境之故意。所谓危困状态，一般指因陷入某种暂时性的急迫困境而对于金钱、物的需求极为迫切等。如一方利用对方家有重病患者、为治疗病患出卖房产之机，以远低于市场价格购买该房产。所谓缺乏判断能力，是指缺少基于理性考虑而实施民事法律行为或对民事法律行为的后果予以评估的能力，如金融机构的从业人员向文化水平较低的老年人兜售理财产品，由于缺少判断能力，这些老年人以高昂价格购买了实际收益率较低的理财产品。2. 客观上，民事行为成立时显失公平。此处的显失公平是指双方当事人在民事法律行为中的权利义务明显失衡、显著不相称。至于"失衡""不相称"的具体标准，则需要结合民事法律行为的具体情形，如市场风险、交易行情、通常做法等加以判断。同时，需要说明的是，对于显失公平的判断时点，应以民事法律行为成立时为限。由于民事法律行为从成立到实际履行往往有一个过程，这一过程中的许多因素都可能对双方当事人的权利义务产生影响，如果不限定判断的时点，对于显失公平的判定将会缺少客观标准，也无法将原已存在的"权利义务失衡"结果与民事法律行为成立后当事人以外因素对权利义务产生的影响相区分。

案例 黄仲华诉刘三明债权人撤销权纠纷案（《最高人民法院公报》2013年第1期）

裁判规则：用人单位与劳动者就工伤事故达成赔偿协议，但约定的赔偿金额明显低于劳动者应当享受的工伤保险待遇的，应当认定为显失公平。劳动者请求撤销该赔偿协议的，人民法院应予支持。

第一百五十二条 【撤销权的消灭期间】有下列情形之一的，撤销权消灭：

（一）当事人自知道或者应当知道撤销事由之日起一年内、重大误解的当事人自知道或者应当知道撤销事由之日起九十日内没有行使撤销权；

（二）当事人受胁迫，自胁迫行为终止之日起一年内没有行使撤销权；

（三）当事人知道撤销事由后明确表示或者以自己的行为表明放弃撤销权。

当事人自民事法律行为发生之日起五年内没有行使撤销权的，撤销权消灭。

注释 民事法律行为因不同事由被撤销的，其撤销权应当在一定期间内行使。这一点是由撤销权的性质决定的。在民法理论上，撤销权属于形成权，行为人可以通过自己的行为直接行使权利，实现权利目的。但是，撤销权的行使将使得可撤销的民事法律行为效力终局性地归于无效，这将对相对人的利益产生重大影响。因此，享有撤销权的权利人必须在一定期间内决定是否行使这一权利，从而保护相对人的利益，维护交易安全。这一期间被称为除斥期间，除斥期间经过，撤销权终局性地归于消灭，可撤销的民事法律行为自此成为完全有效的民事法律行为。

第一百五十三条 【违反强制性规定及违背公序良俗的民事法律行为的效力】违反法律、行政法规的强制性规定的民事法律行为无效。但是，该强制性规定不导致该民事法律行为无效的除外。

违背公序良俗的民事法律行为无效。

注释 民事法律行为虽然是彰显意思自治、保障权利实现的主要制度，但这种自由必须限定在不损害国家利益、社会公共利益的范围之内。民事主体的民事法律行为一旦超越法律和道德所容许的限度，构成对国家利益、社会公共利益的侵害，其效力就必须被否定。而法律、行政法规的强制性规定以及公共秩序和善良习俗，即是对民事主体意思自治施加的限制。

本法第143条规定了民事法律行为的有效要件,属于对民事法律行为有效的一般性要求,而本条则属于可以直接判定行为效力的裁判性规范。

本条第1款规定,违反法律、行政法规的强制性规定的民事法律行为无效,但是该强制性规定不导致该民事法律行为无效的除外。法律规范分为强制性规范与任意性规范。任意性规范的目的是引导、规范民事主体的行为,并不具备强制性效力,民事法律行为与任意性规范不一致的,并不影响其效力。任意性规范体现的是法律对主体实施民事法律行为的一种指引,当事人可以选择适用,也可以选择不适用。与任意性规范相对的是强制性规范,后者体现的是法律基于对国家利益、社会公共利益等的考量,对私人意思自治领域所施加的一种限制。民事主体在实施民事法律行为时,必须服从这种对行为自由的限制,否则会因对国家利益、社会公共利益等的侵害而被判定无效。但是,民事法律行为违反强制性规定无效有一种例外,即当该强制性规定本身并不导致民事法律行为无效时,民事法律行为并不无效。这里实际上涉及对具体强制性规定的性质判断问题。某些强制性规定尽管要求民事主体不得违反,但其并不导致民事法律行为无效。违反该法律规定的后果应由违法一方承担,没有违法的当事人不应承受一方违法的后果。比如,一家经营水果的商店出售种子,农户购买了该种子,该商店违法经营种子,必须承担相应违法责任,但出于保护农户的目的,不宜认定该买卖行为无效。

本条第2款规定,违背公序良俗的民事法律行为无效。公序良俗是公共秩序和善良习俗的简称,属于不确定概念。民法学说一般采取类型化研究的方式,将裁判实务中依据公序良俗裁判的典型案件,区别为若干公序良俗违反的行为类型。人民法院或者仲裁机构在审理案件时,如果发现待决案件事实与其中某一个类型相符,即可判定行为无效。这些类型包括但不限于:(1)危害国家政治、经济、财政、税收、金融、治安等秩序类型;(2)危害家庭关系行为类型;(3)违反性道德行为类型;(4)违反人权和人格尊重行为类型;(5)限制经济自由行为类型;(6)违反公正竞争行为类型;(7)违反消费者保护行为类型;(8)违反劳动者保护行为类型等。同强制性规定一样,公序良俗也体现了国家对民事领域意思自治的一种限制。因此,对公序良俗的违背也构成民事法律行为无效的理由。

第一百五十四条 【恶意串通】行为人与相对人恶意串通,损害他人合法权益的民事法律行为无效。

注释 所谓恶意串通,是指行为人与相对人互相勾结,为牟取私利而实施的损害他人合法权益的民事法律行为。恶意串通的民事法律行为在主观上要求双方有互相串通、为满足私利而损害他人合法权益的目的,客观上表现为实施了一定形式的行为来达到这一目的。

案例 **1. 上海欧宝生物科技有限公司诉辽宁特莱维置业发展有限公司企业借贷纠纷案**(最高人民法院指导案例68号)

裁判规则:人民法院审理民事案件中发现存在虚假诉讼可能时,应当依职权调取相关证据,详细询问当事人,全面严格审查诉讼请求与相关证据之间是否存在矛盾,以及当事人诉讼中言行是否违背常理。经综合审查判断,当事人存在虚构事实、恶意串通、规避法律或国家政策以谋取非法利益,进行虚假民事诉讼情形的,应当依法予以制裁。

2. 瑞士嘉吉国际公司诉福建金石制油有限公司等确认合同无效纠纷案(最高人民法院指导案例33号)

裁判规则:债务人将主要财产以明显不合理低价转让给其关联公司,关联公司在明知债务人欠债的情况下,未实际支付对价的,可以认定债务人与其关联公司恶意串通、损害债权人利益,与此相关的财产转让合同应当认定为无效。

《合同法》第59条规定适用于第三人为财产所有权人的情形,在债权人对债务人享有普通债权的情况下,应当根据《合同法》第58条的规定,判令因无效合同取得的财产返还原财产所有人,而不能根据第59条规定直接判令债务人的关联公司因"恶意串通,损害第三人利益"的合同而取得的债务人的财产返还债权人。

实务问答 **拍卖行与买受人有关联关系时,哪些情形下可以认定拍卖行为无效**

拍卖行与买受人有关联关系,拍卖行为存在以下情形,损害与标的物相关权利人合法权益的,人民法院可以视为拍卖行与买受人恶意串通,依法裁定该拍卖无效:(1)拍卖过程中没有其他无关联关系的竞买人参与竞买,或者虽有其他竞买人参与竞买,但未进行充分竞价的;(2)拍卖标的物的评估价明显低于实际价格,仍以该评估价成交的。

第一百五十五条 【无效或者被撤销民事法律行为自始无效】无效的或者被撤销的民事法律行为自始没有法律约束力。

注释 无效和被撤销的民事法律行为是自始无效的,具有溯及力。即民事法律行为一旦无效或者被撤销后,双方的权利义务状态应当回复到这一行为实施之前的状态,已经履行的,应当恢复原状。

链接《总则编解释》第23条

第一百五十六条 【民事法律行为部分无效】民事法律行为部分无效,不影响其他部分效力的,其他部分仍然有效。

注释 本条所规定的"民事法律行为部分无效,不影响其他部分效力"的情形,主要包括以下几种:一是民事法律行为的标的数量超过国家法律许可的范围。比如,借贷合同中,双方当事人约定的利息高于国家限定的最高标准,则超过部分无效,不受法律保护,但在国家所限定的最高标准以内的利息仍然有效。又如,遗嘱继承中,被继承人将其全部遗产均遗赠他人,并未给胎儿保留必要的遗产份额,违反了继承法律相关规定。因此,在遗产的应继份范围内的那部分遗赠是无效的,但其他部分的遗赠仍然有效。二是民事法律行为的标的可分,其中一项或数项无效。比如,同一买卖合同的标的物有多个,其中一个或数个标的物因属于国家禁止流通物而无效,其他标的物的买卖仍为有效。三是民事法律行为的非根本性条款因违法或违背公序良俗而无效。比如,雇佣合同中有条款约定"工作期间发生的一切人身伤害,雇主概不负责"。这一条款因违反相关劳动法律以及公序良俗原则而无效,但雇佣合同的其他权利义务条款并不因此无效。

链接《劳动法》第18条;《劳动合同法》第27条

第一百五十七条 【民事法律行为无效、被撤销、不生效力的法律后果】民事法律行为无效、被撤销或者确定不发生效力后,行为人因该行为取得的财产,应当予以返还;不能返还或者没有必要返还的,应当折价补偿。有过错的一方应当赔偿对方由此所受到的损失;各方都有过错的,应当各自承担相应的责任。法律另有规定的,依照其规定。

第四节 民事法律行为的附条件和附期限

第一百五十八条 【附条件的民事法律行为】民事法律行为可以附条件,但是根据其性质不得附条件的除外。附生效条件的民事法律行为,自条件成就时生效。附解除条件的民事法律行为,自条件成就时失效。

注释 民事法律行为中所附的条件,是指当事人以未来客观上不确定发生的事实,作为民事法律行为效力的附款。所附条件具有以下特点:1. 条件系当事人共同约定,并作为民事法律行为的一部分内容。2. 条件是未来可能发生的事实。这意味着,已经过去的、现在的以及将来确定不会发生的事实不能作为民事法律行为的所附条件。3. 所附条件是当事人用以限定民事法律行为效力的附属意思表示。4. 所附条件中的事实应为合法事实,违法事实不能作为民事法律行为的附条件。

链接《总则编解释》第24条

第一百五十九条 【条件成就或不成就的拟制】附条件的民事法律行为,当事人为自己的利益不正当地阻止条件成就的,视为条件已经成就;不正当地促成条件成就的,视为条件不成就。

第一百六十条 【附期限的民事法律行为】民事法律行为可以附期限,但是根据其性质不得附期限的除外。附生效期限的民事法律行为,自期限届至时生效。附终止期限的民事法律行为,自期限届满时失效。

第七章 代 理

第一节 一般规定

第一百六十一条 【代理的适用范围】民事主体可以通过代理人实施民事法律行为。

依照法律规定、当事人约定或者民事法律行为的性质,应当由本人亲自实施的民事法律行为,不得代理。

注释 代理是指代理人代被代理人实施民事法律行为,其法律效果直接归属于被代理人的行为。

第一百六十二条 【代理的效力】代理人在代理权限内,以被代理人名义实施的民事法律行为,对被代理人发生效力。

第一百六十三条 【代理的类型】代理包括委托代理和法定代理。

委托代理人按照被代理人的委托行使代理权。法定代理人依照法律的规定行使代理权。

第一百六十四条 【不当代理的民事责任】代理人不履行或者不完全履行职责，造成被代理人损害的，应当承担民事责任。

代理人和相对人恶意串通，损害被代理人合法权益的，代理人和相对人应当承担连带责任。

第二节 委托代理

第一百六十五条 【授权委托书】委托代理授权采用书面形式的，授权委托书应当载明代理人的姓名或者名称、代理事项、权限和期限，并由被代理人签名或者盖章。

第一百六十六条 【共同代理】数人为同一代理事项的代理人的，应当共同行使代理权，但是当事人另有约定的除外。

链接《信托法》第31条；《总则编解释》第25条

第一百六十七条 【违法代理的责任承担】代理人知道或者应当知道代理事项违法仍然实施代理行为，或者被代理人知道或者应当知道代理人的代理行为违法未作反对表示的，被代理人和代理人应当承担连带责任。

第一百六十八条 【禁止自己代理和双方代理】代理人不得以被代理人的名义与自己实施民事法律行为，但是被代理人同意或者追认的除外。

代理人不得以被代理人的名义与自己同时代理的其他人实施民事法律行为，但是被代理的双方同意或者追认的除外。

第一百六十九条 【复代理】代理人需要转委托第三人代理的，应当取得被代理人的同意或者追认。

转委托代理经被代理人同意或者追认的，被代理人可以就代理事务直接指示转委托的第三人，代理人仅就第三人的选任以及对第三人的指示承担责任。

转委托代理未经被代理人同意或者追认的，代理人应当对转委托的第三人的行为承担责任；但是，在紧急情况下代理人为了维护被代理人的利益需要转委托第三人代理的除外。

注释 转委托代理，又称再代理、复代理，是指代理人为了实施其代理权限内的行为，而以自己的名义为被代理人选任代理人的代理。

链接《总则编解释》第26条

第一百七十条 【职务代理】执行法人或者非法人组织工作任务的人员，就其职权范围内的事项，以法人或者非法人组织的名义实施的民事法律行为，对法人或者非法人组织发生效力。

法人或者非法人组织对执行其工作任务的人员职权范围的限制，不得对抗善意相对人。

第一百七十一条 【无权代理】行为人没有代理权、超越代理权或者代理权终止后，仍然实施代理行为，未经被代理人追认的，对被代理人不发生效力。

相对人可以催告被代理人自收到通知之日起三十日内予以追认。被代理人未作表示的，视为拒绝追认。行为人实施的行为被追认前，善意相对人有撤销的权利。撤销应当以通知的方式作出。

行为人实施的行为未被追认的，善意相对人有权请求行为人履行债务或者就其受到的损害请求行为人赔偿。但是，赔偿的范围不得超过被代理人追认时相对人所能获得的利益。

相对人知道或者应当知道行为人无权代理的，相对人和行为人按照各自的过错承担责任。

注释 本条将无权代理分为三种类型：1. 没有代理权的无权代理。指行为人根本没有得到被代理人的授权，就以被代理人名义从事的代理。比如，行为人伪造他人的公章、合同书或者授权委托书等，假冒他人的名义实施民事法律行为，就是典型的无权代理。2. 超越代理权的无权代理。指行为人与被代理人之间有代理关系存在，行为人有一定的代理权，但其实施的代理行为超出了代理权的范围的代理。比如，甲委托乙购买300台电视机，但是乙擅自与他人签订了购买500台电视机的合同；或者甲委托乙购买电视机，但是乙购买了电冰箱，这些都是超越代理权的无权代理。3. 代理权终止后的无权代理。指行为人与被代理人之间原本有代理关系，由于法定情形的出现使得代理权终止，但是行为人仍然从事的代理。法定情形主要指本法第173条规定的情形，包括代理期限届满、代理事务完成或者被代理人取消委托等。

行为人没有代理权却以被代理人的名义实施民事法律行为，不合被代理人意愿，法律效果不能直接及于被代理人，本当无效。但是，考虑到行为人实施的民事法律行为并非都是对被代理人不利，有些对被代理人可能是有利的；而且，既然代理行为已经完成，行为人有为被代理人实施民事法律行为的意思表示，相对人有意与被代理人缔约，如果被代理人愿意事后承认，从鼓励交易、维护交易秩序稳定以及更好地保护各方当事人利益的角度出发，也没有必要一概否定其效力。因此，法律规定如果符合法定条件的，允许行为人实施的民事法律行为对被代理人发生效力。

无权代理发生后，根据本条规定，被代理人有追认和拒绝的权利。这里所指的追认，是指被代理人对无权代理行为事后予以承认的一种单方意思表示。被代理人的追认应当以明示的意思表示向相对人作出，如果仅向行为人作出意思表示，也必须使相对人知道后才能产生法律效果。追认必须在相对人催告期限尚未届满前以及善意相对人未行使撤销权前行使。

链接《总则编解释》第25、27、29条

第一百七十二条 【表见代理】行为人没有代理权、超越代理权或者代理权终止后，仍然实施代理行为，相对人有理由相信行为人有代理权的，代理行为有效。

注释 表见代理是指行为人虽无代理权而实施代理行为，如果相对人有理由相信其有代理权，该代理行为有效。构成表见代理需要满足以下条件：1. 存在代理权的外观；2. 相对人不知道行为人行为时没有代理权，且无过失。所谓无过失，是指相对人的这种不知道不是因为其疏忽大意造成的。

链接《总则编解释》第28条

案例 王见刚与王永安、第三人岚县大源采矿厂侵犯出资人权益纠纷案（《最高人民法院公报》2013年第5期）

裁判规则：夫妻一方转让个人独资企业，即使未经另一方同意，相对人有理由相信行为人有代理权的，则构成表见代理，该代理行为有效。个人独资企业的投资人发生变更的，应向工商登记机关申请办理变更登记，但该变更登记不属于转让行为有效的前提条件，未办理变更登记，依照法律规定应当受到相应的行政处罚，但并不影响转让的效力。《个人独资企业法》第15条的规定应视为管理性的强制性规范而非效力性的强制性规范。

第三节 代理终止

第一百七十三条 【委托代理的终止】有下列情形之一的，委托代理终止：

（一）代理期限届满或者代理事务完成；

（二）被代理人取消委托或者代理人辞去委托；

（三）代理人丧失民事行为能力；

（四）代理人或者被代理人死亡；

（五）作为代理人或者被代理人的法人、非法人组织终止。

第一百七十四条 【委托代理终止的例外】被代理人死亡后，有下列情形之一的，委托代理人实施的代理行为有效：

（一）代理人不知道且不应当知道被代理人死亡；

（二）被代理人的继承人予以承认；

（三）授权中明确代理权在代理事务完成时终止；

（四）被代理人死亡前已经实施，为了被代理人的继承人的利益继续代理。

作为被代理人的法人、非法人组织终止的，参照适用前款规定。

第一百七十五条 【法定代理的终止】有下列情形之一的，法定代理终止：

（一）被代理人取得或者恢复完全民事行为能力；

（二）代理人丧失民事行为能力；

（三）代理人或者被代理人死亡；

（四）法律规定的其他情形。

第八章 民事责任

第一百七十六条 【民事责任】民事主体依照法律规定或者按照当事人约定，履行民事义务，承担民事责任。

第一百七十七条 【按份责任】二人以上依法承担按份责任，能够确定责任大小的，各自承担相应的责任；难以确定责任大小的，平均承担责任。

注释 按份责任，是指责任人为多人时，各责任人按照一定的份额向权利人承担民事责任，各责任人之间无连带关系。也就是说，责任人各自承担不同份额的责任，不具有连带性，权利人只能请求属于按份责任人的责任份额。按份责任产生的前提，是两个以上的民事主体不依照法律规定或者当事人约定履行民事义务，产生的民事责任。

第一百七十八条 【连带责任】二人以上依法承担连带责任的，权利人有权请求部分或者全部连带责任人承担责任。

连带责任人的责任份额根据各自责任大小确定；难以确定责任大小的，平均承担责任。实际承担责任超过自己责任份额的连带责任人，有权向其他连带责任人追偿。

连带责任，由法律规定或者当事人约定。

注释 连带责任，是指依照法律规定或者当事人约定，两个或者两个以上当事人对共同产生的不履行民事义务的民事责任承担全部责任，并因此引起内部债务关系的一种民事责任。连带责任是一项重要的责任承担方式。连带责任可能基于合同产生，也可能基于侵权行为导致。

连带责任对外是一个整体的责任。连带责任中的每个主体都需要对被损害者承担全部责任。被请求承担全部责任的连带责任主体，不得因自己的过错程度而只承担自己的责任。连带责任给了被损害者更多的选择权，被损害者可以请求一个或者数个连带责任人承担全部或者部分的赔偿责任。连带责任是法定责任，连带责任人之间不能约定改变责任的性质，对于内部责任份额的约定对外不发生效力。

在一个或者数个连带责任人清偿了全部责任后，实际承担责任的人有权向其他连带责任人追偿。行使追偿权的前提是连带责任人实际承担了超出自己责任的份额。

第一百七十九条 【民事责任的承担方式】承担民事责任的方式主要有：

（一）停止侵害；

（二）排除妨碍；

（三）消除危险；

（四）返还财产；

（五）恢复原状；

（六）修理、重作、更换；

（七）继续履行；

（八）赔偿损失；

（九）支付违约金；

（十）消除影响、恢复名誉；

（十一）赔礼道歉。

法律规定惩罚性赔偿的，依照其规定。

本条规定的承担民事责任的方式，可以单独适用，也可以合并适用。

注释 根据本条规定，承担民事责任的方式主要有：

1. 停止侵害。停止侵害主要是要求行为人不实施某种侵害。这种责任方式能够及时制止侵害，防止侵害后果的扩大。

2. 排除妨碍。排除妨碍是指行为人实施的行为使他人无法行使或者不能正常行使人身、财产权利，受害人可以要求行为人排除妨碍权利实施的障碍。

3. 消除危险。消除危险是指行为人的行为对他人人身、财产权益造成现实威胁，他人有权要求行为人采取有效措施消除这种现实威胁。

4. 返还财产。返还财产责任是因行为人无权占有他人财产而产生。没有法律或者合同根据占有他人财产，就构成无权占有，侵害了他人财产权益，行为人应当返还该财产。

5. 恢复原状。恢复原状是指行为人通过修理等手段使受到损坏的财产恢复到损坏发生前的状况的一种责任方式。

6. 修理、重作、更换。修理、重作、更换主要是违反合同应当承担的民事责任形式，是违反合同后所采取的补救措施。

7. 继续履行。继续履行就是按照合同的约定继续履行义务。当事人订立合同都是追求一定的目的，这一目的直接体现在对合同标的的履行，义务人只有按照合同约定的标的履行，才能实现权利人订立合同的目的。所以，继续履行合同是当事人一方违反合同后，应当负的一项重要的民事责任。

8. 赔偿损失。赔偿损失是指行为人向受害人支付一定数额的金钱以弥补其损失的责任方式，是运用较为广泛的一种责任方式。

9. 支付违约金。违约金是当事人在合同中约定的或者由法律直接规定的一方违反合同时应向对方支付一定数额的金钱，这是违反合同可以采用的承担民事责任的方式，只适用于合同当事人有违约金约定或者法律规定违反合同应支付违约金的情形。

10. 消除影响、恢复名誉。消除影响、恢复名誉是指人民法院根据受害人的请求，责令行为人在一定范围内采取适当方式消除对受害人名誉的不利影响，以使其名誉得到恢复的一种责任方式。

11. 赔礼道歉。赔礼道歉是指行为人通过口头、书面或者其他方式向受害人进行道歉，以取得谅解的一种责任方式。

本条第2款规定，法律规定惩罚性赔偿的，依照其赔偿。惩罚性赔偿是指当侵权人(义务人)以恶意、故意、欺诈等的方式实施加害行为而致权利人受到损害的，权利人可以获得实际损害赔偿之外的增加赔偿。其目的是通过对义务人施以惩罚，阻止其重复实施恶意行为，并警示他人不要采取类似行为。

本条规定了11种承担民事责任的方式，各有特点，可以单独采用一种方式，也可以采用多种方式。具体适用民事责任的方式掌握的原则是，如果一种方式不足以救济权利人的，就应当同时适用其他方式。

案例 秦家学滥伐林木刑事附带民事公益诉讼案(最高人民法院指导案例172号)

裁判规则：1. 人民法院确定被告人森林生态环境修复义务时，可以参考专家意见及林业规划设计单位、自然保护区主管部门等出具的专业意见，明确履行修复义务的树种、树龄、地点、数量、存活率及完成时间等具体要求。2. 被告人自愿交纳保证金作为履行生态环境修复义务担保的，人民法院可以将该情形作为从轻量刑情节。

第一百八十条　【不可抗力】因不可抗力不能履行民事义务的，不承担民事责任。法律另有规定的，依照其规定。

不可抗力是不能预见、不能避免且不能克服的客观情况。

注释 不可抗力是指不能预见、不能避免且不能克服的客观情况。对不能预见的理解，应是根据现有的技术水平，一般对某事件发生没有预知能力。人们对某事件的发生的预知能力取决于当代的科学技术水平。不能避免并不能克服，应是指当事人已经尽到最大努力和采取一切可以采取的措施，仍不能避免某种事件的发生并不能克服事件所造成的后果。其表明某个事件的发生和事件所造成的后果具有必然性。

通常情况下，因不可抗力不能履行民事义务的，不承担民事责任。但法律规定因不可抗力不能履行民事义务，也要承担民事责任的则需要依法承担民事责任。例如《民用航空法》规定，民用航空器造成他人损害的，民用航空器的经营人只有能够证明损害是武装冲突、骚乱的直接后果，或者是因受害人故意造成的，才能免除其责任。因不可抗力的自然灾害造成的，不能免除民用航空器经营人的责任。

第一百八十一条　【正当防卫】因正当防卫造成损害的，不承担民事责任。

正当防卫超过必要的限度，造成不应有的损害的，正当防卫人应当承担适当的民事责任。

注释 正当防卫，是指为了使国家利益、社会公共利益、本人或者他人的人身权利、财产权利以及其他合法权益免受正在进行的不法侵害，而针对实施侵害行为的人采取的制止不法侵害的行为。正当防卫作为行为人不承担责任和减轻责任的情形，其根据是行为的正当性、合法性，表明行为人主观上没有过错。正当防卫是法律赋予当事人自卫的权利，属于受法律鼓励的行为，目的是保护当事人本人、他人不受侵犯。

第一百八十二条　【紧急避险】因紧急避险造成损害的，由引起险情发生的人承担民事责任。

危险由自然原因引起的，紧急避险人不承担民事责任，可以给予适当补偿。

紧急避险采取措施不当或者超过必要的限度，造成不应有的损害的，紧急避险人应当承担适当的民事责任。

链接《总则编解释》第32、33条

第一百八十三条　【因保护他人民事权益而受损的责任承担】因保护他人民事权益使自己受到损害的，由侵权人承担民事责任，受益人可以给予适当补偿。没有侵权人、侵权人逃逸或者无力承担民事责任，受害人请求补偿的，受益人应当给予适当补偿。

注释 本条的目的在于保护见义勇为者，鼓励见义勇为行为。

本条适用的情形是受害人为了保护他人的民事权益不受非法侵害遭受损害，通常情况下，应当由侵权人承担民事责任。但是，侵权人逃逸或者没有承担民事责任的能力，为了公平起见，由受益人给受害人适当的补偿。需注意的是，补偿不是赔偿，赔偿一般是填平原则，即损失多少赔偿多少，而补偿仅是其中的一部分。“给予适当的补偿”，人民法院可以根据受害人所受损失和已获赔偿的情况、受益人受益的多少及其经济条件等因素确定受益人承担的补偿数额。

链接《总则编解释》第34条

案例 1. 张庆福、张殿凯诉朱振彪生命权纠纷案(最高人民法院指导案例98号)

裁判规则:行为人非因法定职责、法定义务或约定义务,为保护国家、社会公共利益或者他人的人身、财产安全,实施阻止不法侵害者逃逸的行为,人民法院可以认定为见义勇为。

2. 重庆市涪陵志大物业管理有限公司诉重庆市涪陵区人力资源和社会保障局劳动和社会保障行政确认案(最高人民法院指导案例94号)

裁判规则:职工见义勇为,为制止违法犯罪行为而受到伤害的,属于《工伤保险条例》第15条第1款第2项规定的为维护公共利益受到伤害的情形,应当视同工伤。

第一百八十四条 【紧急救助的责任豁免】因自愿实施紧急救助行为造成受助人损害的,救助人不承担民事责任。

注释 本条规定包括以下几个方面:(1)救助人自愿实施紧急救助行为。自愿实施紧急救助行为是指一般所称的见义勇为或者乐于助人的行为,不包括专业救助行为。本条所称的救助人是指非专业人员,即一般所称的见义勇为或者乐于助人的志愿人员。专业救助人员通常掌握某一领域内的专业知识、专业技能,并根据其工作性质有义务救助并专门从事救助工作。因此,为与专业救助人员实施救助行为相区别,本条明确了"自愿"的前提条件。(2)救助人以救助为目的实施紧急救助行为。救助人不承担民事责任的条件之一是救助人需以"救助"受助人为行为的主观目的。当受助人由于自身健康等原因处于紧急情况需要救助时,救助人是以救助受助人为目的,为了受助人的利益实施的紧急救助行为。(3)受助人的损害与救助人的行为有因果关系,即在紧急救助过程中,因为救助人的行为造成受助人的损害。(4)救助人对因救助行为造成受助人的损害不承担民事责任。

第一百八十五条 【英雄烈士人格利益的保护】侵害英雄烈士等的姓名、肖像、名誉、荣誉,损害社会公共利益的,应当承担民事责任。

案例 杭州市上城区人民检察院诉某网络科技有限公司英雄烈士保护民事公益诉讼案[人民法院贯彻实施民法典典型案例(第一批)]

裁判规则:英雄的事迹和精神是中华民族共同的历史记忆和精神财富,雷锋同志的姓名作为一种重要的人格利益,应当受到保护。某网络科技有限公司使用的"雷锋"文字具有特定意义,确系社会公众所广泛认知的雷锋同志之姓名。该公司明知雷锋同志的姓名具有特定的意义,仍擅自将其用于开展网络商业宣传,会让公众对"雷锋社群"等称谓产生误解,侵犯了英雄烈士的人格利益。将商业运作模式假"雷锋精神"之名推广,既曲解了"雷锋精神",与社会公众的一般认知相背离,也损害了承载于其上的人民群众的特定感情,对营造积极健康的网络环境产生负面影响,侵害了社会公共利益。

第一百八十六条 【违约责任与侵权责任的竞合】因当事人一方的违约行为,损害对方人身权益、财产权益的,受损害方有权选择请求其承担违约责任或者侵权责任。

注释 本条是关于违约责任与侵权责任竞合的规定。违约责任与侵权责任的竞合,是指义务人的违约行为既符合违约要件,又符合侵权要件,导致违约责任与侵权责任一并产生。从另一方面来说,受损害方既可以就违约责任行使请求权,也可以就侵权责任行使请求权。这就又产生两种请求权竞合的情况。根据公平原则,本条规定,受损害方可以在两种请求权中选择行使一种请求权。这意味着受损害方只能行使一种请求权,如果受损害方选择行使一种请求权并得到实现,那么另一种请求权即告消灭。但是,如果受损害方行使一种请求权未果,而另一种请求权并未因时效而消灭,则受损害方仍可行使另一种请求权。由于合同纠纷与侵权纠纷在管辖法院和适用法律方面存在区别,允许受损害方选择有利于自己的一种诉由提起诉讼,对受损害方比较方便,也有利于对受损害方的保护。对违约方来说,这两种责任无论对方要求其承担哪一种,都是合理的。

案例 东京海上日动火灾保险(中国)有限公司上海分公司与新杰物流集团股份有限公司保险人代位求偿权纠纷案(《最高人民法院公报》2019年第12期)

裁判规则:货物运输合同履行过程中托运人财产遭受损失,在承运人存在侵权责任与合同违约责任竞合的情形下,允许托运人或其保险人依据《合同法》第122条选择侵权诉讼或合同违约诉讼。但是,托运人要求承运人承担侵权责任的,承运人仍然可以依据货物运输合同的有关约定进行抗辩。法院应依据诚实信用原则,综合考虑合同条款效力、合同目的等因素确定赔偿范围。

第一百八十七条 【民事责任优先】民事主体因同一行为应当承担民事责任、行政责任和刑事责任的，承担行政责任或者刑事责任不影响承担民事责任；民事主体的财产不足以支付的，优先用于承担民事责任。

第九章 诉讼时效

第一百八十八条 【普通诉讼时效】向人民法院请求保护民事权利的诉讼时效期间为三年。法律另有规定的，依照其规定。

诉讼时效期间自权利人知道或者应当知道权利受到损害以及义务人之日起计算。法律另有规定的，依照其规定。但是，自权利受到损害之日起超过二十年的，人民法院不予保护，有特殊情况的，人民法院可以根据权利人的申请决定延长。

注释 诉讼时效是权利人在法定期间内不行使权利，该期间届满后，发生义务人可以拒绝履行其给付义务效果的法律制度。该制度有利于促使权利人及时行使权利，维护交易秩序和安全。

本法将《民法通则》规定的普通诉讼时效期间从2年延长为3年，自权利人知道或者应当知道权利受到损害以及义务人之日起计算。法律另有规定的，根据特别规定优于一般规定的原则，优先适用特别规定。

考虑到如果权利人知悉权利受到损害较晚，以致诉讼时效过分迟延地不能完成，会影响到该制度的稳定性和宗旨。极端情况下，可能发生从权利被侵害的事实出现到权利人知道这一事实，超过普通诉讼时效期间的情况。因此，有必要配套规定客观主义起算点的最长权利保护期间加以限制。应当指出，这种最长权利保护期间并非一种独立的期间类型，是制度设计上的一种补足，在性质上是不变期间，本条将最长权利保护期规定为20年。如20年期间仍不够用的，人民法院可以根据权利人的申请决定延长。

第一百八十九条 【分期履行债务诉讼时效的起算】当事人约定同一债务分期履行的，诉讼时效期间自最后一期履行期限届满之日起计算。

第一百九十条 【对法定代理人请求权诉讼时效的起算】无民事行为能力人或者限制民事行为能力人对其法定代理人的请求权的诉讼时效期间，自该法定代理终止之日起计算。

链接《总则编解释》第36、37条

第一百九十一条 【未成年人遭受性侵害的损害赔偿诉讼时效的起算】未成年人遭受性侵害的损害赔偿请求权的诉讼时效期间，自受害人年满十八周岁之日起计算。

第一百九十二条 【诉讼时效届满的法律效果】诉讼时效期间届满的，义务人可以提出不履行义务的抗辩。

诉讼时效期间届满后，义务人同意履行的，不得以诉讼时效期间届满为由抗辩；义务人已经自愿履行的，不得请求返还。

第一百九十三条 【诉讼时效援用】人民法院不得主动适用诉讼时效的规定。

第一百九十四条 【诉讼时效的中止】在诉讼时效期间的最后六个月内，因下列障碍，不能行使请求权的，诉讼时效中止：

（一）不可抗力；

（二）无民事行为能力人或者限制民事行为能力人没有法定代理人，或者法定代理人死亡、丧失民事行为能力、丧失代理权；

（三）继承开始后未确定继承人或者遗产管理人；

（四）权利人被义务人或者其他人控制；

（五）其他导致权利人不能行使请求权的障碍。

自中止时效的原因消除之日起满六个月，诉讼时效期间届满。

第一百九十五条 【诉讼时效的中断】有下列情形之一的，诉讼时效中断，从中断、有关程序终结时起，诉讼时效期间重新计算：

（一）权利人向义务人提出履行请求；

（二）义务人同意履行义务；

（三）权利人提起诉讼或者申请仲裁；

（四）与提起诉讼或者申请仲裁具有同等效力的其他情形。

第一百九十六条 【不适用诉讼时效的情形】下列请求权不适用诉讼时效的规定：

（一）请求停止侵害、排除妨碍、消除危险；

（二）不动产物权和登记的动产物权的权利人请求返还财产；

（三）请求支付抚养费、赡养费或者扶养费；

（四）依法不适用诉讼时效的其他请求权。

实务问答 请求业主缴纳专项维修资金是否适用诉讼时效

专项维修资金是专门用于物业共用部位、共用设施设备保修期满后的维修和更新、改造的资金,属于全体业主共有。缴纳专项维修资金是业主为维护建筑物的长期安全使用而应承担的一项法定义务。业主拒绝缴纳专项维修资金,并以诉讼时效提出抗辩的,人民法院不予支持。

第一百九十七条　【诉讼时效法定】诉讼时效的期间、计算方法以及中止、中断的事由由法律规定,当事人约定无效。

当事人对诉讼时效利益的预先放弃无效。

第一百九十八条　【仲裁时效】法律对仲裁时效有规定的,依照其规定;没有规定的,适用诉讼时效的规定。

第一百九十九条　【除斥期间】法律规定或者当事人约定的撤销权、解除权等权利的存续期间,除法律另有规定外,自权利人知道或者应当知道权利产生之日起计算,不适用有关诉讼时效中止、中断和延长的规定。存续期间届满,撤销权、解除权等权利消灭。

第十章　期间计算

第二百条　【期间的计算单位】民法所称的期间按照公历年、月、日、小时计算。

第二百零一条　【期间的起算】按照年、月、日计算期间的,开始的当日不计入,自下一日开始计算。

按照小时计算期间的,自法律规定或者当事人约定的时间开始计算。

链接《民事诉讼法》第 85 条

第二百零二条　【期间结束】按照年、月计算期间的,到期月的对应日为期间的最后一日;没有对应日的,月末日为期间的最后一日。

第二百零三条　【期间计算的特殊规定】期间的最后一日是法定休假日的,以法定休假日结束的次日为期间的最后一日。

期间的最后一日的截止时间为二十四时;有业务时间的,停止业务活动的时间为截止时间。

第二百零四条　【期间法定或约定】期间的计算方法依照本法的规定,但是法律另有规定或者当事人另有约定的除外。

第二编　物　权

第一分编　通　则

第一章　一般规定

第二百零五条　【物权编的调整范围】本编调整因物的归属和利用产生的民事关系。

注释 本条是对物权编调整范围的规定。物权法律关系,是因对物的归属和利用在民事主体之间产生的权利义务关系。物包括不动产和动产。法律规定权利作为物权客体的,依照其规定。物权是权利人依法对特定的物享有直接支配和排他的权利,包括所有权、用益物权和担保物权。

链接《民法典》第 2、114、115 条

第二百零六条　【我国基本经济制度与社会主义市场经济原则】国家坚持和完善公有制为主体、多种所有制经济共同发展,按劳分配为主体、多种分配方式并存,社会主义市场经济体制等社会主义基本经济制度。

国家巩固和发展公有制经济,鼓励、支持和引导非公有制经济的发展。

国家实行社会主义市场经济,保障一切市场主体的平等法律地位和发展权利。

链接《宪法》第 6、11、15 条

第二百零七条　【平等保护原则】国家、集体、私人的物权和其他权利人的物权受法律平等保护,任何组织或者个人不得侵犯。

链接《宪法》第 12、13 条;《民法典》第 3、113 条

第二百零八条　【物权公示原则】不动产物权的设立、变更、转让和消灭,应当依照法律规定登记。动产物权的设立和转让,应当依照法律规定交付。

注释 物权公示,是指在物权变动时,必须将物权变动的事实通过一定的公示方法向社会公开,使第三人知道物权变动的情况,以避免第三人遭受损害并保护交易安全。

链接《城市房地产管理法》第 60、61 条;《不动产登记暂行条例》

第二章　物权的设立、变更、转让和消灭

第一节　不动产登记

第二百零九条　【不动产物权的登记生效原则及其例外】不动产物权的设立、变更、转让和消灭,经依法登记,发生效力;未经登记,不发生效力,但是法律另有规定的除外。

依法属于国家所有的自然资源,所有权可以不登记。

注释 不动产物权的设立、变更、转让和消灭,统称为不动产物权变动。不动产物权变动必须依照法

律规定进行登记，只有经过登记，才能够发生物权变动的效果，才具有发生物权变动的外部特征，才能取得不动产物权变动的公信力。除法律另有规定外，不动产物权变动未经登记，不发生物权变动的法律效果，法律不承认其物权已经发生变动，也不予以保护。

“法律另有规定的除外”，主要包括三方面的内容：(1)本条第2款所规定的，依法属于国家所有的自然资源，所有权可以不登记，至于在国家所有的土地、森林、海域等自然资源上设立用益物权、担保物权，则需要依法登记生效。(2)本章第三节规定的物权设立、变更、转让或者消灭的一些特殊情况，即主要是非依法律行为而发生的物权变动的情形：第一，因人民法院、仲裁机构的法律文书或者人民政府的征收决定等，导致物权设立、变更、转让或者消灭的，自法律文书或者征收决定等生效时发生效力；第二，因继承取得物权的，自继承开始时发生效力；第三，因合法建造、拆除房屋等事实行为设立和消灭物权的，自事实行为成就时发生效力。(3)考虑到现行法律的规定以及我国的实际情况尤其是农村的实际情况，本法并没有对不动产物权的设立、变更、转让和消灭，一概规定必须经依法登记才发生效力。例如，在土地承包经营权一章中规定，“土地承包经营权互换、转让的，当事人可以向登记机构申请登记；未经登记，不得对抗善意第三人”。这里规定的是“未经登记，不得对抗善意第三人”，而不是“不发生效力”。

链接《不动产登记暂行条例》；《不动产登记暂行条例实施细则》；《民法典》第374条

案例 **大连羽田钢管有限公司与大连保税区弘丰钢铁工贸有限公司、株式会社羽田钢管制造所、大连高新技术产业园区龙王塘街道办事处物权确认纠纷案**（《最高人民法院公报》2012年第6期）

裁判规则：在物权确权纠纷案件中，根据物权变动的基本原则，对于当事人依据受让合同提出的确权请求应当视动产与不动产区别予以对待。人民法院对于已经交付的动产权属可以予以确认。对于权利人提出的登记于他人名下的不动产物权归其所有的确权请求，人民法院不宜直接判决确认其权属，而应当判决他人向权利人办理登记过户。

第二百一十条 【不动产登记机构和不动产统一登记】不动产登记，由不动产所在地的登记机构办理。

国家对不动产实行统一登记制度。统一登记的范围、登记机构和登记办法，由法律、行政法规规定。

第二百一十一条 【申请不动产登记应提供的必要材料】当事人申请登记，应当根据不同登记事项提供权属证明和不动产界址、面积等必要材料。

链接《不动产登记暂行条例》第14—16条

第二百一十二条 【不动产登记机构应当履行的职责】登记机构应当履行下列职责：

（一）查验申请人提供的权属证明和其他必要材料；

（二）就有关登记事项询问申请人；

（三）如实、及时登记有关事项；

（四）法律、行政法规规定的其他职责。

申请登记的不动产的有关情况需要进一步证明的，登记机构可以要求申请人补充材料，必要时可以实地查看。

链接《不动产登记暂行条例》第17—22条

第二百一十三条 【不动产登记机构的禁止行为】登记机构不得有下列行为：

（一）要求对不动产进行评估；

（二）以年检等名义进行重复登记；

（三）超出登记职责范围的其他行为。

链接《不动产登记暂行条例》第29、30条

第二百一十四条 【不动产物权变动的生效时间】不动产物权的设立、变更、转让和消灭，依照法律规定应当登记的，自记载于不动产登记簿时发生效力。

链接《不动产登记暂行条例》第21条

第二百一十五条 【合同效力和物权效力区分】当事人之间订立有关设立、变更、转让和消灭不动产物权的合同，除法律另有规定或者当事人另有约定外，自合同成立时生效；未办理物权登记的，不影响合同效力。

注释 以发生物权变动为目的的基础关系，主要是合同，它属于债权法律关系的范畴，成立以及生效应该依据合同法来判断。民法学将这种合同看成是物权变动的原因行为。不动产物权的变动一般只能在登记时生效，依法成立生效的合同也许不能发生物权变动的结果。这可能是因为物权因客观情势发生变迁，使得物权的变动成为不可能；也可能是物权的出让人“一物二卖”，其中一个买受人先

行进行了不动产登记，其他的买受人便不可能取得合同约定转让的物权。有关设立、变更、转让和消灭不动产物权的合同和物权的设立、变更、转让和消灭本身是两个应当加以区分的情况。除非法律有特别规定，合同一经成立，只要不违反法律的强制性规定和社会公共利益，就可以发生效力。合同只是当事人之间的一种合意，并不必然与登记联系在一起。登记是针对民事权利的变动而设定的，它是与物权的变动联系在一起的，是一种物权变动的公示方法。登记并不是针对合同行为，而是针对物权的变动所采取的一种公示方法，如果当事人之间仅就物权的变动达成合意，而没有办理登记，合同仍然有效。例如，当事人双方订立了房屋买卖合同之后，合同就已经生效，但如果没有办理登记手续，房屋所有权不能发生移转。当然，违约的合同当事人一方应该承担违约责任。依不同情形，买受人可以请求债务人实际履行合同，即请求出卖人办理不动产转让登记，或者请求债务人赔偿损失。

链接《民法典》第502条

实务问答 未办理不动产抵押登记，是否影响不动产抵押合同的效力

以不动产提供抵押担保，抵押人未依抵押合同约定办理抵押登记的，不影响抵押合同的效力。债权人依据抵押合同主张抵押人在抵押物的价值范围内承担违约赔偿责任的，人民法院应予支持。抵押权人对未能办理抵押登记有过错的，相应减轻抵押人的赔偿责任。

第二百一十六条 【不动产登记簿效力及管理机构】不动产登记簿是物权归属和内容的根据。

不动产登记簿由登记机构管理。

案例 江西省南昌百货总公司、湖南赛福尔房地产开发公司与南昌新洪房地产综合开发有限公司合资、合作开发房地产合同纠纷案（《最高人民法院公报》2013年第1期）

裁判规则：一、在审理合作开发房地产纠纷时，判断争议房屋产权的归属应当依据合作协议的约定以及房地产管理部门的登记情况全面分析。在没有证据证明双方变更了合作协议约定的情况下，一方当事人仅以为对方偿还部分债务或向对方出借款项、对争议房产享有优先受偿权，以及“五证”登记在其名下等事实为由，主张确认全部房产归其所有的，人民法院不予支持。

二、合作双方在签订合作合同之后，合作项目在双方共同努力下得以优化变更，建筑面积在土地面积不变的情况下因容积率变化而得以增加。由于土地价值与容积率呈正相关，提供土地一方的出资部分因容积率增加而增值，其应分获的房产面积亦应相应增加，该方当事人可按照原合同约定的分配比例请求分配新增面积部分。当事人对于应分得但未实际获得的不足部分，如让另一方实际交付已不现实，可根据市场行情认定该部分房产价值，由另一方以支付现金的方式补足该部分面积差。

第二百一十七条 【不动产登记簿与不动产权属证书的关系】不动产权属证书是权利人享有该不动产物权的证明。不动产权属证书记载的事项，应当与不动产登记簿一致；记载不一致的，除有证据证明不动产登记簿确有错误外，以不动产登记簿为准。

案例 四川省聚丰房地产开发有限责任公司与达州广播电视大学合资、合作开发房地产合同纠纷案（《最高人民法院公报》2014年第10期）

裁判规则：根据《物权法》的规定，不动产物权应当依不动产登记簿的内容确定，不动产权属证书只是权利人享有该不动产物权的证明。行政机关注销国有土地使用证但并未注销土地登记的，国有土地的使用权人仍然是土地登记档案中记载的权利人。国有土地使用权转让法律关系中的转让人以国有土地使用证被注销、其不再享有土地使用权为由主张解除合同的，人民法院不应支持。

第二百一十八条 【不动产登记资料的查询、复制】权利人、利害关系人可以申请查询、复制不动产登记资料，登记机构应当提供。

链接《不动产登记暂行条例》第27条

第二百一十九条 【利害关系人的非法利用不动产登记资料禁止义务】利害关系人不得公开、非法使用权利人的不动产登记资料。

链接《不动产登记暂行条例》第28条

第二百二十条 【更正登记和异议登记】权利人、利害关系人认为不动产登记簿记载的事项错误的，可以申请更正登记。不动产登记簿记载的权利人书面同意更正或者有证据证明登记确有错误的，登记机构应当予以更正。

不动产登记簿记载的权利人不同意更正的，利害关系人可以申请异议登记。登记机构予以异议登记，申请人自异议登记之日起十五日内不

提起诉讼的，异议登记失效。异议登记不当，造成权利人损害的，权利人可以向申请人请求损害赔偿。

注释 所谓异议登记，就是将事实上的权利人以及利害关系人对不动产登记簿记载的权利所提出的异议记入登记簿。异议登记的法律效力是，登记簿上所记载的权利失去正确性推定的效力，第三人也不得主张依照登记的公信力而受到保护。异议登记虽然可以对真正权利人提供保护，但这种保护应当是临时性的，因为它同时也给不动产物权交易造成了一种不稳定的状态。为使不动产物权的不稳定状态早日恢复正常，法律必须对异议登记的有效期间作出限制。因此，本条规定，申请人在异议登记之日起15日内不提起诉讼的，异议登记失效。由于异议登记可以使登记簿上所记载的权利失去正确性推定的效力，同时，异议登记的申请人在提出异议登记的申请时也无需充分证明其权利受到了损害，如果申请人滥用异议登记制度，将可能给登记簿上记载权利人的利益造成损害。所以，本条规定，异议登记不当，造成权利人损害的，权利人可以向申请人请求损害赔偿。

链接《物权编解释(一)》第3条

第二百二十一条 【预告登记】当事人签订买卖房屋的协议或者签订其他不动产物权的协议，为保障将来实现物权，按照约定可以向登记机构申请预告登记。预告登记后，未经预告登记的权利人同意，处分该不动产的，不发生物权效力。

预告登记后，债权消灭或者自能够进行不动产登记之日起九十日内未申请登记的，预告登记失效。

注释 预告登记，是指为了保全债权的实现、保全物权的顺位请求权等而进行的提前登记。预告登记与一般的不动产登记的区别在于：一般的不动产登记都是在不动产物权变动已经完成的状态下所进行的登记，而预告登记则是为了保全将来发生的不动产物权变动而进行的登记。预告登记完成后，并不导致不动产物权的设立或者变动，只是使登记申请人取得请求将来发生物权变动的权利。纳入预告登记的请求权，对后来发生与该项请求权内容相同的不动产物权的处分行为，具有排他的效力，以确保将来只发生该请求权所期待的法律后果。

未经预告登记的权利人同意，转让不动产所有权等物权，或者设立建设用地使用权、居住权、地役权、抵押权等其他物权的，应当依照本条第1款的规定，认定其不发生物权效力。预告登记的买卖不动产物权的协议被认定无效、被撤销，或者预告登记的权利人放弃债权的，应当认定为本条第2款所称的“债权消灭”。

预告登记适用于有关不动产物权的协议，在我国主要适用于商品房预售。在商品房预售中，预售登记作出以后，使期房买卖得到了公示，这种期待权具有对抗第三人的效力。也就是说，在办理了预售登记后，房屋所有人不得进行一房多卖，否则，其违反房屋预售登记内容作出的处分房屋所有权的行为无效。值得注意的是，预售登记主要是为了保护买受人的利益，如果买受人不愿意进行预售登记，法律不宜强制其办理登记手续。

链接《物权编解释(一)》第4、5条

第二百二十二条 【不动产登记错误损害赔偿责任】当事人提供虚假材料申请登记，造成他人损害的，应当承担赔偿责任。

因登记错误，造成他人损害的，登记机构应当承担赔偿责任。登记机构赔偿后，可以向造成登记错误的人追偿。

案例 杨光群诉四川省泸州市规划建设局房屋行政登记案(《人民法院案例选(月版)》2009年第3辑)

裁判规则：申请人以隐瞒真实情况、提交虚假申请等非法手段获取房屋登记的，属于申报不实，即便房屋登记机构无过错，人民法院在诉讼中也应依法予以纠正。

第二百二十三条 【不动产登记收费标准的确定】不动产登记费按件收取，不得按照不动产的面积、体积或者价款的比例收取。

第二节 动产交付

第二百二十四条 【动产物权变动生效时间】动产物权的设立和转让，自交付时发生效力，但是法律另有规定的除外。

注释 动产物权的设立和转让，主要是指当事人通过合同约定转让动产所有权和设立动产质权两种情况。交付，是指动产的直接占有的转移，即一方按照法律行为的要求，将动产转移给另一方直接占有。

法律另有规定的除外条款是指:(1)关于动产观念交付的法律规定,即《民法典》第226—228条规定;(2)本章关于依非法律行为而发生物权变动的第229—231条规定;(3)本编担保物权分编对动产抵押权和留置权的规定。这些情形不适用本条的规定。

第二百二十五条 【船舶、航空器和机动车物权变动采取登记对抗主义】船舶、航空器和机动车等的物权的设立、变更、转让和消灭,未经登记,不得对抗善意第三人。

链接《物权编解释(一)》第6、19条

第二百二十六条 【简易交付】动产物权设立和转让前,权利人已经占有该动产的,物权自民事法律行为生效时发生效力。

注释 本条是对简易交付的规定。简易交付,是指交易标的物已经为受让人占有,转让人无须进行现实交付的无形交付方式。简易交付的条件,须在受让人已经占有了动产的场合,仅需当事人之间就所有权让与达成合意,即产生物权变动的效力。转让人将自主占有的意思授予受让人,以代替现实的交付行为,受让人就从他主占有变为自主占有,就实现了动产交付,实现了动产物权的变动。当事人以本条规定的简易交付方式交付动产的,转让动产民事法律行为生效时为动产交付之时。

链接《物权编解释(一)》第17条

第二百二十七条 【指示交付】动产物权设立和转让前,第三人占有该动产的,负有交付义务的人可以通过转让请求第三人返还原物的权利代替交付。

注释 指示交付,又叫返还请求权让与,是指在交易标的物被第三人占有的场合,出让人与受让人约定,出让人将其对占有人的返还请求权移转给受让人,由受让人向第三人行使,以代替现实交付的动产交付方式。举例说明,甲将自己的自行车出租给乙使用,租期一个月,租赁期未满之时,甲又将该自行车出售给丙,由于租期未满,自行车尚由乙合法使用,此时为使得丙享有对该自行车的所有权,甲应当将自己享有的针对乙的返还原物请求权转让给丙以代替现实交付。当事人以本条规定的方式交付动产的,出让人与受让人之间有关转让返还原物请求权的协议生效时为动产交付之时。

指示交付的适用条件是:(1)双方当事人达成动产物权变动协议;(2)作为交易标的的动产在物权交易之前就由第三人占有;(3)出让人对第三人占有的动产享有返还原物请求权;(4)出让人能将对第三人占有的动产返还请求权转让给受让人。

链接《物权编解释(一)》第17条

第二百二十八条 【占有改定】动产物权转让时,当事人又约定由出让人继续占有该动产的,物权自该约定生效时发生效力。

注释 占有改定,是指在转让动产物权时,转让人希望继续占有该动产,当事人双方订立合同并约定转让人可以继续占有该动产,而受让人因此取得对标的物的间接占有以代替标的物的实际交付。

以占有改定的方式实现所有权移转仅仅是通过当事人的合意在观念中完成的。无论约定采取何种形式,口头或者书面,第三人都无从察知物权的变动,所以对于因信赖出让人直接占有动产这一事实状态,而与之交易的第三人就必须通过善意取得制度加以保护。

案例 **青岛源宏祥纺织有限公司诉港润(聊城)印染有限公司取回权确认纠纷案**(《最高人民法院公报》2012年第4期)

裁判规则:《物权法》第23条规定:"动产物权的设立和转让,自交付时发生效力,但法律另有规定的除外。"同时,该法第27条规定:"动产物权转让时,双方又约定由出让人继续占有该动产的,物权自该约定生效时发生效力。"依据上述规定,动产物权的转让,以交付为公示要件,无论交付的方式是现实交付还是以占有改定方式交付。当事人之间仅就物权的转移达成协议,但未就该动产达成出让人继续占有该动产的占有改定协议的,不能构成《物权法》第27条规定的占有改定,故不能发生物权转移的效力。

第三节 其他规定

第二百二十九条 【法律文书、征收决定导致物权变动效力发生时间】因人民法院、仲裁机构的法律文书或者人民政府的征收决定等,导致物权设立、变更、转让或者消灭的,自法律文书或者征收决定等生效时发生效力。

注释 人民法院、仲裁机构在分割共有不动产或者动产等案件中作出并依法生效的改变原有物权关系的判决书、裁决书、调解书,以及人民法院在执行程序中作出的拍卖成交裁定书、以物抵债裁定书,应当认定为本条所称导致物权设立、变更、转让或者消灭的人民法院、仲裁机构的法律文书。

链接《物权编解释(一)》第7、8条

第二百三十条 【因继承取得物权的生效时间】因继承取得物权的,自继承开始时发生效力。

注释 本条是对因继承取得的物权发生效力的时间的规定。本条与原《物权法》相比,删除了因受遗赠取得物权的,自受遗赠开始时发生效力的规定。这一修改主要是考虑到受遗赠取得物权存在受遗赠人是否接受遗赠的问题,且接受遗赠还有可能会与继承人之间发生争议。

发生继承的事实取得物权的,本条规定自继承开始时发生物权变动的效力。根据《民法典》第1121条第1款的规定,继承从被继承人死亡时开始。尽管在被继承人死亡时好像并未直接发生继承,还要办继承手续,有的还要进行诉讼通过裁判确定。无论在被继承人死亡之后多久才确定继承的结果,继承人取得被继承人的遗产物权都是在被继承人死亡之时,因为法律规定被继承人死亡的时间,就是继承开始的时间,该继承开始的时间,就是遗产的物权变动时间。

链接《民法典》第1121条;《物权编解释(一)》第8条

第二百三十一条 【因事实行为设立或者消灭物权的生效时间】因合法建造、拆除房屋等事实行为设立或者消灭物权的,自事实行为成就时发生效力。

注释 所谓事实行为是指不以意思表示为要素的能够产生民事法律后果的法律事实。如用钢筋、水泥、砖瓦、木石建造房屋或者用布料缝制衣服,用木料制作家具,将缝制好的衣物抛弃或者将制作好的家具烧毁等能引起物权设立或消灭的行为。首先,事实行为是人的行为,是人的一种有意识的活动,与自然事实有别;其次,事实行为是一种法律事实,即能够在人与人之间产生、变更或终止民事法律关系;最后,事实行为不以意思表示为要素,即行为人是否表达了某种心理状态,法律不予考虑,只要有某种事实行为存在,法律便直接赋予其法律效果。本条即是对事实行为导致物权变动效力的规定。

第二百三十二条 【非依民事法律行为享有的不动产物权变动】处分依照本节规定享有的不动产物权,依照法律规定需要办理登记的,未经登记,不发生物权效力。

注释 物权变动须以法律规定的公示方法进行,如动产交付、不动产登记等。在本节规定的非以法律行为导致物权变动的情况下,不必遵循依照法律行为导致物权变动应当遵循的一般公示方法,这三种不动产物权的变动方式并不按照法律规定的物权变动公示方法进行。为维护交易秩序和交易安全,本条明确规定,因本节规定的三种非以法律行为导致物权变动的,尽管权利人享有该物权,但是在处分该不动产物权时,依照法律规定应当登记而未登记的,不发生物权效力,故在处分该物权之前,一定要办理不动产登记,否则无法取得转让物权的效力。

第三章 物权的保护

第二百三十三条 【物权保护争讼程序】物权受到侵害的,权利人可以通过和解、调解、仲裁、诉讼等途径解决。

链接《物权编解释(一)》第1条

第二百三十四条 【物权确认请求权】因物权的归属、内容发生争议的,利害关系人可以请求确认权利。

链接《最高人民法院关于审理森林资源民事纠纷案件适用法律若干问题的解释》第2条

第二百三十五条 【返还原物请求权】无权占有不动产或者动产的,权利人可以请求返还原物。

注释 本条是对返还原物请求权的规定。返还原物请求权,是指物权人对于无权占有标的物之人的请求返还该物的权利。所有权人在其所有物被他人非法占有时,可以向非法占有人请求返还原物,或请求法院责令非法占有人返还原物。适用返还原物保护方法的前提,需原物仍然存在,如果原物已经灭失,只能请求赔偿损失。

财产所有权人只能向没有法律根据而侵占其所有物的人,即非法占有人请求返还。如果非所有权人对所有权人的财产的占有是合法占有,对合法占有人在合法占有期间,所有权人不能请求返还原物。由于返还原物的目的是追回脱离所有权人占有的财产,故要求返还的原物应当是特定物。如果被非法占有的是种类物,除非该种类物的原物仍存在,否则就不能要求返还原物,只能要求赔偿损失,或者要求返还同种类及同质量的物。所有权人要求返还财产时,对由原物所生的孳息可以同时要求返还。

第二百三十六条 【排除妨害、消除危险请求权】妨害物权或者可能妨害物权的，权利人可以请求排除妨害或者消除危险。

注释 排除妨害请求权，是指当物权的享有和行使受到占有以外的方式妨害时，物权人对妨害人享有请求排除妨害，使自己的权利恢复圆满状态的物权请求权。被排除的妨害需具有不法性，倘若物权人负有容忍义务，则无排除妨害请求权。排除妨害的费用应当由非法妨害人负担。

消除危险请求权，是指由于他人的非法行为足以使财产有遭受毁损、灭失的危险时，物权人有请求人民法院责令其消除危险，以免造成财产损失的物权请求权。采用消除危险这种保护方法时，应当查清事实，只有危险客观存在，且这种违法行为足以危及财产安全时，才能运用消除危险的方法来保护其所有权，其条件是根据社会一般观念确认危险有可能发生。危险的可能性主要是针对将来而言，只要将来有可能发生危险，所有人便可行使此项请求权。对消除危险的费用，由造成危险的行为人负担。

案例 黄星煌、沈红梅与无锡市锦江旅游客运有限公司、无锡城建物业管理有限公司排除妨碍纠纷案(《人民法院案例选(月版)》2009年第2辑)

裁判规则：楼宇外墙设立广告牌属于在区分所有权建筑物的共有部位设定地役权，应当取得建筑物全体业主或授权管理单位的许可，地役权的行使对特定业主的物权造成妨害的，地役权人应当承担排除妨害、赔偿损失等法律责任。

第二百三十七条 【修理、重作、更换或者恢复原状请求权】造成不动产或者动产毁损的，权利人可以依法请求修理、重作、更换或者恢复原状。

第二百三十八条 【物权损害赔偿请求权】侵害物权，造成权利人损害的，权利人可以依法请求损害赔偿，也可以依法请求承担其他民事责任。

第二百三十九条 【物权保护方式的单用和并用】本章规定的物权保护方式，可以单独适用，也可以根据权利被侵害的情形合并适用。

第二分编 所有权

第四章 一般规定

第二百四十条 【所有权的定义】所有权人对自己的不动产或者动产，依法享有占有、使用、收益和处分的权利。

第二百四十一条 【所有权人设立他物权】所有权人有权在自己的不动产或者动产上设立用益物权和担保物权。用益物权人、担保物权人行使权利，不得损害所有权人的权益。

第二百四十二条 【国家专有】法律规定专属于国家所有的不动产和动产，任何组织或者个人不能取得所有权。

第二百四十三条 【征收】为了公共利益的需要，依照法律规定的权限和程序可以征收集体所有的土地和组织、个人的房屋以及其他不动产。

征收集体所有的土地，应当依法及时足额支付土地补偿费、安置补助费以及农村村民住宅、其他地上附着物和青苗等的补偿费用，并安排被征地农民的社会保障费用，保障被征地农民的生活，维护被征地农民的合法权益。

征收组织、个人的房屋以及其他不动产，应当依法给予征收补偿，维护被征收人的合法权益；征收个人住宅的，还应当保障被征收人的居住条件。

任何组织或者个人不得贪污、挪用、私分、截留、拖欠征收补偿费等费用。

第二百四十四条 【保护耕地与禁止违法征地】国家对耕地实行特殊保护，严格限制农用地转为建设用地，控制建设用地总量。不得违反法律规定的权限和程序征收集体所有的土地。

第二百四十五条 【征用】因抢险救灾、疫情防控等紧急需要，依照法律规定的权限和程序可以征用组织、个人的不动产或者动产。被征用的不动产或者动产使用后，应当返还被征用人。组织、个人的不动产或者动产被征用或者征用后毁损、灭失的，应当给予补偿。

第五章 国家所有权和集体所有权、私人所有权

第二百四十六条 【国家所有权】法律规定属于国家所有的财产，属于国家所有即全民所有。

国有财产由国务院代表国家行使所有权。法律另有规定的，依照其规定。

第二百四十七条 【矿藏、水流和海域的国家所有权】矿藏、水流、海域属于国家所有。

第二百四十八条 【无居民海岛的国家所有权】无居民海岛属于国家所有，国务院代表国家行使无居民海岛所有权。

第二百四十九条　【国家所有土地的范围】城市的土地，属于国家所有。法律规定属于国家所有的农村和城市郊区的土地，属于国家所有。

第二百五十条　【国家所有的自然资源】森林、山岭、草原、荒地、滩涂等自然资源，属于国家所有，但是法律规定属于集体所有的除外。

第二百五十一条　【国家所有的野生动植物资源】法律规定属于国家所有的野生动植物资源，属于国家所有。

第二百五十二条　【无线电频谱资源的国家所有权】无线电频谱资源属于国家所有。

第二百五十三条　【国家所有的文物的范围】法律规定属于国家所有的文物，属于国家所有。

第二百五十四条　【国防资产、基础设施的国家所有权】国防资产属于国家所有。

铁路、公路、电力设施、电信设施和油气管道等基础设施，依照法律规定为国家所有的，属于国家所有。

第二百五十五条　【国家机关的物权】国家机关对其直接支配的不动产和动产，享有占有、使用以及依照法律和国务院的有关规定处分的权利。

第二百五十六条　【国家举办的事业单位的物权】国家举办的事业单位对其直接支配的不动产和动产，享有占有、使用以及依照法律和国务院的有关规定收益、处分的权利。

第二百五十七条　【国有企业出资人制度】国家出资的企业，由国务院、地方人民政府依照法律、行政法规规定分别代表国家履行出资人职责，享有出资人权益。

链接《公司法》第64—70条；《企业国有资产法》；《企业国有资产监督管理暂行条例》

第二百五十八条　【国有财产的保护】国家所有的财产受法律保护，禁止任何组织或者个人侵占、哄抢、私分、截留、破坏。

第二百五十九条　【国有财产管理法律责任】履行国有财产管理、监督职责的机构及其工作人员，应当依法加强对国有财产的管理、监督，促进国有财产保值增值，防止国有财产损失；滥用职权，玩忽职守，造成国有财产损失的，应当依法承担法律责任。

违反国有财产管理规定，在企业改制、合并分立、关联交易等过程中，低价转让、合谋私分、擅自担保或者以其他方式造成国有财产损失的，应当依法承担法律责任。

第二百六十条　【集体财产范围】集体所有的不动产和动产包括：

（一）法律规定属于集体所有的土地和森林、山岭、草原、荒地、滩涂；

（二）集体所有的建筑物、生产设施、农田水利设施；

（三）集体所有的教育、科学、文化、卫生、体育等设施；

（四）集体所有的其他不动产和动产。

第二百六十一条　【农民集体所有财产归属及重大事项集体决定】农民集体所有的不动产和动产，属于本集体成员集体所有。

下列事项应当依照法定程序经本集体成员决定：

（一）土地承包方案以及将土地发包给本集体以外的组织或者个人承包；

（二）个别土地承包经营权人之间承包地的调整；

（三）土地补偿费等费用的使用、分配办法；

（四）集体出资的企业的所有权变动等事项；

（五）法律规定的其他事项。

第二百六十二条　【行使集体所有权的主体】对于集体所有的土地和森林、山岭、草原、荒地、滩涂等，依照下列规定行使所有权：

（一）属于村农民集体所有的，由村集体经济组织或者村民委员会依法代表集体行使所有权；

（二）分别属于村内两个以上农民集体所有的，由村内各该集体经济组织或者村民小组依法代表集体行使所有权；

（三）属于乡镇农民集体所有的，由乡镇集体经济组织代表集体行使所有权。

第二百六十三条　【城镇集体财产权利】城镇集体所有的不动产和动产，依照法律、行政法规的规定由本集体享有占有、使用、收益和处分的权利。

第二百六十四条　【集体财产状况的公布】农村集体经济组织或者村民委员会、村民小组应当依照法律、行政法规以及章程、村规民约向本集体成员公布集体财产的状况。集体成员有权查阅、复制相关资料。

第二百六十五条　【集体财产的保护】集体所有的财产受法律保护，禁止任何组织或者个人侵占、哄抢、私分、破坏。

农村集体经济组织、村民委员会或者其负责人作出的决定侵害集体成员合法权益的，受侵害的集体成员可以请求人民法院予以撤销。

第二百六十六条 【私人所有权】私人对其合法的收入、房屋、生活用品、生产工具、原材料等不动产和动产享有所有权。

案例 汪秉诚等六人诉淮安市博物馆返还祖宅的埋藏文物纠纷案（《最高人民法院公报》2013年第5期）

裁判规则：《民法通则》第79条规定：所有人不明的埋藏物，归国家所有；《文物保护法》第5条也将中华人民共和国境内地下遗存的文物一般推定为“属于国家所有”。但对于埋藏或隐藏于公民祖宅且能够基本证明属于其祖产的埋藏物，在无法律明文规定禁止其拥有的情况下，应判定属于公民私人财产。

第二百六十七条 【私有财产的保护】私人的合法财产受法律保护，禁止任何组织或者个人侵占、哄抢、破坏。

第二百六十八条 【企业出资人的权利】国家、集体和私人依法可以出资设立有限责任公司、股份有限公司或者其他企业。国家、集体和私人所有的不动产或者动产投到企业的，由出资人按照约定或者出资比例享有资产收益、重大决策以及选择经营管理者等权利并履行义务。

第二百六十九条 【法人财产权】营利法人对其不动产和动产依照法律、行政法规以及章程享有占有、使用、收益和处分的权利。

营利法人以外的法人，对其不动产和动产的权利，适用有关法律、行政法规以及章程的规定。

链接《民法典》第57、76条

第二百七十条 【社会团体法人、捐助法人合法财产的保护】社会团体法人、捐助法人依法所有的不动产和动产，受法律保护。

链接《民法典》第87、90、92条

第六章　业主的建筑物区分所有权

第二百七十一条 【建筑物区分所有权】业主对建筑物内的住宅、经营性用房等专有部分享有所有权，对专有部分以外的共有部分享有共有和共同管理的权利。

注释 建筑物区分所有权人，对建筑物内的住宅、商业用房等专有部分享有所有权，对专有部分以外的共有部分如电梯、过道、楼梯、水箱、外墙面、水电气的主管线等享有共有和共同管理的权利。业主可以自行管理建筑物及其附属设施，也可以委托物业服务企业或者其他管理人管理。业主可以设立业主大会，选举业主委员会，制定或者修改业主大会议事规则和建筑物及其附属设施的管理规约，选举业主委员会和更换业主委员会成员，选聘和解聘物业服务企业或者其他管理人，筹集和使用建筑物及其附属设施的维修资金，改建和重建建筑物及其附属设施等。业主大会和业主委员会，对任意弃置垃圾、排放大气污染物或者噪声、违反规定饲养动物、违章搭建、侵占通道、拒付物业费等损害他人合法权益的行为，有权依照法律、法规以及管理规约，要求行为人停止侵害、消除危险、排除妨害、赔偿损失。

案例 孙庆军诉南京市清江花苑小区业主委员会业主知情权纠纷案（《最高人民法院公报》2015年第12期）

裁判规则：业主作为建筑物区分所有人，享有知情权，享有了解本小区建筑区划内涉及业主共有权及共同管理权等相关事项的权利，业主委员会应全面、合理公开其掌握的情况和资料。对于业主行使知情权亦应加以合理限制，防止滥用权利，其范围应限于涉及业主合法权益的信息，并遵循简便的原则。

第二百七十二条 【业主对专有部分的专有权】业主对其建筑物专有部分享有占有、使用、收益和处分的权利。业主行使权利不得危及建筑物的安全，不得损害其他业主的合法权益。

注释 建筑区划内符合下列条件的房屋，以及车位、摊位等特定空间，应当认定为本章所称的专有部分：(1)具有构造上的独立性，能够明确区分；(2)具有利用上的独立性，可以排他使用；(3)能够登记成为特定业主所有权的客体。规划上专属于特定房屋，且建设单位销售时已经根据规划列入该特定房屋买卖合同中的露台等，应当认定为本章所称专有部分的组成部分。

链接《最高人民法院关于审理建筑物区分所有权纠纷案件适用法律若干问题的解释》第2条

案例 郑州二建公司诉王良础公有住房出售协议违约纠纷案（《最高人民法院公报》2006年第1期）

裁判规则：建筑物区分所有权人只能在该建筑物中自己专有的部位行使所有权四项权能，未

经该建筑物的其他区分所有权人和物业经营管理者、维修者许可,不得对该建筑物的共用部位行使权利。

公有住房售出单位对公有住房的共用部位承担着维修责任。售出单位在与公有住房买受人签订的售房协议中,为了不加重自己一方在住房售出后的维修负担,约定买受人不得实施有碍公有住房共用部位安全的行为,这样的约定没有限制买受人正当行使自己的权利,因此是合法有效的。

第二百七十三条 【业主对共有部分的共有权及义务】业主对建筑物专有部分以外的共有部分,享有权利,承担义务;不得以放弃权利为由不履行义务。

业主转让建筑物内的住宅、经营性用房,其对共有部分享有的共有和共同管理的权利一并转让。

注释 关于业主对共有部分的权利,主要应注意,业主对专有部分以外的共有部分既享有权利,又承担义务。并且,业主不得以放弃权利为由不履行义务。例如,业主不得以不使用电梯为由,不交纳电梯维修费用;在集中供暖的情况下,不得以冬季不在此住宅居住为由,不交纳暖气费用。关于如何行使该项共有权利、承担义务还要依据本法及相关法律、法规和建筑区划管理规约的规定。

链接《物业管理条例》第 54 条;《最高人民法院关于审理建筑物区分所有权纠纷案件适用法律若干问题的解释》第 3、4 条

案例 **无锡市春江花园业主委员会诉上海陆家嘴物业管理有限公司等物业管理纠纷案**(《最高人民法院公报》2010 年第 5 期)

裁判规则:根据《物权法》第 72 条的规定,业主对建筑物专有部分以外的共有部分,享有权利,承担义务。共有部分在物业服务企业物业管理(包括前期物业管理)期间所产生的收益,在没有特别约定的情况下,应属全体业主所有,并主要用于补充小区的专项维修资金。物业服务企业对共有部分进行经营管理的,可以享有一定比例的收益。

实务问答 **业主委员会是否具备诉讼主体资格**

业主委员会依照《物权法》第 75 条第 1 款规定成立,具有一定目的、名称、组织机构与场所,管理相应财产,是《民事诉讼法》第 49 条第 1 款规定的"其他组织"。业主委员会依据业主共同或业主大会决议,在授权范围内,以业主委员会名义从事法律行为,具备诉讼主体资格。

第二百七十四条 【建筑区划内的道路、绿地等场所和设施属于业主共有财产】建筑区划内的道路,属于业主共有,但是属于城镇公共道路的除外。建筑区划内的绿地,属于业主共有,但是属于城镇公共绿地或者明示属于个人的除外。建筑区划内的其他公共场所、公用设施和物业服务用房,属于业主共有。

注释 本条是对建筑区划内设施的归属的规定。需要强调的,一是本条规定的绿地、道路归业主所有,不是说绿地、道路的土地所有权归业主所有,而是说绿地、道路作为土地上的附着物归业主所有;二是业主对"建筑区划内的其他公共场所、公用设施和物业服务用房"的共有包括对这部分场所、公用设施和用房本身的所有权和对其地基的土地使用权。

链接《物业管理条例》第 37 条;《最高人民法院关于审理建筑物区分所有权纠纷案件适用法律若干问题的解释》第 3 条

案例 **1. 长城宽带网络服务有限公司江苏分公司诉中国铁通集团有限公司南京分公司恢复原状纠纷案**(《最高人民法院公报》2019 年第 12 期)

裁判规则:小区内的通信管道在小区交付后属于全体业主共有。通信运营公司与小区房地产开发公司签订的小区内通信管线等通信设施由通信运营公司享有专有使用权的条款,侵犯了业主的共有权和选择电信服务的自由选择权,应属无效。

2. 宜兴市新街街道海德名园业主委员会诉宜兴市恒兴置业有限公司、南京紫竹物业管理股份有限公司宜兴分公司物权确认纠纷、财产损害赔偿纠纷案(《最高人民法院公报》2018 年第 11 期)

裁判规则:开发商与小区业主对开发商在小区内建造的房屋发生权属争议时,应由开发商承担举证责任。如开发商无充分证据证明该房屋系其所有,且其已将该房屋建设成本分摊到出售给业主的商品房中,则该房屋应当属于小区全体业主所有。开发商在没有明确取得业主同意的情况下,自行占有使用该房屋,不能视为业主默示同意由开发商无偿使用,应认定开发商构成侵权。业主参照自该房屋应当移交时起的使用费向开发商主张赔偿责任的,人民法院应予支持。

第二百七十五条 【车位、车库的归属规则】 建筑区划内,规划用于停放汽车的车位、车库的归属,由当事人通过出售、附赠或者出租等方式约定。

占用业主共有的道路或者其他场地用于停放汽车的车位,属于业主共有。

注释 建筑区划内,规划用于停放汽车的车位和车库的权属应当依据合同确定。通过出售和附赠取得车库车位的,所有权归属于业主;车库车位出租的,所有权归属于开发商,业主享有使用权。确定出售和附赠车位、车库的所有权属于业主的,车库车位的所有权和土地使用权也应当进行物权登记,在转移专有权时,车库车位的所有权和土地使用权并不必然跟随建筑物的权属一并转移,须单独进行转让或者不转让。

链接《最高人民法院关于审理建筑物区分所有权纠纷案件适用法律若干问题的解释》第 6 条

第二百七十六条 【车位、车库优先满足业主需求】 建筑区划内,规划用于停放汽车的车位、车库应当首先满足业主的需要。

第二百七十七条 【设立业主大会和选举业主委员会】 业主可以设立业主大会,选举业主委员会。业主大会、业主委员会成立的具体条件和程序,依照法律、法规的规定。

地方人民政府有关部门、居民委员会应当对设立业主大会和选举业主委员会给予指导和协助。

链接《物业管理条例》第 8—20 条

第二百七十八条 【由业主共同决定的事项以及表决规则】 下列事项由业主共同决定:

(一)制定和修改业主大会议事规则;

(二)制定和修改管理规约;

(三)选举业主委员会或者更换业主委员会成员;

(四)选聘和解聘物业服务企业或者其他管理人;

(五)使用建筑物及其附属设施的维修资金;

(六)筹集建筑物及其附属设施的维修资金;

(七)改建、重建建筑物及其附属设施;

(八)改变共有部分的用途或者利用共有部分从事经营活动;

(九)有关共有和共同管理权利的其他重大事项。

业主共同决定事项,应当由专有部分面积占比三分之二以上的业主且人数占比三分之二以上的业主参与表决。决定前款第六项至第八项规定的事项,应当经参与表决专有部分面积四分之三以上的业主且参与表决人数四分之三以上的业主同意。决定前款其他事项,应当经参与表决专有部分面积过半数的业主且参与表决人数过半数的业主同意。

第二百七十九条 【业主将住宅转变为经营性用房应当遵循的规则】 业主不得违反法律、法规以及管理规约,将住宅改变为经营性用房。业主将住宅改变为经营性用房的,除遵守法律、法规以及管理规约外,应当经有利害关系的业主一致同意。

案例 张一诉郑中伟、中国联合网络通信有限公司武汉市分公司建筑物区分所有权纠纷案(《最高人民法院公报》2014 年第 11 期)

裁判规则: 在审理建筑物区分所有权案件时,即使业主对房屋的使用没有给其他区分所有权人造成噪音、污水、异味等影响,只要房屋的用途发生改变,由专供个人、家庭日常生活居住使用改变为用于商业、工业、旅游、办公等经营性活动,即可认定该行为影响了业主的安宁生活,属于将住宅改变为经营性用房,应依照《物权法》第 77 条关于业主改变住宅用途的规定处理。

房屋使用人将住宅改变为经营性用房的,应承担与业主相同的法定义务,除遵守法律、法规和管理规约外,还应当经有利害关系的业主同意。

第二百八十条 【业主大会、业主委员会决定的效力】 业主大会或者业主委员会的决定,对业主具有法律约束力。

业主大会或者业主委员会作出的决定侵害业主合法权益的,受侵害的业主可以请求人民法院予以撤销。

第二百八十一条 【建筑物及其附属设施维修资金的归属和处分】 建筑物及其附属设施的维修资金,属于业主共有。经业主共同决定,可以用于电梯、屋顶、外墙、无障碍设施等共有部分的维修、更新和改造。建筑物及其附属设施的维修资金的筹集、使用情况应当定期公布。

紧急情况下需要维修建筑物及其附属设施的,业主大会或者业主委员会可以依法申请使用建筑物及其附属设施的维修资金。

案例 夏浩鹏等人诉上海市闸北区精文城市家园小区业主委员会业主知情权纠纷案(《最高人民法院公报》2011年第10期)

裁判规则:业主知情权是指业主了解建筑区划内涉及业主共有权以及共同管理权相关事项的权利。根据最高人民法院《关于审理建筑物区分所有权纠纷案件具体应用法律若干问题的解释》第13条的规定,业主请求公布、查阅建筑物及其附属设施的维修基金使用、业委会的决定及会议记录、共有部分的收益、物业服务合同等情况和资料的,人民法院应予支持。司法解释对于业主知情权的范围作出了明确的规定,业主以合理的方式行使知情权,应当受到法律保护。

第二百八十二条　【业主共有部分产生收入的归属】建设单位、物业服务企业或者其他管理人等利用业主的共有部分产生的收入,在扣除合理成本之后,属于业主共有。

第二百八十三条　【建筑物及其附属设施的费用分摊和收益分配确定规则】建筑物及其附属设施的费用分摊、收益分配等事项,有约定的,按照约定;没有约定或者约定不明确的,按照业主专有部分面积所占比例确定。

第二百八十四条　【建筑物及其附属设施的管理】业主可以自行管理建筑物及其附属设施,也可以委托物业服务企业或者其他管理人管理。

对建设单位聘请的物业服务企业或者其他管理人,业主有权依法更换。

链接《物业管理条例》第2、32—36条

第二百八十五条　【物业服务企业或其他接受业主委托的管理人的管理义务】物业服务企业或者其他管理人根据业主的委托,依照本法第三编有关物业服务合同的规定管理建筑区划内的建筑物及其附属设施,接受业主的监督,并及时答复业主对物业服务情况提出的询问。

物业服务企业或者其他管理人应当执行政府依法实施的应急处置措施和其他管理措施,积极配合开展相关工作。

链接《民法典》第937—950条

第二百八十六条　【业主守法义务和业主大会与业主委员会职责】业主应当遵守法律、法规以及管理规约,相关行为应当符合节约资源、保护生态环境的要求。对于物业服务企业或者其他管理人执行政府依法实施的应急处置措施和其他管理措施,业主应当依法予以配合。

业主大会或者业主委员会,对任意弃置垃圾、排放污染物或者噪声、违反规定饲养动物、违章搭建、侵占通道、拒付物业费等损害他人合法权益的行为,有权依照法律、法规以及管理规约,请求行为人停止侵害、排除妨碍、消除危险、恢复原状、赔偿损失。

业主或者其他行为人拒不履行相关义务的,有关当事人可以向有关行政主管部门报告或者投诉,有关行政主管部门应当依法处理。

第二百八十七条　【业主请求权】业主对建设单位、物业服务企业或者其他管理人以及其他业主侵害自己合法权益的行为,有权请求其承担民事责任。

第七章　相邻关系

第二百八十八条　【处理相邻关系的原则】不动产的相邻权利人应当按照有利生产、方便生活、团结互助、公平合理的原则,正确处理相邻关系。

第二百八十九条　【处理相邻关系的依据】法律、法规对处理相邻关系有规定的,依照其规定;法律、法规没有规定的,可以按照当地习惯。

链接《民法典》第10条

第二百九十条　【相邻用水、排水、流水关系】不动产权利人应当为相邻权利人用水、排水提供必要的便利。

对自然流水的利用,应当在不动产的相邻权利人之间合理分配。对自然流水的排放,应当尊重自然流向。

注释 关于生产、生活用水的排放,相邻一方必须使用另一方的土地排水的,应当予以准许;但应在必要限度内使用并采取适当的保护措施排水,如仍造成损失的,由受益人合理补偿。相邻一方可以采取其他合理的措施排水而未采取,向他方土地排水毁损或者可能毁损他方财产,他方要求致害人停止侵害、消除危险、恢复原状、赔偿损失的,应当予以支持。

第二百九十一条　【相邻关系中的通行权】不动产权利人对相邻权利人因通行等必须利用其土地的,应当提供必要的便利。

案例 屠福炎诉王义炎相邻通行权纠纷案(《最高人民法院公报》2013年第3期)

裁判规则:买卖合同中,买受人取得的只能是

出卖人有处分权的标的物或权利。如果出卖人无权处分,即使买卖双方在合同中进行了约定,买受人也无法通过该买卖合同而取得相应的权属。

出卖人出卖不动产时,其基于相邻关系而在他人不动产上享有的通行等权利不应成为转让标的。即使双方在买卖合同中对该通行权进行了所谓的约定,对第三人也不具有约束力。买受人享有的通行权权源基础同样是相邻关系,而并非是买卖合同的约定。当客观情况发生变化,买受人不再符合相邻关系要件时,第三人得拒绝买受人的通行要求,买受人无权以买卖合同中关于通行权的约定约束第三人。

第二百九十二条　【相邻土地的利用】不动产权利人因建造、修缮建筑物以及铺设电线、电缆、水管、暖气和燃气管线等必须利用相邻土地、建筑物的,该土地、建筑物的权利人应当提供必要的便利。

第二百九十三条　【相邻建筑物通风、采光、日照】建造建筑物,不得违反国家有关工程建设标准,不得妨碍相邻建筑物的通风、采光和日照。

第二百九十四条　【相邻不动产之间不得排放、施放污染物】不动产权利人不得违反国家规定弃置固体废物,排放大气污染物、水污染物、土壤污染物、噪声、光辐射、电磁辐射等有害物质。

第二百九十五条　【维护相邻不动产安全】不动产权利人挖掘土地、建造建筑物、铺设管线以及安装设备等,不得危及相邻不动产的安全。

第二百九十六条　【相邻权的限度】不动产权利人因用水、排水、通行、铺设管线等利用相邻不动产的,应当尽量避免对相邻的不动产权利人造成损害。

第八章　共　有

第二百九十七条　【共有及其形式】不动产或者动产可以由两个以上组织、个人共有。共有包括按份共有和共同共有。

注释 共有权,是指两个以上的民事主体对同一项财产共同享有的所有权。其特征是:(1)共有权的主体具有非单一性,须由两个或两个以上的自然人、法人或非法人组织构成。(2)共有物的所有权具有单一性,共有权的客体即共有物是同一项财产,共有权是一个所有权。(3)共有权的内容具有双重性,包括所有权具有的与非所有权人构成的对世性的权利义务关系,以及内部共有人之间的权利义务关系。(4)共有权具有意志或目的的共同性,基于共同的生活、生产和经营目的,或者基于共同的意志发生共有关系。

共有权包括的类型有:(1)按份共有,即对同一项财产,数个所有人按照既定的份额,享有权利,负担义务。(2)共同共有,即对同一项财产,数个所有人不分份额地享有权利、承担义务。(3)准共有,即共有的权利不是所有权,而是所有权之外的他物权和知识产权。

第二百九十八条　【按份共有】按份共有人对共有的不动产或者动产按照其份额享有所有权。

注释 按份共有,又称分别共有,指数人按应有份额(部分)对共有物共同享有权利和分担义务的共有。

按份共有的法律特征有:第一,各个共有人对共有物按份额享有不同的权利。各个共有人的份额又称为应有份额,其数额一般由共有人事先约定,或按出资比例决定。如果各个共有人应有部分不明确,则应推定为均等。第二,各共有人对共有财产享有权利和承担义务是根据其不同的份额确定的。份额不同,各个共有人对共同财产的权利和义务各不相同。第三,各个共有人的权利不是局限于共有财产某一具体部分,或就某一具体部分单独享有所有权,而是及于财产的全部。

第二百九十九条　【共同共有】共同共有人对共有的不动产或者动产共同享有所有权。

注释 共同共有是指两个或两个以上的民事主体,根据某种共同关系而对某项财产不分份额地共同享有权利并承担义务。

共同共有的特征是:第一,共同共有根据共同关系而产生,以共同关系的存在为前提,例如夫妻关系、家庭关系。第二,在共同共有关系存续期间内,共有财产不分份额,这是共同共有与按份共有的主要区别。第三,在共同共有中,各共有人平等地对共有物享受权利和承担义务,共同共有人的权利及于整个共有财产,行使全部共有权。第四,共同共有人对共有物享有连带权利,承担连带义务。基于共有物而设定的权利,每个共同共有人都是权利人,该权利为连带权利;基于共有关系而发生的债务,亦为连带债务,每个共同共有人都是连带债务人;基于共有关系发生的民事责任,为连带民事责任,每个共有人都是连带责任人。

第三百条　【共有物的管理】共有人按照约定管理共有的不动产或者动产;没有约定或者约定

不明确的，各共有人都有管理的权利和义务。

第三百零一条 【共有人对共有财产重大事项的表决权规则】处分共有的不动产或者动产以及对共有的不动产或者动产作重大修缮、变更性质或者用途的，应当经占份额三分之二以上的按份共有人或者全体共同共有人同意，但是共有人之间另有约定的除外。

第三百零二条 【共有物管理费用的分担规则】共有人对共有物的管理费用以及其他负担，有约定的，按照其约定；没有约定或者约定不明确的，按份共有人按照其份额负担，共同共有人共同负担。

第三百零三条 【共有物的分割规则】共有人约定不得分割共有的不动产或者动产，以维持共有关系的，应当按照约定，但是共有人有重大理由需要分割的，可以请求分割；没有约定或者约定不明确的，按份共有人可以随时请求分割，共同共有人在共有的基础丧失或者有重大理由需要分割时可以请求分割。因分割造成其他共有人损害的，应当给予赔偿。

注释 在共有关系存续期间，共有人负有维持共有状态的义务。分割共有财产的规则是：

(1)约定不得分割共有财产的，不得分割。共有人约定不得分割共有的不动产或者动产以维持共有关系的，应当按照约定，维持共有关系，不得请求分割共有财产，消灭共有关系。共同共有的共有关系存续期间，原则上不得分割。

(2)有不得分割约定，但有重大理由需要分割共有财产的。共有人虽有不得分割共有的不动产或者动产以维持共有关系的协议，但有重大理由需要分割的，可以请求分割。至于请求分割的共有人究竟是一人、数人还是全体，则不问。共有人全体请求分割共有财产的，则为消灭共有关系的当事人一致意见，可以分割。

(3)没有约定或者约定不明确的，按份共有的共有人可以随时请求分割；共同共有的共有人在共有的基础丧失或者有重大理由需要分割时，也可以请求分割。

(4)造成损害的赔偿。不论是否约定保持共有关系，共有人提出对共有财产请求分割，在分割共有财产时对其他共有人造成损害的，应当给予赔偿。

第三百零四条 【共有物分割的方式】共有人可以协商确定分割方式。达不成协议，共有的不动产或者动产可以分割且不会因分割减损价值的，应当对实物予以分割；难以分割或者因分割会减损价值的，应当对折价或者拍卖、变卖取得的价款予以分割。

共有人分割所得的不动产或者动产有瑕疵的，其他共有人应当分担损失。

注释 (1)实物分割。在不影响共有物的使用价值和特定用途时，可以对共有物进行实物分割。(2)变价分割。如果共有物无法进行实物分割，或实物分割将减损物的使用价值或者改变物的特定用途时，例如甲乙共有一头牛或者一辆汽车，应当将共有物进行拍卖或者变卖，对所得价款进行分割。(3)折价分割。折价分割方式主要存在于以下情形，即对于不可分割的共有物或者分割将减损其价值的，如果共有人中的一人愿意取得共有物，可以由该共有人取得共有物，并由该共有人向其他共有人折价赔偿。

瑕疵担保责任，包括权利的瑕疵担保责任和物的瑕疵担保责任。前者指共有人应担保第三人就其他共有人分得之物不得主张任何权利；后者指共有人对其他共有人应担保其分得部分于分割前未隐含物上瑕疵。

第三百零五条 【按份共有人的优先购买权】按份共有人可以转让其享有的共有的不动产或者动产份额。其他共有人在同等条件下享有优先购买的权利。

注释 在一般情况下，按份共有人转让其享有的共有份额，无需得到其他共有人同意，但不得侵害其他共有人的利益。法律有特别规定的，共有人处分其份额应遵守法律的规定。

这里的“同等条件”是指，其他共有人就购买该份额所给出的价格等条件与欲购买该份额的非共有人相同。同等条件应当综合共有份额的转让价格、价款履行方式及期限等因素确定。值得注意的是，优先购买权是共有人相对于非共有人而言的，在共有人之间并无优先的问题，当数个共有人均欲行使其优先购买权时，应协商确定各自购买比例。

链接《物权编解释(一)》第9—13条

第三百零六条 【按份共有人行使优先购买权的规则】按份共有人转让其享有的共有的不动产或者动产份额的，应当将转让条件及时通知其他共有人。其他共有人应当在合理期限内行使优先购买权。

两个以上其他共有人主张行使优先购买权的,协商确定各自的购买比例;协商不成的,按照转让时各自的共有份额比例行使优先购买权。

第三百零七条 【因共有产生的债权债务承担规则】因共有的不动产或者动产产生的债权债务,在对外关系上,共有人享有连带债权、承担连带债务,但是法律另有规定或者第三人知道共有人不具有连带债权债务关系的除外;在共有人内部关系上,除共有人另有约定外,按份共有人按照份额享有债权、承担债务,共同共有人共同享有债权、承担债务。偿还债务超过自己应当承担份额的按份共有人,有权向其他共有人追偿。

第三百零八条 【共有关系不明时对共有关系性质的推定】共有人对共有的不动产或者动产没有约定为按份共有或者共同共有,或者约定不明确的,除共有人具有家庭关系等外,视为按份共有。

第三百零九条 【按份共有人份额不明时份额的确定】按份共有人对共有的不动产或者动产享有的份额,没有约定或者约定不明确的,按照出资额确定;不能确定出资额的,视为等额享有。

第三百一十条 【准共有】两个以上组织、个人共同享有用益物权、担保物权的,参照适用本章的有关规定。

第九章 所有权取得的特别规定

第三百一十一条 【善意取得】无处分权人将不动产或者动产转让给受让人的,所有权人有权追回;除法律另有规定外,符合下列情形的,受让人取得该不动产或者动产的所有权:

(一)受让人受让该不动产或者动产时是善意;

(二)以合理的价格转让;

(三)转让的不动产或者动产依照法律规定应当登记的已经登记,不需要登记的已经交付给受让人。

受让人依据前款规定取得不动产或者动产的所有权的,原所有权人有权向无处分权人请求损害赔偿。

当事人善意取得其他物权的,参照适用前两款规定。

注释 善意取得,指受让人以财产所有权转移为目的,善意、对价受让且占有该财产,即使出让人无转移所有权的权利,受让人仍取得其所有权。善意取得既可适用于动产,也可适用于不动产;既可适用于所有权的取得,也可适用于他物权的取得,特别是用益物权的善意取得。一方未经另一方同意出售夫妻共同所有的房屋,第三人善意购买、支付合理对价并已办理不动产登记,另一方主张追回该房屋的,人民法院不予支持。

善意取得的条件:第一,受让人需是善意的,不知出让人是无处分权人。第二,受让人支付了合理的价款。第三,受让人已经完成了取得物权的公示,即转让的财产应当登记的已经登记,不需要登记的已经交付给受让人。三项条件必须同时具备,否则不构成善意取得。

受让人受让不动产或者动产时,不知道转让人无处分权,且无重大过失的,应当认定受让人为善意。真实权利人主张受让人不构成善意的,应当承担举证证明责任。具有下列情形之一的,应当认定不动产受让人知道转让人无处分权:(1)登记簿上存在有效的异议登记;(2)预告登记有效期内,未经预告登记的权利人同意;(3)登记簿上已经记载司法机关或者行政机关依法裁定、决定查封或者以其他形式限制不动产权利的有关事项;(4)受让人知道登记簿上记载的权利主体错误;(5)受让人知道他人已经依法享有不动产物权。真实权利人有证据证明不动产受让人应当知道转让人无处分权的,应当认定受让人具有重大过失。

第三百一十二条 【遗失物的善意取得】所有权人或者其他权利人有权追回遗失物。该遗失物通过转让被他人占有的,权利人有权向无处分权人请求损害赔偿,或者自知道或者应当知道受让人之日起二年内向受让人请求返还原物;但是,受让人通过拍卖或者向具有经营资格的经营者购得该遗失物的,权利人请求返还原物时应当支付受让人所付的费用。权利人向受让人支付所付费用后,有权向无处分权人追偿。

第三百一十三条 【善意取得的动产上原有的权利负担消灭及其例外】善意受让人取得动产后,该动产上的原有权利消灭。但是,善意受让人在受让时知道或者应当知道该权利的除外。

第三百一十四条 【拾得遗失物的返还】拾得遗失物,应当返还权利人。拾得人应当及时通知权利人领取,或者送交公安等有关部门。

**第三百一十五条 【有关部门收到遗失物的

处理】有关部门收到遗失物,知道权利人的,应当及时通知其领取;不知道的,应当及时发布招领公告。

第三百一十六条 【遗失物的妥善保管义务】拾得人在遗失物送交有关部门前,有关部门在遗失物被领取前,应当妥善保管遗失物。因故意或者重大过失致使遗失物毁损、灭失的,应当承担民事责任。

第三百一十七条 【权利人领取遗失物时的费用支付义务】权利人领取遗失物时,应当向拾得人或者有关部门支付保管遗失物等支出的必要费用。

权利人悬赏寻找遗失物的,领取遗失物时应当按照承诺履行义务。

拾得人侵占遗失物的,无权请求保管遗失物等支出的费用,也无权请求权利人按照承诺履行义务。

第三百一十八条 【无人认领的遗失物的处理规则】遗失物自发布招领公告之日起一年内无人认领的,归国家所有。

第三百一十九条 【拾得漂流物、埋藏物或者隐藏物】拾得漂流物、发现埋藏物或者隐藏物的,参照适用拾得遗失物的有关规定。法律另有规定的,依照其规定。

注释 漂流物,是指在河流等水域漂流的无主物或者所有权人不明的物。埋藏物,是指藏附于土地中的物。隐藏物,是指隐匿于土地之外的其他包藏物中的物。

第三百二十条 【从物随主物转让规则】主物转让的,从物随主物转让,但是当事人另有约定的除外。

链接《民法典》第631条

第三百二十一条 【孳息的归属】天然孳息,由所有权人取得;既有所有权人又有用益物权人的,由用益物权人取得。当事人另有约定的,按照其约定。

法定孳息,当事人有约定的,按照约定取得;没有约定或者约定不明确的,按照交易习惯取得。

注释 天然孳息,是指按照原物的自然规律而自然滋生和繁衍的新的独立的物。天然孳息的范围非常广,主要来源于种植业和养殖业,如耕作土地获得粮食和其他出产物,种植果树产生果实,养殖牲畜获得各种子畜和奶产品等。

法定孳息,是指物依据法律规定或当事人的法律行为而产生的孳息,如利息、租金等。法定孳息,当事人有约定的,应当按照约定取得;如果没有约定或者约定不明确的,按照交易习惯取得。交易习惯通常是,孳息在没有与原物分离以前,由原物所有权人享有,原物所有权转移后,孳息的所有权随之转移。

第三百二十二条 【添附】因加工、附合、混合而产生的物的归属,有约定的,按照约定;没有约定或者约定不明确的,依照法律规定;法律没有规定的,按照充分发挥物的效用以及保护无过错当事人的原则确定。因一方当事人的过错或者确定物的归属造成另一方当事人损害的,应当给予赔偿或者补偿。

案例 胡田云诉汤锦勤、王剑峰所有权确认纠纷案(《最高人民法院公报》2011年第12期)

裁判规则:房屋拆迁安置权益属房屋所有权的综合性权能,一般包括被拆房屋补偿款、搬迁费用、新建房屋补贴、新建房屋土地使用权等在内。应以被拆迁房屋的所有权权属决定拆迁安置权益的归属,共有人之间有权通过协议予以分割。

在他人享有使用权之土地上建造房屋而形成附合的,房屋所有权一般归属于土地使用权人。对实施房屋建造的非土地使用权人所进行的补偿不仅仅包括金钱给付,在特定身份关系下亦应包括居住使用权益。

第三分编 用益物权

第十章 一般规定

第三百二十三条 【用益物权的定义】用益物权人对他人所有的不动产或者动产,依法享有占有、使用和收益的权利。

注释 作为物权体系的重要组成部分,用益物权具备物权的一般特征,如以对物的实际占有为前提、以使用收益为目的,此外还有以下几个方面的特征:(1)用益物权是一种他物权,是在他人所有之物上设立一个新的物权。(2)用益物权是以使用和收益为内容的定限物权,目的就是对他人所有的不动产的使用和收益。(3)用益物权为独立物权,一旦依当事人约定或法律直接规定设立,用益物权人便能独立地享有对标的物的使用和收益权,除了能有效地对抗第三人以外,也能对抗所有权人。

用益物权的基本内容，是对用益物权的标的物享有占有、使用和收益的权利，是通过直接支配他人之物而占有、使用和收益。这是从所有权的权能中分离出来的权能，表现的是对财产的利用关系。用益物权人享有用益物权，就可以占有用益物、使用用益物，对用益物直接支配并进行收益。

第三百二十四条 【国家和集体所有的自然资源的使用规则】国家所有或者国家所有由集体使用以及法律规定属于集体所有的自然资源，组织、个人依法可以占有、使用和收益。

第三百二十五条 【自然资源有偿使用制度】国家实行自然资源有偿使用制度，但是法律另有规定的除外。

第三百二十六条 【用益物权的行使规范】用益物权人行使权利，应当遵守法律有关保护和合理开发利用资源、保护生态环境的规定。所有权人不得干涉用益物权人行使权利。

第三百二十七条 【被征收、征用时用益物权人的补偿请求权】因不动产或者动产被征收、征用致使用益物权消灭或者影响用益物权行使的，用益物权人有权依据本法第二百四十三条、第二百四十五条的规定获得相应补偿。

第三百二十八条 【海域使用权】依法取得的海域使用权受法律保护。

链接《海域使用管理法》第19—26条

第三百二十九条 【特许物权依法保护】依法取得的探矿权、采矿权、取水权和使用水域、滩涂从事养殖、捕捞的权利受法律保护。

第十一章 土地承包经营权

第三百三十条 【农村土地承包经营】农村集体经济组织实行家庭承包经营为基础、统分结合的双层经营体制。

农民集体所有和国家所有由农民集体使用的耕地、林地、草地以及其他用于农业的土地，依法实行土地承包经营制度。

链接《农村土地承包法》第1—3条

第三百三十一条 【土地承包经营权内容】土地承包经营权人依法对其承包经营的耕地、林地、草地等享有占有、使用和收益的权利，有权从事种植业、林业、畜牧业等农业生产。

第三百三十二条 【土地的承包期限】耕地的承包期为三十年。草地的承包期为三十年至五十年。林地的承包期为三十年至七十年。

前款规定的承包期限届满，由土地承包经营权人依照农村土地承包的法律规定继续承包。

第三百三十三条 【土地承包经营权的设立与登记】土地承包经营权自土地承包经营权合同生效时设立。

登记机构应当向土地承包经营权人发放土地承包经营权证、林权证等证书，并登记造册，确认土地承包经营权。

链接《农村土地承包法》第22—24条

第三百三十四条 【土地承包经营权的互换、转让】土地承包经营权人依照法律规定，有权将土地承包经营权互换、转让。未经依法批准，不得将承包地用于非农建设。

第三百三十五条 【土地承包经营权流转的登记对抗主义】土地承包经营权互换、转让的，当事人可以向登记机构申请登记；未经登记，不得对抗善意第三人。

第三百三十六条 【承包地的调整】承包期内发包人不得调整承包地。

因自然灾害严重毁损承包地等特殊情形，需要适当调整承包的耕地和草地的，应当依照农村土地承包的法律规定办理。

链接《农村土地承包法》第28—31条

第三百三十七条 【承包地的收回】承包期内发包人不得收回承包地。法律另有规定的，依照其规定。

链接《农村土地承包法》第27条

第三百三十八条 【征收承包地的补偿规则】承包地被征收的，土地承包经营权人有权依据本法第二百四十三条的规定获得相应补偿。

第三百三十九条 【土地经营权的流转】土地承包经营权人可以自主决定依法采取出租、入股或者其他方式向他人流转土地经营权。

链接《农村土地承包法》第36条

第三百四十条 【土地经营权人的基本权利】土地经营权人有权在合同约定的期限内占有农村土地，自主开展农业生产经营并取得收益。

第三百四十一条 【土地经营权的设立与登记】流转期限为五年以上的土地经营权，自流转合同生效时设立。当事人可以向登记机构申请土地经营权登记；未经登记，不得对抗善意第三人。

链接《农村土地承包法》第41条

第三百四十二条 【以其他方式承包取得的土地经营权流转】通过招标、拍卖、公开协商等方式承包农村土地,经依法登记取得权属证书的,可以依法采取出租、入股、抵押或者其他方式流转土地经营权。

链接《农村土地承包法》第48、49条

第三百四十三条 【国有农用地承包经营的法律适用】国家所有的农用地实行承包经营的,参照适用本编的有关规定。

第十二章 建设用地使用权

第三百四十四条 【建设用地使用权的概念】建设用地使用权人依法对国家所有的土地享有占有、使用和收益的权利,有权利用该土地建造建筑物、构筑物及其附属设施。

第三百四十五条 【建设用地使用权的分层设立】建设用地使用权可以在土地的地表、地上或者地下分别设立。

第三百四十六条 【建设用地使用权的设立原则】设立建设用地使用权,应当符合节约资源、保护生态环境的要求,遵守法律、行政法规关于土地用途的规定,不得损害已经设立的用益物权。

第三百四十七条 【建设用地使用权的出让方式】设立建设用地使用权,可以采取出让或者划拨等方式。

工业、商业、旅游、娱乐和商品住宅等经营性用地以及同一土地有两个以上意向用地者的,应当采取招标、拍卖等公开竞价的方式出让。

严格限制以划拨方式设立建设用地使用权。

第三百四十八条 【建设用地使用权出让合同】通过招标、拍卖、协议等出让方式设立建设用地使用权的,当事人应当采用书面形式订立建设用地使用权出让合同。

建设用地使用权出让合同一般包括下列条款:

(一)当事人的名称和住所;

(二)土地界址、面积等;

(三)建筑物、构筑物及其附属设施占用的空间;

(四)土地用途、规划条件;

(五)建设用地使用权期限;

(六)出让金等费用及其支付方式;

(七)解决争议的方法。

第三百四十九条 【建设用地使用权的登记】设立建设用地使用权的,应当向登记机构申请建设用地使用权登记。建设用地使用权自登记时设立。登记机构应当向建设用地使用权人发放权属证书。

第三百五十条 【土地用途限定规则】建设用地使用权人应当合理利用土地,不得改变土地用途;需要改变土地用途的,应当依法经有关行政主管部门批准。

第三百五十一条 【建设用地使用权人支付出让金等费用的义务】建设用地使用权人应当依照法律规定以及合同约定支付出让金等费用。

第三百五十二条 【建设用地使用权人建造的建筑物、构筑物及其附属设施的归属】建设用地使用权人建造的建筑物、构筑物及其附属设施的所有权属于建设用地使用权人,但是有相反证据证明的除外。

第三百五十三条 【建设用地使用权的流转方式】建设用地使用权人有权将建设用地使用权转让、互换、出资、赠与或者抵押,但是法律另有规定的除外。

第三百五十四条 【建设用地使用权流转的合同形式和期限】建设用地使用权转让、互换、出资、赠与或者抵押的,当事人应当采用书面形式订立相应的合同。使用期限由当事人约定,但是不得超过建设用地使用权的剩余期限。

第三百五十五条 【建设用地使用权流转登记】建设用地使用权转让、互换、出资或者赠与的,应当向登记机构申请变更登记。

第三百五十六条 【建设用地使用权流转之房随地走】建设用地使用权转让、互换、出资或者赠与的,附着于该土地上的建筑物、构筑物及其附属设施一并处分。

第三百五十七条 【建设用地使用权流转之地随房走】建筑物、构筑物及其附属设施转让、互换、出资或者赠与的,该建筑物、构筑物及其附属设施占用范围内的建设用地使用权一并处分。

链接《城市房地产管理法》第32条

案例 中国信达资产管理公司西安办事处与陕西省粮油食品进出口公司西安中转冷库、陕西省粮油食品进出口公司借款担保合同纠纷案(《最高人民法院公报》2009年第12期)

裁判规则:根据《城市房地产管理法》第32条

的规定,房地产转让、抵押时,房屋的所有权和该房屋占用范围内的土地使用权同时转让、抵押。据此,房产转让人负有将所售房屋占用范围内的土地使用权移转给受让人的义务,受让人享有要求将所购房屋占用范围内的土地使用权移转给自己的权利。在土地使用权变更登记完成之前,转让人为登记的名义权利人,但受让人为实质权利人的,可以请求将土地使用权变更至自己名下。

第三百五十八条 【建设用地使用权的提前收回及其补偿】建设用地使用权期限届满前,因公共利益需要提前收回该土地的,应当依据本法第二百四十三条的规定对该土地上的房屋以及其他不动产给予补偿,并退还相应的出让金。

第三百五十九条 【建设用地使用权期限届满的处理规则】住宅建设用地使用权期限届满的,自动续期。续期费用的缴纳或者减免,依照法律、行政法规的规定办理。

非住宅建设用地使用权期限届满后的续期,依照法律规定办理。该土地上的房屋以及其他不动产的归属,有约定的,按照约定;没有约定或者约定不明确的,依照法律、行政法规的规定办理。

第三百六十条 【建设用地使用权注销登记】建设用地使用权消灭的,出让人应当及时办理注销登记。登记机构应当收回权属证书。

第三百六十一条 【集体土地作为建设用地的法律适用】集体所有的土地作为建设用地的,应当依照土地管理的法律规定办理。

第十三章 宅基地使用权

第三百六十二条 【宅基地使用权内容】宅基地使用权人依法对集体所有的土地享有占有和使用的权利,有权依法利用该土地建造住宅及其附属设施。

第三百六十三条 【宅基地使用权的法律适用】宅基地使用权的取得、行使和转让,适用土地管理的法律和国家有关规定。

第三百六十四条 【宅基地灭失后的重新分配】宅基地因自然灾害等原因灭失的,宅基地使用权消灭。对失去宅基地的村民,应当依法重新分配宅基地。

第三百六十五条 【宅基地使用权的变更登记与注销登记】已经登记的宅基地使用权转让或者消灭的,应当及时办理变更登记或者注销登记。

第十四章 居住权

第三百六十六条 【居住权的定义】居住权人有权按照合同约定,对他人的住宅享有占有、使用的用益物权,以满足生活居住的需要。

第三百六十七条 【居住权合同】设立居住权,当事人应当采用书面形式订立居住权合同。

居住权合同一般包括下列条款:

(一)当事人的姓名或者名称和住所;

(二)住宅的位置;

(三)居住的条件和要求;

(四)居住权期限;

(五)解决争议的方法。

注释 居住权可以通过合同方式设立,也可以通过遗嘱方式设立。通过合同设立居住权,是房屋所有权人通过书面合同的方式与他人协议,设定居住权。例如,夫妻双方离婚时在离婚协议中约定,离婚后的房屋所有权归一方所有,另一方对其中的一部分房屋享有一定期限或者终身的居住权。

第三百六十八条 【居住权的设立】居住权无偿设立,但是当事人另有约定的除外。设立居住权的,应当向登记机构申请居住权登记。居住权自登记时设立。

案例 邱某光与董某军居住权执行案[人民法院贯彻实施民法典典型案例(第一批)]

裁判规则:案涉房屋虽为董某军所有,但是董某峰通过遗嘱方式使得邱某光享有案涉房屋的居住使用权。执行法院裁定将董某军所有的案涉房屋的居住权登记在邱某光名下。本案申请执行人作为丧偶独居老人,其对案涉房屋的居住使用权益取得于民法典实施之前,执行法院依照民法典规定的居住权登记制度,向不动产登记机构发出协助执行通知书,为申请执行人办理了居住权登记,最大限度地保障了申请执行人既有的房屋居住使用权利。

第三百六十九条 【居住权的限制性规定及例外】居住权不得转让、继承。设立居住权的住宅不得出租,但是当事人另有约定的除外。

第三百七十条 【居住权的消灭】居住权期限届满或者居住权人死亡的,居住权消灭。居住权消灭的,应当及时办理注销登记。

**第三百七十一条 【以遗嘱设立居住权的法

律适用】以遗嘱方式设立居住权的，参照适用本章的有关规定。

第十五章 地役权

第三百七十二条 【地役权的定义】地役权人有权按照合同约定，利用他人的不动产，以提高自己的不动产的效益。

前款所称他人的不动产为供役地，自己的不动产为需役地。

注释 地役权是一种独立的物权，在性质上属于用益物权的范围，是按照合同约定利用他人的不动产，以提高自己不动产效益的权利。因使用他人不动产而获得便利的不动产为需役地，为他人不动产的便利而供使用的不动产为供役地。地役权的"役"，即"使用"的意思。

第三百七十三条 【地役权合同】设立地役权，当事人应当采用书面形式订立地役权合同。

地役权合同一般包括下列条款：

（一）当事人的姓名或者名称和住所；

（二）供役地和需役地的位置；

（三）利用目的和方法；

（四）地役权期限；

（五）费用及其支付方式；

（六）解决争议的方法。

第三百七十四条 【地役权的设立与登记】地役权自地役权合同生效时设立。当事人要求登记的，可以向登记机构申请地役权登记；未经登记，不得对抗善意第三人。

第三百七十五条 【供役地权利人的义务】供役地权利人应当按照合同约定，允许地役权人利用其不动产，不得妨害地役权人行使权利。

第三百七十六条 【地役权人的义务】地役权人应当按照合同约定的利用目的和方法利用供役地，尽量减少对供役地权利人物权的限制。

第三百七十七条 【地役权的期限】地役权期限由当事人约定；但是，不得超过土地承包经营权、建设用地使用权等用益物权的剩余期限。

第三百七十八条 【在享有或者负担地役权的土地上设立用益物权的规则】土地所有权人享有地役权或者负担地役权的，设立土地承包经营权、宅基地使用权等用益物权时，该用益物权人继续享有或者负担已经设立的地役权。

第三百七十九条 【土地所有权人在已设立用益物权的土地上设立地役权的规则】土地上已经设立土地承包经营权、建设用地使用权、宅基地使用权等用益物权的，未经用益物权人同意，土地所有权人不得设立地役权。

第三百八十条 【地役权的转让规则】地役权不得单独转让。土地承包经营权、建设用地使用权等转让的，地役权一并转让，但是合同另有约定的除外。

第三百八十一条 【地役权不得单独抵押】地役权不得单独抵押。土地经营权、建设用地使用权等抵押的，在实现抵押权时，地役权一并转让。

第三百八十二条 【需役地部分转让效果】需役地以及需役地上的土地承包经营权、建设用地使用权等部分转让时，转让部分涉及地役权的，受让人同时享有地役权。

第三百八十三条 【供役地部分转让效果】供役地以及供役地上的土地承包经营权、建设用地使用权等部分转让时，转让部分涉及地役权的，地役权对受让人具有法律约束力。

第三百八十四条 【供役地权利人解除权】地役权人有下列情形之一的，供役地权利人有权解除地役权合同，地役权消灭：

（一）违反法律规定或者合同约定，滥用地役权；

（二）有偿利用供役地，约定的付款期限届满后在合理期限内经两次催告未支付费用。

第三百八十五条 【地役权变动后的登记】已经登记的地役权变更、转让或者消灭的，应当及时办理变更登记或者注销登记。

第四分编 担保物权

第十六章 一般规定

第三百八十六条 【担保物权的定义】担保物权人在债务人不履行到期债务或者发生当事人约定的实现担保物权的情形，依法享有就担保财产优先受偿的权利，但是法律另有规定的除外。

注释 担保物权以确保债权人的债权得到完全清偿为目的。这是担保物权与其他物权的最大区别。

担保物权是在债务人或者第三人的财产上成立的权利。债务人既可以自己的财产，也可以第三人的财产为债权设立担保物权。

担保物权具有物上代位性。债权人设立担保

物权并不以使用担保财产为目的，而是以取得该财产的交换价值为目的，因此，担保财产灭失、毁损，但代替该财产的交换价值还存在的，担保物权的效力仍存在，但此时担保物权的效力转移到了该代替物上。

案例 **深圳市奕之帆贸易有限公司、侯庆宾与深圳兆邦基集团有限公司、深圳市康诺富信息咨询有限公司、深圳市鲤鱼门投资发展有限公司、第三人广东立兆电子科技有限公司合同纠纷案**（《最高人民法院公报》2020 年第 2 期）

裁判规则：让与担保的设立应在债务履行期届满之前，但就让与担保的实现问题，参照《物权法》第 170 条的规定则需要满足债务人不履行到期债务或者发生当事人约定的实现权利的情形等条件。双方当事人在设立让与担保的合同中约定，如担保物的价值不足以覆盖相关债务，即使债务履行期尚未届满，债权人亦有权主张行使让与担保权利。该约定不违反法律行政法规的强制性规定，应当认定合法有效。

为防止出现债权人取得标的物价值与债权额之间差额等类似于流质、流押之情形，让与担保权利的实现应对当事人课以清算义务。双方当事人就让与担保标的物价值达成的合意，可认定为确定标的物价值的有效方式。在让与担保标的物价值已经确定，但双方均预见债权数额有可能发生变化的情况下，当事人仍应在最终据实结算的债务数额基础上履行相应的清算义务。

第三百八十七条 【担保物权适用范围及反担保】债权人在借贷、买卖等民事活动中，为保障实现其债权，需要担保的，可以依照本法和其他法律的规定设立担保物权。

第三人为债务人向债权人提供担保的，可以要求债务人提供反担保。反担保适用本法和其他法律的规定。

注释 本条第 1 款规定了担保的适用范围，即在借贷、买卖等民事活动中发生的债权债务关系。对该适用范围的规定，应当注意以下几点：第一，担保物权适用于民事活动，不适用于国家行政行为（如税款）、司法行为（如扣押产生的费用）等不平等主体之间产生的关系。这是由担保物权本身的性质所决定的，担保物权是平等主体之间为确保债权的实现而设定的。第二，为了引导当事人设定担保物权，本法列举了借贷、买卖两种典型的可以设定担保物权的民事活动，但可以设定担保物权的民事活动很广泛，并不仅限于这两种民事活动。在其他民事活动中，如货物运输、加工承揽等都可以设定担保物权。第三，对因侵权行为已经产生的债权，属于普通债权的范围，可以用设定担保物权的方式确保债权的实现。

本条提到的依照本法和其他法律的规定设立担保物权，这里的“其他法律”主要指海商法、民用航空法、农村土地承包法等对船舶抵押、航空器抵押、土地经营权抵押等作规定的法律，“其他法律”的表述也为今后相关特别法规定设立担保物权留下接口。因此，设立担保物权还应当依据这些特别法。

反担保是维护担保人的合法权益、保障将来可能发生的追偿权实现的措施，是担保活动中普遍使用的方法。在由第三人提供担保物权的债权债务关系中，在债务人未清偿到期债务或者出现当事人约定的可以实现担保物权的情形时，提供担保财产的第三人应当承担担保责任，债权人可以就第三人提供的担保财产实现自己的债权。第三人基于担保合同以及替代债务人清偿债务这一法律事实，成为债务人的新债权人，其有权向债务人追偿。第三人为保障自己追偿权的实现，可以要求债务人向自己提供担保，这里的担保可以是债务人或者其他人提供的担保物权，也可以是其他人提供的保证。需要注意的是，第三人替债务人为债权人设定的担保物权是为了实现债权而设立，反担保也是为了实现债权而设立，只不过在同一法律关系中，第三人承担担保责任后，成为债务人的新债权人而已。

第三百八十八条 【担保合同及其与主合同的关系】设立担保物权，应当依照本法和其他法律的规定订立担保合同。担保合同包括抵押合同、质押合同和其他具有担保功能的合同。担保合同是主债权债务合同的从合同。主债权债务合同无效的，担保合同无效，但是法律另有规定的除外。

担保合同被确认无效后，债务人、担保人、债权人有过错的，应当根据其过错各自承担相应的民事责任。

注释 对此首先应注意，担保合同随主债权债务合同无效而无效只是一般规则，但并不是绝对的，在法律另有规定的情况下，担保合同可以作为独立合同存在，不受主债权债务合同效力的影响。例如，在本法规定的最高额抵押权中，最高额抵押合同就具有相对的独立性。

本条只规定了主合同无效，导致担保合同无效的情形。需特别强调的是，导致担保合同无效的原因很多，主债权债务合同无效导致担保合同无效只是原因之一。在主债权债务合同有效的情况下，担保合同也有可能无效。例如，担保合同违反社会公共利益或者国家利益无效，担保合同因债权人与债务人的恶意串通而无效等。因为主合同与担保合同都是民事法律行为，因此其适用民事法律行为无效的规则。也就是说，判断担保合同是否有效，不能仅以主债权债务合同是否有效为标准。

第三百八十九条　【担保范围】担保物权的担保范围包括主债权及其利息、违约金、损害赔偿金、保管担保财产和实现担保物权的费用。当事人另有约定的，按照其约定。

注释 担保物权的担保范围包括：

(1)主债权。主债权指债权人与债务人之间因债的法律关系所发生的原本债权，例如金钱债权、交付货物的债权或者提供劳务的债权。主债权是相对于利息和其他附随债权而言，不包括利息以及其他因主债权而产生的附随债权。

(2)利息。利息指实现担保物权时主债权所应产生的收益。一般来说，金钱债权都有利息，因此其当然也在担保范围内。利息可以按照法律规定确定，也可以由当事人自己约定，但当事人不能违反法律规定约定过高的利息，否则超过部分的利息无效。

(3)违约金。违约金指按照当事人的约定，一方当事人违约的，应向另一方支付的金钱。

(4)损害赔偿金。损害赔偿金指一方当事人因违反合同或者因其他行为给债权人造成的财产、人身损失而给付的赔偿额。损害赔偿金的范围可以由法律直接规定，或由双方约定，在法律没有特别规定或者当事人另有约定的情况下，应按照完全赔偿原则确定具体赔偿数额。

(5)保管担保财产的费用。保管担保财产的费用指债权人在占有担保财产期间因履行善良保管义务而支付的各种费用。

(6)实现担保物权的费用。实现担保物权的费用指担保物权人在实现担保物权过程中所花费的各种实际费用，如对担保财产的评估费用、拍卖或者变卖担保财产的费用、向人民法院申请强制变卖或者拍卖的费用等。

链接《最高人民法院关于适用〈中华人民共和国民法典〉有关担保制度的解释》第3条

第三百九十条　【担保物权的物上代位性】担保期间，担保财产毁损、灭失或者被征收等，担保物权人可以就获得的保险金、赔偿金或者补偿金等优先受偿。被担保债权的履行期限未届满的，也可以提存该保险金、赔偿金或者补偿金等。

注释 本条是对担保物权物上代位性的规定。关于代位物的范围应注意：(1)这里的损害赔偿金是担保财产因第三人的侵权行为或者其他原因毁损、灭失时，担保人所获得的赔偿。(2)担保财产毁损、灭失或者被征收后担保人所得的损害赔偿金、保险金或者补偿金只是代位物的几种形态，但并不仅仅以此为限，如担保财产的残留物也属于代位物的范围。

第三百九十一条　【债务转让对担保物权的效力】第三人提供担保，未经其书面同意，债权人允许债务人转移全部或者部分债务的，担保人不再承担相应的担保责任。

注释 正确理解本条应当注意：(1)本条只适用于第三人提供担保财产的情况，如果担保财产是由债务人自己提供的，除非债权人明确放弃担保物权或者债务的受让人明确表示愿意代为提供新的担保，否则债权人同意债务人转移债务的行为并不意味着债务人担保责任的免除。(2)债权人允许债务人转移债务必须要经提供担保的第三人的书面同意。担保合同为要式合同，设立担保需要书面形式，担保人如果继续为新的债务人担保，这种变更也应当秉承要式合同的规则。如果不是书面形式，而是其他形式，视为不存在担保人的同意。(3)本条规定的债务转移不仅包括债务人将债务全部转移给他人，也包括将部分债务转移给他人。债权人许可债务人部分转移的，原债务人并不退出债务关系，只是其所应承担的债务额发生减少，新债务人与原债务人共同向债权人承担债务。部分转移债务的也必须经担保人同意，否则担保人对转移出去的部分债务不承担担保责任。(4)未经担保人书面同意，债权人许可债务人转移全部债务的，可以免除担保人全部担保责任；债权人许可债务人转移部分债务的，可以免除担保人部分的担保责任,担保人不得要求免除全部担保责任,其还是要对债务人未转移的债务承担担保责任。这就是本条中“不再承担相应的担保责任”的内涵。

第三百九十二条 【人保和物保并存时的处理规则】被担保的债权既有物的担保又有人的担保的,债务人不履行到期债务或者发生当事人约定的实现担保物权的情形,债权人应当按照约定实现债权;没有约定或者约定不明确,债务人自己提供物的担保的,债权人应当先就该物的担保实现债权;第三人提供物的担保的,债权人可以就物的担保实现债权,也可以请求保证人承担保证责任。提供担保的第三人承担担保责任后,有权向债务人追偿。

注释 本条区分三种情况对同一债权上既有物的担保又有人的担保作了规定:(1)在当事人对物的担保和人的担保的关系有约定的情况下,应当尊重当事人的意思,按约定实现。这充分尊重了当事人的意愿。(2)在没有约定或者约定不明确,债务人自己提供物的担保的情况下,应当先就该物的担保实现担保权。(3)在没有约定或者约定不明确,既有第三人提供物的担保,又有人的担保的情况下,应当允许当事人进行选择。

实践中,对同一债权,还可能出现债务人和第三人均提供了物的担保,还有第三人提供人的担保的情形。在这种情况下,无论是从公平的角度,还是从防止日后追索权的烦琐、节约成本的角度,债权人都应当先行使债务人提供的物的担保,再行使第三人提供的人的担保,否则保证人可以有抗辩权。

第三百九十三条 【担保物权消灭的情形】有下列情形之一的,担保物权消灭:

(一)主债权消灭;

(二)担保物权实现;

(三)债权人放弃担保物权;

(四)法律规定担保物权消灭的其他情形。

第十七章 抵押权

第一节 一般抵押权

第三百九十四条 【抵押权的定义】为担保债务的履行,债务人或者第三人不转移财产的占有,将该财产抵押给债权人的,债务人不履行到期债务或者发生当事人约定的实现抵押权的情形,债权人有权就该财产优先受偿。

前款规定的债务人或者第三人为抵押人,债权人为抵押权人,提供担保的财产为抵押财产。

实务问答 抵押权人能否请求抵押人直接承担债务人的债务

抵押担保是物的担保。在抵押人不是主债务人的情况下,抵押权人可以请求拍卖、变卖抵押财产优先受偿,但不得请求抵押人直接承担债务人的债务。

第三百九十五条 【可抵押财产的范围】债务人或者第三人有权处分的下列财产可以抵押:

(一)建筑物和其他土地附着物;

(二)建设用地使用权;

(三)海域使用权;

(四)生产设备、原材料、半成品、产品;

(五)正在建造的建筑物、船舶、航空器;

(六)交通运输工具;

(七)法律、行政法规未禁止抵押的其他财产。

抵押人可以将前款所列财产一并抵押。

第三百九十六条 【浮动抵押】企业、个体工商户、农业生产经营者可以将现有的以及将有的生产设备、原材料、半成品、产品抵押,债务人不履行到期债务或者发生当事人约定的实现抵押权的情形,债权人有权就抵押财产确定时的动产优先受偿。

注释 浮动抵押权,是指企业、个体工商户、农业生产经营者作为抵押人,以其所有的财产包括现有的以及将有的生产设备、原材料、半成品、产品为标的而设立的动产抵押权。债务人不履行到期债务或者发生当事人约定的实现抵押权的情形,债权人有权就抵押财产确定时的动产优先受偿。比如企业以现有的以及未来可能买进的机器设备、库存产成品、生产原材料等动产担保债务的履行。

设定浮动抵押需注意:

(1)设定浮动抵押的主体仅限于企业、个体工商户、农业生产经营者。只要是注册的企业都可以设定浮动抵押。除了上述三项主体,国家机关、社会团体、事业单位、非农业生产者的自然人不可以设立浮动抵押。

(2)设立浮动抵押的财产仅限于生产设备、原材料、半成品和产品。除此之外的动产、不动产、知识产权以及债权等不得设立浮动抵押。

(3)设立浮动抵押要有书面协议。该协议一般包括担保债权的种类和数额、债务履行期间、抵押财产的范围、实现抵押权的条件等。

(4)实现抵押权的条件是债务人不履行到期债务或者发生当事人约定的实现抵押权的事由。

链接《民法典》第411条

第三百九十七条 【建筑物和相应的建设用地使用权一并抵押规则】以建筑物抵押的,该建筑物占用范围内的建设用地使用权一并抵押。以建设用地使用权抵押的,该土地上的建筑物一并抵押。

抵押人未依据前款规定一并抵押的,未抵押的财产视为一并抵押。

第三百九十八条 【乡镇、村企业的建设用地使用权与房屋一并抵押规则】乡镇、村企业的建设用地使用权不得单独抵押。以乡镇、村企业的厂房等建筑物抵押的,其占用范围内的建设用地使用权一并抵押。

第三百九十九条 【禁止抵押的财产范围】下列财产不得抵押:

(一)土地所有权;

(二)宅基地、自留地、自留山等集体所有土地的使用权,但是法律规定可以抵押的除外;

(三)学校、幼儿园、医疗机构等为公益目的成立的非营利法人的教育设施、医疗卫生设施和其他公益设施;

(四)所有权、使用权不明或者有争议的财产;

(五)依法被查封、扣押、监管的财产;

(六)法律、行政法规规定不得抵押的其他财产。

第四百条 【抵押合同】设立抵押权,当事人应当采用书面形式订立抵押合同。

抵押合同一般包括下列条款:

(一)被担保债权的种类和数额;

(二)债务人履行债务的期限;

(三)抵押财产的名称、数量等情况;

(四)担保的范围。

第四百零一条 【流押条款的效力】抵押权人在债务履行期限届满前,与抵押人约定债务人不履行到期债务时抵押财产归债权人所有的,只能依法就抵押财产优先受偿。

注释 本条是对禁止流押的规定。

流押,是指抵押权人与抵押人约定,当债务人届期不履行债务时,抵押权人有权直接取得抵押财产的所有权的协议。抵押权人在债务履行期届满前,不得与抵押人约定在债务人不履行到期债务时,抵押财产归债权人所有。抵押权人和抵押人订立的流押契约、流押的条款一律无效。即使是在抵押权实现时订立的实现抵押权协议,也不得出现流押契约。只有当事人以抵押财产折价方式清偿债务的,才是正常的抵押权实现方法。

订立流押条款的,虽然流押条款无效,但是抵押权仍然成立,因而只能依法就抵押财产优先受偿,使债务得到清偿。

第四百零二条 【不动产抵押登记】以本法第三百九十五条第一款第一项至第三项规定的财产或者第五项规定的正在建造的建筑物抵押的,应当办理抵押登记。抵押权自登记时设立。

案例 中国光大银行股份有限公司上海青浦支行诉上海东鹤房地产有限公司、陈思绮保证合同纠纷案(《最高人民法院公报》2014年第9期)

裁判规则:开发商为套取银行资金,与自然人串通签订虚假的预售商品房买卖合同,以该自然人的名义与银行签订商品房抵押贷款合同而获得银行贷款,当商品房买卖合同被依法确认无效后,开发商与该自然人应对银行的贷款共同承担连带清偿责任。

预售商品房抵押贷款中,虽然银行与借款人(购房人)对预售商品房作了抵押预告登记,但该预告登记并未使银行获得现实的抵押权,而是待房屋建成交付借款人后银行就该房屋设立抵押权的一种预先的排他性保全。如果房屋建成后的产权未登记至借款人名下,则抵押权设立登记无法完成,银行不能对该预售商品房行使抵押权。

第四百零三条 【动产抵押的效力】以动产抵押的,抵押权自抵押合同生效时设立;未经登记,不得对抗善意第三人。

注释 以动产抵押的,例如《民法典》第395条规定的生产设备、原材料、半成品、产品、正在建造的船舶、航空器、交通运输工具等,采取登记对抗主义,抵押权自抵押合同生效时设立;未经抵押权登记的,抵押权亦设立,只是不得对抗善意第三人。需要说明的是,本条既适用于一般的动产抵押,也适用于浮动抵押。

不得对抗善意第三人,包括两方面含义:(1)合同签订后,如果抵押人将抵押财产转让,对于善意取得该财产的第三人,抵押权人无权追偿,抵押权人将失去在该财产上的抵押权,只能要求抵押人重新提供新的担保,或者要求债务人及时偿还债务。(2)抵押合同签订后,如果抵押人以该财产再次设定抵押或者质押,而后位抵押权人进行了抵押登记或者后位质权人因交付取得了对该动产的实际占有,那么,实现抵押权时,后位抵押权人以及后位质权人可以优先于前位未进行抵押登记的抵押权人受偿。办理抵押登记的,抵押权具有对抗第三人的法律效力,也就是说,抵押财产登记后,不论抵押财产转移到谁手中,只要债务履行期限届满债务人没有履行债务,抵押权就具有追及效力,抵押权人可以就该抵押财产实现抵押权。同时在受偿顺序上,已登记的抵押权优先于未登记的抵押权、后设立的抵押权以及质权受偿。

第四百零四条 【动产抵押权对抗效力的限制】以动产抵押的,不得对抗正常经营活动中已经支付合理价款并取得抵押财产的买受人。

第四百零五条 【抵押权和租赁权的关系】抵押权设立前,抵押财产已经出租并转移占有的,原租赁关系不受该抵押权的影响。

第四百零六条 【抵押期间抵押财产转让应当遵循的规则】抵押期间,抵押人可以转让抵押财产。当事人另有约定的,按照其约定。抵押财产转让的,抵押权不受影响。

抵押人转让抵押财产的,应当及时通知抵押权人。抵押权人能够证明抵押财产转让可能损害抵押权的,可以请求抵押人将转让所得的价款向抵押权人提前清偿债务或者提存。转让的价款超过债权数额的部分归抵押人所有,不足部分由债务人清偿。

注释 在抵押关系存续期间,抵押人转让抵押财产的,原《物权法》第191条采取比较严格的规则,即抵押期间,抵押人经抵押权人同意转让抵押财产的,应当将转让所得的价款向抵押权人提前清偿债务或者提存。转让的价款超过债权数额的部分归抵押人所有,不足部分由债务人清偿。抵押期间,抵押人未经抵押权人同意,不得转让抵押财产,但受让人代为清偿债务消灭抵押权的除外。

事实上,在财产上设置抵押权,只要抵押权跟随抵押财产一并移转,就能够保障抵押权人的权利。故《民法典》在规定抵押期间转让抵押财产的规则时,改变了原《物权法》的规定,采纳了从宽的规则,具体为:(1)抵押期间,抵押人可以转让抵押财产,只是在转让时应当及时通知抵押权人。(2)如果当事人对此另有约定的,按照其约定。(3)抵押期间,抵押人将抵押财产转让的,抵押权不受影响,即抵押财产是设有抵押权负担的财产,进行转让,抵押权随着所有权的转让而转让,取得抵押财产的受让人在取得所有权的同时,也负有抵押人所负担的义务,受到抵押权的约束。(4)抵押权人能够证明抵押财产转让可能损害抵押权的,可以请求抵押人将转让所得的价款向抵押权人提前清偿债务或者提存。转让的价款超过债权数额的部分归抵押人所有,不足部分由债务人清偿。

第四百零七条 【抵押权的从属性】抵押权不得与债权分离而单独转让或者作为其他债权的担保。债权转让的,担保该债权的抵押权一并转让,但是法律另有规定或者当事人另有约定的除外。

注释 抵押权不是独立的物权,是附随于被担保的债权的从权利,因而抵押权不得与债权分离而单独转让或者作为其他债权的担保。所以,债权转让的,担保该债权的抵押权一并转让。但是法律另有规定或者当事人另有约定的除外,例如《民法典》第421条规定,最高额抵押担保的债权确定前,部分债权转让的,最高额抵押权不得转让,但是当事人另有约定的除外。

第四百零八条 【抵押财产价值减少时抵押权人的保护措施】抵押人的行为足以使抵押财产价值减少的,抵押权人有权请求抵押人停止其行为;抵押财产价值减少的,抵押权人有权请求恢复抵押财产的价值,或者提供与减少的价值相应的担保。抵押人不恢复抵押财产的价值,也不提供担保的,抵押权人有权请求债务人提前清偿债务。

第四百零九条 【抵押权人放弃抵押权或抵押权顺位的法律后果】抵押权人可以放弃抵押权或者抵押权的顺位。抵押权人与抵押人可以协议变更抵押权顺位以及被担保的债权数额等内容。但是,抵押权的变更未经其他抵押权人书面同意的,不得对其他抵押权人产生不利影响。

债务人以自己的财产设定抵押,抵押权人放弃该抵押权、抵押权顺位或者变更抵押权的,其他担保人在抵押权人丧失优先受偿权益的范围内免除担保责任,但是其他担保人承诺仍然提供担保的除外。

第四百一十条 【抵押权实现的方式和程序】

债务人不履行到期债务或者发生当事人约定的实现抵押权的情形，抵押权人可以与抵押人协议以抵押财产折价或者以拍卖、变卖该抵押财产所得的价款优先受偿。协议损害其他债权人利益的，其他债权人可以请求人民法院撤销该协议。

抵押权人与抵押人未就抵押权实现方式达成协议的，抵押权人可以请求人民法院拍卖、变卖抵押财产。

抵押财产折价或者变卖的，应当参照市场价格。

第四百一十一条　【浮动抵押财产的确定】依据本法第三百九十六条规定设定抵押的，抵押财产自下列情形之一发生时确定：

（一）债务履行期限届满，债权未实现；

（二）抵押人被宣告破产或者解散；

（三）当事人约定的实现抵押权的情形；

（四）严重影响债权实现的其他情形。

第四百一十二条　【抵押财产孳息归属】债务人不履行到期债务或者发生当事人约定的实现抵押权的情形，致使抵押财产被人民法院依法扣押的，自扣押之日起，抵押权人有权收取该抵押财产的天然孳息或者法定孳息，但是抵押权人未通知应当清偿法定孳息义务人的除外。

前款规定的孳息应当先充抵收取孳息的费用。

第四百一十三条　【抵押财产变价款的归属原则】抵押财产折价或者拍卖、变卖后，其价款超过债权数额的部分归抵押人所有，不足部分由债务人清偿。

第四百一十四条　【同一财产上多个抵押权的效力顺序】同一财产向两个以上债权人抵押的，拍卖、变卖抵押财产所得的价款依照下列规定清偿：

（一）抵押权已经登记的，按照登记的时间先后确定清偿顺序；

（二）抵押权已经登记的先于未登记的受偿；

（三）抵押权未登记的，按照债权比例清偿。

其他可以登记的担保物权，清偿顺序参照适用前款规定。

第四百一十五条　【既有抵押权又有质权的财产的清偿顺序】同一财产既设立抵押权又设立质权的，拍卖、变卖该财产所得的价款按照登记、交付的时间先后确定清偿顺序。

第四百一十六条　【买卖价款抵押权】动产抵押担保的主债权是抵押物的价款，标的物交付后十日内办理抵押登记的，该抵押权人优先于抵押物买受人的其他担保物权人受偿，但是留置权人除外。

第四百一十七条　【抵押权对新增建筑物的效力】建设用地使用权抵押后，该土地上新增的建筑物不属于抵押财产。该建设用地使用权实现抵押权时，应当将该土地上新增的建筑物与建设用地使用权一并处分。但是，新增建筑物所得的价款，抵押权人无权优先受偿。

第四百一十八条　【集体所有土地使用权抵押权的实现效果】以集体所有土地的使用权依法抵押的，实现抵押权后，未经法定程序，不得改变土地所有权的性质和土地用途。

第四百一十九条　【抵押权的存续期间】抵押权人应当在主债权诉讼时效期间行使抵押权；未行使的，人民法院不予保护。

实务问答 抵押权消灭后，抵押人能否要求解除抵押权登记

抵押权人在主债权诉讼时效期间未行使抵押权将导致抵押权消灭，而非胜诉权的丧失。抵押权消灭后，抵押人要求解除抵押权登记的，人民法院应当支持。

第二节　最高额抵押权

第四百二十条　【最高额抵押规则】为担保债务的履行，债务人或者第三人对一定期间内将要连续发生的债权提供担保财产的，债务人不履行到期债务或者发生当事人约定的实现抵押权的情形，抵押权人有权在最高债权额限度内就该担保财产优先受偿。

最高额抵押权设立前已经存在的债权，经当事人同意，可以转入最高额抵押担保的债权范围。

注释 最高额抵押具有以下特征：

（1）最高额抵押是限额抵押。设定抵押时，抵押人与抵押权人协议约定抵押财产担保的最高债权限额，无论将来实际发生的债权如何增减变动，抵押权人只能在最高债权额范围内对抵押财产享有优先受偿权。实际发生的债权超过最高限额的，以抵押权设定时约定的最高债权额为限优先受偿；不及最高限额的，以实际发生的债权额为限优先受偿。

（2）最高额抵押是为将来发生的债权提供担保。最高额抵押权设定时，不以主债权的存在为

前提,是典型的担保将来债权的抵押权。这里的"将来债权",是指设定抵押时尚未发生,在抵押期间将要发生的债权。

(3)最高额抵押所担保的最高债权额是确定的,但实际发生额不确定。设定最高额抵押权时,债权尚未发生,为担保将来债权的履行,抵押人和抵押权人协议确定担保的最高数额,在此额度内对债权担保。

(4)最高额抵押是对一定期间内连续发生的债权作担保。这里讲的一定期间,不仅指债权发生的期间,也是指抵押权担保的期间。连续发生的债权,是指所发生的债权次数不确定,且接连发生。

案例 中国工商银行股份有限公司宣城龙首支行诉宣城柏冠贸易有限公司、江苏凯盛置业有限公司等金融借款合同纠纷案(最高人民法院指导案例95号)

裁判规则: 当事人另行达成协议将最高额抵押权设立前已经存在的债权转入该最高额抵押担保的债权范围,只要转入的债权数额仍在该最高额抵押担保的最高债权额限度内,即使未对该最高额抵押权办理变更登记手续,该最高额抵押权的效力仍然及于被转入的债权,但不得对第三人产生不利影响。

第四百二十一条 【最高额抵押权担保的部分债权转让效力】最高额抵押担保的债权确定前,部分债权转让的,最高额抵押权不得转让,但是当事人另有约定的除外。

第四百二十二条 【最高额抵押合同条款变更】最高额抵押担保的债权确定前,抵押权人与抵押人可以通过协议变更债权确定的期间、债权范围以及最高债权额。但是,变更的内容不得对其他抵押权人产生不利影响。

第四百二十三条 【最高额抵押所担保债权的确定事由】有下列情形之一的,抵押权人的债权确定:

(一)约定的债权确定期间届满;

(二)没有约定债权确定期间或者约定不明确,抵押权人或者抵押人自最高额抵押权设立之日起满二年后请求确定债权;

(三)新的债权不可能发生;

(四)抵押权人知道或者应当知道抵押财产被查封、扣押;

(五)债务人、抵押人被宣告破产或者解散;

(六)法律规定债权确定的其他情形。

第四百二十四条 【最高额抵押的法律适用】最高额抵押权除适用本节规定外,适用本章第一节的有关规定。

第十八章 质 权

第一节 动产质权

第四百二十五条 【动产质权概念】为担保债务的履行,债务人或者第三人将其动产出质给债权人占有的,债务人不履行到期债务或者发生当事人约定的实现质权的情形,债权人有权就该动产优先受偿。

前款规定的债务人或者第三人为出质人,债权人为质权人,交付的动产为质押财产。

第四百二十六条 【禁止出质的动产范围】法律、行政法规禁止转让的动产不得出质。

第四百二十七条 【质押合同形式及内容】设立质权,当事人应当采用书面形式订立质押合同。

质押合同一般包括下列条款:

(一)被担保债权的种类和数额;

(二)债务人履行债务的期限;

(三)质押财产的名称、数量等情况;

(四)担保的范围;

(五)质押财产交付的时间、方式。

第四百二十八条 【流质条款的效力】质权人在债务履行期限届满前,与出质人约定债务人不履行到期债务时质押财产归债权人所有的,只能依法就质押财产优先受偿。

注释 流质,也称绝押,是指转移质物所有权的预先约定。订立质押合同时,出质人和质权人在合同中不得约定在债务人履行期限届满质权人未受清偿时,将质物所有权转移为债权人所有。当事人在质押合同中约定流质条款的,流质条款无效,但是质押合同还是有效的,因此,只能依法就质押财产优先受偿。

第四百二十九条 【质权的设立】质权自出质人交付质押财产时设立。

案例 中国农业发展银行安徽省分行诉张大标、安徽长江融资担保集团有限公司执行异议之诉纠纷案(最高人民法院指导案例54号)

裁判规则: 当事人依约为出质的金钱开立保证金专门账户,且质权人取得对该专门账户的占

有控制权,符合金钱特定化和移交占有的要求,即使该账户内资金余额发生浮动,也不影响该金钱质权的设立。

第四百三十条 【质权人的孳息收取权】质权人有权收取质押财产的孳息,但是合同另有约定的除外。

前款规定的孳息应当先充抵收取孳息的费用。

第四百三十一条 【质权人对质押财产处分的限制及其法律责任】质权人在质权存续期间,未经出质人同意,擅自使用、处分质押财产,造成出质人损害的,应当承担赔偿责任。

第四百三十二条 【质物保管义务】质权人负有妥善保管质押财产的义务;因保管不善致使质押财产毁损、灭失的,应当承担赔偿责任。

质权人的行为可能使质押财产毁损、灭失的,出质人可以请求质权人将质押财产提存,或者请求提前清偿债务并返还质押财产。

第四百三十三条 【质押财产保全】因不可归责于质权人的事由可能使质押财产毁损或者价值明显减少,足以危害质权人权利的,质权人有权请求出质人提供相应的担保;出质人不提供的,质权人可以拍卖、变卖质押财产,并与出质人协议将拍卖、变卖所得的价款提前清偿债务或者提存。

第四百三十四条 【转质】质权人在质权存续期间,未经出质人同意转质,造成质押财产毁损、灭失的,应当承担赔偿责任。

第四百三十五条 【放弃质权】质权人可以放弃质权。债务人以自己的财产出质,质权人放弃该质权的,其他担保人在质权人丧失优先受偿权益的范围内免除担保责任,但是其他担保人承诺仍然提供担保的除外。

案例 黑龙江北大荒投资担保股份有限公司与黑龙江省建三江农垦七星粮油工贸有限责任公司、黑龙江省建三江农垦宏达粮油工贸有限公司等担保合同纠纷案(《最高人民法院公报》2018 年第 1 期)

裁判规则:同一债权上既有人的担保,又有债务人提供的物的担保,债权人与债务人的共同过错致使本应依法设立的质权未设立,保证人对此并无过错的,债权人应对质权未设立承担不利后果。《物权法》第 176 条对债务人提供的物保与第三人提供的人保并存时的债权实现顺序有明文规定,保证人对先以债务人的质物清偿债务存在合理信赖,债权人放弃质权损害了保证人的顺位信赖利益,保证人应依《物权法》第 218 条的规定在质权人丧失优先受偿权益的范围内免除保证责任。

第四百三十六条 【质物返还与质权实现】债务人履行债务或者出质人提前清偿所担保的债权的,质权人应当返还质押财产。

债务人不履行到期债务或者发生当事人约定的实现质权的情形,质权人可以与出质人协议以质押财产折价,也可以就拍卖、变卖质押财产所得的价款优先受偿。

质押财产折价或者变卖的,应当参照市场价格。

第四百三十七条 【出质人请求质权人及时行使质权】出质人可以请求质权人在债务履行期限届满后及时行使质权;质权人不行使的,出质人可以请求人民法院拍卖、变卖质押财产。

出质人请求质权人及时行使质权,因质权人怠于行使权利造成出质人损害的,由质权人承担赔偿责任。

第四百三十八条 【质押财产变价款归属原则】质押财产折价或者拍卖、变卖后,其价款超过债权数额的部分归出质人所有,不足部分由债务人清偿。

第四百三十九条 【最高额质权】出质人与质权人可以协议设立最高额质权。

最高额质权除适用本节有关规定外,参照适用本编第十七章第二节的有关规定。

第二节 权利质权

第四百四十条 【可出质的权利的范围】债务人或者第三人有权处分的下列权利可以出质:

(一)汇票、本票、支票;

(二)债券、存款单;

(三)仓单、提单;

(四)可以转让的基金份额、股权;

(五)可以转让的注册商标专用权、专利权、著作权等知识产权中的财产权;

(六)现有的以及将有的应收账款;

(七)法律、行政法规规定可以出质的其他财产权利。

注释 权利质权,是指以所有权以外的依法可转让的债权或者其他财产权利为标的物而设定的质权。权利质权是以所有权以外的财产权为标的物的质权,能够作为权利质权标的物的权利须符合以下几项条件:(1)仅以财产权利为限;(2)必须是依法可以转让的财产权利;(3)必须是不违背现行法规定及权利质权性质的财产权利。权利质权的设定以登记或者权利凭证的交付作为生效要件。

实务问答 特许经营权的收益权能否质押

特许经营权的收益权可以质押,并可作为应收账款进行出质登记。特许经营权的收益权依其性质不宜折价、拍卖或变卖,质权人主张优先受偿权的,人民法院可以判令出质债权的债务人将收益权的应收账款优先支付质权人。

第四百四十一条 **【有价证券质权】**以汇票、本票、支票、债券、存款单、仓单、提单出质的,质权自权利凭证交付质权人时设立;没有权利凭证的,质权自办理出质登记时设立。法律另有规定的,依照其规定。

案例 中国建设银行股份有限公司广州荔湾支行诉广东蓝粤能源发展有限公司等信用证开证纠纷案(最高人民法院指导案例111号)

裁判规则:提单持有人是否因受领提单的交付而取得物权以及取得何种类型的物权,取决于合同的约定。开证行根据其与开证申请人之间的合同约定持有提单时,人民法院应结合信用证交易的特点,对案涉合同进行合理解释,确定开证行持有提单的真实意思表示。

开证行对信用证项下单据中的提单以及提单项下的货物享有质权的,开证行行使提单质权的方式与行使提单项下货物动产质权的方式相同,即对提单项下货物折价、变卖、拍卖后所得价款享有优先受偿权。

第四百四十二条 **【有价证券质权人行使权利的特别规定】**汇票、本票、支票、债券、存款单、仓单、提单的兑现日期或者提货日期先于主债权到期的,质权人可以兑现或者提货,并与出质人协议将兑现的价款或者提取的货物提前清偿债务或者提存。

第四百四十三条 **【基金份额质权、股权质权】**以基金份额、股权出质的,质权自办理出质登记时设立。

基金份额、股权出质后,不得转让,但是出质人与质权人协商同意的除外。出质人转让基金份额、股权所得的价款,应当向质权人提前清偿债务或者提存。

第四百四十四条 **【知识产权质权】**以注册商标专用权、专利权、著作权等知识产权中的财产权出质的,质权自办理出质登记时设立。

知识产权中的财产权出质后,出质人不得转让或者许可他人使用,但是出质人与质权人协商同意的除外。出质人转让或者许可他人使用出质的知识产权中的财产权所得的价款,应当向质权人提前清偿债务或者提存。

第四百四十五条 **【应收账款质权】**以应收账款出质的,质权自办理出质登记时设立。

应收账款出质后,不得转让,但是出质人与质权人协商同意的除外。出质人转让应收账款所得的价款,应当向质权人提前清偿债务或者提存。

第四百四十六条 **【权利质权的法律适用】**权利质权除适用本节规定外,适用本章第一节的有关规定。

第十九章 留置权

第四百四十七条 **【留置权的定义】**债务人不履行到期债务,债权人可以留置已经合法占有的债务人的动产,并有权就该动产优先受偿。

前款规定的债权人为留置权人,占有的动产为留置财产。

注释 留置权,是对于法律规定可以留置的债权,债权人依债权占有属于债务人的动产,在债务人未按照约定的期限履行债务时,债权人有权依法留置该财产,以该财产折价或者以拍卖、变卖的价款优先受偿的法定担保物权。

第四百四十八条 **【留置财产与债权的关系】**债权人留置的动产,应当与债权属于同一法律关系,但是企业之间留置的除外。

实务问答 劳动者能否以用人单位拖欠劳动报酬为由,主张对用人单位供其使用的物品行使留置权

留置权是平等主体之间实现债权的担保方式;除企业之间留置的以外,债权人留置的动产,应当与债权属于同一法律关系。

劳动关系主体双方在履行劳动合同过程中处于管理与被管理的不平等关系。劳动者以用人单位拖欠劳动报酬为由,主张对用人单位供其使用的工具、物品等动产行使留置权,因此类动产不是劳动合同关系的标的物,与劳动债权不属于同一法律关系,故人民法院不予支持该主张。

第四百四十九条 **【留置权适用范围的限制性规定】**法律规定或者当事人约定不得留置的动

产，不得留置。

第四百五十条 【可分留置物】留置财产为可分物的，留置财产的价值应当相当于债务的金额。

链接《最高人民法院关于适用〈中华人民共和国民法典〉有关担保制度的解释》第38条

第四百五十一条 【留置权人保管义务】留置权人负有妥善保管留置财产的义务；因保管不善致使留置财产毁损、灭失的，应当承担赔偿责任。

第四百五十二条 【留置财产的孳息收取】留置权人有权收取留置财产的孳息。

前款规定的孳息应当先充抵收取孳息的费用。

第四百五十三条 【留置权的实现】留置权人与债务人应当约定留置财产后的债务履行期限；没有约定或者约定不明确的，留置权人应当给债务人六十日以上履行债务的期限，但是鲜活易腐等不易保管的动产除外。债务人逾期未履行的，留置权人可以与债务人协议以留置财产折价，也可以就拍卖、变卖留置财产所得的价款优先受偿。

留置财产折价或者变卖的，应当参照市场价格。

第四百五十四条 【债务人请求留置权人行使留置权】债务人可以请求留置权人在债务履行期限届满后行使留置权；留置权人不行使的，债务人可以请求人民法院拍卖、变卖留置财产。

第四百五十五条 【留置权实现方式】留置财产折价或者拍卖、变卖后，其价款超过债权数额的部分归债务人所有，不足部分由债务人清偿。

第四百五十六条 【留置权优先于其他担保物权效力】同一动产上已经设立抵押权或者质权，该动产又被留置的，留置权人优先受偿。

第四百五十七条 【留置权消灭】留置权人对留置财产丧失占有或者留置权人接受债务人另行提供担保的，留置权消灭。

第五分编　占　有

第二十章　占　有

第四百五十八条 【有权占有法律适用】基于合同关系等产生的占有，有关不动产或者动产的使用、收益、违约责任等，按照合同约定；合同没有约定或者约定不明确的，依照有关法律规定。

注释 占有是指占有人对物具有事实上的管领和控制的状态。导致占有发生的法律关系多种多样：一种是有权占有，主要指基于合同等债的关系而产生的占有，例如根据运输或者保管合同，承运人或者保管人对托运或者寄存货物发生的占有；一种是无权占有，主要发生在占有人对不动产或者动产的占有无正当法律关系，或者原法律关系被撤销或者无效时占有人对占有物的占有，包括误将他人之物认为己有或者借用他人之物到期不还等。

第四百五十九条 【恶意占有人的损害赔偿责任】占有人因使用占有的不动产或者动产，致使该不动产或者动产受到损害的，恶意占有人应当承担赔偿责任。

第四百六十条 【权利人的返还请求权和占有人的费用求偿权】不动产或者动产被占有人占有的，权利人可以请求返还原物及其孳息；但是，应当支付善意占有人因维护该不动产或者动产支出的必要费用。

注释 无论是善意占有人还是恶意占有人，对于权利人都负有返还原物及其孳息的义务；返还原物及其孳息之后，善意占有人对于因维护该不动产或者动产而支出的必要费用，可以要求权利人返还，而恶意占有人无此项请求权。值得注意的是，善意占有人求偿权的范围限于必要费用。必要费用是指因保存、管理占有物所必需支出的费用。如占有物的维修费、饲养费等。

第四百六十一条 【占有物毁损或者灭失时占有人的责任】占有的不动产或者动产毁损、灭失，该不动产或者动产的权利人请求赔偿的，占有人应当将因毁损、灭失取得的保险金、赔偿金或者补偿金等返还给权利人；权利人的损害未得到足够弥补的，恶意占有人还应当赔偿损失。

第四百六十二条 【占有保护的方法】占有的不动产或者动产被侵占的，占有人有权请求返还原物；对妨害占有的行为，占有人有权请求排除妨害或者消除危险；因侵占或者妨害造成损害的，占有人有权依法请求损害赔偿。

占有人返还原物的请求权，自侵占发生之日起一年内未行使的，该请求权消灭。

第三编　合　同

第一分编　通　则

第一章　一般规定

第四百六十三条 【合同编的调整范围】本编

调整因合同产生的民事关系。

第四百六十四条　【合同的定义及身份关系协议的法律适用】合同是民事主体之间设立、变更、终止民事法律关系的协议。

婚姻、收养、监护等有关身份关系的协议，适用有关该身份关系的法律规定；没有规定的，可以根据其性质参照适用本编规定。

注释 根据本条规定，合同是民事主体之间设立、变更、终止民事法律关系的协议。其特征是：1. 合同的主体是民事主体，包括自然人、法人和非法人组织；2. 合同的内容是民事主体设立、变更、终止民事法律关系；3. 合同是协议，是民事主体之间就上述内容达成的协议。因此，合同的本质是民事主体就民事权利义务关系的变动达成合意而形成的协议。

婚姻、收养、监护等有关身份关系的协议也是民事合同，由于其内容的性质不同，因而应当适用有关该身份关系的法律规定。当这些具有身份关系、人格关系的协议在总则编、人格权编、婚姻家庭编等或者其他法律中没有规定的，可以根据其性质参照适用本编关于合同的规定。

链接《保险法》第10条

第四百六十五条　【依法成立的合同受法律保护及合同相对性原则】依法成立的合同，受法律保护。

依法成立的合同，仅对当事人具有法律约束力，但是法律另有规定的除外。

注释 依法成立的合同受法律保护，说的是合同成立后即在当事人之间产生了法律效力，当事人必须受到合同的约束。如果当事人在合同依法成立后，不履行合同义务，或者不完全履行合同义务，法律将强制其履行，并科以违约责任。当然，合同的法律约束力是有限度的，即只对合同当事人发生，对合同以外的人不发生法律约束力。这就是合同的相对性原则。

本条第2款规定的但书，含义是在法律另有规定的情况下，可以打破合同相对性原则。比如涉他合同，合同约定为他人设置权利的，债务人应当向第三人履行义务，突破了合同相对性原则拘束。

第四百六十六条　【合同的解释规则】当事人对合同条款的理解有争议的，应当依据本法第一百四十二条第一款的规定，确定争议条款的含义。

合同文本采用两种以上文字订立并约定具有同等效力的，对各文本使用的词句推定具有相同含义。各文本使用的词句不一致的，应当根据合同的相关条款、性质、目的以及诚信原则等予以解释。

注释《民法典》第142条第1款的适用具体到合同领域，对合同争议条款的解释规则，可作以下理解：1. 首先要按照条款所使用的词句进行解释，这种解释方法又被称为文义解释。一些词句在不同的场合可能表达出不同的含义，对条款中词句的理解首先应当按照一个合理人通常的理解来进行。也就是说，法官应当考虑一个合理人在通常情况下对有争议的条款所能理解的含义作为解释词句含义的标准。对于何谓“合理人”应当结合具体情况来判断，如果是一般的民事活动，则“合理人”就是社会一般的人；如果是某种特殊交易，则“合理人”就是该领域内的人。2. 对条款中词句的理解不能孤立进行，要结合其他相关条款、行为的性质和目的、习惯以及诚实信用原则，综合判断、确定争议条款的含义。合同条款是合同整体的一部分，条款之间有着密切联系，因此对争议条款的解释不仅要从该条款本身词句的含义去理解，还要结合其他相关条款进行分析判断，即应当整体考虑合同的上下文，根据不同条款之间的关联性来进行解释。

第四百六十七条　【非典型合同及特定涉外合同的法律适用】本法或者其他法律没有明文规定的合同，适用本编通则的规定，并可以参照适用本编或者其他法律最相类似合同的规定。

在中华人民共和国境内履行的中外合资经营企业合同、中外合作经营企业合同、中外合作勘探开发自然资源合同，适用中华人民共和国法律。

第四百六十八条　【非合同之债的法律适用】非因合同产生的债权债务关系，适用有关该债权债务关系的法律规定；没有规定的，适用本编通则的有关规定，但是根据其性质不能适用的除外。

注释 非因合同产生的债权债务关系，是合同以外的债权债务关系，依照《民法典》第118条第2款规定，包括无因管理之债、不当得利之债、侵权行为之债以及法律的其他规定的债，例如单方允诺之债。

第二章　合同的订立

第四百六十九条　【合同形式】当事人订立合

同,可以采用书面形式、口头形式或者其他形式。

书面形式是合同书、信件、电报、电传、传真等可以有形地表现所载内容的形式。

以电子数据交换、电子邮件等方式能够有形地表现所载内容,并可以随时调取查用的数据电文,视为书面形式。

第四百七十条 【合同主要条款及示范文本】合同的内容由当事人约定,一般包括下列条款:

(一)当事人的姓名或者名称和住所;

(二)标的;

(三)数量;

(四)质量;

(五)价款或者报酬;

(六)履行期限、地点和方式;

(七)违约责任;

(八)解决争议的方法。

当事人可以参照各类合同的示范文本订立合同。

第四百七十一条 【订立合同的方式】当事人订立合同,可以采取要约、承诺方式或者其他方式。

注释 合同成立的其他方式,主要是指格式条款和悬赏广告等。

第四百七十二条 【要约的定义及其构成】要约是希望与他人订立合同的意思表示,该意思表示应当符合下列条件:

(一)内容具体确定;

(二)表明经受要约人承诺,要约人即受该意思表示约束。

注释 要约是在合同订立过程中,要约人希望与他人订立合同的意思表示。一方当事人以缔结合同为目的,向对方当事人提出合同条件,希望对方当事人接受的意思表示,就是要约,亦称发价、发盘、出盘、出价或者报价。要约的性质,是一种与承诺结合后成立一个民事法律行为的意思表示,本身并不构成一个独立的法律行为。

要约发生法律效力,应当符合下列构成要件:1. 要约的内容具体、确定。内容具体,是指要约必须具有足以确定合同成立的内容,包含合同的主要条款。要约人发出要约后,受要约人一旦承诺,合同就告成立。内容确定,是指要约的内容必须明确,不能含混不清,应当达到一般人能够理解其真实含义的水平,否则合同将无法履行。2. 表明经受要约人承诺,要约人即受该意思表示约束。不论要约人向特定的还是不特定的受要约人发出要约,要约的内容都须表明,一旦该要约经受要约人承诺,要约人即受该意思表示约束,约束的具体表现是要约被承诺后合同即告成立,要约人要受合同效力的约束。在实践中,不可能要求所有的要约都能够明确地、直截了当地写明自己接受要约内容约束的文字,但是,只要当事人发出要约,就意味着自己愿意接受要约意思表示的约束。只要依据要约的条文能够合理分析出要约人在要约中含有已经承诺即受拘束的意旨,或者通过要约人明确的订立合同的意图可以合理推断该要约包含了要约人愿意接受承诺后果的意思表示,即可认为符合该要件。

第四百七十三条 【要约邀请】要约邀请是希望他人向自己发出要约的表示。拍卖公告、招标公告、招股说明书、债券募集办法、基金招募说明书、商业广告和宣传、寄送的价目表等为要约邀请。

商业广告和宣传的内容符合要约条件的,构成要约。

注释 要约邀请,即要约引诱,也称为邀请要约,是一方希望他人向自己发出要约的表示。

在实践中,要约和要约邀请较为相似,有时难以区分,其实这两个概念有着本质的不同。要约邀请只是订立合同的预备行为,发出要约邀请时,当事人仍然处于订立合同的准备阶段,既不能因相对人的承诺而成立合同,也不能因自己作出某种承诺而约束要约人。要约邀请是一种事实行为,在发出要约邀请后,要约邀请人撤回其要约邀请,只要没有给善意相对人造成信赖利益的损失,要约邀请人一般不承担法律责任。

要约邀请与要约的主要区别是:(1)要约是一种法律行为,具有法律意义;要约邀请是一种事实行为,不具有法律意义。(2)要约是当事人自己主动提出愿意与他人订立合同的意思表示;要约邀请是希望他人向自己发出要约的意思表示。(3)要约中表明经受要约人承诺,要约人即受该意思表示约束的意思,要约一旦被承诺,合同即告成立,要约人受其要约的约束;而要约邀请则不包括发出要约邀请的当事人表示愿意接受要约邀请内容约束的意思,受要约邀请的人依要约邀请发出要约,要约邀请人仍然享有是否作出承诺的选择权。(4)要约的内容应当包括合同的主要条款,这样才能因受要约人的承诺而成立合同；而要约邀请只是希望对方向自己发出要约，无需具备合同的主要条款。

拍卖公告、招标公告、招股说明书、债券募集办法、基金招募说明书、商业广告和宣传、寄送的价目表，都是要约邀请，因而具有这些形式的意思表示都不是要约，而是要约邀请。

在这些形式的意思表示中，只有商业广告和宣传才有特例，即在一般情况下，它们是要约邀请，但是，如果商业广告和宣传具备了要约的条件，就构成了要约。比如，在商品房买卖中，商品房的销售广告和宣传资料为要约邀请，但是出卖人就商品房开发规划范围内的房屋及相关设施所作的说明和允诺具体确定，并对商品房买卖合同的订立以及房屋价格的确定有重大影响的，构成要约。该说明和允诺即使未载入商品房买卖合同，亦应当为合同内容，当事人违反的，应当承担违约责任。（参见《最高人民法院关于审理商品房买卖合同纠纷案件适用法律若干问题的解释》第3条）

案例 成都鹏伟实业有限公司与江西省永修县人民政府、永修县鄱阳湖采砂管理工作领导小组办公室采矿权纠纷案（《最高人民法院公报》2010年第4期）

裁判规则：当事人在网站发布公开拍卖推介书的行为，实质上是就公开拍卖事宜向社会不特定对象发出的要约邀请。在受要约人与之建立合同关系，且双方对合同约定的内容产生争议时，该要约邀请对合同的解释可以产生证据的效力。

第四百七十四条　【要约的生效时间】要约生效的时间适用本法第一百三十七条的规定。

第四百七十五条　【要约的撤回】要约可以撤回。要约的撤回适用本法第一百四十一条的规定。

第四百七十六条　【要约不得撤销情形】要约可以撤销，但是有下列情形之一的除外：

（一）要约人以确定承诺期限或者其他形式明示要约不可撤销；

（二）受要约人有理由认为要约是不可撤销的，并已经为履行合同做了合理准备工作。

第四百七十七条　【要约撤销条件】撤销要约的意思表示以对话方式作出的，该意思表示的内容应当在受要约人作出承诺之前为受要约人所知道；撤销要约的意思表示以非对话方式作出的，应当在受要约人作出承诺之前到达受要约人。

注释 要约人行使要约撤销权，应在要约生效之后，受要约人作出承诺之前。如果受要约人已经发出承诺通知，即使承诺通知仍然在途中，要约人撤销要约无异于撕毁合同，要约人应当承担违约责任或者缔约过失责任。

第四百七十八条　【要约失效】有下列情形之一的，要约失效：

（一）要约被拒绝；

（二）要约被依法撤销；

（三）承诺期限届满，受要约人未作出承诺；

（四）受要约人对要约的内容作出实质性变更。

注释 要约在特定的情形下会丧失效力，对要约人和受要约人不再产生约束力。此时，受要约人不再有承诺的资格，即使作出"承诺"，也不再发生承诺的效力，这就是要约失效。

链接《拍卖法》第36条

第四百七十九条　【承诺的定义】承诺是受要约人同意要约的意思表示。

注释 承诺以接受要约的全部条件为内容，其目的在于与要约人订立合同。

承诺应当符合下列条件：

1. 承诺须由受要约人或者其代理人向要约人作出。承诺是受要约人的权利，在承诺期限内，要约人不得随意撤销要约，受要约人一旦承诺，就成立合同，要约人不得否认。这种权利是直接由要约人赋予的。

2. 承诺是受要约人同意要约的意思表示。同意要约，是以接受要约的全部条件为内容，是无条件的承诺，对要约的内容既不得限制，也不得扩张，更不能变更，但对要约的非实质性变更除外。

3. 承诺必须在规定的期限内到达要约人。承诺必须遵守承诺期间，没有规定承诺期间的，按照《民法典》第481条第2款规定确定。

4. 承诺的方式必须符合要约的要求。承诺应当以通知的方式作出。要约规定承诺须以特定方式作出，否则承诺无效的，承诺人承诺时须符合要约人规定的承诺方式。

第四百八十条　【承诺的方式】承诺应当以通知的方式作出；但是，根据交易习惯或者要约表明可以通过行为作出承诺的除外。

第四百八十一条　【承诺的期限】承诺应当在要约确定的期限内到达要约人。

要约没有确定承诺期限的，承诺应当依照下

列规定到达：

（一）要约以对话方式作出的，应当即时作出承诺；

（二）要约以非对话方式作出的，承诺应当在合理期限内到达。

注释 承诺期限，实际上是受要约人资格的存续期限，在该期限内受要约人具有承诺资格，可以向要约人发出具有约束力的承诺。承诺资格是要约人依法赋予受要约人的有期限的权利。

第四百八十二条 【承诺期限的起算】要约以信件或者电报作出的，承诺期限自信件载明的日期或者电报交发之日开始计算。信件未载明日期的，自投寄该信件的邮戳日期开始计算。要约以电话、传真、电子邮件等快速通讯方式作出的，承诺期限自要约到达受要约人时开始计算。

第四百八十三条 【合同成立时间】承诺生效时合同成立，但是法律另有规定或者当事人另有约定的除外。

第四百八十四条 【承诺生效时间】以通知方式作出的承诺，生效的时间适用本法第一百三十七条的规定。

承诺不需要通知的，根据交易习惯或者要约的要求作出承诺的行为时生效。

注释 承诺生效时间，是承诺在何时发生法律约束力。承诺生效时间在合同法的理论和实践中具有重大意义：1. 由于承诺的时间就是合同成立的时间，因而承诺在什么时间生效，就直接决定了合同在什么时间成立。2. 由于合同的成立时间和生效时间的一致性，承诺生效之时又是合同生效之日，是双方享有合同权利、承担合同义务之日。3. 合同的生效时间可能涉及诉讼时效、履行期限利益等问题。4. 合同的成立涉及合同签订地以及法院管辖权、准据法的确定等问题。

第四百八十五条 【承诺的撤回】承诺可以撤回。承诺的撤回适用本法第一百四十一条的规定。

注释 承诺的撤回，是指在发出承诺之后，承诺生效之前，宣告收回发出的承诺，取消其效力的行为。法律规定承诺人的承诺撤回权，是由于承诺的撤回发生在承诺生效之前，要约人还未曾知晓受要约人承诺的事实，合同没有成立，一般不会造成要约人的损害，因而允许承诺人根据市场的变化、需求等各种经济情势，改变发出的承诺，以保护承诺人的利益。

第四百八十六条 【逾期承诺及效果】受要约人超过承诺期限发出承诺，或者在承诺期限内发出承诺，按照通常情形不能及时到达要约人的，为新要约；但是，要约人及时通知受要约人该承诺有效的除外。

注释 逾期承诺，是指受要约人在超过承诺期限发出承诺，或者在承诺期限内发出承诺，按照通常情形不能及时到达要约人的。因受要约人原因的承诺迟到，是受要约人虽然在承诺期限内发出承诺，但是按照通常情形，该承诺不能及时到达要约人，从而使承诺到达要约人时超过承诺期限。本条将其纳入逾期承诺中，一并规定法律效果。

第四百八十七条 【迟到的承诺】受要约人在承诺期限内发出承诺，按照通常情形能够及时到达要约人，但是因其他原因致使承诺到达要约人时超过承诺期限的，除要约人及时通知受要约人因承诺超过期限不接受该承诺外，该承诺有效。

第四百八十八条 【承诺对要约内容的实质性变更】承诺的内容应当与要约的内容一致。受要约人对要约的内容作出实质性变更的，为新要约。有关合同标的、数量、质量、价款或者报酬、履行期限、履行地点和方式、违约责任和解决争议方法等的变更，是对要约内容的实质性变更。

第四百八十九条 【承诺对要约内容的非实质性变更】承诺对要约的内容作出非实质性变更的，除要约人及时表示反对或者要约表明承诺不得对要约的内容作出任何变更外，该承诺有效，合同的内容以承诺的内容为准。

第四百九十条 【采用书面形式订立合同的成立时间】当事人采用合同书形式订立合同的，自当事人均签名、盖章或者按指印时合同成立。在签名、盖章或者按指印之前，当事人一方已经履行主要义务，对方接受时，该合同成立。

法律、行政法规规定或者当事人约定合同应当采用书面形式订立，当事人未采用书面形式但是一方已经履行主要义务，对方接受时，该合同成立。

第四百九十一条 【签订确认书的合同及电子合同成立时间】当事人采用信件、数据电文等形式订立合同要求签订确认书的，签订确认书时合同成立。

当事人一方通过互联网等信息网络发布的商品或者服务信息符合要约条件的，对方选择该商品或者服务并提交订单成功时合同成立，但是当事人另有约定的除外。

第四百九十二条 【合同成立的地点】承诺生效的地点为合同成立的地点。

采用数据电文形式订立合同的，收件人的主营业地为合同成立的地点；没有主营业地的，其住所地为合同成立的地点。当事人另有约定的，按照其约定。

第四百九十三条 【采用合同书订立合同的成立地点】当事人采用合同书形式订立合同的，最后签名、盖章或者按指印的地点为合同成立的地点，但是当事人另有约定的除外。

第四百九十四条 【强制缔约义务】国家根据抢险救灾、疫情防控或者其他需要下达国家订货任务、指令性任务的，有关民事主体之间应当依照有关法律、行政法规规定的权利和义务订立合同。

依照法律、行政法规的规定负有发出要约义务的当事人，应当及时发出合理的要约。

依照法律、行政法规的规定负有作出承诺义务的当事人，不得拒绝对方合理的订立合同要求。

第四百九十五条 【预约合同】当事人约定在将来一定期限内订立合同的认购书、订购书、预订书等，构成预约合同。

当事人一方不履行预约合同约定的订立合同义务的，对方可以请求其承担预约合同的违约责任。

注释 预约，也叫预备合同或合同预约，是指当事人之间约定在将来一定期限内应当订立合同的预先约定。而将来应当订立的合同叫本约，或者本合同。预约是订立合同的意向，本约是订立的合同本身。预约的表现形式，通常是认购书、订购书、预订书等。预约成立之后，产生预约的法律效力，即当事人在将来一定期限内订立本约的债务。预约的成立应当遵循合同成立的一般规则。

判断一个约定是预约还是本约，应探求当事人的真意，真意不明的，应当通观合同的全部内容确定：1. 合同要素已经明确、合致，其他事项规定明确，已无另行订立合同必要的，为本约。2. 如果将来系依所订合同履行而无须另订本约，即使名为预约，也应认定为本约。3. 预约在交易上属于例外，当对一个合同是预约还是本约有疑问时，应认定为本约。4. 只要不具有将来订立本约的法律效力，不认为是预约；具有将来订立本约的效力的，应当认定为预约。

第四百九十六条 【格式条款】格式条款是当事人为了重复使用而预先拟定，并在订立合同时未与对方协商的条款。

采用格式条款订立合同的，提供格式条款的一方应当遵循公平原则确定当事人之间的权利和义务，并采取合理的方式提示对方注意免除或者减轻其责任等与对方有重大利害关系的条款，按照对方的要求，对该条款予以说明。提供格式条款的一方未履行提示或者说明义务，致使对方没有注意或者理解与其有重大利害关系的条款的，对方可以主张该条款不成为合同的内容。

注释 格式条款合同，是指当事人为了重复使用而预先拟定，并在订立合同时未与对方协商的条款。格式条款合同与一般合同不同，其主要特征是：1. 格式条款合同一般由居于垄断地位的一方所拟定；2. 格式条款合同的对方当事人处于从属地位；3. 格式条款合同可以用不同的但必须是明确的书面形式表达出来。

格式条款的优点是便捷、易行、高效，缺点是无协商余地，双方地位不平等。故对提供格式条款的一方当事人规定了法定义务：1. 遵循公平原则确定当事人权利义务的义务；2. 采取合理的方式提示对方注意免除或者减轻其责任等与对方有重大利害关系条款的义务；3. 按照对方的要求对该条款予以说明的义务。

提供格式条款的一方对格式条款中免除或者减轻其责任等与对方有重大利害关系的内容，在合同订立时采用足以引起对方注意的文字、符号、字体等特别标识，并按照对方的要求以常人能够理解的方式对该格式条款予以说明的，人民法院应当认定符合上述的“采取合理的方式”。提供格式条款一方对已尽合理提示及说明义务承担举证责任。

提供格式条款的一方未尽上述第 2 项和第 3 项规定的提示义务和说明义务，致使对方当事人没有注意或者理解与其有重大利害关系的条款的，对方当事人可以提出主张，认为该条款不成为合同的内容，即不对当事人发生约束力。对此，法院和仲裁机构应当支持对方当事人的这一主张。

案例 **刘超捷诉中国移动通信集团江苏有限公司徐州分公司电信服务合同纠纷案（最高人民法院指导案例 64 号）**

裁判规则：经营者在格式合同中未明确规定对某项商品或服务的限制条件，且未能证明在订

立合同时已将该限制条件明确告知消费者并获得消费者同意的,该限制条件对消费者不产生效力。

电信服务企业在订立合同时未向消费者告知某项服务设定了有效期限限制,在合同履行中又以该项服务超过有效期限为由限制或停止对消费者服务的,构成违约,应当承担违约责任。

第四百九十七条 【格式条款无效的情形】有下列情形之一的,该格式条款无效:

(一)具有本法第一编第六章第三节和本法第五百零六条规定的无效情形;

(二)提供格式条款一方不合理地免除或者减轻其责任、加重对方责任、限制对方主要权利;

(三)提供格式条款一方排除对方主要权利。

案例 1. 周显治、俞美芳与余姚众安房地产开发有限公司商品房销售合同纠纷案(《最高人民法院公报》2016年第11期)

裁判规则:商品房买卖中,开发商的交房义务不仅仅局限于交钥匙,还需出示相应的证明文件,并签署房屋交接单等。合同中分别约定了逾期交房与逾期办证的违约责任,但同时又约定开发商承担了逾期交房的责任之后,逾期办证的违约责任就不予承担的,应认定该约定属于免除开发商按时办证义务的无效格式条款,开发商仍应按照合同约定承担逾期交房、逾期办证的多项违约之责。

2. 孙宝静诉上海一定得美容有限公司服务合同纠纷案(《最高人民法院公报》2014年第11期)

裁判规则:在消费者预先支付全部费用、经营者分期分次提供商品或服务的预付式消费模式中,如果经营者提供的格式条款载明"若消费者单方终止消费,则经营者对已经收费但尚未提供商品或服务部分的价款不予退还"的,该类格式条款违反我国合同法、消费者权益保护法的相关规定,应属无效。

在预付式消费中,如果消费者单方终止消费,经营者并无违约或过错行为的,应结合消费者过错程度、经营者已经提供的商品或服务量占约定总量的比例、约定的计价方式等因素综合确定消费者的违约责任。

第四百九十八条 【格式条款的解释方法】对格式条款的理解发生争议的,应当按照通常理解予以解释。对格式条款有两种以上解释的,应当作出不利于提供格式条款一方的解释。格式条款和非格式条款不一致的,应当采用非格式条款。

案例 1. 曹连成、胡桂兰、曹新建、曹显忠诉民生人寿保险股份有限公司江苏分公司保险合同纠纷案(《最高人民法院公报》2014年第10期)

裁判规则:在保险人责任免除条款及保险条款释义中,没有对机动车的认定标准作出规定的情况下,基于轻便摩托车生产厂家产品说明书、产品检验合格证(均显示该车为助力车)的误导,以及被保险人客观上无法取得机动车号牌的事实,作出案涉车辆不属于保险人免责条款中所规定的机动车之解释,符合一个普通车辆购买人及使用人的认知标准,应作出有利于被保险人的解释,案涉车辆应认定为不属于保险人免责条款中所规定的机动车。此时,被保险人在不领取驾驶证的情况下驾驶上述车辆,亦不属于免责条款规定的无证驾驶情形。

2. 顾善芳诉张小君、林兴钢、钟武军追偿权纠纷案(《最高人民法院公报》2017年第10期)

裁判规则:对格式条款的理解发生争议的,首先应当按照通常理解予以解释。只有按照通常理解对格式条款有两种以上解释的,才应采用不利解释原则。连带共同保证中保证人减少时,应按实际保证人人数平均分配保证份额。

第四百九十九条 【悬赏广告】悬赏人以公开方式声明对完成特定行为的人支付报酬的,完成该行为的人可以请求其支付。

注释 依据本条规定,悬赏广告的构成要满足以下几个条件:一是要以公开的方式作出声明。公开的具体方式,可以是通过广播电视、报纸期刊或者互联网等媒介发布,也可以是在公众场所发传单、在公开的宣传栏张贴广告等。二是悬赏人在声明中提出明确的要求,即要完成特定行为。该要求,要有具体、明确的表达,不能含混不清。三是悬赏人具有支付报酬的意思表示,即对完成特定行为的人给付一定报酬。悬赏人应当对报酬的形式、给付方式等作出明确的表达。如果报酬是给付金钱,应当明确金钱的币种、数额等。对于满足以上条件的悬赏广告,完成该特定行为的人可以请求悬赏人支付报酬,悬赏人不得拒绝。

第五百条 【缔约过失责任】当事人在订立合同过程中有下列情形之一,造成对方损失的,应当承担赔偿责任:

(一)假借订立合同,恶意进行磋商;

(二)故意隐瞒与订立合同有关的重要事实或

者提供虚假情况；

（三）有其他违背诚信原则的行为。

注释 本条是对缔约过失责任的规定。缔约过失责任，也称为先契约责任或者缔约过失中的损害赔偿责任，是指在合同缔结过程中，一方当事人违反了以诚实信用为基础的先契约义务，造成了另一方当事人的损害，因此应承担的法律后果。

案例 深圳市标榜投资发展有限公司与鞍山市财政局股权转让纠纷案（《最高人民法院公报》2017年第12期）

裁判规则：合同约定生效要件为报批允准，承担报批义务方不履行报批义务的，应当承担缔约过失责任。

缔约过失人获得利益以善意相对人丧失交易机会为代价，善意相对人要求缔约过失人赔偿的，人民法院应予支持。

除直接损失外，缔约过失人对善意相对人的交易机会损失等间接损失，应予赔偿。间接损失数额应考虑缔约过失人过错程度及获得利益情况、善意相对人成本支出及预期利益等，综合衡量确定。

第五百零一条 【合同缔结人的保密义务】当事人在订立合同过程中知悉的商业秘密或者其他应当保密的信息，无论合同是否成立，不得泄露或者不正当地使用；泄露、不正当地使用该商业秘密或者信息，造成对方损失的，应当承担赔偿责任。

第三章 合同的效力

第五百零二条 【合同生效时间及未办理批准手续的处理规则】依法成立的合同，自成立时生效，但是法律另有规定或者当事人另有约定的除外。

依照法律、行政法规的规定，合同应当办理批准等手续的，依照其规定。未办理批准等手续影响合同生效的，不影响合同中履行报批等义务条款以及相关条款的效力。应当办理申请批准等手续的当事人未履行义务的，对方可以请求其承担违反该义务的责任。

依照法律、行政法规的规定，合同的变更、转让、解除等情形应当办理批准等手续的，适用前款规定。

案例 1. 陈付全与确山县团山矿业开发有限公司采矿权转让合同纠纷案（2016年7月12日最高人民法院发布十起审理矿业权民事纠纷案件典型案例）

裁判规则：对矿业权的转让进行审批，是国家规范矿业权有序流转，实现矿产资源科学保护、合理开发的重要制度。矿业权转让合同未经国土资源主管部门批准并办理矿业权变更登记手续，不发生矿业权物权变动的效力，但应确认转让合同中的报批义务条款自合同成立时起即具有法律效力，报批义务人应依约履行。在转让合同不具有法定无效情形且报批义务具备履行条件的情况下，相对人有权请求报批义务人履行报批义务；人民法院依据案件事实和相对人的请求，也可以判决由相对人自行办理报批手续。允许相对人自行办理报批手续既符合诚实信用和鼓励交易的原则，也有利于衡平双方当事人的利益。

2. 陈允斗与宽甸满族自治县虎山镇老边墙村民委员会采矿权转让合同纠纷案（《最高人民法院公报》2012年第3期）

裁判规则：租赁采矿权属于一种特殊的矿业权转让方式，采矿权转让合同属于批准后才生效的合同。根据国务院《探矿权采矿权转让管理办法》第10条第3款的规定，出租采矿权须经有权批准的机关审批，批准转让的，转让合同自批准之日起生效。

诉讼中，采矿权租赁合同未经批准，人民法院应认定该合同未生效。采矿权合同虽未生效，但合同约定的报批条款依然有效。如果一方当事人据此请求对方继续履行报批义务，人民法院经审查认为客观条件允许的，对其请求应予支持；继续报批缺乏客观条件的，依法驳回其请求。

第五百零三条 【被代理人以默示方式追认无权代理】无权代理人以被代理人的名义订立合同，被代理人已经开始履行合同义务或者接受相对人履行的，视为对合同的追认。

第五百零四条 【超越权限订立合同的效力】法人的法定代表人或者非法人组织的负责人超越权限订立的合同，除相对人知道或者应当知道其超越权限外，该代表行为有效，订立的合同对法人或者非法人组织发生效力。

注释 本条是对法人的法定代表人、非法人组织的负责人超越权限订立合同效力的规定。

《民法典》第61条第3款规定："法人章程或者法人权力机构对法定代表人代表权的限制，不得对抗善意相对人。"而本条是对法人的法定代表人等超越权限订立合同的效力问题的进一步规定。

与第61条规定相衔接，本条规定，判断法人的法定代表人或者非法人组织的负责人超越权限订立的合同是否具有法律效力，主要的标准是相对人是否知道或者应当知道其超越权限。如果相对人知道或者应当知道对方的法定代表人或者负责人超越权限，这个相对人就是非善意的，订立的合同不发生效力，法人或者非法人组织可以以此对抗非善意的相对人，主张合同无效或者不生效。如果相对人不知道也不应当知道法定代表人或者负责人订立合同超越权限，且无过失，即相对人为善意，则该合同发生法律效力，法人或者非法人组织不得以法定代表人或者负责人超越权限而对抗善意相对人，不得主张该合同无效。

链接《最高人民法院关于适用〈中华人民共和国民法典〉有关担保制度的解释》第7条

第五百零五条 【超越经营范围订立的合同效力】当事人超越经营范围订立的合同的效力，应当依照本法第一编第六章第三节和本编的有关规定确定，不得仅以超越经营范围确认合同无效。

案例 招商银行股份有限公司大连东港支行与大连振邦氟涂料股份有限公司、大连振邦集团有限公司借款合同纠纷案（《最高人民法院公报》2015年第2期）

裁判规则：《公司法》第16条第2款规定，公司为公司股东或者实际控制人提供担保的，必须经股东会或者股东大会决议。该条款是关于公司内部控制管理的规定，不应以此作为评价合同效力的依据。担保人抗辩认为其法定代表人订立抵押合同的行为超越代表权，债权人以其对相关股东会决议履行了形式审查义务，主张担保人的法定代表人构成表见代理的，人民法院应予支持。

第五百零六条 【免责条款无效情形】合同中的下列免责条款无效：

（一）造成对方人身损害的；

（二）因故意或者重大过失造成对方财产损失的。

第五百零七条 【争议解决条款的独立性】合同不生效、无效、被撤销或者终止的，不影响合同中有关解决争议方法的条款的效力。

案例 招商银行股份有限公司无锡分行与中国光大银行股份有限公司长春分行委托合同纠纷管辖权异议案（《最高人民法院公报》2016年第7期）

裁判规则：合同效力是对已经成立的合同是否具有合法性的评价，依法成立的合同，始对当事人具有法律约束力。《合同法》第57条关于"合同无效、被撤销或者终止的，不影响合同中独立存在的有关解决争议方法的条款的效力"的规定适用于已经成立的合同，"有关解决争议方法的条款"应当符合法定的成立条件。

审查管辖权异议，注重程序公正和司法效率，既要妥当保护当事人的管辖异议权，又要及时矫正、遏制当事人错用、滥用管辖异议权。确定管辖权应当以起诉时为标准，结合诉讼请求对当事人提交的证据材料进行形式要件审查以确定管辖。

从双方当事人在两案中的诉讼请求看，后诉的诉讼请求如果成立，存在实质上否定前诉裁判结果的可能，如果后诉的诉讼请求不能完全涵盖于前诉的裁判结果之中，后诉和前诉的诉讼请求所依据的民事法律关系并不完全相同，前诉和后诉并非重复诉讼。

案件移送后，当事人的诉讼请求是否在另案中通过反诉解决，超出了管辖异议的审查和处理的范围，应由受移送的人民法院结合当事人对诉权的处分等情况，依据《最高人民法院关于适用〈中华人民共和国民事诉讼法〉的解释》第232条、第233条等的有关规定依法处理。

第五百零八条 【合同效力适用指引】本编对合同的效力没有规定的，适用本法第一编第六章的有关规定。

第四章 合同的履行

第五百零九条 【合同履行的原则】当事人应当按照约定全面履行自己的义务。

当事人应当遵循诚信原则，根据合同的性质、目的和交易习惯履行通知、协助、保密等义务。

当事人在履行合同过程中，应当避免浪费资源、污染环境和破坏生态。

案例 陆永芳诉中国人寿保险股份有限公司太仓支公司保险合同纠纷案（《最高人民法院公报》2013年第11期）

裁判规则：人寿保险合同未约定具体的保费缴纳方式，投保人与保险人之间长期以来形成了较为固定的保费缴纳方式的，应视为双方成就了特定的交易习惯。保险公司单方改变交易习惯，违反最大诚信原则，致使投保人未能及时缴纳保费的，不应据此认定保单失效，保险公司无权终止合同效力并解除保险合同。

第五百一十条 【约定不明时合同内容的确定】合同生效后，当事人就质量、价款或者报酬、履行地点等内容没有约定或者约定不明确的，可以协议补充；不能达成补充协议的，按照合同相关条款或者交易习惯确定。

案例 罗某某诉张某某买卖合同纠纷案（最高人民法院民事审判第一庭《民事审判指导与参考》2010年第1辑）

裁判规则：双方当事人签订的《石料供应合同》合法有效，在出卖方不能证明供货的具体数量，仅能证明送货次数的情况下，则以运输车辆的核定载重吨位为准来确定。

第五百一十一条 【质量、价款、履行地点等内容的确定】当事人就有关合同内容约定不明确，依据前条规定仍不能确定的，适用下列规定：

（一）质量要求不明确的，按照强制性国家标准履行；没有强制性国家标准的，按照推荐性国家标准履行；没有推荐性国家标准的，按照行业标准履行；没有国家标准、行业标准的，按照通常标准或者符合合同目的的特定标准履行。

（二）价款或者报酬不明确的，按照订立合同时履行地的市场价格履行；依法应当执行政府定价或者政府指导价的，依照规定履行。

（三）履行地点不明确，给付货币的，在接受货币一方所在地履行；交付不动产的，在不动产所在地履行；其他标的，在履行义务一方所在地履行。

（四）履行期限不明确的，债务人可以随时履行，债权人也可以随时请求履行，但是应当给对方必要的准备时间。

（五）履行方式不明确的，按照有利于实现合同目的的方式履行。

（六）履行费用的负担不明确的，由履行义务一方负担；因债权人原因增加的履行费用，由债权人负担。

第五百一十二条 【电子合同交付时间的认定】通过互联网等信息网络订立的电子合同的标的为交付商品并采用快递物流方式交付的，收货人的签收时间为交付时间。电子合同的标的为提供服务的，生成的电子凭证或者实物凭证中载明的时间为提供服务时间；前述凭证没有载明时间或者载明时间与实际提供服务时间不一致的，以实际提供服务的时间为准。

电子合同的标的物为采用在线传输方式交付的，合同标的物进入对方当事人指定的特定系统且能够检索识别的时间为交付时间。

电子合同当事人对交付商品或者提供服务的方式、时间另有约定的，按照其约定。

第五百一十三条 【执行政府定价或指导价的合同价格确定】执行政府定价或者政府指导价的，在合同约定的交付期限内政府价格调整时，按照交付时的价格计价。逾期交付标的物的，遇价格上涨时，按照原价格执行；价格下降时，按照新价格执行。逾期提取标的物或者逾期付款的，遇价格上涨时，按照新价格执行；价格下降时，按照原价格执行。

第五百一十四条 【金钱之债给付货币的确定规则】以支付金钱为内容的债，除法律另有规定或者当事人另有约定外，债权人可以请求债务人以实际履行地的法定货币履行。

第五百一十五条 【选择之债中债务人的选择权】标的有多项而债务人只需履行其中一项的，债务人享有选择权；但是，法律另有规定、当事人另有约定或者另有交易习惯的除外。

享有选择权的当事人在约定期限内或者履行期限届满未作选择，经催告后在合理期限内仍未选择的，选择权转移至对方。

第五百一十六条 【选择权的行使】当事人行使选择权应当及时通知对方，通知到达对方时，标的确定。标的确定后不得变更，但是经对方同意的除外。

可选择的标的发生不能履行情形的，享有选择权的当事人不得选择不能履行的标的，但是该不能履行的情形是由对方造成的除外。

第五百一十七条 【按份债权与按份债务】债权人为二人以上，标的可分，按照份额各自享有债权的，为按份债权；债务人为二人以上，标的可分，按照份额各自负担债务的，为按份债务。

按份债权人或者按份债务人的份额难以确定的，视为份额相同。

注释 可分之债，是指在债的关系中，债权或者债务是可以分割的债。可分之债的性质为复数之债，且只是因为标的的同一而联系在一起，各债权或者债务并无共同目的，故各债权人或者债务人发生的事项，原则上不对其他债权人或者债务人产生效力。债权或者债务是否可以分割的标准是：1. 债权或者债务的分割是否损害债的目的。

分割不损害债的目的的,为可分给付;否则为不可分给付。2. 债权或者债务的分割是否在约定中予以禁止。3. 债权或者债务分割是否符合交易习惯和标的物的用途。比如钥匙与锁的关系,不能仅交付其一。

可分之债分为可分债权和可分债务。债权人为二人以上,标的可分,按照份额各自享有债权的,为按份债权;债务人为二人以上,标的可分,按照份额各自负担债务的,为按份债务。

第五百一十八条　【连带债权与连带债务】债权人为二人以上,部分或者全部债权人均可以请求债务人履行债务的,为连带债权;债务人为二人以上,债权人可以请求部分或者全部债务人履行全部债务的,为连带债务。

连带债权或者连带债务,由法律规定或者当事人约定。

注释 连带之债,是指在一个债的关系中,债权人或者债务人有数人时,各个债权人均得请求债务人履行全部债务,各个债务人均负有履行全部债务的义务,且全部债务因一次全部履行而归于消灭的债。

连带之债产生于两种原因:1. 法定连带之债,例如合伙债务、代理上的连带债务、共同侵权行为的损害赔偿责任为连带之债,以及法律规定的其他连带之债。2. 意定连带之债,当事人通过协议,约定为连带债权或者连带债务,如数个借款合同债务人就同一借贷,约定各负清偿全部债务的义务。

链接《合伙企业法》第39、40条

第五百一十九条　【连带债务份额的确定及追偿】连带债务人之间的份额难以确定的,视为份额相同。

实际承担债务超过自己份额的连带债务人,有权就超出部分在其他连带债务人未履行的份额范围内向其追偿,并相应地享有债权人的权利,但是不得损害债权人的利益。其他连带债务人对债权人的抗辩,可以向该债务人主张。

被追偿的连带债务人不能履行其应分担份额的,其他连带债务人应当在相应范围内按比例分担。

注释 连带债务对外不分份额,只有对内才分份额,连带债务人在内部对自己的份额承担最终责任。连带债务人可以事先约定份额,或者根据实际情况确定份额。如果债务份额难以确定的,视为份额相同,各个债务人以同等份额承担最终责任。

在连带债务中,由于每一个债务人对外均负有履行全部债务的义务,债权人有权向连带债务人中的数人或者全体请求履行。被请求的债务人不得以还有其他债务人而互相推诿,也不得以自己仅负担债务中的一定份额为由而拒绝履行全部债务。连带债务人这时承担的清偿责任,是中间责任。在承担中间责任中,如果实际承担债务的连带债务人承担了超过自己的份额的,有权就超出部分在其他连带债务人未履行的份额范围内向其追偿。在行使追偿权时,承担了超出自己份额的中间责任的债务人,实际上相应地享有了债权人的权利,但是,行使这种债权,不得损害债权人的利益。连带债务人在行使追偿权时,如果其他连带债务人对连带债务的债权人享有抗辩权的,可以向该债务人主张对债权人的抗辩,对抗该债务人的追偿权。

本条第3款为新增条文,进一步明确了被追偿的连带债务人不能履行其应分担份额时,其他连带债务人的分担规则。

第五百二十条　【连带债务人之一所生事项涉他效力】部分连带债务人履行、抵销债务或者提存标的物的,其他债务人对债权人的债务在相应范围内消灭;该债务人可以依据前条规定向其他债务人追偿。

部分连带债务人的债务被债权人免除的,在该连带债务人应当承担的份额范围内,其他债务人对债权人的债务消灭。

部分连带债务人的债务与债权人的债权同归于一人的,在扣除该债务人应当承担的份额后,债权人对其他债务人的债权继续存在。

债权人对部分连带债务人的给付受领迟延的,对其他连带债务人发生效力。

第五百二十一条　【连带债权内外部关系】连带债权人之间的份额难以确定的,视为份额相同。

实际受领债权的连带债权人,应当按比例向其他连带债权人返还。

连带债权参照适用本章连带债务的有关规定。

第五百二十二条　【向第三人履行】当事人约定由债务人向第三人履行债务,债务人未向第三人履行债务或者履行债务不符合约定的,应当向

债权人承担违约责任。

法律规定或者当事人约定第三人可以直接请求债务人向其履行债务,第三人未在合理期限内明确拒绝,债务人未向第三人履行债务或者履行债务不符合约定的,第三人可以请求债务人承担违约责任;债务人对债权人的抗辩,可以向第三人主张。

注释 向第三人履行,即第三人代债权人受领。合同当事人约定向第三人履行合同的,只要该第三人符合法律或合同规定的接受履行资格能够受领的,该第三人就成为合同的受领主体,是合格的受领主体,有权接受履行。第三人接受履行时,只是接受履行的主体,而不是合同当事人。第三人替债权人接受履行不适当或因此给债务人造成损失的,应由债权人承担民事责任。当债务人向第三人履行清偿义务,履行增加的费用,应当由债权人负担。债务人未向第三人履行债务或者履行债务不符合约定的,构成违约行为,债务人应当向债权人承担违约责任。第三人替债权人接受履行,通常是因为第三人与债权人之间存在一定关系,但第三人并不是债权人的代理人,不应当适用关于代理的规定。

本条在原《合同法》第 64 条的基础上增加规定了第 2 款。法律规定或者当事人约定第三人可以直接请求债务人向其履行债务,第三人未在合理期限内明确拒绝,债务人未向第三人履行债务或者履行债务不符合约定的,第三人可以请求债务人承担违约责任;债务人如果对债权人享有抗辩的权利,可以直接向第三人主张其对债权人的抗辩予以抗辩,发生向债权人抗辩的效力。

第五百二十三条 【第三人履行】当事人约定由第三人向债权人履行债务,第三人不履行债务或者履行债务不符合约定的,债务人应当向债权人承担违约责任。

注释 由第三人履行,也叫第三人代债务人履行,是指在合同的履行中,由第三人代替债务人向债权人履行债务。第三人代债务人履行,是合同的履行主体变化。在第三人代替债务人履行债务中,第三人与债权人、债务人并未达成转让债务协议,第三人并未成为合同当事人,只是按照合同当事人之间的约定,代替债务人向债权人履行债务,并不构成债务转移。根据合同自由原则,只要不违反法律规定和合同约定,且未给债权人造成损失或增加费用,由第三人履行是有效的。

构成由第三人履行,即当事人约定由第三人向债权人履行债务的,如果第三人不履行债务或者履行债务不符合约定,债务人构成违约行为,应当向债权人承担违约责任。

链接《买卖合同解释》第 16 条

第五百二十四条 【第三人代为履行】债务人不履行债务,第三人对履行该债务具有合法利益的,第三人有权向债权人代为履行;但是,根据债务性质、按照当事人约定或者依照法律规定只能由债务人履行的除外。

债权人接受第三人履行后,其对债务人的债权转让给第三人,但是债务人和第三人另有约定的除外。

注释 本条为新增条文。当一个债务已届履行期,债务人不履行债务,该不履行债务的行为有可能损害第三人的利益时,第三人得代债务人向债权人履行债务,以使自己的合法利益得到保全。如果根据债务的性质、按照当事人约定或者依照法律规定,该债务只能由债务人履行的,不适用第三人代为履行的规则。

第三人代债务人为履行之后,债权人已经接受第三人的履行的,债权人对债务人的债权就转让给了第三人,第三人对债务人享有该债权,可以向债务人主张该债权。如果债务人和第三人对如何确定他们之间的债权债务关系另有约定的,则按照约定办理,不受这一债权转让规则的拘束。

案例 **某物流有限公司诉吴某运输合同纠纷案**[人民法院贯彻实施民法典典型案例(第一批)]

裁判规则:某物流有限公司与吴某存在运输合同关系,在吴某未及时向货物承运司机结清费用,致使货物被扣留时,某物流有限公司对履行该债务具有合法利益,有权代吴某向承运司机履行。某物流有限公司代为履行后,承运司机对吴某的债权即转让给该公司,故依照民法典第五百二十四条规定,判决支持某物流有限公司请求吴某支付剩余运费的诉讼请求。

第五百二十五条 【同时履行抗辩权】当事人互负债务,没有先后履行顺序的,应当同时履行。一方在对方履行之前有权拒绝其履行请求。一方在对方履行债务不符合约定时,有权拒绝其相应的履行请求。

注释 所谓抗辩权,是指对抗请求权或否认对方权利主张的权利,又称异议权。其包括消灭的抗辩权和延缓的抗辩权。行使消灭的抗辩权会使对方的请求权归于消灭,而延缓的抗辩权仅阻碍对方请求权效力在一定期限内的发生。

同时履行抗辩权,又称为不履行抗辩权,是指双务合同的当事人在对方未为对待给付之前,得拒绝履行自己的给付。同时履行抗辩权的产生需要满足下列条件:(1)当事人双方因同一双务合同而互负债务。互负债务是指当事人所负的债务具有对价关系,而并非经济上完全等价。(2)合同中没有约定履行的先后顺序。(3)双方互负的债务均已届清偿期。(4)对方当事人未履行合同义务或者未按照约定履行合同义务。其中,未按照约定履行合同义务包括瑕疵履行即交付的标的物存在质量问题和部分履行即交付的标的物在数量上不足。(5)对方当事人的对待履行是可能的。如果对方当事人因客观原因不能履行合同义务,则应当通过合同变更、解除或者追究违约责任等规则来处理,适用同时履行抗辩权规则没有任何意义。例如,以特定物为标的的合同,在履行前标的物毁损灭失的,行使同时履行抗辩权无助于合同履行。

在没有先后履行顺序的合同中,同时履行抗辩权的具体内容是:(1)一方在对方未履行之前有权拒绝对方的履行请求。(2)一方在对方履行债务不符合约定时,有权拒绝其相应的履行请求。这里所指的"相应的",是指一方拒绝履行的债务应当与对方不适当履行的债务相当。一般而言,对轻微违约不得行使同时履行抗辩权,这是各国对同时履行抗辩权作出的普遍的限制。这有利于合同的遵守,稳定交易秩序,减少纠纷。

第五百二十六条　【先履行抗辩权】当事人互负债务,有先后履行顺序,应当先履行债务一方未履行的,后履行一方有权拒绝其履行请求。先履行一方履行债务不符合约定的,后履行一方有权拒绝其相应的履行请求。

注释 先履行抗辩权,是指根据法律规定或者当事人约定,双务合同的一方当事人应当先履行合同义务,先履行一方未履行或者未适当履行的,后履行一方有权拒绝为相应履行。先履行抗辩权是为了保护后履行一方的期限利益或者其履行合同条件而规定的。先履行抗辩权的适用条件包括:(1)合同当事人根据同一双务合同而互负债务。(2)合同当事人的债务履行有先后次序。(3)应当先履行的一方当事人没有履行或者履行不符合约定。(4)应当先履行的债务是可能履行的。先履行抗辩权属延期的抗辩权,只是暂时阻止对方当事人请求权的行使,非永久的抗辩权。对方当事人完全履行了合同义务,先履行抗辩权消灭,当事人应当履行自己的义务。当事人行使先履行抗辩权致使合同迟延履行的,迟延履行责任应由对方当事人承担。

链接《买卖合同解释》第 31 条

第五百二十七条　【不安抗辩权】应当先履行债务的当事人,有确切证据证明对方有下列情形之一的,可以中止履行:

(一)经营状况严重恶化;

(二)转移财产、抽逃资金,以逃避债务;

(三)丧失商业信誉;

(四)有丧失或者可能丧失履行债务能力的其他情形。

当事人没有确切证据中止履行的,应当承担违约责任。

注释 不安抗辩权,是指双务合同中一方当事人应当先履行合同义务,在合同订立之后履行之前,有确切证据证明后履行一方当事人将来有不履行或者不能履行合同的可能时,先履行一方可以暂时中止履行,并及时通知对方当事人在合理的期限内提供适当担保;如果对方在合理期限内提供了适当担保,则应当恢复履行;如果对方未能在合理期限内提供适当担保,则中止履行的一方可以解除合同。例如,甲、乙订有一买卖合同,约定甲于 6 月 1 日前交货,乙收到货后 2 个月内付款。之后,甲发现乙因故需承担巨额赔偿责任,并有确切证据证明其难以付清货款,于是甲可以行使不安抗辩权中止向乙供货,并及时通知乙。如果乙提供了相应担保,甲应恢复履行合同义务。

不安抗辩权的适用条件包括以下几个方面:(1)双务合同中一方当事人应当先履行合同义务。如果当事人没有在合同中约定、法律也没有规定当事人履行义务的先后次序,则当事人应当同时履行合同义务,只能适用同时履行抗辩权,而不能行使不安抗辩权。(2)有确切的证据证明后履行一方当事人将来不履行或者不能履行合同义务。没有确切证据而中止自己的履行要承担违约责任。包括以下几种情形:①经营状况严重恶化,是指合同订立之后,当事人的经营状况发生不好的变化,财产大量减少,以致影响其履行债务的能力;②转移财产、抽逃资金,是指后履行债务的当事人以逃避债务为目的,将自己的财产转移到别处或者从企业中撤回所投入的资金;③丧失商业信誉,是指后履行债务的当事人失去了诚实信用、按期履行等良好的声誉;④有丧失或者可能丧失履行债务能力的其他情形。一方当事人出现丧失或者可能丧失履行债务能力的情形并不以其对这种结果的发生存在过错为条件,不论是何种原因造成的,只要存在丧失或者可能丧失履行债务能力的事实即可。(3)应当先履行一方当事人的合同义务已到履行期。如果先履行一方当事人的合同履行期限尚未届至,则其可以根据期限规定进行抗辩,而无须援用不安抗辩权。

案例 俞财新与福建华辰房地产有限公司、魏传瑞商品房买卖(预约)合同纠纷案(《最高人民法院公报》2011 年第 8 期)

裁判规则:根据合同的相对性原则,涉案合同一方当事人以案外人违约为由,主张在涉案合同履行中行使不安抗辩权的,人民法院不予支持。

第五百二十八条 【不安抗辩权的行使】当事人依据前条规定中止履行的,应当及时通知对方。对方提供适当担保的,应当恢复履行。中止履行后,对方在合理期限内未恢复履行能力且未提供适当担保的,视为以自己的行为表明不履行主要债务,中止履行的一方可以解除合同并可以请求对方承担违约责任。

第五百二十九条 【因债权人原因致债务履行困难的处理】债权人分立、合并或者变更住所没有通知债务人,致使履行债务发生困难的,债务人可以中止履行或者将标的物提存。

注释 在合同履行过程中,债务人应当诚实守信,积极履约,满足债权人的债权要求。但是,在由于债权人的原因,而使债务人履行发生困难时,就不能认为债务人违约。

第五百三十条 【债务人提前履行债务】债权人可以拒绝债务人提前履行债务,但是提前履行不损害债权人利益的除外。

债务人提前履行债务给债权人增加的费用,由债务人负担。

第五百三十一条 【债务人部分履行债务】债权人可以拒绝债务人部分履行债务,但是部分履行不损害债权人利益的除外。

债务人部分履行债务给债权人增加的费用,由债务人负担。

第五百三十二条 【当事人变化不影响合同效力】合同生效后,当事人不得因姓名、名称的变更或者法定代表人、负责人、承办人的变动而不履行合同义务。

第五百三十三条 【情势变更】合同成立后,合同的基础条件发生了当事人在订立合同时无法预见的、不属于商业风险的重大变化,继续履行合同对于当事人一方明显不公平的,受不利影响的当事人可以与对方重新协商;在合理期限内协商不成的,当事人可以请求人民法院或者仲裁机构变更或者解除合同。

人民法院或者仲裁机构应当结合案件的实际情况,根据公平原则变更或者解除合同。

注释 情势变更原则,是指在合同成立后,订立合同的基础条件发生了当事人在订立合同时无法预见的、不属于商业风险的重大变化,仍然维持合同效力履行合同对于当事人一方明显不公平的情势,受不利影响的当事人可以请求对方重新协商,变更或解除合同并免除责任的合同效力规则。

案例 大宗集团有限公司、宗锡晋与淮北圣火矿业有限公司、淮北圣火房地产开发有限责任公司、涡阳圣火房地产开发有限公司股权转让纠纷案(《最高人民法院公报》2016 年第 6 期)

裁判规则:矿业权与股权是两种不同的民事权利,如果仅转让公司股权而不导致矿业权主体的变更,则不属于矿业权转让,转让合同无需地质矿产主管部门审批,在不违反法律、行政法规强制性规定的情况下,应认定合同合法有效。迟延履行生效合同约定义务的当事人以迟延履行期间国家政策变化为由主张情势变更的,不予支持。

第五百三十四条 【合同监督】对当事人利用合同实施危害国家利益、社会公共利益行为的,市场监督管理和其他有关行政主管部门依照法律、行政法规的规定负责监督处理。

第五章 合同的保全

第五百三十五条 【债权人代位权】因债务人怠于行使其债权或者与该债权有关的从权利,影响债权人的到期债权实现的,债权人可以向人民法院请求以自己的名义代位行使债务人对相对人的权利,但是该权利专属于债务人自身的除外。

代位权的行使范围以债权人的到期债权为限。债权人行使代位权的必要费用,由债务人负担。

相对人对债务人的抗辩,可以向债权人主张。

注释 债权人代位权,是指债权人依法享有的为保全其债权,以自己的名义行使属于债务人对相对人权利的实体权利。当债务人怠于行使属于自己的债权或者与该债权有关的从权利,而害及债权人的权利实现时,债权人可依债权人代位权,以自己的名义行使债务人怠于行使的债权。"债务人怠于行使其债权或者与该债权有关的从权利,影响债权人的到期债权实现的",是指债务人不履行其对债权人的到期债务,又不以诉讼方式或者仲裁方式向相对人主张其享有的债权或者与该债权有关的从权利,致使债权人的到期债权未能实现。相对人不认为债务人有怠于行使其债权或者与该债权有关的从权利情况的,应当承担举证责任。

《合伙企业法》第41条有特殊规定:合伙人发生与合伙企业无关的债务,相关债权人不得以其债权抵销其对合伙企业的债务;也不得代位行使合伙人在合伙企业中的权利。

链接《最高人民法院关于审理建设工程施工合同纠纷案件适用法律问题的解释(一)》第44条

案例 1. 成都市国土资源局武侯分局与招商(蛇口)成都房地产开发有限责任公司、成都港招实业开发有限责任公司、海南民丰科技实业开发总公司债权人代位权纠纷案(《最高人民法院公报》2012年第6期)

裁判规则:债务人与次债务人约定以代物清偿方式清偿债务的,因代物清偿协议系实践性合同,故若次债务人未实际履行代物清偿协议,则次债务人与债务人之间的原金钱债务并未消灭,债权人仍有权代位行使债务人的债权。

企业改制只是转换企业的组织形式和变更企业的经济性质,原企业的债权债务并不因改制而消灭。根据《最高人民法院关于审理与企业改制相关的民事纠纷案件若干问题的规定》第5条的规定,企业通过增资扩股或者转让部分产权,实现他人对企业的参股,将企业整体改造为有限责任公司或者股份有限公司的,原企业债务由改造后的新设公司承担。故债权人代位行使对次债务人的债权,次债务人改制的,由改制后的企业向债权人履行清偿义务。

2. 中国银行股份有限公司汕头分行与广东发展银行股份有限公司韶关分行、第三人珠海经济特区安然实业(集团)公司代位权纠纷案(《最高人民法院公报》2011年第11期)

裁判规则:债权人提起代位权诉讼,应以主债权和次债权的成立为条件。债权成立不仅指债权的内容不违反法律、法规的规定,而且要求债权的数额应当确定。债权数额的确定既可以表现为债务人、次债务人对债权的认可,也可以经人民法院判决或者仲裁机构裁决加以确认。

根据《最高人民法院关于审理民事案件适用诉讼时效制度若干问题的规定》第18条的规定,债权人提起代位权诉讼的,应当认定对债权人的债权和债务人的债权均发生诉讼时效中断的效力。

第五百三十六条 【保存行为】债权人的债权到期前,债务人的债权或者与该债权有关的从权利存在诉讼时效期间即将届满或者未及时申报破产债权等情形,影响债权人的债权实现的,债权人可以代位向债务人的相对人请求其向债务人履行、向破产管理人申报或者作出其他必要的行为。

第五百三十七条 【代位权行使后的法律效果】人民法院认定代位权成立的,由债务人的相对人向债权人履行义务,债权人接受履行后,债权人与债务人、债务人与相对人之间相应的权利义务终止。债务人对相对人的债权或者与该债权有关的从权利被采取保全、执行措施,或者债务人破产的,依照相关法律的规定处理。

案例 北京大唐燃料有限公司诉山东百富物流有限公司买卖合同纠纷案(最高人民法院指导案例167号)

裁判规则:代位权诉讼执行中,因相对人无可供执行的财产而被终结本次执行程序,债权人就未实际获得清偿的债权另行向债务人主张权利的,人民法院应予支持。

第五百三十八条 【撤销债务人无偿行为】债务人以放弃其债权、放弃债权担保、无偿转让财产等方式无偿处分财产权益,或者恶意延长其到期债权的履行期限,影响债权人的债权实现的,债权人可以请求人民法院撤销债务人的行为。

案例 永安市燕诚房地产开发有限公司与郑耀南、远东(厦门)房地产发展有限公司及第三人高俪珍第三人撤销之诉案(《最高人民法院公报》2020年第4期)

裁判规则：作为普通债权人的第三人一般不具有基于债权提起第三人撤销之诉的事由，但是如果生效裁判所确认的债务人相关财产处分行为符合《合同法》第74条所规定的撤销权条件，则依法享有撤销权的债权人与该生效裁判案件处理结果具有法律上的利害关系，从而具备以无独立请求权第三人身份提起第三人撤销之诉的原告主体资格。

第五百三十九条　【撤销债务人有偿行为】债务人以明显不合理的低价转让财产、以明显不合理的高价受让他人财产或者为他人的债务提供担保，影响债权人的债权实现，债务人的相对人知道或者应当知道该情形的，债权人可以请求人民法院撤销债务人的行为。

注释 本条规定的明显不合理的低价或者高价，人民法院应当以交易当地一般经营者的判断，并参考交易当时交易地的物价部门指导价或者市场交易价，结合其他相关因素综合考虑予以认定。

转让价格达不到交易时交易地的指导价或者市场交易价百分之七十的，一般可以视为明显不合理的低价；对转让价格高于当地指导价或者市场交易价百分之三十的，一般可以视为明显不合理的高价。当事人对于其所主张的交易时交易地的指导价或者市场交易价承担举证责任。

链接《最高人民法院关于印发〈全国法院贯彻实施民法典工作会议纪要〉的通知》第9条

第五百四十条　【撤销权的行使范围】撤销权的行使范围以债权人的债权为限。债权人行使撤销权的必要费用，由债务人负担。

第五百四十一条　【撤销权的行使期间】撤销权自债权人知道或者应当知道撤销事由之日起一年内行使。自债务人的行为发生之日起五年内没有行使撤销权的，该撤销权消灭。

第五百四十二条　【债务人行为被撤销的法律效果】债务人影响债权人的债权实现的行为被撤销的，自始没有法律约束力。

第六章　合同的变更和转让

第五百四十三条　【协议变更合同】当事人协商一致，可以变更合同。

注释 合同的变更，分为法定变更、裁判变更和协商变更。本条规定的是协议变更。协商一致就是合意，即意思表示一致。如果一方当事人要变更合同，另一方当事人不同意变更合同，或者双方都有变更合同内容的意愿，但是双方意思表示的内容不能达成一致，还存在分歧，就是没有协商一致，还没有形成合同变更的意思表示一致，合同变更的合意就没有成立，所以不成立合同变更，不发生合同变更的效果，原合同继续有效。

第五百四十四条　【合同变更不明确推定为未变更】当事人对合同变更的内容约定不明确的，推定为未变更。

注释 合同变更禁止推定，是指当事人变更合同的意思表示须以明示方式为之，在当事人未以明示方式约定合同变更的，禁止适用推定规则推定当事人有变更合同的意愿。禁止推定规则是合同变更须以明示方式为之的应有之义。

案例 **通州建总集团有限公司与内蒙古兴华房地产有限责任公司建设工程施工合同纠纷案**（《最高人民法院公报》2017年第9期）

裁判规则：一、对以物抵债协议的效力、履行等问题的认定，应以尊重当事人的意思自治为基本原则。一般而言，除当事人有明确约定外，当事人于债务清偿期届满后签订的以物抵债协议，并不以债权人现实地受领抵债物，或取得抵债物所有权、使用权等财产权利，为成立或生效要件。只要双方当事人的意思表示真实，合同内容不违反法律、行政法规的强制性规定，合同即为有效。

二、当事人于债务清偿期届满后达成的以物抵债协议，可能构成债的更改，即成立新债务，同时消灭旧债务；亦可能属于新债清偿，即成立新债务，与旧债务并存。基于保护债权的理念，债的更改一般需有当事人明确消灭旧债的合意，否则，当事人于债务清偿期届满后达成的以物抵债协议，性质一般应为新债清偿。

三、在新债清偿情形下，旧债务于新债务履行之前不消灭，旧债务和新债务处于衔接并存的状态；在新债务合法有效并得以履行完毕后，因完成了债务清偿义务，旧债务才归于消灭。

四、在债权人与债务人达成以物抵债协议、新债务与旧债务并存时，确定债权是否得以实现，应以债务人是否按照约定全面履行自己义务为依据。若新债务届期不履行，致使以物抵债协议目的不能实现的，债权人有权请求债务人履行旧债务，且该请求权的行使，并不以以物抵债协议无效、被撤销或者被解除为前提。

第五百四十五条 【债权转让】债权人可以将债权的全部或者部分转让给第三人，但是有下列情形之一的除外：

（一）根据债权性质不得转让；

（二）按照当事人约定不得转让；

（三）依照法律规定不得转让。

当事人约定非金钱债权不得转让的，不得对抗善意第三人。当事人约定金钱债权不得转让的，不得对抗第三人。

注释 债的移转，是指在不改变债的客体和内容的情况下，对债的主体进行变更的债的转移形态。故债的移转就是债的主体之变更，包括债权转让、债务转移以及债权债务概括转移三种形式。

债权转让，也叫债权让与，是指债权人通过协议将其享有的债权全部或者部分地转让给第三人的行为。债权转让是债的关系主体变更的一种形式，它是在不改变债的内容的情况下，通过协议将债的关系中的债权人进行变更。债权转让的构成要件是：1. 须有有效的债权存在；2. 债权的转让人与受让人应达成转让协议；3. 转让的债权必须是依法可以转让的债权；4. 债权的转让协议须通知债务人。

案例 **沈阳银胜天成投资管理有限公司与中国华融资产管理公司沈阳办事处债权转让合同纠纷案**（《最高人民法院公报》2010年第5期）

裁判规则：一、金融资产管理公司收购和处置银行不良金融债权，具有较强的政策性。银行不良金融债权的转让，不能完全等同于一般民事主体之间的债权转让行为，具有高风险、高收益的特点，与等价交换的市场规律有较为明显的区别。不良债权交易的实物资产，不是一般资产买卖关系，而主要是一种风险与收益的转移。

二、银行不良金融债权以资产包形式整体出售转让的，资产包内各不良金融债权的可回收比例各不相同，而资产包一旦形成，即具有不可分割性。因此，资产包整体买进后，如需解除合同，也必须整体解除，将资产包整体返还。银行不良金融债权的受让人在将资产包中相对优质的债权变卖获益后，又通过诉讼请求部分解除合同，将资产包中其他债权返还的，人民法院不予支持。

三、不良金融资产转让协议之目的是公平合规地完成债权及实物资产的顺利转让，在未对受让人是否能够清收债权及清收债权的比例作出承诺和规范的情况下，受让人以合同预期盈利目的不能实现为由提出解除合同的诉讼请求，人民法院不予支持。

第五百四十六条 【债权转让的通知义务】债权人转让债权，未通知债务人的，该转让对债务人不发生效力。

债权转让的通知不得撤销，但是经受让人同意的除外。

第五百四十七条 【债权转让从权利一并转让】债权人转让债权的，受让人取得与债权有关的从权利，但是该从权利专属于债权人自身的除外。

受让人取得从权利不因该从权利未办理转移登记手续或者未转移占有而受到影响。

注释 从权利随主权利转移原则，是债权转让的重要规则。主债权发生转移时，其从权利应随之一同转移，即使债权的从权利是否转让没有在转让协议中作出明确规定，也与主债权一并转移于债权的受让人。但该从权利专属于债权人自身的除外。

债权的从权利是指与主债权相联系的，但自身并不能独立存在的权利。债权的从权利大部分是由主债权债务关系的从合同规定的，也有的本身就是主债权内容的一部分。如通过抵押合同设定的抵押权、质押合同设定的质权、保证合同设定的保证债权、定金合同设定的定金债权等，都属于由主债权的从合同设定的从权利。违约金债权、损害赔偿请求权、留置权、债权解除权、债权人撤销权、债权人代位权等，则属于由主债权或者依照法律的规定产生的债权的从权利。

债权转让中从权利的随从转移具有法定性。如果受让人取得了从权利，该从权利未办理转移登记手续，或者未转移占有的，不影响债权转让引发从权利转移的效力。

第五百四十八条 【债权转让中债务人抗辩】债务人接到债权转让通知后，债务人对让与人的抗辩，可以向受让人主张。

第五百四十九条 【债权转让中债务人的抵销权】有下列情形之一的，债务人可以向受让人主张抵销：

（一）债务人接到债权转让通知时，债务人对让与人享有债权，且债务人的债权先于转让的债权到期或者同时到期；

（二）债务人的债权与转让的债权是基于同一

合同产生。

第五百五十条 【债权转让费用的承担】因债权转让增加的履行费用，由让与人负担。

第五百五十一条 【债务转移】债务人将债务的全部或者部分转移给第三人的，应当经债权人同意。

债务人或者第三人可以催告债权人在合理期限内予以同意，债权人未作表示的，视为不同意。

注释 债务转移，也称债务让与，是指债务人将其负有的债务转移给第三人，由第三人取代债务人的地位，对债权人负责给付的债的转移形态。债务转移的要件是：1. 须有有效的债务存在，自然债务不能转移；2. 转让的债务应具有可转让性，法律规定不得转移、当事人约定不得转移以及依照性质不得转移的债务，不得转移；3. 须有债务转移的内容，债务受让人成为债权人的债务人；4. 须经债权人同意，如果债权人不同意债务转让，则债务人转让其债务的行为无效，不对债权人产生约束力。

债务转移分为全部转移和部分转移：1. 债务的全部转移，是债务人与第三人达成协议，将其在债的关系中的全部债务一并转移给第三人。2. 债务的部分转移，是债务人将债的关系中债务的一部分转移给第三人，由第三人对债权人承担该部分债务。

链接《招标投标法》第 48 条

案例 中国工商银行股份有限公司三门峡车站支行与三门峡天元铝业股份有限公司、三门峡天元铝业集团有限公司借款担保合同纠纷案（《最高人民法院公报》2008 年第 11 期）

裁判规则：债务人将合同的义务全部或者部分转移给第三人的，应当经债权人同意。因此，债务人向债权人出具承诺书，表示将所负债务全部或者部分转移给第三人，而债权人对此未予接受，亦未在债务人与第三人签订的债务转移协议书上加盖公章的，应当认定债权人不同意债务转让，债务人与第三人之间的债务转让协议对债权人不发生法律效力。

借新贷还旧贷，系在贷款到期不能按时收回的情况下，作为债权人的金融机构又与债务人订立协议，向债务人发放新的贷款用于归还旧贷款的行为。该行为与债务人用自有资金偿还贷款，从而消灭原债权债务关系的行为具有本质的区别。虽然新贷代替了旧贷，但原有的债权债务关系并未消除，客观上只是以新贷形式延长了旧贷的还款期限。

第五百五十二条 【债务加入】第三人与债务人约定加入债务并通知债权人，或者第三人向债权人表示愿意加入债务，债权人未在合理期限内明确拒绝的，债权人可以请求第三人在其愿意承担的债务范围内和债务人承担连带债务。

案例 广东达宝物业管理有限公司与广东中岱企业集团有限公司、广东中岱电讯产业有限公司、广州市中珊实业有限公司股权转让合作纠纷案（《最高人民法院公报》2012 年第 5 期）

裁判规则：合同外的第三人向合同中的债权人承诺承担债务人义务的，如果没有充分的证据证明债权人同意债务转移给该第三人或者债务人退出合同关系，不宜轻易认定构成债务转移，一般应认定为债务加入。第三人向债权人表明债务加入的意思后，即使债权人未明确表示同意，但只要其未明确表示反对或未以行为表示反对，仍应当认定为债务加入成立，债权人可以依照债务加入关系向该第三人主张权利。

第五百五十三条 【债务转移时新债务人抗辩】债务人转移债务的，新债务人可以主张原债务人对债权人的抗辩；原债务人对债权人享有债权的，新债务人不得向债权人主张抵销。

注释 债务转移后，新债务人取得原债务人的一切法律地位，有关对债权人的一切抗辩和抗辩权，新债务人都有权对债权人主张。但是，原债务人享有的对债权人的抵销权不发生转移，即原债务人对债权人享有债权的，新债务人不得向债权人主张抵销。

第五百五十四条 【从债务随主债务转移】债务人转移债务的，新债务人应当承担与主债务有关的从债务，但是该从债务专属于原债务人自身的除外。

注释 对附属于主债务的从债务，在债务人转让债务以后，新债务人一并应对从债务予以承担，即使当事人在转让债务时未在转让协议中明确规定从债务问题，也不影响从债务转移给债务的受让人。如附属于主债务的利息债务等，因债务转移而将移转给承担人。例外的是，第三人原来向债权人所提供的担保，在债务转移时，若担保人未明确表示继续承担担保责任，则担保责任将因债务转移而消灭。

专属于原债务人的从债务，在主债务转移时

不必然随之转移。专属于原债务人的从债务，是指应当由原债务人自己来履行的附属于主债务的债务。一般在债务转移之前已经发生的从债务，要由原债务人来履行，不得转由债务的受让人来承担。对于与债务人的人身相关或者与原债务人有特殊关联的从债务，应由原债务人来承担，不随主债务的转让而由新债务人承担。

第五百五十五条 【合同权利义务的一并转让】当事人一方经对方同意，可以将自己在合同中的权利和义务一并转让给第三人。

注释 债权债务概括转移，是指债的关系当事人一方将其债权与债务一并转移给第三人，由第三人概括地继受这些债权和债务的债的移转形态。债权债务概括移转与债权转让及债务转移不同之处在于，债权转让和债务转移仅是债权或者债务的单一转让，而债权债务概括转移则是债权与债务的一并转让。

债权债务概括转移，一般由债的一方当事人与债的关系之外的第三人通过签订转让协议的方式，约定由第三人取代债权债务转让人的地位，享有债的关系中转让人的一切债权并承担转让人一切债务。

可以进行债权债务概括转移的只能是双务之债，例如双务合同。仅仅一方负有债务、另一方享有债权的合同，以及单务合同，不适用债权债务概括转移。

债权债务概括转移的法律效果，是第三人替代合同的原当事人，成为新合同的当事人，一并承受转让的债权和债务。

第五百五十六条 【一并转让的法律适用】合同的权利和义务一并转让的，适用债权转让、债务转移的有关规定。

第七章 合同的权利义务终止

第五百五十七条 【债权债务终止的法定情形】有下列情形之一的，债权债务终止：

（一）债务已经履行；

（二）债务相互抵销；

（三）债务人依法将标的物提存；

（四）债权人免除债务；

（五）债权债务同归于一人；

（六）法律规定或者当事人约定终止的其他情形。

合同解除的，该合同的权利义务关系终止。

注释 债的终止，也叫债权债务关系终止或者债的消灭，是指债的当事人之间的债的关系在客观上已经不复存在，债权与债务归于消灭。

第五百五十八条 【后合同义务】债权债务终止后，当事人应当遵循诚信等原则，根据交易习惯履行通知、协助、保密、旧物回收等义务。

注释 后合同义务，是指合同的权利义务终止后，当事人依照法律的规定，遵循诚信原则和交易习惯应当履行的附随义务。后合同义务的确定根据是法律规定和交易习惯。前者如本条规定的通知、协助、保密、旧物回收等义务，后者如售后三包服务等。后合同义务具有强制性。在后合同阶段，当事人不履行附随义务，给对方当事人造成损害的，应当承担相应的损害赔偿责任。

第五百五十九条 【从权利消灭】债权债务终止时，债权的从权利同时消灭，但是法律另有规定或者当事人另有约定的除外。

链接《企业破产法》第 124 条

第五百六十条 【数项债务的清偿抵充顺序】债务人对同一债权人负担的数项债务种类相同，债务人的给付不足以清偿全部债务的，除当事人另有约定外，由债务人在清偿时指定其履行的债务。

债务人未作指定的，应当优先履行已经到期的债务；数项债务均到期的，优先履行对债权人缺乏担保或者担保最少的债务；均无担保或者担保相等的，优先履行债务人负担较重的债务；负担相同的，按照债务到期的先后顺序履行；到期时间相同的，按照债务比例履行。

第五百六十一条 【费用、利息和主债务的清偿抵充顺序】债务人在履行主债务外还应当支付利息和实现债权的有关费用，其给付不足以清偿全部债务的，除当事人另有约定外，应当按照下列顺序履行：

（一）实现债权的有关费用；

（二）利息；

（三）主债务。

第五百六十二条 【合同的约定解除】当事人协商一致，可以解除合同。

当事人可以约定一方解除合同的事由。解除合同的事由发生时，解除权人可以解除合同。

第五百六十三条 【合同的法定解除】有下列情形之一的，当事人可以解除合同：

(一)因不可抗力致使不能实现合同目的;

(二)在履行期限届满前,当事人一方明确表示或者以自己的行为表明不履行主要债务;

(三)当事人一方迟延履行主要债务,经催告后在合理期限内仍未履行;

(四)当事人一方迟延履行债务或者有其他违约行为致使不能实现合同目的;

(五)法律规定的其他情形。

以持续履行的债务为内容的不定期合同,当事人可以随时解除合同,但是应当在合理期限之前通知对方。

注释 在出现法定解除事由的情形下,拥有解除权的一方当事人可以单方面行使解除权,而无需和对方协商一致,即当事人可以解除,也可以决定不解除而继续履行。是否解除,由享有解除权的当事人根据实际情况自行作出判断。

案例 1. 张俭华、徐海英诉启东市取生置业有限公司房屋买卖合同纠纷案(《最高人民法院公报》2017 年第 9 期)

裁判规则:当事人将特定主观目的作为合同条件或成交基础并明确约定,则该特定主观目的之客观化,属于《合同法》第 94 条第 4 项"有其他违约行为致使不能实现合同目的"的规制范围。如开发商交付的房屋与购房合同约定的方位布局相反,且无法调换,购房者可以合同目的不能实现解除合同。

2. 何丽红诉中国人寿保险股份有限公司佛山市顺德支公司、中国人寿保险股份有限公司佛山分公司保险合同纠纷案(《最高人民法院公报》2008 年第 8 期)

裁判规则:基于保险合同的特殊性,合同双方当事人应当最大限度地诚实守信。投保人依法履行如实告知义务,即是最大限度诚实守信的一项重要内容。根据《保险法》的规定,投保人在订立保险合同前,应当如实回答保险人就保险标的或者被保险人的有关情况作出的询问,如实告知影响保险人对是否承保以及如何设定承保条件、承保费率作出正确决定的重要事项。对于投保人故意隐瞒事实,不履行如实告知义务的,或者因过失未履行如实告知义务,足以影响保险人决定是否同意承保或者提高保险费率的,保险人有权解除保险合同,并对于保险合同解除前发生的保险事故不承担赔偿或者给付保险金的责任。

如果保险人在明知投保人未履行如实告知义务的情况下,不是进一步要求投保人如实告知,而是仍与之订立保险合同,则应视为其主动放弃了抗辩权利,构成有法律约束力的弃权行为,故无权再以投保人违反如实告知义务为由解除保险合同,而应严格依照保险合同的约定承担保险责任。

第五百六十四条 【解除权行使期限】法律规定或者当事人约定解除权行使期限,期限届满当事人不行使的,该权利消灭。

法律没有规定或者当事人没有约定解除权行使期限,自解除权人知道或者应当知道解除事由之日起一年内不行使,或者经对方催告后在合理期限内不行使的,该权利消灭。

案例 天津市滨海商贸大世界有限公司与天津市天益工贸有限公司、王锡锋财产权属纠纷案(《最高人民法院公报》2013 年第 10 期)

裁判规则:《最高人民法院关于审理商品房买卖合同纠纷案件适用法律若干问题的解释》关于解除权行使期限的规定仅适用于该解释所称的商品房买卖合同纠纷案件。对于其他房屋买卖合同解除权的行使期限,法律没有规定或者当事人没有约定的,应当根据《合同法》第 95 条的规定,在合理期限内行使。何为"合理期限",由人民法院结合具体案情予以认定。

第五百六十五条 【合同解除权的行使规则】当事人一方依法主张解除合同的,应当通知对方。合同自通知到达对方时解除;通知载明债务人在一定期限内不履行债务则合同自动解除,债务人在该期限内未履行债务的,合同自通知载明的期限届满时解除。对方对解除合同有异议的,任何一方当事人均可以请求人民法院或者仲裁机构确认解除行为的效力。

当事人一方未通知对方,直接以提起诉讼或者申请仲裁的方式依法主张解除合同,人民法院或者仲裁机构确认该主张的,合同自起诉状副本或者仲裁申请书副本送达对方时解除。

案例 深圳富山宝实业有限公司与深圳市福星股份合作公司、深圳市宝安区福永物业发展总公司、深圳市金安城投资发展有限公司等合作开发房地产合同纠纷案(《最高人民法院公报》2011 年第 5 期)

裁判规则:合同一方当事人构成根本违约时,守约的一方当事人享有法定解除权。合同的解除在解除通知送达违约方时即发生法律效力,解除

通知送达时间的拖延只能导致合同解除时间相应后延,而不能改变合同解除的法律后果。当事人没有约定合同解除异议期间,在解除通知送达之日起三个月以后才向人民法院起诉的,人民法院不予支持。

第五百六十六条 【合同解除的法律后果】合同解除后,尚未履行的,终止履行;已经履行的,根据履行情况和合同性质,当事人可以请求恢复原状或者采取其他补救措施,并有权请求赔偿损失。

合同因违约解除的,解除权人可以请求违约方承担违约责任,但是当事人另有约定的除外。

主合同解除后,担保人对债务人应当承担的民事责任仍应当承担担保责任,但是担保合同另有约定的除外。

注释 解除效力,是指合同之债解除后所产生的法律后果。

合同解除的直接法律后果,是使合同关系消灭,合同不再履行。解除之前的债权债务关系应当如何处理,涉及解除的溯及力问题。如果具有溯及力,则对解除之前已经履行的部分,就要发生恢复原状的法律后果;如果解除不具有溯及力,则解除之前所为的履行仍然有效存在,当事人无须恢复原状。

合同是因违约而解除的,未违约的一方当事人是解除权人,可以请求违约方承担违约责任,如果当事人另有约定,则按照当事人的约定办理。

主合同解除后,尽管主合同的债权债务关系消灭,但是其担保人对债权人的担保权利并不一并消灭,担保人(包括第三人担保和债务人自己担保)对债务人应当承担的民事责任并不消灭,仍应承担担保责任,但是担保合同另有约定的除外。

第五百六十七条 【结算、清理条款效力的独立性】合同的权利义务关系终止,不影响合同中结算和清理条款的效力。

第五百六十八条 【法定抵销】当事人互负债务,该债务的标的物种类、品质相同的,任何一方可以将自己的债务与对方的到期债务抵销;但是,根据债务性质、按照当事人约定或者依照法律规定不得抵销的除外。

当事人主张抵销的,应当通知对方。通知自到达对方时生效。抵销不得附条件或者附期限。

注释 抵销,是指当事人互负给付债务,各以其债权充当债务的清偿,而使其债务与对方的债务在对等额内相互消灭的债的消灭制度。抵销分为法定抵销与合意抵销两种。法定抵销,是指由法律规定两债权得以抵销的条件,当条件具备时,依当事人一方的意思表示即可发生抵销效力的抵销。这种通过单方意思表示即可产生抵销效力的权利,是形成权。

抵销为处分债权的单方法律行为,应当适用关于法律行为和意思表示的法律规定。当事人主张抵销的,应当通知对方。通知自到达对方时生效。抵销不得附条件,也不得附期限,因为如果抵销附条件或者附期限,会使抵销的效力变得不确定,有违抵销的本意,也有害于他人的利益。

第五百六十九条 【约定抵销】当事人互负债务,标的物种类、品质不相同的,经协商一致,也可以抵销。

第五百七十条 【提存的条件】有下列情形之一,难以履行债务的,债务人可以将标的物提存:

(一)债权人无正当理由拒绝受领;

(二)债权人下落不明;

(三)债权人死亡未确定继承人、遗产管理人,或者丧失民事行为能力未确定监护人;

(四)法律规定的其他情形。

标的物不适于提存或者提存费用过高的,债务人依法可以拍卖或者变卖标的物,提存所得的价款。

注释 提存,是指债务人于债务已届履行期时,将无法给付的标的物提交给提存部门,以消灭债务的债的消灭方式。提存可使债务人将无法交付给债权人的标的物交付给提存部门,消灭债权债务关系,为保护债务人的利益提供了一项行之有效的措施。

第五百七十一条 【提存的成立】债务人将标的物或者将标的物依法拍卖、变卖所得价款交付提存部门时,提存成立。

提存成立的,视为债务人在其提存范围内已经交付标的物。

第五百七十二条 【提存的通知】标的物提存后,债务人应当及时通知债权人或者债权人的继承人、遗产管理人、监护人、财产代管人。

第五百七十三条 【提存期间风险、孳息和提存费用负担】标的物提存后,毁损、灭失的风险由债权人承担。提存期间,标的物的孳息归债权人所有。提存费用由债权人负担。

第五百七十四条 【提存物的领取与取回】债权人可以随时领取提存物。但是,债权人对债务人负有到期债务的,在债权人未履行债务或者提供担保之前,提存部门根据债务人的要求应当拒绝其领取提存物。

债权人领取提存物的权利,自提存之日起五年内不行使而消灭,提存物扣除提存费用后归国家所有。但是,债权人未履行对债务人的到期债务,或者债权人向提存部门书面表示放弃领取提存物权利的,债务人负担提存费用后有权取回提存物。

第五百七十五条 【债的免除】债权人免除债务人部分或者全部债务的,债权债务部分或者全部终止,但是债务人在合理期限内拒绝的除外。

注释 免除,是指债权人抛弃债权,从而全部或者部分消灭债的关系的单方法律行为。免除是无因行为、无偿行为、不要式行为。

第五百七十六条 【债权债务混同的处理】债权和债务同归于一人的,债权债务终止,但是损害第三人利益的除外。

注释 混同,是指债权和债务同归于一人,而使合同关系消灭的事实。混同以债权与债务归属于同一人而成立,与人的意志无关,属于事件。混同的效力是导致债的关系的绝对消灭,并且主债务消灭,从债务也随之消灭,如保证债务因主债务人与债权人混同而消灭。混同虽然产生债的消灭的效力,但在例外的情形下,即损害第三人利益时,虽然债权人和债务人混同,但是合同并不消灭。

第八章 违约责任

第五百七十七条 【违约责任的种类】当事人一方不履行合同义务或者履行合同义务不符合约定的,应当承担继续履行、采取补救措施或者赔偿损失等违约责任。

注释 违约行为形态主要是:1. 不履行合同义务:主要形态是拒绝履行,是指债务人对债权人表示不履行的违约行为;也包括履行不能,是债务人在客观上已经没有履行能力,或者法律禁止该种债务的履行。2. 履行合同义务不符合约定:一是迟延履行,是指债务人能够履行但在履行期限届满时却未履行债务的违约行为,也包括债权人的受领迟延行为;二是瑕疵履行,是指债务人虽然履行了债务,但其履行不符合债务本质的违约行为。

链接《旅游法》第70—72条

案例 1. 范有孚与银建期货经纪有限责任公司天津营业部期货交易合同纠纷再审案(《最高人民法院公报》2011年第6期)

裁判规则:期货公司采取强行平仓措施必须具备三个前提条件:一是客户保证金不足;二是客户没有按照要求及时追加保证金;三是客户没有及时自行平仓。期货公司违反上述规定和合同约定强行平仓,导致客户遭受损害的,应依法承担相应的责任。

2. 徐欣诉招商银行股份有限公司上海延西支行银行卡纠纷案(最高人民法院指导案例169号)

裁判规则:持卡人提供证据证明他人盗用持卡人名义进行网络交易,请求发卡行承担被盗刷账户资金减少的损失赔偿责任,发卡行未提供证据证明持卡人违反信息妥善保管义务,仅以持卡人身份识别信息和交易验证信息相符为由主张不承担赔偿责任的,人民法院不予支持。

第五百七十八条 【预期违约责任】当事人一方明确表示或者以自己的行为表明不履行合同义务的,对方可以在履行期限届满前请求其承担违约责任。

注释 预期违约,也称为先期违约,是指在履行期限到来前,一方无正当理由而明确表示其在履行期到来后将不履行合同,或者以其行为表明其在履行期到来以后将不可能履行合同。预期违约包括明示毁约和默示毁约。明示毁约是指一方当事人无正当理由,明确肯定地向另一方当事人表示他将在履行期限到来后不履行合同。默示毁约是指在履行期限到来前,一方虽然没有明确表示不履行债务但以自己的行为或者现状表明其将不会或不能履行债务。

"以自己的行为表明"是指一方当事人通过自己的行为让对方当事人有确切的证据预见到其在履行期限届满时将不履行或不能履行合同主要义务。由于这两种违约行为发生在履行期限届满前,因此,另一方当事人可以在履行期限届满前要求违约方承担违约责任。

第五百七十九条 【金钱债务的继续履行】当事人一方未支付价款、报酬、租金、利息,或者不履行其他金钱债务的,对方可以请求其支付。

第五百八十条 【非金钱债务的继续履行】当事人一方不履行非金钱债务或者履行非金钱债务不符合约定的,对方可以请求履行,但是有下列情形之一的除外：

（一）法律上或者事实上不能履行；

（二）债务的标的不适于强制履行或者履行费用过高；

（三）债权人在合理期限内未请求履行。

有前款规定的除外情形之一，致使不能实现合同目的的，人民法院或者仲裁机构可以根据当事人的请求终止合同权利义务关系，但是不影响违约责任的承担。

注释 债权人请求继续履行，必须以非金钱债务能够继续履行为前提，如果非金钱债务不能继续履行，对方就不能请求继续履行，或者其提出继续履行的请求，债务人能够依据本条第1款提出抗辩。当然，即使债权人不能请求债务人继续履行，其仍然有权依法请求债务人承担其他违约责任，尤其是赔偿损失。

第五百八十一条　【替代履行】当事人一方不履行债务或者履行债务不符合约定，根据债务的性质不得强制履行的，对方可以请求其负担由第三人替代履行的费用。

第五百八十二条　【瑕疵履行违约责任】履行不符合约定的，应当按照当事人的约定承担违约责任。对违约责任没有约定或者约定不明确，依据本法第五百一十条的规定仍不能确定的，受损害方根据标的的性质以及损失的大小，可以合理选择请求对方承担修理、重作、更换、退货、减少价款或者报酬等违约责任。

第五百八十三条　【违约损害赔偿责任】当事人一方不履行合同义务或者履行合同义务不符合约定的，在履行义务或者采取补救措施后，对方还有其他损失的，应当赔偿损失。

第五百八十四条　【法定的违约赔偿损失】当事人一方不履行合同义务或者履行合同义务不符合约定，造成对方损失的，损失赔偿额应当相当于因违约所造成的损失，包括合同履行后可以获得的利益；但是，不得超过违约一方订立合同时预见到或者应当预见到的因违约可能造成的损失。

注释 违约的赔偿损失包括法定的赔偿损失和约定的赔偿损失，本条规定的是法定的违约赔偿损失。承担违约赔偿损失责任的构成要件包括：(1)有违约行为，即当事人一方不履行合同义务或者履行合同义务不符合约定。(2)违约行为造成了对方的损失。如果违约行为未给对方造成损失，则不能用赔偿损失的方式追究违约人的民事责任。(3)违约行为与对方损失之间有因果关系，对方的损失是违约行为所导致的。(4)无免责事由。

违约赔偿损失的范围可由法律直接规定，或由双方约定。当事人可以事先约定免除责任和限制责任的条款，在不违反法律规定的前提下，该免责或者限制责任条款是有效的。在法律没有特别规定和当事人没有另行约定的情况下，应按完全赔偿原则，即因违约方的违约使受害人遭受的全部损失都应当由违约方承担赔偿责任。完全赔偿意味着：第一，在因违约造成受害人损失的情况下，应当以受害人的损失作为确定赔偿范围的标准。第二，赔偿不能超过受害人的损失，受害人不能因此而获利。第三，在赔偿时，一般不应根据违约方的过错程度来确定责任的范围。按照完全赔偿原则，违约损失赔偿额应当相当于因违约所造成的损失，包括对实际损失和可得利益的赔偿。实际损失，即所受损害，指因违约而导致现有利益的减少，是现实利益的损失，又被称为积极损失。实际损失包括：(1)信赖利益的损失，包括费用的支出、丧失其他交易机会的损失以及因对方违约导致自己对第三人承担违约赔偿的损失等。(2)固有利益的损失。在违约赔偿中，由于证明可得利益的困难性，债权人可以选择请求债务人赔偿信赖利益。可得利益，即所失利益，受害人在合同履行后本可以获得的，但因违约而无法获得的利益，是未来的、期待的利益的损失，又被称为消极损失。可得利益是合同履行后债权人所能获得的纯利润。根据交易的性质、合同的目的等因素，可得利益损失主要分为生产利润损失、经营利润损失和转售利润损失等类型。可得利益必须是将来按照通常情形能够得到的利益，这要求在一些情形中，对可得利益的赔偿应当考量发生的概率。

案例 陈明、徐炎芳、陈洁诉上海携程国际旅行社有限公司旅游合同纠纷案（《最高人民法院公报》2015年第4期）

裁判规则：当事人对自己提出的主张，有责任提供证据。旅游经营者主张旅游者的单方解约系违约行为，应当按照合同约定承担实际损失的，则旅游经营者应当举证证明“损失已实际产生”和“损失的合理性”。如举证不力，则由旅游经营者承担不利后果。

第五百八十五条 【违约金的约定】当事人可以约定一方违约时应当根据违约情况向对方支付一定数额的违约金，也可以约定因违约产生的损失赔偿额的计算方法。

约定的违约金低于造成的损失的，人民法院或者仲裁机构可以根据当事人的请求予以增加；约定的违约金过分高于造成的损失的，人民法院或者仲裁机构可以根据当事人的请求予以适当减少。

当事人就迟延履行约定违约金的，违约方支付违约金后，还应当履行债务。

注释违约金是当事人在合同中约定的或者由法律直接规定的一方违反合同时应向对方支付一定数额的金钱，这是违反合同可以采用的承担民事责任的方式，只适用于当事人有违约金约定或者法律规定违反合同应支付违约金的情形。违约金的标的物通常是金钱，但是当事人也可以约定违约金标的物为金钱以外的其他财产。违约金依据产生的根据，可以分为法定违约金和约定违约金。法定违约金是由法律直接规定违约的情形和应当支付的违约金数额。只要当事人一方发生法律规定的违约情况，就应当按照法律规定的数额向对方支付违约金。中国人民银行关于逾期罚息的规定，可以认为是法定违约金。约定违约金可能表现为不同的形式，可以约定向对方支付一定数额的违约金，也可以约定因违约产生的损失赔偿额的计算方法。根据约定违约金的目的，违约金可以区分为赔偿性的违约金、惩罚性的违约金和责任限制性违约金。当事人约定违约金，一方面是为了事先确定违约后的赔偿数额，以降低法定损失的举证成本，另一方面也可能是为了向对方施加履约压力、督促对方守约而约定高额的违约金，还可能是为了避免责任过重而约定低额的违约金。当事人的这些意图可能兼而有之，因此，不同性质的违约金可能在功能上有交叉和重合。在赔偿性的违约金和惩罚性的违约金之间，首先是取决于当事人的目的，一般而言，如果约定了明显高额的违约金，或者违约金不排斥继续履行或者法定的赔偿损失，则可以认定为惩罚性的违约金，或者约定违约金至少部分具有惩罚性的功能。本条规定的违约金以赔偿性的违约金为原则，当事人无约定或者约定不明时，推定为赔偿性的违约金。

本条第2款对于约定的违约金确立了司法酌情增减规则。司法酌情增减适用的前提是：(1)约定的违约金低于或者过分高于造成的损失。此处的损失应当按照前条规定的法定赔偿损失的范围和数额予以认定，包括实际损失和可得利益。(2)由当事人提出申请，提出申请的当事人需承担相应的举证责任。在适用本款规定的时候，人民法院或者仲裁机构可以适当调整违约金数额，但并非应当。在判断约定违约金是否需增减时，一般应当以对债权人造成的损失为基准。

应当注意的是，当事人关于定金的约定，适用定金罚则后也可能会出现与造成的损失不相匹配的情形，此时可以参照适用本款规定，由人民法院或者仲裁机构根据当事人的请求酌情予以调整。

本条第3款是关于违约方支付迟延履行违约金后，还应当履行债务的规定。对此不应反面解释认为，如果债权人先主张继续履行或先行受领了继续履行，即不得请求迟延履行违约金或者视为放弃迟延履行违约金。债权人受领了债务人迟延后的继续履行，仍可并行主张迟延履行违约金，此并行主张不以受领给付时作特别保留为必要。应当注意的是，本款仅规定了迟延履行违约金和继续履行之间的关系，并未具体规定违约金和其他违约责任形式之间的关系，也未具体规定在其他违约类型中违约金和继续履行之间的关系。关于这些关系的处理，需要结合具体情形予以考量。首先要注意是否是同一违约行为导致违约金和其他违约责任形式；其次要注意当事人是否存在特别约定；再次要注意约定的违约金是否是替代给付的违约金，以及其与其他违约责任形式之间的目的衔接；最后还要注意，约定的违约金可以与其他违约责任形式并用时，则需要考量债权人损失的大小，而在不同情形中对违约金予以适当调整。

第五百八十六条 【定金】当事人可以约定一方向对方给付定金作为债权的担保。定金合同自实际交付定金时成立。

定金的数额由当事人约定；但是，不得超过主合同标的额的百分之二十，超过部分不产生定金的效力。实际交付的定金数额多于或者少于约定数额的，视为变更约定的定金数额。

注释本条吸收了担保法及担保法司法解释关于定金及其数额的规定。所谓定金，就是指当事人约定的，为保证债权的实现，由一方在履行前预先向对方给付的一定数量的货币或者其他代替物。

定金是担保的一种,本条规定的是违约定金。定金与预付款不同,定金具有担保作用,不履行债务或者履行债务不符合约定,致使不能实现合同目的的,适用定金罚则;但预付款仅仅是在标的物正常交付或者服务正常提供的情况下预付的款项,如有不足,交付预付款的一方再补交剩余的价款即可,在交付标的物或者提供服务的一方违约时,如果交付预付款的一方解除合同,有权请求返还预付款。定金与押金也不同,一般而言,押金的数额没有定金数额的限制,而且没有定金罚则的适用。押金类型非常多,无法统一确定,甚至有的押金需要清算,多退少补。履约保证金的类型也是多种多样。当事人交付留置金、担保金、保证金、订约金、押金或者订金等,但没有约定定金性质的,不能按照定金处理,但是,如果押金和保证金根据当事人的约定符合定金构成的,可以按照定金处理。

定金合同是民事法律行为的一种,适用民事法律行为的一般规则,可以在合同的主文中载明,也可以单独设立。但是,按照本条第1款的规定,定金合同是实践性合同,自实际交付定金时才成立,当然定金交付的时间由双方当事人约定。当事人订立定金合同后,不履行交付定金的约定,不承担违约责任。同时,定金合同是一种从合同,应参照本法第682条第1款的规定,主债权债务合同无效、被撤销或者确定不发生效力,定金合同也随之无效或者不发生效力。但是,在主合同因违约而被解除后,根据本法第566条第2款的规定“合同因违约解除的,解除权人可以请求违约方承担违约责任,但是当事人另有约定的除外”,解除权人仍有权依据定金罚则请求违约方承担责任。

按照本条第2款规定,定金的数额由当事人约定。但是,在能够确定主合同标的额的前提下,约定的数额不得超过主合同标的额的20%。如果超过,则超过的部分不产生定金的效力,应当予以返还或者按照约定抵作价款,但未超过的部分仍然产生定金效力。

第五百八十七条 【定金罚则】债务人履行债务的,定金应当抵作价款或者收回。给付定金的一方不履行债务或者履行债务不符合约定,致使不能实现合同目的的,无权请求返还定金;收受定金的一方不履行债务或者履行债务不符合约定,致使不能实现合同目的的,应当双倍返还定金。

第五百八十八条 【违约金与定金竞合选择权】当事人既约定违约金,又约定定金的,一方违约时,对方可以选择适用违约金或者定金条款。

定金不足以弥补一方违约造成的损失的,对方可以请求赔偿超过定金数额的损失。

注释 合同既约定了违约金,又约定了定金,在当事人不存在明确的特别约定的情况下,如果一方违约,对方当事人可以选择适用违约金或者定金条款,但二者不能并用。不能并用的前提是针对同一违约行为。如果违约金和定金是针对不同的违约行为,则存在并用的可能性,但不应超过违约行为所造成的损失总额。

第五百八十九条 【债权人受领迟延】债务人按照约定履行债务,债权人无正当理由拒绝受领的,债务人可以请求债权人赔偿增加的费用。

在债权人受领迟延期间,债务人无须支付利息。

注释 所谓给债务人增加的费用,包括:(1)债务人提出给付的费用,例如,货物往返运送的费用、履行债务所支付的交通费用、通知费用等;(2)保管给付物的必要费用;(3)其他费用,例如对不宜保存的标的物的处理费用。同时,本条第2款规定,在债权人受领迟延期间,债务人无须支付利息。

第五百九十条 【因不可抗力不能履行合同】当事人一方因不可抗力不能履行合同的,根据不可抗力的影响,部分或者全部免除责任,但是法律另有规定的除外。因不可抗力不能履行合同的,应当及时通知对方,以减轻可能给对方造成的损失,并应当在合理期限内提供证明。

当事人迟延履行后发生不可抗力的,不免除其违约责任。

注释 在合同的履行过程中,如果发生了不可抗力,《民法典》第180条规定的一般原则是不承担民事责任,法律另有规定的,依照其规定。本条对合同领域中发生不可抗力的规定,就是法律另有的规定。

当事人一方因不可抗力不能履行合同的,并不一定全部免除责任,而是要根据不可抗力的实际影响程度确定。不可抗力是不能履行合同的部分原因的,部分免除责任;不可抗力是不能履行合同的全部原因的,全部免除责任;法律如果另有规定的,依照规定,例如保价邮包因不可抗力发生灭失的,不免除赔偿责任。当不可抗力不能履行合同时，一方当事人应当及时通知对方，以减轻可能给对方造成的损失，同时，应当在合理期限内提供不可抗力而不能履行合同的证明。

当事人迟延履行后发生不可抗力的，不免除其违约责任。如果债务人没有迟延履行，则不可抗力的发生就不会导致债务的不能履行进而发生损害，因此债务人的迟延履行与债权人的损害之间具有因果关系，债务人应当就不可抗力负责。但是，如果债务人能够证明，即使其不迟延履行，仍不免发生债务的不能履行进而发生损害的，则债务人应当能够免责，此时债务人的迟延履行和债务的不能履行进而发生损害之间不存在因果关系。

第五百九十一条 【非违约方防止损失扩大义务】当事人一方违约后，对方应当采取适当措施防止损失的扩大；没有采取适当措施致使损失扩大的，不得就扩大的损失请求赔偿。

当事人因防止损失扩大而支出的合理费用，由违约方负担。

链接《买卖合同解释》第22条

案例 河南省偃师市鑫龙建安工程有限公司与洛阳理工学院、河南省第六建筑工程公司索赔及工程欠款纠纷案（《最高人民法院公报》2013年第1期）

裁判规则：因发包人提供错误的地质报告致使建设工程停工，当事人对停工时间未作约定或未达成协议的，承包人不应盲目等待而放任停工状态的持续以及停工损失的扩大。对于由此导致的停工损失所依据的停工时间的确定，也不能简单地以停工状态的自然持续时间为准，而是应根据案件事实综合确定一定的合理期间作为停工时间。

第五百九十二条 【双方违约和与有过错规则】当事人都违反合同的，应当各自承担相应的责任。

当事人一方违约造成对方损失，对方对损失的发生有过错的，可以减少相应的损失赔偿额。

注释 本条第2款关于过失相抵的规则为新增规定。在合同履行过程中，当事人一方的违约行为造成对方损失，但是受损害方对损失的发生也有过错的，构成合同责任中的与有过失，应当实行过失相抵。过失相抵的法律后果是，按照受损害一方当事人对损害发生的过错程度，可以减少违约方相应的损失赔偿额。

案例 1. 兰州滩尖子永昶商贸有限责任公司等与爱之泰房地产开发有限公司合作开发房地产合同纠纷案（《最高人民法院公报》2015年第5期）

裁判规则：在双务合同中，双方均存在违约的情况下，应根据合同义务分配情况、合同履行程度以及各方违约程度大小等综合因素，判断合同当事人是否享有解除权。

2. 蔡红辉诉金才来信用卡纠纷案（《最高人民法院公报》2010年第12期）

裁判规则：银联卡特约商户在受理有预留签名的银联信用卡消费时，应当根据其与发卡银行之间的约定以及中国人民银行《银行卡联网联合业务规范》的规定，核对持卡人在交易凭证上的签字与信用卡签名条上预留的签字是否一致。未核对签名造成持卡人损失的，应承担相应的赔偿责任。信用卡所有人为信用卡设置了密码，但因自身原因导致密码泄露的，可以适当减轻特约商户的赔偿责任。

第五百九十三条 【因第三人原因造成违约情况下的责任承担】当事人一方因第三人的原因造成违约的，应当依法向对方承担违约责任。当事人一方和第三人之间的纠纷，依照法律规定或者按照约定处理。

第五百九十四条 【国际贸易合同诉讼时效和仲裁时效】因国际货物买卖合同和技术进出口合同争议提起诉讼或者申请仲裁的时效期间为四年。

第二分编　典型合同

第九章　买卖合同

第五百九十五条 【买卖合同的概念】买卖合同是出卖人转移标的物的所有权于买受人，买受人支付价款的合同。

第五百九十六条 【买卖合同条款】买卖合同的内容一般包括标的物的名称、数量、质量、价款、履行期限、履行地点和方式、包装方式、检验标准和方法、结算方式、合同使用的文字及其效力等条款。

第五百九十七条 【无权处分的违约责任】因出卖人未取得处分权致使标的物所有权不能转移的，买受人可以解除合同并请求出卖人承担违约责任。

法律、行政法规禁止或者限制转让的标的物，依照其规定。

注释 对标的物的买卖，其实就是对标的物所有权的转移，在买卖合同中，取得标的物的所有权是买受人的交易目的，将标的物的所有权转移给买受人，是出卖人的主要义务。转移标的物的所有权是在交付标的物的基础上实现的。如果因出卖人未取得标的物的处分权，致使标的物所有权不能转移的，就不能实现转让标的物及其所有权的义务，买受人也无法取得标的物的所有权，出卖人构成根本违约，因而买受人享有法定解除权，可以解除买卖合同，并请求出卖人承担违约责任。

买卖合同转让的标的物须具有合法流通性，如果是法律、行政法规禁止或者限制转让的标的物，依照其规定，不能转让或者限制转让。如根据《野生动物保护法》的规定，国家重点保护野生动物及其制品是禁止出售、购买的。

案例 万学全、万兵诉狄平等人房屋买卖合同纠纷案（《最高人民法院公报》2018年第2期）

裁判规则：共同居住的家庭成员，以自己的名义将其他家庭成员名下的房屋出卖给他人，该行为对房屋所有人是否有效，须判断房屋所有人是否事前知晓且同意。为此，人民法院应当结合房屋产权证书、钥匙是否为房屋所有人持有，对价支付情况，买受人实际占有房屋持续时间以及相关证人证言等综合判定。

第五百九十八条　【出卖人基本义务】出卖人应当履行向买受人交付标的物或者交付提取标的物的单证，并转移标的物所有权的义务。

第五百九十九条　【出卖人义务：交付单证、交付资料】出卖人应当按照约定或者交易习惯向买受人交付提取标的物单证以外的有关单证和资料。

注释 向买受人交付的提取标的物单证以外的有关单证和资料，比如购买商品的保修单、使用说明书等。这项义务是出卖人应当履行的从义务，是辅助合同主义务的义务，以实现买受人的交易目的。

链接《买卖合同解释》第4、5条

第六百条　【买卖合同知识产权保留条款】出卖具有知识产权的标的物的，除法律另有规定或者当事人另有约定外，该标的物的知识产权不属于买受人。

链接《著作权法》第20条；《计算机软件保护条例》第9—14条

第六百零一条　【出卖人义务：交付期间】出卖人应当按照约定的时间交付标的物。约定交付期限的，出卖人可以在该交付期限内的任何时间交付。

第六百零二条　【标的物交付期限不明时的处理】当事人没有约定标的物的交付期限或者约定不明确的，适用本法第五百一十条、第五百一十一条第四项的规定。

第六百零三条　【买卖合同标的物的交付地点】出卖人应当按照约定的地点交付标的物。

当事人没有约定交付地点或者约定不明确，依据本法第五百一十条的规定仍不能确定的，适用下列规定：

（一）标的物需要运输的，出卖人应当将标的物交付给第一承运人以运交给买受人；

（二）标的物不需要运输，出卖人和买受人订立合同时知道标的物在某一地点的，出卖人应当在该地点交付标的物；不知道标的物在某一地点的，应当在出卖人订立合同时的营业地交付标的物。

链接《买卖合同解释》第8条

第六百零四条　【标的物的风险承担】标的物毁损、灭失的风险，在标的物交付之前由出卖人承担，交付之后由买受人承担，但是法律另有规定或者当事人另有约定的除外。

注释 买卖合同标的物意外灭失风险负担，是指对买卖合同标的物由于不可归责于双方当事人的事由而毁损、灭失所造成的损失应当由谁承担的规则。根据该条规定，对于标的物毁损、灭失风险的承担采用的是交付转移原则，即交付之前由出卖人承担，交付之后由买受人承担。买受人此时承担标的物风险不以其是否取得标的物的所有权为前提。此为标的物风险转移的一般规则，如果法律另有规定或者当事人另有约定的除外。

链接《买卖合同解释》第9条

第六百零五条　【迟延交付标的物的风险负担】因买受人的原因致使标的物未按照约定的期限交付的，买受人应当自违反约定时起承担标的物毁损、灭失的风险。

注释 "因买受人的原因"，这里的原因，一般是指买受人的过错，包括故意和过失。

第六百零六条　【路货买卖中的标的物风险转移】出卖人出卖交由承运人运输的在途标的物，除当事人另有约定外，毁损、灭失的风险自合同成立时起由买受人承担。

注释 路货买卖是指标的物已在运输途中,出卖人寻找买主,出卖在途中的标的物。它可以是出卖人先把标的物装上开往某个目的地的运输工具(一般是船舶)上,然后再寻找适当的买主订立买卖合同,也可以是一个买卖合同的买受人未实际收取标的物前,把处于运输途中的标的物转卖给另一个买受人。本条规定的情形是第604条规定的特殊情况,而第604条规定的风险转移时间点为“交付时”,本条规定的风险转移时间点为“合同成立时”,这是因为路货买卖的双方当事人均无实际控制货物,只能根据双方当事人已经确定的合同关系来确定,即以“合同成立时”来确定最为合理。本条规定的情形主要发生于国际货物买卖合同之中。

链接《买卖合同解释》第10条

第六百零七条 【需要运输的标的物风险负担】出卖人按照约定将标的物运送至买受人指定地点并交付给承运人后,标的物毁损、灭失的风险由买受人承担。

当事人没有约定交付地点或者约定不明确,依据本法第六百零三条第二款第一项的规定标的物需要运输的,出卖人将标的物交付给第一承运人后,标的物毁损、灭失的风险由买受人承担。

第六百零八条 【买受人不履行接受标的物义务的风险负担】出卖人按照约定或者依据本法第六百零三条第二款第二项的规定将标的物置于交付地点,买受人违反约定没有收取的,标的物毁损、灭失的风险自违反约定时起由买受人承担。

第六百零九条 【未交付单证、资料的风险负担】出卖人按照约定未交付有关标的物的单证和资料的,不影响标的物毁损、灭失风险的转移。

注释 没有交付单证和资料,并不意味着权属没有转移。交付单证和资料仅仅是从义务,而不是主义务。买卖合同只要完成交付标的物的主义务,标的物的所有权就发生转移。因此,不能因为有关单证和资料没有交付而认为交付没有完成。既然标的物的所有权已经发生转移,标的物意外灭失风险当然也就由买受人负担。

第六百一十条 【根本违约】因标的物不符合质量要求,致使不能实现合同目的的,买受人可以拒绝接受标的物或者解除合同。买受人拒绝接受标的物或者解除合同的,标的物毁损、灭失的风险由出卖人承担。

链接《买卖合同解释》第24条

第六百一十一条 【买受人承担风险与出卖人违约责任关系】标的物毁损、灭失的风险由买受人承担的,不影响因出卖人履行义务不符合约定,买受人请求其承担违约责任的权利。

注释 本条是对标的物意外灭失风险负担不影响违约责任的规定。

标的物意外灭失风险负担,与承担违约责任是两种不同的规则,前者是由于买卖合同的标的物发生不可归责于当事人的原因而意外灭失,法律判断这种意外灭失风险由哪一方负担的规则;后者是当事人一方违反合同义务,应当向对方承担违约责任,救济对方因违约而发生损害的规则。

第六百一十二条 【出卖人的权利瑕疵担保义务】出卖人就交付的标的物,负有保证第三人对该标的物不享有任何权利的义务,但是法律另有规定的除外。

注释 出卖人的权利瑕疵担保,是指卖方应保证对其所出售的标的物享有合法的权利,没有侵犯任何第三人的权利,并且任何第三人都不会就该标的物向买受人主张任何权利。买卖合同根本上就是标的物所有权的转让,因此,出卖人的这项义务也就是其一项最基本的义务。具体说,出卖人的权利瑕疵担保义务包括:(1)出卖人对出卖的标的物享有合法的权利,即须对标的物具有所有权或者处分权。(2)出卖人应当保证在其出售的标的物上不存在任何未曾向买方透露的他人可以主张的权利,如抵押权、租赁权等。(3)出卖人应当保证标的物没有侵犯他人的知识产权。

出卖人必须保证其所出卖的标的物不得有第三人向买受人主张任何权利,否则,出卖人须承担违约责任。此时买受人可以实施的救济方式是:(1)请求减少价款。如果标的物上虽然部分权利属于他人,但不影响买受人对标的物最终获得所有权的,买受人可以接受标的物,但有权请求出卖人减少价款。所减少的价款的数额可以根据因他人对标的物享有部分权利而致使买受人无法及时对标的物行使所有权所造成的损失等因素确定。(2)解除合同。如果因标的物上的部分权利属于他人,致使买受人自始不能获得所有权的,买受人可以解除买卖合同。

以上是对出卖人标的物权利瑕疵担保的原则性规定,如果法律对此另有规定的,则依照法律的规定。

第六百一十三条 【权利瑕疵担保责任之免除】买受人订立合同时知道或者应当知道第三人对买卖的标的物享有权利的，出卖人不承担前条规定的义务。

第六百一十四条 【买受人的中止支付价款权】买受人有确切证据证明第三人对标的物享有权利的，可以中止支付相应的价款，但是出卖人提供适当担保的除外。

第六百一十五条 【买卖标的物的质量瑕疵担保】出卖人应当按照约定的质量要求交付标的物。出卖人提供有关标的物质量说明的，交付的标的物应当符合该说明的质量要求。

第六百一十六条 【标的物法定质量担保义务】当事人对标的物的质量要求没有约定或者约定不明确，依据本法第五百一十条的规定仍不能确定的，适用本法第五百一十一条第一项的规定。

第六百一十七条 【质量瑕疵担保责任】出卖人交付的标的物不符合质量要求的，买受人可以依据本法第五百八十二条至第五百八十四条的规定请求承担违约责任。

链接《消费者权益保护法》第 23 条

第六百一十八条 【标的物瑕疵担保责任减免的特约效力】当事人约定减轻或者免除出卖人对标的物瑕疵承担的责任，因出卖人故意或者重大过失不告知买受人标的物瑕疵的，出卖人无权主张减轻或者免除责任。

注释 如果出卖人因故意或者重大过失不向买受人告知标的物存在瑕疵的，属于隐瞒标的物瑕疵，构成产品欺诈，出卖人无权主张减轻或者免除责任，应当承担违约责任，采取补救措施或者承担赔偿责任，符合法律规定的甚至要承担惩罚性赔偿责任。

第六百一十九条 【标的物的包装方式】出卖人应当按照约定的包装方式交付标的物。对包装方式没有约定或者约定不明确，依据本法第五百一十条的规定仍不能确定的，应当按照通用的方式包装；没有通用方式的，应当采取足以保护标的物且有利于节约资源、保护生态环境的包装方式。

第六百二十条 【买受人的检验义务】买受人收到标的物时应当在约定的检验期限内检验。没有约定检验期限的，应当及时检验。

第六百二十一条 【买受人检验标的物的异议通知】当事人约定检验期限的，买受人应当在检验期限内将标的物的数量或者质量不符合约定的情形通知出卖人。买受人怠于通知的，视为标的物的数量或者质量符合约定。

当事人没有约定检验期限的，买受人应当在发现或者应当发现标的物的数量或者质量不符合约定的合理期限内通知出卖人。买受人在合理期限内未通知或者自收到标的物之日起二年内未通知出卖人的，视为标的物的数量或者质量符合约定；但是，对标的物有质量保证期的，适用质量保证期，不适用该二年的规定。

出卖人知道或者应当知道提供的标的物不符合约定的，买受人不受前两款规定的通知时间的限制。

链接《买卖合同解释》第 12、13 条

第六百二十二条 【检验期限或质量保证期过短的处理】当事人约定的检验期限过短，根据标的物的性质和交易习惯，买受人在检验期限内难以完成全面检验的，该期限仅视为买受人对标的物的外观瑕疵提出异议的期限。

约定的检验期限或者质量保证期短于法律、行政法规规定期限的，应当以法律、行政法规规定的期限为准。

链接《买卖合同解释》第 14 条

第六百二十三条 【标的物数量和外观瑕疵检验】当事人对检验期限未作约定，买受人签收的送货单、确认单等载明标的物数量、型号、规格的，推定买受人已经对数量和外观瑕疵进行检验，但是有相关证据足以推翻的除外。

第六百二十四条 【向第三人履行情形的检验标准】出卖人依照买受人的指示向第三人交付标的物，出卖人和买受人约定的检验标准与买受人和第三人约定的检验标准不一致的，以出卖人和买受人约定的检验标准为准。

第六百二十五条 【出卖人的回收义务】依照法律、行政法规的规定或者按照当事人的约定，标的物在有效使用年限届满后应予回收的，出卖人负有自行或者委托第三人对标的物予以回收的义务。

第六百二十六条 【买受人支付价款及方式】买受人应当按照约定的数额和支付方式支付价款。对价款的数额和支付方式没有约定或者约定不明确的，适用本法第五百一十条、第五百一十一条第二项和第五项的规定。

第六百二十七条 【买受人支付价款的地点】

买受人应当按照约定的地点支付价款。对支付地点没有约定或者约定不明确，依据本法第五百一十条的规定仍不能确定的，买受人应当在出卖人的营业地支付；但是，约定支付价款以交付标的物或者交付提取标的物单证为条件的，在交付标的物或者交付提取标的物单证的所在地支付。

第六百二十八条　【买受人支付价款的时间】买受人应当按照约定的时间支付价款。对支付时间没有约定或者约定不明确，依据本法第五百一十条的规定仍不能确定的，买受人应当在收到标的物或者提取标的物单证的同时支付。

链接《买卖合同解释》第 18 条

第六百二十九条　【出卖人多交标的物的处理】出卖人多交标的物的，买受人可以接收或者拒绝接收多交的部分。买受人接收多交部分的，按照约定的价格支付价款；买受人拒绝接收多交部分的，应当及时通知出卖人。

链接《买卖合同解释》第 3 条

第六百三十条　【买卖合同标的物孳息的归属】标的物在交付之前产生的孳息，归出卖人所有；交付之后产生的孳息，归买受人所有。但是，当事人另有约定的除外。

第六百三十一条　【主物与从物在解除合同时的效力】因标的物的主物不符合约定而解除合同的，解除合同的效力及于从物。因标的物的从物不符合约定被解除的，解除的效力不及于主物。

第六百三十二条　【数物买卖合同的解除】标的物为数物，其中一物不符合约定的，买受人可以就该物解除。但是，该物与他物分离使标的物的价值显受损害的，买受人可以就数物解除合同。

第六百三十三条　【分批交付标的物的情况下解除合同的情形】出卖人分批交付标的物的，出卖人对其中一批标的物不交付或者交付不符合约定，致使该批标的物不能实现合同目的的，买受人可以就该批标的物解除。

出卖人不交付其中一批标的物或者交付不符合约定，致使之后其他各批标的物的交付不能实现合同目的的，买受人可以就该批以及之后其他各批标的物解除。

买受人如果就其中一批标的物解除，该批标的物与其他各批标的物相互依存的，可以就已经交付和未交付的各批标的物解除。

第六百三十四条　【分期付款买卖】分期付款的买受人未支付到期价款的数额达到全部价款的五分之一，经催告后在合理期限内仍未支付到期价款的，出卖人可以请求买受人支付全部价款或者解除合同。

出卖人解除合同的，可以向买受人请求支付该标的物的使用费。

注释 分期付款买卖，是指买受人将其应付的总价款按照一定期限分批向出卖人支付的买卖合同。本条相较于原《合同法》第 167 条，增加规定了出卖人在因买受人未按期支付价款达到全部价款的五分之一而享有全部价款支付请求权或合同解除权之前，应对买受人进行催告，并给予其支付到期价款的合理期限。

在交易实践中，当事人双方就分期付款买卖通常有以下特别约定：

1. 所有权保留特约，是指买受人虽先占有、使用标的物，但在双方当事人约定的特定条件（通常是价款的一部或者全部清偿）成就之前，出卖人保留标的物的所有权，待条件成就后，再将所有权转移给买受人。

2. 请求支付全部价款或者解除合同，买受人未付到期价款的数额达到全部价款的五分之一的，出卖人可以请求买受人支付全部价款或者解除合同，除非当事人另有约定。

3. 出卖人解除合同可以请求买受人支付该标的物的使用费，该部分价款通常按照市场价格计算。使用费可以从已经支付的价款中扣除，剩余部分应当返还。标的物有毁损的，买受人应当支付损害赔偿金。

链接《买卖合同解释》第 27、28 条

案例 汤长龙诉周士海股权转让纠纷案（最高人民法院指导案例 67 号）

裁判规则：有限责任公司的股权分期支付转让款中发生股权受让人延迟或者拒付等违约情形，股权转让人要求解除双方签订的股权转让合同的，不适用《合同法》第 167 条关于分期付款买卖中出卖人在买受人未支付到期价款的金额达到合同全部价款的五分之一时即可解除合同的规定。

第六百三十五条　【凭样品买卖合同】凭样品买卖的当事人应当封存样品，并可以对样品质量予以说明。出卖人交付的标的物应当与样品及其说明的质量相同。

第六百三十六条 【凭样品买卖合同样品存在隐蔽瑕疵的处理】凭样品买卖的买受人不知道样品有隐蔽瑕疵的，即使交付的标的物与样品相同，出卖人交付的标的物的质量仍然应当符合同种物的通常标准。

第六百三十七条 【试用买卖的试用期限】试用买卖的当事人可以约定标的物的试用期限。对试用期限没有约定或者约定不明确，依据本法第五百一十条的规定仍不能确定的，由出卖人确定。

链接《买卖合同解释》第30条

第六百三十八条 【试用买卖合同买受人对标的物购买选择权】试用买卖的买受人在试用期内可以购买标的物，也可以拒绝购买。试用期限届满，买受人对是否购买标的物未作表示的，视为购买。

试用买卖的买受人在试用期内已经支付部分价款或者对标的物实施出卖、出租、设立担保物权等行为的，视为同意购买。

第六百三十九条 【试用买卖使用费】试用买卖的当事人对标的物使用费没有约定或者约定不明确的，出卖人无权请求买受人支付。

第六百四十条 【试用买卖中的风险承担】标的物在试用期内毁损、灭失的风险由出卖人承担。

第六百四十一条 【标的物所有权保留条款】当事人可以在买卖合同中约定买受人未履行支付价款或者其他义务的，标的物的所有权属于出卖人。

出卖人对标的物保留的所有权，未经登记，不得对抗善意第三人。

链接《买卖合同解释》第25条

第六百四十二条 【所有权保留中出卖人的取回权】当事人约定出卖人保留合同标的物的所有权，在标的物所有权转移前，买受人有下列情形之一，造成出卖人损害的，除当事人另有约定外，出卖人有权取回标的物：

（一）未按照约定支付价款，经催告后在合理期限内仍未支付；

（二）未按照约定完成特定条件；

（三）将标的物出卖、出质或者作出其他不当处分。

出卖人可以与买受人协商取回标的物；协商不成的，可以参照适用担保物权的实现程序。

注释 所有权保留作为担保物权的一种，最重要的担保价值，就在于出卖人将分期付款的标的物交付买受人后，还保留自己对标的物的所有权，正是基于该所有权保留，出卖人享有买卖合同标的物的取回权。当出现危及其价款债权的情形时，出卖人行使取回权，追回交付给买受人占有的买卖标的物。

故本条规定的出卖人取回权的规则是，当事人约定出卖人保留合同标的物的所有权，在标的物所有权转移前，买受人有下列情形之一，对出卖人造成损害的，除法律另有规定或者当事人另有约定外，出卖人有权取回标的物。产生取回权的原因是：1. 买受人未按照约定支付价款，经催告后在合理期限内仍未支付；2. 买受人未按照约定完成特定条件；3. 买受人将标的物出卖、出质或者作出其他不当处分。

实现取回权的方法是：1. 出卖人行使取回权，取回标的物；2. 协商确定，出卖人可以与买受人协商实现取回权的办法；3. 当事人协商不成的，参照适用担保物权的实现程序，例如拍卖或者变卖标的物，用价款优先偿还未支付的价金等；4. 取回的标的物价值明显减少的，出卖人有权要求买受人赔偿损失，买受人承担损害赔偿责任。

第六百四十三条 【买受人回赎权及出卖人再出卖权】出卖人依据前条第一款的规定取回标的物后，买受人在双方约定或者出卖人指定的合理回赎期限内，消除出卖人取回标的物的事由的，可以请求回赎标的物。

买受人在回赎期限内没有回赎标的物，出卖人可以以合理价格将标的物出卖给第三人，出卖所得价款扣除买受人未支付的价款以及必要费用后仍有剩余的，应当返还买受人；不足部分由买受人清偿。

第六百四十四条 【招标投标买卖的法律适用】招标投标买卖的当事人的权利和义务以及招标投标程序等，依照有关法律、行政法规的规定。

链接《招标投标法》

第六百四十五条 【拍卖的法律适用】拍卖的当事人的权利和义务以及拍卖程序等，依照有关法律、行政法规的规定。

案例 曾意龙与江西金马拍卖有限公司、中国银行股份有限公司上饶市分行、徐声炬拍卖纠纷案（《最高人民法院公报》2006年第1期）

裁判规则：根据合同法、拍卖法的有关规定，拍卖是以公开竞价的形式，将特定物品或者财产

权利转让给最高应价者的买卖方式，拍卖活动必须遵守法律规定和行业惯例，必须符合公平、公正的原则。在拍卖活动中，拍卖师的拍卖行为违反法律规定和行业习惯做法，侵害有关竞买人的合法权益的，应认定其拍卖行为无效。

第六百四十六条 【买卖合同准用于有偿合同】法律对其他有偿合同有规定的，依照其规定；没有规定的，参照适用买卖合同的有关规定。

链接《买卖合同解释》第32条

第六百四十七条 【易货交易的法律适用】当事人约定易货交易，转移标的物的所有权的，参照适用买卖合同的有关规定。

第十章 供用电、水、气、热力合同

第六百四十八条 【供用电合同概念及强制缔约义务】供用电合同是供电人向用电人供电，用电人支付电费的合同。

向社会公众供电的供电人，不得拒绝用电人合理的订立合同要求。

第六百四十九条 【供用电合同的内容】供用电合同的内容一般包括供电的方式、质量、时间，用电容量、地址、性质，计量方式，电价、电费的结算方式，供用电设施的维护责任等条款。

第六百五十条 【供用电合同的履行地点】供用电合同的履行地点，按照当事人约定；当事人没有约定或者约定不明确的，供电设施的产权分界处为履行地点。

第六百五十一条 【供电人的安全供电义务】供电人应当按照国家规定的供电质量标准和约定安全供电。供电人未按照国家规定的供电质量标准和约定安全供电，造成用电人损失的，应当承担赔偿责任。

第六百五十二条 【供电人中断供电时的通知义务】供电人因供电设施计划检修、临时检修、依法限电或者用电人违法用电等原因，需要中断供电时，应当按照国家有关规定事先通知用电人；未事先通知用电人中断供电，造成用电人损失的，应当承担赔偿责任。

第六百五十三条 【供电人抢修义务】因自然灾害等原因断电，供电人应当按照国家有关规定及时抢修；未及时抢修，造成用电人损失的，应当承担赔偿责任。

第六百五十四条 【用电人支付电费的义务】用电人应当按照国家有关规定和当事人的约定及时支付电费。用电人逾期不支付电费的，应当按照约定支付违约金。经催告用电人在合理期限内仍不支付电费和违约金的，供电人可以按照国家规定的程序中止供电。

供电人依据前款规定中止供电的，应当事先通知用电人。

第六百五十五条 【用电人安全用电义务】用电人应当按照国家有关规定和当事人的约定安全、节约和计划用电。用电人未按照国家有关规定和当事人的约定用电，造成供电人损失的，应当承担赔偿责任。

第六百五十六条 【供用水、气、热力合同参照适用供用电合同】供用水、供用气、供用热力合同，参照适用供用电合同的有关规定。

第十一章 赠与合同

第六百五十七条 【赠与合同的概念】赠与合同是赠与人将自己的财产无偿给予受赠人，受赠人表示接受赠与的合同。

注释 赠与合同是指赠与人将自己的财产及权利无偿给予受赠人，受赠人表示接受赠与的合同。赠与合同是诺成性、单务合同。赠与行为是赠与人依法处分自己财产的法律行为，要求自然人必须有民事行为能力。接受赠与是一种纯获利的行为，法律承认无民事行为能力人和限制民事行为能力人的受赠人法律地位。

赠与合同无效的情形有：1. 以赠与为名规避有关限制流通物和禁止流通物规定的赠与合同无效。2. 以规避法律义务为目的的赠与无效。

第六百五十八条 【赠与的任意撤销及限制】赠与人在赠与财产的权利转移之前可以撤销赠与。

经过公证的赠与合同或者依法不得撤销的具有救灾、扶贫、助残等公益、道德义务性质的赠与合同，不适用前款规定。

注释 婚前或者婚姻关系存续期间，当事人约定将一方所有的房产赠与另一方或者共有，赠与方在赠与房产变更登记之前撤销赠与，另一方请求判令继续履行的，人民法院可以按照本条的规定处理。

第六百五十九条 【赠与特殊财产需要办理有关法律手续】赠与的财产依法需要办理登记或

者其他手续的，应当办理有关手续。

第六百六十条 【法定不得撤销赠与的赠与人不交付赠与财产的责任】经过公证的赠与合同或者依法不得撤销的具有救灾、扶贫、助残等公益、道德义务性质的赠与合同，赠与人不交付赠与财产的，受赠人可以请求交付。

依据前款规定应当交付的赠与财产因赠与人故意或者重大过失致使毁损、灭失的，赠与人应当承担赔偿责任。

第六百六十一条 【附义务的赠与合同】赠与可以附义务。

赠与附义务的，受赠人应当按照约定履行义务。

注释 赠与所附的义务不得违反法律和社会公共利益，不得违背公序良俗，否则，赠与合同无效。

赠与附义务的，受赠人应当按照约定履行义务。如果赠与人已经为给付，而受赠人不履行其义务的，赠与人得请求受赠人履行其义务，或者依法撤销赠与，以不当得利请求返还赠与的财产。如果受赠人受领的赠与的财产的价值不足以补偿其履行义务所为的给付时，受赠人是否得继续履行其义务，我国法律没有明确规定，根据诚实信用原则和公平原则，一般认为这时受赠人仅于赠与财产的价值限度内履行其义务。

第六百六十二条 【赠与财产的瑕疵担保责任】赠与的财产有瑕疵的，赠与人不承担责任。附义务的赠与，赠与的财产有瑕疵的，赠与人在附义务的限度内承担与出卖人相同的责任。

赠与人故意不告知瑕疵或者保证无瑕疵，造成受赠人损失的，应当承担赔偿责任。

第六百六十三条 【赠与人的法定撤销情形及撤销权行使期间】受赠人有下列情形之一的，赠与人可以撤销赠与：

（一）严重侵害赠与人或者赠与人近亲属的合法权益；

（二）对赠与人有扶养义务而不履行；

（三）不履行赠与合同约定的义务。

赠与人的撤销权，自知道或者应当知道撤销事由之日起一年内行使。

第六百六十四条 【赠与人的继承人或法定代理人的撤销权】因受赠人的违法行为致使赠与人死亡或者丧失民事行为能力的，赠与人的继承人或者法定代理人可以撤销赠与。

赠与人的继承人或者法定代理人的撤销权，自知道或者应当知道撤销事由之日起六个月内行使。

第六百六十五条 【撤销赠与的效力】撤销权人撤销赠与的，可以向受赠人请求返还赠与的财产。

第六百六十六条 【赠与义务的免除】赠与人的经济状况显著恶化，严重影响其生产经营或者家庭生活的，可以不再履行赠与义务。

第十二章 借款合同

第六百六十七条 【借款合同的定义】借款合同是借款人向贷款人借款，到期返还借款并支付利息的合同。

注释 借款合同的特征是：1. 借款合同的标的物为货币。2. 借款合同是转让借款所有权的合同。货币是消耗物，一旦交付给借款人，则该部分货币即归借款人所有，贷款人对该部分货币的所有权则转化为合同到期时主张借款人偿还本息的请求权。3. 借款合同一般是有偿合同，除法律另有规定外，借款人按一定标准支付利息。自然人之间借款对利息如无约定或约定不明确，视为不支付利息。4. 借款合同一般是诺成、双务合同。

案例 北京长富投资基金与武汉中森华世纪房地产开发有限公司等委托贷款合同纠纷案（《最高人民法院公报》2016 年第 11 期）

裁判规则：委托人、受托银行与借款人三方签订委托贷款合同，由委托人提供资金、受托银行根据委托人确定的借款人、用途、金额、币种、期限、利率等代为发放、协助监督使用并收回贷款，受托银行收取代理委托贷款手续费，并不承担信用风险，其实质是委托人与借款人之间的民间借贷。委托贷款合同的效力、委托人与借款人之间的利息、逾期利息、违约金等权利义务均应受有关民间借贷的法律、法规和司法解释的规制。

第六百六十八条 【借款合同的形式和内容】借款合同应当采用书面形式，但是自然人之间借款另有约定的除外。

借款合同的内容一般包括借款种类、币种、用途、数额、利率、期限和还款方式等条款。

链接《商业银行法》第 37 条

第六百六十九条 【借款合同借款人的告知义务】订立借款合同，借款人应当按照贷款人的要求提供与借款有关的业务活动和财务状况的真实情况。

链接《商业银行法》第35条

第六百七十条 【借款利息不得预先扣除】借款的利息不得预先在本金中扣除。利息预先在本金中扣除的，应当按照实际借款数额返还借款并计算利息。

第六百七十一条 【提供及收取借款迟延责任】贷款人未按照约定的日期、数额提供借款，造成借款人损失的，应当赔偿损失。

借款人未按照约定的日期、数额收取借款的，应当按照约定的日期、数额支付利息。

链接《商业银行法》第42条

第六百七十二条 【贷款人对借款使用情况检查、监督的权利】贷款人按照约定可以检查、监督借款的使用情况。借款人应当按照约定向贷款人定期提供有关财务会计报表或者其他资料。

第六百七十三条 【借款人违约使用借款的后果】借款人未按照约定的借款用途使用借款的，贷款人可以停止发放借款、提前收回借款或者解除合同。

第六百七十四条 【借款利息支付期限的确定】借款人应当按照约定的期限支付利息。对支付利息的期限没有约定或者约定不明确，依据本法第五百一十条的规定仍不能确定，借款期间不满一年的，应当在返还借款时一并支付；借款期间一年以上的，应当在每届满一年时支付，剩余期间不满一年的，应当在返还借款时一并支付。

链接《商业银行法》第42条

第六百七十五条 【还款期限的确定】借款人应当按照约定的期限返还借款。对借款期限没有约定或者约定不明确，依据本法第五百一十条的规定仍不能确定的，借款人可以随时返还；贷款人可以催告借款人在合理期限内返还。

第六百七十六条 【借款合同违约责任承担】借款人未按照约定的期限返还借款的，应当按照约定或者国家有关规定支付逾期利息。

第六百七十七条 【提前偿还借款】借款人提前返还借款的，除当事人另有约定外，应当按照实际借款的期间计算利息。

第六百七十八条 【借款展期】借款人可以在还款期限届满前向贷款人申请展期；贷款人同意的，可以展期。

第六百七十九条 【自然人之间借款合同的成立】自然人之间的借款合同，自贷款人提供借款时成立。

第六百八十条 【借款利率和利息】禁止高利放贷，借款的利率不得违反国家有关规定。

借款合同对支付利息没有约定的，视为没有利息。

借款合同对支付利息约定不明确，当事人不能达成补充协议的，按照当地或者当事人的交易方式、交易习惯、市场利率等因素确定利息；自然人之间借款的，视为没有利息。

注释 为解决民间借贷领域存在的突出问题，本条第1款明确规定禁止高利放贷。根据《最高人民法院关于审理民间借贷案件适用法律若干问题的规定》第25条："出借人请求借款人按照合同约定利率支付利息的，人民法院应予支持，但是双方约定的利率超过合同成立时一年期贷款市场报价利率四倍的除外。前款所称'一年期贷款市场报价利率'，是指中国人民银行授权全国银行间同业拆借中心自2019年8月20日起每月发布的一年期贷款市场报价利率。"

本条第2款在合同法规定的基础上，将没有约定支付利息的借贷情形，拓展到了所有借贷领域，即所有类型或者当事人之间订立的借贷合同，只要没有约定支付利息，就一律视为没有利息。

本条第3款对于借款合同当事人就支付利息约定不明确时的处理规则进行了规定：(1)当事人可就支付利息问题进行重新协商，能够达成补充协议的，按其执行。(2)不能达成补充协议的，依据本法第142条第1款以及第510条的规定，应当根据借款合同所使用的词句，通过合同的文义解释和整体解释确定利息标准。(3)如果通过上述两种方式均无法确定借款合同的利息标准，可以按照合同履行地或者当事人之间的交易方式、交易习惯补充确定利息。实践中，法院或者仲裁机构在当事人就利息问题约定不明时，可以以订立借款合同时合同履行地的商业银行同期同类贷款利率计算利息。至于自然人之间的借款就支付利息约定不明确的，也视为没有利息。

第十三章 保证合同

第一节 一般规定

第六百八十一条 【保证合同的概念】保证合

同是为保障债权的实现,保证人和债权人约定,当债务人不履行到期债务或者发生当事人约定的情形时,保证人履行债务或者承担责任的合同。

注释 保证是指法人、非法人组织和公民以其信誉和不特定的财产为他们的债务提供担保,当债务人不履行其债务时,该第三人按照约定履行债务或者承担责任的担保方式。这里的第三人叫作保证人,保证人必须是主合同以外的第三人。债务人不得为自己的债务作保证,且保证人应当具有清偿债务的能力,必须具有足以承担保证责任的财产,具有代为清偿能力是保证人应当具备的条件。这里的债权人既是主合同等主债的债权人,又是保证合同中的债权人,"保证人履行债务或者承担责任"构成保证债务或保证责任。保证属于人的担保范畴,而不同于抵押、质押、留置等物的担保形式。保证不是用具体的财产提供担保,而是以保证人的信誉和不特定的财产为他人的债务提供担保。

第六百八十二条 【保证合同的附从性及被确认无效后的责任分配】保证合同是主债权债务合同的从合同。主债权债务合同无效的,保证合同无效,但是法律另有规定的除外。

保证合同被确认无效后,债务人、保证人、债权人有过错的,应当根据其过错各自承担相应的民事责任。

注释 保证合同是主债权债务合同的从合同,具有附从性,以主合同的存在或将来可能存在为前提,随主合同的消灭而消灭。保证担保的范围不得超过主合同中的债务,不得与主合同债务分离而移转。但本条第1款同时又规定了但书条款,即"法律另有规定的除外"。最高人民法院发布的《关于审理独立保函纠纷案件若干问题的规定》明确了在国内交易中允许银行或非银行金融机构有资格开具独立保函。

第六百八十三条 【保证人的资格】机关法人不得为保证人,但是经国务院批准为使用外国政府或者国际经济组织贷款进行转贷的除外。

以公益为目的的非营利法人、非法人组织不得为保证人。

链接《公司法》第16条;《商业银行法》第22条

第六百八十四条 【保证合同的一般内容】保证合同的内容一般包括被保证的主债权的种类、数额,债务人履行债务的期限,保证的方式、范围和期间等条款。

第六百八十五条 【保证合同的订立】保证合同可以是单独订立的书面合同,也可以是主债权债务合同中的保证条款。

第三人单方以书面形式向债权人作出保证,债权人接收且未提出异议的,保证合同成立。

第六百八十六条 【保证方式】保证的方式包括一般保证和连带责任保证。

当事人在保证合同中对保证方式没有约定或者约定不明确的,按照一般保证承担保证责任。

第六百八十七条 【一般保证及先诉抗辩权】当事人在保证合同中约定,债务人不能履行债务时,由保证人承担保证责任的,为一般保证。

一般保证的保证人在主合同纠纷未经审判或者仲裁,并就债务人财产依法强制执行仍不能履行债务前,有权拒绝向债权人承担保证责任,但是有下列情形之一的除外:

(一)债务人下落不明,且无财产可供执行;

(二)人民法院已经受理债务人破产案件;

(三)债权人有证据证明债务人的财产不足以履行全部债务或者丧失履行债务能力;

(四)保证人书面表示放弃本款规定的权利。

案例 青海金泰融资担保有限公司与上海金桥工程建设发展有限公司、青海三工置业有限公司执行复议案(最高人民法院指导案例120号)

裁判规则:在案件审理期间保证人为被执行人提供保证,承诺在被执行人无财产可供执行或者财产不足清偿债务时承担保证责任的,执行法院对保证人应当适用一般保证的执行规则。在被执行人虽有财产但严重不方便执行时,可以执行保证人在保证责任范围内的财产。

第六百八十八条 【连带责任保证】当事人在保证合同中约定保证人和债务人对债务承担连带责任的,为连带责任保证。

连带责任保证的债务人不履行到期债务或者发生当事人约定的情形时,债权人可以请求债务人履行债务,也可以请求保证人在其保证范围内承担保证责任。

第六百八十九条 【反担保】保证人可以要求债务人提供反担保。

第六百九十条 【最高额保证合同】保证人与债权人可以协商订立最高额保证的合同,约定在最高债权额限度内就一定期间连续发生的债权提供保证。

最高额保证除适用本章规定外，参照适用本法第二编最高额抵押权的有关规定。

第二节　保证责任

第六百九十一条　【保证责任的范围】保证的范围包括主债权及其利息、违约金、损害赔偿金和实现债权的费用。当事人另有约定的，按照其约定。

第六百九十二条　【保证期间】保证期间是确定保证人承担保证责任的期间，不发生中止、中断和延长。

债权人与保证人可以约定保证期间，但是约定的保证期间早于主债务履行期限或者与主债务履行期限同时届满的，视为没有约定；没有约定或者约定不明确的，保证期间为主债务履行期限届满之日起六个月。

债权人与债务人对主债务履行期限没有约定或者约定不明确的，保证期间自债权人请求债务人履行债务的宽限期届满之日起计算。

注释 保证期间具有如下特征：第一，保证期间是就保证责任的承担所设定的期间。从性质上说，保证期间是确定保证人承担保证责任的期间，它既非保证合同的有效期间，也非附期限合同中的期限，而仅仅是针对保证责任的承担所设定的期限。第二，保证期间由当事人约定或法律规定。保证期间可以由法律作出明确规定，也可以由当事人通过特别约定确定，在当事人没有约定或约定不明时，才适用法律规定的保证期间。保证期间设立的目的在于限制保证人的责任、保障保证人的利益，当事人可以就保证期间作出特别约定，按照私法自治的原则，此种约定应当有效。第三，保证期间是保证合同的组成部分。保证合同的当事人可以就保证期间作出约定，只要此种约定不违反法律的强制性规定，该约定就是有效的，其应当成为保证合同的重要组成部分。

第六百九十三条　【保证期间届满的法律效果】一般保证的债权人未在保证期间对债务人提起诉讼或者申请仲裁的，保证人不再承担保证责任。

连带责任保证的债权人未在保证期间请求保证人承担保证责任的，保证人不再承担保证责任。

第六百九十四条　【保证债务的诉讼时效】一般保证的债权人在保证期间届满前对债务人提起诉讼或者申请仲裁的，从保证人拒绝承担保证责任的权利消灭之日起，开始计算保证债务的诉讼时效。

连带责任保证的债权人在保证期间届满前请求保证人承担保证责任的，从债权人请求保证人承担保证责任之日起，开始计算保证债务的诉讼时效。

第六百九十五条　【主合同变更对保证责任的影响】债权人和债务人未经保证人书面同意，协商变更主债权债务合同内容，减轻债务的，保证人仍对变更后的债务承担保证责任；加重债务的，保证人对加重的部分不承担保证责任。

债权人和债务人变更主债权债务合同的履行期限，未经保证人书面同意的，保证期间不受影响。

第六百九十六条　【债权转让时保证人的保证责任】债权人转让全部或者部分债权，未通知保证人的，该转让对保证人不发生效力。

保证人与债权人约定禁止债权转让，债权人未经保证人书面同意转让债权的，保证人对受让人不再承担保证责任。

第六百九十七条　【债务承担对保证责任的影响】债权人未经保证人书面同意，允许债务人转移全部或者部分债务，保证人对未经其同意转移的债务不再承担保证责任，但是债权人和保证人另有约定的除外。

第三人加入债务的，保证人的保证责任不受影响。

第六百九十八条　【一般保证人免责】一般保证的保证人在主债务履行期限届满后，向债权人提供债务人可供执行财产的真实情况，债权人放弃或者怠于行使权利致使该财产不能被执行的，保证人在其提供可供执行财产的价值范围内不再承担保证责任。

第六百九十九条　【共同保证】同一债务有两个以上保证人的，保证人应当按照保证合同约定的保证份额，承担保证责任；没有约定保证份额的，债权人可以请求任何一个保证人在其保证范围内承担保证责任。

第七百条　【保证人的追偿权】保证人承担保证责任后，除当事人另有约定外，有权在其承担保证责任的范围内向债务人追偿，享有债权人对债务人的权利，但是不得损害债权人的利益。

第七百零一条 【保证人的抗辩权】保证人可以主张债务人对债权人的抗辩。债务人放弃抗辩的,保证人仍有权向债权人主张抗辩。

第七百零二条 【抵销权或撤销权范围内的免责】债务人对债权人享有抵销权或者撤销权的,保证人可以在相应范围内拒绝承担保证责任。

第十四章 租赁合同

第七百零三条 【租赁合同的概念】租赁合同是出租人将租赁物交付承租人使用、收益,承租人支付租金的合同。

第七百零四条 【租赁合同的内容】租赁合同的内容一般包括租赁物的名称、数量、用途、租赁期限、租金及其支付期限和方式、租赁物维修等条款。

第七百零五条 【租赁期限的最高限制】租赁期限不得超过二十年。超过二十年的,超过部分无效。

租赁期限届满,当事人可以续订租赁合同;但是,约定的租赁期限自续订之日起不得超过二十年。

第七百零六条 【租赁合同登记对合同效力影响】当事人未依照法律、行政法规规定办理租赁合同登记备案手续的,不影响合同的效力。

第七百零七条 【租赁合同形式】租赁期限六个月以上的,应当采用书面形式。当事人未采用书面形式,无法确定租赁期限的,视为不定期租赁。

第七百零八条 【出租人义务】出租人应当按照约定将租赁物交付承租人,并在租赁期限内保持租赁物符合约定的用途。

第七百零九条 【承租人义务】承租人应当按照约定的方法使用租赁物。对租赁物的使用方法没有约定或者约定不明确,依据本法第五百一十条的规定仍不能确定的,应当根据租赁物的性质使用。

第七百一十条 【承租人合理使用租赁物的免责】承租人按照约定的方法或者根据租赁物的性质使用租赁物,致使租赁物受到损耗的,不承担赔偿责任。

第七百一十一条 【承租人未合理使用租赁物的责任】承租人未按照约定的方法或者未根据租赁物的性质使用租赁物,致使租赁物受到损失的,出租人可以解除合同并请求赔偿损失。

第七百一十二条 【出租人的维修义务】出租人应当履行租赁物的维修义务,但是当事人另有约定的除外。

第七百一十三条 【租赁物的维修和维修费负担】承租人在租赁物需要维修时可以请求出租人在合理期限内维修。出租人未履行维修义务的,承租人可以自行维修,维修费用由出租人负担。因维修租赁物影响承租人使用的,应当相应减少租金或者延长租期。

因承租人的过错致使租赁物需要维修的,出租人不承担前款规定的维修义务。

第七百一十四条 【承租人的租赁物妥善保管义务】承租人应当妥善保管租赁物,因保管不善造成租赁物毁损、灭失的,应当承担赔偿责任。

第七百一十五条 【承租人对租赁物进行改善或增设他物】承租人经出租人同意,可以对租赁物进行改善或者增设他物。

承租人未经出租人同意,对租赁物进行改善或者增设他物的,出租人可以请求承租人恢复原状或者赔偿损失。

第七百一十六条 【转租】承租人经出租人同意,可以将租赁物转租给第三人。承租人转租的,承租人与出租人之间的租赁合同继续有效;第三人造成租赁物损失的,承租人应当赔偿损失。

承租人未经出租人同意转租的,出租人可以解除合同。

链接《海商法》第 137、138、150 条

第七百一十七条 【转租期限】承租人经出租人同意将租赁物转租给第三人,转租期限超过承租人剩余租赁期限的,超过部分的约定对出租人不具有法律约束力,但是出租人与承租人另有约定的除外。

第七百一十八条 【出租人同意转租的推定】出租人知道或者应当知道承租人转租,但是在六个月内未提出异议的,视为出租人同意转租。

第七百一十九条 【次承租人的代为清偿权】承租人拖欠租金的,次承租人可以代承租人支付其欠付的租金和违约金,但是转租合同对出租人不具有法律约束力的除外。

次承租人代为支付的租金和违约金,可以充抵次承租人应当向承租人支付的租金;超出其应付的租金数额的,可以向承租人追偿。

第七百二十条 【租赁物的收益归属】在租赁期限内因占有、使用租赁物获得的收益,归承租人所有,但是当事人另有约定的除外。

第七百二十一条 【租金支付期限】承租人应当按照约定的期限支付租金。对支付租金的期限没有约定或者约定不明确,依据本法第五百一十条的规定仍不能确定,租赁期限不满一年的,应当在租赁期限届满时支付;租赁期限一年以上的,应当在每届满一年时支付,剩余期限不满一年的,应当在租赁期限届满时支付。

链接《海商法》第140条

第七百二十二条 【承租人的租金支付义务】承租人无正当理由未支付或者迟延支付租金的,出租人可以请求承租人在合理期限内支付;承租人逾期不支付的,出租人可以解除合同。

链接《海商法》第140条

第七百二十三条 【出租人的权利瑕疵担保责任】因第三人主张权利,致使承租人不能对租赁物使用、收益的,承租人可以请求减少租金或者不支付租金。

第三人主张权利的,承租人应当及时通知出租人。

第七百二十四条 【承租人解除合同的法定情形】有下列情形之一,非因承租人原因致使租赁物无法使用的,承租人可以解除合同:

(一)租赁物被司法机关或者行政机关依法查封、扣押;

(二)租赁物权属有争议;

(三)租赁物具有违反法律、行政法规关于使用条件的强制性规定情形。

第七百二十五条 【买卖不破租赁】租赁物在承租人按照租赁合同占有期限内发生所有权变动的,不影响租赁合同的效力。

链接《最高人民法院关于审理城镇房屋租赁合同纠纷案件具体应用法律若干问题的解释》第14条

案例 唐学富、庞华与合肥建鑫房地产开发有限公司给付瑕疵责任担保纠纷案(《最高人民法院公报》2020年第2期)

裁判规则:买卖尚处于租赁期间的房屋,出卖人应当告知买受人房屋租赁合同的内容,但承租人的履约能力属于商业风险范畴,不属于出卖人先合同义务,买受人应自行审查与承担。租赁期间房屋产权发生变更,除当事人有特别约定外,租金自产权变更之日归买受人所有。买受人在产权变更后,因租金难以收取,以出卖人有缔约过失、交付房屋存在瑕疵为由,要求出卖人承担租金损失的,人民法院不予支持。

第七百二十六条 【房屋承租人的优先购买权】出租人出卖租赁房屋的,应当在出卖之前的合理期限内通知承租人,承租人享有以同等条件优先购买的权利;但是,房屋按份共有人行使优先购买权或者出租人将房屋出卖给近亲属的除外。

出租人履行通知义务后,承租人在十五日内未明确表示购买的,视为承租人放弃优先购买权。

第七百二十七条 【承租人对拍卖房屋的优先购买权】出租人委托拍卖人拍卖租赁房屋的,应当在拍卖五日前通知承租人。承租人未参加拍卖的,视为放弃优先购买权。

第七百二十八条 【妨害承租人优先购买权的赔偿责任】出租人未通知承租人或者有其他妨害承租人行使优先购买权情形的,承租人可以请求出租人承担赔偿责任。但是,出租人与第三人订立的房屋买卖合同的效力不受影响。

第七百二十九条 【租赁物毁损、灭失的法律后果】因不可归责于承租人的事由,致使租赁物部分或者全部毁损、灭失的,承租人可以请求减少租金或者不支付租金;因租赁物部分或者全部毁损、灭失,致使不能实现合同目的的,承租人可以解除合同。

第七百三十条 【租期不明的处理】当事人对租赁期限没有约定或者约定不明确,依据本法第五百一十条的规定仍不能确定的,视为不定期租赁;当事人可以随时解除合同,但是应当在合理期限之前通知对方。

第七百三十一条 【租赁物质量不合格时承租人的解除权】租赁物危及承租人的安全或者健康的,即使承租人订立合同时明知该租赁物质量不合格,承租人仍然可以随时解除合同。

第七百三十二条 【房屋承租人死亡时租赁关系的处理】承租人在房屋租赁期限内死亡的,与其生前共同居住的人或者共同经营人可以按照原租赁合同租赁该房屋。

第七百三十三条 【租赁物的返还】租赁期限届满,承租人应当返还租赁物。返还的租赁物应当符合按照约定或者根据租赁物的性质使用后的状态。

链接《海商法》第142、143条

第七百三十四条 【租赁期限届满的续租及优先承租权】租赁期限届满，承租人继续使用租赁物，出租人没有提出异议的，原租赁合同继续有效，但是租赁期限为不定期。

租赁期限届满，房屋承租人享有以同等条件优先承租的权利。

第十五章 融资租赁合同

第七百三十五条 【融资租赁合同的概念】融资租赁合同是出租人根据承租人对出卖人、租赁物的选择，向出卖人购买租赁物，提供给承租人使用，承租人支付租金的合同。

链接《最高人民法院关于审理融资租赁合同纠纷案件适用法律问题的解释》第1、2条

第七百三十六条 【融资租赁合同的内容】融资租赁合同的内容一般包括租赁物的名称、数量、规格、技术性能、检验方法，租赁期限，租金构成及其支付期限和方式、币种，租赁期限届满租赁物的归属等条款。

融资租赁合同应当采用书面形式。

第七百三十七条 【融资租赁通谋虚伪表示】当事人以虚构租赁物方式订立的融资租赁合同无效。

第七百三十八条 【特定租赁物经营许可对合同效力影响】依照法律、行政法规的规定，对于租赁物的经营使用应当取得行政许可的，出租人未取得行政许可不影响融资租赁合同的效力。

第七百三十九条 【融资租赁标的物的交付】出租人根据承租人对出卖人、租赁物的选择订立的买卖合同，出卖人应当按照约定向承租人交付标的物，承租人享有与受领标的物有关的买受人的权利。

第七百四十条 【承租人的拒绝受领权】出卖人违反向承租人交付标的物的义务，有下列情形之一的，承租人可以拒绝受领出卖人向其交付的标的物：

（一）标的物严重不符合约定；

（二）未按照约定交付标的物，经承租人或者出租人催告后在合理期限内仍未交付。

承租人拒绝受领标的物的，应当及时通知出租人。

第七百四十一条 【承租人的索赔权】出租人、出卖人、承租人可以约定，出卖人不履行买卖合同义务的，由承租人行使索赔的权利。承租人行使索赔权利的，出租人应当协助。

第七百四十二条 【承租人行使索赔权的租金支付义务】承租人对出卖人行使索赔权利，不影响其履行支付租金的义务。但是，承租人依赖出租人的技能确定租赁物或者出租人干预选择租赁物的，承租人可以请求减免相应租金。

第七百四十三条 【承租人索赔不能的违约责任承担】出租人有下列情形之一，致使承租人对出卖人行使索赔权利失败的，承租人有权请求出租人承担相应的责任：

（一）明知租赁物有质量瑕疵而不告知承租人；

（二）承租人行使索赔权利时，未及时提供必要协助。

出租人怠于行使只能由其对出卖人行使的索赔权利，造成承租人损失的，承租人有权请求出租人承担赔偿责任。

第七百四十四条 【出租人不得擅自变更买卖合同内容】出租人根据承租人对出卖人、租赁物的选择订立的买卖合同，未经承租人同意，出租人不得变更与承租人有关的合同内容。

第七百四十五条 【租赁物的登记对抗效力】出租人对租赁物享有的所有权，未经登记，不得对抗善意第三人。

第七百四十六条 【租金的确定规则】融资租赁合同的租金，除当事人另有约定外，应当根据购买租赁物的大部分或者全部成本以及出租人的合理利润确定。

第七百四十七条 【租赁物瑕疵担保责任】租赁物不符合约定或者不符合使用目的的，出租人不承担责任。但是，承租人依赖出租人的技能确定租赁物或者出租人干预选择租赁物的除外。

第七百四十八条 【出租人保证承租人占有和使用租赁物】出租人应当保证承租人对租赁物的占有和使用。

出租人有下列情形之一的，承租人有权请求其赔偿损失：

（一）无正当理由收回租赁物；

（二）无正当理由妨碍、干扰承租人对租赁物的占有和使用；

（三）因出租人的原因致使第三人对租赁物主张权利；

（四）不当影响承租人对租赁物占有和使用的其他情形。

第七百四十九条 【租赁物致人损害的责任承担】承租人占有租赁物期间，租赁物造成第三人人身损害或者财产损失的，出租人不承担责任。

第七百五十条 【租赁物的保管、使用、维修】承租人应当妥善保管、使用租赁物。

承租人应当履行占有租赁物期间的维修义务。

第七百五十一条 【承租人占有租赁物毁损、灭失的租金承担】承租人占有租赁物期间，租赁物毁损、灭失的，出租人有权请求承租人继续支付租金，但是法律另有规定或者当事人另有约定的除外。

第七百五十二条 【承租人支付租金的义务】承租人应当按照约定支付租金。承租人经催告后在合理期限内仍不支付租金的，出租人可以请求支付全部租金；也可以解除合同，收回租赁物。

第七百五十三条 【承租人擅自处分租赁物时出租人的解除权】承租人未经出租人同意，将租赁物转让、抵押、质押、投资入股或者以其他方式处分的，出租人可以解除融资租赁合同。

第七百五十四条 【出租人或承租人均可解除融资租赁合同情形】有下列情形之一的，出租人或者承租人可以解除融资租赁合同：

（一）出租人与出卖人订立的买卖合同解除、被确认无效或者被撤销，且未能重新订立买卖合同；

（二）租赁物因不可归责于当事人的原因毁损、灭失，且不能修复或者确定替代物；

（三）因出卖人的原因致使融资租赁合同的目的不能实现。

第七百五十五条 【承租人承担出租人损失赔偿责任情形】融资租赁合同因买卖合同解除、被确认无效或者被撤销而解除，出卖人、租赁物系由承租人选择的，出租人有权请求承租人赔偿相应损失；但是，因出租人原因致使买卖合同解除、被确认无效或者被撤销的除外。

出租人的损失已经在买卖合同解除、被确认无效或者被撤销时获得赔偿的，承租人不再承担相应的赔偿责任。

第七百五十六条 【租赁物意外毁损灭失】融资租赁合同因租赁物交付承租人后意外毁损、灭失等不可归责于当事人的原因解除的，出租人可以请求承租人按照租赁物折旧情况给予补偿。

第七百五十七条 【租赁期满租赁物的归属】出租人和承租人可以约定租赁期限届满租赁物的归属；对租赁物的归属没有约定或者约定不明确，依据本法第五百一十条的规定仍不能确定的，租赁物的所有权归出租人。

第七百五十八条 【承租人请求部分返还租赁物价值】当事人约定租赁期限届满租赁物归承租人所有，承租人已经支付大部分租金，但是无力支付剩余租金，出租人因此解除合同收回租赁物，收回的租赁物的价值超过承租人欠付的租金以及其他费用的，承租人可以请求相应返还。

当事人约定租赁期限届满租赁物归出租人所有，因租赁物毁损、灭失或者附合、混合于他物致使承租人不能返还的，出租人有权请求承租人给予合理补偿。

第七百五十九条 【支付象征性价款时的租赁物归属】当事人约定租赁期限届满，承租人仅需向出租人支付象征性价款的，视为约定的租金义务履行完毕后租赁物的所有权归承租人。

第七百六十条 【融资租赁合同无效时租赁物的归属】融资租赁合同无效，当事人就该情形下租赁物的归属有约定的，按照其约定；没有约定或者约定不明确的，租赁物应当返还出租人。但是，因承租人原因致使合同无效，出租人不请求返还或者返还后会显著降低租赁物效用的，租赁物的所有权归承租人，由承租人给予出租人合理补偿。

第十六章 保理合同

第七百六十一条 【保理合同的概念】保理合同是应收账款债权人将现有的或者将有的应收账款转让给保理人，保理人提供资金融通、应收账款管理或者催收、应收账款债务人付款担保等服务的合同。

链接《最高人民法院关于适用〈中华人民共和国民法典〉有关担保制度的解释》

第七百六十二条 【保理合同的内容与形式】保理合同的内容一般包括业务类型、服务范围、服务期限、基础交易合同情况、应收账款信息、保理融资款或者服务报酬及其支付方式等条款。

保理合同应当采用书面形式。

第七百六十三条 【虚构应收账款】应收账款债权人与债务人虚构应收账款作为转让标的，与保理人订立保理合同的，应收账款债务人不得以应收账款不存在为由对抗保理人，但是保理人明知虚构的除外。

第七百六十四条　【保理人发出转让通知的表明身份义务】保理人向应收账款债务人发出应收账款转让通知的，应当表明保理人身份并附有必要凭证。

第七百六十五条　【无正当理由变更、终止基础交易合同对保理人的效力】应收账款债务人接到应收账款转让通知后，应收账款债权人与债务人无正当理由协商变更或者终止基础交易合同，对保理人产生不利影响的，对保理人不发生效力。

第七百六十六条　【有追索权保理】当事人约定有追索权保理的，保理人可以向应收账款债权人主张返还保理融资款本息或者回购应收账款债权，也可以向应收账款债务人主张应收账款债权。保理人向应收账款债务人主张应收账款债权，在扣除保理融资款本息和相关费用后有剩余的，剩余部分应当返还给应收账款债权人。

第七百六十七条　【无追索权保理】当事人约定无追索权保理的，保理人应当向应收账款债务人主张应收账款债权，保理人取得超过保理融资款本息和相关费用的部分，无需向应收账款债权人返还。

第七百六十八条　【多重保理的清偿顺序】应收账款债权人就同一应收账款订立多个保理合同，致使多个保理人主张权利的，已经登记的先于未登记的取得应收账款；均已经登记的，按照登记时间的先后顺序取得应收账款；均未登记的，由最先到达应收账款债务人的转让通知中载明的保理人取得应收账款；既未登记也未通知的，按照保理融资款或者服务报酬的比例取得应收账款。

第七百六十九条　【参照适用债权转让的规定】本章没有规定的，适用本编第六章债权转让的有关规定。

第十七章　承揽合同

第七百七十条　【承揽合同的定义及类型】承揽合同是承揽人按照定作人的要求完成工作，交付工作成果，定作人支付报酬的合同。

承揽包括加工、定作、修理、复制、测试、检验等工作。

第七百七十一条　【承揽合同的主要条款】承揽合同的内容一般包括承揽的标的、数量、质量、报酬，承揽方式，材料的提供，履行期限，验收标准和方法等条款。

第七百七十二条　【承揽人独立完成主要工作】承揽人应当以自己的设备、技术和劳力，完成主要工作，但是当事人另有约定的除外。

承揽人将其承揽的主要工作交由第三人完成的，应当就该第三人完成的工作成果向定作人负责；未经定作人同意的，定作人也可以解除合同。

第七百七十三条　【承揽人对辅助性工作的责任】承揽人可以将其承揽的辅助工作交由第三人完成。承揽人将其承揽的辅助工作交由第三人完成的，应当就该第三人完成的工作成果向定作人负责。

第七百七十四条　【承揽人提供材料时的主要义务】承揽人提供材料的，应当按照约定选用材料，并接受定作人检验。

第七百七十五条　【定作人提供材料时双方当事人的义务】定作人提供材料的，应当按照约定提供材料。承揽人对定作人提供的材料应当及时检验，发现不符合约定时，应当及时通知定作人更换、补齐或者采取其他补救措施。

承揽人不得擅自更换定作人提供的材料，不得更换不需要修理的零部件。

第七百七十六条　【定作人要求不合理时双方当事人的义务】承揽人发现定作人提供的图纸或者技术要求不合理的，应当及时通知定作人。因定作人怠于答复等原因造成承揽人损失的，应当赔偿损失。

第七百七十七条　【中途变更工作要求的责任】定作人中途变更承揽工作的要求，造成承揽人损失的，应当赔偿损失。

第七百七十八条　【定作人的协助义务】承揽工作需要定作人协助的，定作人有协助的义务。定作人不履行协助义务致使承揽工作不能完成的，承揽人可以催告定作人在合理期限内履行义务，并可以顺延履行期限；定作人逾期不履行的，承揽人可以解除合同。

第七百七十九条　【定作人监督检验承揽工作】承揽人在工作期间，应当接受定作人必要的监督检验。定作人不得因监督检验妨碍承揽人的正常工作。

第七百八十条　【工作成果交付】承揽人完成工作的，应当向定作人交付工作成果，并提交必要的技术资料和有关质量证明。定作人应当验收该工作成果。

第七百八十一条 【工作成果质量不合约定的责任】承揽人交付的工作成果不符合质量要求的,定作人可以合理选择请求承揽人承担修理、重作、减少报酬、赔偿损失等违约责任。

链接《产品质量法》第40条

第七百八十二条 【支付报酬期限】定作人应当按照约定的期限支付报酬。对支付报酬的期限没有约定或者约定不明确,依据本法第五百一十条的规定仍不能确定的,定作人应当在承揽人交付工作成果时支付;工作成果部分交付的,定作人应当相应支付。

第七百八十三条 【承揽人的留置权及同时履行抗辩权】定作人未向承揽人支付报酬或者材料费等价款的,承揽人对完成的工作成果享有留置权或者有权拒绝交付,但是当事人另有约定的除外。

第七百八十四条 【承揽人保管义务】承揽人应当妥善保管定作人提供的材料以及完成的工作成果,因保管不善造成毁损、灭失的,应当承担赔偿责任。

第七百八十五条 【承揽人的保密义务】承揽人应当按照定作人的要求保守秘密,未经定作人许可,不得留存复制品或者技术资料。

第七百八十六条 【共同承揽】共同承揽人对定作人承担连带责任,但是当事人另有约定的除外。

第七百八十七条 【定作人的任意解除权】定作人在承揽人完成工作前可以随时解除合同,造成承揽人损失的,应当赔偿损失。

第十八章 建设工程合同

第七百八十八条 【建设工程合同的定义】建设工程合同是承包人进行工程建设,发包人支付价款的合同。

建设工程合同包括工程勘察、设计、施工合同。

第七百八十九条 【建设工程合同形式】建设工程合同应当采用书面形式。

链接《建筑法》第15条

第七百九十条 【工程招标投标】建设工程的招标投标活动,应当依照有关法律的规定公开、公平、公正进行。

第七百九十一条 【总包与分包】发包人可以与总承包人订立建设工程合同,也可以分别与勘察人、设计人、施工人订立勘察、设计、施工承包合同。发包人不得将应当由一个承包人完成的建设工程支解成若干部分发包给数个承包人。

总承包人或者勘察、设计、施工承包人经发包人同意,可以将自己承包的部分工作交由第三人完成。第三人就其完成的工作成果与总承包人或者勘察、设计、施工承包人向发包人承担连带责任。承包人不得将其承包的全部建设工程转包给第三人或者将其承包的全部建设工程支解以后以分包的名义分别转包给第三人。

禁止承包人将工程分包给不具备相应资质条件的单位。禁止分包单位将其承包的工程再分包。建设工程主体结构的施工必须由承包人自行完成。

第七百九十二条 【国家重大建设工程合同的订立】国家重大建设工程合同,应当按照国家规定的程序和国家批准的投资计划、可行性研究报告等文件订立。

第七百九十三条 【建设工程施工合同无效的处理】建设工程施工合同无效,但是建设工程经验收合格的,可以参照合同关于工程价款的约定折价补偿承包人。

建设工程施工合同无效,且建设工程经验收不合格的,按照以下情形处理:

(一)修复后的建设工程经验收合格的,发包人可以请求承包人承担修复费用;

(二)修复后的建设工程经验收不合格的,承包人无权请求参照合同关于工程价款的约定折价补偿。

发包人对因建设工程不合格造成的损失有过错的,应当承担相应的责任。

第七百九十四条 【勘察、设计合同主要内容】勘察、设计合同的内容一般包括提交有关基础资料和概预算等文件的期限、质量要求、费用以及其他协作条件等条款。

第七百九十五条 【施工合同主要内容】施工合同的内容一般包括工程范围、建设工期、中间交工工程的开工和竣工时间、工程质量、工程造价、技术资料交付时间、材料和设备供应责任、拨款和结算、竣工验收、质量保修范围和质量保证期、相互协作等条款。

链接《最高人民法院关于审理建设工程施工合同纠纷案件适用法律问题的解释(一)》第8—10条

第七百九十六条　【建设工程监理】建设工程实行监理的，发包人应当与监理人采用书面形式订立委托监理合同。发包人与监理人的权利和义务以及法律责任，应当依照本编委托合同以及其他有关法律、行政法规的规定。

第七百九十七条　【发包人检查权】发包人在不妨碍承包人正常作业的情况下，可以随时对作业进度、质量进行检查。

第七百九十八条　【隐蔽工程】隐蔽工程在隐蔽以前，承包人应当通知发包人检查。发包人没有及时检查的，承包人可以顺延工程日期，并有权请求赔偿停工、窝工等损失。

第七百九十九条　【竣工验收】建设工程竣工后，发包人应当根据施工图纸及说明书、国家颁发的施工验收规范和质量检验标准及时进行验收。验收合格的，发包人应当按照约定支付价款，并接收该建设工程。

建设工程竣工经验收合格后，方可交付使用；未经验收或者验收不合格的，不得交付使用。

第八百条　【勘察、设计人质量责任】勘察、设计的质量不符合要求或者未按照期限提交勘察、设计文件拖延工期，造成发包人损失的，勘察人、设计人应当继续完善勘察、设计，减收或者免收勘察、设计费并赔偿损失。

第八百零一条　【施工人的质量责任】因施工人的原因致使建设工程质量不符合约定的，发包人有权请求施工人在合理期限内无偿修理或者返工、改建。经过修理或者返工、改建后，造成逾期交付的，施工人应当承担违约责任。

第八百零二条　【质量保证责任】因承包人的原因致使建设工程在合理使用期限内造成人身损害和财产损失的，承包人应当承担赔偿责任。

第八百零三条　【发包人违约责任】发包人未按照约定的时间和要求提供原材料、设备、场地、资金、技术资料的，承包人可以顺延工程日期，并有权请求赔偿停工、窝工等损失。

第八百零四条　【发包人原因致工程停建、缓建的责任】因发包人的原因致使工程中途停建、缓建的，发包人应当采取措施弥补或者减少损失，赔偿承包人因此造成的停工、窝工、倒运、机械设备调迁、材料和构件积压等损失和实际费用。

第八百零五条　【发包人原因致勘察、设计返工、停工或修改设计的责任】因发包人变更计划，提供的资料不准确，或者未按照期限提供必需的勘察、设计工作条件而造成勘察、设计的返工、停工或者修改设计，发包人应当按照勘察人、设计人实际消耗的工作量增付费用。

第八百零六条　【建设工程合同的法定解除】承包人将建设工程转包、违法分包的，发包人可以解除合同。

发包人提供的主要建筑材料、建筑构配件和设备不符合强制性标准或者不履行协助义务，致使承包人无法施工，经催告后在合理期限内仍未履行相应义务的，承包人可以解除合同。

合同解除后，已经完成的建设工程质量合格的，发包人应当按照约定支付相应的工程价款；已经完成的建设工程质量不合格的，参照本法第七百九十三条的规定处理。

第八百零七条　【工程价款的支付】发包人未按照约定支付价款的，承包人可以催告发包人在合理期限内支付价款。发包人逾期不支付的，除根据建设工程的性质不宜折价、拍卖外，承包人可以与发包人协议将该工程折价，也可以请求人民法院将该工程依法拍卖。建设工程的价款就该工程折价或者拍卖的价款优先受偿。

链接《最高人民法院关于审理建设工程施工合同纠纷案件适用法律问题的解释(一)》第19—42条

案例 中天建设集团有限公司诉河南恒和置业有限公司建设工程施工合同纠纷案（最高人民法院指导案例171号）

裁判规则：执行法院依其他债权人的申请，对发包人的建设工程强制执行，承包人向执行法院主张其享有建设工程价款优先受偿权且未超过除斥期间的，视为承包人依法行使了建设工程价款优先受偿权。发包人以承包人起诉时行使建设工程价款优先受偿权超过除斥期间为由进行抗辩的，人民法院不予支持。

第八百零八条　【参照适用承揽合同的规定】本章没有规定的，适用承揽合同的有关规定。

第十九章　运输合同

第一节　一般规定

第八百零九条　【运输合同的定义】运输合同是承运人将旅客或者货物从起运地点运输到约定地点，旅客、托运人或者收货人支付票款或者运输费用的合同。

第八百一十条 【公共运输承运人的强制缔约义务】从事公共运输的承运人不得拒绝旅客、托运人通常、合理的运输要求。

第八百一十一条 【承运人安全运输义务】承运人应当在约定期限或者合理期限内将旅客、货物安全运输到约定地点。

第八百一十二条 【承运人合理运输义务】承运人应当按照约定的或者通常的运输路线将旅客、货物运输到约定地点。

第八百一十三条 【支付票款或运输费用】旅客、托运人或者收货人应当支付票款或者运输费用。承运人未按照约定路线或者通常路线运输增加票款或者运输费用的,旅客、托运人或者收货人可以拒绝支付增加部分的票款或者运输费用。

第二节 客运合同

第八百一十四条 【客运合同的成立】客运合同自承运人向旅客出具客票时成立,但是当事人另有约定或者另有交易习惯的除外。

第八百一十五条 【按有效客票记载内容乘坐义务】旅客应当按照有效客票记载的时间、班次和座位号乘坐。旅客无票乘坐、超程乘坐、越级乘坐或者持不符合减价条件的优惠客票乘坐的,应当补交票款,承运人可以按照规定加收票款;旅客不支付票款的,承运人可以拒绝运输。

实名制客运合同的旅客丢失客票的,可以请求承运人挂失补办,承运人不得再次收取票款和其他不合理费用。

第八百一十六条 【退票与变更】旅客因自己的原因不能按照客票记载的时间乘坐的,应当在约定的期限内办理退票或者变更手续;逾期办理的,承运人可以不退票款,并不再承担运输义务。

第八百一十七条 【按约定携带行李义务】旅客随身携带行李应当符合约定的限量和品类要求;超过限量或者违反品类要求携带行李的,应当办理托运手续。

第八百一十八条 【危险物品或者违禁物品的携带禁止】旅客不得随身携带或者在行李中夹带易燃、易爆、有毒、有腐蚀性、有放射性以及可能危及运输工具上人身和财产安全的危险物品或者违禁物品。

旅客违反前款规定的,承运人可以将危险物品或者违禁物品卸下、销毁或者送交有关部门。旅客坚持携带或者夹带危险物品或者违禁物品的,承运人应当拒绝运输。

第八百一十九条 【承运人告知义务和旅客协助配合义务】承运人应当严格履行安全运输义务,及时告知旅客安全运输应当注意的事项。旅客对承运人为安全运输所作的合理安排应当积极协助和配合。

第八百二十条 【承运人迟延运输或者有其他不能正常运输情形】承运人应当按照有效客票记载的时间、班次和座位号运输旅客。承运人迟延运输或者有其他不能正常运输情形的,应当及时告知和提醒旅客,采取必要的安置措施,并根据旅客的要求安排改乘其他班次或者退票;由此造成旅客损失的,承运人应当承担赔偿责任,但是不可归责于承运人的除外。

第八百二十一条 【承运人变更服务标准的后果】承运人擅自降低服务标准的,应当根据旅客的请求退票或者减收票款;提高服务标准的,不得加收票款。

第八百二十二条 【承运人尽力救助义务】承运人在运输过程中,应当尽力救助患有急病、分娩、遇险的旅客。

第八百二十三条 【旅客伤亡的赔偿责任】承运人应当对运输过程中旅客的伤亡承担赔偿责任;但是,伤亡是旅客自身健康原因造成的或者承运人证明伤亡是旅客故意、重大过失造成的除外。

前款规定适用于按照规定免票、持优待票或者经承运人许可搭乘的无票旅客。

第八百二十四条 【对行李的赔偿责任】在运输过程中旅客随身携带物品毁损、灭失,承运人有过错的,应当承担赔偿责任。

旅客托运的行李毁损、灭失的,适用货物运输的有关规定。

第三节 货运合同

第八百二十五条 【托运人如实申报情况义务】托运人办理货物运输,应当向承运人准确表明收货人的姓名、名称或者凭指示的收货人,货物的名称、性质、重量、数量,收货地点等有关货物运输的必要情况。

因托运人申报不实或者遗漏重要情况,造成承运人损失的,托运人应当承担赔偿责任。

第八百二十六条 【托运人办理审批、检验等手续义务】货物运输需要办理审批、检验等手续的，托运人应当将办理完有关手续的文件提交承运人。

第八百二十七条 【托运人的包装义务】托运人应当按照约定的方式包装货物。对包装方式没有约定或者约定不明确的，适用本法第六百一十九条的规定。

托运人违反前款规定的，承运人可以拒绝运输。

第八百二十八条 【托运人运送危险货物时的义务】托运人托运易燃、易爆、有毒、有腐蚀性、有放射性等危险物品的，应当按照国家有关危险物品运输的规定对危险物品妥善包装，做出危险物品标志和标签，并将有关危险物品的名称、性质和防范措施的书面材料提交承运人。

托运人违反前款规定的，承运人可以拒绝运输，也可以采取相应措施以避免损失的发生，因此产生的费用由托运人负担。

第八百二十九条 【托运人变更或解除的权利】在承运人将货物交付收货人之前，托运人可以要求承运人中止运输、返还货物、变更到达地或者将货物交给其他收货人，但是应当赔偿承运人因此受到的损失。

第八百三十条 【提货】货物运输到达后，承运人知道收货人的，应当及时通知收货人，收货人应当及时提货。收货人逾期提货的，应当向承运人支付保管费等费用。

第八百三十一条 【收货人对货物的检验】收货人提货时应当按照约定的期限检验货物。对检验货物的期限没有约定或者约定不明确，依据本法第五百一十条的规定仍不能确定的，应当在合理期限内检验货物。收货人在约定的期限或者合理期限内对货物的数量、毁损等未提出异议的，视为承运人已经按照运输单证的记载交付的初步证据。

第八百三十二条 【承运人对货损的赔偿责任】承运人对运输过程中货物的毁损、灭失承担赔偿责任。但是，承运人证明货物的毁损、灭失是因不可抗力、货物本身的自然性质或者合理损耗以及托运人、收货人的过错造成的，不承担赔偿责任。

第八百三十三条 【确定货损额的方法】货物的毁损、灭失的赔偿额，当事人有约定的，按照其约定；没有约定或者约定不明确，依据本法第五百一十条的规定仍不能确定的，按照交付或者应当交付时货物到达地的市场价格计算。法律、行政法规对赔偿额的计算方法和赔偿限额另有规定的，依照其规定。

第八百三十四条 【相继运输的责任承担】两个以上承运人以同一运输方式联运的，与托运人订立合同的承运人应当对全程运输承担责任；损失发生在某一运输区段的，与托运人订立合同的承运人和该区段的承运人承担连带责任。

第八百三十五条 【货物因不可抗力灭失的运费处理】货物在运输过程中因不可抗力灭失，未收取运费的，承运人不得请求支付运费；已经收取运费的，托运人可以请求返还。法律另有规定的，依照其规定。

第八百三十六条 【承运人留置权】托运人或者收货人不支付运费、保管费或者其他费用的，承运人对相应的运输货物享有留置权，但是当事人另有约定的除外。

第八百三十七条 【货物的提存】收货人不明或者收货人无正当理由拒绝受领货物的，承运人依法可以提存货物。

第四节 多式联运合同

第八百三十八条 【多式联运经营人的权利义务】多式联运经营人负责履行或者组织履行多式联运合同，对全程运输享有承运人的权利，承担承运人的义务。

第八百三十九条 【多式联运经营人的责任承担】多式联运经营人可以与参加多式联运的各区段承运人就多式联运合同的各区段运输约定相互之间的责任；但是，该约定不影响多式联运经营人对全程运输承担的义务。

链接《海商法》第104条

第八百四十条 【多式联运单据】多式联运经营人收到托运人交付的货物时，应当签发多式联运单据。按照托运人的要求，多式联运单据可以是可转让单据，也可以是不可转让单据。

第八百四十一条 【托运人的过错赔偿责任】因托运人托运货物时的过错造成多式联运经营人损失的，即使托运人已经转让多式联运单据，托运人仍然应当承担赔偿责任。

第八百四十二条 【赔偿责任的法律适用】货

物的毁损、灭失发生于多式联运的某一运输区段的，多式联运经营人的赔偿责任和责任限额，适用调整该区段运输方式的有关法律规定；货物毁损、灭失发生的运输区段不能确定的，依照本章规定承担赔偿责任。

第二十章　技术合同

第一节　一般规定

第八百四十三条　【技术合同的定义】技术合同是当事人就技术开发、转让、许可、咨询或者服务订立的确立相互之间权利和义务的合同。

第八百四十四条　【订立技术合同的原则】订立技术合同，应当有利于知识产权的保护和科学技术的进步，促进科学技术成果的研发、转化、应用和推广。

链接《最高人民法院关于审理技术合同纠纷案件适用法律若干问题的解释》（以下简称《技术合同纠纷司法解释》）第1条

第八百四十五条　【技术合同的主要条款】技术合同的内容一般包括项目的名称，标的的内容、范围和要求，履行的计划、地点和方式，技术信息和资料的保密，技术成果的归属和收益的分配办法，验收标准和方法，名词和术语的解释等条款。

与履行合同有关的技术背景资料、可行性论证和技术评价报告、项目任务书和计划书、技术标准、技术规范、原始设计和工艺文件，以及其他技术文档，按照当事人的约定可以作为合同的组成部分。

技术合同涉及专利的，应当注明发明创造的名称、专利申请人和专利权人、申请日期、申请号、专利号以及专利权的有效期限。

第八百四十六条　【技术合同价款、报酬或使用费的支付方式】技术合同价款、报酬或者使用费的支付方式由当事人约定，可以采取一次总算、一次总付或者一次总算、分期支付，也可以采取提成支付或者提成支付附加预付入门费的方式。

约定提成支付的，可以按照产品价格、实施专利和使用技术秘密后新增的产值、利润或者产品销售额的一定比例提成，也可以按照约定的其他方式计算。提成支付的比例可以采取固定比例、逐年递增比例或者逐年递减比例。

约定提成支付的，当事人可以约定查阅有关会计账目的办法。

链接《技术合同纠纷司法解释》第14条

第八百四十七条　【职务技术成果的财产权归属】职务技术成果的使用权、转让权属于法人或者非法人组织的，法人或者非法人组织可以就该项职务技术成果订立技术合同。法人或者非法人组织订立技术合同转让职务技术成果时，职务技术成果的完成人享有以同等条件优先受让的权利。

职务技术成果是执行法人或者非法人组织的工作任务，或者主要是利用法人或者非法人组织的物质技术条件所完成的技术成果。

第八百四十八条　【非职务技术成果的财产权归属】非职务技术成果的使用权、转让权属于完成技术成果的个人，完成技术成果的个人可以就该项非职务技术成果订立技术合同。

第八百四十九条　【技术成果人身权】完成技术成果的个人享有在有关技术成果文件上写明自己是技术成果完成者的权利和取得荣誉证书、奖励的权利。

第八百五十条　【技术合同的无效】非法垄断技术或者侵害他人技术成果的技术合同无效。

第二节　技术开发合同

第八百五十一条　【技术开发合同的定义及种类】技术开发合同是当事人之间就新技术、新产品、新工艺、新品种或者新材料及其系统的研究开发所订立的合同。

技术开发合同包括委托开发合同和合作开发合同。

技术开发合同应当采用书面形式。

当事人之间就具有实用价值的科技成果实施转化订立的合同，参照适用技术开发合同的有关规定。

第八百五十二条　【委托人的主要义务】委托开发合同的委托人应当按照约定支付研究开发经费和报酬，提供技术资料，提出研究开发要求，完成协作事项，接受研究开发成果。

第八百五十三条　【研究开发人的主要义务】委托开发合同的研究开发人应当按照约定制定和实施研究开发计划，合理使用研究开发经费，按期完成研究开发工作，交付研究开发成果，提供有关的技术资料和必要的技术指导,帮助委托人掌握研究开发成果。

第八百五十四条 【委托开发合同的当事人违约责任】委托开发合同的当事人违反约定造成研究开发工作停滞、延误或者失败的,应当承担违约责任。

第八百五十五条 【合作开发各方的主要义务】合作开发合同的当事人应当按照约定进行投资,包括以技术进行投资,分工参与研究开发工作,协作配合研究开发工作。

第八百五十六条 【合作开发各方的违约责任】合作开发合同的当事人违反约定造成研究开发工作停滞、延误或者失败的,应当承担违约责任。

第八百五十七条 【技术开发合同的解除】作为技术开发合同标的的技术已经由他人公开,致使技术开发合同的履行没有意义的,当事人可以解除合同。

第八百五十八条 【技术开发合同的风险责任负担】技术开发合同履行过程中,因出现无法克服的技术困难,致使研究开发失败或者部分失败的,该风险由当事人约定;没有约定或者约定不明确,依据本法第五百一十条的规定仍不能确定的,风险由当事人合理分担。

当事人一方发现前款规定的可能致使研究开发失败或者部分失败的情形时,应当及时通知另一方并采取适当措施减少损失;没有及时通知并采取适当措施,致使损失扩大的,应当就扩大的损失承担责任。

第八百五十九条 【发明创造的归属和分享】委托开发完成的发明创造,除法律另有规定或者当事人另有约定外,申请专利的权利属于研究开发人。研究开发人取得专利权的,委托人可以依法实施该专利。

研究开发人转让专利申请权的,委托人享有以同等条件优先受让的权利。

第八百六十条 【合作开发发明创造专利申请权的归属和分享】合作开发完成的发明创造,申请专利的权利属于合作开发的当事人共有;当事人一方转让其共有的专利申请权的,其他各方享有以同等条件优先受让的权利。但是,当事人另有约定的除外。

合作开发的当事人一方声明放弃其共有的专利申请权的,除当事人另有约定外,可以由另一方单独申请或者由其他各方共同申请。申请人取得专利权的,放弃专利申请权的一方可以免费实施该专利。

合作开发的当事人一方不同意申请专利的,另一方或者其他各方不得申请专利。

第八百六十一条 【技术秘密成果的归属与分配】委托开发或者合作开发完成的技术秘密成果的使用权、转让权以及收益的分配办法,由当事人约定;没有约定或者约定不明确,依据本法第五百一十条的规定仍不能确定的,在没有相同技术方案被授予专利权前,当事人均有使用和转让的权利。但是,委托开发的研究开发人不得在向委托人交付研究开发成果之前,将研究开发成果转让给第三人。

第三节 技术转让合同和技术许可合同

第八百六十二条 【技术转让合同和技术许可合同的定义】技术转让合同是合法拥有技术的权利人,将现有特定的专利、专利申请、技术秘密的相关权利让与他人所订立的合同。

技术许可合同是合法拥有技术的权利人,将现有特定的专利、技术秘密的相关权利许可他人实施、使用所订立的合同。

技术转让合同和技术许可合同中关于提供实施技术的专用设备、原材料或者提供有关的技术咨询、技术服务的约定,属于合同的组成部分。

第八百六十三条 【技术转让合同和技术许可合同的种类及合同要件】技术转让合同包括专利权转让、专利申请权转让、技术秘密转让等合同。

技术许可合同包括专利实施许可、技术秘密使用许可等合同。

技术转让合同和技术许可合同应当采用书面形式。

第八百六十四条 【技术转让合同和技术许可合同的限制性条款】技术转让合同和技术许可合同可以约定实施专利或者使用技术秘密的范围,但是不得限制技术竞争和技术发展。

链接《技术合同纠纷司法解释》第28条

第八百六十五条 【专利实施许可合同的有效期限】专利实施许可合同仅在该专利权的存续期限内有效。专利权有效期限届满或者专利权被宣告无效的，专利权人不得就该专利与他人订立专利实施许可合同。

第八百六十六条 【专利实施许可合同许可人的义务】专利实施许可合同的许可人应当按照约定许可被许可人实施专利，交付实施专利有关的技术资料，提供必要的技术指导。

第八百六十七条 【专利实施许可合同被许可人的义务】专利实施许可合同的被许可人应当按照约定实施专利，不得许可约定以外的第三人实施该专利，并按照约定支付使用费。

第八百六十八条 【技术秘密让与人和许可人的义务】技术秘密转让合同的让与人和技术秘密使用许可合同的许可人应当按照约定提供技术资料，进行技术指导，保证技术的实用性、可靠性，承担保密义务。

前款规定的保密义务，不限制许可人申请专利，但是当事人另有约定的除外。

第八百六十九条 【技术秘密受让人和被许可人的义务】技术秘密转让合同的受让人和技术秘密使用许可合同的被许可人应当按照约定使用技术，支付转让费、使用费，承担保密义务。

第八百七十条 【技术转让合同让与人和技术许可合同许可人的保证义务】技术转让合同的让与人和技术许可合同的许可人应当保证自己是所提供的技术的合法拥有者，并保证所提供的技术完整、无误、有效，能够达到约定的目标。

第八百七十一条 【技术转让合同受让人和技术许可合同被许可人保密义务】技术转让合同的受让人和技术许可合同的被许可人应当按照约定的范围和期限，对让与人、许可人提供的技术中尚未公开的秘密部分，承担保密义务。

第八百七十二条 【技术许可人和让与人的违约责任】许可人未按照约定许可技术的，应当返还部分或者全部使用费，并应当承担违约责任；实施专利或者使用技术秘密超越约定的范围的，违反约定擅自许可第三人实施该项专利或者使用该项技术秘密的，应当停止违约行为，承担违约责任；违反约定的保密义务的，应当承担违约责任。

让与人承担违约责任，参照适用前款规定。

第八百七十三条 【技术被许可人和受让人的违约责任】被许可人未按照约定支付使用费的，应当补交使用费并按照约定支付违约金；不补交使用费或者支付违约金的，应当停止实施专利或者使用技术秘密，交还技术资料，承担违约责任；实施专利或者使用技术秘密超越约定的范围的，未经许可人同意擅自许可第三人实施该专利或者使用该技术秘密的，应当停止违约行为，承担违约责任；违反约定的保密义务的，应当承担违约责任。

受让人承担违约责任，参照适用前款规定。

第八百七十四条 【实施专利、使用技术秘密侵害他人合法权益责任承担】受让人或者被许可人按照约定实施专利、使用技术秘密侵害他人合法权益的，由让与人或者许可人承担责任，但是当事人另有约定的除外。

第八百七十五条 【后续改进技术成果的分享办法】当事人可以按照互利的原则，在合同中约定实施专利、使用技术秘密后续改进的技术成果的分享办法；没有约定或者约定不明确，依据本法第五百一十条的规定仍不能确定的，一方后续改进的技术成果，其他各方无权分享。

第八百七十六条 【其他知识产权转让和许可的参照适用】集成电路布图设计专有权、植物新品种权、计算机软件著作权等其他知识产权的转让和许可，参照适用本节的有关规定。

第八百七十七条 【技术进出口合同或专利、专利申请合同的法律适用】法律、行政法规对技术进出口合同或者专利、专利申请合同另有规定的，依照其规定。

第四节 技术咨询合同和技术服务合同

第八百七十八条 【技术咨询合同、技术服务合同的定义】技术咨询合同是当事人一方以技术知识为对方就特定技术项目提供可行性论证、技术预测、专题技术调查、分析评价报告等所订立的合同。

技术服务合同是当事人一方以技术知识为对方解决特定技术问题所订立的合同，不包括承揽合同和建设工程合同。

第八百七十九条 【技术咨询合同委托人的义务】技术咨询合同的委托人应当按照约定阐明咨询的问题，提供技术背景材料及有关技术资料，接受受托人的工作成果，支付报酬。

第八百八十条 【技术咨询合同受托人的义务】技术咨询合同的受托人应当按照约定的期限完成咨询报告或者解答问题，提出的咨询报告应当达到约定的要求。

第八百八十一条 【技术咨询合同当事人的违约责任及决策风险责任】技术咨询合同的委托人未按照约定提供必要的资料,影响工作进度和质量,不接受或者逾期接受工作成果的,支付的报酬不得追回,未支付的报酬应当支付。

技术咨询合同的受托人未按期提出咨询报告或者提出的咨询报告不符合约定的,应当承担减收或者免收报酬等违约责任。

技术咨询合同的委托人按照受托人符合约定要求的咨询报告和意见作出决策所造成的损失,由委托人承担,但是当事人另有约定的除外。

第八百八十二条 【技术服务合同委托人的义务】技术服务合同的委托人应当按照约定提供工作条件,完成配合事项,接受工作成果并支付报酬。

第八百八十三条 【技术服务合同受托人的义务】技术服务合同的受托人应当按照约定完成服务项目,解决技术问题,保证工作质量,并传授解决技术问题的知识。

第八百八十四条 【技术服务合同的当事人违约责任】技术服务合同的委托人不履行合同义务或者履行合同义务不符合约定,影响工作进度和质量,不接受或者逾期接受工作成果的,支付的报酬不得追回,未支付的报酬应当支付。

技术服务合同的受托人未按照约定完成服务工作的,应当承担免收报酬等违约责任。

链接《技术合同纠纷司法解释》第 35 条

第八百八十五条 【技术成果的归属和分享】技术咨询合同、技术服务合同履行过程中,受托人利用委托人提供的技术资料和工作条件完成的新的技术成果,属于受托人。委托人利用受托人的工作成果完成的新的技术成果,属于委托人。当事人另有约定的,按照其约定。

第八百八十六条 【受托人履行合同的费用负担】技术咨询合同和技术服务合同对受托人正常开展工作所需费用的负担没有约定或者约定不明确的,由受托人负担。

第八百八十七条 【技术中介合同和技术培训合同法律适用】法律、行政法规对技术中介合同、技术培训合同另有规定的,依照其规定。

第二十一章 保管合同

第八百八十八条 【保管合同的定义】保管合同是保管人保管寄存人交付的保管物,并返还该物的合同。

寄存人到保管人处从事购物、就餐、住宿等活动,将物品存放在指定场所的,视为保管,但是当事人另有约定或者另有交易习惯的除外。

第八百八十九条 【保管合同的报酬】寄存人应当按照约定向保管人支付保管费。

当事人对保管费没有约定或者约定不明确,依据本法第五百一十条的规定仍不能确定的,视为无偿保管。

第八百九十条 【保管合同的成立】保管合同自保管物交付时成立,但是当事人另有约定的除外。

第八百九十一条 【保管人给付保管凭证的义务】寄存人向保管人交付保管物的,保管人应当出具保管凭证,但是另有交易习惯的除外。

第八百九十二条 【保管人对保管物的妥善保管义务】保管人应当妥善保管保管物。

当事人可以约定保管场所或者方法。除紧急情况或者为维护寄存人利益外,不得擅自改变保管场所或者方法。

第八百九十三条 【寄存人如实告知义务】寄存人交付的保管物有瑕疵或者根据保管物的性质需要采取特殊保管措施的,寄存人应当将有关情况告知保管人。寄存人未告知,致使保管物受损失的,保管人不承担赔偿责任;保管人因此受损失的,除保管人知道或者应当知道且未采取补救措施外,寄存人应当承担赔偿责任。

第八百九十四条 【保管人亲自保管义务】保管人不得将保管物转交第三人保管,但是当事人另有约定的除外。

保管人违反前款规定,将保管物转交第三人保管,造成保管物损失的,应当承担赔偿责任。

第八百九十五条 【保管人不得使用或许可他人使用保管物义务】保管人不得使用或者许可第三人使用保管物,但是当事人另有约定的除外。

第八百九十六条 【保管人返还保管物的义务及危险通知义务】第三人对保管物主张权利的,除依法对保管物采取保全或者执行措施外,保管人应当履行向寄存人返还保管物的义务。

第三人对保管人提起诉讼或者对保管物申请扣押的,保管人应当及时通知寄存人。

第八百九十七条 【保管物毁损灭失责任】保

管期内,因保管人保管不善造成保管物毁损、灭失的,保管人应当承担赔偿责任。但是,无偿保管人证明自己没有故意或者重大过失的,不承担赔偿责任。

第八百九十八条　【寄存贵重物品的声明义务】寄存人寄存货币、有价证券或者其他贵重物品的,应当向保管人声明,由保管人验收或者封存;寄存人未声明的,该物品毁损、灭失后,保管人可以按照一般物品予以赔偿。

第八百九十九条　【保管物的领取及领取时间】寄存人可以随时领取保管物。

当事人对保管期限没有约定或者约定不明确的,保管人可以随时请求寄存人领取保管物;约定保管期限的,保管人无特别事由,不得请求寄存人提前领取保管物。

第九百条　【保管人归还原物及孳息的义务】保管期限届满或者寄存人提前领取保管物的,保管人应当将原物及其孳息归还寄存人。

第九百零一条　【消费保管】保管人保管货币的,可以返还相同种类、数量的货币;保管其他可替代物的,可以按照约定返还相同种类、品质、数量的物品。

第九百零二条　【保管费的支付期限】有偿的保管合同,寄存人应当按照约定的期限向保管人支付保管费。

当事人对支付期限没有约定或者约定不明确,依据本法第五百一十条的规定仍不能确定的,应当在领取保管物的同时支付。

第九百零三条　【保管人的留置权】寄存人未按照约定支付保管费或者其他费用的,保管人对保管物享有留置权,但是当事人另有约定的除外。

第二十二章　仓储合同

第九百零四条　【仓储合同的定义】仓储合同是保管人储存存货人交付的仓储物,存货人支付仓储费的合同。

第九百零五条　【仓储合同的成立时间】仓储合同自保管人和存货人意思表示一致时成立。

第九百零六条　【危险物品和易变质物品的储存】储存易燃、易爆、有毒、有腐蚀性、有放射性等危险物品或者易变质物品的,存货人应当说明该物品的性质,提供有关资料。

存货人违反前款规定的,保管人可以拒收仓储物,也可以采取相应措施以避免损失的发生,因此产生的费用由存货人负担。

保管人储存易燃、易爆、有毒、有腐蚀性、有放射性等危险物品的,应当具备相应的保管条件。

第九百零七条　【仓储物的验收】保管人应当按照约定对入库仓储物进行验收。保管人验收时发现入库仓储物与约定不符合的,应当及时通知存货人。保管人验收后,发生仓储物的品种、数量、质量不符合约定的,保管人应当承担赔偿责任。

第九百零八条　【保管人出具仓单、入库单义务】存货人交付仓储物的,保管人应当出具仓单、入库单等凭证。

第九百零九条　【仓单的内容】保管人应当在仓单上签名或者盖章。仓单包括下列事项:

(一)存货人的姓名或者名称和住所;

(二)仓储物的品种、数量、质量、包装及其件数和标记;

(三)仓储物的损耗标准;

(四)储存场所;

(五)储存期限;

(六)仓储费;

(七)仓储物已经办理保险的,其保险金额、期间以及保险人的名称;

(八)填发人、填发地和填发日期。

第九百一十条　【仓单的转让和出质】仓单是提取仓储物的凭证。存货人或者仓单持有人在仓单上背书并经保管人签名或者盖章的,可以转让提取仓储物的权利。

第九百一十一条　【检查仓储物或提取样品的权利】保管人根据存货人或者仓单持有人的要求,应当同意其检查仓储物或者提取样品。

第九百一十二条　【保管人的通知义务】保管人发现入库仓储物有变质或者其他损坏的,应当及时通知存货人或者仓单持有人。

第九百一十三条　【保管人危险催告义务和紧急处置权】保管人发现入库仓储物有变质或者其他损坏,危及其他仓储物的安全和正常保管的,应当催告存货人或者仓单持有人作出必要的处置。因情况紧急,保管人可以作出必要的处置;但是,事后应当将该情况及时通知存货人或者仓单持有人。

第九百一十四条　【仓储物的提取】当事人对

储存期限没有约定或者约定不明确的，存货人或者仓单持有人可以随时提取仓储物，保管人也可以随时请求存货人或者仓单持有人提取仓储物，但是应当给予必要的准备时间。

第九百一十五条 【仓储物的提取规则】储存期限届满，存货人或者仓单持有人应当凭仓单、入库单等提取仓储物。存货人或者仓单持有人逾期提取的，应当加收仓储费；提前提取的，不减收仓储费。

第九百一十六条 【逾期提取仓储物】储存期限届满，存货人或者仓单持有人不提取仓储物的，保管人可以催告其在合理期限内提取；逾期不提取的，保管人可以提存仓储物。

第九百一十七条 【保管不善的责任承担】储存期内，因保管不善造成仓储物毁损、灭失的，保管人应当承担赔偿责任。因仓储物本身的自然性质、包装不符合约定或者超过有效储存期造成仓储物变质、损坏的，保管人不承担赔偿责任。

第九百一十八条 【参照适用保管合同的规定】本章没有规定的，适用保管合同的有关规定。

第二十三章 委托合同

第九百一十九条 【委托合同的概念】委托合同是委托人和受托人约定，由受托人处理委托人事务的合同。

第九百二十条 【委托权限】委托人可以特别委托受托人处理一项或者数项事务，也可以概括委托受托人处理一切事务。

第九百二十一条 【处理委托事务的费用】委托人应当预付处理委托事务的费用。受托人为处理委托事务垫付的必要费用，委托人应当偿还该费用并支付利息。

第九百二十二条 【受托人服从指示的义务】受托人应当按照委托人的指示处理委托事务。需要变更委托人指示的，应当经委托人同意；因情况紧急，难以和委托人取得联系的，受托人应当妥善处理委托事务，但是事后应当将该情况及时报告委托人。

第九百二十三条 【受托人亲自处理委托事务】受托人应当亲自处理委托事务。经委托人同意，受托人可以转委托。转委托经同意或者追认的，委托人可以就委托事务直接指示转委托的第三人，受托人仅就第三人的选任及其对第三人的指示承担责任。转委托未经同意或者追认的，受托人应当对转委托的第三人的行为承担责任；但是，在紧急情况下受托人为了维护委托人的利益需要转委托第三人的除外。

第九百二十四条 【受托人的报告义务】受托人应当按照委托人的要求，报告委托事务的处理情况。委托合同终止时，受托人应当报告委托事务的结果。

第九百二十五条 【受托人以自己名义从事受托事务的法律效果】受托人以自己的名义，在委托人的授权范围内与第三人订立的合同，第三人在订立合同时知道受托人与委托人之间的代理关系的，该合同直接约束委托人和第三人；但是，有确切证据证明该合同只约束受托人和第三人的除外。

第九百二十六条 【委托人的介入权与第三人的选择权】受托人以自己的名义与第三人订立合同时，第三人不知道受托人与委托人之间的代理关系的，受托人因第三人的原因对委托人不履行义务，受托人应当向委托人披露第三人，委托人因此可以行使受托人对第三人的权利。但是，第三人与受托人订立合同时如果知道该委托人就不会订立合同的除外。

受托人因委托人的原因对第三人不履行义务，受托人应当向第三人披露委托人，第三人因此可以选择受托人或者委托人作为相对人主张其权利，但是第三人不得变更选定的相对人。

委托人行使受托人对第三人的权利的，第三人可以向委托人主张其对受托人的抗辩。第三人选定委托人作为其相对人的，委托人可以向第三人主张其对受托人的抗辩以及受托人对第三人的抗辩。

第九百二十七条 【受托人转移所得利益的义务】受托人处理委托事务取得的财产，应当转交给委托人。

第九百二十八条 【委托人支付报酬的义务】受托人完成委托事务的，委托人应当按照约定向其支付报酬。

因不可归责于受托人的事由，委托合同解除或者委托事务不能完成的，委托人应当向受托人支付相应的报酬。当事人另有约定的，按照其约定。

第九百二十九条 【因受托人过错致委托人

损失的赔偿责任】有偿的委托合同，因受托人的过错造成委托人损失的，委托人可以请求赔偿损失。无偿的委托合同，因受托人的故意或者重大过失造成委托人损失的，委托人可以请求赔偿损失。

受托人超越权限造成委托人损失的，应当赔偿损失。

第九百三十条　【委托人的赔偿责任】受托人处理委托事务时，因不可归责于自己的事由受到损失的，可以向委托人请求赔偿损失。

第九百三十一条　【委托人另行委托他人处理事务】委托人经受托人同意，可以在受托人之外委托第三人处理委托事务。因此造成受托人损失的，受托人可以向委托人请求赔偿损失。

第九百三十二条　【共同委托】两个以上的受托人共同处理委托事务的，对委托人承担连带责任。

第九百三十三条　【任意解除权】委托人或者受托人可以随时解除委托合同。因解除合同造成对方损失的，除不可归责于该当事人的事由外，无偿委托合同的解除方应当赔偿因解除时间不当造成的直接损失，有偿委托合同的解除方应当赔偿对方的直接损失和合同履行后可以获得的利益。

第九百三十四条　【委托合同的终止】委托人死亡、终止或者受托人死亡、丧失民事行为能力、终止的，委托合同终止；但是，当事人另有约定或者根据委托事务的性质不宜终止的除外。

第九百三十五条　【受托人继续处理委托事务】因委托人死亡或者被宣告破产、解散，致使委托合同终止将损害委托人利益的，在委托人的继承人、遗产管理人或者清算人承受委托事务之前，受托人应当继续处理委托事务。

第九百三十六条　【受托人死亡后其继承人等的义务】因受托人死亡、丧失民事行为能力或者被宣告破产、解散，致使委托合同终止的，受托人的继承人、遗产管理人、法定代理人或者清算人应当及时通知委托人。因委托合同终止将损害委托人利益的，在委托人作出善后处理之前，受托人的继承人、遗产管理人、法定代理人或者清算人应当采取必要措施。

第二十四章　物业服务合同

第九百三十七条　【物业服务合同的定义】物业服务合同是物业服务人在物业服务区域内，为业主提供建筑物及其附属设施的维修养护、环境卫生和相关秩序的管理维护等物业服务，业主支付物业费的合同。

物业服务人包括物业服务企业和其他管理人。

第九百三十八条　【物业服务合同的内容与形式】物业服务合同的内容一般包括服务事项、服务质量、服务费用的标准和收取办法、维修资金的使用、服务用房的管理和使用、服务期限、服务交接等条款。

物业服务人公开作出的有利于业主的服务承诺，为物业服务合同的组成部分。

物业服务合同应当采用书面形式。

第九百三十九条　【物业服务合同的约束力】建设单位依法与物业服务人订立的前期物业服务合同，以及业主委员会与业主大会依法选聘的物业服务人订立的物业服务合同，对业主具有法律约束力。

第九百四十条　【前期物业服务合同的终止情形】建设单位依法与物业服务人订立的前期物业服务合同约定的服务期限届满前，业主委员会或者业主与新物业服务人订立的物业服务合同生效的，前期物业服务合同终止。

第九百四十一条　【物业服务合同的转委托】物业服务人将物业服务区域内的部分专项服务事项委托给专业性服务组织或者其他第三人的，应当就该部分专项服务事项向业主负责。

物业服务人不得将其应当提供的全部物业服务转委托给第三人，或者将全部物业服务支解后分别转委托给第三人。

第九百四十二条　【物业服务人的义务】物业服务人应当按照约定和物业的使用性质，妥善维修、养护、清洁、绿化和经营管理物业服务区域内的业主共有部分，维护物业服务区域内的基本秩序，采取合理措施保护业主的人身、财产安全。

对物业服务区域内违反有关治安、环保、消防等法律法规的行为，物业服务人应当及时采取合理措施制止、向有关行政主管部门报告并协助处理。

第九百四十三条　【物业服务人的信息公开义务】物业服务人应当定期将服务的事项、负责人员、质量要求、收费项目、收费标准、履行情况，以及维修资金使用情况、业主共有部分的经营与收益情况等以合理方式向业主公开并向业主大会、业主委员会报告。

第九百四十四条 【业主支付物业费义务】业主应当按照约定向物业服务人支付物业费。物业服务人已经按照约定和有关规定提供服务的，业主不得以未接受或者无需接受相关物业服务为由拒绝支付物业费。

业主违反约定逾期不支付物业费的，物业服务人可以催告其在合理期限内支付；合理期限届满仍不支付的，物业服务人可以提起诉讼或者申请仲裁。

物业服务人不得采取停止供电、供水、供热、供燃气等方式催交物业费。

第九百四十五条 【业主的告知、协助义务】业主装饰装修房屋的，应当事先告知物业服务人，遵守物业服务人提示的合理注意事项，并配合其进行必要的现场检查。

业主转让、出租物业专有部分、设立居住权或者依法改变共有部分用途的，应当及时将相关情况告知物业服务人。

第九百四十六条 【业主解聘物业服务人】业主依照法定程序共同决定解聘物业服务人的，可以解除物业服务合同。决定解聘的，应当提前六十日书面通知物业服务人，但是合同对通知期限另有约定的除外。

依据前款规定解除合同造成物业服务人损失的，除不可归责于业主的事由外，业主应当赔偿损失。

第九百四十七条 【物业服务人的续聘】物业服务期限届满前，业主依法共同决定续聘的，应当与原物业服务人在合同期限届满前续订物业服务合同。

物业服务期限届满前，物业服务人不同意续聘的，应当在合同期限届满前九十日书面通知业主或者业主委员会，但是合同对通知期限另有约定的除外。

第九百四十八条 【不定期物业服务合同的成立与解除】物业服务期限届满后，业主没有依法作出续聘或者另聘物业服务人的决定，物业服务人继续提供物业服务的，原物业服务合同继续有效，但是服务期限为不定期。

当事人可以随时解除不定期物业服务合同，但是应当提前六十日书面通知对方。

第九百四十九条 【物业服务合同终止后原物业服务人的义务】物业服务合同终止的，原物业服务人应当在约定期限或者合理期限内退出物业服务区域，将物业服务用房、相关设施、物业服务所必需的相关资料等交还给业主委员会、决定自行管理的业主或者其指定的人，配合新物业服务人做好交接工作，并如实告知物业的使用和管理状况。

原物业服务人违反前款规定的，不得请求业主支付物业服务合同终止后的物业费；造成业主损失的，应当赔偿损失。

第九百五十条 【物业服务合同终止后新合同成立前期间的相关事项】物业服务合同终止后，在业主或者业主大会选聘的新物业服务人或者决定自行管理的业主接管之前，原物业服务人应当继续处理物业服务事项，并可以请求业主支付该期间的物业费。

第二十五章 行纪合同

第九百五十一条 【行纪合同的概念】行纪合同是行纪人以自己的名义为委托人从事贸易活动，委托人支付报酬的合同。

第九百五十二条 【行纪人的费用负担】行纪人处理委托事务支出的费用，由行纪人负担，但是当事人另有约定的除外。

第九百五十三条 【行纪人保管义务】行纪人占有委托物的，应当妥善保管委托物。

第九百五十四条 【行纪人处置委托物义务】委托物交付给行纪人时有瑕疵或者容易腐烂、变质的，经委托人同意，行纪人可以处分该物；不能与委托人及时取得联系的，行纪人可以合理处分。

第九百五十五条 【行纪人按指定价格买卖的义务】行纪人低于委托人指定的价格卖出或者高于委托人指定的价格买入的，应当经委托人同意；未经委托人同意，行纪人补偿其差额的，该买卖对委托人发生效力。

行纪人高于委托人指定的价格卖出或者低于委托人指定的价格买入的，可以按照约定增加报酬；没有约定或者约定不明确，依据本法第五百一十条的规定仍不能确定的，该利益属于委托人。

委托人对价格有特别指示的，行纪人不得违背该指示卖出或者买入。

第九百五十六条 【行纪人的介入权】行纪人

卖出或者买入具有市场定价的商品,除委托人有相反的意思表示外,行纪人自己可以作为买受人或者出卖人。

行纪人有前款规定情形的,仍然可以请求委托人支付报酬。

第九百五十七条 【委托人受领、取回义务及行纪人提存委托物】行纪人按照约定买入委托物,委托人应当及时受领。经行纪人催告,委托人无正当理由拒绝受领的,行纪人依法可以提存委托物。

委托物不能卖出或者委托人撤回出卖,经行纪人催告,委托人不取回或者不处分该物的,行纪人依法可以提存委托物。

第九百五十八条 【行纪人的直接履行义务】行纪人与第三人订立合同的,行纪人对该合同直接享有权利、承担义务。

第三人不履行义务致使委托人受到损害的,行纪人应当承担赔偿责任,但是行纪人与委托人另有约定的除外。

第九百五十九条 【行纪人的报酬请求权及留置权】行纪人完成或者部分完成委托事务的,委托人应当向其支付相应的报酬。委托人逾期不支付报酬的,行纪人对委托物享有留置权,但是当事人另有约定的除外。

第九百六十条 【参照适用委托合同的规定】本章没有规定的,参照适用委托合同的有关规定。

第二十六章 中介合同

第九百六十一条 【中介合同的概念】中介合同是中介人向委托人报告订立合同的机会或者提供订立合同的媒介服务,委托人支付报酬的合同。

第九百六十二条 【中介人的如实报告义务】中介人应当就有关订立合同的事项向委托人如实报告。

中介人故意隐瞒与订立合同有关的重要事实或者提供虚假情况,损害委托人利益的,不得请求支付报酬并应当承担赔偿责任。

第九百六十三条 【中介人的报酬请求权】中介人促成合同成立的,委托人应当按照约定支付报酬。对中介人的报酬没有约定或者约定不明确,依据本法第五百一十条的规定仍不能确定的,根据中介人的劳务合理确定。因中介人提供订立合同的媒介服务而促成合同成立的,由该合同的当事人平均负担中介人的报酬。

中介人促成合同成立的,中介活动的费用,由中介人负担。

第九百六十四条 【中介人的中介费用】中介人未促成合同成立的,不得请求支付报酬;但是,可以按照约定请求委托人支付从事中介活动支出的必要费用。

第九百六十五条 【委托人"跳单"应支付中介报酬】委托人在接受中介人的服务后,利用中介人提供的交易机会或者媒介服务,绕开中介人直接订立合同的,应当向中介人支付报酬。

第九百六十六条 【参照适用委托合同的规定】本章没有规定的,参照适用委托合同的有关规定。

第二十七章 合伙合同

第九百六十七条 【合伙合同的定义】合伙合同是两个以上合伙人为了共同的事业目的,订立的共享利益、共担风险的协议。

第九百六十八条 【合伙人的出资义务】合伙人应当按照约定的出资方式、数额和缴付期限,履行出资义务。

第九百六十九条 【合伙财产的定义】合伙人的出资、因合伙事务依法取得的收益和其他财产,属于合伙财产。

合伙合同终止前,合伙人不得请求分割合伙财产。

第九百七十条 【合伙事务的执行】合伙人就合伙事务作出决定的,除合伙合同另有约定外,应当经全体合伙人一致同意。

合伙事务由全体合伙人共同执行。按照合伙合同的约定或者全体合伙人的决定,可以委托一个或者数个合伙人执行合伙事务;其他合伙人不再执行合伙事务,但是有权监督执行情况。

合伙人分别执行合伙事务的,执行事务合伙人可以对其他合伙人执行的事务提出异议;提出异议后,其他合伙人应当暂停该项事务的执行。

第九百七十一条 【合伙人执行合伙事务不得请求支付报酬】合伙人不得因执行合伙事务而请求支付报酬,但是合伙合同另有约定的除外。

第九百七十二条 【合伙的利润分配和亏损分担】合伙的利润分配和亏损分担,按照合伙合同的约定办理;合伙合同没有约定或者约定不明确的,由合伙人协商决定;协商不成的,由合伙人按照实缴出资比例分配、分担；无法确定出资比例的，由合伙人平均分配、分担。

第九百七十三条 【合伙人对合伙债务的连带责任及追偿权】合伙人对合伙债务承担连带责任。清偿合伙债务超过自己应当承担份额的合伙人，有权向其他合伙人追偿。

第九百七十四条 【合伙人转让财产份额的要求】除合伙合同另有约定外，合伙人向合伙人以外的人转让其全部或者部分财产份额的，须经其他合伙人一致同意。

第九百七十五条 【合伙人债权人代位行使权利的限制】合伙人的债权人不得代位行使合伙人依照本章规定和合伙合同享有的权利，但是合伙人享有的利益分配请求权除外。

第九百七十六条 【合伙期限的推定】合伙人对合伙期限没有约定或者约定不明确，依据本法第五百一十条的规定仍不能确定的，视为不定期合伙。

合伙期限届满，合伙人继续执行合伙事务，其他合伙人没有提出异议的，原合伙合同继续有效，但是合伙期限为不定期。

合伙人可以随时解除不定期合伙合同，但是应当在合理期限之前通知其他合伙人。

第九百七十七条 【合伙人死亡、民事行为能力丧失或终止时合伙合同的效力】合伙人死亡、丧失民事行为能力或者终止的，合伙合同终止；但是，合伙合同另有约定或者根据合伙事务的性质不宜终止的除外。

第九百七十八条 【合伙合同终止后剩余财产的分配规则】合伙合同终止后，合伙财产在支付因终止而产生的费用以及清偿合伙债务后有剩余的，依据本法第九百七十二条的规定进行分配。

第三分编 准合同

第二十八章 无因管理

第九百七十九条 【无因管理的定义及法律效果】管理人没有法定的或者约定的义务，为避免他人利益受损失而管理他人事务的，可以请求受益人偿还因管理事务而支出的必要费用；管理人因管理事务受到损失的，可以请求受益人给予适当补偿。

管理事务不符合受益人真实意思的，管理人不享有前款规定的权利；但是，受益人的真实意思违反法律或者违背公序良俗的除外。

第九百八十条 【不适当的无因管理】管理人管理事务不属于前条规定的情形，但是受益人享有管理利益的，受益人应当在其获得的利益范围内向管理人承担前条第一款规定的义务。

第九百八十一条 【管理人的善良管理义务】管理人管理他人事务，应当采取有利于受益人的方法。中断管理对受益人不利的，无正当理由不得中断。

第九百八十二条 【管理人的通知义务】管理人管理他人事务，能够通知受益人的，应当及时通知受益人。管理的事务不需要紧急处理的，应当等待受益人的指示。

第九百八十三条 【管理人的报告及移交财产义务】管理结束后，管理人应当向受益人报告管理事务的情况。管理人管理事务取得的财产，应当及时转交给受益人。

第九百八十四条 【本人对管理事务的追认】管理人管理事务经受益人事后追认的，从管理事务开始时起，适用委托合同的有关规定，但是管理人另有意思表示的除外。

第二十九章 不当得利

第九百八十五条 【不当得利的构成及除外情况】得利人没有法律根据取得不当利益的，受损失的人可以请求得利人返还取得的利益，但是有下列情形之一的除外：

（一）为履行道德义务进行的给付；

（二）债务到期之前的清偿；

（三）明知无给付义务而进行的债务清偿。

第九百八十六条 【善意得利人的返还责任】得利人不知道且不应当知道取得的利益没有法律根据，取得的利益已经不存在的，不承担返还该利益的义务。

第九百八十七条 【恶意得利人的返还责任】得利人知道或者应当知道取得的利益没有法律根据的，受损失的人可以请求得利人返还其取得的利益并依法赔偿损失。

第九百八十八条 【第三人的返还义务】得利人已经将取得的利益无偿转让给第三人的，受损失的人可以请求第三人在相应范围内承担返还义务。

第四编　人格权

第一章　一般规定

第九百八十九条　【人格权编的调整范围】本编调整因人格权的享有和保护产生的民事关系。

注释 所谓人格权，一般认为，是指民事主体对其特定的人格利益所享有的排除他人侵害，以维护和实现人身自由、人格尊严为目的的权利。本编调整范围所涉及的是人格权而非人格。人格，指的是民事主体享有民事权利、承担民事义务的法律资格。我国自民法通则以来，就严格区分了人格与人格权的概念，与"人格"相对应的概念是民事权利能力，而人格权是民事权利的一种，权利主体是具有民事权利能力的民事主体，不具有民事权利能力，就不享有人格权；但人格权所涉及的是人格利益而非作为民事权利能力的人格。

本编是关于人格权的享有和保护的规定。关于人格权的享有和保护涉及多个法律部门的共同调整，有宪法、民法、行政法、刑法等，本编仅涉及其中的民事关系，将宪法规定的人格尊严在民事领域予以具体化，主要规定了人格权的类型、权利内容、权利边界、与其他价值之间的协调、行为人的义务和特殊保护方式等规则。

而关于人格权的救济方面，在侵权责任编对侵害民事权利的一般救济规则作出规定的基础上，本编就人格权保护的特殊救济方式作出了规定。

第九百九十条　【人格权类型】人格权是民事主体享有的生命权、身体权、健康权、姓名权、名称权、肖像权、名誉权、荣誉权、隐私权等权利。

除前款规定的人格权外，自然人享有基于人身自由、人格尊严产生的其他人格权益。

案例 王某某诉张某某生育选择权纠纷案（最高人民法院发布98起未成年人审判工作典型案例之85）

裁判规则：生育选择权是我国公民享有的一项基本权利，其中包括生育或不生育子女的权利，这项原则同样适用于人类辅助生殖领域。张某某应享有生育选择权，在本案中具体体现为胚胎处置权。张某某是"王某三"遗传学父亲，张某某与王某某共同拥有"王某三"胚胎的处置权，"王某三"之出生应取得张某某的知情同意，并签署书面知情同意书。张某某拥有"不能被迫成为父亲"的基本权利。"王某三"之出生，侵犯了张某某的生育选择权，违背了我国计划生育政策和生育伦理原则。在这种情况下，张某某可视为一个单纯的捐赠精子者，其对出生的后代既没有任何权利，也不承担任何责任。王某某要求"王某三"由张某某抚养，理由不成立。

第九百九十一条　【人格权受法律保护】民事主体的人格权受法律保护，任何组织或者个人不得侵害。

第九百九十二条　【人格权不得放弃、转让、继承】人格权不得放弃、转让或者继承。

第九百九十三条　【人格利益的许可使用】民事主体可以将自己的姓名、名称、肖像等许可他人使用，但是依照法律规定或者根据其性质不得许可的除外。

第九百九十四条　【死者人格利益保护】死者的姓名、肖像、名誉、荣誉、隐私、遗体等受到侵害的，其配偶、子女、父母有权依法请求行为人承担民事责任；死者没有配偶、子女且父母已经死亡的，其他近亲属有权依法请求行为人承担民事责任。

案例 曾云侵害英烈名誉案（《最高人民检察院公报》2019年第2号）

裁判规则：检察机关办理该类案件，除围绕侵权责任构成要件收集、固定证据外，还要就侵权行为是否损害社会公共利益这一结果要件进行调查取证。对于在微信群内发表侮辱、诽谤英雄烈士言论的行为，要重点收集微信群成员数量、微信群组的私密性、进群验证方式、不当言论被阅读数、转发量等方面的证据，证明侵权行为产生的不良社会影响及其严重性。检察机关在决定是否提起公益诉讼时，还应当考虑行为人的主观过错程度、社会公共利益受损程度等，充分履行职责，实现政治效果、社会效果和法律效果的有机统一。

第九百九十五条　【人格权保护的请求权】人格权受到侵害的，受害人有权依照本法和其他法律的规定请求行为人承担民事责任。受害人的停止侵害、排除妨碍、消除危险、消除影响、恢复名誉、赔礼道歉请求权，不适用诉讼时效的规定。

第九百九十六条　【人格权责任竞合下的精神损害赔偿】因当事人一方的违约行为，损害对方人格权并造成严重精神损害,受损害方选择请求其承担违约责任的,不影响受损害方请求精神损害赔偿。

第九百九十七条 【申请法院责令停止侵害】民事主体有证据证明行为人正在实施或者即将实施侵害其人格权的违法行为,不及时制止将使其合法权益受到难以弥补的损害的,有权依法向人民法院申请采取责令行为人停止有关行为的措施。

案例 杨季康(笔名杨绛)与中贸圣佳国际拍卖有限公司、李国强诉前禁令案(《最高人民法院公报》2014年第10期)

裁判规则:钱钟书、杨季康、钱瑗分别对各自创作的书信作品享有著作权。钱钟书、钱瑗去世后,其著作权中的署名权、修改权和保护作品完整权由杨季康与杨伟成保护,发表权由杨季康与杨伟成共同行使。被告即将实施的私人信件公开拍卖活动,以及其正在实施的公开展览、宣传等活动,将侵害杨季康所享有和继承的著作权,如不及时制止上述行为,将会使杨季康的合法权益受到难以弥补的损害,原告请求行为保全。法院依据《著作权法》《民事诉讼法》依法作出诉前禁令。

第九百九十八条 【认定行为人承担责任时的考量因素】认定行为人承担侵害除生命权、身体权和健康权外的人格权的民事责任,应当考虑行为人和受害人的职业、影响范围、过错程度,以及行为的目的、方式、后果等因素。

第九百九十九条 【人格利益的合理使用】为公共利益实施新闻报道、舆论监督等行为的,可以合理使用民事主体的姓名、名称、肖像、个人信息等;使用不合理侵害民事主体人格权的,应当依法承担民事责任。

第一千条 【消除影响、恢复名誉、赔礼道歉责任方式】行为人因侵害人格权承担消除影响、恢复名誉、赔礼道歉等民事责任的,应当与行为的具体方式和造成的影响范围相当。

行为人拒不承担前款规定的民事责任的,人民法院可以采取在报刊、网络等媒体上发布公告或者公布生效裁判文书等方式执行,产生的费用由行为人负担。

第一千零一条 【自然人身份权利保护的参照】对自然人因婚姻家庭关系等产生的身份权利的保护,适用本法第一编、第五编和其他法律的相关规定;没有规定的,可以根据其性质参照适用本编人格权保护的有关规定。

第二章 生命权、身体权和健康权

第一千零二条 【生命权】自然人享有生命权。自然人的生命安全和生命尊严受法律保护。任何组织或者个人不得侵害他人的生命权。

案例 汪某某诉仪征龙兴塑胶有限公司生命权纠纷案(《最高人民法院公报》2017年第6期)

裁判规则:擅自砌墙将河道引入厂区妨碍行洪导致洪水毁墙夺路溺死他人,应承担侵权责任。根据《防洪法》第22条规定,禁止在河道、湖泊管理范围内建设妨碍行洪的建筑物、构筑物,禁止从事影响河势稳定、危害河岸堤防安全和其他妨碍河道行洪的活动。公民的生命权受法律保护。行为人因过错侵害他人民事权益,应当承担侵权责任。受害人对于损害的发生也具有过错的,可以减轻侵权人的民事责任。

第一千零三条 【身体权】自然人享有身体权。自然人的身体完整和行动自由受法律保护。任何组织或者个人不得侵害他人的身体权。

第一千零四条 【健康权】自然人享有健康权。自然人的身心健康受法律保护。任何组织或者个人不得侵害他人的健康权。

注释 健康权,是指自然人以自己的机体生理机能的正常运作和功能的完善发挥,维持人体生命活动的利益为内容的具体人格权。

案例 尹瑞军诉颜礼奎健康权、身体权纠纷案(《最高人民法院公报》2019年第3期)

裁判规则:刑事案件受害人因犯罪行为受到身体伤害,另行提起民事侵权诉讼的,残疾赔偿金属于物质损失的范畴。刑事案件的受害人因犯罪行为受到身体伤害,未提起刑事附带民事诉讼,而是另行提起民事侵权诉讼的,关于残疾赔偿金是否属于物质损失范畴的问题,刑事诉讼法及司法解释没有明确规定。刑事案件受害人因犯罪行为造成残疾的,今后的生活和工作必然受到影响,导致劳动能力下降,造成生活成本增加,进而变相地减少物质收入,故残疾赔偿金应属于物质损失的范畴,应予赔偿。

第一千零五条 【法定救助义务】自然人的生命权、身体权、健康权受到侵害或者处于其他危难情形的，负有法定救助义务的组织或者个人应当及时施救。

第一千零六条 【人体捐献】完全民事行为能力人有权依法自主决定无偿捐献其人体细胞、人体组织、人体器官、遗体。任何组织或者个人不得强迫、欺骗、利诱其捐献。

完全民事行为能力人依据前款规定同意捐献的，应当采用书面形式，也可以订立遗嘱。

自然人生前未表示不同意捐献的，该自然人死亡后，其配偶、成年子女、父母可以共同决定捐献，决定捐献应当采用书面形式。

第一千零七条 【禁止买卖人体细胞、组织、器官和遗体】禁止以任何形式买卖人体细胞、人体组织、人体器官、遗体。

违反前款规定的买卖行为无效。

第一千零八条 【人体临床试验】为研制新药、医疗器械或者发展新的预防和治疗方法，需要进行临床试验的，应当依法经相关主管部门批准并经伦理委员会审查同意，向受试者或者受试者的监护人告知试验目的、用途和可能产生的风险等详细情况，并经其书面同意。

进行临床试验的，不得向受试者收取试验费用。

第一千零九条 【从事人体基因、胚胎等医学和科研活动的法定限制】从事与人体基因、人体胚胎等有关的医学和科研活动，应当遵守法律、行政法规和国家有关规定，不得危害人体健康，不得违背伦理道德，不得损害公共利益。

第一千零一十条 【性骚扰】违背他人意愿，以言语、文字、图像、肢体行为等方式对他人实施性骚扰的，受害人有权依法请求行为人承担民事责任。

机关、企业、学校等单位应当采取合理的预防、受理投诉、调查处置等措施，防止和制止利用职权、从属关系等实施性骚扰。

第一千零一十一条 【非法剥夺、限制他人行动自由和非法搜查他人身体】以非法拘禁等方式剥夺、限制他人的行动自由，或者非法搜查他人身体的，受害人有权依法请求行为人承担民事责任。

第三章 姓名权和名称权

第一千零一十二条 【姓名权】自然人享有姓名权，有权依法决定、使用、变更或者许可他人使用自己的姓名，但是不得违背公序良俗。

案例 迈克尔·杰弗里·乔丹与国家工商行政管理总局商标评审委员会、乔丹体育股份有限公司"乔丹"商标争议行政纠纷案（最高人民法院指导案例113号）

裁判规则：姓名权是自然人对其姓名享有的人身权，姓名权可以构成《商标法》规定的在先权利。外国自然人外文姓名的中文译名符合条件的，可以依法主张作为特定名称按照姓名权的有关规定予以保护。

外国自然人就特定名称主张姓名权保护的，该特定名称应当符合以下三项条件：(1)该特定名称在我国具有一定的知名度，为相关公众所知悉；(2)相关公众使用该特定名称指代该自然人；(3)该特定名称已经与该自然人之间建立了稳定的对应关系。

使用是姓名权人享有的权利内容之一，并非姓名权人主张保护其姓名权的法定前提条件。特定名称按照姓名权受法律保护的，即使自然人并未主动使用，也不影响姓名权人按照《商标法》关于在先权利的规定主张权利。

违反诚实信用原则，恶意申请注册商标，侵犯他人现有在先权利的"商标权人"，以该商标的宣传、使用、获奖、被保护等情况形成了"市场秩序"或者"商业成功"为由，主张该注册商标合法有效的，人民法院不予支持。

第一千零一十三条 【名称权】法人、非法人组织享有名称权，有权依法决定、使用、变更、转让或者许可他人使用自己的名称。

案例 天津中国青年旅行社诉天津国青国际旅行社擅自使用他人企业名称纠纷案（最高人民法院指导案例29号）

裁判规则：对于企业长期、广泛对外使用，具有一定市场知名度、为相关公众所知悉，已实际具有商号作用的企业名称简称，可以视为企业名称予以保护。

擅自将他人已实际具有商号作用的企业名称简称作为商业活动中互联网竞价排名关键词，使相关公众产生混淆误认的，属于不正当竞争行为。

第一千零一十四条 【禁止侵害他人的姓名或名称】任何组织或者个人不得以干涉、盗用、假冒等方式侵害他人的姓名权或者名称权。

案例 成都同德福合川桃片有限公司诉重庆市合川区同德福桃片有限公司、余晓华侵害商标权及不正当竞争纠纷案（最高人民法院指导案例58号）

裁判规则：与“老字号”无历史渊源的个人或企业将“老字号”或与其近似的字号注册为商标后，以“老字号”的历史进行宣传的，应认定为虚假宣传，构成不正当竞争。

与“老字号”具有历史渊源的个人或企业在未违反诚实信用原则的前提下，将“老字号”注册为个体工商户字号或企业名称，未引人误认且未突出使用该字号的，不构成不正当竞争或侵犯注册商标专用权。

第一千零一十五条　【自然人姓氏的选取】自然人应当随父姓或者母姓，但是有下列情形之一的，可以在父姓和母姓之外选取姓氏：

（一）选取其他直系长辈血亲的姓氏；

（二）因由法定扶养人以外的人扶养而选取扶养人姓氏；

（三）有不违背公序良俗的其他正当理由。

少数民族自然人的姓氏可以遵从本民族的文化传统和风俗习惯。

案例 “北雁云依”诉济南市公安局历下区分局燕山派出所公安行政登记案（最高人民法院指导案例89号）

裁判规则：公民选取或创设姓氏应当符合中华传统文化和伦理观念。仅凭个人喜好和愿望在父姓、母姓之外选取其他姓氏或者创设新的姓氏，不属于有不违反公序良俗的其他正当理由。

第一千零一十六条　【决定、变更姓名、名称及转让名称的规定】自然人决定、变更姓名，或者法人、非法人组织决定、变更、转让名称的，应当依法向有关机关办理登记手续，但是法律另有规定的除外。

民事主体变更姓名、名称的，变更前实施的民事法律行为对其具有法律约束力。

第一千零一十七条　【姓名与名称的扩展保护】具有一定社会知名度，被他人使用足以造成公众混淆的笔名、艺名、网名、译名、字号、姓名和名称的简称等，参照适用姓名权和名称权保护的有关规定。

案例 山东起重机有限公司与山东山起重工有限公司侵犯企业名称权纠纷案（《最高人民法院公报》2010年第3期）

裁判规则：企业名称的简称源于语言交流的方便。企业简称的形成与两个过程有关：一是企业自身使用简称代替其正式名称；二是社会公众对于企业简称的认同，即认可企业简称与其正式名称所指代对象为同一企业。由于简称省略了正式名称中某些具有限定作用的要素，可能会不适当地扩大正式名称所指代的对象范围。因此，企业简称能否特指该企业，取决于该企业简称是否为相关社会公众所认可，并在相关社会公众中建立起与该企业的稳定的关联关系。对于具有一定的市场知名度、为相关社会公众所熟知并已经实际具有商号作用的企业或者企业名称的简称，可以视为企业名称。如果经过使用和社会公众认同，企业的特定简称已经在特定地域内为相关社会公众所认可，具有相应的市场知名度，与该企业建立了稳定的关联关系，具有识别经营主体的商业标识意义，他人在后擅自使用该知名企业简称，足以使特定地域内的相关社会公众对在后使用者和在先企业之间发生市场主体的混淆、误认，在后使用者就会不恰当地利用在先企业的商誉，侵害在先企业的合法权益。具有此种情形的，应当将在先企业的特定简称视为企业名称，并根据《反不正当竞争法》第5条第3项的规定加以保护。

第四章　肖像权

第一千零一十八条　【肖像权及肖像】自然人享有肖像权，有权依法制作、使用、公开或者许可他人使用自己的肖像。

肖像是通过影像、雕塑、绘画等方式在一定载体上所反映的特定自然人可以被识别的外部形象。

第一千零一十九条　【肖像权的保护】任何组织或者个人不得以丑化、污损，或者利用信息技术手段伪造等方式侵害他人的肖像权。未经肖像权人同意，不得制作、使用、公开肖像权人的肖像，但是法律另有规定的除外。

未经肖像权人同意，肖像作品权利人不得以发表、复制、发行、出租、展览等方式使用或者公开肖像权人的肖像。

第一千零二十条　【肖像权的合理使用】合理实施下列行为的，可以不经肖像权人同意：

（一）为个人学习、艺术欣赏、课堂教学或者科学研究，在必要范围内使用肖像权人已经公开的肖像；

（二）为实施新闻报道，不可避免地制作、使用、公开肖像权人的肖像；

（三）为依法履行职责，国家机关在必要范围内制作、使用、公开肖像权人的肖像；

（四）为展示特定公共环境，不可避免地制作、使用、公开肖像权人的肖像；

（五）为维护公共利益或者肖像权人合法权益，制作、使用、公开肖像权人的肖像的其他行为。

第一千零二十一条　【肖像许可使用合同的解释】当事人对肖像许可使用合同中关于肖像使用条款的理解有争议的，应当作出有利于肖像权人的解释。

第一千零二十二条　【肖像许可使用合同期限】当事人对肖像许可使用期限没有约定或者约定不明确的，任何一方当事人可以随时解除肖像许可使用合同，但是应当在合理期限之前通知对方。

当事人对肖像许可使用期限有明确约定，肖像权人有正当理由的，可以解除肖像许可使用合同，但是应当在合理期限之前通知对方。因解除合同造成对方损失的，除不可归责于肖像权人的事由外，应当赔偿损失。

第一千零二十三条　【姓名、声音等的许可使用参照肖像许可使用】对姓名等的许可使用，参照适用肖像许可使用的有关规定。

对自然人声音的保护，参照适用肖像权保护的有关规定。

第五章　名誉权和荣誉权

第一千零二十四条　【名誉权及名誉】民事主体享有名誉权。任何组织或者个人不得以侮辱、诽谤等方式侵害他人的名誉权。

名誉是对民事主体的品德、声望、才能、信用等的社会评价。

案例 陈某某诉莫宝兰、莫兴明、邹丽丽侵犯健康权、名誉权纠纷案（《最高人民法院公报》2015年第5期）

裁判规则：公民享有名誉权，公民的人格尊严受法律保护，禁止用侮辱、诽谤等方式损害公民的名誉。国家保障未成年人的人身、财产和其他合法权益不受侵犯。行为人以未成年人违法为由对其作出侮辱行为，该行为对未成年人名誉造成一定影响的，属于名誉侵权行为，应依法承担相应责任。

第一千零二十五条　【新闻报道、舆论监督与保护名誉权关系问题】行为人为公共利益实施新闻报道、舆论监督等行为，影响他人名誉的，不承担民事责任，但是有下列情形之一的除外：

（一）捏造、歪曲事实；

（二）对他人提供的严重失实内容未尽到合理核实义务；

（三）使用侮辱性言辞等贬损他人名誉。

案例 李海峰等诉叶集公安分局、安徽电视台等侵犯名誉权、肖像权纠纷案（《最高人民法院公报》2007年第2期）

裁判规则：公安机关在向新闻媒体提供侦破案件的相关资料，供新闻媒体用于新闻报道时，应尽谨慎注意义务以保护他人合法权益。未尽此义务导致他人名誉权受到侵犯的，应承担相应的民事责任。公安机关侦查行为的合法性、配合新闻媒体进行法制宣传的正当性以及新闻媒体自身在新闻报道中的过失，均不构成免除公安机关上述民事责任的法定事由。

第一千零二十六条　【认定是否尽到合理核实义务的考虑因素】认定行为人是否尽到前条第二项规定的合理核实义务，应当考虑下列因素：

（一）内容来源的可信度；

（二）对明显可能引发争议的内容是否进行了必要的调查；

（三）内容的时限性；

（四）内容与公序良俗的关联性；

（五）受害人名誉受贬损的可能性；

（六）核实能力和核实成本。

第一千零二十七条　【文学、艺术作品侵害名誉权的认定与例外】行为人发表的文学、艺术作品以真人真事或者特定人为描述对象，含有侮辱、诽谤内容，侵害他人名誉权的，受害人有权依法请求该行为人承担民事责任。

行为人发表的文学、艺术作品不以特定人为描述对象，仅其中的情节与该特定人的情况相似的，不承担民事责任。

第一千零二十八条　【名誉权人更正权】民事主体有证据证明报刊、网络等媒体报道的内容失实，侵害其名誉权的，有权请求该媒体及时采取更正或者删除等必要措施。

第一千零二十九条　【信用评价】民事主体可以依法查询自己的信用评价；发现信用评价不当

的，有权提出异议并请求采取更正、删除等必要措施。信用评价人应当及时核查，经核查属实的，应当及时采取必要措施。

第一千零三十条 【处理信用信息的法律适用】民事主体与征信机构等信用信息处理者之间的关系，适用本编有关个人信息保护的规定和其他法律、行政法规的有关规定。

第一千零三十一条 【荣誉权】民事主体享有荣誉权。任何组织或者个人不得非法剥夺他人的荣誉称号，不得诋毁、贬损他人的荣誉。

获得的荣誉称号应当记载而没有记载的，民事主体可以请求记载；获得的荣誉称号记载错误的，民事主体可以请求更正。

第六章 隐私权和个人信息保护

第一千零三十二条 【隐私权及隐私】自然人享有隐私权。任何组织或者个人不得以刺探、侵扰、泄露、公开等方式侵害他人的隐私权。

隐私是自然人的私人生活安宁和不愿为他人知晓的私密空间、私密活动、私密信息。

案例 庞理鹏诉中国东方航空股份有限公司、北京趣拿信息技术有限公司隐私权纠纷案（最高人民法院发布第一批涉互联网典型案例）

裁判规则：公民的姓名、电话号码及行程安排等事项属于个人信息。在大数据时代，信息的收集和匹配成本越来越低，原来单个的、孤立的、可以公示的个人信息一旦被收集、提取和综合，就完全可以与特定的个人相匹配，从而形成某一特定个人详细准确的整体信息。基于合理事由掌握上述整体信息的组织或个人应积极地、谨慎地采取有效措施防止信息泄露。任何人未经权利人的允许，都不得扩散和不当利用能够指向特定个人的整体信息，而整体信息也因包含了隐私而整体上成为隐私信息，可以通过隐私权纠纷寻求救济。

本案中，庞理鹏被泄露的信息包括姓名、尾号××49手机号、行程安排等，其行程安排无疑属于私人活动信息，应该属于隐私信息，可以通过本案的隐私权纠纷主张救济。从收集证据的资金、技术等成本上看，作为普通人的庞理鹏根本不具备对东航、趣拿公司内部数据信息管理是否存在漏洞等情况进行举证证明的能力。因此，客观上，法律不能也不应要求庞理鹏证明必定是东航或趣拿公司泄露了其隐私信息。东航和趣拿公司均未证明涉案信息泄露归因于他人，或黑客攻击，抑或是庞理鹏本人。法院在排除其他泄露隐私信息可能性的前提下，结合本案证据认定上述两公司存在过错。东航和趣拿公司作为各自行业的知名企业，一方面因其经营性质掌握了大量的个人信息，另一方面亦有相应的能力保护好消费者的个人信息免受泄露，这既是其社会责任，也是其应尽的法律义务。本案泄露事件的发生，是由于航空公司、网络购票平台疏于防范导致的结果，因而可以认定其具有过错，应承担侵权责任。综上所述，本案的审理对个人信息保护以及隐私权侵权的认定进行了充分论证，兼顾了隐私权保护及信息传播的衡平。

第一千零三十三条 【侵害隐私权的行为】除法律另有规定或者权利人明确同意外，任何组织或者个人不得实施下列行为：

（一）以电话、短信、即时通讯工具、电子邮件、传单等方式侵扰他人的私人生活安宁；

（二）进入、拍摄、窥视他人的住宅、宾馆房间等私密空间；

（三）拍摄、窥视、窃听、公开他人的私密活动；

（四）拍摄、窥视他人身体的私密部位；

（五）处理他人的私密信息；

（六）以其他方式侵害他人的隐私权。

第一千零三十四条 【个人信息保护】自然人的个人信息受法律保护。

个人信息是以电子或者其他方式记录的能够单独或者与其他信息结合识别特定自然人的各种信息，包括自然人的姓名、出生日期、身份证件号码、生物识别信息、住址、电话号码、电子邮箱、健康信息、行踪信息等。

个人信息中的私密信息，适用有关隐私权的规定；没有规定的，适用有关个人信息保护的规定。

第一千零三十五条 【个人信息处理的原则】处理个人信息的，应当遵循合法、正当、必要原则，不得过度处理，并符合下列条件：

（一）征得该自然人或者其监护人同意，但是法律、行政法规另有规定的除外；

（二）公开处理信息的规则；

（三）明示处理信息的目的、方式和范围；

（四）不违反法律、行政法规的规定和双方的约定。

个人信息的处理包括个人信息的收集、存储、使用、加工、传输、提供、公开等。

第一千零三十六条 【处理个人信息的免责事由】处理个人信息,有下列情形之一的,行为人不承担民事责任:

(一)在该自然人或者其监护人同意的范围内合理实施的行为;

(二)合理处理该自然人自行公开的或者其他已经合法公开的信息,但是该自然人明确拒绝或者处理该信息侵害其重大利益的除外;

(三)为维护公共利益或者该自然人合法权益,合理实施的其他行为。

第一千零三十七条 【个人信息主体的权利】自然人可以依法向信息处理者查阅或者复制其个人信息;发现信息有错误的,有权提出异议并请求及时采取更正等必要措施。

自然人发现信息处理者违反法律、行政法规的规定或者双方的约定处理其个人信息的,有权请求信息处理者及时删除。

第一千零三十八条 【个人信息安全】信息处理者不得泄露或者篡改其收集、存储的个人信息;未经自然人同意,不得向他人非法提供其个人信息,但是经过加工无法识别特定个人且不能复原的除外。

信息处理者应当采取技术措施和其他必要措施,确保其收集、存储的个人信息安全,防止信息泄露、篡改、丢失;发生或者可能发生个人信息泄露、篡改、丢失的,应当及时采取补救措施,按照规定告知自然人并向有关主管部门报告。

案例 丁亚光侵犯公民个人信息案(最高人民法院、最高人民检察院发布七起侵犯公民个人信息犯罪典型案例之七)

裁判规则:非法提供近2000万条住宿记录供他人查询牟利,构成侵犯公民个人信息罪"情节特别严重"。

第一千零三十九条 【国家机关及其工作人员对个人信息的保密义务】国家机关、承担行政职能的法定机构及其工作人员对于履行职责过程中知悉的自然人的隐私和个人信息,应当予以保密,不得泄露或者向他人非法提供。

第五编 婚姻家庭

第一章 一般规定

第一千零四十条 【婚姻家庭编的调整范围】本编调整因婚姻家庭产生的民事关系。

注释 婚姻家庭编的调整范围,是婚姻家庭产生的民事关系,规定的是亲属身份关系的发生、变更和消灭,以及配偶、父母子女和其他一定范围的亲属之间的身份地位和权利义务关系。

第一千零四十一条 【婚姻家庭关系基本原则】婚姻家庭受国家保护。

实行婚姻自由、一夫一妻、男女平等的婚姻制度。

保护妇女、未成年人、老年人、残疾人的合法权益。

第一千零四十二条 【禁止的婚姻家庭行为】禁止包办、买卖婚姻和其他干涉婚姻自由的行为。禁止借婚姻索取财物。

禁止重婚。禁止有配偶者与他人同居。

禁止家庭暴力。禁止家庭成员间的虐待和遗弃。

案例 郑某丽诉倪某斌离婚纠纷案——威胁作为一种家庭暴力手段的司法认定(2014年2月28日最高人民法院公布十起涉家庭暴力典型案例)

裁判规则:被告将一个裹着白布的篮球挂在家中的阳台上,且在白布上写着对原告具有攻击性和威胁性的字句,还经常击打篮球,从视觉上折磨原告,使原告产生恐惧感,该行为构成精神暴力。在夫妻发生矛盾时,被告对原告实施身体暴力致其轻微伤,最终导致了原、被告夫妻感情的完全破裂。被告对原告实施家庭暴力使原告遭受精神损害,被告应承担过错责任,故被告应酌情赔偿原告精神损害抚慰金。

第一千零四十三条 【婚姻家庭道德规范】家庭应当树立优良家风,弘扬家庭美德,重视家庭文明建设。

夫妻应当互相忠实,互相尊重,互相关爱;家庭成员应当敬老爱幼,互相帮助,维护平等、和睦、文明的婚姻家庭关系。

第一千零四十四条 【收养的原则】收养应当遵循最有利于被收养人的原则,保障被收养人和收养人的合法权益。

禁止借收养名义买卖未成年人。

第一千零四十五条 【亲属、近亲属与家庭成员】亲属包括配偶、血亲和姻亲。

配偶、父母、子女、兄弟姐妹、祖父母、外祖父母、孙子女、外孙子女为近亲属。

配偶、父母、子女和其他共同生活的近亲属为家庭成员。

注释 我国亲属分为三个种类：

(1)配偶，是亲属，是关系最为密切的亲属，是因男女双方结婚而发生的亲属，是血亲的源泉、姻亲的基础。配偶的亲属身份始于结婚，终于配偶一方死亡或离婚。

(2)血亲，是指有血缘联系的亲属，是亲属中的主要部分。血亲分为自然血亲和拟制血亲。自然血亲是指出于同一祖先、有血缘联系的亲属，如父母与子女、祖父母与孙子女、外祖父母与外孙子女、兄弟姐妹等。拟制血亲是指本无血缘联系或者没有直接的血缘联系，但法律确认与自然血亲有同等权利义务的亲属。拟制血亲一般因收养而产生，在养父母养子女之间产生父母子女的权利义务关系。血亲还分为直系血亲和旁系血亲。直系血亲是指有直接血缘关系的亲属，包括生育自己和自己所生育的上下各代的亲属。旁系血亲是指有间接血缘关系的亲属，即与自己同出一源的亲属。

(3)姻亲，是指以婚姻为中介而产生的亲属，配偶一方与另一方的血亲之间为姻亲关系。如公婆与儿媳、岳父母与女婿等。我国的姻亲分为三类：一是血亲的配偶，是指己身的血亲包括直系血亲和旁系血亲的配偶。二是配偶的血亲，是指配偶的直系血亲和旁系血亲。三是配偶的血亲的配偶，是指自己配偶的血亲的夫或者妻。

链接《民法典》第28、1050条

第二章　结　婚

第一千零四十六条　【结婚自愿】结婚应当男女双方完全自愿，禁止任何一方对另一方加以强迫，禁止任何组织或者个人加以干涉。

注释 婚姻，是指男女双方以共同生活为目的，以产生配偶之间的权利义务为内容的两性结合。结婚是男女双方依照法律规定的条件和程序缔结配偶关系，并由此产生相应的民事权利、义务和责任的身份法律行为。

法律要求结婚应当男女双方完全自愿，具体表现为：1. 双方自愿而不是单方自愿；2. 双方本人自愿而不是父母或者第三者自愿；3. 完全自愿而不是勉强同意。法律禁止当事人的父母或者第三人对婚姻进行包办、强迫或者执意干预，排斥当事人非自愿的被迫同意。

除本条外，《妇女权益保障法》第61条规定，国家保护妇女的婚姻自主权，禁止干涉妇女的结婚、离婚自由。《老年人权益保障法》第21条规定，老年人的婚姻自由受法律保护。子女或者其他亲属不得干涉老年人离婚、再婚及婚后的生活。赡养人的赡养义务也不因老年人的婚姻关系变化而消除。

根据《刑法》第257条规定，以暴力干涉他人婚姻自由的，构成暴力干涉婚姻自由罪。暴力干涉婚姻自由罪属于告诉才处理的案件。但如果暴力干涉婚姻自由致使被害人死亡的，则属于公诉案件，公安机关应当立案侦查。

第一千零四十七条　【法定婚龄】结婚年龄，男不得早于二十二周岁，女不得早于二十周岁。

第一千零四十八条　【禁止结婚的情形】直系血亲或者三代以内的旁系血亲禁止结婚。

注释 直系血亲，是指和自己有直接血缘关系的亲属，依照世代计算法规定，凡是出自于同一祖父母、外祖父母的血亲都是禁婚亲，包括生出自己的长辈（父母、祖父母、外祖父母以及更上的长辈）和自己生出来的下辈（子女、孙子女、外孙子女以及更下的直接晚辈）。

旁系血亲是具有间接血缘关系的亲属，即非直系血亲而在血缘上和自己同出一源的亲属。三代以内旁系血亲是在血缘上和自己同出于三代以内的亲属。这里的三代是从自己开始计算为一代的三代，一是兄弟姐妹；二是伯、叔、姑与侄、侄女，舅、姨与甥、甥女；三是堂兄弟姐妹和表兄弟姐妹。

链接《婚姻登记条例》第6条

第一千零四十九条　【结婚程序】要求结婚的男女双方应当亲自到婚姻登记机关申请结婚登记。符合本法规定的，予以登记，发给结婚证。完成结婚登记，即确立婚姻关系。未办理结婚登记的，应当补办登记。

案例 杨清坚诉周宝妹、周文皮返还聘金纠纷案（《最高人民法院公报》2002年第3期）

裁判规则：双方未办结婚登记，而是按民间习俗举行仪式“结婚”，进而以夫妻名义共同生活。这种不被法律承认的“婚姻”构成同居关系，应当解除。原告杨某在同居前给付聘金的行为虽属赠与，但该赠与行为追求的是双方结婚。现结婚不能实现，为结婚而赠与的财物应当返还。一审根据本案的实际情况，在酌情扣除为举办“结婚”仪式而支出的费用后，判决被告周某将聘金的余款

返还给原告,判处恰当。被告上诉认为 23 万元的聘金是原告杨某的无偿赠与,不应返还,其理由缺乏法律依据,不予采纳。

第一千零五十条 【男女双方互为家庭成员】登记结婚后,按照男女双方约定,女方可以成为男方家庭的成员,男方可以成为女方家庭的成员。

第一千零五十一条 【婚姻无效的情形】有下列情形之一的,婚姻无效:

(一)重婚;

(二)有禁止结婚的亲属关系;

(三)未到法定婚龄。

注释 无效婚姻,是指男女因违反法律规定的结婚要件而不具有法律效力的两性违法结合。无效婚姻自始无效,当事人之间不具有夫妻间的权利义务。当事人依据本条规定向人民法院请求确认婚姻无效,法定的无效婚姻情形在提起诉讼时已经消失的,人民法院不予支持。

对婚姻效力的审理不适用调解,应当依法作出判决。人民法院受理请求确认婚姻无效案件后,原告申请撤诉的,不予准许。涉及财产分割和子女抚养的,可以调解。调解达成协议的,另行制作调解书;未达成调解协议的,应当一并作出判决。

当事人以本条规定的三种无效婚姻以外的情形请求确认婚姻无效的,人民法院应当判决驳回当事人的诉讼请求。

当事人以结婚登记程序存在瑕疵为由提起民事诉讼,主张撤销结婚登记的,告知其可以依法申请行政复议或者提起行政诉讼。

第一千零五十二条 【受胁迫婚姻的撤销】因胁迫结婚的,受胁迫的一方可以向人民法院请求撤销婚姻。

请求撤销婚姻的,应当自胁迫行为终止之日起一年内提出。

被非法限制人身自由的当事人请求撤销婚姻的,应当自恢复人身自由之日起一年内提出。

第一千零五十三条 【隐瞒重大疾病的可撤销婚姻】一方患有重大疾病的,应当在结婚登记前如实告知另一方;不如实告知的,另一方可以向人民法院请求撤销婚姻。

请求撤销婚姻的,应当自知道或者应当知道撤销事由之日起一年内提出。

注释 在缔结婚姻关系时,如果一方患有重大疾病,对对方当事人负有告知义务,应当在结婚登记前如实告知另一方,对方当事人同意的,当然可以缔结婚姻关系。患病一方当事人如果不尽告知义务,即不告知或者虚假告知,另一方当事人享有撤销权,可以向人民法院请求撤销该婚姻。

因重大疾病未告知而提出撤销婚姻请求的撤销权,受除斥期间的限制,除斥期间为一年,权利人自知道或者应当知道撤销事由之日起一年内提出。超过除斥期间,撤销权消灭,不得再提出撤销婚姻的请求。

第一千零五十四条 【婚姻无效或被撤销的法律后果】无效的或者被撤销的婚姻自始没有法律约束力,当事人不具有夫妻的权利和义务。同居期间所得的财产,由当事人协议处理;协议不成的,由人民法院根据照顾无过错方的原则判决。对重婚导致的无效婚姻的财产处理,不得侵害合法婚姻当事人的财产权益。当事人所生的子女,适用本法关于父母子女的规定。

婚姻无效或者被撤销的,无过错方有权请求损害赔偿。

注释 婚姻无效或被撤销的法律后果:

(1)对当事人的法律后果。婚姻关系自始没有法律约束力。"自始没有法律约束力",是指无效婚姻或者可撤销婚姻在依法被确认无效或者被撤销时,才确定该婚姻自始不受法律保护。婚姻无效或者被撤销的效力溯及既往,从婚姻关系开始时起就不具有婚姻的效力,当事人不具有夫妻的权利义务,相互不享有配偶权,并且自始不享有配偶权。

(2)对子女的法律后果。对无效婚姻关系或者可撤销婚姻关系中父母所生育的子女与婚生子女一样适用本法关于父母子女的规定,不受其父母婚姻无效或被撤销的影响。在婚姻被宣告无效或者被撤销后,当事人必须妥善处理子女的抚养和教育问题;当事人不能就子女的抚养和教育达成协议的,由人民法院依法判决。

(3)对财产的法律后果。由于无效婚姻关系不具有婚姻的法律效力,因而原则上不能适用夫妻财产制的有关规定。被确认无效或者被撤销的婚姻,当事人同居期间所得的财产,除有证据证明为当事人一方所有的以外,按共同共有处理。

(4)对重婚导致的无效婚姻的财产处理,应当保护好合法婚姻关系当事人的权益,妥善处理,不得侵害合法婚姻当事人的财产权益。人民法院审理重婚导致的无效婚姻案件时,涉及财产处理的,应当准许合法婚姻当事人作为有独立请求权的第三人参加诉讼。

(5)婚姻无效或者被撤销的,无过错方有权向人民法院起诉请求损害赔偿。

第三章 家庭关系

第一节 夫妻关系

第一千零五十五条 【夫妻平等】夫妻在婚姻家庭中地位平等。

第一千零五十六条 【夫妻姓名权】夫妻双方都有各自使用自己姓名的权利。

第一千零五十七条 【夫妻人身自由权】夫妻双方都有参加生产、工作、学习和社会活动的自由,一方不得对另一方加以限制或者干涉。

第一千零五十八条 【夫妻抚养、教育和保护子女的权利义务平等】夫妻双方平等享有对未成年子女抚养、教育和保护的权利,共同承担对未成年子女抚养、教育和保护的义务。

第一千零五十九条 【夫妻扶养义务】夫妻有相互扶养的义务。

需要扶养的一方,在另一方不履行扶养义务时,有要求其给付扶养费的权利。

第一千零六十条 【夫妻日常家事代理权】夫妻一方因家庭日常生活需要而实施的民事法律行为,对夫妻双方发生效力,但是夫妻一方与相对人另有约定的除外。

夫妻之间对一方可以实施的民事法律行为范围的限制,不得对抗善意相对人。

第一千零六十一条 【夫妻遗产继承权】夫妻有相互继承遗产的权利。

第一千零六十二条 【夫妻共同财产】夫妻在婚姻关系存续期间所得的下列财产,为夫妻的共同财产,归夫妻共同所有:

(一)工资、奖金、劳务报酬;

(二)生产、经营、投资的收益;

(三)知识产权的收益;

(四)继承或者受赠的财产,但是本法第一千零六十三条第三项规定的除外;

(五)其他应当归共同所有的财产。

夫妻对共同财产,有平等的处理权。

注释 1. 工资、奖金、劳务报酬,均为劳动所得,是指夫或妻一方或者双方从事一切劳动包括脑力劳动、体力劳动所获得的工资报酬和奖金报酬等。

2. 生产、经营、投资的收益,凡属于夫妻关系存续期间一方或双方从事生产、经营、投资等所获收益,均为夫妻共同财产。

3. 知识产权的收益,是指婚姻关系存续期间,实际取得或者已经明确可以取得的财产性收益。包括作品出版发行或允许他人使用而获得的报酬;专利权人许可他人使用其专利或者转让专利权所取得的收入;商标所有人许可他人使用其注册商标或转让商标权所取得的收入等。

4. 共同受赠、继承的财产,为夫妻共有财产。但是,按照《民法典》第1063条第3项规定,遗嘱或者赠与合同中确定只归夫或妻一方的财产除外。当事人结婚前,父母为双方购置房屋出资的,该出资应当认定为对自己子女个人的赠与,但父母明确表示赠与双方的除外。当事人结婚后,父母为双方购置房屋出资的,依照约定处理;没有约定或者约定不明确的,除遗嘱或者赠与合同中确定只归一方,则为夫妻共同财产。

5. 其他应当归共同所有的财产,包括:(1)一方以个人财产投资取得的收益;(2)男女双方实际取得或者应当取得的住房补贴、住房公积金;(3)男女双方实际取得或者应当取得的基本养老金、破产安置补偿费。

6. 夫妻一方个人财产在婚后产生的收益,除孳息和自然增值外,应认定为夫妻共同财产。

7. 由一方婚前承租、婚后用共同财产购买的房屋,登记在一方名下的,应当认定为夫妻共同财产。

关于"夫妻对共同所有的财产,有平等的处理权"的规定,应当理解为:(1)夫或妻在处理夫妻共同财产上的权利是平等的。因日常生活需要而处理夫妻共同财产的,任何一方均有权决定。(2)夫或妻非因日常生活需要对夫妻共同财产做重要处理决定,夫妻双方应当平等协商,取得一致意见。他人有理由相信其为夫妻双方共同意思表示的,另一方不得以不同意或不知道为由对抗善意第三人。

链接《最高人民法院关于适用〈中华人民共和国民法典〉婚姻家庭编的解释(一)》第24—27条

第一千零六十三条 【夫妻个人财产】下列财产为夫妻一方的个人财产:

(一)一方的婚前财产;

(二)一方因受到人身损害获得的赔偿或者补偿;

（三）遗嘱或者赠与合同中确定只归一方的财产；

（四）一方专用的生活用品；

（五）其他应当归一方的财产。

注释 1. 婚前个人财产。婚前个人所有的货币及一般的生产资料、生活资料归个人所有，不属于夫妻共同财产。

2. 一方因受到人身损害获得的赔偿和补偿。一方因受人身伤害而获得的医疗费、残疾人生活补助费等赔偿和补偿，是因其受到人身损害而得到的赔偿金和补偿费。该种财产具有人身性质，是用于保障受害人生活的基本费用，须归个人所有，不能作为夫妻共同财产。

3. 赠与合同或遗嘱中确定只归夫或妻一方的财产。赠与人或被继承人明确以赠与、继承给个人为条件，所赠与或者所继承的物品具有鲜明的个人属性，也体现了财产所有人支配财产的真实意志，完全是所有权应有的内容。这些财产属于夫妻个人财产。

4. 一方专用的生活物品。个人衣物、书籍、资料等，都是极具个人属性的财产，为个人财产。在离婚纠纷中争夺这些财产的也不在少数。在生活物品中，应当注意贵重物品和其他奢侈品除外，因为这些物品中有些价值极大，完全归一方所有不公平。

5. 军人的伤亡保险金、伤残补助金、医药生活补助费属于个人财产。

本条规定为夫妻一方的个人财产，不因婚姻关系的延续而转化为夫妻共同财产。但当事人另有约定的除外。

第一千零六十四条　【夫妻共同债务】夫妻双方共同签名或者夫妻一方事后追认等共同意思表示所负的债务，以及夫妻一方在婚姻关系存续期间以个人名义为家庭日常生活需要所负的债务，属于夫妻共同债务。

夫妻一方在婚姻关系存续期间以个人名义超出家庭日常生活需要所负的债务，不属于夫妻共同债务；但是，债权人能够证明该债务用于夫妻共同生活、共同生产经营或者基于夫妻双方共同意思表示的除外。

注释 本条规定的确定夫妻共同债务的规则是：夫妻双方共同签名或者夫妻一方事后追认等共同意思表示所负的债务，以及夫妻一方在婚姻关系存续期间以个人名义为家庭日常生活需要所负的债务，属于夫妻共同债务。具体标准是：

1. 夫妻双方共同签名或者夫妻一方事后追认等共同意思表示所负的债务。

法律准许夫妻双方对财产的所有关系进行约定，也包括对债务的负担进行约定，双方约定归个人负担的债务，为个人债务。约定个人债务，可以与财产所有的约定一并约定，也可以单独约定。举债时没有夫妻的共同约定，但是举债之后对方配偶追认是夫妻共同债务的，当然也是夫妻共同债务。

2. 夫妻一方在婚姻关系存续期间以个人名义为家庭日常生活需要所负的债务。

夫妻一方在婚姻关系存续期间以个人名义超出家庭日常生活需要所负的债务，不属于夫妻共同债务。例如，一方未经对方同意擅自资助与其没有扶养义务的亲朋所负的债务；一方未经对方同意独自筹资从事经营活动，其收入确未用于共同生活所负的债务；因个人实施违法行为所欠债务；婚前一方所欠债务；婚后一方为满足个人欲望确系与共同生活无关而负的债务等。为保护债权人的合法权益，本条特别规定，债权人能够证明该债务用于夫妻共同生活、共同生产经营或者基于夫妻双方共同意思表示的除外。

实践中对于夫妻共同债务的处理还需注意以下几个问题：

1. 债权人就一方婚前所负个人债务向债务人的配偶主张权利的，人民法院不予支持。但债权人能够证明所负债务用于婚后家庭共同生活的除外。

2. 夫妻一方与第三人串通，虚构债务，第三人主张该债务为夫妻共同债务的，人民法院不予支持。

3. 夫妻一方在从事赌博、吸毒等违法犯罪活动中所负债务，第三人主张该债务为夫妻共同债务的，人民法院不予支持。

4. 当事人的离婚协议或者人民法院生效判决、裁定、调解书已经对夫妻财产分割问题作出处理的，债权人仍有权就夫妻共同债务向男女双方主张权利。一方就夫妻共同债务承担清偿责任后，主张由另一方按照离婚协议或者人民法院的法律文书承担相应债务的，人民法院应予支持。

5. 夫或者妻一方死亡的，生存一方应当对婚姻关系存续期间的夫妻共同债务承担清偿责任。

案例 赵俊诉项会敏、何雪琴民间借贷纠纷案(《最高人民法院公报》2014 年第 12 期)

裁判规则: 夫妻一方具有和第三人恶意串通、通过虚假诉讼虚构婚内债务嫌疑的,该夫妻一方单方自认债务,并不必然免除“出借人”对借贷关系成立并生效的事实应承担的举证责任。

借款人配偶未参加诉讼且出借人及借款人均未明确表示放弃该配偶可能承担的债务份额的,为查明案件事实,应依法追加与案件审理结果具有利害关系的借款人配偶作为第三人参加诉讼,以形成实质性的对抗。

出借人仅提供借据佐证借贷关系的,应深入调查辅助性事实以判断借贷合意的真实性,如举债的必要性、款项用途的合理性等。出借人无法提供证据证明借款交付事实的,应综合考虑出借人的经济状况、资金来源、交付方式、在场见证人等因素判断当事人陈述的可信度。对于大额借款仅有借据而无任何交付凭证、当事人陈述有重大疑点或矛盾之处的,应依据证据规则认定“出借人”未完成举证义务,判决驳回其诉讼请求。

第一千零六十五条 【夫妻约定财产制】 男女双方可以约定婚姻关系存续期间所得的财产以及婚前财产归各自所有、共同所有或者部分各自所有、部分共同所有。约定应当采用书面形式。没有约定或者约定不明确的,适用本法第一千零六十二条、第一千零六十三条的规定。

夫妻对婚姻关系存续期间所得的财产以及婚前财产的约定,对双方具有法律约束力。

夫妻对婚姻关系存续期间所得的财产约定归各自所有,夫或者妻一方对外所负的债务,相对人知道该约定的,以夫或者妻一方的个人财产清偿。

案例 唐某诉李某某、唐某乙法定继承纠纷案(《最高人民法院公报》2014 年第 12 期)

裁判规则: 夫妻之间达成的婚内财产分割协议是双方通过订立契约对采取何种夫妻财产制所作的约定,是双方协商一致对家庭财产进行内部分配的结果,在不涉及婚姻家庭以外第三人利益的情况下,应当尊重夫妻之间的真实意思表示,按照双方达成的婚内财产分割协议履行,优先保护事实物权人,不宜以产权登记作为确认不动产权属的唯一依据。

第一千零六十六条 【婚内分割夫妻共同财产】 婚姻关系存续期间,有下列情形之一的,夫妻一方可以向人民法院请求分割共同财产:

(一)一方有隐藏、转移、变卖、毁损、挥霍夫妻共同财产或者伪造夫妻共同债务等严重损害夫妻共同财产利益的行为;

(二)一方负有法定扶养义务的人患重大疾病需要医治,另一方不同意支付相关医疗费用。

第二节 父母子女关系和其他近亲属关系

第一千零六十七条 【父母与子女间的抚养赡养义务】 父母不履行抚养义务的,未成年子女或者不能独立生活的成年子女,有要求父母给付抚养费的权利。

成年子女不履行赡养义务的,缺乏劳动能力或者生活困难的父母,有要求成年子女给付赡养费的权利。

第一千零六十八条 【父母教育、保护未成年子女的权利和义务】 父母有教育、保护未成年子女的权利和义务。未成年子女造成他人损害的,父母应当依法承担民事责任。

第一千零六十九条 【子女尊重父母的婚姻权利及赡养义务】 子女应当尊重父母的婚姻权利,不得干涉父母离婚、再婚以及婚后的生活。子女对父母的赡养义务,不因父母的婚姻关系变化而终止。

第一千零七十条 【遗产继承权】 父母和子女有相互继承遗产的权利。

第一千零七十一条 【非婚生子女权利】 非婚生子女享有与婚生子女同等的权利,任何组织或者个人不得加以危害和歧视。

不直接抚养非婚生子女的生父或者生母,应当负担未成年子女或者不能独立生活的成年子女的抚养费。

第一千零七十二条 【继父母子女之间权利义务】 继父母与继子女间,不得虐待或者歧视。

继父或者继母和受其抚养教育的继子女间的权利义务关系,适用本法关于父母子女关系的规定。

第一千零七十三条 【亲子关系异议之诉】 对亲子关系有异议且有正当理由的,父或者母可以向人民法院提起诉讼,请求确认或者否认亲子关系。

对亲子关系有异议且有正当理由的,成年子女可以向人民法院提起诉讼,请求确认亲子关系。

第一千零七十四条 【祖孙之间的抚养、赡养义务】有负担能力的祖父母、外祖父母,对于父母已经死亡或者父母无力抚养的未成年孙子女、外孙子女,有抚养的义务。

有负担能力的孙子女、外孙子女,对于子女已经死亡或者子女无力赡养的祖父母、外祖父母,有赡养的义务。

第一千零七十五条 【兄弟姐妹间扶养义务】有负担能力的兄、姐,对于父母已经死亡或者父母无力抚养的未成年弟、妹,有扶养的义务。

由兄、姐扶养长大的有负担能力的弟、妹,对于缺乏劳动能力又缺乏生活来源的兄、姐,有扶养的义务。

第四章 离 婚

第一千零七十六条 【协议离婚】夫妻双方自愿离婚的,应当签订书面离婚协议,并亲自到婚姻登记机关申请离婚登记。

离婚协议应当载明双方自愿离婚的意思表示和对子女抚养、财产以及债务处理等事项协商一致的意见。

第一千零七十七条 【离婚冷静期】自婚姻登记机关收到离婚登记申请之日起三十日内,任何一方不愿意离婚的,可以向婚姻登记机关撤回离婚登记申请。

前款规定期限届满后三十日内,双方应当亲自到婚姻登记机关申请发给离婚证;未申请的,视为撤回离婚登记申请。

注释 双方自愿离婚,到婚姻登记机关申请离婚,符合离婚条件的,暂时不发给离婚证,不马上解除婚姻关系。设定30天离婚冷静期。自婚姻登记机关收到离婚登记申请之日起30日内,任何一方不愿意离婚的,都可以向婚姻登记机关撤回离婚登记申请。

在30日冷静期届满后的30日内,双方应当亲自到婚姻登记机关申请发给离婚证,婚姻登记机关应当发给离婚证,即解除婚姻关系。在30日内,当事人未到婚姻登记机关申请离婚证的,视为撤回离婚登记申请,不发生离婚的后果。

第一千零七十八条 【婚姻登记机关对协议离婚的查明】婚姻登记机关查明双方确实是自愿离婚,并已经对子女抚养、财产以及债务处理等事项协商一致的,予以登记,发给离婚证。

第一千零七十九条 【诉讼离婚】夫妻一方要求离婚的,可以由有关组织进行调解或者直接向人民法院提起离婚诉讼。

人民法院审理离婚案件,应当进行调解;如果感情确已破裂,调解无效的,应当准予离婚。

有下列情形之一,调解无效的,应当准予离婚:

(一)重婚或者与他人同居;

(二)实施家庭暴力或者虐待、遗弃家庭成员;

(三)有赌博、吸毒等恶习屡教不改;

(四)因感情不和分居满二年;

(五)其他导致夫妻感情破裂的情形。

一方被宣告失踪,另一方提起离婚诉讼的,应当准予离婚。

经人民法院判决不准离婚后,双方又分居满一年,一方再次提起离婚诉讼的,应当准予离婚。

注释 诉讼离婚,是指婚姻当事人就是否离婚或者婚后子女抚养或财产、债务处理等问题不能达成协议,由一方向人民法院提出离婚请求,由人民法院调解或判决而解除其婚姻关系的一项制度。

夫妻双方因是否生育发生纠纷,致使感情确已破裂,一方请求离婚的,人民法院经调解无效,应依照本条第3款第5项的规定处理。

本条规定中涉及两种调解,即男女一方要求离婚时有关组织进行的调解和人民法院审理离婚案件过程中应当进行的调解。这两种调解因为主持调解的部门不同,因而效力也不同。对于有关组织进行的调解,是否进行调解以及最终形成的调解结果,完全取决于当事人的自愿。其对当事人没有法律上的约束力,当事人不经诉讼外有关组织的调解,或虽经调解但未达成调解协议或达成调解协议后又反悔的,仍可向人民法院提起离婚诉讼。而诉讼中人民法院进行的调解具有法律约束力。诉讼中法院进行的调解会产生三种结果:(1)调解和好,原告撤回离婚请求。(2)协议离婚,就解除婚姻关系以及离婚后子女的抚养和财产、债务处理等问题达成协议,由法院制作调解书。当然,通过调解达成协议,必须是当事人双方自愿,不得强迫。(3)调解无效,人民法院依法对离婚案件作出判决。

需要注意的是,人民法院审理离婚案件,符合本条第3款规定"应当准予离婚"情形的,不应当因当事人有过错而判决不准离婚。

第一千零八十条 【婚姻关系的解除时间】完成离婚登记，或者离婚判决书、调解书生效，即解除婚姻关系。

第一千零八十一条 【现役军人离婚】现役军人的配偶要求离婚，应当征得军人同意，但是军人一方有重大过错的除外。

第一千零八十二条 【男方提出离婚的限制情形】女方在怀孕期间、分娩后一年内或者终止妊娠后六个月内，男方不得提出离婚；但是，女方提出离婚或者人民法院认为确有必要受理男方离婚请求的除外。

第一千零八十三条 【复婚】离婚后，男女双方自愿恢复婚姻关系的，应当到婚姻登记机关重新进行结婚登记。

第一千零八十四条 【离婚后子女的抚养】父母与子女间的关系，不因父母离婚而消除。离婚后，子女无论由父或者母直接抚养，仍是父母双方的子女。

离婚后，父母对于子女仍有抚养、教育、保护的权利和义务。

离婚后，不满两周岁的子女，以由母亲直接抚养为原则。已满两周岁的子女，父母双方对抚养问题协议不成的，由人民法院根据双方的具体情况，按照最有利于未成年子女的原则判决。子女已满八周岁的，应当尊重其真实意愿。

注释 离婚后子女抚养的规则是：

1. 不满两周岁即哺乳期内的子女，以由哺乳的母亲抚养为原则。

2. 母亲有下列情形之一，父亲请求直接抚养的，人民法院应予支持：(1)患有久治不愈的传染性疾病或者其他严重疾病的，子女不宜与其共同生活的；(2)有抚养条件但不尽抚养义务，而父亲要求子女随其生活的；(3)因其他原因，子女确不宜随母亲生活的。

3. 两周岁以上的未成年子女的抚养和优先抚养条件。对两周岁以上的未成年子女的直接抚养，原则是协商解决，发生争议的，人民法院根据最有利于子女的原则和双方的具体情况判决。

对已满两周岁的未成年子女，父母均要求直接抚养，一方有下列情形之一的，可予优先考虑：(1)已做绝育手术或者因其他原因丧失生育能力；(2)子女随其生活时间较长，改变生活环境对子女健康成长明显不利；(3)无其他子女，而另一方有其他子女；(4)子女随其生活，对子女成长有利，而另一方患有久治不愈的传染性疾病或者其他严重疾病，或者有其他不利于子女身心健康的情形，不宜与子女共同生活。

父母抚养子女的条件基本相同，双方均要求直接抚养子女，但子女单独随祖父母或者外祖父母共同生活多年，且祖父母或者外祖父母要求并且有能力帮助子女照顾孙子女或者外孙子女的，可以作为父或者母直接抚养子女的优先条件予以考虑。

在有利于保护子女利益的前提下，父母双方协议轮流直接抚养子女的，人民法院应予支持。

父母双方协议变更子女抚养关系的，人民法院应予支持。具有下列情形之一，父母一方要求变更子女抚养关系的，人民法院应予支持：(1)与子女共同生活的一方因患严重疾病或者因伤残无力继续抚养子女；(2)与子女共同生活的一方不尽抚养义务或有虐待子女行为，或者其与子女共同生活对子女身心健康确有不利影响；(3)已满八周岁的子女，愿随另一方生活，该方又有抚养能力；(4)有其他正当理由需要变更。

案例 江某诉钟某变更抚养关系案——依法保障未成年人的受教育权（最高人民法院发布保护未成年人权益十大优秀案例）

裁判规则：适龄儿童接受义务教育是家长的义务，根据市团委、妇联作为未成年人保护组织为江某俊调取的大量证据材料，证明钟某作为法定监护人，剥夺江某俊的受教育权，严重影响了孩子的身心健康发展，侵犯了未成年人的合法权益。为保护江某俊的受教育权，保障其健康成长，法院在事实证据充分的情况下，依法变更江某俊的抚养关系。

第一千零八十五条 【离婚后子女抚养费的负担】离婚后，子女由一方直接抚养的，另一方应当负担部分或者全部抚养费。负担费用的多少和期限的长短，由双方协议；协议不成的，由人民法院判决。

前款规定的协议或者判决，不妨碍子女在必要时向父母任何一方提出超过协议或者判决原定数额的合理要求。

注释 子女抚养费的数额，可根据子女的实际需要、父母双方的负担能力和当地的实际生活水平确定。有固定收入的，抚养费一般可按其月总收入的

20%至30%的比例给付。负担两个以上子女抚养费的,比例可适当提高,但一般不得超过月总收入的50%。无固定收入的,抚养费的数额可依据当年总收入或同行业平均收入,参照上述比例确定。有特殊情况的,可适当提高或降低上述比例。

抚养费应定期给付,有条件的可一次性给付。父母一方无经济收入或者下落不明的,可用其财物折抵抚养费。父母双方可以协议由一方直接抚养子女并由直接抚养方负担子女全部抚养费。但是,直接抚养方的抚养能力明显不能保障子女所需费用,影响子女健康成长的,人民法院不予支持。

抚养费的给付期限,一般至子女18周岁为止。16周岁以上不满18周岁,以其劳动收入为主要生活来源,并能维持当地一般生活水平的,父母可停止给付抚养费。

离婚后,父母一方要求变更子女抚养关系的,或者子女要求增加抚养费的,应当另行提起诉讼。

具有下列情形之一,父母一方要求变更子女抚养关系的,人民法院应予支持:(1)与子女共同生活的一方因患严重疾病或者因伤残无力继续抚养子女;(2)与子女共同生活的一方不尽抚养义务或有虐待子女行为,或者其与子女共同生活对子女身心健康确有不利影响;(3)已满8周岁的子女,愿随另一方生活,该方又有抚养能力;(4)有其他正当理由需要变更。

链接《最高人民法院关于适用〈中华人民共和国民法典〉婚姻家庭编的解释(一)》第49—53、58条

案例 1. 原告李甲、李乙诉被告李丙抚养费纠纷案(2015年12月4日最高人民法院公布49起婚姻家庭纠纷典型案例)

裁判规则:本案系基于原告李乙与被告李丙离婚时所达成的离婚协议中关于子女抚养和教育费用约定的履行问题而产生纠纷。就双方关于"原告李甲由男方抚养,女方暂代养孩子四年,男方不支付抚养费,孩子上大学、结婚费用全部由男方承担"这一约定的合法性,法院认为,依据《婚姻法》第37条规定,子女的生活费及教育费由一方承担部分或全部承担均可。前述约定不违反该条法律规定,且为双方真实意思表示,内容并不违反其他法律的禁止性规定,因此,被告应当承担向原告李甲支付大学期间必要的生活费及教育费的民事责任。此外,法律就父母对"不能独立生活的子女"承担抚养义务属法定义务的规定,但并不禁止父母对不属于"不能独立生活的子女"之外的子女自愿或通过约定的方式承担抚养义务。因此,被告不能拒绝履行离婚时与李乙所约定的对李甲的抚养义务。

2. 刘青先诉徐飚、尹欣怡抚养费纠纷案(《最高人民法院公报》2016年第7期)

裁判规则:抚养费案件中第三人撤销权的认定,需明确父母基于对子女的抚养义务支付抚养费是否会侵犯父或母再婚后的夫妻共同财产权。虽然夫妻对共同所有财产享有平等处理的权利,但夫或妻也有合理处分个人收入的权利。除非一方支付的抚养费明显超过其负担能力或者有转移夫妻共同财产的行为,否则不能因未与现任配偶达成一致意见即认定属于侵犯夫妻共同财产权。

第一千零八十六条 【探望子女权利】离婚后,不直接抚养子女的父或者母,有探望子女的权利,另一方有协助的义务。

行使探望权利的方式、时间由当事人协议;协议不成的,由人民法院判决。

父或者母探望子女,不利于子女身心健康的,由人民法院依法中止探望;中止的事由消失后,应当恢复探望。

注释 探望权,是指夫妻离婚后,不直接抚养子女的父或母有权对子女进行探望的权利。直接抚养子女的一方有协助非直接抚养的一方行使探望权的义务。探望权的性质是亲权的内容。探望权是法定权利,与直接抚养权同时成立,不存在确权问题。行使探望权,涉及直接抚养一方和子女的利益,确定探望的时间、方式,由当事人协议;协议不成时,由人民法院判决。探望权人按照协议或法院判决实施探望时,如果子女对约定或判决的探望时间不同意,探望权人不得强行探望。

探望权中止,是指探望权人具有探望权中止的法定事由时,由法院判决探望权人在一定时间内中止行使探望权的制度。探望权中止的事由是:行使探望权不利于子女的身心健康,包括子女的身体、精神、道德或感情的健康。一方不负担子女抚养费或未按期给付抚养费,并不是中止探望权的条件,不能作为中止探望权的法律依据。未成年子女、直接抚养子女的父或者母以及其他对未成年子女负担抚养、教育、保护义务的法定监护人,有权向人民法院提出中止探望的请求。

探望权中止的事由消失后，被中止的探望权予以恢复。探望权的恢复，可以由当事人协商，也可以由法院判决。当事人协商不成，当探望权中止的原因消灭以后，法院应当判决探望权恢复。

链接《最高人民法院关于适用〈中华人民共和国民法典〉婚姻家庭编的解释（一）》第65—68条

第一千零八十七条 【离婚时夫妻共同财产的处理】离婚时，夫妻的共同财产由双方协议处理；协议不成的，由人民法院根据财产的具体情况，按照照顾子女、女方和无过错方权益的原则判决。

对夫或者妻在家庭土地承包经营中享有的权益等，应当依法予以保护。

注释 离婚时，夫妻双方应当对其享有权利的共同财产进行处理。处理的方法是：

1. 由双方协议处理，达成协议的，写在离婚协议中，经过婚姻登记机关确认生效。

2. 协议不成的，由人民法院根据财产的具体情况，照顾子女、女方和无过错方权益的原则判决，因而并不是平均分配，判决分割时应当按照照顾子女、女方和无过错方原则。

3. 保护好土地承包经营权的个人权益。由于农村承包土地是以家庭为单位进行承包的，夫妻离婚后，不会因为离婚而再给其分配承包地，因此，夫或者妻在家庭土地承包经营中享有的权益等，在分割共同财产中应当依法予以保护，不能使在家庭关系中分离出去的一方受到损害。

案例 于某某诉高某某离婚后财产纠纷案（2015年12月4日最高人民法院公布49起婚姻家庭纠纷典型案例）

裁判规则：本案中双方争议的焦点是在离婚协议中约定将夫妻共同共有的房产赠与未成年子女，离婚后一方在赠与房产变更登记之前是否有权予以撤销。在离婚协议中双方将共同财产赠与未成年子女的约定与解除婚姻关系、子女抚养、共同财产分割、共同债务清偿、离婚损害赔偿等内容互为前提、互为结果，构成了一个整体，是“一揽子”的解决方案。如果允许一方反悔，那么男女双方离婚协议的“整体性”将被破坏。在婚姻关系已经解除且不可逆的情况下如果允许当事人对于财产部分反悔将助长先离婚再恶意占有财产之有违诚实信用的行为，也不利于保护未成年子女的权益。因此，在离婚后一方在未征得作为共同共有人的另一方同意的情况下，无权单方撤销赠与。

第一千零八十八条 【离婚经济补偿】夫妻一方因抚育子女、照料老年人、协助另一方工作等负担较多义务的，离婚时有权向另一方请求补偿，另一方应当给予补偿。具体办法由双方协议；协议不成的，由人民法院判决。

注释 一方在家庭生活中付出较多义务，是指在婚姻关系存续期间，夫妻一方比另一方付出的抚育子女、照料老人、协助另一方工作等义务更多，对家庭的建设贡献较大。

双方婚姻关系已经解除，是发生经济补偿责任的必要条件。如果没有发生离婚的事实，不发生经济补偿义务。

付出较多义务的一方有权提出进行经济补偿的请求。经济补偿的数额，应当由双方协商解决。协商不成的，向法院起诉，由人民法院判决。人民法院判决时，应考虑请求权人付出义务的大小，请求权人因此受到损失和另一方从中受益的情况，综合确定。

链接《妇女权益保障法》第66条

第一千零八十九条 【离婚时夫妻共同债务的清偿】离婚时，夫妻共同债务应当共同偿还。共同财产不足清偿或者财产归各自所有的，由双方协议清偿；协议不成的，由人民法院判决。

第一千零九十条 【离婚经济帮助】离婚时，如果一方生活困难，有负担能力的另一方应当给予适当帮助。具体办法由双方协议；协议不成的，由人民法院判决。

第一千零九十一条 【离婚损害赔偿】有下列情形之一，导致离婚的，无过错方有权请求损害赔偿：

（一）重婚；

（二）与他人同居；

（三）实施家庭暴力；

（四）虐待、遗弃家庭成员；

（五）有其他重大过错。

注释 离婚过错损害赔偿，是指夫妻一方因为过错实施法律规定的违法行为，妨害婚姻关系和家庭关系，导致夫妻离婚，过错方应当承担的损害赔偿责任。承担本条规定的损害赔偿责任的主体，为离婚诉讼当事人中无过错方的配偶。损害赔偿包括物质损害赔偿和精神损害赔偿。涉及精神损害

二、民法商法

赔偿的,适用《最高人民法院关于确定民事侵权精神损害赔偿责任若干问题的解释》的有关规定。人民法院判决不准离婚的案件,对于当事人基于本条提出的损害赔偿请求,不予支持。

夫以妻擅自中止妊娠侵犯其生育权为由请求损害赔偿的,人民法院不予支持。

夫妻一方擅自处分共同所有的房屋造成另一方损失,离婚时另一方请求赔偿损失的,人民法院应予支持。

赔偿的申请与受理。当事人在婚姻登记机关办理离婚登记手续后,以本条规定为由向人民法院提出损害赔偿请求的,人民法院应当受理。但当事人在协议离婚时已经明确表示放弃该项请求,人民法院不予支持。在婚姻关系存续期间,当事人不起诉离婚而单独依据该条规定提起损害赔偿请求的,人民法院不予受理。人民法院受理离婚案件时,应当将本条规定中当事人的有关权利义务,书面告知当事人。在适用本条时,应当区分以下不同情况:(1)符合本条规定的无过错方作为原告基于该条规定向人民法院提起损害赔偿请求的,必须在离婚诉讼的同时提出。(2)符合本条规定的无过错方作为被告的离婚诉讼案件,如果被告不同意离婚也不基于该条规定提起损害赔偿请求的,可以就此单独提起诉讼。(3)无过错方作为被告的离婚诉讼案件,一审时被告未基于本条规定提出损害赔偿请求,二审期间提出的,人民法院应当进行调解;调解不成的,告知当事人另行起诉。双方当事人同意由第二审人民法院一并审理的,第二审人民法院可以一并裁判。夫妻双方均有本条规定的过错情形,一方或者双方向对方提出离婚损害赔偿请求的,人民法院不予支持。

第一千零九十二条 【一方侵害夫妻财产的处理规则】夫妻一方隐藏、转移、变卖、毁损、挥霍夫妻共同财产,或者伪造夫妻共同债务企图侵占另一方财产的,在离婚分割夫妻共同财产时,对该方可以少分或者不分。离婚后,另一方发现有上述行为的,可以向人民法院提起诉讼,请求再次分割夫妻共同财产。

注释 分割夫妻共同财产,首先是在离婚时进行分割。在分割夫妻共同财产中,如发现存在下列事由的,可以少分或者不分:1. 夫妻一方隐藏、转移、变卖、毁损、挥霍夫妻共同财产;2. 伪造夫妻共同债务企图侵占另一方财产。

如果是在离婚并实际分割了夫妻共同财产后,发现了上述情形的,当事人产生再次分割夫妻共同财产的请求权。当事人请求再次分割夫妻共同财产的,人民法院应当受理,并且按照查清的事实,对属于夫妻共同财产的部分进行再次分割。

当事人依据本条的规定向人民法院提起诉讼,请求再次分割夫妻共同财产的诉讼时效期间为3年,从当事人发现之日起计算。

链接《最高人民法院关于适用〈中华人民共和国民法典〉婚姻家庭编的解释(一)》第83、84条

案例 1. 李某诉孙某离婚后财产纠纷案(2015年12月4日最高人民法院公布49起婚姻家庭纠纷典型案例)

裁判规则:李某在离婚后发现前夫孙某现住房是孙某在双方婚姻关系存续期间购买,孙某在离婚时对该房屋进行了隐瞒。虽然双方在离婚协议中有"男方经营的公司,所有的汽车等财产,离婚后属男方"的约定,但在房产价值远大于汽车的常识背景下,以"等"字涵盖房屋,违背常理,故法院认定该房为双方婚姻关系存续期间购买,应属于双方共同财产,并依法进行了分割。

2. 雷某某诉宋某某离婚纠纷案(最高人民法院指导案例66号)

裁判规则:一方在离婚诉讼期间或离婚诉讼前,隐藏、转移、变卖、毁损夫妻共同财产,或伪造债务企图侵占另一方财产的,离婚分割夫妻共同财产时,依照《婚姻法》第47条的规定可以少分或不分财产。

第五章 收 养

第一节 收养关系的成立

第一千零九十三条 【被收养人的条件】下列未成年人,可以被收养:

(一)丧失父母的孤儿;

(二)查找不到生父母的未成年人;

(三)生父母有特殊困难无力抚养的子女。

第一千零九十四条 【送养人的条件】下列个人、组织可以作送养人:

(一)孤儿的监护人;

(二)儿童福利机构;

(三)有特殊困难无力抚养子女的生父母。

第一千零九十五条 【监护人送养未成年人

的情形】未成年人的父母均不具备完全民事行为能力且可能严重危害该未成年人的,该未成年人的监护人可以将其送养。

第一千零九十六条 【监护人送养孤儿的限制及变更监护人】监护人送养孤儿的,应当征得有抚养义务的人同意。有抚养义务的人不同意送养、监护人不愿意继续履行监护职责的,应当依照本法第一编的规定另行确定监护人。

第一千零九十七条 【生父母送养子女的原则要求与例外】生父母送养子女,应当双方共同送养。生父母一方不明或者查找不到的,可以单方送养。

第一千零九十八条 【收养人条件】收养人应当同时具备下列条件:

(一)无子女或者只有一名子女;

(二)有抚养、教育和保护被收养人的能力;

(三)未患有在医学上认为不应当收养子女的疾病;

(四)无不利于被收养人健康成长的违法犯罪记录;

(五)年满三十周岁。

第一千零九十九条 【三代以内旁系同辈血亲的收养】收养三代以内旁系同辈血亲的子女,可以不受本法第一千零九十三条第三项、第一千零九十四条第三项和第一千一百零二条规定的限制。

华侨收养三代以内旁系同辈血亲的子女,还可以不受本法第一千零九十八条第一项规定的限制。

第一千一百条 【收养人收养子女数量】无子女的收养人可以收养两名子女;有子女的收养人只能收养一名子女。

收养孤儿、残疾未成年人或者儿童福利机构抚养的查找不到生父母的未成年人,可以不受前款和本法第一千零九十八条第一项规定的限制。

第一千一百零一条 【共同收养】有配偶者收养子女,应当夫妻共同收养。

第一千一百零二条 【无配偶者收养异性子女的限制】无配偶者收养异性子女的,收养人与被收养人的年龄应当相差四十周岁以上。

第一千一百零三条 【收养继子女的特别规定】继父或者继母经继子女的生父母同意,可以收养继子女,并可以不受本法第一千零九十三条第三项、第一千零九十四条第三项、第一千零九十八条和第一千一百条第一款规定的限制。

第一千一百零四条 【收养自愿原则】收养人收养与送养人送养,应当双方自愿。收养八周岁以上未成年人的,应当征得被收养人的同意。

第一千一百零五条 【收养登记、收养协议、收养公证及收养评估】收养应当向县级以上人民政府民政部门登记。收养关系自登记之日起成立。

收养查找不到生父母的未成年人的,办理登记的民政部门应当在登记前予以公告。

收养关系当事人愿意签订收养协议的,可以签订收养协议。

收养关系当事人各方或者一方要求办理收养公证的,应当办理收养公证。

县级以上人民政府民政部门应当依法进行收养评估。

第一千一百零六条 【收养后的户口登记】收养关系成立后,公安机关应当按照国家有关规定为被收养人办理户口登记。

第一千一百零七条 【亲属、朋友的抚养】孤儿或者生父母无力抚养的子女,可以由生父母的亲属、朋友抚养;抚养人与被抚养人的关系不适用本章规定。

第一千一百零八条 【祖父母、外祖父母优先抚养权】配偶一方死亡,另一方送养未成年子女的,死亡一方的父母有优先抚养的权利。

第一千一百零九条 【涉外收养】外国人依法可以在中华人民共和国收养子女。

外国人在中华人民共和国收养子女,应当经其所在国主管机关依照该国法律审查同意。收养人应当提供由其所在国有权机构出具的有关其年龄、婚姻、职业、财产、健康、有无受过刑事处罚等状况的证明材料,并与送养人签订书面协议,亲自向省、自治区、直辖市人民政府民政部门登记。

前款规定的证明材料应当经收养人所在国外交机关或者外交机关授权的机构认证,并经中华人民共和国驻该国使领馆认证,但是国家另有规定的除外。

第一千一百一十条 【保守收养秘密】收养人、送养人要求保守收养秘密的,其他人应当尊重其意愿,不得泄露。

第二节 收养的效力

第一千一百一十一条 【收养的效力】自收养

关系成立之日起,养父母与养子女间的权利义务关系,适用本法关于父母子女关系的规定;养子女与养父母的近亲属间的权利义务关系,适用本法关于子女与父母的近亲属关系的规定。

养子女与生父母以及其他近亲属间的权利义务关系,因收养关系的成立而消除。

第一千一百一十二条 【养子女的姓氏】养子女可以随养父或者养母的姓氏,经当事人协商一致,也可以保留原姓氏。

第一千一百一十三条 【收养行为的无效】有本法第一编关于民事法律行为无效规定情形或者违反本编规定的收养行为无效。

无效的收养行为自始没有法律约束力。

第三节 收养关系的解除

第一千一百一十四条 【收养关系的协议解除与诉讼解除】收养人在被收养人成年以前,不得解除收养关系,但是收养人、送养人双方协议解除的除外。养子女八周岁以上的,应当征得本人同意。

收养人不履行抚养义务,有虐待、遗弃等侵害未成年养子女合法权益行为的,送养人有权要求解除养父母与养子女间的收养关系。送养人、收养人不能达成解除收养关系协议的,可以向人民法院提起诉讼。

第一千一百一十五条 【养父母与成年养子女解除收养关系】养父母与成年养子女关系恶化、无法共同生活的,可以协议解除收养关系。不能达成协议的,可以向人民法院提起诉讼。

第一千一百一十六条 【解除收养关系的登记】当事人协议解除收养关系的,应当到民政部门办理解除收养关系登记。

第一千一百一十七条 【收养关系解除的法律后果】收养关系解除后,养子女与养父母以及其他近亲属间的权利义务关系即行消除,与生父母以及其他近亲属间的权利义务关系自行恢复。但是,成年养子女与生父母以及其他近亲属间的权利义务关系是否恢复,可以协商确定。

第一千一百一十八条 【收养关系解除后生活费、抚养费支付】收养关系解除后,经养父母抚养的成年养子女,对缺乏劳动能力又缺乏生活来源的养父母,应当给付生活费。因养子女成年后虐待、遗弃养父母而解除收养关系的,养父母可以要求养子女补偿收养期间支出的抚养费。

生父母要求解除收养关系的,养父母可以要求生父母适当补偿收养期间支出的抚养费;但是,因养父母虐待、遗弃养子女而解除收养关系的除外。

第六编 继 承

第一章 一般规定

第一千一百一十九条 【继承编的调整范围】本编调整因继承产生的民事关系。

第一千一百二十条 【继承权的保护】国家保护自然人的继承权。

第一千一百二十一条 【继承的开始时间和死亡时间的推定】继承从被继承人死亡时开始。

相互有继承关系的数人在同一事件中死亡,难以确定死亡时间的,推定没有其他继承人的人先死亡。都有其他继承人,辈份不同的,推定长辈先死亡;辈份相同的,推定同时死亡,相互不发生继承。

链接《民事诉讼法》第 34 条;《最高人民法院关于适用〈中华人民共和国民法典〉继承编的解释(一)》第 1 条

第一千一百二十二条 【遗产的范围】遗产是自然人死亡时遗留的个人合法财产。

依照法律规定或者根据其性质不得继承的遗产,不得继承。

注释 遗产是继承法律关系的客体,也是继承权的标的。遗产作为特殊的财产,与一般财产存在诸多不同:首先,遗产仅存在于特定时间段。遗产是自然人死亡后所遗留的财产。而遗产一旦分割,也就转移成为继承人个人所有的财产,此时也不再是遗产了。遗产是在自然人死亡之后到被分割之前特定时间阶段的财产状态。其次,遗产在性质上属于财产。被继承人的人身性权利不属于遗产的范围,如著作权中的署名权等人身性权利,不能成为遗产被继承。再次,遗产是自然人死亡时遗留的所有个人财产。被继承人死亡后的所有个人财产都成为遗产,不论财产的形态,只要属于其个人所有的财产都转为遗产。遗产仅限于被继承人死亡时遗留的个人所有的财产,他人所有的财产、家庭共有的财产都不属于遗产范围,需要先剥离出去。最后,遗产是自然人死亡时遗留的合法的财产。只有自然人生前合法取得的财产才能成为遗产。如犯罪分子非法获得的财产在其死后不能成为遗产。

遗产范围是指被继承人在其死亡时遗留的可以作为遗产被继承人继承的财产范围。理解遗产的范围需要从三个方面把握：第一，遗产首先是财产或财产性权益，非财产性权利（人格权、人身权或相关权益）不得作为遗产继承；第二，遗产必须是合法的财产权，非法的财产权也不应算作遗产；第三，遗产必须是被继承人个人的财产，非个人财产不属于遗产的范围。我国有些财产性权益属于家庭共有，而非属于个人。比如土地承包经营权、宅基地使用权等，根据农村土地承包法、土地管理法的相关规定，获得土地承包经营权、宅基地使用权的主体是以户为单位，这些权利并不属于某个家庭成员。具体而言，遗产包括：自然人的收入；房屋、储蓄和生活用品；林木、牲畜和家禽；文物、图书资料；法律允许公民所有的生产资料；著作权、专利权中的财产权利等个人合法财产。

本条在规定可以继承的遗产的同时，还进一步明确不得继承的遗产范围。第2款规定了根据性质不得继承的遗产和根据法律规定不得继承的遗产。原因在于，能被继承的遗产应当是能够转由他人承受的财产，有些个人财产性权益虽然合法，但由于法律上的特殊性质，不宜或者不能由他人承继，在这种情况下，法律有必要将其排除在可继承的遗产范围外。根据本款规定，不得继承的遗产主要有两类：第一类是根据其性质不得继承的遗产，这主要是与被继承人人身有关的专属性权利，如被继承人所签订的劳动合同上的权利义务。第二类是根据法律规定不得继承的遗产。如果法律有明确规定某些财产不得继承的，继承人自然不得继承。

第一千一百二十三条　【法定继承、遗嘱继承、遗赠和遗赠扶养协议的效力】继承开始后，按照法定继承办理；有遗嘱的，按照遗嘱继承或者遗赠办理；有遗赠扶养协议的，按照协议办理。

注释 本条是关于法定继承、遗嘱继承、遗赠、遗赠扶养协议关系的规定。它们之间的继承顺序是：遗赠扶养协议>遗嘱继承、遗赠>法定继承。

法定继承是指被继承人死亡时没有留下遗嘱，其个人合法遗产的继承由法律规定的继承人范围、顺序和分配原则进行遗产继承的一种继承方式。

遗嘱继承，是指遗嘱中所指定的继承人，根据遗嘱指定的其应当继承的遗产种类、数额等，继承被继承人遗产的一种继承方式。

遗赠是指公民以遗嘱方式将个人财产赠与国家、集体或法定继承人以外的人，于其死亡时发生法律效力的民事行为。

遗赠扶养协议是指遗赠人和扶养人为明确相互间遗赠和扶养的权利义务关系所订立的协议。

第一千一百二十四条　【继承和遗赠的接受和放弃】继承开始后，继承人放弃继承的，应当在遗产处理前，以书面形式作出放弃继承的表示；没有表示的，视为接受继承。

受遗赠人应当在知道受遗赠后六十日内，作出接受或者放弃受遗赠的表示；到期没有表示的，视为放弃受遗赠。

第一千一百二十五条　【继承权的丧失】继承人有下列行为之一的，丧失继承权：

（一）故意杀害被继承人；

（二）为争夺遗产而杀害其他继承人；

（三）遗弃被继承人，或者虐待被继承人情节严重；

（四）伪造、篡改、隐匿或者销毁遗嘱，情节严重；

（五）以欺诈、胁迫手段迫使或者妨碍被继承人设立、变更或者撤回遗嘱，情节严重。

继承人有前款第三项至第五项行为，确有悔改表现，被继承人表示宽恕或者事后在遗嘱中将其列为继承人的，该继承人不丧失继承权。

受遗赠人有本条第一款规定行为的，丧失受遗赠权。

第二章　法定继承

第一千一百二十六条　【继承权男女平等原则】继承权男女平等。

第一千一百二十七条　【继承人的范围及继承顺序】遗产按照下列顺序继承：

（一）第一顺序：配偶、子女、父母；

（二）第二顺序：兄弟姐妹、祖父母、外祖父母。

继承开始后，由第一顺序继承人继承，第二顺序继承人不继承；没有第一顺序继承人继承的，由第二顺序继承人继承。

本编所称子女，包括婚生子女、非婚生子女、养子女和有扶养关系的继子女。

本编所称父母，包括生父母、养父母和有扶养关系的继父母。

本编所称兄弟姐妹,包括同父母的兄弟姐妹、同父异母或者同母异父的兄弟姐妹、养兄弟姐妹、有扶养关系的继兄弟姐妹。

注释 本条规定了两个继承顺序:1. 配偶、子女、父母为第一顺序法定继承人。其中,配偶是指因合法的婚姻关系而确立夫妻身份的男女双方;子女包括婚生子女、非婚生子女、养子女、有扶养关系的继子女;父母,包括生父母、养父母和有扶养关系的继父母。丧偶儿媳对公婆,丧偶女婿对岳父母尽了主要赡养义务的,作为第一顺序继承人。2. 兄弟姐妹、祖父母、外祖父母为第二顺序法定继承人。其中,兄弟姐妹包括同父母的兄弟姐妹、同父异母或者同母异父的兄弟姐妹、养兄弟姐妹、有扶养关系的继兄弟姐妹。

第一千一百二十八条 【代位继承】被继承人的子女先于被继承人死亡的,由被继承人的子女的直系晚辈血亲代位继承。

被继承人的兄弟姐妹先于被继承人死亡的,由被继承人的兄弟姐妹的子女代位继承。

代位继承人一般只能继承被代位继承人有权继承的遗产份额。

注释 代位继承也被称为"间接继承",指具有法定继承权的人因主客观原因不能继承时,由其直系晚辈血亲按照该继承人的继承地位和顺序,继承被继承人遗产的制度。在代位继承中,具有法定继承权的人称为被代位继承人;按照被代位继承人的地位和顺序继承遗产的人称为代位继承人。本法在《继承法》第11条确立的代位继承制度基础上进一步扩大了被代位继承人的范围,即被继承人的兄弟姐妹也可作为被代位继承人,在其先于被继承人死亡时,其子女可以代位继承。

代位继承的份额是指代位继承人通过代位继承的方式能够取得的遗产份额。本法规定代位继承人一般只能继承被代位继承人有权继承的遗产份额,此为一般原则,在存在法律规定的多分、少分或者不分等情形时,其继承遗产的份额可能会有所变化。

案例 苏某甲诉李某田等法定继承纠纷案[人民法院贯彻实施民法典典型案例(第一批)]

裁判规则:本案是适用《民法典》关于侄甥代位继承制度的典型案例。当事人一致确认苏某泉生前未立遗嘱,也未立遗赠扶养协议,故苏某泉的遗产应由其继承人按照法定继承办理。苏某甲系苏某泉姐姐苏某乙的养子女,在苏某乙先于苏某泉死亡且苏某泉的遗产无人继承又无人受遗赠的情况下,根据《最高人民法院关于适用〈中华人民共和国民法典〉时间效力的若干规定》第14条,适用《民法典》第1128条第2款和第3款的规定,苏某甲有权作为苏某泉的法定继承人继承苏某泉的遗产。

第一千一百二十九条 【丧偶儿媳、女婿的继承权】丧偶儿媳对公婆,丧偶女婿对岳父母,尽了主要赡养义务的,作为第一顺序继承人。

第一千一百三十条 【遗产分配规则】同一顺序继承人继承遗产的份额,一般应当均等。

对生活有特殊困难又缺乏劳动能力的继承人,分配遗产时,应当予以照顾。

对被继承人尽了主要扶养义务或者与被继承人共同生活的继承人,分配遗产时,可以多分。

有扶养能力和有扶养条件的继承人,不尽扶养义务的,分配遗产时,应当不分或者少分。

继承人协商同意的,也可以不均等。

第一千一百三十一条 【酌情分得遗产权】对继承人以外的依靠被继承人扶养的人,或者继承人以外的对被继承人扶养较多的人,可以分给适当的遗产。

第一千一百三十二条 【继承的处理方式】继承人应当本着互谅互让、和睦团结的精神,协商处理继承问题。遗产分割的时间、办法和份额,由继承人协商确定;协商不成的,可以由人民调解委员会调解或者向人民法院提起诉讼。

第三章 遗嘱继承和遗赠

第一千一百三十三条 【遗嘱处分个人财产】自然人可以依照本法规定立遗嘱处分个人财产,并可以指定遗嘱执行人。

自然人可以立遗嘱将个人财产指定由法定继承人中的一人或者数人继承。

自然人可以立遗嘱将个人财产赠与国家、集体或者法定继承人以外的组织、个人。

自然人可以依法设立遗嘱信托。

案例 向某琼等人诉张某霞等人执行遗嘱代理协议纠纷案(《最高人民法院公报》2004年第1期)

裁判规则:遗嘱执行人在遗嘱人没有明确其执行遗嘱所得报酬的情况下,与继承人就执行遗嘱相关事项自愿签订代理协议,并按照协议约定

收取遗嘱执行费，不属于《律师法》第 34 条禁止的律师在同一案件中为双方当事人代理的情形，应认定代理协议有效。

第一千一百三十四条 【自书遗嘱】自书遗嘱由遗嘱人亲笔书写，签名，注明年、月、日。

注释 遗嘱人自己书写的遗嘱，称为自书遗嘱。自书遗嘱应当由遗嘱人亲笔书写，签名，注明年、月、日。需要注意的是，自然人在遗书中涉及死后个人财产处分的内容，确为死者的真实意思表示，有本人签名并注明了年、月、日，又无相反证据的，可以按自书遗嘱对待。自书遗嘱不需要证人就当然地具有遗嘱的效力，这一点不同于代书遗嘱需要证人来证明。

第一千一百三十五条 【代书遗嘱】代书遗嘱应当有两个以上见证人在场见证，由其中一人代书，并由遗嘱人、代书人和其他见证人签名，注明年、月、日。

第一千一百三十六条 【打印遗嘱】打印遗嘱应当有两个以上见证人在场见证。遗嘱人和见证人应当在遗嘱每一页签名，注明年、月、日。

第一千一百三十七条 【录音录像遗嘱】以录音录像形式立的遗嘱，应当有两个以上见证人在场见证。遗嘱人和见证人应当在录音录像中记录其姓名或者肖像，以及年、月、日。

第一千一百三十八条 【口头遗嘱】遗嘱人在危急情况下，可以立口头遗嘱。口头遗嘱应当有两个以上见证人在场见证。危急情况消除后，遗嘱人能够以书面或者录音录像形式立遗嘱的，所立的口头遗嘱无效。

第一千一百三十九条 【公证遗嘱】公证遗嘱由遗嘱人经公证机构办理。

注释 公证遗嘱是指通过法律规定的公证形式订立的，有关订立程序和形式都由法律规定的遗嘱。根据我国《公证法》第 2 条的规定，公证是公证机构根据自然人、法人或者其他组织的申请，依照法定程序对民事法律行为、有法律意义的事实和文书的真实性、合法性予以证明的活动。

公证人员在办理遗嘱公证时，要依法对遗嘱人立遗嘱行为的真实性、合法性予以审查，审查的内容包括：遗嘱人是否具有完全民事行为能力，遗嘱人的意思表示是否真实，遗嘱的内容是否完备、文字表述是否准确，遗嘱内容是否违反法律规定和社会公共利益，遗嘱的签名、制作日期是否齐全以及办理公证的程序是否符合规定等。经审查认为遗嘱人立遗嘱行为符合法律规定的条件的，公证处应当出具公证书。公证遗嘱采用打印形式。遗嘱人根据遗嘱原稿核对后，应当在打印的公证遗嘱上签名、盖章或者按手印。

第一千一百四十条 【作为遗嘱见证人的消极条件】下列人员不能作为遗嘱见证人：

（一）无民事行为能力人、限制民事行为能力人以及其他不具有见证能力的人；

（二）继承人、受遗赠人；

（三）与继承人、受遗赠人有利害关系的人。

第一千一百四十一条 【必留份】遗嘱应当为缺乏劳动能力又没有生活来源的继承人保留必要的遗产份额。

第一千一百四十二条 【遗嘱的撤回与变更】遗嘱人可以撤回、变更自己所立的遗嘱。

立遗嘱后，遗嘱人实施与遗嘱内容相反的民事法律行为的，视为对遗嘱相关内容的撤回。

立有数份遗嘱，内容相抵触的，以最后的遗嘱为准。

第一千一百四十三条 【遗嘱无效的情形】无民事行为能力人或者限制民事行为能力人所立的遗嘱无效。

遗嘱必须表示遗嘱人的真实意思，受欺诈、胁迫所立的遗嘱无效。

伪造的遗嘱无效。

遗嘱被篡改的，篡改的内容无效。

第一千一百四十四条 【附义务的遗嘱继承或遗赠】遗嘱继承或者遗赠附有义务的，继承人或者受遗赠人应当履行义务。没有正当理由不履行义务的，经利害关系人或者有关组织请求，人民法院可以取消其接受附义务部分遗产的权利。

第四章 遗产的处理

第一千一百四十五条 【遗产管理人的选任】继承开始后，遗嘱执行人为遗产管理人；没有遗嘱执行人的，继承人应当及时推选遗产管理人；继承人未推选的，由继承人共同担任遗产管理人；没有继承人或者继承人均放弃继承的，由被继承人生前住所地的民政部门或者村民委员会担任遗产管理人。

第一千一百四十六条 【法院指定遗产管理人】对遗产管理人的确定有争议的，利害关系人可以向人民法院申请指定遗产管理人。

案例 欧某士申请指定遗产管理人案[人民法院贯彻实施民法典典型案例(第一批)]

裁判规则:魏姜氏遗产的多名继承人目前下落不明、信息不明,遗产房屋将在较长时间内不能明确所有权人,其管养维护责任可能长期无法得到有效落实,确有必要在析产分割条件成就前尽快依法确定管理责任人。而魏姜氏生前未留有遗嘱,未指定其遗嘱执行人或遗产管理人,在案各继承人之间就遗产管理问题又分歧巨大、未能协商达成一致意见,故当秉承最有利于遗产保护、管理、债权债务清理的原则,在综合考虑被继承人内心意愿、各继承人与被继承人亲疏远近关系、各继承人管理保护遗产的能力水平等方面因素,确定案涉遗产房屋的合适管理人。次女魏某燕一支在魏姜氏生前尽到主要赡养义务,与产权人关系较为亲近,且历代长期居住在遗产房屋内并曾主持危房改造,与遗产房屋有更深的历史情感联系,对周边人居环境更为熟悉,更有实际能力履行管养维护职责,更有能力清理遗产上可能存在的债权债务;长女魏某静一支可查后人现均居住漳州市,客观上无法对房屋尽到充分、周到的管养维护责任。故,由魏某静一支继承人跨市管理案涉遗产房屋暂不具备客观条件;魏某燕一支继承人能够协商支持由陈某萍、陈某芬共同管理案涉遗产房屋,符合遗产效用最大化原则。

第一千一百四十七条 【遗产管理人的职责】遗产管理人应当履行下列职责:

(一)清理遗产并制作遗产清单;

(二)向继承人报告遗产情况;

(三)采取必要措施防止遗产毁损、灭失;

(四)处理被继承人的债权债务;

(五)按照遗嘱或者依照法律规定分割遗产;

(六)实施与管理遗产有关的其他必要行为。

第一千一百四十八条 【遗产管理人的责任】遗产管理人应当依法履行职责,因故意或者重大过失造成继承人、受遗赠人、债权人损害的,应当承担民事责任。

第一千一百四十九条 【遗产管理人的报酬】遗产管理人可以依照法律规定或者按照约定获得报酬。

第一千一百五十条 【继承开始的通知】继承开始后,知道被继承人死亡的继承人应当及时通知其他继承人和遗嘱执行人。继承人中无人知道被继承人死亡或者知道被继承人死亡而不能通知的,由被继承人生前所在单位或者住所地的居民委员会、村民委员会负责通知。

第一千一百五十一条 【遗产的保管】存有遗产的人,应当妥善保管遗产,任何组织或者个人不得侵吞或者争抢。

第一千一百五十二条 【转继承】继承开始后,继承人于遗产分割前死亡,并没有放弃继承的,该继承人应当继承的遗产转给其继承人,但是遗嘱另有安排的除外。

第一千一百五十三条 【遗产的确定】夫妻共同所有的财产,除有约定的外,遗产分割时,应当先将共同所有的财产的一半分出为配偶所有,其余的为被继承人的遗产。

遗产在家庭共有财产之中的,遗产分割时,应当先分出他人的财产。

第一千一百五十四条 【按法定继承办理】有下列情形之一的,遗产中的有关部分按照法定继承办理:

(一)遗嘱继承人放弃继承或者受遗赠人放弃受遗赠;

(二)遗嘱继承人丧失继承权或者受遗赠人丧失受遗赠权;

(三)遗嘱继承人、受遗赠人先于遗嘱人死亡或者终止;

(四)遗嘱无效部分所涉及的遗产;

(五)遗嘱未处分的遗产。

第一千一百五十五条 【胎儿预留份】遗产分割时,应当保留胎儿的继承份额。胎儿娩出时是死体的,保留的份额按照法定继承办理。

案例 李某、郭某阳诉郭某和、童某某继承纠纷案(最高人民法院指导案例50号)

裁判规则:夫妻关系存续期间,双方一致同意利用他人的精子进行人工授精并使女方受孕后,男方反悔,而女方坚持生出该子女的,不论该子女是否在夫妻关系存续期间出生,都应视为夫妻双方的婚生子女。

如果夫妻一方所订立的遗嘱中没有为胎儿保留遗产份额,因违反法律规定,该部分遗嘱内容无效。分割遗产时,应当为胎儿保留继承份额。

第一千一百五十六条 【遗产分割】遗产分割应当有利于生产和生活需要,不损害遗产的效用。

不宜分割的遗产，可以采取折价、适当补偿或者共有等方法处理。

第一千一百五十七条 【再婚时对所继承遗产的处分】夫妻一方死亡后另一方再婚的，有权处分所继承的财产，任何组织或者个人不得干涉。

第一千一百五十八条 【遗赠扶养协议】自然人可以与继承人以外的组织或者个人签订遗赠扶养协议。按照协议，该组织或者个人承担该自然人生养死葬的义务，享有受遗赠的权利。

第一千一百五十九条 【遗产分割时的义务】分割遗产，应当清偿被继承人依法应当缴纳的税款和债务；但是，应当为缺乏劳动能力又没有生活来源的继承人保留必要的遗产。

第一千一百六十条 【无人继承的遗产的处理】无人继承又无人受遗赠的遗产，归国家所有，用于公益事业；死者生前是集体所有制组织成员的，归所在集体所有制组织所有。

第一千一百六十一条 【限定继承】继承人以所得遗产实际价值为限清偿被继承人依法应当缴纳的税款和债务。超过遗产实际价值部分，继承人自愿偿还的不在此限。

继承人放弃继承的，对被继承人依法应当缴纳的税款和债务可以不负清偿责任。

第一千一百六十二条 【遗赠与遗产债务清偿】执行遗赠不得妨碍清偿遗赠人依法应当缴纳的税款和债务。

第一千一百六十三条 【既有法定继承又有遗嘱继承、遗赠时的债务清偿】既有法定继承又有遗嘱继承、遗赠的，由法定继承人清偿被继承人依法应当缴纳的税款和债务；超过法定继承遗产实际价值部分，由遗嘱继承人和受遗赠人按比例以所得遗产清偿。

第七编 侵权责任

第一章 一般规定

第一千一百六十四条 【侵权责任编的调整范围】本编调整因侵害民事权益产生的民事关系。

注释 在《民法典》中，侵权责任编是专门调整侵权责任法律关系的规范。侵权行为发生后，在侵权人和被侵权人之间发生侵权责任法律关系，被侵权人是侵权责任法律关系的请求权人，是权利主体，侵权人是责任主体，负担满足被侵权人侵权责任请求权的责任。侵权责任编就是调整这种法律关系的专门法。

第一千一百六十五条 【过错责任原则与过错推定责任】行为人因过错侵害他人民事权益造成损害的，应当承担侵权责任。

依照法律规定推定行为人有过错，其不能证明自己没有过错的，应当承担侵权责任。

注释 过错责任是指造成损害并不必然承担赔偿责任，必须要看行为人是否有过错，有过错有责任，无过错无责任。在过错责任原则下，只要同时满足以下条件，行为人就应承担侵权责任：一是行为人实施了某一行为。二是行为人行为时有过错。过错分为故意和过失。故意是指行为人预见到自己的行为会导致某一损害后果而希望或者放任该后果发生的一种主观心理状态。过失是指行为人因疏忽或者轻信而使自己未履行应有注意义务的一种心理状态。故意与过失的主要区别是：故意表现为行为人对损害后果的追求、放任心态，而过失表现为行为人不希望、不追求、不放任损害后果的心态。三是受害人的民事权益受到损害。四是行为人的行为与受害人的损害之间有因果关系。因果关系是指行为人的行为作为原因，损害事实作为结果，在二者之间存在的前者导致后者发生的客观联系。

在过错责任原则中，通常由受害人证明行为人是否有过错，但在一些情况下也适用过错推定。所谓过错推定，是指根据法律规定推定行为人有过错，行为人不能证明自己没有过错的，应当承担侵权责任。

案例 1. 刘明莲、郭丽丽、郭双双诉孙伟、河南兰庭物业管理有限公司信阳分公司生命权纠纷案（最高人民法院指导案例 142 号）

裁判规则：行为人为了维护因碰撞而受伤害一方的合法权益，劝阻另一方不要离开碰撞现场且没有超过合理限度的，属于合法行为。被劝阻人因自身疾病发生猝死，其近亲属请求行为人承担侵权责任的，人民法院不予支持。

2. 北京兰世达光电科技有限公司、黄晓兰诉赵敏名誉权纠纷案（最高人民法院指导案例 143 号）

裁判规则：(1)认定微信群中的言论构成侵犯他人名誉权，应当符合名誉权侵权的全部构成要件，还应当考虑信息网络传播的特点并结合侵权主体、传播范围、损害程度等具体因素进行综合判断。

(2)不特定关系人组成的微信群具有公共空间属性,公民在此类微信群中发布侮辱、诽谤、污蔑或者贬损他人的言论构成名誉权侵权,应当依法承担法律责任。

第一千一百六十六条 【无过错责任】行为人造成他人民事权益损害,不论行为人有无过错,法律规定应当承担侵权责任的,依照其规定。

注释 无过错责任原则是指不以行为人的过错为要件,只要其活动或者所管理的人或者物损害了他人的民事权益,除非有法定的免责事由,行为人就要承担侵权责任。适用无过错责任原则的意义在于加重行为人的责任,及时救济受害人,使其损害赔偿请求权更容易实现。

无过错责任的构成要件有三个:一是行为;二是受害人的损害;三是行为与损害之间具有因果关系。具备这三个要件,构成侵权责任。行为人如果能够证明损害是受害人自己故意造成的,则免除侵权责任。

第一千一百六十七条 【危及他人人身、财产安全的责任承担方式】侵权行为危及他人人身、财产安全的,被侵权人有权请求侵权人承担停止侵害、排除妨碍、消除危险等侵权责任。

第一千一百六十八条 【共同侵权】二人以上共同实施侵权行为,造成他人损害的,应当承担连带责任。

注释 共同侵权行为,是指二人以上基于主观的或者客观的意思联络,共同实施侵权行为造成他人损害,应当承担连带赔偿责任的多数人侵权行为。构成共同侵权行为,应当承担连带赔偿责任。

构成共同侵权行为需要满足以下几个要件:一是主体的复数性。二是共同实施侵权行为。这一要件中的“共同”主要包括三层含义:其一,共同故意。其二,共同过失。“共同过失”主要是数个行为人共同从事某种行为,基于共同的疏忽大意,造成他人损害。其三,故意行为与过失行为相结合。三是侵权行为与损害后果之间具有因果关系。四是受害人具有损害,且该损害不可分割。

案例 **重庆市人民政府、重庆两江志愿服务发展中心诉重庆藏金阁物业管理有限公司、重庆首旭环保科技有限公司生态环境损害赔偿、环境民事公益诉讼案**(最高人民法院指导案例130号)

裁判规则:取得排污许可证的企业,负有确保其排污处理设备正常运行且排放物达到国家和地方排放标准的法定义务,委托其他单位处理的,应当对受托单位履行监管义务;明知受托单位违法排污不予制止甚或提供便利的,应当对环境污染损害承担连带责任。

污染者向水域排污造成生态环境损害,生态环境修复费用难以计算的,可以根据环境保护部门关于生态环境损害鉴定评估有关规定,采用虚拟治理成本法对损害后果进行量化,根据违法排污的污染物种类、排污量及污染源排他性等因素计算生态环境损害量化数额。

第一千一百六十九条 【教唆侵权、帮助侵权】教唆、帮助他人实施侵权行为的,应当与行为人承担连带责任。

教唆、帮助无民事行为能力人、限制民事行为能力人实施侵权行为的,应当承担侵权责任;该无民事行为能力人、限制民事行为能力人的监护人未尽到监护职责的,应当承担相应的责任。

第一千一百七十条 【共同危险行为】二人以上实施危及他人人身、财产安全的行为,其中一人或者数人的行为造成他人损害,能够确定具体侵权人的,由侵权人承担责任;不能确定具体侵权人的,行为人承担连带责任。

注释 共同危险行为,是指数人的危险行为对他人的合法权益造成了某种危险,但对于实际造成的损害又无法查明是危险行为中的何人所为,法律为保护被侵权人的利益,将数个行为人视为侵权行为人。对于共同危险行为的免责事由,只有在确定具体侵权人的情形下,其他行为人才可以免除责任。

构成共同危险行为应当满足下列几个要件:一是二人以上实施危及他人人身、财产安全的行为,行为主体是复数。二是其中一人或者数人的行为造成他人损害。三是不能确定具体侵权人。在共同危险行为制度中,数个行为人实施的危险行为在时间上、空间上存在耦合性,事实上只有部分行为人的行为造成了损害后果,但是,由于受害人无法掌握各个行为人的行为动机、行为方式等证据,无法准确判断哪个行为才是真正的加害行为,为了保护受害人的合法权益,降低受害人的举证难度,避免其因不能指认真正侵权人而无法行使请求权,同时由于每个行为人都实施了危险行为,在道德上具有可责难性,所以规定由所有实施危险行为的人承担连带责任是合理的。如果受害人能够指认或者法院能够查明具体侵权人,就不能适用本条规定，只能要求具体侵权人承担侵权责任。

第一千一百七十一条 【分别侵权的连带责任】二人以上分别实施侵权行为造成同一损害，每个人的侵权行为都足以造成全部损害的，行为人承担连带责任。

注释 适用本条规定需要符合以下构成要件：一是二人以上分别实施侵权行为。行为主体的复数性仍然是最基本的条件，每个人的行为都必须是侵权行为。二是造成同一损害后果。“同一损害”指数个侵权行为所造成的损害的性质是相同的，都是身体伤害或者财产损失，并且损害内容具有关联性。如甲的侵权行为造成了丙左腿受伤，乙的侵权行为也造成了丙左腿受伤。如果乙的侵权行为造成了丙右腿受伤，那么，甲、乙两人的侵权行为造成的就不是同一损害，而是不同损害。三是每个人的侵权行为都足以造成全部损害。判断每个侵权行为是否足以造成全部损害是适用本条的关键。本条中的“足以”并不是指每个侵权行为都实际上造成了全部损害，而是指即便没有其他侵权行为的共同作用，独立的单个侵权行为也有可能造成全部损害。如甲、乙两个人分别从不同方向向同一房屋放火，将该房屋烧毁，根据两个方向的火势判断，即使不存在另一把火，其中的任何一把火都有可能使整栋房屋烧毁，此即每把火都“足以”烧毁整栋房屋。

第一千一百七十二条 【分别侵权的按份责任】二人以上分别实施侵权行为造成同一损害，能够确定责任大小的，各自承担相应的责任；难以确定责任大小的，平均承担责任。

注释 适用本条规定应当符合下列构成要件：一是二人以上分别实施侵权行为。这一要件与本法第1171条中“二人以上分别实施侵权行为”的含义相同，要求数个侵权行为相互之间是独立的，不存在应当适用第1168条共同侵权制度的情形。二是造成同一损害后果。这一要件与本法第1171条中“造成同一损害”的含义也是一样的。本条与本法第1171条同属分别侵权制度，但在构成要件上有所不同，第1171条的构成要件更加严格，要求“每个人的侵权行为都足以造成全部损害”。

第一千一百七十三条 【与有过错】被侵权人对同一损害的发生或者扩大有过错的，可以减轻侵权人的责任。

注释 被侵权人对于损害的发生或者扩大也有过错的，让侵权人承担全部赔偿责任，有失公允。因此，侵权人可以被侵权人的过错为主张进行抗辩，要求减轻自己的侵权责任，主要是减少损害赔偿的数额。在学理上一般称为“与有过失”或“过失相抵”。

第一千一百七十四条 【受害人故意】损害是因受害人故意造成的，行为人不承担责任。

第一千一百七十五条 【第三人过错】损害是因第三人造成的，第三人应当承担侵权责任。

第一千一百七十六条 【自甘风险】自愿参加具有一定风险的文体活动，因其他参加者的行为受到损害的，受害人不得请求其他参加者承担侵权责任；但是，其他参加者对损害的发生有故意或者重大过失的除外。

活动组织者的责任适用本法第一千一百九十八条至第一千二百零一条的规定。

注释 自甘风险也叫危险的自愿承担，本条是我国第一次确认自甘风险为免责事由。其构成要件是：(1)组织者组织的文体活动有一定的风险，例如蹦极；(2)受害人对该危险有意识，但是自愿参加；(3)受害人参加此活动，因其他参加者的行为造成损害；(4)组织者、其他参加者没有故意或者过失，例如参加足球比赛活动受到参加者的损害。

案例 宋某祯诉周某身体权纠纷案[人民法院贯彻实施民法典典型案例(第一批)]

裁判规则：竞技体育运动不同于一般的生活领域，主要目的即为争胜，此类运动具有对抗性、人身危险性的特点，参与者均处于潜在危险中，既是危险的潜在制造者，也是危险的潜在承担者。羽毛球运动系典型的对抗性体育竞赛，除扭伤、拉伤等常规风险外，更为突出的风险即在于羽毛球自身体积小、密度大、移动速度快，运动员如未及时作出判断即会被击中，甚至击伤。宋某祯作为多年参与羽毛球运动的爱好者，对于自身和其他参赛者的能力以及此项运动的危险和可能造成的损害，应当有所认知和预见，而宋某祯仍自愿参加比赛，将自身置于潜在危险之中，属于自甘冒险的行为。依照《民法典》第1176条第1款，在此情形下，只有周某对宋某祯受伤的损害后果存在故意或重大过失时，才需承担侵权损害赔偿责任。本案中，周某杀球进攻的行为系该类运动的正常技术动作，周某并不存在明显违反比赛规则的情形，

二、民法商法

不应认定其存在重大过失，且现行法律未就本案所涉情形适用公平责任予以规定，故宋某祯无权主张周某承担赔偿责任或分担损失。

第一千一百七十七条 【自力救济】合法权益受到侵害，情况紧迫且不能及时获得国家机关保护，不立即采取措施将使其合法权益受到难以弥补的损害的，受害人可以在保护自己合法权益的必要范围内采取扣留侵权人的财物等合理措施；但是，应当立即请求有关国家机关处理。

受害人采取的措施不当造成他人损害的，应当承担侵权责任。

第一千一百七十八条 【特别规定优先适用】本法和其他法律对不承担责任或者减轻责任的情形另有规定的，依照其规定。

第二章 损害赔偿

第一千一百七十九条 【人身损害赔偿范围】侵害他人造成人身损害的，应当赔偿医疗费、护理费、交通费、营养费、住院伙食补助费等为治疗和康复支出的合理费用，以及因误工减少的收入。造成残疾的，还应当赔偿辅助器具费和残疾赔偿金；造成死亡的，还应当赔偿丧葬费和死亡赔偿金。

注释 医疗费包括挂号费、检查费、药费、治疗费、康复费等费用。既包括已经发生的费用，也包括将来确定要发生的费用。护理费是指受害人因受到损害导致生活不能自理，需要有人进行护理而产生的费用支出。一般根据护理人员的收入状况、护理人数、护理期限确定。交通费是指受害人及其必要的陪护人员因就医或者转院所实际发生的用于交通的费用。营养费是对受到伤害的人在治疗和康复期间需要补充营养的费用。因误工减少的收入是指受害人由于受到伤害，无法从事正常工作或者劳动而失去或者减少的工作、劳动收入。残疾生活辅助器具费是指受害人因残疾而造成身体功能全部或者部分丧失后需要配制补偿功能的残疾辅助器具的费用。残疾赔偿金实际上是对受到伤害造成残疾丧失劳动能力而失去的劳动收入的赔偿，我国不采取实际赔偿的方法，而采用一般赔偿20年损失的一次性赔偿方法。

受害人因伤害造成死亡的，还应当赔偿丧葬费和死亡赔偿金。丧葬费是对死者丧葬所应支付的财产损失，按照受诉法院所在地上一年度职工月平均工资标准，以6个月总额计算。对死亡赔偿金也是采取一次性赔偿20年的固定标准计算。

第一千一百八十条 【以相同数额确定死亡赔偿金】因同一侵权行为造成多人死亡的，可以以相同数额确定死亡赔偿金。

注释 这里需要注意几点：1. 以相同数额确定死亡赔偿金并非确定死亡赔偿金的一般方式，若分别计算死亡赔偿金较为容易，可以不采用这种方式。2. 根据本法的规定，以相同数额确定死亡赔偿金原则上仅适用于因同一侵权行为造成多人死亡的案件。3. 本条特别强调，对因同一侵权行为造成多人死亡的，只是“可以”以相同数额确定死亡赔偿金，而不是任何因同一侵权行为造成多人死亡的案件都“必须”或者“应当”以相同数额确定死亡赔偿金。法院可以根据具体案情，综合考虑各种因素后决定。实践中，原告的态度也是一个重要考虑因素，多数原告主动请求以相同数额确定死亡赔偿金的，当然可以；原告没有主动请求，但多数原告对法院所提以相同数额确定的死亡赔偿金方案没有异议的，也可以适用这种方式。4. 以相同数额确定死亡赔偿金的，原则上不考虑受害人的年龄、收入状况等个人因素。这里还需强调一点，本条只是规定，因同一侵权行为造成多人死亡的，可以对“死亡赔偿金”以相同数额确定，对死者在死亡前产生的医疗费、护理费等合理费用支出以及丧葬费支出，宜根据实际支出情况单独计算，损失多少，赔偿多少。

第一千一百八十一条 【被侵权人死亡时请求权主体的确定】被侵权人死亡的，其近亲属有权请求侵权人承担侵权责任。被侵权人为组织，该组织分立、合并的，承继权利的组织有权请求侵权人承担侵权责任。

被侵权人死亡的，支付被侵权人医疗费、丧葬费等合理费用的人有权请求侵权人赔偿费用，但是侵权人已经支付该费用的除外。

第一千一百八十二条 【侵害他人人身权益造成财产损失的赔偿计算方式】侵害他人人身权益造成财产损失的，按照被侵权人因此受到的损失或者侵权人因此获得的利益赔偿；被侵权人因此受到的损失以及侵权人因此获得的利益难以确定，被侵权人和侵权人就赔偿数额协商不一致，向人民法院提起诉讼的，由人民法院根据实际情况确定赔偿数额。

案例 无锡国威陶瓷电器有限公司、蒋国屏与常熟市林芝电热器件有限公司、苏宁易购集团股份有限公司侵害实用新型专利权纠纷案(《最高人民法院公报》2019年第3期)

裁判规则:根据当事人的诉讼请求和案件事实,选择以侵权人因侵权获得的利益计算专利侵权损害赔偿数额时,对于多部件或者多专利的被诉侵权产品,原则上不宜简单采用侵权产品销售总金额乘以侵权产品利润率的方式计算侵权获利,而需要考虑涉案专利对于侵权产品利润的贡献度,以"侵权产品销售总金额×利润率×专利技术对产品价值的贡献度"的方法进行计算。对于专利技术对产品价值的贡献度,可以结合涉案专利对产品的重要性等因素酌定。在侵权行为可分的情况下,计算侵权损害赔偿时,如果既存在可以较为精确计算权利人损失或者侵权人获益的部分,又存在难以计算权利人损失或者侵权人获益的部分,可以对前者适用以权利人损失或者侵权人获益计算赔偿,对后者适用法定赔偿,以两者之和确定损害赔偿数额。

第一千一百八十三条 【精神损害赔偿】侵害自然人人身权益造成严重精神损害的,被侵权人有权请求精神损害赔偿。

因故意或者重大过失侵害自然人具有人身意义的特定物造成严重精神损害的,被侵权人有权请求精神损害赔偿。

注释 并非只要侵害到人身权益,被侵权人就可以获得精神损害赔偿,本条规定需"造成严重精神损害"才能够获得精神损害赔偿,"严重精神损害"是构成精神损害赔偿的法定条件。偶尔的痛苦和不高兴不能认为是严重精神损害。

对于造成财产损失的,一般不以承担精神损害赔偿责任的方法进行救济。但是,如果侵权人故意或者重大过失侵害了他人具有人身意义的特定物从而给其造成严重精神损害的,由于该特定物中包含人身利益(包括人格利益和身份利益因素),对该特定物的损害会造成被侵权人的严重精神损害,被侵权人有权请求精神损害赔偿,侵权人应当对此因特定物的财产损害而造成的被侵权人的精神损害承担赔偿责任。

第一千一百八十四条 【财产损失的计算】侵害他人财产的,财产损失按照损失发生时的市场价格或者其他合理方式计算。

案例 茅德贤、成县茨坝须弥山实业有限公司、甘肃有色地质勘查局106队、成县恒兴矿业有限公司与白银有色金属公司采矿权纠纷案(《最高人民法院公报》2012年第3期)

裁判规则:根据《行政处罚法》第7条第1款的规定,公民、法人或者其他组织因违法受到行政处罚,其违法行为对他人造成损害的,应当依法承担民事责任。行为人因过错侵害他人民事权益的,应当承担相应的赔偿责任,行为人因同一行为已受到行政处罚的,不影响其承担民事责任。

当事人对自己提出的诉讼请求所依据的事实或反驳对方诉讼请求所依据的事实有责任提供证据加以证明。没有证据或者证据不足以证明当事人的事实主张的,由负有举证责任的当事人承担不利后果。案件调查处理过程中,当事人恶意阻挠调查取证,致使调查部门无法取得相关证据的,当事人应当承担举证不能的法律后果。行为人侵犯他人财产造成损失的,应当承担赔偿责任,特别是恶意侵犯国有资产的行为所付出的成本不同于一般民事交易行为中的成本,计算侵权损失数额时不应予以剔除。

第一千一百八十五条 【故意侵害知识产权的惩罚性赔偿责任】故意侵害他人知识产权,情节严重的,被侵权人有权请求相应的惩罚性赔偿。

案例 某种业科技有限公司诉某农业产业发展有限公司侵害植物新品种权纠纷案[人民法院贯彻实施民法典典型案例(第一批)]

裁判规则:某农业产业发展有限公司系被诉侵权种子的交易组织者、决策者,其行为构成销售侵权。由于该公司拒不提供相关账簿,故审理法院参考其宣传资料,综合考虑侵权情节推定侵权获利达到100万元以上,并以此为基数。该公司明知未经许可销售授权品种繁殖材料的侵权性质,所销售的被诉侵权种子部分包装未标注任何信息、部分包装标注为其他商品粮,试图掩盖侵权行为和逃避责任追究的意图明显,具有侵权恶意。其未取得种子生产经营许可证生产经营种子,可以认定为侵权行为情节严重。因此,审理法院依法适用惩罚性赔偿,按照基数的二倍确定惩罚性赔偿数额,全额支持权利人诉请。

第一千一百八十六条 【公平分担损失】受害人和行为人对损害的发生都没有过错的,依照法律的规定由双方分担损失。

第一千一百八十七条 【赔偿费用的支付方式】损害发生后,当事人可以协商赔偿费用的支付方式。协商不一致的,赔偿费用应当一次性支付;一次性支付确有困难的,可以分期支付,但是被侵权人有权请求提供相应的担保。

第三章 责任主体的特殊规定

第一千一百八十八条 【监护人责任】无民事行为能力人、限制民事行为能力人造成他人损害的,由监护人承担侵权责任。监护人尽到监护职责的,可以减轻其侵权责任。

有财产的无民事行为能力人、限制民事行为能力人造成他人损害的,从本人财产中支付赔偿费用;不足部分,由监护人赔偿。

第一千一百八十九条 【委托监护时监护人的责任】无民事行为能力人、限制民事行为能力人造成他人损害,监护人将监护职责委托给他人的,监护人应当承担侵权责任;受托人有过错的,承担相应的责任。

第一千一百九十条 【暂时丧失意识后的侵权责任】完全民事行为能力人对自己的行为暂时没有意识或者失去控制造成他人损害有过错的,应当承担侵权责任;没有过错的,根据行为人的经济状况对受害人适当补偿。

完全民事行为能力人因醉酒、滥用麻醉药品或者精神药品对自己的行为暂时没有意识或者失去控制造成他人损害的,应当承担侵权责任。

第一千一百九十一条 【用人单位责任和劳务派遣单位、劳务用工单位责任】用人单位的工作人员因执行工作任务造成他人损害的,由用人单位承担侵权责任。用人单位承担侵权责任后,可以向有故意或者重大过失的工作人员追偿。

劳务派遣期间,被派遣的工作人员因执行工作任务造成他人损害的,由接受劳务派遣的用工单位承担侵权责任;劳务派遣单位有过错的,承担相应的责任。

注释 用人单位承担责任的前提之一必须是工作人员的行为构成了侵权。本条中的"用人单位"泛指一切使用他人的法人、非法人组织,例如公司、机关、合伙企业、基金会甚至一人有限责任公司等,只要聘用他人作为自己单位的工作人员,都属于用人单位。

用人单位承担侵权责任的前提之二是工作人员的行为与"执行工作任务"有关。工作人员应当按照用人单位的授权或者指示进行工作。需要指出的是,国家机关以及工作人员因工作造成他人损害的,一类属于履行公职权的行为,另一类不属于履行公职权的行为,是国家机关为了维持国家机关正常运转所进行的民事行为。对于第一类属于履行公职权的行为,依据《国家赔偿法》的规定,有的需要国家机关承担国家赔偿责任。对于第二类国家机关在民事活动中侵害他人合法权益的,国家机关需要承担民事侵权责任。比如,国家机关的司机外出办理公务,发生了交通事故有责任的,应当由国家机关承担侵权责任。本法调整国家机关及工作人员在民事活动中发生的侵权行为,对于属于《国家赔偿法》调整范围的,适用《国家赔偿法》的规定。

劳务派遣的用工形式不同于一般的用人单位,劳务派遣单位虽然与被派遣的员工签订劳动合同,但不对被派遣员工进行使用和具体的管理。在劳务派遣期间,被派遣的工作人员是为接受劳务派遣的用工单位工作,接受用工单位的指示和管理,同时由用工单位为被派遣的工作人员提供相应的劳动条件和劳动保护,所以,被派遣的工作人员因工作造成他人损害的,其责任应当由接受劳务派遣的用工单位承担。劳务派遣单位有过错的,才需承担相应的责任。

链接《劳动合同法》第58、59条

第一千一百九十二条 【个人劳务关系中的侵权责任】个人之间形成劳务关系,提供劳务一方因劳务造成他人损害的,由接受劳务一方承担侵权责任。接受劳务一方承担侵权责任后,可以向有故意或者重大过失的提供劳务一方追偿。提供劳务一方因劳务受到损害的,根据双方各自的过错承担相应的责任。

提供劳务期间,因第三人的行为造成提供劳务一方损害的,提供劳务一方有权请求第三人承担侵权责任,也有权请求接受劳务一方给予补偿。接受劳务一方补偿后,可以向第三人追偿。

注释 劳务关系是指提供劳务一方为接受劳务一方提供劳务服务,由接受劳务一方按照约定支付报酬而建立的一种民事权利义务关系。

链接《最高人民法院关于审理人身损害赔偿案件适用法律若干问题的解释》第4、5条

第一千一百九十三条 【承揽关系中的侵权责任】承揽人在完成工作过程中造成第三人损害或者自己损害的,定作人不承担侵权责任。但是,定作人对定作、指示或者选任有过错的,应当承担相应的责任。

第一千一百九十四条 【网络侵权责任】网络用户、网络服务提供者利用网络侵害他人民事权益的,应当承担侵权责任。法律另有规定的,依照其规定。

第一千一百九十五条 【"通知与取下"制度】网络用户利用网络服务实施侵权行为的,权利人有权通知网络服务提供者采取删除、屏蔽、断开链接等必要措施。通知应当包括构成侵权的初步证据及权利人的真实身份信息。

网络服务提供者接到通知后,应当及时将该通知转送相关网络用户,并根据构成侵权的初步证据和服务类型采取必要措施;未及时采取必要措施的,对损害的扩大部分与该网络用户承担连带责任。

权利人因错误通知造成网络用户或者网络服务提供者损害的,应当承担侵权责任。法律另有规定的,依照其规定。

案例 **威海嘉易烤生活家电有限公司诉永康市金仕德工贸有限公司、浙江天猫网络有限公司侵害发明专利权纠纷案(最高人民法院指导案例83号)**

裁判规则:1. 网络用户利用网络服务实施侵权行为,被侵权人依据侵权责任法向网络服务提供者所发出的要求其采取必要措施的通知,包含被侵权人身份情况、权属凭证、侵权人网络地址、侵权事实初步证据等内容的,即属有效通知。网络服务提供者自行设定的投诉规则,不得影响权利人依法维护其自身合法权利。

2. 原《侵权责任法》第36条第2款所规定的网络服务提供者接到通知后所应采取的必要措施包括但并不限于删除、屏蔽、断开链接。"必要措施"应遵循审慎、合理的原则,根据所侵害权利的性质、侵权的具体情形和技术条件等来加以综合确定。

第一千一百九十六条 【"反通知"制度】网络用户接到转送的通知后,可以向网络服务提供者提交不存在侵权行为的声明。声明应当包括不存在侵权行为的初步证据及网络用户的真实身份信息。

网络服务提供者接到声明后,应当将该声明转送发出通知的权利人,并告知其可以向有关部门投诉或者向人民法院提起诉讼。网络服务提供者在转送声明到达权利人后的合理期限内,未收到权利人已经投诉或者提起诉讼通知的,应当及时终止所采取的措施。

第一千一百九十七条 【网络服务提供者与网络用户的连带责任】网络服务提供者知道或者应当知道网络用户利用其网络服务侵害他人民事权益,未采取必要措施的,与该网络用户承担连带责任。

第一千一百九十八条 【违反安全保障义务的侵权责任】宾馆、商场、银行、车站、机场、体育场馆、娱乐场所等经营场所、公共场所的经营者、管理者或者群众性活动的组织者,未尽到安全保障义务,造成他人损害的,应当承担侵权责任。

因第三人的行为造成他人损害的,由第三人承担侵权责任;经营者、管理者或者组织者未尽到安全保障义务的,承担相应的补充责任。经营者、管理者或者组织者承担补充责任后,可以向第三人追偿。

注释 安全保障义务,是指宾馆、商场、银行、车站、机场、体育场馆、娱乐场所等经营场所、公共场所的经营者、管理人或者群众性活动的组织者所负有的,在合理限度范围内保护他人人身和财产安全的义务。

案例 **1. 李秋月等诉广州市花都区梯面镇红山村村民委员会违反安全保障义务责任纠纷案(最高人民法院指导案例140号)**

裁判规则:公共场所经营管理者的安全保障义务,应限于合理限度范围内,与其管理和控制能力相适应。完全民事行为能力人因私自攀爬景区内果树采摘果实而不慎跌落致其自身损害,主张经营管理者承担赔偿责任的,人民法院不予支持。

2. 支某1等诉北京市永定河管理处生命权、健康权、身体权纠纷案(最高人民法院指导案例141号)

裁判规则:消力池属于禁止公众进入的水利工程设施,不属于侵权责任法第三十七条第一款规定的"公共场所"。消力池的管理人和所有人采取了合理的安全提示和防护措施,完全民事行为能力人擅自进入造成自身损害,请求管理人和所有人承担赔偿责任的,人民法院不予支持。

第一千一百九十九条 【教育机构对无民事行为能力人受到人身损害的过错推定责任】无民事行为能力人在幼儿园、学校或者其他教育机构学习、生活期间受到人身损害的,幼儿园、学校或者其他教育机构应当承担侵权责任;但是,能够证明尽到教育、管理职责的,不承担侵权责任。

第一千二百条 【教育机构对限制民事行为能力人受到人身损害的过错责任】限制民事行为能力人在学校或者其他教育机构学习、生活期间受到人身损害,学校或者其他教育机构未尽到教育、管理职责的,应当承担侵权责任。

第一千二百零一条 【受到校外人员人身损害时的责任分担】无民事行为能力人或者限制民事行为能力人在幼儿园、学校或者其他教育机构学习、生活期间,受到幼儿园、学校或者其他教育机构以外的第三人人身损害的,由第三人承担侵权责任;幼儿园、学校或者其他教育机构未尽到管理职责的,承担相应的补充责任。幼儿园、学校或者其他教育机构承担补充责任后,可以向第三人追偿。

注释 "幼儿园、学校或者其他教育机构以外的第三人",是指幼儿园、学校或者其他教育机构的教师、学生和其他工作人员以外的人员。适用本条时注意以下三点:

第一,第三人的侵权责任和安全保障义务人的补充责任有先后顺序。首先由第三人承担侵权责任,在无法找到第三人或者第三人没有能力承担全部侵权责任时,由幼儿园、学校或者其他教育机构承担补充责任。如果第三人已经承担全部侵权责任,则幼儿园、学校或者其他教育机构不再承担侵权责任。

第二,幼儿园、学校或者其他教育机构承担的补充责任应根据其未尽到的管理职责的程度来确定。

第三,校方承担了相应的补充责任之后,还可以就其损失向第三人追偿,因为第三人才是真正的侵权人,对于损害的发生具有全部原因力。

第四章 产品责任

第一千二百零二条 【产品生产者侵权责任】因产品存在缺陷造成他人损害的,生产者应当承担侵权责任。

第一千二百零三条 【被侵权人请求损害赔偿的途径和先行赔偿人追偿权】因产品存在缺陷造成他人损害的,被侵权人可以向产品的生产者请求赔偿,也可以向产品的销售者请求赔偿。

产品缺陷由生产者造成的,销售者赔偿后,有权向生产者追偿。因销售者的过错使产品存在缺陷的,生产者赔偿后,有权向销售者追偿。

第一千二百零四条 【生产者、销售者的第三人追偿权】因运输者、仓储者等第三人的过错使产品存在缺陷,造成他人损害的,产品的生产者、销售者赔偿后,有权向第三人追偿。

第一千二百零五条 【产品缺陷危及他人人身、财产安全的侵权责任】因产品缺陷危及他人人身、财产安全的,被侵权人有权请求生产者、销售者承担停止侵害、排除妨碍、消除危险等侵权责任。

第一千二百零六条 【生产者、销售者的补救措施及费用承担】产品投入流通后发现存在缺陷的,生产者、销售者应当及时采取停止销售、警示、召回等补救措施;未及时采取补救措施或者补救措施不力造成损害扩大的,对扩大的损害也应当承担侵权责任。

依据前款规定采取召回措施的,生产者、销售者应当负担被侵权人因此支出的必要费用。

第一千二百零七条 【产品责任中的惩罚性赔偿】明知产品存在缺陷仍然生产、销售,或者没有依据前条规定采取有效补救措施,造成他人死亡或者健康严重损害的,被侵权人有权请求相应的惩罚性赔偿。

注释 惩罚性赔偿也称惩戒性赔偿,是加害人给付受害人超过其实际损害数额的一种金钱赔偿。是一种集补偿、惩罚、遏止等功能于一身的赔偿制度。根据本条的规定,适用惩罚性赔偿的条件是:第一,侵权人具有主观故意,即明知是缺陷产品仍然生产、销售,或者没有依据前条规定采取有效补救措施。第二,要有损害事实,这种损害事实不是一般的损害事实,而应当是造成严重损害的事实,即造成他人死亡或者健康受到严重损害。即使缺陷产品给被侵权人造成了严重的财产损害也不能适用本条规定。第三,要有因果关系,即被侵权人的生命被侵害或者健康严重被损害是因为侵权人生产或者销售的缺陷产品造成的。被侵权人要求的惩罚性赔偿金的数额应当与其所受到的损害相当,具体的赔偿数额由人民法院根据个案具体裁判。

第五章 机动车交通事故责任

第一千二百零八条 【机动车交通事故责任的法律适用】机动车发生交通事故造成损害的，依照道路交通安全法律和本法的有关规定承担赔偿责任。

第一千二百零九条 【租赁、借用机动车交通事故责任】因租赁、借用等情形机动车所有人、管理人与使用人不是同一人时，发生交通事故造成损害，属于该机动车一方责任的，由机动车使用人承担赔偿责任；机动车所有人、管理人对损害的发生有过错的，承担相应的赔偿责任。

第一千二百一十条 【转让并交付但未办理登记的机动车侵权责任】当事人之间已经以买卖或者其他方式转让并交付机动车但是未办理登记，发生交通事故造成损害，属于该机动车一方责任的，由受让人承担赔偿责任。

第一千二百一十一条 【挂靠机动车交通事故责任】以挂靠形式从事道路运输经营活动的机动车，发生交通事故造成损害，属于该机动车一方责任的，由挂靠人和被挂靠人承担连带责任。

第一千二百一十二条 【擅自驾驶他人机动车交通事故责任】未经允许驾驶他人机动车，发生交通事故造成损害，属于该机动车一方责任的，由机动车使用人承担赔偿责任；机动车所有人、管理人对损害的发生有过错的，承担相应的赔偿责任，但是本章另有规定的除外。

第一千二百一十三条 【交通事故侵权救济来源的支付顺序】机动车发生交通事故造成损害，属于该机动车一方责任的，先由承保机动车强制保险的保险人在强制保险责任限额范围内予以赔偿；不足部分，由承保机动车商业保险的保险人按照保险合同的约定予以赔偿；仍然不足或者没有投保机动车商业保险的，由侵权人赔偿。

链接《最高人民法院关于审理道路交通事故损害赔偿案件适用法律若干问题的解释》第13—21条

第一千二百一十四条 【拼装车、报废车交通事故责任】以买卖或者其他方式转让拼装或者已经达到报废标准的机动车，发生交通事故造成损害的，由转让人和受让人承担连带责任。

第一千二百一十五条 【盗抢机动车交通事故责任】盗窃、抢劫或者抢夺的机动车发生交通事故造成损害的，由盗窃人、抢劫人或者抢夺人承担赔偿责任。盗窃人、抢劫人或者抢夺人与机动车使用人不是同一人，发生交通事故造成损害，属于该机动车一方责任的，由盗窃人、抢劫人或者抢夺人与机动车使用人承担连带责任。

保险人在机动车强制保险责任限额范围内垫付抢救费用的，有权向交通事故责任人追偿。

第一千二百一十六条 【驾驶人逃逸责任承担规则】机动车驾驶人发生交通事故后逃逸，该机动车参加强制保险的，由保险人在机动车强制保险责任限额范围内予以赔偿；机动车不明、该机动车未参加强制保险或者抢救费用超过机动车强制保险责任限额，需要支付被侵权人人身伤亡的抢救、丧葬等费用的，由道路交通事故社会救助基金垫付。道路交通事故社会救助基金垫付后，其管理机构有权向交通事故责任人追偿。

第一千二百一十七条 【好意同乘规则】非营运机动车发生交通事故造成无偿搭乘人损害，属于该机动车一方责任的，应当减轻其赔偿责任，但是机动车使用人有故意或者重大过失的除外。

注释 无偿搭乘他人的非营运机动车，在运行中发生交通事故，造成无偿搭乘人的损害，属于该机动车一方责任的，应当减轻机动车一方赔偿责任。但如果机动车使用人有故意或者重大过失的，不减轻其对无偿搭乘人的赔偿责任。

第六章 医疗损害责任

第一千二百一十八条 【医疗损害责任归责原则】患者在诊疗活动中受到损害，医疗机构或者其医务人员有过错的，由医疗机构承担赔偿责任。

注释 医疗损害责任适用过错责任原则，即只有医疗机构或者其医务人员在诊疗活动中有过错的，才对在该医疗机构就医的患者所受损害承担医疗损害的赔偿责任。

诊疗活动包括诊断、治疗、护理等环节，对此可以参考《医疗机构管理条例实施细则》第88条的有关规定，即诊疗活动是指通过各种检查，使用药物、器械及手术等方法，对疾病作出判断和消除疾病、缓解病情、减轻痛苦、改善功能、延长生命、帮助患者恢复健康的活动。

链接《医疗事故处理条例》第2、49条；《最高人民法院关于审理医疗损害责任纠纷案件适用法律若干问题的解释》

第一千二百一十九条 【医疗机构说明义务与患者知情同意权】医务人员在诊疗活动中应当向患者说明病情和医疗措施。需要实施手术、特殊检查、特殊治疗的，医务人员应当及时向患者具体说明医疗风险、替代医疗方案等情况，并取得其明确同意；不能或者不宜向患者说明的，应当向患者的近亲属说明，并取得其明确同意。

医务人员未尽到前款义务，造成患者损害的，医疗机构应当承担赔偿责任。

第一千二百二十条 【紧急情况下实施的医疗措施】因抢救生命垂危的患者等紧急情况，不能取得患者或者其近亲属意见的，经医疗机构负责人或者授权的负责人批准，可以立即实施相应的医疗措施。

第一千二百二十一条 【医务人员过错的医疗机构赔偿责任】医务人员在诊疗活动中未尽到与当时的医疗水平相应的诊疗义务，造成患者损害的，医疗机构应当承担赔偿责任。

第一千二百二十二条 【医疗机构过错推定的情形】患者在诊疗活动中受到损害，有下列情形之一的，推定医疗机构有过错：

（一）违反法律、行政法规、规章以及其他有关诊疗规范的规定；

（二）隐匿或者拒绝提供与纠纷有关的病历资料；

（三）遗失、伪造、篡改或者违法销毁病历资料。

第一千二百二十三条 【因药品、消毒产品、医疗器械的缺陷或输入不合格的血液的侵权责任】因药品、消毒产品、医疗器械的缺陷，或者输入不合格的血液造成患者损害的，患者可以向药品上市许可持有人、生产者、血液提供机构请求赔偿，也可以向医疗机构请求赔偿。患者向医疗机构请求赔偿的，医疗机构赔偿后，有权向负有责任的药品上市许可持有人、生产者、血液提供机构追偿。

第一千二百二十四条 【医疗机构免责事由】患者在诊疗活动中受到损害，有下列情形之一的，医疗机构不承担赔偿责任：

（一）患者或者其近亲属不配合医疗机构进行符合诊疗规范的诊疗；

（二）医务人员在抢救生命垂危的患者等紧急情况下已经尽到合理诊疗义务；

（三）限于当时的医疗水平难以诊疗。

前款第一项情形中，医疗机构或者其医务人员也有过错的，应当承担相应的赔偿责任。

第一千二百二十五条 【医疗机构对病历的义务及患者对病历的权利】医疗机构及其医务人员应当按照规定填写并妥善保管住院志、医嘱单、检验报告、手术及麻醉记录、病理资料、护理记录等病历资料。

患者要求查阅、复制前款规定的病历资料的，医疗机构应当及时提供。

第一千二百二十六条 【患者隐私和个人信息保护】医疗机构及其医务人员应当对患者的隐私和个人信息保密。泄露患者的隐私和个人信息，或者未经患者同意公开其病历资料的，应当承担侵权责任。

第一千二百二十七条 【不必要检查禁止义务】医疗机构及其医务人员不得违反诊疗规范实施不必要的检查。

注释 不必要的检查，一般是指由医疗机构提供的超出患者个体和社会保健实践需求的医疗检查服务，医学伦理学界把它称为“过度检查”。过度检查具有以下特征：(1)为诊疗疾病所采取的检查手段超出疾病诊疗的基本需求，不符合疾病的规律与特点。(2)采用非“金标准”的诊疗手段，所谓“金标准”，是指当前临床医学界公认的诊断疾病的最可靠方法。较为常用的“金标准”有活检、手术发现、微生物培养、特殊检查和影像诊断、长期随访等。

第一千二百二十八条 【医疗机构及医务人员合法权益的维护】医疗机构及其医务人员的合法权益受法律保护。

干扰医疗秩序，妨碍医务人员工作、生活，侵害医务人员合法权益的，应当依法承担法律责任。

第七章　环境污染和生态破坏责任

第一千二百二十九条 【环境污染和生态破坏侵权责任】因污染环境、破坏生态造成他人损害的，侵权人应当承担侵权责任。

案例 吕金奎等79人诉山海关船舶重工有限责任公司海上污染损害责任纠纷案（最高人民法院指导案例127号）

裁判规则：根据海洋环境保护法等有关规定，海洋环境污染中的“污染物”不限于国家或者地方环境标准明确列举的物质。污染者向海水水域排放未纳入国家或者地方环境标准的含有铁物质等

成分的污水,造成渔业生产者养殖物损害的,污染者应当承担环境侵权责任。

第一千二百三十条 【环境污染、生态破坏侵权举证责任】因污染环境、破坏生态发生纠纷,行为人应当就法律规定的不承担责任或者减轻责任的情形及其行为与损害之间不存在因果关系承担举证责任。

第一千二百三十一条 【两个以上侵权人造成损害的责任分担】两个以上侵权人污染环境、破坏生态的,承担责任的大小,根据污染物的种类、浓度、排放量,破坏生态的方式、范围、程度,以及行为对损害后果所起的作用等因素确定。

第一千二百三十二条 【侵权人的惩罚性赔偿】侵权人违反法律规定故意污染环境、破坏生态造成严重后果的,被侵权人有权请求相应的惩罚性赔偿。

案例 浮梁县人民检察院诉某化工集团有限公司环境污染民事公益诉讼案[人民法院贯彻实施民法典典型案例(第一批)]

裁判规则:被告公司将生产废液交由无危险废物处置资质的个人处理,放任污染环境危害结果的发生,主观上存在故意,客观上违反了法律规定,损害了社会公共利益,造成严重后果。且至本案审理期间,涉案倾倒废液行为所致的环境污染并未得到修复,损害后果仍在持续,符合《民法典》第1232条规定的环境侵权惩罚性赔偿适用条件。综合该公司的过错程度、赔偿态度、损害后果、承担责任的经济能力、受到行政处罚等因素,判令其赔偿环境修复费用、环境功能性损失费用、应急处置费用、检测鉴定费,并承担环境污染惩罚性赔偿;对违法倾倒硫酸钠废液污染环境的行为在国家级新闻媒体上向社会公众赔礼道歉。

第一千二百三十三条 【因第三人过错污染环境、破坏生态的责任】因第三人的过错污染环境、破坏生态的,被侵权人可以向侵权人请求赔偿,也可以向第三人请求赔偿。侵权人赔偿后,有权向第三人追偿。

第一千二百三十四条 【生态环境损害修复责任】违反国家规定造成生态环境损害,生态环境能够修复的,国家规定的机关或者法律规定的组织有权请求侵权人在合理期限内承担修复责任。侵权人在期限内未修复的,国家规定的机关或者法律规定的组织可以自行或者委托他人进行修复,所需费用由侵权人负担。

案例 山东省烟台市人民检察院诉王振殿、马群凯环境民事公益诉讼案(最高人民法院指导案例133号)

裁判规则:污染者违反国家规定向水域排污造成生态环境损害,以被污染水域有自净功能、水质得到恢复为由主张免除或者减轻生态环境修复责任的,人民法院不予支持。

第一千二百三十五条 【生态环境损害赔偿的范围】违反国家规定造成生态环境损害的,国家规定的机关或者法律规定的组织有权请求侵权人赔偿下列损失和费用:

(一)生态环境受到损害至修复完成期间服务功能丧失导致的损失;

(二)生态环境功能永久性损害造成的损失;

(三)生态环境损害调查、鉴定评估等费用;

(四)清除污染、修复生态环境费用;

(五)防止损害的发生和扩大所支出的合理费用。

第八章 高度危险责任

第一千二百三十六条 【高度危险责任一般规定】从事高度危险作业造成他人损害的,应当承担侵权责任。

第一千二百三十七条 【民用核设施致害责任】民用核设施或者运入运出核设施的核材料发生核事故造成他人损害的,民用核设施的营运单位应当承担侵权责任;但是,能够证明损害是因战争、武装冲突、暴乱等情形或者受害人故意造成的,不承担责任。

第一千二百三十八条 【民用航空器致害责任】民用航空器造成他人损害的,民用航空器的经营者应当承担侵权责任;但是,能够证明损害是因受害人故意造成的,不承担责任。

第一千二百三十九条 【高度危险物致害责任】占有或者使用易燃、易爆、剧毒、高放射性、强腐蚀性、高致病性等高度危险物造成他人损害的,占有人或者使用人应当承担侵权责任;但是,能够证明损害是因受害人故意或者不可抗力造成的,不承担责任。被侵权人对损害的发生有重大过失的,可以减轻占有人或者使用人的责任。

第一千二百四十条 【高度危险活动致害责任】从事高空、高压、地下挖掘活动或者使用高速轨道运输工具造成他人损害的,经营者应当承担侵权责任;但是,能够证明损害是因受害人故意或者不可抗力造成的,不承担责任。被侵权人对损害的发生有重大过失的,可以减轻经营者的责任。

第一千二百四十一条 【遗失、抛弃高度危险物致害的侵权责任】遗失、抛弃高度危险物造成他人损害的,由所有人承担侵权责任。所有人将高度危险物交由他人管理的,由管理人承担侵权责任;所有人有过错的,与管理人承担连带责任。

第一千二百四十二条 【非法占有高度危险物致害的侵权责任】非法占有高度危险物造成他人损害的,由非法占有人承担侵权责任。所有人、管理人不能证明对防止非法占有尽到高度注意义务的,与非法占有人承担连带责任。

第一千二百四十三条 【未经许可进入高度危险作业区域的致害责任】未经许可进入高度危险活动区域或者高度危险物存放区域受到损害,管理人能够证明已经采取足够安全措施并尽到充分警示义务的,可以减轻或者不承担责任。

第一千二百四十四条 【高度危险责任赔偿限额】承担高度危险责任,法律规定赔偿限额的,依照其规定,但是行为人有故意或者重大过失的除外。

第九章 饲养动物损害责任

第一千二百四十五条 【饲养动物损害责任一般规定】饲养的动物造成他人损害的,动物饲养人或者管理人应当承担侵权责任;但是,能够证明损害是因被侵权人故意或者重大过失造成的,可以不承担或者减轻责任。

第一千二百四十六条 【未对动物采取安全措施损害责任】违反管理规定,未对动物采取安全措施造成他人损害的,动物饲养人或者管理人应当承担侵权责任;但是,能够证明损害是因被侵权人故意造成的,可以减轻责任。

第一千二百四十七条 【禁止饲养的危险动物损害责任】禁止饲养的烈性犬等危险动物造成他人损害的,动物饲养人或者管理人应当承担侵权责任。

第一千二百四十八条 【动物园饲养动物损害责任】动物园的动物造成他人损害的,动物园应当承担侵权责任;但是,能够证明尽到管理职责的,不承担侵权责任。

注释 本条适用过错推定责任,动物园负有高度注意义务,只有能够证明已经采取足够的安全措施,并尽到充分的警示义务,才能认定为没有过错。如果动物园能够证明设施、设备没有瑕疵、有明显的警示牌,管理人员对游客挑逗、投打动物或者擅自翻越栏杆靠近动物等行为进行了劝阻,该尽的管理职责已经做到了,那么动物园就可以不承担侵权责任。

第一千二百四十九条 【遗弃、逃逸动物损害责任】遗弃、逃逸的动物在遗弃、逃逸期间造成他人损害的,由动物原饲养人或者管理人承担侵权责任。

第一千二百五十条 【因第三人过错致使动物致害责任】因第三人的过错致使动物造成他人损害的,被侵权人可以向动物饲养人或者管理人请求赔偿,也可以向第三人请求赔偿。动物饲养人或者管理人赔偿后,有权向第三人追偿。

第一千二百五十一条 【饲养动物应负的社会责任】饲养动物应当遵守法律法规,尊重社会公德,不得妨碍他人生活。

第十章 建筑物和物件损害责任

第一千二百五十二条 【建筑物、构筑物或者其他设施倒塌、塌陷致害责任】建筑物、构筑物或者其他设施倒塌、塌陷造成他人损害的,由建设单位与施工单位承担连带责任,但是建设单位与施工单位能够证明不存在质量缺陷的除外。建设单位、施工单位赔偿后,有其他责任人的,有权向其他责任人追偿。

因所有人、管理人、使用人或者第三人的原因,建筑物、构筑物或者其他设施倒塌、塌陷造成他人损害的,由所有人、管理人、使用人或者第三人承担侵权责任。

第一千二百五十三条 【建筑物、构筑物或者其他设施及其搁置物、悬挂物脱落、坠落致害责任】建筑物、构筑物或者其他设施及其搁置物、悬挂物发生脱落、坠落造成他人损害,所有人、管理人或者使用人不能证明自己没有过错的,应当承担侵权责任。所有人、管理人或者使用人赔偿后,有其他责任人的,有权向其他责任人追偿。

第一千二百五十四条 【高空抛掷物、坠落物致害责任】禁止从建筑物中抛掷物品。从建筑物中抛掷物品或者从建筑物上坠落的物品造成他人损害的,由侵权人依法承担侵权责任;经调查难以确定具体侵权人的，除能够证明自己不是侵权人的外，由可能加害的建筑物使用人给予补偿。可能加害的建筑物使用人补偿后，有权向侵权人追偿。

物业服务企业等建筑物管理人应当采取必要的安全保障措施防止前款规定情形的发生；未采取必要的安全保障措施的，应当依法承担未履行安全保障义务的侵权责任。

发生本条第一款规定的情形的，公安等机关应当依法及时调查，查清责任人。

第一千二百五十五条 【堆放物致害责任】堆放物倒塌、滚落或者滑落造成他人损害，堆放人不能证明自己没有过错的，应当承担侵权责任。

注释 堆放物是指堆放在土地上或者其他地方的物品。堆放物须是非固定在其他物体上，例如，建筑工地上堆放的砖块，木料场堆放的圆木等。本条所说的倒塌，包括堆放物整体的倒塌和部分的脱落、坠落、滑落、滚落等。堆放人是指将物体堆放在某处的人。堆放人可能是所有人，也可能是管理人。

第一千二百五十六条 【在公共道路上妨碍通行物品的致害责任】在公共道路上堆放、倾倒、遗撒妨碍通行的物品造成他人损害的，由行为人承担侵权责任。公共道路管理人不能证明已经尽到清理、防护、警示等义务的，应当承担相应的责任。

案例 1. 丁启章诉江苏京沪高速公路有限公司等人身损害赔偿纠纷案（《最高人民法院公报》2016年第10期）

裁判规则：车辆通过付费方式进入高速公路的法律关系，系通行者与高速公路管理者达成的有偿使用高速公路的民事合同关系，高速公路管理者有及时巡视和清障的义务，以保障司乘人员在通过高速公路时的安全、畅通。通行者在高速公路驾车行驶时碾轧到车辆散落物导致交通事故的，高速公路管理者在不能举证证明已尽到及时巡视和清障义务的情况下，应当承担相应的赔偿责任。

2. 姚友民与东台市城市管理局、东台市环境卫生管理处公共道路妨碍通行责任纠纷案（《最高人民法院公报》2015年第1期）

裁判规则：在公共交通道路上堆放、倾倒、遗撒妨碍他人通行的物品。无法确定具体行为人时，环卫机构作为具体负责道路清扫的责任单位。应当根据路面的实际情况制定相应的巡查频率和保洁制度，并在每次巡查保洁后保存相应的记录，保持路面基本见本色，保障安全通行。环卫机构未能提供其巡回保洁和及时清理的相关记录，应当认定其未尽到清理、保洁的义务，对他人因此受伤产生的损失。依法应承担相应的赔偿责任。

第一千二百五十七条 【林木致害的责任】因林木折断、倾倒或者果实坠落等造成他人损害，林木的所有人或者管理人不能证明自己没有过错的，应当承担侵权责任。

链接《森林法》第20条

第一千二百五十八条 【公共场所或道路施工致害责任和窨井等地下设施致害责任】在公共场所或者道路上挖掘、修缮安装地下设施等造成他人损害，施工人不能证明已经设置明显标志和采取安全措施的，应当承担侵权责任。

窨井等地下设施造成他人损害，管理人不能证明尽到管理职责的，应当承担侵权责任。

附 则

第一千二百五十九条 【法律术语含义】民法所称的“以上”、“以下”、“以内”、“届满”，包括本数；所称的“不满”、“超过”、“以外”，不包括本数。

第一千二百六十条 【施行日期】本法自2021年1月1日起施行。《中华人民共和国婚姻法》、《中华人民共和国继承法》、《中华人民共和国民法通则》、《中华人民共和国收养法》、《中华人民共和国担保法》、《中华人民共和国合同法》、《中华人民共和国物权法》、《中华人民共和国侵权责任法》、《中华人民共和国民法总则》同时废止。

中华人民共和国农村土地承包法

· 2002年8月29日第九届全国人民代表大会常务委员会第二十九次会议通过
· 根据2009年8月27日第十一届全国人民代表大会常务委员会第十次会议《关于修改部分法律的决定》第一次修正
· 根据2018年12月29日第十三届全国人民代表大会常务委员会第七次会议《关于修改〈中华人民共和国农村土地承包法〉的决定》第二次修正

第一章 总 则

第一条 【立法目的】为了巩固和完善以家庭承包经营为基础、统分结合的双层经营体制，保持农村土地承包关系稳定并长久不变,维护农村土地承包经营当事人的合法权益,促进农业、农村经济发展和农村社会和谐稳定,根据宪法,制定本法。

第二条 【农村土地范围】本法所称农村土地,是指农民集体所有和国家所有依法由农民集体使用的耕地、林地、草地,以及其他依法用于农业的土地。

注释 根据本条的规定,本法所称的农村土地,主要包括以下三种类型:

一是农民集体所有的耕地、林地、草地。农民集体所有的耕地、林地、草地是指所有权归集体的耕地、林地、草地。用于农业的土地中数量最多,涉及面最广。与每一个农民利益最密切的是耕地、林地和草地。这些农村土地,多采用人人有份的家庭承包方式,集体经济组织成员都有承包的权利。

二是国家所有依法由农民集体使用的耕地、林地、草地。国家所有依法由农民集体使用的耕地、林地、草地与农民集体所有的耕地、林地、草地的区别在于,前者的所有权属于国家,但依法由农民集体使用。

三是其他依法用于农业的土地。用于农业的土地,主要有耕地、林地和草地,还有一些其他依法用于农业的土地,如养殖水面、"四荒地"等。养殖水面主要是指用于养殖水产品的水面,养殖水面属于农村土地不可分割的一部分,也是用于农业生产的,所以也包括在本条所称的农村土地的范围之中。此外,还有荒山、荒丘、荒沟、荒滩等"四荒地","四荒地"依法是需要用于农业的,也属于本条所称的农村土地。

第三条 【农村土地承包经营制度】国家实行农村土地承包经营制度。

农村土地承包采取农村集体经济组织内部的家庭承包方式,不宜采取家庭承包方式的荒山、荒沟、荒丘、荒滩等农村土地,可以采取招标、拍卖、公开协商等方式承包。

注释 本条规定的农村土地承包经营制度,包括两种承包方式,即家庭经营方式的承包和以招标、拍卖、公开协商等方式的承包。

农村土地承包采取农村集体经济组织内部的家庭承包方式。家庭承包方式是指以农村集体经济组织的每一个农户家庭全体成员为一个生产经营单位,作为承包人承包农民集体的耕地、林地、草地等农业用地,对于承包地按照本集体经济组织成员是人人平等地享有一份的方式进行承包。

农村集体经济组织内部的家庭承包方式的主要特点如下:一是集体经济组织的每个人,不论男女老少,都平等享有承包本农民集体的农村土地的权利,除非他自己放弃这个权利。二是以户为生产经营单位承包,也就是以一个农户家庭的全体成员作为承包方,与本集体经济组织或者村委会订立一个承包合同,享有合同中约定的权利,承担合同中约定的义务。承包户家庭中的成员死亡,只要这个承包户还有其他人在,承包关系仍不变,由这个承包户中的其他成员继续承包。三是承包的农村土地对集体经济组织的每一个成员而言是人人有份的,这主要是指耕地、林地和草地,但不限于耕地、林地、草地。对于本集体经济组织的成员应当人人有份的农村土地,应当实行家庭承包的方式。

链接《民法典》第330、331条

第四条 【农村土地承包后土地所有权性质不变】农村土地承包后,土地的所有权性质不变。承包地不得买卖。

链接《民法典》第331条

第五条 【承包权的主体及对承包权的保护】农村集体经济组织成员有权依法承包由本集体经济组织发包的农村土地。

任何组织和个人不得剥夺和非法限制农村集体经济组织成员承包土地的权利。

第六条 【土地承包经营权男女平等】农村土地承包,妇女与男子享有平等的权利。承包中应当保护妇女的合法权益,任何组织和个人不得剥夺、侵害妇女应当享有的土地承包经营权。

链接《农村土地承包合同管理办法》第5条第1款

第七条 【公开、公平、公正原则】农村土地承包应当坚持公开、公平、公正的原则,正确处理国家、集体、个人三者的利益关系。

第八条 【集体土地所有者和承包方合法权益的保护】国家保护集体土地所有者的合法权益,保护承包方的土地承包经营权,任何组织和个人不得侵犯。

第九条 【"三权分置"】承包方承包土地后,享有土地承包经营权,可以自己经营,也可以保留

土地承包权，流转其承包地的土地经营权，由他人经营。

链接《农村土地承包合同管理办法》第 17 条

第十条 【土地经营权流转的保护】国家保护承包方依法、自愿、有偿流转土地经营权，保护土地经营权人的合法权益，任何组织和个人不得侵犯。

第十一条 【土地资源的保护】农村土地承包经营应当遵守法律、法规，保护土地资源的合理开发和可持续利用。未经依法批准不得将承包地用于非农建设。

国家鼓励增加对土地的投入，培肥地力，提高农业生产能力。

第十二条 【土地承包管理部门】国务院农业农村、林业和草原主管部门分别依照国务院规定的职责负责全国农村土地承包经营及承包经营合同管理的指导。

县级以上地方人民政府农业农村、林业和草原等主管部门分别依照各自职责，负责本行政区域内农村土地承包经营及承包经营合同管理。

乡(镇)人民政府负责本行政区域内农村土地承包经营及承包经营合同管理。

第二章 家庭承包

第一节 发包方和承包方的权利和义务

第十三条 【发包主体】农民集体所有的土地依法属于村农民集体所有的，由村集体经济组织或者村民委员会发包；已经分别属于村内两个以上农村集体经济组织的农民集体所有的，由村内各该农村集体经济组织或者村民小组发包。村集体经济组织或者村民委员会发包的，不得改变村内各集体经济组织农民集体所有的土地的所有权。

国家所有依法由农民集体使用的农村土地，由使用该土地的农村集体经济组织、村民委员会或者村民小组发包。

第十四条 【发包方的权利】发包方享有下列权利：

(一)发包本集体所有的或者国家所有依法由本集体使用的农村土地；

(二)监督承包方依照承包合同约定的用途合理利用和保护土地；

(三)制止承包方损害承包地和农业资源的行为；

(四)法律、行政法规规定的其他权利。

第十五条 【发包方的义务】发包方承担下列义务：

(一)维护承包方的土地承包经营权，不得非法变更、解除承包合同；

(二)尊重承包方的生产经营自主权，不得干涉承包方依法进行正常的生产经营活动；

(三)依照承包合同约定为承包方提供生产、技术、信息等服务；

(四)执行县、乡(镇)土地利用总体规划，组织本集体经济组织内的农业基础设施建设；

(五)法律、行政法规规定的其他义务。

链接《民法典》第 336、337 条

第十六条 【承包主体和家庭成员平等享有权益】家庭承包的承包方是本集体经济组织的农户。

农户内家庭成员依法平等享有承包土地的各项权益。

案例 李某祥诉李某梅继承权纠纷案(《最高人民法院公报》2009 年第 12 期)

裁判规则：根据《农村土地承包法》第 15 条(现为第 16 条)的规定，农村土地家庭承包的，承包方是本集体经济组织的农户，其本质特征是以本集体经济组织内部的农户家庭为单位实行农村土地承包经营。家庭承包方式的农村土地承包经营权属于农户家庭，而不属于某一个家庭成员。根据《继承法》第 3 条(对应《民法典》第 1122 条)的规定，遗产是公民死亡时遗留的个人合法财产。农村土地承包经营权不属于个人财产，故不发生继承问题。除林地外的家庭承包，当承包农地的农户家庭中的一人或几人死亡，承包经营仍然是以户为单位，承包地仍由该农户的其他家庭成员继续承包经营；当承包经营农户家庭的成员全部死亡，由于承包经营权的取得是以集体成员权为基础，该土地承包经营权归于消灭，不能由该农户家庭成员的继承人继续承包经营，更不能作为该农户家庭成员的遗产处理。

第十七条 【承包方的权利】承包方享有下列权利：

(一)依法享有承包地使用、收益的权利，有权自主组织生产经营和处置产品；

（二）依法互换、转让土地承包经营权；

（三）依法流转土地经营权；

（四）承包地被依法征收、征用、占用的，有权依法获得相应的补偿；

（五）法律、行政法规规定的其他权利。

案例 湖南刘某与宁乡县某村一组承包地征收补偿费用分配纠纷抗诉案（2019年11月28日全国妇联发布第三届“依法维护妇女儿童权益十大案例”）

裁判规则：对于农民而言，土地承包经营权和宅基地使用权是法律赋予农户的用益物权，集体收益分配权是农民作为集体经济组织成员应当享有的合法财产权利。这三权是当下农民生存生活最重要的保障，不宜因进城务工农民享受了相关社会保险待遇就剥夺其集体经济组织成员资格，对于没有在其他集体经济组织享受成员权益的出嫁女，更不应剥夺其成员资格。

湖南省人民检察院通过对国家关于非法买卖户籍应当销户处理的政策全面解读和对证据材料的细致分析，认定刘某合法有效的户口一直都是某村一组的农业户口；经过充分论证，依据是否具有该集体经济组织户籍、是否分配了承包土地、是否履行了该集体经济组织成员义务三条原则，认定刘某具有该集体经济组织成员资格，从而依据《最高人民法院关于审理涉及农村土地承包纠纷案件适用法律问题的解释》第24条（现为第22条）支持刘某参与承包地征收补偿费用分配的权利有力地保护了以刘某为代表的新一代农民工、出嫁女的合法权益。

第十八条 【承包方的义务】承包方承担下列义务：

（一）维持土地的农业用途，未经依法批准不得用于非农建设；

（二）依法保护和合理利用土地，不得给土地造成永久性损害；

（三）法律、行政法规规定的其他义务。

链接《民法典》第334条；《土地管理法》第38条

第二节 承包的原则和程序

第十九条 【土地承包的原则】土地承包应当遵循以下原则：

（一）按照规定统一组织承包时，本集体经济组织成员依法平等地行使承包土地的权利，也可以自愿放弃承包土地的权利；

（二）民主协商，公平合理；

（三）承包方案应当按照本法第十三条的规定，依法经本集体经济组织成员的村民会议三分之二以上成员或者三分之二以上村民代表的同意；

（四）承包程序合法。

第二十条 【土地承包的程序】土地承包应当按照以下程序进行：

（一）本集体经济组织成员的村民会议选举产生承包工作小组；

（二）承包工作小组依照法律、法规的规定拟订并公布承包方案；

（三）依法召开本集体经济组织成员的村民会议，讨论通过承包方案；

（四）公开组织实施承包方案；

（五）签订承包合同。

第三节 承包期限和承包合同

第二十一条 【承包期限】耕地的承包期为三十年。草地的承包期为三十年至五十年。林地的承包期为三十年至七十年。

前款规定的耕地承包期届满后再延长三十年，草地、林地承包期届满后依照前款规定相应延长。

注释 承包期限是指农村土地承包经营权存续的期间，在此期间内，承包方享有土地承包经营权，依照法律的规定和合同的约定，行使权利，承担义务。

我国对土地实行用途管理制度。土地管理法按照土地的用途，将土地划分为农用地、建设用地和未利用地，其中，农用地又包括耕地、林地、草地、农田水利用地和养殖水面等。本条第1款根据我国农村土地家庭承包的实际情况，对不同用途的土地的承包期作出规定。（1）耕地。耕地是指种植农作物的土地，包括灌溉水田、望天田（又称天水田）、水浇地、旱地和菜地。我国农村实行土地承包经营制度的土地主要是耕地。（2）草地、林地。草地是指以生长草本植物为主，用于畜牧业的土地，包括天然草地、改良草地和人工草地。草原是草地的主体。林地是指生长乔木、竹类、灌木、沿海红树林的土地，包括有林地、灌木林地、疏林地、未成林造林地以及迹地和苗圃等。

根据本条第2款的规定，草地、林地的承包期届满后，比照耕地承包期届满后再延长三十年的规定，作相应延长。例如，如果草地、林地的现承包期为四十年，该承包期届满后再延长四十年；如果草地、林地的现承包期为五十年，该承包期届满后再延长五十年。

第二十二条 【承包合同】发包方应当与承包方签订书面承包合同。

承包合同一般包括以下条款：

（一）发包方、承包方的名称，发包方负责人和承包方代表的姓名、住所；

（二）承包土地的名称、坐落、面积、质量等级；

（三）承包期限和起止日期；

（四）承包土地的用途；

（五）发包方和承包方的权利和义务；

（六）违约责任。

链接《民法典》第 333 条第 1 款；《农村土地承包合同管理办法》第 10 条第 1 款

第二十三条 【承包合同的生效】承包合同自成立之日起生效。承包方自承包合同生效时取得土地承包经营权。

第二十四条 【土地承包经营权登记】国家对耕地、林地和草地等实行统一登记，登记机构应当向承包方颁发土地承包经营权证或者林权证等证书，并登记造册，确认土地承包经营权。

土地承包经营权证或者林权证等证书应当将具有土地承包经营权的全部家庭成员列入。

登记机构除按规定收取证书工本费外，不得收取其他费用。

链接《民法典》第 333 条第 2 款

第二十五条 【承包合同的稳定性】承包合同生效后，发包方不得因承办人或者负责人的变动而变更或者解除，也不得因集体经济组织的分立或者合并而变更或者解除。

链接《农村土地承包合同管理办法》第 13、14 条

第二十六条 【严禁国家机关及其工作人员利用职权干涉农村土地承包或者变更、解除承包合同】国家机关及其工作人员不得利用职权干涉农村土地承包或者变更、解除承包合同。

第四节 土地承包经营权的保护和互换、转让

第二十七条 【承包期内承包地的交回和收回】承包期内，发包方不得收回承包地。

国家保护进城农户的土地承包经营权。不得以退出土地承包经营权作为农户进城落户的条件。

承包期内，承包农户进城落户的，引导支持其按照自愿有偿原则依法在本集体经济组织内转让土地承包经营权或者将承包地交回发包方，也可以鼓励其流转土地经营权。

承包期内，承包方交回承包地或者发包方依法收回承包地时，承包方对其在承包地上投入而提高土地生产能力的，有权获得相应的补偿。

链接《土地管理法》第 37 条

案例 陈某棕诉某村一组、某村村委会征地补偿款分配纠纷案（《最高人民法院公报》2005 年第 10 期）

裁判规则：依照《土地管理法》第 14 条（现为第 13 条）和《农村土地承包法》第 26 条（现为第 27 条）的规定，承包土地的农民到小城镇落户后，其土地承包经营权可以保留或者依法流转；该土地如果被征用，承包土地的农民有权获得征地补偿款。

第二十八条 【承包期内承包地的调整】承包期内，发包方不得调整承包地。

承包期内，因自然灾害严重毁损承包地等特殊情形对个别农户之间承包的耕地和草地需要适当调整的，必须经本集体经济组织成员的村民会议三分之二以上成员或者三分之二以上村民代表的同意，并报乡（镇）人民政府和县级人民政府农业农村、林业和草原等主管部门批准。承包合同中约定不得调整的，按照其约定。

第二十九条 【用于调整承包土地或者承包给新增人口的土地】下列土地应当用于调整承包土地或者承包给新增人口：

（一）集体经济组织依法预留的机动地；

（二）通过依法开垦等方式增加的；

（三）发包方依法收回和承包方依法、自愿交回的。

第三十条 【承包期内承包方自愿将承包地交回发包方的处理】承包期内，承包方可以自愿将承包地交回发包方。承包方自愿交回承包地的，可以获得合理补偿，但是应当提前半年以书面形式通知发包方。承包方在承包期内交回承包地的，在承包期内不得再要求承包土地。

第三十一条 【妇女婚姻关系变动对土地承包的影响】承包期内，妇女结婚，在新居住地未取得承包地的，发包方不得收回其原承包地；妇女离

婚或者丧偶,仍在原居住地生活或者不在原居住地生活但在新居住地未取得承包地的,发包方不得收回其原承包地。

注释 本条规定主要包括以下内容:(1)承包期内,妇女结婚的,妇女嫁入方所在村应当尽量解决其土地承包问题。如果当地既没有富余的土地,也不进行小调整,而是实行“增人不增地,减人不减地”的办法,则出嫁妇女原籍所在地的发包方不得收回其原承包地。(2)妇女离婚或者丧偶,仍在原居住地生活的,其已取得的承包地应当由离婚或者丧偶妇女继续承包,发包方不得收回;不在原居住地生活的,新居住地的集体经济组织应当尽量为其解决承包土地问题,如可以在依法进行小调整时分给离婚或者丧偶妇女一份承包地,离婚或者丧偶妇女在新居住地未取得承包地的,原居住地的发包方不得收回其原承包地。

第三十二条 【承包收益和林地承包权的继承】承包人应得的承包收益,依照继承法的规定继承。

林地承包的承包人死亡,其继承人可以在承包期内继续承包。

注释 关于土地承包经营权能否继承的问题,首先应当明确的是,家庭承包的承包方是本集体经济组织的农户。家庭中部分成员死亡的,由于作为承包方的户还存在,因此不发生继承的问题,由家庭中的其他成员继续承包。只有在因家庭成员全部死亡而导致承包方消亡的情况下,才存在是否允许继承的问题。对家庭成员全部死亡而导致承包方消亡的,其承包地不允许继承,应当由集体经济组织收回,并严格用于解决人地矛盾。

承包地虽然不允许继承,但承包人应得的承包收益,如已收获的粮食、未收割的农作物等,作为承包人的个人财产,则应当依照民法典继承编的规定继承。继承人可以是本集体经济组织的成员,也可以不是本集体经济组织的成员。承包人应得的承包收益,自承包人死亡时开始继承,而不必等到承包经营的家庭消亡时才开始继承。

上述继承的问题,主要是指耕地和草地,关于林地能否继承的问题,本条第2款规定:“林地承包的承包人死亡,其继承人可以在承包期内继续承包”。

根据《农村土地承包合同管理办法》第19条第2款、第3款、第4款的规定,土地承包经营权互换的,应当签订书面合同,并向发包方备案。承包方提交备案的互换合同,应当符合下列要求:(1)互换双方是属于同一集体经济组织的农户;(2)互换后的承包期限不超过承包期的剩余期限;(3)法律、法规和规章规定的其他事项。互换合同备案后,互换双方应当与发包方变更承包合同。

第三十三条 【土地承包经营权的互换】承包方之间为方便耕种或者各自需要,可以对属于同一集体经济组织的土地的土地承包经营权进行互换,并向发包方备案。

第三十四条 【土地承包经营权的转让】经发包方同意,承包方可以将全部或者部分的土地承包经营权转让给本集体经济组织的其他农户,由该农户同发包方确立新的承包关系,原承包方与发包方在该土地上的承包关系即行终止。

第三十五条 【土地承包经营权互换、转让的登记】土地承包经营权互换、转让的,当事人可以向登记机构申请登记。未经登记,不得对抗善意第三人。

注释 本条对于土地承包经营权的互换、转让采用登记对抗主义。也就是说,当事人签订土地承包经营权的互换、转让合同,并经发包方备案或者同意后,该合同即发生法律效力,不强制当事人登记。

未经登记,不能对抗善意第三人。也就是说,不登记将产生不利于土地承包经营权受让人的法律后果。例如,承包户A将某块土地的承包经营权转让给B,但没有办理变更登记。之后,A又将同一块地的承包经营权转让给C,同时办理了变更登记。如果B与C就该块土地的承包经营权发生纠纷,由于C取得土地承包经营权并进行了登记,他的权利将受到保护。B将不能取得该地块的土地承包经营权。

第五节 土地经营权

第三十六条 【土地经营权设立】承包方可以自主决定依法采取出租(转包)、入股或者其他方式向他人流转土地经营权,并向发包方备案。

第三十七条 【土地经营权人的基本权利】土地经营权人有权在合同约定的期限内占有农村土地,自主开展农业生产经营并取得收益。

链接《民法典》第340条

第三十八条 【土地经营权流转的原则】土地经营权流转应当遵循以下原则:

（一）依法、自愿、有偿，任何组织和个人不得强迫或者阻碍土地经营权流转；

（二）不得改变土地所有权的性质和土地的农业用途，不得破坏农业综合生产能力和农业生态环境；

（三）流转期限不得超过承包期的剩余期限；

（四）受让方须有农业经营能力或者资质；

（五）在同等条件下，本集体经济组织成员享有优先权。

第三十九条 【土地经营权流转价款】土地经营权流转的价款，应当由当事人双方协商确定。流转的收益归承包方所有，任何组织和个人不得擅自截留、扣缴。

第四十条 【土地经营权流转合同】土地经营权流转，当事人双方应当签订书面流转合同。

土地经营权流转合同一般包括以下条款：

（一）双方当事人的姓名、住所；

（二）流转土地的名称、坐落、面积、质量等级；

（三）流转期限和起止日期；

（四）流转土地的用途；

（五）双方当事人的权利和义务；

（六）流转价款及支付方式；

（七）土地被依法征收、征用、占用时有关补偿费的归属；

（八）违约责任。

承包方将土地交由他人代耕不超过一年的，可以不签订书面合同。

第四十一条 【土地经营权流转的登记】土地经营权流转期限为五年以上的，当事人可以向登记机构申请土地经营权登记。未经登记，不得对抗善意第三人。

第四十二条 【土地经营权流转合同单方解除权】承包方不得单方解除土地经营权流转合同，但受让方有下列情形之一的除外：

（一）擅自改变土地的农业用途；

（二）弃耕抛荒连续两年以上；

（三）给土地造成严重损害或者严重破坏土地生态环境；

（四）其他严重违约行为。

链接《农村土地经营权流转管理办法》第20条

第四十三条 【土地经营权受让方依法投资并获得补偿】经承包方同意，受让方可以依法投资改良土壤，建设农业生产附属、配套设施，并按照合同约定对其投资部分获得合理补偿。

第四十四条 【承包方流转土地经营权后与发包方承包关系不变】承包方流转土地经营权的，其与发包方的承包关系不变。

链接《农村土地经营权流转管理办法》第15条

第四十五条 【建立社会资本取得土地经营权的资格审查等制度】县级以上地方人民政府应当建立工商企业等社会资本通过流转取得土地经营权的资格审查、项目审核和风险防范制度。

工商企业等社会资本通过流转取得土地经营权的，本集体经济组织可以收取适量管理费用。

具体办法由国务院农业农村、林业和草原主管部门规定。

第四十六条 【土地经营权的再流转】经承包方书面同意，并向本集体经济组织备案，受让方可以再流转土地经营权。

链接《农村土地经营权流转管理办法》第12条

第四十七条 【土地经营权融资担保】承包方可以用承包地的土地经营权向金融机构融资担保，并向发包方备案。受让方通过流转取得的土地经营权，经承包方书面同意并向发包方备案，可以向金融机构融资担保。

担保物权自融资担保合同生效时设立。当事人可以向登记机构申请登记；未经登记，不得对抗善意第三人。

实现担保物权时，担保物权人有权就土地经营权优先受偿。

土地经营权融资担保办法由国务院有关部门规定。

第三章 其他方式的承包

第四十八条 【其他承包方式】不宜采取家庭承包方式的荒山、荒沟、荒丘、荒滩等农村土地，通过招标、拍卖、公开协商等方式承包的，适用本章规定。

第四十九条 【以其他方式承包农村土地时承包合同的签订】以其他方式承包农村土地的，应当签订承包合同，承包方取得土地经营权。当事人的权利和义务、承包期限等，由双方协商确定。以招标、拍卖方式承包的，承包费通过公开竞标、竞价确定；以公开协商等方式承包的，承包费由双方议定。

第五十条 【荒山、荒沟、荒丘、荒滩等的承包

经营方式】荒山、荒沟、荒丘、荒滩等可以直接通过招标、拍卖、公开协商等方式实行承包经营,也可以将土地经营权折股分给本集体经济组织成员后,再实行承包经营或者股份合作经营。

承包荒山、荒沟、荒丘、荒滩的,应当遵守有关法律、行政法规的规定,防止水土流失,保护生态环境。

第五十一条 【本集体经济组织成员有权优先承包】以其他方式承包农村土地,在同等条件下,本集体经济组织成员有权优先承包。

第五十二条 【将农村土地发包给本集体经济组织以外的单位或者个人承包的程序】发包方将农村土地发包给本集体经济组织以外的单位或者个人承包,应当事先经本集体经济组织成员的村民会议三分之二以上成员或者三分之二以上村民代表的同意,并报乡(镇)人民政府批准。

由本集体经济组织以外的单位或者个人承包的,应当对承包方的资信情况和经营能力进行审查后,再签订承包合同。

第五十三条 【以其他方式承包农村土地后,土地经营权的流转】通过招标、拍卖、公开协商等方式承包农村土地,经依法登记取得权属证书的,可以依法采取出租、入股、抵押或者其他方式流转土地经营权。

链接《民法典》第 342 条

第五十四条 【以其他方式取得的土地承包经营权的继承】依照本章规定通过招标、拍卖、公开协商等方式取得土地经营权的,该承包人死亡,其应得的承包收益,依照继承法的规定继承;在承包期内,其继承人可以继续承包。

第四章 争议的解决和法律责任

第五十五条 【土地承包经营纠纷的解决方式】因土地承包经营发生纠纷的,双方当事人可以通过协商解决,也可以请求村民委员会、乡(镇)人民政府等调解解决。

当事人不愿协商、调解或者协商、调解不成的,可以向农村土地承包仲裁机构申请仲裁,也可以直接向人民法院起诉。

注释 土地承包经营纠纷,主要是指在土地承包过程中发包方与承包方发生的纠纷,承包方与受让方发生的纠纷,也包括土地承包经营当事人与第三人发生的纠纷。

调解是指在村民委员会、乡(镇)人民政府等第三方的主持下,在双方当事人自愿的基础上,通过宣传法律、法规、规章和政策,劝导当事人化解矛盾,自愿就争议事项达成协议,使农村土地承包经营纠纷及时得到解决的一种活动。当事人可以将纠纷通过调解解决,但调解不是仲裁或诉讼的必经程序。调解人可以是个人,也可以是人民政府及其有关部门,还可以是其他社会团体、组织。

本条规定了几种主要的调解单位。例如,对于村民小组或者村内的集体经济组织发包的,发生纠纷后,可以请求村民委员会调解;对于村集体经济组织或者村民委员会发包的,发生纠纷后,可以请求乡(镇)人民政府调解。其他调解部门可以是政府的农业农村、林业和草原等行政主管部门,也可以是政府设立的负责农业承包管理工作的农村集体经济管理部门,还可以是农村土地承包仲裁委员会。

第五十六条 【侵害土地承包经营权、土地经营权应当承担民事责任】任何组织和个人侵害土地承包经营权、土地经营权的,应当承担民事责任。

链接《农村土地承包经营纠纷调解仲裁法》

第五十七条 【发包方的民事责任】发包方有下列行为之一的,应当承担停止侵害、排除妨碍、消除危险、返还财产、恢复原状、赔偿损失等民事责任:

(一)干涉承包方依法享有的生产经营自主权;

(二)违反本法规定收回、调整承包地;

(三)强迫或者阻碍承包方进行土地承包经营权的互换、转让或者土地经营权流转;

(四)假借少数服从多数强迫承包方放弃或者变更土地承包经营权;

(五)以划分"口粮田"和"责任田"等为由收回承包地搞招标承包;

(六)将承包地收回抵顶欠款;

(七)剥夺、侵害妇女依法享有的土地承包经营权;

(八)其他侵害土地承包经营权的行为。

第五十八条 【承包合同中无效的约定】承包合同中违背承包方意愿或者违反法律、行政法规有关不得收回、调整承包地等强制性规定的约定无效。

第五十九条 【违约责任】当事人一方不履行合同义务或者履行义务不符合约定的,应当依法承担违约责任。

第六十条 【无效的土地承包经营权互换、转让或土地经营权流转】任何组织和个人强迫进行土地承包经营权互换、转让或者土地经营权流转的,该互换、转让或者流转无效。

第六十一条 【擅自截留、扣缴土地承包经营权互换、转让或土地经营权流转收益的处理】任何组织和个人擅自截留、扣缴土地承包经营权互换、转让或者土地经营权流转收益的,应当退还。

第六十二条 【非法征收、征用、占用土地或者贪污、挪用土地征收、征用补偿费用的法律责任】违反土地管理法规,非法征收、征用、占用土地或者贪污、挪用土地征收、征用补偿费用,构成犯罪的,依法追究刑事责任;造成他人损害的,应当承担损害赔偿等责任。

案例 1. 杨某1等人诉某县人民政府、某县朝歌街道办事处、某县朝歌街道办事处某村村民委员会违法占地及行政赔偿案(2020年12月14日耕地保护典型行政案例)

裁判规则:本案是一起行政机关未取得审批手续强制占用农民承包地并清除地上农作物,侵犯农民土地承包经营权的典型案例。

根据相关法律规定,国家基于公共利益需要,可以对集体土地实施征收,但必须遵循严格的土地征收与补偿程序。

实践中,部分行政机关为加快工作进度,在没有合法征地手续的情况下强行摧毁农民耕地上的农作物,属于违法行为。

对于因强占土地引起的赔偿问题,本案明确了在具备恢复原状条件的情况下,应当优先适用恢复原状的判决方式,将土地恢复至能够耕种的状态并予以返还的原则,对于从根本上保护耕地,具有积极的借鉴意义。

2. 某市某纺织品有限公司诉某省某市自然资源局行政处罚案(2020年12月14日耕地保护典型行政案例)

裁判规则:本案明确了违法占地行为的认定,并非仅以当事人是否拥有合法的土地流转手续为准,而是要结合当事人使用土地是否依法办理批准手续、是否改变土地的农业用途等因素。本案中,某公司虽主张其享有涉案土地的土地承包经营权,但其所占用土地为耕地及耕地以外的其他农用地,土地承包经营权人应按照土地的用途依法、依规使用土地,而不得擅自改变土地的农业用途。

第六十三条 【违法将承包地用于非农建设或者给承包地造成永久性损害的法律责任】承包方、土地经营权人违法将承包地用于非农建设的,由县级以上地方人民政府有关主管部门依法予以处罚。

承包方给承包地造成永久性损害的,发包方有权制止,并有权要求赔偿由此造成的损失。

第六十四条 【土地经营权人的民事责任】土地经营权人擅自改变土地的农业用途、弃耕抛荒连续两年以上、给土地造成严重损害或者严重破坏土地生态环境,承包方在合理期限内不解除土地经营权流转合同的,发包方有权要求终止土地经营权流转合同。土地经营权人对土地和土地生态环境造成的损害应当予以赔偿。

第六十五条 【国家机关及其工作人员利用职权侵害土地承包经营权、土地经营权行为的法律责任】国家机关及其工作人员有利用职权干涉农村土地承包经营,变更、解除承包经营合同,干涉承包经营当事人依法享有的生产经营自主权,强迫、阻碍承包经营当事人进行土地承包经营权互换、转让或者土地经营权流转等侵害土地承包经营权、土地经营权的行为,给承包经营当事人造成损失的,应当承担损害赔偿等责任;情节严重的,由上级机关或者所在单位给予直接责任人员处分;构成犯罪的,依法追究刑事责任。

第五章 附 则

第六十六条 【本法实施前的农村土地承包继续有效】本法实施前已经按照国家有关农村土地承包的规定承包,包括承包期限长于本法规定的,本法实施后继续有效,不得重新承包土地。未向承包方颁发土地承包经营权证或者林权证等证书的,应当补发证书。

第六十七条 【机动地的预留】本法实施前已经预留机动地的,机动地面积不得超过本集体经济组织耕地总面积的百分之五。不足百分之五的,不得再增加机动地。

本法实施前未留机动地的,本法实施后不得再留机动地。

第六十八条　【实施办法的制定】各省、自治区、直辖市人民代表大会常务委员会可以根据本法,结合本行政区域的实际情况,制定实施办法。

第六十九条　【农村集体经济组织成员身份的确认】确认农村集体经济组织成员身份的原则、程序等,由法律、法规规定。

第七十条　【施行时间】本法自2003年3月1日起施行。

国有土地上房屋征收与补偿条例

- 2011年1月19日国务院第141次常务会议通过
- 2011年1月21日中华人民共和国国务院令第590号公布
- 自公布之日起施行

第一章　总　则

第一条　【立法目的】为了规范国有土地上房屋征收与补偿活动,维护公共利益,保障被征收房屋所有权人的合法权益,制定本条例。

第二条　【适用范围】为了公共利益的需要,征收国有土地上单位、个人的房屋,应当对被征收房屋所有权人(以下称被征收人)给予公平补偿。

第三条　【基本原则】房屋征收与补偿应当遵循决策民主、程序正当、结果公开的原则。

第四条　【行政管辖】市、县级人民政府负责本行政区域的房屋征收与补偿工作。

市、县级人民政府确定的房屋征收部门(以下称房屋征收部门)组织实施本行政区域的房屋征收与补偿工作。

市、县级人民政府有关部门应当依照本条例的规定和本级人民政府规定的职责分工,互相配合,保障房屋征收与补偿工作的顺利进行。

第五条　【房屋征收实施单位】房屋征收部门可以委托房屋征收实施单位,承担房屋征收与补偿的具体工作。房屋征收实施单位不得以营利为目的。

房屋征收部门对房屋征收实施单位在委托范围内实施的房屋征收与补偿行为负责监督,并对其行为后果承担法律责任。

第六条　【主管部门】上级人民政府应当加强对下级人民政府房屋征收与补偿工作的监督。

国务院住房城乡建设主管部门和省、自治区、直辖市人民政府住房城乡建设主管部门应当会同同级财政、国土资源、发展改革等有关部门,加强对房屋征收与补偿实施工作的指导。

第七条　【举报与监察】任何组织和个人对违反本条例规定的行为,都有权向有关人民政府、房屋征收部门和其他有关部门举报。接到举报的有关人民政府、房屋征收部门和其他有关部门对举报应当及时核实、处理。

监察机关应当加强对参与房屋征收与补偿工作的政府和有关部门或者单位及其工作人员的监察。

第二章　征收决定

第八条　【征收情形】为了保障国家安全、促进国民经济和社会发展等公共利益的需要,有下列情形之一,确需征收房屋的,由市、县级人民政府作出房屋征收决定:

(一)国防和外交的需要;

(二)由政府组织实施的能源、交通、水利等基础设施建设的需要;

(三)由政府组织实施的科技、教育、文化、卫生、体育、环境和资源保护、防灾减灾、文物保护、社会福利、市政公用等公共事业的需要;

(四)由政府组织实施的保障性安居工程建设的需要;

(五)由政府依照城乡规划法有关规定组织实施的对危房集中、基础设施落后等地段进行旧城区改建的需要;

(六)法律、行政法规规定的其他公共利益的需要。

第九条　【征收相关建设的要求】依照本条例第八条规定,确需征收房屋的各项建设活动,应当符合国民经济和社会发展规划、土地利用总体规划、城乡规划和专项规划。保障性安居工程建设、旧城区改建,应当纳入市、县级国民经济和社会发展年度计划。

制定国民经济和社会发展规划、土地利用总体规划、城乡规划和专项规划,应当广泛征求社会公众意见,经过科学论证。

第十条　【征收补偿方案】房屋征收部门拟定征收补偿方案,报市、县级人民政府。

市、县级人民政府应当组织有关部门对征收

补偿方案进行论证并予以公布，征求公众意见。征求意见期限不得少于30日。

第十一条 【旧城区改建】市、县级人民政府应当将征求意见情况和根据公众意见修改的情况及时公布。

因旧城区改建需要征收房屋，多数被征收人认为征收补偿方案不符合本条例规定的，市、县级人民政府应当组织由被征收人和公众代表参加的听证会，并根据听证会情况修改方案。

第十二条 【社会稳定风险评估】市、县级人民政府作出房屋征收决定前，应当按照有关规定进行社会稳定风险评估；房屋征收决定涉及被征收人数量较多的，应当经政府常务会议讨论决定。

作出房屋征收决定前，征收补偿费用应当足额到位、专户存储、专款专用。

第十三条 【征收公告】市、县级人民政府作出房屋征收决定后应当及时公告。公告应当载明征收补偿方案和行政复议、行政诉讼权利等事项。

市、县级人民政府及房屋征收部门应当做好房屋征收与补偿的宣传、解释工作。

房屋被依法征收的，国有土地使用权同时收回。

第十四条 【征收复议与诉讼】被征收人对市、县级人民政府作出的房屋征收决定不服的，可以依法申请行政复议，也可以依法提起行政诉讼。

第十五条 【征收调查登记】房屋征收部门应当对房屋征收范围内房屋的权属、区位、用途、建筑面积等情况组织调查登记，被征收人应当予以配合。调查结果应当在房屋征收范围内向被征收人公布。

第十六条 【房屋征收范围确定】房屋征收范围确定后，不得在房屋征收范围内实施新建、扩建、改建房屋和改变房屋用途等不当增加补偿费用的行为；违反规定实施的，不予补偿。

房屋征收部门应当将前款所列事项书面通知有关部门暂停办理相关手续。暂停办理相关手续的书面通知应当载明暂停期限。暂停期限最长不得超过1年。

第三章 补 偿

第十七条 【征收补偿范围】作出房屋征收决定的市、县级人民政府对被征收人给予的补偿包括：

（一）被征收房屋价值的补偿；

（二）因征收房屋造成的搬迁、临时安置的补偿；

（三）因征收房屋造成的停产停业损失的补偿。

市、县级人民政府应当制定补助和奖励办法，对被征收人给予补助和奖励。

第十八条 【涉及住房保障情形的征收】征收个人住宅，被征收人符合住房保障条件的，作出房屋征收决定的市、县级人民政府应当优先给予住房保障。具体办法由省、自治区、直辖市制定。

第十九条 【被征收房屋价值的补偿】对被征收房屋价值的补偿，不得低于房屋征收决定公告之日被征收房屋类似房地产的市场价格。被征收房屋的价值，由具有相应资质的房地产价格评估机构按照房屋征收评估办法评估确定。

对评估确定的被征收房屋价值有异议的，可以向房地产价格评估机构申请复核评估。对复核结果有异议的，可以向房地产价格评估专家委员会申请鉴定。

房屋征收评估办法由国务院住房城乡建设主管部门制定，制定过程中，应当向社会公开征求意见。

第二十条 【房地产价格评估机构】房地产价格评估机构由被征收人协商选定；协商不成的，通过多数决定、随机选定等方式确定，具体办法由省、自治区、直辖市制定。

房地产价格评估机构应当独立、客观、公正地开展房屋征收评估工作，任何单位和个人不得干预。

第二十一条 【产权调换】被征收人可以选择货币补偿，也可以选择房屋产权调换。

被征收人选择房屋产权调换的，市、县级人民政府应当提供用于产权调换的房屋，并与被征收人计算、结清被征收房屋价值与用于产权调换房屋价值的差价。

因旧城区改建征收个人住宅，被征收人选择在改建地段进行房屋产权调换的，作出房屋征收决定的市、县级人民政府应当提供改建地段或者就近地段的房屋。

第二十二条 【搬迁与临时安置】因征收房屋造成搬迁的，房屋征收部门应当向被征收人支付搬迁费；选择房屋产权调换的，产权调换房屋交付前，房屋征收部门应当向被征收人支付临时安置费或者提供周转用房。

第二十三条 【停产停业损失的补偿】对因征收房屋造成停产停业损失的补偿，根据房屋被征收前的效益、停产停业期限等因素确定。具体办法由省、自治区、直辖市制定。

第二十四条 【临时建筑】市、县级人民政府及其有关部门应当依法加强对建设活动的监督管理，对违反城乡规划进行建设的，依法予以处理。

市、县级人民政府作出房屋征收决定前，应当组织有关部门依法对征收范围内未经登记的建筑进行调查、认定和处理。对认定为合法建筑和未超过批准期限的临时建筑的，应当给予补偿；对认定为违法建筑和超过批准期限的临时建筑的，不予补偿。

第二十五条 【补偿协议】房屋征收部门与被征收人依照本条例的规定，就补偿方式、补偿金额和支付期限、用于产权调换房屋的地点和面积、搬迁费、临时安置费或者周转用房、停产停业损失、搬迁期限、过渡方式和过渡期限等事项，订立补偿协议。

补偿协议订立后，一方当事人不履行补偿协议约定的义务的，另一方当事人可以依法提起诉讼。

第二十六条 【补偿决定】房屋征收部门与被征收人在征收补偿方案确定的签约期限内达不成补偿协议，或者被征收房屋所有权人不明确的，由房屋征收部门报请作出房屋征收决定的市、县级人民政府依照本条例的规定，按照征收补偿方案作出补偿决定，并在房屋征收范围内予以公告。

补偿决定应当公平，包括本条例第二十五条第一款规定的有关补偿协议的事项。

被征收人对补偿决定不服的，可以依法申请行政复议，也可以依法提起行政诉讼。

第二十七条 【先补偿后搬迁】实施房屋征收应当先补偿、后搬迁。

作出房屋征收决定的市、县级人民政府对被征收人给予补偿后，被征收人应当在补偿协议约定或者补偿决定确定的搬迁期限内完成搬迁。

任何单位和个人不得采取暴力、威胁或者违反规定中断供水、供热、供气、供电和道路通行等非法方式迫使被征收人搬迁。禁止建设单位参与搬迁活动。

第二十八条 【依法申请法院强制执行】被征收人在法定期限内不申请行政复议或者不提起行政诉讼，在补偿决定规定的期限内又不搬迁的，由作出房屋征收决定的市、县级人民政府依法申请人民法院强制执行。

强制执行申请书应当附具补偿金额和专户存储账号、产权调换房屋和周转用房的地点和面积等材料。

第二十九条 【征收补偿档案与审计监督】房屋征收部门应当依法建立房屋征收补偿档案，并将分户补偿情况在房屋征收范围内向被征收人公布。

审计机关应当加强对征收补偿费用管理和使用情况的监督，并公布审计结果。

第四章 法律责任

第三十条 【玩忽职守等法律责任】市、县级人民政府及房屋征收部门的工作人员在房屋征收与补偿工作中不履行本条例规定的职责，或者滥用职权、玩忽职守、徇私舞弊的，由上级人民政府或者本级人民政府责令改正，通报批评；造成损失的，依法承担赔偿责任；对直接负责的主管人员和其他直接责任人员，依法给予处分；构成犯罪的，依法追究刑事责任。

第三十一条 【暴力等非法搬迁法律责任】采取暴力、威胁或者违反规定中断供水、供热、供气、供电和道路通行等非法方式迫使被征收人搬迁，造成损失的，依法承担赔偿责任；对直接负责的主管人员和其他直接责任人员，构成犯罪的，依法追究刑事责任；尚不构成犯罪的，依法给予处分；构成违反治安管理行为的，依法给予治安管理处罚。

第三十二条 【非法阻碍征收与补偿工作法律责任】采取暴力、威胁等方法阻碍依法进行的房屋征收与补偿工作，构成犯罪的，依法追究刑事责任；构成违反治安管理行为的，依法给予治安管理处罚。

第三十三条 【贪污、挪用等法律责任】贪污、挪用、私分、截留、拖欠征收补偿费用的，责令改正，追回有关款项，限期退还违法所得，对有关责任单位通报批评、给予警告；造成损失的，依法承担赔偿责任；对直接负责的主管人员和其他直接责任人员，构成犯罪的，依法追究刑事责任；尚不构成犯罪的，依法给予处分。

第三十四条 【违法评估法律责任】房地产价

格评估机构或者房地产估价师出具虚假或者有重大差错的评估报告的,由发证机关责令限期改正,给予警告,对房地产价格评估机构并处5万元以上20万元以下罚款,对房地产估价师并处1万元以上3万元以下罚款,并记入信用档案;情节严重的,吊销资质证书、注册证书;造成损失的,依法承担赔偿责任;构成犯罪的,依法追究刑事责任。

第五章 附 则

第三十五条 【施行日期】本条例自公布之日起施行。2001年6月13日国务院公布的《城市房屋拆迁管理条例》同时废止。本条例施行前已依法取得房屋拆迁许可证的项目,继续沿用原有的规定办理,但政府不得责成有关部门强制拆迁。

最高人民法院关于适用《中华人民共和国民法典》总则编若干问题的解释

· 2021年12月30日最高人民法院审判委员会第1861次会议通过
· 2022年2月24日最高人民法院公告公布
· 自2022年3月1日起施行
· 法释〔2022〕6号

为正确审理民事案件,依法保护民事主体的合法权益,维护社会和经济秩序,根据《中华人民共和国民法典》《中华人民共和国民事诉讼法》等相关法律规定,结合审判实践,制定本解释。

一、一般规定

第一条 民法典第二编至第七编对民事关系有规定的,人民法院直接适用该规定;民法典第二编至第七编没有规定的,适用民法典第一编的规定,但是根据其性质不能适用的除外。

就同一民事关系,其他民事法律的规定属于对民法典相应规定的细化的,应当适用该民事法律的规定。民法典规定适用其他法律的,适用该法律的规定。

民法典及其他法律对民事关系没有具体规定的,可以遵循民法典关于基本原则的规定。

第二条 在一定地域、行业范围内长期为一般人从事民事活动时普遍遵守的民间习俗、惯常做法等,可以认定为民法典第十条规定的习惯。

当事人主张适用习惯的,应当就习惯及其具体内容提供相应证据;必要时,人民法院可以依职权查明。

适用习惯,不得违背社会主义核心价值观,不得违背公序良俗。

第三条 对于民法典第一百三十二条所称的滥用民事权利,人民法院可以根据权利行使的对象、目的、时间、方式、造成当事人之间利益失衡的程度等因素作出认定。

行为人以损害国家利益、社会公共利益、他人合法权益为主要目的行使民事权利的,人民法院应当认定构成滥用民事权利。

构成滥用民事权利的,人民法院应当认定该滥用行为不发生相应的法律效力。滥用民事权利造成损害的,依照民法典第七编等有关规定处理。

二、民事权利能力和民事行为能力

第四条 涉及遗产继承、接受赠与等胎儿利益保护,父母在胎儿娩出前作为法定代理人主张相应权利的,人民法院依法予以支持。

第五条 限制民事行为能力人实施的民事法律行为是否与其年龄、智力、精神健康状况相适应,人民法院可以从行为与本人生活相关联的程度,本人的智力、精神健康状况能否理解其行为并预见相应的后果,以及标的、数量、价款或者报酬等方面认定。

三、监 护

第六条 人民法院认定自然人的监护能力,应当根据其年龄、身心健康状况、经济条件等因素确定;认定有关组织的监护能力,应当根据其资质、信用、财产状况等因素确定。

第七条 担任监护人的被监护人父母通过遗嘱指定监护人,遗嘱生效时被指定的人不同意担任监护人的,人民法院应当适用民法典第二十七条、第二十八条的规定确定监护人。

未成年人由父母担任监护人,父母中的一方通过遗嘱指定监护人,另一方在遗嘱生效时有监护能力,有关当事人对监护人的确定有争议的,人民法院应当适用民法典第二十七条第一款的规定确定监护人。

第八条 未成年人的父母与其他依法具有监护资格的人订立协议，约定免除具有监护能力的父母的监护职责的，人民法院不予支持。协议约定在未成年人的父母丧失监护能力时由该具有监护资格的人担任监护人的，人民法院依法予以支持。

依法具有监护资格的人之间依据民法典第三十条的规定，约定由民法典第二十七条第二款、第二十八条规定的不同顺序的人共同担任监护人，或者由顺序在后的人担任监护人的，人民法院依法予以支持。

第九条 人民法院依据民法典第三十一条第二款、第三十六条第一款的规定指定监护人时，应当尊重被监护人的真实意愿，按照最有利于被监护人的原则指定，具体参考以下因素：

（一）与被监护人生活、情感联系的密切程度；

（二）依法具有监护资格的人的监护顺序；

（三）是否有不利于履行监护职责的违法犯罪等情形；

（四）依法具有监护资格的人的监护能力、意愿、品行等。

人民法院依法指定的监护人一般应当是一人，由数人共同担任监护人更有利于保护被监护人利益的，也可以是数人。

第十条 有关当事人不服居民委员会、村民委员会或者民政部门的指定，在接到指定通知之日起三十日内向人民法院申请指定监护人的，人民法院经审理认为指定并无不当，依法裁定驳回申请；认为指定不当，依法判决撤销指定并另行指定监护人。

有关当事人在接到指定通知之日起三十日后提出申请的，人民法院应当按照变更监护关系处理。

第十一条 具有完全民事行为能力的成年人与他人依据民法典第三十三条的规定订立书面协议事先确定自己的监护人后，协议的任何一方在该成年人丧失或者部分丧失民事行为能力前请求解除协议的，人民法院依法予以支持。该成年人丧失或者部分丧失民事行为能力后，协议确定的监护人无正当理由请求解除协议的，人民法院不予支持。

该成年人丧失或者部分丧失民事行为能力后，协议确定的监护人有民法典第三十六条第一款规定的情形之一，该条第二款规定的有关个人、组织申请撤销其监护人资格的，人民法院依法予以支持。

第十二条 监护人、其他依法具有监护资格的人之间就监护人是否有民法典第三十九条第一款第二项、第四项规定的应当终止监护关系的情形发生争议，申请变更监护人的，人民法院应当依法受理。经审理认为理由成立的，人民法院依法予以支持。

被依法指定的监护人与其他具有监护资格的人之间协议变更监护人的，人民法院应当尊重被监护人的真实意愿，按照最有利于被监护人的原则作出裁判。

第十三条 监护人因患病、外出务工等原因在一定期限内不能完全履行监护职责，将全部或者部分监护职责委托给他人，当事人主张受托人因此成为监护人的，人民法院不予支持。

四、宣告失踪和宣告死亡

第十四条 人民法院审理宣告失踪案件时，下列人员应当认定为民法典第四十条规定的利害关系人：

（一）被申请人的近亲属；

（二）依据民法典第一千一百二十八条、第一千一百二十九条规定对被申请人有继承权的亲属；

（三）债权人、债务人、合伙人等与被申请人有民事权利义务关系的民事主体，但是不申请宣告失踪不影响其权利行使、义务履行的除外。

第十五条 失踪人的财产代管人向失踪人的债务人请求偿还债务的，人民法院应当将财产代管人列为原告。

债权人提起诉讼，请求失踪人的财产代管人支付失踪人所欠的债务和其他费用的，人民法院应当将财产代管人列为被告。经审理认为债权人的诉讼请求成立的，人民法院应当判决财产代管人从失踪人的财产中支付失踪人所欠的债务和其他费用。

第十六条 人民法院审理宣告死亡案件时，被申请人的配偶、父母、子女，以及依据民法典第一千一百二十九条规定对被申请人有继承权的亲属应当认定为民法典第四十六条规定的利害关系人。

符合下列情形之一的，被申请人的其他近亲属，以及依据民法典第一千一百二十八条规定对被申请人有继承权的亲属应当认定为民法典第四十六条规定的利害关系人：

（一）被申请人的配偶、父母、子女均已死亡或者下落不明的；

（二）不申请宣告死亡不能保护其相应合法权益的。

被申请人的债权人、债务人、合伙人等民事主体不能认定为民法典第四十六条规定的利害关系人，但是不申请宣告死亡不能保护其相应合法权益的除外。

第十七条 自然人在战争期间下落不明的，利害关系人申请宣告死亡的期间适用民法典第四十六条第一款第一项的规定，自战争结束之日或者有关机关确定的下落不明之日起计算。

五、民事法律行为

第十八条 当事人未采用书面形式或者口头形式，但是实施的行为本身表明已经作出相应意思表示，并符合民事法律行为成立条件的，人民法院可以认定为民法典第一百三十五条规定的采用其他形式实施的民事法律行为。

第十九条 行为人对行为的性质、对方当事人或者标的物的品种、质量、规格、价格、数量等产生错误认识，按照通常理解如果不发生该错误认识行为人就不会作出相应意思表示的，人民法院可以认定为民法典第一百四十七条规定的重大误解。

行为人能够证明自己实施民事法律行为时存在重大误解，并请求撤销该民事法律行为的，人民法院依法予以支持；但是，根据交易习惯等认定行为人无权请求撤销的除外。

第二十条 行为人以其意思表示存在第三人转达错误为由请求撤销民事法律行为的，适用本解释第十九条的规定。

第二十一条 故意告知虚假情况，或者负有告知义务的人故意隐瞒真实情况，致使当事人基于错误认识作出意思表示的，人民法院可以认定为民法典第一百四十八条、第一百四十九条规定的欺诈。

第二十二条 以给自然人及其近亲属等的人身权利、财产权利以及其他合法权益造成损害或者以给法人、非法人组织的名誉、荣誉、财产权益等造成损害为要挟，迫使其基于恐惧心理作出意思表示的，人民法院可以认定为民法典第一百五十条规定的胁迫。

第二十三条 民事法律行为不成立，当事人请求返还财产、折价补偿或者赔偿损失的，参照适用民法典第一百五十七条的规定。

第二十四条 民事法律行为所附条件不可能发生，当事人约定为生效条件的，人民法院应当认定民事法律行为不发生效力；当事人约定为解除条件的，应当认定未附条件，民事法律行为是否失效，依照民法典和相关法律、行政法规的规定认定。

六、代　理

第二十五条 数个委托代理人共同行使代理权，其中一人或者数人未与其他委托代理人协商，擅自行使代理权的，依据民法典第一百七十一条、第一百七十二条等规定处理。

第二十六条 由于急病、通讯联络中断、疫情防控等特殊原因，委托代理人自己不能办理代理事项，又不能与被代理人及时取得联系，如不及时转委托第三人代理，会给被代理人的利益造成损失或者扩大损失的，人民法院应当认定为民法典第一百六十九条规定的紧急情况。

第二十七条 无权代理行为未被追认，相对人请求行为人履行债务或者赔偿损失的，由行为人就相对人知道或者应当知道行为人无权代理承担举证责任。行为人不能证明的，人民法院依法支持相对人的相应诉讼请求；行为人能够证明的，人民法院应当按照各自的过错认定行为人与相对人的责任。

第二十八条 同时符合下列条件的，人民法院可以认定为民法典第一百七十二条规定的相对人有理由相信行为人有代理权：

（一）存在代理权的外观；

（二）相对人不知道行为人行为时没有代理权，且无过失。

因是否构成表见代理发生争议的，相对人应当就无权代理符合前款第一项规定的条件承担举证责任；被代理人应当就相对人不符合前款第二项规定的条件承担举证责任。

第二十九条 法定代理人、被代理人依据民法典第一百四十五条、第一百七十一条的规定向相对人作出追认的意思表示的，人民法院应当依据民法典第一百三十七条的规定确认其追认意思表示的生效时间。

七、民事责任

第三十条 为了使国家利益、社会公共利益、本人或者他人的人身权利、财产权利以及其他合法权益免受正在进行的不法侵害，而针对实施侵害行为的人采取的制止不法侵害的行为，应当认定为民法典第一百八十一条规定的正当防卫。

第三十一条 对于正当防卫是否超过必要的限度，人民法院应当综合不法侵害的性质、手段、强度、危害程度和防卫的时机、手段、强度、损害后果等因素判断。

经审理，正当防卫没有超过必要限度的，人民法院应当认定正当防卫人不承担责任。正当防卫超过必要限度的，人民法院应当认定正当防卫人在造成不应有的损害范围内承担部分责任；实施侵害行为的人请求正当防卫人承担全部责任的，人民法院不予支持。

实施侵害行为的人不能证明防卫行为造成不应有的损害，仅以正当防卫人采取的反击方式和强度与不法侵害不相当为由主张防卫过当的，人民法院不予支持。

第三十二条 为了使国家利益、社会公共利益、本人或者他人的人身权利、财产权利以及其他合法权益免受正在发生的急迫危险，不得已而采取紧急措施的，应当认定为民法典第一百八十二条规定的紧急避险。

第三十三条 对于紧急避险是否采取措施不当或者超过必要的限度，人民法院应当综合危险的性质、急迫程度、避险行为所保护的权益以及造成的损害后果等因素判断。

经审理，紧急避险采取措施并无不当且没有超过必要限度的，人民法院应当认定紧急避险人不承担责任。紧急避险采取措施不当或者超过必要限度的，人民法院应当根据紧急避险人的过错程度、避险措施造成不应有的损害的原因力大小、紧急避险人是否为受益人等因素认定紧急避险人在造成的不应有的损害范围内承担相应的责任。

第三十四条 因保护他人民事权益使自己受到损害，受害人依据民法典第一百八十三条的规定请求受益人适当补偿的，人民法院可以根据受害人所受损失和已获赔偿的情况、受益人受益的多少及其经济条件等因素确定受益人承担的补偿数额。

八、诉讼时效

第三十五条 民法典第一百八十八条第一款规定的三年诉讼时效期间，可以适用民法典有关诉讼时效中止、中断的规定，不适用延长的规定。该条第二款规定的二十年期间不适用中止、中断的规定。

第三十六条 无民事行为能力人或者限制民事行为能力人的权利受到损害的，诉讼时效期间自其法定代理人知道或者应当知道权利受到损害以及义务人之日起计算，但是法律另有规定的除外。

第三十七条 无民事行为能力人、限制民事行为能力人的权利受到原法定代理人损害，且在取得、恢复完全民事行为能力或者在原法定代理终止并确定新的法定代理人后，相应民事主体才知道或者应当知道权利受到损害的，有关请求权诉讼时效期间的计算适用民法典第一百八十八条第二款、本解释第三十六条的规定。

第三十八条 诉讼时效依据民法典第一百九十五条的规定中断后，在新的诉讼时效期间内，再次出现第一百九十五条规定的中断事由，可以认定为诉讼时效再次中断。

权利人向义务人的代理人、财产代管人或者遗产管理人等提出履行请求的，可以认定为民法典第一百九十五条规定的诉讼时效中断。

九、附　则

第三十九条 本解释自2022年3月1日起施行。

民法典施行后的法律事实引起的民事案件，本解释施行后尚未终审的，适用本解释；本解释施行前已经终审，当事人申请再审或者按照审判监督程序决定再审的，不适用本解释。

最高人民法院关于适用《中华人民共和国民法典》时间效力的若干规定

· 2020 年 12 月 14 日最高人民法院审判委员会第 1821 次会议通过
· 2020 年 12 月 29 日最高人民法院公告公布
· 法释〔2020〕15 号
· 自 2021 年 1 月 1 日起施行

根据《中华人民共和国立法法》《中华人民共和国民法典》等法律规定，就人民法院在审理民事纠纷案件中有关适用民法典时间效力问题作出如下规定。

一、一般规定

第一条 民法典施行后的法律事实引起的民事纠纷案件，适用民法典的规定。

民法典施行前的法律事实引起的民事纠纷案件，适用当时的法律、司法解释的规定，但是法律、司法解释另有规定的除外。

民法典施行前的法律事实持续至民法典施行后，该法律事实引起的民事纠纷案件，适用民法典的规定，但是法律、司法解释另有规定的除外。

第二条 民法典施行前的法律事实引起的民事纠纷案件，当时的法律、司法解释有规定，适用当时的法律、司法解释的规定，但是适用民法典的规定更有利于保护民事主体合法权益，更有利于维护社会和经济秩序，更有利于弘扬社会主义核心价值观的除外。

第三条 民法典施行前的法律事实引起的民事纠纷案件，当时的法律、司法解释没有规定而民法典有规定的，可以适用民法典的规定，但是明显减损当事人合法权益、增加当事人法定义务或者背离当事人合理预期的除外。

第四条 民法典施行前的法律事实引起的民事纠纷案件，当时的法律、司法解释仅有原则性规定而民法典有具体规定的，适用当时的法律、司法解释的规定，但是可以依据民法典具体规定进行裁判说理。

第五条 民法典施行前已经终审的案件，当事人申请再审或者按照审判监督程序决定再审的，不适用民法典的规定。

二、溯及适用的具体规定

第六条 《中华人民共和国民法总则》施行前，侵害英雄烈士等的姓名、肖像、名誉、荣誉，损害社会公共利益引起的民事纠纷案件，适用民法典第一百八十五条的规定。

第七条 民法典施行前，当事人在债务履行期限届满前约定债务人不履行到期债务时抵押财产或者质押财产归债权人所有的，适用民法典第四百零一条和第四百二十八条的规定。

第八条 民法典施行前成立的合同，适用当时的法律、司法解释的规定合同无效而适用民法典的规定合同有效的，适用民法典的相关规定。

第九条 民法典施行前订立的合同，提供格式条款一方未履行提示或者说明义务，涉及格式条款效力认定的，适用民法典第四百九十六条的规定。

第十条 民法典施行前，当事人一方未通知对方而直接以提起诉讼方式依法主张解除合同的，适用民法典第五百六十五条第二款的规定。

第十一条 民法典施行前成立的合同，当事人一方不履行非金钱债务或者履行非金钱债务不符合约定，对方可以请求履行，但是有民法典第五百八十条第一款第一项、第二项、第三项除外情形之一，致使不能实现合同目的，当事人请求终止合同权利义务关系的，适用民法典第五百八十条第二款的规定。

第十二条 民法典施行前订立的保理合同发生争议的，适用民法典第三编第十六章的规定。

第十三条 民法典施行前，继承人有民法典第一千一百二十五条第一款第四项和第五项规定行为之一，对该继承人是否丧失继承权发生争议的，适用民法典第一千一百二十五条第一款和第二款的规定。

民法典施行前，受遗赠人有民法典第一千一百二十五条第一款规定行为之一，对受遗赠人是否丧失受遗赠权发生争议的，适用民法典第一千一百二十五条第一款和第三款的规定。

第十四条 被继承人在民法典施行前死亡，遗产无人继承又无人受遗赠，其兄弟姐妹的子女请求代位继承的，适用民法典第一千一百二十八条第二款和第三款的规定，但是遗产已经在民法典施行前处理完毕的除外。

第十五条 民法典施行前，遗嘱人以打印方式立的遗嘱，当事人对该遗嘱效力发生争议的，适用民法典第一千一百三十六条的规定，但是遗产已经在民法典施行前处理完毕的除外。

第十六条 民法典施行前，受害人自愿参加具有一定风险的文体活动受到损害引起的民事纠纷案件，适用民法典第一千一百七十六条的规定。

第十七条 民法典施行前，受害人为保护自己合法权益采取扣留侵权人的财物等措施引起的民事纠纷案件，适用民法典第一千一百七十七条的规定。

第十八条 民法典施行前，因非营运机动车发生交通事故造成无偿搭乘人损害引起的民事纠纷案件，适用民法典第一千二百一十七条的规定。

第十九条 民法典施行前，从建筑物中抛掷物品或者从建筑物上坠落的物品造成他人损害引起的民事纠纷案件，适用民法典第一千二百五十四条的规定。

三、衔接适用的具体规定

第二十条 民法典施行前成立的合同，依照法律规定或者当事人约定该合同的履行持续至民法典施行后，因民法典施行前履行合同发生争议的，适用当时的法律、司法解释的规定；因民法典施行后履行合同发生争议的，适用民法典第三编第四章和第五章的相关规定。

第二十一条 民法典施行前租赁期限届满，当事人主张适用民法典第七百三十四条第二款规定的，人民法院不予支持；租赁期限在民法典施行后届满，当事人主张适用民法典第七百三十四条第二款规定的，人民法院依法予以支持。

第二十二条 民法典施行前，经人民法院判决不准离婚后，双方又分居满一年，一方再次提起离婚诉讼的，适用民法典第一千零七十九条第五款的规定。

第二十三条 被继承人在民法典施行前立有公证遗嘱，民法典施行后又立有新遗嘱，其死亡后，因该数份遗嘱内容相抵触发生争议的，适用民法典第一千一百四十二条第三款的规定。

第二十四条 侵权行为发生在民法典施行前，但是损害后果出现在民法典施行后的民事纠纷案件，适用民法典的规定。

第二十五条 民法典施行前成立的合同，当时的法律、司法解释没有规定且当事人没有约定解除权行使期限，对方当事人也未催告的，解除权人在民法典施行前知道或者应当知道解除事由，自民法典施行之日起一年内不行使的，人民法院应当依法认定该解除权消灭；解除权人在民法典施行后知道或者应当知道解除事由的，适用民法典第五百六十四条第二款关于解除权行使期限的规定。

第二十六条 当事人以民法典施行前受胁迫结婚为由请求人民法院撤销婚姻的，撤销权的行使期限适用民法典第一千零五十二条第二款的规定。

第二十七条 民法典施行前成立的保证合同，当事人对保证期间约定不明确，主债务履行期限届满至民法典施行之日不满二年，当事人主张保证期间为主债务履行期限届满之日起二年的，人民法院依法予以支持；当事人对保证期间没有约定，主债务履行期限届满至民法典施行之日不满六个月，当事人主张保证期间为主债务履行期限届满之日起六个月的，人民法院依法予以支持。

四、附　则

第二十八条 本规定自 2021 年 1 月 1 日起施行。

本规定施行后，人民法院尚未审结的一审、二审案件适用本规定。

最高人民法院关于适用《中华人民共和国民法典》物权编的解释（一）

· 2020 年 12 月 25 日最高人民法院审判委员会第 1825 次会议通过
· 2020 年 12 月 29 日最高人民法院公告公布
· 法释〔2020〕24 号
· 自 2021 年 1 月 1 日起施行

为正确审理物权纠纷案件，根据《中华人民共和国民法典》等相关法律规定，结合审判实践，制定本解释。

第一条 因不动产物权的归属，以及作为不动产物权登记基础的买卖、赠与、抵押等产生争议，当事人提起民事诉讼的，应当依法受理。当事人已经在行政诉讼中申请一并解决上述民事争议，且人民法院一并审理的除外。

第二条 当事人有证据证明不动产登记簿的记载与真实权利状态不符、其为该不动产物权的真实权利人，请求确认其享有物权的，应予支持。

第三条 异议登记因民法典第二百二十条第二款规定的事由失效后，当事人提起民事诉讼，请求确认物权归属的，应当依法受理。异议登记失效不影响人民法院对案件的实体审理。

第四条 未经预告登记的权利人同意，转让不动产所有权等物权，或者设立建设用地使用权、居住权、地役权、抵押权等其他物权的，应当依照民法典第二百二十一条第一款的规定，认定其不发生物权效力。

第五条 预告登记的买卖不动产物权的协议被认定无效、被撤销，或者预告登记的权利人放弃债权的，应当认定为民法典第二百二十一条第二款所称的"债权消灭"。

第六条 转让人转让船舶、航空器和机动车等所有权，受让人已经支付合理价款并取得占有，虽未经登记，但转让人的债权人主张其为民法典第二百二十五条所称的"善意第三人"的，不予支持，法律另有规定的除外。

第七条 人民法院、仲裁机构在分割共有不动产或者动产等案件中作出并依法生效的改变原有物权关系的判决书、裁决书、调解书，以及人民法院在执行程序中作出的拍卖成交裁定书、变卖成交裁定书、以物抵债裁定书，应当认定为民法典第二百二十九条所称导致物权设立、变更、转让或者消灭的人民法院、仲裁机构的法律文书。

第八条 依据民法典第二百二十九条至第二百三十一条规定享有物权，但尚未完成动产交付或者不动产登记的权利人，依据民法典第二百三十五条至第二百三十八条的规定，请求保护其物权的，应予支持。

第九条 共有份额的权利主体因继承、遗赠等原因发生变化时，其他按份共有人主张优先购买的，不予支持，但按份共有人之间另有约定的除外。

第十条 民法典第三百零五条所称的"同等条件"，应当综合共有份额的转让价格、价款履行方式及期限等因素确定。

第十一条 优先购买权的行使期间，按份共有人之间有约定的，按照约定处理；没有约定或者约定不明的，按照下列情形确定：

(一)转让人向其他按份共有人发出的包含同等条件内容的通知中载明行使期间的，以该期间为准；

(二)通知中未载明行使期间，或者载明的期间短于通知送达之日起十五日的，为十五日；

(三)转让人未通知的，为其他按份共有人知道或者应当知道最终确定的同等条件之日起十五日；

(四)转让人未通知，且无法确定其他按份共有人知道或者应当知道最终确定的同等条件的，为共有份额权属转移之日起六个月。

第十二条 按份共有人向共有人之外的人转让其份额，其他按份共有人根据法律、司法解释规定，请求按照同等条件优先购买该共有份额的，应予支持。其他按份共有人的请求具有下列情形之一的，不予支持：

(一)未在本解释第十一条规定的期间内主张优先购买，或者虽主张优先购买，但提出减少转让价款、增加转让人负担等实质性变更要求；

(二)以其优先购买权受到侵害为由，仅请求撤销共有份额转让合同或者认定该合同无效。

第十三条 按份共有人之间转让共有份额，其他按份共有人主张依据民法典第三百零五条规定优先购买的，不予支持，但按份共有人之间另有约定的除外。

第十四条 受让人受让不动产或者动产时，不知道转让人无处分权，且无重大过失的，应当认定受让人为善意。

真实权利人主张受让人不构成善意的，应当承担举证证明责任。

第十五条 具有下列情形之一的，应当认定不动产受让人知道转让人无处分权：

(一)登记簿上存在有效的异议登记；

(二)预告登记有效期内，未经预告登记的权利人同意；

(三)登记簿上已经记载司法机关或者行政机关依法裁定、决定查封或者以其他形式限制不动产权利的有关事项；

（四）受让人知道登记簿上记载的权利主体错误；

（五）受让人知道他人已经依法享有不动产物权。

真实权利人有证据证明不动产受让人应当知道转让人无处分权的，应当认定受让人具有重大过失。

第十六条 受让人受让动产时，交易的对象、场所或者时机等不符合交易习惯的，应当认定受让人具有重大过失。

第十七条 民法典第三百一十一条第一款第一项所称的"受让人受让该不动产或者动产时"，是指依法完成不动产物权转移登记或者动产交付之时。

当事人以民法典第二百二十六条规定的方式交付动产的，转让动产民事法律行为生效时为动产交付之时；当事人以民法典第二百二十七条规定的方式交付动产的，转让人与受让人之间有关转让返还原物请求权的协议生效时为动产交付之时。

法律对不动产、动产物权的设立另有规定的，应当按照法律规定的时间认定权利人是否为善意。

第十八条 民法典第三百一十一条第一款第二项所称"合理的价格"，应当根据转让标的物的性质、数量以及付款方式等具体情况，参考转让时交易地市场价格以及交易习惯等因素综合认定。

第十九条 转让人将民法典第二百二十五条规定的船舶、航空器和机动车等交付给受让人的，应当认定符合民法典第三百一十一条第一款第三项规定的善意取得的条件。

第二十条 具有下列情形之一，受让人主张依据民法典第三百一十一条规定取得所有权的，不予支持：

（一）转让合同被认定无效；

（二）转让合同被撤销。

第二十一条 本解释自2021年1月1日起施行。

最高人民法院关于审理买卖合同纠纷案件适用法律问题的解释

· 2012年3月31日最高人民法院审判委员会第1545次会议通过

· 根据2020年12月23日最高人民法院审判委员会第1823次会议通过的《最高人民法院关于修改〈最高人民法院关于在民事审判工作中适用《中华人民共和国工会法》若干问题的解释〉等二十七件民事类司法解释的决定》修正

为正确审理买卖合同纠纷案件，根据《中华人民共和国民法典》《中华人民共和国民事诉讼法》等法律的规定，结合审判实践，制定本解释。

一、买卖合同的成立

第一条 当事人之间没有书面合同，一方以送货单、收货单、结算单、发票等主张存在买卖合同关系的，人民法院应当结合当事人之间的交易方式、交易习惯以及其他相关证据，对买卖合同是否成立作出认定。

对账确认函、债权确认书等函件、凭证没有记载债权人名称，买卖合同当事人一方以此证明存在买卖合同关系的，人民法院应予支持，但有相反证据足以推翻的除外。

二、标的物交付和所有权转移

第二条 标的物为无需以有形载体交付的电子信息产品，当事人对交付方式约定不明确，且依照民法典第五百一十条的规定仍不能确定的，买受人收到约定的电子信息产品或者权利凭证即为交付。

第三条 根据民法典第六百二十九条的规定，买受人拒绝接收多交部分标的物的，可以代为保管多交部分标的物。买受人主张出卖人负担代为保管期间的合理费用的，人民法院应予支持。

买受人主张出卖人承担代为保管期间非因买受人故意或者重大过失造成的损失的，人民法院应予支持。

第四条 民法典第五百九十九条规定的"提取标的物单证以外的有关单证和资料"，主要应当包括保险单、保修单、普通发票、增值税专用发票、产品合格证、质量保证书、质量鉴定书、品质检验证书、产品进出口检疫书、原产地证明书、使用说明书、装箱单等。

第五条 出卖人仅以增值税专用发票及税款抵扣资料证明其已履行交付标的物义务，买受人不认可的，出卖人应当提供其他证据证明交付标的物的事实。

合同约定或者当事人之间习惯以普通发票作为付款凭证，买受人以普通发票证明已经履行付款义务的，人民法院应予支持，但有相反证据足以推翻的除外。

第六条 出卖人就同一普通动产订立多重买卖合同，在买卖合同均有效的情况下，买受人均要求实际履行合同的，应当按照以下情形分别处理：

（一）先行受领交付的买受人请求确认所有权已经转移的，人民法院应予支持；

（二）均未受领交付，先行支付价款的买受人请求出卖人履行交付标的物等合同义务的，人民法院应予支持；

（三）均未受领交付，也未支付价款，依法成立在先合同的买受人请求出卖人履行交付标的物等合同义务的，人民法院应予支持。

第七条 出卖人就同一船舶、航空器、机动车等特殊动产订立多重买卖合同，在买卖合同均有效的情况下，买受人均要求实际履行合同的，应当按照以下情形分别处理：

（一）先行受领交付的买受人请求出卖人履行办理所有权转移登记手续等合同义务的，人民法院应予支持；

（二）均未受领交付，先行办理所有权转移登记手续的买受人请求出卖人履行交付标的物等合同义务的，人民法院应予支持；

（三）均未受领交付，也未办理所有权转移登记手续，依法成立在先合同的买受人请求出卖人履行交付标的物和办理所有权转移登记手续等合同义务的，人民法院应予支持；

（四）出卖人将标的物交付给买受人之一，又为其他买受人办理所有权转移登记，已受领交付的买受人请求将标的物所有权登记在自己名下的，人民法院应予支持。

三、标的物风险负担

第八条 民法典第六百零三条第二款第一项规定的“标的物需要运输的”，是指标的物由出卖人负责办理托运，承运人系独立于买卖合同当事人之外的运输业者的情形。标的物毁损、灭失的风险负担，按照民法典第六百零七条第二款的规定处理。

第九条 出卖人根据合同约定将标的物运送至买受人指定地点并交付给承运人后，标的物毁损、灭失的风险由买受人负担，但当事人另有约定的除外。

第十条 出卖人出卖交由承运人运输的在途标的物，在合同成立时知道或者应当知道标的物已经毁损、灭失却未告知买受人，买受人主张出卖人负担标的物毁损、灭失的风险的，人民法院应予支持。

第十一条 当事人对风险负担没有约定，标的物为种类物，出卖人未以装运单据、加盖标记、通知买受人等可识别的方式清楚地将标的物特定于买卖合同，买受人主张不负担标的物毁损、灭失的风险的，人民法院应予支持。

四、标的物检验

第十二条 人民法院具体认定民法典第六百二十一条第二款规定的“合理期限”时，应当综合当事人之间的交易性质、交易目的、交易方式、交易习惯、标的物的种类、数量、性质、安装和使用情况、瑕疵的性质、买受人应尽的合理注意义务、检验方法和难易程度、买受人或者检验人所处的具体环境、自身技能以及其他合理因素，依据诚实信用原则进行判断。

民法典第六百二十一条第二款规定的“二年”是最长的合理期限。该期限为不变期间，不适用诉讼时效中止、中断或者延长的规定。

第十三条 买受人在合理期限内提出异议，出卖人以买受人已经支付价款、确认欠款数额、使用标的物等为由，主张买受人放弃异议的，人民法院不予支持，但当事人另有约定的除外。

第十四条 民法典第六百二十一条规定的检验期限、合理期限、二年期限经过后，买受人主张标的物的数量或者质量不符合约定的，人民法院不予支持。

出卖人自愿承担违约责任后，又以上述期限经过为由翻悔的，人民法院不予支持。

五、违约责任

第十五条 买受人依约保留部分价款作为质量保证金，出卖人在质量保证期未及时解决质量问题而影响标的物的价值或者使用效果，出卖人主张支付该部分价款的，人民法院不予支持。

第十六条 买受人在检验期限、质量保证期、合理期限内提出质量异议，出卖人未按要求予以修理或者因情况紧急，买受人自行或者通过第三人修理标的物后，主张出卖人负担因此发生的合理费用的，人民法院应予支持。

第十七条 标的物质量不符合约定，买受人依照民法典第五百八十二条的规定要求减少价款的，人民法院应予支持。当事人主张以符合约定的标的物和实际交付的标的物按交付时的市场价值计算差价的，人民法院应予支持。

价款已经支付，买受人主张返还减价后多出部分价款的，人民法院应予支持。

第十八条 买卖合同对付款期限作出的变更，不影响当事人关于逾期付款违约金的约定，但该违约金的起算点应当随之变更。

买卖合同约定逾期付款违约金，买受人以出卖人接受价款时未主张逾期付款违约金为由拒绝支付该违约金的，人民法院不予支持。

买卖合同约定逾期付款违约金，但对账单、还款协议等未涉及逾期付款责任，出卖人根据对账单、还款协议等主张欠款时请求买受人依约支付逾期付款违约金的，人民法院应予支持，但对账单、还款协议等明确载有本金及逾期付款利息数额或者已经变更买卖合同中关于本金、利息等约定内容的除外。

买卖合同没有约定逾期付款违约金或者该违约金的计算方法，出卖人以买受人违约为由主张赔偿逾期付款损失，违约行为发生在2019年8月19日之前的，人民法院可以中国人民银行同期同类人民币贷款基准利率为基础，参照逾期罚息利率标准计算；违约行为发生在2019年8月20日之后的，人民法院可以违约行为发生时中国人民银行授权全国银行间同业拆借中心公布的一年期贷款市场报价利率（LPR）标准为基础，加计30—50%计算逾期付款损失。

第十九条 出卖人没有履行或者不当履行从给付义务，致使买受人不能实现合同目的，买受人主张解除合同的，人民法院应当根据民法典第五百六十三条第一款第四项的规定，予以支持。

第二十条 买卖合同因违约而解除后，守约方主张继续适用违约金条款的，人民法院应予支持；但约定的违约金过分高于造成的损失的，人民法院可以参照民法典第五百八十五条第二款的规定处理。

第二十一条 买卖合同当事人一方以对方违约为由主张支付违约金，对方以合同不成立、合同未生效、合同无效或者不构成违约等为由进行免责抗辩而未主张调整过高的违约金的，人民法院应当就法院若不支持免责抗辩，当事人是否需要主张调整违约金进行释明。

一审法院认为免责抗辩成立且未予释明，二审法院认为应当判决支付违约金的，可以直接释明并改判。

第二十二条 买卖合同当事人一方违约造成对方损失，对方主张赔偿可得利益损失的，人民法院在确定违约责任范围时，应当根据当事人的主张，依据民法典第五百八十四条、第五百九十一条、第五百九十二条、本解释第二十三条等规定进行认定。

第二十三条 买卖合同当事人一方因对方违约而获有利益，违约方主张从损失赔偿额中扣除该部分利益的，人民法院应予支持。

第二十四条 买受人在缔约时知道或者应当知道标的物质量存在瑕疵，主张出卖人承担瑕疵担保责任的，人民法院不予支持，但买受人在缔约时不知道该瑕疵会导致标的物的基本效用显著降低的除外。

六、所有权保留

第二十五条 买卖合同当事人主张民法典第六百四十一条关于标的物所有权保留的规定适用于不动产的，人民法院不予支持。

第二十六条 买受人已经支付标的物总价款的百分之七十五以上，出卖人主张取回标的物的，人民法院不予支持。

在民法典第六百四十二条第一款第三项情形下，第三人依据民法典第三百一十一条的规定已经善意取得标的物所有权或者其他物权，出卖人主张取回标的物的，人民法院不予支持。

七、特种买卖

第二十七条 民法典第六百三十四条第一款规定的"分期付款",系指买受人将应付的总价款在一定期限内至少分三次向出卖人支付。

分期付款买卖合同的约定违反民法典第六百三十四条第一款的规定,损害买受人利益,买受人主张该约定无效的,人民法院应予支持。

第二十八条 分期付款买卖合同约定出卖人在解除合同时可以扣留已受领价金,出卖人扣留的金额超过标的物使用费以及标的物受损赔偿额,买受人请求返还超过部分的,人民法院应予支持。

当事人对标的物的使用费没有约定的,人民法院可以参照当地同类标的物的租金标准确定。

第二十九条 合同约定的样品质量与文字说明不一致且发生纠纷时当事人不能达成合意,样品封存后外观和内在品质没有发生变化的,人民法院应当以样品为准;外观和内在品质发生变化,或者当事人对是否发生变化有争议而又无法查明的,人民法院应当以文字说明为准。

第三十条 买卖合同存在下列约定内容之一的,不属于试用买卖。买受人主张属于试用买卖的,人民法院不予支持:

(一)约定标的物经过试用或者检验符合一定要求时,买受人应当购买标的物;

(二)约定第三人经试验对标的物认可时,买受人应当购买标的物;

(三)约定买受人在一定期限内可以调换标的物;

(四)约定买受人在一定期限内可以退还标的物。

八、其他问题

第三十一条 出卖人履行交付义务后诉请买受人支付价款,买受人以出卖人违约在先为由提出异议的,人民法院应当按照下列情况分别处理:

(一)买受人拒绝支付违约金、拒绝赔偿损失或者主张出卖人应当采取减少价款等补救措施的,属于提出抗辩;

(二)买受人主张出卖人应支付违约金、赔偿损失或者要求解除合同的,应当提起反诉。

第三十二条 法律或者行政法规对债权转让、股权转让等权利转让合同有规定的,依照其规定;没有规定的,人民法院可以根据民法典第四百六十七条和第六百四十六条的规定,参照适用买卖合同的有关规定。

权利转让或者其他有偿合同参照适用买卖合同的有关规定的,人民法院应当首先引用民法典第六百四十六条的规定,再引用买卖合同的有关规定。

第三十三条 本解释施行前本院发布的有关购销合同、销售合同等有偿转移标的物所有权的合同的规定,与本解释抵触的,自本解释施行之日起不再适用。

本解释施行后尚未终审的买卖合同纠纷案件,适用本解释;本解释施行前已经终审,当事人申请再审或者按照审判监督程序决定再审的,不适用本解释。

最高人民法院关于审理城镇房屋租赁合同纠纷案件具体应用法律若干问题的解释

· 2009 年 6 月 22 日最高人民法院审判委员会第 1469 次会议通过
· 根据 2020 年 12 月 23 日最高人民法院审判委员会第 1823 次会议通过的《最高人民法院关于修改〈最高人民法院关于在民事审判工作中适用《中华人民共和国工会法》若干问题的解释〉等二十七件民事类司法解释的决定》修正

为正确审理城镇房屋租赁合同纠纷案件,依法保护当事人的合法权益,根据《中华人民共和国民法典》等法律规定,结合民事审判实践,制定本解释。

第一条 本解释所称城镇房屋,是指城市、镇规划区内的房屋。

乡、村庄规划区内的房屋租赁合同纠纷案件,可以参照本解释处理。但法律另有规定的,适用其规定。

当事人依照国家福利政策租赁公有住房、廉租住房、经济适用住房产生的纠纷案件,不适用本解释。

第二条 出租人就未取得建设工程规划许可

证或者未按照建设工程规划许可证的规定建设的房屋,与承租人订立的租赁合同无效。但在一审法庭辩论终结前取得建设工程规划许可证或者经主管部门批准建设的,人民法院应当认定有效。

第三条 出租人就未经批准或者未按照批准内容建设的临时建筑,与承租人订立的租赁合同无效。但在一审法庭辩论终结前经主管部门批准建设的,人民法院应当认定有效。

租赁期限超过临时建筑的使用期限,超过部分无效。但在一审法庭辩论终结前经主管部门批准延长使用期限的,人民法院应当认定延长使用期限内的租赁期间有效。

第四条 房屋租赁合同无效,当事人请求参照合同约定的租金标准支付房屋占有使用费的,人民法院一般应予支持。

当事人请求赔偿因合同无效受到的损失,人民法院依照民法典第一百五十七条和本解释第七条、第十一条、第十二条的规定处理。

第五条 出租人就同一房屋订立数份租赁合同,在合同均有效的情况下,承租人均主张履行合同的,人民法院按照下列顺序确定履行合同的承租人:

(一)已经合法占有租赁房屋的;

(二)已经办理登记备案手续的;

(三)合同成立在先的。

不能取得租赁房屋的承租人请求解除合同、赔偿损失的,依照民法典的有关规定处理。

第六条 承租人擅自变动房屋建筑主体和承重结构或者扩建,在出租人要求的合理期限内仍不予恢复原状,出租人请求解除合同并要求赔偿损失的,人民法院依照民法典第七百一十一条的规定处理。

第七条 承租人经出租人同意装饰装修,租赁合同无效时,未形成附合的装饰装修物,出租人同意利用的,可折价归出租人所有;不同意利用的,可由承租人拆除。因拆除造成房屋毁损的,承租人应当恢复原状。

已形成附合的装饰装修物,出租人同意利用的,可折价归出租人所有;不同意利用的,由双方各自按照导致合同无效的过错分担现值损失。

第八条 承租人经出租人同意装饰装修,租赁期间届满或者合同解除时,除当事人另有约定外,未形成附合的装饰装修物,可由承租人拆除。因拆除造成房屋毁损的,承租人应当恢复原状。

第九条 承租人经出租人同意装饰装修,合同解除时,双方对已形成附合的装饰装修物的处理没有约定的,人民法院按照下列情形分别处理:

(一)因出租人违约导致合同解除,承租人请求出租人赔偿剩余租赁期内装饰装修残值损失的,应予支持;

(二)因承租人违约导致合同解除,承租人请求出租人赔偿剩余租赁期内装饰装修残值损失的,不予支持。但出租人同意利用的,应在利用价值范围内予以适当补偿;

(三)因双方违约导致合同解除,剩余租赁期内的装饰装修残值损失,由双方根据各自的过错承担相应的责任;

(四)因不可归责于双方的事由导致合同解除的,剩余租赁期内的装饰装修残值损失,由双方按照公平原则分担。法律另有规定的,适用其规定。

第十条 承租人经出租人同意装饰装修,租赁期间届满时,承租人请求出租人补偿附合装饰装修费用的,不予支持。但当事人另有约定的除外。

第十一条 承租人未经出租人同意装饰装修或者扩建发生的费用,由承租人负担。出租人请求承租人恢复原状或者赔偿损失的,人民法院应予支持。

第十二条 承租人经出租人同意扩建,但双方对扩建费用的处理没有约定的,人民法院按照下列情形分别处理:

(一)办理合法建设手续的,扩建造价费用由出租人负担;

(二)未办理合法建设手续的,扩建造价费用由双方按照过错分担。

第十三条 房屋租赁合同无效、履行期限届满或者解除,出租人请求负有腾房义务的次承租人支付逾期腾房占有使用费的,人民法院应予支持。

第十四条 租赁房屋在承租人按照租赁合同占有期限内发生所有权变动,承租人请求房屋受让人继续履行原租赁合同的,人民法院应予支持。但租赁房屋具有下列情形或者当事人另有约定的除外:

(一)房屋在出租前已设立抵押权,因抵押权人实现抵押权发生所有权变动的;

(二)房屋在出租前已被人民法院依法查封的。

第十五条 出租人与抵押权人协议折价、变卖租赁房屋偿还债务,应当在合理期限内通知承租人。承租人请求以同等条件优先购买房屋的,人民法院应予支持。

第十六条 本解释施行前已经终审,本解释施行后当事人申请再审或者按照审判监督程序决定再审的案件,不适用本解释。

最高人民法院关于审理商品房买卖合同纠纷案件适用法律若干问题的解释

· 2003年3月24日最高人民法院审判委员会第1267次会议通过

· 根据2020年12月23日最高人民法院审判委员会第1823次会议通过的《最高人民法院关于修改〈最高人民法院关于在民事审判工作中适用《中华人民共和国工会法》若干问题的解释〉等二十七件民事类司法解释的决定》修正

为正确、及时审理商品房买卖合同纠纷案件,根据《中华人民共和国民法典》《中华人民共和国城市房地产管理法》等相关法律,结合民事审判实践,制定本解释。

第一条 本解释所称的商品房买卖合同,是指房地产开发企业(以下统称为出卖人)将尚未建成或者已竣工的房屋向社会销售并转移房屋所有权于买受人,买受人支付价款的合同。

第二条 出卖人未取得商品房预售许可证明,与买受人订立的商品房预售合同,应当认定无效,但是在起诉前取得商品房预售许可证明的,可以认定有效。

第三条 商品房的销售广告和宣传资料为要约邀请,但是出卖人就商品房开发规划范围内的房屋及相关设施所作的说明和允诺具体确定,并对商品房买卖合同的订立以及房屋价格的确定有重大影响的,构成要约。该说明和允诺即使未载入商品房买卖合同,亦应当为合同内容,当事人违反的,应当承担违约责任。

第四条 出卖人通过认购、订购、预订等方式向买受人收受定金作为订立商品房买卖合同担保的,如果因当事人一方原因未能订立商品房买卖合同,应当按照法律关于定金的规定处理;因不可归责于当事人双方的事由,导致商品房买卖合同未能订立的,出卖人应当将定金返还买受人。

第五条 商品房的认购、订购、预订等协议具备《商品房销售管理办法》第十六条规定的商品房买卖合同的主要内容,并且出卖人已经按照约定收受购房款的,该协议应当认定为商品房买卖合同。

第六条 当事人以商品房预售合同未按照法律、行政法规规定办理登记备案手续为由,请求确认合同无效的,不予支持。

当事人约定以办理登记备案手续为商品房预售合同生效条件的,从其约定,但当事人一方已经履行主要义务,对方接受的除外。

第七条 买受人以出卖人与第三人恶意串通,另行订立商品房买卖合同并将房屋交付使用,导致其无法取得房屋为由,请求确认出卖人与第三人订立的商品房买卖合同无效的,应予支持。

第八条 对房屋的转移占有,视为房屋的交付使用,但当事人另有约定的除外。

房屋毁损、灭失的风险,在交付使用前由出卖人承担,交付使用后由买受人承担;买受人接到出卖人的书面交房通知,无正当理由拒绝接收的,房屋毁损、灭失的风险自书面交房通知确定的交付使用之日起由买受人承担,但法律另有规定或者当事人另有约定的除外。

第九条 因房屋主体结构质量不合格不能交付使用,或者房屋交付使用后,房屋主体结构质量经核验确属不合格,买受人请求解除合同和赔偿损失的,应予支持。

第十条 因房屋质量问题严重影响正常居住使用,买受人请求解除合同和赔偿损失的,应予支持。

交付使用的房屋存在质量问题,在保修期内,出卖人应当承担修复责任;出卖人拒绝修复或者在合理期限内拖延修复的,买受人可以自行或者委托他人修复。修复费用及修复期间造成的其他损失由出卖人承担。

第十一条 根据民法典第五百六十三条的规定,出卖人迟延交付房屋或者买受人迟延支付购房款,经催告后在三个月的合理期限内仍未履行,解除权人请求解除合同的,应予支持,但当事人另有约定的除外。

法律没有规定或者当事人没有约定，经对方当事人催告后，解除权行使的合理期限为三个月。对方当事人没有催告的，解除权人自知道或者应当知道解除事由之日起一年内行使。逾期不行使的，解除权消灭。

第十二条 当事人以约定的违约金过高为由请求减少的，应当以违约金超过造成的损失30%为标准适当减少；当事人以约定的违约金低于造成的损失为由请求增加的，应当以违约造成的损失确定违约金数额。

第十三条 商品房买卖合同没有约定违约金数额或者损失赔偿额计算方法，违约金数额或者损失赔偿额可以参照以下标准确定：

逾期付款的，按照未付购房款总额，参照中国人民银行规定的金融机构计收逾期贷款利息的标准计算。

逾期交付使用房屋的，按照逾期交付使用房屋期间有关主管部门公布或者有资格的房地产评估机构评定的同地段同类房屋租金标准确定。

第十四条 由于出卖人的原因，买受人在下列期限届满未能取得不动产权属证书的，除当事人有特殊约定外，出卖人应当承担违约责任：

（一）商品房买卖合同约定的办理不动产登记的期限；

（二）商品房买卖合同的标的物为尚未建成房屋的，自房屋交付使用之日起90日；

（三）商品房买卖合同的标的物为已竣工房屋的，自合同订立之日起90日。

合同没有约定违约金或者损失数额难以确定的，可以按照已付购房款总额，参照中国人民银行规定的金融机构计收逾期贷款利息的标准计算。

第十五条 商品房买卖合同约定或者城市房地产开发经营管理条例第三十二条规定的办理不动产登记的期限届满后超过一年，由于出卖人的原因，导致买受人无法办理不动产登记，买受人请求解除合同和赔偿损失的，应予支持。

第十六条 出卖人与包销人订立商品房包销合同，约定出卖人将其开发建设的房屋交由包销人以出卖人的名义销售的，包销期满未销售的房屋，由包销人按照合同约定的包销价格购买，但当事人另有约定的除外。

第十七条 出卖人自行销售已经约定由包销人包销的房屋，包销人请求出卖人赔偿损失的，应予支持，但当事人另有约定的除外。

第十八条 对于买受人因商品房买卖合同与出卖人发生的纠纷，人民法院应当通知包销人参加诉讼；出卖人、包销人和买受人对各自的权利义务有明确约定的，按照约定的内容确定各方的诉讼地位。

第十九条 商品房买卖合同约定，买受人以担保贷款方式付款、因当事人一方原因未能订立商品房担保贷款合同并导致商品房买卖合同不能继续履行的，对方当事人可以请求解除合同和赔偿损失。因不可归责于当事人双方的事由未能订立商品房担保贷款合同并导致商品房买卖合同不能继续履行的，当事人可以请求解除合同，出卖人应当将收受的购房款本金及其利息或者定金返还买受人。

第二十条 因商品房买卖合同被确认无效或者被撤销、解除，致使商品房担保贷款合同的目的无法实现，当事人请求解除商品房担保贷款合同的，应予支持。

第二十一条 以担保贷款为付款方式的商品房买卖合同的当事人一方请求确认商品房买卖合同无效或者撤销、解除合同的，如果担保权人作为有独立请求权第三人提出诉讼请求，应当与商品房担保贷款合同纠纷合并审理；未提出诉讼请求的，仅处理商品房买卖合同纠纷。担保权人就商品房担保贷款合同纠纷另行起诉的，可以与商品房买卖合同纠纷合并审理。

商品房买卖合同被确认无效或者被撤销、解除后，商品房担保贷款合同也被解除的、出卖人应当将收受的购房贷款和购房款的本金及利息分别返还担保权人和买受人。

第二十二条 买受人未按照商品房担保贷款合同的约定偿还贷款，亦未与担保权人办理不动产抵押登记手续，担保权人起诉买受人，请求处分商品房买卖合同项下买受人合同权利的，应当通知出卖人参加诉讼；担保权人同时起诉出卖人时，如果出卖人为商品房担保贷款合同提供保证的，应当列为共同被告。

第二十三条 买受人未按照商品房担保贷款合同的约定偿还贷款，但是已经取得不动产权属证书并与担保权人办理了不动产抵押登记手续，抵押权人请求买受人偿还贷款或者就抵押的房屋优先受偿的，不应当追加出卖人为当事人，但出卖人提供保证的除外。

第二十四条 本解释自2003年6月1日起施行。

城市房地产管理法施行后订立的商品房买卖合同发生的纠纷案件,本解释公布施行后尚在一审、二审阶段的,适用本解释。

城市房地产管理法施行后订立的商品房买卖合同发生的纠纷案件,在本解释公布施行前已经终审,当事人申请再审或者按照审判监督程序决定再审的,不适用本解释。

城市房地产管理法施行前发生的商品房买卖行为,适用当时的法律、法规和《最高人民法院〈关于审理房地产管理法施行前房地产开发经营案件若干问题的解答〉》。

最高人民法院关于审理民间借贷案件适用法律若干问题的规定

·2015年6月23日最高人民法院审判委员会第1655次会议通过

·根据2020年8月18日最高人民法院审判委员会第1809次会议通过的《最高人民法院关于修改〈关于审理民间借贷案件适用法律若干问题的规定〉的决定》第一次修正

·根据2020年12月23日最高人民法院审判委员会第1823次会议通过的《最高人民法院关于修改〈最高人民法院关于在民事审判工作中适用《中华人民共和国工会法》若干问题的解释〉等二十七件民事类司法解释的决定》第二次修正

为正确审理民间借贷纠纷案件,根据《中华人民共和国民法典》《中华人民共和国民事诉讼法》《中华人民共和国刑事诉讼法》等相关法律之规定,结合审判实践,制定本规定。

第一条 本规定所称的民间借贷,是指自然人、法人和非法人组织之间进行资金融通的行为。

经金融监管部门批准设立的从事贷款业务的金融机构及其分支机构,因发放贷款等相关金融业务引发的纠纷,不适用本规定。

第二条 出借人向人民法院提起民间借贷诉讼时,应当提供借据、收据、欠条等债权凭证以及其他能够证明借贷法律关系存在的证据。

当事人持有的借据、收据、欠条等债权凭证没有载明债权人,持有债权凭证的当事人提起民间借贷诉讼的,人民法院应予受理。被告对原告的债权人资格提出有事实依据的抗辩,人民法院经审查认为原告不具有债权人资格的,裁定驳回起诉。

第三条 借贷双方就合同履行地未约定或者约定不明确,事后未达成补充协议,按照合同相关条款或者交易习惯仍不能确定的,以接受货币一方所在地为合同履行地。

第四条 保证人为借款人提供连带责任保证,出借人仅起诉借款人的,人民法院可以不追加保证人为共同被告;出借人仅起诉保证人的,人民法院可以追加借款人为共同被告。

保证人为借款人提供一般保证,出借人仅起诉保证人的,人民法院应当追加借款人为共同被告;出借人仅起诉借款人的,人民法院可以不追加保证人为共同被告。

第五条 人民法院立案后,发现民间借贷行为本身涉嫌非法集资等犯罪的,应当裁定驳回起诉,并将涉嫌非法集资等犯罪的线索、材料移送公安或者检察机关。

公安或者检察机关不予立案,或者立案侦查后撤销案件,或者检察机关作出不起诉决定,或者经人民法院生效判决认定不构成非法集资等犯罪,当事人又以同一事实向人民法院提起诉讼的,人民法院应予受理。

第六条 人民法院立案后,发现与民间借贷纠纷案件虽有关联但不是同一事实的涉嫌非法集资等犯罪的线索、材料的,人民法院应当继续审理民间借贷纠纷案件,并将涉嫌非法集资等犯罪的线索、材料移送公安或者检察机关。

第七条 民间借贷纠纷的基本案件事实必须以刑事案件的审理结果为依据,而该刑事案件尚未审结的,人民法院应当裁定中止诉讼。

第八条 借款人涉嫌犯罪或者生效判决认定其有罪,出借人起诉请求担保人承担民事责任的,人民法院应予受理。

第九条 自然人之间的借款合同具有下列情形之一的,可以视为合同成立:

(一)以现金支付的,自借款人收到借款时;

(二)以银行转账、网上电子汇款等形式支付的,自资金到达借款人账户时;

(三)以票据交付的,自借款人依法取得票据权利时；

（四）出借人将特定资金账户支配权授权给借款人的，自借款人取得对该账户实际支配权时；

（五）出借人以与借款人约定的其他方式提供借款并实际履行完成时。

第十条 法人之间、非法人组织之间以及它们相互之间为生产、经营需要订立的民间借贷合同，除存在民法典第一百四十六条、第一百五十三条、第一百五十四条以及本规定第十三条规定的情形外，当事人主张民间借贷合同有效的，人民法院应予支持。

第十一条 法人或者非法人组织在本单位内部通过借款形式向职工筹集资金，用于本单位生产、经营，且不存在民法典第一百四十四条、第一百四十六条、第一百五十三条、第一百五十四条以及本规定第十三条规定的情形，当事人主张民间借贷合同有效的，人民法院应予支持。

第十二条 借款人或者出借人的借贷行为涉嫌犯罪，或者已经生效的裁判认定构成犯罪，当事人提起民事诉讼的，民间借贷合同并不当然无效。人民法院应当依据民法典第一百四十四条、第一百四十六条、第一百五十三条、第一百五十四条以及本规定第十三条之规定，认定民间借贷合同的效力。

担保人以借款人或者出借人的借贷行为涉嫌犯罪或者已经生效的裁判认定构成犯罪为由，主张不承担民事责任的，人民法院应当依据民间借贷合同与担保合同的效力、当事人的过错程度，依法确定担保人的民事责任。

第十三条 具有下列情形之一的，人民法院应当认定民间借贷合同无效：

（一）套取金融机构贷款转贷的；

（二）以向其他营利法人借贷、向本单位职工集资，或者以向公众非法吸收存款等方式取得的资金转贷的；

（三）未依法取得放贷资格的出借人，以营利为目的向社会不特定对象提供借款的；

（四）出借人事先知道或者应当知道借款人借款用于违法犯罪活动仍然提供借款的；

（五）违反法律、行政法规强制性规定的；

（六）违背公序良俗的。

第十四条 原告以借据、收据、欠条等债权凭证为依据提起民间借贷诉讼，被告依据基础法律关系提出抗辩或者反诉，并提供证据证明债权纠纷非民间借贷行为引起的，人民法院应当依据查明的案件事实，按照基础法律关系审理。

当事人通过调解、和解或者清算达成的债权债务协议，不适用前款规定。

第十五条 原告仅依据借据、收据、欠条等债权凭证提起民间借贷诉讼，被告抗辩已经偿还借款的，被告应当对其主张提供证据证明。被告提供相应证据证明其主张后，原告仍应就借贷关系的存续承担举证责任。

被告抗辩借贷行为尚未实际发生并能作出合理说明的，人民法院应当结合借贷金额、款项交付、当事人的经济能力、当地或者当事人之间的交易方式、交易习惯、当事人财产变动情况以及证人证言等事实和因素，综合判断查证借贷事实是否发生。

第十六条 原告仅依据金融机构的转账凭证提起民间借贷诉讼，被告抗辩转账系偿还双方之前借款或者其他债务的，被告应当对其主张提供证据证明。被告提供相应证据证明其主张后，原告仍应就借贷关系的成立承担举证责任。

第十七条 依据《最高人民法院关于适用〈中华人民共和国民事诉讼法〉的解释》第一百七十四条第二款之规定，负有举证责任的原告无正当理由拒不到庭，经审查现有证据无法确认借贷行为、借贷金额、支付方式等案件主要事实的，人民法院对原告主张的事实不予认定。

第十八条 人民法院审理民间借贷纠纷案件时发现有下列情形之一的，应当严格审查借贷发生的原因、时间、地点、款项来源、交付方式、款项流向以及借贷双方的关系、经济状况等事实，综合判断是否属于虚假民事诉讼：

（一）出借人明显不具备出借能力；

（二）出借人起诉所依据的事实和理由明显不符合常理；

（三）出借人不能提交债权凭证或者提交的债权凭证存在伪造的可能；

（四）当事人双方在一定期限内多次参加民间借贷诉讼；

（五）当事人无正当理由拒不到庭参加诉讼，委托代理人对借贷事实陈述不清或者陈述前后矛盾；

（六）当事人双方对借贷事实的发生没有任何争议或者诉辩明显不符合常理；

（七）借款人的配偶或者合伙人、案外人的其他债权人提出有事实依据的异议；

（八）当事人在其他纠纷中存在低价转让财产的情形；

（九）当事人不正当放弃权利；

（十）其他可能存在虚假民间借贷诉讼的情形。

第十九条 经查明属于虚假民间借贷诉讼，原告申请撤诉的，人民法院不予准许，并应当依据民事诉讼法第一百一十二条[①]之规定，判决驳回其请求。

诉讼参与人或者其他人恶意制造、参与虚假诉讼，人民法院应当依据民事诉讼法第一百一十一条、第一百一十二条和第一百一十三条之规定，依法予以罚款、拘留；构成犯罪的，应当移送有管辖权的司法机关追究刑事责任。

单位恶意制造、参与虚假诉讼的，人民法院应当对该单位进行罚款，并可以对其主要负责人或者直接责任人员予以罚款、拘留；构成犯罪的，应当移送有管辖权的司法机关追究刑事责任。

第二十条 他人在借据、收据、欠条等债权凭证或者借款合同上签名或者盖章，但是未表明其保证人身份或者承担保证责任，或者通过其他事实不能推定其为保证人，出借人请求其承担保证责任的，人民法院不予支持。

第二十一条 借贷双方通过网络贷款平台形成借贷关系，网络贷款平台的提供者仅提供媒介服务，当事人请求其承担担保责任的，人民法院不予支持。

网络贷款平台的提供者通过网页、广告或者其他媒介明示或者有其他证据证明其为借贷提供担保，出借人请求网络贷款平台的提供者承担担保责任的，人民法院应予支持。

第二十二条 法人的法定代表人或者非法人组织的负责人以单位名义与出借人签订民间借贷合同，有证据证明所借款项系法定代表人或者负责人个人使用，出借人请求将法定代表人或者负责人列为共同被告或者第三人的，人民法院应予准许。

法人的法定代表人或者非法人组织的负责人以个人名义与出借人订立民间借贷合同，所借款项用于单位生产经营，出借人请求单位与个人共同承担责任的，人民法院应予支持。

第二十三条 当事人以订立买卖合同作为民间借贷合同的担保，借款到期后借款人不能还款，出借人请求履行买卖合同的，人民法院应当按照民间借贷法律关系审理。当事人根据法庭审理情况变更诉讼请求的，人民法院应当准许。

按照民间借贷法律关系审理作出的判决生效后，借款人不履行生效判决确定的金钱债务，出借人可以申请拍卖买卖合同标的物，以偿还债务。就拍卖所得的价款与应偿还借款本息之间的差额，借款人或者出借人有权主张返还或者补偿。

第二十四条 借贷双方没有约定利息，出借人主张支付利息的，人民法院不予支持。

自然人之间借贷对利息约定不明，出借人主张支付利息的，人民法院不予支持。除自然人之间借贷的外，借贷双方对借贷利息约定不明，出借人主张利息的，人民法院应当结合民间借贷合同的内容，并根据当地或者当事人的交易方式、交易习惯、市场报价利率等因素确定利息。

第二十五条 出借人请求借款人按照合同约定利率支付利息的，人民法院应予支持，但是双方约定的利率超过合同成立时一年期贷款市场报价利率四倍的除外。

前款所称"一年期贷款市场报价利率"，是指中国人民银行授权全国银行间同业拆借中心自2019年8月20日起每月发布的一年期贷款市场报价利率。

第二十六条 借据、收据、欠条等债权凭证载明的借款金额，一般认定为本金。预先在本金中扣除利息的，人民法院应当将实际出借的金额认定为本金。

第二十七条 借贷双方对前期借款本息结算后将利息计入后期借款本金并重新出具债权凭证，如果前期利率没有超过合同成立时一年期贷款市场报价利率四倍，重新出具的债权凭证载明的金额可认定为后期借款本金。超过部分的利息，不应认定为后期借款本金。

按前款计算，借款人在借款期间届满后应当支付的本息之和，超过以最初借款本金与以最初借款本金为基数、以合同成立时一年期贷款市场报价利率四倍计算的整个借款期间的利息之和的，人民法院不予支持。

第二十八条 借贷双方对逾期利率有约定的，从其约定，但是以不超过合同成立时一年期贷款市场报价利率四倍为限。

① 对应2021年《民事诉讼法》第115条。

未约定逾期利率或者约定不明的，人民法院可以区分不同情况处理：

（一）既未约定借期内利率，也未约定逾期利率，出借人主张借款人自逾期还款之日起参照当时一年期贷款市场报价利率标准计算的利息承担逾期还款违约责任的，人民法院应予支持；

（二）约定了借期内利率但是未约定逾期利率，出借人主张借款人自逾期还款之日起按照借期内利率支付资金占用期间利息的，人民法院应予支持。

第二十九条 出借人与借款人既约定了逾期利率，又约定了违约金或者其他费用，出借人可以选择主张逾期利息、违约金或者其他费用，也可以一并主张，但是总计超过合同成立时一年期贷款市场报价利率四倍的部分，人民法院不予支持。

第三十条 借款人可以提前偿还借款，但是当事人另有约定的除外。

借款人提前偿还借款并主张按照实际借款期限计算利息的，人民法院应予支持。

第三十一条 本规定施行后，人民法院新受理的一审民间借贷纠纷案件，适用本规定。

2020年8月20日之后新受理的一审民间借贷案件，借贷合同成立于2020年8月20日之前，当事人请求适用当时的司法解释计算自合同成立到2020年8月19日的利息部分的，人民法院应予支持；对于自2020年8月20日到借款返还之日的利息部分，适用起诉时本规定的利率保护标准计算。

本规定施行后，最高人民法院以前作出的相关司法解释与本规定不一致的，以本规定为准。

最高人民法院关于适用《中华人民共和国民法典》有关担保制度的解释

· 2020年12月25日最高人民法院审判委员会第1824次会议通过
· 2020年12月31日最高人民法院公告公布
· 法释〔2020〕28号
· 自2021年1月1日起施行

为正确适用《中华人民共和国民法典》有关担保制度的规定，结合民事审判实践，制定本解释。

一、关于一般规定

第一条 因抵押、质押、留置、保证等担保发生的纠纷，适用本解释。所有权保留买卖、融资租赁、保理等涉及担保功能发生的纠纷，适用本解释的有关规定。

第二条 当事人在担保合同中约定担保合同的效力独立于主合同，或者约定担保人对主合同无效的法律后果承担担保责任，该有关担保独立性的约定无效。主合同有效的，有关担保独立性的约定无效不影响担保合同的效力；主合同无效的，人民法院应当认定担保合同无效，但是法律另有规定的除外。

因金融机构开立的独立保函发生的纠纷，适用《最高人民法院关于审理独立保函纠纷案件若干问题的规定》。

第三条 当事人对担保责任的承担约定专门的违约责任，或者约定的担保责任范围超出债务人应当承担的责任范围，担保人主张仅在债务人应当承担的责任范围内承担责任的，人民法院应予支持。

担保人承担的责任超出债务人应当承担的责任范围，担保人向债务人追偿，债务人主张仅在其应当承担的责任范围内承担责任的，人民法院应予支持；担保人请求债权人返还超出部分的，人民法院依法予以支持。

第四条 有下列情形之一，当事人将担保物权登记在他人名下，债务人不履行到期债务或者发生当事人约定的实现担保物权的情形，债权人或者其受托人主张就该财产优先受偿的，人民法院依法予以支持：

（一）为债券持有人提供的担保物权登记在债券受托管理人名下；

（二）为委托贷款人提供的担保物权登记在受托人名下；

（三）担保人知道债权人与他人之间存在委托关系的其他情形。

第五条 机关法人提供担保的，人民法院应当认定担保合同无效，但是经国务院批准为使用外国政府或者国际经济组织贷款进行转贷的除外。

居民委员会、村民委员会提供担保的，人民法院应当认定担保合同无效，但是依法代行村集体经济组织职能的村民委员会，依照村民委员会组织法规定的讨论决定程序对外提供担保的除外。

第六条 以公益为目的的非营利性学校、幼儿园、医疗机构、养老机构等提供担保的，人民法院应当认定担保合同无效，但是有下列情形之一的除外：

（一）在购入或者以融资租赁方式承租教育设施、医疗卫生设施、养老服务设施和其他公益设施时，出卖人、出租人为担保价款或者租金实现而在该公益设施上保留所有权；

（二）以教育设施、医疗卫生设施、养老服务设施和其他公益设施以外的不动产、动产或者财产权利设立担保物权。

登记为营利法人的学校、幼儿园、医疗机构、养老机构等提供担保，当事人以其不具有担保资格为由主张担保合同无效的，人民法院不予支持。

第七条 公司的法定代表人违反公司法关于公司对外担保决议程序的规定，超越权限代表公司与相对人订立担保合同，人民法院应当依照民法典第六十一条和第五百零四条等规定处理：

（一）相对人善意的，担保合同对公司发生效力；相对人请求公司承担担保责任的，人民法院应予支持。

（二）相对人非善意的，担保合同对公司不发生效力；相对人请求公司承担赔偿责任的，参照适用本解释第十七条的有关规定。

法定代表人超越权限提供担保造成公司损失，公司请求法定代表人承担赔偿责任的，人民法院应予支持。

第一款所称善意，是指相对人在订立担保合同时不知道且不应当知道法定代表人超越权限。相对人有证据证明已对公司决议进行了合理审查，人民法院应当认定其构成善意，但是公司有证据证明相对人知道或者应当知道决议系伪造、变造的除外。

第八条 有下列情形之一，公司以其未依照公司法关于公司对外担保的规定作出决议为由主张不承担担保责任的，人民法院不予支持：

（一）金融机构开立保函或者担保公司提供担保；

（二）公司为其全资子公司开展经营活动提供担保；

（三）担保合同系由单独或者共同持有公司三分之二以上对担保事项有表决权的股东签字同意。

上市公司对外提供担保，不适用前款第二项、第三项的规定。

第九条 相对人根据上市公司公开披露的关于担保事项已经董事会或者股东大会决议通过的信息，与上市公司订立担保合同，相对人主张担保合同对上市公司发生效力，并由上市公司承担担保责任的，人民法院应予支持。

相对人未根据上市公司公开披露的关于担保事项已经董事会或者股东大会决议通过的信息，与上市公司订立担保合同，上市公司主张担保合同对其不发生效力，且不承担担保责任或者赔偿责任的，人民法院应予支持。

相对人与上市公司已公开披露的控股子公司订立的担保合同，或者相对人与股票在国务院批准的其他全国性证券交易场所交易的公司订立的担保合同，适用前两款规定。

第十条 一人有限责任公司为其股东提供担保，公司以违反公司法关于公司对外担保决议程序的规定为由主张不承担担保责任的，人民法院不予支持。公司因承担担保责任导致无法清偿其他债务，提供担保时的股东不能证明公司财产独立于自己的财产，其他债权人请求该股东承担连带责任的，人民法院应予支持。

第十一条 公司的分支机构未经公司股东（大）会或者董事会决议以自己的名义对外提供担保，相对人请求公司或者其分支机构承担担保责任的，人民法院不予支持，但是相对人不知道且不应当知道分支机构对外提供担保未经公司决议程序的除外。

金融机构的分支机构在其营业执照记载的经营范围内开立保函，或者经有权从事担保业务的上级机构授权开立保函，金融机构或者其分支机构以违反公司法关于公司对外担保决议程序的规定为由主张不承担担保责任的，人民法院不予支持。金融机构的分支机构未经金融机构授权提供保函之外的担保，金融机构或者其分支机构主张不承担担保责任的，人民法院应予支持，但是相对人不知道且不应当知道分支机构对外提供担保未经金融机构授权的除外。

担保公司的分支机构未经担保公司授权对外提供担保，担保公司或者其分支机构主张不承担担保责任的,人民法院应予支持,但是相对人不知道且不应当知道分支机构对外提供担保未经担保公司授权的除外。

公司的分支机构对外提供担保,相对人非善意,请求公司承担赔偿责任的,参照本解释第十七条的有关规定处理。

第十二条 法定代表人依照民法典第五百五十二条的规定以公司名义加入债务的,人民法院在认定该行为的效力时,可以参照本解释关于公司为他人提供担保的有关规则处理。

第十三条 同一债务有两个以上第三人提供担保,担保人之间约定相互追偿及分担份额,承担了担保责任的担保人请求其他担保人按照约定分担份额的,人民法院应予支持;担保人之间约定承担连带共同担保,或者约定相互追偿但是未约定分担份额的,各担保人按照比例分担向债务人不能追偿的部分。

同一债务有两个以上第三人提供担保,担保人之间未对相互追偿作出约定且未约定承担连带共同担保,但是各担保人在同一份合同书上签字、盖章或者按指印,承担了担保责任的担保人请求其他担保人按照比例分担向债务人不能追偿部分的,人民法院应予支持。

除前两款规定的情形外,承担了担保责任的担保人请求其他担保人分担向债务人不能追偿部分的,人民法院不予支持。

第十四条 同一债务有两个以上第三人提供担保,担保人受让债权的,人民法院应当认定该行为系承担担保责任。受让债权的担保人作为债权人请求其他担保人承担担保责任的,人民法院不予支持;该担保人请求其他担保人分担相应份额的,依照本解释第十三条的规定处理。

第十五条 最高额担保中的最高债权额,是指包括主债权及其利息、违约金、损害赔偿金、保管担保财产的费用、实现债权或者实现担保物权的费用等在内的全部债权,但是当事人另有约定的除外。

登记的最高债权额与当事人约定的最高债权额不一致的,人民法院应当依据登记的最高债权额确定债权人优先受偿的范围。

第十六条 主合同当事人协议以新贷偿还旧贷,债权人请求旧贷的担保人承担担保责任的,人民法院不予支持;债权人请求新贷的担保人承担担保责任的,按照下列情形处理:

(一)新贷与旧贷的担保人相同的,人民法院应予支持;

(二)新贷与旧贷的担保人不同,或者旧贷无担保新贷有担保的,人民法院不予支持,但是债权人有证据证明新贷的担保人提供担保时对以新贷偿还旧贷的事实知道或者应当知道的除外。

主合同当事人协议以新贷偿还旧贷,旧贷的物的担保人在登记尚未注销的情形下同意继续为新贷提供担保,在订立新的贷款合同前又以该担保财产为其他债权人设立担保物权,其他债权人主张其担保物权顺位优先于新贷债权人的,人民法院不予支持。

第十七条 主合同有效而第三人提供的担保合同无效,人民法院应当区分不同情形确定担保人的赔偿责任:

(一)债权人与担保人均有过错的,担保人承担的赔偿责任不应超过债务人不能清偿部分的二分之一;

(二)担保人有过错而债权人无过错的,担保人对债务人不能清偿的部分承担赔偿责任;

(三)债权人有过错而担保人无过错的,担保人不承担赔偿责任。

主合同无效导致第三人提供的担保合同无效,担保人无过错的,不承担赔偿责任;担保人有过错的,其承担的赔偿责任不应超过债务人不能清偿部分的三分之一。

第十八条 承担了担保责任或者赔偿责任的担保人,在其承担责任的范围内向债务人追偿的,人民法院应予支持。

同一债权既有债务人自己提供的物的担保,又有第三人提供的担保,承担了担保责任或者赔偿责任的第三人,主张行使债权人对债务人享有的担保物权的,人民法院应予支持。

第十九条 担保合同无效,承担了赔偿责任的担保人按照反担保合同的约定,在其承担赔偿责任的范围内请求反担保人承担担保责任的,人民法院应予支持。

反担保合同无效的,依照本解释第十七条的有关规定处理。当事人仅以担保合同无效为由主张反担保合同无效的,人民法院不予支持。

第二十条 人民法院在审理第三人提供的物的担保纠纷案件时,可以适用民法典第六百九十五条第一款、第六百九十六条第一款、第六百九十七条第二款、第六百九十九条、第七百条、第七百零一条、第七百零二条等关于保证合同的规定。

第二十一条 主合同或者担保合同约定了仲裁条款的，人民法院对约定仲裁条款的合同当事人之间的纠纷无管辖权。

债权人一并起诉债务人和担保人的，应当根据主合同确定管辖法院。

债权人依法可以单独起诉担保人且仅起诉担保人的，应当根据担保合同确定管辖法院。

第二十二条 人民法院受理债务人破产案件后，债权人请求担保人承担担保责任，担保人主张担保债务自人民法院受理破产申请之日起停止计息的，人民法院对担保人的主张应予支持。

第二十三条 人民法院受理债务人破产案件，债权人在破产程序中申报债权后又向人民法院提起诉讼，请求担保人承担担保责任的，人民法院依法予以支持。

担保人清偿债权人的全部债权后，可以代替债权人在破产程序中受偿；在债权人的债权未获全部清偿前，担保人不得代替债权人在破产程序中受偿，但是有权就债权人通过破产分配和实现担保债权等方式获得清偿总额中超出债权的部分，在其承担担保责任的范围内请求债权人返还。

债权人在债务人破产程序中未获全部清偿，请求担保人继续承担担保责任的，人民法院应予支持；担保人承担担保责任后，向和解协议或者重整计划执行完毕后的债务人追偿的，人民法院不予支持。

第二十四条 债权人知道或者应当知道债务人破产，既未申报债权也未通知担保人，致使担保人不能预先行使追偿权的，担保人就该债权在破产程序中可能受偿的范围内免除担保责任，但是担保人因自身过错未行使追偿权的除外。

二、关于保证合同

第二十五条 当事人在保证合同中约定了保证人在债务人不能履行债务或者无力偿还债务时才承担保证责任等类似内容，具有债务人应当先承担责任的意思表示的，人民法院应当将其认定为一般保证。

当事人在保证合同中约定了保证人在债务人不履行债务或者未偿还债务时即承担保证责任、无条件承担保证责任等类似内容，不具有债务人应当先承担责任的意思表示的，人民法院应当将其认定为连带责任保证。

第二十六条 一般保证中，债权人以债务人为被告提起诉讼的，人民法院应予受理。债权人未就主合同纠纷提起诉讼或者申请仲裁，仅起诉一般保证人的，人民法院应当驳回起诉。

一般保证中，债权人一并起诉债务人和保证人的，人民法院可以受理，但是在作出判决时，除有民法典第六百八十七条第二款但书规定的情形外，应当在判决书主文中明确，保证人仅对债务人财产依法强制执行后仍不能履行的部分承担保证责任。

债权人未对债务人的财产申请保全，或者保全的债务人的财产足以清偿债务，债权人申请对一般保证人的财产进行保全的，人民法院不予准许。

第二十七条 一般保证的债权人取得对债务人赋予强制执行效力的公证债权文书后，在保证期间内向人民法院申请强制执行，保证人以债权人未在保证期间内对债务人提起诉讼或者申请仲裁为由主张不承担保证责任的，人民法院不予支持。

第二十八条 一般保证中，债权人依据生效法律文书对债务人的财产依法申请强制执行，保证债务诉讼时效的起算时间按照下列规则确定：

（一）人民法院作出终结本次执行程序裁定，或者依照民事诉讼法第二百五十七条[①]第三项、第五项的规定作出终结执行裁定的，自裁定送达债权人之日起开始计算；

（二）人民法院自收到申请执行书之日起一年内未作出前项裁定的，自人民法院收到申请执行书满一年之日起开始计算，但是保证人有证据证明债务人仍有财产可供执行的除外。

一般保证的债权人在保证期间届满前对债务人提起诉讼或者申请仲裁，债权人举证证明存在民法典第六百八十七条第二款但书规定情形的，保证债务的诉讼时效自债权人知道或者应当知道该情形之日起开始计算。

第二十九条 条同一债务有两个以上保证人，债权人以其已经在保证期间内依法向部分保

① 对应2021年《民事诉讼法》第264条。

证人行使权利为由，主张已经在保证期间内向其他保证人行使权利的，人民法院不予支持。

同一债务有两个以上保证人，保证人之间相互有追偿权，债权人未在保证期间内依法向部分保证人行使权利，导致其他保证人在承担保证责任后丧失追偿权，其他保证人主张在其不能追偿的范围内免除保证责任的，人民法院应予支持。

第三十条 最高额保证合同对保证期间的计算方式、起算时间等有约定的，按照其约定。

最高额保证合同对保证期间的计算方式、起算时间等没有约定或者约定不明，被担保债权的履行期限均已届满的，保证期间自债权确定之日起开始计算；被担保债权的履行期限尚未届满的，保证期间自最后到期债权的履行期限届满之日起开始计算。

前款所称债权确定之日，依照民法典第四百二十三条的规定认定。

第三十一条 一般保证的债权人在保证期间内对债务人提起诉讼或者申请仲裁后，又撤回起诉或者仲裁申请，债权人在保证期间届满前未再行提起诉讼或者申请仲裁，保证人主张不再承担保证责任的，人民法院应予支持。

连带责任保证的债权人在保证期间内对保证人提起诉讼或者申请仲裁后，又撤回起诉或者仲裁申请，起诉状副本或者仲裁申请书副本已经送达保证人的，人民法院应当认定债权人已经在保证期间内向保证人行使了权利。

第三十二条 保证合同约定保证人承担保证责任直至主债务本息还清时为止等类似内容的，视为约定不明，保证期间为主债务履行期限届满之日起六个月。

第三十三条 保证合同无效，债权人未在约定或者法定的保证期间内依法行使权利，保证人主张不承担赔偿责任的，人民法院应予支持。

第三十四条 人民法院在审理保证合同纠纷案件时，应当将保证期间是否届满、债权人是否在保证期间内依法行使权利等事实作为案件基本事实予以查明。

债权人在保证期间内未依法行使权利的，保证责任消灭。保证责任消灭后，债权人书面通知保证人要求承担保证责任，保证人在通知书上签字、盖章或者按指印，债权人请求保证人继续承担保证责任的，人民法院不予支持，但是债权人有证据证明成立了新的保证合同的除外。

第三十五条 保证人知道或者应当知道主债权诉讼时效期间届满仍然提供保证或者承担保证责任，又以诉讼时效期间届满为由拒绝承担保证责任或者请求返还财产的，人民法院不予支持；保证人承担保证责任后向债务人追偿的，人民法院不予支持，但是债务人放弃诉讼时效抗辩的除外。

第三十六条 第三人向债权人提供差额补足、流动性支持等类似承诺文件作为增信措施，具有提供担保的意思表示，债权人请求第三人承担保证责任的，人民法院应当依照保证的有关规定处理。

第三人向债权人提供的承诺文件，具有加入债务或者与债务人共同承担债务等意思表示的，人民法院应当认定为民法典第五百五十二条规定的债务加入。

前两款中第三人提供的承诺文件难以确定是保证还是债务加入的，人民法院应当将其认定为保证。

第三人向债权人提供的承诺文件不符合前三款规定的情形，债权人请求第三人承担保证责任或者连带责任的，人民法院不予支持，但是不影响其依据承诺文件请求第三人履行约定的义务或者承担相应的民事责任。

三、关于担保物权

（一）担保合同与担保物权的效力

第三十七条 当事人以所有权、使用权不明或者有争议的财产抵押，经审查构成无权处分的，人民法院应当依照民法典第三百一十一条的规定处理。

当事人以依法被查封或者扣押的财产抵押，抵押权人请求行使抵押权，经审查查封或者扣押措施已经解除的，人民法院应予支持。抵押人以抵押权设立时财产被查封或者扣押为由主张抵押合同无效的，人民法院不予支持。

以依法被监管的财产抵押的，适用前款规定。

第三十八条 主债权未受全部清偿，担保物权人主张就担保财产的全部行使担保物权的，人民法院应予支持，但是留置权人行使留置权的，应当依照民法典第四百五十条的规定处理。

担保财产被分割或者部分转让，担保物权人

主张就分割或者转让后的担保财产行使担保物权的，人民法院应予支持，但是法律或者司法解释另有规定的除外。

第三十九条 主债权被分割或者部分转让，各债权人主张就其享有的债权份额行使担保物权的，人民法院应予支持，但是法律另有规定或者当事人另有约定的除外。

主债务被分割或者部分转移，债务人自己提供物的担保，债权人请求以该担保财产担保全部债务履行的，人民法院应予支持；第三人提供物的担保，主张对未经其书面同意转移的债务不再承担担保责任的，人民法院应予支持。

第四十条 从物产生于抵押权依法设立前，抵押权人主张抵押权的效力及于从物的，人民法院应予支持，但是当事人另有约定的除外。

从物产生于抵押权依法设立后，抵押权人主张抵押权的效力及于从物的，人民法院不予支持，但是在抵押权实现时可以一并处分。

第四十一条 抵押权依法设立后，抵押财产被添附，添附物归第三人所有，抵押权人主张抵押权效力及于补偿金的，人民法院应予支持。

抵押权依法设立后，抵押财产被添附，抵押人对添附物享有所有权，抵押权人主张抵押权的效力及于添附物的，人民法院应予支持，但是添附导致抵押财产价值增加的，抵押权的效力不及于增加的价值部分。

抵押权依法设立后，抵押人与第三人因添附成为添附物的共有人，抵押权人主张抵押权的效力及于抵押人对共有物享有的份额的，人民法院应予支持。

本条所称添附，包括附合、混合与加工。

第四十二条 抵押权依法设立后，抵押财产毁损、灭失或者被征收等，抵押权人请求按照原抵押权的顺位就保险金、赔偿金或者补偿金等优先受偿的，人民法院应予支持。

给付义务人已经向抵押人给付了保险金、赔偿金或者补偿金，抵押权人请求给付义务人向其给付保险金、赔偿金或者补偿金的，人民法院不予支持，但是给付义务人接到抵押权人要求向其给付的通知后仍然向抵押人给付的除外。

抵押权人请求给付义务人向其给付保险金、赔偿金或者补偿金的，人民法院可以通知抵押人作为第三人参加诉讼。

第四十三条 当事人约定禁止或者限制转让抵押财产但是未将约定登记，抵押人违反约定转让抵押财产，抵押权人请求确认转让合同无效的，人民法院不予支持；抵押财产已经交付或者登记，抵押权人请求确认转让不发生物权效力的，人民法院不予支持，但是抵押权人有证据证明受让人知道的除外；抵押权人请求抵押人承担违约责任的，人民法院依法予以支持。

当事人约定禁止或者限制转让抵押财产且已经将约定登记，抵押人违反约定转让抵押财产，抵押权人请求确认转让合同无效的，人民法院不予支持；抵押财产已经交付或者登记，抵押权人主张转让不发生物权效力的，人民法院应予支持，但是因受让人代替债务人清偿债务导致抵押权消灭的除外。

第四十四条 主债权诉讼时效期间届满后，抵押权人主张行使抵押权的，人民法院不予支持；抵押人以主债权诉讼时效期间届满为由，主张不承担担保责任的，人民法院应予支持。主债权诉讼时效期间届满前，债权人仅对债务人提起诉讼，经人民法院判决或者调解后未在民事诉讼法规定的申请执行时效期间内对债务人申请强制执行，其向抵押人主张行使抵押权的，人民法院不予支持。

主债权诉讼时效期间届满后，财产被留置的债务人或者对留置财产享有所有权的第三人请求债权人返还留置财产的，人民法院不予支持；债务人或者第三人请求拍卖、变卖留置财产并以所得价款清偿债务的，人民法院应予支持。

主债权诉讼时效期间届满的法律后果，以登记作为公示方式的权利质权，参照适用第一款的规定；动产质权、以交付权利凭证作为公示方式的权利质权，参照适用第二款的规定。

第四十五条 当事人约定当债务人不履行到期债务或者发生当事人约定的实现担保物权的情形，担保物权人有权将担保财产自行拍卖、变卖并就所得的价款优先受偿的，该约定有效。因担保人的原因导致担保物权人无法自行对担保财产进行拍卖、变卖，担保物权人请求担保人承担因此增加的费用的，人民法院应予支持。

当事人依照民事诉讼法有关“实现担保物权案件”的规定，申请拍卖、变卖担保财产，被申请人以担保合同约定仲裁条款为由主张驳回申请的，人民法院经审查后，应当按照以下情形分别处理：

（一）当事人对担保物权无实质性争议且实现担保物权条件已经成就的，应当裁定准许拍卖、变卖担保财产；

（二）当事人对实现担保物权有部分实质性争议的，可以就无争议的部分裁定准许拍卖、变卖担保财产，并告知可以就有争议的部分申请仲裁；

（三）当事人对实现担保物权有实质性争议的，裁定驳回申请，并告知可以向仲裁机构申请仲裁。

债权人以诉讼方式行使担保物权的，应当以债务人和担保人作为共同被告。

（二）不动产抵押

第四十六条 不动产抵押合同生效后未办理抵押登记手续，债权人请求抵押人办理抵押登记手续的，人民法院应予支持。

抵押财产因不可归责于抵押人自身的原因灭失或者被征收等导致不能办理抵押登记，债权人请求抵押人在约定的担保范围内承担责任的，人民法院不予支持；但是抵押人已经获得保险金、赔偿金或者补偿金等，债权人请求抵押人在其所获金额范围内承担赔偿责任的，人民法院依法予以支持。

因抵押人转让抵押财产或者其他可归责于抵押人自身的原因导致不能办理抵押登记，债权人请求抵押人在约定的担保范围内承担责任的，人民法院依法予以支持，但是不得超过抵押权能够设立时抵押人应当承担的责任范围。

第四十七条 不动产登记簿就抵押财产、被担保的债权范围等所作的记载与抵押合同约定不一致的，人民法院应当根据登记簿的记载确定抵押财产、被担保的债权范围等事项。

第四十八条 当事人申请办理抵押登记手续时，因登记机构的过错致使其不能办理抵押登记，当事人请求登记机构承担赔偿责任的，人民法院依法予以支持。

第四十九条 以违法的建筑物抵押的，抵押合同无效，但是一审法庭辩论终结前已经办理合法手续的除外。抵押合同无效的法律后果，依照本解释第十七条的有关规定处理。

当事人以建设用地使用权依法设立抵押，抵押人以土地上存在违法的建筑物为由主张抵押合同无效的，人民法院不予支持。

第五十条 抵押人以划拨建设用地上的建筑物抵押，当事人以该建设用地使用权不能抵押或者未办理批准手续为由主张抵押合同无效或者不生效的，人民法院不予支持。抵押权依法实现时，拍卖、变卖建筑物所得的价款，应当优先用于补缴建设用地使用权出让金。

当事人以划拨方式取得的建设用地使用权抵押，抵押人以未办理批准手续为由主张抵押合同无效或者不生效的，人民法院不予支持。已经依法办理抵押登记，抵押权人主张行使抵押权的，人民法院应予支持。抵押权依法实现时所得的价款，参照前款有关规定处理。

第五十一条 当事人仅以建设用地使用权抵押，债权人主张抵押权的效力及于土地上已有的建筑物以及正在建造的建筑物已完成部分的，人民法院应予支持。债权人主张抵押权的效力及于正在建造的建筑物的续建部分以及新增建筑物的，人民法院不予支持。

当事人以正在建造的建筑物抵押，抵押权的效力范围限于已办理抵押登记的部分。当事人按照担保合同的约定，主张抵押权的效力及于续建部分、新增建筑物以及规划中尚未建造的建筑物的，人民法院不予支持。

抵押人将建设用地使用权、土地上的建筑物或者正在建造的建筑物分别抵押给不同债权人的，人民法院应当根据抵押登记的时间先后确定清偿顺序。

第五十二条 当事人办理抵押预告登记后，预告登记权利人请求就抵押财产优先受偿，经审查存在尚未办理建筑物所有权首次登记、预告登记的财产与办理建筑物所有权首次登记时的财产不一致、抵押预告登记已经失效等情形，导致不具备办理抵押登记条件的，人民法院不予支持；经审查已经办理建筑物所有权首次登记，且不存在预告登记失效等情形的，人民法院应予支持，并应当认定抵押权自预告登记之日起设立。

当事人办理了抵押预告登记，抵押人破产，经审查抵押财产属于破产财产，预告登记权利人主张就抵押财产优先受偿的，人民法院应当在受理破产申请时抵押财产的价值范围内予以支持，但是在人民法院受理破产申请前一年内，债务人对没有财产担保的债务设立抵押预告登记的除外。

（三）动产与权利担保

第五十三条 当事人在动产和权利担保合同

中对担保财产进行概括描述，该描述能够合理识别担保财产的，人民法院应当认定担保成立。

第五十四条 动产抵押合同订立后未办理抵押登记，动产抵押权的效力按照下列情形分别处理：

（一）抵押人转让抵押财产，受让人占有抵押财产后，抵押权人向受让人请求行使抵押权的，人民法院不予支持，但是抵押权人能够举证证明受让人知道或者应当知道已经订立抵押合同的除外；

（二）抵押人将抵押财产出租给他人并移转占有，抵押权人行使抵押权的，租赁关系不受影响，但是抵押权人能够举证证明承租人知道或者应当知道已经订立抵押合同的除外；

（三）抵押人的其他债权人向人民法院申请保全或者执行抵押财产，人民法院已经作出财产保全裁定或者采取执行措施，抵押权人主张对抵押财产优先受偿的，人民法院不予支持；

（四）抵押人破产，抵押权人主张对抵押财产优先受偿的，人民法院不予支持。

第五十五条 债权人、出质人与监管人订立三方协议，出质人以通过一定数量、品种等概括描述能够确定范围的货物为债务的履行提供担保，当事人有证据证明监管人系受债权人的委托监管并实际控制该货物的，人民法院应当认定质权于监管人实际控制货物之日起设立。监管人违反约定向出质人或者其他人放货、因保管不善导致货物毁损灭失，债权人请求监管人承担违约责任的，人民法院依法予以支持。

在前款规定情形下，当事人有证据证明监管人系受出质人委托监管该货物，或者虽然受债权人委托但是未实际履行监管职责，导致货物仍由出质人实际控制的，人民法院应当认定质权未设立。债权人可以基于质押合同的约定请求出质人承担违约责任，但是不得超过质权有效设立时出质人应当承担的责任范围。监管人未履行监管职责，债权人请求监管人承担责任的，人民法院依法予以支持。

第五十六条 买受人在出卖人正常经营活动中通过支付合理对价取得已被设立担保物权的动产，担保物权人请求就该动产优先受偿的，人民法院不予支持，但是有下列情形之一的除外：

（一）购买商品的数量明显超过一般买受人；

（二）购买出卖人的生产设备；

（三）订立买卖合同的目的在于担保出卖人或者第三人履行债务；

（四）买受人与出卖人存在直接或者间接的控制关系；

（五）买受人应当查询抵押登记而未查询的其他情形。

前款所称出卖人正常经营活动，是指出卖人的经营活动属于其营业执照明确记载的经营范围，且出卖人持续销售同类商品。前款所称担保物权人，是指已经办理登记的抵押权人、所有权保留买卖的出卖人、融资租赁合同的出租人。

第五十七条 担保人在设立动产浮动抵押并办理抵押登记后又购入或者以融资租赁方式承租新的动产，下列权利人为担保价款债权或者租金的实现而订立担保合同，并在该动产交付后十日内办理登记，主张其权利优先于在先设立的浮动抵押权的，人民法院应予支持：

（一）在该动产上设立抵押权或者保留所有权的出卖人；

（二）为价款支付提供融资而在该动产上设立抵押权的债权人；

（三）以融资租赁方式出租该动产的出租人。

买受人取得动产但未付清价款或者承租人以融资租赁方式占有租赁物但是未付清全部租金，又以标的物为他人设立担保物权，前款所列权利人为担保价款债权或者租金的实现而订立担保合同，并在该动产交付后十日内办理登记，主张其权利优先于买受人为他人设立的担保物权的，人民法院应予支持。

同一动产上存在多个价款优先权的，人民法院应当按照登记的时间先后确定清偿顺序。

第五十八条 以汇票出质，当事人以背书记载“质押”字样并在汇票上签章，汇票已经交付质权人的，人民法院应当认定质权自汇票交付质权人时设立。

第五十九条 存货人或者仓单持有人在仓单上以背书记载“质押”字样，并经保管人签章，仓单已经交付质权人的，人民法院应当认定质权自仓单交付质权人时设立。没有权利凭证的仓单，依法可以办理出质登记的，仓单质权自办理出质登记时设立。

出质人既以仓单出质，又以仓储物设立担保，按照公示的先后确定清偿顺序;难以确定先后的,按照债权比例清偿。

保管人为同一货物签发多份仓单,出质人在多份仓单上设立多个质权,按照公示的先后确定清偿顺序;难以确定先后的,按照债权比例受偿。

存在第二款、第三款规定的情形,债权人举证证明其损失系由出质人与保管人的共同行为所致,请求出质人与保管人承担连带赔偿责任的,人民法院应予支持。

第六十条 在跟单信用证交易中,开证行与开证申请人之间约定以提单作为担保的,人民法院应当依照民法典关于质权的有关规定处理。

在跟单信用证交易中,开证行依据其与开证申请人之间的约定或者跟单信用证的惯例持有提单,开证申请人未按照约定付款赎单,开证行主张对提单项下货物优先受偿的,人民法院应予支持;开证行主张对提单项下货物享有所有权的,人民法院不予支持。

在跟单信用证交易中,开证行依据其与开证申请人之间的约定或者跟单信用证的惯例,通过转让提单或者提单项下货物取得价款,开证申请人请求返还超出债权部分的,人民法院应予支持。

前三款规定不影响合法持有提单的开证行以提单持有人身份主张运输合同项下的权利。

第六十一条 以现有的应收账款出质,应收账款债务人向质权人确认应收账款的真实性后,又以应收账款不存在或者已经消灭为由主张不承担责任的,人民法院不予支持。

以现有的应收账款出质,应收账款债务人未确认应收账款的真实性,质权人以应收账款债务人为被告,请求就应收账款优先受偿,能够举证证明办理出质登记时应收账款真实存在的,人民法院应予支持;质权人不能举证证明办理出质登记时应收账款真实存在,仅以已经办理出质登记为由,请求就应收账款优先受偿的,人民法院不予支持。

以现有的应收账款出质,应收账款债务人已经向应收账款债权人履行了债务,质权人请求应收账款债务人履行债务的,人民法院不予支持,但是应收账款债务人接到质权人要求向其履行的通知后,仍然向应收账款债权人履行的除外。

以基础设施和公用事业项目收益权、提供服务或者劳务产生的债权以及其他将有的应收账款出质,当事人为应收账款设立特定账户,发生法定或者约定的质权实现事由时,质权人请求就该特定账户内的款项优先受偿的,人民法院应予支持;特定账户内的款项不足以清偿债务或者未设立特定账户,质权人请求折价或者拍卖、变卖项目收益权等将有的应收账款,并以所得的价款优先受偿的,人民法院依法予以支持。

第六十二条 债务人不履行到期债务,债权人因同一法律关系留置合法占有的第三人的动产,并主张就该留置财产优先受偿的,人民法院应予支持。第三人以该留置财产并非债务人的财产为由请求返还的,人民法院不予支持。

企业之间留置的动产与债权并非同一法律关系,债务人以该债权不属于企业持续经营中发生的债权为由请求债权人返还留置财产的,人民法院应予支持。

企业之间留置的动产与债权并非同一法律关系,债权人留置第三人的财产,第三人请求债权人返还留置财产的,人民法院应予支持。

四、关于非典型担保

第六十三条 债权人与担保人订立担保合同,约定以法律、行政法规尚未规定可以担保的财产权利设立担保,当事人主张合同无效的,人民法院不予支持。当事人未在法定的登记机构依法进行登记,主张该担保具有物权效力的,人民法院不予支持。

第六十四条 在所有权保留买卖中,出卖人依法有权取回标的物,但是与买受人协商不成,当事人请求参照民事诉讼法"实现担保物权案件"的有关规定,拍卖、变卖标的物的,人民法院应予准许。

出卖人请求取回标的物,符合民法典第六百四十二条规定的,人民法院应予支持;买受人以抗辩或者反诉的方式主张拍卖、变卖标的物,并在扣除买受人未支付的价款以及必要费用后返还剩余款项的,人民法院应当一并处理。

第六十五条 在融资租赁合同中,承租人未按照约定支付租金,经催告后在合理期限内仍不支付,出租人请求承租人支付全部剩余租金,并以拍卖、变卖租赁物所得的价款受偿的,人民法院应予支持;当事人请求参照民事诉讼法"实现担保物权案件"的有关规定,以拍卖、变卖租赁物所得价款支付租金的，人民法院应予准许。

出租人请求解除融资租赁合同并收回租赁物，承租人以抗辩或者反诉的方式主张返还租赁物价值超过欠付租金以及其他费用的，人民法院应当一并处理。当事人对租赁物的价值有争议的，应当按照下列规则确定租赁物的价值：

（一）融资租赁合同有约定的，按照其约定；

（二）融资租赁合同未约定或者约定不明的，根据约定的租赁物折旧以及合同到期后租赁物的残值来确定；

（三）根据前两项规定的方法仍然难以确定，或者当事人认为根据前两项规定的方法确定的价值严重偏离租赁物实际价值的，根据当事人的申请委托有资质的机构评估。

第六十六条 同一应收账款同时存在保理、应收账款质押和债权转让，当事人主张参照民法典第七百六十八条的规定确定优先顺序的，人民法院应予支持。

在有追索权的保理中，保理人以应收账款债权人或者应收账款债务人为被告提起诉讼，人民法院应予受理；保理人一并起诉应收账款债权人和应收账款债务人的，人民法院可以受理。

应收账款债权人向保理人返还保理融资款本息或者回购应收账款债权后，请求应收账款债务人向其履行应收账款债务的，人民法院应予支持。

第六十七条 在所有权保留买卖、融资租赁等合同中，出卖人、出租人的所有权未经登记不得对抗的“善意第三人”的范围及其效力，参照本解释第五十四条的规定处理。

第六十八条 债务人或者第三人与债权人约定将财产形式上转移至债权人名下，债务人不履行到期债务，债权人有权对财产折价或者以拍卖、变卖该财产所得价款偿还债务的，人民法院应当认定该约定有效。当事人已经完成财产权利变动的公示，债务人不履行到期债务，债权人请求参照民法典关于担保物权的有关规定就该财产优先受偿的，人民法院应予支持。

债务人或者第三人与债权人约定将财产形式上转移至债权人名下，债务人不履行到期债务，财产归债权人所有的，人民法院应当认定该约定无效，但是不影响当事人有关提供担保的意思表示的效力。当事人已经完成财产权利变动的公示，债务人不履行到期债务，债权人请求对该财产享有所有权的，人民法院不予支持；债权人请求参照民法典关于担保物权的规定对财产折价或者以拍卖、变卖该财产所得的价款优先受偿的，人民法院应予支持；债务人履行债务后请求返还财产，或者请求对财产折价或者以拍卖、变卖所得的价款清偿债务的，人民法院应予支持。

债务人与债权人约定将财产转移至债权人名下，在一定期间后再由债务人或者其指定的第三人以交易本金加上溢价款回购，债务人到期不履行回购义务，财产归债权人所有的，人民法院应当参照第二款规定处理。回购对象自始不存在的，人民法院应当依照民法典第一百四十六条第二款的规定，按照其实际构成的法律关系处理。

第六十九条 股东以将其股权转移至债权人名下的方式为债务履行提供担保，公司或者公司的债权人以股东未履行或者未全面履行出资义务、抽逃出资等为由，请求作为名义股东的债权人与股东承担连带责任的，人民法院不予支持。

第七十条 债务人或者第三人为担保债务的履行，设立专门的保证金账户并由债权人实际控制，或者将其资金存入债权人设立的保证金账户，债权人主张就账户内的款项优先受偿的，人民法院应予支持。当事人以保证金账户内的款项浮动为由，主张实际控制该账户的债权人对账户内的款项不享有优先受偿权的，人民法院不予支持。

在银行账户下设立的保证金分户，参照前款规定处理。

当事人约定的保证金并非为担保债务的履行设立，或者不符合前两款规定的情形，债权人主张就保证金优先受偿的，人民法院不予支持，但是不影响当事人依照法律的规定或者按照当事人的约定主张权利。

五、附　则

第七十一条 本解释自 2021 年 1 月 1 日起施行。

最高人民法院关于适用《中华人民共和国民法典》婚姻家庭编的解释(一)

·2020 年 12 月 25 日最高人民法院审判委员会第 1825 次会议通过
·2020 年 12 月 29 日最高人民法院公布
·法释〔2020〕22 号
·自 2021 年 1 月 1 日起施行

为正确审理婚姻家庭纠纷案件,根据《中华人民共和国民法典》《中华人民共和国民事诉讼法》等相关法律规定,结合审判实践,制定本解释。

一、一般规定

第一条 持续性、经常性的家庭暴力,可以认定为民法典第一千零四十二条、第一千零七十九条、第一千零九十一条所称的“虐待”。

第二条 民法典第一千零四十二条、第一千零七十九条、第一千零九十一条规定的“与他人同居”的情形,是指有配偶者与婚外异性,不以夫妻名义,持续、稳定地共同居住。

第三条 当事人提起诉讼仅请求解除同居关系的,人民法院不予受理;已经受理的,裁定驳回起诉。

当事人因同居期间财产分割或者子女抚养纠纷提起诉讼的,人民法院应当受理。

第四条 当事人仅以民法典第一千零四十三条为依据提起诉讼的,人民法院不予受理;已经受理的,裁定驳回起诉。

第五条 当事人请求返还按照习俗给付的彩礼的,如果查明属于以下情形,人民法院应当予以支持:

(一)双方未办理结婚登记手续;

(二)双方办理结婚登记手续但确未共同生活;

(三)婚前给付并导致给付人生活困难。

适用前款第二项、第三项的规定,应当以双方离婚为条件。

二、结　婚

第六条 男女双方依据民法典第一千零四十九条规定补办结婚登记的,婚姻关系的效力从双方均符合民法典所规定的结婚的实质要件时起算。

第七条 未依据民法典第一千零四十九条规定办理结婚登记而以夫妻名义共同生活的男女,提起诉讼要求离婚的,应当区别对待:

(一)1994 年 2 月 1 日民政部《婚姻登记管理条例》公布实施以前,男女双方已经符合结婚实质要件的,按事实婚姻处理。

(二)1994 年 2 月 1 日民政部《婚姻登记管理条例》公布实施以后,男女双方符合结婚实质要件的,人民法院应当告知其补办结婚登记。未补办结婚登记的,依据本解释第三条规定处理。

第八条 未依据民法典第一千零四十九条规定办理结婚登记而以夫妻名义共同生活的男女,一方死亡,另一方以配偶身份主张享有继承权的,依据本解释第七条的原则处理。

第九条 有权依据民法典第一千零五十一条规定向人民法院就已办理结婚登记的婚姻请求确认婚姻无效的主体,包括婚姻当事人及利害关系人。其中,利害关系人包括:

(一)以重婚为由的,为当事人的近亲属及基层组织;

(二)以未到法定婚龄为由的,为未到法定婚龄者的近亲属;

(三)以有禁止结婚的亲属关系为由的,为当事人的近亲属。

第十条 当事人依据民法典第一千零五十一条规定向人民法院请求确认婚姻无效,法定的无效婚姻情形在提起诉讼时已经消失的,人民法院不予支持。

第十一条 人民法院受理请求确认婚姻无效案件后,原告申请撤诉的,不予准许。

对婚姻效力的审理不适用调解,应当依法作出判决。

涉及财产分割和子女抚养的,可以调解。调解达成协议的,另行制作调解书;未达成调解协议的,应当一并作出判决。

第十二条 人民法院受理离婚案件后,经审理确属无效婚姻的,应当将婚姻无效的情形告知当事人,并依法作出确认婚姻无效的判决。

第十三条 人民法院就同一婚姻关系分别受理了离婚和请求确认婚姻无效案件的,对于离婚案件的审理,应当待请求确认婚姻无效案件作出判决后进行。

第十四条 夫妻一方或者双方死亡后,生存一方或者利害关系人依据民法典第一千零五十一条的规定请求确认婚姻无效的,人民法院应当受理。

第十五条 利害关系人依据民法典第一千零五十一条的规定,请求人民法院确认婚姻无效的,利害关系人为原告,婚姻关系当事人双方为被告。

夫妻一方死亡的,生存一方为被告。

第十六条 人民法院审理重婚导致的无效婚姻案件时,涉及财产处理的,应当准许合法婚姻当事人作为有独立请求权的第三人参加诉讼。

第十七条 当事人以民法典第一千零五十一条规定的三种无效婚姻以外的情形请求确认婚姻无效的,人民法院应当判决驳回当事人的诉讼请求。

当事人以结婚登记程序存在瑕疵为由提起民事诉讼,主张撤销结婚登记的,告知其可以依法申请行政复议或者提起行政诉讼。

第十八条 行为人以给另一方当事人或者其近亲属的生命、身体、健康、名誉、财产等方面造成损害为要挟,迫使另一方当事人违背真实意愿结婚的,可以认定为民法典第一千零五十二条所称的"胁迫"。

因受胁迫而请求撤销婚姻的,只能是受胁迫一方的婚姻关系当事人本人。

第十九条 民法典第一千零五十二条规定的"一年",不适用诉讼时效中止、中断或者延长的规定。

受胁迫或者被非法限制人身自由的当事人请求撤销婚姻的,不适用民法典第一百五十二条第二款的规定。

第二十条 民法典第一千零五十四条所规定的"自始没有法律约束力",是指无效婚姻或者可撤销婚姻在依法被确认无效或者被撤销时,才确定该婚姻自始不受法律保护。

第二十一条 人民法院根据当事人的请求,依法确认婚姻无效或者撤销婚姻的,应当收缴双方的结婚证书并将生效的判决书寄送当地婚姻登记管理机关。

第二十二条 被确认无效或者被撤销的婚姻,当事人同居期间所得的财产,除有证据证明为当事人一方所有的以外,按共同共有处理。

三、夫妻关系

第二十三条 夫以妻擅自中止妊娠侵犯其生育权为由请求损害赔偿的,人民法院不予支持;夫妻双方因是否生育发生纠纷,致使感情确已破裂,一方请求离婚的,人民法院经调解无效,应依照民法典第一千零七十九条第三款第五项的规定处理。

第二十四条 民法典第一千零六十二条第一款第三项规定的"知识产权的收益",是指婚姻关系存续期间,实际取得或者已经明确可以取得的财产性收益。

第二十五条 婚姻关系存续期间,下列财产属于民法典第一千零六十二条规定的"其他应当归共同所有的财产":

(一)一方以个人财产投资取得的收益;

(二)男女双方实际取得或者应当取得的住房补贴、住房公积金;

(三)男女双方实际取得或者应当取得的基本养老金、破产安置补偿费。

第二十六条 夫妻一方个人财产在婚后产生的收益,除孳息和自然增值外,应认定为夫妻共同财产。

第二十七条 由一方婚前承租、婚后用共同财产购买的房屋,登记在一方名下的,应当认定为夫妻共同财产。

第二十八条 一方未经另一方同意出售夫妻共同所有的房屋,第三人善意购买、支付合理对价并已办理不动产登记,另一方主张追回该房屋的,人民法院不予支持。

夫妻一方擅自处分共同所有的房屋造成另一方损失,离婚时另一方请求赔偿损失的,人民法院应予支持。

第二十九条 条当事人结婚前,父母为双方购置房屋出资的,该出资应当认定为对自己子女个人的赠与,但父母明确表示赠与双方的除外。

当事人结婚后,父母为双方购置房屋出资的,依照约定处理;没有约定或者约定不明确的,按照民法典第一千零六十二条第一款第四项规定的原则处理。

第三十条 军人的伤亡保险金、伤残补助金、医药生活补助费属于个人财产。

第三十一条 民法典第一千零六十三条规定

为夫妻一方的个人财产,不因婚姻关系的延续而转化为夫妻共同财产。但当事人另有约定的除外。

第三十二条 婚前或者婚姻关系存续期间,当事人约定将一方所有的房产赠与另一方或者共有,赠与方在赠与房产变更登记之前撤销赠与,另一方请求判令继续履行的,人民法院可以按照民法典第六百五十八条的规定处理。

第三十三条 债权人就一方婚前所负个人债务向债务人的配偶主张权利的,人民法院不予支持。但债权人能够证明所负债务用于婚后家庭共同生活的除外。

第三十四条 夫妻一方与第三人串通,虚构债务,第三人主张该债务为夫妻共同债务的,人民法院不予支持。

夫妻一方在从事赌博、吸毒等违法犯罪活动中所负债务,第三人主张该债务为夫妻共同债务的,人民法院不予支持。

第三十五条 当事人的离婚协议或者人民法院生效判决、裁定、调解书已经对夫妻财产分割问题作出处理的,债权人仍有权就夫妻共同债务向男女双方主张权利。

一方就夫妻共同债务承担清偿责任后,主张由另一方按照离婚协议或者人民法院的法律文书承担相应债务的,人民法院应予支持。

第三十六条 夫或者妻一方死亡的,生存一方应当对婚姻关系存续期间的夫妻共同债务承担清偿责任。

第三十七条 民法典第一千零六十五条第三款所称"相对人知道该约定的",夫妻一方对此负有举证责任。

第三十八条 婚姻关系存续期间,除民法典第一千零六十六条规定情形以外,夫妻一方请求分割共同财产的,人民法院不予支持。

四、父母子女关系

第三十九条 父或者母向人民法院起诉请求否认亲子关系,并已提供必要证据予以证明,另一方没有相反证据又拒绝做亲子鉴定的,人民法院可以认定否认亲子关系一方的主张成立。

父或者母以及成年子女起诉请求确认亲子关系,并提供必要证据予以证明,另一方没有相反证据又拒绝做亲子鉴定的,人民法院可以认定确认亲子关系一方的主张成立。

第四十条 婚姻关系存续期间,夫妻双方一致同意进行人工授精,所生子女应视为婚生子女,父母子女间的权利义务关系适用民法典的有关规定。

第四十一条 尚在校接受高中及其以下学历教育,或者丧失、部分丧失劳动能力等非因主观原因而无法维持正常生活的成年子女,可以认定为民法典第一千零六十七条规定的"不能独立生活的成年子女"。

第四十二条 民法典第一千零六十七条所称"抚养费",包括子女生活费、教育费、医疗费等费用。

第四十三条 婚姻关系存续期间,父母双方或者一方拒不履行抚养子女义务,未成年子女或者不能独立生活的成年子女请求支付抚养费的,人民法院应予支持。

第四十四条 离婚案件涉及未成年子女抚养的,对不满两周岁的子女,按照民法典第一千零八十四条第三款规定的原则处理。母亲有下列情形之一,父亲请求直接抚养的,人民法院应予支持:

(一)患有久治不愈的传染性疾病或者其他严重疾病,子女不宜与其共同生活;

(二)有抚养条件不尽抚养义务,而父亲要求子女随其生活;

(三)因其他原因,子女确不宜随母亲生活。

第四十五条 父母双方协议不满两周岁子女由父亲直接抚养,并对子女健康成长无不利影响的,人民法院应予支持。

第四十六条 对已满两周岁的未成年子女,父母均要求直接抚养,一方有下列情形之一的,可予优先考虑:

(一)已做绝育手术或者因其他原因丧失生育能力;

(二)子女随其生活时间较长,改变生活环境对子女健康成长明显不利;

(三)无其他子女,而另一方有其他子女;

(四)子女随其生活,对子女成长有利,而另一方患有久治不愈的传染性疾病或者其他严重疾病,或者有其他不利于子女身心健康的情形,不宜与子女共同生活。

第四十七条 父母抚养子女的条件基本相同,双方均要求直接抚养子女,但子女单独随祖父母或者外祖父母共同生活多年,且祖父母或者外祖父母要求并且有能力帮助子女照顾孙子女或者外孙子女的,可以作为父或者母直接抚养子女的优先条件予以考虑。

第四十八条 在有利于保护子女利益的前提下，父母双方协议轮流直接抚养子女的，人民法院应予支持。

第四十九条 抚养费的数额，可以根据子女的实际需要、父母双方的负担能力和当地的实际生活水平确定。

有固定收入的，抚养费一般可以按其月总收入的百分之二十至三十的比例给付。负担两个以上子女抚养费的，比例可以适当提高，但一般不得超过月总收入的百分之五十。

无固定收入的，抚养费的数额可以依据当年总收入或者同行业平均收入，参照上述比例确定。

有特殊情况的，可以适当提高或者降低上述比例。

第五十条 抚养费应当定期给付，有条件的可以一次性给付。

第五十一条 父母一方无经济收入或者下落不明的，可以用其财物折抵抚养费。

第五十二条 父母双方可以协议由一方直接抚养子女并由直接抚养方负担子女全部抚养费。但是，直接抚养方的抚养能力明显不能保障子女所需费用，影响子女健康成长的，人民法院不予支持。

第五十三条 抚养费的给付期限，一般至子女十八周岁为止。

十六周岁以上不满十八周岁，以其劳动收入为主要生活来源，并能维持当地一般生活水平的，父母可以停止给付抚养费。

第五十四条 生父与继母离婚或者生母与继父离婚时，对曾受其抚养教育的继子女，继父或者继母不同意继续抚养的，仍应由生父或者生母抚养。

第五十五条 离婚后，父母一方要求变更子女抚养关系的，或者子女要求增加抚养费的，应当另行提起诉讼。

第五十六条 具有下列情形之一，父母一方要求变更子女抚养关系的，人民法院应予支持：

(一)与子女共同生活的一方因患严重疾病或者因伤残无力继续抚养子女；

(二)与子女共同生活的一方不尽抚养义务或有虐待子女行为，或者其与子女共同生活对子女身心健康确有不利影响；

(三)已满八周岁的子女，愿随另一方生活，该方又有抚养能力；

(四)有其他正当理由需要变更。

第五十七条 父母双方协议变更子女抚养关系的，人民法院应予支持。

第五十八条 具有下列情形之一，子女要求有负担能力的父或者母增加抚养费的，人民法院应予支持：

(一)原定抚养费数额不足以维持当地实际生活水平；

(二)因子女患病、上学，实际需要已超过原定数额；

(三)有其他正当理由应当增加。

第五十九条 父母不得因子女变更姓氏而拒付子女抚养费。父或者母擅自将子女姓氏改为继母或继父姓氏而引起纠纷的，应当责令恢复原姓氏。

第六十条 在离婚诉讼期间，双方均拒绝抚养子女的，可以先行裁定暂由一方抚养。

第六十一条 对拒不履行或者妨害他人履行生效判决、裁定、调解书中有关子女抚养义务的当事人或者其他人，人民法院可依照民事诉讼法第一百一十一条①的规定采取强制措施。

五、离　婚

第六十二条 无民事行为能力人的配偶有民法典第三十六条第一款规定行为，其他有监护资格的人可以要求撤销其监护资格，并依法指定新的监护人；变更后的监护人代理无民事行为能力一方提起离婚诉讼的，人民法院应予受理。

第六十三条 人民法院审理离婚案件，符合民法典第一千零七十九条第三款规定“应当准予离婚”情形的，不应当因当事人有过错而判决不准离婚。

第六十四条 民法典第一千零八十一条所称的“军人一方有重大过错”，可以依据民法典第一千零七十九条第三款前三项规定及军人有其他重大过错导致夫妻感情破裂的情形予以判断。

第六十五条 人民法院作出的生效的离婚判决中未涉及探望权，当事人就探望权问题单独提起诉讼的，人民法院应予受理。

第六十六条 当事人在履行生效判决、裁定或

① 对应2021年《民事诉讼法》第114条。

者调解书的过程中,一方请求中止探望的,人民法院在征询双方当事人意见后,认为需要中止探望的,依法作出裁定;中止探望的情形消失后,人民法院应当根据当事人的请求书面通知其恢复探望。

第六十七条 未成年子女、直接抚养子女的父或者母以及其他对未成年子女负担抚养、教育、保护义务的法定监护人,有权向人民法院提出中止探望的请求。

第六十八条 对于拒不协助另一方行使探望权的有关个人或者组织,可以由人民法院依法采取拘留、罚款等强制措施,但是不能对子女的人身、探望行为进行强制执行。

第六十九条 当事人达成的以协议离婚或者到人民法院调解离婚为条件的财产以及债务处理协议,如果双方离婚未成,一方在离婚诉讼中反悔的,人民法院应当认定该财产以及债务处理协议没有生效,并根据实际情况依照民法典第一千零八十七条和第一千零八十九条的规定判决。

当事人依照民法典第一千零七十六条签订的离婚协议中关于财产以及债务处理的条款,对男女双方具有法律约束力。登记离婚后当事人因履行上述协议发生纠纷提起诉讼的,人民法院应当受理。

第七十条 夫妻双方协议离婚后就财产分割问题反悔,请求撤销财产分割协议的,人民法院应当受理。

人民法院审理后,未发现订立财产分割协议时存在欺诈、胁迫等情形的,应当依法驳回当事人的诉讼请求。

第七十一条 人民法院审理离婚案件,涉及分割发放到军人名下的复员费、自主择业费等一次性费用的,以夫妻婚姻关系存续年限乘以年平均值,所得数额为夫妻共同财产。

前款所称年平均值,是指将发放到军人名下的上述费用总额按具体年限均分得出的数额。其具体年限为人均寿命七十岁与军人入伍时实际年龄的差额。

第七十二条 夫妻双方分割共同财产中的股票、债券、投资基金份额等有价证券以及未上市股份有限公司股份时,协商不成或者按市价分配有困难的,人民法院可以根据数量按比例分配。

第七十三条 人民法院审理离婚案件,涉及分割夫妻共同财产中以一方名义在有限责任公司的出资额,另一方不是该公司股东的,按以下情形分别处理:

(一)夫妻双方协商一致将出资额部分或者全部转让给该股东的配偶,其他股东过半数同意,并且其他股东均明确表示放弃优先购买权的,该股东的配偶可以成为该公司股东;

(二)夫妻双方就出资额转让份额和转让价格等事项协商一致后,其他股东半数以上不同意转让,但愿意以同等条件购买该出资额的,人民法院可以对转让出资所得财产进行分割。其他股东半数以上不同意转让,也不愿意以同等条件购买该出资额的,视为其同意转让,该股东的配偶可以成为该公司股东。

用于证明前款规定的股东同意的证据,可以是股东会议材料,也可以是当事人通过其他合法途径取得的股东的书面声明材料。

第七十四条 人民法院审理离婚案件,涉及分割夫妻共同财产中以一方名义在合伙企业中的出资,另一方不是该企业合伙人的,当夫妻双方协商一致,将其合伙企业中的财产份额全部或者部分转让给对方时,按以下情形分别处理:

(一)其他合伙人一致同意的,该配偶依法取得合伙人地位;

(二)其他合伙人不同意转让,在同等条件下行使优先购买权的,可以对转让所得的财产进行分割;

(三)其他合伙人不同意转让,也不行使优先购买权,但同意该合伙人退伙或者削减部分财产份额的,可以对结算后的财产进行分割;

(四)其他合伙人既不同意转让,也不行使优先购买权,又不同意该合伙人退伙或者削减部分财产份额的,视为全体合伙人同意转让,该配偶依法取得合伙人地位。

第七十五条 夫妻以一方名义投资设立个人独资企业的,人民法院分割夫妻在该个人独资企业中的共同财产时,应当按照以下情形分别处理:

(一)一方主张经营该企业的,对企业资产进行评估后,由取得企业资产所有权一方给予另一方相应的补偿;

(二)双方均主张经营该企业的,在双方竞价基础上,由取得企业资产所有权的一方给予另一方相应的补偿;

(三)双方均不愿意经营该企业的,按照《中华人民共和国个人独资企业法》等有关规定办理。

第七十六条 双方对夫妻共同财产中的房屋价值及归属无法达成协议时,人民法院按以下情形分别处理:

(一)双方均主张房屋所有权并且同意竞价取得的,应当准许;

(二)一方主张房屋所有权的,由评估机构按市场价格对房屋作出评估,取得房屋所有权的一方应当给予另一方相应的补偿;

(三)双方均不主张房屋所有权的,根据当事人的申请拍卖、变卖房屋,就所得价款进行分割。

第七十七条 离婚时双方对尚未取得所有权或者尚未取得完全所有权的房屋有争议且协商不成的,人民法院不宜判决房屋所有权的归属,应当根据实际情况判决由当事人使用。

当事人就前款规定的房屋取得完全所有权后,有争议的,可以另行向人民法院提起诉讼。

第七十八条 夫妻一方婚前签订不动产买卖合同,以个人财产支付首付款并在银行贷款,婚后用夫妻共同财产还贷,不动产登记于首付款支付方名下的,离婚时该不动产由双方协议处理。

依前款规定不能达成协议的,人民法院可以判决该不动产归登记一方,尚未归还的贷款为不动产登记一方的个人债务。双方婚后共同还贷支付的款项及其相对应财产增值部分,离婚时应根据民法典第一千零八十七条第一款规定的原则,由不动产登记一方对另一方进行补偿。

第七十九条 婚姻关系存续期间,双方用夫妻共同财产出资购买以一方父母名义参加房改的房屋,登记在一方父母名下,离婚时另一方主张按照夫妻共同财产对该房屋进行分割的,人民法院不予支持。购买该房屋时的出资,可以作为债权处理。

第八十条 离婚时夫妻一方尚未退休、不符合领取基本养老金条件,另一方请求按照夫妻共同财产分割基本养老金的,人民法院不予支持;婚后以夫妻共同财产缴纳基本养老保险费,离婚时一方主张将养老金账户中婚姻关系存续期间个人实际缴纳部分及利息作为夫妻共同财产分割的,人民法院应予支持。

第八十一条 婚姻关系存续期间,夫妻一方作为继承人依法可以继承的遗产,在继承人之间尚未实际分割,起诉离婚时另一方请求分割的,人民法院应当告知当事人在继承人之间实际分割遗产后另行起诉。

第八十二条 夫妻之间订立借款协议,以夫妻共同财产出借给一方从事个人经营活动或者用于其他个人事务的,应视为双方约定处分夫妻共同财产的行为,离婚时可以按照借款协议的约定处理。

第八十三条 离婚后,一方以尚有夫妻共同财产未处理为由向人民法院起诉请求分割的,经审查该财产确属离婚时未涉及的夫妻共同财产,人民法院应当依法予以分割。

第八十四条 当事人依据民法典第一千零九十二条的规定向人民法院提起诉讼,请求再次分割夫妻共同财产的诉讼时效期间为三年,从当事人发现之日起计算。

第八十五条 夫妻一方申请对配偶的个人财产或者夫妻共同财产采取保全措施的,人民法院可以在采取保全措施可能造成损失的范围内,根据实际情况,确定合理的财产担保数额。

第八十六条 民法典第一千零九十一条规定的"损害赔偿",包括物质损害赔偿和精神损害赔偿。涉及精神损害赔偿的,适用《最高人民法院关于确定民事侵权精神损害赔偿责任若干问题的解释》的有关规定。

第八十七条 承担民法典第一千零九十一条规定的损害赔偿责任的主体,为离婚诉讼当事人中无过错方的配偶。

人民法院判决不准离婚的案件,对于当事人基于民法典第一千零九十一条提出的损害赔偿请求,不予支持。

在婚姻关系存续期间,当事人不起诉离婚而单独依据民法典第一千零九十一条提起损害赔偿请求的,人民法院不予受理。

第八十八条 人民法院受理离婚案件时,应当将民法典第一千零九十一条等规定中当事人的有关权利义务,书面告知当事人。在适用民法典第一千零九十一条时,应当区分以下不同情况:

(一)符合民法典第一千零九十一条规定的无过错方作为原告基于该条规定向人民法院提起损害赔偿请求的,必须在离婚诉讼的同时提出。

(二)符合民法典第一千零九十一条规定的无过错方作为被告的离婚诉讼案件,如果被告不同意离婚也不基于该条规定提起损害赔偿请求的,可以就此单独提起诉讼。

（三）无过错方作为被告的离婚诉讼案件，一审时被告未基于民法典第一千零九十一条规定提出损害赔偿请求，二审期间提出的，人民法院应当进行调解；调解不成的，告知当事人另行起诉。双方当事人同意由第二审人民法院一并审理的，第二审人民法院可以一并裁判。

第八十九条 当事人在婚姻登记机关办理离婚登记手续后，以民法典第一千零九十一条规定为由向人民法院提出损害赔偿请求的，人民法院应当受理。但当事人在协议离婚时已经明确表示放弃该项请求的，人民法院不予支持。

第九十条 夫妻双方均有民法典第一千零九十一条规定的过错情形，一方或者双方向对方提出离婚损害赔偿请求的，人民法院不予支持。

六、附　则

第九十一条 本解释自2021年1月1日起施行。

最高人民法院关于适用《中华人民共和国民法典》继承编的解释（一）

·2020年12月25日最高人民法院审判委员会第1825次会议通过
·2020年12月29日最高人民法院公布
·法释〔2020〕23号
·自2021年1月1日起施行

为正确审理继承纠纷案件，根据《中华人民共和国民法典》等相关法律规定，结合审判实践，制定本解释。

一、一般规定

第一条 继承从被继承人生理死亡或者被宣告死亡时开始。

宣告死亡的，根据民法典第四十八条规定确定的死亡日期，为继承开始的时间。

第二条 承包人死亡时尚未取得承包收益的，可以将死者生前对承包所投入的资金和所付出的劳动及其增值和孳息，由发包单位或者接续承包合同的人合理折价、补偿。其价额作为遗产。

第三条 被继承人生前与他人订有遗赠扶养协议，同时又立有遗嘱的，继承开始后，如果遗赠扶养协议与遗嘱没有抵触，遗产分别按协议和遗嘱处理；如果有抵触，按协议处理，与协议抵触的遗嘱全部或者部分无效。

第四条 遗嘱继承人依遗嘱取得遗产后，仍有权依照民法典第一千一百三十条的规定取得遗嘱未处分的遗产。

第五条 在遗产继承中，继承人之间因是否丧失继承权发生纠纷，向人民法院提起诉讼的，由人民法院依据民法典第一千一百二十五条的规定，判决确认其是否丧失继承权。

第六条 继承人是否符合民法典第一千一百二十五条第一款第三项规定的"虐待被继承人情节严重"，可以从实施虐待行为的时间、手段、后果和社会影响等方面认定。

虐待被继承人情节严重的，不论是否追究刑事责任，均可确认其丧失继承权。

第七条 继承人故意杀害被继承人的，不论是既遂还是未遂，均应当确认其丧失继承权。

第八条 继承人有民法典第一千一百二十五条第一款第一项或者第二项所列之行为，而被继承人以遗嘱将遗产指定由该继承人继承的，可以确认遗嘱无效，并确认该继承人丧失继承权。

第九条 继承人伪造、篡改、隐匿或者销毁遗嘱，侵害了缺乏劳动能力又无生活来源的继承人的利益，并造成其生活困难的，应当认定为民法典第一千一百二十五条第一款第四项规定的"情节严重"。

二、法定继承

第十条 被收养人对养父母尽了赡养义务，同时又对生父母扶养较多的，除可以依照民法典第一千一百二十七条的规定继承养父母的遗产外，还可以依照民法典第一千一百三十一条的规定分得生父母适当的遗产。

第十一条 继子女继承了继父母遗产的，不影响其继承生父母的遗产。

继父母继承了继子女遗产的，不影响其继承生子女的遗产。

第十二条 养子女与生子女之间、养子女与养子女之间，系养兄弟姐妹，可以互为第二顺序继承人。

被收养人与其亲兄弟姐妹之间的权利义务关系,因收养关系的成立而消除,不能互为第二顺序继承人。

第十三条 继兄弟姐妹之间的继承权,因继兄弟姐妹之间的扶养关系而发生。没有扶养关系的,不能互为第二顺序继承人。

继兄弟姐妹之间相互继承了遗产的,不影响其继承亲兄弟姐妹的遗产。

第十四条 被继承人的孙子女、外孙子女、曾孙子女、外曾孙子女都可以代位继承,代位继承人不受辈数的限制。

第十五条 被继承人的养子女、已形成扶养关系的继子女的生子女可以代位继承;被继承人亲生子女的养子女可以代位继承;被继承人养子女的养子女可以代位继承;与被继承人已形成扶养关系的继子女的养子女也可以代位继承。

第十六条 代位继承人缺乏劳动能力又没有生活来源,或者对被继承人尽过主要赡养义务的,分配遗产时,可以多分。

第十七条 继承人丧失继承权的,其晚辈直系血亲不得代位继承。如该代位继承人缺乏劳动能力又没有生活来源,或者对被继承人尽赡养义务较多的,可以适当分给遗产。

第十八条 丧偶儿媳对公婆、丧偶女婿对岳父母,无论其是否再婚,依照民法典第一千一百二十九条规定作为第一顺序继承人时,不影响其子女代位继承。

第十九条 对被继承人生活提供了主要经济来源,或者在劳务等方面给予了主要扶助的,应当认定其尽了主要赡养义务或主要扶养义务。

第二十条 依照民法典第一千一百三十一条规定可以分给适当遗产的人,分给他们遗产时,按具体情况可以多于或者少于继承人。

第二十一条 依照民法典第一千一百三十一条规定可以分给适当遗产的人,在其依法取得被继承人遗产的权利受到侵犯时,本人有权以独立的诉讼主体资格向人民法院提起诉讼。

第二十二条 继承人有扶养能力和扶养条件,愿意尽扶养义务,但被继承人因有固定收入和劳动能力,明确表示不要求其扶养的,分配遗产时,一般不应因此而影响其继承份额。

第二十三条 有扶养能力和扶养条件的继承人虽然与被继承人共同生活,但对需要扶养的被继承人不尽扶养义务,分配遗产时,可以少分或者不分。

三、遗嘱继承和遗赠

第二十四条 继承人、受遗赠人的债权人、债务人,共同经营的合伙人,也应当视为与继承人、受遗赠人有利害关系,不能作为遗嘱的见证人。

第二十五条 遗嘱人未保留缺乏劳动能力又没有生活来源的继承人的遗产份额,遗产处理时,应当为该继承人留下必要的遗产,所剩余的部分,才可参照遗嘱确定的分配原则处理。

继承人是否缺乏劳动能力又没有生活来源,应当按遗嘱生效时该继承人的具体情况确定。

第二十六条 遗嘱人以遗嘱处分了国家、集体或者他人财产的,应当认定该部分遗嘱无效。

第二十七条 自然人在遗书中涉及死后个人财产处分的内容,确为死者的真实意思表示,有本人签名并注明了年、月、日,又无相反证据的,可以按自书遗嘱对待。

第二十八条 遗嘱人立遗嘱时必须具有完全民事行为能力。无民事行为能力人或者限制民事行为能力人所立的遗嘱,即使其本人后来具有完全民事行为能力,仍属无效遗嘱。遗嘱人立遗嘱时具有完全民事行为能力,后来成为无民事行为能力人或者限制民事行为能力人的,不影响遗嘱的效力。

第二十九条 附义务的遗嘱继承或者遗赠,如义务能够履行,而继承人、受遗赠人无正当理由不履行,经受益人或者其他继承人请求,人民法院可以取消其接受附义务部分遗产的权利,由提出请求的继承人或者受益人负责按遗嘱人的意愿履行义务,接受遗产。

四、遗产的处理

第三十条 人民法院在审理继承案件时,如果知道有继承人而无法通知的,分割遗产时,要保留其应继承的遗产,并确定该遗产的保管人或者保管单位。

第三十一条 应当为胎儿保留的遗产份额没有保留的,应从继承人所继承的遗产中扣回。

为胎儿保留的遗产份额,如胎儿出生后死亡的,由其继承人继承;如胎儿娩出时是死体的,由被继承人的继承人继承。

第三十二条 继承人因放弃继承权,致其不能履行法定义务的,放弃继承权的行为无效。

第三十三条 继承人放弃继承应当以书面形式向遗产管理人或者其他继承人表示。

第三十四条 在诉讼中,继承人向人民法院以口头方式表示放弃继承的,要制作笔录,由放弃继承的人签名。

第三十五条 继承人放弃继承的意思表示,应当在继承开始后、遗产分割前作出。遗产分割后表示放弃的不再是继承权,而是所有权。

第三十六条 遗产处理前或者在诉讼进行中,继承人对放弃继承反悔的,由人民法院根据其提出的具体理由,决定是否承认。遗产处理后,继承人对放弃继承反悔的,不予承认。

第三十七条 放弃继承的效力,追溯到继承开始的时间。

第三十八条 继承开始后,受遗赠人表示接受遗赠,并于遗产分割前死亡的,其接受遗赠的权利转移给他的继承人。

第三十九条 由国家或者集体组织供给生活费用的烈属和享受社会救济的自然人,其遗产仍应准许合法继承人继承。

第四十条 继承人以外的组织或者个人与自然人签订遗赠扶养协议后,无正当理由不履行,导致协议解除的,不能享有受遗赠的权利,其支付的供养费用一般不予补偿;遗赠人无正当理由不履行,导致协议解除的,则应当偿还继承人以外的组织或者个人已支付的供养费用。

第四十一条 遗产因无人继承又无人受遗赠归国家或者集体所有制组织所有时,按照民法典第一千一百三十一条规定可以分给适当遗产的人提出取得遗产的诉讼请求,人民法院应当视情况适当分给遗产。

第四十二条 人民法院在分割遗产中的房屋、生产资料和特定职业所需要的财产时,应当依据有利于发挥其使用效益和继承人的实际需要,兼顾各继承人的利益进行处理。

第四十三条 人民法院对故意隐匿、侵吞或者争抢遗产的继承人,可以酌情减少其应继承的遗产。

第四十四条 继承诉讼开始后,如继承人、受遗赠人中有既不愿参加诉讼,又不表示放弃实体权利的,应当追加为共同原告;继承人已书面表示放弃继承、受遗赠人在知道受遗赠后六十日内表示放弃受遗赠或者到期没有表示的,不再列为当事人。

五、附　则

第四十五条 本解释自2021年1月1日起施行。

最高人民法院关于办理人身安全保护令案件适用法律若干问题的规定

· 2022年6月7日最高人民法院审判委员会第1870次会议通过
· 2022年7月14日最高人民法院公告公布
· 自2022年8月1日起施行
· 法释〔2022〕17号

为正确办理人身安全保护令案件,及时保护家庭暴力受害人的合法权益,根据《中华人民共和国民法典》《中华人民共和国反家庭暴力法》《中华人民共和国民事诉讼法》等相关法律规定,结合审判实践,制定本规定。

第一条 当事人因遭受家庭暴力或者面临家庭暴力的现实危险,依照反家庭暴力法向人民法院申请人身安全保护令的,人民法院应当受理。

向人民法院申请人身安全保护令,不以提起离婚等民事诉讼为条件。

第二条 当事人因年老、残疾、重病等原因无法申请人身安全保护令,其近亲属、公安机关、民政部门、妇女联合会、居民委员会、村民委员会、残疾人联合会、依法设立的老年人组织、救助管理机构等,根据当事人意愿,依照反家庭暴力法第二十三条规定代为申请的,人民法院应当依法受理。

第三条 家庭成员之间以冻饿或者经常性侮辱、诽谤、威胁、跟踪、骚扰等方式实施的身体或者精神侵害行为,应当认定为反家庭暴力法第二条规定的"家庭暴力"。

第四条 反家庭暴力法第三十七条规定的"家庭成员以外共同生活的人"一般包括共同生活的儿媳、女婿、公婆、岳父母以及其他有监护、扶养、寄养等关系的人。

第五条 当事人及其代理人对因客观原因不

能自行收集的证据,申请人民法院调查收集,符合《最高人民法院关于适用〈中华人民共和国民事诉讼法〉的解释》第九十四条第一款规定情形的,人民法院应当调查收集。

人民法院经审查,认为办理案件需要的证据符合《最高人民法院关于适用〈中华人民共和国民事诉讼法〉的解释》第九十六条规定的,应当调查收集。

第六条 人身安全保护令案件中,人民法院根据相关证据,认为申请人遭受家庭暴力或者面临家庭暴力现实危险的事实存在较大可能性的,可以依法作出人身安全保护令。

前款所称"相关证据"包括:

(一)当事人的陈述;

(二)公安机关出具的家庭暴力告诫书、行政处罚决定书;

(三)公安机关的出警记录、讯问笔录、询问笔录、接警记录、报警回执等;

(四)被申请人曾出具的悔过书或者保证书等;

(五)记录家庭暴力发生或者解决过程等的视听资料;

(六)被申请人与申请人或者其近亲属之间的电话录音、短信、即时通讯信息、电子邮件等;

(七)医疗机构的诊疗记录;

(八)申请人或者被申请人所在单位、民政部门、居民委员会、村民委员会、妇女联合会、残疾人联合会、未成年人保护组织、依法设立的老年人组织、救助管理机构、反家暴社会公益机构等单位收到投诉、反映或者求助的记录;

(九)未成年子女提供的与其年龄、智力相适应的证言或者亲友、邻居等其他证人证言;

(十)伤情鉴定意见;

(十一)其他能够证明申请人遭受家庭暴力或者面临家庭暴力现实危险的证据。

第七条 人民法院可以通过在线诉讼平台、电话、短信、即时通讯工具、电子邮件等简便方式询问被申请人。被申请人未发表意见的,不影响人民法院依法作出人身安全保护令。

第八条 被申请人认可存在家庭暴力行为,但辩称申请人有过错的,不影响人民法院依法作出人身安全保护令。

第九条 离婚等案件中,当事人仅以人民法院曾作出人身安全保护令为由,主张存在家庭暴力事实的,人民法院应当根据《最高人民法院关于适用〈中华人民共和国民事诉讼法〉的解释》第一百零八条的规定,综合认定是否存在该事实。

第十条 反家庭暴力法第二十九条第四项规定的"保护申请人人身安全的其他措施"可以包括下列措施:

(一)禁止被申请人以电话、短信、即时通讯工具、电子邮件等方式侮辱、诽谤、威胁申请人及其相关近亲属;

(二)禁止被申请人在申请人及其相关近亲属的住所、学校、工作单位等经常出入场所的一定范围内从事可能影响申请人及其相关近亲属正常生活、学习、工作的活动。

第十一条 离婚案件中,判决不准离婚或者调解和好后,被申请人违反人身安全保护令实施家庭暴力的,可以认定为民事诉讼法第一百二十七条第七项规定的"新情况、新理由"。

第十二条 被申请人违反人身安全保护令,符合《中华人民共和国刑法》第三百一十三条规定的,以拒不执行判决、裁定罪定罪处罚;同时构成其他犯罪的,依照刑法有关规定处理。

第十三条 本规定自2022年8月1日起施行。

最高人民法院关于审理人身损害赔偿案件适用法律若干问题的解释

· 2003年12月4日最高人民法院审判委员会第1299次会议通过
· 根据2020年12月23日最高人民法院审判委员会第1823次会议通过的《最高人民法院关于修改〈最高人民法院关于在民事审判工作中适用《中华人民共和国工会法》若干问题的解释〉等二十七件民事类司法解释的决定》第一次修正
· 根据2022年2月15日最高人民法院审判委员会第1864次会议通过的《最高人民法院关于修改〈最高人民法院关于审理人身损害赔偿案件适用法律若干问题的解释〉的决定》第二次修正
· 2022年4月24日最高人民法院公告公布
· 自2022年5月1日起施行

为正确审理人身损害赔偿案件,依法保护当事人的合法权益,根据《中华人民共和国民法典》

《中华人民共和国民事诉讼法》等有关法律规定，结合审判实践，制定本解释。

第一条 因生命、身体、健康遭受侵害，赔偿权利人起诉请求赔偿义务人赔偿物质损害和精神损害的，人民法院应予受理。

本条所称“赔偿权利人”，是指因侵权行为或者其他致害原因直接遭受人身损害的受害人以及死亡受害人的近亲属。

本条所称“赔偿义务人”，是指因自己或者他人的侵权行为以及其他致害原因依法应当承担民事责任的自然人、法人或者非法人组织。

第二条 赔偿权利人起诉部分共同侵权人的，人民法院应当追加其他共同侵权人作为共同被告。赔偿权利人在诉讼中放弃对部分共同侵权人的诉讼请求的，其他共同侵权人对被放弃诉讼请求的被告应当承担的赔偿份额不承担连带责任。责任范围难以确定的，推定各共同侵权人承担同等责任。

人民法院应当将放弃诉讼请求的法律后果告知赔偿权利人，并将放弃诉讼请求的情况在法律文书中叙明。

第三条 依法应当参加工伤保险统筹的用人单位的劳动者，因工伤事故遭受人身损害，劳动者或者其近亲属向人民法院起诉请求用人单位承担民事赔偿责任的，告知其按《工伤保险条例》的规定处理。

因用人单位以外的第三人侵权造成劳动者人身损害，赔偿权利人请求第三人承担民事赔偿责任的，人民法院应予支持。

第四条 无偿提供劳务的帮工人，在从事帮工活动中致人损害的，被帮工人应当承担赔偿责任。被帮工人承担赔偿责任后向有故意或者重大过失的帮工人追偿的，人民法院应予支持。被帮工人明确拒绝帮工的，不承担赔偿责任。

第五条 无偿提供劳务的帮工人因帮工活动遭受人身损害的，根据帮工人和被帮工人各自的过错承担相应的责任；被帮工人明确拒绝帮工的，被帮工人不承担赔偿责任，但可以在受益范围内予以适当补偿。

帮工人在帮工活动中因第三人的行为遭受人身损害的，有权请求第三人承担赔偿责任，也有权请求被帮工人予以适当补偿。被帮工人补偿后，可以向第三人追偿。

第六条 医疗费根据医疗机构出具的医药费、住院费等收款凭证，结合病历和诊断证明等相关证据确定。赔偿义务人对治疗的必要性和合理性有异议的，应当承担相应的举证责任。

医疗费的赔偿数额，按照一审法庭辩论终结前实际发生的数额确定。器官功能恢复训练所必要的康复费、适当的整容费以及其他后续治疗费，赔偿权利人可以待实际发生后另行起诉。但根据医疗证明或者鉴定结论确定必然发生的费用，可以与已经发生的医疗费一并予以赔偿。

第七条 误工费根据受害人的误工时间和收入状况确定。

误工时间根据受害人接受治疗的医疗机构出具的证明确定。受害人因伤致残持续误工的，误工时间可以计算至定残日前一天。

受害人有固定收入的，误工费按照实际减少的收入计算。受害人无固定收入的，按照其最近三年的平均收入计算；受害人不能举证证明其最近三年的平均收入状况的，可以参照受诉法院所在地相同或者相近行业上一年度职工的平均工资计算。

第八条 护理费根据护理人员的收入状况和护理人数、护理期限确定。

护理人员有收入的，参照误工费的规定计算；护理人员没有收入或者雇佣护工的，参照当地护工从事同等级别护理的劳务报酬标准计算。护理人员原则上为一人，但医疗机构或者鉴定机构有明确意见的，可以参照确定护理人员人数。

护理期限应计算至受害人恢复生活自理能力时止。受害人因残疾不能恢复生活自理能力的，可以根据其年龄、健康状况等因素确定合理的护理期限，但最长不超过二十年。

受害人定残后的护理，应当根据其护理依赖程度并结合配制残疾辅助器具的情况确定护理级别。

第九条 交通费根据受害人及其必要的陪护人员因就医或者转院治疗实际发生的费用计算。交通费应当以正式票据为凭；有关凭据应当与就医地点、时间、人数、次数相符合。

第十条 住院伙食补助费可以参照当地国家机关一般工作人员的出差伙食补助标准予以确定。

受害人确有必要到外地治疗，因客观原因不

能住院,受害人本人及其陪护人员实际发生的住宿费和伙食费,其合理部分应予赔偿。

第十一条 营养费根据受害人伤残情况参照医疗机构的意见确定。

第十二条 残疾赔偿金根据受害人丧失劳动能力程度或者伤残等级,按照受诉法院所在地上一年度城镇居民人均可支配收入标准,自定残之日起按二十年计算。但六十周岁以上的,年龄每增加一岁减少一年;七十五周岁以上的,按五年计算。

受害人因伤致残但实际收入没有减少,或者伤残等级较轻但造成职业妨害严重影响其劳动就业的,可以对残疾赔偿金作相应调整。

第十三条 残疾辅助器具费按照普通适用器具的合理费用标准计算。伤情有特殊需要的,可以参照辅助器具配制机构的意见确定相应的合理费用标准。

辅助器具的更换周期和赔偿期限参照配制机构的意见确定。

第十四条 丧葬费按照受诉法院所在地上一年度职工月平均工资标准,以六个月总额计算。

第十五条 死亡赔偿金按照受诉法院所在地上一年度城镇居民人均可支配收入标准,按二十年计算。但六十周岁以上的,年龄每增加一岁减少一年;七十五周岁以上的,按五年计算。

第十六条 被扶养人生活费计入残疾赔偿金或者死亡赔偿金。

第十七条 被扶养人生活费根据扶养人丧失劳动能力程度,按照受诉法院所在地上一年度城镇居民人均消费支出标准计算。被扶养人为未成年人的,计算至十八周岁;被扶养人无劳动能力又无其他生活来源的,计算二十年。但六十周岁以上的,年龄每增加一岁减少一年;七十五周岁以上的,按五年计算。

被扶养人是指受害人依法应当承担扶养义务的未成年人或者丧失劳动能力又无其他生活来源的成年近亲属。被扶养人还有其他扶养人的,赔偿义务人只赔偿受害人依法应当负担的部分。被扶养人有数人的,年赔偿总额累计不超过上一年度城镇居民人均消费支出额。

第十八条 赔偿权利人举证证明其住所地或者经常居住地城镇居民人均可支配收入高于受诉法院所在地标准的,残疾赔偿金或者死亡赔偿金可以按照其住所地或者经常居住地的相关标准计算。

被扶养人生活费的相关计算标准,依照前款原则确定。

第十九条 超过确定的护理期限、辅助器具费给付年限或者残疾赔偿金给付年限,赔偿权利人向人民法院起诉请求继续给付护理费、辅助器具费或者残疾赔偿金的,人民法院应予受理。赔偿权利人确需继续护理、配制辅助器具,或者没有劳动能力和生活来源的,人民法院应当判令赔偿义务人继续给付相关费用五至十年。

第二十条 赔偿义务人请求以定期金方式给付残疾赔偿金、辅助器具费的,应当提供相应的担保。人民法院可以根据赔偿义务人的给付能力和提供担保的情况,确定以定期金方式给付相关费用。但是,一审法庭辩论终结前已经发生的费用、死亡赔偿金以及精神损害抚慰金,应当一次性给付。

第二十一条 人民法院应当在法律文书中明确定期金的给付时间、方式以及每期给付标准。执行期间有关统计数据发生变化的,给付金额应当适时进行相应调整。

定期金按照赔偿权利人的实际生存年限给付,不受本解释有关赔偿期限的限制。

第二十二条 本解释所称"城镇居民人均可支配收入""城镇居民人均消费支出""职工平均工资",按照政府统计部门公布的各省、自治区、直辖市以及经济特区和计划单列市上一年度相关统计数据确定。

"上一年度",是指一审法庭辩论终结时的上一统计年度。

第二十三条 精神损害抚慰金适用《最高人民法院关于确定民事侵权精神损害赔偿责任若干问题的解释》予以确定。

第二十四条 本解释自 2022 年 5 月 1 日起施行。施行后发生的侵权行为引起的人身损害赔偿案件适用本解释。

本院以前发布的司法解释与本解释不一致的,以本解释为准。

最高人民法院关于确定民事侵权精神损害赔偿责任若干问题的解释

· 2001年2月26日最高人民法院审判委员会第1161次会议通过
· 根据2020年12月23日最高人民法院审判委员会第1823次会议通过的《最高人民法院关于修改〈最高人民法院关于在民事审判工作中适用《中华人民共和国工会法》若干问题的解释〉等二十七件民事类司法解释的决定》修正

为在审理民事侵权案件中正确确定精神损害赔偿责任，根据《中华人民共和国民法典》等有关法律规定，结合审判实践，制定本解释。

第一条 因人身权益或者具有人身意义的特定物受到侵害，自然人或者其近亲属向人民法院提起诉讼请求精神损害赔偿的，人民法院应当依法予以受理。

第二条 非法使被监护人脱离监护，导致亲子关系或者近亲属间的亲属关系遭受严重损害，监护人向人民法院起诉请求赔偿精神损害的，人民法院应当依法予以受理。

第三条 死者的姓名、肖像、名誉、荣誉、隐私、遗体、遗骨等受到侵害，其近亲属向人民法院提起诉讼请求精神损害赔偿的，人民法院应当依法予以支持。

第四条 法人或者非法人组织以名誉权、荣誉权、名称权遭受侵害为由，向人民法院起诉请求精神损害赔偿的，人民法院不予支持。

第五条 精神损害的赔偿数额根据以下因素确定：

（一）侵权人的过错程度，但是法律另有规定的除外；

（二）侵权行为的目的、方式、场合等具体情节；

（三）侵权行为所造成的后果；

（四）侵权人的获利情况；

（五）侵权人承担责任的经济能力；

（六）受理诉讼法院所在地的平均生活水平。

第六条 在本解释公布施行之前已经生效施行的司法解释，其内容有与本解释不一致的，以本解释为准。

最高人民法院关于审理道路交通事故损害赔偿案件适用法律若干问题的解释

· 2012年9月17日最高人民法院审判委员会第1556次会议通过
· 根据2020年12月23日最高人民法院审判委员会第1823次会议通过的《最高人民法院关于修改〈最高人民法院关于在民事审判工作中适用《中华人民共和国工会法》若干问题的解释〉等二十七件民事类司法解释的决定》修正

为正确审理道路交通事故损害赔偿案件，根据《中华人民共和国民法典》《中华人民共和国道路交通安全法》《中华人民共和国保险法》《中华人民共和国民事诉讼法》等法律的规定，结合审判实践，制定本解释。

一、关于主体责任的认定

第一条 机动车发生交通事故造成损害，机动车所有人或者管理人有下列情形之一，人民法院应当认定其对损害的发生有过错，并适用民法典第一千二百零九条的规定确定其相应的赔偿责任：

（一）知道或者应当知道机动车存在缺陷，且该缺陷是交通事故发生原因之一的；

（二）知道或者应当知道驾驶人无驾驶资格或者未取得相应驾驶资格的；

（三）知道或者应当知道驾驶人因饮酒、服用国家管制的精神药品或者麻醉药品，或者患有妨碍安全驾驶机动车的疾病等依法不能驾驶机动车的；

（四）其它应当认定机动车所有人或者管理人有过错的。

第二条 被多次转让但是未办理登记的机动车发生交通事故造成损害，属于该机动车一方责任，当事人请求由最后一次转让并交付的受让人承担赔偿责任的，人民法院应予支持。

第三条 套牌机动车发生交通事故造成损害，属于该机动车一方责任，当事人请求由套牌机动车的所有人或者管理人承担赔偿责任的，人民法院应予支持；被套牌机动车所有人或者管理人同意套牌的，应当与套牌机动车的所有人或者管理人承担连带责任。

第四条 拼装车、已达到报废标准的机动车或者依法禁止行驶的其他机动车被多次转让，并发生交通事故造成损害，当事人请求由所有的转让人和受让人承担连带责任的，人民法院应予支持。

第五条 接受机动车驾驶培训的人员，在培训活动中驾驶机动车发生交通事故造成损害，属于该机动车一方责任，当事人请求驾驶培训单位承担赔偿责任的，人民法院应予支持。

第六条 机动车试乘过程中发生交通事故造成试乘人损害，当事人请求提供试乘服务者承担赔偿责任的，人民法院应予支持。试乘人有过错的，应当减轻提供试乘服务者的赔偿责任。

第七条 因道路管理维护缺陷导致机动车发生交通事故造成损害，当事人请求道路管理者承担相应赔偿责任的，人民法院应予支持。但道路管理者能够证明已经依照法律、法规、规章的规定，或者按照国家标准、行业标准、地方标准的要求尽到安全防护、警示等管理维护义务的除外。

依法不得进入高速公路的车辆、行人，进入高速公路发生交通事故造成自身损害，当事人请求高速公路管理者承担赔偿责任的，适用民法典第一千二百四十三条的规定。

第八条 未按照法律、法规、规章或者国家标准、行业标准、地方标准的强制性规定设计、施工，致使道路存在缺陷并造成交通事故，当事人请求建设单位与施工单位承担相应赔偿责任的，人民法院应予支持。

第九条 机动车存在产品缺陷导致交通事故造成损害，当事人请求生产者或者销售者依照民法典第七编第四章的规定承担赔偿责任的，人民法院应予支持。

第十条 多辆机动车发生交通事故造成第三人损害，当事人请求多个侵权人承担赔偿责任的，人民法院应当区分不同情况，依照民法典第一千一百七十条、第一千一百七十一条、第一千一百七十二条的规定，确定侵权人承担连带责任或者按份责任。

二、关于赔偿范围的认定

第十一条 道路交通安全法第七十六条规定的“人身伤亡”，是指机动车发生交通事故侵害被侵权人的生命权、身体权、健康权等人身权益所造成的损害，包括民法典第一千一百七十九条和第一千一百八十三条规定的各项损害。

道路交通安全法第七十六条规定的“财产损失”，是指因机动车发生交通事故侵害被侵权人的财产权益所造成的损失。

第十二条 因道路交通事故造成下列财产损失，当事人请求侵权人赔偿的，人民法院应予支持：

（一）维修被损坏车辆所支出的费用、车辆所载物品的损失、车辆施救费用；

（二）因车辆灭失或者无法修复，为购买交通事故发生时与被损坏车辆价值相当的车辆重置费用；

（三）依法从事货物运输、旅客运输等经营性活动的车辆，因无法从事相应经营活动所产生的合理停运损失；

（四）非经营性车辆因无法继续使用，所产生的通常替代性交通工具的合理费用。

三、关于责任承担的认定

第十三条 同时投保机动车第三者责任强制保险（以下简称“交强险”）和第三者责任商业保险（以下简称“商业三者险”）的机动车发生交通事故造成损害，当事人同时起诉侵权人和保险公司的，人民法院应当依照民法典第一千二百一十三条的规定，确定赔偿责任。

被侵权人或者其近亲属请求承保交强险的保险公司优先赔偿精神损害的，人民法院应予支持。

第十四条 投保人允许的驾驶人驾驶机动车致使投保人遭受损害，当事人请求承保交强险的保险公司在责任限额范围内予以赔偿的，人民法院应予支持，但投保人为本车上人员的除外。

第十五条 有下列情形之一导致第三人人身损害，当事人请求保险公司在交强险责任限额范围内予以赔偿，人民法院应予支持：

（一）驾驶人未取得驾驶资格或者未取得相应驾驶资格的；

（二）醉酒、服用国家管制的精神药品或者麻醉药品后驾驶机动车发生交通事故的；

（三）驾驶人故意制造交通事故的。

保险公司在赔偿范围内向侵权人主张追偿权

的,人民法院应予支持。追偿权的诉讼时效期间自保险公司实际赔偿之日起计算。

第十六条 未依法投保交强险的机动车发生交通事故造成损害,当事人请求投保义务人在交强险责任限额范围内予以赔偿的,人民法院应予支持。

投保义务人和侵权人不是同一人,当事人请求投保义务人和侵权人在交强险责任限额范围内承担相应责任的,人民法院应予支持。

第十七条 具有从事交强险业务资格的保险公司违法拒绝承保、拖延承保或者违法解除交强险合同,投保义务人在向第三人承担赔偿责任后,请求该保险公司在交强险责任限额范围内承担相应赔偿责任的,人民法院应予支持。

第十八条 多辆机动车发生交通事故造成第三人损害,损失超出各机动车交强险责任限额之和的,由各保险公司在各自责任限额范围内承担赔偿责任;损失未超出各机动车交强险责任限额之和,当事人请求由各保险公司按照其责任限额与责任限额之和的比例承担赔偿责任的,人民法院应予支持。

依法分别投保交强险的牵引车和挂车连接使用时发生交通事故造成第三人损害,当事人请求由各保险公司在各自的责任限额范围内平均赔偿的,人民法院应予支持。

多辆机动车发生交通事故造成第三人损害,其中部分机动车未投保交强险,当事人请求先由已承保交强险的保险公司在责任限额范围内予以赔偿的,人民法院应予支持。保险公司就超出其应承担的部分向未投保交强险的投保义务人或者侵权人行使追偿权的,人民法院应予支持。

第十九条 同一交通事故的多个被侵权人同时起诉的,人民法院应当按照各被侵权人的损失比例确定交强险的赔偿数额。

第二十条 机动车所有权在交强险合同有效期内发生变动,保险公司在交通事故发生后,以该机动车未办理交强险合同变更手续为由主张免除赔偿责任的,人民法院不予支持。

机动车在交强险合同有效期内发生改装、使用性质改变等导致危险程度增加的情形,发生交通事故后,当事人请求保险公司在责任限额范围内予以赔偿的,人民法院应予支持。

前款情形下,保险公司另行起诉请求投保义务人按照重新核定后的保险费标准补足当期保险费的,人民法院应予支持。

第二十一条 当事人主张交强险人身伤亡保险金请求权转让或者设定担保的行为无效的,人民法院应予支持。

四、关于诉讼程序的规定

第二十二条 人民法院审理道路交通事故损害赔偿案件,应当将承保交强险的保险公司列为共同被告。但该保险公司已经在交强险责任限额范围内予以赔偿且当事人无异议的除外。

人民法院审理道路交通事故损害赔偿案件,当事人请求将承保商业三者险的保险公司列为共同被告的,人民法院应予准许。

第二十三条 被侵权人因道路交通事故死亡,无近亲属或者近亲属不明,未经法律授权的机关或者有关组织向人民法院起诉主张死亡赔偿金的,人民法院不予受理。

侵权人以已向未经法律授权的机关或者有关组织支付死亡赔偿金为理由,请求保险公司在交强险责任限额范围内予以赔偿的,人民法院不予支持。

被侵权人因道路交通事故死亡,无近亲属或者近亲属不明,支付被侵权人医疗费、丧葬费等合理费用的单位或者个人,请求保险公司在交强险责任限额范围内予以赔偿的,人民法院应予支持。

第二十四条 公安机关交通管理部门制作的交通事故认定书,人民法院应依法审查并确认其相应的证明力,但有相反证据推翻的除外。

五、关于适用范围的规定

第二十五条 机动车在道路以外的地方通行时引发的损害赔偿案件,可以参照适用本解释的规定。

第二十六条 本解释施行后尚未终审的案件,适用本解释;本解释施行前已经终审,当事人申请再审或者按照审判监督程序决定再审的案件,不适用本解释。

最高人民法院关于审理利用信息网络侵害人身权益民事纠纷案件适用法律若干问题的规定

· 2014年6月23日最高人民法院审判委员会第1621次会议通过

· 根据2020年12月23日最高人民法院审判委员会第1823次会议通过的《最高人民法院关于修改〈最高人民法院关于在民事审判工作中适用《中华人民共和国工会法》若干问题的解释〉等二十七件民事类司法解释的决定》修正

为正确审理利用信息网络侵害人身权益民事纠纷案件，根据《中华人民共和国民法典》《全国人民代表大会常务委员会关于加强网络信息保护的决定》《中华人民共和国民事诉讼法》等法律的规定，结合审判实践，制定本规定。

第一条 本规定所称的利用信息网络侵害人身权益民事纠纷案件，是指利用信息网络侵害他人姓名权、名称权、名誉权、荣誉权、肖像权、隐私权等人身权益引起的纠纷案件。

第二条 原告依据民法典第一千一百九十五条、第一千一百九十七条的规定起诉网络用户或者网络服务提供者的，人民法院应予受理。

原告仅起诉网络用户，网络用户请求追加涉嫌侵权的网络服务提供者为共同被告或者第三人的，人民法院应予准许。

原告仅起诉网络服务提供者，网络服务提供者请求追加可以确定的网络用户为共同被告或者第三人的，人民法院应予准许。

第三条 原告起诉网络服务提供者，网络服务提供者以涉嫌侵权的信息系网络用户发布为由抗辩的，人民法院可以根据原告的请求及案件的具体情况，责令网络服务提供者向人民法院提供能够确定涉嫌侵权的网络用户的姓名（名称）、联系方式、网络地址等信息。

网络服务提供者无正当理由拒不提供的，人民法院可以依据民事诉讼法第一百一十四条①的规定对网络服务提供者采取处罚等措施。

原告根据网络服务提供者提供的信息请求追加网络用户为被告的，人民法院应予准许。

第四条 人民法院适用民法典第一千一百九十五条第二款的规定，认定网络服务提供者采取的删除、屏蔽、断开链接等必要措施是否及时，应当根据网络服务的类型和性质、有效通知的形式和准确程度、网络信息侵害权益的类型和程度等因素综合判断。

第五条 其发布的信息被采取删除、屏蔽、断开链接等措施的网络用户，主张网络服务提供者承担违约责任或者侵权责任，网络服务提供者以收到民法典第一千一百九十五条第一款规定的有效通知为由抗辩的，人民法院应予支持。

第六条 人民法院依据民法典第一千一百九十七条认定网络服务提供者是否“知道或者应当知道”，应当综合考虑下列因素：

（一）网络服务提供者是否以人工或者自动方式对侵权网络信息以推荐、排名、选择、编辑、整理、修改等方式作出处理；

（二）网络服务提供者应当具备的管理信息的能力，以及所提供服务的性质、方式及其引发侵权的可能性大小；

（三）该网络信息侵害人身权益的类型及明显程度；

（四）该网络信息的社会影响程度或者一定时间内的浏览量；

（五）网络服务提供者采取预防侵权措施的技术可能性及其是否采取了相应的合理措施；

（六）网络服务提供者是否针对同一网络用户的重复侵权行为或者同一侵权信息采取了相应的合理措施；

（七）与本案相关的其他因素。

第七条 人民法院认定网络用户或者网络服务提供者转载网络信息行为的过错及其程度，应当综合以下因素：

（一）转载主体所承担的与其性质、影响范围相适应的注意义务；

（二）所转载信息侵害他人人身权益的明显程度；

（三）对所转载信息是否作出实质性修改，是否添加或者修改文章标题，导致其与内容严重不

① 对应2021年《民事诉讼法》第117条。

符以及误导公众的可能性。

第八条 网络用户或者网络服务提供者采取诽谤、诋毁等手段，损害公众对经营主体的信赖，降低其产品或者服务的社会评价，经营主体请求网络用户或者网络服务提供者承担侵权责任的，人民法院应依法予以支持。

第九条 网络用户或者网络服务提供者，根据国家机关依职权制作的文书和公开实施的职权行为等信息来源所发布的信息，有下列情形之一，侵害他人人身权益，被侵权人请求侵权人承担侵权责任的，人民法院应予支持：

（一）网络用户或者网络服务提供者发布的信息与前述信息来源内容不符；

（二）网络用户或者网络服务提供者以添加侮辱性内容、诽谤性信息、不当标题或者通过增删信息、调整结构、改变顺序等方式致人误解；

（三）前述信息来源已被公开更正，但网络用户拒绝更正或者网络服务提供者不予更正；

（四）前述信息来源已被公开更正，网络用户或者网络服务提供者仍然发布更正之前的信息。

第十条 被侵权人与构成侵权的网络用户或者网络服务提供者达成一方支付报酬，另一方提供删除、屏蔽、断开链接等服务的协议，人民法院应认定为无效。

擅自篡改、删除、屏蔽特定网络信息或者以断开链接的方式阻止他人获取网络信息，发布该信息的网络用户或者网络服务提供者请求侵权人承担侵权责任的，人民法院应予支持。接受他人委托实施该行为的，委托人与受托人承担连带责任。

第十一条 网络用户或者网络服务提供者侵害他人人身权益，造成财产损失或者严重精神损害，被侵权人依据民法典第一千一百八十二条和第一千一百八十三条的规定，请求其承担赔偿责任的，人民法院应予支持。

第十二条 被侵权人为制止侵权行为所支付的合理开支，可以认定为民法典第一千一百八十二条规定的财产损失。合理开支包括被侵权人或者委托代理人对侵权行为进行调查、取证的合理费用。人民法院根据当事人的请求和具体案情，可以将符合国家有关部门规定的律师费用计算在赔偿范围内。

被侵权人因人身权益受侵害造成的财产损失以及侵权人因此获得的利益难以确定的，人民法院可以根据具体案情在50万元以下的范围内确定赔偿数额。

第十三条 本规定施行后人民法院正在审理的一审、二审案件适用本规定。

本规定施行前已经终审，本规定施行后当事人申请再审或者按照审判监督程序决定再审的案件，不适用本规定。

最高人民法院关于审理网络消费纠纷案件适用法律若干问题的规定（一）

·2022年2月15日最高人民法院审判委员会第1864次会议通过

·2022年3月1日最高人民法院公告公布

·自2022年3月15日起施行

·法释〔2022〕8号

为正确审理网络消费纠纷案件，依法保护消费者合法权益，促进网络经济健康持续发展，根据《中华人民共和国民法典》《中华人民共和国消费者权益保护法》《中华人民共和国电子商务法》《中华人民共和国民事诉讼法》等法律规定，结合审判实践，制定本规定。

第一条 电子商务经营者提供的格式条款有以下内容的，人民法院应当依法认定无效：

（一）收货人签收商品即视为认可商品质量符合约定；

（二）电子商务平台经营者依法应承担的责任一概由平台内经营者承担；

（三）电子商务经营者享有单方解释权或者最终解释权；

（四）排除或者限制消费者依法投诉、举报、请求调解、申请仲裁、提起诉讼的权利；

（五）其他排除或者限制消费者权利、减轻或者免除电子商务经营者责任、加重消费者责任等对消费者不公平、不合理的内容。

第二条 电子商务经营者就消费者权益保护法第二十五条第一款规定的四项除外商品做出七日内无理由退货承诺，消费者主张电子商务经营者应当遵守其承诺的，人民法院应予支持。

第三条 消费者因检查商品的必要对商品进

行拆封查验且不影响商品完好,电子商务经营者以商品已拆封为由主张不适用消费者权益保护法第二十五条规定的无理由退货制度的,人民法院不予支持,但法律另有规定的除外。

第四条 电子商务平台经营者以标记自营业务方式或者虽未标记自营但实际开展自营业务所销售的商品或者提供的服务损害消费者合法权益,消费者主张电子商务平台经营者承担商品销售者或者服务提供者责任的,人民法院应予支持。

电子商务平台经营者虽非实际开展自营业务,但其所作标识等足以误导消费者使消费者相信系电子商务平台经营者自营,消费者主张电子商务平台经营者承担商品销售者或者服务提供者责任的,人民法院应予支持。

第五条 平台内经营者出售商品或者提供服务过程中,其工作人员引导消费者通过交易平台提供的支付方式以外的方式进行支付,消费者主张平台内经营者承担商品销售者或者服务提供者责任,平台内经营者以未经过交易平台支付为由抗辩的,人民法院不予支持。

第六条 注册网络经营账号开设网络店铺的平台内经营者,通过协议等方式将网络账号及店铺转让给其他经营者,但未依法进行相关经营主体信息变更公示,实际经营者的经营活动给消费者造成损害,消费者主张注册经营者、实际经营者承担赔偿责任的,人民法院应予支持。

第七条 消费者在二手商品网络交易平台购买商品受到损害,人民法院综合销售者出售商品的性质、来源、数量、价格、频率、是否有其他销售渠道、收入等情况,能够认定销售者系从事商业经营活动,消费者主张销售者依据消费者权益保护法承担经营者责任的,人民法院应予支持。

第八条 电子商务经营者在促销活动中提供的奖品、赠品或者消费者换购的商品给消费者造成损害,消费者主张电子商务经营者承担赔偿责任,电子商务经营者以奖品、赠品属于免费提供或者商品属于换购为由主张免责的,人民法院不予支持。

第九条 电子商务经营者与他人签订的以虚构交易、虚构点击量、编造用户评价等方式进行虚假宣传的合同,人民法院应当依法认定无效。

第十条 平台内经营者销售商品或者提供服务损害消费者合法权益,其向消费者承诺的赔偿标准高于相关法定赔偿标准,消费者主张平台内经营者按照承诺赔偿的,人民法院应依法予以支持。

第十一条 平台内经营者开设网络直播间销售商品,其工作人员在网络直播中因虚假宣传等给消费者造成损害,消费者主张平台内经营者承担赔偿责任的,人民法院应予支持。

第十二条 消费者因在网络直播间点击购买商品合法权益受到损害,直播间运营者不能证明已经以足以使消费者辨别的方式标明其并非销售者并标明实际销售者的,消费者主张直播间运营者承担商品销售者责任的,人民法院应予支持。

直播间运营者能够证明已经尽到前款所列标明义务的,人民法院应当综合交易外观、直播间运营者与经营者的约定、与经营者的合作模式、交易过程以及消费者认知等因素予以认定。

第十三条 网络直播营销平台经营者通过网络直播方式开展自营业务销售商品,消费者主张其承担商品销售者责任的,人民法院应予支持。

第十四条 网络直播间销售商品损害消费者合法权益,网络直播营销平台经营者不能提供直播间运营者的真实姓名、名称、地址和有效联系方式的,消费者依据消费者权益保护法第四十四条规定向网络直播营销平台经营者请求赔偿的,人民法院应予支持。网络直播营销平台经营者承担责任后,向直播间运营者追偿的,人民法院应予支持。

第十五条 网络直播营销平台经营者对依法需取得食品经营许可的网络直播间的食品经营资质未尽到法定审核义务,使消费者的合法权益受到损害,消费者依据食品安全法第一百三十一条等规定主张网络直播营销平台经营者与直播间运营者承担连带责任的,人民法院应予支持。

第十六条 网络直播营销平台经营者知道或者应当知道网络直播间销售的商品不符合保障人身、财产安全的要求,或者有其他侵害消费者合法权益行为,未采取必要措施,消费者依据电子商务法第三十八条等规定主张网络直播营销平台经营者与直播间运营者承担连带责任的,人民法院应予支持。

第十七条 直播间运营者知道或者应当知道经营者提供的商品不符合保障人身、财产安全的要求,或者有其他侵害消费者合法权益行为,仍为其推广,给消费者造成损害,消费者依据民法典第一千一百六十八条等规定主张直播间运营者与提供该商品的经营者承担连带责任的，人民法院应予支持。

第十八条 网络餐饮服务平台经营者违反食品安全法第六十二条和第一百三十一条规定，未对入网餐饮服务提供者进行实名登记、审查许可证，或者未履行报告、停止提供网络交易平台服务等义务，使消费者的合法权益受到损害，消费者主张网络餐饮服务平台经营者与入网餐饮服务提供者承担连带责任的，人民法院应予支持。

第十九条 入网餐饮服务提供者所经营食品损害消费者合法权益，消费者主张入网餐饮服务提供者承担经营者责任，入网餐饮服务提供者以订单系委托他人加工制作为由抗辩的，人民法院不予支持。

第二十条 本规定自2022年3月15日起施行。

最高人民法院关于审理涉及国有土地使用权合同纠纷案件适用法律问题的解释

·2004年11月23日最高人民法院审判委员会第1334次会议通过

·根据2020年12月23日最高人民法院审判委员会第1823次会议通过的《最高人民法院关于修改〈最高人民法院关于在民事审判工作中适用《中华人民共和国工会法》若干问题的解释〉等二十七件民事类司法解释的决定》修正

为正确审理国有土地使用权合同纠纷案件，依法保护当事人的合法权益，根据《中华人民共和国民法典》《中华人民共和国土地管理法》《中华人民共和国城市房地产管理法》等法律规定，结合民事审判实践，制定本解释。

一、土地使用权出让合同纠纷

第一条 本解释所称的土地使用权出让合同，是指市、县人民政府自然资源主管部门作为出让方将国有土地使用权在一定年限内让与受让方，受让方支付土地使用权出让金的合同。

第二条 开发区管理委员会作为出让方与受让方订立的土地使用权出让合同，应当认定无效。

本解释实施前，开发区管理委员会作为出让方与受让方订立的土地使用权出让合同，起诉前经市、县人民政府自然资源主管部门追认的，可以认定合同有效。

第三条 经市、县人民政府批准同意以协议方式出让的土地使用权，土地使用权出让金低于订立合同时当地政府按照国家规定确定的最低价的，应当认定土地使用权出让合同约定的价格条款无效。

当事人请求按照订立合同时的市场评估价格交纳土地使用权出让金的，应予支持；受让方不同意按照市场评估价格补足，请求解除合同的，应予支持。因此造成的损失，由当事人按照过错承担责任。

第四条 土地使用权出让合同的出让方因未办理土地使用权出让批准手续而不能交付土地，受让方请求解除合同的，应予支持。

第五条 受让方经出让方和市、县人民政府城市规划行政主管部门同意，改变土地使用权出让合同约定的土地用途，当事人请求按照起诉时同种用途的土地出让金标准调整土地出让金的，应予支持。

第六条 受让方擅自改变土地使用权出让合同约定的土地用途，出让方请求解除合同的，应予支持。

二、土地使用权转让合同纠纷

第七条 本解释所称的土地使用权转让合同，是指土地使用权人作为转让方将出让土地使用权转让于受让方，受让方支付价款的合同。

第八条 土地使用权人作为转让方与受让方订立土地使用权转让合同后，当事人一方以双方之间未办理土地使用权变更登记手续为由，请求确认合同无效的，不予支持。

第九条 土地使用权人作为转让方就同一出让土地使用权订立数个转让合同，在转让合同有效的情况下，受让方均要求履行合同的，按照以下情形分别处理：

（一）已经办理土地使用权变更登记手续的受让方，请求转让方履行交付土地等合同义务的，应予支持；

（二）均未办理土地使用权变更登记手续，已

先行合法占有投资开发土地的受让方请求转让方履行土地使用权变更登记等合同义务的,应予支持;

(三)均未办理土地使用权变更登记手续,又未合法占有投资开发土地,先行支付土地转让款的受让方请求转让方履行交付土地和办理土地使用权变更登记等合同义务的,应予支持;

(四)合同均未履行,依法成立在先的合同受让方请求履行合同的,应予支持。

未能取得土地使用权的受让方请求解除合同、赔偿损失的,依照民法典的有关规定处理。

第十条 土地使用权人与受让方订立合同转让划拨土地使用权,起诉前经有批准权的人民政府同意转让,并由受让方办理土地使用权出让手续的,土地使用权人与受让方订立的合同可以按照补偿性质的合同处理。

第十一条 土地使用权人与受让方订立合同转让划拨土地使用权,起诉前经有批准权的人民政府决定不办理土地使用权出让手续,并将该划拨土地使用权直接划拨给受让方使用的,土地使用权人与受让方订立的合同可以按照补偿性质的合同处理。

三、合作开发房地产合同纠纷

第十二条 本解释所称的合作开发房地产合同,是指当事人订立的以提供出让土地使用权、资金等作为共同投资,共享利润、共担风险合作开发房地产为基本内容的合同。

第十三条 合作开发房地产合同的当事人一方具备房地产开发经营资质的,应当认定合同有效。

当事人双方均不具备房地产开发经营资质的,应当认定合同无效。但起诉前当事人一方已经取得房地产开发经营资质或者已依法合作成立具有房地产开发经营资质的房地产开发企业的,应当认定合同有效。

第十四条 投资数额超出合作开发房地产合同的约定,对增加的投资数额的承担比例,当事人协商不成的,按照当事人的违约情况确定;因不可归责于当事人的事由或者当事人的违约情况无法确定的,按照约定的投资比例确定;没有约定投资比例的,按照约定的利润分配比例确定。

第十五条 房屋实际建筑面积少于合作开发房地产合同的约定,对房屋实际建筑面积的分配比例,当事人协商不成的,按照当事人的违约情况确定;因不可归责于当事人的事由或者当事人违约情况无法确定的,按照约定的利润分配比例确定。

第十六条 在下列情形下,合作开发房地产合同的当事人请求分配房地产项目利益的,不予受理;已经受理的,驳回起诉:

(一)依法需经批准的房地产建设项目未经有批准权的人民政府主管部门批准;

(二)房地产建设项目未取得建设工程规划许可证;

(三)擅自变更建设工程规划。

因当事人隐瞒建设工程规划变更的事实所造成的损失,由当事人按照过错承担。

第十七条 房屋实际建筑面积超出规划建筑面积,经有批准权的人民政府主管部门批准后,当事人对超出部分的房屋分配比例协商不成的,按照约定的利润分配比例确定。对增加的投资数额的承担比例,当事人协商不成的,按照约定的投资比例确定;没有约定投资比例的,按照约定的利润分配比例确定。

第十八条 当事人违反规划开发建设的房屋,被有批准权的人民政府主管部门认定为违法建筑责令拆除,当事人对损失承担协商不成的,按照当事人过错确定责任;过错无法确定的,按照约定的投资比例确定责任;没有约定投资比例的,按照约定的利润分配比例确定责任。

第十九条 合作开发房地产合同约定仅以投资数额确定利润分配比例,当事人未足额交纳出资的,按照当事人的实际投资比例分配利润。

第二十条 合作开发房地产合同的当事人要求将房屋预售款充抵投资参与利润分配的,不予支持。

第二十一条 合作开发房地产合同约定提供土地使用权的当事人不承担经营风险,只收取固定利益的,应当认定为土地使用权转让合同。

第二十二条 合作开发房地产合同约定提供资金的当事人不承担经营风险,只分配固定数量房屋的,应当认定为房屋买卖合同。

第二十三条 合作开发房地产合同约定提供资金的当事人不承担经营风险,只收取固定数额货币的,应当认定为借款合同。

第二十四条 合作开发房地产合同约定提供

资金的当事人不承担经营风险，只以租赁或者其他形式使用房屋的，应当认定为房屋租赁合同。

四、其 它

第二十五条 本解释自2005年8月1日起施行；施行后受理的第一审案件适用本解释。

本解释施行前最高人民法院发布的司法解释与本解释不一致的，以本解释为准。

最高人民法院关于审理涉及农村土地承包纠纷案件适用法律问题的解释

· 2005年3月29日最高人民法院审判委员会第1346次会议通过

· 根据2020年12月23日最高人民法院审判委员会第1823次会议通过的《最高人民法院关于修改〈最高人民法院关于在民事审判工作中适用《中华人民共和国工会法》若干问题的解释〉等二十七件民事类司法解释的决定》修正

为正确审理农村土地承包纠纷案件，依法保护当事人的合法权益，根据《中华人民共和国民法典》《中华人民共和国农村土地承包法》《中华人民共和国土地管理法》《中华人民共和国民事诉讼法》等法律的规定，结合民事审判实践，制定本解释。

一、受理与诉讼主体

第一条 下列涉及农村土地承包民事纠纷，人民法院应当依法受理：

（一）承包合同纠纷；

（二）承包经营权侵权纠纷；

（三）土地经营权侵权纠纷；

（四）承包经营权互换、转让纠纷；

（五）土地经营权流转纠纷；

（六）承包地征收补偿费用分配纠纷；

（七）承包经营权继承纠纷；

（八）土地经营权继承纠纷。

农村集体经济组织成员因未实际取得土地承包经营权提起民事诉讼的，人民法院应当告知其向有关行政主管部门申请解决。

农村集体经济组织成员就用于分配的土地补偿费数额提起民事诉讼的，人民法院不予受理。

第二条 当事人自愿达成书面仲裁协议的，受诉人民法院应当参照《最高人民法院关于适用〈中华人民共和国民事诉讼法〉的解释》第二百一十五条、第二百一十六条的规定处理。

当事人未达成书面仲裁协议，一方当事人向农村土地承包仲裁机构申请仲裁，另一方当事人提起诉讼的，人民法院应予受理，并书面通知仲裁机构。但另一方当事人接受仲裁管辖后又起诉的，人民法院不予受理。

当事人对仲裁裁决不服并在收到裁决书之日起三十日内提起诉讼的，人民法院应予受理。

第三条 承包合同纠纷，以发包方和承包方为当事人。

前款所称承包方是指以家庭承包方式承包本集体经济组织农村土地的农户，以及以其他方式承包农村土地的组织或者个人。

第四条 农户成员为多人的，由其代表人进行诉讼。

农户代表人按照下列情形确定：

（一）土地承包经营权证等证书上记载的人；

（二）未依法登记取得土地承包经营权证等证书的，为在承包合同上签名的人；

（三）前两项规定的人死亡、丧失民事行为能力或者因其他原因无法进行诉讼的，为农户成员推选的人。

二、家庭承包纠纷案件的处理

第五条 承包合同中有关收回、调整承包地的约定违反农村土地承包法第二十七条、第二十八条、第三十一条规定的，应当认定该约定无效。

第六条 因发包方违法收回、调整承包地，或者因发包方收回承包方弃耕、撂荒的承包地产生的纠纷，按照下列情形，分别处理：

（一）发包方未将承包地另行发包，承包方请求返还承包地的，应予支持；

（二）发包方已将承包地另行发包给第三人，承包方以发包方和第三人为共同被告，请求确认其所签订的承包合同无效、返还承包地并赔偿损失的，应予支持。但属于承包方弃耕、撂荒情形的，对其赔偿损失的诉讼请求，不予支持。

前款第（二）项所称的第三人，请求受益方补偿其在承包地上的合理投入的,应予支持。

第七条 承包合同约定或者土地承包经营权证等证书记载的承包期限短于农村土地承包法规定的期限,承包方请求延长的,应予支持。

第八条 承包方违反农村土地承包法第十八条规定,未经依法批准将承包地用于非农建设或者对承包地造成永久性损害,发包方请求承包方停止侵害、恢复原状或者赔偿损失的,应予支持。

第九条 发包方根据农村土地承包法第二十七条规定收回承包地前,承包方已经以出租、入股或者其他形式将其土地经营权流转给第三人,且流转期限尚未届满,因流转价款收取产生的纠纷,按照下列情形,分别处理:

(一)承包方已经一次性收取了流转价款,发包方请求承包方返还剩余流转期限的流转价款的,应予支持;

(二)流转价款为分期支付,发包方请求第三人按照流转合同的约定支付流转价款的,应予支持。

第十条 承包方交回承包地不符合农村土地承包法第三十条规定程序的,不得认定其为自愿交回。

第十一条 土地经营权流转中,本集体经济组织成员在流转价款、流转期限等主要内容相同的条件下主张优先权的,应予支持。但下列情形除外:

(一)在书面公示的合理期限内未提出优先权主张的;

(二)未经书面公示,在本集体经济组织以外的人开始使用承包地两个月内未提出优先权主张的。

第十二条 发包方胁迫承包方将土地经营权流转给第三人,承包方请求撤销其与第三人签订的流转合同的,应予支持。

发包方阻碍承包方依法流转土地经营权,承包方请求排除妨碍、赔偿损失的,应予支持。

第十三条 承包方未经发包方同意,转让其土地承包经营权的,转让合同无效。但发包方无法定理由不同意或者拖延表态的除外。

第十四条 承包方依法采取出租、入股或者其他方式流转土地经营权,发包方仅以该土地经营权流转合同未报其备案为由,请求确认合同无效的,不予支持。

第十五条 因承包方不收取流转价款或者向对方支付费用的约定产生纠纷,当事人协商变更无法达成一致,且继续履行又显失公平的,人民法院可以根据发生变更的客观情况,按照公平原则处理。

第十六条 当事人对出租地流转期限没有约定或者约定不明的,参照民法典第七百三十条规定处理。除当事人另有约定或者属于林地承包经营外,承包地交回的时间应当在农作物收获期结束后或者下一耕种期开始前。

对提高土地生产能力的投入,对方当事人请求承包方给予相应补偿的,应予支持。

第十七条 发包方或者其他组织、个人擅自截留、扣缴承包收益或者土地经营权流转收益,承包方请求返还的,应予支持。

发包方或者其他组织、个人主张抵销的,不予支持。

三、其他方式承包纠纷的处理

第十八条 本集体经济组织成员在承包费、承包期限等主要内容相同的条件下主张优先承包的,应予支持。但在发包方将农村土地发包给本集体经济组织以外的组织或者个人,已经法律规定的民主议定程序通过,并由乡(镇)人民政府批准后主张优先承包的,不予支持。

第十九条 发包方就同一土地签订两个以上承包合同,承包方均主张取得土地经营权的,按照下列情形,分别处理:

(一)已经依法登记的承包方,取得土地经营权;

(二)均未依法登记的,生效在先合同的承包方取得土地经营权;

(三)依前两项规定无法确定的,已经根据承包合同合法占有使用承包地的人取得土地经营权,但争议发生后一方强行先占承包地的行为和事实,不得作为确定土地经营权的依据。

四、土地征收补偿费用分配及土地承包经营权继承纠纷的处理

第二十条 承包地被依法征收,承包方请求发包方给付已经收到的地上附着物和青苗的补偿费的,应予支持。

承包方已将土地经营权以出租、入股或者其

他方式流转给第三人的,除当事人另有约定外,青苗补偿费归实际投入人所有,地上附着物补偿费归附着物所有人所有。

第二十一条 承包地被依法征收,放弃统一安置的家庭承包方,请求发包方给付已经收到的安置补助费的,应予支持。

第二十二条 农村集体经济组织或者村民委员会、村民小组,可以依照法律规定的民主议定程序,决定在本集体经济组织内部分配已经收到的土地补偿费。征地补偿安置方案确定时已经具有本集体经济组织成员资格的人,请求支付相应份额的,应予支持。但已报全国人大常委会、国务院备案的地方性法规、自治条例和单行条例、地方政府规章对土地补偿费在农村集体经济组织内部的分配办法另有规定的除外。

第二十三条 林地家庭承包中,承包方的继承人请求在承包期内继续承包的,应予支持。

其他方式承包中,承包方的继承人或者权利义务承受者请求在承包期内继续承包的,应予支持。

五、其他规定

第二十四条 人民法院在审理涉及本解释第五条、第六条第一款第(二)项及第二款、第十五条的纠纷案件时,应当着重进行调解。必要时可以委托人民调解组织进行调解。

第二十五条 本解释自 2005 年 9 月 1 日起施行。施行后受理的第一审案件,适用本解释的规定。

施行前已经生效的司法解释与本解释不一致的,以本解释为准。

最高人民法院关于审理建设工程施工合同纠纷案件适用法律问题的解释(一)

· 2020 年 12 月 25 日最高人民法院审判委员会第 1825 次会议通过
· 2020 年 12 月 29 日法释〔2020〕25 号公布
· 自 2021 年 1 月 1 日起施行

为正确审理建设工程施工合同纠纷案件,依法保护当事人合法权益,维护建筑市场秩序,促进建筑市场健康发展,根据《中华人民共和国民法典》《中华人民共和国建筑法》《中华人民共和国招标投标法》《中华人民共和国民事诉讼法》等相关法律规定,结合审判实践,制定本解释。

第一条 建设工程施工合同具有下列情形之一的,应当依据民法典第一百五十三条第一款的规定,认定无效:

(一)承包人未取得建筑业企业资质或者超越资质等级的;

(二)没有资质的实际施工人借用有资质的建筑施工企业名义的;

(三)建设工程必须进行招标而未招标或者中标无效的。

承包人因转包、违法分包建设工程与他人签订的建设工程施工合同,应当依据民法典第一百五十三条第一款及第七百九十一条第二款、第三款的规定,认定无效。

第二条 招标人和中标人另行签订的建设工程施工合同约定的工程范围、建设工期、工程质量、工程价款等实质性内容,与中标合同不一致,一方当事人请求按照中标合同确定权利义务的,人民法院应予支持。

招标人和中标人在中标合同之外就明显高于市场价格购买承建房产、无偿建设住房配套设施、让利、向建设单位捐赠财物等另行签订合同,变相降低工程价款,一方当事人以该合同背离中标合同实质性内容为由请求确认无效的,人民法院应予支持。

第三条 当事人以发包人未取得建设工程规划许可证等规划审批手续为由,请求确认建设工程施工合同无效的,人民法院应予支持,但发包人在起诉前取得建设工程规划许可证等规划审批手续的除外。

发包人能够办理审批手续而未办理,并以未办理审批手续为由请求确认建设工程施工合同无效的,人民法院不予支持。

第四条 承包人超越资质等级许可的业务范围签订建设工程施工合同,在建设工程竣工前取得相应资质等级,当事人请求按照无效合同处理的,人民法院不予支持。

第五条 具有劳务作业法定资质的承包人与总承包人、分包人签订的劳务分包合同,当事人请求确认无效的,人民法院依法不予支持。

第六条 建设工程施工合同无效，一方当事人请求对方赔偿损失的，应当就对方过错、损失大小、过错与损失之间的因果关系承担举证责任。

损失大小无法确定，一方当事人请求参照合同约定的质量标准、建设工期、工程价款支付时间等内容确定损失大小的，人民法院可以结合双方过错程度、过错与损失之间的因果关系等因素作出裁判。

第七条 缺乏资质的单位或者个人借用有资质的建筑施工企业名义签订建设工程施工合同，发包人请求出借方与借用方对建设工程质量不合格等因出借资质造成的损失承担连带赔偿责任的，人民法院应予支持。

第八条 当事人对建设工程开工日期有争议的，人民法院应当分别按照以下情形予以认定：

（一）开工日期为发包人或者监理人发出的开工通知载明的开工日期；开工通知发出后，尚不具备开工条件的，以开工条件具备的时间为开工日期；因承包人原因导致开工时间推迟的，以开工通知载明的时间为开工日期。

（二）承包人经发包人同意已经实际进场施工的，以实际进场施工时间为开工日期。

（三）发包人或者监理人未发出开工通知，亦无相关证据证明实际开工日期的，应当综合考虑开工报告、合同、施工许可证、竣工验收报告或者竣工验收备案表等载明的时间，并结合是否具备开工条件的事实，认定开工日期。

第九条 当事人对建设工程实际竣工日期有争议的，人民法院应当分别按照以下情形予以认定：

（一）建设工程经竣工验收合格的，以竣工验收合格之日为竣工日期；

（二）承包人已经提交竣工验收报告，发包人拖延验收的，以承包人提交验收报告之日为竣工日期；

（三）建设工程未经竣工验收，发包人擅自使用的，以转移占有建设工程之日为竣工日期。

第十条 当事人约定顺延工期应当经发包人或者监理人签证等方式确认，承包人虽未取得工期顺延的确认，但能够证明在合同约定的期限内向发包人或者监理人申请过工期顺延且顺延事由符合合同约定，承包人以此为由主张工期顺延的，人民法院应予支持。

当事人约定承包人未在约定期限内提出工期顺延申请视为工期不顺延的，按照约定处理，但发包人在约定期限后同意工期顺延或者承包人提出合理抗辩的除外。

第十一条 建设工程竣工前，当事人对工程质量发生争议，工程质量经鉴定合格的，鉴定期间为顺延工期期间。

第十二条 因承包人的原因造成建设工程质量不符合约定，承包人拒绝修理、返工或者改建，发包人请求减少支付工程价款的，人民法院应予支持。

第十三条 发包人具有下列情形之一，造成建设工程质量缺陷，应当承担过错责任：

（一）提供的设计有缺陷；

（二）提供或者指定购买的建筑材料、建筑构配件、设备不符合强制性标准；

（三）直接指定分包人分包专业工程。

承包人有过错的，也应当承担相应的过错责任。

第十四条 建设工程未经竣工验收，发包人擅自使用后，又以使用部分质量不符合约定为由主张权利的，人民法院不予支持；但是承包人应当在建设工程的合理使用寿命内对地基基础工程和主体结构质量承担民事责任。

第十五条 因建设工程质量发生争议的，发包人可以以总承包人、分包人和实际施工人为共同被告提起诉讼。

第十六条 发包人在承包人提起的建设工程施工合同纠纷案件中，以建设工程质量不符合合同约定或者法律规定为由，就承包人支付违约金或者赔偿修理、返工、改建的合理费用等损失提出反诉的，人民法院可以合并审理。

第十七条 有下列情形之一，承包人请求发包人返还工程质量保证金的，人民法院应予支持：

（一）当事人约定的工程质量保证金返还期限届满；

（二）当事人未约定工程质量保证金返还期限的，自建设工程通过竣工验收之日起满二年；

（三）因发包人原因建设工程未按约定期限进行竣工验收的，自承包人提交工程竣工验收报告九十日后当事人约定的工程质量保证金返还期限届满；当事人未约定工程质量保证金返还期限的，自承包人提交工程竣工验收报告九十日后起满二年。

发包人返还工程质量保证金后，不影响承包

人根据合同约定或者法律规定履行工程保修义务。

第十八条 因保修人未及时履行保修义务，导致建筑物毁损或者造成人身损害、财产损失的，保修人应当承担赔偿责任。

保修人与建筑物所有人或者发包人对建筑物毁损均有过错的，各自承担相应的责任。

第十九条 当事人对建设工程的计价标准或者计价方法有约定的，按照约定结算工程价款。

因设计变更导致建设工程的工程量或者质量标准发生变化，当事人对该部分工程价款不能协商一致的，可以参照签订建设工程施工合同时当地建设行政主管部门发布的计价方法或者计价标准结算工程价款。

建设工程施工合同有效，但建设工程经竣工验收不合格的，依照民法典第五百七十七条规定处理。

第二十条 当事人对工程量有争议的，按照施工过程中形成的签证等书面文件确认。承包人能够证明发包人同意其施工，但未能提供签证文件证明工程量发生的，可以按照当事人提供的其他证据确认实际发生的工程量。

第二十一条 当事人约定，发包人收到竣工结算文件后，在约定期限内不予答复，视为认可竣工结算文件的，按照约定处理。承包人请求按照竣工结算文件结算工程价款的，人民法院应予支持。

第二十二条 当事人签订的建设工程施工合同与招标文件、投标文件、中标通知书载明的工程范围、建设工期、工程质量、工程价款不一致，一方当事人请求将招标文件、投标文件、中标通知书作为结算工程价款的依据的，人民法院应予支持。

第二十三条 发包人将依法不属于必须招标的建设工程进行招标后，与承包人另行订立的建设工程施工合同背离中标合同的实质性内容，当事人请求以中标合同作为结算建设工程价款依据的，人民法院应予支持，但发包人与承包人因客观情况发生了在招标投标时难以预见的变化而另行订立建设工程施工合同的除外。

第二十四条 当事人就同一建设工程订立的数份建设工程施工合同均无效，但建设工程质量合格，一方当事人请求参照实际履行的合同关于工程价款的约定折价补偿承包人的，人民法院应予支持。

实际履行的合同难以确定，当事人请求参照最后签订的合同关于工程价款的约定折价补偿承包人的，人民法院应予支持。

第二十五条 当事人对垫资和垫资利息有约定，承包人请求按照约定返还垫资及其利息的，人民法院应予支持，但是约定的利息计算标准高于垫资时的同类贷款利率或者同期贷款市场报价利率的部分除外。

当事人对垫资没有约定的，按照工程欠款处理。

当事人对垫资利息没有约定，承包人请求支付利息的，人民法院不予支持。

第二十六条 当事人对欠付工程价款利息计付标准有约定的，按照约定处理。没有约定的，按照同期同类贷款利率或者同期贷款市场报价利率计息。

第二十七条 利息从应付工程价款之日开始计付。当事人对付款时间没有约定或者约定不明的，下列时间视为应付款时间：

（一）建设工程已实际交付的，为交付之日；

（二）建设工程没有交付的，为提交竣工结算文件之日；

（三）建设工程未交付，工程价款也未结算的，为当事人起诉之日。

第二十八条 当事人约定按照固定价结算工程价款，一方当事人请求对建设工程造价进行鉴定的，人民法院不予支持。

第二十九条 条当事人在诉讼前已经对建设工程价款结算达成协议，诉讼中一方当事人申请对工程造价进行鉴定的，人民法院不予准许。

第三十条 当事人在诉讼前共同委托有关机构、人员对建设工程造价出具咨询意见，诉讼中一方当事人不认可该咨询意见申请鉴定的，人民法院应予准许，但双方当事人明确表示受该咨询意见约束的除外。

第三十一条 当事人对部分案件事实有争议的，仅对有争议的事实进行鉴定，但争议事实范围不能确定，或者双方当事人请求对全部事实鉴定的除外。

第三十二条 当事人对工程造价、质量、修复费用等专门性问题有争议，人民法院认为需要鉴定的，应当向负有举证责任的当事人释明。当事人经释明未申请鉴定，虽申请鉴定但未支付鉴定费用或者拒不提供相关材料的，应当承担举证不能的法律后果。

一审诉讼中负有举证责任的当事人未申请鉴定，虽申请鉴定但未支付鉴定费用或者拒不提供相关材料，二审诉讼中申请鉴定，人民法院认为确有必要的，应当依照民事诉讼法第一百七十条①第一款第三项的规定处理。

第三十三条 人民法院准许当事人的鉴定申请后，应当根据当事人申请及查明案件事实的需要，确定委托鉴定的事项、范围、鉴定期限等，并组织当事人对争议的鉴定材料进行质证。

第三十四条 人民法院应当组织当事人对鉴定意见进行质证。鉴定人将当事人有争议且未经质证的材料作为鉴定依据的，人民法院应当组织当事人就该部分材料进行质证。经质证认为不能作为鉴定依据的，根据该材料作出的鉴定意见不得作为认定案件事实的依据。

第三十五条 与发包人订立建设工程施工合同的承包人，依据民法典第八百零七条的规定请求其承建工程的价款就工程折价或者拍卖的价款优先受偿的，人民法院应予支持。

第三十六条 承包人根据民法典第八百零七条规定享有的建设工程价款优先受偿权优于抵押权和其他债权。

第三十七条 装饰装修工程具备折价或者拍卖条件，装饰装修工程的承包人请求工程价款就该装饰装修工程折价或者拍卖的价款优先受偿的，人民法院应予支持。

第三十八条 建设工程质量合格，承包人请求其承建工程的价款就工程折价或者拍卖的价款优先受偿的，人民法院应予支持。

第三十九条 未竣工的建设工程质量合格，承包人请求其承建工程的价款就其承建工程部分折价或者拍卖的价款优先受偿的，人民法院应予支持。

第四十条 承包人建设工程价款优先受偿的范围依照国务院有关行政主管部门关于建设工程价款范围的规定确定。

承包人就逾期支付建设工程价款的利息、违约金、损害赔偿金等主张优先受偿的，人民法院不予支持。

第四十一条 承包人应当在合理期限内行使建设工程价款优先受偿权，但最长不得超过十八个月，自发包人应当给付建设工程价款之日起算。

第四十二条 发包人与承包人约定放弃或者限制建设工程价款优先受偿权，损害建筑工人利益，发包人根据该约定主张承包人不享有建设工程价款优先受偿权的，人民法院不予支持。

第四十三条 实际施工人以转包人、违法分包人为被告起诉的，人民法院应当依法受理。

实际施工人以发包人为被告主张权利的，人民法院应当追加转包人或者违法分包人为本案第三人，在查明发包人欠付转包人或者违法分包人建设工程价款的数额后，判决发包人在欠付建设工程价款范围内对实际施工人承担责任。

第四十四条 实际施工人依据民法典第五百三十五条规定，以转包人或者违法分包人怠于向发包人行使到期债权或者与该债权有关的从权利，影响其到期债权实现，提起代位权诉讼的，人民法院应予支持。

第四十五条 本解释自2021年1月1日起施行。

最高人民法院关于审理物业服务纠纷案件适用法律若干问题的解释

- 2009年4月20日最高人民法院审判委员会第1466次会议通过
- 根据2020年12月23日最高人民法院审判委员会第1823次会议通过的《最高人民法院关于修改〈最高人民法院关于在民事审判工作中适用《中华人民共和国工会法》若干问题的解释〉等二十七件民事类司法解释的决定》修正

为正确审理物业服务纠纷案件，依法保护当事人的合法权益，根据《中华人民共和国民法典》等法律规定，结合民事审判实践，制定本解释。

第一条 业主违反物业服务合同或者法律、法规、管理规约，实施妨碍物业服务与管理的行为，物业服务人请求业主承担停止侵害、排除妨碍、恢复原状等相应民事责任的，人民法院应予支持。

---

① 对应2021年《民事诉讼法》第177条。

第二条 物业服务人违反物业服务合同约定或者法律、法规、部门规章规定，擅自扩大收费范围、提高收费标准或者重复收费，业主以违规收费为由提出抗辩的，人民法院应予支持。

业主请求物业服务人退还其已经收取的违规费用的，人民法院应予支持。

第三条 物业服务合同的权利义务终止后，业主请求物业服务人退还已经预收，但尚未提供物业服务期间的物业费的，人民法院应予支持。

第四条 因物业的承租人、借用人或者其他物业使用人实施违反物业服务合同，以及法律、法规或者管理规约的行为引起的物业服务纠纷，人民法院可以参照关于业主的规定处理。

第五条 本解释自2009年10月1日起施行。

本解释施行前已经终审，本解释施行后当事人申请再审或者按照审判监督程序决定再审的案件，不适用本解释。

最高人民法院关于审理建筑物区分所有权纠纷案件适用法律若干问题的解释

· 2009年3月23日最高人民法院审判委员会第1464次会议通过

· 根据2020年12月23日最高人民法院审判委员会第1823次会议通过的《最高人民法院关于修改〈最高人民法院关于在民事审判工作中适用《中华人民共和国工会法》若干问题的解释〉等二十七件民事类司法解释的决定》修正

为正确审理建筑物区分所有权纠纷案件，依法保护当事人的合法权益，根据《中华人民共和国民法典》等法律的规定，结合民事审判实践，制定本解释。

第一条 依法登记取得或者依据民法典第二百二十九条至第二百三十一条规定取得建筑物专有部分所有权的人，应当认定为民法典第二编第六章所称的业主。

基于与建设单位之间的商品房买卖民事法律行为，已经合法占有建筑物专有部分，但尚未依法办理所有权登记的人，可以认定为民法典第二编第六章所称的业主。

第二条 建筑区划内符合下列条件的房屋，以及车位、摊位等特定空间，应当认定为民法典第二编第六章所称的专有部分：

（一）具有构造上的独立性，能够明确区分；

（二）具有利用上的独立性，可以排他使用；

（三）能够登记成为特定业主所有权的客体。

规划上专属于特定房屋，且建设单位销售时已经根据规划列入该特定房屋买卖合同中的露台等，应当认定为前款所称的专有部分的组成部分。

本条第一款所称房屋，包括整栋建筑物。

第三条 除法律、行政法规规定的共有部分外，建筑区划内的以下部分，也应当认定为民法典第二编第六章所称的共有部分：

（一）建筑物的基础、承重结构、外墙、屋顶等基本结构部分，通道、楼梯、大堂等公共通行部分，消防、公共照明等附属设施、设备，避难层、设备层或者设备间等结构部分；

（二）其他不属于业主专有部分，也不属于市政公用部分或者其他权利人所有的场所及设施等。

建筑区划内的土地，依法由业主共同享有建设用地使用权，但属于业主专有的整栋建筑物的规划占地或者城镇公共道路、绿地占地除外。

第四条 业主基于对住宅、经营性用房等专有部分特定使用功能的合理需要，无偿利用屋顶以及与其专有部分相对应的外墙面等共有部分的，不应认定为侵权。但违反法律、法规、管理规约，损害他人合法权益的除外。

第五条 建设单位按照配置比例将车位、车库，以出售、附赠或者出租等方式处分给业主的，应当认定其行为符合民法典第二百七十六条有关"应当首先满足业主的需要"的规定。

前款所称配置比例是指规划确定的建筑区划内规划用于停放汽车的车位、车库与房屋套数的比例。

第六条 建筑区划内在规划用于停放汽车的车位之外，占用业主共有道路或者其他场地增设的车位，应当认定为民法典第二百七十五条第二款所称的车位。

第七条 处分共有部分，以及业主大会依法决定或者管理规约依法确定应由业主共同决定的事项，应当认定为民法典第二百七十八条第一款第（九）项规定的有关共有和共同管理权利的"其他重大事项"。

第八条 民法典第二百七十八条第二款和第二百八十三条规定的专有部分面积可以按照不动产登记簿记载的面积计算；尚未进行物权登记的，暂按测绘机构的实测面积计算；尚未进行实测的，暂按房屋买卖合同记载的面积计算。

第九条 民法典第二百七十八条第二款规定的业主人数可以按照专有部分的数量计算，一个专有部分按一人计算。但建设单位尚未出售和虽已出售但尚未交付的部分，以及同一买受人拥有一个以上专有部分的，按一人计算。

第十条 业主将住宅改变为经营性用房，未依据民法典第二百七十九条的规定经有利害关系的业主一致同意，有利害关系的业主请求排除妨害、消除危险、恢复原状或者赔偿损失的，人民法院应予支持。

将住宅改变为经营性用房的业主以多数有利害关系的业主同意其行为进行抗辩的，人民法院不予支持。

第十一条 业主将住宅改变为经营性用房，本栋建筑物内的其他业主，应当认定为民法典第二百七十九条所称"有利害关系的业主"。建筑区划内，本栋建筑物之外的业主，主张与自己有利害关系的，应证明其房屋价值、生活质量受到或者可能受到不利影响。

第十二条 业主以业主大会或者业主委员会作出的决定侵害其合法权益或者违反了法律规定的程序为由，依据民法典第二百八十条第二款的规定请求人民法院撤销该决定的，应当在知道或者应当知道业主大会或者业主委员会作出决定之日起一年内行使。

第十三条 业主请求公布、查阅下列应当向业主公开的情况和资料的，人民法院应予支持：

（一）建筑物及其附属设施的维修资金的筹集、使用情况；

（二）管理规约、业主大会议事规则，以及业主大会或者业主委员会的决定及会议记录；

（三）物业服务合同、共有部分的使用和收益情况；

（四）建筑区划内规划用于停放汽车的车位、车库的处分情况；

（五）其他应当向业主公开的情况和资料。

第十四条 建设单位、物业服务企业或者其他管理人等擅自占用、处分业主共有部分、改变其使用功能或者进行经营性活动，权利人请求排除妨害、恢复原状、确认处分行为无效或者赔偿损失的，人民法院应予支持。

属于前款所称擅自进行经营性活动的情形，权利人请求建设单位、物业服务企业或者其他管理人等将扣除合理成本之后的收益用于补充专项维修资金或者业主共同决定的其他用途的，人民法院应予支持。行为人对成本的支出及其合理性承担举证责任。

第十五条 业主或者其他行为人违反法律、法规、国家相关强制性标准、管理规约，或者违反业主大会、业主委员会依法作出的决定，实施下列行为的，可以认定为民法典第二百八十六条第二款所称的其他"损害他人合法权益的行为"：

（一）损害房屋承重结构，损害或者违章使用电力、燃气、消防设施，在建筑物内放置危险、放射性物品等危及建筑物安全或者妨碍建筑物正常使用；

（二）违反规定破坏、改变建筑物外墙面的形状、颜色等损害建筑物外观；

（三）违反规定进行房屋装饰装修；

（四）违章加建、改建，侵占、挖掘公共通道、道路、场地或者其他共有部分。

第十六条 建筑物区分所有权纠纷涉及专有部分的承租人、借用人等物业使用人的，参照本解释处理。

专有部分的承租人、借用人等物业使用人，根据法律、法规、管理规约、业主大会或者业主委员会依法作出的决定，以及其与业主的约定，享有相应权利，承担相应义务。

第十七条 本解释所称建设单位，包括包销期满，按照包销合同约定的包销价格购买尚未销售的物业后，以自己名义对外销售的包销人。

第十八条 人民法院审理建筑物区分所有权案件中，涉及有关物权归属争议的，应当以法律、行政法规为依据。

第十九条 本解释自 2009 年 10 月 1 日起施行。

因物权法施行后实施的行为引起的建筑物区分所有权纠纷案件，适用本解释。

本解释施行前已经终审，本解释施行后当事人申请再审或者按照审判监督程序决定再审的案件，不适用本解释。

民政部关于贯彻落实《中华人民共和国民法典》中有关婚姻登记规定的通知

· 2020 年 12 月 24 日
· 民发〔2020〕116 号

各省、自治区、直辖市民政厅(局),各计划单列市民政局,新疆生产建设兵团民政局:

《中华人民共和国民法典》(以下简称《民法典》)将于 2021 年 1 月 1 日起施行。根据《民法典》规定,对婚姻登记有关程序等作出如下调整:

一、婚姻登记机关不再受理因胁迫结婚请求撤销业务

《民法典》第一千零五十二条第一款规定:"因胁迫结婚的,受胁迫的一方可以向人民法院请求撤销婚姻。"因此,婚姻登记机关不再受理因胁迫结婚的撤销婚姻申请,《婚姻登记工作规范》第四条第三款、第五章废止,删除第十四条第(五)项中"及可撤销婚姻"、第二十五条第(二)项中"撤销受胁迫婚姻"及第七十二条第(二)项中"撤销婚姻"表述。

二、调整离婚登记程序

根据《民法典》第一千零七十六条、第一千零七十七条和第一千零七十八条规定,离婚登记按如下程序办理:

(一)申请。夫妻双方自愿离婚的,应当签订书面离婚协议,共同到有管辖权的婚姻登记机关提出申请,并提供以下证件和证明材料:

1. 内地婚姻登记机关或者中国驻外使(领)馆颁发的结婚证;

2. 符合《婚姻登记工作规范》第二十九条至第三十五条规定的有效身份证件;

3. 在婚姻登记机关现场填写的《离婚登记申请书》。

(二)受理。婚姻登记机关按照《婚姻登记工作规范》有关规定对当事人提交的上述材料进行初审。

申请办理离婚登记的当事人有一本结婚证丢失的,当事人应当书面声明遗失,婚姻登记机关可以根据另一本结婚证受理离婚登记申请;申请办理离婚登记的当事人两本结婚证都丢失的,当事人应当书面声明结婚证遗失并提供加盖查档专用章的结婚登记档案复印件,婚姻登记机关可根据当事人提供的上述材料受理离婚登记申请。

婚姻登记机关对当事人提交的证件和证明材料初审无误后,发给《离婚登记申请受理回执单》。不符合离婚登记申请条件的,不予受理。当事人要求出具《不予受理离婚登记申请告知书》的,应当出具。

(三)冷静期。自婚姻登记机关收到离婚登记申请并向当事人发放《离婚登记申请受理回执单》之日起三十日内(自婚姻登记机关收到离婚登记申请之日的次日开始计算期间,期间的最后一日是法定休假日的,以法定休假日结束的次日为期间的最后一日),任何一方不愿意离婚的,可以持本人有效身份证件和《离婚登记申请受理回执单》(遗失的可不提供,但需书面说明情况),向受理离婚登记申请的婚姻登记机关撤回离婚登记申请,并亲自填写《撤回离婚登记申请书》。经婚姻登记机关核实无误后,发给《撤回离婚登记申请确认单》,并将《离婚登记申请书》、《撤回离婚登记申请书》与《撤回离婚登记申请确认单(存根联)》一并存档。

自离婚冷静期届满后三十日内(自冷静期届满日的次日开始计算期间,期间的最后一日是法定休假日的,以法定休假日结束的次日为期间的最后一日),双方未共同到婚姻登记机关申请发给离婚证的,视为撤回离婚登记申请。

(四)审查。自离婚冷静期届满后三十日内(自冷静期届满日的次日开始计算期间,期间的最后一日是法定休假日的,以法定休假日结束的次日为期间的最后一日),双方当事人应当持《婚姻登记工作规范》第五十五条第(四)至(七)项规定的证件和材料,共同到婚姻登记机关申请发给离婚证。

婚姻登记机关按照《婚姻登记工作规范》第五十六条和第五十七条规定的程序和条件执行和审查。婚姻登记机关对不符合离婚登记条件的,不予办理。当事人要求出具《不予办理离婚登记告知书》的,应当出具。

(五)登记(发证)。婚姻登记机关按照《婚姻登记工作规范》第五十八条至六十条规定,予以登记,发给离婚证。

离婚协议书一式三份,男女双方各一份并自行保存,婚姻登记机关存档一份。婚姻登记机关在当事人持有的两份离婚协议书上加盖“此件与存档件一致,涂改无效。××××婚姻登记处××××年××月××日”的长方形红色印章并填写日期。多页离婚协议书同时在骑缝处加盖此印章,骑缝处不填写日期。当事人亲自签订的离婚协议书原件存档。婚姻登记机关在存档的离婚协议书加盖“××××婚姻登记处存档件××××年××月××日”的长方形红色印章并填写日期。

三、离婚登记档案归档

婚姻登记机关应当按照《婚姻登记档案管理办法》规定建立离婚登记档案,形成电子档案。

归档材料应当增加离婚登记申请环节所有材料(包括撤回离婚登记申请和视为撤回离婚登记申请的所有材料)。

四、工作要求

(一)加强宣传培训。要将本《通知》纳入信息公开的范围,将更新后的婚姻登记相关规定和工作程序及时在相关网站、婚姻登记场所公开,让群众知悉婚姻登记的工作流程和工作要求,最大限度做到便民利民。要抓紧开展教育培训工作,使婚姻登记员及时掌握《通知》的各项规定和要求,确保婚姻登记工作依法依规开展。

(二)做好配套衔接。加快推进本地区相关配套制度的“废改立”工作,确保与本《通知》的规定相一致。做好婚姻登记信息系统的升级,及时将离婚登记的申请、撤回等环节纳入信息系统,确保与婚姻登记程序有效衔接。

(三)强化风险防控。要做好分析研判,对《通知》实施过程中可能出现的风险和问题要有应对措施,确保矛盾问题得到及时处置。要健全请示报告制度,在《通知》执行过程中遇到的重要问题和有关情况,及时报告民政部。

本通知自2021年1月1日起施行。《民政部关于印发〈婚姻登记工作规范〉的通知》(民发〔2015〕230号)中与本《通知》不一致的,以本《通知》为准。

2. 商　法

中华人民共和国公司法

- 1993年12月29日第八届全国人民代表大会常务委员会第五次会议通过　根据1999年12月25日第九届全国人民代表大会常务委员会第十三次会议《关于修改〈中华人民共和国公司法〉的决定》第一次修正
- 根据2004年8月28日第十届全国人民代表大会常务委员会第十一次会议《关于修改〈中华人民共和国公司法〉的决定》第二次修正
- 2005年10月27日第十届全国人民代表大会常务委员会第十八次会议修订
- 根据2013年12月28日第十二届全国人民代表大会常务委员会第六次会议《关于修改〈中华人民共和国海洋环境保护法〉等七部法律的决定》第三次修正
- 根据2018年10月26日第十三届全国人民代表大会常务委员会第六次会议《关于修改〈中华人民共和国公司法〉的决定》第四次修正

理解与适用

《中华人民共和公司法》于1993年12月29日由第八届全国人大常委会第五次会议通过,自1994年7月1日起施行。《公司法》历经1999年、2004年、2005年、2013年、2018年五次修改,修改后更方便了人们投资、更强调股东权益和债权人利益的保护、更有利于我国资本市场发展需要。

2013年《公司法》修改主要涉及三方面。第一,将注册资本实缴登记制改为认缴登记制。除法律、行政法规以及国务院决定对公司注册资本实缴另有规定的外,取消了关于公司股东(发起人)应当自公司成立之日起两年内缴足出资,投资公司可以在五年内缴足出资的规定;取消了一人有限责任公司股东应当一次足额缴纳出资的规定。第二,放宽注册资本登记条件。除法律、行政法规以及国务院决定对公司注册资本最低限额另有规定的外,取消了有限责任公司最低注册资本3万元、一人有限责任公司最低注册资本10万元、股份有限公司最低注册资本500万元的限制;不再限制公司设立时股东(发起人)的首次出资比例;不再限制股东(发起人)的货币出资比例。第三,简化登记事项和登记文件。有限责任公司股东认缴出资额、公司实收资本不再作为公司登记事项。公司登记时,不需要提交验资报告。

针对《公司法》第142条在实践中存在的问题,2018年10月26日通过的《全国人民代表大会常务委员会关于修改〈中华人民共和国公司法〉的决定》主要对原公司法第142条中关于公司股份回购制度的规定作了修改,由于股份回购特别是上市公司的股份回购,对债权人和投资者利益都有重大影响,应当慎重稳妥对待,因此修改决定同时还明确:对公司法有关资本制度的规定进行修改完善,赋予公司更多自主权,有利于促进完善公司治理、推动资本市场稳定健康发展。国务院及其有关部门应当完善配套规定,坚持公开、公平、公正的原则,督促实施股份回购的上市公司保证债务履行能力和持续经营能力,加强监督管理,依法严格查处内幕交易、操纵市场等证券违法行为,防范市场风险,切实维护债权人和投资者的合法权益。

《公司法》作为市场经济的基本大法,其主要内容有:

一、公司的概念

公司是一种企业组织形态,是依照法定的条件与程序设立的,以营利为目的的商事组织。我国《公司法》所规定的公司是指依法在中国境内设立的有限责任公司和股份有限公司。

二、股东的权利和义务

公司股东是公司的投资人,依法享有资产收益、参与重大决策和选择管理者等权利,并且在法定情形下有向人民法院提起诉讼的权利。股东的主要义务是出资义务以及权利不得滥用义务,如公司股东滥用公司法人独立地位和股东有限责任,逃避债务,严重损害公司债权人利益的,应当对公司债务承担连带责任。

三、公司章程

设立公司必须依法制定公司章程。公司章程对公司、股东、董事、监事、高级管理人员具有约束力。

四、公司高管与职工

公司高管是指对公司决策、经营、管理负有领导职责的人员,如董事、监事、总经理、副总经理、公司财务负责人等高级管理人员。担任公司高管须符合法定条件,遵守法定义务。

公司必须保护职工的合法权益,依法与职工签订劳动合同,参加社会保险,加强劳动保护,实现安全生产。公司职工依照《工会法》组织工会,开展工会活动,维护职工合法权益。另外,《公司法》强调,董事会、监事会中依法应有职工代表的,由公司职工通过职工代表大会、职工大会或者其他形式民主选举产生。

五、一人有限责任公司

一人有限责任公司,是指只有一个自然人股东或者一个法人股东的有限责任公司。一个自然人只能投资设立一个一人有限责任公司。该一人有限责任公司不能投资设立新的一人有限责任公司。一人有限责任公司的股东不能证明公司财产独立于股东自己财产的,应当对公司债务承担连带责任。

对公司法的司法解释工作是一项系统工程。当代公司法通常包括三个方面的制度:投融资及其退出的法律制度、公司治理的法律制度和公司并购重组的法律制度。最高人民法院关于公司法解释工作的安排和布局基本遵循了这一体系。2005年,我国公司法修订并重新颁布后,最高人民法院随即出台《关于适用〈中华人民共和国公司法〉若干问题的规定(一)》,主要解决了新旧法衔接适用的问题。2008年和2011年,最高人民法院分别出台了《关于适用〈中华人民共和国公司法〉若干问题的规定(二)》和《关于适用〈中华人民共和国公司法〉若干问题的规定(三)》,主要解决了股东出资纠纷和公司解散清算纠纷案件审理中的法律适用问题,均属于投融资及其退出的法律制度范畴。2017年，最高人民法院出台了《关于适用〈中华人民共和国公司法〉若干问题的规定(四)》，以股东权利保护和公司治理为主题。2019年，最高人民法院出台了《关于适用〈中华人民共和国公司法〉若干问题规定(五)》，就股东权益保护等纠纷案件适用法律问题作出规定。随着民法典的颁布，为了配套民法典的实施，前述司法解释(二)、(三)、(四)、(五)均于2020年12月29日修正。

第一章 总 则

第一条 【立法宗旨】为了规范公司的组织和行为，保护公司、股东和债权人的合法权益，维护社会经济秩序，促进社会主义市场经济的发展，制定本法。

第二条 【调整对象】本法所称公司是指依照本法在中国境内设立的有限责任公司和股份有限公司。

第三条 【公司界定及股东责任】公司是企业法人，有独立的法人财产，享有法人财产权。公司以其全部财产对公司的债务承担责任。

有限责任公司的股东以其认缴的出资额为限对公司承担责任；股份有限公司的股东以其认购的股份为限对公司承担责任。

第四条 【股东权利】公司股东依法享有资产收益、参与重大决策和选择管理者等权利。

第五条 【公司义务及权益保护】公司从事经营活动，必须遵守法律、行政法规，遵守社会公德、商业道德，诚实守信，接受政府和社会公众的监督，承担社会责任。

公司的合法权益受法律保护，不受侵犯。

第六条 【公司登记】设立公司，应当依法向公司登记机关申请设立登记。符合本法规定的设立条件的，由公司登记机关分别登记为有限责任公司或者股份有限公司；不符合本法规定的设立条件的，不得登记为有限责任公司或者股份有限公司。

法律、行政法规规定设立公司必须报经批准的，应当在公司登记前依法办理批准手续。

公众可以向公司登记机关申请查询公司登记事项，公司登记机关应当提供查询服务。

链接《市场主体登记管理条例》第3、5、8、19条

第七条 【营业执照】依法设立的公司，由公司登记机关发给公司营业执照。公司营业执照签发日期为公司成立日期。

公司营业执照应当载明公司的名称、住所、注册资本、经营范围、法定代表人姓名等事项。

公司营业执照记载的事项发生变更的，公司应当依法办理变更登记，由公司登记机关换发营业执照。

第八条 【公司名称】依照本法设立的有限责任公司，必须在公司名称中标明有限责任公司或者有限公司字样。

依照本法设立的股份有限公司，必须在公司名称中标明股份有限公司或者股份公司字样。

链接《市场主体登记管理条例》第10条

第九条 【公司形式变更】有限责任公司变更为股份有限公司，应当符合本法规定的股份有限公司的条件。股份有限公司变更为有限责任公司，应当符合本法规定的有限责任公司的条件。

有限责任公司变更为股份有限公司的，或者股份有限公司变更为有限责任公司的，公司变更前的债权、债务由变更后的公司承继。

链接《公司法》第95条

第十条 【公司住所】公司以其主要办事机构所在地为住所。

链接《市场主体登记管理条例》第11条

第十一条 【公司章程】设立公司必须依法制定公司章程。公司章程对公司、股东、董事、监事、高级管理人员具有约束力。

实务问答 公司章程中关于股东会对股东处以罚款的规定是否有效

公司章程关于股东会对股东处以罚款的规定，系公司全体股东所预设的对违反公司章程股东的一种制裁措施，符合公司的整体利益，体现了有限公司的人合性特征，不违反公司法的禁止性规定，应合法有效。但公司章程在赋予股东会对股东处以罚款职权时，应明确规定罚款的标准、幅度，股东会在没有明确标准、幅度的情况下处罚股东，属法定依据不足，相应决议无效。(《中华人民共和国最高人民法院公报》2012年第10期：南京安盛财务顾问有限公司诉祝鹃股东会决议罚款纠纷案)

链接《上市公司章程指引(2022年修订)》

第十二条 【经营范围】公司的经营范围由公司章程规定，并依法登记。公司可以修改公司章程，改变经营范围，但是应当办理变更登记。

公司的经营范围中属于法律、行政法规规定须经批准的项目，应当依法经过批准。

第十三条 【法定代表人】公司法定代表人依照公司章程的规定，由董事长、执行董事或者经理担任，并依法登记。公司法定代表人变更，应当办理变更登记。

第十四条 【分公司与子公司】公司可以设立分公司。设立分公司，应当向公司登记机关申请登记，领取营业执照。分公司不具有法人资格，其民事责任由公司承担。

公司可以设立子公司，子公司具有法人资格，依法独立承担民事责任。

实务问答 **公司分支机构于公司法人变更过程中是否已实际经工商部门注销完毕，会影响公司基于独立法人资格行使其分支机构所享有的民事权利、承担其分支机构所负有的民事义务吗**

根据《中华人民共和国公司法》的规定，公司可以设立分公司，分公司不具有企业法人资格，其民事责任由公司承担。因此，公司分支机构于公司法人变更过程中是否已实际经工商部门注销完毕，不影响公司基于独立法人资格行使其分支机构所享有的民事权利、承担其分支机构所负有的民事义务。（《中华人民共和国最高人民法院公报》2008年第2期：泛华工程有限公司西南公司与中国人寿保险（集团）公司商品房预售合同纠纷案）

第十五条 【转投资】公司可以向其他企业投资；但是，除法律另有规定外，不得成为对所投资企业的债务承担连带责任的出资人。

第十六条 【公司担保】公司向其他企业投资或者为他人提供担保，依照公司章程的规定，由董事会或者股东会、股东大会决议；公司章程对投资或者担保的总额及单项投资或者担保的数额有限额规定的，不得超过规定的限额。

公司为公司股东或者实际控制人提供担保的，必须经股东会或者股东大会决议。

前款规定的股东或者受前款规定的实际控制人支配的股东，不得参加前款规定事项的表决。该项表决由出席会议的其他股东所持表决权的过半数通过。

注释 实际控制人，是指虽不是公司的股东，但通过投资关系、协议或者其他安排，能够实际支配公司行为的人。

法律没有禁止公司为本公司股东或者实际控制人提供担保，但是公司为本公司股东或者实际控制人提供担保的，必须由股东会或者股东大会作出决议。在决议表决时，该股东或者受该实际控制人支配的股东，不得参加表决。同时，在排除上述股东的表决权后，决议的表决由出席会议的其他股东所持表决权的过半数通过，方为有效。

第十七条 【职工权益保护与职业教育】公司必须保护职工的合法权益，依法与职工签订劳动合同，参加社会保险，加强劳动保护，实现安全生产。

公司应当采用多种形式，加强公司职工的职业教育和岗位培训，提高职工素质。

第十八条 【工会】公司职工依照《中华人民共和国工会法》组织工会，开展工会活动，维护职工合法权益。公司应当为本公司工会提供必要的活动条件。公司工会代表职工就职工的劳动报酬、工作时间、福利、保险和劳动安全卫生等事项依法与公司签订集体合同。

公司依照宪法和有关法律的规定，通过职工代表大会或者其他形式，实行民主管理。

公司研究决定改制以及经营方面的重大问题、制定重要的规章制度时，应当听取公司工会的意见，并通过职工代表大会或者其他形式听取职工的意见和建议。

第十九条 【党组织】在公司中，根据中国共产党章程的规定，设立中国共产党的组织，开展党的活动。公司应当为党组织的活动提供必要条件。

第二十条 【股东禁止行为】公司股东应当遵守法律、行政法规和公司章程，依法行使股东权利，不得滥用股东权利损害公司或者其他股东的利益；不得滥用公司法人独立地位和股东有限责任损害公司债权人的利益。

公司股东滥用股东权利给公司或者其他股东造成损失的，应当依法承担赔偿责任。

公司股东滥用公司法人独立地位和股东有限责任，逃避债务，严重损害公司债权人利益的，应当对公司债务承担连带责任。

注释 本条是关于禁止公司股东权利滥用和公司法人人格否认制度的规定，是2005年《公司法》的重大修改之处。公司法人人格否认，也称为揭开公司面纱，即在承认公司具有法人人格的前提下，对特定法律关系中的公司独立人格和股东有限责任予以否认，直接追索公司背后成员的责任，以规制滥用公司独立人格和股东有限责任的行为。这一制度对于完善股东与债权人的利益平衡机制是非常必要和有效的，公司法人人格否认制度可以保护债权人的利益，可以完善公司法人制度，并能促进公司治理结构的科学化。

实务问答 1. 适用公司法人人格否认制度需要满足哪些条件

我国《公司法》第20条只原则性地规定了适用公司法人人格否认的情形，是非常现实和合理的，体现了立法的艺术。但该制度缺乏可操作性，司法实践中各法院之间和法院内部对适用公司法人人格否认制度的标准分歧很大。要正确理解和适用这一制度，需厘清以下几个问题：

第一，前提要件(主体要件)：公司已合法取得独立人格。只有依照法定条件与程序在工商行政管理机关进行登记，领取法人营业执照，取得合法的法人资格后，才能对该法人资格予以否认。

第二，行为要件：股东实施了不正当使用或滥用了公司法人人格之行为。具体体现为股东不当使用控制权，滥用法人人格，存在规避法律和逃避契约义务的违法行为。当然，学界对于行为人主观上是否需有滥用的故意，还是有一定争论的。

第三，危害后果：上述行为造成了债权人利益或社会公共利益之损害。

第四，因果关系：滥用公司法人人格行为与债权人利益或社会公共利益受到损害之间存在因果关系。

第五，例外情形：在公司财产足以清偿债务时不得适用公司法人人格否认制度。因为，如果债权人的债权能够得到清偿，其没有必要要求股东承担责任。这时，如果股东存在滥用公司法人人格行为造成公司、其他股东的利益受到损害，完全可以由利益受到损害的公司或其他股东提起诉讼要求有滥用行为的股东承担赔偿责任。

2. 如何判断股东存在滥用公司法人独立地位和股东有限责任的行为

权利滥用通常表现为违反法律规定或违背善良风俗和诚实信用原则。我国学者在借鉴国外学说的基础上，对此大体作了如下分类：

第一，公司的形骸化。指公司有名无实，徒有躯壳，实质上已经沦为股东个人的工具或化身。具体表现形式有：公司控制股东的具体行为使公司实际上表现为投资者的一个部门，使相对人无法判断自己的交易伙伴是公司还是投资者本人；公司的管理机制不完善；股东没有严格区分公司财产和个人财产，公司财产被用于个人支出而未作适当记录，以致没有维持完整的公司财产记录；公司与股东及该公司与其他公司间没有严格区分的人格混同。这一情况多发生在一人公司和母子公司中。

第二，公司资本显著不足。股东有可能不按照公司章程的规定履行出资义务，也有可能在公司经营过程中利用对公司的控制管理，将公司资产转移，这都会造成公司资产的不足。判断公司资产是否充足不仅取决于公司资产的绝对数量，还要结合公司所营事业的性质，判断公司资产是否能够负担公司经营的风险和债务。

第三，利用公司形式规避法律义务、合同义务、侵权债务等。规避法律义务，指当事人以迂回方法避免直接违反法律规定，但却足以使某项强行法立法目的落空的行为。利用公司独立人格规避法律主要表现为，当事人利用既存的公司或新设立的公司为工具，以实行依法其自身无法达成的行为。比如股东负有纳税义务，通过设立新公司及在公司间转移盈利，以逃避其纳税义务。或者母公司设立海外子公司(实际是空壳公司)，再以其控股设立内地公司，达到偷逃税款或者逃避债务的目的。

利用公司人格回避合同和侵权债务的情形非常之多，通常是股东依据公司独立人格，以公司名义承担公司本身并未因此受益的债务或与公司本身极不相称的风险，造成侵权债务关系中的股东与公司错位，导致股东仅享利益，而公司独担风险的不公正状况，并最终损害债权人的利益。如负有债务的股东(包括法人股东)申请设立新公司并把自己的财产转换为在新公司中的出资，或者把本公司的资产无偿转移到新公司，以逃避债务。

3. 如何判定滥用行为对债权人的损害达到了严重的程度

关于这一点，要结合股东的行为是否有恶意、债权人实际受损的情况综合考虑，本着最有利于保护债权人利益的原则作出认定。如果公司无法偿还到期债务的事实已经持续一段时期,在此期间公司财产状况不但没有好转反而还在进一步恶化,甚至达到了“资不抵债”的地步,就可以作出达到“严重损害债权人利益”的程度的认定,从而适用公司人格否定的法律规定。

4. 法定代表人利用其对存在股权交叉、均为同一法人出资设立、由同一自然人担任各个公司法定代表人的关联公司的控制权,损害债权人合法权益的,该多个公司法人是否应承担连带清偿责任

存在股权交叉、均为同一法人出资设立、由同一自然人担任各个公司法定代表人的关联公司,如果法定代表人利用其对上述多个公司的控制权,无视公司的独立人格,随意处置、混淆各个公司的财产及债权债务关系,造成各个公司的人员、财产等无法区分的,该多个公司法人表面上虽然彼此独立,但实质上构成人格混同。因此损害债权人合法权益的,该多个公司法人应承担连带清偿责任。

链接《公司法》第63条

第二十一条 【禁止关联交易】公司的控股股东、实际控制人、董事、监事、高级管理人员不得利用其关联关系损害公司利益。

违反前款规定,给公司造成损失的,应当承担赔偿责任。

注释 控股股东,是指其出资额占有限责任公司资本总额50%以上或者其持有的股份占股份有限公司股本总额50%以上的股东;出资额或者持有股份的比例虽然不足50%,但依其出资额或者持有的股份所享有的表决权已足以对股东会、股东大会的决议产生重大影响的股东。

关联关系,是指公司控股股东、实际控制人、董事、监事、高级管理人员与其直接或者间接控制的企业之间的关系,以及可能导致公司利益转移的其他关系。但是,国家控股的企业之间不因同受国家控股而具有关联关系。

链接《公司法》第216条

第二十二条 【公司决议的无效或被撤销】公司股东会或者股东大会、董事会的决议内容违反法律、行政法规的无效。

股东会或者股东大会、董事会的会议召集程序、表决方式违反法律、行政法规或者公司章程,或者决议内容违反公司章程的,股东可以自决议作出之日起六十日内,请求人民法院撤销。

股东依照前款规定提起诉讼的,人民法院可以应公司的请求,要求股东提供相应担保。

公司根据股东会或者股东大会、董事会决议已办理变更登记的,人民法院宣告该决议无效或者撤销该决议后,公司应当向公司登记机关申请撤销变更登记。

第二章 有限责任公司的设立和组织机构

第一节 设 立

第二十三条 【有限责任公司的设立条件】设立有限责任公司,应当具备下列条件:

(一)股东符合法定人数;

(二)有符合公司章程规定的全体股东认缴的出资额;

(三)股东共同制定公司章程;

(四)有公司名称,建立符合有限责任公司要求的组织机构;

(五)有公司住所。

第二十四条 【股东人数】有限责任公司由五十个以下股东出资设立。

链接《最高人民法院关于适用〈中华人民共和国公司法〉若干问题的规定(三)》第22条

第二十五条 【公司章程内容】有限责任公司章程应当载明下列事项:

(一)公司名称和住所;

(二)公司经营范围;

(三)公司注册资本;

(四)股东的姓名或者名称;

(五)股东的出资方式、出资额和出资时间;

(六)公司的机构及其产生办法、职权、议事规则;

(七)公司法定代表人;

(八)股东会会议认为需要规定的其他事项。

股东应当在公司章程上签名、盖章。

实务问答公司章程中有关退股的规定是否有效

公司章程是公司组织及活动的基本准则。在作为特殊企业的资产评估公司章程规定股东退休时必须退股,退股时以退股月份上月为结算月份,退还其在公司享有的净资产份额时,股东与公司应该按章履行。(《中华人民共和国最高人民法院公报》2012年第5期:上海大成资产评估有限公司诉楼建华等其他与公司有关的纠纷案)

第二十六条 【注册资本】有限责任公司的注册资本为在公司登记机关登记的全体股东认缴的出资额。

法律、行政法规以及国务院决定对有限责任公司注册资本实缴、注册资本最低限额另有规定的，从其规定。

注释 有限责任公司的注册资本以公司登记机关登记的数额为准。注册资本是设立公司的法定登记事项，没有注册资本，公司登记机关不予登记，不发营业执照。

第二十七条 【出资方式】股东可以用货币出资，也可以用实物、知识产权、土地使用权等可以用货币估价并可以依法转让的非货币财产作价出资；但是，法律、行政法规规定不得作为出资的财产除外。

对作为出资的非货币财产应当评估作价，核实财产，不得高估或者低估作价。法律、行政法规对评估作价有规定的，从其规定。

实务问答 1. 判断公司出资形式适格性的标准

本条规定确立了判断公司出资形式适格性的标准，一是可以估价，要求出资不仅应有使用价值，还应具备货币衡量的价值；二是具有可转让性。根据股东权及公司财产权的性质，股东的出资在股东与公司之间实际发生了权利主体的转移，因此可转让性是出资的必然要求；三是要具有合法性，法律、行政法规规定不得作为出资的财产不得作为公司出资。

2. 非货币财产出资在实践中的问题及《最高人民法院关于适用〈中华人民共和国公司法〉若干问题的规定(三)》对其是如何规范的

《公司法》许可股东用一定的非货币财产出资，但没有明确规定非货币财产出资的相关标准及程序。为保障公司资本的充实和维护公司债权人的利益，《最高人民法院关于适用〈中华人民共和国公司法〉若干问题的规定(三)》对非货币财产出资进行了专门规范。

首先，未评估作价的非货币财产由于其实际价值是否与章程所定价额相符并不明确，在当事人请求认定出资人未履行出资义务时，《最高人民法院关于适用〈中华人民共和国公司法〉若干问题的规定(三)》规定此时法院应委托合法的评估机构进行评估，然后将评估所得的价额与章程所定价额相比较，以确定出资人是否完全履行了出资义务。这种由法院委托评估的方式既可以便捷地解决纠纷，也可以尽快落实公司资本是否充实。

其次，设定了非货币财产出资到位与否的司法判断标准，尤其是对于权属变更需经登记的非货币财产，《最高人民法院关于适用〈中华人民共和国公司法〉若干问题的规定(三)》坚持权属变更与财产实际交付并重的标准。即：该财产已实际交付公司使用但未办理权属变更登记的，在诉讼中法院应责令当事人在指定的合理期间内办理权属变更手续。在该期间办理完前述手续后，法院才认定其已履行出资义务。另一方面，出资人对非货币财产已办理权属变更手续，但未实际交付公司使用的，《最高人民法院关于适用〈中华人民共和国公司法〉若干问题的规定(三)》规定法院可以判令其向公司实际交付该财产、在交付前不享有股东权利。这些规定旨在敦促出资人尽快完全履行出资义务，保证公司资本的确定。同时，对用土地使用权、股权这些较为常见的非货币财产出资的，《最高人民法院关于适用〈中华人民共和国公司法〉若干问题的规定(三)》也规定了出资义务履行的认定标准。

再次，出资人用自己并不享有处分权的财产进行出资时，该出资行为的效力并非一概予以否认。因为无权处分人处分自己不享有所有权(处分权)的财产时，只要第三人符合《民法典》第311条规定的条件，其可以构成善意取得，该财产可以终局地为该第三人所有。而出资行为在性质上属于处分行为，出资人用非自有财产出资，也属于无权处分，那么在公司等第三人构成善意的情形下，其也应当适用善意取得制度。这有利于维持公司资本，从而保障交易相对人的利益。所以《最高人民法院关于适用〈中华人民共和国公司法〉若干问题的规定(三)》规定以不享有处分权的财产出资的，出资行为的效力参照《民法典》第311条的规定处理。而对实践中出资人用贪污、挪用等犯罪所获的货币用于出资的，尤其应防止将出资的财产直接从公司抽出的做法，此时应当采取将出资财产所形成的股权折价补偿受害人损失的方式，以保障公司资本之维持、维护公司债权人利益，所以《最高人民法院关于适用〈中华人民共和国公司法〉若干问题的规定(三)》明确规定此时法院应当采取拍卖或变卖的方式处置该股权。

链接《公司法》第82条；《市场主体登记管理条例》第9、13条；《最高人民法院关于适用〈中华人

民共和国公司法〉若干问题的规定(三)》第7—11条;《民法典》第311条

第二十八条 【出资义务】股东应当按期足额缴纳公司章程中规定的各自所认缴的出资额。股东以货币出资的,应当将货币出资足额存入有限责任公司在银行开设的账户;以非货币财产出资的,应当依法办理其财产权的转移手续。

股东不按照前款规定缴纳出资的,除应当向公司足额缴纳外,还应当向已按期足额缴纳出资的股东承担违约责任。

注释 按期足额缴纳出资,是股东的一项重要法定义务,必须严格履行。如果股东没有按期足额缴纳公司章程中规定的自己所认缴的出资额,则需依法承担相应的法律责任:(1)承担继续履行出资义务的责任。特别是在人民法院受理公司破产申请后,债务人的出资人尚未完全履行出资义务的,破产管理人仍应该要求该出资人缴纳所认缴的出资,而不受出资期限的限制。(2)向其他股东承担违约责任。股东未按照公司章程规定的时间、金额缴纳出资,就是违反了公司章程规定的出资义务,构成了对其他已经履行缴纳出资义务的股东的违约,应当依法向其他股东承担违约责任,如支付已经支出的公司开办费用以及占用资金的利息损失等。

实务问答 **1. 出资人以房屋、土地使用权或者需要办理权属登记的知识产权等财产出资,已经交付公司使用但未办理权属变更手续,或者已办理权属变更登记但未实际交付,因此而起诉至人民法院的,应如何处理**

根据《最高人民法院关于适用〈中华人民共和国公司法〉若干问题的规定(三)》的规定,出资人以房屋、土地使用权或者需要办理权属登记的知识产权等财产出资,已经交付公司使用但未办理权属变更手续,公司、其他股东或者公司债权人主张认定出资人未履行出资义务的,人民法院应当责令当事人在指定的合理期间内办理权属变更手续;在前述期间内办理了权属变更手续的,人民法院应当认定其已经履行了出资义务;出资人主张自其实际交付财产给公司使用时享有相应股东权利的,人民法院应予支持。

出资人以房屋、土地使用权或者需要办理权属登记的知识产权等财产出资,已经办理权属变更手续但未交付给公司使用,公司或者其他股东主张其向公司交付、并在实际交付之前不享有相应股东权利的,人民法院应予支持。

2. 出资人以其他公司股权出资应符合什么条件才可以认定为已履行出资义务

根据《最高人民法院关于适用〈中华人民共和国公司法〉若干问题的规定(三)》第11条的规定:"出资人以其他公司股权出资,符合下列条件的,人民法院应当认定出资人已履行出资义务:

(一)出资的股权由出资人合法持有并依法可以转让;

(二)出资的股权无权利瑕疵或者权利负担;

(三)出资人已履行关于股权转让的法定手续;

(四)出资的股权已依法进行了价值评估。

股权出资不符合前款第(一)、(二)、(三)项的规定,公司、其他股东或者公司债权人请求认定出资人未履行出资义务的,人民法院应当责令该出资人在指定的合理期间内采取补正措施,以符合上述条件;逾期未补正的,人民法院应当认定其未依法全面履行出资义务。

股权出资不符合本条第一款第(四)项的规定,公司、其他股东或者公司债权人请求认定出资人未履行出资义务的,人民法院应当按照本规定第九条的规定处理。"

3. 股东未履行或者未全面履行出资义务或者抽逃出资,公司对其股东权利作出相应合理限制,或者解除该股东的股东资格,是否有效?法院应如何处理

根据《最高人民法院关于适用〈中华人民共和国公司法〉若干问题的规定(三)》第16、17条的规定,股东未履行或者未全面履行出资义务或者抽逃出资,公司根据公司章程或者股东会决议对其利润分配请求权、新股优先认购权、剩余财产分配请求权等股东权利作出相应的合理限制,该股东请求认定该限制无效的,人民法院不予支持。

有限责任公司的股东未履行出资义务或者抽逃全部出资,经公司催告缴纳或者返还,其在合理期间内仍未缴纳或者返还出资,公司以股东会决议解除该股东的股东资格,该股东请求确认该解除行为无效的,人民法院不予支持。

在前款规定的情形下,人民法院在判决时应当释明,公司应当及时办理法定减资程序或者由其他股东或者第三人缴纳相应的出资。在办理法定减资程序或者其他股东或者第三人缴纳相应的出资之前，公司债权人依照本规定第十三条或者第十四条请求相关当事人承担相应责任的，人民法院应予支持。

4. 股东未履行或未全面履行出资义务或抽逃出资，并以超过诉讼时效期间为由进行抗辩，应如何处理

依据《最高人民法院关于适用〈中华人民共和国公司法〉若干问题的规定(三)》第19条的规定，公司股东未履行或者未全面履行出资义务或者抽逃出资，公司或者其他股东请求其向公司全面履行出资义务或者返还出资，被告股东以诉讼时效为由进行抗辩的，人民法院不予支持。

公司债权人的债权未过诉讼时效期间，其依照本规定第13条第2款、第14条第2款的规定请求未履行或者未全面履行出资义务或者抽逃出资的股东承担赔偿责任，被告股东以出资义务或者返还出资义务超过诉讼时效期间为由进行抗辩的，人民法院不予支持。

链接《企业破产法》第35条；《市场主体登记管理条例》第45条；《最高人民法院关于适用〈中华人民共和国公司法〉若干问题的规定》(三)第10、11、13、17、18、20、21条

第二十九条 【设立登记】股东认足公司章程规定的出资后，由全体股东指定的代表或者共同委托的代理人向公司登记机关报送公司登记申请书、公司章程等文件，申请设立登记。

链接《市场主体登记管理条例》第16条

第三十条 【出资不足的补充】有限责任公司成立后，发现作为设立公司出资的非货币财产的实际价额显著低于公司章程所定价额的，应当由交付该出资的股东补足其差额；公司设立时的其他股东承担连带责任。

第三十一条 【出资证明书】有限责任公司成立后，应当向股东签发出资证明书。

出资证明书应当载明下列事项：

(一)公司名称；

(二)公司成立日期；

(三)公司注册资本；

(四)股东的姓名或者名称、缴纳的出资额和出资日期；

(五)出资证明书的编号和核发日期。

出资证明书由公司盖章。

链接《最高人民法院关于适用〈中华人民共和国公司法〉若干问题的规定(三)》第23、24条

第三十二条 【股东名册】有限责任公司应当置备股东名册，记载下列事项：

(一)股东的姓名或者名称及住所；

(二)股东的出资额；

(三)出资证明书编号。

记载于股东名册的股东，可以依股东名册主张行使股东权利。

公司应当将股东的姓名或者名称向公司登记机关登记；登记事项发生变更的，应当办理变更登记。未经登记或者变更登记的，不得对抗第三人。

实务问答 **1. 有限责任公司的实际出资人与名义出资人订立的合同效力如何？以及因投资权益的归属发生争议，应如何处理**

有限责任公司的实际出资人与名义出资人订立合同，约定由实际出资人出资并享有投资权益，以名义出资人为名义股东，实际出资人与名义股东对该合同效力发生争议的，如无合同无效的情形，人民法院应当认定该合同有效。

实际出资人与名义股东因投资权益的归属发生争议，实际出资人以其实际履行了出资义务为由向名义股东主张权利的，人民法院应予支持。名义股东以公司股东名册记载、公司登记机关登记为由否认实际出资人权利的，人民法院不予支持。

实际出资人未经公司其他股东半数以上同意，请求公司变更股东、签发出资证明书、记载于股东名册、记载于公司章程并办理公司登记机关登记的，人民法院不予支持。

2. 名义股东将登记于其名下的股权转让、质押或者以其他方式处分，是否有效

名义股东将登记于其名下的股权转让、质押或者以其他方式处分，实际出资人以其对于股权享有实际权利为由，请求认定处分股权行为无效的，人民法院可以参照《民法典》第311条的规定处理。

名义股东处分股权造成实际出资人损失，实际出资人请求名义股东承担赔偿责任的，人民法院应予支持。

3. 公司债权人因实际出资人未履行出资义务为由，请求名义股东承担责任，法院应否支持

公司债权人以登记于公司登记机关的股东未履行出资义务为由，请求其对公司债务不能清偿

的部分在未出资本息范围内承担补充赔偿责任，股东以其仅为名义股东而非实际出资人为由进行抗辩的，人民法院不予支持。

名义股东根据前款规定承担赔偿责任后，向实际出资人追偿的，人民法院应予支持。

链接《最高人民法院关于适用〈中华人民共和国公司法〉若干问题的规定(三)》第24、25、26、27条

第三十三条 【股东知情权】股东有权查阅、复制公司章程、股东会会议记录、董事会会议决议、监事会会议决议和财务会计报告。

股东可以要求查阅公司会计账簿。股东要求查阅公司会计账簿的，应当向公司提出书面请求，说明目的。公司有合理根据认为股东查阅会计账簿有不正当目的，可能损害公司合法利益的，可以拒绝提供查阅，并应当自股东提出书面请求之日起十五日内书面答复股东并说明理由。公司拒绝提供查阅的，股东可以请求人民法院要求公司提供查阅。

实务问答 哪些情形可以认定为属于“不正当目的”

《最高人民法院关于适用〈中华人民共和国公司法〉若干问题的规定(四)》第8条规定，有限责任公司有证据证明股东存在下列情形之一的，人民法院应当认定股东有公司法第三十三条第二款规定的“不正当目的”：(一)股东自营或者为他人经营与公司主营业务有实质性竞争关系业务的，但公司章程另有规定或者全体股东另有约定的除外；(二)股东为了向他人通报有关信息查阅公司会计账簿，可能损害公司合法利益的；(三)股东在向公司提出查阅请求之日前的三年内，曾通过查阅公司会计账簿，向他人通报有关信息损害公司合法利益的；(四)股东有不正当目的的其他情形。

链接《最高人民法院关于适用〈中华人民共和国公司法〉若干问题的规定(四)》第8—12条

第三十四条 【分红权与优先认购权】股东按照实缴的出资比例分取红利；公司新增资本时，股东有权优先按照实缴的出资比例认缴出资。但是，全体股东约定不按照出资比例分取红利或者不按照出资比例优先认缴出资的除外。

实务问答 人民法院是否应限定优先认缴权的行使时间

根据《公司法》第34条的规定，公司新增资本时，股东有权优先按照实缴的出资比例认缴出资。从权利性质上来看，股东对于新增资本的优先认缴权应属形成权。现行法律并未明确规定该项权利的行使期限，但从维护交易安全和稳定经济秩序的角度出发，结合商事行为的规则和特点，人民法院在处理相关案件时应限定该项权利行使的合理期间，对于超出合理期间行使优先认缴权的主张不予支持。(2010年11月8日中华人民共和国最高人民法院民事判决书(2010)民提字第48号：绵阳市红日实业有限公司、蒋洋诉绵阳高新区科创实业有限公司股东会决议效力及公司增资纠纷案)

链接《最高人民法院关于适用〈中华人民共和国公司法〉若干问题的规定(四)》第14、15条

第三十五条 【不得抽逃出资】公司成立后，股东不得抽逃出资。

实务问答 1. 应如何理解抽逃出资行为

根据《最高人民法院关于适用〈中华人民共和国公司法〉若干问题的规定(三)》的规定，公司成立后，公司、股东或者公司债权人以相关股东的行为符合下列情形之一且损害公司权益为由，请求认定该股东抽逃出资的，人民法院应予支持：

(一)制作虚假财务会计报表虚增利润进行分配；

(二)通过虚构债权债务关系将其出资转出；

(三)利用关联交易将出资转出；

(四)其他未经法定程序将出资抽回的行为。

2. 要求股东不能抽逃出资，是否意味着公司不能减少注册资本

要求股东不得抽逃出资，目的是防止因股东抽逃出资而减少公司资本。但是并不排除股东通过法定的减资程序来注销股份，收回出资，或者终止公司，用清算的方式收回出资。如果股东想撤回在公司的投资，可以按照《公司法》允许的方式，实现出资的撤回，如股东将自己在公司的出资转让给其他股东，或者与其他股东协商并经股东会按照法律规定或者公司章程规定作出决议向股东以外的其他人转让出资等，在不减少公司注册资本的情况下，撤回自己在公司的投资。

链接《公司法》第200条；《市场主体登记管理条例》第45条；《最高人民法院关于适用〈中华人民共和国公司法〉若干问题的规定》(三)第12、14、16、17、19条

第二节 组织机构

第三十六条 【股东会的组成及地位】有限责

任公司股东会由全体股东组成。股东会是公司的权力机构,依照本法行使职权。

第三十七条 【股东会职权】股东会行使下列职权:

(一)决定公司的经营方针和投资计划;

(二)选举和更换非由职工代表担任的董事、监事,决定有关董事、监事的报酬事项;

(三)审议批准董事会的报告;

(四)审议批准监事会或者监事的报告;

(五)审议批准公司的年度财务预算方案、决算方案;

(六)审议批准公司的利润分配方案和弥补亏损方案;

(七)对公司增加或者减少注册资本作出决议;

(八)对发行公司债券作出决议;

(九)对公司合并、分立、解散、清算或者变更公司形式作出决议;

(十)修改公司章程;

(十一)公司章程规定的其他职权。

对前款所列事项股东以书面形式一致表示同意的,可以不召开股东会会议,直接作出决定,并由全体股东在决定文件上签名、盖章。

第三十八条 【首次股东会会议】首次股东会会议由出资最多的股东召集和主持,依照本法规定行使职权。

第三十九条 【定期会议和临时会议】股东会会议分为定期会议和临时会议。

定期会议应当依照公司章程的规定按时召开。代表十分之一以上表决权的股东,三分之一以上的董事,监事会或者不设监事会的公司的监事提议召开临时会议的,应当召开临时会议。

链接《公司法》第100条

第四十条 【股东会会议的召集与主持】有限责任公司设立董事会的,股东会会议由董事会召集,董事长主持;董事长不能履行职务或者不履行职务的,由副董事长主持;副董事长不能履行职务或者不履行职务的,由半数以上董事共同推举一名董事主持。

有限责任公司不设董事会的,股东会会议由执行董事召集和主持。

董事会或者执行董事不能履行或者不履行召集股东会会议职责的,由监事会或者不设监事会的公司的监事召集和主持;监事会或者监事不召集和主持的,代表十分之一以上表决权的股东可以自行召集和主持。

链接《公司法》第101、102条

第四十一条 【股东会会议的通知与记录】召开股东会会议,应当于会议召开十五日前通知全体股东;但是,公司章程另有规定或者全体股东另有约定的除外。

股东会应当对所议事项的决定作成会议记录,出席会议的股东应当在会议记录上签名。

实务问答 采取在公司公告栏张贴公告的形式通知股东参加股东会会议是否适当

股东会会议通知是股东得以参加股东会并行使其干预权的前提,公司通知股东参加股东大会的通知应为能够到达股东、为股东所知晓的实质意义通知。仅采取在公司公告栏张贴公告的形式进行通知,显然不能保证该公告能够有效到达全体股东,能够为全体股东所知晓,其只是走通知形式的程序性通知,而非实质意义通知。

第四十二条 【股东的表决权】股东会会议由股东按照出资比例行使表决权;但是,公司章程另有规定的除外。

实务问答 有限责任公司的全体股东内部对不按实际出资比例持有股权的约定是否有效

在公司注册资本符合法定要求的情况下,各股东的实际出资数额和持有股权比例应属于公司股东意思自治的范畴。股东持有股权的比例一般与其实际出资比例一致,但有限责任公司的全体股东内部也可以约定不按实际出资比例持有股权,这样的约定并不影响公司资本对公司债权担保等对外基本功能实现。如该约定是各方当事人的真实意思表示,且未损害他人的利益,不违反法律和行政法规的规定,应属有效,股东按照约定持有的股权应当受到法律的保护。(《中华人民共和国最高人民法院公报》2012年第1期:深圳市启迪信息技术有限公司与郑州国华投资有限公司、开封市豫信企业管理咨询有限公司、珠海科美教育投资有限公司股权确认纠纷案)

第四十三条 【股东会的议事方式和表决程序】股东会的议事方式和表决程序,除本法有规定的外,由公司章程规定。

股东会会议作出修改公司章程、增加或者减少注册资本的决议,以及公司合并、分立、解散或

二、民法商法

者变更公司形式的决议，必须经代表三分之二以上表决权的股东通过。

第四十四条　【董事会的组成】有限责任公司设董事会，其成员为三人至十三人；但是，本法第五十条另有规定的除外。

两个以上的国有企业或者两个以上的其他国有投资主体投资设立的有限责任公司，其董事会成员中应当有公司职工代表；其他有限责任公司董事会成员中可以有公司职工代表。董事会中的职工代表由公司职工通过职工代表大会、职工大会或者其他形式民主选举产生。

董事会设董事长一人，可以设副董事长。董事长、副董事长的产生办法由公司章程规定。

链接《公司法》第50、146条

第四十五条　【董事任期】董事任期由公司章程规定，但每届任期不得超过三年。董事任期届满，连选可以连任。

董事任期届满未及时改选，或者董事在任期内辞职导致董事会成员低于法定人数的，在改选出的董事就任前，原董事仍应当依照法律、行政法规和公司章程的规定，履行董事职务。

第四十六条　【董事会职权】董事会对股东会负责，行使下列职权：

（一）召集股东会会议，并向股东会报告工作；

（二）执行股东会的决议；

（三）决定公司的经营计划和投资方案；

（四）制订公司的年度财务预算方案、决算方案；

（五）制订公司的利润分配方案和弥补亏损方案；

（六）制订公司增加或者减少注册资本以及发行公司债券的方案；

（七）制订公司合并、分立、解散或者变更公司形式的方案；

（八）决定公司内部管理机构的设置；

（九）决定聘任或者解聘公司经理及其报酬事项，并根据经理的提名决定聘任或者解聘公司副经理、财务负责人及其报酬事项；

（十）制定公司的基本管理制度；

（十一）公司章程规定的其他职权。

第四十七条　【董事会会议的召集与主持】董事会会议由董事长召集和主持；董事长不能履行职务或者不履行职务的，由副董事长召集和主持；副董事长不能履行职务或者不履行职务的，由半数以上董事共同推举一名董事召集和主持。

第四十八条　【董事会的议事方式和表决程序】董事会的议事方式和表决程序，除本法有规定的外，由公司章程规定。

董事会应当对所议事项的决定作成会议记录，出席会议的董事应当在会议记录上签名。

董事会决议的表决，实行一人一票。

第四十九条　【经理的设立与职权】有限责任公司可以设经理，由董事会决定聘任或者解聘。经理对董事会负责，行使下列职权：

（一）主持公司的生产经营管理工作，组织实施董事会决议；

（二）组织实施公司年度经营计划和投资方案；

（三）拟订公司内部管理机构设置方案；

（四）拟订公司的基本管理制度；

（五）制定公司的具体规章；

（六）提请聘任或者解聘公司副经理、财务负责人；

（七）决定聘任或者解聘除应由董事会决定聘任或者解聘以外的负责管理人员；

（八）董事会授予的其他职权。

公司章程对经理职权另有规定的，从其规定。

经理列席董事会会议。

第五十条　【执行董事】股东人数较少或者规模较小的有限责任公司，可以设一名执行董事，不设董事会。执行董事可以兼任公司经理。

执行董事的职权由公司章程规定。

链接《公司法》第46条

第五十一条　【监事会的设立与组成】有限责任公司设监事会，其成员不得少于三人。股东人数较少或者规模较小的有限责任公司，可以设一至二名监事，不设监事会。

监事会应当包括股东代表和适当比例的公司职工代表，其中职工代表的比例不得低于三分之一，具体比例由公司章程规定。监事会中的职工代表由公司职工通过职工代表大会、职工大会或者其他形式民主选举产生。

监事会设主席一人，由全体监事过半数选举产生。监事会主席召集和主持监事会会议；监事会主席不能履行职务或者不履行职务的，由半数以上监事共同推举一名监事召集和主持监事会会议。

董事、高级管理人员不得兼任监事。

第五十二条 【监事的任期】监事的任期每届为三年。监事任期届满,连选可以连任。

监事任期届满未及时改选,或者监事在任期内辞职导致监事会成员低于法定人数的,在改选出的监事就任前,原监事仍应当依照法律、行政法规和公司章程的规定,履行监事职务。

第五十三条 【监事会或监事的职权(一)】监事会、不设监事会的公司的监事行使下列职权:

(一)检查公司财务;

(二)对董事、高级管理人员执行公司职务的行为进行监督,对违反法律、行政法规、公司章程或者股东会决议的董事、高级管理人员提出罢免的建议;

(三)当董事、高级管理人员的行为损害公司的利益时,要求董事、高级管理人员予以纠正;

(四)提议召开临时股东会会议,在董事会不履行本法规定的召集和主持股东会会议职责时召集和主持股东会会议;

(五)向股东会会议提出提案;

(六)依照本法第一百五十一条的规定,对董事、高级管理人员提起诉讼;

(七)公司章程规定的其他职权。

第五十四条 【监事会或监事的职权(二)】监事可以列席董事会会议,并对董事会决议事项提出质询或者建议。

监事会、不设监事会的公司的监事发现公司经营情况异常,可以进行调查;必要时,可以聘请会计师事务所等协助其工作,费用由公司承担。

第五十五条 【监事会的会议制度】监事会每年度至少召开一次会议,监事可以提议召开临时监事会会议。

监事会的议事方式和表决程序,除本法有规定的外,由公司章程规定。

监事会决议应当经半数以上监事通过。

监事会应当对所议事项的决定作成会议记录,出席会议的监事应当在会议记录上签名。

第五十六条 【监事履行职责所需费用的承担】监事会、不设监事会的公司的监事行使职权所必需的费用,由公司承担。

第三节 一人有限责任公司的特别规定

第五十七条 【一人公司的概念】一人有限责任公司的设立和组织机构,适用本节规定;本节没有规定的,适用本章第一节、第二节的规定。

本法所称一人有限责任公司,是指只有一个自然人股东或者一个法人股东的有限责任公司。

第五十八条 【一人公司的特殊要求】一个自然人只能投资设立一个一人有限责任公司。该一人有限责任公司不能投资设立新的一人有限责任公司。

第五十九条 【一人公司的登记注意事项】一人有限责任公司应当在公司登记中注明自然人独资或者法人独资,并在公司营业执照中载明。

第六十条 【一人公司的章程】一人有限责任公司章程由股东制定。

第六十一条 【一人公司的股东决议】一人有限责任公司不设股东会。股东作出本法第三十七条第一款所列决定时,应当采用书面形式,并由股东签名后置备于公司。

链接《公司法》第37条

第六十二条 【一人公司的财会报告】一人有限责任公司应当在每一会计年度终了时编制财务会计报告,并经会计师事务所审计。

第六十三条 【一人公司的债务承担】一人有限责任公司的股东不能证明公司财产独立于股东自己的财产的,应当对公司债务承担连带责任。

注释 从法律上承认一人有限责任公司的原因之一在于,使一人有限责任公司的股东可以在无合作伙伴的情况下组建公司,利用公司独立人格将唯一股东之财产与公司财产相分离,该股东在享受有限责任的前提下,便利地实施商业行为,即使经营失败,也不会危及股东在公司之外的财产。因此,本法要求股东的财产应当与公司的财产相分离,且产权清晰,这样双方的权责明确,既利于市场经济的稳健发展,也有利于相对债权人利益的保障。当然,考虑到实际生活中,许多一人有限公司的股东与公司财产无法分清的事实,为了保障公司债权人的利益,防止公司股东以此逃避债务,本条规定,一人有限责任公司的股东不能证明公司财产独立于股东自己的财产的,应当对公司债务承担连带责任。

链接《公司法》第20条

第四节 国有独资公司的特别规定

第六十四条 【国有独资公司的概念】国有独

资公司的设立和组织机构，适用本节规定；本节没有规定的，适用本章第一节、第二节的规定。

本法所称国有独资公司，是指国家单独出资、由国务院或者地方人民政府授权本级人民政府国有资产监督管理机构履行出资人职责的有限责任公司。

第六十五条 【国有独资公司的章程】国有独资公司章程由国有资产监督管理机构制定，或者由董事会制订报国有资产监督管理机构批准。

链接《企业国有资产监督管理暂行条例》

第六十六条 【国有独资公司股东权的行使】国有独资公司不设股东会，由国有资产监督管理机构行使股东会职权。国有资产监督管理机构可以授权公司董事会行使股东会的部分职权，决定公司的重大事项，但公司的合并、分立、解散、增加或者减少注册资本和发行公司债券，必须由国有资产监督管理机构决定；其中，重要的国有独资公司合并、分立、解散、申请破产的，应当由国有资产监督管理机构审核后，报本级人民政府批准。

前款所称重要的国有独资公司，按照国务院的规定确定。

第六十七条 【国有独资公司的董事会】国有独资公司设董事会，依照本法第四十六条、第六十六条的规定行使职权。董事每届任期不得超过三年。董事会成员中应当有公司职工代表。

董事会成员由国有资产监督管理机构委派；但是，董事会成员中的职工代表由公司职工代表大会选举产生。

董事会设董事长一人，可以设副董事长。董事长、副董事长由国有资产监督管理机构从董事会成员中指定。

第六十八条 【国有独资公司的经理】国有独资公司设经理，由董事会聘任或者解聘。经理依照本法第四十九条规定行使职权。

经国有资产监督管理机构同意，董事会成员可以兼任经理。

第六十九条 【国有独资公司高层人员的兼职禁止】国有独资公司的董事长、副董事长、董事、高级管理人员，未经国有资产监督管理机构同意，不得在其他有限责任公司、股份有限公司或者其他经济组织兼职。

第七十条 【国有独资公司的监事会】国有独资公司监事会成员不得少于五人，其中职工代表的比例不得低于三分之一，具体比例由公司章程规定。

监事会成员由国有资产监督管理机构委派；但是，监事会成员中的职工代表由公司职工代表大会选举产生。监事会主席由国有资产监督管理机构从监事会成员中指定。

监事会行使本法第五十三条第（一）项至第（三）项规定的职权和国务院规定的其他职权。

链接《国有企业监事会暂行条例》

第三章 有限责任公司的股权转让

第七十一条 【股权转让】有限责任公司的股东之间可以相互转让其全部或者部分股权。

股东向股东以外的人转让股权，应当经其他股东过半数同意。股东应就其股权转让事项书面通知其他股东征求同意，其他股东自接到书面通知之日起满三十日未答复的，视为同意转让。其他股东半数以上不同意转让的，不同意的股东应当购买该转让的股权；不购买的，视为同意转让。

经股东同意转让的股权，在同等条件下，其他股东有优先购买权。两个以上股东主张行使优先购买权的，协商确定各自的购买比例；协商不成的，按照转让时各自的出资比例行使优先购买权。

公司章程对股权转让另有规定的，从其规定。

注释 股东向股东以外的人转让股权，会发生新股东进入公司的情况，而新股东与其他股东之间并不一定存在相互信任的关系。为了维持有限责任公司的人合因素，本条规定除转让股东以外的其他股东中，有超过一半的股东同意，股东才能向股东以外的人转让股权。

在实际操作本条时，需要注意的是：股权的转让导致了公司应登记事项的变更，应当依据本法第 32 条和《市场主体登记管理条例》第 24 条的规定，及时进行变更，以免产生不必要的纠纷。

实务问答 1. 受让人知道或者应当知道有限责任公司的股东未履行或者未全面履行出资义务，而与其达成股权转让，该受让人是否应承担责任

根据《最高人民法院关于适用〈中华人民共和国公司法〉若干问题的规定（三）》的规定，“有限责任公司的股东未履行或者未全面履行出资义务即转让股权，受让人对此知道或者应当知道，公司请求该股东履行出资义务、受让人对此承担连带责任的，人民法院应予支持；公司债权人依照本规

定第十三条第二款向该股东提起诉讼，同时请求前述受让人对此承担连带责任的，人民法院应予支持。

受让人根据前款规定承担责任后，向该未履行或者未全面履行出资义务的股东追偿的，人民法院应予支持。但是，当事人另有约定的除外。”

2. 股权转让的认定

有限责任公司的实际出资人与名义出资人订立合同，约定由实际出资人出资并享有投资权益，以名义出资人为名义股东，该合同如无合同无效的情形，应当认定为有效。实际出资人有权依约主张确认投资权益归属。如实际出资人要求变更股东登记名册，须符合《公司法》第71条的有关规定。人民法院在审理实际出资人与名义出资人之间的股权转让纠纷中，以在所涉公司办公场所张贴通知并向其他股东邮寄通知的方式，要求其他股东提供书面回复意见，公司其他股东过半数表示同意股权转让的，应当认定该股权转让符合《公司法》第71条的规定，名义出资人应依约为实际出资人办理相应的股权变更登记手续。（《中华人民共和国最高人民法院公报》2011年第5期：张建中诉杨照春股权确认纠纷案）

链接《最高人民法院关于适用〈中华人民共和国公司法〉若干问题的规定（三）》第19条；《最高人民法院关于适用〈中华人民共和国公司法〉若干问题的规定（四）》第16—27条

第七十二条 【优先购买权】人民法院依照法律规定的强制执行程序转让股东的股权时，应当通知公司及全体股东，其他股东在同等条件下有优先购买权。其他股东自人民法院通知之日起满二十日不行使优先购买权的，视为放弃优先购买权。

注释 人民法院依照法律规定的强制执行程序转让股东的股权，是指人民法院依照《民事诉讼法》等法律规定的执行程序，强制执行生效的法律文书时，以拍卖、变卖或其他方式转让有限责任公司股东的股权。在运用本条的过程中需要注意的是，(1)本条中权利行使的期限和上一条中权利行使的期限是不一样的，目的是尽快结束司法程序，防止法院程序的拖延。(2)我国目前的法律体系中没有对何种情况下可以执行有限责任公司股东的股权这一问题加以明确。原因在于有限责任公司股权的流动性较差，随意地强制执行股权会给有限责任公司带来很大的不稳定因素。

实务问答 **如何界定优先购买权中的“同等条件”**

关于强制执行过程中的同等条件下优先购买权的“同等条件”应如何界定的问题，《最高人民法院关于人民法院民事执行中拍卖、变卖财产的规定》是处理股权司法拍卖程序中优先购买权保护问题的基本依据。根据该规定第16条第1款，拍卖过程中，有最高应价时，优先购买权人可以表示以该最高价买受，如无更高应价，则拍归优先购买权人；如有更高应价，而优先购买权人不作表示的，则拍归该应价最高的竞买人。由此可知，在股权司法拍卖程序中优先购买权人采取了类似跟价法的方式。即优先购买权人直接作为竞拍人参与股权竞拍，竞价高者拍得股权。值得注意的是，实践中可能会出现多个优先购买权人参与股权司法拍卖程序的情形，根据上述规定第16条第2款，对顺序相同的多个优先购买权人同时表示买受的情形，以抽签方式决定买受人。

第七十三条 【股权转让的变更记载】依照本法第七十一条、第七十二条转让股权后，公司应当注销原股东的出资证明书，向新股东签发出资证明书，并相应修改公司章程和股东名册中有关股东及其出资额的记载。对公司章程的该项修改不需再由股东会表决。

实务问答 **原股东将已转让尚未变更登记的股权再次处分，受让股东能否请求法院认定该处分股权行为无效？以及原股东应承担何种责任**

股权转让后尚未向公司登记机关办理变更登记，原股东将仍登记于其名下的股权转让、质押或者以其他方式处分，受让股东以其对于股权享有实际权利为由，请求认定处分股权行为无效的，人民法院可以参照《民法典》第311条的规定处理。

原股东处分股权造成受让股东损失，受让股东请求原股东承担赔偿责任、对于未及时办理变更登记有过错的董事、高级管理人员或者实际控制人承担相应责任的，人民法院应予支持；受让股东对于未及时办理变更登记也有过错的，可以适当减轻上述董事、高级管理人员或者实际控制人的责任。

《民法典》第311条规定，无处分权人将不动产或者动产转让给受让人的，所有权人有权追回；除法律另有规定外，符合下列情形的，受让人取得该不动产或者动产的所有权：（一）受让人受让该不动产或者动产时是善意的；（二）以合理的价格转让；（三）转让的不动产或者动产依照法律规定应当登记的已经登记，不需要登记的已经交付给受让人。受让人依照前述规定取得不动产或者动产的所有权的，原所有权人有权向无处分权人请求赔偿损失。当事人善意取得其他物权的，参照前述规定。

链接《最高人民法院关于适用〈中华人民共和国公司法〉若干问题的规定》（三）第27条；《民法典》第311条

第七十四条 【异议股东股权收购请求权】 有下列情形之一的，对股东会该项决议投反对票的股东可以请求公司按照合理的价格收购其股权：

（一）公司连续五年不向股东分配利润，而公司该五年连续盈利，并且符合本法规定的分配利润条件的；

（二）公司合并、分立、转让主要财产的；

（三）公司章程规定的营业期限届满或者章程规定的其他解散事由出现，股东会会议通过决议修改章程使公司存续的。

自股东会会议决议通过之日起六十日内，股东与公司不能达成股权收购协议的，股东可以自股东会会议决议通过之日起九十日内向人民法院提起诉讼。

注释 股东一经投资有限公司即不得再抽回股本，正常情况下其退出的途径就是转让股权给他人，非正常的情况还有两种，一是请求公司回购；二是请求法院强制解散公司（《公司法》第182条）。本条规定的就是股份回购请求权制度。在适用过程中主要需要注意的是：(1)只要双方不能就此问题达成协议，异议股东就可以直接向法院起诉，而无须等到60日届满。(2)《公司法》仅在第142条对于股份有限公司回购股份的处理方式进行了规定，但对于有限责任公司回购后的股权应如何处理没有作明确的规定，因此，还有待立法进一步完善。(3)在完成回购之后，公司应当注销出让股东的出资证明书，变更股东名册，并在公司登记机关变更登记。(4)《公司法》也没有明确在股东有异议的股东会决议不再实施的情况下，股东是否仍享异议回购权。一般认为如果在股东异议权的行使期间内，公司决定不再实施股东会的决议，则股东的异议回购请求权的基础即不存在，无继续行使股权收买请求权的必要。

第七十五条 【股东资格的继承】 自然人股东死亡后，其合法继承人可以继承股东资格；但是，公司章程另有规定的除外。

注释 依照《民法典》继承编的规定，自然人股东死亡后，其遗留的个人合法财产依法由他人继承。股东的出资额是股东的个人合法财产，也将依照继承编的规定，由他人依法继承。但是，继承编规定的继承，仅限于财产权的范围，对于具有人身专属性的身份关系，继承编并没有作出规定。而有限责任公司具有人合性，要成为公司的股东，不仅需要有一定的出资额，而且需要与其他股东之间存在相互信任的关系。按照继承编继承了股东遗产的人，能否具有股东资格，成为公司的股东，还需要予以明确。为此，本条对股东资格的继承作出了专门的规定。

链接《公司法》第73条；《民法典》继承编

第四章 股份有限公司的设立和组织机构

第一节 设 立

第七十六条 【股份有限公司的设立条件】 设立股份有限公司，应当具备下列条件：

（一）发起人符合法定人数；

（二）有符合公司章程规定的全体发起人认购的股本总额或者募集的实收股本总额；

（三）股份发行、筹办事项符合法律规定；

（四）发起人制订公司章程，采用募集方式设立的经创立大会通过；

（五）有公司名称，建立符合股份有限公司要求的组织机构；

（六）有公司住所。

第七十七条 【设立方式】 股份有限公司的设立，可以采取发起设立或者募集设立的方式。

发起设立，是指由发起人认购公司应发行的全部股份而设立公司。

募集设立，是指由发起人认购公司应发行股份的一部分，其余股份向社会公开募集或者向特定对象募集而设立公司。

实务问答 以发起方式设立股份有限公司和以募集方式设立股份有限公司有哪些不同

以发起设立的方式设立股份有限公司的，在设立时其股份全部由该公司的发起人认购，而不向发起人之外的任何社会公众发行股份。由于没有向社会公众公开募集股份，所以，以发起设立方式设立的股份有限公司，在其发行新股之前，其全部股份都由发起人持有，公司的全部股东都是设立公司的发起人。

以募集设立方式设立股份有限公司的，在公司设立时，认购公司应发行股份的人不仅有发起人，而且还有发起人以外的人。以募集设立方式设立股份有限公司，发起人只需投入较少的资金，就能够从社会上聚集到较多的资金，从而使公司能够迅速聚集到较大的资本额。但是，由于募集设立涉及发起人以外的人，所以，法律对募集设立规定了较为严格的程序，以保护广大投资者的利益，保证正常的经济秩序。

链接《证券法》第9条

第七十八条 【发起人的限制】设立股份有限公司，应当有二人以上二百人以下为发起人，其中须有半数以上的发起人在中国境内有住所。

链接《最高人民法院关于适用〈中华人民共和国公司法〉若干问题的规定（三）》第1条

第七十九条 【发起人的义务】股份有限公司发起人承担公司筹办事务。

发起人应当签订发起人协议，明确各自在公司设立过程中的权利和义务。

第八十条 【注册资本】股份有限公司采取发起设立方式设立的，注册资本为在公司登记机关登记的全体发起人认购的股本总额。在发起人认购的股份缴足前，不得向他人募集股份。

股份有限公司采取募集方式设立的，注册资本为在公司登记机关登记的实收股本总额。

法律、行政法规以及国务院决定对股份有限公司注册资本实缴、注册资本最低限额另有规定的，从其规定。

第八十一条 【公司章程】股份有限公司章程应当载明下列事项：

（一）公司名称和住所；

（二）公司经营范围；

（三）公司设立方式；

（四）公司股份总数、每股金额和注册资本；

（五）发起人的姓名或者名称、认购的股份数、出资方式和出资时间；

（六）董事会的组成、职权和议事规则；

（七）公司法定代表人；

（八）监事会的组成、职权和议事规则；

（九）公司利润分配办法；

（十）公司的解散事由与清算办法；

（十一）公司的通知和公告办法；

（十二）股东大会会议认为需要规定的其他事项。

第八十二条 【出资方式】发起人的出资方式，适用本法第二十七条的规定。

第八十三条 【发起设立的程序】以发起设立方式设立股份有限公司的，发起人应当书面认足公司章程规定其认购的股份，并按照公司章程规定缴纳出资。以非货币财产出资的，应当依法办理其财产权的转移手续。

发起人不依照前款规定缴纳出资的，应当按照发起人协议承担违约责任。

发起人认足公司章程规定的出资后，应当选举董事会和监事会，由董事会向公司登记机关报送公司章程以及法律、行政法规规定的其他文件，申请设立登记。

第八十四条 【募集设立的发起人认购股份】以募集设立方式设立股份有限公司的，发起人认购的股份不得少于公司股份总数的百分之三十五；但是，法律、行政法规另有规定的，从其规定。

第八十五条 【募集股份的公告和认股书】发起人向社会公开募集股份，必须公告招股说明书，并制作认股书。认股书应当载明本法第八十六条所列事项，由认股人填写认购股数、金额、住所，并签名、盖章。认股人按照所认购股数缴纳股款。

第八十六条 【招股说明书】招股说明书应当附有发起人制订的公司章程，并载明下列事项：

（一）发起人认购的股份数；

（二）每股的票面金额和发行价格；

（三）无记名股票的发行总数；

（四）募集资金的用途；

（五）认股人的权利、义务；

（六）本次募股的起止期限及逾期未募足时认股人可以撤回所认股份的说明。

第八十七条 【股票承销】发起人向社会公开募集股份，应当由依法设立的证券公司承销，签订承销协议。

第八十八条 【代收股款】发起人向社会公开募集股份，应当同银行签订代收股款协议。

代收股款的银行应当按照协议代收和保存股款，向缴纳股款的认股人出具收款单据，并负有向有关部门出具收款证明的义务。

第八十九条 【验资及创立大会的召开】发行股份的股款缴足后，必须经依法设立的验资机构验资并出具证明。发起人应当自股款缴足之日起三十日内主持召开公司创立大会。创立大会由发起人、认股人组成。

发行的股份超过招股说明书规定的截止期限尚未募足的，或者发行股份的股款缴足后，发起人在三十日内未召开创立大会的，认股人可以按照所缴股款并加算银行同期存款利息，要求发起人返还。

第九十条 【创立大会的职权】发起人应当在创立大会召开十五日前将会议日期通知各认股人或者予以公告。创立大会应有代表股份总数过半数的发起人、认股人出席，方可举行。

创立大会行使下列职权：

（一）审议发起人关于公司筹办情况的报告；

（二）通过公司章程；

（三）选举董事会成员；

（四）选举监事会成员；

（五）对公司的设立费用进行审核；

（六）对发起人用于抵作股款的财产的作价进行审核；

（七）发生不可抗力或者经营条件发生重大变化直接影响公司设立的，可以作出不设立公司的决议。

创立大会对前款所列事项作出决议，必须经出席会议的认股人所持表决权过半数通过。

第九十一条 【不得任意抽回股本】发起人、认股人缴纳股款或者交付抵作股款的出资后，除未按期募足股份、发起人未按期召开创立大会或者创立大会决议不设立公司的情形外，不得抽回其股本。

第九十二条 【申请设立登记】董事会应于创立大会结束后三十日内，向公司登记机关报送下列文件，申请设立登记：

（一）公司登记申请书；

（二）创立大会的会议记录；

（三）公司章程；

（四）验资证明；

（五）法定代表人、董事、监事的任职文件及其身份证明；

（六）发起人的法人资格证明或者自然人身份证明；

（七）公司住所证明。

以募集方式设立股份有限公司公开发行股票的，还应当向公司登记机关报送国务院证券监督管理机构的核准文件。

第九十三条 【出资不足的补充】股份有限公司成立后，发起人未按照公司章程的规定缴足出资的，应当补缴；其他发起人承担连带责任。

股份有限公司成立后，发现作为设立公司出资的非货币财产的实际价额显著低于公司章程所定价额的，应当由交付该出资的发起人补足其差额；其他发起人承担连带责任。

实务问答 股份有限公司认股人在法定时间内未缴纳股款，因此而另行募集股份的，是否有效？或者认股人延期缴纳股款，应承担什么责任

根据《最高人民法院关于适用〈中华人民共和国公司法〉若干问题的规定（三）》的规定，股份有限公司的认股人未按期缴纳所认股份的股款，经公司发起人催缴后在合理期间内仍未缴纳，公司发起人对该股份另行募集的，人民法院应当认定该募集行为有效。认股人延期缴纳股款给公司造成损失，公司请求该认股人承担赔偿责任的，人民法院应予支持。

链接《最高人民法院关于适用〈中华人民共和国公司法〉若干问题的规定（三）》第6条

第九十四条 【发起人的责任】股份有限公司的发起人应当承担下列责任：

（一）公司不能成立时，对设立行为所产生的债务和费用负连带责任；

（二）公司不能成立时，对认股人已缴纳的股款，负返还股款并加算银行同期存款利息的连带责任；

（三）在公司设立过程中，由于发起人的过失致使公司利益受到损害的，应当对公司承担赔偿责任。

实务问答 1. 发起人为设立公司，以自己的名义与他人签订合同，应如何界定合同责任的承担

根据《最高人民法院关于适用〈中华人民共和国公司法〉若干问题的规定（三）》的规定：“发起人为设立公司以自己名义对外签订合同，合同相对人请求该发起人承担合同责任的，人民法院应予支持；公司成立后合同相对人请求公司承担合同责任的，人民法院应予支持。”

2. 发起人以设立中公司的名义对外签订合同,公司成立后,该合同责任应由谁承担

根据《最高人民法院关于适用〈中华人民共和国公司法〉若干问题的规定(三)》的规定:"发起人以设立中公司名义对外签订合同,公司成立后合同相对人请求公司承担合同责任的,人民法院应予支持。

公司成立后有证据证明发起人利用设立中公司的名义为自己的利益与相对人签订合同,公司以此为由主张不承担合同责任的,人民法院应予支持,但相对人为善意的除外。"

3. 公司因故未成立,设立公司行为所产生的费用和债务应如何承担

根据《最高人民法院关于适用〈中华人民共和国公司法〉若干问题的规定(三)》的规定:"公司因故未成立,债权人请求全体或者部分发起人对设立公司行为所产生的费用和债务承担连带清偿责任的,人民法院应予支持。

部分发起人依照前款规定承担责任后,请求其他发起人分担的,人民法院应当判令其他发起人按照约定的责任承担比例分担责任;没有约定责任承担比例的,按照约定的出资比例分担责任;没有约定出资比例的,按照均等份额分担责任。

因部分发起人的过错导致公司未成立,其他发起人主张其承担设立行为所产生的费用和债务的,人民法院应当根据过错情况,确定过错一方的责任范围。"

4. 发起人因履行公司设立职责造成他人损害,受害人请求承担侵权赔偿责任的,应如何处理

根据《最高人民法院关于适用〈中华人民共和国公司法〉若干问题的规定(三)》的规定:"发起人因履行公司设立职责造成他人损害,公司成立后受害人请求公司承担侵权赔偿责任的,人民法院应予支持;公司未成立,受害人请求全体发起人承担连带赔偿责任的,人民法院应予支持。

公司或者无过错的发起人承担赔偿责任后,可以向有过错的发起人追偿。"

链接《最高人民法院关于适用〈中华人民共和国公司法〉若干问题的规定(三)》第2—5条

第九十五条 【公司形式的变更】有限责任公司变更为股份有限公司时,折合的实收股本总额不得高于公司净资产额。有限责任公司变更为股份有限公司,为增加资本公开发行股份时,应当依法办理。

第九十六条 【重要资料的置备】股份有限公司应当将公司章程、股东名册、公司债券存根、股东大会会议记录、董事会会议记录、监事会会议记录、财务会计报告置备于本公司。

第九十七条 【股东的建议和质询权】股东有权查阅公司章程、股东名册、公司债券存根、股东大会会议记录、董事会会议决议、监事会会议决议、财务会计报告,对公司的经营提出建议或者质询。

第二节 股东大会

第九十八条 【股东大会的组成与地位】股份有限公司股东大会由全体股东组成。股东大会是公司的权力机构,依照本法行使职权。

第九十九条 【股东会的职权】本法第三十七条第一款关于有限责任公司股东会职权的规定,适用于股份有限公司股东大会。

第一百条 【年会和临时会】股东大会应当每年召开一次年会。有下列情形之一的,应当在两个月内召开临时股东大会:

(一)董事人数不足本法规定人数或者公司章程所定人数的三分之二时;

(二)公司未弥补的亏损达实收股本总额三分之一时;

(三)单独或者合计持有公司百分之十以上股份的股东请求时;

(四)董事会认为必要时;

(五)监事会提议召开时;

(六)公司章程规定的其他情形。

链接《上市公司股东大会规则》

第一百零一条 【股东大会会议的召集与主持】股东大会会议由董事会召集,董事长主持;董事长不能履行职务或者不履行职务的,由副董事长主持;副董事长不能履行职务或者不履行职务的,由半数以上董事共同推举一名董事主持。

董事会不能履行或者不履行召集股东大会会议职责的,监事会应当及时召集和主持;监事会不召集和主持的,连续九十日以上单独或者合计持有公司百分之十以上股份的股东可以自行召集和主持。

第一百零二条 【股东大会会议】召开股东大会会议,应当将会议召开的时间、地点和审议的事项于会议召开二十日前通知各股东；临时股东大会应当于会议召开十五日前通知各股东；发行无记名股票的，应当于会议召开三十日前公告会议召开的时间、地点和审议事项。

单独或者合计持有公司百分之三以上股份的股东，可以在股东大会召开十日前提出临时提案并书面提交董事会；董事会应当在收到提案后二日内通知其他股东，并将该临时提案提交股东大会审议。临时提案的内容应当属于股东大会职权范围，并有明确议题和具体决议事项。

股东大会不得对前两款通知中未列明的事项作出决议。

无记名股票持有人出席股东大会会议的，应当于会议召开五日前至股东大会闭会时将股票交存于公司。

第一百零三条　【股东表决权】股东出席股东大会会议，所持每一股份有一表决权。但是，公司持有的本公司股份没有表决权。

股东大会作出决议，必须经出席会议的股东所持表决权过半数通过。但是，股东大会作出修改公司章程、增加或者减少注册资本的决议，以及公司合并、分立、解散或者变更公司形式的决议，必须经出席会议的股东所持表决权的三分之二以上通过。

链接《最高人民法院关于适用〈中华人民共和国公司法〉若干问题的规定(四)》第1条

第一百零四条　【重要事项的股东大会决议权】本法和公司章程规定公司转让、受让重大资产或者对外提供担保等事项必须经股东大会作出决议的，董事会应当及时召集股东大会会议，由股东大会就上述事项进行表决。

第一百零五条　【董事、监事选举的累积投票制】股东大会选举董事、监事，可以依照公司章程的规定或者股东大会的决议，实行累积投票制。

本法所称累积投票制，是指股东大会选举董事或者监事时，每一股份拥有与应选董事或者监事人数相同的表决权，股东拥有的表决权可以集中使用。

第一百零六条　【出席股东大会的代理】股东可以委托代理人出席股东大会会议，代理人应当向公司提交股东授权委托书，并在授权范围内行使表决权。

第一百零七条　【股东大会会议记录】股东大会应当对所议事项的决定作成会议记录，主持人、出席会议的董事应当在会议记录上签名。会议记录应当与出席股东的签名册及代理出席的委托书一并保存。

第三节　董事会、经理

第一百零八条　【董事会组成、任期及职权】股份有限公司设董事会，其成员为五人至十九人。

董事会成员中可以有公司职工代表。董事会中的职工代表由公司职工通过职工代表大会、职工大会或者其他形式民主选举产生。

本法第四十五条关于有限责任公司董事任期的规定，适用于股份有限公司董事。

本法第四十六条关于有限责任公司董事会职权的规定，适用于股份有限公司董事会。

链接《公司法》第45、46条

第一百零九条　【董事长的产生及职权】董事会设董事长一人，可以设副董事长。董事长和副董事长由董事会以全体董事的过半数选举产生。

董事长召集和主持董事会会议，检查董事会决议的实施情况。副董事长协助董事长工作，董事长不能履行职务或者不履行职务的，由副董事长履行职务；副董事长不能履行职务或者不履行职务的，由半数以上董事共同推举一名董事履行职务。

第一百一十条　【董事会会议的召集】董事会每年度至少召开两次会议，每次会议应当于会议召开十日前通知全体董事和监事。

代表十分之一以上表决权的股东、三分之一以上董事或者监事会，可以提议召开董事会临时会议。董事长应当自接到提议后十日内，召集和主持董事会会议。

董事会召开临时会议，可以另定召集董事会的通知方式和通知时限。

第一百一十一条　【董事会会议的议事规则】董事会会议应有过半数的董事出席方可举行。董事会作出决议，必须经全体董事的过半数通过。

董事会决议的表决，实行一人一票。

第一百一十二条　【董事会会议的出席及责任承担】董事会会议，应由董事本人出席；董事因故不能出席，可以书面委托其他董事代为出席，委托书中应载明授权范围。

董事会应当对会议所议事项的决定作成会议

记录，出席会议的董事应当在会议记录上签名。

董事应当对董事会的决议承担责任。董事会的决议违反法律、行政法规或者公司章程、股东大会决议，致使公司遭受严重损失的，参与决议的董事对公司负赔偿责任。但经证明在表决时曾表明异议并记载于会议记录的，该董事可以免除责任。

链接《公司法》第 149 条

第一百一十三条 【经理的设立与职权】股份有限公司设经理，由董事会决定聘任或者解聘。

本法第四十九条关于有限责任公司经理职权的规定，适用于股份有限公司经理。

第一百一十四条 【董事兼任经理】公司董事会可以决定由董事会成员兼任经理。

链接《公司法》第 50 条

第一百一十五条 【公司向高管人员借款禁止】公司不得直接或者通过子公司向董事、监事、高级管理人员提供借款。

第一百一十六条 【高管人员的报酬披露】公司应当定期向股东披露董事、监事、高级管理人员从公司获得报酬的情况。

第四节 监事会

第一百一十七条 【监事会的组成及任期】股份有限公司设监事会，其成员不得少于三人。

监事会应当包括股东代表和适当比例的公司职工代表，其中职工代表的比例不得低于三分之一，具体比例由公司章程规定。监事会中的职工代表由公司职工通过职工代表大会、职工大会或者其他形式民主选举产生。

监事会设主席一人，可以设副主席。监事会主席和副主席由全体监事过半数选举产生。监事会主席召集和主持监事会会议；监事会主席不能履行职务或者不履行职务的，由监事会副主席召集和主持监事会会议；监事会副主席不能履行职务或者不履行职务的，由半数以上监事共同推举一名监事召集和主持监事会会议。

董事、高级管理人员不得兼任监事。

本法第五十二条关于有限责任公司监事任期的规定，适用于股份有限公司监事。

第一百一十八条 【监事会的职权及费用】本法第五十三条、第五十四条关于有限责任公司监事会职权的规定，适用于股份有限公司监事会。

监事会行使职权所必需的费用，由公司承担。

第一百一十九条 【监事会的会议制度】监事会每六个月至少召开一次会议。监事可以提议召开临时监事会会议。

监事会的议事方式和表决程序，除本法有规定的外，由公司章程规定。

监事会决议应当经半数以上监事通过。

监事会应当对所议事项的决定作成会议记录，出席会议的监事应当在会议记录上签名。

第五节 上市公司组织机构的特别规定

第一百二十条 【上市公司的定义】本法所称上市公司，是指其股票在证券交易所上市交易的股份有限公司。

链接《证券法》

第一百二十一条 【特别事项的通过】上市公司在一年内购买、出售重大资产或者担保金额超过公司资产总额百分之三十的，应当由股东大会作出决议，并经出席会议的股东所持表决权的三分之二以上通过。

第一百二十二条 【独立董事】上市公司设独立董事，具体办法由国务院规定。

第一百二十三条 【董事会秘书】上市公司设董事会秘书，负责公司股东大会和董事会会议的筹备、文件保管以及公司股东资料的管理，办理信息披露事务等事宜。

第一百二十四条 【会议决议的关联关系董事不得表决】上市公司董事与董事会会议决议事项所涉及的企业有关联关系的，不得对该项决议行使表决权，也不得代理其他董事行使表决权。该董事会会议由过半数的无关联关系董事出席即可举行，董事会会议所作决议须经无关联关系董事过半数通过。出席董事会的无关联关系董事人数不足三人的，应将该事项提交上市公司股东大会审议。

链接《公司法》第 216 条

第五章 股份有限公司的股份发行和转让

第一节 股份发行

第一百二十五条 【股份及其形式】股份有限公司的资本划分为股份，每一股的金额相等。

公司的股份采取股票的形式。股票是公司签发的证明股东所持股份的凭证。

注释 股份,是指由股份有限公司发行的股东所持有的通过股票形式来表现的可以转让的资本的一部分。股份有限公司的股份一般具有表明资本成分、说明股东地位、计算股东权责的含义。《公司法》规定了有限责任公司和股份有限公司两种公司形式,但只把股份有限公司股东所持有的出资称其为股份。股份作为公司资本的一部分,是公司资本的最小构成单位,不能再分,所有股东所持有的股份加起来即为公司的资本总额。股份有限公司的股份具有平等性,每股金额相等,所表现的股东权利和义务是相等的,即只要所持有的股份相同,其股东可以享有的权益和应当履行的义务就相同。

股票,是指由股份有限公司签发的证明股东按其所持股份享有权利和承担义务的凭证。

第一百二十六条 【股份发行的原则】股份的发行,实行公平、公正的原则,同种类的每一股份应当具有同等权利。

同次发行的同种类股票,每股的发行条件和价格应当相同;任何单位或者个人所认购的股份,每股应当支付相同价额。

链接《证券法》第二章

第一百二十七条 【股票发行价格】股票发行价格可以按票面金额,也可以超过票面金额,但不得低于票面金额。

第一百二十八条 【股票的形式及载明的事项】股票采用纸面形式或者国务院证券监督管理机构规定的其他形式。

股票应当载明下列主要事项:

(一)公司名称;

(二)公司成立日期;

(三)股票种类、票面金额及代表的股份数;

(四)股票的编号。

股票由法定代表人签名,公司盖章。

发起人的股票,应当标明发起人股票字样。

链接《股票发行与交易管理暂行条例》

第一百二十九条 【股票的种类】公司发行的股票,可以为记名股票,也可以为无记名股票。

公司向发起人、法人发行的股票,应当为记名股票,并应当记载该发起人、法人的名称或者姓名,不得另立户名或者以代表人姓名记名。

第一百三十条 【股东信息的记载】公司发行记名股票的,应当置备股东名册,记载下列事项:

(一)股东的姓名或者名称及住所;

(二)各股东所持股份数;

(三)各股东所持股票的编号;

(四)各股东取得股份的日期。

发行无记名股票的,公司应当记载其股票数量、编号及发行日期。

第一百三十一条 【其他种类的股份】国务院可以对公司发行本法规定以外的其他种类的股份,另行作出规定。

第一百三十二条 【向股东交付股票】股份有限公司成立后,即向股东正式交付股票。公司成立前不得向股东交付股票。

链接《上市公司股权分置改革管理办法》

第一百三十三条 【发行新股的决议】公司发行新股,股东大会应当对下列事项作出决议:

(一)新股种类及数额;

(二)新股发行价格;

(三)新股发行的起止日期;

(四)向原有股东发行新股的种类及数额。

链接《证券法》第12条

第一百三十四条 【发行新股的程序】公司经国务院证券监督管理机构核准公开发行新股时,必须公告新股招股说明书和财务会计报告,并制作认股书。

本法第八十七条、第八十八条的规定适用于公司公开发行新股。

第一百三十五条 【发行新股的作价方案】公司发行新股,可以根据公司经营情况和财务状况,确定其作价方案。

第一百三十六条 【发行新股的变更登记】公司发行新股募足股款后,必须向公司登记机关办理变更登记,并公告。

第二节 股份转让

第一百三十七条 【股份转让】股东持有的股份可以依法转让。

注释 依法发行的证券,《公司法》和其他法律对其转让期限有限制性规定的,在限定的期限内不得转让。上市公司持有百分之五以上股份的股东、实际控制人、董事、监事、高级管理人员,以及其他持有发行人首次公开发行前发行的股份或者上市公司向特定对象发行的股份的股东,转让其持有的本公司股份的,不得违反法律、行政法规和国务院证券监督管理机构关于持有期限、卖出时间、卖出数量、卖出方式、信息披露等规定，并应当遵守证券交易所的业务规则。

链接《公司法》第 141 条；《证券法》第 36—39 条

第一百三十八条 【股份转让的场所】股东转让其股份，应当在依法设立的证券交易场所进行或者按照国务院规定的其他方式进行。

第一百三十九条 【记名股票的转让】记名股票，由股东以背书方式或者法律、行政法规规定的其他方式转让；转让后由公司将受让人的姓名或者名称及住所记载于股东名册。

股东大会召开前二十日内或者公司决定分配股利的基准日前五日内，不得进行前款规定的股东名册的变更登记。但是，法律对上市公司股东名册变更登记另有规定的，从其规定。

第一百四十条 【无记名股票的转让】无记名股票的转让，由股东将该股票交付给受让人后即发生转让的效力。

第一百四十一条 【特定持有人的股份转让】发起人持有的本公司股份，自公司成立之日起一年内不得转让。公司公开发行股份前已发行的股份，自公司股票在证券交易所上市交易之日起一年内不得转让。

公司董事、监事、高级管理人员应当向公司申报所持有的本公司的股份及其变动情况，在任职期间每年转让的股份不得超过其所持有本公司股份总数的百分之二十五；所持本公司股份自公司股票上市交易之日起一年内不得转让。上述人员离职后半年内，不得转让其所持有的本公司股份。公司章程可以对公司董事、监事、高级管理人员转让其所持有的本公司股份作出其他限制性规定。

第一百四十二条 【本公司股份的收购及质押】公司不得收购本公司股份。但是，有下列情形之一的除外：

（一）减少公司注册资本；

（二）与持有本公司股份的其他公司合并；

（三）将股份用于员工持股计划或者股权激励；

（四）股东因对股东大会作出的公司合并、分立决议持异议，要求公司收购其股份；

（五）将股份用于转换上市公司发行的可转换为股票的公司债券；

（六）上市公司为维护公司价值及股东权益所必需。

公司因前款第（一）项、第（二）项规定的情形收购本公司股份的，应当经股东大会决议；公司因前款第（三）项、第（五）项、第（六）项规定的情形收购本公司股份的，可以依照公司章程的规定或者股东大会的授权，经三分之二以上董事出席的董事会会议决议。

公司依照本条第一款规定收购本公司股份后，属于第（一）项情形的，应当自收购之日起十日内注销；属于第（二）项、第（四）项情形的，应当在六个月内转让或者注销；属于第（三）项、第（五）项、第（六）项情形的，公司合计持有的本公司股份数不得超过本公司已发行股份总额的百分之十，并应当在三年内转让或者注销。

上市公司收购本公司股份的，应当依照《中华人民共和国证券法》的规定履行信息披露义务。上市公司因本条第一款第（三）项、第（五）项、第（六）项规定的情形收购本公司股份的，应当通过公开的集中交易方式进行。

公司不得接受本公司的股票作为质押权的标的。

实务问答 除法律所规定的特殊情形外，股份有限公司为什么不得收购本公司的股份

一般情况下，股份有限公司不得收购本公司的股份。主要有两个原因：一是股份有限公司是法人，它和股东在法律上是两个完全不同的主体，公司如收购本公司的股份，意味着它变成了自己公司的股东，使公司具有了双重身份，这会给公司带来一系列的问题，并使公司和其他股东的利益平衡受到破坏，导致侵犯其他股东的权益。二是股份有限公司必须实行股本充实原则，亦称股本维持原则，即公司在整个存续期间必须经常维持与已发行股本总额相当的现实财产。而股份有限公司收购本公司的股份则违背了股本充实原则，因为它必然会造成公司现实财产的减少，可能导致侵犯债权人权益的后果。

第一百四十三条 【记名股票丢失的救济】记名股票被盗、遗失或者灭失，股东可以依照《中华人民共和国民事诉讼法》规定的公示催告程序，请求人民法院宣告该股票失效。人民法院宣告该股票失效后，股东可以向公司申请补发股票。

链接《民事诉讼法》第十八章

第一百四十四条 【上市公司的股票交易】上市公司的股票，依照有关法律、行政法规及证券交

易所交易规则上市交易。

链接《证券法》第48条

第一百四十五条 【上市公司的信息公开】上市公司必须依照法律、行政法规的规定,公开其财务状况、经营情况及重大诉讼,在每会计年度内半年公布一次财务会计报告。

第六章 公司董事、监事、高级管理人员的资格和义务

第一百四十六条 【高管人员的资格禁止】有下列情形之一的,不得担任公司的董事、监事、高级管理人员:

(一)无民事行为能力或者限制民事行为能力;

(二)因贪污、贿赂、侵占财产、挪用财产或者破坏社会主义市场经济秩序,被判处刑罚,执行期满未逾五年,或者因犯罪被剥夺政治权利,执行期满未逾五年;

(三)担任破产清算的公司、企业的董事或者厂长、经理,对该公司、企业的破产负有个人责任的,自该公司、企业破产清算完结之日起未逾三年;

(四)担任因违法被吊销营业执照、责令关闭的公司、企业的法定代表人,并负有个人责任的,自该公司、企业被吊销营业执照之日起未逾三年;

(五)个人所负数额较大的债务到期未清偿。

公司违反前款规定选举、委派董事、监事或者聘任高级管理人员的,该选举、委派或者聘任无效。

董事、监事、高级管理人员在任职期间出现本条第一款所列情形的,公司应当解除其职务。

第一百四十七条 【董事、监事、高管人员的义务和禁止行为】董事、监事、高级管理人员应当遵守法律、行政法规和公司章程,对公司负有忠实义务和勤勉义务。

董事、监事、高级管理人员不得利用职权收受贿赂或者其他非法收入,不得侵占公司的财产。

第一百四十八条 【董事、高管人员的禁止行为】董事、高级管理人员不得有下列行为:

(一)挪用公司资金;

(二)将公司资金以其个人名义或者以其他个人名义开立账户存储;

(三)违反公司章程的规定,未经股东会、股东大会或者董事会同意,将公司资金借贷给他人或者以公司财产为他人提供担保;

(四)违反公司章程的规定或者未经股东会、股东大会同意,与本公司订立合同或者进行交易;

(五)未经股东会或者股东大会同意,利用职务便利为自己或者他人谋取属于公司的商业机会,自营或者为他人经营与所任职公司同类的业务;

(六)接受他人与公司交易的佣金归为己有;

(七)擅自披露公司秘密;

(八)违反对公司忠实义务的其他行为。

董事、高级管理人员违反前款规定所得的收入应当归公司所有。

实务问答 公司高级管理人员因公司放弃商业机会或者第三人不愿与该公司合作而获得商业机会是否属于谋取公司商业机会

不属于。对公司高级管理人员非恶意的、对公司具有非损害性的竞业行为,公司无归入权和请求赔偿权。

第一百四十九条 【董事、监事、高管人员的损害赔偿责任】董事、监事、高级管理人员执行公司职务时违反法律、行政法规或者公司章程的规定,给公司造成损失的,应当承担赔偿责任。

链接《公司法》第151条

第一百五十条 【董事、监事、高管人员对股东会、监事会的义务】股东会或者股东大会要求董事、监事、高级管理人员列席会议的,董事、监事、高级管理人员应当列席并接受股东的质询。

董事、高级管理人员应当如实向监事会或者不设监事会的有限责任公司的监事提供有关情况和资料,不得妨碍监事会或者监事行使职权。

第一百五十一条 【公司权益受损的股东救济】董事、高级管理人员有本法第一百四十九条规定的情形的,有限责任公司的股东、股份有限公司连续一百八十日以上单独或者合计持有公司百分之一以上股份的股东,可以书面请求监事会或者不设监事会的有限责任公司的监事向人民法院提起诉讼;监事有本法第一百四十九条规定的情形的,前述股东可以书面请求董事会或者不设董事会的有限责任公司的执行董事向人民法院提起诉讼。

监事会、不设监事会的有限责任公司的监事,或者董事会、执行董事收到前款规定的股东书面

请求后拒绝提起诉讼,或者自收到请求之日起三十日内未提起诉讼,或者情况紧急、不立即提起诉讼将会使公司利益受到难以弥补的损害的,前款规定的股东有权为了公司的利益以自己的名义直接向人民法院提起诉讼。

他人侵犯公司合法权益,给公司造成损失的,本条第一款规定的股东可以依照前两款的规定向人民法院提起诉讼。

实务问答 1. 在股东代表诉讼中,胜诉后的利益归于股东还是公司

在股东代表诉讼中,股东个人的利益没有直接受到损害,只是由于公司的利益受到损害而间接受损,因此,股东代表诉讼是股东为了公司的利益而以股东的名义直接提起的诉讼,胜诉后的利益归于公司。

2. 在股东代表诉讼中,股东代表的诉讼地位是什么

《最高人民法院关于适用〈中华人民共和国公司法〉若干问题的规定(四)》第23条规定,监事会或者不设监事会的有限责任公司的监事依据公司法第151条第1款规定对董事、高级管理人员提起诉讼的,应当列公司为原告,依法由监事会主席或者不设监事会的有限责任公司的监事代表公司进行诉讼。董事会或者不设董事会的有限责任公司的执行董事依据公司法第151条第1款规定对监事提起诉讼的,或者依据公司法第151条第3款规定对他人提起诉讼的,应当列公司为原告,依法由董事长或者执行董事代表公司进行诉讼。该规定明确指出公司董事会或者执行董事、监事会或者监事系公司机关,其履行法定职责代表公司提起的诉讼,应当是公司直接诉讼,应列公司为原告。

第一百五十二条 【股东权益受损的诉讼】董事、高级管理人员违反法律、行政法规或者公司章程的规定,损害股东利益的,股东可以向人民法院提起诉讼。

第七章 公司债券

第一百五十三条 【公司债券的概念和发行条件】本法所称公司债券,是指公司依照法定程序发行、约定在一定期限还本付息的有价证券。

公司发行公司债券应当符合《中华人民共和国证券法》规定的发行条件。

链接《证券法》第15条

第一百五十四条 【公司债券募集办法】发行公司债券的申请经国务院授权的部门核准后,应当公告公司债券募集办法。

公司债券募集办法中应当载明下列主要事项:

(一)公司名称;

(二)债券募集资金的用途;

(三)债券总额和债券的票面金额;

(四)债券利率的确定方式;

(五)还本付息的期限和方式;

(六)债券担保情况;

(七)债券的发行价格、发行的起止日期;

(八)公司净资产额;

(九)已发行的尚未到期的公司债券总额;

(十)公司债券的承销机构。

第一百五十五条 【公司债券票面的记载事项】公司以实物券方式发行公司债券的,必须在债券上载明公司名称、债券票面金额、利率、偿还期限等事项,并由法定代表人签名,公司盖章。

第一百五十六条 【公司债券的分类】公司债券,可以为记名债券,也可以为无记名债券。

第一百五十七条 【公司债券存根簿】公司发行公司债券应当置备公司债券存根簿。

发行记名公司债券的,应当在公司债券存根簿上载明下列事项:

(一)债券持有人的姓名或者名称及住所;

(二)债券持有人取得债券的日期及债券的编号;

(三)债券总额,债券的票面金额、利率、还本付息的期限和方式;

(四)债券的发行日期。

发行无记名公司债券的,应当在公司债券存根簿上载明债券总额、利率、偿还期限和方式、发行日期及债券的编号。

第一百五十八条 【记名公司债券的登记结算】记名公司债券的登记结算机构应当建立债券登记、存管、付息、兑付等相关制度。

第一百五十九条 【公司债券转让】公司债券可以转让,转让价格由转让人与受让人约定。

公司债券在证券交易所上市交易的,按照证券交易所的交易规则转让。

第一百六十条 【公司债券的转让方式】记名公司债券,由债券持有人以背书方式或者法律、行政法规规定的其他方式转让；转让后由公司将受让人的姓名或者名称及住所记载于公司债券存根簿。

无记名公司债券的转让，由债券持有人将该债券交付给受让人后即发生转让的效力。

第一百六十一条 【可转换公司债券的发行】上市公司经股东大会决议可以发行可转换为股票的公司债券，并在公司债券募集办法中规定具体的转换办法。上市公司发行可转换为股票的公司债券，应当报国务院证券监督管理机构核准。

发行可转换为股票的公司债券，应当在债券上标明可转换公司债券字样，并在公司债券存根簿上载明可转换公司债券的数额。

第一百六十二条 【可转换公司债券的转换】发行可转换为股票的公司债券的，公司应当按照其转换办法向债券持有人换发股票，但债券持有人对转换股票或者不转换股票有选择权。

第八章 公司财务、会计

第一百六十三条 【公司财务与会计制度】公司应当依照法律、行政法规和国务院财政部门的规定建立本公司的财务、会计制度。

第一百六十四条 【财务会计报告】公司应当在每一会计年度终了时编制财务会计报告，并依法经会计师事务所审计。

财务会计报告应当依照法律、行政法规和国务院财政部门的规定制作。

第一百六十五条 【财务会计报告的公示】有限责任公司应当依照公司章程规定的期限将财务会计报告送交各股东。

股份有限公司的财务会计报告应当在召开股东大会年会的二十日前置备于本公司，供股东查阅；公开发行股票的股份有限公司必须公告其财务会计报告。

第一百六十六条 【法定公积金与任意公积金】公司分配当年税后利润时，应当提取利润的百分之十列入公司法定公积金。公司法定公积金累计额为公司注册资本的百分之五十以上的，可以不再提取。

公司的法定公积金不足以弥补以前年度亏损的，在依照前款规定提取法定公积金之前，应当先用当年利润弥补亏损。

公司从税后利润中提取法定公积金后，经股东会或者股东大会决议，还可以从税后利润中提取任意公积金。

公司弥补亏损和提取公积金后所余税后利润，有限责任公司依照本法第三十四条的规定分配；股份有限公司按照股东持有的股份比例分配，但股份有限公司章程规定不按持股比例分配的除外。

股东会、股东大会或者董事会违反前款规定，在公司弥补亏损和提取法定公积金之前向股东分配利润的，股东必须将违反规定分配的利润退还公司。

公司持有的本公司股份不得分配利润。

第一百六十七条 【股份有限公司资本公积金】股份有限公司以超过股票票面金额的发行价格发行股份所得的溢价款以及国务院财政部门规定列入资本公积金的其他收入，应当列为公司资本公积金。

第一百六十八条 【公积金的用途】公司的公积金用于弥补公司的亏损、扩大公司生产经营或者转为增加公司资本。但是，资本公积金不得用于弥补公司的亏损。

法定公积金转为资本时，所留存的该项公积金不得少于转增前公司注册资本的百分之二十五。

实务问答公积金的使用主要有哪几种

公积金的使用主要包括以下几种：(1)除了资本公积金外，其余两种公积金，即法定公积金和任意公积金都可以用于弥补亏损。(2)法定公积金、资本公积金和任意公积金都可以用于增加资本。但是，法定公积金转为资本时，所留存的该项公积金不得少于转增前公司注册资本的25%，这项限定的对象包括有限责任公司和股份有限公司。(3)扩大公司生产经营。

第一百六十九条 【聘用、解聘会计师事务所】公司聘用、解聘承办公司审计业务的会计师事务所，依照公司章程的规定，由股东会、股东大会或者董事会决定。

公司股东会、股东大会或者董事会就解聘会计师事务所进行表决时，应当允许会计师事务所陈述意见。

第一百七十条 【真实提供会计资料】公司应当向聘用的会计师事务所提供真实、完整的会计凭证、会计账簿、财务会计报告及其他会计资料，不得拒绝、隐匿、谎报。

第一百七十一条 【会计账簿】公司除法定的会计账簿外,不得另立会计账簿。

对公司资产,不得以任何个人名义开立账户存储。

第九章 公司合并、分立、增资、减资

第一百七十二条 【公司的合并】公司合并可以采取吸收合并或者新设合并。

一个公司吸收其他公司为吸收合并,被吸收的公司解散。两个以上公司合并设立一个新的公司为新设合并,合并各方解散。

第一百七十三条 【公司合并的程序】公司合并,应当由合并各方签订合并协议,并编制资产负债表及财产清单。公司应当自作出合并决议之日起十日内通知债权人,并于三十日内在报纸上公告。债权人自接到通知书之日起三十日内,未接到通知书的自公告之日起四十五日内,可以要求公司清偿债务或者提供相应的担保。

第一百七十四条 【公司合并债权债务的承继】公司合并时,合并各方的债权、债务,应当由合并后存续的公司或者新设的公司承继。

第一百七十五条 【公司的分立】公司分立,其财产作相应的分割。

公司分立,应当编制资产负债表及财产清单。公司应当自作出分立决议之日起十日内通知债权人,并于三十日内在报纸上公告。

第一百七十六条 【公司分立前的债务承担】公司分立前的债务由分立后的公司承担连带责任。但是,公司在分立前与债权人就债务清偿达成的书面协议另有约定的除外。

第一百七十七条 【公司减资】公司需要减少注册资本时,必须编制资产负债表及财产清单。

公司应当自作出减少注册资本决议之日起十日内通知债权人,并于三十日内在报纸上公告。债权人自接到通知书之日起三十日内,未接到通知书的自公告之日起四十五日内,有权要求公司清偿债务或者提供相应的担保。

第一百七十八条 【公司增资】有限责任公司增加注册资本时,股东认缴新增资本的出资,依照本法设立有限责任公司缴纳出资的有关规定执行。

股份有限公司为增加注册资本发行新股时,股东认购新股,依照本法设立股份有限公司缴纳股款的有关规定执行。

第一百七十九条 【公司变更的登记】公司合并或者分立,登记事项发生变更的,应当依法向公司登记机关办理变更登记;公司解散的,应当依法办理公司注销登记;设立新公司的,应当依法办理公司设立登记。

公司增加或者减少注册资本,应当依法向公司登记机关办理变更登记。

第十章 公司解散和清算

第一百八十条 【公司解散原因】公司因下列原因解散:

(一)公司章程规定的营业期限届满或者公司章程规定的其他解散事由出现;

(二)股东会或者股东大会决议解散;

(三)因公司合并或者分立需要解散;

(四)依法被吊销营业执照、责令关闭或者被撤销;

(五)人民法院依照本法第一百八十二条的规定予以解散。

链接《全国法院民商事审判工作会议纪要》117

第一百八十一条 【修改公司章程】公司有本法第一百八十条第(一)项情形的,可以通过修改公司章程而存续。

依照前款规定修改公司章程,有限责任公司须经持有三分之二以上表决权的股东通过,股份有限公司须经出席股东大会会议的股东所持表决权的三分之二以上通过。

第一百八十二条 【司法强制解散公司】公司经营管理发生严重困难,继续存续会使股东利益受到重大损失,通过其他途径不能解决的,持有公司全部股东表决权百分之十以上的股东,可以请求人民法院解散公司。

实务问答 实务运用中如何认定公司僵局

在适用法院解散公司的情形时,对公司僵局的认定是本条的关键。应该说,只有公司同时具备了“公司经营管理发生严重困难”、“继续存续会使股东利益受到重大损失”、“通过其他途径不能解决的”三个条件才能认定公司出现了僵局,在此情况下,持有公司全部股东表决权10%以上的股东,可以通过提起请求人民法院解散公司之诉维护自己的合法权益。

需要注意的是,关于本条三个条件的具体认

定,公司法并没有直接做出规定,为此,《最高人民法院关于适用〈中华人民共和国公司法〉若干问题的规定(二)》作了进一步的界定:(1)明确列举了四种“公司经营管理发生严重困难,继续存续会使股东利益受到重大损失”情形。这四种情形主要体现的是股东僵局和董事僵局所造成的公司经营管理上的严重困难,即公司处于事实上的瘫痪状态,公司治理结构完全失灵,无法正常进行经营,如果任其继续存续下去,将会造成公司股东利益的更大损失。在这种情形下,应当赋予股东提起解散公司诉讼、保护自身合法权益的救济渠道。注意,如果股东在提起解散公司诉讼时,其起诉理由表述为公司经营严重亏损或者其股东权益受到侵害,或者公司被吊销营业执照后未进行清算等,因不属于《公司法》所规定的解散公司诉讼案件提起的事由,因此在受理环节即应将之拒之门外。应当明确,本条列举的四项事由,一方面是解散公司诉讼案件受理时形式审查的依据,另一方面也是判决是否解散公司时实体审查的标准。(2)《公司法》明确规定,持有公司全部股东表决权10%以上的股东有权提起解散公司诉讼,如果提起解散公司诉讼的股东不具备上述持股条件的,法院对其诉请不予受理。鉴于《公司法》做此规定系出于防止个别股东恶意诉讼的目的,以期通过对股东所持股份比例的限制,在起诉股东和其他股东之间寻求一种利益上的平衡,因此,《最高人民法院关于适用〈中华人民共和国公司法〉若干问题的规定(二)》规定单独持有或合计持有公司全部股东表决权10%以上的(多个)股东,均可提起解散公司诉讼。(3)对于《公司法》所规定的“通过其他途径不能解决”这一前置性条件,司法解释也没有再作进一步解释,这主要是考虑当公司经营管理发生严重困难,继续存续会使股东利益受到重大损失时,还是寄希望公司能够通过公司自治等方式解决股东、董事之间的僵局,从而改变公司瘫痪状态,而不轻易赋予股东通过司法程序强制解散公司的权利。因此,人民法院在受理解散公司诉讼案件时,还是有必要审查这个条件是否成就。当然,对于何为“通过其他途径不能解决”,人民法院可能更多的是形式审查,对于起诉股东而言,其声明应归结为其已经采取了能够采取的其他方法而不能得到解决,“不得不”寻求司法救济的表述,该前置性程序的意义更多在于其导向性。

链接《最高人民法院关于适用〈中华人民共和国公司法〉若干问题的规定(二)》第1—7条

第一百八十三条 【清算组的成立与组成】公司因本法第一百八十条第(一)项、第(二)项、第(四)项、第(五)项规定而解散的,应当在解散事由出现之日起十五日内成立清算组,开始清算。有限责任公司的清算组由股东组成,股份有限公司的清算组由董事或者股东大会确定的人员组成。逾期不成立清算组进行清算的,债权人可以申请人民法院指定有关人员组成清算组进行清算。人民法院应当受理该申请,并及时组织清算组进行清算。

注释公司清算,指公司被依法宣布解散后,依照一定程序了结公司事务,收回债权,清偿债务并分配财产,使公司归于消灭的一系列法律行为和制度的总称。

特别需要注意的是,《最高人民法院关于适用〈中华人民共和国公司法〉若干问题的规定(二)》对本条作了进一步的界定:(1)将法院指定清算的情形界定为三种情形,即公司解散逾期不成立清算组进行清算的;虽然成立清算组但故意拖延清算的;违法清算可能严重损害债权人或者股东利益的。(2)扩充了公司强制清算的申请主体。《公司法》仅规定债权人可以申请法院指定清算,并没有规定股东是否可以提出申请。《最高人民法院关于适用〈中华人民共和国公司法〉若干问题的规定(二)》考虑到当股东之间矛盾激烈而需要解散时,公司解散不清算的情形对于公司股东利益的损害同样需要有相应法律的救济。因此,司法解释将提出强制清算的主体扩大到了股东。对此需要进一步说明的是,债权人或者股东向法院申请强制清算时,如果公司已经出现明显破产原因的,则不宜按照清算案件受理,而应当向法院申请破产清算。另外,公司清算案件不是法院指定完清算组成员后就审结了,而需要法院监督整个清算程序直至裁定终结清算程序后,案件才算审结。

同时,根据《市场主体登记管理条例》第32条规定:“市场主体注销登记前依法应当清算的,清算组应当自成立之日起10日内将清算组成员、清算组负责人名单通过国家企业信用信息公示系统公告。清算组可以通过国家企业信用信息公示系统发布债权人公告。

清算组应当自清算结束之日起30日内向登记

机关申请注销登记。市场主体申请注销登记前，应当依法办理分支机构注销登记。

实务问答 清算是公司解散到公司终止前的必经程序吗

除公司合并、分立两种情形外，公司解散后都应当依法进行清算，不经清算，公司不得注销登记，因此，清算是公司解散到公司终止前的一个必经程序。

链接《市场主体登记管理条例》第 32 条；《最高人民法院关于适用〈中华人民共和国公司法〉若干问题的规定（二）》第 7—9、18、19 条

第一百八十四条 【清算组的职权】清算组在清算期间行使下列职权：

（一）清理公司财产，分别编制资产负债表和财产清单；

（二）通知、公告债权人；

（三）处理与清算有关的公司未了结的业务；

（四）清缴所欠税款以及清算过程中产生的税款；

（五）清理债权、债务；

（六）处理公司清偿债务后的剩余财产；

（七）代表公司参与民事诉讼活动。

第一百八十五条 【债权人申报债权】清算组应当自成立之日起十日内通知债权人，并于六十日内在报纸上公告。债权人应当自接到通知书之日起三十日内，未接到通知书的自公告之日起四十五日内，向清算组申报其债权。

债权人申报债权，应当说明债权的有关事项，并提供证明材料。清算组应当对债权进行登记。

在申报债权期间，清算组不得对债权人进行清偿。

链接《最高人民法院关于适用〈中华人民共和国公司法〉若干问题的规定（二）》第 11—14 条

第一百八十六条 【清算程序】清算组在清理公司财产、编制资产负债表和财产清单后，应当制定清算方案，并报股东会、股东大会或者人民法院确认。

公司财产在分别支付清算费用、职工的工资、社会保险费用和法定补偿金，缴纳所欠税款，清偿公司债务后的剩余财产，有限责任公司按照股东的出资比例分配，股份有限公司按照股东持有的股份比例分配。

清算期间，公司存续，但不得开展与清算无关的经营活动。公司财产在未依照前款规定清偿前，不得分配给股东。

链接《最高人民法院关于适用〈中华人民共和国公司法〉若干问题的规定（二）》第 15、16 条

第一百八十七条 【破产申请】清算组在清理公司财产、编制资产负债表和财产清单后，发现公司财产不足清偿债务的，应当依法向人民法院申请宣告破产。

公司经人民法院裁定宣告破产后，清算组应当将清算事务移交给人民法院。

第一百八十八条 【公司注销】公司清算结束后，清算组应当制作清算报告，报股东会、股东大会或者人民法院确认，并报送公司登记机关，申请注销公司登记，公告公司终止。

第一百八十九条 【清算组成员的义务与责任】清算组成员应当忠于职守，依法履行清算义务。

清算组成员不得利用职权收受贿赂或者其他非法收入，不得侵占公司财产。

清算组成员因故意或者重大过失给公司或者债权人造成损失的，应当承担赔偿责任。

第一百九十条 【公司破产】公司被依法宣告破产的，依照有关企业破产的法律实施破产清算。

链接《企业破产法》

第十一章 外国公司的分支机构

第一百九十一条 【外国公司的概念】本法所称外国公司是指依照外国法律在中国境外设立的公司。

第一百九十二条 【外国公司分支机构的设立程序】外国公司在中国境内设立分支机构，必须向中国主管机关提出申请，并提交其公司章程、所属国的公司登记证书等有关文件，经批准后，向公司登记机关依法办理登记，领取营业执照。

外国公司分支机构的审批办法由国务院另行规定。

第一百九十三条 【外国公司分支机构的设立条件】外国公司在中国境内设立分支机构，必须在中国境内指定负责该分支机构的代表人或者代理人，并向该分支机构拨付与其所从事的经营活动相适应的资金。

对外国公司分支机构的经营资金需要规定最低限额的，由国务院另行规定。

第一百九十四条　【外国公司分支机构的名称】外国公司的分支机构应当在其名称中标明该外国公司的国籍及责任形式。

外国公司的分支机构应当在本机构中置备该外国公司章程。

第一百九十五条　【外国公司分支机构的法律地位】外国公司在中国境内设立的分支机构不具有中国法人资格。

外国公司对其分支机构在中国境内进行经营活动承担民事责任。

第一百九十六条　【外国公司分支机构的活动原则】经批准设立的外国公司分支机构，在中国境内从事业务活动，必须遵守中国的法律，不得损害中国的社会公共利益，其合法权益受中国法律保护。

第一百九十七条　【外国公司分支机构的撤销与清算】外国公司撤销其在中国境内的分支机构时，必须依法清偿债务，依照本法有关公司清算程序的规定进行清算。未清偿债务之前，不得将其分支机构的财产移至中国境外。

第十二章　法律责任

第一百九十八条　【虚报注册资本的法律责任】违反本法规定，虚报注册资本、提交虚假材料或者采取其他欺诈手段隐瞒重要事实取得公司登记的，由公司登记机关责令改正，对虚报注册资本的公司，处以虚报注册资本金额百分之五以上百分之十五以下的罚款；对提交虚假材料或者采取其他欺诈手段隐瞒重要事实的公司，处以五万元以上五十万元以下的罚款；情节严重的，撤销公司登记或者吊销营业执照。

第一百九十九条　【虚假出资的法律责任】公司的发起人、股东虚假出资，未交付或者未按期交付作为出资的货币或者非货币财产的，由公司登记机关责令改正，处以虚假出资金额百分之五以上百分之十五以下的罚款。

链接《刑法》第158条

第二百条　【抽逃出资的法律责任】公司的发起人、股东在公司成立后，抽逃其出资的，由公司登记机关责令改正，处以所抽逃出资金额百分之五以上百分之十五以下的罚款。

链接《刑法》第159条

第二百零一条　【另立会计账簿的法律责任】公司违反本法规定，在法定的会计账簿以外另立会计账簿的，由县级以上人民政府财政部门责令改正，处以五万元以上五十万元以下的罚款。

链接《会计法》第42条

第二百零二条　【提供虚假财会报告的法律责任】公司在依法向有关主管部门提供的财务会计报告等材料上作虚假记载或者隐瞒重要事实的，由有关主管部门对直接负责的主管人员和其他直接责任人员处以三万元以上三十万元以下的罚款。

链接《刑法》第161条

第二百零三条　【违法提取法定公积金的法律责任】公司不依照本法规定提取法定公积金的，由县级以上人民政府财政部门责令如数补足应当提取的金额，可以对公司处以二十万元以下的罚款。

第二百零四条　【公司合并、分立、减资、清算中违法行为的法律责任】公司在合并、分立、减少注册资本或者进行清算时，不依照本法规定通知或者公告债权人的，由公司登记机关责令改正，对公司处以一万元以上十万元以下的罚款。

公司在进行清算时，隐匿财产，对资产负债表或者财产清单作虚假记载或者在未清偿债务前分配公司财产的，由公司登记机关责令改正，对公司处以隐匿财产或者未清偿债务前分配公司财产金额百分之五以上百分之十以下的罚款；对直接负责的主管人员和其他直接责任人员处以一万元以上十万元以下的罚款。

链接《刑法》第162条

第二百零五条　【公司在清算期间违法经营活动的法律责任】公司在清算期间开展与清算无关的经营活动的，由公司登记机关予以警告，没收违法所得。

第二百零六条　【清算组违法活动的法律责任】清算组不依照本法规定向公司登记机关报送清算报告，或者报送清算报告隐瞒重要事实或者有重大遗漏的，由公司登记机关责令改正。

清算组成员利用职权徇私舞弊、谋取非法收入或者侵占公司财产的，由公司登记机关责令退还公司财产，没收违法所得，并可以处以违法所得一倍以上五倍以下的罚款。

第二百零七条　【资产评估、验资或者验证机构违法的法律责任】承担资产评估、验资或者验证的机构提供虚假材料的，由公司登记机关没收违法所得，处以违法所得一倍以上五倍以下的罚款，并可以由有关主管部门依法责令该机构停业、吊销直接责任人员的资格证书，吊销营业执照。

承担资产评估、验资或者验证的机构因过失提供有重大遗漏的报告的，由公司登记机关责令改正，情节较重的，处以所得收入一倍以上五倍以下的罚款，并可以由有关主管部门依法责令该机构停业、吊销直接责任人员的资格证书，吊销营业执照。

承担资产评估、验资或者验证的机构因其出具的评估结果、验资或者验证证明不实，给公司债权人造成损失的，除能够证明自己没有过错的外，在其评估或者证明不实的金额范围内承担赔偿责任。

第二百零八条 【公司登记机关违法的法律责任】公司登记机关对不符合本法规定条件的登记申请予以登记，或者对符合本法规定条件的登记申请不予登记的，对直接负责的主管人员和其他直接责任人员，依法给予行政处分。

链接《刑法》第 229 条

第二百零九条 【公司登记机关的上级部门违法的法律责任】公司登记机关的上级部门强令公司登记机关对不符合本法规定条件的登记申请予以登记，或者对符合本法规定条件的登记申请不予登记的，或者对违法登记进行包庇的，对直接负责的主管人员和其他直接责任人员依法给予行政处分。

第二百一十条 【假冒公司名义的法律责任】未依法登记为有限责任公司或者股份有限公司，而冒用有限责任公司或者股份有限公司名义的，或者未依法登记为有限责任公司或者股份有限公司的分公司，而冒用有限责任公司或者股份有限公司的分公司名义的，由公司登记机关责令改正或者予以取缔，可以并处十万元以下的罚款。

第二百一十一条 【逾期开业、停业、不依法办理变更登记的法律责任】公司成立后无正当理由超过六个月未开业的，或者开业后自行停业连续六个月以上的，可以由公司登记机关吊销营业执照。

公司登记事项发生变更时，未依照本法规定办理有关变更登记的，由公司登记机关责令限期登记；逾期不登记的，处以一万元以上十万元以下的罚款。

第二百一十二条 【外国公司擅自设立分支机构的法律责任】外国公司违反本法规定，擅自在中国境内设立分支机构的，由公司登记机关责令改正或者关闭，可以并处五万元以上二十万元以下的罚款。

第二百一十三条 【吊销营业执照】利用公司名义从事危害国家安全、社会公共利益的严重违法行为的，吊销营业执照。

链接《公司法》第 193 条

第二百一十四条 【民事赔偿优先】公司违反本法规定，应当承担民事赔偿责任和缴纳罚款、罚金的，其财产不足以支付时，先承担民事赔偿责任。

第二百一十五条 【刑事责任】违反本法规定，构成犯罪的，依法追究刑事责任。

第十三章 附 则

第二百一十六条 【本法相关用语的含义】本法下列用语的含义：

（一）高级管理人员，是指公司的经理、副经理、财务负责人，上市公司董事会秘书和公司章程规定的其他人员。

（二）控股股东，是指其出资额占有限责任公司资本总额百分之五十以上或者其持有的股份占股份有限公司股本总额百分之五十以上的股东；出资额或者持有股份的比例虽然不足百分之五十，但依其出资额或者持有的股份所享有的表决权已足以对股东会、股东大会的决议产生重大影响的股东。

（三）实际控制人，是指虽不是公司的股东，但通过投资关系、协议或者其他安排，能够实际支配公司行为的人。

（四）关联关系，是指公司控股股东、实际控制人、董事、监事、高级管理人员与其直接或者间接控制的企业之间的关系，以及可能导致公司利益转移的其他关系。但是，国家控股的企业之间不仅因为同受国家控股而具有关联关系。

链接《刑法》第 158—169 条

第二百一十七条 【外资公司的法律适用】外商投资的有限责任公司和股份有限公司适用本法；有关外商投资的法律另有规定的，适用其规定。

第二百一十八条 【施行日期】本法自 2006 年 1 月 1 日起施行。

中华人民共和国合伙企业法

· 1997年2月23日第八届全国人民代表大会常务委员会第二十四次会议通过
· 2006年8月27日第十届全国人民代表大会常务委员会第二十三次会议修订
· 2006年8月27日中华人民共和国主席令第55号公布
· 自2007年6月1日起施行

第一章 总 则

第一条 【立法目的】为了规范合伙企业的行为,保护合伙企业及其合伙人、债权人的合法权益,维护社会经济秩序,促进社会主义市场经济的发展,制定本法。

第二条 【调整范围】本法所称合伙企业,是指自然人、法人和其他组织依照本法在中国境内设立的普通合伙企业和有限合伙企业。

普通合伙企业由普通合伙人组成,合伙人对合伙企业债务承担无限连带责任。本法对普通合伙人承担责任的形式有特别规定的,从其规定。

有限合伙企业由普通合伙人和有限合伙人组成,普通合伙人对合伙企业债务承担无限连带责任,有限合伙人以其认缴的出资额为限对合伙企业债务承担责任。

第三条 【不得成为普通合伙人的主体】国有独资公司、国有企业、上市公司以及公益性的事业单位、社会团体不得成为普通合伙人。

第四条 【合伙协议】合伙协议依法由全体合伙人协商一致、以书面形式订立。

第五条 【自愿、平等、公平、诚实信用原则】订立合伙协议、设立合伙企业,应当遵循自愿、平等、公平、诚实信用原则。

第六条 【所得税的缴纳】合伙企业的生产经营所得和其他所得,按照国家有关税收规定,由合伙人分别缴纳所得税。

第七条 【合伙企业及其合伙人的义务】合伙企业及其合伙人必须遵守法律、行政法规,遵守社会公德、商业道德,承担社会责任。

第八条 【合伙企业及其合伙人的合法财产及其权益受法律保护】合伙企业及其合伙人的合法财产及其权益受法律保护。

第九条 【申请设立应提交的文件】申请设立合伙企业,应当向企业登记机关提交登记申请书、合伙协议书、合伙人身份证明等文件。

合伙企业的经营范围中有属于法律、行政法规规定在登记前须经批准的项目的,该项经营业务应当依法经过批准,并在登记时提交批准文件。

第十条 【登记程序】申请人提交的登记申请材料齐全、符合法定形式,企业登记机关能够当场登记的,应予当场登记,发给营业执照。

除前款规定情形外,企业登记机关应当自受理申请之日起二十日内,作出是否登记的决定。予以登记的,发给营业执照;不予登记的,应当给予书面答复,并说明理由。

第十一条 【成立日期】合伙企业的营业执照签发日期,为合伙企业成立日期。

合伙企业领取营业执照前,合伙人不得以合伙企业名义从事合伙业务。

第十二条 【设立分支机构】合伙企业设立分支机构,应当向分支机构所在地的企业登记机关申请登记,领取营业执照。

第十三条 【变更登记】合伙企业登记事项发生变更的,执行合伙事务的合伙人应当自作出变更决定或者发生变更事由之日起十五日内,向企业登记机关申请办理变更登记。

第二章 普通合伙企业

第一节 合伙企业设立

第十四条 【设立合伙企业应具备的条件】设立合伙企业,应当具备下列条件:

(一)有二个以上合伙人。合伙人为自然人的,应当具有完全民事行为能力;

(二)有书面合伙协议;

(三)有合伙人认缴或者实际缴付的出资;

(四)有合伙企业的名称和生产经营场所;

(五)法律、行政法规规定的其他条件。

第十五条 【名称】合伙企业名称中应当标明"普通合伙"字样。

第十六条 【出资方式】合伙人可以用货币、实物、知识产权、土地使用权或者其他财产权利出资,也可以用劳务出资。

合伙人以实物、知识产权、土地使用权或者其他财产权利出资,需要评估作价的,可以由全体合伙人协商确定,也可以由全体合伙人委托法定评估机构评估。

合伙人以劳务出资的,其评估办法由全体合伙人协商确定,并在合伙协议中载明。

第十七条 【出资义务的履行】合伙人应当按照合伙协议约定的出资方式、数额和缴付期限,履行出资义务。

以非货币财产出资的,依照法律、行政法规的规定,需要办理财产权转移手续的,应当依法办理。

第十八条 【合伙协议的内容】合伙协议应当载明下列事项:

(一)合伙企业的名称和主要经营场所的地点;

(二)合伙目的和合伙经营范围;

(三)合伙人的姓名或者名称、住所;

(四)合伙人的出资方式、数额和缴付期限;

(五)利润分配、亏损分担方式;

(六)合伙事务的执行;

(七)入伙与退伙;

(八)争议解决办法;

(九)合伙企业的解散与清算;

(十)违约责任。

第十九条 【合伙协议生效、效力和修改、补充】合伙协议经全体合伙人签名、盖章后生效。合伙人按照合伙协议享有权利,履行义务。

修改或者补充合伙协议,应当经全体合伙人一致同意;但是,合伙协议另有约定的除外。

合伙协议未约定或者约定不明确的事项,由合伙人协商决定;协商不成的,依照本法和其他有关法律、行政法规的规定处理。

第二节 合伙企业财产

第二十条 【合伙企业财产构成】合伙人的出资、以合伙企业名义取得的收益和依法取得的其他财产,均为合伙企业的财产。

第二十一条 【在合伙企业清算前不得请求分割合伙企业财产】合伙人在合伙企业清算前,不得请求分割合伙企业的财产;但是,本法另有规定的除外。

合伙人在合伙企业清算前私自转移或者处分合伙企业财产的,合伙企业不得以此对抗善意第三人。

第二十二条 【转让合伙企业中的财产份额】除合伙协议另有约定外,合伙人向合伙人以外的人转让其在合伙企业中的全部或者部分财产份额时,须经其他合伙人一致同意。

合伙人之间转让在合伙企业中的全部或者部分财产份额时,应当通知其他合伙人。

第二十三条 【优先购买权】合伙人向合伙人以外的人转让其在合伙企业中的财产份额的,在同等条件下,其他合伙人有优先购买权;但是,合伙协议另有约定的除外。

第二十四条 【受让人成为合伙人】合伙人以外的人依法受让合伙人在合伙企业中的财产份额的,经修改合伙协议即成为合伙企业的合伙人,依照本法和修改后的合伙协议享有权利,履行义务。

第二十五条 【以合伙企业财产份额出质】合伙人以其在合伙企业中的财产份额出质的,须经其他合伙人一致同意;未经其他合伙人一致同意,其行为无效,由此给善意第三人造成损失的,由行为人依法承担赔偿责任。

第三节 合伙事务执行

第二十六条 【合伙事务的执行】合伙人对执行合伙事务享有同等的权利。

按照合伙协议的约定或者经全体合伙人决定,可以委托一个或者数个合伙人对外代表合伙企业,执行合伙事务。

作为合伙人的法人、其他组织执行合伙事务的,由其委派的代表执行。

第二十七条 【不执行合伙事务的合伙人的监督权】依照本法第二十六条第二款规定委托一个或者数个合伙人执行合伙事务的,其他合伙人不再执行合伙事务。

不执行合伙事务的合伙人有权监督执行事务合伙人执行合伙事务的情况。

第二十八条 【执行事务合伙人的报告义务、权利义务承担及合伙人查阅财务资料权】由一个或者数个合伙人执行合伙事务的,执行事务合伙人应当定期向其他合伙人报告事务执行情况以及合伙企业的经营和财务状况,其执行合伙事务所产生的收益归合伙企业,所产生的费用和亏损由合伙企业承担。

合伙人为了解合伙企业的经营状况和财务状

况,有权查阅合伙企业会计账簿等财务资料。

第二十九条 【提出异议权和撤销委托权】合伙人分别执行合伙事务的,执行事务合伙人可以对其他合伙人执行的事务提出异议。提出异议时,应当暂停该项事务的执行。如果发生争议,依照本法第三十条规定作出决定。

受委托执行合伙事务的合伙人不按照合伙协议或者全体合伙人的决定执行事务的,其他合伙人可以决定撤销该委托。

第三十条 【合伙企业有关事项的表决办法】合伙人对合伙企业有关事项作出决议,按照合伙协议约定的表决办法办理。合伙协议未约定或者约定不明确的,实行合伙人一人一票并经全体合伙人过半数通过的表决办法。

本法对合伙企业的表决办法另有规定的,从其规定。

第三十一条 【须经全体合伙人一致同意的事项】除合伙协议另有约定外,合伙企业的下列事项应当经全体合伙人一致同意:

(一)改变合伙企业的名称;

(二)改变合伙企业的经营范围、主要经营场所的地点;

(三)处分合伙企业的不动产;

(四)转让或者处分合伙企业的知识产权和其他财产权利;

(五)以合伙企业名义为他人提供担保;

(六)聘任合伙人以外的人担任合伙企业的经营管理人员。

第三十二条 【竞业禁止和限制合伙人同本合伙企业交易】合伙人不得自营或者同他人合作经营与本合伙企业相竞争的业务。

除合伙协议另有约定或者经全体合伙人一致同意外,合伙人不得同本合伙企业进行交易。

合伙人不得从事损害本合伙企业利益的活动。

第三十三条 【利润分配和亏损分担】合伙企业的利润分配、亏损分担,按照合伙协议的约定办理;合伙协议未约定或者约定不明确的,由合伙人协商决定;协商不成的,由合伙人按照实缴出资比例分配、分担;无法确定出资比例的,由合伙人平均分配、分担。

合伙协议不得约定将全部利润分配给部分合伙人或者由部分合伙人承担全部亏损。

第三十四条 【增加或减少对合伙企业的出资】合伙人按照合伙协议的约定或者经全体合伙人决定,可以增加或者减少对合伙企业的出资。

第三十五条 【经营管理人员】被聘任的合伙企业的经营管理人员应当在合伙企业授权范围内履行职务。

被聘任的合伙企业的经营管理人员,超越合伙企业授权范围履行职务,或者在履行职务过程中因故意或者重大过失给合伙企业造成损失的,依法承担赔偿责任。

第三十六条 【财务、会计制度】合伙企业应当依照法律、行政法规的规定建立企业财务、会计制度。

第四节 合伙企业与第三人关系

第三十七条 【保护善意第三人】合伙企业对合伙人执行合伙事务以及对外代表合伙企业权利的限制,不得对抗善意第三人。

第三十八条 【合伙企业对其债务先以其全部财产进行清偿】合伙企业对其债务,应先以其全部财产进行清偿。

第三十九条 【无限连带责任】合伙企业不能清偿到期债务的,合伙人承担无限连带责任。

第四十条 【追偿权】合伙人由于承担无限连带责任,清偿数额超过本法第三十三条第一款规定的其亏损分担比例的,有权向其他合伙人追偿。

第四十一条 【相关债权人抵销权和代位权的限制】合伙人发生与合伙企业无关的债务,相关债权人不得以其债权抵销其对合伙企业的债务;也不得代位行使合伙人在合伙企业中的权利。

第四十二条 【以合伙企业中的财产份额偿还债务】合伙人的自有财产不足清偿其与合伙企业无关的债务的,该合伙人可以以其从合伙企业中分取的收益用于清偿;债权人也可以依法请求人民法院强制执行该合伙人在合伙企业中的财产份额用于清偿。

人民法院强制执行合伙人的财产份额时,应当通知全体合伙人,其他合伙人有优先购买权;其他合伙人未购买,又不同意将该财产份额转让给他人的,依照本法第五十一条的规定为该合伙人办理退伙结算,或者办理削减该合伙人相应财产份额的结算。

第五节　入伙、退伙

第四十三条　【入伙】新合伙人入伙，除合伙协议另有约定外，应当经全体合伙人一致同意，并依法订立书面入伙协议。

订立入伙协议时，原合伙人应当向新合伙人如实告知原合伙企业的经营状况和财务状况。

第四十四条　【新合伙人的权利、责任】入伙的新合伙人与原合伙人享有同等权利，承担同等责任。入伙协议另有约定的，从其约定。

新合伙人对入伙前合伙企业的债务承担无限连带责任。

第四十五条　【约定合伙期限的退伙】合伙协议约定合伙期限的，在合伙企业存续期间，有下列情形之一的，合伙人可以退伙：

(一)合伙协议约定的退伙事由出现；

(二)经全体合伙人一致同意；

(三)发生合伙人难以继续参加合伙的事由；

(四)其他合伙人严重违反合伙协议约定的义务。

第四十六条　【未约定合伙期限的退伙】合伙协议未约定合伙期限的，合伙人在不给合伙企业事务执行造成不利影响的情况下，可以退伙，但应当提前三十日通知其他合伙人。

第四十七条　【违规退伙的法律责任】合伙人违反本法第四十五条、第四十六条的规定退伙的，应当赔偿由此给合伙企业造成的损失。

第四十八条　【当然退伙】合伙人有下列情形之一的，当然退伙：

(一)作为合伙人的自然人死亡或者被依法宣告死亡；

(二)个人丧失偿债能力；

(三)作为合伙人的法人或者其他组织依法被吊销营业执照、责令关闭、撤销，或者被宣告破产；

(四)法律规定或者合伙协议约定合伙人必须具有相关资格而丧失该资格；

(五)合伙人在合伙企业中的全部财产份额被人民法院强制执行。

合伙人被依法认定为无民事行为能力人或者限制民事行为能力人的，经其他合伙人一致同意，可以依法转为有限合伙人，普通合伙企业依法转为有限合伙企业。其他合伙人未能一致同意的，该无民事行为能力或者限制民事行为能力的合伙人退伙。

退伙事由实际发生之日为退伙生效日。

第四十九条　【除名退伙】合伙人有下列情形之一的，经其他合伙人一致同意，可以决议将其除名：

(一)未履行出资义务；

(二)因故意或者重大过失给合伙企业造成损失；

(三)执行合伙事务时有不正当行为；

(四)发生合伙协议约定的事由。

对合伙人的除名决议应当书面通知被除名人。被除名人接到除名通知之日，除名生效，被除名人退伙。

被除名人对除名决议有异议的，可以自接到除名通知之日起三十日内，向人民法院起诉。

第五十条　【合伙人死亡时财产份额的继承】合伙人死亡或者被依法宣告死亡的，对该合伙人在合伙企业中的财产份额享有合法继承权的继承人，按照合伙协议的约定或者经全体合伙人一致同意，从继承开始之日起，取得该合伙企业的合伙人资格。

有下列情形之一的，合伙企业应当向合伙人的继承人退还被继承合伙人的财产份额：

(一)继承人不愿意成为合伙人；

(二)法律规定或者合伙协议约定合伙人必须具有相关资格，而该继承人未取得该资格；

(三)合伙协议约定不能成为合伙人的其他情形。

合伙人的继承人为无民事行为能力人或者限制民事行为能力人的，经全体合伙人一致同意，可以依法成为有限合伙人，普通合伙企业依法转为有限合伙企业。全体合伙人未能一致同意的，合伙企业应当将被继承合伙人的财产份额退还该继承人。

第五十一条　【退伙结算】合伙人退伙，其他合伙人应当与该退伙人按照退伙时的合伙企业财产状况进行结算，退还退伙人的财产份额。退伙人对给合伙企业造成的损失负有赔偿责任的，相应扣减其应当赔偿的数额。

退伙时有未了结的合伙企业事务的，待该事务了结后进行结算。

第五十二条　【退伙人财产份额的退还办法】退伙人在合伙企业中财产份额的退还办法，由合伙协议约定或者由全体合伙人决定，可以退还货币,也可以退还实物。

第五十三条 【退伙人对退伙前企业债务的责任】退伙人对基于其退伙前的原因发生的合伙企业债务,承担无限连带责任。

第五十四条 【退伙时分担亏损】合伙人退伙时,合伙企业财产少于合伙企业债务的,退伙人应当依照本法第三十三条第一款的规定分担亏损。

第六节 特殊的普通合伙企业

第五十五条 【特殊普通合伙企业的设立】以专业知识和专门技能为客户提供有偿服务的专业服务机构,可以设立为特殊的普通合伙企业。

特殊的普通合伙企业是指合伙人依照本法第五十七条的规定承担责任的普通合伙企业。

特殊的普通合伙企业适用本节规定;本节未作规定的,适用本章第一节至第五节的规定。

第五十六条 【名称】特殊的普通合伙企业名称中应当标明"特殊普通合伙"字样。

第五十七条 【责任形式】一个合伙人或者数个合伙人在执业活动中因故意或者重大过失造成合伙企业债务的,应当承担无限责任或者无限连带责任,其他合伙人以其在合伙企业中的财产份额为限承担责任。

合伙人在执业活动中非因故意或者重大过失造成的合伙企业债务以及合伙企业的其他债务,由全体合伙人承担无限连带责任。

第五十八条 【合伙人过错的赔偿责任】合伙人执业活动中因故意或者重大过失造成的合伙企业债务,以合伙企业财产对外承担责任后,该合伙人应当按照合伙协议的约定对给合伙企业造成的损失承担赔偿责任。

第五十九条 【执业风险基金和职业保险】特殊的普通合伙企业应当建立执业风险基金、办理职业保险。

执业风险基金用于偿付合伙人执业活动造成的债务。执业风险基金应当单独立户管理。具体管理办法由国务院规定。

第三章 有限合伙企业

第六十条 【有限合伙企业的法律适用】有限合伙企业及其合伙人适用本章规定;本章未作规定的,适用本法第二章第一节至第五节关于普通合伙企业及其合伙人的规定。

第六十一条 【合伙人人数以及要求】有限合伙企业由二个以上五十个以下合伙人设立;但是,法律另有规定的除外。

有限合伙企业至少应当有一个普通合伙人。

第六十二条 【名称】有限合伙企业名称中应当标明"有限合伙"字样。

第六十三条 【合伙协议内容】合伙协议除符合本法第十八条的规定外,还应当载明下列事项:

(一)普通合伙人和有限合伙人的姓名或者名称、住所;

(二)执行事务合伙人应具备的条件和选择程序;

(三)执行事务合伙人权限与违约处理办法;

(四)执行事务合伙人的除名条件和更换程序;

(五)有限合伙人入伙、退伙的条件、程序以及相关责任;

(六)有限合伙人和普通合伙人相互转变程序。

第六十四条 【出资方式】有限合伙人可以用货币、实物、知识产权、土地使用权或者其他财产权利作价出资。

有限合伙人不得以劳务出资。

第六十五条 【出资义务的履行】有限合伙人应当按照合伙协议的约定按期足额缴纳出资;未按期足额缴纳的,应当承担补缴义务,并对其他合伙人承担违约责任。

第六十六条 【登记事项】有限合伙企业登记事项中应当载明有限合伙人的姓名或者名称及认缴的出资数额。

第六十七条 【合伙事务执行】有限合伙企业由普通合伙人执行合伙事务。执行事务合伙人可以要求在合伙协议中确定执行事务的报酬及报酬提取方式。

第六十八条 【合伙事务执行禁止】有限合伙人不执行合伙事务,不得对外代表有限合伙企业。

有限合伙人的下列行为,不视为执行合伙事务:

(一)参与决定普通合伙人入伙、退伙;

(二)对企业的经营管理提出建议;

(三)参与选择承办有限合伙企业审计业务的会计师事务所;

(四)获取经审计的有限合伙企业财务会计报告;

(五)对涉及自身利益的情况,查阅有限合伙企业财务会计账簿等财务资料；

（六）在有限合伙企业中的利益受到侵害时，向有责任的合伙人主张权利或者提起诉讼；

（七）执行事务合伙人怠于行使权利时，督促其行使权利或者为了本企业的利益以自己的名义提起诉讼；

（八）依法为本企业提供担保。

第六十九条 【利润分配】有限合伙企业不得将全部利润分配给部分合伙人；但是，合伙协议另有约定的除外。

第七十条 【有限合伙人与本有限合伙企业交易】有限合伙人可以同本有限合伙企业进行交易；但是，合伙协议另有约定的除外。

第七十一条 【有限合伙人经营与本有限合伙企业相竞争业务】有限合伙人可以自营或者同他人合作经营与本有限合伙企业相竞争的业务；但是，合伙协议另有约定的除外。

第七十二条 【有限合伙人财产份额的出质】有限合伙人可以将其在有限合伙企业中的财产份额出质；但是，合伙协议另有约定的除外。

第七十三条 【有限合伙人财产份额对外转让】有限合伙人可以按照合伙协议的约定向合伙人以外的人转让其在有限合伙企业中的财产份额，但应当提前三十日通知其他合伙人。

第七十四条 【有限合伙人以合伙企业中的财产份额偿还债务】有限合伙人的自有财产不足清偿其与合伙企业无关的债务的，该合伙人可以以其从有限合伙企业中分取的收益用于清偿；债权人也可以依法请求人民法院强制执行该合伙人在有限合伙企业中的财产份额用于清偿。

人民法院强制执行有限合伙人的财产份额时，应当通知全体合伙人。在同等条件下，其他合伙人有优先购买权。

第七十五条 【合伙人结构变化时的处理】有限合伙企业仅剩有限合伙人的，应当解散；有限合伙企业仅剩普通合伙人的，转为普通合伙企业。

第七十六条 【表见代理及无权代理】第三人有理由相信有限合伙人为普通合伙人并与其交易的，该有限合伙人对该笔交易承担与普通合伙人同样的责任。

有限合伙人未经授权以有限合伙企业名义与他人进行交易，给有限合伙企业或者其他合伙人造成损失的，该有限合伙人应当承担赔偿责任。

第七十七条 【新入伙有限合伙人的责任】新入伙的有限合伙人对入伙前有限合伙企业的债务，以其认缴的出资额为限承担责任。

第七十八条 【有限合伙人当然退伙】有限合伙人有本法第四十八条第一款第一项、第三项至第五项所列情形之一的，当然退伙。

第七十九条 【有限合伙人丧失民事行为能力时不得被退伙】作为有限合伙人的自然人在有限合伙企业存续期间丧失民事行为能力的，其他合伙人不得因此要求其退伙。

第八十条 【有限合伙人死亡或者终止时的资格继受】作为有限合伙人的自然人死亡、被依法宣告死亡或者作为有限合伙人的法人及其他组织终止时，其继承人或者权利承受人可以依法取得该有限合伙人在有限合伙企业中的资格。

第八十一条 【有限合伙人退伙后的责任承担】有限合伙人退伙后，对基于其退伙前的原因发生的有限合伙企业债务，以其退伙时从有限合伙企业中取回的财产承担责任。

第八十二条 【合伙人类型转变】除合伙协议另有约定外，普通合伙人转变为有限合伙人，或者有限合伙人转变为普通合伙人，应当经全体合伙人一致同意。

第八十三条 【有限合伙人转变为普通合伙人的债务承担】有限合伙人转变为普通合伙人的，对其作为有限合伙人期间有限合伙企业发生的债务承担无限连带责任。

第八十四条 【普通合伙人转变为有限合伙人的债务承担】普通合伙人转变为有限合伙人的，对其作为普通合伙人期间合伙企业发生的债务承担无限连带责任。

第四章 合伙企业解散、清算

第八十五条 【解散的情形】合伙企业有下列情形之一的，应当解散：

（一）合伙期限届满，合伙人决定不再经营；

（二）合伙协议约定的解散事由出现；

（三）全体合伙人决定解散；

（四）合伙人已不具备法定人数满三十天；

（五）合伙协议约定的合伙目的已经实现或者无法实现；

（六）依法被吊销营业执照、责令关闭或者被撤销；

（七）法律、行政法规规定的其他原因。

第八十六条 【清算】合伙企业解散，应当由清算人进行清算。

清算人由全体合伙人担任；经全体合伙人过半数同意，可以自合伙企业解散事由出现后十五日内指定一个或者数个合伙人，或者委托第三人，担任清算人。

自合伙企业解散事由出现之日起十五日内未确定清算人的，合伙人或者其他利害关系人可以申请人民法院指定清算人。

第八十七条 【清算人在清算期间所执行的事务】清算人在清算期间执行下列事务：

（一）清理合伙企业财产，分别编制资产负债表和财产清单；

（二）处理与清算有关的合伙企业未了结事务；

（三）清缴所欠税款；

（四）清理债权、债务；

（五）处理合伙企业清偿债务后的剩余财产；

（六）代表合伙企业参加诉讼或者仲裁活动。

第八十八条 【债权申报】清算人自被确定之日起十日内将合伙企业解散事项通知债权人，并于六十日内在报纸上公告。债权人应当自接到通知书之日起三十日内，未接到通知书的自公告之日起四十五日内，向清算人申报债权。

债权人申报债权，应当说明债权的有关事项，并提供证明材料。清算人应当对债权进行登记。

清算期间，合伙企业存续，但不得开展与清算无关的经营活动。

第八十九条 【清偿顺序】合伙企业财产在支付清算费用和职工工资、社会保险费用、法定补偿金以及缴纳所欠税款、清偿债务后的剩余财产，依照本法第三十三条第一款的规定进行分配。

第九十条 【注销】清算结束，清算人应当编制清算报告，经全体合伙人签名、盖章后，在十五日内向企业登记机关报送清算报告，申请办理合伙企业注销登记。

第九十一条 【注销后原普通合伙人的责任】合伙企业注销后，原普通合伙人对合伙企业存续期间的债务仍应承担无限连带责任。

第九十二条 【破产】合伙企业不能清偿到期债务的，债权人可以依法向人民法院提出破产清算申请，也可以要求普通合伙人清偿。

合伙企业依法被宣告破产的，普通合伙人对合伙企业债务仍应承担无限连带责任。

第五章 法律责任

第九十三条 【骗取企业登记的法律责任】违反本法规定，提交虚假文件或者采取其他欺骗手段，取得合伙企业登记的，由企业登记机关责令改正，处以五千元以上五万元以下的罚款；情节严重的，撤销企业登记，并处以五万元以上二十万元以下的罚款。

第九十四条 【名称中未标明法定字样的法律责任】违反本法规定，合伙企业未在其名称中标明“普通合伙”、“特殊普通合伙”或者“有限合伙”字样的，由企业登记机关责令限期改正，处以二千元以上一万元以下的罚款。

第九十五条 【未领取营业执照，擅自从事合伙业务及未依法办理变更登记的法律责任】违反本法规定，未领取营业执照，而以合伙企业或者合伙企业分支机构名义从事合伙业务的，由企业登记机关责令停止，处以五千元以上五万元以下的罚款。

合伙企业登记事项发生变更时，未依照本法规定办理变更登记的，由企业登记机关责令限期登记；逾期不登记的，处以二千元以上二万元以下的罚款。

合伙企业登记事项发生变更，执行合伙事务的合伙人未按期申请办理变更登记的，应当赔偿由此给合伙企业、其他合伙人或者善意第三人造成的损失。

第九十六条 【侵占合伙企业财产的法律责任】合伙人执行合伙事务，或者合伙企业从业人员利用职务上的便利，将应当归合伙企业的利益据为己有的，或者采取其他手段侵占合伙企业财产的，应当将该利益和财产退还合伙企业；给合伙企业或者其他合伙人造成损失的，依法承担赔偿责任。

第九十七条 【擅自处理合伙事务的法律责任】合伙人对本法规定或者合伙协议约定必须经全体合伙人一致同意始得执行的事务擅自处理，给合伙企业或者其他合伙人造成损失的，依法承担赔偿责任。

第九十八条 【擅自执行合伙事务的法律责任】不具有事务执行权的合伙人擅自执行合伙事

务，给合伙企业或者其他合伙人造成损失的，依法承担赔偿责任。

第九十九条 【违反竞业禁止或与本合伙企业进行交易的规定的法律责任】合伙人违反本法规定或者合伙协议的约定，从事与本合伙企业相竞争的业务或者与本合伙企业进行交易的，该收益归合伙企业所有；给合伙企业或者其他合伙人造成损失的，依法承担赔偿责任。

第一百条 【未依法报送清算报告的法律责任】清算人未依照本法规定向企业登记机关报送清算报告，或者报送清算报告隐瞒重要事实，或者有重大遗漏的，由企业登记机关责令改正。由此产生的费用和损失，由清算人承担和赔偿。

第一百零一条 【清算人执行清算事务时牟取非法收入或侵占合伙企业财产的法律责任】清算人执行清算事务，牟取非法收入或者侵占合伙企业财产的，应当将该收入和侵占的财产退还合伙企业；给合伙企业或者其他合伙人造成损失的，依法承担赔偿责任。

第一百零二条 【清算人违法隐匿、转移合伙企业财产，对资产负债表或者财产清单作虚伪记载，或者在未清偿债务前分配财产的法律责任】清算人违反本法规定，隐匿、转移合伙企业财产，对资产负债表或者财产清单作虚假记载，或者在未清偿债务前分配财产，损害债权人利益的，依法承担赔偿责任。

第一百零三条 【合伙人违反合伙协议的法律责任及争议解决方式】合伙人违反合伙协议的，应当依法承担违约责任。

合伙人履行合伙协议发生争议的，合伙人可以通过协商或者调解解决。不愿通过协商、调解解决或者协商、调解不成的，可以按照合伙协议约定的仲裁条款或者事后达成的书面仲裁协议，向仲裁机构申请仲裁。合伙协议中未订立仲裁条款，事后又没有达成书面仲裁协议的，可以向人民法院起诉。

第一百零四条 【行政管理机关工作人员滥用职权、徇私舞弊、收受贿赂、侵害合伙企业合法权益的法律责任】有关行政管理机关的工作人员违反本法规定，滥用职权、徇私舞弊、收受贿赂、侵害合伙企业合法权益的，依法给予行政处分。

第一百零五条 【刑事责任】违反本法规定，构成犯罪的，依法追究刑事责任。

第一百零六条 【民事赔偿责任和罚款、罚金的承担顺序】违反本法规定，应当承担民事赔偿责任和缴纳罚款、罚金，其财产不足以同时支付的，先承担民事赔偿责任。

第六章 附 则

第一百零七条 【非企业专业服务机构采取合伙制的法律适用】非企业专业服务机构依据有关法律采取合伙制的，其合伙人承担责任的形式可以适用本法关于特殊的普通合伙企业合伙人承担责任的规定。

第一百零八条 【外国企业或个人在中国境内设立合伙企业的管理办法的制定】外国企业或者个人在中国境内设立合伙企业的管理办法由国务院规定。

第一百零九条 【实施日期】本法自 2007 年 6 月 1 日起施行。

中华人民共和国企业破产法

- 2006 年 8 月 27 日第十届全国人民代表大会常务委员会第二十三次会议通过
- 2006 年 8 月 27 日中华人民共和国主席令第 54 号公布
- 自 2007 年 6 月 1 日起施行

第一章 总 则

第一条 【立法宗旨】为规范企业破产程序，公平清理债权债务，保护债权人和债务人的合法权益，维护社会主义市场经济秩序，制定本法。

第二条 【清理债务与重整】企业法人不能清偿到期债务，并且资产不足以清偿全部债务或者明显缺乏清偿能力的，依照本法规定清理债务。

企业法人有前款规定情形，或者有明显丧失清偿能力可能的，可以依照本法规定进行重整。

第三条 【破产案件的管辖】破产案件由债务人住所地人民法院管辖。

第四条 【程序的法律适用】破产案件审理程序，本法没有规定的，适用民事诉讼法的有关规定。

第五条 【破产程序的效力】依照本法开始的破产程序，对债务人在中华人民共和国领域外的财产发生效力。

对外国法院作出的发生法律效力的破产案件的判决、裁定,涉及债务人在中华人民共和国领域内的财产,申请或者请求人民法院承认和执行的,人民法院依照中华人民共和国缔结或者参加的国际条约,或者按照互惠原则进行审查,认为不违反中华人民共和国法律的基本原则,不损害国家主权、安全和社会公共利益,不损害中华人民共和国领域内债权人的合法权益的,裁定承认和执行。

第六条 【企业职工权益的保障与企业经营管理人员法律责任的追究】人民法院审理破产案件,应当依法保障企业职工的合法权益,依法追究破产企业经营管理人员的法律责任。

第二章 申请和受理

第一节 申 请

第七条 【申请主体】债务人有本法第二条规定的情形,可以向人民法院提出重整、和解或者破产清算申请。

债务人不能清偿到期债务,债权人可以向人民法院提出对债务人进行重整或者破产清算的申请。

企业法人已解散但未清算或者未清算完毕,资产不足以清偿债务的,依法负有清算责任的人应当向人民法院申请破产清算。

第八条 【破产申请书与证据】向人民法院提出破产申请,应当提交破产申请书和有关证据。

破产申请书应当载明下列事项:

(一)申请人、被申请人的基本情况;

(二)申请目的;

(三)申请的事实和理由;

(四)人民法院认为应当载明的其他事项。

债务人提出申请的,还应当向人民法院提交财产状况说明、债务清册、债权清册、有关财务会计报告、职工安置预案以及职工工资的支付和社会保险费用的缴纳情况。

第九条 【破产申请的撤回】人民法院受理破产申请前,申请人可以请求撤回申请。

第二节 受 理

第十条 【破产申请的受理】债权人提出破产申请的,人民法院应当自收到申请之日起五日内通知债务人。债务人对申请有异议的,应当自收到人民法院的通知之日起七日内向人民法院提出。人民法院应当自异议期满之日起十日内裁定是否受理。

除前款规定的情形外,人民法院应当自收到破产申请之日起十五日内裁定是否受理。

有特殊情况需要延长前两款规定的裁定受理期限的,经上一级人民法院批准,可以延长十五日。

第十一条 【裁定受理与债务人提交材料】人民法院受理破产申请的,应当自裁定作出之日起五日内送达申请人。

债权人提出申请的,人民法院应当自裁定作出之日起五日内送达债务人。债务人应当自裁定送达之日起十五日内,向人民法院提交财产状况说明、债务清册、债权清册、有关财务会计报告以及职工工资的支付和社会保险费用的缴纳情况。

第十二条 【裁定不受理与驳回申请】人民法院裁定不受理破产申请的,应当自裁定作出之日起五日内送达申请人并说明理由。申请人对裁定不服的,可以自裁定送达之日起十日内向上一级人民法院提起上诉。

人民法院受理破产申请后至破产宣告前,经审查发现债务人不符合本法第二条规定情形的,可以裁定驳回申请。申请人对裁定不服的,可以自裁定送达之日起十日内向上一级人民法院提起上诉。

第十三条 【指定管理人】人民法院裁定受理破产申请的,应当同时指定管理人。

第十四条 【通知债权人与公告】人民法院应当自裁定受理破产申请之日起二十五日内通知已知债权人,并予以公告。

通知和公告应当载明下列事项:

(一)申请人、被申请人的名称或者姓名;

(二)人民法院受理破产申请的时间;

(三)申报债权的期限、地点和注意事项;

(四)管理人的名称或者姓名及其处理事务的地址;

(五)债务人的债务人或者财产持有人应当向管理人清偿债务或者交付财产的要求;

(六)第一次债权人会议召开的时间和地点;

(七)人民法院认为应当通知和公告的其他事项。

第十五条 【债务人的有关人员的义务】自人民法院受理破产申请的裁定送达债务人之日起至破产程序终结之日，债务人的有关人员承担下列义务：

（一）妥善保管其占有和管理的财产、印章和账簿、文书等资料；

（二）根据人民法院、管理人的要求进行工作，并如实回答询问；

（三）列席债权人会议并如实回答债权人的询问；

（四）未经人民法院许可，不得离开住所地；

（五）不得新任其他企业的董事、监事、高级管理人员。

前款所称有关人员，是指企业的法定代表人；经人民法院决定，可以包括企业的财务管理人员和其他经营管理人员。

第十六条 【债务人个别清偿的无效】人民法院受理破产申请后，债务人对个别债权人的债务清偿无效。

第十七条 【债务人的债务人或者财产持有人的义务】人民法院受理破产申请后，债务人的债务人或者财产持有人应当向管理人清偿债务或者交付财产。

债务人的债务人或者财产持有人故意违反前款规定向债务人清偿债务或者交付财产，使债权人受到损失的，不免除其清偿债务或者交付财产的义务。

第十八条 【破产申请受理前成立的合同的继续履行与解除】人民法院受理破产申请后，管理人对破产申请受理前成立而债务人和对方当事人均未履行完毕的合同有权决定解除或者继续履行，并通知对方当事人。管理人自破产申请受理之日起二个月内未通知对方当事人，或者自收到对方当事人催告之日起三十日内未答复的，视为解除合同。

管理人决定继续履行合同的，对方当事人应当履行；但是，对方当事人有权要求管理人提供担保。管理人不提供担保的，视为解除合同。

第十九条 【保全措施解除与执行程序中止】人民法院受理破产申请后，有关债务人财产的保全措施应当解除，执行程序应当中止。

第二十条 【民事诉讼或仲裁的中止与继续】人民法院受理破产申请后，已经开始而尚未终结的有关债务人的民事诉讼或者仲裁应当中止；在管理人接管债务人的财产后，该诉讼或者仲裁继续进行。

第二十一条 【债务人的民事诉讼的管辖】人民法院受理破产申请后，有关债务人的民事诉讼，只能向受理破产申请的人民法院提起。

第三章 管理人

第二十二条 【管理人的指定与更换】管理人由人民法院指定。

债权人会议认为管理人不能依法、公正执行职务或者有其他不能胜任职务情形的，可以申请人民法院予以更换。

指定管理人和确定管理人报酬的办法，由最高人民法院规定。

第二十三条 【管理人的义务】管理人依照本法规定执行职务，向人民法院报告工作，并接受债权人会议和债权人委员会的监督。

管理人应当列席债权人会议，向债权人会议报告职务执行情况，并回答询问。

第二十四条 【管理人的资格】管理人可以由有关部门、机构的人员组成的清算组或者依法设立的律师事务所、会计师事务所、破产清算事务所等社会中介机构担任。

人民法院根据债务人的实际情况，可以在征询有关社会中介机构的意见后，指定该机构具备相关专业知识并取得执业资格的人员担任管理人。

有下列情形之一的，不得担任管理人：

（一）因故意犯罪受过刑事处罚；

（二）曾被吊销相关专业执业证书；

（三）与本案有利害关系；

（四）人民法院认为不宜担任管理人的其他情形。

个人担任管理人的，应当参加执业责任保险。

第二十五条 【管理人的职责】管理人履行下列职责：

（一）接管债务人的财产、印章和账簿、文书等资料；

（二）调查债务人财产状况，制作财产状况报告；

（三）决定债务人的内部管理事务；

（四）决定债务人的日常开支和其他必要开支；

（五）在第一次债权人会议召开之前，决定继续或者停止债务人的营业；

（六）管理和处分债务人的财产；

（七）代表债务人参加诉讼、仲裁或者其他法律程序；

（八）提议召开债权人会议；

（九）人民法院认为管理人应当履行的其他职责。

本法对管理人的职责另有规定的，适用其规定。

第二十六条 【第一次债权人会议前管理人行为的许可】在第一次债权人会议召开之前，管理人决定继续或者停止债务人的营业或者有本法第六十九条规定行为之一的，应当经人民法院许可。

第二十七条 【管理人的忠实义务】管理人应当勤勉尽责，忠实执行职务。

第二十八条 【管理人聘任工作人员与管理人的报酬】管理人经人民法院许可，可以聘用必要的工作人员。

管理人的报酬由人民法院确定。债权人会议对管理人的报酬有异议的，有权向人民法院提出。

第二十九条 【管理人的辞职】管理人没有正当理由不得辞去职务。管理人辞去职务应当经人民法院许可。

第四章 债务人财产

第三十条 【债务人财产】破产申请受理时属于债务人的全部财产，以及破产申请受理后至破产程序终结前债务人取得的财产，为债务人财产。

第三十一条 【受理破产申请前一年内行为的撤销】人民法院受理破产申请前一年内，涉及债务人财产的下列行为，管理人有权请求人民法院予以撤销：

（一）无偿转让财产的；

（二）以明显不合理的价格进行交易的；

（三）对没有财产担保的债务提供财产担保的；

（四）对未到期的债务提前清偿的；

（五）放弃债权的。

第三十二条 【受理破产申请前六个月内行为的撤销】人民法院受理破产申请前六个月内，债务人有本法第二条第一款规定的情形，仍对个别债权人进行清偿的，管理人有权请求人民法院予以撤销。但是，个别清偿使债务人财产受益的除外。

第三十三条 【无效行为】涉及债务人财产的下列行为无效：

（一）为逃避债务而隐匿、转移财产的；

（二）虚构债务或者承认不真实的债务的。

第三十四条 【追回因被撤销或无效行为取得的债务人的财产】因本法第三十一条、第三十二条或者第三十三条规定的行为而取得的债务人的财产，管理人有权追回。

第三十五条 【债务人的出资人缴纳出资】人民法院受理破产申请后，债务人的出资人尚未完全履行出资义务的，管理人应当要求该出资人缴纳所认缴的出资，而不受出资期限的限制。

第三十六条 【管理人员非正常收入和财产的追回】债务人的董事、监事和高级管理人员利用职权从企业获取的非正常收入和侵占的企业财产，管理人应当追回。

第三十七条 【管理人取回质物、留置物】人民法院受理破产申请后，管理人可以通过清偿债务或者提供为债权人接受的担保，取回质物、留置物。

前款规定的债务清偿或者替代担保，在质物或者留置物的价值低于被担保的债权额时，以该质物或者留置物当时的市场价值为限。

第三十八条 【权利人财产的取回】人民法院受理破产申请后，债务人占有的不属于债务人的财产，该财产的权利人可以通过管理人取回。但是，本法另有规定的除外。

第三十九条 【在途运输标的物的取回与交付】人民法院受理破产申请时，出卖人已将买卖标的物向作为买受人的债务人发运，债务人尚未收到且未付清全部价款的，出卖人可以取回在运途中的标的物。但是，管理人可以支付全部价款，请求出卖人交付标的物。

第四十条 【抵销权】债权人在破产申请受理前对债务人负有债务的，可以向管理人主张抵销。但是，有下列情形之一的，不得抵销：

（一）债务人的债务人在破产申请受理后取得他人对债务人的债权的；

（二）债权人已知债务人有不能清偿到期债务或者破产申请的事实，对债务人负担债务的；但是，债权人因为法律规定或者有破产申请一年前所发生的原因而负担债务的除外；

（三）债务人的债务人已知债务人有不能清偿到期债务或者破产申请的事实，对债务人取得债权的；但是，债务人的债务人因为法律规定或者有破产申请一年前所发生的原因而取得债权的除外。

第五章 破产费用和共益债务

第四十一条 【破产费用】人民法院受理破产申请后发生的下列费用，为破产费用：

（一）破产案件的诉讼费用；

（二）管理、变价和分配债务人财产的费用；

（三）管理人执行职务的费用、报酬和聘用工作人员的费用。

第四十二条 【共益债务】人民法院受理破产申请后发生的下列债务，为共益债务：

（一）因管理人或者债务人请求对方当事人履行双方均未履行完毕的合同所产生的债务；

（二）债务人财产受无因管理所产生的债务；

（三）因债务人不当得利所产生的债务；

（四）为债务人继续营业而应支付的劳动报酬和社会保险费用以及由此产生的其他债务；

（五）管理人或者相关人员执行职务致人损害所产生的债务；

（六）债务人财产致人损害所产生的债务。

第四十三条 【破产费用和共益债务的清偿】破产费用和共益债务由债务人财产随时清偿。

债务人财产不足以清偿所有破产费用和共益债务的，先行清偿破产费用。

债务人财产不足以清偿所有破产费用或者共益债务的，按照比例清偿。

债务人财产不足以清偿破产费用的，管理人应当提请人民法院终结破产程序。人民法院应当自收到请求之日起十五日内裁定终结破产程序，并予以公告。

第六章 债权申报

第四十四条 【债权人依法定程序行使权利】人民法院受理破产申请时对债务人享有债权的债权人，依照本法规定的程序行使权利。

第四十五条 【债权申报期限】人民法院受理破产申请后，应当确定债权人申报债权的期限。债权申报期限自人民法院发布受理破产申请公告之日起计算，最短不得少于三十日，最长不得超过三个月。

第四十六条 【未到期的债权与附利息的债权的算定】未到期的债权，在破产申请受理时视为到期。

附利息的债权自破产申请受理时起停止计息。

第四十七条 【附条件、附期限债权与未决债权的申报】附条件、附期限的债权和诉讼、仲裁未决的债权，债权人可以申报。

第四十八条 【申报债权的公示与异议】债权人应当在人民法院确定的债权申报期限内向管理人申报债权。

债务人所欠职工的工资和医疗、伤残补助、抚恤费用，所欠的应当划入职工个人账户的基本养老保险、基本医疗保险费用，以及法律、行政法规规定应当支付给职工的补偿金，不必申报，由管理人调查后列出清单并予以公示。职工对清单记载有异议的，可以要求管理人更正；管理人不予更正的，职工可以向人民法院提起诉讼。

第四十九条 【申报债权的书面说明】债权人申报债权时，应当书面说明债权的数额和有无财产担保，并提交有关证据。申报的债权是连带债权的，应当说明。

第五十条 【连带债权人申报债权】连带债权人可以由其中一人代表全体连带债权人申报债权，也可以共同申报债权。

第五十一条 【连带债务人申报债权】债务人的保证人或者其他连带债务人已经代替债务人清偿债务的，以其对债务人的求偿权申报债权。

债务人的保证人或者其他连带债务人尚未代替债务人清偿债务的，以其对债务人的将来求偿权申报债权。但是，债权人已经向管理人申报全部债权的除外。

第五十二条 【连带债务人的债权人申报债权】连带债务人数人被裁定适用本法规定的程序的，其债权人有权就全部债权分别在各破产案件中申报债权。

第五十三条 【解除合同后对方当事人申报债权】管理人或者债务人依照本法规定解除合同的，对方当事人以因合同解除所产生的损害赔偿请求权申报债权。

第五十四条 【受托人申报债权】债务人是委

托合同的委托人,被裁定适用本法规定的程序,受托人不知该事实,继续处理委托事务的,受托人以由此产生的请求权申报债权。

第五十五条 【票据付款人申报债权】债务人是票据的出票人,被裁定适用本法规定的程序,该票据的付款人继续付款或者承兑的,付款人以由此产生的请求权申报债权。

第五十六条 【补充申报债权】在人民法院确定的债权申报期限内,债权人未申报债权的,可以在破产财产最后分配前补充申报;但是,此前已进行的分配,不再对其补充分配。为审查和确认补充申报债权的费用,由补充申报人承担。

债权人未依照本法规定申报债权的,不得依照本法规定的程序行使权利。

第五十七条 【债权表】管理人收到债权申报材料后,应当登记造册,对申报的债权进行审查,并编制债权表。

债权表和债权申报材料由管理人保存,供利害关系人查阅。

第五十八条 【债权表的核查、确认与异议】依照本法第五十七条规定编制的债权表,应当提交第一次债权人会议核查。

债务人、债权人对债权表记载的债权无异议的,由人民法院裁定确认。

债务人、债权人对债权表记载的债权有异议的,可以向受理破产申请的人民法院提起诉讼。

第七章 债权人会议

第一节 一般规定

第五十九条 【债权人会议的组成】依法申报债权的债权人为债权人会议的成员,有权参加债权人会议,享有表决权。

债权尚未确定的债权人,除人民法院能够为其行使表决权而临时确定债权额的外,不得行使表决权。

对债务人的特定财产享有担保权的债权人,未放弃优先受偿权利的,对于本法第六十一条第一款第七项、第十项规定的事项不享有表决权。

债权人可以委托代理人出席债权人会议,行使表决权。代理人出席债权人会议,应当向人民法院或者债权人会议主席提交债权人的授权委托书。

债权人会议应当有债务人的职工和工会的代表参加,对有关事项发表意见。

第六十条 【债权人会议主席】债权人会议设主席一人,由人民法院从有表决权的债权人中指定。

债权人会议主席主持债权人会议。

第六十一条 【债权人会议的职权】债权人会议行使下列职权:

(一)核查债权;

(二)申请人民法院更换管理人,审查管理人的费用和报酬;

(三)监督管理人;

(四)选任和更换债权人委员会成员;

(五)决定继续或者停止债务人的营业;

(六)通过重整计划;

(七)通过和解协议;

(八)通过债务人财产的管理方案;

(九)通过破产财产的变价方案;

(十)通过破产财产的分配方案;

(十一)人民法院认为应当由债权人会议行使的其他职权。

债权人会议应当对所议事项的决议作成会议记录。

第六十二条 【债权人会议的召开】第一次债权人会议由人民法院召集,自债权申报期限届满之日起十五日内召开。

以后的债权人会议,在人民法院认为必要时,或者管理人、债权人委员会、占债权总额四分之一以上的债权人向债权人会议主席提议时召开。

第六十三条 【通知债权人】召开债权人会议,管理人应当提前十五日通知已知的债权人。

第六十四条 【债权人会议的决议】债权人会议的决议,由出席会议的有表决权的债权人过半数通过,并且其所代表的债权额占无财产担保债权总额的二分之一以上。但是,本法另有规定的除外。

债权人认为债权人会议的决议违反法律规定,损害其利益的,可以自债权人会议作出决议之日起十五日内,请求人民法院裁定撤销该决议,责令债权人会议依法重新作出决议。

债权人会议的决议,对于全体债权人均有约束力。

第六十五条 【法院裁定事项】本法第六十一

条第一款第八项、第九项所列事项,经债权人会议表决未通过的,由人民法院裁定。

本法第六十一条第一款第十项所列事项,经债权人会议二次表决仍未通过的,由人民法院裁定。

对前两款规定的裁定,人民法院可以在债权人会议上宣布或者另行通知债权人。

第六十六条 【债权人申请复议】债权人对人民法院依照本法第六十五条第一款作出的裁定不服的,债权额占无财产担保债权总额二分之一以上的债权人对人民法院依照本法第六十五条第二款作出的裁定不服的,可以自裁定宣布之日或者收到通知之日起十五日内向该人民法院申请复议。复议期间不停止裁定的执行。

第二节 债权人委员会

第六十七条 【债权人委员会的组成】债权人会议可以决定设立债权人委员会。债权人委员会由债权人会议选任的债权人代表和一名债务人的职工代表或者工会代表组成。债权人委员会成员不得超过九人。

债权人委员会成员应当经人民法院书面决定认可。

第六十八条 【债权人委员会的职权】债权人委员会行使下列职权:

(一)监督债务人财产的管理和处分;

(二)监督破产财产分配;

(三)提议召开债权人会议;

(四)债权人会议委托的其他职权。

债权人委员会执行职务时,有权要求管理人、债务人的有关人员对其职权范围内的事务作出说明或者提供有关文件。

管理人、债务人的有关人员违反本法规定拒绝接受监督的,债权人委员会有权就监督事项请求人民法院作出决定;人民法院应当在五日内作出决定。

第六十九条 【管理人行为的告知】管理人实施下列行为,应当及时报告债权人委员会:

(一)涉及土地、房屋等不动产权益的转让;

(二)探矿权、采矿权、知识产权等财产权的转让;

(三)全部库存或者营业的转让;

(四)借款;

(五)设定财产担保;

(六)债权和有价证券的转让;

(七)履行债务人和对方当事人均未履行完毕的合同;

(八)放弃权利;

(九)担保物的取回;

(十)对债权人利益有重大影响的其他财产处分行为。

未设立债权人委员会的,管理人实施前款规定的行为应当及时报告人民法院。

第八章 重 整

第一节 重整申请和重整期间

第七十条 【重整申请】债务人或者债权人可以依照本法规定,直接向人民法院申请对债务人进行重整。

债权人申请对债务人进行破产清算的,在人民法院受理破产申请后、宣告债务人破产前,债务人或者出资额占债务人注册资本十分之一以上的出资人,可以向人民法院申请重整。

第七十一条 【裁定重整与公告】人民法院经审查认为重整申请符合本法规定的,应当裁定债务人重整,并予以公告。

第七十二条 【重整期间】自人民法院裁定债务人重整之日起至重整程序终止,为重整期间。

第七十三条 【债务人自行管理与营业】在重整期间,经债务人申请,人民法院批准,债务人可以在管理人的监督下自行管理财产和营业事务。

有前款规定情形的,依照本法规定已接管债务人财产和营业事务的管理人应当向债务人移交财产和营业事务,本法规定的管理人的职权由债务人行使。

第七十四条 【管理人管理与营业】管理人负责管理财产和营业事务的,可以聘任债务人的经营管理人员负责营业事务。

第七十五条 【重整期间担保权的行使与借款】在重整期间,对债务人的特定财产享有的担保权暂停行使。但是,担保物有损坏或者价值明显减少的可能,足以危害担保权人权利的,担保权人可以向人民法院请求恢复行使担保权。

在重整期间,债务人或者管理人为继续营业而借款的,可以为该借款设定担保。

第七十六条 【重整期间的取回权】债务人合法占有的他人财产，该财产的权利人在重整期间要求取回的，应当符合事先约定的条件。

第七十七条 【重整期间对出资人收益分配与董事、监事、高级管理人员持股转让的限制】在重整期间，债务人的出资人不得请求投资收益分配。

在重整期间，债务人的董事、监事、高级管理人员不得向第三人转让其持有的债务人的股权。但是，经人民法院同意的除外。

第七十八条 【重整终止与破产宣告】在重整期间，有下列情形之一的，经管理人或者利害关系人请求，人民法院应当裁定终止重整程序，并宣告债务人破产：

（一）债务人的经营状况和财产状况继续恶化，缺乏挽救的可能性；

（二）债务人有欺诈、恶意减少债务人财产或者其他显著不利于债权人的行为；

（三）由于债务人的行为致使管理人无法执行职务。

第二节 重整计划的制定和批准

第七十九条 【重整计划草案的提交期限】债务人或者管理人应当自人民法院裁定债务人重整之日起六个月内，同时向人民法院和债权人会议提交重整计划草案。

前款规定的期限届满，经债务人或者管理人请求，有正当理由的，人民法院可以裁定延期三个月。

债务人或者管理人未按期提出重整计划草案的，人民法院应当裁定终止重整程序，并宣告债务人破产。

第八十条 【重整计划草案的制作主体】债务人自行管理财产和营业事务的，由债务人制作重整计划草案。

管理人负责管理财产和营业事务的，由管理人制作重整计划草案。

第八十一条 【重整计划草案的内容】重整计划草案应当包括下列内容：

（一）债务人的经营方案；

（二）债权分类；

（三）债权调整方案；

（四）债权受偿方案；

（五）重整计划的执行期限；

（六）重整计划执行的监督期限；

（七）有利于债务人重整的其他方案。

第八十二条 【债权分类与重整计划草案分组表决】下列各类债权的债权人参加讨论重整计划草案的债权人会议，依照下列债权分类，分组对重整计划草案进行表决：

（一）对债务人的特定财产享有担保权的债权；

（二）债务人所欠职工的工资和医疗、伤残补助、抚恤费用，所欠的应当划入职工个人账户的基本养老保险、基本医疗保险费用，以及法律、行政法规规定应当支付给职工的补偿金；

（三）债务人所欠税款；

（四）普通债权。

人民法院在必要时可以决定在普通债权组中设小额债权组对重整计划草案进行表决。

第八十三条 【不得减免的费用】重整计划不得规定减免债务人欠缴的本法第八十二条第一款第二项规定以外的社会保险费用；该项费用的债权人不参加重整计划草案的表决。

第八十四条 【重整计划草案的表决】人民法院应当自收到重整计划草案之日起三十日内召开债权人会议，对重整计划草案进行表决。

出席会议的同一表决组的债权人过半数同意重整计划草案，并且其所代表的债权额占该组债权总额的三分之二以上的，即为该组通过重整计划草案。

债务人或者管理人应当向债权人会议就重整计划草案作出说明，并回答询问。

第八十五条 【出资人代表列席会议与出资人组表决】债务人的出资人代表可以列席讨论重整计划草案的债权人会议。

重整计划草案涉及出资人权益调整事项的，应当设出资人组，对该事项进行表决。

第八十六条 【表决通过重整计划与重整程序终止】各表决组均通过重整计划草案时，重整计划即为通过。

自重整计划通过之日起十日内，债务人或者管理人应当向人民法院提出批准重整计划的申请。人民法院经审查认为符合本法规定的，应当自收到申请之日起三十日内裁定批准，终止重整程序，并予以公告。

第八十七条 【裁定批准重整计划与重整程序终止】部分表决组未通过重整计划草案的，债务人或者管理人可以同未通过重整计划草案的表决组协商。该表决组可以在协商后再表决一次。双方协商的结果不得损害其他表决组的利益。

未通过重整计划草案的表决组拒绝再次表决或者再次表决仍未通过重整计划草案，但重整计划草案符合下列条件的，债务人或者管理人可以申请人民法院批准重整计划草案：

（一）按照重整计划草案，本法第八十二条第一款第一项所列债权就该特定财产将获得全额清偿，其因延期清偿所受的损失将得到公平补偿，并且其担保权未受到实质性损害，或者该表决组已经通过重整计划草案；

（二）按照重整计划草案，本法第八十二条第一款第二项、第三项所列债权将获得全额清偿，或者相应表决组已经通过重整计划草案；

（三）按照重整计划草案，普通债权所获得的清偿比例，不低于其在重整计划草案被提请批准时依照破产清算程序所能获得的清偿比例，或者该表决组已经通过重整计划草案；

（四）重整计划草案对出资人权益的调整公平、公正，或者出资人组已经通过重整计划草案；

（五）重整计划草案公平对待同一表决组的成员，并且所规定的债权清偿顺序不违反本法第一百一十三条的规定；

（六）债务人的经营方案具有可行性。

人民法院经审查认为重整计划草案符合前款规定的，应当自收到申请之日起三十日内裁定批准，终止重整程序，并予以公告。

第八十八条 【重整程序的非正常终止】重整计划草案未获得通过且未依照本法第八十七条的规定获得批准，或者已通过的重整计划未获得批准的，人民法院应当裁定终止重整程序，并宣告债务人破产。

第三节 重整计划的执行

第八十九条 【重整计划的执行主体】重整计划由债务人负责执行。

人民法院裁定批准重整计划后，已接管财产和营业事务的管理人应当向债务人移交财产和营业事务。

第九十条 【重整计划执行的监督与报告】自人民法院裁定批准重整计划之日起，在重整计划规定的监督期内，由管理人监督重整计划的执行。

在监督期内，债务人应当向管理人报告重整计划执行情况和债务人财务状况。

第九十一条 【监督报告与监督期限的延长】监督期届满时，管理人应当向人民法院提交监督报告。自监督报告提交之日起，管理人的监督职责终止。

管理人向人民法院提交的监督报告，重整计划的利害关系人有权查阅。

经管理人申请，人民法院可以裁定延长重整计划执行的监督期限。

第九十二条 【重整计划的约束力】经人民法院裁定批准的重整计划，对债务人和全体债权人均有约束力。

债权人未依照本法规定申报债权的，在重整计划执行期间不得行使权利；在重整计划执行完毕后，可以按照重整计划规定的同类债权的清偿条件行使权利。

债权人对债务人的保证人和其他连带债务人所享有的权利，不受重整计划的影响。

第九十三条 【重整计划的终止】债务人不能执行或者不执行重整计划的，人民法院经管理人或者利害关系人请求，应当裁定终止重整计划的执行，并宣告债务人破产。

人民法院裁定终止重整计划执行的，债权人在重整计划中作出的债权调整的承诺失去效力。债权人因执行重整计划所受的清偿仍然有效，债权未受清偿的部分作为破产债权。

前款规定的债权人，只有在其他同顺位债权人同自己所受的清偿达到同一比例时，才能继续接受分配。

有本条第一款规定情形的，为重整计划的执行提供的担保继续有效。

第九十四条 【重整计划减免的债务不再清偿】按照重整计划减免的债务，自重整计划执行完毕时起，债务人不再承担清偿责任。

第九章 和 解

第九十五条 【和解申请】债务人可以依照本法规定，直接向人民法院申请和解；也可以在人民法院受理破产申请后、宣告债务人破产前，向人民法院申请和解。

债务人申请和解,应当提出和解协议草案。

第九十六条 【裁定和解】人民法院经审查认为和解申请符合本法规定的,应当裁定和解,予以公告,并召集债权人会议讨论和解协议草案。

对债务人的特定财产享有担保权的权利人,自人民法院裁定和解之日起可以行使权利。

第九十七条 【通过和解协议】债权人会议通过和解协议的决议,由出席会议的有表决权的债权人过半数同意,并且其所代表的债权额占无财产担保债权总额的三分之二以上。

第九十八条 【裁定认可和解协议并终止和解程序】债权人会议通过和解协议的,由人民法院裁定认可,终止和解程序,并予以公告。管理人应当向债务人移交财产和营业事务,并向人民法院提交执行职务的报告。

第九十九条 【和解协议的否决与宣告破产】和解协议草案经债权人会议表决未获得通过,或者已经债权人会议通过的和解协议未获得人民法院认可的,人民法院应当裁定终止和解程序,并宣告债务人破产。

第一百条 【和解协议的约束力】经人民法院裁定认可的和解协议,对债务人和全体和解债权人均有约束力。

和解债权人是指人民法院受理破产申请时对债务人享有无财产担保债权的人。

和解债权人未依照本法规定申报债权的,在和解协议执行期间不得行使权利;在和解协议执行完毕后,可以按照和解协议规定的清偿条件行使权利。

第一百零一条 【和解协议的影响】和解债权人对债务人的保证人和其他连带债务人所享有的权利,不受和解协议的影响。

第一百零二条 【债务人履行和解协议的义务】债务人应当按照和解协议规定的条件清偿债务。

第一百零三条 【和解协议无效与宣告破产】因债务人的欺诈或者其他违法行为而成立的和解协议,人民法院应当裁定无效,并宣告债务人破产。

有前款规定情形的,和解债权人因执行和解协议所受的清偿,在其他债权人所受清偿同等比例的范围内,不予返还。

第一百零四条 【终止执行和解协议与宣告破产】债务人不能执行或者不执行和解协议的,人民法院经和解债权人请求,应当裁定终止和解协议的执行,并宣告债务人破产。

人民法院裁定终止和解协议执行的,和解债权人在和解协议中作出的债权调整的承诺失去效力。和解债权人因执行和解协议所受的清偿仍然有效,和解债权未受清偿的部分作为破产债权。

前款规定的债权人,只有在其他债权人同自己所受的清偿达到同一比例时,才能继续接受分配。

有本条第一款规定情形的,为和解协议的执行提供的担保继续有效。

第一百零五条 【自行和解与破产程序终结】人民法院受理破产申请后,债务人与全体债权人就债权债务的处理自行达成协议的,可以请求人民法院裁定认可,并终结破产程序。

第一百零六条 【和解协议减免债务不再清偿】按照和解协议减免的债务,自和解协议执行完毕时起,债务人不再承担清偿责任。

第十章 破产清算

第一节 破产宣告

第一百零七条 【破产宣告】人民法院依照本法规定宣告债务人破产的,应当自裁定作出之日起五日内送达债务人和管理人,自裁定作出之日起十日内通知已知债权人,并予以公告。

债务人被宣告破产后,债务人称为破产人,债务人财产称为破产财产,人民法院受理破产申请时对债务人享有的债权称为破产债权。

第一百零八条 【破产宣告前的破产程序终结】破产宣告前,有下列情形之一的,人民法院应当裁定终结破产程序,并予以公告:

(一)第三人为债务人提供足额担保或者为债务人清偿全部到期债务的;

(二)债务人已清偿全部到期债务的。

第一百零九条 【别除权】对破产人的特定财产享有担保权的权利人,对该特定财产享有优先受偿的权利。

第一百一十条 【别除权的不完全实现与放弃】享有本法第一百零九条规定权利的债权人行使优先受偿权利未能完全受偿的,其未受偿的债权作为普通债权;放弃优先受偿权利的,其债权作为普通债权。

第二节 变价和分配

第一百一十一条 【破产财产变价方案】管理人应当及时拟订破产财产变价方案，提交债权人会议讨论。

管理人应当按照债权人会议通过的或者人民法院依照本法第六十五条第一款规定裁定的破产财产变价方案，适时变价出售破产财产。

第一百一十二条 【变价出售方式】变价出售破产财产应当通过拍卖进行。但是，债权人会议另有决议的除外。

破产企业可以全部或者部分变价出售。企业变价出售时，可以将其中的无形资产和其他财产单独变价出售。

按照国家规定不能拍卖或者限制转让的财产，应当按照国家规定的方式处理。

第一百一十三条 【破产财产的清偿顺序】破产财产在优先清偿破产费用和共益债务后，依照下列顺序清偿：

（一）破产人所欠职工的工资和医疗、伤残补助、抚恤费用，所欠的应当划入职工个人账户的基本养老保险、基本医疗保险费用，以及法律、行政法规规定应当支付给职工的补偿金；

（二）破产人欠缴的除前项规定以外的社会保险费用和破产人所欠税款；

（三）普通破产债权。

破产财产不足以清偿同一顺序的清偿要求的，按照比例分配。

破产企业的董事、监事和高级管理人员的工资按照该企业职工的平均工资计算。

第一百一十四条 【破产财产的分配方式】破产财产的分配应当以货币分配方式进行。但是，债权人会议另有决议的除外。

第一百一十五条 【破产财产的分配方案】管理人应当及时拟订破产财产分配方案，提交债权人会议讨论。

破产财产分配方案应当载明下列事项：

（一）参加破产财产分配的债权人名称或者姓名、住所；

（二）参加破产财产分配的债权额；

（三）可供分配的破产财产数额；

（四）破产财产分配的顺序、比例及数额；

（五）实施破产财产分配的方法。

债权人会议通过破产财产分配方案后，由管理人将该方案提请人民法院裁定认可。

第一百一十六条 【破产财产分配方案的执行】破产财产分配方案经人民法院裁定认可后，由管理人执行。

管理人按照破产财产分配方案实施多次分配的，应当公告本次分配的财产额和债权额。管理人实施最后分配的，应当在公告中指明，并载明本法第一百一十七条第二款规定的事项。

第一百一十七条 【附条件债权的分配】对于附生效条件或者解除条件的债权，管理人应当将其分配额提存。

管理人依照前款规定提存的分配额，在最后分配公告日，生效条件未成就或者解除条件成就的，应当分配给其他债权人；在最后分配公告日，生效条件成就或者解除条件未成就的，应当交付给债权人。

第一百一十八条 【未受领的破产财产的分配】债权人未受领的破产财产分配额，管理人应当提存。债权人自最后分配公告之日起满二个月仍不领取的，视为放弃受领分配的权利，管理人或者人民法院应当将提存的分配额分配给其他债权人。

第一百一十九条 【诉讼或仲裁未决债权的分配】破产财产分配时，对于诉讼或者仲裁未决的债权，管理人应当将其分配额提存。自破产程序终结之日起满二年仍不能受领分配的，人民法院应当将提存的分配额分配给其他债权人。

第三节 破产程序的终结

第一百二十条 【破产程序的终结及公告】破产人无财产可供分配的，管理人应当请求人民法院裁定终结破产程序。

管理人在最后分配完结后，应当及时向人民法院提交破产财产分配报告，并提请人民法院裁定终结破产程序。

人民法院应当自收到管理人终结破产程序的请求之日起十五日内作出是否终结破产程序的裁定。裁定终结的，应当予以公告。

第一百二十一条 【破产人的注销登记】管理人应当自破产程序终结之日起十日内，持人民法院终结破产程序的裁定，向破产人的原登记机关办理注销登记。

第一百二十二条 【管理人执行职务的终止】管理人于办理注销登记完毕的次日终止执行职务。但是,存在诉讼或者仲裁未决情况的除外。

第一百二十三条 【破产程序终结后的追加分配】自破产程序依照本法第四十三条第四款或者第一百二十条的规定终结之日起二年内,有下列情形之一的,债权人可以请求人民法院按照破产财产分配方案进行追加分配:

(一)发现有依照本法第三十一条、第三十二条、第三十三条、第三十六条规定应当追回的财产的;

(二)发现破产人有应当供分配的其他财产的。

有前款规定情形,但财产数量不足以支付分配费用的,不再进行追加分配,由人民法院将其上交国库。

第一百二十四条 【对未受偿债权的清偿责任】破产人的保证人和其他连带债务人,在破产程序终结后,对债权人依照破产清算程序未受清偿的债权,依法继续承担清偿责任。

第十一章 法律责任

第一百二十五条 【破产企业董事、监事和高级管理人员的法律责任】企业董事、监事或者高级管理人员违反忠实义务、勤勉义务,致使所在企业破产的,依法承担民事责任。

有前款规定情形的人员,自破产程序终结之日起三年内不得担任任何企业的董事、监事、高级管理人员。

第一百二十六条 【有义务列席债权人会议的债务人的有关人员的法律责任】有义务列席债权人会议的债务人的有关人员,经人民法院传唤,无正当理由拒不列席债权人会议的,人民法院可以拘传,并依法处以罚款。债务人的有关人员违反本法规定,拒不陈述、回答,或者作虚假陈述、回答的,人民法院可以依法处以罚款。

第一百二十七条 【不履行法定义务的直接责任人员的法律责任】债务人违反本法规定,拒不向人民法院提交或者提交不真实的财产状况说明、债务清册、债权清册、有关财务会计报告以及职工工资的支付情况和社会保险费用的缴纳情况的,人民法院可以对直接责任人员依法处以罚款。

债务人违反本法规定,拒不向管理人移交财产、印章和账簿、文书等资料的,或者伪造、销毁有关财产证据材料而使财产状况不明的,人民法院可以对直接责任人员依法处以罚款。

第一百二十八条 【债务人的法定代表人和其他直接责任人员的法律责任】债务人有本法第三十一条、第三十二条、第三十三条规定的行为,损害债权人利益的,债务人的法定代表人和其他直接责任人员依法承担赔偿责任。

第一百二十九条 【债务人的有关人员擅自离开住所地的法律责任】债务人的有关人员违反本法规定,擅自离开住所地的,人民法院可以予以训诫、拘留,可以依法并处罚款。

第一百三十条 【管理人的法律责任】管理人未依照本法规定勤勉尽责,忠实执行职务的,人民法院可以依法处以罚款;给债权人、债务人或者第三人造成损失的,依法承担赔偿责任。

第一百三十一条 【刑事责任】违反本法规定,构成犯罪的,依法追究刑事责任。

第十二章 附 则

第一百三十二条 【别除权适用的例外】本法施行后,破产人在本法公布之日前所欠职工的工资和医疗、伤残补助、抚恤费用,所欠的应当划入职工个人账户的基本养老保险、基本医疗保险费用,以及法律、行政法规规定应当支付给职工的补偿金,依照本法第一百一十三条的规定清偿后不足以清偿的部分,以本法第一百零九条规定的特定财产优先于对该特定财产享有担保权的权利人受偿。

第一百三十三条 【本法施行前国务院规定范围内企业破产的特别规定】在本法施行前国务院规定的期限和范围内的国有企业实施破产的特殊事宜,按照国务院有关规定办理。

第一百三十四条 【金融机构破产的特别规定】商业银行、证券公司、保险公司等金融机构有本法第二条规定情形的,国务院金融监督管理机构可以向人民法院提出对该金融机构进行重整或者破产清算的申请。国务院金融监督管理机构依法对出现重大经营风险的金融机构采取接管、托管等措施的,可以向人民法院申请中止以该金融机构为被告或者被执行人的民事诉讼程序或者执行程序。

金融机构实施破产的,国务院可以依据本法

和其他有关法律的规定制定实施办法。

第一百三十五条 【企业法人以外组织破产的准用规定】其他法律规定企业法人以外的组织的清算，属于破产清算的，参照适用本法规定的程序。

第一百三十六条 【施行日期】本法自2007年6月1日起施行，《中华人民共和国企业破产法（试行）》同时废止。

中华人民共和国保险法

- 1995年6月30日第八届全国人民代表大会常务委员会第十四次会议通过
- 根据2002年10月28日第九届全国人民代表大会常务委员会第三十次会议《关于修改〈中华人民共和国保险法〉的决定》第一次修正
- 2009年2月28日第十一届全国人民代表大会常务委员会第七次会议修订
- 根据2014年8月31日第十二届全国人民代表大会常务委员会第十次会议《关于修改〈中华人民共和国保险法〉等五部法律的决定》第二次修正
- 根据2015年4月24日第十二届全国人民代表大会常务委员会第十四次会议《关于修改〈中华人民共和国计量法〉等五部法律的决定》第三次修正

第一章 总 则

第一条 【立法目的】为了规范保险活动，保护保险活动当事人的合法权益，加强对保险业的监督管理，维护社会经济秩序和社会公共利益，促进保险事业的健康发展，制定本法。

第二条 【调整范围】本法所称保险，是指投保人根据合同约定，向保险人支付保险费，保险人对于合同约定的可能发生的事故因其发生所造成的财产损失承担赔偿保险金责任，或者当被保险人死亡、伤残、疾病或者达到合同约定的年龄、期限等条件时承担给付保险金责任的商业保险行为。

第三条 【适用范围】在中华人民共和国境内从事保险活动，适用本法。

第四条 【从事保险活动的基本原则】从事保险活动必须遵守法律、行政法规，尊重社会公德，不得损害社会公共利益。

第五条 【诚实信用原则】保险活动当事人行使权利、履行义务应当遵循诚实信用原则。

第六条 【保险业务经营主体】保险业务由依照本法设立的保险公司以及法律、行政法规规定的其他保险组织经营，其他单位和个人不得经营保险业务。

第七条 【境内投保原则】在中华人民共和国境内的法人和其他组织需要办理境内保险的，应当向中华人民共和国境内的保险公司投保。

第八条 【分业经营原则】保险业和银行业、证券业、信托业实行分业经营、分业管理，保险公司与银行、证券、信托业务机构分别设立。国家另有规定的除外。

第九条 【保险监督管理机构】国务院保险监督管理机构依法对保险业实施监督管理。

国务院保险监督管理机构根据履行职责的需要设立派出机构。派出机构按照国务院保险监督管理机构的授权履行监督管理职责。

第二章 保险合同

第一节 一般规定

第十条 【保险合同及其主体】保险合同是投保人与保险人约定保险权利义务关系的协议。

投保人是指与保险人订立保险合同，并按照合同约定负有支付保险费义务的人。

保险人是指与投保人订立保险合同，并按照合同约定承担赔偿或者给付保险金责任的保险公司。

第十一条 【保险合同订立原则】订立保险合同，应当协商一致，遵循公平原则确定各方的权利和义务。

除法律、行政法规规定必须保险的外，保险合同自愿订立。

第十二条 【保险利益、保险标的】人身保险的投保人在保险合同订立时，对被保险人应当具有保险利益。

财产保险的被保险人在保险事故发生时，对保险标的应当具有保险利益。

人身保险是以人的寿命和身体为保险标的的保险。

财产保险是以财产及其有关利益为保险标的的保险。

被保险人是指其财产或者人身受保险合同保障，享有保险金请求权的人。投保人可以为被保险人。

保险利益是指投保人或者被保险人对保险标的具有的法律上承认的利益。

第十三条　【保险合同成立与生效】投保人提出保险要求，经保险人同意承保，保险合同成立。保险人应当及时向投保人签发保险单或者其他保险凭证。

保险单或者其他保险凭证应当载明当事人双方约定的合同内容。当事人也可以约定采用其他书面形式载明合同内容。

依法成立的保险合同，自成立时生效。投保人和保险人可以对合同的效力约定附条件或者附期限。

第十四条　【保险合同效力】保险合同成立后，投保人按照约定交付保险费，保险人按照约定的时间开始承担保险责任。

第十五条　【保险合同解除】除本法另有规定或者保险合同另有约定外，保险合同成立后，投保人可以解除合同，保险人不得解除合同。

第十六条　【投保人如实告知义务】订立保险合同，保险人就保险标的或者被保险人的有关情况提出询问的，投保人应当如实告知。

投保人故意或者因重大过失未履行前款规定的如实告知义务，足以影响保险人决定是否同意承保或者提高保险费率的，保险人有权解除合同。

前款规定的合同解除权，自保险人知道有解除事由之日起，超过三十日不行使而消灭。自合同成立之日起超过二年的，保险人不得解除合同；发生保险事故的，保险人应当承担赔偿或者给付保险金的责任。

投保人故意不履行如实告知义务的，保险人对于合同解除前发生的保险事故，不承担赔偿或者给付保险金的责任，并不退还保险费。

投保人因重大过失未履行如实告知义务，对保险事故的发生有严重影响的，保险人对于合同解除前发生的保险事故，不承担赔偿或者给付保险金的责任，但应当退还保险费。

保险人在合同订立时已经知道投保人未如实告知的情况的，保险人不得解除合同；发生保险事故的，保险人应当承担赔偿或者给付保险金的责任。

保险事故是指保险合同约定的保险责任范围内的事故。

第十七条　【保险人说明义务】订立保险合同，采用保险人提供的格式条款的，保险人向投保人提供的投保单应当附格式条款，保险人应当向投保人说明合同的内容。

对保险合同中免除保险人责任的条款，保险人在订立合同时应当在投保单、保险单或者其他保险凭证上作出足以引起投保人注意的提示，并对该条款的内容以书面或者口头形式向投保人作出明确说明；未作提示或者明确说明的，该条款不产生效力。

第十八条　【保险合同内容】保险合同应当包括下列事项：

（一）保险人的名称和住所；

（二）投保人、被保险人的姓名或者名称、住所，以及人身保险的受益人的姓名或者名称、住所；

（三）保险标的；

（四）保险责任和责任免除；

（五）保险期间和保险责任开始时间；

（六）保险金额；

（七）保险费以及支付办法；

（八）保险金赔偿或者给付办法；

（九）违约责任和争议处理；

（十）订立合同的年、月、日。

投保人和保险人可以约定与保险有关的其他事项。

受益人是指人身保险合同中由被保险人或者投保人指定的享有保险金请求权的人。投保人、被保险人可以为受益人。

保险金额是指保险人承担赔偿或者给付保险金责任的最高限额。

第十九条　【无效格式条款】采用保险人提供的格式条款订立的保险合同中的下列条款无效：

（一）免除保险人依法应承担的义务或者加重投保人、被保险人责任的；

（二）排除投保人、被保险人或者受益人依法享有的权利的。

第二十条　【保险合同变更】投保人和保险人可以协商变更合同内容。

变更保险合同的，应当由保险人在保险单或者其他保险凭证上批注或者附贴批单，或者由投保人和保险人订立变更的书面协议。

第二十一条 【通知义务】投保人、被保险人或者受益人知道保险事故发生后，应当及时通知保险人。故意或者因重大过失未及时通知，致使保险事故的性质、原因、损失程度等难以确定的，保险人对无法确定的部分，不承担赔偿或者给付保险金的责任，但保险人通过其他途径已经及时知道或者应当及时知道保险事故发生的除外。

第二十二条 【协助义务】保险事故发生后，按照保险合同请求保险人赔偿或者给付保险金时，投保人、被保险人或者受益人应当向保险人提供其所能提供的与确认保险事故的性质、原因、损失程度等有关的证明和资料。

保险人按照合同的约定，认为有关的证明和资料不完整的，应当及时一次性通知投保人、被保险人或者受益人补充提供。

第二十三条 【理赔】保险人收到被保险人或者受益人的赔偿或者给付保险金的请求后，应当及时作出核定；情形复杂的，应当在三十日内作出核定，但合同另有约定的除外。保险人应当将核定结果通知被保险人或者受益人；对属于保险责任的，在与被保险人或者受益人达成赔偿或者给付保险金的协议后十日内，履行赔偿或者给付保险金义务。保险合同对赔偿或者给付保险金的期限有约定的，保险人应当按照约定履行赔偿或者给付保险金义务。

保险人未及时履行前款规定义务的，除支付保险金外，应当赔偿被保险人或者受益人因此受到的损失。

任何单位和个人不得非法干预保险人履行赔偿或者给付保险金的义务，也不得限制被保险人或者受益人取得保险金的权利。

第二十四条 【拒绝赔付通知】保险人依照本法第二十三条的规定作出核定后，对不属于保险责任的，应当自作出核定之日起三日内向被保险人或者受益人发出拒绝赔偿或者拒绝给付保险金通知书，并说明理由。

第二十五条 【先行赔付】保险人自收到赔偿或者给付保险金的请求和有关证明、资料之日起六十日内，对其赔偿或者给付保险金的数额不能确定的，应当根据已有证明和资料可以确定的数额先予支付；保险人最终确定赔偿或者给付保险金的数额后，应当支付相应的差额。

第二十六条 【诉讼时效】人寿保险以外的其他保险的被保险人或者受益人，向保险人请求赔偿或者给付保险金的诉讼时效期间为二年，自其知道或者应当知道保险事故发生之日起计算。

人寿保险的被保险人或者受益人向保险人请求给付保险金的诉讼时效期间为五年，自其知道或者应当知道保险事故发生之日起计算。

第二十七条 【保险欺诈】未发生保险事故，被保险人或者受益人谎称发生了保险事故，向保险人提出赔偿或者给付保险金请求的，保险人有权解除合同，并不退还保险费。

投保人、被保险人故意制造保险事故的，保险人有权解除合同，不承担赔偿或者给付保险金的责任；除本法第四十三条规定外，不退还保险费。

保险事故发生后，投保人、被保险人或者受益人以伪造、变造的有关证明、资料或者其他证据，编造虚假的事故原因或者夸大损失程度的，保险人对其虚报的部分不承担赔偿或者给付保险金的责任。

投保人、被保险人或者受益人有前三款规定行为之一，致使保险人支付保险金或者支出费用的，应当退回或者赔偿。

第二十八条 【再保险】保险人将其承担的保险业务，以分保形式部分转移给其他保险人的，为再保险。

应再保险接受人的要求，再保险分出人应当将其自负责任及原保险的有关情况书面告知再保险接受人。

第二十九条 【再保险的保费及赔付】再保险接受人不得向原保险的投保人要求支付保险费。

原保险的被保险人或者受益人不得向再保险接受人提出赔偿或者给付保险金的请求。

再保险分出人不得以再保险接受人未履行再保险责任为由，拒绝履行或者迟延履行其原保险责任。

第三十条 【争议条款解释】采用保险人提供的格式条款订立的保险合同，保险人与投保人、被保险人或者受益人对合同条款有争议的，应当按照通常理解予以解释。对合同条款有两种以上解释的，人民法院或者仲裁机构应当作出有利于被保险人和受益人的解释。

第二节 人身保险合同

第三十一条 【人身保险利益】投保人对下列人员具有保险利益：

（一）本人；

（二）配偶、子女、父母；

（三）前项以外与投保人有抚养、赡养或者扶养关系的家庭其他成员、近亲属；

（四）与投保人有劳动关系的劳动者。

除前款规定外，被保险人同意投保人为其订立合同的，视为投保人对被保险人具有保险利益。

订立合同时，投保人对被保险人不具有保险利益的，合同无效。

第三十二条 【申报年龄不真实的处理】投保人申报的被保险人年龄不真实，并且其真实年龄不符合合同约定的年龄限制的，保险人可以解除合同，并按照合同约定退还保险单的现金价值。保险人行使合同解除权，适用本法第十六条第三款、第六款的规定。

投保人申报的被保险人年龄不真实，致使投保人支付的保险费少于应付保险费的，保险人有权更正并要求投保人补交保险费，或者在给付保险金时按照实付保险费与应付保险费的比例支付。

投保人申报的被保险人年龄不真实，致使投保人支付的保险费多于应付保险费的，保险人应当将多收的保险费退还投保人。

第三十三条 【死亡保险的禁止】投保人不得为无民事行为能力人投保以死亡为给付保险金条件的人身保险，保险人也不得承保。

父母为其未成年子女投保的人身保险，不受前款规定限制。但是，因被保险人死亡给付的保险金总和不得超过国务院保险监督管理机构规定的限额。

第三十四条 【死亡保险合同的效力】以死亡为给付保险金条件的合同，未经被保险人同意并认可保险金额的，合同无效。

按照以死亡为给付保险金条件的合同所签发的保险单，未经被保险人书面同意，不得转让或者质押。

父母为其未成年子女投保的人身保险，不受本条第一款规定限制。

第三十五条 【保险费的支付】投保人可以按照合同约定向保险人一次支付全部保险费或者分期支付保险费。

第三十六条 【逾期支付保险费】合同约定分期支付保险费，投保人支付首期保险费后，除合同另有约定外，投保人自保险人催告之日起超过三十日未支付当期保险费，或者超过约定的期限六十日未支付当期保险费的，合同效力中止，或者由保险人按照合同约定的条件减少保险金额。

被保险人在前款规定期限内发生保险事故的，保险人应当按照合同约定给付保险金，但可以扣减欠交的保险费。

第三十七条 【合同效力的恢复】合同效力依照本法第三十六条规定中止的，经保险人与投保人协商并达成协议，在投保人补交保险费后，合同效力恢复。但是，自合同效力中止之日起满二年双方未达成协议的，保险人有权解除合同。

保险人依照前款规定解除合同的，应当按照合同约定退还保险单的现金价值。

第三十八条 【禁止通过诉讼要求支付保险费】保险人对人寿保险的保险费，不得用诉讼方式要求投保人支付。

第三十九条 【受益人的确定】人身保险的受益人由被保险人或者投保人指定。

投保人指定受益人时须经被保险人同意。投保人为与其有劳动关系的劳动者投保人身保险，不得指定被保险人及其近亲属以外的人为受益人。

被保险人为无民事行为能力人或者限制民事行为能力人的，可以由其监护人指定受益人。

第四十条 【受益顺序及份额】被保险人或者投保人可以指定一人或者数人为受益人。

受益人为数人的，被保险人或者投保人可以确定受益顺序和受益份额；未确定受益份额的，受益人按照相等份额享有受益权。

第四十一条 【受益人变更】被保险人或者投保人可以变更受益人并书面通知保险人。保险人收到变更受益人的书面通知后，应当在保险单或者其他保险凭证上批注或者附贴批单。

投保人变更受益人时须经被保险人同意。

第四十二条 【保险金作为遗产情形】被保险人死亡后，有下列情形之一的，保险金作为被保险人的遗产，由保险人依照《中华人民共和国继承法》的规定履行给付保险金的义务：

（一）没有指定受益人，或者受益人指定不明无法确定的；

（二）受益人先于被保险人死亡，没有其他受益人的；

（三）受益人依法丧失受益权或者放弃受益权，没有其他受益人的。

受益人与被保险人在同一事件中死亡，且不能确定死亡先后顺序的，推定受益人死亡在先。

第四十三条 【受益权丧失】投保人故意造成被保险人死亡、伤残或者疾病的，保险人不承担给付保险金的责任。投保人已交足二年以上保险费的，保险人应当按照合同约定向其他权利人退还保险单的现金价值。

受益人故意造成被保险人死亡、伤残、疾病的，或者故意杀害被保险人未遂的，该受益人丧失受益权。

第四十四条 【被保险人自杀处理】以被保险人死亡为给付保险金条件的合同，自合同成立或者合同效力恢复之日起二年内，被保险人自杀的，保险人不承担给付保险金的责任，但被保险人自杀时为无民事行为能力人的除外。

保险人依照前款规定不承担给付保险金责任的，应当按照合同约定退还保险单的现金价值。

第四十五条 【免于赔付情形】因被保险人故意犯罪或者抗拒依法采取的刑事强制措施导致其伤残或者死亡的，保险人不承担给付保险金的责任。投保人已交足二年以上保险费的，保险人应当按照合同约定退还保险单的现金价值。

第四十六条 【禁止追偿】被保险人因第三者的行为而发生死亡、伤残或者疾病等保险事故的，保险人向被保险人或者受益人给付保险金后，不享有向第三者追偿的权利，但被保险人或者受益人仍有权向第三者请求赔偿。

第四十七条 【人身保险合同解除】投保人解除合同的，保险人应当自收到解除合同通知之日起三十日内，按照合同约定退还保险单的现金价值。

第三节 财产保险合同

第四十八条 【财产保险利益】保险事故发生时，被保险人对保险标的不具有保险利益的，不得向保险人请求赔偿保险金。

第四十九条 【保险标的转让】保险标的转让的，保险标的的受让人承继被保险人的权利和义务。

保险标的转让的，被保险人或者受让人应当及时通知保险人，但货物运输保险合同和另有约定的合同除外。

因保险标的的转让导致危险程度显著增加的，保险人自收到前款规定的通知之日起三十日内，可以按照合同约定增加保险费或者解除合同。保险人解除合同的，应当将已收取的保险费，按照合同约定扣除自保险责任开始之日起至合同解除之日止应收的部分后，退还投保人。

被保险人、受让人未履行本条第二款规定的通知义务的，因转让导致保险标的的危险程度显著增加而发生的保险事故，保险人不承担赔偿保险金的责任。

第五十条 【禁止解除合同】货物运输保险合同和运输工具航程保险合同，保险责任开始后，合同当事人不得解除合同。

第五十一条 【安全义务】被保险人应当遵守国家有关消防、安全、生产操作、劳动保护等方面的规定，维护保险标的的安全。

保险人可以按照合同约定对保险标的的安全状况进行检查，及时向投保人、被保险人提出消除不安全因素和隐患的书面建议。

投保人、被保险人未按照约定履行其对保险标的的安全应尽责任的，保险人有权要求增加保险费或者解除合同。

保险人为维护保险标的的安全，经被保险人同意，可以采取安全预防措施。

第五十二条 【危险增加通知义务】在合同有效期内，保险标的的危险程度显著增加的，被保险人应当按照合同约定及时通知保险人，保险人可以按照合同约定增加保险费或者解除合同。保险人解除合同的，应当将已收取的保险费，按照合同约定扣除自保险责任开始之日起至合同解除之日止应收的部分后，退还投保人。

被保险人未履行前款规定的通知义务的，因保险标的的危险程度显著增加而发生的保险事故，保险人不承担赔偿保险金的责任。

第五十三条 【降低保险费】有下列情形之一的，除合同另有约定外，保险人应当降低保险费，并按日计算退还相应的保险费：

（一）据以确定保险费率的有关情况发生变

化，保险标的的危险程度明显减少的；

（二）保险标的的保险价值明显减少的。

第五十四条 【保费退还】保险责任开始前，投保人要求解除合同的，应当按照合同约定向保险人支付手续费，保险人应当退还保险费。保险责任开始后，投保人要求解除合同的，保险人应当将已收取的保险费，按照合同约定扣除自保险责任开始之日起至合同解除之日止应收的部分后，退还投保人。

第五十五条 【保险价值的确定】投保人和保险人约定保险标的的保险价值并在合同中载明的，保险标的发生损失时，以约定的保险价值为赔偿计算标准。

投保人和保险人未约定保险标的的保险价值的，保险标的发生损失时，以保险事故发生时保险标的的实际价值为赔偿计算标准。

保险金额不得超过保险价值。超过保险价值的，超过部分无效，保险人应当退还相应的保险费。

保险金额低于保险价值的，除合同另有约定外，保险人按照保险金额与保险价值的比例承担赔偿保险金的责任。

第五十六条 【重复保险】重复保险的投保人应当将重复保险的有关情况通知各保险人。

重复保险的各保险人赔偿保险金的总和不得超过保险价值。除合同另有约定外，各保险人按照其保险金额与保险金额总和的比例承担赔偿保险金的责任。

重复保险的投保人可以就保险金额总和超过保险价值的部分，请求各保险人按比例返还保险费。

重复保险是指投保人对同一保险标的、同一保险利益、同一保险事故分别与两个以上保险人订立保险合同，且保险金额总和超过保险价值的保险。

第五十七条 【防止或减少损失责任】保险事故发生时，被保险人应当尽力采取必要的措施，防止或者减少损失。

保险事故发生后，被保险人为防止或者减少保险标的的损失所支付的必要的、合理的费用，由保险人承担；保险人所承担的费用数额在保险标的的损失赔偿金额以外另行计算，最高不超过保险金额的数额。

第五十八条 【赔偿解除】保险标的发生部分损失的，自保险人赔偿之日起三十日内，投保人可以解除合同；除合同另有约定外，保险人也可以解除合同，但应当提前十五日通知投保人。

合同解除的，保险人应当将保险标的未受损失部分的保险费，按照合同约定扣除自保险责任开始之日起至合同解除之日止应收的部分后，退还投保人。

第五十九条 【保险标的残值权利归属】保险事故发生后，保险人已支付了全部保险金额，并且保险金额等于保险价值的，受损保险标的的全部权利归于保险人；保险金额低于保险价值的，保险人按照保险金额与保险价值的比例取得受损保险标的的部分权利。

第六十条 【代位求偿权】因第三者对保险标的的损害而造成保险事故的，保险人自向被保险人赔偿保险金之日起，在赔偿金额范围内代位行使被保险人对第三者请求赔偿的权利。

前款规定的保险事故发生后，被保险人已经从第三者取得损害赔偿的，保险人赔偿保险金时，可以相应扣减被保险人从第三者已取得的赔偿金额。

保险人依照本条第一款规定行使代位请求赔偿的权利，不影响被保险人就未取得赔偿的部分向第三者请求赔偿的权利。

第六十一条 【不能行使代位求偿权的法律后果】保险事故发生后，保险人未赔偿保险金之前，被保险人放弃对第三者请求赔偿的权利的，保险人不承担赔偿保险金的责任。

保险人向被保险人赔偿保险金后，被保险人未经保险人同意放弃对第三者请求赔偿的权利的，该行为无效。

被保险人故意或者因重大过失致使保险人不能行使代位请求赔偿的权利的，保险人可以扣减或者要求返还相应的保险金。

第六十二条 【代位求偿权行使限制】除被保险人的家庭成员或者其组成人员故意造成本法第六十条第一款规定的保险事故外，保险人不得对被保险人的家庭成员或者其组成人员行使代位请求赔偿的权利。

第六十三条 【协助行使代位求偿权】保险人向第三者行使代位请求赔偿的权利时，被保险人应当向保险人提供必要的文件和所知道的有关情况。

第六十四条 【勘险费用承担】保险人、被保险人为查明和确定保险事故的性质、原因和保险标的的损失程度所支付的必要的、合理的费用，由保险人承担。

第六十五条 【责任保险】保险人对责任保险的被保险人给第三者造成的损害，可以依照法律的规定或者合同的约定，直接向该第三者赔偿保险金。

责任保险的被保险人给第三者造成损害，被保险人对第三者应负的赔偿责任确定的，根据被保险人的请求，保险人应当直接向该第三者赔偿保险金。被保险人怠于请求的，第三者有权就其应获赔偿部分直接向保险人请求赔偿保险金。

责任保险的被保险人给第三者造成损害，被保险人未向该第三者赔偿的，保险人不得向被保险人赔偿保险金。

责任保险是指以被保险人对第三者依法应负的赔偿责任为保险标的的保险。

第六十六条 【责任保险相应费用承担】责任保险的被保险人因给第三者造成损害的保险事故而被提起仲裁或者诉讼的，被保险人支付的仲裁或者诉讼费用以及其他必要的、合理的费用，除合同另有约定外，由保险人承担。

第三章 保险公司

第六十七条 【设立须经批准】设立保险公司应当经国务院保险监督管理机构批准。

国务院保险监督管理机构审查保险公司的设立申请时，应当考虑保险业的发展和公平竞争的需要。

第六十八条 【设立条件】设立保险公司应当具备下列条件：

（一）主要股东具有持续盈利能力，信誉良好，最近三年内无重大违法违规记录，净资产不低于人民币二亿元；

（二）有符合本法和《中华人民共和国公司法》规定的章程；

（三）有符合本法规定的注册资本；

（四）有具备任职专业知识和业务工作经验的董事、监事和高级管理人员；

（五）有健全的组织机构和管理制度；

（六）有符合要求的营业场所和与经营业务有关的其他设施；

（七）法律、行政法规和国务院保险监督管理机构规定的其他条件。

第六十九条 【注册资本】设立保险公司，其注册资本的最低限额为人民币二亿元。

国务院保险监督管理机构根据保险公司的业务范围、经营规模，可以调整其注册资本的最低限额，但不得低于本条第一款规定的限额。

保险公司的注册资本必须为实缴货币资本。

第七十条 【申请文件、资料】申请设立保险公司，应当向国务院保险监督管理机构提出书面申请，并提交下列材料：

（一）设立申请书，申请书应当载明拟设立的保险公司的名称、注册资本、业务范围等；

（二）可行性研究报告；

（三）筹建方案；

（四）投资人的营业执照或者其他背景资料，经会计师事务所审计的上一年度财务会计报告；

（五）投资人认可的筹备组负责人和拟任董事长、经理名单及本人认可证明；

（六）国务院保险监督管理机构规定的其他材料。

第七十一条 【批准决定】国务院保险监督管理机构应当对设立保险公司的申请进行审查，自受理之日起六个月内作出批准或者不批准筹建的决定，并书面通知申请人。决定不批准的，应当书面说明理由。

第七十二条 【筹建期限和要求】申请人应当自收到批准筹建通知之日起一年内完成筹建工作；筹建期间不得从事保险经营活动。

第七十三条 【保险监督管理机构批准开业申请的期限和决定】筹建工作完成后，申请人具备本法第六十八条规定的设立条件的，可以向国务院保险监督管理机构提出开业申请。

国务院保险监督管理机构应当自受理开业申请之日起六十日内，作出批准或者不批准开业的决定。决定批准的，颁发经营保险业务许可证；决定不批准的，应当书面通知申请人并说明理由。

第七十四条 【设立分支机构】保险公司在中华人民共和国境内设立分支机构，应当经保险监督管理机构批准。

保险公司分支机构不具有法人资格，其民事责任由保险公司承担。

第七十五条 【设立分支机构提交的材料】保

险公司申请设立分支机构,应当向保险监督管理机构提出书面申请,并提交下列材料:

(一)设立申请书;

(二)拟设机构三年业务发展规划和市场分析材料;

(三)拟任高级管理人员的简历及相关证明材料;

(四)国务院保险监督管理机构规定的其他材料。

第七十六条 【审批保险公司设立分支机构申请的期限】保险监督管理机构应当对保险公司设立分支机构的申请进行审查,自受理之日起六十日内作出批准或者不批准的决定。决定批准的,颁发分支机构经营保险业务许可证;决定不批准的,应当书面通知申请人并说明理由。

第七十七条 【工商登记】经批准设立的保险公司及其分支机构,凭经营保险业务许可证向工商行政管理机关办理登记,领取营业执照。

第七十八条 【工商登记期限】保险公司及其分支机构自取得经营保险业务许可证之日起六个月内,无正当理由未向工商行政管理机关办理登记的,其经营保险业务许可证失效。

第七十九条 【境外机构设立规定】保险公司在中华人民共和国境外设立子公司、分支机构,应当经国务院保险监督管理机构批准。

第八十条 【外国保险机构驻华代表机构设立的批准】外国保险机构在中华人民共和国境内设立代表机构,应当经国务院保险监督管理机构批准。代表机构不得从事保险经营活动。

第八十一条 【董事、监事和高级管理人员任职规定】保险公司的董事、监事和高级管理人员,应当品行良好,熟悉与保险相关的法律、行政法规,具有履行职责所需的经营管理能力,并在任职前取得保险监督管理机构核准的任职资格。

保险公司高级管理人员的范围由国务院保险监督管理机构规定。

第八十二条 【董事、高级管理人员的任职禁止】有《中华人民共和国公司法》第一百四十六条规定的情形或者下列情形之一的,不得担任保险公司的董事、监事、高级管理人员:

(一)因违法行为或者违纪行为被金融监督管理机构取消任职资格的金融机构的董事、监事、高级管理人员,自被取消任职资格之日起未逾五年的;

(二)因违法行为或者违纪行为被吊销执业资格的律师、注册会计师或者资产评估机构、验证机构等机构的专业人员,自被吊销执业资格之日起未逾五年的。

第八十三条 【董事、监事、高级管理人员的责任】保险公司的董事、监事、高级管理人员执行公司职务时违反法律、行政法规或者公司章程的规定,给公司造成损失的,应当承担赔偿责任。

第八十四条 【变更事项批准】保险公司有下列情形之一的,应当经保险监督管理机构批准:

(一)变更名称;

(二)变更注册资本;

(三)变更公司或者分支机构的营业场所;

(四)撤销分支机构;

(五)公司分立或者合并;

(六)修改公司章程;

(七)变更出资额占有限责任公司资本总额百分之五以上的股东,或者变更持有股份有限公司股份百分之五以上的股东;

(八)国务院保险监督管理机构规定的其他情形。

第八十五条 【精算报告制度和合规报告制度】保险公司应当聘用专业人员,建立精算报告制度和合规报告制度。

第八十六条 【如实报送报告、报表、文件和资料】保险公司应当按照保险监督管理机构的规定,报送有关报告、报表、文件和资料。

保险公司的偿付能力报告、财务会计报告、精算报告、合规报告及其他有关报告、报表、文件和资料必须如实记录保险业务事项,不得有虚假记载、误导性陈述和重大遗漏。

第八十七条 【账簿、原始凭证和有关资料的保管】保险公司应当按照国务院保险监督管理机构的规定妥善保管业务经营活动的完整账簿、原始凭证和有关资料。

前款规定的账簿、原始凭证和有关资料的保管期限,自保险合同终止之日起计算,保险期间在一年以下的不得少于五年,保险期间超过一年的不得少于十年。

第八十八条 【聘请或解聘中介服务机构】保险公司聘请或者解聘会计师事务所、资产评估机构、资信评级机构等中介服务机构,应当向保险监督管理机构报告;解聘会计师事务所、资产评估机构、资信评级机构等中介服务机构,应当说明理由。

第八十九条　【解散和清算】保险公司因分立、合并需要解散,或者股东会、股东大会决议解散,或者公司章程规定的解散事由出现,经国务院保险监督管理机构批准后解散。

经营有人寿保险业务的保险公司,除因分立、合并或者被依法撤销外,不得解散。

保险公司解散,应当依法成立清算组进行清算。

第九十条　【重整、和解和破产清算】保险公司有《中华人民共和国企业破产法》第二条规定情形的,经国务院保险监督管理机构同意,保险公司或者其债权人可以依法向人民法院申请重整、和解或者破产清算;国务院保险监督管理机构也可以依法向人民法院申请对该保险公司进行重整或者破产清算。

第九十一条　【破产财产的清偿顺序】破产财产在优先清偿破产费用和共益债务后,按照下列顺序清偿:

(一)所欠职工工资和医疗、伤残补助、抚恤费用,所欠应当划入职工个人账户的基本养老保险、基本医疗保险费用,以及法律、行政法规规定应当支付给职工的补偿金;

(二)赔偿或者给付保险金;

(三)保险公司欠缴的除第(一)项规定以外的社会保险费用和所欠税款;

(四)普通破产债权。

破产财产不足以清偿同一顺序的清偿要求的,按照比例分配。

破产保险公司的董事、监事和高级管理人员的工资,按照该公司职工的平均工资计算。

第九十二条　【人寿保险合同及责任准备金转让】经营有人寿保险业务的保险公司被依法撤销或者被依法宣告破产的,其持有的人寿保险合同及责任准备金,必须转让给其他经营有人寿保险业务的保险公司;不能同其他保险公司达成转让协议的,由国务院保险监督管理机构指定经营有人寿保险业务的保险公司接受转让。

转让或者由国务院保险监督管理机构指定接受转让前款规定的人寿保险合同及责任准备金的,应当维护被保险人、受益人的合法权益。

第九十三条　【经营保险业务许可证的注销】保险公司依法终止其业务活动,应当注销其经营保险业务许可证。

第九十四条　【适用公司法的规定】保险公司,除本法另有规定外,适用《中华人民共和国公司法》的规定。

第四章　保险经营规则

第九十五条　【业务范围】保险公司的业务范围:

(一)人身保险业务,包括人寿保险、健康保险、意外伤害保险等保险业务;

(二)财产保险业务,包括财产损失保险、责任保险、信用保险、保证保险等保险业务;

(三)国务院保险监督管理机构批准的与保险有关的其他业务。

保险人不得兼营人身保险业务和财产保险业务。但是,经营财产保险业务的保险公司经国务院保险监督管理机构批准,可以经营短期健康保险业务和意外伤害保险业务。

保险公司应当在国务院保险监督管理机构依法批准的业务范围内从事保险经营活动。

第九十六条　【再保险业务】经国务院保险监督管理机构批准,保险公司可以经营本法第九十五条规定的保险业务的下列再保险业务:

(一)分出保险;

(二)分入保险。

第九十七条　【保证金】保险公司应当按照其注册资本总额的百分之二十提取保证金,存入国务院保险监督管理机构指定的银行,除公司清算时用于清偿债务外,不得动用。

第九十八条　【责任准备金】保险公司应当根据保障被保险人利益、保证偿付能力的原则,提取各项责任准备金。

保险公司提取和结转责任准备金的具体办法,由国务院保险监督管理机构制定。

第九十九条　【公积金】保险公司应当依法提取公积金。

第一百条　【保险保障基金】保险公司应当缴纳保险保障基金。

保险保障基金应当集中管理,并在下列情形下统筹使用:

(一)在保险公司被撤销或者被宣告破产时,向投保人、被保险人或者受益人提供救济;

（二）在保险公司被撤销或者被宣告破产时，向依法接受其人寿保险合同的保险公司提供救济；

（三）国务院规定的其他情形。

保险保障基金筹集、管理和使用的具体办法，由国务院制定。

第一百零一条　【最低偿付能力】保险公司应当具有与其业务规模和风险程度相适应的最低偿付能力。保险公司的认可资产减去认可负债的差额不得低于国务院保险监督管理机构规定的数额；低于规定数额的，应当按照国务院保险监督管理机构的要求采取相应措施达到规定的数额。

第一百零二条　【财产保险公司自留保险费】经营财产保险业务的保险公司当年自留保险费，不得超过其实有资本金加公积金总和的四倍。

第一百零三条　【最大损失责任的赔付要求】保险公司对每一危险单位，即对一次保险事故可能造成的最大损失范围所承担的责任，不得超过其实有资本金加公积金总和的百分之十；超过的部分应当办理再保险。

保险公司对危险单位的划分应当符合国务院保险监督管理机构的规定。

第一百零四条　【危险单位划分方法和巨灾风险安排方案】保险公司对危险单位的划分方法和巨灾风险安排方案，应当报国务院保险监督管理机构备案。

第一百零五条　【再保险】保险公司应当按照国务院保险监督管理机构的规定办理再保险，并审慎选择再保险接受人。

第一百零六条　【资金运用的原则和形式】保险公司的资金运用必须稳健，遵循安全性原则。

保险公司的资金运用限于下列形式：

（一）银行存款；

（二）买卖债券、股票、证券投资基金份额等有价证券；

（三）投资不动产；

（四）国务院规定的其他资金运用形式。

保险公司资金运用的具体管理办法，由国务院保险监督管理机构依照前两款的规定制定。

第一百零七条　【保险资产管理公司】经国务院保险监督管理机构会同国务院证券监督管理机构批准，保险公司可以设立保险资产管理公司。

保险资产管理公司从事证券投资活动，应当遵守《中华人民共和国证券法》等法律、行政法规的规定。

保险资产管理公司的管理办法，由国务院保险监督管理机构会同国务院有关部门制定。

第一百零八条　【关联交易管理和信息披露制度】保险公司应当按照国务院保险监督管理机构的规定，建立对关联交易的管理和信息披露制度。

第一百零九条　【关联交易的禁止】保险公司的控股股东、实际控制人、董事、监事、高级管理人员不得利用关联交易损害公司的利益。

第一百一十条　【重大事项披露】保险公司应当按照国务院保险监督管理机构的规定，真实、准确、完整地披露财务会计报告、风险管理状况、保险产品经营情况等重大事项。

第一百一十一条　【保险销售人员任职资格】保险公司从事保险销售的人员应当品行良好，具有保险销售所需的专业能力。保险销售人员的行为规范和管理办法，由国务院保险监督管理机构规定。

第一百一十二条　【保险代理人登记制度】保险公司应当建立保险代理人登记管理制度，加强对保险代理人的培训和管理，不得唆使、诱导保险代理人进行违背诚信义务的活动。

第一百一十三条　【依法使用经营保险业务许可证】保险公司及其分支机构应当依法使用经营保险业务许可证，不得转让、出租、出借经营保险业务许可证。

第一百一十四条　【公平合理拟订保险条款和保险费率并及时履行义务】保险公司应当按照国务院保险监督管理机构的规定，公平、合理拟订保险条款和保险费率，不得损害投保人、被保险人和受益人的合法权益。

保险公司应当按照合同约定和本法规定，及时履行赔偿或者给付保险金义务。

第一百一十五条　【公平竞争原则】保险公司开展业务，应当遵循公平竞争的原则，不得从事不正当竞争。

第一百一十六条　【保险业务行为禁止】保险公司及其工作人员在保险业务活动中不得有下列行为：

（一）欺骗投保人、被保险人或者受益人；

（二）对投保人隐瞒与保险合同有关的重要情况；

（三）阻碍投保人履行本法规定的如实告知义务，或者诱导其不履行本法规定的如实告知义务；

（四）给予或者承诺给予投保人、被保险人、受益人保险合同约定以外的保险费回扣或者其他利益；

（五）拒不依法履行保险合同约定的赔偿或者给付保险金义务；

（六）故意编造未曾发生的保险事故、虚构保险合同或者故意夸大已经发生的保险事故的损失程度进行虚假理赔，骗取保险金或者牟取其他不正当利益；

（七）挪用、截留、侵占保险费；

（八）委托未取得合法资格的机构从事保险销售活动；

（九）利用开展保险业务为其他机构或者个人牟取不正当利益；

（十）利用保险代理人、保险经纪人或者保险评估机构，从事以虚构保险中介业务或者编造退保等方式套取费用等违法活动；

（十一）以捏造、散布虚假事实等方式损害竞争对手的商业信誉，或者以其他不正当竞争行为扰乱保险市场秩序；

（十二）泄露在业务活动中知悉的投保人、被保险人的商业秘密；

（十三）违反法律、行政法规和国务院保险监督管理机构规定的其他行为。

第五章　保险代理人和保险经纪人

第一百一十七条　【保险代理人】保险代理人是根据保险人的委托，向保险人收取佣金，并在保险人授权的范围内代为办理保险业务的机构或者个人。

保险代理机构包括专门从事保险代理业务的保险专业代理机构和兼营保险代理业务的保险兼业代理机构。

第一百一十八条　【保险经纪人】保险经纪人是基于投保人的利益，为投保人与保险人订立保险合同提供中介服务，并依法收取佣金的机构。

第一百一十九条　【保险代理机构、保险经纪人的资格条件及以业务许可管理】保险代理机构、保险经纪人应当具备国务院保险监督管理机构规定的条件，取得保险监督管理机构颁发的经营保险代理业务许可证、保险经纪业务许可证。

第一百二十条　【以公司形式设立的保险专业代理机构、保险经纪人的注册资本】以公司形式设立保险专业代理机构、保险经纪人，其注册资本最低限额适用《中华人民共和国公司法》的规定。

国务院保险监督管理机构根据保险专业代理机构、保险经纪人的业务范围和经营规模，可以调整其注册资本的最低限额，但不得低于《中华人民共和国公司法》规定的限额。

保险专业代理机构、保险经纪人的注册资本或者出资额必须为实缴货币资本。

第一百二十一条　【保险专业代理机构、保险经纪人的高级管理人员的经营管理能力与任职资格】保险专业代理机构、保险经纪人的高级管理人员，应当品行良好，熟悉保险法律、行政法规，具有履行职责所需的经营管理能力，并在任职前取得保险监督管理机构核准的任职资格。

第一百二十二条　【个人保险代理人、保险代理机构的代理从业人员、保险经纪人的经纪从业人员的任职资格】个人保险代理人、保险代理机构的代理从业人员、保险经纪人的经纪从业人员，应当品行良好，具有从事保险代理业务或者保险经纪业务所需的专业能力。

第一百二十三条　【经营场所与账簿记载】保险代理机构、保险经纪人应当有自己的经营场所，设立专门账簿记载保险代理业务、经纪业务的收支情况。

第一百二十四条　【保险代理机构、保险经纪人缴存保证金或者投保职业责任保险】保险代理机构、保险经纪人应当按照国务院保险监督管理机构的规定缴存保证金或者投保职业责任保险。

第一百二十五条　【个人保险代理人代为办理人寿保险业务接受委托的限制】个人保险代理人在代为办理人寿保险业务时，不得同时接受两个以上保险人的委托。

第一百二十六条　【保险业务委托代理协议】保险人委托保险代理人代为办理保险业务，应当与保险代理人签订委托代理协议，依法约定双方的权利和义务。

第一百二十七条　【保险代理责任承担】保险代理人根据保险人的授权代为办理保险业务的行为，由保险人承担责任。

保险代理人没有代理权、超越代理权或者代理权终止后以保险人名义订立合同，使投保人有理由相信其有代理权的，该代理行为有效。保险人可以依法追究越权的保险代理人的责任。

第一百二十八条 【保险经纪人的赔偿责任】保险经纪人因过错给投保人、被保险人造成损失的，依法承担赔偿责任。

第一百二十九条 【保险事故的评估和鉴定】保险活动当事人可以委托保险公估机构等依法设立的独立评估机构或者具有相关专业知识的人员，对保险事故进行评估和鉴定。

接受委托对保险事故进行评估和鉴定的机构和人员，应当依法、独立、客观、公正地进行评估和鉴定，任何单位和个人不得干涉。

前款规定的机构和人员，因故意或者过失给保险人或者被保险人造成损失的，依法承担赔偿责任。

第一百三十条 【保险佣金的支付】保险佣金只限于向保险代理人、保险经纪人支付，不得向其他人支付。

第一百三十一条 【保险代理人、保险经纪人及其从业人员的禁止行为】保险代理人、保险经纪人及其从业人员在办理保险业务活动中不得有下列行为：

（一）欺骗保险人、投保人、被保险人或者受益人；

（二）隐瞒与保险合同有关的重要情况；

（三）阻碍投保人履行本法规定的如实告知义务，或者诱导其不履行本法规定的如实告知义务；

（四）给予或者承诺给予投保人、被保险人或者受益人保险合同约定以外的利益；

（五）利用行政权力、职务或者职业便利以及其他不正当手段强迫、引诱或者限制投保人订立保险合同；

（六）伪造、擅自变更保险合同，或者为保险合同当事人提供虚假证明材料；

（七）挪用、截留、侵占保险费或者保险金；

（八）利用业务便利为其他机构或者个人牟取不正当利益；

（九）串通投保人、被保险人或者受益人，骗取保险金；

（十）泄露在业务活动中知悉的保险人、投保人、被保险人的商业秘密。

第一百三十二条 【准用条款】本法第八十六条第一款、第一百一十三条的规定，适用于保险代理机构和保险经纪人。

第六章　保险业监督管理

第一百三十三条 【保险监督管理机构职责】保险监督管理机构依照本法和国务院规定的职责，遵循依法、公开、公正的原则，对保险业实施监督管理，维护保险市场秩序，保护投保人、被保险人和受益人的合法权益。

第一百三十四条 【国务院保险监督管理机构立法权限】国务院保险监督管理机构依照法律、行政法规制定并发布有关保险业监督管理的规章。

第一百三十五条 【保险条款与保险费率的审批与备案】关系社会公众利益的保险险种、依法实行强制保险的险种和新开发的人寿保险险种等的保险条款和保险费率，应当报国务院保险监督管理机构批准。国务院保险监督管理机构审批时，应当遵循保护社会公众利益和防止不正当竞争的原则。其他保险险种的保险条款和保险费率，应当报保险监督管理机构备案。

保险条款和保险费率审批、备案的具体办法，由国务院保险监督管理机构依照前款规定制定。

第一百三十六条 【对违法、违规保险条款和费率采取的措施】保险公司使用的保险条款和保险费率违反法律、行政法规或者国务院保险监督管理机构的有关规定的，由保险监督管理机构责令停止使用，限期修改；情节严重的，可以在一定期限内禁止申报新的保险条款和保险费率。

第一百三十七条 【对保险公司偿付能力的监控】国务院保险监督管理机构应当建立健全保险公司偿付能力监管体系，对保险公司的偿付能力实施监控。

第一百三十八条 【对偿付能力不足的保险公司采取的措施】对偿付能力不足的保险公司，国务院保险监督管理机构应当将其列为重点监管对象，并可以根据具体情况采取下列措施：

（一）责令增加资本金、办理再保险；

（二）限制业务范围；

（三）限制向股东分红；

（四）限制固定资产购置或者经营费用规模；

（五）限制资金运用的形式、比例；

（六）限制增设分支机构；

（七）责令拍卖不良资产、转让保险业务；

（八）限制董事、监事、高级管理人员的薪酬水平；

(九)限制商业性广告;

(十)责令停止接受新业务。

第一百三十九条 【责令保险公司改正违法行为】保险公司未依照本法规定提取或者结转各项责任准备金,或者未依照本法规定办理再保险,或者严重违反本法关于资金运用的规定的,由保险监督管理机构责令限期改正,并可以责令调整负责人及有关管理人员。

第一百四十条 【保险公司整顿】保险监督管理机构依照本法第一百三十九条的规定作出限期改正的决定后,保险公司逾期未改正的,国务院保险监督管理机构可以决定选派保险专业人员和指定该保险公司的有关人员组成整顿组,对公司进行整顿。

整顿决定应当载明被整顿公司的名称、整顿理由、整顿组成员和整顿期限,并予以公告。

第一百四十一条 【整顿组职权】整顿组有权监督被整顿保险公司的日常业务。被整顿公司的负责人及有关管理人员应当在整顿组的监督下行使职权。

第一百四十二条 【被整顿保险公司的业务运作】整顿过程中,被整顿保险公司的原有业务继续进行。但是,国务院保险监督管理机构可以责令被整顿公司停止部分原有业务、停止接受新业务,调整资金运用。

第一百四十三条 【保险公司结束整顿】被整顿保险公司经整顿已纠正其违反本法规定的行为,恢复正常经营状况的,由整顿组提出报告,经国务院保险监督管理机构批准,结束整顿,并由国务院保险监督管理机构予以公告。

第一百四十四条 【保险公司接管】保险公司有下列情形之一的,国务院保险监督管理机构可以对其实行接管:

(一)公司的偿付能力严重不足的;

(二)违反本法规定,损害社会公共利益,可能严重危及或者已经严重危及公司的偿付能力的。

被接管的保险公司的债权债务关系不因接管而变化。

第一百四十五条 【国务院保险监管机构决定接管实施办法】接管组的组成和接管的实施办法,由国务院保险监督管理机构决定,并予以公告。

第一百四十六条 【接管保险公司期限】接管期限届满,国务院保险监督管理机构可以决定延长接管期限,但接管期限最长不得超过二年。

第一百四十七条 【终止接管】接管期限届满,被接管的保险公司已恢复正常经营能力的,由国务院保险监督管理机构决定终止接管,并予以公告。

第一百四十八条 【被整顿、被接管的保险公司的重整及破产清算】被整顿、被接管的保险公司有《中华人民共和国企业破产法》第二条规定情形的,国务院保险监督管理机构可以依法向人民法院申请对该保险公司进行重整或者破产清算。

第一百四十九条 【保险公司的撤销及清算】保险公司因违法经营被依法吊销经营保险业务许可证的,或者偿付能力低于国务院保险监督管理机构规定标准,不予撤销将严重危害保险市场秩序、损害公共利益的,由国务院保险监督管理机构予以撤销并公告,依法及时组织清算组进行清算。

第一百五十条 【提供信息资料】国务院保险监督管理机构有权要求保险公司股东、实际控制人在指定的期限内提供有关信息和资料。

第一百五十一条 【股东利用关联交易严重损害公司利益,危及公司偿付能力的处理措施】保险公司的股东利用关联交易严重损害公司利益,危及公司偿付能力的,由国务院保险监督管理机构责令改正。在按照要求改正前,国务院保险监督管理机构可以限制其股东权利;拒不改正的,可以责令其转让所持的保险公司股权。

第一百五十二条 【保险公司业务活动和风险管理重大事项说明】保险监督管理机构根据履行监督管理职责的需要,可以与保险公司董事、监事和高级管理人员进行监督管理谈话,要求其就公司的业务活动和风险管理的重大事项作出说明。

第一百五十三条 【保险公司被整顿、接管、撤销清算期间及出现重大风险时对直接责任人员采取的措施】保险公司在整顿、接管、撤销清算期间,或者出现重大风险时,国务院保险监督管理机构可以对该公司直接负责的董事、监事、高级管理人员和其他直接责任人员采取以下措施:

(一)通知出境管理机关依法阻止其出境;

(二)申请司法机关禁止其转移、转让或者以其他方式处分财产,或者在财产上设定其他权利。

第一百五十四条 【保险监督管理机构的履

职措施及程序】保险监督管理机构依法履行职责，可以采取下列措施：

（一）对保险公司、保险代理人、保险经纪人、保险资产管理公司、外国保险机构的代表机构进行现场检查；

（二）进入涉嫌违法行为发生场所调查取证；

（三）询问当事人及与被调查事件有关的单位和个人，要求其对与被调查事件有关的事项作出说明；

（四）查阅、复制与被调查事件有关的财产权登记等资料；

（五）查阅、复制保险公司、保险代理人、保险经纪人、保险资产管理公司、外国保险机构的代表机构以及与被调查事件有关的单位和个人的财务会计资料及其他相关文件和资料；对可能被转移、隐匿或者毁损的文件和资料予以封存；

（六）查询涉嫌违法经营的保险公司、保险代理人、保险经纪人、保险资产管理公司、外国保险机构的代表机构以及与涉嫌违法事项有关的单位和个人的银行账户；

（七）对有证据证明已经或者可能转移、隐匿违法资金等涉案财产或者隐匿、伪造、毁损重要证据的，经保险监督管理机构主要负责人批准，申请人民法院予以冻结或者查封。

保险监督管理机构采取前款第（一）项、第（二）项、第（五）项措施的，应当经保险监督管理机构负责人批准；采取第（六）项措施的，应当经国务院保险监督管理机构负责人批准。

保险监督管理机构依法进行监督检查或者调查，其监督检查、调查的人员不得少于二人，并应当出示合法证件和监督检查、调查通知书；监督检查、调查的人员少于二人或者未出示合法证件和监督检查、调查通知书的，被检查、调查的单位和个人有权拒绝。

第一百五十五条　【配合检查、调查】保险监督管理机构依法履行职责，被检查、调查的单位和个人应当配合。

第一百五十六条　【保险监督管理机构工作人员行为准则】保险监督管理机构工作人员应当忠于职守，依法办事，公正廉洁，不得利用职务便利牟取不正当利益，不得泄露所知悉的有关单位和个人的商业秘密。

第一百五十七条　【金融监督管理机构监督管理信息共享机制】国务院保险监督管理机构应当与中国人民银行、国务院其他金融监督管理机构建立监督管理信息共享机制。

保险监督管理机构依法履行职责，进行监督检查、调查时，有关部门应当予以配合。

第七章　法律责任

第一百五十八条　【擅自设立保险公司、保险资产管理公司或非法经营商业保险业务的法律责任】违反本法规定，擅自设立保险公司、保险资产管理公司或者非法经营商业保险业务的，由保险监督管理机构予以取缔，没收违法所得，并处违法所得一倍以上五倍以下的罚款；没有违法所得或者违法所得不足二十万元的，处二十万元以上一百万元以下的罚款。

第一百五十九条　【擅自设立保险代理机构、保险经纪人或者未取得许可从事保险业务的法律责任】违反本法规定，擅自设立保险专业代理机构、保险经纪人，或者未取得经营保险代理业务许可证、保险经纪业务许可证从事保险代理业务、保险经纪业务的，由保险监督管理机构予以取缔，没收违法所得，并处违法所得一倍以上五倍以下的罚款；没有违法所得或者违法所得不足五万元的，处五万元以上三十万元以下的罚款。

第一百六十条　【保险公司超出业务范围经营的法律责任】保险公司违反本法规定，超出批准的业务范围经营的，由保险监督管理机构责令限期改正，没收违法所得，并处违法所得一倍以上五倍以下的罚款；没有违法所得或者违法所得不足十万元的，处十万元以上五十万元以下的罚款。逾期不改正或者造成严重后果的，责令停业整顿或者吊销业务许可证。

第一百六十一条　【保险公司在保险业务活动中从事禁止性行为的法律责任】保险公司有本法第一百一十六条规定行为之一的，由保险监督管理机构责令改正，处五万元以上三十万元以下的罚款；情节严重的，限制其业务范围、责令停止接受新业务或者吊销业务许可证。

第一百六十二条　【保险公司未经批准变更公司登记事项的法律责任】保险公司违反本法第八十四条规定的，由保险监督管理机构责令改正，处一万元以上十万元以下的罚款。

第一百六十三条　【超额承保及为无民事行

为能力人承保以死亡为给付保险金条件的保险的法律责任】保险公司违反本法规定，有下列行为之一的，由保险监督管理机构责令改正，处五万元以上三十万元以下的罚款：

（一）超额承保，情节严重的；

（二）为无民事行为能力人承保以死亡为给付保险金条件的保险的。

第一百六十四条　【违反保险业务规则和保险组织机构管理规定的法律责任】违反本法规定，有下列行为之一的，由保险监督管理机构责令改正，处五万元以上三十万元以下的罚款；情节严重的，可以限制其业务范围、责令停止接受新业务或者吊销业务许可证：

（一）未按照规定提存保证金或者违反规定动用保证金的；

（二）未按照规定提取或者结转各项责任准备金的；

（三）未按照规定缴纳保险保障基金或者提取公积金的；

（四）未按照规定办理再保险的；

（五）未按照规定运用保险公司资金的；

（六）未经批准设立分支机构的；

（七）未按照规定申请批准保险条款、保险费率的。

第一百六十五条　【保险代理机构、保险经纪人违反诚信原则办理保险业务的法律责任】保险代理机构、保险经纪人有本法第一百三十一条规定行为之一的，由保险监督管理机构责令改正，处五万元以上三十万元以下的罚款；情节严重的，吊销业务许可证。

第一百六十六条　【不按规定缴存保证金或者投保职业责任保险、设立收支财簿的法律责任】保险代理机构、保险经纪人违反本法规定，有下列行为之一的，由保险监督管理机构责令改正，处二万元以上十万元以下的罚款；情节严重的，责令停业整顿或者吊销业务许可证：

（一）未按照规定缴存保证金或者投保职业责任保险的；

（二）未按照规定设立专门账簿记载业务收支情况的。

第一百六十七条　【违法聘任不具有任职资格的人员的法律责任】违反本法规定，聘任不具有任职资格的人员的，由保险监督管理机构责令改正，处二万元以上十万元以下的罚款。

第一百六十八条　【违法转让、出租、出借业务许可证的法律责任】违反本法规定，转让、出租、出借业务许可证的，由保险监督管理机构处一万元以上十万元以下的罚款；情节严重的，责令停业整顿或者吊销业务许可证。

第一百六十九条　【不按规定披露保险业务相关信息的法律责任】违反本法规定，有下列行为之一的，由保险监督管理机构责令限期改正；逾期不改正的，处一万元以上十万元以下的罚款：

（一）未按照规定报送或者保管报告、报表、文件、资料的，或者未按照规定提供有关信息、资料的；

（二）未按照规定报送保险条款、保险费率备案的；

（三）未按照规定披露信息的。

第一百七十条　【提供保险业务相关信息不实、拒绝或者妨碍监督检查、不按规定使用保险条款、保险费率的法律责任】违反本法规定，有下列行为之一的，由保险监督管理机构责令改正，处十万元以上五十万元以下的罚款；情节严重的，可以限制其业务范围、责令停止接受新业务或者吊销业务许可证：

（一）编制或者提供虚假的报告、报表、文件、资料的；

（二）拒绝或者妨碍依法监督检查的；

（三）未按照规定使用经批准或者备案的保险条款、保险费率的。

第一百七十一条　【董事、监事、高级管理人员的法律责任】保险公司、保险资产管理公司、保险专业代理机构、保险经纪人违反本法规定的，保险监督管理机构除分别依照本法第一百六十条至第一百七十条的规定对该单位给予处罚外，对其直接负责的主管人员和其他直接责任人员给予警告，并处一万元以上十万元以下的罚款；情节严重的，撤销任职资格。

第一百七十二条　【个人保险代理人的法律责任】个人保险代理人违反本法规定的，由保险监督管理机构给予警告，可以并处二万元以下的罚款；情节严重的，处二万元以上十万元以下的罚款。

第一百七十三条　【外国保险机构违法从事保险活动的法律责任】外国保险机构未经国务院

保险监督管理机构批准，擅自在中华人民共和国境内设立代表机构的，由国务院保险监督管理机构予以取缔，处五万元以上三十万元以下的罚款。

外国保险机构在中华人民共和国境内设立的代表机构从事保险经营活动的，由保险监督管理机构责令改正，没收违法所得，并处违法所得一倍以上五倍以下的罚款；没有违法所得或者违法所得不足二十万元的，处二十万元以上一百万元以下的罚款；对其首席代表可以责令撤换；情节严重的，撤销其代表机构。

第一百七十四条 【投保人、被保险人或受益人进行保险诈骗活动的法律责任】投保人、被保险人或者受益人有下列行为之一，进行保险诈骗活动，尚不构成犯罪的，依法给予行政处罚：

（一）投保人故意虚构保险标的，骗取保险金的；

（二）编造未曾发生的保险事故，或者编造虚假的事故原因或者夸大损失程度，骗取保险金的；

（三）故意造成保险事故，骗取保险金的。

保险事故的鉴定人、评估人、证明人故意提供虚假的证明文件，为投保人、被保险人或者受益人进行保险诈骗提供条件的，依照前款规定给予处罚。

第一百七十五条 【侵权民事责任的规定】违反本法规定，给他人造成损害的，依法承担民事责任。

第一百七十六条 【拒绝、阻碍监督检查、调查职权的行政责任】拒绝、阻碍保险监督管理机构及其工作人员依法行使监督检查、调查职权，未使用暴力、威胁方法的，依法给予治安管理处罚。

第一百七十七条 【禁止从业的规定】违反法律、行政法规的规定，情节严重的，国务院保险监督管理机构可以禁止有关责任人员一定期限直至终身进入保险业。

第一百七十八条 【保险监督人员的法律责任】保险监督管理机构从事监督管理工作的人员有下列情形之一的，依法给予处分：

（一）违反规定批准机构的设立的；

（二）违反规定进行保险条款、保险费率审批的；

（三）违反规定进行现场检查的；

（四）违反规定查询账户或者冻结资金的；

（五）泄露其知悉的有关单位和个人的商业秘密的；

（六）违反规定实施行政处罚的；

（七）滥用职权、玩忽职守的其他行为。

第一百七十九条 【刑事责任的规定】违反本法规定，构成犯罪的，依法追究刑事责任。

第八章 附 则

第一百八十条 【保险行业协会的规定】保险公司应当加入保险行业协会。保险代理人、保险经纪人、保险公估机构可以加入保险行业协会。

保险行业协会是保险业的自律性组织，是社会团体法人。

第一百八十一条 【其他保险组织的商业保险业务适用本法】保险公司以外的其他依法设立的保险组织经营的商业保险业务，适用本法。

第一百八十二条 【海上保险的法律适用】海上保险适用《中华人民共和国海商法》的有关规定；《中华人民共和国海商法》未规定的，适用本法的有关规定。

第一百八十三条 【合资保险公司、外资公司法律适用规定】中外合资保险公司、外资独资保险公司、外国保险公司分公司适用本法规定；法律、行政法规另有规定的，适用其规定。

第一百八十四条 【农业保险的规定】国家支持发展为农业生产服务的保险事业。农业保险由法律、行政法规另行规定。

强制保险，法律、行政法规另有规定的，适用其规定。

第一百八十五条 【施行日期】本法自2009年10月1日起施行。

最高人民法院关于适用《中华人民共和国公司法》若干问题的规定(一)

· 2006年3月27日最高人民法院审判委员会第1382次会议通过

· 根据2014年2月20日最高人民法院审判委员会第1607次会议《关于修改关于适用〈中华人民共和国公司法〉若干问题的规定的决定》修正

为正确适用2005年10月27日十届全国人大常委会第十八次会议修订的《中华人民共和国公

司法》,对人民法院在审理相关的民事纠纷案件中,具体适用公司法的有关问题规定如下:

第一条 公司法实施后,人民法院尚未审结的和新受理的民事案件,其民事行为或事件发生在公司法实施以前的,适用当时的法律法规和司法解释。

第二条 因公司法实施前有关民事行为或者事件发生纠纷起诉到人民法院的,如当时的法律法规和司法解释没有明确规定时,可参照适用公司法的有关规定。

第三条 原告以公司法第二十二条第二款、第七十四条第二款规定事由,向人民法院提起诉讼时,超过公司法规定期限的,人民法院不予受理。

第四条 公司法第一百五十一条规定的180日以上连续持股期间,应为股东向人民法院提起诉讼时,已期满的持股时间;规定的合计持有公司百分之一以上股份,是指两个以上股东持股份额的合计。

第五条 人民法院对公司法实施前已经终审的案件依法进行再审时,不适用公司法的规定。

第六条 本规定自公布之日起实施。

最高人民法院关于适用《中华人民共和国公司法》若干问题的规定(二)

· 2008年5月5日最高人民法院审判委员会第1447次会议通过

· 根据2014年2月17日最高人民法院审判委员会第1607次会议《关于修改关于适用〈中华人民共和国公司法〉若干问题的规定的决定》第一次修正

· 根据2020年12月23日最高人民法院审判委员会第1823次会议通过的《最高人民法院关于修改〈最高人民法院关于破产企业国有划拨土地使用权应否列入破产财产等问题的批复〉等二十九件商事类司法解释的决定》第二次修正

为正确适用《中华人民共和国公司法》,结合审判实践,就人民法院审理公司解散和清算案件适用法律问题作出如下规定。

第一条 单独或者合计持有公司全部股东表决权百分之十以上的股东,以下列事由之一提起解散公司诉讼,并符合公司法第一百八十二条规定的,人民法院应予受理:

(一)公司持续两年以上无法召开股东会或者股东大会,公司经营管理发生严重困难的;

(二)股东表决时无法达到法定或者公司章程规定的比例,持续两年以上不能做出有效的股东会或者股东大会决议,公司经营管理发生严重困难的;

(三)公司董事长期冲突,且无法通过股东会或者股东大会解决,公司经营管理发生严重困难的;

(四)经营管理发生其他严重困难,公司继续存续会使股东利益受到重大损失的情形。

股东以知情权、利润分配请求权等权益受到损害,或者公司亏损、财产不足以偿还全部债务,以及公司被吊销企业法人营业执照未进行清算等为由,提起解散公司诉讼的,人民法院不予受理。

第二条 股东提起解散公司诉讼,同时又申请人民法院对公司进行清算的,人民法院对其提出的清算申请不予受理。人民法院可以告知原告,在人民法院判决解散公司后,依据民法典第七十条、公司法第一百八十三条和本规定第七条的规定,自行组织清算或者另行申请人民法院对公司进行清算。

第三条 股东提起解散公司诉讼时,向人民法院申请财产保全或者证据保全的,在股东提供担保且不影响公司正常经营的情形下,人民法院可予以保全。

第四条 股东提起解散公司诉讼应当以公司为被告。

原告以其他股东为被告一并提起诉讼的,人民法院应当告知原告将其他股东变更为第三人;原告坚持不予变更的,人民法院应当驳回原告对其他股东的起诉。

原告提起解散公司诉讼应当告知其他股东,或者由人民法院通知其参加诉讼。其他股东或者有关利害关系人申请以共同原告或者第三人身份参加诉讼的,人民法院应予准许。

第五条 人民法院审理解散公司诉讼案件,应当注重调解。当事人协商同意由公司或者股东收购股份,或者以减资等方式使公司存续,且不违反法律、行政法规强制性规定的，人民法院应予支持。当事人不能协商一致使公司存续的，人民法院应当及时判决。

经人民法院调解公司收购原告股份的，公司应当自调解书生效之日起六个月内将股份转让或者注销。股份转让或者注销之前，原告不得以公司收购其股份为由对抗公司债权人。

第六条 人民法院关于解散公司诉讼作出的判决，对公司全体股东具有法律约束力。

人民法院判决驳回解散公司诉讼请求后，提起该诉讼的股东或者其他股东又以同一事实和理由提起解散公司诉讼的，人民法院不予受理。

第七条 公司应当依照民法典第七十条、公司法第一百八十三条的规定，在解散事由出现之日起十五日内成立清算组，开始自行清算。

有下列情形之一，债权人、公司股东、董事或其他利害关系人申请人民法院指定清算组进行清算的，人民法院应予受理：

（一）公司解散逾期不成立清算组进行清算的；

（二）虽然成立清算组但故意拖延清算的；

（三）违法清算可能严重损害债权人或者股东利益的。

第八条 人民法院受理公司清算案件，应当及时指定有关人员组成清算组。

清算组成员可以从下列人员或者机构中产生：

（一）公司股东、董事、监事、高级管理人员；

（二）依法设立的律师事务所、会计师事务所、破产清算事务所等社会中介机构；

（三）依法设立的律师事务所、会计师事务所、破产清算事务所等社会中介机构中具备相关专业知识并取得执业资格的人员。

第九条 人民法院指定的清算组成员有下列情形之一的，人民法院可以根据债权人、公司股东、董事或其他利害关系人的申请，或者依职权更换清算组成员：

（一）有违反法律或者行政法规的行为；

（二）丧失执业能力或者民事行为能力；

（三）有严重损害公司或者债权人利益的行为。

第十条 公司依法清算结束并办理注销登记前，有关公司的民事诉讼，应当以公司的名义进行。

公司成立清算组的，由清算组负责人代表公司参加诉讼；尚未成立清算组的，由原法定代表人代表公司参加诉讼。

第十一条 公司清算时，清算组应当按照公司法第一百八十五条的规定，将公司解散清算事宜书面通知全体已知债权人，并根据公司规模和营业地域范围在全国或者公司注册登记地省级有影响的报纸上进行公告。

清算组未按照前款规定履行通知和公告义务，导致债权人未及时申报债权而未获清偿，债权人主张清算组成员对因此造成的损失承担赔偿责任的，人民法院应依法予以支持。

第十二条 公司清算时，债权人对清算组核定的债权有异议的，可以要求清算组重新核定。清算组不予重新核定，或者债权人对重新核定的债权仍有异议，债权人以公司为被告向人民法院提起诉讼请求确认的，人民法院应予受理。

第十三条 债权人在规定的期限内未申报债权，在公司清算程序终结前补充申报的，清算组应予登记。

公司清算程序终结，是指清算报告经股东会、股东大会或者人民法院确认完毕。

第十四条 债权人补充申报的债权，可以在公司尚未分配财产中依法清偿。公司尚未分配财产不能全额清偿，债权人主张股东以其在剩余财产分配中已经取得的财产予以清偿的，人民法院应予支持；但债权人因重大过错未在规定期限内申报债权的除外。

债权人或者清算组，以公司尚未分配财产和股东在剩余财产分配中已经取得的财产，不能全额清偿补充申报的债权为由，向人民法院提出破产清算申请的，人民法院不予受理。

第十五条 公司自行清算的，清算方案应当报股东会或者股东大会决议确认；人民法院组织清算的，清算方案应当报人民法院确认。未经确认的清算方案，清算组不得执行。

执行未经确认的清算方案给公司或者债权人造成损失，公司、股东、董事、公司其他利害关系人或者债权人主张清算组成员承担赔偿责任的，人民法院应依法予以支持。

第十六条 人民法院组织清算的，清算组应当自成立之日起六个月内清算完毕。

因特殊情况无法在六个月内完成清算的，清

算组应当向人民法院申请延长。

第十七条 人民法院指定的清算组在清理公司财产、编制资产负债表和财产清单时,发现公司财产不足清偿债务的,可以与债权人协商制作有关债务清偿方案。

债务清偿方案经全体债权人确认且不损害其他利害关系人利益的,人民法院可依清算组的申请裁定予以认可。清算组依据该清偿方案清偿债务后,应当向人民法院申请裁定终结清算程序。

债权人对债务清偿方案不予确认或者人民法院不予认可的,清算组应当依法向人民法院申请宣告破产。

第十八条 有限责任公司的股东、股份有限公司的董事和控股股东未在法定期限内成立清算组开始清算,导致公司财产贬值、流失、毁损或者灭失,债权人主张其在造成损失范围内对公司债务承担赔偿责任的,人民法院应依法予以支持。

有限责任公司的股东、股份有限公司的董事和控股股东因怠于履行义务,导致公司主要财产、账册、重要文件等灭失,无法进行清算,债权人主张其对公司债务承担连带清偿责任的,人民法院应依法予以支持。

上述情形系实际控制人原因造成,债权人主张实际控制人对公司债务承担相应民事责任的,人民法院应依法予以支持。

第十九条 有限责任公司的股东、股份有限公司的董事和控股股东,以及公司的实际控制人在公司解散后,恶意处置公司财产给债权人造成损失,或者未经依法清算,以虚假的清算报告骗取公司登记机关办理法人注销登记,债权人主张其对公司债务承担相应赔偿责任的,人民法院应依法予以支持。

第二十条 公司解散应当在依法清算完毕后,申请办理注销登记。公司未经清算即办理注销登记,导致公司无法进行清算,债权人主张有限责任公司的股东、股份有限公司的董事和控股股东,以及公司的实际控制人对公司债务承担清偿责任的,人民法院应依法予以支持。

公司未经依法清算即办理注销登记,股东或者第三人在公司登记机关办理注销登记时承诺对公司债务承担责任,债权人主张其对公司债务承担相应民事责任的,人民法院应依法予以支持。

第二十一条 按照本规定第十八条和第二十条第一款的规定应当承担责任的有限责任公司的股东、股份有限公司的董事和控股股东,以及公司的实际控制人为二人以上的,其中一人或者数人依法承担民事责任后,主张其他人员按照过错大小分担责任的,人民法院应依法予以支持。

第二十二条 公司解散时,股东尚未缴纳的出资均应作为清算财产。股东尚未缴纳的出资,包括到期应缴未缴的出资,以及依照公司法第二十六条和第八十条的规定分期缴纳尚未届满缴纳期限的出资。

公司财产不足以清偿债务时,债权人主张未缴出资股东,以及公司设立时的其他股东或者发起人在未缴出资范围内对公司债务承担连带清偿责任的,人民法院应依法予以支持。

第二十三条 清算组成员从事清算事务时,违反法律、行政法规或者公司章程给公司或者债权人造成损失,公司或者债权人主张其承担赔偿责任的,人民法院应依法予以支持。

有限责任公司的股东、股份有限公司连续一百八十日以上单独或者合计持有公司百分之一以上股份的股东,依据公司法第一百五十一条第三款的规定,以清算组成员有前款所述行为为由向人民法院提起诉讼的,人民法院应予受理。

公司已经清算完毕注销,上述股东参照公司法第一百五十一条第三款的规定,直接以清算组成员为被告、其他股东为第三人向人民法院提起诉讼的,人民法院应予受理。

第二十四条 解散公司诉讼案件和公司清算案件由公司住所地人民法院管辖。公司住所地是指公司主要办事机构所在地。公司办事机构所在地不明确的,由其注册地人民法院管辖。

基层人民法院管辖县、县级市或者区的公司登记机关核准登记公司的解散诉讼案件和公司清算案件;中级人民法院管辖地区、地级市以上的公司登记机关核准登记公司的解散诉讼案件和公司清算案件。

最高人民法院关于适用《中华人民共和国公司法》若干问题的规定(三)

· 2010年12月6日最高人民法院审判委员会第1504次会议通过

· 根据2014年2月17日最高人民法院审判委员会第1607次会议《关于修改关于适用〈中华人民共和国公司法〉若干问题的规定的决定》第一次修正

· 根据2020年12月23日最高人民法院审判委员会第1823次会议通过的《最高人民法院关于修改〈最高人民法院关于破产企业国有划拨土地使用权应否列入破产财产等问题的批复〉等二十九件商事类司法解释的决定》第二次修正

为正确适用《中华人民共和国公司法》,结合审判实践,就人民法院审理公司设立、出资、股权确认等纠纷案件适用法律问题作出如下规定。

第一条 为设立公司而签署公司章程、向公司认购出资或者股份并履行公司设立职责的人,应当认定为公司的发起人,包括有限责任公司设立时的股东。

第二条 发起人为设立公司以自己名义对外签订合同,合同相对人请求该发起人承担合同责任的,人民法院应予支持;公司成立后合同相对人请求公司承担合同责任的,人民法院应予支持。

第三条 发起人以设立中公司名义对外签订合同,公司成立后合同相对人请求公司承担合同责任的,人民法院应予支持。

公司成立后有证据证明发起人利用设立中公司的名义为自己的利益与相对人签订合同,公司以此为由主张不承担合同责任的,人民法院应予支持,但相对人为善意的除外。

第四条 公司因故未成立,债权人请求全体或者部分发起人对设立公司行为所产生的费用和债务承担连带清偿责任的,人民法院应予支持。

部分发起人依照前款规定承担责任后,请求其他发起人分担的,人民法院应当判令其他发起人按照约定的责任承担比例分担责任;没有约定责任承担比例的,按照约定的出资比例分担责任;没有约定出资比例的,按照均等份额分担责任。

因部分发起人的过错导致公司未成立,其他发起人主张其承担设立行为所产生的费用和债务的,人民法院应当根据过错情况,确定过错一方的责任范围。

第五条 发起人因履行公司设立职责造成他人损害,公司成立后受害人请求公司承担侵权赔偿责任的,人民法院应予支持;公司未成立,受害人请求全体发起人承担连带赔偿责任的,人民法院应予支持。

公司或者无过错的发起人承担赔偿责任后,可以向有过错的发起人追偿。

第六条 股份有限公司的认股人未按期缴纳所认股份的股款,经公司发起人催缴后在合理期间内仍未缴纳,公司发起人对该股份另行募集的,人民法院应当认定该募集行为有效。认股人延期缴纳股款给公司造成损失,公司请求该认股人承担赔偿责任的,人民法院应予支持。

第七条 出资人以不享有处分权的财产出资,当事人之间对于出资行为效力产生争议的,人民法院可以参照民法典第三百一十一条的规定予以认定。

以贪污、受贿、侵占、挪用等违法犯罪所得的货币出资后取得股权的,对违法犯罪行为予以追究、处罚时,应当采取拍卖或者变卖的方式处置其股权。

第八条 出资人以划拨土地使用权出资,或者以设定权利负担的土地使用权出资,公司、其他股东或者公司债权人主张认定出资人未履行出资义务的,人民法院应当责令当事人在指定的合理期间内办理土地变更手续或者解除权利负担;逾期未办理或者未解除的,人民法院应当认定出资人未依法全面履行出资义务。

第九条 出资人以非货币财产出资,未依法评估作价,公司、其他股东或者公司债权人请求认定出资人未履行出资义务的,人民法院应当委托具有合法资格的评估机构对该财产评估作价。评估确定的价额显著低于公司章程所定价额的,人民法院应当认定出资人未依法全面履行出资义务。

第十条 出资人以房屋、土地使用权或者需要办理权属登记的知识产权等财产出资,已经交付公司使用但未办理权属变更手续,公司、其他股东或者公司债权人主张认定出资人未履行出资义务的,人民法院应当责令当事人在指定的合理期间内办理权属变更手续;在前述期间内办理了权属变更手续的,人民法院应当认定其已经履行了出资义务;出资人主张自其实际交付财产给公司使用时享有相应股东权利的,人民法院应予支持。

出资人以前款规定的财产出资,已经办理权属变更手续但未交付给公司使用,公司或者其他股东主张其向公司交付、并在实际交付之前不享有相应股东权利的,人民法院应予支持。

第十一条 出资人以其他公司股权出资,符合下列条件的,人民法院应当认定出资人已履行出资义务:

(一)出资的股权由出资人合法持有并依法可以转让;

(二)出资的股权无权利瑕疵或者权利负担;

(三)出资人已履行关于股权转让的法定手续;

(四)出资的股权已依法进行了价值评估。

股权出资不符合前款第(一)、(二)、(三)项的规定,公司、其他股东或者公司债权人请求认定出资人未履行出资义务的,人民法院应当责令该出资人在指定的合理期间内采取补正措施,以符合上述条件;逾期未补正的,人民法院应当认定其未依法全面履行出资义务。

股权出资不符合本条第一款第(四)项的规定,公司、其他股东或者公司债权人请求认定出资人未履行出资义务的,人民法院应当按照本规定第九条的规定处理。

第十二条 公司成立后,公司、股东或者公司债权人以相关股东的行为符合下列情形之一且损害公司权益为由,请求认定该股东抽逃出资的,人民法院应予支持:

(一)制作虚假财务会计报表虚增利润进行分配;

(二)通过虚构债权债务关系将其出资转出;

(三)利用关联交易将出资转出;

(四)其他未经法定程序将出资抽回的行为。

第十三条 股东未履行或者未全面履行出资义务,公司或者其他股东请求其向公司依法全面履行出资义务的,人民法院应予支持。

公司债权人请求未履行或者未全面履行出资义务的股东在未出资本息范围内对公司债务不能清偿的部分承担补充赔偿责任的,人民法院应予支持;未履行或者未全面履行出资义务的股东已经承担上述责任,其他债权人提出相同请求的,人民法院不予支持。

股东在公司设立时未履行或者未全面履行出资义务,依照本条第一款或者第二款提起诉讼的原告,请求公司的发起人与被告股东承担连带责任的,人民法院应予支持;公司的发起人承担责任后,可以向被告股东追偿。

股东在公司增资时未履行或者未全面履行出资义务,依照本条第一款或者第二款提起诉讼的原告,请求未尽公司法第一百四十七条第一款规定的义务而使出资未缴足的董事、高级管理人员承担相应责任的,人民法院应予支持;董事、高级管理人员承担责任后,可以向被告股东追偿。

第十四条 股东抽逃出资,公司或者其他股东请求其向公司返还出资本息、协助抽逃出资的其他股东、董事、高级管理人员或者实际控制人对此承担连带责任的,人民法院应予支持。

公司债权人请求抽逃出资的股东在抽逃出资本息范围内对公司债务不能清偿的部分承担补充赔偿责任、协助抽逃出资的其他股东、董事、高级管理人员或者实际控制人对此承担连带责任的,人民法院应予支持;抽逃出资的股东已经承担上述责任,其他债权人提出相同请求的,人民法院不予支持。

第十五条 出资人以符合法定条件的非货币财产出资后,因市场变化或者其他客观因素导致出资财产贬值,公司、其他股东或者公司债权人请求该出资人承担补足出资责任的,人民法院不予支持。但是,当事人另有约定的除外。

第十六条 股东未履行或者未全面履行出资义务或者抽逃出资,公司根据公司章程或者股东会决议对其利润分配请求权、新股优先认购权、剩余财产分配请求权等股东权利作出相应的合理限制,该股东请求认定该限制无效的,人民法院不予支持。

第十七条 有限责任公司的股东未履行出资义务或者抽逃全部出资,经公司催告缴纳或者返还,其在合理期间内仍未缴纳或者返还出资,公司以股东会决议解除该股东的股东资格,该股东请求确认该解除行为无效的,人民法院不予支持。

在前款规定的情形下,人民法院在判决时应

当释明,公司应当及时办理法定减资程序或者由其他股东或者第三人缴纳相应的出资。在办理法定减资程序或者其他股东或者第三人缴纳相应的出资之前,公司债权人依照本规定第十三条或者第十四条请求相关当事人承担相应责任的,人民法院应予支持。

第十八条 有限责任公司的股东未履行或者未全面履行出资义务即转让股权,受让人对此知道或者应当知道,公司请求该股东履行出资义务、受让人对此承担连带责任的,人民法院应予支持;公司债权人依照本规定第十三条第二款向该股东提起诉讼,同时请求前述受让人对此承担连带责任的,人民法院应予支持。

受让人根据前款规定承担责任后,向该未履行或者未全面履行出资义务的股东追偿的,人民法院应予支持。但是,当事人另有约定的除外。

第十九条 公司股东未履行或者未全面履行出资义务或者抽逃出资,公司或者其他股东请求其向公司全面履行出资义务或者返还出资,被告股东以诉讼时效为由进行抗辩的,人民法院不予支持。

公司债权人的债权未过诉讼时效期间,其依照本规定第十三条第二款、第十四条第二款的规定请求未履行或者未全面履行出资义务或者抽逃出资的股东承担赔偿责任,被告股东以出资义务或者返还出资义务超过诉讼时效期间为由进行抗辩的,人民法院不予支持。

第二十条 当事人之间对是否已履行出资义务发生争议,原告提供对股东履行出资义务产生合理怀疑证据的,被告股东应当就其已履行出资义务承担举证责任。

第二十一条 当事人向人民法院起诉请求确认其股东资格的,应当以公司为被告,与案件争议股权有利害关系的人作为第三人参加诉讼。

第二十二条 当事人之间对股权归属发生争议,一方请求人民法院确认其享有股权的,应当证明以下事实之一:

(一)已经依法向公司出资或者认缴出资,且不违反法律法规强制性规定;

(二)已经受让或者以其他形式继受公司股权,且不违反法律法规强制性规定。

第二十三条 当事人依法履行出资义务或者依法继受取得股权后,公司未根据公司法第三十一条、第三十二条的规定签发出资证明书、记载于股东名册并办理公司登记机关登记,当事人请求公司履行上述义务的,人民法院应予支持。

第二十四条 有限责任公司的实际出资人与名义出资人订立合同,约定由实际出资人出资并享有投资权益,以名义出资人为名义股东,实际出资人与名义股东对该合同效力发生争议的,如无法律规定的无效情形,人民法院应当认定该合同有效。

前款规定的实际出资人与名义股东因投资权益的归属发生争议,实际出资人以其实际履行了出资义务为由向名义股东主张权利的,人民法院应予支持。名义股东以公司股东名册记载、公司登记机关登记为由否认实际出资人权利的,人民法院不予支持。

实际出资人未经公司其他股东半数以上同意,请求公司变更股东、签发出资证明书、记载于股东名册、记载于公司章程并办理公司登记机关登记的,人民法院不予支持。

第二十五条 名义股东将登记于其名下的股权转让、质押或者以其他方式处分,实际出资人以其对于股权享有实际权利为由,请求认定处分股权行为无效的,人民法院可以参照民法典第三百一十一条的规定处理。

名义股东处分股权造成实际出资人损失,实际出资人请求名义股东承担赔偿责任的,人民法院应予支持。

第二十六条 公司债权人以登记于公司登记机关的股东未履行出资义务为由,请求其对公司债务不能清偿的部分在未出资本息范围内承担补充赔偿责任,股东以其仅为名义股东而非实际出资人为由进行抗辩的,人民法院不予支持。

名义股东根据前款规定承担赔偿责任后,向实际出资人追偿的,人民法院应予支持。

第二十七条 股权转让后尚未向公司登记机关办理变更登记,原股东将仍登记于其名下的股权转让、质押或者以其他方式处分,受让股东以其对于股权享有实际权利为由,请求认定处分股权行为无效的,人民法院可以参照民法典第三百一十一条的规定处理。

原股东处分股权造成受让股东损失,受让股东请求原股东承担赔偿责任、对于未及时办理变更登记有过错的董事、高级管理人员或者实际控制人承担相应责任的,人民法院应予支持;受让股东对于未及时办理变更登记也有过错的,可以适当减轻上述董事、高级管理人员或者实际控制人的责任。

第二十八条 冒用他人名义出资并将该他人作为股东在公司登记机关登记的,冒名登记行为人应当承担相应责任;公司、其他股东或者公司债权人以未履行出资义务为由,请求被冒名登记为股东的承担补足出资责任或者对公司债务不能清偿部分的赔偿责任的,人民法院不予支持。

最高人民法院关于适用《中华人民共和国公司法》若干问题的规定(四)

· 2016年12月5日最高人民法院审判委员会第1702次会议通过
· 根据2020年12月23日最高人民法院审判委员会第1823次会议通过的《最高人民法院关于修改〈最高人民法院关于破产企业国有划拨土地使用权应否列入破产财产等问题的批复〉等二十九件商事类司法解释的决定》修正

为正确适用《中华人民共和国公司法》,结合人民法院审判实践,现就公司决议效力、股东知情权、利润分配权、优先购买权和股东代表诉讼等案件适用法律问题作出如下规定。

第一条 公司股东、董事、监事等请求确认股东会或者股东大会、董事会决议无效或者不成立的,人民法院应当依法予以受理。

第二条 依据民法典第八十五条、公司法第二十二条第二款请求撤销股东会或者股东大会、董事会决议的原告,应当在起诉时具有公司股东资格。

第三条 原告请求确认股东会或者股东大会、董事会决议不成立、无效或者撤销决议的案件,应当列公司为被告。对决议涉及的其他利害关系人,可以依法列为第三人。

一审法庭辩论终结前,其他有原告资格的人以相同的诉讼请求申请参加前款规定诉讼的,可以列为共同原告。

第四条 股东请求撤销股东会或者股东大会、董事会决议,符合民法典第八十五条、公司法第二十二条第二款规定的,人民法院应当予以支持,但会议召集程序或者表决方式仅有轻微瑕疵,且对决议未产生实质影响的,人民法院不予支持。

第五条 股东会或者股东大会、董事会决议存在下列情形之一,当事人主张决议不成立的,人民法院应当予以支持:

(一)公司未召开会议的,但依据公司法第三十七条第二款或者公司章程规定可以不召开股东会或者股东大会而直接作出决定,并由全体股东在决定文件上签名、盖章的除外;

(二)会议未对决议事项进行表决的;

(三)出席会议的人数或者股东所持表决权不符合公司法或者公司章程规定的;

(四)会议的表决结果未达到公司法或者公司章程规定的通过比例的;

(五)导致决议不成立的其他情形。

第六条 股东会或者股东大会、董事会决议被人民法院判决确认无效或者撤销的,公司依据该决议与善意相对人形成的民事法律关系不受影响。

第七条 股东依据公司法第三十三条、第九十七条或者公司章程的规定,起诉请求查阅或者复制公司特定文件材料的,人民法院应当依法予以受理。

公司有证据证明前款规定的原告在起诉时不具有公司股东资格的,人民法院应当驳回起诉,但原告有初步证据证明在持股期间其合法权益受到损害,请求依法查阅或者复制其持股期间的公司特定文件材料的除外。

第八条 有限责任公司有证据证明股东存在下列情形之一的,人民法院应当认定股东有公司法第三十三条第二款规定的“不正当目的”:

(一)股东自营或者为他人经营与公司主营业务有实质性竞争关系业务的,但公司章程另有规定或者全体股东另有约定的除外;

(二)股东为了向他人通报有关信息查阅公司会计账簿,可能损害公司合法利益的;

(三)股东在向公司提出查阅请求之日前的三年内,曾通过查阅公司会计账簿,向他人通报有关信息损害公司合法利益的;

(四)股东有不正当目的的其他情形。

第九条 公司章程、股东之间的协议等实质性剥夺股东依据公司法第三十三条、第九十七条规定查阅或者复制公司文件材料的权利,公司以此为由拒绝股东查阅或者复制的,人民法院不予支持。

第十条 人民法院审理股东请求查阅或者复制公司特定文件材料的案件,对原告诉讼请求予以支持的,应当在判决中明确查阅或者复制公司特定文件材料的时间、地点和特定文件材料的名录。

股东依据人民法院生效判决查阅公司文件材料的,在该股东在场的情况下,可以由会计师、律师等依法或者依据执业行为规范负有保密义务的中介机构执业人员辅助进行。

第十一条 股东行使知情权后泄露公司商业秘密导致公司合法利益受到损害,公司请求该股东赔偿相关损失的,人民法院应当予以支持。

根据本规定第十条辅助股东查阅公司文件材料的会计师、律师等泄露公司商业秘密导致公司合法利益受到损害,公司请求其赔偿相关损失的,人民法院应当予以支持。

第十二条 公司董事、高级管理人员等未依法履行职责,导致公司未依法制作或者保存公司法第三十三条、第九十七条规定的公司文件材料,给股东造成损失,股东依法请求负有相应责任的公司董事、高级管理人员承担民事赔偿责任的,人民法院应当予以支持。

第十三条 股东请求公司分配利润案件,应当列公司为被告。

一审法庭辩论终结前,其他股东基于同一分配方案请求分配利润并申请参加诉讼的,应当列为共同原告。

第十四条 股东提交载明具体分配方案的股东会或者股东大会的有效决议,请求公司分配利润,公司拒绝分配利润且其关于无法执行决议的抗辩理由不成立的,人民法院应当判决公司按照决议载明的具体分配方案向股东分配利润。

第十五条 股东未提交载明具体分配方案的股东会或者股东大会决议,请求公司分配利润的,人民法院应当驳回其诉讼请求,但违反法律规定滥用股东权利导致公司不分配利润,给其他股东造成损失的除外。

第十六条 有限责任公司的自然人股东因继承发生变化时,其他股东主张依据公司法第七十一条第三款规定行使优先购买权的,人民法院不予支持,但公司章程另有规定或者全体股东另有约定的除外。

第十七条 有限责任公司的股东向股东以外的人转让股权,应就其股权转让事项以书面或者其他能够确认收悉的合理方式通知其他股东征求同意。其他股东半数以上不同意转让,不同意的股东不购买的,人民法院应当认定视为同意转让。

经股东同意转让的股权,其他股东主张转让股东应当向其以书面或者其他能够确认收悉的合理方式通知转让股权的同等条件的,人民法院应当予以支持。

经股东同意转让的股权,在同等条件下,转让股东以外的其他股东主张优先购买的,人民法院应当予以支持,但转让股东依据本规定第二十条放弃转让的除外。

第十八条 人民法院在判断是否符合公司法第七十一条第三款及本规定所称的"同等条件"时,应当考虑转让股权的数量、价格、支付方式及期限等因素。

第十九条 有限责任公司的股东主张优先购买转让股权的,应当在收到通知后,在公司章程规定的行使期间内提出购买请求。公司章程没有规定行使期间或者规定不明确的,以通知确定的期间为准,通知确定的期间短于三十日或者未明确行使期间的,行使期间为三十日。

第二十条 有限责任公司的转让股东,在其他股东主张优先购买后又不同意转让股权的,对其他股东优先购买的主张,人民法院不予支持,但公司章程另有规定或者全体股东另有约定的除外。其他股东主张转让股东赔偿其损失合理的,人民法院应当予以支持。

第二十一条 有限责任公司的股东向股东以外的人转让股权,未就其股权转让事项征求其他股东意见,或者以欺诈、恶意串通等手段,损害其他股东优先购买权,其他股东主张按照同等条件购买该转让股权的,人民法院应当予以支持,但其他股东自知道或者应当知道行使优先购买权的同等条件之日起三十日内没有主张,或者自股权变更登记之日起超过一年的除外。

前款规定的其他股东仅提出确认股权转让合同及股权变动效力等请求,未同时主张按照同等条件购买转让股权的,人民法院不予支持,但其他股东非因自身原因导致无法行使优先购买权,请求损害赔偿的除外。

股东以外的股权受让人,因股东行使优先购买权而不能实现合同目的的,可以依法请求转让股东承担相应民事责任。

第二十二条 通过拍卖向股东以外的人转让有限责任公司股权的,适用公司法第七十一条第二款、第三款或者第七十二条规定的“书面通知”“通知”“同等条件”时,根据相关法律、司法解释确定。

在依法设立的产权交易场所转让有限责任公司国有股权的,适用公司法第七十一条第二款、第三款或者第七十二条规定的“书面通知”“通知”“同等条件”时,可以参照产权交易场所的交易规则。

第二十三条 监事会或者不设监事会的有限责任公司的监事依据公司法第一百五十一条第一款规定对董事、高级管理人员提起诉讼的,应当列公司为原告,依法由监事会主席或者不设监事会的有限责任公司的监事代表公司进行诉讼。

董事会或者不设董事会的有限责任公司的执行董事依据公司法第一百五十一条第一款规定对监事提起诉讼的,或者依据公司法第一百五十一条第三款规定对他人提起诉讼的,应当列公司为原告,依法由董事长或者执行董事代表公司进行诉讼。

第二十四条 符合公司法第一百五十一条第一款规定条件的股东,依据公司法第一百五十一条第二款、第三款规定,直接对董事、监事、高级管理人员或者他人提起诉讼的,应当列公司为第三人参加诉讼。

一审法庭辩论终结前,符合公司法第一百五十一条第一款规定条件的其他股东,以相同的诉讼请求申请参加诉讼的,应当列为共同原告。

第二十五条 股东依据公司法第一百五十一条第二款、第三款规定直接提起诉讼的案件,胜诉利益归属于公司。股东请求被告直接向其承担民事责任的,人民法院不予支持。

第二十六条 股东依据公司法第一百五十一条第二款、第三款规定直接提起诉讼的案件,其诉讼请求部分或者全部得到人民法院支持的,公司应当承担股东因参加诉讼支付的合理费用。

第二十七条 本规定自2017年9月1日起施行。

本规定施行后尚未终审的案件,适用本规定;本规定施行前已经终审的案件,或者适用审判监督程序再审的案件,不适用本规定。

最高人民法院关于适用《中华人民共和国公司法》若干问题的规定(五)

- 2019年4月22日最高人民法院审判委员会第1766次会议审议通过
- 根据2020年12月23日最高人民法院审判委员会第1823次会议通过的《最高人民法院关于修改〈最高人民法院关于破产企业国有划拨土地使用权应否列入破产财产等问题的批复〉等二十九件商事类司法解释的决定》修正

为正确适用《中华人民共和国公司法》,结合人民法院审判实践,就股东权益保护等纠纷案件适用法律问题作出如下规定。

第一条 关联交易损害公司利益,原告公司依据民法典第八十四条、公司法第二十一条规定请求控股股东、实际控制人、董事、监事、高级管理人员赔偿所造成的损失,被告仅以该交易已经履行了信息披露、经股东会或者股东大会同意等法律、行政法规或者公司章程规定的程序为由抗辩的,人民法院不予支持。

公司没有提起诉讼的,符合公司法第一百五十一条第一款规定条件的股东,可以依据公司法第一百五十一条第二款、第三款规定向人民法院提起诉讼。

第二条 关联交易合同存在无效、可撤销或者对公司不发生效力的情形,公司没有起诉合同相对方的,符合公司法第一百五十一条第一款规定条件的股东,可以依据公司法第一百五十一条第二款、第三款规定向人民法院提起诉讼。

第三条 董事任期届满前被股东会或者股东大会有效决议解除职务,其主张解除不发生法律效力的,人民法院不予支持。

董事职务被解除后,因补偿与公司发生纠纷提起诉讼的,人民法院应当依据法律、行政法规、公司章程的规定或者合同的约定,综合考虑解除的原因、剩余任期、董事薪酬等因素,确定是否补偿以及补偿的合理数额。

第四条 分配利润的股东会或者股东大会决议作出后，公司应当在决议载明的时间内完成利润分配。决议没有载明时间的，以公司章程规定的为准。决议、章程中均未规定时间或者时间超过一年的，公司应当自决议作出之日起一年内完成利润分配。

决议中载明的利润分配完成时间超过公司章程规定时间的，股东可以依据民法典第八十五条、公司法第二十二条第二款规定请求人民法院撤销决议中关于该时间的规定。

第五条 人民法院审理涉及有限责任公司股东重大分歧案件时，应当注重调解。当事人协商一致以下列方式解决分歧，且不违反法律、行政法规的强制性规定的，人民法院应予支持：

（一）公司回购部分股东股份；

（二）其他股东受让部分股东股份；

（三）他人受让部分股东股份；

（四）公司减资；

（五）公司分立；

（六）其他能够解决分歧，恢复公司正常经营，避免公司解散的方式。

第六条 本规定自2019年4月29日起施行。

本规定施行后尚未终审的案件，适用本规定；本规定施行前已经终审的案件，或者适用审判监督程序再审的案件，不适用本规定。

本院以前发布的司法解释与本规定不一致的，以本规定为准。

三、经济法

中华人民共和国政府采购法

·2002年6月29日第九届全国人民代表大会常务委员会第二十八次会议通过
·根据2014年8月31日第十二届全国人民代表大会常务委员会第十次会议《关于修改〈中华人民共和国保险法〉等五部法律的决定》修正

第一章 总 则

第一条 为了规范政府采购行为,提高政府采购资金的使用效益,维护国家利益和社会公共利益,保护政府采购当事人的合法权益,促进廉政建设,制定本法。

第二条 在中华人民共和国境内进行的政府采购适用本法。

本法所称政府采购,是指各级国家机关、事业单位和团体组织,使用财政性资金采购依法制定的集中采购目录以内的或者采购限额标准以上的货物、工程和服务的行为。

政府集中采购目录和采购限额标准依照本法规定的权限制定。

本法所称采购,是指以合同方式有偿取得货物、工程和服务的行为,包括购买、租赁、委托、雇用等。

本法所称货物,是指各种形态和种类的物品,包括原材料、燃料、设备、产品等。

本法所称工程,是指建设工程,包括建筑物和构筑物的新建、改建、扩建、装修、拆除、修缮等。

本法所称服务,是指除货物和工程以外的其他政府采购对象。

第三条 政府采购应当遵循公开透明原则、公平竞争原则、公正原则和诚实信用原则。

第四条 政府采购工程进行招标投标的,适用招标投标法。

第五条 任何单位和个人不得采用任何方式,阻挠和限制供应商自由进入本地区和本行业的政府采购市场。

第六条 政府采购应当严格按照批准的预算执行。

第七条 政府采购实行集中采购和分散采购相结合。集中采购的范围由省级以上人民政府公布的集中采购目录确定。

属于中央预算的政府采购项目,其集中采购目录由国务院确定并公布;属于地方预算的政府采购项目,其集中采购目录由省、自治区、直辖市人民政府或者其授权的机构确定并公布。

纳入集中采购目录的政府采购项目,应当实行集中采购。

第八条 政府采购限额标准,属于中央预算的政府采购项目,由国务院确定并公布;属于地方预算的政府采购项目,由省、自治区、直辖市人民政府或者其授权的机构确定并公布。

第九条 政府采购应当有助于实现国家的经济和社会发展政策目标,包括保护环境,扶持不发达地区和少数民族地区,促进中小企业发展等。

第十条 政府采购应当采购本国货物、工程和服务。但有下列情形之一的除外:

(一)需要采购的货物、工程或者服务在中国境内无法获取或者无法以合理的商业条件获取的;

(二)为在中国境外使用而进行采购的;

(三)其他法律、行政法规另有规定的。

前款所称本国货物、工程和服务的界定,依照国务院有关规定执行。

第十一条 政府采购的信息应当在政府采购监督管理部门指定的媒体上及时向社会公开发布,但涉及商业秘密的除外。

第十二条 在政府采购活动中,采购人员及相关人员与供应商有利害关系的,必须回避。供应商认为采购人员及相关人员与其他供应商有利害关系的,可以申请其回避。

前款所称相关人员,包括招标采购中评标委员会的组成人员,竞争性谈判采购中谈判小组的组成人员,询价采购中询价小组的组成人员等。

第十三条 各级人民政府财政部门是负责政府采购监督管理的部门，依法履行对政府采购活动的监督管理职责。

各级人民政府其他有关部门依法履行与政府采购活动有关的监督管理职责。

第二章 政府采购当事人

第十四条 政府采购当事人是指在政府采购活动中享有权利和承担义务的各类主体，包括采购人、供应商和采购代理机构等。

第十五条 采购人是指依法进行政府采购的国家机关、事业单位、团体组织。

第十六条 集中采购机构为采购代理机构。设区的市、自治州以上人民政府根据本级政府采购项目组织集中采购的需要设立集中采购机构。

集中采购机构是非营利事业法人，根据采购人的委托办理采购事宜。

第十七条 集中采购机构进行政府采购活动，应当符合采购价格低于市场平均价格、采购效率更高、采购质量优良和服务良好的要求。

第十八条 采购人采购纳入集中采购目录的政府采购项目，必须委托集中采购机构代理采购；采购未纳入集中采购目录的政府采购项目，可以自行采购，也可以委托集中采购机构在委托的范围内代理采购。

纳入集中采购目录属于通用的政府采购项目的，应当委托集中采购机构代理采购；属于本部门、本系统有特殊要求的项目，应当实行部门集中采购；属于本单位有特殊要求的项目，经省级以上人民政府批准，可以自行采购。

第十九条 采购人可以委托集中采购机构以外的采购代理机构，在委托的范围内办理政府采购事宜。

采购人有权自行选择采购代理机构，任何单位和个人不得以任何方式为采购人指定采购代理机构。

第二十条 采购人依法委托采购代理机构办理采购事宜的，应当由采购人与采购代理机构签订委托代理协议，依法确定委托代理的事项，约定双方的权利义务。

第二十一条 供应商是指向采购人提供货物、工程或者服务的法人、其他组织或者自然人。

第二十二条 供应商参加政府采购活动应当具备下列条件：

（一）具有独立承担民事责任的能力；

（二）具有良好的商业信誉和健全的财务会计制度；

（三）具有履行合同所必需的设备和专业技术能力；

（四）有依法缴纳税收和社会保障资金的良好记录；

（五）参加政府采购活动前三年内，在经营活动中没有重大违法记录；

（六）法律、行政法规规定的其他条件。

采购人可以根据采购项目的特殊要求，规定供应商的特定条件，但不得以不合理的条件对供应商实行差别待遇或者歧视待遇。

第二十三条 采购人可以要求参加政府采购的供应商提供有关资质证明文件和业绩情况，并根据本法规定的供应商条件和采购项目对供应商的特定要求，对供应商的资格进行审查。

第二十四条 两个以上的自然人、法人或者其他组织可以组成一个联合体，以一个供应商的身份共同参加政府采购。

以联合体形式进行政府采购的，参加联合体的供应商均应当具备本法第二十二条规定的条件，并应当向采购人提交联合协议，载明联合体各方承担的工作和义务。联合体各方应当共同与采购人签订采购合同，就采购合同约定的事项对采购人承担连带责任。

第二十五条 政府采购当事人不得相互串通损害国家利益、社会公共利益和其他当事人的合法权益；不得以任何手段排斥其他供应商参与竞争。

供应商不得以向采购人、采购代理机构、评标委员会的组成人员、竞争性谈判小组的组成人员、询价小组的组成人员行贿或者采取其他不正当手段谋取中标或者成交。

采购代理机构不得以向采购人行贿或者采取其他不正当手段谋取非法利益。

第三章 政府采购方式

第二十六条 政府采购采用以下方式：

（一）公开招标；

（二）邀请招标；

（三）竞争性谈判；

（四）单一来源采购；

（五）询价；

（六）国务院政府采购监督管理部门认定的其他采购方式。

公开招标应作为政府采购的主要采购方式。

第二十七条 采购人采购货物或者服务应当采用公开招标方式的，其具体数额标准，属于中央预算的政府采购项目，由国务院规定；属于地方预算的政府采购项目，由省、自治区、直辖市人民政府规定；因特殊情况需要采用公开招标以外的采购方式的，应当在采购活动开始前获得设区的市、自治州以上人民政府采购监督管理部门的批准。

第二十八条 采购人不得将应当以公开招标方式采购的货物或者服务化整为零或者以其他任何方式规避公开招标采购。

第二十九条 符合下列情形之一的货物或者服务，可以依照本法采用邀请招标方式采购：

（一）具有特殊性，只能从有限范围的供应商处采购的；

（二）采用公开招标方式的费用占政府采购项目总价值的比例过大的。

第三十条 符合下列情形之一的货物或者服务，可以依照本法采用竞争性谈判方式采购：

（一）招标后没有供应商投标或者没有合格标的或者重新招标未能成立的；

（二）技术复杂或者性质特殊，不能确定详细规格或者具体要求的；

（三）采用招标所需时间不能满足用户紧急需要的；

（四）不能事先计算出价格总额的。

第三十一条 符合下列情形之一的货物或者服务，可以依照本法采用单一来源方式采购：

（一）只能从唯一供应商处采购的；

（二）发生了不可预见的紧急情况不能从其他供应商处采购的；

（三）必须保证原有采购项目一致性或者服务配套的要求，需要继续从原供应商处添购，且添购资金总额不超过原合同采购金额百分之十的。

第三十二条 采购的货物规格、标准统一、现货货源充足且价格变化幅度小的政府采购项目，可以依照本法采用询价方式采购。

第四章 政府采购程序

第三十三条 负有编制部门预算职责的部门在编制下一财政年度部门预算时，应当将该财政年度政府采购的项目及资金预算列出，报本级财政部门汇总。部门预算的审批，按预算管理权限和程序进行。

第三十四条 货物或者服务项目采取邀请招标方式采购的，采购人应当从符合相应资格条件的供应商中，通过随机方式选择三家以上的供应商，并向其发出投标邀请书。

第三十五条 货物和服务项目实行招标方式采购的，自招标文件开始发出之日起至投标人提交投标文件截止之日止，不得少于二十日。

第三十六条 在招标采购中，出现下列情形之一的，应予废标：

（一）符合专业条件的供应商或者对招标文件作实质响应的供应商不足三家的；

（二）出现影响采购公正的违法、违规行为的；

（三）投标人的报价均超过了采购预算，采购人不能支付的；

（四）因重大变故，采购任务取消的。

废标后，采购人应当将废标理由通知所有投标人。

第三十七条 废标后，除采购任务取消情形外，应当重新组织招标；需要采取其他方式采购的，应当在采购活动开始前获得设区的市、自治州以上人民政府采购监督管理部门或者政府有关部门批准。

第三十八条 采用竞争性谈判方式采购的，应当遵循下列程序：

（一）成立谈判小组。谈判小组由采购人的代表和有关专家共三人以上的单数组成，其中专家的人数不得少于成员总数的三分之二。

（二）制定谈判文件。谈判文件应当明确谈判程序、谈判内容、合同草案的条款以及评定成交的标准等事项。

（三）确定邀请参加谈判的供应商名单。谈判小组从符合相应资格条件的供应商名单中确定不少于三家的供应商参加谈判，并向其提供谈判文件。

（四）谈判。谈判小组所有成员集中与单一供应商分别进行谈判。在谈判中，谈判的任何一方不得透露与谈判有关的其他供应商的技术资料、价格和其他信息。谈判文件有实质性变动的，谈判小组应当以书面形式通知所有参加谈判的供应商。

（五）确定成交供应商。谈判结束后，谈判小组应当要求所有参加谈判的供应商在规定时间内进行最后报价，采购人从谈判小组提出的成交候选人中根据符合采购需求、质量和服务相等且报价最低的原则确定成交供应商，并将结果通知所有参加谈判的未成交的供应商。

第三十九条 采取单一来源方式采购的，采购人与供应商应当遵循本法规定的原则，在保证采购项目质量和双方商定合理价格的基础上进行采购。

第四十条 采取询价方式采购的，应当遵循下列程序：

（一）成立询价小组。询价小组由采购人的代表和有关专家共三人以上的单数组成，其中专家的人数不得少于成员总数的三分之二。询价小组应当对采购项目的价格构成和评定成交的标准等事项作出规定。

（二）确定被询价的供应商名单。询价小组根据采购需求，从符合相应资格条件的供应商名单中确定不少于三家的供应商，并向其发出询价通知书让其报价。

（三）询价。询价小组要求被询价的供应商一次报出不得更改的价格。

（四）确定成交供应商。采购人根据符合采购需求、质量和服务相等且报价最低的原则确定成交供应商，并将结果通知所有被询价的未成交的供应商。

第四十一条 采购人或者其委托的采购代理机构应当组织对供应商履约的验收。大型或者复杂的政府采购项目，应当邀请国家认可的质量检测机构参加验收工作。验收方成员应当在验收书上签字，并承担相应的法律责任。

第四十二条 采购人、采购代理机构对政府采购项目每项采购活动的采购文件应当妥善保存，不得伪造、变造、隐匿或者销毁。采购文件的保存期限为从采购结束之日起至少保存十五年。

采购文件包括采购活动记录、采购预算、招标文件、投标文件、评标标准、评估报告、定标文件、合同文本、验收证明、质疑答复、投诉处理决定及其他有关文件、资料。

采购活动记录至少应当包括下列内容：

（一）采购项目类别、名称；

（二）采购项目预算、资金构成和合同价格；

（三）采购方式，采用公开招标以外的采购方式的，应当载明原因；

（四）邀请和选择供应商的条件及原因；

（五）评标标准及确定中标人的原因；

（六）废标的原因；

（七）采用招标以外采购方式的相应记载。

第五章 政府采购合同

第四十三条 政府采购合同适用合同法。采购人和供应商之间的权利和义务，应当按照平等、自愿的原则以合同方式约定。

采购人可以委托采购代理机构代表其与供应商签订政府采购合同。由采购代理机构以采购人名义签订合同的，应当提交采购人的授权委托书，作为合同附件。

第四十四条 政府采购合同应当采用书面形式。

第四十五条 国务院政府采购监督管理部门应当会同国务院有关部门，规定政府采购合同必须具备的条款。

第四十六条 采购人与中标、成交供应商应当在中标、成交通知书发出之日起三十日内，按照采购文件确定的事项签订政府采购合同。

中标、成交通知书对采购人和中标、成交供应商均具有法律效力。中标、成交通知书发出后，采购人改变中标、成交结果的，或者中标、成交供应商放弃中标、成交项目的，应当依法承担法律责任。

第四十七条 政府采购项目的采购合同自签订之日起七个工作日内，采购人应当将合同副本报同级政府采购监督管理部门和有关部门备案。

第四十八条 经采购人同意，中标、成交供应商可以依法采取分包方式履行合同。

政府采购合同分包履行的，中标、成交供应商就采购项目和分包项目向采购人负责，分包供应商就分包项目承担责任。

第四十九条 政府采购合同履行中，采购人需追加与合同标的相同的货物、工程或者服务的，在不改变合同其他条款的前提下，可以与供应商协商签订补充合同，但所有补充合同的采购金额不得超过原合同采购金额的百分之十。

第五十条 政府采购合同的双方当事人不得擅自变更、中止或者终止合同。

政府采购合同继续履行将损害国家利益和社会公共利益的，双方当事人应当变更、中止或者终止合同。有过错的一方应当承担赔偿责任，双方都有过错的，各自承担相应的责任。

第六章 质疑与投诉

第五十一条 供应商对政府采购活动事项有疑问的，可以向采购人提出询问，采购人应当及时作出答复，但答复的内容不得涉及商业秘密。

第五十二条 供应商认为采购文件、采购过程和中标、成交结果使自己的权益受到损害的，可以在知道或者应知其权益受到损害之日起七个工作日内，以书面形式向采购人提出质疑。

第五十三条 采购人应当在收到供应商的书面质疑后七个工作日内作出答复，并以书面形式通知质疑供应商和其他有关供应商，但答复的内容不得涉及商业秘密。

第五十四条 采购人委托采购代理机构采购的，供应商可以向采购代理机构提出询问或者质疑，采购代理机构应当依照本法第五十一条、第五十三条的规定就采购人委托授权范围内的事项作出答复。

第五十五条 质疑供应商对采购人、采购代理机构的答复不满意或者采购人、采购代理机构未在规定的时间内作出答复的，可以在答复期满后十五个工作日内向同级政府采购监督管理部门投诉。

第五十六条 政府采购监督管理部门应当在收到投诉后三十个工作日内，对投诉事项作出处理决定，并以书面形式通知投诉人和与投诉事项有关的当事人。

第五十七条 政府采购监督管理部门在处理投诉事项期间，可以视具体情况书面通知采购人暂停采购活动，但暂停时间最长不得超过三十日。

第五十八条 投诉人对政府采购监督管理部门的投诉处理决定不服或者政府采购监督管理部门逾期未作处理的，可以依法申请行政复议或者向人民法院提起行政诉讼。

第七章 监督检查

第五十九条 政府采购监督管理部门应当加强对政府采购活动及集中采购机构的监督检查。

监督检查的主要内容是：

（一）有关政府采购的法律、行政法规和规章的执行情况；

（二）采购范围、采购方式和采购程序的执行情况；

（三）政府采购人员的职业素质和专业技能。

第六十条 政府采购监督管理部门不得设置集中采购机构，不得参与政府采购项目的采购活动。

采购代理机构与行政机关不得存在隶属关系或者其他利益关系。

第六十一条 集中采购机构应当建立健全内部监督管理制度。采购活动的决策和执行程序应当明确，并相互监督、相互制约。经办采购的人员与负责采购合同审核、验收人员的职责权限应当明确，并相互分离。

第六十二条 集中采购机构的采购人员应当具有相关职业素质和专业技能，符合政府采购监督管理部门规定的专业岗位任职要求。

集中采购机构对其工作人员应当加强教育和培训；对采购人员的专业水平、工作实绩和职业道德状况定期进行考核。采购人员经考核不合格的，不得继续任职。

第六十三条 政府采购项目的采购标准应当公开。

采用本法规定的采购方式的，采购人在采购活动完成后，应当将采购结果予以公布。

第六十四条 采购人必须按照本法规定的采购方式和采购程序进行采购。

任何单位和个人不得违反本法规定，要求采购人或者采购工作人员向其指定的供应商进行采购。

第六十五条 政府采购监督管理部门应当对政府采购项目的采购活动进行检查，政府采购当事人应当如实反映情况，提供有关材料。

第六十六条 政府采购监督管理部门应当对集中采购机构的采购价格、节约资金效果、服务质量、信誉状况、有无违法行为等事项进行考核，并定期如实公布考核结果。

第六十七条 依照法律、行政法规的规定对政府采购负有行政监督职责的政府有关部门，应当按照其职责分工，加强对政府采购活动的监督。

第六十八条 审计机关应当对政府采购进行审计监督。政府采购监督管理部门、政府采购各当事人有关政府采购活动,应当接受审计机关的审计监督。

第六十九条 监察机关应当加强对参与政府采购活动的国家机关、国家公务员和国家行政机关任命的其他人员实施监察。

第七十条 任何单位和个人对政府采购活动中的违法行为,有权控告和检举,有关部门、机关应当依照各自职责及时处理。

第八章 法律责任

第七十一条 采购人、采购代理机构有下列情形之一的,责令限期改正,给予警告,可以并处罚款,对直接负责的主管人员和其他直接责任人员,由其行政主管部门或者有关机关给予处分,并予通报:

(一)应当采用公开招标方式而擅自采用其他方式采购的;

(二)擅自提高采购标准的;

(三)以不合理的条件对供应商实行差别待遇或者歧视待遇的;

(四)在招标采购过程中与投标人进行协商谈判的;

(五)中标、成交通知书发出后不与中标、成交供应商签订采购合同的;

(六)拒绝有关部门依法实施监督检查的。

第七十二条 采购人、采购代理机构及其工作人员有下列情形之一,构成犯罪的,依法追究刑事责任;尚不构成犯罪的,处以罚款,有违法所得的,并处没收违法所得,属于国家机关工作人员的,依法给予行政处分:

(一)与供应商或者采购代理机构恶意串通的;

(二)在采购过程中接受贿赂或者获取其他不正当利益的;

(三)在有关部门依法实施的监督检查中提供虚假情况的;

(四)开标前泄露标底的。

第七十三条 有前两条违法行为之一影响中标、成交结果或者可能影响中标、成交结果的,按下列情况分别处理:

(一)未确定中标、成交供应商的,终止采购活动;

(二)中标、成交供应商已经确定但采购合同尚未履行的,撤销合同,从合格的中标、成交候选人中另行确定中标、成交供应商;

(三)采购合同已经履行的,给采购人、供应商造成损失的,由责任人承担赔偿责任。

第七十四条 采购人对应当实行集中采购的政府采购项目,不委托集中采购机构实行集中采购的,由政府采购监督管理部门责令改正;拒不改正的,停止按预算向其支付资金,由其上级行政主管部门或者有关机关依法给予其直接负责的主管人员和其他直接责任人员处分。

第七十五条 采购人未依法公布政府采购项目的采购标准和采购结果的,责令改正,对直接负责的主管人员依法给予处分。

第七十六条 采购人、采购代理机构违反本法规定隐匿、销毁应当保存的采购文件或者伪造、变造采购文件的,由政府采购监督管理部门处以二万元以上十万元以下的罚款,对其直接负责的主管人员和其他直接责任人员依法给予处分;构成犯罪的,依法追究刑事责任。

第七十七条 供应商有下列情形之一的,处以采购金额千分之五以上千分之十以下的罚款,列入不良行为记录名单,在一至三年内禁止参加政府采购活动,有违法所得的,并处没收违法所得,情节严重的,由工商行政管理机关吊销营业执照;构成犯罪的,依法追究刑事责任:

(一)提供虚假材料谋取中标、成交的;

(二)采取不正当手段诋毁、排挤其他供应商的;

(三)与采购人、其他供应商或者采购代理机构恶意串通的;

(四)向采购人、采购代理机构行贿或者提供其他不正当利益的;

(五)在招标采购过程中与采购人进行协商谈判的;

(六)拒绝有关部门监督检查或者提供虚假情况的。

供应商有前款第(一)至(五)项情形之一的,中标、成交无效。

第七十八条 采购代理机构在代理政府采购业务中有违法行为的,按照有关法律规定处以罚款,可以在一至三年内禁止其代理政府采购业务,构成犯罪的,依法追究刑事责任。

第七十九条 政府采购当事人有本法第七十

一条、第七十二条、第七十七条违法行为之一，给他人造成损失的，并应依照有关民事法律规定承担民事责任。

第八十条 政府采购监督管理部门的工作人员在实施监督检查中违反本法规定滥用职权，玩忽职守，徇私舞弊的，依法给予行政处分；构成犯罪的，依法追究刑事责任。

第八十一条 政府采购监督管理部门对供应商的投诉逾期未作处理的，给予直接负责的主管人员和其他直接责任人员行政处分。

第八十二条 政府采购监督管理部门对集中采购机构业绩的考核，有虚假陈述，隐瞒真实情况的，或者不作定期考核和公布考核结果的，应当及时纠正，由其上级机关或者监察机关对其负责人进行通报，并对直接负责的人员依法给予行政处分。

集中采购机构在政府采购监督管理部门考核中，虚报业绩，隐瞒真实情况的，处以二万元以上二十万元以下的罚款，并予以通报；情节严重的，取消其代理采购的资格。

第八十三条 任何单位或者个人阻挠和限制供应商进入本地区或者本行业政府采购市场的，责令限期改正；拒不改正的，由该单位、个人的上级行政主管部门或者有关机关给予单位责任人或者个人处分。

第九章 附 则

第八十四条 使用国际组织和外国政府贷款进行的政府采购，贷款方、资金提供方与中方达成的协议对采购的具体条件另有规定的，可以适用其规定，但不得损害国家利益和社会公共利益。

第八十五条 对因严重自然灾害和其他不可抗力事件所实施的紧急采购和涉及国家安全和秘密的采购，不适用本法。

第八十六条 军事采购法规由中央军事委员会另行制定。

第八十七条 本法实施的具体步骤和办法由国务院规定。

第八十八条 本法自 2003 年 1 月 1 日起施行。

中华人民共和国产品质量法

- 1993 年 2 月 22 日第七届全国人民代表大会常务委员会第三十次会议通过
- 根据 2000 年 7 月 8 日第九届全国人民代表大会常务委员会第十六次会议《关于修改〈中华人民共和国产品质量法〉的决定》第一次修正
- 根据 2009 年 8 月 27 日第十一届全国人民代表大会常务委员会第十次会议《关于修改部分法律的决定》第二次修正
- 根据 2018 年 12 月 29 日第十三届全国人民代表大会常务委员会第七次会议《关于修改〈中华人民共和国产品质量法〉等五部法律的决定》第三次修正

第一章 总 则

第一条 【立法目的】为了加强对产品质量的监督管理，提高产品质量水平，明确产品质量责任，保护消费者的合法权益，维护社会经济秩序，制定本法。

第二条 【适用范围】在中华人民共和国境内从事产品生产、销售活动，必须遵守本法。

本法所称产品是指经过加工、制作，用于销售的产品。

建设工程不适用本法规定；但是，建设工程使用的建筑材料、建筑构配件和设备，属于前款规定的产品范围的，适用本法规定。

注释 产品质量法的适用范围

《产品质量法》在中华人民共和国境内适用。在中华人民共和国境内从事产品生产、销售活动的，都适用本法，包括生产出口产品的生产者和销售进口产品的销售者。在中华人民共和国境外从事产品生产销售活动的，不适用本法，如设在国外的中外合资企业、中外合作经营企业和中国独资企业从事产品生产销售活动的，不适用本法，应当适用所在国的法律。

产品质量法不调整的对象

产品质量法调整的是监督管理产品质量过程中所产生的社会经济关系。但有以下特殊情况除外：

(1)建筑工程不适用本法，但是在建筑工程中使用的建筑材料、建设购配件和设备适用本法。

(2)武器装备质量监督管理由国务院和中央军委另行规定。

(3)因核设施产品造成损害的赔偿,法律、行政法规另有规定的依照其规定。同时在司法实践中还会出现一些特例,比如:智力产品、血液制品以及转基因产品等。

第三条 【建立健全内部产品质量管理制度】生产者、销售者应当建立健全内部产品质量管理制度,严格实施岗位质量规范、质量责任以及相应的考核办法。

第四条 【依法承担产品质量责任】生产者、销售者依照本法规定承担产品质量责任。

注释 产品质量责任、产品责任

产品质量责任是指本法规定的责任主体不履行本法规定的保证产品质量的义务所应承担的法律后果。包括违反本法规定的行政责任、刑事责任和因产品责任问题引起的民事责任。

产品责任是指与产品有关的制造商、批发商或零售商等各方对产品因存在缺陷而在使用过程中发生意外并造成用户或他人人身伤害和财产损失,依法应承担的行政责任、民事责任和刑事责任。如修理、更换、退货、赔偿损失等。

销售者、生产者的法律责任

根据《消费者权益保护法》的相关规定,消费者在购买、使用商品时,其合法权益受到损害的,可以向销售者要求赔偿。销售者赔偿后,属于生产者的责任或者属于向销售者提供商品的其他销售者的责任的,销售者有权向生产者或者其他销售者追偿。消费者或者其他受害人因商品缺陷造成人身、财产损害的,可以向销售者要求赔偿,也可以向生产者要求赔偿。属于生产者责任的,销售者赔偿后,有权向生产者追偿。属于销售者责任的,生产者赔偿后,有权向销售者追偿。消费者在接受服务时,其合法权益受到损害的,可以向服务者要求赔偿。同样,农产品批发市场销售不符合农产品质量安全标准的农产品,给消费者造成损害的,消费者可以向农产品批发市场要求赔偿。属于生产者、销售者责任的,农产品批发市场有权追偿,消费者也可以直接向农产品生产者、销售者要求赔偿。

第五条 【禁止行为】禁止伪造或者冒用认证标志等质量标志;禁止伪造产品的产地,伪造或者冒用他人的厂名、厂址;禁止在生产、销售的产品中掺杂、掺假,以假充真,以次充好。

第六条 【鼓励推行先进科学技术】国家鼓励推行科学的质量管理方法,采用先进的科学技术,鼓励企业产品质量达到并且超过行业标准、国家标准和国际标准。

对产品质量管理先进和产品质量达到国际先进水平、成绩显著的单位和个人,给予奖励。

第七条 【各级人民政府保障本法的施行】各级人民政府应当把提高产品质量纳入国民经济和社会发展规划,加强对产品质量工作的统筹规划和组织领导,引导、督促生产者、销售者加强产品质量管理,提高产品质量,组织各有关部门依法采取措施,制止产品生产、销售中违反本法规定的行为,保障本法的施行。

第八条 【监管部门的监管权限】国务院市场监督管理部门主管全国产品质量监督工作。国务院有关部门在各自的职责范围内负责产品质量监督工作。

县级以上地方市场监督管理部门主管本行政区域内的产品质量监督工作。县级以上地方人民政府有关部门在各自的职责范围内负责产品质量监督工作。

法律对产品质量的监督部门另有规定的,依照有关法律的规定执行。

案例 伊尔库公司诉无锡市工商局工商行政处罚案(《中华人民共和国最高人民法院公报》2006年第3期)

裁判规则:根据《产品质量法》和《国家工商行政管理总局职能配置内设机构和人员编制规定》的规定,商品一旦进入流通领域,无论是在仓库中、货架上还是在其他地点存放,其质量均由工商行政管理部门进行监督管理。

第九条 【各级政府的禁止行为】各级人民政府工作人员和其他国家机关工作人员不得滥用职权、玩忽职守或者徇私舞弊,包庇、放纵本地区、本系统发生的产品生产、销售中违反本法规定的行为,或者阻挠、干预依法对产品生产、销售中违反本法规定的行为进行查处。

各级地方人民政府和其他国家机关有包庇、放纵产品生产、销售中违反本法规定的行为的,依法追究其主要负责人的法律责任。

链接《刑法》第397、412、414条

第十条 【公众检举权】任何单位和个人有权对违反本法规定的行为，向市场监督管理部门或者其他有关部门检举。

市场监督管理部门和有关部门应当为检举人保密，并按照省、自治区、直辖市人民政府的规定给予奖励。

注释 **我国对产品质量违法行为的监督检举的规定**

任何单位和个人都有权向市场监督管理部门或其他有关部门检举违反《产品质量法》的行为，其检举权受法律保护。检举可以署名，也可以不署名。

接受举报的市场监督管理部门及其他有关部门有为检举人保密的义务。必要时，应采取有效的措施保护举报人。

省、自治区、直辖市人民政府应当就检举产品质量违法行为制定奖励办法，建立检举奖励制度，对举报立功者予以奖励。对举报人，行政执法部门可给予物质的奖励，并为其保密。

对公众检举的处理程序

用户、消费者对于本法所调整的产品发现有质量问题，有权向技术监督行政部门提出申诉。技术监督行政部门对用户、消费者提出的产品质量申诉应当予以登记，并在接到产品质量申诉后7日内作出处理、移送处理或者不予处理的决定，且告知申诉人。

技术监督行政部门对举报涉嫌生产、销售伪劣商品犯罪行为的产品质量申诉，应当移送司法机关处理，对依照法律规定由其他行政机关处理的产品质量申诉，应当移送其他行政机关处理。

第十一条 【禁止产品垄断经营】任何单位和个人不得排斥非本地区或者非本系统企业生产的质量合格产品进入本地区、本系统。

第二章 产品质量的监督

第十二条 【产品质量要求】产品质量应当检验合格，不得以不合格产品冒充合格产品。

第十三条 【工业产品质量标准要求】可能危及人体健康和人身、财产安全的工业产品，必须符合保障人体健康和人身、财产安全的国家标准、行业标准；未制定国家标准、行业标准的，必须符合保障人体健康和人身、财产安全的要求。

禁止生产、销售不符合保障人体健康和人身、财产安全的标准和要求的工业产品。具体管理办法由国务院规定。

第十四条 【企业质量体系认证制度】国家根据国际通用的质量管理标准，推行企业质量体系认证制度。企业根据自愿原则可以向国务院市场监督管理部门认可的或者国务院市场监督管理部门授权的部门认可的认证机构申请企业质量体系认证。经认证合格的，由认证机构颁发企业质量体系认证证书。

国家参照国际先进的产品标准和技术要求，推行产品质量认证制度。企业根据自愿原则可以向国务院市场监督管理部门认可的或者国务院市场监督管理部门授权的部门认可的认证机构申请产品质量认证。经认证合格的，由认证机构颁发产品质量认证证书，准许企业在产品或者其包装上使用产品质量认证标志。

第十五条 【以抽查为主要方式的组织领导监督检查制度】国家对产品质量实行以抽查为主要方式的监督检查制度，对可能危及人体健康和人身、财产安全的产品，影响国计民生的重要工业产品以及消费者、有关组织反映有质量问题的产品进行抽查。抽查的样品应当在市场上或者企业成品仓库内的待销产品中随机抽取。监督抽查工作由国务院市场监督管理部门规划和组织。县级以上地方市场监督管理部门在本行政区域内也可以组织监督抽查。法律对产品质量的监督检查另有规定的，依照有关法律的规定执行。

国家监督抽查的产品，地方不得另行重复抽查；上级监督抽查的产品，下级不得另行重复抽查。

根据监督抽查的需要，可以对产品进行检验。检验抽取样品的数量不得超过检验的合理需要，并不得向被检查人收取检验费用。监督抽查所需检验费用按照国务院规定列支。

生产者、销售者对抽查检验的结果有异议的，可以自收到检验结果之日起十五日内向实施监督抽查的市场监督管理部门或者其上级市场监督管理部门申请复检，由受理复检的市场监督管理部门作出复检结论。

注释 **抽查不得向企业收费**

监督抽查不得向被抽查企业收取检验费用。国家监督抽查和地方监督抽查所需费用由同级财政部门安排专项经费解决。

生产者、销售者对抽查检验的结果有异议的，可以向实施监督抽查的市场监督管理部门或者其上一级市场监督管理部门提出复检申请。复检合格的，不再收取检验费；复检不合格的，应当缴纳检验费。

第十六条 【质量监督检查】对依法进行的产品质量监督检查，生产者、销售者不得拒绝。

第十七条 【违反监督抽查规定的行政责任】依照本法规定进行监督抽查的产品质量不合格的，由实施监督抽查的市场监督管理部门责令其生产者、销售者限期改正。逾期不改正的，由省级以上人民政府市场监督管理部门予以公告；公告后经复查仍不合格的，责令停业，限期整顿；整顿期满后经复查产品质量仍不合格的，吊销营业执照。

监督抽查的产品有严重质量问题的，依照本法第五章的有关规定处罚。

第十八条 【县级以上产品质量监督部门职权范围】县级以上市场监督管理部门根据已经取得的违法嫌疑证据或者举报，对涉嫌违反本法规定的行为进行查处时，可以行使下列职权：

（一）对当事人涉嫌从事违反本法的生产、销售活动的场所实施现场检查；

（二）向当事人的法定代表人、主要负责人和其他有关人员调查、了解与涉嫌从事违反本法的生产、销售活动有关的情况；

（三）查阅、复制当事人有关的合同、发票、帐簿以及其他有关资料；

（四）对有根据认为不符合保障人体健康和人身、财产安全的国家标准、行业标准的产品或者有其他严重质量问题的产品，以及直接用于生产、销售该项产品的原辅材料、包装物、生产工具，予以查封或者扣押。

第十九条 【产品质量检验机构设立条件】产品质量检验机构必须具备相应的检测条件和能力，经省级以上人民政府市场监督管理部门或者其授权的部门考核合格后，方可承担产品质量检验工作。法律、行政法规对产品质量检验机构另有规定的，依照有关法律、行政法规的规定执行。

第二十条 【产品质量检验、认证中介机构依法设立】从事产品质量检验、认证的社会中介机构必须依法设立，不得与行政机关和其他国家机关存在隶属关系或者其他利益关系。

第二十一条 【产品质量检验、认证机构必须依法出具检验结果、认证证明】产品质量检验机构、认证机构必须依法按照有关标准，客观、公正地出具检验结果或者认证证明。

产品质量认证机构应当依照国家规定对准许使用认证标志的产品进行认证后的跟踪检查；对不符合认证标准而使用认证标志的，要求其改正；情节严重的，取消其使用认证标志的资格。

第二十二条 【消费者的查询、申诉权】消费者有权就产品质量问题，向产品的生产者、销售者查询；向市场监督管理部门及有关部门申诉，接受申诉的部门应当负责处理。

第二十三条 【消费者权益组织的职能】保护消费者权益的社会组织可以就消费者反映的产品质量问题建议有关部门负责处理，支持消费者对因产品质量造成的损害向人民法院起诉。

第二十四条 【抽查产品质量状况定期公告】国务院和省、自治区、直辖市人民政府的市场监督管理部门应当定期发布其监督抽查的产品的质量状况公告。

第二十五条 【监管机构的禁止行为】市场监督管理部门或者其他国家机关以及产品质量检验机构不得向社会推荐生产者的产品；不得以对产品进行监制、监销等方式参与产品经营活动。

第三章 生产者、销售者的产品质量责任和义务

第一节 生产者的产品质量责任和义务

第二十六条 【生产者的产品质量要求】生产者应当对其生产的产品质量负责。

产品质量应当符合下列要求：

（一）不存在危及人身、财产安全的不合理的危险，有保障人体健康和人身、财产安全的国家标准、行业标准的，应当符合该标准；

（二）具备产品应当具备的使用性能，但是，对产品存在使用性能的瑕疵作出说明的除外；

（三）符合在产品或者其包装上注明采用的产品标准，符合以产品说明、实物样品等方式表明的质量状况。

第二十七条 【产品及其包装上的标识要求】产品或者其包装上的标识必须真实，并符合下列要求：

（一）有产品质量检验合格证明；

（二）有中文标明的产品名称、生产厂厂名和厂址；

（三）根据产品的特点和使用要求，需要标明产品规格、等级、所含主要成份的名称和含量的，用中文相应予以标明；需要事先让消费者知晓的，应当在外包装上标明，或者预先向消费者提供有关资料；

（四）限期使用的产品，应当在显著位置清晰地标明生产日期和安全使用期或者失效日期；

（五）使用不当，容易造成产品本身损坏或者可能危及人身、财产安全的产品，应当有警示标志或者中文警示说明。

裸装的食品和其他根据产品的特点难以附加标识的裸装产品，可以不附加产品标识。

案例 1. 伊尔库公司诉无锡市工商局工商行政处罚案（《中华人民共和国最高人民法院公报》2006年第3期）

裁判规则：限期使用的产品，应当在显著位置清晰地标明生产日期和安全使用期或者失效日期。涉案产品的标贴仅标注为生产年份，未具体到月、日，亦无安全使用期或者失效日期，不符合《产品质量法》第二十七条关于产品及其包装上的标识规定的要求。

2. 刘雪娟诉乐金公司、苏宁中心消费者权益纠纷案（《中华人民共和国最高人民法院公报》2005年第6期）

裁判规则：化妆品经营者在限期使用的化妆品包装上虽标注限用合格日期，但没有说明该日期的确切含义，造成消费者无法了解化妆品安全使用期的，侵害了消费者的知情权。

第二十八条　【危险物品包装质量要求】易碎、易燃、易爆、有毒、有腐蚀性、有放射性等危险物品以及储运中不能倒置和其他有特殊要求的产品，其包装质量必须符合相应要求，依照国家有关规定作出警示标志或者中文警示说明，标明储运注意事项。

第二十九条　【禁止生产国家明令淘汰的产品】生产者不得生产国家明令淘汰的产品。

第三十条　【禁止伪造产地、伪造或者冒用他人的厂名、厂址】生产者不得伪造产地，不得伪造或者冒用他人的厂名、厂址。

第三十一条　【禁止伪造或者冒用认证标志等质量标志】生产者不得伪造或者冒用认证标志等质量标志。

第三十二条　【生产者的禁止行为】生产者生产产品，不得掺杂、掺假，不得以假充真、以次充好，不得以不合格产品冒充合格产品。

注释 **掺杂、掺假**

指经营者以谋取利润为目的，故意在产品中掺入杂质或者做假。

以假充真

指一种属性完全不同的产品经过伪装冒充成另一种产品。

以次充好

指产品质量、性能达不到标准或者技术要求，但经营者却谎称产品完全符合标准或者技术要求，以此欺骗消费者。

第二节　销售者的产品质量责任和义务

第三十三条　【进货检查验收制度】销售者应当建立并执行进货检查验收制度，验明产品合格证明和其他标识。

第三十四条　【保持销售产品质量的义务】销售者应当采取措施，保持销售产品的质量。

案例 张志强诉徐州苏宁电器有限公司侵犯消费者权益纠纷案（《中华人民共和国最高人民法院公报》2006年第10期）

裁判规则：在侵犯消费者权益纠纷案件中，消费者主张商品经营者提供的商品存在品质问题，并提供了相应证据的，商品经营者如主张该商品不存在品质问题，应对其主张承担举证责任。

第三十五条　【禁止销售的产品范围】销售者不得销售国家明令淘汰并停止销售的产品和失效、变质的产品。

第三十六条　【销售产品的标识要求】销售者销售的产品的标识应当符合本法第二十七条的规定。

第三十七条　【禁止伪造产地、伪造或者冒用他人厂名、厂址】销售者不得伪造产地，不得伪造或者冒用他人的厂名、厂址。

第三十八条　【禁止伪造或者冒用认证标志等质量标志】销售者不得伪造或者冒用认证标志等质量标志。

第三十九条　【销售者的禁止行为】销售者销售产品，不得掺杂、掺假，不得以假充真、以次充好，不得以不合格产品冒充合格产品。

第四章 损害赔偿

第四十条 【销售者的损害赔偿责任】售出的产品有下列情形之一的，销售者应当负责修理、更换、退货；给购买产品的消费者造成损失的，销售者应当赔偿损失：

（一）不具备产品应当具备的使用性能而事先未作说明的；

（二）不符合在产品或者其包装上注明采用的产品标准的；

（三）不符合以产品说明、实物样品等方式表明的质量状况的。

销售者依照前款规定负责修理、更换、退货、赔偿损失后，属于生产者的责任或者属于向销售者提供产品的其他销售者（以下简称供货者）的责任的，销售者有权向生产者、供货者追偿。

销售者未按照第一款规定给予修理、更换、退货或者赔偿损失的，由市场监督管理部门责令改正。

生产者之间，销售者之间，生产者与销售者之间订立的买卖合同、承揽合同有不同约定的，合同当事人按照合同约定执行。

注释 **三包产品**

三包产品，指包修、包退、包换。经营者应依照国家规定和与消费者的约定，承担"三包"责任和其他责任。对于实行"三包"的商品，如果质量在一定的期限内发生问题，经营者有予以免费修理、更换、退货的义务，即应当承担相应的民事责任；经营者如果不履行"三包"义务，则应承担赔偿的民事责任。

签订合同质量条款有瑕疵的补救措施

一般情况下，买受人发现合同质量条款瑕疵后，可直接与出卖人协商，修改合同质量条款。在协商无效的情况下，买受人可以采取下列有效的补救措施：

（1）请求人民法院或仲裁机构撤销合同质量条款。以下合同质量条款是可以撤销的：

①因重大误解而订立的合同质量条款。

②显失公平的合同质量条款。如合同的质量条款规定为三等品标准，而价款规定为优等品标准，就是显失公平的。

③出卖人以欺诈、胁迫的手段或者乘人之危，使买受人在违背真实意思的情况下订立的合同质量条款。如出卖人隐瞒汽车发动机因碰撞而经过大修的情况，将该车卖给买受人，就属于欺诈行为。

（2）请求人民法院或仲裁机构裁决合同质量条款无效。下列合同质量条款是无效的：

①违反《产品质量法》的规定，约定商品可以不具备其基本性能，如钟表可能不具备提示时间的功能。

②违反《消费者权益保护法》的规定，约定商品或服务可能存在严重缺陷，使用商品或接受服务可能对消费者的人身、财产安全造成危害。

③违反《食品安全法》的规定，约定用非食品原料生产食品或者添加食品添加剂以外的化学物质和其他可能危害人体健康的物质生产食品，或者用回收食品作为原料生产食品。

第四十一条 【人身、他人财产的损害赔偿责任】因产品存在缺陷造成人身、缺陷产品以外的其他财产（以下简称他人财产）损害的，生产者应当承担赔偿责任。

生产者能够证明有下列情形之一的，不承担赔偿责任：

（一）未将产品投入流通的；

（二）产品投入流通时，引起损害的缺陷尚不存在的；

（三）将产品投入流通时的科学技术水平尚不能发现缺陷的存在的。

第四十二条 【销售者的过错赔偿责任】由于销售者的过错使产品存在缺陷，造成人身、他人财产损害的，销售者应当承担赔偿责任。

销售者不能指明缺陷产品的生产者也不能指明缺陷产品的供货者的，销售者应当承担赔偿责任。

第四十三条 【受害者的选择赔偿权】因产品存在缺陷造成人身、他人财产损害的，受害人可以向产品的生产者要求赔偿，也可以向产品的销售者要求赔偿。属于产品的生产者的责任，产品的销售者赔偿的，产品的销售者有权向产品的生产者追偿。属于产品的销售者的责任，产品的生产者赔偿的，产品的生产者有权向产品的销售者追偿。

注释 因运输者、仓储者等第三人的过错使产品存在缺陷，造成他人损害的，产品的生产者、销售者赔偿后，有权向第三人追偿。

链接《民法典》第1203、1204条

第四十四条　【人身伤害的赔偿范围】因产品存在缺陷造成受害人人身伤害的，侵害人应当赔偿医疗费、治疗期间的护理费、因误工减少的收入等费用；造成残疾的，还应当支付残疾者生活自助具费、生活补助费、残疾赔偿金以及由其扶养的人所必需的生活费等费用；造成受害人死亡的，并应当支付丧葬费、死亡赔偿金以及由死者生前扶养的人所必需的生活费等费用。

因产品存在缺陷造成受害人财产损失的，侵害人应当恢复原状或者折价赔偿。受害人因此遭受其他重大损失的，侵害人应当赔偿损失。

注释　人身损害赔偿范围

(1)医疗费。指受害人在受伤接受治疗至伤愈停止医疗期间医疗损伤、残疾以及由此诱发的各种疾病的一切费用。包括诊断费、治疗费、化疗费、医药费、手术费、住院费等医疗人身伤害的费用。此项费用的赔偿一般应以所在地治疗医院的诊断证明、医药费、住院费等单据为凭。医疗费必须是治疗损害所引起的疾病的开支。

(2)治疗期间的护理费。指消费者或者其他受害人所受伤害的程度比较严重，造成生活不能自理时由专人护理所支付的费用。

(3)因误工减少的收入。指因伤不能上班、不能参加劳动而得不到的收入。消费者或其他受害人的误工日期，应按其实际伤害程度、恢复情况并参照治疗医院的证明或者医疗、法医鉴定等认定。

(4)住院治疗的交通费和住宿费。指去医院治疗时，受害人和护理人员所支付的合理的交通费和住宿费。

(5)伙食补助费和营养费。

缺陷导致残疾的赔偿项目

(1)残疾者生活自助具费。指消费者或者其他受害人因使用缺陷产品而受损，身体的某个部位丧失了正常功能，为了能够恢复部分身体功能，因而购买必要的补偿性功能器具所支付的费用。

(2)残疾者生活补助费。受害人因使用缺陷产品而致残，身体丧失部分功能，跟正常人相比，他们的劳动能力较差，收入来源有限，甚至在严重的情况下，受害人丧失了谋生的能力。为了使其在社会上生存，法律以此给予其一个制度保障。

(3)残疾赔偿金。指受害人因使用缺陷产品而致损，由责任人向其支付一定的费用。

(4)由其扶养的人所必需的生活费用。指由残疾人扶养的、没有劳动能力又没有生活来源的亲属的日常生活费用，包括其扶养的配偶、赡养的老人、抚养的未成年子女以及兄弟姐妹等人所必需的生活费用。

(5)与一般伤害相同的赔偿费用。包括医疗费、治疗期间的护理费，因误工减少的收入、交通费、住宿费等。

惩罚性赔偿

明知产品存在缺陷仍然生产、销售，造成他人死亡或者健康严重损害的，被侵权人可依据《消费者权益保护法》第五十五条的规定请求相应的惩罚性赔偿。

第四十五条　【诉讼时效期间】因产品存在缺陷造成损害要求赔偿的诉讼时效期间为二年，自当事人知道或者应当知道其权益受到损害时起计算。

因产品存在缺陷造成损害要求赔偿的请求权，在造成损害的缺陷产品交付最初消费者满十年丧失；但是，尚未超过明示的安全使用期的除外。

第四十六条　【缺陷的含义】本法所称缺陷，是指产品存在危及人身、他人财产安全的不合理的危险；产品有保障人体健康和人身、财产安全的国家标准、行业标准的，是指不符合该标准。

第四十七条　【纠纷解决方式】因产品质量发生民事纠纷时，当事人可以通过协商或者调解解决。当事人不愿通过协商、调解解决或者协商、调解不成的，可以根据当事人各方的协议向仲裁机构申请仲裁；当事人各方没有达成仲裁协议或者仲裁协议无效的，可以直接向人民法院起诉。

第四十八条　【仲裁机构或者人民法院对产品质量检验的规定】仲裁机构或者人民法院可以委托本法第十九条规定的产品质量检验机构，对有关产品质量进行检验。

第五章　罚　则

第四十九条　【生产、销售不符合安全标准的产品的行政处罚、刑事责任】生产、销售不符合保障人体健康和人身、财产安全的国家标准、行业标准的产品的，责令停止生产、销售，没收违法生产、销售的产品，并处违法生产、销售产品(包括已售出和未售出的产品，下同)货值金额等值以上三倍以下的罚款；有违法所得的，并处没收违法所得；

情节严重的,吊销营业执照;构成犯罪的,依法追究刑事责任。

第五十条 【假冒产品的行政处罚、刑事责任】在产品中掺杂、掺假,以假充真,以次充好,或者以不合格产品冒充合格产品的,责令停止生产、销售,没收违法生产、销售的产品,并处违法生产、销售产品货值金额百分之五十以上三倍以下的罚款;有违法所得的,并处没收违法所得;情节严重的,吊销营业执照;构成犯罪的,依法追究刑事责任。

案例 江苏省泰州市人民检察院诉王桂平以危险方法危害公共安全、销售伪劣产品、虚报注册资本案(《中华人民共和国最高人民法院公报》2009年第1期)

裁判规则:行为人明知会发生危害他人身体健康的后果,但基于非法牟利的目的,放任这种结果的发生,向药品生产企业销售假冒的药用辅料用于生产药品,致使药品投入市场后发生致人重伤、死亡的严重后果,其行为构成以危险方法危害公共安全罪。

第五十一条 【生产、销售淘汰产品的行政处罚规定】生产国家明令淘汰的产品的,销售国家明令淘汰并停止销售的产品的,责令停止生产、销售,没收违法生产、销售的产品,并处违法生产、销售产品货值金额等值以下的罚款;有违法所得的,并处没收违法所得;情节严重的,吊销营业执照。

第五十二条 【销售失效、变质的产品的行政处罚、刑事责任】销售失效、变质的产品的,责令停止销售,没收违法销售的产品,并处违法销售产品货值金额二倍以下的罚款;有违法所得的,并处没收违法所得;情节严重的,吊销营业执照;构成犯罪的,依法追究刑事责任。

第五十三条 【伪造、冒用产品产地、厂名、厂址、标志的行政处罚规定】伪造产品产地的,伪造或者冒用他人厂名、厂址的,伪造或者冒用认证标志等质量标志的,责令改正,没收违法生产、销售的产品,并处违法生产、销售产品货值金额等值以下的罚款;有违法所得的,并处没收违法所得;情节严重的,吊销营业执照。

案例 上海罗芙仙妮化妆品有限公司诉上海市工商行政管理局金山分局工商行政处罚决定案(《中华人民共和国最高人民法院公报》2009年第11期)

裁判规则:擅自使用他人的企业名称,并足以导致消费者的误认和混淆,相关行政机关可以作出没收涉案化妆品,并处以罚款的行政处罚决定。

第五十四条 【不符合产品包装、标识要求的行政处罚规定】产品标识不符合本法第二十七条规定的,责令改正;有包装的产品标识不符合本法第二十七条第(四)项、第(五)项规定,情节严重的,责令停止生产、销售,并处违法生产、销售产品货值金额30%以下的罚款;有违法所得的,并处没收违法所得。

第五十五条 【销售者的从轻或者减轻处罚情节】销售者销售本法第四十九条至第五十三条规定禁止销售的产品,有充分证据证明其不知道该产品为禁止销售的产品并如实说明其进货来源的,可以从轻或者减轻处罚。

第五十六条 【违反依法接受产品质量监督检查义务的行政处罚规定】拒绝接受依法进行的产品质量监督检查的,给予警告,责令改正;拒不改正的,责令停业整顿;情节特别严重的,吊销营业执照。

第五十七条 【产品质量中介机构的行政处罚、刑事责任规定】产品质量检验机构、认证机构伪造检验结果或者出具虚假证明的,责令改正,对单位处五万元以上十万元以下的罚款,对直接负责的主管人员和其他直接责任人员处一万元以上五万元以下的罚款;有违法所得的,并处没收违法所得;情节严重的,取消其检验资格、认证资格;构成犯罪的,依法追究刑事责任。

产品质量检验机构、认证机构出具的检验结果或者证明不实,造成损失的,应当承担相应的赔偿责任;造成重大损失的,撤销其检验资格、认证资格。

产品质量认证机构违反本法第二十一条第二款的规定,对不符合认证标准而使用认证标志的产品,未依法要求其改正或者取消其使用认证标志资格的,对因产品不符合认证标准给消费者造成的损失,与产品的生产者、销售者承担连带责任;情节严重的,撤销其认证资格。

第五十八条 【社会团体、社会中介机构的连带赔偿责任】社会团体、社会中介机构对产品质量作出承诺、保证,而该产品又不符合其承诺、保证的质量要求,给消费者造成损失的,与产品的生产者、销售者承担连带责任。

第五十九条 【虚假广告的责任承担】在广告

中对产品质量作虚假宣传，欺骗和误导消费者的，依照《中华人民共和国广告法》的规定追究法律责任。

第六十条 【生产伪劣产品的材料、包装、工具的没收】对生产者专门用于生产本法第四十九条、第五十一条所列的产品或者以假充真的产品的原辅材料、包装物、生产工具，应当予以没收。

链接《市场监督管理行政处罚程序暂行规定》

第六十一条 【运输、保管、仓储部门的责任承担】知道或者应当知道属于本法规定禁止生产、销售的产品而为其提供运输、保管、仓储等便利条件的，或者为以假充真的产品提供制假生产技术的，没收全部运输、保管、仓储或者提供制假生产技术的收入，并处违法收入百分之五十以上三倍以下的罚款；构成犯罪的，依法追究刑事责任。

第六十二条 【服务业经营者的责任承担】服务业的经营者将本法第四十九条至第五十二条规定禁止销售的产品用于经营性服务的，责令停止使用；对知道或者应当知道所使用的产品属于本法规定禁止销售的产品的，按照违法使用的产品（包括已使用和尚未使用的产品）的货值金额，依照本法对销售者的处罚规定处罚。

第六十三条 【隐匿、转移、变卖、损毁被依法查封、扣押的物品的行政责任】隐匿、转移、变卖、损毁被市场监督管理部门查封、扣押的物品的，处被隐匿、转移、变卖、损毁物品货值金额等值以上三倍以下的罚款；有违法所得的，并处没收违法所得。

第六十四条 【民事赔偿责任优先原则】违反本法规定，应当承担民事赔偿责任和缴纳罚款、罚金，其财产不足以同时支付时，先承担民事赔偿责任。

第六十五条 【国家工作人员的责任承担】各级人民政府工作人员和其他国家机关工作人员有下列情形之一的，依法给予行政处分；构成犯罪的，依法追究刑事责任：

（一）包庇、放纵产品生产、销售中违反本法规定行为的；

（二）向从事违反本法规定的生产、销售活动的当事人通风报信，帮助其逃避查处的；

（三）阻挠、干预市场监督管理部门依法对产品生产、销售中违反本法规定的行为进行查处，造成严重后果的。

第六十六条 【质检部门的检验责任承担】市场监督管理部门在产品质量监督抽查中超过规定的数量索取样品或者向被检查人收取检验费用的，由上级市场监督管理部门或者监察机关责令退还；情节严重的，对直接负责的主管人员和其他直接责任人员依法给予行政处分。

第六十七条 【国家机关推荐产品的责任承担】市场监督管理部门或者其他国家机关违反本法第二十五条的规定，向社会推荐生产者的产品或者以监制、监销等方式参与产品经营活动的，由其上级机关或者监察机关责令改正，消除影响，有违法收入的予以没收；情节严重的，对直接负责的主管人员和其他直接责任人员依法给予行政处分。

产品质量检验机构有前款所列违法行为的，由市场监督管理部门责令改正，消除影响，有违法收入的予以没收，可以并处违法收入一倍以下的罚款；情节严重的，撤销其质量检验资格。

第六十八条 【产品监管部门工作人员的违法行为的责任承担】市场监督管理部门的工作人员滥用职权、玩忽职守、徇私舞弊，构成犯罪的，依法追究刑事责任；尚不构成犯罪的，依法给予行政处分。

第六十九条 【妨碍监管公务的行政责任】以暴力、威胁方法阻碍市场监督管理部门的工作人员依法执行职务的，依法追究刑事责任；拒绝、阻碍未使用暴力、威胁方法的，由公安机关依照治安管理处罚法的规定处罚。

第七十条 【监管部门的行政处罚权限】本法第四十九条至第五十七条、第六十条至第六十三条规定的行政处罚由市场监督管理部门决定。法律、行政法规对行使行政处罚权的机关另有规定的，依照有关法律、行政法规的规定执行。

第七十一条 【没收产品的处理】对依照本法规定没收的产品，依照国家有关规定进行销毁或者采取其他方式处理。

第七十二条 【货值金额的计算】本法第四十九条至第五十四条、第六十二条、第六十三条所规定的货值金额以违法生产、销售产品的标价计算；没有标价的，按照同类产品的市场价格计算。

第六章 附 则

第七十三条 【军工产品质量监督管理办法

另行制定】军工产品质量监督管理办法，由国务院、中央军事委员会另行制定。

因核设施、核产品造成损害的赔偿责任，法律、行政法规另有规定的，依照其规定。

第七十四条 【施行日期】本法自1993年9月1日起施行。

中华人民共和国食品安全法

· 2009年2月28日第十一届全国人民代表大会常务委员会第七次会议通过
· 2015年4月24日第十二届全国人民代表大会常务委员会第十四次会议修订
· 根据2018年12月29日第十三届全国人民代表大会常务委员会第七次会议《关于修改〈中华人民共和国产品质量法〉等五部法律的决定》第一次修正
· 根据2021年4月29日第十三届全国人民代表大会常务委员会第二十八次会议《关于修改〈中华人民共和国道路交通安全法〉等八部法律的决定》第二次修正

第一章 总 则

第一条 【立法目的】为了保证食品安全，保障公众身体健康和生命安全，制定本法。

第二条 【适用范围】在中华人民共和国境内从事下列活动，应当遵守本法：

（一）食品生产和加工（以下称食品生产），食品销售和餐饮服务（以下称食品经营）；

（二）食品添加剂的生产经营；

（三）用于食品的包装材料、容器、洗涤剂、消毒剂和用于食品生产经营的工具、设备（以下称食品相关产品）的生产经营；

（四）食品生产经营者使用食品添加剂、食品相关产品；

（五）食品的贮存和运输；

（六）对食品、食品添加剂、食品相关产品的安全管理。

供食用的源于农业的初级产品（以下称食用农产品）的质量安全管理，遵守《中华人民共和国农产品质量安全法》的规定。但是，食用农产品的市场销售、有关质量安全标准的制定、有关安全信息的公布和本法对农业投入品作出规定的，应当遵守本法的规定。

注释 本法的适用范围

（1）食品生产。食品生产包括食品生产和加工，是指把食品原料通过生产加工程序，形成一种新形式的可直接食用的产品。

（2）食品经营。食品经营包括食品销售和餐饮服务。餐饮服务，根据《餐饮服务许可管理办法》，是指通过即时制作加工、商业销售和服务性劳动等，向消费者提供食品和消费场所及设施的服务活动。需要指出的是，本次修订，食品安全法将“食品的贮存和运输”明确列为调整范围，为避免内容交叉，将原先法律条文中的“食品流通”均修改为“食品销售”。

（3）食品添加剂、食品相关产品的生产经营和使用。食品添加剂和食品相关产品是食品生产经营活动中必不可少的物质，与食品安全息息相关，可以说没有食品添加剂和食品相关产品的安全，就没有食品安全。需要说明的是，在管理体制上，原食品安全法将食品添加剂作为工业产品，规定由质量监督部门按工业产品生产许可证管理的相关规定进行管理。2015年修改法律，为与国务院对食品添加剂监管职能调整的规定相衔接，明确由食品药品监督管理部门负责对食品添加剂进行监管。2018年修改，根据机构改革内容将负责部门改为食品安全监督管理部门。

（4）食品的贮存和运输。这是2015年修改增加的规定。食品贮存、运输是食品安全管理的重要环节，除食品生产经营者外，还有一些专业的仓储、物流企业也从事食品的贮存、运输活动，应当对其加强管理。

除了上述活动外，其他对食品、食品添加剂和食品相关产品的安全管理活动均适用食品安全法。

食用农产品的法律适用

食用农产品是指供食用的源于农业的初级产品，如蔬菜、瓜果、未经加工的肉类等。而食品是指各种供人食用或者饮用的成品和原料以及按照传统既是食品又是药品的物品，但是不包括以治疗为目的的物品。根据这一定义，食品包含食用农产品。但是考虑到我国在2006年已经制定了农产品质量安全法，对包括食用农产品在内的农产品的生产、监督检查等作了规定，本条明确食用农产品的质量安全管理，遵守农产品质量安全法的规定。但是，食用农产品的市场销售、有关质量安全标准的制定、有关安全信息的公布和本法对农业投入品作出规定的，应当遵守本法的规定。

链接《农产品质量安全法》;《农药管理条例》

第三条 【食品安全工作原则】食品安全工作实行预防为主、风险管理、全程控制、社会共治，建立科学、严格的监督管理制度。

第四条 【食品生产经营者的责任】食品生产经营者对其生产经营食品的安全负责。

食品生产经营者应当依照法律、法规和食品安全标准从事生产经营活动，保证食品安全，诚信自律，对社会和公众负责，接受社会监督，承担社会责任。

注释 食品生产经营者是食品安全第一责任人，应当对其生产经营食品的安全负责，承担食品安全主体责任，正所谓“谁生产，谁负责；谁经营，谁负责”。

第五条 【食品安全监管体制】国务院设立食品安全委员会，其职责由国务院规定。

国务院食品安全监督管理部门依照本法和国务院规定的职责，对食品生产经营活动实施监督管理。

国务院卫生行政部门依照本法和国务院规定的职责，组织开展食品安全风险监测和风险评估，会同国务院食品安全监督管理部门制定并公布食品安全国家标准。

国务院其他有关部门依照本法和国务院规定的职责，承担有关食品安全工作。

第六条 【地方政府食品安全监督管理职责】县级以上地方人民政府对本行政区域的食品安全监督管理工作负责，统一领导、组织、协调本行政区域的食品安全监督管理工作以及食品安全突发事件应对工作，建立健全食品安全全程监督管理工作机制和信息共享机制。

县级以上地方人民政府依照本法和国务院的规定，确定本级食品安全监督管理、卫生行政部门和其他有关部门的职责。有关部门在各自职责范围内负责本行政区域的食品安全监督管理工作。

县级人民政府食品安全监督管理部门可以在乡镇或者特定区域设立派出机构。

第七条 【地方政府食品安全责任评议、考核制度】县级以上地方人民政府实行食品安全监督管理责任制。上级人民政府负责对下一级人民政府的食品安全监督管理工作进行评议、考核。县级以上地方人民政府负责对本级食品安全监督管理部门和其他有关部门的食品安全监督管理工作进行评议、考核。

第八条 【政府对食品安全工作的财政保障和监管职责】县级以上人民政府应当将食品安全工作纳入本级国民经济和社会发展规划，将食品安全工作经费列入本级政府财政预算，加强食品安全监督管理能力建设，为食品安全工作提供保障。

县级以上人民政府食品安全监督管理部门和其他有关部门应当加强沟通、密切配合，按照各自职责分工，依法行使职权，承担责任。

第九条 【食品行业协会和消费者协会的责任】食品行业协会应当加强行业自律，按照章程建立健全行业规范和奖惩机制，提供食品安全信息、技术等服务，引导和督促食品生产经营者依法生产经营，推动行业诚信建设，宣传、普及食品安全知识。

消费者协会和其他消费者组织对违反本法规定，损害消费者合法权益的行为，依法进行社会监督。

第十条 【食品安全宣传教育和舆论监督】各级人民政府应当加强食品安全的宣传教育，普及食品安全知识，鼓励社会组织、基层群众性自治组织、食品生产经营者开展食品安全法律、法规以及食品安全标准和知识的普及工作，倡导健康的饮食方式，增强消费者食品安全意识和自我保护能力。

新闻媒体应当开展食品安全法律、法规以及食品安全标准和知识的公益宣传，并对食品安全违法行为进行舆论监督。有关食品安全的宣传报道应当真实、公正。

第十一条 【食品安全研究和农药管理】国家鼓励和支持开展与食品安全有关的基础研究、应用研究，鼓励和支持食品生产经营者为提高食品安全水平采用先进技术和先进管理规范。

国家对农药的使用实行严格的管理制度，加快淘汰剧毒、高毒、高残留农药，推动替代产品的研发和应用，鼓励使用高效低毒低残留农药。

链接《农产品质量安全法》第29条;《农药管理条例》

第十二条 【社会监督】任何组织或者个人有权举报食品安全违法行为，依法向有关部门了解食品安全信息，对食品安全监督管理工作提出意见和建议。

注释 完善举报奖励制度

针对举报奖励制度，2019年修订的《食品安全法实施条例》也作出了明确规定，国家实行食品安全违法行为举报奖励制度，对查证属实的举报，给予举报人奖励。举报人举报所在企业食品安全重大违法犯罪行为的，应当加大奖励力度。有关部门应当对举报人的信息予以保密，保护举报人的合法权益。食品安全违法行为举报奖励办法由国务院食品安全监督管理部门会同国务院财政等有关部门制定。食品安全违法行为举报奖励资金纳入各级人民政府预算。

第十三条 【表彰、奖励有突出贡献的单位和个人】对在食品安全工作中做出突出贡献的单位和个人，按照国家有关规定给予表彰、奖励。

第二章 食品安全风险监测和评估

第十四条 【食品安全风险监测制度】国家建立食品安全风险监测制度，对食源性疾病、食品污染以及食品中的有害因素进行监测。

国务院卫生行政部门会同国务院食品安全监督管理等部门，制定、实施国家食品安全风险监测计划。

国务院食品安全监督管理部门和其他有关部门获知有关食品安全风险信息后，应当立即核实并向国务院卫生行政部门通报。对有关部门通报的食品安全风险信息以及医疗机构报告的食源性疾病等有关疾病信息，国务院卫生行政部门应当会同国务院有关部门分析研究，认为必要的，及时调整国家食品安全风险监测计划。

省、自治区、直辖市人民政府卫生行政部门会同同级食品安全监督管理等部门，根据国家食品安全风险监测计划，结合本行政区域的具体情况，制定、调整本行政区域的食品安全风险监测方案，报国务院卫生行政部门备案并实施。

第十五条 【食品安全风险监测工作】承担食品安全风险监测工作的技术机构应当根据食品安全风险监测计划和监测方案开展监测工作，保证监测数据真实、准确，并按照食品安全风险监测计划和监测方案的要求报送监测数据和分析结果。

食品安全风险监测工作人员有权进入相关食用农产品种植养殖、食品生产经营场所采集样品、收集相关数据。采集样品应当按照市场价格支付费用。

第十六条 【及时通报食品安全风险监测结果】食品安全风险监测结果表明可能存在食品安全隐患的，县级以上人民政府卫生行政部门应当及时将相关信息通报同级食品安全监督管理等部门，并报告本级人民政府和上级人民政府卫生行政部门。食品安全监督管理等部门应当组织开展进一步调查。

第十七条 【食品安全风险评估制度】国家建立食品安全风险评估制度，运用科学方法，根据食品安全风险监测信息、科学数据以及有关信息，对食品、食品添加剂、食品相关产品中生物性、化学性和物理性危害因素进行风险评估。

国务院卫生行政部门负责组织食品安全风险评估工作，成立由医学、农业、食品、营养、生物、环境等方面的专家组成的食品安全风险评估专家委员会进行食品安全风险评估。食品安全风险评估结果由国务院卫生行政部门公布。

对农药、肥料、兽药、饲料和饲料添加剂等的安全性评估，应当有食品安全风险评估专家委员会的专家参加。

食品安全风险评估不得向生产经营者收取费用，采集样品应当按照市场价格支付费用。

第十八条 【食品安全风险评估法定情形】有下列情形之一的，应当进行食品安全风险评估：

（一）通过食品安全风险监测或者接到举报发现食品、食品添加剂、食品相关产品可能存在安全隐患的；

（二）为制定或者修订食品安全国家标准提供科学依据需要进行风险评估的；

（三）为确定监督管理的重点领域、重点品种需要进行风险评估的；

（四）发现新的可能危害食品安全因素的；

（五）需要判断某一因素是否构成食品安全隐患的；

（六）国务院卫生行政部门认为需要进行风险评估的其他情形。

第十九条 【监管部门在食品安全风险评估中的配合协作义务】国务院食品安全监督管理、农业行政等部门在监督管理工作中发现需要进行食品安全风险评估的，应当向国务院卫生行政部门提出食品安全风险评估的建议，并提供风险来源、相关检验数据和结论等信息、资料。属于本法第十八条规定情形的，国务院卫生行政部门应当及时进行食品安全风险评估，并向国务院有关部门通报评估结果。

第二十条 【卫生行政、农业行政部门信息共享机制】省级以上人民政府卫生行政、农业行政部门应当及时相互通报食品、食用农产品安全风险监测信息。

国务院卫生行政、农业行政部门应当及时相互通报食品、食用农产品安全风险评估结果等信息。

链接 本法第2条；《农产品质量安全法》第15、21条

第二十一条 【食品安全风险评估结果】食品安全风险评估结果是制定、修订食品安全标准和实施食品安全监督管理的科学依据。

经食品安全风险评估，得出食品、食品添加剂、食品相关产品不安全结论的，国务院食品安全监督管理等部门应当依据各自职责立即向社会公告，告知消费者停止食用或者使用，并采取相应措施，确保该食品、食品添加剂、食品相关产品停止生产经营；需要制定、修订相关食品安全国家标准的，国务院卫生行政部门应当会同国务院食品安全监督管理部门立即制定、修订。

第二十二条 【食品安全风险警示】国务院食品安全监督管理部门应当会同国务院有关部门，根据食品安全风险评估结果、食品安全监督管理信息，对食品安全状况进行综合分析。对经综合分析表明可能具有较高程度安全风险的食品，国务院食品安全监督管理部门应当及时提出食品安全风险警示，并向社会公布。

第二十三条 【食品安全风险交流】县级以上人民政府食品安全监督管理部门和其他有关部门、食品安全风险评估专家委员会及其技术机构，应当按照科学、客观、及时、公开的原则，组织食品生产经营者、食品检验机构、认证机构、食品行业协会、消费者协会以及新闻媒体等，就食品安全风险评估信息和食品安全监督管理信息进行交流沟通。

第三章 食品安全标准

第二十四条 【食品安全标准的制定原则】制定食品安全标准，应当以保障公众身体健康为宗旨，做到科学合理、安全可靠。

第二十五条 【食品安全标准的强制性】食品安全标准是强制执行的标准。除食品安全标准外，不得制定其他食品强制性标准。

第二十六条 【食品安全标准的内容】食品安全标准应当包括下列内容：

（一）食品、食品添加剂、食品相关产品中的致病性微生物，农药残留、兽药残留、生物毒素、重金属等污染物质以及其他危害人体健康物质的限量规定；

（二）食品添加剂的品种、使用范围、用量；

（三）专供婴幼儿和其他特定人群的主辅食品的营养成分要求；

（四）对与卫生、营养等食品安全要求有关的标签、标志、说明书的要求；

（五）食品生产经营过程的卫生要求；

（六）与食品安全有关的质量要求；

（七）与食品安全有关的食品检验方法与规程；

（八）其他需要制定为食品安全标准的内容。

链接《食品添加剂使用标准》（GB2760-2014）

第二十七条 【食品安全国家标准的制定、公布主体】食品安全国家标准由国务院卫生行政部门会同国务院食品安全监督管理部门制定、公布，国务院标准化行政部门提供国家标准编号。

食品中农药残留、兽药残留的限量规定及其检验方法与规程由国务院卫生行政部门、国务院农业行政部门会同国务院食品安全监督管理部门制定。

屠宰畜、禽的检验规程由国务院农业行政部门会同国务院卫生行政部门制定。

第二十八条 【制定食品安全国家标准的要求和程序】制定食品安全国家标准，应当依据食品安全风险评估结果并充分考虑食用农产品安全风险评估结果，参照相关的国际标准和国际食品安全风险评估结果，并将食品安全国家标准草案向社会公布，广泛听取食品生产经营者、消费者、有关部门等方面的意见。

食品安全国家标准应当经国务院卫生行政部门组织的食品安全国家标准审评委员会审查通过。食品安全国家标准审评委员会由医学、农业、食品、营养、生物、环境等方面的专家以及国务院有关部门、食品行业协会、消费者协会的代表组

成，对食品安全国家标准草案的科学性和实用性等进行审查。

第二十九条　【食品安全地方标准】对地方特色食品，没有食品安全国家标准的，省、自治区、直辖市人民政府卫生行政部门可以制定并公布食品安全地方标准，报国务院卫生行政部门备案。食品安全国家标准制定后，该地方标准即行废止。

链接《标准化法》；《食品安全法实施条例》第11、12条

第三十条　【食品安全企业标准】国家鼓励食品生产企业制定严于食品安全国家标准或者地方标准的企业标准，在本企业适用，并报省、自治区、直辖市人民政府卫生行政部门备案。

链接《食品安全法实施条例》第14条

第三十一条　【食品安全标准公布和有关问题解答】省级以上人民政府卫生行政部门应当在其网站上公布制定和备案的食品安全国家标准、地方标准和企业标准，供公众免费查阅、下载。

对食品安全标准执行过程中的问题，县级以上人民政府卫生行政部门应当会同有关部门及时给予指导、解答。

第三十二条　【食品安全标准跟踪评价和执行】省级以上人民政府卫生行政部门应当会同同级食品安全监督管理、农业行政等部门，分别对食品安全国家标准和地方标准的执行情况进行跟踪评价，并根据评价结果及时修订食品安全标准。

省级以上人民政府食品安全监督管理、农业行政等部门应当对食品安全标准执行中存在的问题进行收集、汇总，并及时向同级卫生行政部门通报。

食品生产经营者、食品行业协会发现食品安全标准在执行中存在问题的，应当立即向卫生行政部门报告。

第四章　食品生产经营

第一节　一般规定

第三十三条　【食品生产经营要求】食品生产经营应当符合食品安全标准，并符合下列要求：

（一）具有与生产经营的食品品种、数量相适应的食品原料处理和食品加工、包装、贮存等场所，保持该场所环境整洁，并与有毒、有害场所以及其他污染源保持规定的距离；

（二）具有与生产经营的食品品种、数量相适应的生产经营设备或者设施，有相应的消毒、更衣、盥洗、采光、照明、通风、防腐、防尘、防蝇、防鼠、防虫、洗涤以及处理废水、存放垃圾和废弃物的设备或者设施；

（三）有专职或者兼职的食品安全专业技术人员、食品安全管理人员和保证食品安全的规章制度；

（四）具有合理的设备布局和工艺流程，防止待加工食品与直接入口食品、原料与成品交叉污染，避免食品接触有毒物、不洁物；

（五）餐具、饮具和盛放直接入口食品的容器，使用前应当洗净、消毒，炊具、用具用后应当洗净，保持清洁；

（六）贮存、运输和装卸食品的容器、工具和设备应当安全、无害，保持清洁，防止食品污染，并符合保证食品安全所需的温度、湿度等特殊要求，不得将食品与有毒、有害物品一同贮存、运输；

（七）直接入口的食品应当使用无毒、清洁的包装材料、餐具、饮具和容器；

（八）食品生产经营人员应当保持个人卫生，生产经营食品时，应当将手洗净，穿戴清洁的工作衣、帽等；销售无包装的直接入口食品时，应当使用无毒、清洁的容器、售货工具和设备；

（九）用水应当符合国家规定的生活饮用水卫生标准；

（十）使用的洗涤剂、消毒剂应当对人体安全、无害；

（十一）法律、法规规定的其他要求。

非食品生产经营者从事食品贮存、运输和装卸的，应当符合前款第六项的规定。

第三十四条　【禁止生产经营的食品、食品添加剂、食品相关产品】禁止生产经营下列食品、食品添加剂、食品相关产品：

（一）用非食品原料生产的食品或者添加食品添加剂以外的化学物质和其他可能危害人体健康物质的食品，或者用回收食品作为原料生产的食品；

（二）致病性微生物，农药残留、兽药残留、生物毒素、重金属等污染物质以及其他危害人体健康的物质含量超过食品安全标准限量的食品、食品添加剂、食品相关产品；

（三）用超过保质期的食品原料、食品添加剂生产的食品、食品添加剂；

（四）超范围、超限量使用食品添加剂的食品；

（五）营养成分不符合食品安全标准的专供婴幼儿和其他特定人群的主辅食品；

（六）腐败变质、油脂酸败、霉变生虫、污秽不洁、混有异物、掺假掺杂或者感官性状异常的食品、食品添加剂；

（七）病死、毒死或者死因不明的禽、畜、兽、水产动物肉类及其制品；

（八）未按规定进行检疫或者检疫不合格的肉类，或者未经检验或者检验不合格的肉类制品；

（九）被包装材料、容器、运输工具等污染的食品、食品添加剂；

（十）标注虚假生产日期、保质期或者超过保质期的食品、食品添加剂；

（十一）无标签的预包装食品、食品添加剂；

（十二）国家为防病等特殊需要明令禁止生产经营的食品；

（十三）其他不符合法律、法规或者食品安全标准的食品、食品添加剂、食品相关产品。

注释 食品安全法所称回收食品，是指已经售出，因违反法律、法规、食品安全标准或者超过保质期等原因，被召回或者退回的食品，不包括依照食品安全法第六十三条第三款的规定可以继续销售的食品。

第三十五条 【食品生产经营许可】国家对食品生产经营实行许可制度。从事食品生产、食品销售、餐饮服务，应当依法取得许可。但是，销售食用农产品和仅销售预包装食品的，不需要取得许可。仅销售预包装食品的，应当报所在地县级以上地方人民政府食品安全监督管理部门备案。

县级以上地方人民政府食品安全监督管理部门应当依照《中华人民共和国行政许可法》的规定，审核申请人提交的本法第三十三条第一款第一项至第四项规定要求的相关资料，必要时对申请人的生产经营场所进行现场核查；对符合规定条件的，准予许可；对不符合规定条件的，不予许可并书面说明理由。

注释《中华人民共和国行政许可法》第12条规定，直接关系人身健康、生命财产安全等特定活动，需要按照法定条件予以批准的事项，可以设定行政许可。食品生产经营直接关系人身健康和生命财产安全，对其实行许可制度是必要的。食品生产、销售和餐饮服务统一由食品药品监督管理部门监督管理，颁发食品生产经营许可证。销售食用农产品的，不需要取得许可。

2019年修订的《食品安全法实施条例》将食品生产经营许可的有效期从3年延长至5年。

链接《食品安全法实施条例》第15条

第三十六条 【对食品生产加工小作坊和食品摊贩等的管理】食品生产加工小作坊和食品摊贩等从事食品生产经营活动，应当符合本法规定的与其生产经营规模、条件相适应的食品安全要求，保证所生产经营的食品卫生、无毒、无害，食品安全监督管理部门应当对其加强监督管理。

县级以上地方人民政府应当对食品生产加工小作坊、食品摊贩等进行综合治理，加强服务和统一规划，改善其生产经营环境，鼓励和支持其改进生产经营条件，进入集中交易市场、店铺等固定场所经营，或者在指定的临时经营区域、时段经营。

食品生产加工小作坊和食品摊贩等的具体管理办法由省、自治区、直辖市制定。

第三十七条 【利用新的食品原料从事食品生产等的安全性评估】利用新的食品原料生产食品，或者生产食品添加剂新品种、食品相关产品新品种，应当向国务院卫生行政部门提交相关产品的安全性评估材料。国务院卫生行政部门应当自收到申请之日起六十日内组织审查；对符合食品安全要求的，准予许可并公布；对不符合食品安全要求的，不予许可并书面说明理由。

第三十八条 【食品中不得添加药品】生产经营的食品中不得添加药品，但是可以添加按照传统既是食品又是中药材的物质。按照传统既是食品又是中药材的物质目录由国务院卫生行政部门会同国务院食品安全监督管理部门制定、公布。

注释 药品，是指用于预防、治疗、诊断人的疾病，有目的地调节人的生理机能并规定有适应症或者功能主治、用法和用量的物质，包括中药材、中药饮片、中成药、化学原料药及其制剂、抗生素、生化药品、放射性药品、血清、疫苗、血液制品和诊断药品等。药品都有毒副作用，不得在食品中添加药品，但是按照传统既是食品又是中药材的物质可以添加。

第三十九条 【食品添加剂生产许可】国家对食品添加剂生产实行许可制度。从事食品添加剂生产，应当具有与所生产食品添加剂品种相适应的场所、生产设备或者设施、专业技术人员和管理制度,并依照本法第三十五条第二款规定的程序,取得食品添加剂生产许可。

生产食品添加剂应当符合法律、法规和食品安全国家标准。

第四十条 【食品添加剂允许使用的条件和使用要求】食品添加剂应当在技术上确有必要且经过风险评估证明安全可靠,方可列入允许使用的范围;有关食品安全国家标准应当根据技术必要性和食品安全风险评估结果及时修订。

食品生产经营者应当按照食品安全国家标准使用食品添加剂。

第四十一条 【食品相关产品的生产要求】生产食品相关产品应当符合法律、法规和食品安全国家标准。对直接接触食品的包装材料等具有较高风险的食品相关产品,按照国家有关工业产品生产许可证管理的规定实施生产许可。食品安全监督管理部门应当加强对食品相关产品生产活动的监督管理。

第四十二条 【食品安全全程追溯制度】国家建立食品安全全程追溯制度。

食品生产经营者应当依照本法的规定,建立食品安全追溯体系,保证食品可追溯。国家鼓励食品生产经营者采用信息化手段采集、留存生产经营信息,建立食品安全追溯体系。

国务院食品安全监督管理部门会同国务院农业行政等有关部门建立食品安全全程追溯协作机制。

第四十三条 【食品规模化生产和食品安全责任保险】地方各级人民政府应当采取措施鼓励食品规模化生产和连锁经营、配送。

国家鼓励食品生产经营企业参加食品安全责任保险。

第二节 生产经营过程控制

第四十四条 【食品生产经营企业食品安全管理制度】食品生产经营企业应当建立健全食品安全管理制度,对职工进行食品安全知识培训,加强食品检验工作,依法从事生产经营活动。

食品生产经营企业的主要负责人应当落实企业食品安全管理制度,对本企业的食品安全工作全面负责。

食品生产经营企业应当配备食品安全管理人员,加强对其培训和考核。经考核不具备食品安全管理能力的,不得上岗。食品安全监督管理部门应当对企业食品安全管理人员随机进行监督抽查考核并公布考核情况。监督抽查考核不得收取费用。

第四十五条 【食品从业人员健康管理】食品生产经营者应当建立并执行从业人员健康管理制度。患有国务院卫生行政部门规定的有碍食品安全疾病的人员,不得从事接触直接入口食品的工作。

从事接触直接入口食品工作的食品生产经营人员应当每年进行健康检查,取得健康证明后方可上岗工作。

第四十六条 【食品生产企业制定并实施食品安全管理控制要求】食品生产企业应当就下列事项制定并实施控制要求,保证所生产的食品符合食品安全标准:

(一)原料采购、原料验收、投料等原料控制;

(二)生产工序、设备、贮存、包装等生产关键环节控制;

(三)原料检验、半成品检验、成品出厂检验等检验控制;

(四)运输和交付控制。

第四十七条 【食品生产经营者的自查制度】食品生产经营者应当建立食品安全自查制度,定期对食品安全状况进行检查评价。生产经营条件发生变化,不再符合食品安全要求的,食品生产经营者应当立即采取整改措施;有发生食品安全事故潜在风险的,应当立即停止食品生产经营活动,并向所在地县级人民政府食品安全监督管理部门报告。

第四十八条 【鼓励食品企业提高食品安全管理水平】国家鼓励食品生产经营企业符合良好生产规范要求,实施危害分析与关键控制点体系,提高食品安全管理水平。

对通过良好生产规范、危害分析与关键控制点体系认证的食品生产经营企业,认证机构应当依法实施跟踪调查;对不再符合认证要求的企业,应当依法撤销认证,及时向县级以上人民政府食品安全监督管理部门通报,并向社会公布。认证机构实施跟踪调查不得收取费用。

第四十九条 【农业投入品的使用管理】食用农产品生产者应当按照食品安全标准和国家有关规定使用农药、肥料、兽药、饲料和饲料添加剂等农业投入品，严格执行农业投入品使用安全间隔期或者休药期的规定，不得使用国家明令禁止的农业投入品。禁止将剧毒、高毒农药用于蔬菜、瓜果、茶叶和中草药材等国家规定的农作物。

食用农产品的生产企业和农民专业合作经济组织应当建立农业投入品使用记录制度。

县级以上人民政府农业行政部门应当加强对农业投入品使用的监督管理和指导，建立健全农业投入品安全使用制度。

第五十条 【食品生产者进货查验记录制度】食品生产者采购食品原料、食品添加剂、食品相关产品，应当查验供货者的许可证和产品合格证明；对无法提供合格证明的食品原料，应当按照食品安全标准进行检验；不得采购或者使用不符合食品安全标准的食品原料、食品添加剂、食品相关产品。

食品生产企业应当建立食品原料、食品添加剂、食品相关产品进货查验记录制度，如实记录食品原料、食品添加剂、食品相关产品的名称、规格、数量、生产日期或者生产批号、保质期、进货日期以及供货者名称、地址、联系方式等内容，并保存相关凭证。记录和凭证保存期限不得少于产品保质期满后六个月；没有明确保质期的，保存期限不得少于二年。

第五十一条 【食品出厂检验记录制度】食品生产企业应当建立食品出厂检验记录制度，查验出厂食品的检验合格证和安全状况，如实记录食品的名称、规格、数量、生产日期或者生产批号、保质期、检验合格证号、销售日期以及购货者名称、地址、联系方式等内容，并保存相关凭证。记录和凭证保存期限应当符合本法第五十条第二款的规定。

第五十二条 【食品质量检验】食品、食品添加剂、食品相关产品的生产者，应当按照食品安全标准对所生产的食品、食品添加剂、食品相关产品进行检验，检验合格后方可出厂或者销售。

第五十三条 【食品经营者进货查验记录制度】食品经营者采购食品，应当查验供货者的许可证和食品出厂检验合格证或者其他合格证明（以下称合格证明文件）。

食品经营企业应当建立食品进货查验记录制度，如实记录食品的名称、规格、数量、生产日期或者生产批号、保质期、进货日期以及供货者名称、地址、联系方式等内容，并保存相关凭证。记录和凭证保存期限应当符合本法第五十条第二款的规定。

实行统一配送经营方式的食品经营企业，可以由企业总部统一查验供货者的许可证和食品合格证明文件，进行食品进货查验记录。

从事食品批发业务的经营企业应当建立食品销售记录制度，如实记录批发食品的名称、规格、数量、生产日期或者生产批号、保质期、销售日期以及购货者名称、地址、联系方式等内容，并保存相关凭证。记录和凭证保存期限应当符合本法第五十条第二款的规定。

第五十四条 【食品经营者贮存食品的要求】食品经营者应当按照保证食品安全的要求贮存食品，定期检查库存食品，及时清理变质或者超过保质期的食品。

食品经营者贮存散装食品，应当在贮存位置标明食品的名称、生产日期或者生产批号、保质期、生产者名称及联系方式等内容。

第五十五条 【餐饮服务提供者原料控制要求】餐饮服务提供者应当制定并实施原料控制要求，不得采购不符合食品安全标准的食品原料。倡导餐饮服务提供者公开加工过程，公示食品原料及其来源等信息。

餐饮服务提供者在加工过程中应当检查待加工的食品及原料，发现有本法第三十四条第六项规定情形的，不得加工或者使用。

第五十六条 【餐饮服务提供者的食品安全管理】餐饮服务提供者应当定期维护食品加工、贮存、陈列等设施、设备；定期清洗、校验保温设施及冷藏、冷冻设施。

餐饮服务提供者应当按照要求对餐具、饮具进行清洗消毒，不得使用未经清洗消毒的餐具、饮具；餐饮服务提供者委托清洗消毒餐具、饮具的，应当委托符合本法规定条件的餐具、饮具集中消毒服务单位。

第五十七条 【集中用餐单位食品安全管理】学校、托幼机构、养老机构、建筑工地等集中用餐单位的食堂应当严格遵守法律、法规和食品安全标准；从供餐单位订餐的，应当从取得食品生产经营许可的企业订购，并按照要求对订购的食品进行查验。供餐单位应当严格遵守法律、法规和食品安全标准，当餐加工，确保食品安全。

学校、托幼机构、养老机构、建筑工地等集中用餐单位的主管部门应当加强对集中用餐单位的食品安全教育和日常管理，降低食品安全风险，及时消除食品安全隐患。

第五十八条 【餐饮具集中消毒服务单位食品安全责任】餐具、饮具集中消毒服务单位应当具备相应的作业场所、清洗消毒设备或者设施，用水和使用的洗涤剂、消毒剂应当符合相关食品安全国家标准和其他国家标准、卫生规范。

餐具、饮具集中消毒服务单位应当对消毒餐具、饮具进行逐批检验，检验合格后方可出厂，并应当随附消毒合格证明。消毒后的餐具、饮具应当在独立包装上标注单位名称、地址、联系方式、消毒日期以及使用期限等内容。

链接《消毒服务机构卫生规范》；《消毒管理办法》；《食品安全法实施条例》第26、27条

第五十九条 【食品添加剂生产者出厂检验记录制度】食品添加剂生产者应当建立食品添加剂出厂检验记录制度，查验出厂产品的检验合格证和安全状况，如实记录食品添加剂的名称、规格、数量、生产日期或者生产批号、保质期、检验合格证号、销售日期以及购货者名称、地址、联系方式等相关内容，并保存相关凭证。记录和凭证保存期限应当符合本法第五十条第二款的规定。

第六十条 【食品添加剂经营者进货查验记录制度】食品添加剂经营者采购食品添加剂，应当依法查验供货者的许可证和产品合格证明文件，如实记录食品添加剂的名称、规格、数量、生产日期或者生产批号、保质期、进货日期以及供货者名称、地址、联系方式等内容，并保存相关凭证。记录和凭证保存期限应当符合本法第五十条第二款的规定。

第六十一条 【集中交易市场的开办者、柜台出租者和展销会举办者的食品安全责任】集中交易市场的开办者、柜台出租者和展销会举办者，应当依法审查入场食品经营者的许可证，明确其食品安全管理责任，定期对其经营环境和条件进行检查，发现其有违反本法规定行为的，应当及时制止并立即报告所在地县级人民政府食品安全监督管理部门。

第六十二条 【网络食品交易第三方平台提供者的义务】网络食品交易第三方平台提供者应当对入网食品经营者进行实名登记，明确其食品安全管理责任；依法应当取得许可证的，还应当审查其许可证。

网络食品交易第三方平台提供者发现入网食品经营者有违反本法规定行为的，应当及时制止并立即报告所在地县级人民政府食品安全监督管理部门；发现严重违法行为的，应当立即停止提供网络交易平台服务。

注释 网络食品交易第三方平台提供者对入网食品经营者的身份审查义务

网络食品交易第三方平台提供者是指在网络食品交易活动中为交易双方或者多方提供网页空间、虚拟经营场所、交易规则、交易撮合、信息发布等服务，供交易双方或者多方独立开展交易活动的信息网络系统。平台提供者自身并不参与交易，只是根据与买卖双方分别订立的协议提供技术服务以保证网上交易的顺利进行，这类平台为中介型或者开放型的平台。

网络食品交易第三方平台提供者对入网食品经营者身份的审查义务主要为实名登记义务，网络食品交易第三方平台提供者应当记录入网食品经营者的真实名称、地址和有效联系方式，以实现交易的可追溯和责任的可追究。对于依照本法第35条规定应当取得许可的入网食品经营者，还应当审查其许可证。网络食品交易第三方平台提供者在对入网食品经营者进行身份审查的同时，还应当明确其食品安全管理责任。

网络食品交易第三方平台提供者制止、报告和停止提供服务的义务

入网食品经营者作为食品经营者，应当遵守本法和相关法律法规的规定，保证食品符合食品安全国家标准和法律法规的要求，保证食品安全。网络食品交易第三方平台提供者应当对入网食品经营者及其发布的食品信息建立检查监控制度，并履行制止、报告和停止提供服务的义务，发现入网食品经营者有违反本法规定行为的，应当履行及时制止违法行为的义务，并应当立即报告所在地的县级人民政府食品安全监督管理部门；发现入网经营者有严重违法行为的，应当立即停止提供网络交易平台服务。县级以上人民政府食品安全监督管理部门及其工作人员对网络食品交易第三方平台提供者提供的信息依法负有保密义务。

第六十三条 【食品召回制度】国家建立食品召回制度。食品生产者发现其生产的食品不符合

食品安全标准或者有证据证明可能危害人体健康的，应当立即停止生产，召回已经上市销售的食品，通知相关生产经营者和消费者，并记录召回和通知情况。

食品经营者发现其经营的食品有前款规定情形的，应当立即停止经营，通知相关生产经营者和消费者，并记录停止经营和通知情况。食品生产者认为应当召回的，应当立即召回。由于食品经营者的原因造成其经营的食品有前款规定情形的，食品经营者应当召回。

食品生产经营者应当对召回的食品采取无害化处理、销毁等措施，防止其再次流入市场。但是，对因标签、标志或者说明书不符合食品安全标准而被召回的食品，食品生产者在采取补救措施且能保证食品安全的情况下可以继续销售；销售时应当向消费者明示补救措施。

食品生产经营者应当将食品召回和处理情况向所在地县级人民政府食品安全监督管理部门报告；需要对召回的食品进行无害化处理、销毁的，应当提前报告时间、地点。食品安全监督管理部门认为必要的，可以实施现场监督。

食品生产经营者未依照本条规定召回或者停止经营的，县级以上人民政府食品安全监督管理部门可以责令其召回或者停止经营。

第六十四条　【食用农产品批发市场对进场销售的食用农产品抽样检验】食用农产品批发市场应当配备检验设备和检验人员或者委托符合本法规定的食品检验机构，对进入该批发市场销售的食用农产品进行抽样检验；发现不符合食品安全标准的，应当要求销售者立即停止销售，并向食品安全监督管理部门报告。

第六十五条　【食用农产品进货查验记录制度】食用农产品销售者应当建立食用农产品进货查验记录制度，如实记录食用农产品的名称、数量、进货日期以及供货者名称、地址、联系方式等内容，并保存相关凭证。记录和凭证保存期限不得少于六个月。

第六十六条　【食用农产品使用食品添加剂和食品相关产品应当符合食品安全国家标准】进入市场销售的食用农产品在包装、保鲜、贮存、运输中使用保鲜剂、防腐剂等食品添加剂和包装材料等食品相关产品，应当符合食品安全国家标准。

第三节　标签、说明书和广告

第六十七条　【预包装食品标签】预包装食品的包装上应当有标签。标签应当标明下列事项：

（一）名称、规格、净含量、生产日期；

（二）成分或者配料表；

（三）生产者的名称、地址、联系方式；

（四）保质期；

（五）产品标准代号；

（六）贮存条件；

（七）所使用的食品添加剂在国家标准中的通用名称；

（八）生产许可证编号；

（九）法律、法规或者食品安全标准规定应当标明的其他事项。

专供婴幼儿和其他特定人群的主辅食品，其标签还应当标明主要营养成分及其含量。

食品安全国家标准对标签标注事项另有规定的，从其规定。

案例 皮旻旻诉重庆远东百货有限公司、重庆市武陵山珍王食品开发有限公司等产品责任纠纷案（2014年1月9日最高人民法院公布五起审理食品药品纠纷典型案例）

裁判规则：案涉食品中“东方魔汤料包”属预包装食品，该食品预包装的标签上没有标明成分或者配料表以及产品标准代号，不符合《食品安全法》关于预包装食品标签标明事项的有关规定。包装上的文字“家中养生我最好”是商品包装中国家标准要求必须标注事项以外的文字，符合广告特征，应适用《广告法》之规定，该文字属于国家明令禁止的绝对化用语，不合法。

第六十八条　【散装食品的标注要求】食品经营者销售散装食品，应当在散装食品的容器、外包装上标明食品的名称、生产日期或者生产批号、保质期以及生产经营者名称、地址、联系方式等内容。

第六十九条　【转基因食品的显著标示】生产经营转基因食品应当按照规定显著标示。

第七十条　【食品添加剂的标签、说明书和包装】食品添加剂应当有标签、说明书和包装。标签、说明书应当载明本法第六十七条第一款第一项至第六项、第八项、第九项规定的事项，以及食品添加剂的使用范围、用量、使用方法，并在标签上载明“食品添加剂”字样。

链接 本法第67条

第七十一条 【标签、说明书的真实性要求】食品和食品添加剂的标签、说明书，不得含有虚假内容，不得涉及疾病预防、治疗功能。生产经营者对其提供的标签、说明书的内容负责。

食品和食品添加剂的标签、说明书应当清楚、明显，生产日期、保质期等事项应当显著标注，容易辨识。

食品和食品添加剂与其标签、说明书的内容不符的，不得上市销售。

注释 食品、食品添加剂的标签、说明书不得含有虚假内容。食品和食品添加剂的标签、说明书的基本要求是真实性和准确性。其内容应当与食品和食品添加剂的有关情况相一致，其描述应当科学、客观。不得以虚假、使消费者误解或欺骗性的文字、图形等方式介绍食品和食品添加剂；不得利用字号大小或色差误导消费者；不得以直接或者间接暗示性的语言、图形、符号，使消费者或者使用者将食品、食品添加剂的某一性质与另一产品混淆。

第七十二条 【预包装食品的销售要求】食品经营者应当按照食品标签标示的警示标志、警示说明或者注意事项的要求销售食品。

第七十三条 【食品广告要求】食品广告的内容应当真实合法，不得含有虚假内容，不得涉及疾病预防、治疗功能。食品生产经营者对食品广告内容的真实性、合法性负责。

县级以上人民政府食品安全监督管理部门和其他有关部门以及食品检验机构、食品行业协会不得以广告或者其他形式向消费者推荐食品。消费者组织不得以收取费用或者其他牟取利益的方式向消费者推荐食品。

案例 1. 从李松诉慈铭健康体检管理集团股份有限公司北京潘家园门诊部产品销售者责任纠纷案（2014年1月9日最高人民法院公布五起审理食品药品纠纷典型案例）

裁判规则：消费者因经营者利用虚假广告提供商品或者服务，其合法权益受到损害的，可以向经营者要求赔偿。经营者提供商品或者服务有发布虚假广告，欺骗和误导消费者，使购买商品或者接受服务的消费者的合法权益受到损害的行为的，当按照消费者的要求增加赔偿其受到的损失，增加赔偿的金额为消费者购买商品的价款或者接受服务的费用的一倍。

2. 王泉诉东方肾脏病医院邮购药品赔偿纠纷案（2014年1月9日最高人民法院公布五起审理食品药品纠纷典型案例）

裁判规则：广告不得含有不科学的表示功效的断言或者保证，也不得有说明治愈率或者有效率的内容。

第四节 特殊食品

第七十四条 【特殊食品监督管理原则】国家对保健食品、特殊医学用途配方食品和婴幼儿配方食品等特殊食品实行严格监督管理。

第七十五条 【保健食品原料和功能目录】保健食品声称保健功能，应当具有科学依据，不得对人体产生急性、亚急性或者慢性危害。

保健食品原料目录和允许保健食品声称的保健功能目录，由国务院食品安全监督管理部门会同国务院卫生行政部门、国家中医药管理部门制定、调整并公布。

保健食品原料目录应当包括原料名称、用量及其对应的功效；列入保健食品原料目录的原料只能用于保健食品生产，不得用于其他食品生产。

第七十六条 【保健食品的注册和备案制度】使用保健食品原料目录以外原料的保健食品和首次进口的保健食品应当经国务院食品安全监督管理部门注册。但是，首次进口的保健食品中属于补充维生素、矿物质等营养物质的，应当报国务院食品安全监督管理部门备案。其他保健食品应当报省、自治区、直辖市人民政府食品安全监督管理部门备案。

进口的保健食品应当是出口国（地区）主管部门准许上市销售的产品。

第七十七条 【保健食品注册和备案的具体要求】依法应当注册的保健食品，注册时应当提交保健食品的研发报告、产品配方、生产工艺、安全性和保健功能评价、标签、说明书等材料及样品，并提供相关证明文件。国务院食品安全监督管理部门经组织技术审评，对符合安全和功能声称要求的，准予注册；对不符合要求的，不予注册并书面说明理由。对使用保健食品原料目录以外原料的保健食品作出准予注册决定的，应当及时将该原料纳入保健食品原料目录。

依法应当备案的保健食品,备案时应当提交产品配方、生产工艺、标签、说明书以及表明产品安全性和保健功能的材料。

第七十八条 【保健食品的标签、说明书】保健食品的标签、说明书不得涉及疾病预防、治疗功能,内容应当真实,与注册或者备案的内容相一致,载明适宜人群、不适宜人群、功效成分或者标志性成分及其含量等,并声明"本品不能代替药物"。保健食品的功能和成分应当与标签、说明书相一致。

第七十九条 【保健食品广告】保健食品广告除应当符合本法第七十三条第一款的规定外,还应当声明"本品不能代替药物";其内容应当经生产企业所在地省、自治区、直辖市人民政府食品安全监督管理部门审查批准,取得保健食品广告批准文件。省、自治区、直辖市人民政府食品安全监督管理部门应当公布并及时更新已经批准的保健食品广告目录以及批准的广告内容。

第八十条 【特殊医学用途配方食品】特殊医学用途配方食品应当经国务院食品安全监督管理部门注册。注册时,应当提交产品配方、生产工艺、标签、说明书以及表明产品安全性、营养充足性和特殊医学用途临床效果的材料。

特殊医学用途配方食品广告适用《中华人民共和国广告法》和其他法律、行政法规关于药品广告管理的规定。

第八十一条 【婴幼儿配方食品的管理】婴幼儿配方食品生产企业应当实施从原料进厂到成品出厂的全过程质量控制,对出厂的婴幼儿配方食品实施逐批检验,保证食品安全。

生产婴幼儿配方食品使用的生鲜乳、辅料等食品原料、食品添加剂等,应当符合法律、行政法规的规定和食品安全国家标准,保证婴幼儿生长发育所需的营养成分。

婴幼儿配方食品生产企业应当将食品原料、食品添加剂、产品配方及标签等事项向省、自治区、直辖市人民政府食品安全监督管理部门备案。

婴幼儿配方乳粉的产品配方应当经国务院食品安全监督管理部门注册。注册时,应当提交配方研发报告和其他表明配方科学性、安全性的材料。

不得以分装方式生产婴幼儿配方乳粉,同一企业不得用同一配方生产不同品牌的婴幼儿配方乳粉。

第八十二条 【注册、备案材料确保真实】保健食品、特殊医学用途配方食品、婴幼儿配方乳粉的注册人或者备案人应当对其提交材料的真实性负责。

省级以上人民政府食品安全监督管理部门应当及时公布注册或者备案的保健食品、特殊医学用途配方食品、婴幼儿配方乳粉目录,并对注册或者备案中获知的企业商业秘密予以保密。

保健食品、特殊医学用途配方食品、婴幼儿配方乳粉生产企业应当按照注册或者备案的产品配方、生产工艺等技术要求组织生产。

第八十三条 【特殊食品生产质量管理体系】生产保健食品,特殊医学用途配方食品、婴幼儿配方食品和其他专供特定人群的主辅食品的企业,应当按照良好生产规范的要求建立与所生产食品相适应的生产质量管理体系,定期对该体系的运行情况进行自查,保证其有效运行,并向所在地县级人民政府食品安全监督管理部门提交自查报告。

第五章 食品检验

第八十四条 【食品检验机构】食品检验机构按照国家有关认证认可的规定取得资质认定后,方可从事食品检验活动。但是,法律另有规定的除外。

食品检验机构的资质认定条件和检验规范,由国务院食品安全监督管理部门规定。

符合本法规定的食品检验机构出具的检验报告具有同等效力。

县级以上人民政府应当整合食品检验资源,实现资源共享。

第八十五条 【食品检验人】食品检验由食品检验机构指定的检验人独立进行。

检验人应当依照有关法律、法规的规定,并按照食品安全标准和检验规范对食品进行检验,尊重科学,恪守职业道德,保证出具的检验数据和结论客观、公正,不得出具虚假检验报告。

第八十六条 【食品检验机构与检验人共同负责制】食品检验实行食品检验机构与检验人负责制。食品检验报告应当加盖食品检验机构公章,并有检验人的签名或者盖章。食品检验机构和检验人对出具的食品检验报告负责。

第八十七条 【监督抽检】县级以上人民政府食品安全监督管理部门应当对食品进行定期或者不定期的抽样检验，并依据有关规定公布检验结果，不得免检。进行抽样检验，应当购买抽取的样品，委托符合本法规定的食品检验机构进行检验，并支付相关费用；不得向食品生产经营者收取检验费和其他费用。

第八十八条 【复检】对依照本法规定实施的检验结论有异议的，食品生产经营者可以自收到检验结论之日起七个工作日内向实施抽样检验的食品安全监督管理部门或者其上一级食品安全监督管理部门提出复检申请，由受理复检申请的食品安全监督管理部门在公布的复检机构名录中随机确定复检机构进行复检。复检机构出具的复检结论为最终检验结论。复检机构与初检机构不得为同一机构。复检机构名录由国务院认证认可监督管理、食品安全监督管理、卫生行政、农业行政等部门共同公布。

采用国家规定的快速检测方法对食用农产品进行抽查检测，被抽查人对检测结果有异议的，可以自收到检测结果时起四小时内申请复检。复检不得采用快速检测方法。

第八十九条 【自行检验和委托检验】食品生产企业可以自行对所生产的食品进行检验，也可以委托符合本法规定的食品检验机构进行检验。

食品行业协会和消费者协会等组织、消费者需要委托食品检验机构对食品进行检验的，应当委托符合本法规定的食品检验机构进行。

第九十条 【食品添加剂的检验】食品添加剂的检验，适用本法有关食品检验的规定。

第六章 食品进出口

第九十一条 【进出口食品的监督管理部门】国家出入境检验检疫部门对进出口食品安全实施监督管理。

第九十二条 【进口食品、食品添加剂和相关产品的要求】进口的食品、食品添加剂、食品相关产品应当符合我国食品安全国家标准。

进口的食品、食品添加剂应当经出入境检验检疫机构依照进出口商品检验相关法律、行政法规的规定检验合格。

进口的食品、食品添加剂应当按照国家出入境检验检疫部门的要求随附合格证明材料。

第九十三条 【进口尚无食品安全国家标准的食品及“三新”产品的要求】进口尚无食品安全国家标准的食品，由境外出口商、境外生产企业或者其委托的进口商向国务院卫生行政部门提交所执行的相关国家（地区）标准或者国际标准。国务院卫生行政部门对相关标准进行审查，认为符合食品安全要求的，决定暂予适用，并及时制定相应的食品安全国家标准。进口利用新的食品原料生产的食品或者进口食品添加剂新品种、食品相关产品新品种，依照本法第三十七条的规定办理。

出入境检验检疫机构按照国务院卫生行政部门的要求，对前款规定的食品、食品添加剂、食品相关产品进行检验。检验结果应当公开。

第九十四条 【境外出口商、生产企业、进口商食品安全义务】境外出口商、境外生产企业应当保证向我国出口的食品、食品添加剂、食品相关产品符合本法以及我国其他有关法律、行政法规的规定和食品安全国家标准的要求，并对标签、说明书的内容负责。

进口商应当建立境外出口商、境外生产企业审核制度，重点审核前款规定的内容；审核不合格的，不得进口。

发现进口食品不符合我国食品安全国家标准或者有证据证明可能危害人体健康的，进口商应当立即停止进口，并依照本法第六十三条的规定召回。

第九十五条 【进口食品等出现严重食品安全问题的应对措施】境外发生的食品安全事件可能对我国境内造成影响，或者在进口食品、食品添加剂、食品相关产品中发现严重食品安全问题的，国家出入境检验检疫部门应当及时采取风险预警或者控制措施，并向国务院食品安全监督管理、卫生行政、农业行政部门通报。接到通报的部门应当及时采取相应措施。

县级以上人民政府食品安全监督管理部门对国内市场上销售的进口食品、食品添加剂实施监督管理。发现存在严重食品安全问题的，国务院食品安全监督管理部门应当及时向国家出入境检验检疫部门通报。国家出入境检验检疫部门应当及时采取相应措施。

第九十六条 【进出口食品商、代理商、境外食品生产企业的备案与注册制度】向我国境内出口食品的境外出口商或者代理商、进口食品的进口商应当向国家出入境检验检疫部门备案。向我国境内出口食品的境外食品生产企业应当经国家出入境检验检疫部门注册。已经注册的境外食品生产企业提供虚假材料,或者因其自身的原因致使进口食品发生重大食品安全事故的,国家出入境检验检疫部门应当撤销注册并公告。

国家出入境检验检疫部门应当定期公布已经备案的境外出口商、代理商、进口商和已经注册的境外食品生产企业名单。

第九十七条 【进口的预包装食品、食品添加剂标签、说明书】进口的预包装食品、食品添加剂应当有中文标签;依法应当有说明书的,还应当有中文说明书。标签、说明书应当符合本法以及我国其他有关法律、行政法规的规定和食品安全国家标准的要求,并载明食品的原产地以及境内代理商的名称、地址、联系方式。预包装食品没有中文标签、中文说明书或者标签、说明书不符合本条规定的,不得进口。

第九十八条 【食品、食品添加剂进口和销售记录制度】进口商应当建立食品、食品添加剂进口和销售记录制度,如实记录食品、食品添加剂的名称、规格、数量、生产日期、生产或者进口批号、保质期、境外出口商和购货者名称、地址及联系方式、交货日期等内容,并保存相关凭证。记录和凭证保存期限应当符合本法第五十条第二款的规定。

第九十九条 【对出口食品和出口食品企业的监督管理】出口食品生产企业应当保证其出口食品符合进口国(地区)的标准或者合同要求。

出口食品生产企业和出口食品原料种植、养殖场应当向国家出入境检验检疫部门备案。

第一百条 【国家出入境检验检疫部门收集信息及实施信用管理】国家出入境检验检疫部门应当收集、汇总下列进出口食品安全信息,并及时通报相关部门、机构和企业:

(一)出入境检验检疫机构对进出口食品实施检验检疫发现的食品安全信息;

(二)食品行业协会和消费者协会等组织、消费者反映的进口食品安全信息;

(三)国际组织、境外政府机构发布的风险预警信息及其他食品安全信息,以及境外食品行业协会等组织、消费者反映的食品安全信息;

(四)其他食品安全信息。

国家出入境检验检疫部门应当对进出口食品的进口商、出口商和出口食品生产企业实施信用管理,建立信用记录,并依法向社会公布。对有不良记录的进口商、出口商和出口食品生产企业,应当加强对其进出口食品的检验检疫。

第一百零一条 【国家出入境检验检疫部门的评估和审查职责】国家出入境检验检疫部门可以对向我国境内出口食品的国家(地区)的食品安全管理体系和食品安全状况进行评估和审查,并根据评估和审查结果,确定相应检验检疫要求。

第七章 食品安全事故处置

第一百零二条 【食品安全事故应急预案】国务院组织制定国家食品安全事故应急预案。

县级以上地方人民政府应当根据有关法律、法规的规定和上级人民政府的食品安全事故应急预案以及本行政区域的实际情况,制定本行政区域的食品安全事故应急预案,并报上一级人民政府备案。

食品安全事故应急预案应当对食品安全事故分级、事故处置组织指挥体系与职责、预防预警机制、处置程序、应急保障措施等作出规定。

食品生产经营企业应当制定食品安全事故处置方案,定期检查本企业各项食品安全防范措施的落实情况,及时消除事故隐患。

第一百零三条 【食品安全事故应急处置、报告、通报】发生食品安全事故的单位应当立即采取措施,防止事故扩大。事故单位和接收病人进行治疗的单位应当及时向事故发生地县级人民政府食品安全监督管理、卫生行政部门报告。

县级以上人民政府农业行政等部门在日常监督管理中发现食品安全事故或者接到事故举报,应当立即向同级食品安全监督管理部门通报。

发生食品安全事故,接到报告的县级人民政府食品安全监督管理部门应当按照应急预案的规定向本级人民政府和上级人民政府食品安全监督管理部门报告。县级人民政府和上级人民政府食品安全监督管理部门应当按照应急预案的规定上报。

任何单位和个人不得对食品安全事故隐瞒、谎报、缓报,不得隐匿、伪造、毁灭有关证据。

第一百零四条 【食源性疾病的报告和通报】

医疗机构发现其接收的病人属于食源性疾病病人或者疑似病人的，应当按照规定及时将相关信息向所在地县级人民政府卫生行政部门报告。县级人民政府卫生行政部门认为与食品安全有关的，应当及时通报同级食品安全监督管理部门。

县级以上人民政府卫生行政部门在调查处理传染病或者其他突发公共卫生事件中发现与食品安全相关的信息，应当及时通报同级食品安全监督管理部门。

第一百零五条 【食品安全事故发生后应采取的措施】县级以上人民政府食品安全监督管理部门接到食品安全事故的报告后，应当立即会同同级卫生行政、农业行政等部门进行调查处理，并采取下列措施，防止或者减轻社会危害：

（一）开展应急救援工作，组织救治因食品安全事故导致人身伤害的人员；

（二）封存可能导致食品安全事故的食品及其原料，并立即进行检验；对确认属于被污染的食品及其原料，责令食品生产经营者依照本法第六十三条的规定召回或者停止经营；

（三）封存被污染的食品相关产品，并责令进行清洗消毒；

（四）做好信息发布工作，依法对食品安全事故及其处理情况进行发布，并对可能产生的危害加以解释、说明。

发生食品安全事故需要启动应急预案的，县级以上人民政府应当立即成立事故处置指挥机构，启动应急预案，依照前款和应急预案的规定进行处置。

发生食品安全事故，县级以上疾病预防控制机构应当对事故现场进行卫生处理，并对与事故有关的因素开展流行病学调查，有关部门应当予以协助。县级以上疾病预防控制机构应当向同级食品安全监督管理、卫生行政部门提交流行病学调查报告。

第一百零六条 【食品安全事故责任调查】发生食品安全事故，设区的市级以上人民政府食品安全监督管理部门应当立即会同有关部门进行事故责任调查，督促有关部门履行职责，向本级人民政府和上一级人民政府食品安全监督管理部门提出事故责任调查处理报告。

涉及两个以上省、自治区、直辖市的重大食品安全事故由国务院食品安全监督管理部门依照前款规定组织事故责任调查。

第一百零七条 【食品安全事故调查原则、主要任务】调查食品安全事故，应当坚持实事求是、尊重科学的原则，及时、准确查清事故性质和原因，认定事故责任，提出整改措施。

调查食品安全事故，除了查明事故单位的责任，还应当查明有关监督管理部门、食品检验机构、认证机构及其工作人员的责任。

第一百零八条 【食品安全事故调查部门的职权】食品安全事故调查部门有权向有关单位和个人了解与事故有关的情况，并要求提供相关资料和样品。有关单位和个人应当予以配合，按照要求提供相关资料和样品，不得拒绝。

任何单位和个人不得阻挠、干涉食品安全事故的调查处理。

第八章 监督管理

第一百零九条 【食品安全风险分级管理和年度监督管理计划】县级以上人民政府食品安全监督管理部门根据食品安全风险监测、风险评估结果和食品安全状况等，确定监督管理的重点、方式和频次，实施风险分级管理。

县级以上地方人民政府组织本级食品安全监督管理、农业行政等部门制定本行政区域的食品安全年度监督管理计划，向社会公布并组织实施。

食品安全年度监督管理计划应当将下列事项作为监督管理的重点：

（一）专供婴幼儿和其他特定人群的主辅食品；

（二）保健食品生产过程中的添加行为和按照注册或者备案的技术要求组织生产的情况，保健食品标签、说明书以及宣传材料中有关功能宣传的情况；

（三）发生食品安全事故风险较高的食品生产经营者；

（四）食品安全风险监测结果表明可能存在食品安全隐患的事项。

第一百一十条 【食品安全监督检查措施】县级以上人民政府食品安全监督管理部门履行食品安全监督管理职责，有权采取下列措施，对生产经营者遵守本法的情况进行监督检查：

（一）进入生产经营场所实施现场检查；

（二）对生产经营的食品、食品添加剂、食品相关产品进行抽样检验；

（三）查阅、复制有关合同、票据、账簿以及其他有关资料；

（四）查封、扣押有证据证明不符合食品安全标准或者有证据证明存在安全隐患以及用于违法生产经营的食品、食品添加剂、食品相关产品；

（五）查封违法从事生产经营活动的场所。

第一百一十一条 【有害物质的临时限量值和临时检验方法】对食品安全风险评估结果证明食品存在安全隐患，需要制定、修订食品安全标准的，在制定、修订食品安全标准前，国务院卫生行政部门应当及时会同国务院有关部门规定食品中有害物质的临时限量值和临时检验方法，作为生产经营和监督管理的依据。

第一百一十二条 【快速检测】县级以上人民政府食品安全监督管理部门在食品安全监督管理工作中可以采用国家规定的快速检测方法对食品进行抽查检测。

对抽查检测结果表明可能不符合食品安全标准的食品，应当依照本法第八十七条的规定进行检验。抽查检测结果确定有关食品不符合食品安全标准的，可以作为行政处罚的依据。

第一百一十三条 【食品安全信用档案】县级以上人民政府食品安全监督管理部门应当建立食品生产经营者食品安全信用档案，记录许可颁发、日常监督检查结果、违法行为查处等情况，依法向社会公布并实时更新；对有不良信用记录的食品生产经营者增加监督检查频次，对违法行为情节严重的食品生产经营者，可以通报投资主管部门、证券监督管理机构和有关的金融机构。

第一百一十四条 【对食品生产经营者进行责任约谈】食品生产经营过程中存在食品安全隐患，未及时采取措施消除的，县级以上人民政府食品安全监督管理部门可以对食品生产经营者的法定代表人或者主要负责人进行责任约谈。食品生产经营者应当立即采取措施，进行整改，消除隐患。责任约谈情况和整改情况应当纳入食品生产经营者食品安全信用档案。

第一百一十五条 【有奖举报和举报人合法权益的保护】县级以上人民政府食品安全监督管理等部门应当公布本部门的电子邮件地址或者电话，接受咨询、投诉、举报。接到咨询、投诉、举报，对属于本部门职责的，应当受理并在法定期限内及时答复、核实、处理；对不属于本部门职责的，应当移交有权处理的部门并书面通知咨询、投诉、举报人。有权处理的部门应当在法定期限内及时处理，不得推诿。对查证属实的举报，给予举报人奖励。

有关部门应当对举报人的信息予以保密，保护举报人的合法权益。举报人举报所在企业的，该企业不得以解除、变更劳动合同或者其他方式对举报人进行打击报复。

第一百一十六条 【加强食品安全执法人员管理】县级以上人民政府食品安全监督管理等部门应当加强对执法人员食品安全法律、法规、标准和专业知识与执法能力等的培训，并组织考核。不具备相应知识和能力的，不得从事食品安全执法工作。

食品生产经营者、食品行业协会、消费者协会等发现食品安全执法人员在执法过程中有违反法律、法规规定的行为以及不规范执法行为的，可以向本级或者上级人民政府食品安全监督管理等部门或者监察机关投诉、举报。接到投诉、举报的部门或者机关应当进行核实，并将经核实的情况向食品安全执法人员所在部门通报；涉嫌违法违纪的，按照本法和有关规定处理。

第一百一十七条 【对所属食品安全监管部门或下级地方人民政府进行责任约谈】县级以上人民政府食品安全监督管理等部门未及时发现食品安全系统性风险，未及时消除监督管理区域内的食品安全隐患的，本级人民政府可以对其主要负责人进行责任约谈。

地方人民政府未履行食品安全职责，未及时消除区域性重大食品安全隐患的，上级人民政府可以对其主要负责人进行责任约谈。

被约谈的食品安全监督管理等部门、地方人民政府应当立即采取措施，对食品安全监督管理工作进行整改。

责任约谈情况和整改情况应当纳入地方人民政府和有关部门食品安全监督管理工作评议、考核记录。

第一百一十八条 【食品安全信息统一公布制度】国家建立统一的食品安全信息平台，实行食品安全信息统一公布制度。国家食品安全总体情况、食品安全风险警示信息、重大食品安全事故及其调查处理信息和国务院确定需要统一公布的其他信息由国务院食品安全监督管理部门统一公布。食品安全风险警示信息和重大食品安全事故及其调查处理信息的影响限于特定区域的，也可以由有关省、自治区、直辖市人民政府食品安全监督管理部门公布。未经授权不得发布上述信息。

县级以上人民政府食品安全监督管理、农业行政部门依据各自职责公布食品安全日常监督管理信息。

公布食品安全信息，应当做到准确、及时，并进行必要的解释说明，避免误导消费者和社会舆论。

链接 本法第 141 条

第一百一十九条 【食品安全信息的报告、通报制度】县级以上地方人民政府食品安全监督管理、卫生行政、农业行政部门获知本法规定需要统一公布的信息，应当向上级主管部门报告，由上级主管部门立即报告国务院食品安全监督管理部门；必要时，可以直接向国务院食品安全监督管理部门报告。

县级以上人民政府食品安全监督管理、卫生行政、农业行政部门应当相互通报获知的食品安全信息。

第一百二十条 【不得编造、散布虚假食品安全信息】任何单位和个人不得编造、散布虚假食品安全信息。

县级以上人民政府食品安全监督管理部门发现可能误导消费者和社会舆论的食品安全信息，应当立即组织有关部门、专业机构、相关食品生产经营者等进行核实、分析，并及时公布结果。

链接《食品安全法实施条例》第 83 条

第一百二十一条 【涉嫌食品安全犯罪案件的处理】县级以上人民政府食品安全监督管理等部门发现涉嫌食品安全犯罪的，应当按照有关规定及时将案件移送公安机关。对移送的案件，公安机关应当及时审查；认为有犯罪事实需要追究刑事责任的，应当立案侦查。

公安机关在食品安全犯罪案件侦查过程中认为没有犯罪事实，或者犯罪事实显著轻微，不需要追究刑事责任，但依法应当追究行政责任的，应当及时将案件移送食品安全监督管理等部门和监察机关，有关部门应当依法处理。

公安机关商请食品安全监督管理、生态环境等部门提供检验结论、认定意见以及对涉案物品进行无害化处理等协助的，有关部门应当及时提供，予以协助。

第九章 法律责任

第一百二十二条 【未经许可从事食品生产经营活动等的法律责任】违反本法规定，未取得食品生产经营许可从事食品生产经营活动，或者未取得食品添加剂生产许可从事食品添加剂生产活动的，由县级以上人民政府食品安全监督管理部门没收违法所得和违法生产经营的食品、食品添加剂以及用于违法生产经营的工具、设备、原料等物品；违法生产经营的食品、食品添加剂货值金额不足一万元的，并处五万元以上十万元以下罚款；货值金额一万元以上的，并处货值金额十倍以上二十倍以下罚款。

明知从事前款规定的违法行为，仍为其提供生产经营场所或者其他条件的，由县级以上人民政府食品安全监督管理部门责令停止违法行为，没收违法所得，并处五万元以上十万元以下罚款；使消费者的合法权益受到损害的，应当与食品、食品添加剂生产经营者承担连带责任。

链接 本法第 35、36、39、127 条

第一百二十三条 【八类最严重违法食品生产经营行为的法律责任】违反本法规定，有下列情形之一，尚不构成犯罪的，由县级以上人民政府食品安全监督管理部门没收违法所得和违法生产经营的食品，并可以没收用于违法生产经营的工具、设备、原料等物品；违法生产经营的食品货值金额不足一万元的，并处十万元以上十五万元以下罚款；货值金额一万元以上的，并处货值金额十五倍以上三十倍以下罚款；情节严重的，吊销许可证，并可以由公安机关对其直接负责的主管人员和其他直接责任人员处五日以上十五日以下拘留：

（一）用非食品原料生产食品、在食品中添加食品添加剂以外的化学物质和其他可能危害人体健康的物质，或者用回收食品作为原料生产食品，或者经营上述食品；

（二）生产经营营养成分不符合食品安全标准的专供婴幼儿和其他特定人群的主辅食品；

（三）经营病死、毒死或者死因不明的禽、畜、兽、水产动物肉类，或者生产经营其制品；

（四）经营未按规定进行检疫或者检疫不合格的肉类，或者生产经营未经检验或者检验不合格的肉类制品；

（五）生产经营国家为防病等特殊需要明令禁

止生产经营的食品；

（六）生产经营添加药品的食品。

明知从事前款规定的违法行为，仍为其提供生产经营场所或者其他条件的，由县级以上人民政府食品安全监督管理部门责令停止违法行为，没收违法所得，并处十万元以上二十万元以下罚款；使消费者的合法权益受到损害的，应当与食品生产经营者承担连带责任。

违法使用剧毒、高毒农药的，除依照有关法律、法规规定给予处罚外，可以由公安机关依照第一款规定给予拘留。

链接 本法第34、38、49条；《刑法》第143、144条；《食品安全法实施条例》第67、77条

第一百二十四条 【十一类违法生产经营行为的法律责任】违反本法规定，有下列情形之一，尚不构成犯罪的，由县级以上人民政府食品安全监督管理部门没收违法所得和违法生产经营的食品、食品添加剂，并可以没收用于违法生产经营的工具、设备、原料等物品；违法生产经营的食品、食品添加剂货值金额不足一万元的，并处五万元以上十万元以下罚款；货值金额一万元以上的，并处货值金额十倍以上二十倍以下罚款；情节严重的，吊销许可证：

（一）生产经营致病性微生物，农药残留、兽药残留、生物毒素、重金属等污染物质以及其他危害人体健康的物质含量超过食品安全标准限量的食品、食品添加剂；

（二）用超过保质期的食品原料、食品添加剂生产食品、食品添加剂，或者经营上述食品、食品添加剂；

（三）生产经营超范围、超限量使用食品添加剂的食品；

（四）生产经营腐败变质、油脂酸败、霉变生虫、污秽不洁、混有异物、掺假掺杂或者感官性状异常的食品、食品添加剂；

（五）生产经营标注虚假生产日期、保质期或者超过保质期的食品、食品添加剂；

（六）生产经营未按规定注册的保健食品、特殊医学用途配方食品、婴幼儿配方乳粉，或者未按注册的产品配方、生产工艺等技术要求组织生产；

（七）以分装方式生产婴幼儿配方乳粉，或者同一企业以同一配方生产不同品牌的婴幼儿配方乳粉；

（八）利用新的食品原料生产食品，或者生产食品添加剂新品种，未通过安全性评估；

（九）食品生产经营者在食品安全监督管理部门责令其召回或者停止经营后，仍拒不召回或者停止经营。

除前款和本法第一百二十三条、第一百二十五条规定的情形外，生产经营不符合法律、法规或者食品安全标准的食品、食品添加剂的，依照前款规定给予处罚。

生产食品相关产品新品种，未通过安全性评估，或者生产不符合食品安全标准的食品相关产品的，由县级以上人民政府食品安全监督管理部门依照第一款规定给予处罚。

链接 本法第34、37、75—77、80—82条；《刑法》第143、144条

第一百二十五条 【四类违法生产经营行为的法律责任】违反本法规定，有下列情形之一的，由县级以上人民政府食品安全监督管理部门没收违法所得和违法生产经营的食品、食品添加剂，并可以没收用于违法生产经营的工具、设备、原料等物品；违法生产经营的食品、食品添加剂货值金额不足一万元的，并处五千元以上五万元以下罚款；货值金额一万元以上的，并处货值金额五倍以上十倍以下罚款；情节严重的，责令停产停业，直至吊销许可证：

（一）生产经营被包装材料、容器、运输工具等污染的食品、食品添加剂；

（二）生产经营无标签的预包装食品、食品添加剂或者标签、说明书不符合本法规定的食品、食品添加剂；

（三）生产经营转基因食品未按规定进行标示；

（四）食品生产经营者采购或者使用不符合食品安全标准的食品原料、食品添加剂、食品相关产品。

生产经营的食品、食品添加剂的标签、说明书存在瑕疵但不影响食品安全且不会对消费者造成误导的，由县级以上人民政府食品安全监督管理部门责令改正；拒不改正的，处二千元以下罚款。

链接 本法第33、34、50、55、69条；《食品安全法实施条例》第68条

第一百二十六条 【十六类生产经营过程中违法行为所应承担的法律责任】违反本法规定，有

下列情形之一的，由县级以上人民政府食品安全监督管理部门责令改正，给予警告；拒不改正的，处五千元以上五万元以下罚款；情节严重的，责令停产停业，直至吊销许可证：

（一）食品、食品添加剂生产者未按规定对采购的食品原料和生产的食品、食品添加剂进行检验；

（二）食品生产经营企业未按规定建立食品安全管理制度，或者未按规定配备或者培训、考核食品安全管理人员；

（三）食品、食品添加剂生产经营者进货时未查验许可证和相关证明文件，或者未按规定建立并遵守进货查验记录、出厂检验记录和销售记录制度；

（四）食品生产经营企业未制定食品安全事故处置方案；

（五）餐具、饮具和盛放直接入口食品的容器，使用前未经洗净、消毒或者清洗消毒不合格，或者餐饮服务设施、设备未按规定定期维护、清洗、校验；

（六）食品生产经营者安排未取得健康证明或者患有国务院卫生行政部门规定的有碍食品安全疾病的人员从事接触直接入口食品的工作；

（七）食品经营者未按规定要求销售食品；

（八）保健食品生产企业未按规定向食品安全监督管理部门备案，或者未按备案的产品配方、生产工艺等技术要求组织生产；

（九）婴幼儿配方食品生产企业未将食品原料、食品添加剂、产品配方、标签等向食品安全监督管理部门备案；

（十）特殊食品生产企业未按规定建立生产质量管理体系并有效运行，或者未定期提交自查报告；

（十一）食品生产经营者未定期对食品安全状况进行检查评价，或者生产经营条件发生变化，未按规定处理；

（十二）学校、托幼机构、养老机构、建筑工地等集中用餐单位未按规定履行食品安全管理责任；

（十三）食品生产企业、餐饮服务提供者未按规定制定、实施生产经营过程控制要求。

餐具、饮具集中消毒服务单位违反本法规定用水，使用洗涤剂、消毒剂，或者出厂的餐具、饮具未按规定检验合格并随附消毒合格证明，或者未按规定在独立包装上标注相关内容的，由县级以上人民政府卫生行政部门依照前款规定给予处罚。

食品相关产品生产者未按规定对生产的食品相关产品进行检验的，由县级以上人民政府食品安全监督管理部门依照第一款规定给予处罚。

食用农产品销售者违反本法第六十五条规定的，由县级以上人民政府食品安全监督管理部门依照第一款规定给予处罚。

第一百二十七条 【对食品生产加工小作坊、食品摊贩等的违法行为的处罚】对食品生产加工小作坊、食品摊贩等的违法行为的处罚，依照省、自治区、直辖市制定的具体管理办法执行。

注释 生产加工小作坊、食品摊贩等规模不大，数量不少，考虑到这种实际情况，授权省、自治区、直辖市制定这类生产经营者的具体管理办法，相应这类生产经营者的违法行为的处罚也应当由省、自治区、直辖市根据这类生产经营者的特点及其违法行为的危害程度制定。

链接 本法第 36 条

第一百二十八条 【事故单位违法行为所应承担的法律责任】违反本法规定，事故单位在发生食品安全事故后未进行处置、报告的，由有关主管部门按照各自职责分工责令改正，给予警告；隐匿、伪造、毁灭有关证据的，责令停产停业，没收违法所得，并处十万元以上五十万元以下罚款；造成严重后果的，吊销许可证。

第一百二十九条 【进出口违法行为所应承担的法律责任】违反本法规定，有下列情形之一的，由出入境检验检疫机构依照本法第一百二十四条的规定给予处罚：

（一）提供虚假材料，进口不符合我国食品安全国家标准的食品、食品添加剂、食品相关产品；

（二）进口尚无食品安全国家标准的食品，未提交所执行的标准并经国务院卫生行政部门审查，或者进口利用新的食品原料生产的食品或者进口食品添加剂新品种、食品相关产品新品种，未通过安全性评估；

（三）未遵守本法的规定出口食品；

（四）进口商在有关主管部门责令其依照本法规定召回进口的食品后，仍拒不召回。

违反本法规定，进口商未建立并遵守食品、食品添加剂进口和销售记录制度、境外出口商或者生产企业审核制度的，由出入境检验检疫机构依照本法第一百二十六条的规定给予处罚。

第一百三十条 【集中交易市场违法行为所应承担的法律责任】违反本法规定，集中交易市场的开办者、柜台出租者、展销会的举办者允许未依法取得许可的食品经营者进入市场销售食品，或者未履行检查、报告等义务的，由县级以上人民政府食品安全监督管理部门责令改正，没收违法所得，并处五万元以上二十万元以下罚款；造成严重后果的，责令停业，直至由原发证部门吊销许可证；使消费者的合法权益受到损害的，应当与食品经营者承担连带责任。

食用农产品批发市场违反本法第六十四条规定的，依照前款规定承担责任。

第一百三十一条 【网络食品交易违法行为所应承担的法律责任】违反本法规定，网络食品交易第三方平台提供者未对入网食品经营者进行实名登记、审查许可证，或者未履行报告、停止提供网络交易平台服务等义务的，由县级以上人民政府食品安全监督管理部门责令改正，没收违法所得，并处五万元以上二十万元以下罚款；造成严重后果的，责令停业，直至由原发证部门吊销许可证；使消费者的合法权益受到损害的，应当与食品经营者承担连带责任。

消费者通过网络食品交易第三方平台购买食品，其合法权益受到损害的，可以向入网食品经营者或者食品生产者要求赔偿。网络食品交易第三方平台提供者不能提供入网食品经营者的真实名称、地址和有效联系方式的，由网络食品交易第三方平台提供者赔偿。网络食品交易第三方平台提供者赔偿后，有权向入网食品经营者或者食品生产者追偿。网络食品交易第三方平台提供者作出更有利于消费者承诺的，应当履行其承诺。

第一百三十二条 【进行食品贮存、运输和装卸违法行为所应承担的法律责任】违反本法规定，未按要求进行食品贮存、运输和装卸的，由县级以上人民政府食品安全监督管理等部门按照各自职责分工责令改正，给予警告；拒不改正的，责令停产停业，并处一万元以上五万元以下罚款；情节严重的，吊销许可证。

第一百三十三条 【拒绝、阻挠、干涉依法开展食品安全工作、打击报复举报人的法律责任】违反本法规定，拒绝、阻挠、干涉有关部门、机构及其工作人员依法开展食品安全监督检查、事故调查处理、风险监测和风险评估的，由有关主管部门按照各自职责分工责令停产停业，并处二千元以上五万元以下罚款；情节严重的，吊销许可证；构成违反治安管理行为的，由公安机关依法给予治安管理处罚。

违反本法规定，对举报人以解除、变更劳动合同或者其他方式打击报复的，应当依照有关法律的规定承担责任。

第一百三十四条 【屡次违法可以增加处罚】食品生产经营者在一年内累计三次因违反本法规定受到责令停产停业、吊销许可证以外处罚的，由食品安全监督管理部门责令停产停业，直至吊销许可证。

第一百三十五条 【严重违法犯罪者的从业禁止】被吊销许可证的食品生产经营者及其法定代表人、直接负责的主管人员和其他直接责任人员自处罚决定作出之日起五年内不得申请食品生产经营许可，或者从事食品生产经营管理工作、担任食品生产经营企业食品安全管理人员。

因食品安全犯罪被判处有期徒刑以上刑罚的，终身不得从事食品生产经营管理工作，也不得担任食品生产经营企业食品安全管理人员。

食品生产经营者聘用人员违反前两款规定的，由县级以上人民政府食品安全监督管理部门吊销许可证。

第一百三十六条 【食品经营者免予处罚的情形】食品经营者履行了本法规定的进货查验等义务，有充分证据证明其不知道所采购的食品不符合食品安全标准，并能如实说明其进货来源的，可以免予处罚，但应当依法没收其不符合食品安全标准的食品；造成人身、财产或者其他损害的，依法承担赔偿责任。

第一百三十七条 【提供虚假监测、评估信息的法律责任】违反本法规定，承担食品安全风险监测、风险评估工作的技术机构、技术人员提供虚假监测、评估信息的，依法对技术机构直接负责的主管人员和技术人员给予撤职、开除处分；有执业资格的，由授予其资格的主管部门吊销执业证书。

第一百三十八条 【出具或提供虚假检验报告的法律责任】违反本法规定，食品检验机构、食品检验人员出具虚假检验报告的，由授予其资质的主管部门或者机构撤销该食品检验机构的检验资质,没收所收取的检验费用,并处检验费用五倍以上十倍以下罚款,检验费用不足一万元的,并处五万元以上十万元以下罚款;依法对食品检验机构直接负责的主管人员和食品检验人员给予撤职或者开除处分;导致发生重大食品安全事故的,对直接负责的主管人员和食品检验人员给予开除处分。

违反本法规定,受到开除处分的食品检验机构人员,自处分决定作出之日起十年内不得从事食品检验工作;因食品安全违法行为受到刑事处罚或者因出具虚假检验报告导致发生重大食品安全事故受到开除处分的食品检验机构人员,终身不得从事食品检验工作。食品检验机构聘用不得从事食品检验工作的人员的,由授予其资质的主管部门或者机构撤销该食品检验机构的检验资质。

食品检验机构出具虚假检验报告,使消费者的合法权益受到损害的,应当与食品生产经营者承担连带责任。

第一百三十九条　【虚假认证的法律责任】违反本法规定,认证机构出具虚假认证结论,由认证认可监督管理部门没收所收取的认证费用,并处认证费用五倍以上十倍以下罚款,认证费用不足一万元的,并处五万元以上十万元以下罚款;情节严重的,责令停业,直至撤销认证机构批准文件,并向社会公布;对直接负责的主管人员和负有直接责任的认证人员,撤销其执业资格。

认证机构出具虚假认证结论,使消费者的合法权益受到损害的,应当与食品生产经营者承担连带责任。

第一百四十条　【虚假宣传和违法推荐食品的法律责任】违反本法规定,在广告中对食品作虚假宣传,欺骗消费者,或者发布未取得批准文件、广告内容与批准文件不一致的保健食品广告的,依照《中华人民共和国广告法》的规定给予处罚。

广告经营者、发布者设计、制作、发布虚假食品广告,使消费者的合法权益受到损害的,应当与食品生产经营者承担连带责任。

社会团体或者其他组织、个人在虚假广告或者其他虚假宣传中向消费者推荐食品,使消费者的合法权益受到损害的,应当与食品生产经营者承担连带责任。

违反本法规定,食品安全监督管理等部门、食品检验机构、食品行业协会以广告或者其他形式向消费者推荐食品,消费者组织以收取费用或者其他牟取利益的方式向消费者推荐食品的,由有关主管部门没收违法所得,依法对直接负责的主管人员和其他直接责任人员给予记大过、降级或者撤职处分;情节严重的,给予开除处分。

对食品作虚假宣传且情节严重的,由省级以上人民政府食品安全监督管理部门决定暂停销售该食品,并向社会公布;仍然销售该食品的,由县级以上人民政府食品安全监督管理部门没收违法所得和违法销售的食品,并处二万元以上五万元以下罚款。

第一百四十一条　【编造、散布虚假食品安全信息的法律责任】违反本法规定,编造、散布虚假食品安全信息,构成违反治安管理行为的,由公安机关依法给予治安管理处罚。

媒体编造、散布虚假食品安全信息的,由有关主管部门依法给予处罚,并对直接负责的主管人员和其他直接责任人员给予处分;使公民、法人或者其他组织的合法权益受到损害的,依法承担消除影响、恢复名誉、赔偿损失、赔礼道歉等民事责任。

第一百四十二条　【地方人民政府有关食品安全事故应对不当的法律责任】违反本法规定,县级以上地方人民政府有下列行为之一的,对直接负责的主管人员和其他直接责任人员给予记大过处分;情节较重的,给予降级或者撤职处分;情节严重的,给予开除处分;造成严重后果的,其主要负责人还应当引咎辞职:

(一)对发生在本行政区域内的食品安全事故,未及时组织协调有关部门开展有效处置,造成不良影响或者损失;

(二)对本行政区域内涉及多环节的区域性食品安全问题,未及时组织整治,造成不良影响或者损失;

(三)隐瞒、谎报、缓报食品安全事故;

(四)本行政区域内发生特别重大食品安全事故,或者连续发生重大食品安全事故。

第一百四十三条　【政府未落实有关法定职责的法律责任】违反本法规定,县级以上地方人民政府有下列行为之一的,对直接负责的主管人员和其他直接责任人员给予警告、记过或者记大过处分;造成严重后果的,给予降级或者撤职处分:

（一）未确定有关部门的食品安全监督管理职责，未建立健全食品安全全程监督管理工作机制和信息共享机制，未落实食品安全监督管理责任制；

（二）未制定本行政区域的食品安全事故应急预案，或者发生食品安全事故后未按规定立即成立事故处置指挥机构、启动应急预案。

第一百四十四条 【食品安全监管部门的法律责任一】违反本法规定，县级以上人民政府食品安全监督管理、卫生行政、农业行政等部门有下列行为之一的，对直接负责的主管人员和其他直接责任人员给予记大过处分；情节较重的，给予降级或者撤职处分；情节严重的，给予开除处分；造成严重后果的，其主要负责人还应当引咎辞职：

（一）隐瞒、谎报、缓报食品安全事故；

（二）未按规定查处食品安全事故，或者接到食品安全事故报告未及时处理，造成事故扩大或者蔓延；

（三）经食品安全风险评估得出食品、食品添加剂、食品相关产品不安全结论后，未及时采取相应措施，造成食品安全事故或者不良社会影响；

（四）对不符合条件的申请人准予许可，或者超越法定职权准予许可；

（五）不履行食品安全监督管理职责，导致发生食品安全事故。

第一百四十五条 【食品安全监管部门的法律责任二】违反本法规定，县级以上人民政府食品安全监督管理、卫生行政、农业行政等部门有下列行为之一，造成不良后果的，对直接负责的主管人员和其他直接责任人员给予警告、记过或者记大过处分；情节较重的，给予降级或者撤职处分；情节严重的，给予开除处分：

（一）在获知有关食品安全信息后，未按规定向上级主管部门和本级人民政府报告，或者未按规定相互通报；

（二）未按规定公布食品安全信息；

（三）不履行法定职责，对查处食品安全违法行为不配合，或者滥用职权、玩忽职守、徇私舞弊。

第一百四十六条 【违法实施检查、强制等行政行为的法律责任】食品安全监督管理等部门在履行食品安全监督管理职责过程中，违法实施检查、强制等执法措施，给生产经营者造成损失的，应当依法予以赔偿，对直接负责的主管人员和其他直接责任人员依法给予处分。

第一百四十七条 【赔偿责任及民事赔偿责任优先原则】违反本法规定，造成人身、财产或者其他损害的，依法承担赔偿责任。生产经营者财产不足以同时承担民事赔偿责任和缴纳罚款、罚金时，先承担民事赔偿责任。

注释 食品生产经营企业出现违反本法规定的违法行为，依据本章法律责任的规定，可能会出现财产责任方面的竞合，即：一方面因为给他人的人身和财产造成损害而需要对受害者承担民事赔偿责任，另一方面还需要接受监管部门罚款的行政处罚；如果构成犯罪的，还要承担罚金的刑事责任。当一个食品生产经营企业同时面临民事赔偿、罚款、罚金的处罚时，可能会出现因财产不足而难以同时支付的问题。在此情况下，哪一种责任应当优先执行呢？我国的公司法、产品质量法等法律已经作出了明确规定，即民事赔偿责任优先的原则，本法也明确了这一原则，旨在保护消费者的合法权益。

第一百四十八条 【首付责任制和惩罚性赔偿】消费者因不符合食品安全标准的食品受到损害的，可以向经营者要求赔偿损失，也可以向生产者要求赔偿损失。接到消费者赔偿要求的生产经营者，应当实行首负责任制，先行赔付，不得推诿；属于生产者责任的，经营者赔偿后有权向生产者追偿；属于经营者责任的，生产者赔偿后有权向经营者追偿。

生产不符合食品安全标准的食品或者经营明知是不符合食品安全标准的食品，消费者除要求赔偿损失外，还可以向生产者或者经营者要求支付价款十倍或者损失三倍的赔偿金；增加赔偿的金额不足一千元的，为一千元。但是，食品的标签、说明书存在不影响食品安全且不会对消费者造成误导的瑕疵的除外。

案例 1. 华燕诉北京天超仓储超市有限责任公司第二十六分公司、北京天超仓储超市有限责任公司人身权益纠纷案（2014 年 1 月 9 日最高人民法院公布五起审理食品药品纠纷典型案例）

裁判规则：根据国家对蜜饯产品的安全卫生标准，软质山楂片内应是无杂质的。天超公司销售的山楂片中含有硬度很高的山楂核，不符合国家规定的相关食品安全卫生标准，应认定存在食品质量瑕疵，不合格食品的销售者对其销售的不合格食品所带来的损害后果，应承担全部责任。

三、经济法

华燕自身牙齿牙壁较薄，但对于本案损害的发生并无过错，侵权人的责任并不因而减轻。从团结湖消协出具的情况说明来看，该山楂片所存在的瑕疵是在外包装完整的情况下即可发现的，因此，产品销售商是在应当知道该食品存在安全问题的情况下销售该产品，应向消费者支付价款 10 倍的赔偿金。鉴于华燕因此遭受的精神损害并不严重，对其要求赔偿精神损失的主张，依法不予支持。

2. 孙银山诉南京欧尚超市有限公司江宁店买卖合同纠纷案（2014 年 1 月 9 日最高人民法院公布五起审理食品药品纠纷典型案例）

裁判规则：食品销售者负有保证食品安全的法定义务，应当对不符合安全标准的食品及时清理下架。本案中，欧尚超市仍然销售超过保质期的香肠，系不履行法定义务的行为，应当被认定为销售明知是不符合食品安全标准的食品。在此情况下，消费者可以同时主张赔偿损失和价款 10 倍的赔偿金，也可以只主张价款 10 倍的赔偿金。孙银山要求欧尚超市支付售价 10 倍的赔偿金，属于当事人自行处分权利的行为，应予支持。

第一百四十九条　【刑事责任】违反本法规定，构成犯罪的，依法追究刑事责任。

链接《食品安全法实施条例》第 85 条

案例 刘襄、奚中杰、肖兵、陈玉伟、刘鸿林以危险方法危害公共安全案（最高人民法院公布危害食品安全犯罪典型案例）

裁判规则：使用盐酸克仑特罗饲养的生猪大量流入市场，严重危害不特定多数人的生命、健康，致使公私财产遭受特别重大损失，社会危害极大，影响极其恶劣，五名犯罪嫌疑人的行为均已构成以危险方法危害公共安全罪，系共同犯罪。

链接《刑法》；《最高人民法院、最高人民检察院关于办理危害食品安全刑事案件适用法律若干问题的解释》

第十章　附　则

第一百五十条　【本法中部分用语含义】本法下列用语的含义：

食品，指各种供人食用或者饮用的成品和原料以及按照传统既是食品又是中药材的物品，但是不包括以治疗为目的的物品。

食品安全，指食品无毒、无害，符合应当有的营养要求，对人体健康不造成任何急性、亚急性或者慢性危害。

预包装食品，指预先定量包装或者制作在包装材料、容器中的食品。

食品添加剂，指为改善食品品质和色、香、味以及为防腐、保鲜和加工工艺的需要而加入食品中的人工合成或者天然物质，包括营养强化剂。

用于食品的包装材料和容器，指包装、盛放食品或者食品添加剂用的纸、竹、木、金属、搪瓷、陶瓷、塑料、橡胶、天然纤维、化学纤维、玻璃等制品和直接接触食品或者食品添加剂的涂料。

用于食品生产经营的工具、设备，指在食品或者食品添加剂生产、销售、使用过程中直接接触食品或者食品添加剂的机械、管道、传送带、容器、用具、餐具等。

用于食品的洗涤剂、消毒剂，指直接用于洗涤或者消毒食品、餐具、饮具以及直接接触食品的工具、设备或者食品包装材料和容器的物质。

食品保质期，指食品在标明的贮存条件下保持品质的期限。

食源性疾病，指食品中致病因素进入人体引起的感染性、中毒性等疾病，包括食物中毒。

食品安全事故，指食源性疾病、食品污染等源于食品，对人体健康有危害或者可能有危害的事故。

第一百五十一条　【转基因食品和食盐的食品安全管理规定】转基因食品和食盐的食品安全管理，本法未作规定的，适用其他法律、行政法规的规定。

第一百五十二条　【铁路、民航、国境口岸、军队等有关食品安全的管理】铁路、民航运营中食品安全的管理办法由国务院食品安全监督管理部门会同国务院有关部门依照本法制定。

保健食品的具体管理办法由国务院食品安全监督管理部门依照本法制定。

食品相关产品生产活动的具体管理办法由国务院食品安全监督管理部门依照本法制定。

国境口岸食品的监督管理由出入境检验检疫机构依照本法以及有关法律、行政法规的规定实施。

军队专用食品和自供食品的食品安全管理办法由中央军事委员会依照本法制定。

第一百五十三条　【国务院可以调整食品安全监管体制】国务院根据实际需要，可以对食品安全监督管理体制作出调整。

第一百五十四条 【施行日期】本法自2015年10月1日起施行。

中华人民共和国道路交通安全法

- 2003年10月28日第十届全国人民代表大会常务委员会第五次会议通过
- 根据2007年12月29日第十届全国人民代表大会常务委员会第三十一次会议《关于修改〈中华人民共和国道路交通安全法〉的决定》第一次修正
- 根据2011年4月22日第十一届全国人民代表大会常务委员会第二十次会议《关于修改〈中华人民共和国道路交通安全法〉的决定》第二次修正
- 根据2021年4月29日第十三届全国人民代表大会常务委员会第二十八次会议《关于修改〈中华人民共和国道路交通安全法〉等八部法律的决定》第三次修正

第一章 总 则

第一条 【立法宗旨】为了维护道路交通秩序，预防和减少交通事故，保护人身安全，保护公民、法人和其他组织的财产安全及其他合法权益，提高通行效率，制定本法。

注释 道路，是指公路、城市道路和虽在单位管辖范围内但允许社会机动车通行的地方，包括广场、公共停车场等用于公众通行的场所。

第二条 【适用范围】中华人民共和国境内的车辆驾驶人、行人、乘车人以及与道路交通活动有关的单位和个人，都应当遵守本法。

注释 本法所指的车辆包括机动车和非机动车。机动车，是指以动力装置驱动或者牵引，上道路行驶的供人员乘用或者用于运送物品以及进行工程专项作业的轮式车辆；非机动车，是指以人力或者畜力驱动，上道路行驶的交通工具，以及虽有动力装置驱动但设计最高时速、空车质量、外形尺寸符合有关国家标准的残疾人机动轮椅车、电动自行车等交通工具。

特别指出的是，警车、消防车、救护车、工程救险车等特种车辆也在本法调整的范围内。

链接《道路交通安全法实施条例》第2条

第三条 【基本原则】道路交通安全工作，应当遵循依法管理、方便群众的原则，保障道路交通有序、安全、畅通。

链接《道路交通事故处理程序规定》第2条

第四条 【道路交通安全管理规划及实施】各级人民政府应当保障道路交通安全管理工作与经济建设和社会发展相适应。

县级以上地方各级人民政府应当适应道路交通发展的需要，依据道路交通安全法律、法规和国家有关政策，制定道路交通安全管理规划，并组织实施。

链接《道路交通安全法实施条例》第3条

第五条 【道路交通安全工作的管辖】国务院公安部门负责全国道路交通安全管理工作。县级以上地方各级人民政府公安机关交通管理部门负责本行政区域内的道路交通安全管理工作。

县级以上各级人民政府交通、建设管理部门依据各自职责，负责有关的道路交通工作。

第六条 【道路交通安全宣传】各级人民政府应当经常进行道路交通安全教育，提高公民的道路交通安全意识。

公安机关交通管理部门及其交通警察执行职务时，应当加强道路交通安全法律、法规的宣传，并模范遵守道路交通安全法律、法规。

机关、部队、企业事业单位、社会团体以及其他组织，应当对本单位的人员进行道路交通安全教育。

教育行政部门、学校应当将道路交通安全教育纳入法制教育的内容。

新闻、出版、广播、电视等有关单位，有进行道路交通安全教育的义务。

第七条 【道路交通安全管理的发展要求】对道路交通安全管理工作，应当加强科学研究，推广、使用先进的管理方法、技术、设备。

第二章 车辆和驾驶人

第一节 机动车、非机动车

第八条 【机动车登记制度】国家对机动车实行登记制度。机动车经公安机关交通管理部门登记后，方可上道路行驶。尚未登记的机动车，需要临时上道路行驶的，应当取得临时通行牌证。

链接《机动车登记规定》

第九条 【注册登记】申请机动车登记,应当提交以下证明、凭证:

(一)机动车所有人的身份证明;

(二)机动车来历证明;

(三)机动车整车出厂合格证明或者进口机动车进口凭证;

(四)车辆购置税的完税证明或者免税凭证;

(五)法律、行政法规规定应当在机动车登记时提交的其他证明、凭证。

公安机关交通管理部门应当自受理申请之日起五个工作日内完成机动车登记审查工作,对符合前款规定条件的,应当发放机动车登记证书、号牌和行驶证;对不符合前款规定条件的,应当向申请人说明不予登记的理由。

公安机关交通管理部门以外的任何单位或者个人不得发放机动车号牌或者要求机动车悬挂其他号牌,本法另有规定的除外。

机动车登记证书、号牌、行驶证的式样由国务院公安部门规定并监制。

第十条 【机动车应符合国家安全技术标准】准予登记的机动车应当符合机动车国家安全技术标准。申请机动车登记时,应当接受对该机动车的安全技术检验。但是,经国家机动车产品主管部门依据机动车国家安全技术标准认定的企业生产的机动车型,该车型的新车在出厂时经检验符合机动车国家安全技术标准,获得检验合格证的,免予安全技术检验。

链接《道路交通安全法实施条例》第15条

第十一条 【机动车上道行驶手续和号牌悬挂】驾驶机动车上道路行驶,应当悬挂机动车号牌,放置检验合格标志、保险标志,并随车携带机动车行驶证。

机动车号牌应当按照规定悬挂并保持清晰、完整,不得故意遮挡、污损。

任何单位和个人不得收缴、扣留机动车号牌。

链接《道路交通安全法实施条例》第13条

第十二条 【变更登记】有下列情形之一的,应当办理相应的登记:

(一)机动车所有权发生转移的;

(二)机动车登记内容变更的;

(三)机动车用作抵押的;

(四)机动车报废的。

链接《民法典》第225、1210条

第十三条 【机动车安检】对登记后上道路行驶的机动车,应当依照法律、行政法规的规定,根据车辆用途、载客载货数量、使用年限等不同情况,定期进行安全技术检验。对提供机动车行驶证和机动车第三者责任强制保险单的,机动车安全技术检验机构应当予以检验,任何单位不得附加其他条件。对符合机动车国家安全技术标准的,公安机关交通管理部门应当发给检验合格标志。

对机动车的安全技术检验实行社会化。具体办法由国务院规定。

机动车安全技术检验实行社会化的地方,任何单位不得要求机动车到指定的场所进行检验。

公安机关交通管理部门、机动车安全技术检验机构不得要求机动车到指定的场所进行维修、保养。

机动车安全技术检验机构对机动车检验收取费用,应当严格执行国务院价格主管部门核定的收费标准。

链接《道路交通安全法实施条例》第15—17条

第十四条 【强制报废制度】国家实行机动车强制报废制度,根据机动车的安全技术状况和不同用途,规定不同的报废标准。

应当报废的机动车必须及时办理注销登记。

达到报废标准的机动车不得上道路行驶。报废的大型客、货车及其他营运车辆应当在公安机关交通管理部门的监督下解体。

第十五条 【特种车辆标志图案的喷涂和警报器、标志灯具的安装、使用】警车、消防车、救护车、工程救险车应当按照规定喷涂标志图案,安装警报器、标志灯具。其他机动车不得喷涂、安装、使用上述车辆专用的或者与其相类似的标志图案、警报器或者标志灯具。

警车、消防车、救护车、工程救险车应当严格按照规定的用途和条件使用。

公路监督检查的专用车辆,应当依照公路法的规定,设置统一的标志和示警灯。

第十六条 【禁止拼装、改变、伪造、变造等违法行为】任何单位或者个人不得有下列行为:

(一)拼装机动车或者擅自改变机动车已登记的结构、构造或者特征;

(二)改变机动车型号、发动机号、车架号或者车辆识别代号;

（三）伪造、变造或者使用伪造、变造的机动车登记证书、号牌、行驶证、检验合格标志、保险标志；

（四）使用其他机动车的登记证书、号牌、行驶证、检验合格标志、保险标志。

案例 赵春明等诉烟台市福山区汽车运输公司卫德平等机动车交通事故责任纠纷案（最高人民法院指导案例19号）

裁判规则：机动车所有人或者管理人将机动车号牌出借他人套牌使用，或者明知他人套牌使用其机动车号牌不予制止，套牌机动车发生交通事故造成他人损害的，机动车所有人或者管理人应当与套牌机动车所有人或者管理人承担连带责任。

第十七条 【机动车第三者责任强制保险制度和道路交通事故社会救助基金】国家实行机动车第三者责任强制保险制度，设立道路交通事故社会救助基金。具体办法由国务院规定。

案例 郑克宝诉徐伟良、中国人民财产保险股份有限公司长兴支公司道路交通事故人身损害赔偿纠纷案（《中华人民共和国最高人民法院公报》2008年第7期）

裁判规则：（1）根据机动车辆保险合同的约定，机动车辆第三者责任险中的“第三者”，是指除投保人、被保险人和保险人以外的，因保险车辆发生意外事故遭受人身伤亡或财产损失的保险车辆下的受害者；车上人员责任险中的“车上人员”，是指发生意外事故时身处保险车辆之上的人员。据此，判断因保险车辆发生意外事故而受害的人属于“第三者”还是属于“车上人员”，必须以该人在事故发生当时这一特定的时间是否身处保险车辆之上为依据，在车上即为“车上人员”，在车下即为“第三者”。

（2）由于机动车辆是一种交通工具，任何人都不可能永久地置身于机动车辆之上，故机动车辆保险合同中所涉及的“第三者”和“车上人员”均为在特定时空条件下的临时性身份，即“第三者”与“车上人员”均不是永久的、固定不变的身份，二者可以因特定时空条件的变化而转化。因保险车辆发生意外事故而受害的人，如果在事故发生前是保险车辆的车上人员，事故发生时已经置身于保险车辆之下，则属于“第三者”。至于何种原因导致该人员在事故发生时置身于保险车辆之下，不影响其“第三者”的身份。

第十八条 【非机动车的管理】依法应当登记的非机动车，经公安机关交通管理部门登记后，方可上道路行驶。

依法应当登记的非机动车的种类，由省、自治区、直辖市人民政府根据当地实际情况规定。

非机动车的外形尺寸、质量、制动器、车铃和夜间反光装置，应当符合非机动车安全技术标准。

第二节 机动车驾驶人

第十九条 【驾驶证】驾驶机动车，应当依法取得机动车驾驶证。

申请机动车驾驶证，应当符合国务院公安部门规定的驾驶许可条件；经考试合格后，由公安机关交通管理部门发给相应类别的机动车驾驶证。

持有境外机动车驾驶证的人，符合国务院公安部门规定的驾驶许可条件，经公安机关交通管理部门考核合格的，可以发给中国的机动车驾驶证。

驾驶人应当按照驾驶证载明的准驾车型驾驶机动车；驾驶机动车时，应当随身携带机动车驾驶证。

公安机关交通管理部门以外的任何单位或者个人，不得收缴、扣留机动车驾驶证。

第二十条 【驾驶培训】机动车的驾驶培训实行社会化，由交通运输主管部门对驾驶培训学校、驾驶培训班实行备案管理，并对驾驶培训活动加强监督，其中专门的拖拉机驾驶培训学校、驾驶培训班由农业（农业机械）主管部门实行监督管理。

驾驶培训学校、驾驶培训班应当严格按照国家有关规定，对学员进行道路交通安全法律、法规、驾驶技能的培训，确保培训质量。

任何国家机关以及驾驶培训和考试主管部门不得举办或者参与举办驾驶培训学校、驾驶培训班。

第二十一条 【上路行驶前的安全检查】驾驶人驾驶机动车上道路行驶前，应当对机动车的安全技术性能进行认真检查；不得驾驶安全设施不全或者机件不符合技术标准等具有安全隐患的机动车。

第二十二条 【机动车驾驶人应当安全驾驶】机动车驾驶人应当遵守道路交通安全法律、法规的规定，按照操作规范安全驾驶、文明驾驶。

饮酒、服用国家管制的精神药品或者麻醉药

品，或者患有妨碍安全驾驶机动车的疾病，或者过度疲劳影响安全驾驶的，不得驾驶机动车。

任何人不得强迫、指使、纵容驾驶人违反道路交通安全法律、法规和机动车安全驾驶要求驾驶机动车。

第二十三条　【机动车驾驶证定期审验】公安机关交通管理部门依照法律、行政法规的规定，定期对机动车驾驶证实施审验。

第二十四条　【累积记分制度】公安机关交通管理部门对机动车驾驶人违反道路交通安全法律、法规的行为，除依法给予行政处罚外，实行累积记分制度。公安机关交通管理部门对累积记分达到规定分值的机动车驾驶人，扣留机动车驾驶证，对其进行道路交通安全法律、法规教育，重新考试；考试合格的，发还其机动车驾驶证。

对遵守道路交通安全法律、法规，在一年内无累积记分的机动车驾驶人，可以延长机动车驾驶证的审验期。具体办法由国务院公安部门规定。

链接《道路交通安全违法行为记分管理办法》

第三章　道路通行条件

第二十五条　【道路交通信号和分类】全国实行统一的道路交通信号。

交通信号包括交通信号灯、交通标志、交通标线和交通警察的指挥。

交通信号灯、交通标志、交通标线的设置应当符合道路交通安全、畅通的要求和国家标准，并保持清晰、醒目、准确、完好。

根据通行需要，应当及时增设、调换、更新道路交通信号。增设、调换、更新限制性的道路交通信号，应当提前向社会公告，广泛进行宣传。

第二十六条　【交通信号灯分类和示义】交通信号灯由红灯、绿灯、黄灯组成。红灯表示禁止通行，绿灯表示准许通行，黄灯表示警示。

第二十七条　【铁路道口的警示标志】铁路与道路平面交叉的道口，应当设置警示灯、警示标志或者安全防护设施。无人看守的铁路道口，应当在距道口一定距离处设置警示标志。

第二十八条　【道路交通信号的保护】任何单位和个人不得擅自设置、移动、占用、损毁交通信号灯、交通标志、交通标线。

道路两侧及隔离带上种植的树木或者其他植物，设置的广告牌、管线等，应当与交通设施保持必要的距离，不得遮挡路灯、交通信号灯、交通标志，不得妨碍安全视距，不得影响通行。

第二十九条　【公共交通的规划、设计、建设和对交通安全隐患的防范】道路、停车场和道路配套设施的规划、设计、建设，应当符合道路交通安全、畅通的要求，并根据交通需求及时调整。

公安机关交通管理部门发现已经投入使用的道路存在交通事故频发路段，或者停车场、道路配套设施存在交通安全严重隐患的，应当及时向当地人民政府报告，并提出防范交通事故、消除隐患的建议，当地人民政府应当及时作出处理决定。

第三十条　【道路或交通信号毁损的处置措施】道路出现坍塌、坑漕、水毁、隆起等损毁或者交通信号灯、交通标志、交通标线等交通设施损毁、灭失的，道路、交通设施的养护部门或者管理部门应当设置警示标志并及时修复。

公安机关交通管理部门发现前款情形，危及交通安全，尚未设置警示标志的，应当及时采取安全措施，疏导交通，并通知道路、交通设施的养护部门或者管理部门。

第三十一条　【未经许可不得占道从事非交通活动】未经许可，任何单位和个人不得占用道路从事非交通活动。

链接《公路法》第7、44—57、77条；《公路安全保护条例》第16条

第三十二条　【占用道路施工的处置措施】因工程建设需要占用、挖掘道路，或者跨越、穿越道路架设、增设管线设施，应当事先征得道路主管部门的同意；影响交通安全的，还应当征得公安机关交通管理部门的同意。

施工作业单位应当在经批准的路段和时间内施工作业，并在距离施工作业地点来车方向安全距离处设置明显的安全警示标志，采取防护措施；施工作业完毕，应当迅速清除道路上的障碍物，消除安全隐患，经道路主管部门和公安机关交通管理部门验收合格，符合通行要求后，方可恢复通行。

对未中断交通的施工作业道路，公安机关交通管理部门应当加强交通安全监督检查，维护道路交通秩序。

第三十三条　【停车场、停车泊位的设置】新建、改建、扩建的公共建筑、商业街区、居住区、大（中）型建筑等，应当配建、增建停车场；停车泊位不足的，应当及时改建或者扩建；投入使用的停车

场不得擅自停止使用或者改作他用。

在城市道路范围内，在不影响行人、车辆通行的情况下，政府有关部门可以施划停车泊位。

链接《道路交通安全法实施条例》第33条

第三十四条 【行人过街设施、盲道的设置】学校、幼儿园、医院、养老院门前的道路没有行人过街设施的，应当施划人行横道线，设置提示标志。

城市主要道路的人行道，应当按照规划设置盲道。盲道的设置应当符合国家标准。

第四章 道路通行规定

第一节 一般规定

第三十五条 【右侧通行】机动车、非机动车实行右侧通行。

第三十六条 【车道划分和通行规则】根据道路条件和通行需要，道路划分为机动车道、非机动车道和人行道的，机动车、非机动车、行人实行分道通行。没有划分机动车道、非机动车道和人行道的，机动车在道路中间通行，非机动车和行人在道路两侧通行。

第三十七条 【专用车道只准许规定车辆通行】道路划设专用车道的，在专用车道内，只准许规定的车辆通行，其他车辆不得进入专用车道内行驶。

第三十八条 【遵守交通信号】车辆、行人应当按照交通信号通行；遇有交通警察现场指挥时，应当按照交通警察的指挥通行；在没有交通信号的道路上，应当在确保安全、畅通的原则下通行。

第三十九条 【交通管理部门可根据情况采取管理措施并提前公告】公安机关交通管理部门根据道路和交通流量的具体情况，可以对机动车、非机动车、行人采取疏导、限制通行、禁止通行等措施。遇有大型群众性活动、大范围施工等情况，需要采取限制交通的措施，或者作出与公众的道路交通活动直接有关的决定，应当提前向社会公告。

第四十条 【交通管制】遇有自然灾害、恶劣气象条件或者重大交通事故等严重影响交通安全的情形，采取其他措施难以保证交通安全时，公安机关交通管理部门可以实行交通管制。

第四十一条 【授权国务院规定道路通行的其他具体规定】有关道路通行的其他具体规定，由国务院规定。

第二节 机动车通行规定

第四十二条 【机动车行驶速度】机动车上道路行驶，不得超过限速标志标明的最高时速。在没有限速标志的路段，应当保持安全车速。

夜间行驶或者在容易发生危险的路段行驶，以及遇有沙尘、冰雹、雨、雪、雾、结冰等气象条件时，应当降低行驶速度。

第四十三条 【不得超车的情形】同车道行驶的机动车，后车应当与前车保持足以采取紧急制动措施的安全距离。有下列情形之一的，不得超车：

（一）前车正在左转弯、掉头、超车的；

（二）与对面来车有会车可能的；

（三）前车为执行紧急任务的警车、消防车、救护车、工程救险车的；

（四）行经铁路道口、交叉路口、窄桥、弯道、陡坡、隧道、人行横道、市区交通流量大的路段等没有超车条件的。

第四十四条 【交叉路口通行规则】机动车通过交叉路口，应当按照交通信号灯、交通标志、交通标线或者交通警察的指挥通过；通过没有交通信号灯、交通标志、交通标线或者交通警察指挥的交叉路口时，应当减速慢行，并让行人和优先通行的车辆先行。

第四十五条 【交通不畅条件下的行驶】机动车遇有前方车辆停车排队等候或者缓慢行驶时，不得借道超车或者占用对面车道，不得穿插等候的车辆。

在车道减少的路段、路口，或者在没有交通信号灯、交通标志、交通标线或者交通警察指挥的交叉路口遇到停车排队等候或者缓慢行驶时，机动车应当依次交替通行。

第四十六条 【铁路道口通行规则】机动车通过铁路道口时，应当按照交通信号或者管理人员的指挥通行；没有交通信号或者管理人员的，应当减速或者停车，在确认安全后通过。

第四十七条 【避让行人】机动车行经人行横道时，应当减速行驶；遇行人正在通过人行横道，应当停车让行。

机动车行经没有交通信号的道路时，遇行人横过道路，应当避让。

案例 贝汇丰诉海宁市公安局交通警察大队道路交通管理行政处罚案（最高人民法院指导案例90号）

裁判规则：礼让行人是文明安全驾驶的基本要求。机动车驾驶人驾驶车辆行经人行横道，遇行人正在人行横道通行或者停留时，应当主动停车让行，除非行人明确示意机动车先通过。公安机关交通管理部门对不礼让行人的机动车驾驶人依法作出行政处罚的，人民法院应予支持。

第四十八条 【机动车载物】机动车载物应当符合核定的载质量，严禁超载；载物的长、宽、高不得违反装载要求，不得遗洒、飘散载运物。

机动车运载超限的不可解体的物品，影响交通安全的，应当按照公安机关交通管理部门指定的时间、路线、速度行驶，悬挂明显标志。在公路上运载超限的不可解体的物品，并应当依照公路法的规定执行。

机动车载运爆炸物品、易燃易爆化学物品以及剧毒、放射性等危险物品，应当经公安机关批准后，按指定的时间、路线、速度行驶，悬挂警示标志并采取必要的安全措施。

第四十九条 【机动车载人】机动车载人不得超过核定的人数，客运机动车不得违反规定载货。

第五十条 【货运车运营规则】禁止货运机动车载客。

货运机动车需要附载作业人员的，应当设置保护作业人员的安全措施。

第五十一条 【安全带及安全头盔的使用】机动车行驶时，驾驶人、乘坐人员应当按规定使用安全带，摩托车驾驶人及乘坐人员应当按规定戴安全头盔。

第五十二条 【机动车故障处置】机动车在道路上发生故障，需要停车排除故障时，驾驶人应当立即开启危险报警闪光灯，将机动车移至不妨碍交通的地方停放；难以移动的，应当持续开启危险报警闪光灯，并在来车方向设置警告标志等措施扩大示警距离，必要时迅速报警。

第五十三条 【特种车辆的优先通行权】警车、消防车、救护车、工程救险车执行紧急任务时，可以使用警报器、标志灯具；在确保安全的前提下，不受行驶路线、行驶方向、行驶速度和信号灯的限制，其他车辆和行人应当让行。

警车、消防车、救护车、工程救险车非执行紧急任务时，不得使用警报器、标志灯具，不享有前款规定的道路优先通行权。

第五十四条 【养护、工程作业等车辆的作业通行权】道路养护车辆、工程作业车进行作业时，在不影响过往车辆通行的前提下，其行驶路线和方向不受交通标志、标线限制，过往车辆和人员应当注意避让。

洒水车、清扫车等机动车应当按照安全作业标准作业；在不影响其他车辆通行的情况下，可以不受车辆分道行驶的限制，但是不得逆向行驶。

第五十五条 【拖拉机的通行和营运】高速公路、大中城市中心城区内的道路，禁止拖拉机通行。其他禁止拖拉机通行的道路，由省、自治区、直辖市人民政府根据当地实际情况规定。

在允许拖拉机通行的道路上，拖拉机可以从事货运，但是不得用于载人。

第五十六条 【机动车的停泊】机动车应当在规定地点停放。禁止在人行道上停放机动车；但是，依照本法第三十三条规定施划的停车泊位除外。

在道路上临时停车的，不得妨碍其他车辆和行人通行。

第三节 非机动车通行规定

第五十七条 【非机动车通行规则】驾驶非机动车在道路上行驶应当遵守有关交通安全的规定。非机动车应当在非机动车道内行驶；在没有非机动车道的道路上，应当靠车行道的右侧行驶。

第五十八条 【非机动车行驶速度限制】残疾人机动轮椅车、电动自行车在非机动车道内行驶时，最高时速不得超过十五公里。

第五十九条 【非机动车的停放】非机动车应当在规定地点停放。未设停放地点的，非机动车停放不得妨碍其他车辆和行人通行。

第六十条 【畜力车使用规则】驾驭畜力车，应当使用驯服的牲畜；驾驭畜力车横过道路时，驾驭人应当下车牵引牲畜；驾驭人离开车辆时，应当拴系牲畜。

第四节 行人和乘车人通行规定

第六十一条 【行人通行规则】行人应当在人行道内行走，没有人行道的靠路边行走。

第六十二条 【行人横过道路规则】行人通过

路口或者横过道路,应当走人行横道或者过街设施;通过有交通信号灯的人行横道,应当按照交通信号灯指示通行;通过没有交通信号灯、人行横道的路口,或者在没有过街设施的路段横过道路,应当在确认安全后通过。

第六十三条 【行人禁止行为】行人不得跨越、倚坐道路隔离设施,不得扒车、强行拦车或者实施妨碍道路交通安全的其他行为。

第六十四条 【特殊行人通行规则】学龄前儿童以及不能辨认或者不能控制自己行为的精神疾病患者、智力障碍者在道路上通行,应当由其监护人、监护人委托的人或者对其负有管理、保护职责的人带领。

盲人在道路上通行,应当使用盲杖或者采取其他导盲手段,车辆应当避让盲人。

第六十五条 【行人通过铁路道口规则】行人通过铁路道口时,应当按照交通信号或者管理人员的指挥通行;没有交通信号和管理人员的,应当在确认无火车驶临后,迅速通过。

第六十六条 【乘车规则】乘车人不得携带易燃易爆等危险物品,不得向车外抛洒物品,不得有影响驾驶人安全驾驶的行为。

第五节 高速公路的特别规定

第六十七条 【高速公路通行规则、时速限制】行人、非机动车、拖拉机、轮式专用机械车、铰接式客车、全挂拖斗车以及其他设计最高时速低于七十公里的机动车,不得进入高速公路。高速公路限速标志标明的最高时速不得超过一百二十公里。

第六十八条 【故障处理】机动车在高速公路上发生故障时,应当依照本法第五十二条的有关规定办理;但是,警告标志应当设置在故障车来车方向一百五十米以外,车上人员应当迅速转移到右侧路肩上或者应急车道内,并且迅速报警。

机动车在高速公路上发生故障或者交通事故,无法正常行驶的,应当由救援车、清障车拖曳、牵引。

第六十九条 【不得在高速公路上拦截车辆】任何单位、个人不得在高速公路上拦截检查行驶的车辆,公安机关的人民警察依法执行紧急公务除外。

第五章 交通事故处理

第七十条 【交通事故处理及报警】在道路上发生交通事故,车辆驾驶人应当立即停车,保护现场;造成人身伤亡的,车辆驾驶人应当立即抢救受伤人员,并迅速报告执勤的交通警察或者公安机关交通管理部门。因抢救受伤人员变动现场的,应当标明位置。乘车人、过往车辆驾驶人、过往行人应当予以协助。

在道路上发生交通事故,未造成人身伤亡,当事人对事实及成因无争议的,可以即行撤离现场,恢复交通,自行协商处理损害赔偿事宜;不即行撤离现场的,应当迅速报告执勤的交通警察或者公安机关交通管理部门。

在道路上发生交通事故,仅造成轻微财产损失,并且基本事实清楚的,当事人应当先撤离现场再进行协商处理。

第七十一条 【交通事故逃逸的处理】车辆发生交通事故后逃逸的,事故现场目击人员和其他知情人员应当向公安机关交通管理部门或者交通警察举报。举报属实的,公安机关交通管理部门应当给予奖励。

案例 曾明清诉彭友洪、中国平安财产保险股份有限公司成都市蜀都支公司机动车交通事故责任纠纷案(2014年7月25日最高人民法院发布的四起典型案例)

裁判规则:从事实层面而言,第三车碾压之时,受害人并未死亡,究竟哪一辆车的行为致受害人死亡无法确定,但根据尸检报告、勘验笔录等证据,可以确认每一辆车的碾压行为均足以造成受害人死亡的后果。这属于法律所规定的聚合因果关系,行为人之间需承担连带责任。彭友宏发现碾压后果及时停车报警,救助受害人,是履行公民责任的诚信行为,值得赞赏和提倡,而就事件后果而言,由于有交强险及商业三者险的分担机制,车主自身承担的赔偿责任实际上并不重。但反观肇事后逃逸车辆的未知名驾车人,一方面,在法律上其乃肇事后逃逸的刑事犯罪嫌疑人,时时有可能被抓捕归案;另一方面,逃逸之后其内心也将时时受到良心的谴责而无法安宁。与主动救助相比,逃逸的后果无疑是更为严重的。

第七十二条 【交警处理交通事故程序】公安机关交通管理部门接到交通事故报警后,应当立即派交通警察赶赴现场,先组织抢救受伤人员,并采取措施,尽快恢复交通。

交通警察应当对交通事故现场进行勘验、检查,收集证据;因收集证据的需要,可以扣留事故车辆,但是应当妥善保管,以备核查。

对当事人的生理、精神状况等专业性较强的检验,公安机关交通管理部门应当委托专门机构进行鉴定。鉴定结论应当由鉴定人签名。

案例 许云鹤与王秀芝道路交通事故人身损害赔偿纠纷案(2014 年 7 月 25 日最高人民法院发布的四起典型案例)

裁判规则:机动车交通事故中,对于一些无监控录像、无目击证人,且双方当事人对于事故原因又各执一词的情形,人民法院如何认定事实是一大难点,本案即具有典型意义。本案的争议焦点是王秀芝的腿伤是否为许云鹤的驾车行为所致。对此,二审法院委托具有资质的鉴定机构进行伤情成因鉴定。鉴定机构经过鉴定,认为受害人伤情符合车辆撞击特征,单纯摔跌难以形成。同时,由于事发时并无第三方车辆,且受害人尚能从容跨越护栏,故可以认定王秀芝的腿伤乃许云鹤的驾车行为所致。此外,由于许云鹤违反法律规定,未购买机动车交强险,故而承担了交强险项下的赔偿责任。如果其依法购买交强险,该责任原本是可由保险机构承担的。

第七十三条　【交通事故认定书】公安机关交通管理部门应当根据交通事故现场勘验、检查、调查情况和有关的检验、鉴定结论,及时制作交通事故认定书,作为处理交通事故的证据。交通事故认定书应当载明交通事故的基本事实、成因和当事人的责任,并送达当事人。

案例 葛宇斐诉沈丘县汽车运输有限公司、中国人民财产保险股份有限公司周口市分公司、中国人民财产保险股份有限公司沈丘支公司道路交通事故损害赔偿纠纷案(《中华人民共和国最高人民法院公报》2010 年第 11 期)

裁判规则:交通事故认定书是公安机关处理交通事故,作出行政决定所依据的主要证据,虽然可以在民事诉讼中作为证据使用,但由于交通事故认定结论的依据是相应行政法规,运用的归责原则具有特殊性,与民事诉讼中关于侵权行为认定的法律依据、归责原则有所区别。交通事故责任不完全等同于民事法律赔偿责任,因此,交通事故认定书不能作为民事侵权损害赔偿案件责任分配的唯一依据。行为人在侵权行为中的过错程度,应当结合案件实际情况,根据民事诉讼的归责原则进行综合认定。

第七十四条　【交通事故的调解或起诉】对交通事故损害赔偿的争议,当事人可以请求公安机关交通管理部门调解,也可以直接向人民法院提起民事诉讼。

经公安机关交通管理部门调解,当事人未达成协议或者调解书生效后不履行的,当事人可以向人民法院提起民事诉讼。

第七十五条　【受伤人员的抢救及费用承担】医疗机构对交通事故中的受伤人员应当及时抢救,不得因抢救费用未及时支付而拖延救治。肇事车辆参加机动车第三者责任强制保险的,由保险公司在责任限额范围内支付抢救费用;抢救费用超过责任限额的,未参加机动车第三者责任强制保险或者肇事后逃逸的,由道路交通事故社会救助基金先行垫付部分或者全部抢救费用,道路交通事故社会救助基金管理机构有权向交通事故责任人追偿。

第七十六条　【交通事故赔偿责任】机动车发生交通事故造成人身伤亡、财产损失的,由保险公司在机动车第三者责任强制保险责任限额范围内予以赔偿;不足的部分,按照下列规定承担赔偿责任:

(一)机动车之间发生交通事故的,由有过错的一方承担赔偿责任;双方都有过错的,按照各自过错的比例分担责任。

(二)机动车与非机动车驾驶人、行人之间发生交通事故,非机动车驾驶人、行人没有过错的,由机动车一方承担赔偿责任;有证据证明非机动车驾驶人、行人有过错的,根据过错程度适当减轻机动车一方的赔偿责任;机动车一方没有过错的,承担不超过百分之十的赔偿责任。

交通事故的损失是由非机动车驾驶人、行人故意碰撞机动车造成的,机动车一方不承担赔偿责任。

案例 荣宝英诉王阳、永诚财产保险股份有限公司江阴支公司机动车交通事故责任纠纷案(最高人民法院指导案例 24 号)

裁判规则:机动车发生交通事故造成人身伤亡、财产损失的,由保险公司在机动车第三者责任强制保险责任限额范围内予以赔偿。而我国交强险立法并未规定在确定交强险责任时应依据受害人体质状况对损害后果的影响作相应扣减，保险公司的免责事由也仅限于受害人故意造成交通事故的情形，即便是投保机动车无责，保险公司也应在交强险无责限额内予以赔偿。因此，对于受害人符合法律规定的赔偿项目和标准的损失，均属交强险的赔偿范围，参照"损伤参与度"确定损害赔偿责任和交强险责任均没有法律依据。

第七十七条　【道路外交通事故处理】车辆在道路以外通行时发生的事故，公安机关交通管理部门接到报案的，参照本法有关规定办理。

链接《道路交通安全法实施条例》第97条

第六章　执法监督

第七十八条　【交警管理及考核上岗】公安机关交通管理部门应当加强对交通警察的管理，提高交通警察的素质和管理道路交通的水平。

公安机关交通管理部门应当对交通警察进行法制和交通安全管理业务培训、考核。交通警察经考核不合格的，不得上岗执行职务。

链接《道路交通安全法实施条例》第101条

第七十九条　【依法履行法定职责】公安机关交通管理部门及其交通警察实施道路交通安全管理，应当依据法定的职权和程序，简化办事手续，做到公正、严格、文明、高效。

第八十条　【执行职务要求】交通警察执行职务时，应当按照规定着装，佩带人民警察标志，持有人民警察证件，保持警容严整，举止端庄，指挥规范。

第八十一条　【收费标准】依照本法发放牌证等收取工本费，应当严格执行国务院价格主管部门核定的收费标准，并全部上缴国库。

第八十二条　【处罚和收缴分离原则】公安机关交通管理部门依法实施罚款的行政处罚，应当依照有关法律、行政法规的规定，实施罚款决定与罚款收缴分离；收缴的罚款以及依法没收的违法所得，应当全部上缴国库。

第八十三条　【回避制度】交通警察调查处理道路交通安全违法行为和交通事故，有下列情形之一的，应当回避：

（一）是本案的当事人或者当事人的近亲属；

（二）本人或者其近亲属与本案有利害关系；

（三）与本案当事人有其他关系，可能影响案件的公正处理。

链接《道路交通事故处理程序规定》第105条

第八十四条　【执法监督】公安机关交通管理部门及其交通警察的行政执法活动，应当接受行政监察机关依法实施的监督。

公安机关督察部门应当对公安机关交通管理部门及其交通警察执行法律、法规和遵守纪律的情况依法进行监督。

上级公安机关交通管理部门应当对下级公安机关交通管理部门的执法活动进行监督。

第八十五条　【举报、投诉制度】公安机关交通管理部门及其交通警察执行职务，应当自觉接受社会和公民的监督。

任何单位和个人都有权对公安机关交通管理部门及其交通警察不严格执法以及违法违纪行为进行检举、控告。收到检举、控告的机关，应当依据职责及时查处。

链接《道路交通安全法实施条例》第98、100条

第八十六条　【交警执法保障】任何单位不得给公安机关交通管理部门下达或者变相下达罚款指标；公安机关交通管理部门不得以罚款数额作为考核交通警察的标准。

公安机关交通管理部门及其交通警察对超越法律、法规规定的指令，有权拒绝执行，并同时向上级机关报告。

第七章　法律责任

第八十七条　【交通管理部门的职权】公安机关交通管理部门及其交通警察对道路交通安全违法行为，应当及时纠正。

公安机关交通管理部门及其交通警察应当依据事实和本法的有关规定对道路交通安全违法行为予以处罚。对于情节轻微，未影响道路通行的，指出违法行为，给予口头警告后放行。

第八十八条　【处罚种类】对道路交通安全违法行为的处罚种类包括：警告、罚款、暂扣或者吊销机动车驾驶证、拘留。

链接《行政处罚法》第9条

第八十九条　【对违法行人、乘车人、非机动车驾驶人的处罚】行人、乘车人、非机动车驾驶人违反道路交通安全法律、法规关于道路通行规定的，处警告或者五元以上五十元以下罚款；非机动

车驾驶人拒绝接受罚款处罚的,可以扣留其非机动车。

第九十条 【对违法机动车驾驶人的处罚】机动车驾驶人违反道路交通安全法律、法规关于道路通行规定的,处警告或者二十元以上二百元以下罚款。本法另有规定的,依照规定处罚。

第九十一条 【饮酒、醉酒驾车处罚】饮酒后驾驶机动车的,处暂扣六个月机动车驾驶证,并处一千元以上二千元以下罚款。因饮酒后驾驶机动车被处罚,再次饮酒后驾驶机动车的,处十日以下拘留,并处一千元以上二千元以下罚款,吊销机动车驾驶证。

醉酒驾驶机动车的,由公安机关交通管理部门约束至酒醒,吊销机动车驾驶证,依法追究刑事责任;五年内不得重新取得机动车驾驶证。

饮酒后驾驶营运机动车的,处十五日拘留,并处五千元罚款,吊销机动车驾驶证,五年内不得重新取得机动车驾驶证。

醉酒驾驶营运机动车的,由公安机关交通管理部门约束至酒醒,吊销机动车驾驶证,依法追究刑事责任;十年内不得重新取得机动车驾驶证,重新取得机动车驾驶证后,不得驾驶营运机动车。

饮酒后或者醉酒驾驶机动车发生重大交通事故,构成犯罪的,依法追究刑事责任,并由公安机关交通管理部门吊销机动车驾驶证,终生不得重新取得机动车驾驶证。

第九十二条 【超载行为处罚】公路客运车辆载客超过额定乘员的,处二百元以上五百元以下罚款;超过额定乘员百分之二十或者违反规定载货的,处五百元以上二千元以下罚款。

货运机动车超过核定载质量的,处二百元以上五百元以下罚款;超过核定载质量百分之三十或者违反规定载客的,处五百元以上二千元以下罚款。

有前两款行为的,由公安机关交通管理部门扣留机动车至违法状态消除。

运输单位的车辆有本条第一款、第二款规定的情形,经处罚不改的,对直接负责的主管人员处二千元以上五千元以下罚款。

第九十三条 【对违法泊车的处理及拖车规则】对违反道路交通安全法律、法规关于机动车停放、临时停车规定的,可以指出违法行为,并予以口头警告,令其立即驶离。

机动车驾驶人不在现场或者虽在现场但拒绝立即驶离,妨碍其他车辆、行人通行的,处二十元以上二百元以下罚款,并可以将该机动车拖移至不妨碍交通的地点或者公安机关交通管理部门指定的地点停放。公安机关交通管理部门拖车不得向当事人收取费用,并应当及时告知当事人停放地点。

因采取不正确的方法拖车造成机动车损坏的,应当依法承担补偿责任。

第九十四条 【对机动车安检机构的管理】机动车安全技术检验机构实施机动车安全技术检验超过国务院价格主管部门核定的收费标准收取费用的,退还多收取的费用,并由价格主管部门依照《中华人民共和国价格法》的有关规定给予处罚。

机动车安全技术检验机构不按照机动车国家安全技术标准进行检验,出具虚假检验结果的,由公安机关交通管理部门处所收检验费用五倍以上十倍以下罚款,并依法撤销其检验资格;构成犯罪的,依法追究刑事责任。

第九十五条 【未悬挂号牌、未放置标志、未携带证件、未合理安放号牌的处理】上道路行驶的机动车未悬挂机动车号牌,未放置检验合格标志、保险标志,或者未随车携带行驶证、驾驶证的,公安机关交通管理部门应当扣留机动车,通知当事人提供相应的牌证、标志或者补办相应手续,并可以依照本法第九十条的规定予以处罚。当事人提供相应的牌证、标志或者补办相应手续的,应当及时退还机动车。

故意遮挡、污损或者不按规定安装机动车号牌的,依照本法第九十条的规定予以处罚。

第九十六条 【对伪造、变造行为的处罚】伪造、变造或者使用伪造、变造的机动车登记证书、号牌、行驶证、驾驶证的,由公安机关交通管理部门予以收缴,扣留该机动车,处十五日以下拘留,并处二千元以上五千元以下罚款;构成犯罪的,依法追究刑事责任。

伪造、变造或者使用伪造、变造的检验合格标志、保险标志的,由公安机关交通管理部门予以收缴,扣留该机动车,处十日以下拘留,并处一千元以上三千元以下罚款;构成犯罪的,依法追究刑事责任。

使用其他车辆的机动车登记证书、号牌、行驶证、检验合格标志、保险标志的,由公安机关交通管理部门予以收缴,扣留该机动车,处二千元以上五千元以下罚款。

当事人提供相应的合法证明或者补办相应手续的,应当及时退还机动车。

第九十七条 【对非法安装警报器、标志灯具的处罚】非法安装警报器、标志灯具的,由公安机关交通管理部门强制拆除,予以收缴,并处二百元以上二千元以下罚款。

第九十八条 【对未投保交强险的处罚】机动车所有人、管理人未按照国家规定投保机动车第三者责任强制保险的,由公安机关交通管理部门扣留车辆至依照规定投保后,并处依照规定投保最低责任限额应缴纳的保险费的二倍罚款。

依照前款缴纳的罚款全部纳入道路交通事故社会救助基金。具体办法由国务院规定。

第九十九条 【其他违法行为的处罚】有下列行为之一的,由公安机关交通管理部门处二百元以上二千元以下罚款:

(一)未取得机动车驾驶证、机动车驾驶证被吊销或者机动车驾驶证被暂扣期间驾驶机动车的;

(二)将机动车交由未取得机动车驾驶证或者机动车驾驶证被吊销、暂扣的人驾驶的;

(三)造成交通事故后逃逸,尚不构成犯罪的;

(四)机动车行驶超过规定时速百分之五十的;

(五)强迫机动车驾驶人违反道路交通安全法律、法规和机动车安全驾驶要求驾驶机动车,造成交通事故,尚不构成犯罪的;

(六)违反交通管制的规定强行通行,不听劝阻的;

(七)故意损毁、移动、涂改交通设施,造成危害后果,尚不构成犯罪的;

(八)非法拦截、扣留机动车辆,不听劝阻,造成交通严重阻塞或者较大财产损失的。

行为人有前款第二项、第四项情形之一的,可以并处吊销机动车驾驶证;有第一项、第三项、第五项至第八项情形之一的,可以并处十五日以下拘留。

第一百条 【驾驶拼装及应报废机动车的处理】驾驶拼装的机动车或者已达到报废标准的机动车上道路行驶的,公安机关交通管理部门应当予以收缴,强制报废。

对驾驶前款所列机动车上道路行驶的驾驶人,处二百元以上二千元以下罚款,并吊销机动车驾驶证。

出售已达到报废标准的机动车的,没收违法所得,处销售金额等额的罚款,对该机动车依照本条第一款的规定处理。

第一百零一条 【交通事故刑事责任及终生禁驾规定】违反道路交通安全法律、法规的规定,发生重大交通事故,构成犯罪的,依法追究刑事责任,并由公安机关交通管理部门吊销机动车驾驶证。

造成交通事故后逃逸的,由公安机关交通管理部门吊销机动车驾驶证,且终生不得重新取得机动车驾驶证。

案例 张某某、金某危险驾驶案(最高人民法院指导案例32号)

裁判规则:(1)机动车驾驶人员出于竞技、追求刺激、斗气或者其他动机,在道路上曲折穿行、快速追赶行驶的,属于《中华人民共和国刑法》第一百三十三条之一规定的"追逐竞驶"。

(2)追逐竞驶虽未造成人员伤亡或财产损失,但综合考虑超过限速、闯红灯、强行超车、抗拒交通执法等严重违反道路交通安全法的行为,足以威胁他人生命、财产安全的,属于危险驾驶罪中"情节恶劣"的情形。

第一百零二条 【对专业运输单位的管理】对六个月内发生二次以上特大交通事故负有主要责任或者全部责任的专业运输单位,由公安机关交通管理部门责令消除安全隐患,未消除安全隐患的机动车,禁止上道路行驶。

第一百零三条 【机动车的生产和销售管理】国家机动车产品主管部门未按照机动车国家安全技术标准严格审查,许可不合格机动车型投入生产的,对负有责任的主管人员和其他直接责任人员给予降级或者撤职的行政处分。

机动车生产企业经国家机动车产品主管部门许可生产的机动车型,不执行机动车国家安全技术标准或者不严格进行机动车成品质量检验,致使质量不合格的机动车出厂销售的,由质量技术监督部门依照《中华人民共和国产品质量法》的有关规定给予处罚。

擅自生产、销售未经国家机动车产品主管部门许可生产的机动车型的,没收非法生产、销售的机动车成品及配件,可以并处非法产品价值三倍以上五倍以下罚款；有营业执照的，由工商行政管理部门吊销营业执照，没有营业执照的，予以查封。

生产、销售拼装的机动车或者生产、销售擅自改装的机动车的，依照本条第三款的规定处罚。

有本条第二款、第三款、第四款所列违法行为，生产或者销售不符合机动车国家安全技术标准的机动车，构成犯罪的，依法追究刑事责任。

第一百零四条 【擅自挖掘、占用道路的处理】未经批准，擅自挖掘道路、占用道路施工或者从事其他影响道路交通安全活动的，由道路主管部门责令停止违法行为，并恢复原状，可以依法给予罚款；致使通行的人员、车辆及其他财产遭受损失的，依法承担赔偿责任。

有前款行为，影响道路交通安全活动的，公安机关交通管理部门可以责令停止违法行为，迅速恢复交通。

第一百零五条 【道路施工、管理单位未履行职责的责任】道路施工作业或者道路出现损毁，未及时设置警示标志、未采取防护措施，或者应当设置交通信号灯、交通标志、交通标线而没有设置或者应当及时变更交通信号灯、交通标志、交通标线而没有及时变更，致使通行的人员、车辆及其他财产遭受损失的，负有相关职责的单位应当依法承担赔偿责任。

第一百零六条 【对妨碍交通标志行为的管理】在道路两侧及隔离带上种植树木、其他植物或者设置广告牌、管线等，遮挡路灯、交通信号灯、交通标志，妨碍安全视距的，由公安机关交通管理部门责令行为人排除妨碍；拒不执行的，处二百元以上二千元以下罚款，并强制排除妨碍，所需费用由行为人负担。

第一百零七条 【当场处罚】对道路交通违法行为人予以警告、二百元以下罚款，交通警察可以当场作出行政处罚决定，并出具行政处罚决定书。

行政处罚决定书应当载明当事人的违法事实、行政处罚的依据、处罚内容、时间、地点以及处罚机关名称，并由执法人员签名或者盖章。

案例 廖宗荣诉重庆市公安局交通管理局第二支队道路交通管理行政处罚决定案(《最高人民法院公报》2007年第1期)

裁判规则：(1)依照《中华人民共和国道路交通安全法》第八十七条规定，交通警察执行职务时，对所在辖区内发现的道路安全违法行为，有权即时纠正。交通警察对违法行为所作陈述如果没有相反证据否定其客观真实性，且没有证据证明该交通警察与违法行为人之间存在利害关系，交通警察的陈述应当作为证明违法行为存在的优势证据。

(2)交通警察一人执法时，对违法行为人当场给予200元以下罚款，符合道路交通安全法关于依法管理，方便群众，保障道路交通有序、安全、畅通的原则和该法第一百零七条的规定，也符合《道路交通安全违法行为处理程序规定》第八条的规定，是合法的具体行政行为。

第一百零八条 【罚款的缴纳】当事人应当自收到罚款的行政处罚决定书之日起十五日内，到指定的银行缴纳罚款。

对行人、乘车人和非机动车驾驶人的罚款，当事人无异议的，可以当场予以收缴罚款。

罚款应当开具省、自治区、直辖市财政部门统一制发的罚款收据；不出具财政部门统一制发的罚款收据的，当事人有权拒绝缴纳罚款。

第一百零九条 【逾期不缴纳罚款的处理】当事人逾期不履行行政处罚决定的，作出行政处罚决定的行政机关可以采取下列措施：

(一)到期不缴纳罚款的，每日按罚款数额的百分之三加处罚款；

(二)申请人民法院强制执行。

第一百一十条 【扣留机动车驾驶证的规则】执行职务的交通警察认为应当对道路交通违法行为人给予暂扣或者吊销机动车驾驶证处罚的，可以先予扣留机动车驾驶证，并在二十四小时内将案件移交公安机关交通管理部门处理。

道路交通违法行为人应当在十五日内到公安机关交通管理部门接受处理。无正当理由逾期未接受处理的，吊销机动车驾驶证。

公安机关交通管理部门暂扣或者吊销机动车驾驶证的，应当出具行政处罚决定书。

第一百一十一条 【有权作出拘留裁决的机关】对违反本法规定予以拘留的行政处罚，由县、市公安局、公安分局或者相当于县一级的公安机关裁决。

第一百一十二条 【扣留车辆的规则】公安机关交通管理部门扣留机动车、非机动车，应当当场出具凭证，并告知当事人在规定期限内到公安机关交通管理部门接受处理。

公安机关交通管理部门对被扣留的车辆应当妥善保管，不得使用。

逾期不来接受处理，并且经公告三个月仍不来接受处理的，对扣留的车辆依法处理。

第一百一十三条 【暂扣、吊销的期限】暂扣机动车驾驶证的期限从处罚决定生效之日起计算；处罚决定生效前先予扣留机动车驾驶证的，扣留一日折抵暂扣期限一日。

吊销机动车驾驶证后重新申请领取机动车驾驶证的期限，按照机动车驾驶证管理规定办理。

第一百一十四条 【根据技术监控记录进行的处罚】公安机关交通管理部门根据交通技术监控记录资料，可以对违法的机动车所有人或者管理人依法予以处罚。对能够确定驾驶人的，可以依照本法的规定依法予以处罚。

第一百一十五条 【对交警及交管部门违法行为的处理】交通警察有下列行为之一的，依法给予行政处分：

（一）为不符合法定条件的机动车发放机动车登记证书、号牌、行驶证、检验合格标志的；

（二）批准不符合法定条件的机动车安装、使用警车、消防车、救护车、工程救险车的警报器、标志灯具，喷涂标志图案的；

（三）为不符合驾驶许可条件、未经考试或者考试不合格人员发放机动车驾驶证的；

（四）不执行罚款决定与罚款收缴分离制度或者不按规定将依法收取的费用、收缴的罚款及没收的违法所得全部上缴国库的；

（五）举办或者参与举办驾驶学校或者驾驶培训班、机动车修理厂或者收费停车场等经营活动的；

（六）利用职务上的便利收受他人财物或者谋取其他利益的；

（七）违法扣留车辆、机动车行驶证、驾驶证、车辆号牌的；

（八）使用依法扣留的车辆的；

（九）当场收取罚款不开具罚款收据或者不如实填写罚款额的；

（十）徇私舞弊，不公正处理交通事故的；

（十一）故意刁难，拖延办理机动车牌证的；

（十二）非执行紧急任务时使用警报器、标志灯具的；

（十三）违反规定拦截、检查正常行驶的车辆的；

（十四）非执行紧急公务时拦截搭乘机动车的；

（十五）不履行法定职责的。

公安机关交通管理部门有前款所列行为之一的，对直接负责的主管人员和其他直接责任人员给予相应的行政处分。

第一百一十六条 【对违规交警的处分】依照本法第一百一十五条的规定，给予交通警察行政处分的，在作出行政处分决定前，可以停止其执行职务；必要时，可以予以禁闭。

依照本法第一百一十五条的规定，交通警察受到降级或者撤职行政处分的，可以予以辞退。

交通警察受到开除处分或者被辞退的，应当取消警衔；受到撤职以下行政处分的交通警察，应当降低警衔。

第一百一十七条 【对构成犯罪的交警追究刑事责任】交通警察利用职权非法占有公共财物，索取、收受贿赂，或者滥用职权、玩忽职守，构成犯罪的，依法追究刑事责任。

第一百一十八条 【公安交管部门、交警违法赔偿责任】公安机关交通管理部门及其交通警察有本法第一百一十五条所列行为之一，给当事人造成损失的，应当依法承担赔偿责任。

第八章　附　则

第一百一十九条 【本法用语含义】本法中下列用语的含义：

（一）“道路”，是指公路、城市道路和虽在单位管辖范围但允许社会机动车通行的地方，包括广场、公共停车场等用于公众通行的场所。

（二）“车辆”，是指机动车和非机动车。

（三）“机动车”，是指以动力装置驱动或者牵引，上道路行驶的供人员乘用或者用于运送物品以及进行工程专项作业的轮式车辆。

（四）“非机动车”，是指以人力或者畜力驱动，上道路行驶的交通工具，以及虽有动力装置驱动但设计最高时速、空车质量、外形尺寸符合有关国家标准的残疾人机动轮椅车、电动自行车等交通工具。

（五）“交通事故”，是指车辆在道路上因过错或者意外造成的人身伤亡或者财产损失的事件。

第一百二十条 **【军警机动车管理】**中国人民解放军和中国人民武装警察部队在编机动车牌证、在编机动车检验以及机动车驾驶人考核工作，由中国人民解放军、中国人民武装警察部队有关部门负责。

第一百二十一条 **【拖拉机管理】**对上道路行驶的拖拉机，由农业(农业机械)主管部门行使本法第八条、第九条、第十三条、第十九条、第二十三条规定的公安机关交通管理部门的管理职权。

农业(农业机械)主管部门依照前款规定行使职权，应当遵守本法有关规定，并接受公安机关交通管理部门的监督；对违反规定的，依照本法有关规定追究法律责任。

本法施行前由农业(农业机械)主管部门发放的机动车牌证，在本法施行后继续有效。

第一百二十二条 **【境外车辆入境管理】**国家对入境的境外机动车的道路交通安全实施统一管理。

第一百二十三条 **【授权制定执行具体标准】**省、自治区、直辖市人民代表大会常务委员会可以根据本地区的实际情况，在本法规定的罚款幅度内，规定具体的执行标准。

第一百二十四条 **【生效日期】**本法自2004年5月1日起施行。

最高人民法院关于审理食品药品纠纷案件适用法律若干问题的规定

· 2021年11月18日
· 法释〔2021〕17号

为正确审理食品药品纠纷案件，根据《中华人民共和国民法典》《中华人民共和国消费者权益保护法》《中华人民共和国食品安全法》《中华人民共和国药品管理法》《中华人民共和国民事诉讼法》等法律的规定，结合审判实践，制定本规定。

第一条 消费者因食品、药品纠纷提起民事诉讼，符合民事诉讼法规定受理条件的，人民法院应予受理。

第二条 因食品、药品存在质量问题造成消费者损害，消费者可以分别起诉或者同时起诉销售者和生产者。

消费者仅起诉销售者或者生产者的，必要时人民法院可以追加相关当事人参加诉讼。

第三条 因食品、药品质量问题发生纠纷，购买者向生产者、销售者主张权利，生产者、销售者以购买者明知食品、药品存在质量问题而仍然购买为由进行抗辩的，人民法院不予支持。

第四条 食品、药品生产者、销售者提供给消费者的食品或者药品的赠品发生质量安全问题，造成消费者损害，消费者主张权利，生产者、销售者以消费者未对赠品支付对价为由进行免责抗辩的，人民法院不予支持。

第五条 消费者举证证明所购买食品、药品的事实以及所购食品、药品不符合合同的约定，主张食品、药品的生产者、销售者承担违约责任的，人民法院应予支持。

消费者举证证明因食用食品或者使用药品受到损害，初步证明损害与食用食品或者使用药品存在因果关系，并请求食品、药品的生产者、销售者承担侵权责任的，人民法院应予支持，但食品、药品的生产者、销售者能证明损害不是因产品不符合质量标准造成的除外。

第六条 食品的生产者与销售者应当对于食品符合质量标准承担举证责任。认定食品是否安全，应当以国家标准为依据；对地方特色食品，没有国家标准的，应当以地方标准为依据。没有前述标准的，应当以食品安全法的相关规定为依据。

第七条 食品、药品虽在销售前取得检验合格证明，且食用或者使用时尚在保质期内，但经检验确认产品不合格，生产者或者销售者以该食品、药品具有检验合格证明为由进行抗辩的，人民法院不予支持。

第八条 集中交易市场的开办者、柜台出租者、展销会举办者未履行食品安全法规定的审查、检查、报告等义务，使消费者的合法权益受到损害的，消费者请求集中交易市场的开办者、柜台出租者、展销会举办者承担连带责任的，人民法院应予支持。

第九条 消费者通过网络交易第三方平台购买食品、药品遭受损害，网络交易第三方平台提供者不能提供食品、药品的生产者或者销售者的真实名称、地址与有效联系方式，消费者请求网络交易第三方平台提供者承担责任的，人民法院应予支持。

网络交易第三方平台提供者承担赔偿责任后，向生产者或者销售者行使追偿权的，人民法院应予支持。

网络交易第三方平台提供者知道或者应当知道食品、药品的生产者、销售者利用其平台侵害消费者合法权益，未采取必要措施，给消费者造成损害，消费者要求其与生产者、销售者承担连带责任的，人民法院应予支持。

第十条 未取得食品生产资质与销售资质的民事主体，挂靠具有相应资质的生产者与销售者，生产、销售食品，造成消费者损害，消费者请求挂靠者与被挂靠者承担连带责任的，人民法院应予支持。

消费者仅起诉挂靠者或者被挂靠者的，必要时人民法院可以追加相关当事人参加诉讼。

第十一条 消费者因虚假广告推荐的食品、药品存在质量问题遭受损害，依据消费者权益保护法等法律相关规定请求广告经营者、广告发布者承担连带责任的，人民法院应予支持。

其他民事主体在虚假广告中向消费者推荐食品、药品，使消费者遭受损害，消费者依据消费者权益保护法等法律相关规定请求其与食品、药品的生产者、销售者承担连带责任的，人民法院应予支持。

第十二条 食品检验机构故意出具虚假检验报告，造成消费者损害，消费者请求其承担连带责任的，人民法院应予支持。

食品检验机构因过失出具不实检验报告，造成消费者损害，消费者请求其承担相应责任的，人民法院应予支持。

第十三条 食品认证机构故意出具虚假认证，造成消费者损害，消费者请求其承担连带责任的，人民法院应予支持。

食品认证机构因过失出具不实认证，造成消费者损害，消费者请求其承担相应责任的，人民法院应予支持。

第十四条 生产、销售的食品、药品存在质量问题，生产者与销售者需同时承担民事责任、行政责任和刑事责任，其财产不足以支付，当事人依照民法典等有关法律规定，请求食品、药品的生产者、销售者首先承担民事责任的，人民法院应予支持。

第十五条 生产不符合安全标准的食品或者销售明知是不符合安全标准的食品，消费者除要求赔偿损失外，依据食品安全法等法律规定向生产者、销售者主张赔偿金的，人民法院应予支持。

生产假药、劣药或者明知是假药、劣药仍然销售、使用的，受害人或者其近亲属除请求赔偿损失外，依据药品管理法等法律规定向生产者、销售者主张赔偿金的，人民法院应予支持。

第十六条 食品、药品的生产者与销售者以格式合同、通知、声明、告示等方式作出排除或者限制消费者权利，减轻或者免除经营者责任、加重消费者责任等对消费者不公平、不合理的规定，消费者依法请求认定该内容无效的，人民法院应予支持。

第十七条 消费者与化妆品、保健食品等产品的生产者、销售者、广告经营者、广告发布者、推荐者、检验机构等主体之间的纠纷，参照适用本规定。

法律规定的机关和有关组织依法提起公益诉讼的，参照适用本规定。

第十八条 本规定所称的“药品的生产者”包括药品上市许可持有人和药品生产企业，“药品的销售者”包括药品经营企业和医疗机构。

第十九条 本规定施行后人民法院正在审理的一审、二审案件适用本规定。

本规定施行前已经终审，本规定施行后当事人申请再审或者按照审判监督程序决定再审的案件，不适用本规定。

四、社会法

中华人民共和国社会保险法

· 2010年10月28日第十一届全国人民代表大会常务委员会第十七次会议通过
· 根据2018年12月29日第十三届全国人民代表大会常务委员会第七次会议《关于修改〈中华人民共和国社会保险法〉的决定》修正

第一章 总 则

第一条 【立法宗旨】为了规范社会保险关系，维护公民参加社会保险和享受社会保险待遇的合法权益，使公民共享发展成果，促进社会和谐稳定，根据宪法，制定本法。

第二条 【建立社会保险制度】国家建立基本养老保险、基本医疗保险、工伤保险、失业保险、生育保险等社会保险制度，保障公民在年老、疾病、工伤、失业、生育等情况下依法从国家和社会获得物质帮助的权利。

第三条 【社会保险制度的方针和社会保险水平】社会保险制度坚持广覆盖、保基本、多层次、可持续的方针，社会保险水平应当与经济社会发展水平相适应。

第四条 【用人单位和个人的权利义务】中华人民共和国境内的用人单位和个人依法缴纳社会保险费，有权查询缴费记录、个人权益记录，要求社会保险经办机构提供社会保险咨询等相关服务。

个人依法享受社会保险待遇，有权监督本单位为其缴费情况。

第五条 【社会保险财政保障】县级以上人民政府将社会保险事业纳入国民经济和社会发展规划。

国家多渠道筹集社会保险资金。县级以上人民政府对社会保险事业给予必要的经费支持。

国家通过税收优惠政策支持社会保险事业。

第六条 【社会保险基金监督】国家对社会保险基金实行严格监管。

国务院和省、自治区、直辖市人民政府建立健全社会保险基金监督管理制度，保障社会保险基金安全、有效运行。

县级以上人民政府采取措施，鼓励和支持社会各方面参与社会保险基金的监督。

实务问答 **人民法院在审理和执行民事、经济纠纷案件时是否可以查封、冻结和扣划社会保险基金**

根据《最高人民法院关于在审理和执行民事、经济纠纷案件时不得查封、冻结和扣划社会保险基金的通知》的规定，社会保险基金是由社会保险机构代参保人员管理，并最终由参保人员享用的公用基金，不属于社会保险机构所有。社会保险机构对该项基金设立专户管理，专款专用，专项用于保障企业退休职工、失业人员的基本生活需要，属专项基金，不得挪作他用。因此，各地人民法院在审理和执行民事、经济纠纷案件时，不得查封、冻结和扣划社会保险基金。

第七条 【社会保险行政管理职责分工】国务院社会保险行政部门负责全国的社会保险管理工作，国务院其他有关部门在各自的职责范围内负责有关的社会保险工作。

县级以上地方人民政府社会保险行政部门负责本行政区域的社会保险管理工作，县级以上地方人民政府其他有关部门在各自的职责范围内负责有关的社会保险工作。

第八条 【社会保险经办机构职责】社会保险经办机构提供社会保险服务，负责社会保险登记、个人权益记录、社会保险待遇支付等工作。

第九条 【工会的职责】工会依法维护职工的合法权益，有权参与社会保险重大事项的研究，参加社会保险监督委员会，对与职工社会保险权益有关的事项进行监督。

第二章 基本养老保险

第十条 【覆盖范围】职工应当参加基本养老

保险,由用人单位和职工共同缴纳基本养老保险费。

无雇工的个体工商户、未在用人单位参加基本养老保险的非全日制从业人员以及其他灵活就业人员可以参加基本养老保险,由个人缴纳基本养老保险费。

公务员和参照公务员法管理的工作人员养老保险的办法由国务院规定。

第十一条　【制度模式和基金筹资方式】基本养老保险实行社会统筹与个人账户相结合。

基本养老保险基金由用人单位和个人缴费以及政府补贴等组成。

第十二条　【缴费基数和缴费比例】用人单位应当按照国家规定的本单位职工工资总额的比例缴纳基本养老保险费,记入基本养老保险统筹基金。

职工应当按照国家规定的本人工资的比例缴纳基本养老保险费,记入个人账户。

无雇工的个体工商户、未在用人单位参加基本养老保险的非全日制从业人员以及其他灵活就业人员参加基本养老保险的,应当按照国家规定缴纳基本养老保险费,分别记入基本养老保险统筹基金和个人账户。

实务问答 **职工个人养老保险缴费基数和缴费比例如何确定**

按照现行政策,职工个人按照本人缴费工资的8%缴费,记入个人账户。缴费工资为本人上一年度月平均工资。月平均工资应按国家统计局规定列入工资总额的统计项目计算,包括工资、奖金、津贴、补贴等收入。月平均工资超过当地职工平均工资300%以上的部分,不计入个人缴费工资基数;低于当地职工平均工资60%的,按60%计算缴费工资基数。职工个人缴纳的养老保险费全部记入个人账户,形成个人账户基金,用于退休后个人账户养老金的发放。

第十三条　【政府财政补贴】国有企业、事业单位职工参加基本养老保险前,视同缴费年限期间应当缴纳的基本养老保险费由政府承担。

基本养老保险基金出现支付不足时,政府给予补贴。

第十四条　【个人账户养老金】个人账户不得提前支取,记账利率不得低于银行定期存款利率,免征利息税。个人死亡的,个人账户余额可以继承。

实务问答 **1. 个人账户养老金能否提前支取**

个人账户养老金不得提前支取。个人账户养老金是个人工作期间为退休后养老积蓄的资金,是基本养老保险待遇的重要组成部分,是国家强制提取的,退休前个人不得提前支取,尤其是在目前名义账户下,这部分资金实际上用于支付当期退休人员的基本养老待遇,如果提前支取,养老保险基金会有很大的资金缺口,基金支出会出现困难。

2. 个人账户养老金余额能否继承

个人账户养老金是个人工作期间为退休后养老积蓄的资金,具有强制储蓄性质,属于个人所有,个人死亡的(包括退休前和退休后),个人账户养老金余额可以继承。需要说明的是,2006年1月1日后个人账户资金全部由个人缴纳形成,在此以前,个人账户中一部分资金是个人缴纳,一部分是由单位缴费中划入的。根据国家规定,个人死亡的,其个人账户余额中的个人缴费部分可以继承,单位缴费部分不能继承,应当并入统筹基金。

第十五条　【基本养老金构成】基本养老金由统筹养老金和个人账户养老金组成。

基本养老金根据个人累计缴费年限、缴费工资、当地职工平均工资、个人账户金额、城镇人口平均预期寿命等因素确定。

第十六条　【享受基本养老保险待遇的条件】参加基本养老保险的个人,达到法定退休年龄时累计缴费满十五年的,按月领取基本养老金。

参加基本养老保险的个人,达到法定退休年龄时累计缴费不足十五年的,可以缴费至满十五年,按月领取基本养老金;也可以转入新型农村社会养老保险或者城镇居民社会养老保险,按照国务院规定享受相应的养老保险待遇。

实务问答 **享受基本养老保险待遇的缴费年限是多少年**

缴费满15年是享受基本养老保险待遇的“门槛”。规定最低缴费年限为15年,并不是缴满15年就可以不缴费。对职工来说,缴费是法律规定的强制性义务,只要与用人单位建立劳动关系,就应当按照国家规定缴费。同时,个人享受基本养老保险待遇与个人缴费年限直接相关,缴费年限越长、缴费基数越大,退休后领取的养老金就越多。

第十七条 【参保个人因病或非因工致残、死亡待遇】参加基本养老保险的个人，因病或者非因工死亡的，其遗属可以领取丧葬补助金和抚恤金；在未达到法定退休年龄时因病或者非因工致残完全丧失劳动能力的，可以领取病残津贴。所需资金从基本养老保险基金中支付。

第十八条 【基本养老金调整机制】国家建立基本养老金正常调整机制。根据职工平均工资增长、物价上涨情况，适时提高基本养老保险待遇水平。

第十九条 【基本养老保险关系转移接续制度】个人跨统筹地区就业的，其基本养老保险关系随本人转移，缴费年限累计计算。个人达到法定退休年龄时，基本养老金分段计算、统一支付。具体办法由国务院规定。

第二十条 【新型农村社会养老保险及其筹资方式】国家建立和完善新型农村社会养老保险制度。

新型农村社会养老保险实行个人缴费、集体补助和政府补贴相结合。

第二十一条 【新型农村社会养老保险待遇】新型农村社会养老保险待遇由基础养老金和个人账户养老金组成。

参加新型农村社会养老保险的农村居民，符合国家规定条件的，按月领取新型农村社会养老保险待遇。

第二十二条 【城镇居民社会养老保险】国家建立和完善城镇居民社会养老保险制度。

省、自治区、直辖市人民政府根据实际情况，可以将城镇居民社会养老保险和新型农村社会养老保险合并实施。

第三章 基本医疗保险

第二十三条 【职工基本医疗保险覆盖范围和缴费】职工应当参加职工基本医疗保险，由用人单位和职工按照国家规定共同缴纳基本医疗保险费。

无雇工的个体工商户、未在用人单位参加职工基本医疗保险的非全日制从业人员以及其他灵活就业人员可以参加职工基本医疗保险，由个人按照国家规定缴纳基本医疗保险费。

实务问答 1. 职工如何参加职工基本医疗保险？其缴费方式如何计算

对于有用人单位的职工来说，其参加职工基本医疗保险是强制性的，必须参加。《国务院关于建立城镇职工基本医疗保险制度的决定》明确规定，城镇所有用人单位，包括：企业（国有企业、集体企业、外商投资企业、私营企业等）、机关、事业单位、社会团体、民办非企业单位及其职工，都要参加基本医疗保险。医疗保险实行属地管理，所有用人单位及其职工都要按照属地管理原则参加所在统筹地区的基本医疗保险，执行统一政策，实行基本医疗保险基金的统一筹集、使用和管理。铁路、电力、远洋运输等跨地区、生产流动性较大的企业及其职工，可以相对集中的方式异地参加统筹地区的基本医疗保险。

关于缴费。基本医疗保险费由用人单位和职工双方共同负担。用人单位缴费率控制在职工工资总额的6%左右，职工缴费率一般为本人工资收入的2%。具体缴费比例由各统筹地区根据实际情况确定。基本医疗保险基金由统筹基金和个人账户构成。职工个人缴纳的基本医疗保险费，全部计入个人账户。用人单位缴纳的基本医疗保险费分为两部分，一部分用于建立统筹基金，一部分划入个人账户。划入个人账户的比例一般为用人单位缴费的30%左右。

2. 灵活就业人员如何参加职工基本医疗保险

随着我国经济体制改革的进一步深化和产业结构的调整，以非全日制、临时性和弹性工作等灵活形式就业的人员逐步增加，这部分人的医疗保障问题日益突出。为解决灵活就业人员的医疗保障问题，本条明确规定无雇工的个体工商户、未在用人单位参加职工基本医疗保险的非全日制从业人员以及其他灵活就业人员可以参加职工基本医疗保险，由个人按照国家规定缴纳基本医疗保险费。这里应当指出的是，灵活就业人员参加职工基本医疗保险实行自愿原则，这部分人员可以根据个人意愿决定是否参加基本医疗保险，这一点与用人单位的职工参加基本医疗保险的强制原则是不同的。劳动和社会保障部于2003年出台了《关于城镇灵活就业人员参加基本医疗保险的指导意见》，规定灵活就业人员参加基本医疗保险要坚持权利和义务相对应、缴费水平与待遇水平相挂钩的原则。在参保政策和管理办法上既要与城镇职工基本医疗保险制度相衔接，又要适应灵活就业人员的特点。已与用人单位建立明确劳动关系的灵活就业人员，要按照用人单位参加基本医疗保险的方法缴费参保。其他灵活就业人员，要以个人身份缴费参保。灵活就业人员参加基本医疗保险的缴费率原则上按照当地的缴费率确定。缴费基数可参照当地上一年职工年平均工资核定。灵活就业人员缴纳的医疗保险费纳入统筹地区基本医疗保险基金统一管理。

第二十四条 【新型农村合作医疗制度】国家建立和完善新型农村合作医疗制度。

新型农村合作医疗的管理办法，由国务院规定。

第二十五条 【城镇居民基本医疗保险制度】国家建立和完善城镇居民基本医疗保险制度。

城镇居民基本医疗保险实行个人缴费和政府补贴相结合。

享受最低生活保障的人、丧失劳动能力的残疾人、低收入家庭六十周岁以上的老年人和未成年人等所需个人缴费部分，由政府给予补贴。

第二十六条 【医疗保险待遇标准】职工基本医疗保险、新型农村合作医疗和城镇居民基本医疗保险的待遇标准按照国家规定执行。

第二十七条 【退休时享受基本医疗保险待遇】参加职工基本医疗保险的个人，达到法定退休年龄时累计缴费达到国家规定年限的，退休后不再缴纳基本医疗保险费，按照国家规定享受基本医疗保险待遇；未达到国家规定年限的，可以缴费至国家规定年限。

第二十八条 【基本医疗保险基金支付制度】符合基本医疗保险药品目录、诊疗项目、医疗服务设施标准以及急诊、抢救的医疗费用，按照国家规定从基本医疗保险基金中支付。

第二十九条 【基本医疗保险费用结算制度】参保人员医疗费用中应当由基本医疗保险基金支付的部分，由社会保险经办机构与医疗机构、药品经营单位直接结算。

社会保险行政部门和卫生行政部门应当建立异地就医医疗费用结算制度，方便参保人员享受基本医疗保险待遇。

第三十条 【不纳入基本医疗保险基金支付范围的医疗费用】下列医疗费用不纳入基本医疗保险基金支付范围：

（一）应当从工伤保险基金中支付的；

（二）应当由第三人负担的；

（三）应当由公共卫生负担的；

（四）在境外就医的。

医疗费用依法应当由第三人负担，第三人不支付或者无法确定第三人的，由基本医疗保险基金先行支付。基本医疗保险基金先行支付后，有权向第三人追偿。

实务问答哪些医疗费用不纳入基本医疗保险基金支付范围

（1）应当从工伤保险基金中支付的。工伤保险待遇针对伤残对象的不同，大体可分为四类：工伤医疗康复待遇、辅助器具配置待遇、伤残待遇和死亡待遇。在工伤医疗康复待遇中，治疗工伤所需的挂号费、医疗康复费、药费、住院费等费用符合工伤保险诊疗项目目录、工伤保险药品目录、工伤保险住院服务标准的，从工伤保险基金中支付。为避免上述范围内的医疗费用支付与职工基本医疗保险基金支付的范围产生交叉，本条明确工伤职工因治疗工伤所需支付的医疗费用，凡是按照上述规定应当由工伤保险基金支付的，基本医疗保险基金不予支付。

（2）应当由第三人负担的。这主要是指由于第三人侵权，导致参保人员的人身受到伤害而产生的医疗费用。基本医疗保险基金先行支付后，医疗保险经办机构从受害的参保人员那里取得代位追偿权，有权向第三人，即侵权人就其应当支付的医疗费用进行追偿。应当指出两点：一是这里规定的"第三人"既包括自然人，也包括法人或者其他组织。二是这里规定的"第三人不支付"的情形既包括第三人有能力支付而拒不支付的，也包括第三人没有能力或者暂时没有能力而不能支付或者不能立即支付的。

（3）应当由公共卫生负担的。公共卫生是指政府组织全社会共同努力，改善社会卫生条件，预防控制传染病和其他疾病流行，培养良好卫生习惯和文明生活方式，达到预防疾病、促进人民群众身体健康所提供的医疗服务。公共卫生关系人民群众整体利益，主要由政府提供。政府应当向公民提供的基本公共卫生服务包括：计划免疫、妇幼保健、应急救治、采供血以及传染病、慢性病、地方病的预防控制等。

（4）在境外就医的。改革开放以来，中国公民大量走出国门，旅游、探亲、学习培训、从事商务活动等等。这些公民虽然参加了基本医疗保险，其在境外就医发生的医疗费用，基本医疗保险基金也不予支付，可以通过参加所在国的医疗保险或者购买商业保险的方式予以解决。这里所说的“境外”包括我国大陆以外的其他国家，以及我国香港、澳门特别行政区和台湾地区。

上述四项医疗费用，即使符合基本医疗保险药品目录、诊疗项目和医疗服务设施标准的要求，也不纳入基本医疗保险基金支付的范围。

链接《民法典》；《工伤保险条例》

第三十一条 【服务协议】社会保险经办机构根据管理服务的需要，可以与医疗机构、药品经营单位签订服务协议，规范医疗服务行为。

医疗机构应当为参保人员提供合理、必要的医疗服务。

第三十二条 【基本医疗保险关系转移接续制度】个人跨统筹地区就业的，其基本医疗保险关系随本人转移，缴费年限累计计算。

第四章 工伤保险

第三十三条 【参保范围和缴费】职工应当参加工伤保险，由用人单位缴纳工伤保险费，职工不缴纳工伤保险费。

链接《工伤保险条例》

第三十四条 【工伤保险费率】国家根据不同行业的工伤风险程度确定行业的差别费率，并根据使用工伤保险基金、工伤发生率等情况在每个行业内确定费率档次。行业差别费率和行业内费率档次由国务院社会保险行政部门制定，报国务院批准后公布施行。

社会保险经办机构根据用人单位使用工伤保险基金、工伤发生率和所属行业费率档次等情况，确定用人单位缴费费率。

第三十五条 【工伤保险费缴费基数和费率】用人单位应当按照本单位职工工资总额，根据社会保险经办机构确定的费率缴纳工伤保险费。

第三十六条 【享受工伤保险待遇的条件】职工因工作原因受到事故伤害或者患职业病，且经工伤认定的，享受工伤保险待遇；其中，经劳动能力鉴定丧失劳动能力的，享受伤残待遇。

工伤认定和劳动能力鉴定应当简捷、方便。

实务问答 1. 社会保险行政部门认定单位承担工伤保险责任且人民法院予以支持的情形有哪些

根据2014年4月21日公布的《最高人民法院关于审理工伤保险行政案件若干问题的规定》，社会保险行政部门认定下列单位为承担工伤保险责任单位的，人民法院应予支持：

(1)职工与两个或两个以上单位建立劳动关系，工伤事故发生时，职工为之工作的单位为承担工伤保险责任的单位；(2)劳务派遣单位派遣的职工在用工单位工作期间因工伤亡的，派遣单位为承担工伤保险责任的单位；(3)单位指派到其他单位工作的职工因工伤亡的，指派单位为承担工伤保险责任的单位；(4)用工单位违反法律、法规规定将承包业务转包给不具备用工主体资格的组织或者自然人，该组织或者自然人聘用的职工从事承包业务时因工伤亡的，用工单位为承担工伤保险责任的单位；(5)个人挂靠其他单位对外经营，其聘用的人员因工伤亡的，被挂靠单位为承担工伤保险责任的单位。

2. 认定工伤中如何界定“因工作原因”

食宿在单位的职工在单位宿舍楼浴室洗澡时遇害，其工作状态和生活状态的界限相对模糊。在此情形下，对于工伤认定的时间、空间和因果关系三个要件的判断主要应考虑因果关系要件，即伤害是否因工作原因。“因履行工作职责受到暴力伤害”应理解为职工因履行工作职责的行为而遭受暴力伤害，如职工系因个人恩怨而受到暴力伤害，即使发生于工作时间或工作地点亦不属于此种情形。“与工作有关的预备性或者收尾性工作”是指根据法律法规、单位规章制度的规定或者约定俗成的做法，职工为完成工作所作的准备或后续事务。职工工作若无洗澡这一必要环节，亦无相关规定将洗澡作为其工作完成后的后续性事务，则洗澡不属于“收尾性工作”。(《中华人民共和国最高人民法院公报》2013年第9期：陈善菊不服上海市松江区人力资源和社会保障局社会保障行政确认案)

第三十七条 【不认定工伤的情形】职工因下列情形之一导致本人在工作中伤亡的，不认定为工伤：

(一)故意犯罪；

(二)醉酒或者吸毒；

(三)自残或者自杀；

(四)法律、行政法规规定的其他情形。

第三十八条 【工伤保险基金负担的工伤保险待遇】因工伤发生的下列费用，按照国家规定从工伤保险基金中支付：

（一）治疗工伤的医疗费用和康复费用；

（二）住院伙食补助费；

（三）到统筹地区以外就医的交通食宿费；

（四）安装配置伤残辅助器具所需费用；

（五）生活不能自理的，经劳动能力鉴定委员会确认的生活护理费；

（六）一次性伤残补助金和一至四级伤残职工按月领取的伤残津贴；

（七）终止或者解除劳动合同时，应当享受的一次性医疗补助金；

（八）因工死亡的，其遗属领取的丧葬补助金、供养亲属抚恤金和因工死亡补助金；

（九）劳动能力鉴定费。

第三十九条　【用人单位负担的工伤保险待遇】因工伤发生的下列费用，按照国家规定由用人单位支付：

（一）治疗工伤期间的工资福利；

（二）五级、六级伤残职工按月领取的伤残津贴；

（三）终止或者解除劳动合同时，应当享受的一次性伤残就业补助金。

第四十条　【伤残津贴和基本养老保险待遇的衔接】工伤职工符合领取基本养老金条件的，停发伤残津贴，享受基本养老保险待遇。基本养老保险待遇低于伤残津贴的，从工伤保险基金中补足差额。

第四十一条　【未参保单位职工发生工伤时的待遇】职工所在用人单位未依法缴纳工伤保险费，发生工伤事故的，由用人单位支付工伤保险待遇。用人单位不支付的，从工伤保险基金中先行支付。

从工伤保险基金中先行支付的工伤保险待遇应当由用人单位偿还。用人单位不偿还的，社会保险经办机构可以依照本法第六十三条的规定追偿。

第四十二条　【民事侵权责任和工伤保险责任竞合】由于第三人的原因造成工伤，第三人不支付工伤医疗费用或者无法确定第三人的，由工伤保险基金先行支付。工伤保险基金先行支付后，有权向第三人追偿。

第四十三条　【停止享受工伤保险待遇的情形】工伤职工有下列情形之一的，停止享受工伤保险待遇：

（一）丧失享受待遇条件的；

（二）拒不接受劳动能力鉴定的；

（三）拒绝治疗的。

第五章　失业保险

第四十四条　【参保范围和失业保险费负担】职工应当参加失业保险，由用人单位和职工按照国家规定共同缴纳失业保险费。

第四十五条　【领取失业保险金的条件】失业人员符合下列条件的，从失业保险基金中领取失业保险金：

（一）失业前用人单位和本人已经缴纳失业保险费满一年的；

（二）非因本人意愿中断就业的；

（三）已经进行失业登记，并有求职要求的。

第四十六条　【领取失业保险金的期限】失业人员失业前用人单位和本人累计缴费满一年不足五年的，领取失业保险金的期限最长为十二个月；累计缴费满五年不足十年的，领取失业保险金的期限最长为十八个月；累计缴费十年以上的，领取失业保险金的期限最长为二十四个月。重新就业后，再次失业的，缴费时间重新计算，领取失业保险金的期限与前次失业应当领取而尚未领取的失业保险金的期限合并计算，最长不超过二十四个月。

第四十七条　【失业保险金标准】失业保险金的标准，由省、自治区、直辖市人民政府确定，不得低于城市居民最低生活保障标准。

第四十八条　【享受基本医疗保险待遇】失业人员在领取失业保险金期间，参加职工基本医疗保险，享受基本医疗保险待遇。

失业人员应当缴纳的基本医疗保险费从失业保险基金中支付，个人不缴纳基本医疗保险费。

第四十九条　【在领取失业保险金期间死亡时的待遇】失业人员在领取失业保险金期间死亡的，参照当地对在职职工死亡的规定，向其遗属发给一次性丧葬补助金和抚恤金。所需资金从失业保险基金中支付。

个人死亡同时符合领取基本养老保险丧葬补助金、工伤保险丧葬补助金和失业保险丧葬补助金条件的，其遗属只能选择领取其中的一项。

第五十条　【领取失业保险金的程序】用人单位应当及时为失业人员出具终止或者解除劳动关

系的证明,并将失业人员的名单自终止或者解除劳动关系之日起十五日内告知社会保险经办机构。

失业人员应当持本单位为其出具的终止或者解除劳动关系的证明,及时到指定的公共就业服务机构办理失业登记。

失业人员凭失业登记证明和个人身份证明,到社会保险经办机构办理领取失业保险金的手续。失业保险金领取期限自办理失业登记之日起计算。

第五十一条 【停止领取失业保险待遇的情形】失业人员在领取失业保险金期间有下列情形之一的,停止领取失业保险金,并同时停止享受其他失业保险待遇:

(一)重新就业的;

(二)应征服兵役的;

(三)移居境外的;

(四)享受基本养老保险待遇的;

(五)无正当理由,拒不接受当地人民政府指定部门或者机构介绍的适当工作或者提供的培训的。

第五十二条 【失业保险关系的转移接续】职工跨统筹地区就业的,其失业保险关系随本人转移,缴费年限累计计算。

第六章 生育保险

第五十三条 【参保范围和缴费】职工应当参加生育保险,由用人单位按照国家规定缴纳生育保险费,职工不缴纳生育保险费。

第五十四条 【生育保险待遇】用人单位已经缴纳生育保险费的,其职工享受生育保险待遇;职工未就业配偶按照国家规定享受生育医疗费用待遇。所需资金从生育保险基金中支付。

生育保险待遇包括生育医疗费用和生育津贴。

注释 本条是关于生育保险待遇的规定。生育保险待遇主要包括两项:生育医疗费用和生育津贴。(1)生育医疗费用包括女职工因怀孕、生育发生的检查费、接生费、手术费、住院费、药费和计划生育手术费。(2)生育津贴是指根据国家法律、法规规定对职业妇女因生育而离开工作岗位期间,给予的生活费用。女职工产假期间的生育津贴,对已经参加生育保险的,按照用人单位上年度职工月平均工资的标准由生育保险基金支付;对未参加生育保险的,按照女职工产假前工资的标准由用人单位支付。

第五十五条 【生育医疗费的项目】生育医疗费用包括下列各项:

(一)生育的医疗费用;

(二)计划生育的医疗费用;

(三)法律、法规规定的其他项目费用。

第五十六条 【享受生育津贴的情形】职工有下列情形之一的,可以按照国家规定享受生育津贴:

(一)女职工生育享受产假;

(二)享受计划生育手术休假;

(三)法律、法规规定的其他情形。

生育津贴按照职工所在用人单位上年度职工月平均工资计发。

第七章 社会保险费征缴

第五十七条 【用人单位社会保险登记】用人单位应当自成立之日起三十日内凭营业执照、登记证书或者单位印章,向当地社会保险经办机构申请办理社会保险登记。社会保险经办机构应当自收到申请之日起十五日内予以审核,发给社会保险登记证件。

用人单位的社会保险登记事项发生变更或者用人单位依法终止的,应当自变更或者终止之日起三十日内,到社会保险经办机构办理变更或者注销社会保险登记。

市场监督管理部门、民政部门和机构编制管理机关应当及时向社会保险经办机构通报用人单位的成立、终止情况,公安机关应当及时向社会保险经办机构通报个人的出生、死亡以及户口登记、迁移、注销等情况。

第五十八条 【个人社会保险登记】用人单位应当自用工之日起三十日内为其职工向社会保险经办机构申请办理社会保险登记。未办理社会保险登记的,由社会保险经办机构核定其应当缴纳的社会保险费。

自愿参加社会保险的无雇工的个体工商户、未在用人单位参加社会保险的非全日制从业人员以及其他灵活就业人员,应当向社会保险经办机构申请办理社会保险登记。

国家建立全国统一的个人社会保障号码。个人社会保障号码为公民身份号码。

第五十九条　【社会保险费征收】县级以上人民政府加强社会保险费的征收工作。

社会保险费实行统一征收，实施步骤和具体办法由国务院规定。

第六十条　【社会保险费的缴纳】用人单位应当自行申报、按时足额缴纳社会保险费，非因不可抗力等法定事由不得缓缴、减免。职工应当缴纳的社会保险费由用人单位代扣代缴，用人单位应当按月将缴纳社会保险费的明细情况告知本人。

无雇工的个体工商户、未在用人单位参加社会保险的非全日制从业人员以及其他灵活就业人员，可以直接向社会保险费征收机构缴纳社会保险费。

实务问答 **与派遣人员形成事实劳动关系的用人单位是否有缴纳保险费的义务**

从事劳务派遣业务的单位应当依法登记设立。用人单位与未经工商注册登记、不具备劳务派遣经营资质的公司签订用工协议，与派遣人员形成事实劳动关系，应由用人单位依法为其缴纳综合保险费；用人单位与不具备缴费资格的主体的协议约定，不能免除其法定缴费义务。（《中华人民共和国最高人民法院公报》2013年第11期：上海珂帝纸品包装有限责任公司不服上海市人力资源和社会保障局责令补缴外来从业人员综合保险费案）

链接《社会保险费征缴暂行条例》第10条

第六十一条　【社会保险费征收机构的义务】社会保险费征收机构应当依法按时足额征收社会保险费，并将缴费情况定期告知用人单位和个人。

第六十二条　【用人单位未按规定申报应缴数额】用人单位未按规定申报应当缴纳的社会保险费数额的，按照该单位上月缴费额的百分之一百一十确定应当缴纳数额；缴费单位补办申报手续后，由社会保险费征收机构按照规定结算。

第六十三条　【用人单位未按时足额缴费】用人单位未按时足额缴纳社会保险费的，由社会保险费征收机构责令其限期缴纳或者补足。

用人单位逾期仍未缴纳或者补足社会保险费的，社会保险费征收机构可以向银行和其他金融机构查询其存款账户；并可以申请县级以上有关行政部门作出划拨社会保险费的决定，书面通知其开户银行或者其他金融机构划拨社会保险费。用人单位账户余额少于应当缴纳的社会保险费的，社会保险费征收机构可以要求该用人单位提供担保，签订延期缴费协议。

用人单位未足额缴纳社会保险费且未提供担保的，社会保险费征收机构可以申请人民法院扣押、查封、拍卖其价值相当于应当缴纳社会保险费的财产，以拍卖所得抵缴社会保险费。

第八章　社会保险基金

第六十四条　【社会保险基金类别、管理原则和统筹层次】社会保险基金包括基本养老保险基金、基本医疗保险基金、工伤保险基金、失业保险基金和生育保险基金。除基本医疗保险基金与生育保险基金合并建账及核算外，其他各项社会保险基金按照社会保险险种分别建账，分账核算。社会保险基金执行国家统一的会计制度。

社会保险基金专款专用，任何组织和个人不得侵占或者挪用。

基本养老保险基金逐步实行全国统筹，其他社会保险基金逐步实行省级统筹，具体时间、步骤由国务院规定。

第六十五条　【社会保险基金的收支平衡和政府补贴责任】社会保险基金通过预算实现收支平衡。

县级以上人民政府在社会保险基金出现支付不足时，给予补贴。

第六十六条　【社会保险基金按照统筹层次设立预算】社会保险基金按照统筹层次设立预算。除基本医疗保险基金与生育保险基金预算合并编制外，其他社会保险基金预算按照社会保险项目分别编制。

第六十七条　【社会保险基金预算制定程序】社会保险基金预算、决算草案的编制、审核和批准，依照法律和国务院规定执行。

第六十八条　【社会保险基金财政专户】社会保险基金存入财政专户，具体管理办法由国务院规定。

第六十九条　【社会保险基金的保值增值】社会保险基金在保证安全的前提下，按照国务院规定投资运营实现保值增值。

社会保险基金不得违规投资运营，不得用于平衡其他政府预算，不得用于兴建、改建办公场所和支付人员经费、运行费用、管理费用，或者违反法律、行政法规规定挪作其他用途。

第七十条 【社会保险基金信息公开】社会保险经办机构应当定期向社会公布参加社会保险情况以及社会保险基金的收入、支出、结余和收益情况。

第七十一条 【全国社会保障基金】国家设立全国社会保障基金，由中央财政预算拨款以及国务院批准的其他方式筹集的资金构成，用于社会保障支出的补充、调剂。全国社会保障基金由全国社会保障基金管理运营机构负责管理运营，在保证安全的前提下实现保值增值。

全国社会保障基金应当定期向社会公布收支、管理和投资运营的情况。国务院财政部门、社会保险行政部门、审计机关对全国社会保障基金的收支、管理和投资运营情况实施监督。

第九章 社会保险经办

第七十二条 【社会保险经办机构的设置及经费保障】统筹地区设立社会保险经办机构。社会保险经办机构根据工作需要，经所在地的社会保险行政部门和机构编制管理机关批准，可以在本统筹地区设立分支机构和服务网点。

社会保险经办机构的人员经费和经办社会保险发生的基本运行费用、管理费用，由同级财政按照国家规定予以保障。

第七十三条 【管理制度和支付社会保险待遇职责】社会保险经办机构应当建立健全业务、财务、安全和风险管理制度。

社会保险经办机构应当按时足额支付社会保险待遇。

第七十四条 【获取社会保险数据、建档、权益记录等服务】社会保险经办机构通过业务经办、统计、调查获取社会保险工作所需的数据，有关单位和个人应当及时、如实提供。

社会保险经办机构应当及时为用人单位建立档案，完整、准确地记录参加社会保险的人员、缴费等社会保险数据，妥善保管登记、申报的原始凭证和支付结算的会计凭证。

社会保险经办机构应当及时、完整、准确地记录参加社会保险的个人缴费和用人单位为其缴费，以及享受社会保险待遇等个人权益记录，定期将个人权益记录单免费寄送本人。

用人单位和个人可以免费向社会保险经办机构查询、核对其缴费和享受社会保险待遇记录，要求社会保险经办机构提供社会保险咨询等相关服务。

第七十五条 【社会保险信息系统的建设】全国社会保险信息系统按照国家统一规划，由县级以上人民政府按照分级负责的原则共同建设。

第十章 社会保险监督

第七十六条 【人大监督】各级人民代表大会常务委员会听取和审议本级人民政府对社会保险基金的收支、管理、投资运营以及监督检查情况的专项工作报告，组织对本法实施情况的执法检查等，依法行使监督职权。

第七十七条 【行政部门监督】县级以上人民政府社会保险行政部门应当加强对用人单位和个人遵守社会保险法律、法规情况的监督检查。

社会保险行政部门实施监督检查时，被检查的用人单位和个人应当如实提供与社会保险有关的资料，不得拒绝检查或者谎报、瞒报。

第七十八条 【财政监督、审计监督】财政部门、审计机关按照各自职责，对社会保险基金的收支、管理和投资运营情况实施监督。

第七十九条 【社会保险行政部门对基金的监督】社会保险行政部门对社会保险基金的收支、管理和投资运营情况进行监督检查，发现存在问题的，应当提出整改建议，依法作出处理决定或者向有关行政部门提出处理建议。社会保险基金检查结果应当定期向社会公布。

社会保险行政部门对社会保险基金实施监督检查，有权采取下列措施：

（一）查阅、记录、复制与社会保险基金收支、管理和投资运营相关的资料，对可能被转移、隐匿或者灭失的资料予以封存；

（二）询问与调查事项有关的单位和个人，要求其对与调查事项有关的问题作出说明、提供有关证明材料；

（三）对隐匿、转移、侵占、挪用社会保险基金的行为予以制止并责令改正。

第八十条 【社会保险监督委员会】统筹地区人民政府成立由用人单位代表、参保人员代表，以及工会代表、专家等组成的社会保险监督委员会，掌握、分析社会保险基金的收支、管理和投资运营情况，对社会保险工作提出咨询意见和建议，实施社会监督。

社会保险经办机构应当定期向社会保险监督委员会汇报社会保险基金的收支、管理和投资运营情况。社会保险监督委员会可以聘请会计师事务所对社会保险基金的收支、管理和投资运营情况进行年度审计和专项审计。审计结果应当向社会公开。

社会保险监督委员会发现社会保险基金收支、管理和投资运营中存在问题的，有权提出改正建议；对社会保险经办机构及其工作人员的违法行为，有权向有关部门提出依法处理建议。

第八十一条 【为用人单位和个人信息保密】社会保险行政部门和其他有关行政部门、社会保险经办机构、社会保险费征收机构及其工作人员，应当依法为用人单位和个人的信息保密，不得以任何形式泄露。

第八十二条 【违法行为的举报、投诉】任何组织或者个人有权对违反社会保险法律、法规的行为进行举报、投诉。

社会保险行政部门、卫生行政部门、社会保险经办机构、社会保险费征收机构和财政部门、审计机关对属于本部门、本机构职责范围的举报、投诉，应当依法处理；对不属于本部门、本机构职责范围的，应当书面通知并移交有权处理的部门、机构处理。有权处理的部门、机构应当及时处理，不得推诿。

第八十三条 【社会保险权利救济途径】用人单位或者个人认为社会保险费征收机构的行为侵害自己合法权益的，可以依法申请行政复议或者提起行政诉讼。

用人单位或者个人对社会保险经办机构不依法办理社会保险登记、核定社会保险费、支付社会保险待遇、办理社会保险转移接续手续或者侵害其他社会保险权益的行为，可以依法申请行政复议或者提起行政诉讼。

个人与所在用人单位发生社会保险争议的，可以依法申请调解、仲裁，提起诉讼。用人单位侵害个人社会保险权益的，个人也可以要求社会保险行政部门或者社会保险费征收机构依法处理。

第十一章 法律责任

第八十四条 【不办理社会保险登记的法律责任】用人单位不办理社会保险登记的，由社会保险行政部门责令限期改正；逾期不改正的，对用人单位处应缴社会保险费数额一倍以上三倍以下的罚款，对其直接负责的主管人员和其他直接责任人员处五百元以上三千元以下的罚款。

第八十五条 【拒不出具终止或者解除劳动关系证明的处理】用人单位拒不出具终止或者解除劳动关系证明的，依照《中华人民共和国劳动合同法》的规定处理。

第八十六条 【未按时足额缴费的责任】用人单位未按时足额缴纳社会保险费的，由社会保险费征收机构责令限期缴纳或者补足，并自欠缴之日起，按日加收万分之五的滞纳金；逾期仍不缴纳的，由有关行政部门处欠缴数额一倍以上三倍以下的罚款。

第八十七条 【骗取社保基金支出的责任】社会保险经办机构以及医疗机构、药品经营单位等社会保险服务机构以欺诈、伪造证明材料或者其他手段骗取社会保险基金支出的，由社会保险行政部门责令退回骗取的社会保险金，处骗取金额二倍以上五倍以下的罚款；属于社会保险服务机构的，解除服务协议；直接负责的主管人员和其他直接责任人员有执业资格的，依法吊销其执业资格。

第八十八条 【骗取社会保险待遇的责任】以欺诈、伪造证明材料或者其他手段骗取社会保险待遇的，由社会保险行政部门责令退回骗取的社会保险金，处骗取金额二倍以上五倍以下的罚款。

第八十九条 【经办机构及其工作人员违法行为责任】社会保险经办机构及其工作人员有下列行为之一的，由社会保险行政部门责令改正；给社会保险基金、用人单位或者个人造成损失的，依法承担赔偿责任；对直接负责的主管人员和其他直接责任人员依法给予处分：

（一）未履行社会保险法定职责的；

（二）未将社会保险基金存入财政专户的；

（三）克扣或者拒不按时支付社会保险待遇的；

（四）丢失或者篡改缴费记录、享受社会保险待遇记录等社会保险数据、个人权益记录的；

（五）有违反社会保险法律、法规的其他行为的。

第九十条 【擅自更改缴费基数、费率的责任】社会保险费征收机构擅自更改社会保险费缴费基数、费率，导致少收或者多收社会保险费的，由有关行政部门责令其追缴应当缴纳的社会保险费或者退还不应当缴纳的社会保险费；对直接负责的主管人员和其他直接责任人员依法给予处分。

第九十一条 【隐匿、转移、侵占、挪用社保基金等的责任】违反本法规定，隐匿、转移、侵占、挪用社会保险基金或者违规投资运营的，由社会保险行政部门、财政部门、审计机关责令追回；有违法所得的，没收违法所得；对直接负责的主管人员和其他直接责任人员依法给予处分。

第九十二条 【泄露用人单位和个人信息的行政责任】社会保险行政部门和其他有关行政部门、社会保险经办机构、社会保险费征收机构及其工作人员泄露用人单位和个人信息的，对直接负责的主管人员和其他直接责任人员依法给予处分；给用人单位或者个人造成损失的，应当承担赔偿责任。

第九十三条 【国家工作人员的相关责任】国家工作人员在社会保险管理、监督工作中滥用职权、玩忽职守、徇私舞弊的，依法给予处分。

第九十四条 【相关刑事责任】违反本法规定，构成犯罪的，依法追究刑事责任。

实务问答 挪用职工失业保险金和下岗职工生活保障金是否属于挪用特定款物

挪用失业保险基金和下岗职工基本生活保障资金属于挪用救济款物。挪用失业保险基金和下岗职工基本生活保障资金，情节严重，致使国家和人民群众利益遭受重大损害的，对直接责任人员，应当依照刑法第二百七十三条的规定，以挪用特定款物罪追究刑事责任；国家工作人员利用职务上的便利，挪用失业保险基金和下岗职工基本生活保障资金归个人使用，构成犯罪的，应当依照刑法第三百八十四条的规定，以挪用公款罪追究刑事责任。（最高人民检察院关于挪用失业保险基金和下岗职工基本生活保障资金的行为适用法律问题的批复）

链接《刑法》第 253 条之一、第 384、397 条

第十二章 附 则

第九十五条 【进城务工农村居民参加社会保险】进城务工的农村居民依照本法规定参加社会保险。

第九十六条 【被征地农民的社会保险】征收农村集体所有的土地，应当足额安排被征地农民的社会保险费，按照国务院规定将被征地农民纳入相应的社会保险制度。

第九十七条 【外国人参加我国社会保险】外国人在中国境内就业的，参照本法规定参加社会保险。

第九十八条 【施行日期】本法自 2011 年 7 月 1 日起施行。

中华人民共和国劳动法

· 1994 年 7 月 5 日第八届全国人民代表大会常务委员会第八次会议通过
· 根据 2009 年 8 月 27 日第十一届全国人民代表大会常务委员会第十次会议《关于修改部分法律的决定》第一次修正
· 根据 2018 年 12 月 29 日第十三届全国人民代表大会常务委员会第七次会议《关于修改〈中华人民共和国劳动法〉等七部法律的决定》第二次修正

第一章 总 则

第一条 【立法宗旨】为了保护劳动者的合法权益，调整劳动关系，建立和维护适应社会主义市场经济的劳动制度，促进经济发展和社会进步，根据宪法，制定本法。

第二条 【适用范围】在中华人民共和国境内的企业、个体经济组织（以下统称用人单位）和与之形成劳动关系的劳动者，适用本法。

国家机关、事业组织、社会团体和与之建立劳动合同关系的劳动者，依照本法执行。

注释 本条规定了《劳动法》的适用范围。对于《劳动法》的适用范围，大致上划分为两种类型：一类是企业、个体经济组织和与之形成劳动关系的劳动者；一类是国家机关、事业组织、社会团体和与之建立劳动合同关系的劳动者。应当注意，两种情况下法律的要求是不一样的，前一种情形下，劳动法的适用不以签订劳动合同为必要。在没有签订劳动合同的情况下，双方形成事实劳动关系的，也适用《劳动法》的规定；而后一种情形下，只有双方建立了劳动合同关系，才适用《劳动法》。

这里，需要对企业和个体经济组织的概念进行界定。根据《劳动部关于〈中华人民共和国劳动

法〉若干条文的说明》第2条,“企业”是指从事产品生产、流通或服务性活动等实行独立经济核算的经济单位,包括各种所有制类型的企业,如工厂、农场、公司等;根据《劳动部关于贯彻执行〈中华人民共和国劳动法〉若干问题的意见》第1条,“个体经济组织”是指雇工在7人以下的个体工商户。

与《劳动法》相比,2007年通过的《劳动合同法》在用人单位上,又增加了一类,即民办非企业单位。

实务问答 1. 事实劳动关系如何认定

中国境内的企业、个体经济组织与劳动者之间,只要形成了劳动关系,即劳动者事实上已成为企业、个体经济组织的成员,并为其提供有偿劳动,即适用《劳动法》。用人单位招用劳动者未订立书面劳动合同,但同时具备下列情形的,劳动关系即成立:(1)用人单位和劳动者符合法律、法规规定的主体资格;(2)用人单位依法制定的各项劳动规章制度适用于劳动者,劳动者服从用人单位的劳动管理,从事用人单位安排的有报酬的劳动;(3)劳动者提供的劳动是用人单位业务的组成部分。

具体来说,用人单位未与劳动者签订劳动合同,认定双方存在劳动关系时可参照以下凭证:(1)工资支付凭证或记录(职工工资发放花名册)、缴纳各项社会保险费用的记录;(2)用人单位向劳动者发放的“工作证”、“服务证”等能够证明身份的证件;(3)劳动者填写的用人单位招工招聘“登记表”、“报名表”等招用记录;(4)考勤记录;(5)其他劳动者的证言。

2. 如何区别劳动关系与劳务关系

劳动关系是指用人单位和劳动者基于雇佣与被雇佣而产生的关系,在法律上属于《劳动法》的范畴;劳务关系则是平等民事主体间提供方给用工方提供劳动服务,获得劳务报酬的关系,由民法调整。两者的区别主要有以下几方面:(1)劳动关系一方是用人单位,另一方必然是劳动者;而劳务关系可能有很多方,可能是公司与公司之间的关系,也可能是人和人之间的关系,还可能是公司与人之间的关系;(2)在劳动关系中,劳动者除提供劳动之外,还要接受用人单位的管理,遵守其规章制度等;而劳务关系只有劳务服务,用工方支付报酬,彼此之间在法律上不存在身份隶属关系,既没有档案需要放在单位或与单位有关的地方,也不需要办员工手册等证明文件;(3)劳动关系中的劳动者除获得工资报酬外,还有法定社会保险、公积金等,而劳务关系一般只获得劳动报酬;(4)劳动关系适用《劳动法》,劳务关系则适用《民法典》。

3. 如何区别劳动争议与人事争议

人事争议在适用范围和处理程序上均有不同于劳动争议之处。人事争议主要包括:(1)实施公务员法的机关与聘任制公务员之间、参照《中华人民共和国公务员法》管理的机关(单位)与聘任工作人员之间因履行聘任合同发生的争议;(2)事业单位与工作人员之间因解除人事关系、履行聘用合同发生的争议;(3)社团组织与工作人员之间因解除人事关系、履行聘用合同发生的争议;(4)军队聘用单位与文职人员之间因履行聘用合同发生的争议;(5)依照法律、法规规定可以仲裁的其他人事争议。

人事争议发生后,当事人可以协商解决;不愿协商或者协商不成的,可以向主管部门申请调解,其中军队聘用单位与文职人员的人事争议,可以向聘用单位的上一级单位申请调解;不愿调解或调解不成的,可以向人事争议仲裁委员会申请仲裁。当事人也可以直接向人事争议仲裁委员会申请仲裁。当事人对仲裁裁决不服的,可以向人民法院提起诉讼。

4. 一方为非个体工商户的另一方提供劳务,另一方给付其报酬,他们之间形成的是雇佣法律关系,还是劳动法律关系

劳动部《关于贯彻执行(中华人民共和国劳动法)若干问题的意见》第一条解释:“劳动法第二条中的‘个体经济组织’,是指一般雇工在七人以下的个体工商户”。没有工商行政管理部门颁发的个体工商户营业执照,不是依法成立的个体工商户,不能作为劳动法律关系的主体。一方为非个体工商户的另一方提供劳务,另一方给付其报酬,他们之间形成的是雇佣法律关系,属人民法院主管范围,劳动仲裁不是必经程序。(《最高人民法院公报》2001年第1期:陈维礼诉赖国发雇佣合同纠纷案)

第三条 【劳动者的权利和义务】劳动者享有平等就业和选择职业的权利、取得劳动报酬的权利、休息休假的权利、获得劳动安全卫生保护的权利、接受职业技能培训的权利、享受社会保险和福利的权利、提请劳动争议处理的权利以及法律规

定的其他劳动权利。

劳动者应当完成劳动任务，提高职业技能，执行劳动安全卫生规程，遵守劳动纪律和职业道德。

第四条　【用人单位规章制度】用人单位应当依法建立和完善规章制度，保障劳动者享有劳动权利和履行劳动义务。

第五条　【国家发展劳动事业】国家采取各种措施，促进劳动就业，发展职业教育，制定劳动标准，调节社会收入，完善社会保险，协调劳动关系，逐步提高劳动者的生活水平。

第六条　【国家的倡导、鼓励和奖励政策】国家提倡劳动者参加社会义务劳动，开展劳动竞赛和合理化建议活动，鼓励和保护劳动者进行科学研究、技术革新和发明创造，表彰和奖励劳动模范和先进工作者。

第七条　【工会的组织和权利】劳动者有权依法参加和组织工会。

工会代表和维护劳动者的合法权益，依法独立自主地开展活动。

第八条　【劳动者参与民主管理和平等协商】劳动者依照法律规定，通过职工大会、职工代表大会或者其他形式，参与民主管理或者就保护劳动者合法权益与用人单位进行平等协商。

第九条　【劳动行政部门设置】国务院劳动行政部门主管全国劳动工作。

县级以上地方人民政府劳动行政部门主管本行政区域内的劳动工作。

第二章　促进就业

第十条　【国家促进就业政策】国家通过促进经济和社会发展，创造就业条件，扩大就业机会。

国家鼓励企业、事业组织、社会团体在法律、行政法规规定的范围内兴办产业或者拓展经营，增加就业。

国家支持劳动者自愿组织起来就业和从事个体经营实现就业。

第十一条　【地方政府促进就业措施】地方各级人民政府应当采取措施，发展多种类型的职业介绍机构，提供就业服务。

第十二条　【就业平等原则】劳动者就业，不因民族、种族、性别、宗教信仰不同而受歧视。

第十三条　【妇女享有与男子平等的就业权利】妇女享有与男子平等的就业权利。在录用职工时，除国家规定的不适合妇女的工种或者岗位外，不得以性别为由拒绝录用妇女或者提高对妇女的录用标准。

第十四条　【特殊就业群体的就业保护】残疾人、少数民族人员、退出现役的军人的就业，法律、法规有特别规定的，从其规定。

第十五条　【使用童工的禁止】禁止用人单位招用未满十六周岁的未成年人。

文艺、体育和特种工艺单位招用未满十六周岁的未成年人，必须遵守国家有关规定，并保障其接受义务教育的权利。

第三章　劳动合同和集体合同

第十六条　【劳动合同的概念】劳动合同是劳动者与用人单位确立劳动关系、明确双方权利和义务的协议。

建立劳动关系应当订立劳动合同。

实务问答 1. 用人单位明知他人是尚未毕业的在校学生，仍与其签订劳动合同，并履行合同权利义务的，该劳动关系是否成立

即将毕业的大专院校在校学生以就业为目的与用人单位签订劳动合同，且接受用人单位管理，按合同约定付出劳动；用人单位在明知求职者系在校学生的情况下，仍与之订立劳动合同并向其发放劳动报酬的，该劳动合同合法有效，应当认定双方之间形成劳动合同关系。（《最高人民法院公报》2010年第6期：郭懿诉江苏益丰大药房连锁有限公司劳动争议案）

2. 企业在其有关劳动合同的制度中规定应与劳动者签订较长期限的劳动合同，又与劳动者签订短期劳动合同的，该劳动合同中关于期限的约定是否有效

企业制定的有关劳动合同的制度，若制定程序、内容完全公开、符合企业相关规定，且组织员工对该制度进行学习，应当认定劳动者知悉该制度的内容。在没有任何证据证实签订劳动合同违背劳动者真实意思表示的情况下，劳动者因不了解企业劳动合同制度具体内容而在意思表示不真实的情况下与企业签订短期劳动合同，从而主张关于合同期限的约定无效的，不应得到支持。劳动合同中关于期限的约定有效。（《最高人民法院公报》2000年第6期：宜昌市无线电厂诉卢玲等四人终止劳动合同纠纷案）

第十七条 【订立和变更劳动合同的原则】订立和变更劳动合同,应当遵循平等自愿、协商一致的原则,不得违反法律、行政法规的规定。

劳动合同依法订立即具有法律约束力,当事人必须履行劳动合同规定的义务。

第十八条 【无效劳动合同】下列劳动合同无效:

(一)违反法律、行政法规的劳动合同;

(二)采取欺诈、威胁等手段订立的劳动合同。

无效的劳动合同,从订立的时候起,就没有法律约束力。确认劳动合同部分无效的,如果不影响其余部分的效力,其余部分仍然有效。

劳动合同的无效,由劳动争议仲裁委员会或者人民法院确认。

第十九条 【劳动合同的形式和内容】劳动合同应当以书面形式订立,并具备以下条款:

(一)劳动合同期限;

(二)工作内容;

(三)劳动保护和劳动条件;

(四)劳动报酬;

(五)劳动纪律;

(六)劳动合同终止的条件;

(七)违反劳动合同的责任。

劳动合同除前款规定的必备条款外,当事人可以协商约定其他内容。

第二十条 【劳动合同的期限】劳动合同的期限分为有固定期限、无固定期限和以完成一定的工作为期限。

劳动者在同一用人单位连续工作满十年以上,当事人双方同意续延劳动合同的,如果劳动者提出订立无固定期限的劳动合同,应当订立无固定期限的劳动合同。

第二十一条 【试用期条款】劳动合同可以约定试用期。试用期最长不得超过六个月。

第二十二条 【保守商业秘密之约定】劳动合同当事人可以在劳动合同中约定保守用人单位商业秘密的有关事项。

实务问答 如何认定竞业禁止条款的效力

竞业禁止是指负有特定义务的劳动者从原用人单位离职后,在一定期间内不得自营或为他人经营与原用人单位有直接竞争关系的业务。根据有关法律、行政法规的规定,用人单位与负有保守商业秘密义务的劳动者,可以在劳动合同或者保密协议中约定竞业禁止条款,同时应约定在解除或者终止劳动合同后,给予劳动者一定的竞业禁止经济补偿;未约定给予劳动者竞业禁止经济补偿,或者约定的竞业禁止经济补偿数额过低、不符合相关规定的,该竞业禁止条款对劳动者不具有约束力。(《最高人民法院公报》2009年第11期:王云飞诉施耐德电气(中国)投资有限公司上海分公司劳动争议纠纷案)

第二十三条 【劳动合同的终止】劳动合同期满或者当事人约定的劳动合同终止条件出现,劳动合同即行终止。

第二十四条 【劳动合同的合意解除】经劳动合同当事人协商一致,劳动合同可以解除。

第二十五条 【过失性辞退】劳动者有下列情形之一的,用人单位可以解除劳动合同:

(一)在试用期间被证明不符合录用条件的;

(二)严重违反劳动纪律或者用人单位规章制度的;

(三)严重失职,营私舞弊,对用人单位利益造成重大损害的;

(四)被依法追究刑事责任的。

第二十六条 【非过失性辞退】有下列情形之一的,用人单位可以解除劳动合同,但是应当提前三十日以书面形式通知劳动者本人:

(一)劳动者患病或者非因工负伤,医疗期满后,不能从事原工作也不能从事由用人单位另行安排的工作的;

(二)劳动者不能胜任工作,经过培训或者调整工作岗位,仍不能胜任工作的;

(三)劳动合同订立时所依据的客观情况发生重大变化,致使原劳动合同无法履行,经当事人协商不能就变更劳动合同达成协议的。

实务问答 劳动者患有难以治疗的疾病,用人单位在医疗期内终止劳动合同,劳动者起诉要求继续履行的,法院应如何处理

患有癌症、精神病等难以治疗的特殊疾病的劳动者,应当享受24个月的医疗期。医疗期内劳动合同期满,劳动合同应当延续至医疗期满时终止。用人单位在医疗期内违法解除或者终止劳动合同,劳动者起诉要求继续履行劳动合同的,人民法院应当判决撤销用人单位的解除或者终止通知书。(《最高人民法院公报》2013年第6期:梁介树诉南京乐府餐饮管理有限公司劳动争议案)

第二十七条 【用人单位经济性裁员】用人单位濒临破产进行法定整顿期间或者生产经营状况发生严重困难，确需裁减人员的，应当提前三十日向工会或者全体职工说明情况，听取工会或者职工的意见，经向劳动行政部门报告后，可以裁减人员。

用人单位依据本条规定裁减人员，在六个月内录用人员的，应当优先录用被裁减的人员。

第二十八条 【用人单位解除劳动合同的经济补偿】用人单位依据本法第二十四条、第二十六条、第二十七条的规定解除劳动合同的，应当依照国家有关规定给予经济补偿。

第二十九条 【用人单位不得解除劳动合同的情形】劳动者有下列情形之一的，用人单位不得依据本法第二十六条、第二十七条的规定解除劳动合同：

（一）患职业病或者因工负伤并被确认丧失或者部分丧失劳动能力的；

（二）患病或者负伤，在规定的医疗期内的；

（三）女职工在孕期、产期、哺乳期内的；

（四）法律、行政法规规定的其他情形。

第三十条 【工会对用人单位解除劳动合同的监督权】用人单位解除劳动合同，工会认为不适当的，有权提出意见。如果用人单位违反法律、法规或者劳动合同，工会有权要求重新处理；劳动者申请仲裁或者提起诉讼的，工会应当依法给予支持和帮助。

第三十一条 【劳动者单方解除劳动合同】劳动者解除劳动合同，应当提前三十日以书面形式通知用人单位。

第三十二条 【劳动者无条件解除劳动合同的情形】有下列情形之一的，劳动者可以随时通知用人单位解除劳动合同：

（一）在试用期内的；

（二）用人单位以暴力、威胁或者非法限制人身自由的手段强迫劳动的；

（三）用人单位未按照劳动合同约定支付劳动报酬或者提供劳动条件的。

第三十三条 【集体合同的内容和签订程序】企业职工一方与企业可以就劳动报酬、工作时间、休息休假、劳动安全卫生、保险福利等事项，签订集体合同。集体合同草案应当提交职工代表大会或者全体职工讨论通过。

集体合同由工会代表职工与企业签订；没有建立工会的企业，由职工推举的代表与企业签订。

第三十四条 【集体合同的审查】集体合同签订后应当报送劳动行政部门；劳动行政部门自收到集体合同文本之日起十五日内未提出异议的，集体合同即行生效。

第三十五条 【集体合同的效力】依法签订的集体合同对企业和企业全体职工具有约束力。职工个人与企业订立的劳动合同中劳动条件和劳动报酬等标准不得低于集体合同的规定。

第四章 工作时间和休息休假

第三十六条 【标准工作时间】国家实行劳动者每日工作时间不超过八小时、平均每周工作时间不超过四十四小时的工时制度。

第三十七条 【计件工作时间】对实行计件工作的劳动者，用人单位应当根据本法第三十六条规定的工时制度合理确定其劳动定额和计件报酬标准。

第三十八条 【劳动者的周休日】用人单位应当保证劳动者每周至少休息一日。

第三十九条 【其他工时制度】企业因生产特点不能实行本法第三十六条、第三十八条规定的，经劳动行政部门批准，可以实行其他工作和休息办法。

第四十条 【法定休假节日】用人单位在下列节日期间应当依法安排劳动者休假：

（一）元旦；

（二）春节；

（三）国际劳动节；

（四）国庆节；

（五）法律、法规规定的其他休假节日。

第四十一条 【延长工作时间】用人单位由于生产经营需要，经与工会和劳动者协商后可以延长工作时间，一般每日不得超过一小时；因特殊原因需要延长工作时间的，在保障劳动者身体健康的条件下延长工作时间每日不得超过三小时，但是每月不得超过三十六小时。

实务问答 未经批准自愿加班能索要加班费吗

根据《劳动法》规定，企业可以制订与国家法律不相抵触的加班制度，对符合加班制度的加班情况支付不低于法定标准的加班工资。

可见，用人单位支付加班工资的前提是“用人单位根据实际需要安排劳动者在法定标准工作时间以外工作”,劳动者自愿加班的,用人单位依据以上规定可以不支付加班工资。

第四十二条 【特殊情况下的延长工作时间】有下列情形之一的,延长工作时间不受本法第四十一条规定的限制:

(一)发生自然灾害、事故或者因其他原因,威胁劳动者生命健康和财产安全,需要紧急处理的;

(二)生产设备、交通运输线路、公共设施发生故障,影响生产和公众利益,必须及时抢修的;

(三)法律、行政法规规定的其他情形。

第四十三条 【用人单位延长工作时间的禁止】用人单位不得违反本法规定延长劳动者的工作时间。

第四十四条 【延长工作时间的工资支付】有下列情形之一的,用人单位应当按照下列标准支付高于劳动者正常工作时间工资的工资报酬:

(一)安排劳动者延长工作时间的,支付不低于工资的百分之一百五十的工资报酬;

(二)休息日安排劳动者工作又不能安排补休的,支付不低于工资的百分之二百的工资报酬;

(三)法定休假日安排劳动者工作的,支付不低于工资的百分之三百的工资报酬。

实务问答 休息日或法定休假日加班,用人单位可否不支付加班费而给予补休,补休的标准如何确定

依据《劳动法》第44条规定,休息日安排劳动者加班工作的,应首先安排补休,不能补休时,则应支付不低于工资的200%的工资报酬。补休时间应等同于加班时间。法定休假日安排劳动者加班工作的,应另外支付不低于工资的300%的工资报酬,不能以安排补休代替支付加班费。

第四十五条 【年休假制度】国家实行带薪年休假制度。

劳动者连续工作一年以上的,享受带薪年休假。具体办法由国务院规定。

第五章 工 资

第四十六条 【工资分配基本原则】工资分配应当遵循按劳分配原则,实行同工同酬。

工资水平在经济发展的基础上逐步提高。国家对工资总量实行宏观调控。

注释 根据国家统计局《关于工资总额组成的规定》,工资主要由以下几个部分组成:

(一)计时工资。是指按计时工资标准(包括地区生活费补贴)和工作时间支付给个人的劳动报酬。

(二)计件工资。是指对已做工作按计件单价支付的劳动报酬。

(三)奖金。是指支付给职工的超额劳动报酬和增收节支的劳动报酬。

(四)津贴和补贴。指为了补偿职工特殊或额外的劳动消耗和因其他特殊原因支付给职工的津贴,以及为了保证职工工资水平不受物价影响支付给职工的物价补贴。

(五)加班加点工资。是指按规定支付的加班工资和加点工资。

(六)特殊情况下支付的工资。包括:(1)根据国家法律、法规和政策规定,因病、工伤、产假、计划生育假、婚丧假、事假、探亲假、定期休假、停工学习、执行国家或社会义务等原因按计时工资标准或计件工资标准的一定比例支付的工资;(2)附加工资、保留工资。

要注意下列各项不列入工资总额:(1)根据国务院发布的有关规定颁发的创造发明奖、自然科学奖、科学技术进步奖、支付的合理化建议奖和技术改进奖以及支付给运动员、教练员的奖金;(2)有关劳动保险和职工福利方面的各项费用;(3)有关离休、退休、退职人员待遇的各项支出;(4)劳动保护的各项支出;(5)稿费、讲课费及其他专门工作报酬;(6)出差伙食补助费、午餐补助、调动工作的旅费和安家费;(7)对自带工具、牲畜来企业工作的职工所支付的工具、牲畜等补偿费用;(8)实行租赁经营单位的承租人的风险性补偿收入;(9)对购买本企业股票和债券的职工所支付的股息(包括股金分红)和利息;(10)劳动合同制职工解除劳动合同时由企业支付的医疗补助费、生活补助费等;(11)因录用临时工而在工资以外向提供劳动力单位支付的手续费或管理费;(12)支付给家庭工人的加工费和按加工订货办法支付给承包单位的发包费用;(13)支付给参加企业劳动的在校学生的补贴;(14)计划生育独生子女补贴。

第四十七条 【用人单位自主确定工资分配】用人单位根据本单位的生产经营特点和经济效益,依法自主确定本单位的工资分配方式和工资水平。

第四十八条 【最低工资保障】国家实行最低工资保障制度。最低工资的具体标准由省、自治区、直辖市人民政府规定,报国务院备案。

用人单位支付劳动者的工资不得低于当地最低工资标准。

第四十九条 【确定和调整最低工资标准的因素】确定和调整最低工资标准应当综合参考下列因素:

(一)劳动者本人及平均赡养人口的最低生活费用;

(二)社会平均工资水平;

(三)劳动生产率;

(四)就业状况;

(五)地区之间经济发展水平的差异。

第五十条 【工资支付形式和不得克扣、拖欠工资】工资应当以货币形式按月支付给劳动者本人。不得克扣或者无故拖欠劳动者的工资。

实务问答 因劳动者本人原因给用人单位造成经济损失的,用人单位能否以扣工资的形式处罚劳动者

因劳动者本人原因给用人单位造成经济损失的,用人单位可按照劳动合同的约定要求其赔偿经济损失。经济损失的赔偿,可从劳动者本人的工资中扣除,但每月扣除的部分不得超过劳动者当月工资的20%。若扣除剩余工资部分低于当地月最低工资标准,则按最低工资标准支付。

第五十一条 【法定休假日等的工资支付】劳动者在法定休假日和婚丧假期间以及依法参加社会活动期间,用人单位应当依法支付工资。

实务问答 劳动者请事假,并经用人单位批准,用人单位是否需要支付劳动者该期间的工资

劳动者依法享受年休假、探亲假、婚假、丧假期间,用人单位应按劳动合同规定的标准支付劳动者工资,所以,如果劳动者所请事假属上述事宜,则用人单位需要支付劳动者该期间的工资。除此之外,劳动者请事假期间的待遇,国家现行法律规范中没有具体规定。因此,可以由用人单位根据本单位的实际情况通过内部规章制度加以规定。有的单位规定按计时工资标准的一定比例支付待遇,有的单位规定事假期间没有任何待遇,这些规定都与国家法律规范不抵触,因而都是有效的。所以,劳动者因私事请假,没有为用人单位提供正常劳动,用人单位向其支付一定的生活费是可以的,不向其支付任何待遇也是可以的,用人单位有权因请事假减发员工的工资,该减发不视为"克扣"工资。

第六章 劳动安全卫生

第五十二条 【劳动安全卫生制度的建立】用人单位必须建立、健全劳动安全卫生制度,严格执行国家劳动安全卫生规程和标准,对劳动者进行劳动安全卫生教育,防止劳动过程中的事故,减少职业危害。

第五十三条 【劳动安全卫生设施】劳动安全卫生设施必须符合国家规定的标准。

新建、改建、扩建工程的劳动安全卫生设施必须与主体工程同时设计、同时施工、同时投入生产和使用。

第五十四条 【用人单位的劳动保护义务】用人单位必须为劳动者提供符合国家规定的劳动安全卫生条件和必要的劳动防护用品,对从事有职业危害作业的劳动者应当定期进行健康检查。

第五十五条 【特种作业的上岗要求】从事特种作业的劳动者必须经过专门培训并取得特种作业资格。

第五十六条 【劳动者在安全生产中的权利和义务】劳动者在劳动过程中必须严格遵守安全操作规程。

劳动者对用人单位管理人员违章指挥、强令冒险作业,有权拒绝执行;对危害生命安全和身体健康的行为,有权提出批评、检举和控告。

第五十七条 【伤亡事故和职业病的统计、报告、处理】国家建立伤亡事故和职业病统计报告和处理制度。县级以上各级人民政府劳动行政部门、有关部门和用人单位应当依法对劳动者在劳动过程中发生的伤亡事故和劳动者的职业病状况,进行统计、报告和处理。

第七章 女职工和未成年工特殊保护

第五十八条 【女职工和未成年工的特殊劳动保护】国家对女职工和未成年工实行特殊劳动保护。

未成年工是指年满十六周岁未满十八周岁的劳动者。

第五十九条 【女职工禁忌劳动的范围】禁止安排女职工从事矿山井下、国家规定的第四级体力劳动强度的劳动和其他禁忌从事的劳动。

实务问答 女职工禁忌从事的劳动范围有哪些

1. 女职工禁忌从事的劳动范围:

(1)矿山井下作业;(2)体力劳动强度分级标准中规定的第四级体力劳动强度的作业;(3)每小

时负重6次以上、每次负重超过20公斤的作业，或者间断负重、每次负重超过25公斤的作业。

2. 女职工在经期禁忌从事的劳动范围：

(1)冷水作业分级标准中规定的第二级、第三级、第四级冷水作业；(2)低温作业分级标准中规定的第二级、第三级、第四级低温作业；(3)体力劳动强度分级标准中规定的第三级、第四级体力劳动强度的作业；(4)高处作业分级标准中规定的第三级、第四级高处作业。

3. 女职工在孕期禁忌从事的劳动范围：

(1)作业场所空气中铅及其化合物、汞及其化合物、苯、镉、铍、砷、氰化物、氮氧化物、一氧化碳、二硫化碳、氯、己内酰胺、氯丁二烯、氯乙烯、环氧乙烷、苯胺、甲醛等有毒物质浓度超过国家职业卫生标准的作业；(2)从事抗癌药物、己烯雌酚生产，接触麻醉剂气体等的作业；(3)非密封源放射性物质的操作，核事故与放射事故的应急处置；(4)高处作业分级标准中规定的高处作业；(5)冷水作业分级标准中规定的冷水作业；(6)低温作业分级标准中规定的低温作业；(7)高温作业分级标准中规定的第三级、第四级的作业；(8)噪声作业分级标准中规定的第三级、第四级的作业；(9)体力劳动强度分级标准中规定的第三级、第四级体力劳动强度的作业；(10)在密闭空间、高压室作业或者潜水作业，伴有强烈振动的作业，或者需要频繁弯腰、攀高、下蹲的作业。

4. 女职工在哺乳期禁忌从事的劳动范围：

(1)孕期禁忌从事的劳动范围的第一项、第三项、第九项；(2)作业场所空气中锰、氟、溴、甲醇、有机磷化合物、有机氯化合物等有毒物质浓度超过国家职业卫生标准的作业。

第六十条　【女职工经期的保护】不得安排女职工在经期从事高处、低温、冷水作业和国家规定的第三级体力劳动强度的劳动。

第六十一条　【女职工孕期的保护】不得安排女职工在怀孕期间从事国家规定的第三级体力劳动强度的劳动和孕期禁忌从事的劳动。对怀孕七个月以上的女职工，不得安排其延长工作时间和夜班劳动。

第六十二条　【女职工产期的保护】女职工生育享受不少于九十天的产假。

注释 根据2012年4月28日国务院公布的《女职工劳动保护特别规定》，女职工生育享受98天产假，其中产前可以休假15天；难产的，增加产假15天；生育多胞胎的，每多生育1个婴儿，增加产假15天。女职工怀孕未满4个月流产的，享受15天产假；怀孕满4个月流产的，享受42天产假。

链接《女职工劳动保护特别规定》第8条

第六十三条　【女职工哺乳期的保护】不得安排女职工在哺乳未满一周岁的婴儿期间从事国家规定的第三级体力劳动强度的劳动和哺乳期禁忌从事的其他劳动，不得安排其延长工作时间和夜班劳动。

注释 对哺乳未满1周岁婴儿的女职工，用人单位不得延长劳动时间或者安排夜班劳动。用人单位应当在每天的劳动时间内为哺乳期女职工安排1小时哺乳时间；女职工生育多胞胎的，每多哺乳1个婴儿每天增加1小时哺乳时间。

链接《女职工劳动保护特别规定》第9、10条

第六十四条　【未成年工禁忌劳动的范围】不得安排未成年工从事矿山井下、有毒有害、国家规定的第四级体力劳动强度的劳动和其他禁忌从事的劳动。

第六十五条　【未成年工定期健康检查】用人单位应当对未成年工定期进行健康检查。

第八章　职业培训

第六十六条　【国家发展职业培训事业】国家通过各种途径，采取各种措施，发展职业培训事业，开发劳动者的职业技能，提高劳动者素质，增强劳动者的就业能力和工作能力。

第六十七条　【各级政府的职责】各级人民政府应当把发展职业培训纳入社会经济发展的规划，鼓励和支持有条件的企业、事业组织、社会团体和个人进行各种形式的职业培训。

第六十八条　【用人单位建立职业培训制度】用人单位应当建立职业培训制度，按照国家规定提取和使用职业培训经费，根据本单位实际，有计划地对劳动者进行职业培训。

从事技术工种的劳动者，上岗前必须经过培训。

第六十九条　【职业技能资格】国家确定职业分类，对规定的职业制定职业技能标准，实行职业资格证书制度，由经备案的考核鉴定机构负责对劳动者实施职业技能考核鉴定。

第九章 社会保险和福利

第七十条 【社会保险制度】国家发展社会保险事业，建立社会保险制度，设立社会保险基金，使劳动者在年老、患病、工伤、失业、生育等情况下获得帮助和补偿。

第七十一条 【社会保险水平】社会保险水平应当与社会经济发展水平和社会承受能力相适应。

第七十二条 【社会保险基金】社会保险基金按照保险类型确定资金来源，逐步实行社会统筹。用人单位和劳动者必须依法参加社会保险，缴纳社会保险费。

第七十三条 【享受社会保险待遇的条件和标准】劳动者在下列情形下，依法享受社会保险待遇：

（一）退休；

（二）患病、负伤；

（三）因工伤残或者患职业病；

（四）失业；

（五）生育。

劳动者死亡后，其遗属依法享受遗属津贴。

劳动者享受社会保险待遇的条件和标准由法律、法规规定。

劳动者享受的社会保险金必须按时足额支付。

第七十四条 【社会保险基金管理】社会保险基金经办机构依照法律规定收支、管理和运营社会保险基金，并负有使社会保险基金保值增值的责任。

社会保险基金监督机构依照法律规定，对社会保险基金的收支、管理和运营实施监督。

社会保险基金经办机构和社会保险基金监督机构的设立和职能由法律规定。

任何组织和个人不得挪用社会保险基金。

第七十五条 【补充保险和个人储蓄保险】国家鼓励用人单位根据本单位实际情况为劳动者建立补充保险。

国家提倡劳动者个人进行储蓄性保险。

第七十六条 【职工福利】国家发展社会福利事业，兴建公共福利设施，为劳动者休息、休养和疗养提供条件。

用人单位应当创造条件，改善集体福利，提高劳动者的福利待遇。

第十章 劳动争议

第七十七条 【劳动争议的解决途径】用人单位与劳动者发生劳动争议，当事人可以依法申请调解、仲裁、提起诉讼，也可以协商解决。

调解原则适用于仲裁和诉讼程序。

注释 1. 劳动争议的范围

劳动者与用人单位之间发生的下列纠纷，属于劳动争议，当事人不服劳动争议仲裁机构作出的裁决，依法提起诉讼的，人民法院应予受理：(1)劳动者与用人单位在履行劳动合同过程中发生的纠纷；(2)劳动者与用人单位之间没有订立书面劳动合同，但已形成劳动关系后发生的纠纷；(3)劳动者与用人单位因劳动关系是否已经解除或者终止，以及应否支付解除或者终止劳动关系经济补偿金发生的纠纷；(4)劳动者与用人单位解除或者终止劳动关系后，请求用人单位返还其收取的劳动合同定金、保证金、抵押金、抵押物发生的纠纷，或者办理劳动者的人事档案、社会保险关系等移转手续发生的纠纷；(5)劳动者以用人单位未为其办理社会保险手续，且社会保险经办机构不能补办导致其无法享受社会保险待遇为由，要求用人单位赔偿损失发生的纠纷；(6)劳动者退休后，与尚未参加社会保险统筹的原用人单位因追索养老金、医疗费、工伤保险待遇和其他社会保险待遇而发生的纠纷；(7)劳动者因为工伤、职业病，请求用人单位依法给予工伤保险待遇发生的纠纷；(8)劳动者依据劳动合同法第八十五条规定，要求用人单位支付加付赔偿金发生的纠纷；(9)因企业自主进行改制发生的纠纷。

2. 不属于劳动争议的事项

下列纠纷不属于劳动争议：(1)劳动者请求社会保险经办机构发放社会保险金的纠纷；(2)劳动者与用人单位因住房制度改革产生的公有住房转让纠纷；(3)劳动者对劳动能力鉴定委员会的伤残等级鉴定结论或者对职业病诊断鉴定委员会的职业病诊断鉴定结论的异议纠纷；(4)家庭或者个人与家政服务人员之间的纠纷；(5)个体工匠与帮工、学徒之间的纠纷；(6)农村承包经营户与受雇人之间的纠纷。

3. 劳动争议的解决途径

根据我国现行法律，劳动争议的解决主要有以下几个途径：协商、调解、仲裁及诉讼。几种解决途径之间的关系，第79条会详细介绍。

链接《劳动争议调解仲裁法》第2、4条；《最高人民法院关于审理劳动争议案件适用法律问题的解释（一）》第1—2条

第七十八条 【劳动争议的处理原则】解决劳动争议，应当根据合法、公正、及时处理的原则，依法维护劳动争议当事人的合法权益。

第七十九条 【劳动争议的调解、仲裁和诉讼的相互关系】劳动争议发生后，当事人可以向本单位劳动争议调解委员会申请调解；调解不成，当事人一方要求仲裁的，可以向劳动争议仲裁委员会申请仲裁。当事人一方也可以直接向劳动争议仲裁委员会申请仲裁。对仲裁裁决不服的，可以向人民法院提起诉讼。

第八十条 【劳动争议的调解】在用人单位内，可以设立劳动争议调解委员会。劳动争议调解委员会由职工代表、用人单位代表和工会代表组成。劳动争议调解委员会主任由工会代表担任。

劳动争议经调解达成协议的，当事人应当履行。

第八十一条 【劳动争议仲裁委员会的组成】劳动争议仲裁委员会由劳动行政部门代表、同级工会代表、用人单位方面的代表组成。劳动争议仲裁委员会主任由劳动行政部门代表担任。

第八十二条 【劳动争议仲裁的程序】提出仲裁要求的一方应当自劳动争议发生之日起六十日内向劳动争议仲裁委员会提出书面申请。仲裁裁决一般应在收到仲裁申请的六十日内作出。对仲裁裁决无异议的，当事人必须履行。

第八十三条 【仲裁裁决的效力】劳动争议当事人对仲裁裁决不服的，可以自收到仲裁裁决书之日起十五日内向人民法院提起诉讼。一方当事人在法定期限内不起诉又不履行仲裁裁决的，另一方当事人可以申请人民法院强制执行。

第八十四条 【集体合同争议的处理】因签订集体合同发生争议，当事人协商解决不成的，当地人民政府劳动行政部门可以组织有关各方协调处理。

因履行集体合同发生争议，当事人协商解决不成的，可以向劳动争议仲裁委员会申请仲裁；对仲裁裁决不服的，可以自收到仲裁裁决书之日起十五日内向人民法院提起诉讼。

第十一章 监督检查

第八十五条 【劳动行政部门的监督检查】县级以上各级人民政府劳动行政部门依法对用人单位遵守劳动法律、法规的情况进行监督检查，对违反劳动法律、法规的行为有权制止，并责令改正。

第八十六条 【劳动监察机构的监察程序】县级以上各级人民政府劳动行政部门监督检查人员执行公务，有权进入用人单位了解执行劳动法律、法规的情况，查阅必要的资料，并对劳动场所进行检查。

县级以上各级人民政府劳动行政部门监督检查人员执行公务，必须出示证件，秉公执法并遵守有关规定。

第八十七条 【政府有关部门的监察】县级以上各级人民政府有关部门在各自职责范围内，对用人单位遵守劳动法律、法规的情况进行监督。

第八十八条 【工会监督、社会监督】各级工会依法维护劳动者的合法权益，对用人单位遵守劳动法律、法规的情况进行监督。

任何组织和个人对于违反劳动法律、法规的行为有权检举和控告。

第十二章 法律责任

第八十九条 【劳动规章制度违法的法律责任】用人单位制定的劳动规章制度违反法律、法规规定的，由劳动行政部门给予警告，责令改正；对劳动者造成损害的，应当承担赔偿责任。

第九十条 【违法延长工时的法律责任】用人单位违反本法规定，延长劳动者工作时间的，由劳动行政部门给予警告，责令改正，并可以处以罚款。

第九十一条 【用人单位侵权的民事责任】用人单位有下列侵害劳动者合法权益情形之一的，由劳动行政部门责令支付劳动者的工资报酬、经济补偿，并可以责令支付赔偿金：

（一）克扣或者无故拖欠劳动者工资的；

（二）拒不支付劳动者延长工作时间工资报酬的；

（三）低于当地最低工资标准支付劳动者工资的；

（四）解除劳动合同后，未依照本法规定给予劳动者经济补偿的。

第九十二条 【用人单位违反劳动安全卫生规定的法律责任】用人单位的劳动安全设施和劳动卫生条件不符合国家规定或者未向劳动者提供必要的劳动防护用品和劳动保护设施的，由劳动行政部门或者有关部门责令改正，可以处以罚款；情节严重的，提请县级以上人民政府决定责令停产整顿；对事故隐患不采取措施，致使发生重大事故，造成劳动者生命和财产损失的，对责任人员依照刑法有关规定追究刑事责任。

第九十三条 【强令劳动者违章作业的法律责任】用人单位强令劳动者违章冒险作业，发生重大伤亡事故，造成严重后果的，对责任人员依法追究刑事责任。

第九十四条 【用人单位非法招用未成年工的法律责任】用人单位非法招用未满十六周岁的未成年人的，由劳动行政部门责令改正，处以罚款；情节严重的，由市场监督管理部门吊销营业执照。

第九十五条 【违反女职工和未成年工保护规定的法律责任】用人单位违反本法对女职工和未成年工的保护规定，侵害其合法权益的，由劳动行政部门责令改正，处以罚款；对女职工或者未成年工造成损害的，应当承担赔偿责任。

第九十六条 【侵犯劳动者人身自由的法律责任】用人单位有下列行为之一，由公安机关对责任人员处以十五日以下拘留、罚款或者警告；构成犯罪的，对责任人员依法追究刑事责任：

（一）以暴力、威胁或者非法限制人身自由的手段强迫劳动的；

（二）侮辱、体罚、殴打、非法搜查和拘禁劳动者的。

第九十七条 【订立无效合同的民事责任】由于用人单位的原因订立的无效合同，对劳动者造成损害的，应当承担赔偿责任。

第九十八条 【违法解除或故意拖延不订立劳动合同的法律责任】用人单位违反本法规定的条件解除劳动合同或者故意拖延不订立劳动合同的，由劳动行政部门责令改正；对劳动者造成损害的，应当承担赔偿责任。

第九十九条 【招用尚未解除劳动合同者的法律责任】用人单位招用尚未解除劳动合同的劳动者，对原用人单位造成经济损失的，该用人单位应当依法承担连带赔偿责任。

第一百条 【用人单位不缴纳社会保险费的法律责任】用人单位无故不缴纳社会保险费的，由劳动行政部门责令其限期缴纳；逾期不缴的，可以加收滞纳金。

第一百零一条 【阻挠监督检查、打击报复举报人员的法律责任】用人单位无理阻挠劳动行政部门、有关部门及其工作人员行使监督检查权，打击报复举报人员的，由劳动行政部门或者有关部门处以罚款；构成犯罪的，对责任人员依法追究刑事责任。

第一百零二条 【劳动者违法解除劳动合同或违反保密约定的民事责任】劳动者违反本法规定的条件解除劳动合同或者违反劳动合同中约定的保密事项，对用人单位造成经济损失的，应当依法承担赔偿责任。

第一百零三条 【劳动行政部门和有关部门工作人员渎职的法律责任】劳动行政部门或者有关部门的工作人员滥用职权、玩忽职守、徇私舞弊，构成犯罪的，依法追究刑事责任；不构成犯罪的，给予行政处分。

第一百零四条 【挪用社会保险基金的法律责任】国家工作人员和社会保险基金经办机构的工作人员挪用社会保险基金，构成犯罪的，依法追究刑事责任。

第一百零五条 【其他法律、行政法规的处罚效力】违反本法规定侵害劳动者合法权益，其他法律、行政法规已规定处罚的，依照该法律、行政法规的规定处罚。

第十三章　附　则

第一百零六条 【省级人民政府实施步骤的制定和备案】省、自治区、直辖市人民政府根据本法和本地区的实际情况，规定劳动合同制度的实施步骤，报国务院备案。

第一百零七条 【施行时间】本法自 1995 年 1 月 1 日起施行。

中华人民共和国劳动合同法

· 2007 年 6 月 29 日第十届全国人民代表大会常务委员会第二十八次会议通过
· 根据 2012 年 12 月 28 日第十一届全国人民代表大会常务委员会第三十次会议《关于修改〈中华人民共和国劳动合同法〉的决定》修正

理解与适用

劳动合同是整个劳动关系的核心。劳动合同法是调整用人单位和劳动者订立、履行、变更、解除和终止劳动合同的行为的法律规范的总称。制定劳动合同法的宗旨在于完善劳动合同制度,明确劳动合同双方当事人的权利和义务,保护劳动者的合法权益,构建和发展和谐稳定的劳动关系。自 2008 年 1 月 1 日施行以来,劳动合同法在规范用人单位用工、维护劳动者合法权益、塑造和谐的劳动关系、创造稳定的社会秩序方面,发挥了重要作用。

劳动合同法的主要内容包括:

一、调整范围

中华人民共和国境内的企业、个体经济组织、民办非企业单位等组织(以下称用人单位)与劳动者建立劳动关系,订立、履行、变更、解除或者终止劳动合同,适用本法。

国家机关、事业单位、社会团体和与其建立劳动关系的劳动者,订立、履行、变更、解除或者终止劳动合同,依照本法执行。

同时,本法在附则中规定:事业单位与实行聘用制的工作人员订立、履行、变更、解除或者终止劳动合同,法律、行政法规或者国务院另有规定的,依照其规定;未作规定的,依照本法有关规定执行。

二、用人单位规章制度

用人单位应当依法建立和完善劳动规章制度,保障劳动者享有劳动权利、履行劳动义务。用人单位在制定、修改或者决定有关劳动报酬、工作时间、休息休假、劳动安全卫生、保险福利、职工培训、劳动纪律以及劳动定额管理等直接涉及劳动者切身利益的规章制度或者重大事项时,应当经职工代表大会或者全体职工讨论,提出方案和意见,与工会或者职工代表平等协商确定。在规章制度和重大事项决定实施过程中,工会或者职工认为不适当的,有权向用人单位提出,通过协商予以修改完善。用人单位应当将直接涉及劳动者切身利益的规章制度和重大事项决定公示,或者告知劳动者。

三、劳动合同关系的建立与书面劳动合同的订立

用人单位自用工之日起即与劳动者建立劳动关系。建立劳动关系,应当订立书面劳动合同。订立劳动合同,应当遵循合法、公平、平等自愿、协商一致、诚实信用的原则。已建立劳动关系,未同时订立书面劳动合同的,应当自用工之日起一个月内订立书面劳动合同。用人单位与劳动者在用工前订立劳动合同的,劳动关系自用工之日起建立。用人单位与劳动者协商一致,可以订立固定期限劳动合同、无固定期限劳动合同和以完成一定工作任务为期限的劳动合同。

劳动合同应当具备以下条款:(1)用人单位的名称、住所和法定代表人或者主要负责人;(2)劳动者的姓名、住址和居民身份证或者其他有效身份证件号码;(3)劳动合同期限;(4)工作内容和工作地点;(5)工作时间和休息休假;(6)劳动报酬;(7)社会保险;(8)劳动保护、劳动条件和职业危害防护;(9)法律、法规规定应当纳入劳动合同的其他事项。此外,用人单位与劳动者可以约定试用期、培训、保守秘密、补充保险和福利待遇等其他事项。同时,在法律责任中规定:用人单位自用工之日起超过一个月不满一年未与劳动者订立书面劳动合同的,应当向劳动者每月支付二倍的工资。

四、无固定期限劳动合同

用人单位与劳动者协商一致,可以订立无固定期限劳动合同。有下列情形之一,劳动者提出或者同意续订、订立劳动合同的,除劳动者提出订立固定期限劳动合同外,应当订立无固定期限劳动合同:(1)劳动者在该用人单位连续工作满十年的;(2)用人单位初次实行劳动合同制度或者国有企业改制重新订立劳动合同时,劳动者在该用人单位连续工作满十年且距法定退休年龄不足十年的;(3)连续订立二次固定期限劳动合同,且劳动者没有本法第 39 条和第 40 条第 1 项、第 2 项规定的情形,续订劳动合同的。

用人单位自用工之日起满一年不与劳动者订立书面劳动合同的,视为用人单位与劳动者已订立无固定期限劳动合同。同时,在法律责任中规定:用人单位违反本法规定不与劳动者订立无固定期限劳动合同的,自应当订立无固定期限劳动合同之日起向劳动者每月支付二倍的工资。

五、试用期

劳动合同期限三个月以上不满一年的,试用期不得超过一个月;劳动合同期限一年以上不满三年的,试用期不得超过二个月;三年以上固定期限和无固定期限的劳动合同,试用期不得超过六个月。同一用人单位与同一劳动者只能约定一次试用期。以完成一定工作任务为期限的劳动合同或者劳动合同期限不满三个月的,不得约定试用期。试用期包含在劳动合同期限内。劳动合同仅约定试用期的,试用期不成立,该期限为劳动合同期限。劳动者在试用期的工资不得低于本单位相同岗位最低档工资或者劳动合同约定工资的百分之八十,并不得低于用人单位所在地的最低工资标准。

在试用期中,除劳动者有不符合录用条件、有违规违纪违法行为,不能胜任工作等情形外,用人单位不得解除劳动合同。用人单位在试用期解除劳动合同的,应当向劳动者说明理由。同时,在法律责任中规定:用人单位违反本法规定与劳动者约定试用期的,由劳动行政部门责令改正;违法约定的试用期已经履行的,由用人单位以劳动者试用期满月工资为标准,按已经履行的超过法定试用期的期间向劳动者支付赔偿金。

六、劳动合同的履行

用人单位与劳动者应当按照劳动合同的约定,全面履行各自的义务。用人单位应当按照劳动合同约定和国家规定,向劳动者及时足额支付劳动报酬。用人单位拖欠或者未足额支付劳动报酬的,劳动者可以依法向当地人民法院申请支付令,人民法院应当依法发出支付令。

用人单位应当严格执行劳动定额标准,不得强迫或者变相强迫劳动者加班。用人单位安排加班的,应当按照国家有关规定向劳动者支付加班费。劳动者拒绝用人单位管理人员违章指挥、强令冒险作业的,不视为违反劳动合同。劳动者对危害生命安全和身体健康的劳动条件,有权对用人单位提出批评、检举和控告。国家采取措施,建立健全劳动者社会保险关系跨地区转移接续制度。

七、劳动者可以解除劳动合同的情形

用人单位与劳动者协商一致,可以解除劳动合同。劳动者提前三十日以书面形式通知用人单位,可以解除劳动合同。劳动者在试用期内提前三日通知用人单位,可以解除劳动合同。

用人单位有下列情形之一的,劳动者可以解除劳动合同:(1)未按照劳动合同约定提供劳动保护或者劳动条件的;(2)未及时足额支付劳动报酬的;(3)未依法为劳动者缴纳社会保险费的;(4)用人单位的规章制度违反法律、法规的规定,损害劳动者合法权益的;(5)因用人单位过错致使劳动合同无效的;(6)法律、行政法规规定劳动者可以解除劳动合同的其他情形。

用人单位以暴力、威胁或者非法限制人身自由的手段强迫劳动者劳动的,或者用人单位违章指挥、强令冒险作业危及劳动者人身安全的,劳动者可以立即解除劳动合同,不需事先告知用人单位。

八、用人单位可以解除劳动合同的情形

用人单位与劳动者协商一致,可以解除劳动合同。劳动者有下列情形之一的,用人单位可以解除劳动合同:(1)在试用期间被证明不符合录用条件的;(2)严重违反用人单位的规章制度的;(3)严重失职,营私舞弊,给用人单位造成重大损害的;(4)劳动者同时与其他用人单位建立劳动关系,对完成本单位的工作任务造成严重影响,或者经用人单位提出,拒不改正的;(5)因劳动者过错致使劳动合同无效的;(6)被依法追究刑事责任的。

有下列情形之一的,用人单位提前三十日以书面形式通知劳动者本人或者额外支付劳动者一个月工资后,可以解除劳动合同:(1)劳动者患病或者非因工负伤,在规定的医疗期满后不能从事原工作,也不能从事由用人单位另行安排的工作的;(2)劳动者不能胜任工作,经过培训或者调整工作岗位,仍不能胜任工作的;(3)劳动合同订立时所依据的客观情况发生重大变化,致使劳动合同无法履行,经用人单位与劳动者协商,未能就变更劳动合同内容达成协议的。

九、经济性裁员

有下列情形之一,需要裁减人员二十人以上或者裁减不足二十人但占企业职工总数百分之十以上的,用人单位提前三十日向工会或者全体职工说明情况,听取工会或者职工的意见后,裁减人员方案经向劳动行政部门报告,可以裁减人员:(1)依照企业破产法规定进行重整的;(2)生产经营发生严重困难的;(3)企业转产、重大技术革新或者经营方式调整,经变更劳动合同后,仍需裁减人员的;(4)其他因劳动合同订立时所依据的客观经济情况发生重大变化,致使劳动合同无法履行的。

裁减人员时,应当优先留用下列劳动者:(1)与本单位订立较长期限的固定期限劳动合同的;(2)与本单位订立无固定期限劳动合同的;(3)家庭无其他就业人员,有需要扶养的老人或者未成年人的。用人单位依法裁减人员,在六个月内重新招用人员的,应当通知被裁减的人员,并在同等条件下优先招用被裁减的人员。

十、集体合同

企业职工一方与用人单位通过平等协商,可以就劳动报酬、工作时间、休息休假、劳动安全卫生、保险福利等事项订立集体合同。集体合同草案应当提交职工代表大会或者全体职工讨论通过。集体合同由工会代表企业职工一方与用人单位订立;尚未建立工会的用人单位,由上级工会指导劳动者推举的代表与用人单位订立。

企业职工一方与用人单位可以订立劳动安全卫生、女职工权益保护、工资调整机制等专项集体合同。在县级以下区域内,建筑业、采矿业、餐饮服务业等行业可以由工会与企业方面代表订立行业性集体合同,或者订立区域性集体合同。

集体合同订立后,应当报送劳动行政部门;劳动行政部门自收到集体合同文本之日起十五日内未提出异议的,集体合同即行生效。依法订立的集体合同对用人单位和劳动者具有约束力。行业性、区域性集体合同对当地本行业、本区域的用人单位和劳动者具有约束力。

十一、工会

县级以上人民政府劳动行政部门会同工会和企业方面代表,建立健全协调劳动关系三方机制,共同研究解决有关劳动关系的重大问题。工会应当帮助、指导劳动者与用人单位依法订立和履行劳动合同,并与用人单位建立集体协商机制,维护劳动者的合法权益。

用人单位违反集体合同,侵犯职工劳动权益的,工会可以依法要求用人单位承担责任;因履行集体合同发生争议,经协商解决不成的,工会可以依法申请仲裁、提起诉讼。工会依法维护劳动者的合法权益,对用人单位履行劳动合同、集体合同的情况进行监督。用人单位违反劳动法律、法规和劳动合同、集体合同的,工会有权提出意见或者要求纠正;劳动者申请仲裁、提起诉讼的,工会依法给予支持和帮助。

十二、劳务派遣

劳动合同用工是我国企业基本的用工形式。劳务派遣用工是补充形式,只能在临时性、辅助性或者替代性的工作岗位上实施。

经营劳务派遣业务,应当向劳动行政部门依法申请行政许可;经许可的,依法办理相应的公司登记,其注册资本不得少于二百万元,同时必须有与开展业务相适应的固定的经营场所和设施,有符合法律、行政法规规定的劳务派遣管理制度,具备法律、行政法规规定的其他条件。

劳务派遣单位是劳动合同法所称用人单位,应当履行用人单位对劳动者的义务。劳务派遣单位与被派遣劳动者订立的劳动合同,除应当载明劳动合同法第 17 条规定的事项外,还应当载明被派遣劳动者的用工单位以及派遣期限、工作岗位等情况。

劳务派遣单位应当与被派遣劳动者订立二年以上的固定期限劳动合同,按月支付劳动报酬;被派遣劳动者在无工作期间,劳务派遣单位应当按照所在地人民政府规定的最低工资标准,向其按月支付报酬。劳务派遣单位应当将劳务派遣协议的内容告知被派遣劳动者。劳务派遣单位不得克扣用工单位按照劳务派遣协议支付给被派遣劳动者的劳动报酬。劳务派遣单位和用工单位不得向被派遣劳动者收取费用。

用工单位应当履行下列义务:(1)执行国家劳动标准,提供相应的劳动条件和劳动保护;(2)告知被派遣劳动者的工作要求和劳动报酬;(3)支付加班费、绩效奖金,提供与工作岗位相关的福利待遇;(4)对在岗被派遣劳动者进行工作岗位所必需的培训;(5)连续用工的,实行正常的工资调整机制。用工单位不得将被派遣劳动者再派遣到其他用人单位。

被派遣劳动者享有与用工单位的劳动者同工同酬的权利。用工单位应当按照同工同酬原则,对被派遣劳动者与本单位同类岗位的劳动者实行相同的劳动报酬分配方法。用工单位无同类岗位劳动者的,参照用工单位所在地相同或者相近岗位劳动者的劳动报酬确定。

第一章 总 则

第一条 【立法宗旨】为了完善劳动合同制度,明确劳动合同双方当事人的权利和义务,保护劳动者的合法权益,构建和发展和谐稳定的劳动关系,制定本法。

第二条 【适用范围】中华人民共和国境内的企业、个体经济组织、民办非企业单位等组织(以下称用人单位)与劳动者建立劳动关系,订立、履行、变更、解除或者终止劳动合同,适用本法。

国家机关、事业单位、社会团体和与其建立劳动关系的劳动者,订立、履行、变更、解除或者终止劳动合同,依照本法执行。

第三条 【基本原则】订立劳动合同,应当遵循合法、公平、平等自愿、协商一致、诚实信用的原则。

依法订立的劳动合同具有约束力,用人单位与劳动者应当履行劳动合同约定的义务。

案例 某某翔诉南京市某有限责任公司追索劳动报酬纠纷案(最高人民法院指导案例第 182 号)

裁判规则:用人单位规定劳动者在完成一定绩效后可以获得奖金,其无正当理由拒绝履行审批义务,符合奖励条件的劳动者主张获奖条件成就,用人单位应当按照规定发放奖金的,人民法院应予支持。

第四条 【规章制度】用人单位应当依法建立和完善劳动规章制度,保障劳动者享有劳动权利、履行劳动义务。

用人单位在制定、修改或者决定有关劳动报酬、工作时间、休息休假、劳动安全卫生、保险福利、职工培训、劳动纪律以及劳动定额管理等直接涉及劳动者切身利益的规章制度或者重大事项时,应当经职工代表大会或者全体职工讨论,提出方案和意见,与工会或者职工代表平等协商确定。

在规章制度和重大事项决定实施过程中,工会或者职工认为不适当的,有权向用人单位提出,通过协商予以修改完善。

用人单位应当将直接涉及劳动者切身利益的规章制度和重大事项决定公示,或者告知劳动者。

案例 1. 用人单位以规章制度形式否认劳动者加班事实是否有效(人力资源社会保障部、最高人民法院联合发布第二批劳动人事争议典型案例)

裁判规则:本案中,一方面,某网络公司的员工手册规定有加班申请审批制度,该规定并不违反法律规定,且具有合理性,在劳动者明知此规定的情况下,可以作为确定双方权利义务的依据。另一方面,某网络公司的员工手册规定 21:00 之后起算加班时间,并主张 18:00 至 21:00 是员工晚餐和休息时间,故自 21:00 起算加班。鉴于 18:00 至 21:00 时间长达 3 个小时,远超过合理用餐时间,

且在下班3个小时后再加班，不具有合理性。在某网络公司不能举证证实该段时间为员工晚餐和休息时间的情况下，其规章制度中的该项规定不具有合理性，人民法院依法否定了其效力。人民法院结合考勤记录、工作系统记录等证据，确定了常某的加班事实，判决某网络公司支付常某加班费差额。

2. 戴某某诉某玻璃有限公司追索劳动报酬纠纷案(《最高人民法院公报》2021年第2期)

裁判规则：用人单位依据末位淘汰制对员工实行奖优惩劣，对排名靠后的员工采取调岗调薪等措施，是企业经营自主权的重要内容，只要该调岗调薪行为是基于企业生产经营管理的合理需要，且不违反法律规定和单位依法制定的规章制度，劳动者主张该调岗调薪行为违法的，人民法院不予支持。

第五条　【协调劳动关系三方机制】县级以上人民政府劳动行政部门会同工会和企业方面代表，建立健全协调劳动关系三方机制，共同研究解决有关劳动关系的重大问题。

第六条　【集体协商机制】工会应当帮助、指导劳动者与用人单位依法订立和履行劳动合同，并与用人单位建立集体协商机制，维护劳动者的合法权益。

第二章　劳动合同的订立

第七条　【劳动关系的建立】用人单位自用工之日起即与劳动者建立劳动关系。用人单位应当建立职工名册备查。

注释 本条明确规定建立劳动关系的唯一标准是实际提供劳动。换言之，只要劳动者实际提供劳动，用人单位实际用工，就建立了劳动关系。不论劳动者是否签订了书面劳动合同，都将受到同等的保护。

1. 书面劳动合同签订在前，实际用工在后的，劳动关系自实际提供劳动之日起建立。劳动关系的建立后于书面劳动合同的签订日期，劳动关系建立日期之前的书面劳动合同只具有合同效力，如果合同一方违约，则按照民事法律规定追究其违约责任。

2. 实际用工在前，签订书面劳动合同在后的，劳动关系早于书面劳动合同建立，劳动关系的建立不受未签订书面劳动合同的影响。

3. 劳动者在实际提供劳动的同时签订书面劳动合同的，劳动合同签订期、劳动关系建立期和实际提供劳动期三者是一致的。

第八条　【用人单位的告知义务和劳动者的说明义务】用人单位招用劳动者时，应当如实告知劳动者工作内容、工作条件、工作地点、职业危害、安全生产状况、劳动报酬，以及劳动者要求了解的其他情况；用人单位有权了解劳动者与劳动合同直接相关的基本情况，劳动者应当如实说明。

第九条　【用人单位不得扣押劳动者证件和要求提供担保】用人单位招用劳动者，不得扣押劳动者的居民身份证和其他证件，不得要求劳动者提供担保或者以其他名义向劳动者收取财物。

第十条　【订立书面劳动合同】建立劳动关系，应当订立书面劳动合同。

已建立劳动关系，未同时订立书面劳动合同的，应当自用工之日起一个月内订立书面劳动合同。

用人单位与劳动者在用工前订立劳动合同的，劳动关系自用工之日起建立。

案例 1. 聂某某诉北京某文化有限公司确认劳动关系案(最高人民法院指导案例第179号)

裁判规则：劳动关系适格主体以"合作经营"等为名订立协议，但协议约定的双方权利义务内容、实际履行情况等符合劳动关系认定标准，劳动者主张与用人单位存在劳动关系的，人民法院应予支持。

2. 刘某某与南京某物资有限公司劳动争议纠纷案(《最高人民法院公报》2018年第7期)

裁判规则：用人单位未与人事主管订立书面劳动合同，人事主管诉请用人单位支付因未订立书面劳动合同的二倍工资赔偿，因订立书面劳动合同系人事主管的工作职责，人事主管有义务提示用人单位与其订立书面劳动合同，人事主管如不能举证证明其曾提示用人单位与其订立书面劳动合同，则不应支持其诉讼请求。

链接《劳动合同法实施条例》第5条

第十一条　【未订立书面劳动合同时劳动报酬不明确的解决】用人单位未在用工的同时订立书面劳动合同，与劳动者约定的劳动报酬不明确的，新招用的劳动者的劳动报酬按照集体合同规定的标准执行；没有集体合同或者集体合同未规定的，实行同工同酬。

链接 本法第18条；《劳动法》第46条

第十二条 【劳动合同的种类】劳动合同分为固定期限劳动合同、无固定期限劳动合同和以完成一定工作任务为期限的劳动合同。

第十三条 【固定期限劳动合同】固定期限劳动合同，是指用人单位与劳动者约定合同终止时间的劳动合同。

用人单位与劳动者协商一致，可以订立固定期限劳动合同。

链接《劳动法》第20条

第十四条 【无固定期限劳动合同】无固定期限劳动合同，是指用人单位与劳动者约定无确定终止时间的劳动合同。

用人单位与劳动者协商一致，可以订立无固定期限劳动合同。有下列情形之一，劳动者提出或者同意续订、订立劳动合同的，除劳动者提出订立固定期限劳动合同外，应当订立无固定期限劳动合同：

（一）劳动者在该用人单位连续工作满十年的；

（二）用人单位初次实行劳动合同制度或者国有企业改制重新订立劳动合同时，劳动者在该用人单位连续工作满十年且距法定退休年龄不足十年的；

（三）连续订立二次固定期限劳动合同，且劳动者没有本法第三十九条和第四十条第一项、第二项规定的情形，续订劳动合同的。

用人单位自用工之日起满一年不与劳动者订立书面劳动合同的，视为用人单位与劳动者已订立无固定期限劳动合同。

第十五条 【以完成一定工作任务为期限的劳动合同】以完成一定工作任务为期限的劳动合同，是指用人单位与劳动者约定以某项工作的完成为合同期限的劳动合同。

用人单位与劳动者协商一致，可以订立以完成一定工作任务为期限的劳动合同。

第十六条 【劳动合同的生效】劳动合同由用人单位与劳动者协商一致，并经用人单位与劳动者在劳动合同文本上签字或者盖章生效。

劳动合同文本由用人单位和劳动者各执一份。

第十七条 【劳动合同的内容】劳动合同应当具备以下条款：

（一）用人单位的名称、住所和法定代表人或者主要负责人；

（二）劳动者的姓名、住址和居民身份证或者其他有效身份证件号码；

（三）劳动合同期限；

（四）工作内容和工作地点；

（五）工作时间和休息休假；

（六）劳动报酬；

（七）社会保险；

（八）劳动保护、劳动条件和职业危害防护；

（九）法律、法规规定应当纳入劳动合同的其他事项。

劳动合同除前款规定的必备条款外，用人单位与劳动者可以约定试用期、培训、保守秘密、补充保险和福利待遇等其他事项。

案例 聂某某诉北京某文化有限公司确认劳动关系案（最高人民法院指导案例第179号）

裁判规则：*用人单位与劳动者签订的书面协议中包含工作内容、劳动报酬、劳动合同期限等符合《劳动合同法》第17条规定的劳动合同条款，劳动者以用人单位未订立书面劳动合同为由要求支付第二倍工资的，人民法院不予支持。*

链接《劳动法》第19条

第十八条 【劳动合同对劳动报酬和劳动条件约定不明确的解决】劳动合同对劳动报酬和劳动条件等标准约定不明确，引发争议的，用人单位与劳动者可以重新协商；协商不成的，适用集体合同规定；没有集体合同或者集体合同未规定劳动报酬的，实行同工同酬；没有集体合同或者集体合同未规定劳动条件等标准的，适用国家有关规定。

第十九条 【试用期】劳动合同期限三个月以上不满一年的，试用期不得超过一个月；劳动合同期限一年以上不满三年的，试用期不得超过二个月；三年以上固定期限和无固定期限的劳动合同，试用期不得超过六个月。

同一用人单位与同一劳动者只能约定一次试用期。

以完成一定工作任务为期限的劳动合同或者劳动合同期限不满三个月的，不得约定试用期。

试用期包含在劳动合同期限内。劳动合同仅约定试用期的，试用期不成立，该期限为劳动合同期限。

第二十条 【试用期工资】劳动者在试用期的工资不得低于本单位相同岗位最低档工资或者劳动合同约定工资的百分之八十，并不得低于用人单位所在地的最低工资标准。

第二十一条 【试用期内解除劳动合同】在试用期中,除劳动者有本法第三十九条和第四十条第一项、第二项规定的情形外,用人单位不得解除劳动合同。用人单位在试用期解除劳动合同的,应当向劳动者说明理由。

第二十二条 【服务期】用人单位为劳动者提供专项培训费用,对其进行专业技术培训的,可以与该劳动者订立协议,约定服务期。

劳动者违反服务期约定的,应当按照约定向用人单位支付违约金。违约金的数额不得超过用人单位提供的培训费用。用人单位要求劳动者支付的违约金不得超过服务期尚未履行部分所应分摊的培训费用。

用人单位与劳动者约定服务期的,不影响按照正常的工资调整机制提高劳动者在服务期期间的劳动报酬。

第二十三条 【保密义务和竞业限制】用人单位与劳动者可以在劳动合同中约定保守用人单位的商业秘密和与知识产权相关的保密事项。

对负有保密义务的劳动者,用人单位可以在劳动合同或者保密协议中与劳动者约定竞业限制条款,并约定在解除或者终止劳动合同后,在竞业限制期限内按月给予劳动者经济补偿。劳动者违反竞业限制约定的,应当按照约定向用人单位支付违约金。

案例 1. 马某某诉北京某信息技术有限公司竞业限制纠纷案(最高人民法院指导案例184号)

裁判规则:用人单位与劳动者在竞业限制条款中约定,因履行竞业限制条款发生争议申请仲裁和提起诉讼的期间不计入竞业限制期限的,属于《劳动合同法》第26条第1款第2项规定的"用人单位免除自己的法定责任、排除劳动者权利"的情形,应当认定为无效。

2. 王某诉某信息技术股份有限公司竞业限制纠纷案(最高人民法院指导案例190号)

裁判规则:人民法院在审理竞业限制纠纷案件时,审查劳动者自营或者新入职单位与原用人单位是否形成竞争关系,不应仅从依法登记的经营范围是否重合进行认定,还应当结合实际经营内容、服务对象或者产品受众、对应市场等方面是否重合进行综合判断。劳动者提供证据证明自营或者新入职单位与原用人单位的实际经营内容、服务对象或者产品受众、对应市场等不相同,主张不存在竞争关系的,人民法院应予支持。

第二十四条 【竞业限制的范围和期限】竞业限制的人员限于用人单位的高级管理人员、高级技术人员和其他负有保密义务的人员。竞业限制的范围、地域、期限由用人单位与劳动者约定,竞业限制的约定不得违反法律、法规的规定。

在解除或者终止劳动合同后,前款规定的人员到与本单位生产或者经营同类产品、从事同类业务的有竞争关系的其他用人单位,或者自己开业生产或者经营同类产品、从事同类业务的竞业限制期限,不得超过二年。

第二十五条 【违约金】除本法第二十二条和第二十三条规定的情形外,用人单位不得与劳动者约定由劳动者承担违约金。

第二十六条 【劳动合同的无效】下列劳动合同无效或者部分无效:

(一)以欺诈、胁迫的手段或者乘人之危,使对方在违背真实意思的情况下订立或者变更劳动合同的;

(二)用人单位免除自己的法定责任、排除劳动者权利的;

(三)违反法律、行政法规强制性规定的。

对劳动合同的无效或者部分无效有争议的,由劳动争议仲裁机构或者人民法院确认。

案例 1. 上海某阀门机械有限公司诉唐某某劳动合同纠纷案(《最高人民法院公报》2012年第9期)

裁判规则:用人单位在招聘时,对应聘者学历有明确要求,而应聘者提供虚假学历证明并与用人单位签订劳动合同的,属于《劳动合同法》第26条规定的以欺诈手段订立劳动合同应属无效的情形,用人单位可以根据《劳动合同法》第39条的规定解除该劳动合同。

2. 劳动者拒绝违法超时加班安排,用人单位能否解除劳动合同(人力资源社会保障部、最高人民法院联合发布第二批劳动人事争议典型案例)

裁判规则:某快递公司规章制度中"工作时间为早9时至晚9时,每周工作6天"的内容,严重违反法律关于延长工作时间上限的规定,应认定为无效。张某拒绝违法超时加班安排,系维护自己合法权益,不能据此认定其在试用期间被证明不符合录用条件。故仲裁委员会依法裁决某快递公司支付张某违法解除劳动合同赔偿金。

3. 劳动者与用人单位订立放弃加班费协议，能否主张加班费(人力资源社会保障部、最高人民法院联合发布第二批劳动人事争议典型案例)

裁判规则：某科技公司利用在订立劳动合同时的主导地位，要求张某在其单方制定的格式条款上签字放弃加班费，既违反法律规定，也违背公平原则，侵害了张某工资报酬权益。故仲裁委员会依法裁决某科技公司支付张某加班费。

链接《劳动法》第18条

第二十七条 【劳动合同部分无效】劳动合同部分无效，不影响其他部分效力的，其他部分仍然有效。

第二十八条 【劳动合同无效后劳动报酬的支付】劳动合同被确认无效，劳动者已付出劳动的，用人单位应当向劳动者支付劳动报酬。劳动报酬的数额，参照本单位相同或者相近岗位劳动者的劳动报酬确定。

第三章 劳动合同的履行和变更

第二十九条 【劳动合同的履行】用人单位与劳动者应当按照劳动合同的约定，全面履行各自的义务。

第三十条 【劳动报酬】用人单位应当按照劳动合同约定和国家规定，向劳动者及时足额支付劳动报酬。

用人单位拖欠或者未足额支付劳动报酬的，劳动者可以依法向当地人民法院申请支付令，人民法院应当依法发出支付令。

第三十一条 【加班】用人单位应当严格执行劳动定额标准，不得强迫或者变相强迫劳动者加班。用人单位安排加班的，应当按照国家有关规定向劳动者支付加班费。

案例 劳动者在离职文件上签字确认加班费已结清，是否有权请求支付欠付的加班费(人力资源社会保障部、最高人民法院联合发布第二批劳动人事争议典型案例)

裁判规则：肖某认为离职申请交接表"员工确认"一栏不是其真实意思表示，上面记载的内容也与事实不符。该表中"员工离职原因"与"员工确认"两处表述确实存在矛盾。两家公司均未提供与肖某就加班费等款项达成的协议及已向肖某支付上述款项的证据，且肖某否认双方就上述款项已达成一致并已给付。因此，离职申请交接表中员工确认的"现单位已将我的工资、加班费、经济补偿结清，我与单位无其他任何争议"与事实不符，不能认定为肖某的真实意思表示。

第三十二条 【劳动者拒绝违章指挥、强令冒险作业】劳动者拒绝用人单位管理人员违章指挥、强令冒险作业的，不视为违反劳动合同。

劳动者对危害生命安全和身体健康的劳动条件，有权对用人单位提出批评、检举和控告。

第三十三条 【用人单位名称、法定代表人等的变更】用人单位变更名称、法定代表人、主要负责人或者投资人等事项，不影响劳动合同的履行。

第三十四条 【用人单位合并或者分立】用人单位发生合并或者分立等情况，原劳动合同继续有效，劳动合同由承继其权利和义务的用人单位继续履行。

第三十五条 【劳动合同的变更】用人单位与劳动者协商一致，可以变更劳动合同约定的内容。变更劳动合同，应当采用书面形式。

变更后的劳动合同文本由用人单位和劳动者各执一份。

第四章 劳动合同的解除和终止

第三十六条 【协商解除劳动合同】用人单位与劳动者协商一致，可以解除劳动合同。

第三十七条 【劳动者提前通知解除劳动合同】劳动者提前三十日以书面形式通知用人单位，可以解除劳动合同。劳动者在试用期内提前三日通知用人单位，可以解除劳动合同。

第三十八条 【劳动者解除劳动合同】用人单位有下列情形之一的，劳动者可以解除劳动合同：

(一)未按照劳动合同约定提供劳动保护或者劳动条件的；

(二)未及时足额支付劳动报酬的；

(三)未依法为劳动者缴纳社会保险费的；

(四)用人单位的规章制度违反法律、法规的规定，损害劳动者权益的；

(五)因本法第二十六条第一款规定的情形致使劳动合同无效的；

(六)法律、行政法规规定劳动者可以解除劳动合同的其他情形。

用人单位以暴力、威胁或者非法限制人身自由的手段强迫劳动者劳动的，或者用人单位违章指挥、强令冒险作业危及劳动者人身安全的，劳动者可以立即解除劳动合同,不需事先告知用人单位。

链接《劳动合同法实施条例》第 18 条

第三十九条 【用人单位单方解除劳动合同】 劳动者有下列情形之一的,用人单位可以解除劳动合同:

(一)在试用期间被证明不符合录用条件的;

(二)严重违反用人单位的规章制度的;

(三)严重失职,营私舞弊,给用人单位造成重大损害的;

(四)劳动者同时与其他用人单位建立劳动关系,对完成本单位的工作任务造成严重影响,或者经用人单位提出,拒不改正的;

(五)因本法第二十六条第一款第一项规定的情形致使劳动合同无效的;

(六)被依法追究刑事责任的。

案例 1. 某通讯(杭州)有限责任公司诉王某劳动合同纠纷案(最高人民法院指导案例 18 号)

裁判规则: 劳动者在用人单位等级考核中居于末位等次,不等同于"不能胜任工作",不符合单方解除劳动合同的法定条件,用人单位不能据此单方解除劳动合同。

2. 孙某某诉某人力资源开发有限公司劳动合同纠纷案(最高人民法院指导案例第 180 号)

裁判规则: 人民法院在判断用人单位单方解除劳动合同行为的合法性时,应当以用人单位向劳动者发出的解除通知的内容为认定依据。在案件审理过程中,用人单位超出解除劳动合同通知中载明的依据及事由,另行提出劳动者在履行劳动合同期间存在其他严重违反用人单位规章制度的情形,并据此主张符合解除劳动合同条件的,人民法院不予支持。

3. 郑某诉某自动化控制(中国)有限公司劳动合同纠纷案(最高人民法院指导案例第 181 号)

裁判规则: 用人单位的管理人员对被性骚扰员工的投诉,应采取合理措施进行处置。管理人员未采取合理措施或者存在纵容性骚扰行为、干扰对性骚扰行为调查等情形,用人单位以管理人员未尽岗位职责,严重违反规章制度为由解除劳动合同,管理人员主张解除劳动合同违法的,人民法院不予支持。

链接《劳动合同法实施条例》第 19 条

第四十条 【无过失性辞退】 有下列情形之一的,用人单位提前三十日以书面形式通知劳动者本人或者额外支付劳动者一个月工资后,可以解除劳动合同:

(一)劳动者患病或者非因工负伤,在规定的医疗期满后不能从事原工作,也不能从事由用人单位另行安排的工作的;

(二)劳动者不能胜任工作,经过培训或者调整工作岗位,仍不能胜任工作的;

(三)劳动合同订立时所依据的客观情况发生重大变化,致使劳动合同无法履行,经用人单位与劳动者协商,未能就变更劳动合同内容达成协议的。

注释 本条第 2 项所说的"不能胜任工作",是指不能按要求完成劳动合同中约定的任务或者同工种、同岗位人员的工作量。但用人单位不得故意提高定额标准,使劳动者无法完成。

案例 房某诉某人寿保险有限公司劳动合同纠纷案(最高人民法院指导案例第 183 号)

裁判规则: 年终奖发放前离职的劳动者主张用人单位支付年终奖的,人民法院应当结合劳动者的离职原因、离职时间、工作表现以及对单位的贡献程度等因素进行综合考量。用人单位的规章制度规定年终奖发放前离职的劳动者不能享有年终奖,但劳动合同的解除非因劳动者单方过失或主动辞职所导致,且劳动者已经完成年度工作任务,用人单位不能证明劳动者的工作业绩及表现不符合年终奖发放标准,年终奖发放前离职的劳动者主张用人单位支付年终奖的,人民法院应予支持。

链接《劳动合同法实施条例》第 20 条

第四十一条 【经济性裁员】 有下列情形之一,需要裁减人员二十人以上或者裁减不足二十人但占企业职工总数百分之十以上的,用人单位提前三十日向工会或者全体职工说明情况,听取工会或者职工的意见后,裁减人员方案经向劳动行政部门报告,可以裁减人员:

(一)依照企业破产法规定进行重整的;

(二)生产经营发生严重困难的;

(三)企业转产、重大技术革新或者经营方式调整,经变更劳动合同后,仍需裁减人员的;

(四)其他因劳动合同订立时所依据的客观经济情况发生重大变化,致使劳动合同无法履行的。

裁减人员时,应当优先留用下列人员:

(一)与本单位订立较长期限的固定期限劳动合同的;

（二）与本单位订立无固定期限劳动合同的；

（三）家庭无其他就业人员，有需要扶养的老人或者未成年人的。

用人单位依照本条第一款规定裁减人员，在六个月内重新招用人员的，应当通知被裁减的人员，并在同等条件下优先招用被裁减的人员。

注释 经济性裁员，是指企业由于经营不善等经济性原因，解雇多个劳动者的情形。经济性裁员属于用人单位解除劳动合同的一种情形。

破产重整系指经由利害关系人的申请，在审判机关的主持和利害关系人的参与下，对具有重整原因和重整能力的债务人进行生产经营上的整顿和债权债务关系上的清理，以期摆脱财务困境，重获经营能力的特殊法律程序。

链接《劳动法》第27条

第四十二条 【用人单位不得解除劳动合同的情形】劳动者有下列情形之一的，用人单位不得依照本法第四十条、第四十一条的规定解除劳动合同：

（一）从事接触职业病危害作业的劳动者未进行离岗前职业健康检查，或者疑似职业病病人在诊断或者医学观察期间的；

（二）在本单位患职业病或者因工负伤并被确认丧失或者部分丧失劳动能力的；

（三）患病或者非因工负伤，在规定的医疗期内的；

（四）女职工在孕期、产期、哺乳期的；

（五）在本单位连续工作满十五年，且距法定退休年龄不足五年的；

（六）法律、行政法规规定的其他情形。

第四十三条 【工会在劳动合同解除中的监督作用】用人单位单方解除劳动合同，应当事先将理由通知工会。用人单位违反法律、行政法规规定或者劳动合同约定的，工会有权要求用人单位纠正。用人单位应当研究工会的意见，并将处理结果书面通知工会。

第四十四条 【劳动合同的终止】有下列情形之一的，劳动合同终止：

（一）劳动合同期满的；

（二）劳动者开始依法享受基本养老保险待遇的；

（三）劳动者死亡，或者被人民法院宣告死亡或者宣告失踪的；

（四）用人单位被依法宣告破产的；

（五）用人单位被吊销营业执照、责令关闭、撤销或者用人单位决定提前解散的；

（六）法律、行政法规规定的其他情形。

注释 劳动合同终止，是指劳动合同的法律效力依法被消灭，即劳动关系由于一定法律事实的出现而终结，劳动者与用人单位之间原有的权利义务不再存在。

本条第2项规定"劳动者开始依法享受基本养老保险待遇的"为劳动合同终止的情形之一。我国劳动者可以开始依法享受基本养老保险待遇的条件大致有两个：一是劳动者已退休；二是个人缴费年限累计满十五年或者个人缴费和视同缴费年限累计满十五年。我国现在退休情况比较复杂，有正常退休、提前退休、内退等，本条并没有以退休为劳动合同终止的情形之一。但需注意的是，《劳动合同法实施条例》第21条已经明确，劳动者达到法定退休年龄的，劳动合同终止。

自然人下落不明满两年的，利害关系人可以向人民法院申请宣告该自然人为失踪人。自然人有下列情形之一的，利害关系人可以向人民法院申请宣告该自然人死亡：(1)下落不明满四年；(2)因意外事件，下落不明满两年。因意外事件下落不明，经有关机关证明该自然人不可能生存的，申请宣告死亡不受两年时间的限制。

用人单位一旦被依法宣告破产，就进入破产清算程序，其主体资格将归于消灭，此时其与劳动者的劳动合同也将终止。

第四十五条 【劳动合同的逾期终止】劳动合同期满，有本法第四十二条规定情形之一的，劳动合同应当续延至相应的情形消失时终止。但是，本法第四十二条第二项规定丧失或者部分丧失劳动能力劳动者的劳动合同的终止，按照国家有关工伤保险的规定执行。

第四十六条 【经济补偿】有下列情形之一的，用人单位应当向劳动者支付经济补偿：

（一）劳动者依照本法第三十八条规定解除劳动合同的；

（二）用人单位依照本法第三十六条规定向劳动者提出解除劳动合同并与劳动者协商一致解除劳动合同的；

（三）用人单位依照本法第四十条规定解除劳

动合同的；

（四）用人单位依照本法第四十一条第一款规定解除劳动合同的；

（五）除用人单位维持或者提高劳动合同约定条件续订劳动合同，劳动者不同意续订的情形外，依照本法第四十四条第一项规定终止固定期限劳动合同的；

（六）依照本法第四十四条第四项、第五项规定终止劳动合同的；

（七）法律、行政法规规定的其他情形。

注释 用人单位与劳动者可以协商一致解除劳动合同，但由用人单位首先提出解除动议的，应当支付经济补偿。较劳动法的规定，本项经济补偿范围有所缩小。

根据本条第5项的规定，固定期限劳动合同期满时，用人单位同意续订劳动合同，且维持或者提高劳动合同约定条件，劳动者不同意续订的，劳动合同终止，用人单位不支付经济补偿。用人单位同意续订劳动合同，但降低劳动合同约定条件，劳动者不同意续订的，劳动合同终止，用人单位应当支付经济补偿。用人单位不同意续订，无论劳动者是否同意续订，劳动合同终止，用人单位应当支付经济补偿。较劳动法的规定，本项经济补偿是增加规定。

第四十七条　【经济补偿的计算】经济补偿按劳动者在本单位工作的年限，每满一年支付一个月工资的标准向劳动者支付。六个月以上不满一年的，按一年计算；不满六个月的，向劳动者支付半个月工资的经济补偿。

劳动者月工资高于用人单位所在直辖市、设区的市级人民政府公布的本地区上年度职工月平均工资三倍的，向其支付经济补偿的标准按职工月平均工资三倍的数额支付，向其支付经济补偿的年限最高不超过十二年。

本条所称月工资是指劳动者在劳动合同解除或者终止前十二个月的平均工资。

注释 劳动者在劳动合同解除或者终止前十二个月的平均工资低于当地最低工资标准的，按照当地最低工资标准计算。劳动者工作不满十二个月的，按照实际工作的月数计算平均工资。

劳动者在单位工作的年限，应从劳动者向该用人单位提供劳动之日起计算。用人单位与劳动者未及时签订劳动合同的，不影响工作年限的计算。劳动者连续为同一用人单位提供劳动，但先后签订了几份劳动合同，工作年限应从劳动者提供劳动之日起连续计算。

链接《劳动合同法实施条例》第22、27条

第四十八条　【违法解除或者终止劳动合同的法律后果】用人单位违反本法规定解除或者终止劳动合同，劳动者要求继续履行劳动合同的，用人单位应当继续履行；劳动者不要求继续履行劳动合同或者劳动合同已经不能继续履行的，用人单位应当依照本法第八十七条规定支付赔偿金。

注释 所谓"违反本法规定"，是指违反《劳动合同法》第36条、第39条、第40条、第41条、第42条、第44条、第45条等规定。具体情形包括不符合法定条件用人单位单方解除的、解除时没有履行法定义务的、不符合法定条件用人单位终止的等。

关于赔偿金标准，本法第87条规定为经济补偿标准的二倍。经济补偿与本条规定的赔偿金性质不同，但《劳动合同法实施条例》第25条已经明确：用人单位违反《劳动合同法》的规定解除或者终止劳动合同，依照《劳动合同法》第87条的规定支付了赔偿金的，不再支付经济补偿。

第四十九条　【社会保险关系跨地区转移接续】国家采取措施，建立健全劳动者社会保险关系跨地区转移接续制度。

第五十条　【劳动合同解除或者终止后双方的义务】用人单位应当在解除或者终止劳动合同时出具解除或者终止劳动合同的证明，并在十五日内为劳动者办理档案和社会保险关系转移手续。

劳动者应当按照双方约定，办理工作交接。用人单位依照本法有关规定应当向劳动者支付经济补偿的，在办结工作交接时支付。

用人单位对已经解除或者终止的劳动合同的文本，至少保存二年备查。

第五章　特别规定

第一节　集体合同

第五十一条　【集体合同的订立和内容】企业职工一方与用人单位通过平等协商，可以就劳动报酬、工作时间、休息休假、劳动安全卫生、保险福利等事项订立集体合同。集体合同草案应当提交职工代表大会或者全体职工讨论通过。

集体合同由工会代表企业职工一方与用人单位订立；尚未建立工会的用人单位，由上级工会指导劳动者推举的代表与用人单位订立。

第五十二条 【专项集体合同】企业职工一方与用人单位可以订立劳动安全卫生、女职工权益保护、工资调整机制等专项集体合同。

第五十三条 【行业性集体合同、区域性集体合同】在县级以下区域内，建筑业、采矿业、餐饮服务业等行业可以由工会与企业方面代表订立行业性集体合同，或者订立区域性集体合同。

第五十四条 【集体合同的报送和生效】集体合同订立后，应当报送劳动行政部门；劳动行政部门自收到集体合同文本之日起十五日内未提出异议的，集体合同即行生效。

依法订立的集体合同对用人单位和劳动者具有约束力。行业性、区域性集体合同对当地本行业、本区域的用人单位和劳动者具有约束力。

第五十五条 【集体合同中劳动报酬、劳动条件等标准】集体合同中劳动报酬和劳动条件等标准不得低于当地人民政府规定的最低标准；用人单位与劳动者订立的劳动合同中劳动报酬和劳动条件等标准不得低于集体合同规定的标准。

第五十六条 【集体合同纠纷和法律救济】用人单位违反集体合同，侵犯职工劳动权益的，工会可以依法要求用人单位承担责任；因履行集体合同发生争议，经协商解决不成的，工会可以依法申请仲裁、提起诉讼。

链接《工会法》第21条

第二节 劳务派遣

第五十七条 【劳务派遣单位的设立】经营劳务派遣业务应当具备下列条件：

（一）注册资本不得少于人民币二百万元；

（二）有与开展业务相适应的固定的经营场所和设施；

（三）有符合法律、行政法规规定的劳务派遣管理制度；

（四）法律、行政法规规定的其他条件。

经营劳务派遣业务，应当向劳动行政部门依法申请行政许可；经许可的，依法办理相应的公司登记。未经许可，任何单位和个人不得经营劳务派遣业务。

第五十八条 【劳务派遣单位、用工单位及劳动者的权利义务】劳务派遣单位是本法所称用人单位，应当履行用人单位对劳动者的义务。劳务派遣单位与被派遣劳动者订立的劳动合同，除应当载明本法第十七条规定的事项外，还应当载明被派遣劳动者的用工单位以及派遣期限、工作岗位等情况。

劳务派遣单位应当与被派遣劳动者订立二年以上的固定期限劳动合同，按月支付劳动报酬；被派遣劳动者在无工作期间，劳务派遣单位应当按照所在地人民政府规定的最低工资标准，向其按月支付报酬。

第五十九条 【劳务派遣协议】劳务派遣单位派遣劳动者应当与接受以劳务派遣形式用工的单位（以下称用工单位）订立劳务派遣协议。劳务派遣协议应当约定派遣岗位和人员数量、派遣期限、劳动报酬和社会保险费的数额与支付方式以及违反协议的责任。

用工单位应当根据工作岗位的实际需要与劳务派遣单位确定派遣期限，不得将连续用工期限分割订立数个短期劳务派遣协议。

第六十条 【劳务派遣单位的告知义务】劳务派遣单位应当将劳务派遣协议的内容告知被派遣劳动者。

劳务派遣单位不得克扣用工单位按照劳务派遣协议支付给被派遣劳动者的劳动报酬。

劳务派遣单位和用工单位不得向被派遣劳动者收取费用。

第六十一条 【跨地区派遣劳动者的劳动报酬、劳动条件】劳务派遣单位跨地区派遣劳动者的，被派遣劳动者享有的劳动报酬和劳动条件，按照用工单位所在地的标准执行。

第六十二条 【用工单位的义务】用工单位应当履行下列义务：

（一）执行国家劳动标准，提供相应的劳动条件和劳动保护；

（二）告知被派遣劳动者的工作要求和劳动报酬；

（三）支付加班费、绩效奖金，提供与工作岗位相关的福利待遇；

（四）对在岗被派遣劳动者进行工作岗位所必需的培训；

（五）连续用工的，实行正常的工资调整机制。

用工单位不得将被派遣劳动者再派遣到其他

用人单位。

第六十三条 【被派遣劳动者同工同酬】被派遣劳动者享有与用工单位的劳动者同工同酬的权利。用工单位应当按照同工同酬原则,对被派遣劳动者与本单位同类岗位的劳动者实行相同的劳动报酬分配办法。用工单位无同类岗位劳动者的,参照用工单位所在地相同或者相近岗位劳动者的劳动报酬确定。

劳务派遣单位与被派遣劳动者订立的劳动合同和与用工单位订立的劳务派遣协议,载明或者约定的向被派遣劳动者支付的劳动报酬应当符合前款规定。

第六十四条 【被派遣劳动者参加或者组织工会】被派遣劳动者有权在劳务派遣单位或者用工单位依法参加或者组织工会,维护自身的合法权益。

第六十五条 【劳务派遣中解除劳动合同】被派遣劳动者可以依照本法第三十六条、第三十八条的规定与劳务派遣单位解除劳动合同。

被派遣劳动者有本法第三十九条和第四十条第一项、第二项规定情形的,用工单位可以将劳动者退回劳务派遣单位,劳务派遣单位依照本法有关规定,可以与劳动者解除劳动合同。

链接《劳务派遣暂行规定》第 14—17 条

第六十六条 【劳务派遣的适用岗位及数量限制】劳动合同用工是我国的企业基本用工形式。劳务派遣用工是补充形式,只能在临时性、辅助性或者替代性的工作岗位上实施。

前款规定的临时性工作岗位是指存续时间不超过六个月的岗位;辅助性工作岗位是指为主营业务岗位提供服务的非主营业务岗位;替代性工作岗位是指用工单位的劳动者因脱产学习、休假等原因无法工作的一定期间内,可以由其他劳动者替代工作的岗位。

用工单位应当严格控制劳务派遣用工数量,不得超过其用工总量的一定比例,具体比例由国务院劳动行政部门规定。

第六十七条 【用人单位不得自设劳务派遣单位】用人单位不得设立劳务派遣单位向本单位或者所属单位派遣劳动者。

链接《劳动合同法实施条例》第 28 条

第三节 非全日制用工

第六十八条 【非全日制用工的概念】非全日制用工,是指以小时计酬为主,劳动者在同一用人单位一般平均每日工作时间不超过四小时,每周工作时间累计不超过二十四小时的用工形式。

链接《劳动合同法实施条例》第 30 条

第六十九条 【非全日制用工的劳动合同】非全日制用工双方当事人可以订立口头协议。

从事非全日制用工的劳动者可以与一个或者一个以上用人单位订立劳动合同;但是,后订立的劳动合同不得影响先订立的劳动合同的履行。

第七十条 【非全日制用工不得约定试用期】非全日制用工双方当事人不得约定试用期。

第七十一条 【非全日制用工的终止用工】非全日制用工双方当事人任何一方都可以随时通知对方终止用工。终止用工,用人单位不向劳动者支付经济补偿。

第七十二条 【非全日制用工的劳动报酬】非全日制用工小时计酬标准不得低于用人单位所在地人民政府规定的最低小时工资标准。

非全日制用工劳动报酬结算支付周期最长不得超过十五日。

第六章 监督检查

第七十三条 【劳动合同制度的监督管理体制】国务院劳动行政部门负责全国劳动合同制度实施的监督管理。

县级以上地方人民政府劳动行政部门负责本行政区域内劳动合同制度实施的监督管理。

县级以上各级人民政府劳动行政部门在劳动合同制度实施的监督管理工作中,应当听取工会、企业方面代表以及有关行业主管部门的意见。

第七十四条 【劳动行政部门监督检查事项】县级以上地方人民政府劳动行政部门依法对下列实施劳动合同制度的情况进行监督检查:

(一)用人单位制定直接涉及劳动者切身利益的规章制度及其执行的情况;

(二)用人单位与劳动者订立和解除劳动合同的情况;

(三)劳务派遣单位和用工单位遵守劳务派遣有关规定的情况;

(四)用人单位遵守国家关于劳动者工作时间和休息休假规定的情况;

(五)用人单位支付劳动合同约定的劳动报酬和执行最低工资标准的情况;

（六）用人单位参加各项社会保险和缴纳社会保险费的情况；

（七）法律、法规规定的其他劳动监察事项。

第七十五条 【监督检查措施和依法行政、文明执法】县级以上地方人民政府劳动行政部门实施监督检查时，有权查阅与劳动合同、集体合同有关的材料，有权对劳动场所进行实地检查，用人单位和劳动者都应当如实提供有关情况和材料。

劳动行政部门的工作人员进行监督检查，应当出示证件，依法行使职权，文明执法。

第七十六条 【其他有关主管部门的监督管理】县级以上人民政府建设、卫生、安全生产监督管理等有关主管部门在各自职责范围内，对用人单位执行劳动合同制度的情况进行监督管理。

第七十七条 【劳动者权利救济途径】劳动者合法权益受到侵害的，有权要求有关部门依法处理，或者依法申请仲裁、提起诉讼。

第七十八条 【工会监督检查的权利】工会依法维护劳动者的合法权益，对用人单位履行劳动合同、集体合同的情况进行监督。用人单位违反劳动法律、法规和劳动合同、集体合同的，工会有权提出意见或者要求纠正；劳动者申请仲裁、提起诉讼的，工会依法给予支持和帮助。

第七十九条 【对违法行为的举报】任何组织或者个人对违反本法的行为都有权举报，县级以上人民政府劳动行政部门应当及时核实、处理，并对举报有功人员给予奖励。

第七章 法律责任

第八十条 【规章制度违法的法律责任】用人单位直接涉及劳动者切身利益的规章制度违反法律、法规规定的，由劳动行政部门责令改正，给予警告；给劳动者造成损害的，应当承担赔偿责任。

第八十一条 【缺乏必备条款、不提供劳动合同文本的法律责任】用人单位提供的劳动合同文本未载明本法规定的劳动合同必备条款或者用人单位未将劳动合同文本交付劳动者的，由劳动行政部门责令改正；给劳动者造成损害的，应当承担赔偿责任。

第八十二条 【不订立书面劳动合同的法律责任】用人单位自用工之日起超过一个月不满一年未与劳动者订立书面劳动合同的，应当向劳动者每月支付二倍的工资。

用人单位违反本法规定不与劳动者订立无固定期限劳动合同的，自应当订立无固定期限劳动合同之日起向劳动者每月支付二倍的工资。

注释 理解本条应当注意：一是，用人单位自用工之日起一个月内必须与劳动者订立劳动合同；二是，劳动合同必须以书面形式订立，如果在一个月的时间内订立的是口头的劳动合同，则也是违法的，要依法承担法律责任；三是，如果用人单位自用工之日起超过一年不与劳动者订立书面劳动合同的，视为用人单位与劳动者已订立无固定期限劳动合同。对于超过一年不订立书面劳动合同的，直接适用本法有关无固定期限劳动合同的规定。

例如，某一劳动者于某年10月8日起到某一企业工作，约定工资为每月700元，如果到了当年的12月8日，企业还没有与该劳动者签订书面的劳动合同，则该用人单位应从劳动者工作的第二个月起，支付该劳动者二倍的月工资。

链接《劳动合同法实施条例》第6、7条

第八十三条 【违法约定试用期的法律责任】用人单位违反本法规定与劳动者约定试用期的，由劳动行政部门责令改正；违法约定的试用期已经履行的，由用人单位以劳动者试用期满月工资为标准，按已经履行的超过法定试用期的期间向劳动者支付赔偿金。

注释 适用本条时应注意：第一，对于违法约定的试用期，只要劳动者已经实际履行，用人单位就应按照已经履行的超过法定试用期的期间向劳动者支付赔偿金；对于劳动者尚未履行的期间，用人单位不需要支付赔偿金。第二，支付赔偿金不能代替正常的劳动报酬。如果劳动者实际履行的试用期超过了法定的最高时限，则用人单位除了向劳动者支付赔偿金外，还要向劳动者以劳动合同约定的试用期满后的月工资为标准支付工资，实际上等同于在劳动者已经实际履行的超过法定最高时限的期间内，用人单位需要向劳动者以约定的试用期满后的月工资为标准支付双倍的工资，以惩罚用人单位违法约定试用期的行为。第三，用人单位应当向劳动者支付赔偿金的期间为超过法定试用期的期间。

第八十四条 【扣押劳动者身份证等证件的法律责任】用人单位违反本法规定，扣押劳动者居民身份证等证件的，由劳动行政部门责令限期退

还劳动者本人,并依照有关法律规定给予处罚。

用人单位违反本法规定,以担保或者其他名义向劳动者收取财物的,由劳动行政部门责令限期退还劳动者本人,并以每人五百元以上二千元以下的标准处以罚款;给劳动者造成损害的,应当承担赔偿责任。

劳动者依法解除或者终止劳动合同,用人单位扣押劳动者档案或者其他物品的,依照前款规定处罚。

第八十五条 【未依法支付劳动报酬、经济补偿等的法律责任】用人单位有下列情形之一的,由劳动行政部门责令限期支付劳动报酬、加班费或者经济补偿;劳动报酬低于当地最低工资标准的,应当支付其差额部分;逾期不支付的,责令用人单位按应付金额百分之五十以上百分之一百以下的标准向劳动者加付赔偿金:

(一)未按照劳动合同的约定或者国家规定及时足额支付劳动者劳动报酬的;

(二)低于当地最低工资标准支付劳动者工资的;

(三)安排加班不支付加班费的;

(四)解除或者终止劳动合同,未依照本法规定向劳动者支付经济补偿的。

注释 责令用人单位加付赔偿金的前提,是用人单位没有按照劳动行政部门规定的履行期限履行其向劳动者支付相关费用的法定义务。如果用人单位发生本条规定的违法行为,劳动行政部门责令其限期支付劳动报酬、加班费或者解除以及终止劳动合同的经济补偿等费用,该用人单位在劳动行政部门规定的期限内履行了支付义务的,则不必再向劳动者加付赔偿金。

第八十六条 【订立无效劳动合同的法律责任】劳动合同依照本法第二十六条规定被确认无效,给对方造成损害的,有过错的一方应当承担赔偿责任。

第八十七条 【违法解除或者终止劳动合同的法律责任】用人单位违反本法规定解除或者终止劳动合同的,应当依照本法第四十七条规定的经济补偿标准的二倍向劳动者支付赔偿金。

注释 应当注意,用人单位违反本法规定解除或者终止劳动合同,劳动者要求继续履行劳动合同的,用人单位应当继续履行,可以不向劳动者支付赔偿金。

第八十八条 【侵害劳动者人身权益的法律责任】用人单位有下列情形之一的,依法给予行政处罚;构成犯罪的,依法追究刑事责任;给劳动者造成损害的,应当承担赔偿责任:

(一)以暴力、威胁或者非法限制人身自由的手段强迫劳动的;

(二)违章指挥或者强令冒险作业危及劳动者人身安全的;

(三)侮辱、体罚、殴打、非法搜查或者拘禁劳动者的;

(四)劳动条件恶劣、环境污染严重,给劳动者身心健康造成严重损害的。

第八十九条 【不出具解除、终止书面证明的法律责任】用人单位违反本法规定未向劳动者出具解除或者终止劳动合同的书面证明,由劳动行政部门责令改正;给劳动者造成损害的,应当承担赔偿责任。

第九十条 【劳动者的赔偿责任】劳动者违反本法规定解除劳动合同,或者违反劳动合同中约定的保密义务或者竞业限制,给用人单位造成损失的,应当承担赔偿责任。

第九十一条 【用人单位的连带赔偿责任】用人单位招用与其他用人单位尚未解除或者终止劳动合同的劳动者,给其他用人单位造成损失的,应当承担连带赔偿责任。

第九十二条 【劳务派遣单位的法律责任】违反本法规定,未经许可,擅自经营劳务派遣业务的,由劳动行政部门责令停止违法行为,没收违法所得,并处违法所得一倍以上五倍以下的罚款;没有违法所得的,可以处五万元以下的罚款。

劳务派遣单位、用工单位违反本法有关劳务派遣规定的,由劳动行政部门责令限期改正;逾期不改正的,以每人五千元以上一万元以下的标准处以罚款,对劳务派遣单位,吊销其劳务派遣业务经营许可证。用工单位给被派遣劳动者造成损害的,劳务派遣单位与用工单位承担连带赔偿责任。

案例 劳动者超时加班发生工伤,用工单位、劳务派遣单位是否承担连带赔偿责任(人力资源社会保障部、最高人民法院联合发布第二批劳动人事争议典型案例)

裁判规则:某服务公司和某传媒公司协议约定的被派遣劳动者每天工作时间及每月工作保底工时,均严重超过法定标准。李某工亡前每月休

四、社会法

息时间不超过3日,每日工作时间基本超过11小时,每月延长工作时间超过36小时数倍,其依法享有的休息权受到严重侵害。某传媒公司作为用工单位长期安排李某超时加班,存在过错,对李某在工作期间突发疾病死亡负有不可推卸的责任。惠某等主张某传媒公司与某服务公司就李某工伤的相关待遇承担连带赔偿责任,应予支持。惠某等虽与某传媒公司达成了赔偿协议,但赔偿协议是在劳动者未经社会保险行政部门认定工伤的情形下签订的,且赔偿协议约定的补偿数额明显低于法定工伤保险待遇标准,某服务公司和某传媒公司应对差额部分予以补足。

第九十三条 【无营业执照经营单位的法律责任】对不具备合法经营资格的用人单位的违法犯罪行为,依法追究法律责任;劳动者已经付出劳动的,该单位或者其出资人应当依照本法有关规定向劳动者支付劳动报酬、经济补偿、赔偿金;给劳动者造成损害的,应当承担赔偿责任。

第九十四条 【个人承包经营者的连带赔偿责任】个人承包经营违反本法规定招用劳动者,给劳动者造成损害的,发包的组织与个人承包经营者承担连带赔偿责任。

第九十五条 【不履行法定职责、违法行使职权的法律责任】劳动行政部门和其他有关主管部门及其工作人员玩忽职守、不履行法定职责,或者违法行使职权,给劳动者或者用人单位造成损害的,应当承担赔偿责任;对直接负责的主管人员和其他直接责任人员,依法给予行政处分;构成犯罪的,依法追究刑事责任。

第八章　附　则

第九十六条 【事业单位聘用制劳动合同的法律适用】事业单位与实行聘用制的工作人员订立、履行、变更、解除或者终止劳动合同,法律、行政法规或者国务院另有规定的,依照其规定;未作规定的,依照本法有关规定执行。

第九十七条 【过渡性条款】本法施行前已依法订立且在本法施行之日存续的劳动合同,继续履行;本法第十四条第二款第三项规定连续订立固定期限劳动合同的次数,自本法施行后续订固定期限劳动合同时开始计算。

本法施行前已建立劳动关系,尚未订立书面劳动合同的,应当自本法施行之日起一个月内订立。

本法施行之日存续的劳动合同在本法施行后解除或者终止,依照本法第四十六条规定应当支付经济补偿的,经济补偿年限自本法施行之日起计算;本法施行前按照当时有关规定,用人单位应当向劳动者支付经济补偿的,按照当时有关规定执行。

第九十八条 【施行时间】本法自2008年1月1日起施行。

中华人民共和国安全生产法

- 2002年6月29日第九届全国人民代表大会常务委员会第二十八次会议通过
- 根据2009年8月27日第十一届全国人民代表大会常务委员会第十次会议《关于修改部分法律的决定》第一次修正
- 根据2014年8月31日第十二届全国人民代表大会常务委员会第十次会议《关于修改〈中华人民共和国安全生产法〉的决定》第二次修正
- 根据2021年6月10日第十三届全国人民代表大会常务委员会第二十九次会议《关于修改〈中华人民共和国安全生产法〉的决定》第三次修正

第一章　总　则

第一条 【立法目的】为了加强安全生产工作,防止和减少生产安全事故,保障人民群众生命和财产安全,促进经济社会持续健康发展,制定本法。

第二条 【适用范围】在中华人民共和国领域内从事生产经营活动的单位(以下统称生产经营单位)的安全生产,适用本法;有关法律、行政法规对消防安全和道路交通安全、铁路交通安全、水上交通安全、民用航空安全以及核与辐射安全、特种设备安全另有规定的,适用其规定。

注释 主体范围

本法适用的主体范围,是在中华人民共和国领域内从事生产经营活动的单位。是指一切合法或者非法从事生产经营活动的企业、事业单位和个体经济组织以及其他组织。包括国有企业事业单位、集体所有制的企业事业单位、股份制企业、外商投资企业、合伙企业、个人独资企业等,不论其性质如何、规模大小,只要是从事生产经营活动,都应遵守本法的各项规定。

调整事项

调整的事项，是生产经营活动中的安全问题。因此，其适用的范围只限定在生产经营领域。不属于生产经营活动中的安全问题，如公共场所集会活动中的安全问题等，就不属于本法的调整范围。这里讲的“生产经营活动”，既包括资源的开采活动，各种产品的加工、制作活动，也包括各类工程建设和商业、娱乐业以及其他服务业的经营活动。

第三条 【工作方针】安全生产工作坚持中国共产党的领导。

安全生产工作应当以人为本，坚持人民至上、生命至上，把保护人民生命安全摆在首位，树牢安全发展理念，坚持安全第一、预防为主、综合治理的方针，从源头上防范化解重大安全风险。

安全生产工作实行管行业必须管安全、管业务必须管安全、管生产经营必须管安全，强化和落实生产经营单位主体责任与政府监管责任，建立生产经营单位负责、职工参与、政府监管、行业自律和社会监督的机制。

案例 余某某等人重大劳动安全事故重大责任事故案（检例第94号）

裁判规则：办理危害生产安全刑事案件，要根据案发原因及涉案人员的职责和行为，准确适用重大责任事故罪和重大劳动安全事故罪。要全面审查案件事实证据，依法追诉漏罪漏犯，准确认定责任主体和相关人员责任，并及时移交职务违法犯罪线索。针对事故中暴露出的相关单位安全管理漏洞和监管问题，要及时制发检察建议，督促落实整改。

第四条 【生产经营单位基本义务】生产经营单位必须遵守本法和其他有关安全生产的法律、法规，加强安全生产管理，建立健全全员安全生产责任制和安全生产规章制度，加大对安全生产资金、物资、技术、人员的投入保障力度，改善安全生产条件，加强安全生产标准化、信息化建设，构建安全风险分级管控和隐患排查治理双重预防机制，健全风险防范化解机制，提高安全生产水平，确保安全生产。

平台经济等新兴行业、领域的生产经营单位应当根据本行业、领域的特点，建立健全并落实全员安全生产责任制，加强从业人员安全生产教育和培训，履行本法和其他法律、法规规定的有关安全生产义务。

第五条 【单位主要负责人主体责任】生产经营单位的主要负责人是本单位安全生产第一责任人，对本单位的安全生产工作全面负责。其他负责人对职责范围内的安全生产工作负责。

第六条 【从业人员安全生产权利义务】生产经营单位的从业人员有依法获得安全生产保障的权利，并应当依法履行安全生产方面的义务。

案例 何文良诉成都市武侯区劳动局工伤认定行政行为案（《中华人民共和国最高人民法院公报》2004年第9期）

裁判规则：劳动者享有获得劳动安全卫生保护的权利，是劳动法规定的基本原则，任何用工单位或个人都应当为劳动者提供必要的劳动卫生条件，维护劳动者的基本权利。劳动者在日常工作中使用卫生设施是其必要的、合理的生理需求，与劳动者的正常工作密不可分，应当受到法律的保护。

第七条 【工会职责】工会依法对安全生产工作进行监督。

生产经营单位的工会依法组织职工参加本单位安全生产工作的民主管理和民主监督，维护职工在安全生产方面的合法权益。生产经营单位制定或者修改有关安全生产的规章制度，应当听取工会的意见。

第八条 【各级人民政府安全生产职责】国务院和县级以上地方各级人民政府应当根据国民经济和社会发展规划制定安全生产规划，并组织实施。安全生产规划应当与国土空间规划等相关规划相衔接。

各级人民政府应当加强安全生产基础设施建设和安全生产监管能力建设，所需经费列入本级预算。

县级以上地方各级人民政府应当组织有关部门建立完善安全风险评估与论证机制，按照安全风险管控要求，进行产业规划和空间布局，并对位置相邻、行业相近、业态相似的生产经营单位实施重大安全风险联防联控。

第九条 【安全生产监督管理职责】国务院和县级以上地方各级人民政府应当加强对安全生产工作的领导，建立健全安全生产工作协调机制，支持、督促各有关部门依法履行安全生产监督管理职责，及时协调、解决安全生产监督管理中存在的重大问题。

乡镇人民政府和街道办事处，以及开发区、工业园区、港区、风景区等应当明确负责安全生产监督管理的有关工作机构及其职责，加强安全生产监管力量建设，按照职责对本行政区域或者管理区域内生产经营单位安全生产状况进行监督检查，协助人民政府有关部门或者按照授权依法履行安全生产监督管理职责。

第十条 【安全生产监督管理体制】国务院应急管理部门依照本法，对全国安全生产工作实施综合监督管理；县级以上地方各级人民政府应急管理部门依照本法，对本行政区域内安全生产工作实施综合监督管理。

国务院交通运输、住房和城乡建设、水利、民航等有关部门依照本法和其他有关法律、行政法规的规定，在各自的职责范围内对有关行业、领域的安全生产工作实施监督管理；县级以上地方各级人民政府有关部门依照本法和其他有关法律、法规的规定，在各自的职责范围内对有关行业、领域的安全生产工作实施监督管理。对新兴行业、领域的安全生产监督管理职责不明确的，由县级以上地方各级人民政府按照业务相近的原则确定监督管理部门。

应急管理部门和对有关行业、领域的安全生产工作实施监督管理的部门，统称负有安全生产监督管理职责的部门。负有安全生产监督管理职责的部门应当相互配合、齐抓共管、信息共享、资源共用，依法加强安全生产监督管理工作。

第十一条 【安全生产有关标准】国务院有关部门应当按照保障安全生产的要求，依法及时制定有关的国家标准或者行业标准，并根据科技进步和经济发展适时修订。

生产经营单位必须执行依法制定的保障安全生产的国家标准或者行业标准。

第十二条 【安全生产强制性国家标准的制定】国务院有关部门按照职责分工负责安全生产强制性国家标准的项目提出、组织起草、征求意见、技术审查。国务院应急管理部门统筹提出安全生产强制性国家标准的立项计划。国务院标准化行政主管部门负责安全生产强制性国家标准的立项、编号、对外通报和授权批准发布工作。国务院标准化行政主管部门、有关部门依据法定职责对安全生产强制性国家标准的实施进行监督检查。

第十三条 【安全生产宣传教育】各级人民政府及其有关部门应当采取多种形式，加强对有关安全生产的法律、法规和安全生产知识的宣传，增强全社会的安全生产意识。

第十四条 【协会组织职责】有关协会组织依照法律、行政法规和章程，为生产经营单位提供安全生产方面的信息、培训等服务，发挥自律作用，促进生产经营单位加强安全生产管理。

第十五条 【安全生产技术、管理服务中介机构】依法设立的为安全生产提供技术、管理服务的机构，依照法律、行政法规和执业准则，接受生产经营单位的委托为其安全生产工作提供技术、管理服务。

生产经营单位委托前款规定的机构提供安全生产技术、管理服务的，保证安全生产的责任仍由本单位负责。

第十六条 【事故责任追究制度】国家实行生产安全事故责任追究制度，依照本法和有关法律、法规的规定，追究生产安全事故责任单位和责任人员的法律责任。

第十七条 【安全生产权力和责任清单】县级以上各级人民政府应当组织负有安全生产监督管理职责的部门依法编制安全生产权力和责任清单，公开并接受社会监督。

第十八条 【安全生产科学技术研究】国家鼓励和支持安全生产科学技术研究和安全生产先进技术的推广应用，提高安全生产水平。

第十九条 【奖励】国家对在改善安全生产条件、防止生产安全事故、参加抢险救护等方面取得显著成绩的单位和个人，给予奖励。

第二章 生产经营单位的安全生产保障

第二十条 【安全生产条件】生产经营单位应当具备本法和有关法律、行政法规和国家标准或者行业标准规定的安全生产条件；不具备安全生产条件的，不得从事生产经营活动。

第二十一条 【单位主要负责人安全生产职责】生产经营单位的主要负责人对本单位安全生产工作负有下列职责：

（一）建立健全并落实本单位全员安全生产责任制，加强安全生产标准化建设；

（二）组织制定并实施本单位安全生产规章制度和操作规程；

（三）组织制定并实施本单位安全生产教育和培训计划；

（四）保证本单位安全生产投入的有效实施；

（五）组织建立并落实安全风险分级管控和隐患排查治理双重预防工作机制，督促、检查本单位的安全生产工作，及时消除生产安全事故隐患；

（六）组织制定并实施本单位的生产安全事故应急救援预案；

（七）及时、如实报告生产安全事故。

第二十二条 【全员安全生产责任制】生产经营单位的全员安全生产责任制应当明确各岗位的责任人员、责任范围和考核标准等内容。

生产经营单位应当建立相应的机制，加强对全员安全生产责任制落实情况的监督考核，保证全员安全生产责任制的落实。

第二十三条 【保证安全生产资金投入】生产经营单位应当具备的安全生产条件所必需的资金投入，由生产经营单位的决策机构、主要负责人或者个人经营的投资人予以保证，并对由于安全生产所必需的资金投入不足导致的后果承担责任。

有关生产经营单位应当按照规定提取和使用安全生产费用，专门用于改善安全生产条件。安全生产费用在成本中据实列支。安全生产费用提取、使用和监督管理的具体办法由国务院财政部门会同国务院应急管理部门征求国务院有关部门意见后制定。

第二十四条 【安全生产管理机构及人员】矿山、金属冶炼、建筑施工、运输单位和危险物品的生产、经营、储存、装卸单位，应当设置安全生产管理机构或者配备专职安全生产管理人员。

前款规定以外的其他生产经营单位，从业人员超过一百人的，应当设置安全生产管理机构或者配备专职安全生产管理人员；从业人员在一百人以下的，应当配备专职或者兼职的安全生产管理人员。

第二十五条 【安全生产管理机构及人员的职责】生产经营单位的安全生产管理机构以及安全生产管理人员履行下列职责：

（一）组织或者参与拟订本单位安全生产规章制度、操作规程和生产安全事故应急救援预案；

（二）组织或者参与本单位安全生产教育和培训，如实记录安全生产教育和培训情况；

（三）组织开展危险源辨识和评估，督促落实本单位重大危险源的安全管理措施；

（四）组织或者参与本单位应急救援演练；

（五）检查本单位的安全生产状况，及时排查生产安全事故隐患，提出改进安全生产管理的建议；

（六）制止和纠正违章指挥、强令冒险作业、违反操作规程的行为；

（七）督促落实本单位安全生产整改措施。

生产经营单位可以设置专职安全生产分管负责人，协助本单位主要负责人履行安全生产管理职责。

第二十六条 【履职要求与履职保障】生产经营单位的安全生产管理机构以及安全生产管理人员应当恪尽职守，依法履行职责。

生产经营单位作出涉及安全生产的经营决策，应当听取安全生产管理机构以及安全生产管理人员的意见。

生产经营单位不得因安全生产管理人员依法履行职责而降低其工资、福利等待遇或者解除与其订立的劳动合同。

危险物品的生产、储存单位以及矿山、金属冶炼单位的安全生产管理人员的任免，应当告知主管的负有安全生产监督管理职责的部门。

第二十七条 【安全生产知识与管理能力】生产经营单位的主要负责人和安全生产管理人员必须具备与本单位所从事的生产经营活动相应的安全生产知识和管理能力。

危险物品的生产、经营、储存、装卸单位以及矿山、金属冶炼、建筑施工、运输单位的主要负责人和安全生产管理人员，应当由主管的负有安全生产监督管理职责的部门对其安全生产知识和管理能力考核合格。考核不得收费。

危险物品的生产、储存、装卸单位以及矿山、金属冶炼单位应当有注册安全工程师从事安全生产管理工作。鼓励其他生产经营单位聘用注册安全工程师从事安全生产管理工作。注册安全工程师按专业分类管理，具体办法由国务院人力资源和社会保障部门、国务院应急管理部门会同国务院有关部门制定。

第二十八条 【安全生产教育和培训】生产经营单位应当对从业人员进行安全生产教育和培训，保证从业人员具备必要的安全生产知识，熟悉有关的安全生产规章制度和安全操作规程，掌握本岗位的安全操作技能，了解事故应急处理措施，知悉自身在安全生产方面的权利和义务。未经安全生产教育和培训合格的从业人员，不得上岗作业。

生产经营单位使用被派遣劳动者的，应当将被派遣劳动者纳入本单位从业人员统一管理，对被派遣劳动者进行岗位安全操作规程和安全操作技能的教育和培训。劳务派遣单位应当对被派遣劳动者进行必要的安全生产教育和培训。

生产经营单位接收中等职业学校、高等学校学生实习的，应当对实习学生进行相应的安全生产教育和培训，提供必要的劳动防护用品。学校应当协助生产经营单位对实习学生进行安全生产教育和培训。

生产经营单位应当建立安全生产教育和培训档案，如实记录安全生产教育和培训的时间、内容、参加人员以及考核结果等情况。

第二十九条 【技术更新的教育和培训】生产经营单位采用新工艺、新技术、新材料或者使用新设备，必须了解、掌握其安全技术特性，采取有效的安全防护措施，并对从业人员进行专门的安全生产教育和培训。

第三十条 【特种作业人员从业资格】生产经营单位的特种作业人员必须按照国家有关规定经专门的安全作业培训，取得相应资格，方可上岗作业。

特种作业人员的范围由国务院应急管理部门会同国务院有关部门确定。

第三十一条 【建设项目安全设施"三同时"】生产经营单位新建、改建、扩建工程项目(以下统称建设项目)的安全设施，必须与主体工程同时设计、同时施工、同时投入生产和使用。安全设施投资应当纳入建设项目概算。

第三十二条 【特殊建设项目安全评价】矿山、金属冶炼建设项目和用于生产、储存、装卸危险物品的建设项目，应当按照国家有关规定进行安全评价。

第三十三条 【特殊建设项目安全设计审查】建设项目安全设施的设计人、设计单位应当对安全设施设计负责。

矿山、金属冶炼建设项目和用于生产、储存、装卸危险物品的建设项目的安全设施设计应当按照国家有关规定报经有关部门审查，审查部门及其负责审查的人员对审查结果负责。

第三十四条 【特殊建设项目安全设施验收】矿山、金属冶炼建设项目和用于生产、储存、装卸危险物品的建设项目的施工单位必须按照批准的安全设施设计施工，并对安全设施的工程质量负责。

矿山、金属冶炼建设项目和用于生产、储存、装卸危险物品的建设项目竣工投入生产或者使用前，应当由建设单位负责组织对安全设施进行验收；验收合格后，方可投入生产和使用。负有安全生产监督管理职责的部门应当加强对建设单位验收活动和验收结果的监督核查。

第三十五条 【安全警示标志】生产经营单位应当在有较大危险因素的生产经营场所和有关设施、设备上，设置明显的安全警示标志。

第三十六条 【安全设备管理】安全设备的设计、制造、安装、使用、检测、维修、改造和报废，应当符合国家标准或者行业标准。

生产经营单位必须对安全设备进行经常性维护、保养，并定期检测，保证正常运转。维护、保养、检测应当作好记录，并由有关人员签字。

生产经营单位不得关闭、破坏直接关系生产安全的监控、报警、防护、救生设备、设施，或者篡改、隐瞒、销毁其相关数据、信息。

餐饮等行业的生产经营单位使用燃气的，应当安装可燃气体报警装置，并保障其正常使用。

第三十七条 【特殊特种设备的管理】生产经营单位使用的危险物品的容器、运输工具，以及涉及人身安全、危险性较大的海洋石油开采特种设备和矿山井下特种设备，必须按照国家有关规定，由专业生产单位生产，并经具有专业资质的检测、检验机构检测、检验合格，取得安全使用证或者安全标志，方可投入使用。检测、检验机构对检测、检验结果负责。

第三十八条 【淘汰制度】国家对严重危及生产安全的工艺、设备实行淘汰制度，具体目录由国务院应急管理部门会同国务院有关部门制定并公布。法律、行政法规对目录的制定另有规定的，适用其规定。

省、自治区、直辖市人民政府可以根据本地区实际情况制定并公布具体目录，对前款规定以外的危及生产安全的工艺、设备予以淘汰。

生产经营单位不得使用应当淘汰的危及生产

安全的工艺、设备。

第三十九条 【危险物品的监管】生产、经营、运输、储存、使用危险物品或者处置废弃危险物品的，由有关主管部门依照有关法律、法规的规定和国家标准或者行业标准审批并实施监督管理。

生产经营单位生产、经营、运输、储存、使用危险物品或者处置废弃危险物品，必须执行有关法律、法规和国家标准或者行业标准，建立专门的安全管理制度，采取可靠的安全措施，接受有关主管部门依法实施的监督管理。

案例 王召成等非法买卖、储存危险物质案（最高人民法院指导案例13号）

裁判规则：（1）国家严格监督管理的氰化钠等剧毒化学品，易致人中毒或者死亡，对人体、环境具有极大的毒害性和危险性，属于《刑法》第125条第2款规定的“毒害性”物质。（2）“非法买卖”毒害性物质，是指违反法律和国家主管部门规定，未经有关主管部门批准许可，擅自购买或者出售毒害性物质的行为，并不需要兼有买进和卖出的行为。

第四十条 【重大危险源的管理和备案】生产经营单位对重大危险源应当登记建档，进行定期检测、评估、监控，并制定应急预案，告知从业人员和相关人员在紧急情况下应当采取的应急措施。

生产经营单位应当按照国家有关规定将本单位重大危险源及有关安全措施、应急措施报有关地方人民政府应急管理部门和有关部门备案。有关地方人民政府应急管理部门和有关部门应当通过相关信息系统实现信息共享。

第四十一条 【安全风险管控制度和事故隐患治理制度】生产经营单位应当建立安全风险分级管控制度，按照安全风险分级采取相应的管控措施。

生产经营单位应当建立健全并落实生产安全事故隐患排查治理制度，采取技术、管理措施，及时发现并消除事故隐患。事故隐患排查治理情况应当如实记录，并通过职工大会或者职工代表大会、信息公示栏等方式向从业人员通报。其中，重大事故隐患排查治理情况应当及时向负有安全生产监督管理职责的部门和职工大会或者职工代表大会报告。

县级以上地方各级人民政府负有安全生产监督管理职责的部门应当将重大事故隐患纳入相关信息系统，建立健全重大事故隐患治理督办制度，督促生产经营单位消除重大事故隐患。

第四十二条 【生产经营场所和员工宿舍安全要求】生产、经营、储存、使用危险物品的车间、商店、仓库不得与员工宿舍在同一座建筑物内，并应当与员工宿舍保持安全距离。

生产经营场所和员工宿舍应当设有符合紧急疏散要求、标志明显、保持畅通的出口、疏散通道。禁止占用、锁闭、封堵生产经营场所或者员工宿舍的出口、疏散通道。

第四十三条 【危险作业的现场安全管理】生产经营单位进行爆破、吊装、动火、临时用电以及国务院应急管理部门会同国务院有关部门规定的其他危险作业，应当安排专门人员进行现场安全管理，确保操作规程的遵守和安全措施的落实。

第四十四条 【从业人员的安全管理】生产经营单位应当教育和督促从业人员严格执行本单位的安全生产规章制度和安全操作规程；并向从业人员如实告知作业场所和工作岗位存在的危险因素、防范措施以及事故应急措施。

生产经营单位应当关注从业人员的身体、心理状况和行为习惯，加强对从业人员的心理疏导、精神慰藉，严格落实岗位安全生产责任，防范从业人员行为异常导致事故发生。

第四十五条 【劳动防护用品】生产经营单位必须为从业人员提供符合国家标准或者行业标准的劳动防护用品，并监督、教育从业人员按照使用规则佩戴、使用。

第四十六条 【安全检查和报告义务】生产经营单位的安全生产管理人员应当根据本单位的生产经营特点，对安全生产状况进行经常性检查；对检查中发现的安全问题，应当立即处理；不能处理的，应当及时报告本单位有关负责人，有关负责人应当及时处理。检查及处理情况应当如实记录在案。

生产经营单位的安全生产管理人员在检查中发现重大事故隐患，依照前款规定向本单位有关负责人报告，有关负责人不及时处理的，安全生产管理人员可以向主管的负有安全生产监督管理职责的部门报告，接到报告的部门应当依法及时处理。

第四十七条 【安全生产经费保障】生产经营单位应当安排用于配备劳动防护用品、进行安全生产培训的经费。

第四十八条 【安全生产协作】两个以上生产经营单位在同一作业区域内进行生产经营活动，可能危及对方生产安全的，应当签订安全生产管理协议，明确各自的安全生产管理职责和应当采取的安全措施，并指定专职安全生产管理人员进行安全检查与协调。

第四十九条 【生产经营项目、施工项目的安全管理】生产经营单位不得将生产经营项目、场所、设备发包或者出租给不具备安全生产条件或者相应资质的单位或者个人。

生产经营项目、场所发包或者出租给其他单位的，生产经营单位应当与承包单位、承租单位签订专门的安全生产管理协议，或者在承包合同、租赁合同中约定各自的安全生产管理职责；生产经营单位对承包单位、承租单位的安全生产工作统一协调、管理，定期进行安全检查，发现安全问题的，应当及时督促整改。

矿山、金属冶炼建设项目和用于生产、储存、装卸危险物品的建设项目的施工单位应当加强对施工项目的安全管理，不得倒卖、出租、出借、挂靠或者以其他形式非法转让施工资质，不得将其承包的全部建设工程转包给第三人或者将其承包的全部建设工程支解以后以分包的名义分别转包给第三人，不得将工程分包给不具备相应资质条件的单位。

第五十条 【单位主要负责人组织事故抢救职责】生产经营单位发生生产安全事故时，单位的主要负责人应当立即组织抢救，并不得在事故调查处理期间擅离职守。

第五十一条 【工伤保险和安全生产责任保险】生产经营单位必须依法参加工伤保险，为从业人员缴纳保险费。

国家鼓励生产经营单位投保安全生产责任保险；属于国家规定的高危行业、领域的生产经营单位，应当投保安全生产责任保险。具体范围和实施办法由国务院应急管理部门会同国务院财政部门、国务院保险监督管理机构和相关行业主管部门制定。

案例 1. 孙立兴诉天津新技术产业园区劳动人事局工伤认定案（最高人民法院指导案例40号）

裁判规则：（1）《工伤保险条例》第十四条第一项规定的“因工作原因”，是指职工受伤与其从事本职工作之间存在关联关系。

（2）《工伤保险条例》第十四条第一项规定的“工作场所”，是指与职工工作职责相关的场所，有多个工作场所的，还包括工作时间内职工来往于多个工作场所之间的合理区域。

（3）职工在从事本职工作中存在过失，不属于《工伤保险条例》第十六条规定的故意犯罪、醉酒或者吸毒、自残或者自杀情形，不影响工伤的认定。

2. 上海温和足部保健服务部诉上海市普陀区人力资源和社会保障局工伤认定案（《中华人民共和国最高人民法院公报》2017年第4期）

裁判规则：职工在工作时间和工作岗位上突发疾病，经抢救后医生虽然明确告知家属无法挽救生命，在救护车运送回家途中职工死亡的，仍应认定其未脱离治疗抢救状态。若职工自发病至死亡期间未超过48小时，应视为“48小时之内经抢救无效死亡”，视同工伤。

第三章 从业人员的安全生产权利义务

第五十二条 【劳动合同的安全条款】生产经营单位与从业人员订立的劳动合同，应当载明有关保障从业人员劳动安全、防止职业危害的事项，以及依法为从业人员办理工伤保险的事项。

生产经营单位不得以任何形式与从业人员订立协议，免除或者减轻其对从业人员因生产安全事故伤亡依法应承担的责任。

第五十三条 【知情权和建议权】生产经营单位的从业人员有权了解其作业场所和工作岗位存在的危险因素、防范措施及事故应急措施，有权对本单位的安全生产工作提出建议。

第五十四条 【批评、检举、控告、拒绝权】从业人员有权对本单位安全生产工作中存在的问题提出批评、检举、控告；有权拒绝违章指挥和强令冒险作业。

生产经营单位不得因从业人员对本单位安全生产工作提出批评、检举、控告或者拒绝违章指挥、强令冒险作业而降低其工资、福利等待遇或者解除与其订立的劳动合同。

第五十五条 【紧急处置权】从业人员发现直接危及人身安全的紧急情况时，有权停止作业或者在采取可能的应急措施后撤离作业场所。

生产经营单位不得因从业人员在前款紧急情

况下停止作业或者采取紧急撤离措施而降低其工资、福利等待遇或者解除与其订立的劳动合同。

第五十六条 【事故后的人员救治和赔偿】生产经营单位发生生产安全事故后，应当及时采取措施救治有关人员。

因生产安全事故受到损害的从业人员，除依法享有工伤保险外，依照有关民事法律尚有获得赔偿的权利的，有权提出赔偿要求。

第五十七条 【落实岗位安全责任和服从安全管理】从业人员在作业过程中，应当严格落实岗位安全责任，遵守本单位的安全生产规章制度和操作规程，服从管理，正确佩戴和使用劳动防护用品。

第五十八条 【接受安全生产教育和培训义务】从业人员应当接受安全生产教育和培训，掌握本职工作所需的安全生产知识，提高安全生产技能，增强事故预防和应急处理能力。

第五十九条 【事故隐患和不安全因素的报告义务】从业人员发现事故隐患或者其他不安全因素，应当立即向现场安全生产管理人员或者本单位负责人报告；接到报告的人员应当及时予以处理。

第六十条 【工会监督】工会有权对建设项目的安全设施与主体工程同时设计、同时施工、同时投入生产和使用进行监督，提出意见。

工会对生产经营单位违反安全生产法律、法规，侵犯从业人员合法权益的行为，有权要求纠正；发现生产经营单位违章指挥、强令冒险作业或者发现事故隐患时，有权提出解决的建议，生产经营单位应当及时研究答复；发现危及从业人员生命安全的情况时，有权向生产经营单位建议组织从业人员撤离危险场所，生产经营单位必须立即作出处理。

工会有权依法参加事故调查，向有关部门提出处理意见，并要求追究有关人员的责任。

第六十一条 【被派遣劳动者的权利义务】生产经营单位使用被派遣劳动者的，被派遣劳动者享有本法规定的从业人员的权利，并应当履行本法规定的从业人员的义务。

案例 上海珂帝纸品包装有限责任公司不服上海市人力资源和社会保障局责令补缴外来从业人员综合保险费案（《中华人民共和国最高人民法院公报》2013年第11期）

裁判规则：从事劳务派遣业务的单位应当依法登记设立。用人单位与未经工商注册登记、不具备劳务派遣经营资质的公司签订用工协议，与派遣人员形成事实劳动关系，应由用人单位依法为其缴纳综合保险费；用人单位与不具备缴费资格的主体的协议约定，不能免除其法定缴费义务。

第四章 安全生产的监督管理

第六十二条 【安全生产监督检查】县级以上地方各级人民政府应当根据本行政区域内的安全生产状况，组织有关部门按照职责分工，对本行政区域内容易发生重大生产安全事故的生产经营单位进行严格检查。

应急管理部门应当按照分类分级监督管理的要求，制定安全生产年度监督检查计划，并按照年度监督检查计划进行监督检查，发现事故隐患，应当及时处理。

第六十三条 【安全生产事项的审批、验收】负有安全生产监督管理职责的部门依照有关法律、法规的规定，对涉及安全生产的事项需要审查批准（包括批准、核准、许可、注册、认证、颁发证照等，下同）或者验收的，必须严格依照有关法律、法规和国家标准或者行业标准规定的安全生产条件和程序进行审查；不符合有关法律、法规和国家标准或者行业标准规定的安全生产条件的，不得批准或者验收通过。对未依法取得批准或者验收合格的单位擅自从事有关活动的，负责行政审批的部门发现或者接到举报后应当立即予以取缔，并依法予以处理。对已经依法取得批准的单位，负责行政审批的部门发现其不再具备安全生产条件的，应当撤销原批准。

第六十四条 【审批、验收的禁止性规定】负有安全生产监督管理职责的部门对涉及安全生产的事项进行审查、验收，不得收取费用；不得要求接受审查、验收的单位购买其指定品牌或者指定生产、销售单位的安全设备、器材或者其他产品。

链接《煤矿安全监察条例》第19条；《建设工程安全生产管理条例》第42条

第六十五条 【监督检查的职权范围】应急管理部门和其他负有安全生产监督管理职责的部门依法开展安全生产行政执法工作，对生产经营单位执行有关安全生产的法律、法规和国家标准或者行业标准的情况进行监督检查，行使以下职权：

（一）进入生产经营单位进行检查，调阅有关资料，向有关单位和人员了解情况；

（二）对检查中发现的安全生产违法行为，当场予以纠正或者要求限期改正；对依法应当给予行政处罚的行为，依照本法和其他有关法律、行政法规的规定作出行政处罚决定；

（三）对检查中发现的事故隐患，应当责令立即排除；重大事故隐患排除前或者排除过程中无法保证安全的，应当责令从危险区域内撤出作业人员，责令暂时停产停业或者停止使用相关设施、设备；重大事故隐患排除后，经审查同意，方可恢复生产经营和使用；

（四）对有根据认为不符合保障安全生产的国家标准或者行业标准的设施、设备、器材以及违法生产、储存、使用、经营、运输的危险物品予以查封或者扣押，对违法生产、储存、使用、经营危险物品的作业场所予以查封，并依法作出处理决定。

监督检查不得影响被检查单位的正常生产经营活动。

案例 刘卫平、刘胜杰、楚湘葵重大劳动安全事故、非法采矿、单位行贿案（最高人民法院发布3起危害生产安全犯罪典型案例）

裁判规则：安全生产许可证过期后从事生产经营活动，或者采用封闭矿井口、临时遣散工人等弄虚作假手段和行贿方法故意逃避、阻挠负有安全监督管理职责的部门实施监督检查的，均应当从重处罚。

第六十六条 【生产经营单位的配合义务】生产经营单位对负有安全生产监督管理职责的部门的监督检查人员（以下统称安全生产监督检查人员）依法履行监督检查职责，应当予以配合，不得拒绝、阻挠。

第六十七条 【监督检查的要求】安全生产监督检查人员应当忠于职守，坚持原则，秉公执法。

安全生产监督检查人员执行监督检查任务时，必须出示有效的行政执法证件；对涉及被检查单位的技术秘密和业务秘密，应当为其保密。

第六十八条 【监督检查的记录与报告】安全生产监督检查人员应当将检查的时间、地点、内容、发现的问题及其处理情况，作出书面记录，并由检查人员和被检查单位的负责人签字；被检查单位的负责人拒绝签字的，检查人员应当将情况记录在案，并向负有安全生产监督管理职责的部门报告。

第六十九条 【监督检查的配合】负有安全生产监督管理职责的部门在监督检查中，应当互相配合，实行联合检查；确需分别进行检查的，应当互通情况，发现存在的安全问题应当由其他有关部门进行处理的，应当及时移送其他有关部门并形成记录备查，接受移送的部门应当及时进行处理。

第七十条 【强制停止生产经营活动】负有安全生产监督管理职责的部门依法对存在重大事故隐患的生产经营单位作出停产停业、停止施工、停止使用相关设施或者设备的决定，生产经营单位应当依法执行，及时消除事故隐患。生产经营单位拒不执行，有发生生产安全事故的现实危险的，在保证安全的前提下，经本部门主要负责人批准，负有安全生产监督管理职责的部门可以采取通知有关单位停止供电、停止供应民用爆炸物品等措施，强制生产经营单位履行决定。通知应当采用书面形式，有关单位应当予以配合。

负有安全生产监督管理职责的部门依照前款规定采取停止供电措施，除有危及生产安全的紧急情形外，应当提前二十四小时通知生产经营单位。生产经营单位依法履行行政决定、采取相应措施消除事故隐患的，负有安全生产监督管理职责的部门应当及时解除前款规定的措施。

案例 印华四、印华二、陆铭、张小学、孔维能、封正华重大责任事故案（最高人民法院发布3起危害生产安全犯罪典型案例）

裁判规则：被告人明知金银煤矿已被当地政府作出严禁开展生产的行政决定，且矿井口已被依法查封的情况下，拒不执行停产监管决定，擅自组织生产，对事故隐患未采取任何措施，导致发生特大责任事故，应当从重处罚。被告人印华四、印华二作为金银煤矿投资人，虽然已将煤矿承包给他人，但二人仍负有管理职责，且安排人员担任煤矿安全管理人和技术人员，依法应当认定为重大责任事故罪的犯罪主体。

第七十一条 【安全生产监察】监察机关依照监察法的规定，对负有安全生产监督管理职责的部门及其工作人员履行安全生产监督管理职责实施监察。

第七十二条 【中介机构的条件和责任】承担安全评价、认证、检测、检验职责的机构应当具备国家规定的资质条件，并对其作出的安全评价、认证、检测、检验结果的合法性、真实性负责。资质条件由国务院应急管理部门会同国务院有关部门制定。

承担安全评价、认证、检测、检验职责的机构应当建立并实施服务公开和报告公开制度，不得租借资质、挂靠、出具虚假报告。

第七十三条　【安全生产举报制度】负有安全生产监督管理职责的部门应当建立举报制度，公开举报电话、信箱或者电子邮件地址等网络举报平台，受理有关安全生产的举报；受理的举报事项经调查核实后，应当形成书面材料；需要落实整改措施的，报经有关负责人签字并督促落实。对不属于本部门职责，需要由其他有关部门进行调查处理的，转交其他有关部门处理。

涉及人员死亡的举报事项，应当由县级以上人民政府组织核查处理。

第七十四条　【违法举报和公益诉讼】任何单位或者个人对事故隐患或者安全生产违法行为，均有权向负有安全生产监督管理职责的部门报告或者举报。

因安全生产违法行为造成重大事故隐患或者导致重大事故，致使国家利益或者社会公共利益受到侵害的，人民检察院可以根据民事诉讼法、行政诉讼法的相关规定提起公益诉讼。

第七十五条　【居委会、村委会的监督】居民委员会、村民委员会发现其所在区域内的生产经营单位存在事故隐患或者安全生产违法行为时，应当向当地人民政府或者有关部门报告。

第七十六条　【举报奖励】县级以上各级人民政府及其有关部门对报告重大事故隐患或者举报安全生产违法行为的有功人员，给予奖励。具体奖励办法由国务院应急管理部门会同国务院财政部门制定。

链接《安全生产领域举报奖励办法》

第七十七条　【舆论监督】新闻、出版、广播、电影、电视等单位有进行安全生产公益宣传教育的义务，有对违反安全生产法律、法规的行为进行舆论监督的权利。

第七十八条　【安全生产违法行为信息库】负有安全生产监督管理职责的部门应当建立安全生产违法行为信息库，如实记录生产经营单位及其有关从业人员的安全生产违法行为信息；对违法行为情节严重的生产经营单位及其有关从业人员，应当及时向社会公告，并通报行业主管部门、投资主管部门、自然资源主管部门、生态环境主管部门、证券监督管理机构以及有关金融机构。有关部门和机构应当对存在失信行为的生产经营单位及其有关从业人员采取加大执法检查频次、暂停项目审批、上调有关保险费率、行业或者职业禁入等联合惩戒措施，并向社会公示。

负有安全生产监督管理职责的部门应当加强对生产经营单位行政处罚信息的及时归集、共享、应用和公开，对生产经营单位作出处罚决定后七个工作日内在监督管理部门公示系统予以公开曝光，强化对违法失信生产经营单位及其有关从业人员的社会监督，提高全社会安全生产诚信水平。

第五章　生产安全事故的应急救援与调查处理

第七十九条　【事故应急救援队伍与信息系统】国家加强生产安全事故应急能力建设，在重点行业、领域建立应急救援基地和应急救援队伍，并由国家安全生产应急救援机构统一协调指挥；鼓励生产经营单位和其他社会力量建立应急救援队伍，配备相应的应急救援装备和物资，提高应急救援的专业化水平。

国务院应急管理部门牵头建立全国统一的生产安全事故应急救援信息系统，国务院交通运输、住房和城乡建设、水利、民航等有关部门和县级以上地方人民政府建立健全相关行业、领域、地区的生产安全事故应急救援信息系统，实现互联互通、信息共享，通过推行网上安全信息采集、安全监管和监测预警，提升监管的精准化、智能化水平。

第八十条　【事故应急救援预案与体系】县级以上地方各级人民政府应当组织有关部门制定本行政区域内生产安全事故应急救援预案，建立应急救援体系。

乡镇人民政府和街道办事处，以及开发区、工业园区、港区、风景区等应当制定相应的生产安全事故应急救援预案，协助人民政府有关部门或者按照授权依法履行生产安全事故应急救援工作职责。

第八十一条　【事故应急救援预案的制定与演练】生产经营单位应当制定本单位生产安全事故应急救援预案，与所在地县级以上地方人民政府组织制定的生产安全事故应急救援预案相衔接，并定期组织演练。

第八十二条 【高危行业的应急救援要求】危险物品的生产、经营、储存单位以及矿山、金属冶炼、城市轨道交通运营、建筑施工单位应当建立应急救援组织；生产经营规模较小的，可以不建立应急救援组织，但应当指定兼职的应急救援人员。

危险物品的生产、经营、储存、运输单位以及矿山、金属冶炼、城市轨道交通运营、建筑施工单位应当配备必要的应急救援器材、设备和物资，并进行经常性维护、保养，保证正常运转。

第八十三条 【单位报告和组织抢救义务】生产经营单位发生生产安全事故后，事故现场有关人员应当立即报告本单位负责人。

单位负责人接到事故报告后，应当迅速采取有效措施，组织抢救，防止事故扩大，减少人员伤亡和财产损失，并按照国家有关规定立即如实报告当地负有安全生产监督管理职责的部门，不得隐瞒不报、谎报或者迟报，不得故意破坏事故现场、毁灭有关证据。

案例 李发奎、李成奎、李向奎、苏正喜、苏强全、邓开兴非法买卖、储存爆炸物，非法采矿，重大劳动安全事故，不报安全事故，行贿案（《中华人民共和国最高人民法院公报》2012年第3期）

裁判规则：被告等人在安全责任事故发生后，未向有关部门上报，自行组织人员盲目施救，造成次生矿难事故。为隐瞒事故，又安排将死亡人员的尸体转移火化，并封闭事故井口，拆毁、转移井架等设备，破坏井下及地面事故现场，销毁新立井账本和技术资料等，构成不报安全事故罪。

第八十四条 【安全监管部门的事故报告】负有安全生产监督管理职责的部门接到事故报告后，应当立即按照国家有关规定上报事故情况。负有安全生产监督管理职责的部门和有关地方人民政府对事故情况不得隐瞒不报、谎报或者迟报。

第八十五条 【事故抢救】有关地方人民政府和负有安全生产监督管理职责的部门的负责人接到生产安全事故报告后，应当按照生产安全事故应急救援预案的要求立即赶到事故现场，组织事故抢救。

参与事故抢救的部门和单位应当服从统一指挥，加强协同联动，采取有效的应急救援措施，并根据事故救援的需要采取警戒、疏散等措施，防止事故扩大和次生灾害的发生，减少人员伤亡和财产损失。

事故抢救过程中应当采取必要措施，避免或者减少对环境造成的危害。

任何单位和个人都应当支持、配合事故抢救，并提供一切便利条件。

第八十六条 【事故调查处理】事故调查处理应当按照科学严谨、依法依规、实事求是、注重实效的原则，及时、准确地查清事故原因，查明事故性质和责任，评估应急处置工作，总结事故教训，提出整改措施，并对事故责任单位和人员提出处理建议。事故调查报告应当依法及时向社会公布。事故调查和处理的具体办法由国务院制定。

事故发生单位应当及时全面落实整改措施，负有安全生产监督管理职责的部门应当加强监督检查。

负责事故调查处理的国务院有关部门和地方人民政府应当在批复事故调查报告后一年内，组织有关部门对事故整改和防范措施落实情况进行评估，并及时向社会公开评估结果；对不履行职责导致事故整改和防范措施没有落实的有关单位和人员，应当按照有关规定追究责任。

第八十七条 【责任追究】生产经营单位发生生产安全事故，经调查确定为责任事故的，除了应当查明事故单位的责任并依法予以追究外，还应当查明对安全生产的有关事项负有审查批准和监督职责的行政部门的责任，对有失职、渎职行为的，依照本法第九十条的规定追究法律责任。

第八十八条 【事故调查处理不得干涉】任何单位和个人不得阻挠和干涉对事故的依法调查处理。

第八十九条 【事故定期统计分析和定期公布制度】县级以上地方各级人民政府应急管理部门应当定期统计分析本行政区域内发生生产安全事故的情况，并定期向社会公布。

第六章 法律责任

第九十条 【监管部门工作人员违法责任】负有安全生产监督管理职责的部门的工作人员，有下列行为之一的，给予降级或者撤职的处分；构成犯罪的，依照刑法有关规定追究刑事责任：

（一）对不符合法定安全生产条件的涉及安全生产的事项予以批准或者验收通过的；

（二）发现未依法取得批准、验收的单位擅自从事有关活动或者接到举报后不予取缔或者不依法予以处理的；

（三）对已经依法取得批准的单位不履行监督管理职责，发现其不再具备安全生产条件而不撤销原批准或者发现安全生产违法行为不予查处的；

（四）在监督检查中发现重大事故隐患，不依法及时处理的。

负有安全生产监督管理职责的部门的工作人员有前款规定以外的滥用职权、玩忽职守、徇私舞弊行为的，依法给予处分；构成犯罪的，依照刑法有关规定追究刑事责任。

链接《刑法》第 397 条

第九十一条　【监管部门违法责任】负有安全生产监督管理职责的部门，要求被审查、验收的单位购买其指定的安全设备、器材或者其他产品的，在对安全生产事项的审查、验收中收取费用的，由其上级机关或者监察机关责令改正，责令退还收取的费用；情节严重的，对直接负责的主管人员和其他直接责任人员依法给予处分。

第九十二条　【中介机构违法责任】承担安全评价、认证、检测、检验职责的机构出具失实报告的，责令停业整顿，并处三万元以上十万元以下的罚款；给他人造成损害的，依法承担赔偿责任。

承担安全评价、认证、检测、检验职责的机构租借资质、挂靠、出具虚假报告的，没收违法所得；违法所得在十万元以上的，并处违法所得二倍以上五倍以下的罚款，没有违法所得或者违法所得不足十万元的，单处或者并处十万元以上二十万元以下的罚款；对其直接负责的主管人员和其他直接责任人员处五万元以上十万元以下的罚款；给他人造成损害的，与生产经营单位承担连带赔偿责任；构成犯罪的，依照刑法有关规定追究刑事责任。

对有前款违法行为的机构及其直接责任人员，吊销其相应资质和资格，五年内不得从事安全评价、认证、检测、检验等工作；情节严重的，实行终身行业和职业禁入。

第九十三条　【资金投入违法责任】生产经营单位的决策机构、主要负责人或者个人经营的投资人不依照本法规定保证安全生产所必需的资金投入，致使生产经营单位不具备安全生产条件的，责令限期改正，提供必需的资金；逾期未改正的，责令生产经营单位停产停业整顿。

有前款违法行为，导致发生生产安全事故的，对生产经营单位的主要负责人给予撤职处分，对个人经营的投资人处二万元以上二十万元以下的罚款；构成犯罪的，依照刑法有关规定追究刑事责任。

第九十四条　【单位主要负责人违法责任】生产经营单位的主要负责人未履行本法规定的安全生产管理职责的，责令限期改正，处二万元以上五万元以下的罚款；逾期未改正的，处五万元以上十万元以下的罚款，责令生产经营单位停产停业整顿。

生产经营单位的主要负责人有前款违法行为，导致发生生产安全事故的，给予撤职处分；构成犯罪的，依照刑法有关规定追究刑事责任。

生产经营单位的主要负责人依照前款规定受刑事处罚或者撤职处分的，自刑罚执行完毕或者受处分之日起，五年内不得担任任何生产经营单位的主要负责人；对重大、特别重大生产安全事故负有责任的，终身不得担任本行业生产经营单位的主要负责人。

链接《刑法》第 134 条

第九十五条　【对单位主要负责人罚款】生产经营单位的主要负责人未履行本法规定的安全生产管理职责，导致发生生产安全事故的，由应急管理部门依照下列规定处以罚款：

（一）发生一般事故的，处上一年年收入百分之四十的罚款；

（二）发生较大事故的，处上一年年收入百分之六十的罚款；

（三）发生重大事故的，处上一年年收入百分之八十的罚款；

（四）发生特别重大事故的，处上一年年收入百分之一百的罚款。

第九十六条　【单位安全生产管理人员违法责任】生产经营单位的其他负责人和安全生产管理人员未履行本法规定的安全生产管理职责的，责令限期改正，处一万元以上三万元以下的罚款；导致发生生产安全事故的，暂停或者吊销其与安全生产有关的资格，并处上一年年收入百分之二十以上百分之五十以下的罚款；构成犯罪的，依照刑法有关规定追究刑事责任。

链接《刑法》第 134 条

案例 岳超胜、谢荣仁重大责任事故案(《中华人民共和国最高人民法院公报》2012 年第 3 期)

裁判规则:被告人岳超胜作为矿长,多次拒不执行煤矿监察部门停产整改指令,组织违法生产,对违章作业监管不力,在发生煤与瓦斯突出事故后,现场指挥中未下令切断瓦斯突出波及的二水平区域电源,造成特别重大事故,后果特别严重;被告人谢荣仁作为主管"一通三防"副矿长,拒不执行煤矿监察部门停产整改指令而违法生产,在违法生产中,多次不履行打超前钻探、排除安全隐患职责,发生煤与瓦斯突出事故后,现场指挥中未下令切断瓦斯突出波及的二水平区域电源,造成特别重大事故,后果特别严重。二人均构成重大责任事故罪,且依法应从重处罚。

第九十七条 【生产经营单位安全管理违法责任(一)】生产经营单位有下列行为之一的,责令限期改正,处十万元以下的罚款;逾期未改正的,责令停产停业整顿,并处十万元以上二十万元以下的罚款,对其直接负责的主管人员和其他直接责任人员处二万元以上五万元以下的罚款:

(一)未按照规定设置安全生产管理机构或者配备安全生产管理人员、注册安全工程师的;

(二)危险物品的生产、经营、储存、装卸单位以及矿山、金属冶炼、建筑施工、运输单位的主要负责人和安全生产管理人员未按照规定经考核合格的;

(三)未按照规定对从业人员、被派遣劳动者、实习学生进行安全生产教育和培训,或者未按照规定如实告知有关的安全生产事项的;

(四)未如实记录安全生产教育和培训情况的;

(五)未将事故隐患排查治理情况如实记录或者未向从业人员通报的;

(六)未按照规定制定生产安全事故应急救援预案或者未定期组织演练的;

(七)特种作业人员未按照规定经专门的安全作业培训并取得相应资格,上岗作业的。

第九十八条 【建设项目违法责任】生产经营单位有下列行为之一的,责令停止建设或者停产停业整顿,限期改正,并处十万元以上五十万元以下的罚款,对其直接负责的主管人员和其他直接责任人员处二万元以上五万元以下的罚款;逾期未改正的,处五十万元以上一百万元以下的罚款,对其直接负责的主管人员和其他直接责任人员处五万元以上十万元以下的罚款;构成犯罪的,依照刑法有关规定追究刑事责任:

(一)未按照规定对矿山、金属冶炼建设项目或者用于生产、储存、装卸危险物品的建设项目进行安全评价的;

(二)矿山、金属冶炼建设项目或者用于生产、储存、装卸危险物品的建设项目没有安全设施设计或者安全设施设计未按照规定报经有关部门审查同意的;

(三)矿山、金属冶炼建设项目或者用于生产、储存、装卸危险物品的建设项目的施工单位未按照批准的安全设施设计施工的;

(四)矿山、金属冶炼建设项目或者用于生产、储存、装卸危险物品的建设项目竣工投入生产或者使用前,安全设施未经验收合格的。

第九十九条 【生产经营单位安全管理违法责任(二)】生产经营单位有下列行为之一的,责令限期改正,处五万元以下的罚款;逾期未改正的,处五万元以上二十万元以下的罚款,对其直接负责的主管人员和其他直接责任人员处一万元以上二万元以下的罚款;情节严重的,责令停产停业整顿;构成犯罪的,依照刑法有关规定追究刑事责任:

(一)未在有较大危险因素的生产经营场所和有关设施、设备上设置明显的安全警示标志的;

(二)安全设备的安装、使用、检测、改造和报废不符合国家标准或者行业标准的;

(三)未对安全设备进行经常性维护、保养和定期检测的;

(四)关闭、破坏直接关系生产安全的监控、报警、防护、救生设备、设施,或者篡改、隐瞒、销毁其相关数据、信息的;

(五)未为从业人员提供符合国家标准或者行业标准的劳动防护用品的;

(六)危险物品的容器、运输工具,以及涉及人身安全、危险性较大的海洋石油开采特种设备和矿山井下特种设备未经具有专业资质的机构检测、检验合格,取得安全使用证或者安全标志,投入使用的;

(七)使用应当淘汰的危及生产安全的工艺、设备的;

(八)餐饮等行业的生产经营单位使用燃气未安装可燃气体报警装置的。

链接《刑法》第134条之一

第一百条 【违法经营危险物品】未经依法批准，擅自生产、经营、运输、储存、使用危险物品或者处置废弃危险物品的，依照有关危险物品安全管理的法律、行政法规的规定予以处罚；构成犯罪的，依照刑法有关规定追究刑事责任。

第一百零一条 【生产经营单位安全管理违法责任(三)】生产经营单位有下列行为之一的，责令限期改正，处十万元以下的罚款；逾期未改正的，责令停产停业整顿，并处十万元以上二十万元以下的罚款，对其直接负责的主管人员和其他直接责任人员处二万元以上五万元以下的罚款；构成犯罪的，依照刑法有关规定追究刑事责任：

(一)生产、经营、运输、储存、使用危险物品或者处置废弃危险物品，未建立专门安全管理制度、未采取可靠的安全措施的；

(二)对重大危险源未登记建档，未进行定期检测、评估、监控，未制定应急预案，或者未告知应急措施的；

(三)进行爆破、吊装、动火、临时用电以及国务院应急管理部门会同国务院有关部门规定的其他危险作业，未安排专门人员进行现场安全管理的；

(四)未建立安全风险分级管控制度或者未按照安全风险分级采取相应管控措施的；

(五)未建立事故隐患排查治理制度，或者重大事故隐患排查治理情况未按照规定报告的。

第一百零二条 【未采取措施消除事故隐患违法责任】生产经营单位未采取措施消除事故隐患的，责令立即消除或者限期消除，处五万元以下的罚款；生产经营单位拒不执行的，责令停产停业整顿，对其直接负责的主管人员和其他直接责任人员处五万元以上十万元以下的罚款；构成犯罪的，依照刑法有关规定追究刑事责任。

第一百零三条 【违法发包、出租和违反项目安全管理的法律责任】生产经营单位将生产经营项目、场所、设备发包或者出租给不具备安全生产条件或者相应资质的单位或者个人的，责令限期改正，没收违法所得；违法所得十万元以上的，并处违法所得二倍以上五倍以下的罚款；没有违法所得或者违法所得不足十万元的，单处或者并处十万元以上二十万元以下的罚款；对其直接负责的主管人员和其他直接责任人员处一万元以上二万元以下的罚款；导致发生生产安全事故给他人造成损害的，与承包方、承租方承担连带赔偿责任。

生产经营单位未与承包单位、承租单位签订专门的安全生产管理协议或者未在承包合同、租赁合同中明确各自的安全生产管理职责，或者未对承包单位、承租单位的安全生产统一协调、管理的，责令限期改正，处五万元以下的罚款，对其直接负责的主管人员和其他直接责任人员处一万元以下的罚款；逾期未改正的，责令停产停业整顿。

矿山、金属冶炼建设项目和用于生产、储存、装卸危险物品的建设项目的施工单位未按照规定对施工项目进行安全管理的，责令限期改正，处十万元以下的罚款，对其直接负责的主管人员和其他直接责任人员处二万元以下的罚款；逾期未改正的，责令停产停业整顿。以上施工单位倒卖、出租、出借、挂靠或者以其他形式非法转让施工资质的，责令停产停业整顿，吊销资质证书，没收违法所得；违法所得十万元以上的，并处违法所得二倍以上五倍以下的罚款，没有违法所得或者违法所得不足十万元的，单处或者并处十万元以上二十万元以下的罚款；对其直接负责的主管人员和其他直接责任人员处五万元以上十万元以下的罚款；构成犯罪的，依照刑法有关规定追究刑事责任。

链接《建筑法》第65、67条

案例 张成兵与上海市松江区人力资源和社会保障局工伤认定行政上诉案(2014年8月21日《最高人民法院发布的四起工伤保险行政纠纷典型案例》)

裁判规则：根据劳社部发〔2005〕12号《劳动和社会保障部关于确立劳动关系有关事项的通知》第四条规定，建筑施工、矿山企业等用人单位将工程(业务)或经营权发包给不具备用工主体资格的组织或自然人，对该组织或自然人招用的劳动者，由具备用工主体资格的发包方承担用工主体责任。

第一百零四条 【同一作业区域安全管理违法责任】两个以上生产经营单位在同一作业区域内进行可能危及对方安全生产的生产经营活动，未签订安全生产管理协议或者未指定专职安全生产管理人员进行安全检查与协调的，责令限期改正，处五万元以下的罚款，对其直接负责的主管人员和其他直接责任人员处一万元以下的罚款；逾期未改正的，责令停产停业。

第一百零五条 【生产经营场所和员工宿舍违法责任】生产经营单位有下列行为之一的，责令限期改正，处五万元以下的罚款，对其直接负责的主管人员和其他直接责任人员处一万元以下的罚款；逾期未改正的，责令停产停业整顿；构成犯罪的，依照刑法有关规定追究刑事责任：

（一）生产、经营、储存、使用危险物品的车间、商店、仓库与员工宿舍在同一座建筑内，或者与员工宿舍的距离不符合安全要求的；

（二）生产经营场所和员工宿舍未设有符合紧急疏散需要、标志明显、保持畅通的出口、疏散通道，或者占用、锁闭、封堵生产经营场所或者员工宿舍出口、疏散通道的。

第一百零六条 【免责协议违法责任】生产经营单位与从业人员订立协议，免除或者减轻其对从业人员因生产安全事故伤亡依法应承担的责任的，该协议无效；对生产经营单位的主要负责人、个人经营的投资人处二万元以上十万元以下的罚款。

第一百零七条 【从业人员违章操作的法律责任】生产经营单位的从业人员不落实岗位安全责任，不服从管理，违反安全生产规章制度或者操作规程的，由生产经营单位给予批评教育，依照有关规章制度给予处分；构成犯罪的，依照刑法有关规定追究刑事责任。

第一百零八条 【生产经营单位不服从监督检查违法责任】违反本法规定，生产经营单位拒绝、阻碍负有安全生产监督管理职责的部门依法实施监督检查的，责令改正；拒不改正的，处二万元以上二十万元以下的罚款；对其直接负责的主管人员和其他直接责任人员处一万元以上二万元以下的罚款；构成犯罪的，依照刑法有关规定追究刑事责任。

第一百零九条 【未投保安全生产责任保险的违法责任】高危行业、领域的生产经营单位未按照国家规定投保安全生产责任保险的，责令限期改正，处五万元以上十万元以下的罚款；逾期未改正的，处十万元以上二十万元以下的罚款。

第一百一十条 【单位主要负责人事故处理违法责任】生产经营单位的主要负责人在本单位发生生产安全事故时，不立即组织抢救或者在事故调查处理期间擅离职守或者逃匿的，给予降级、撤职的处分，并由应急管理部门处上一年年收入百分之六十至百分之一百的罚款；对逃匿的处十五日以下拘留；构成犯罪的，依照刑法有关规定追究刑事责任。

生产经营单位的主要负责人对生产安全事故隐瞒不报、谎报或者迟报的，依照前款规定处罚。

案例 黄某某等人重大责任事故、谎报安全事故案（检例第96号）

裁判规则：检察机关要充分运用行政执法和刑事司法衔接工作机制，通过积极履职，加强对线索移送和立案的法律监督。认定谎报安全事故罪，要重点审查谎报行为与贻误事故抢救结果之间的因果关系。对同时构成重大责任事故罪和谎报安全事故罪的，应当数罪并罚。应注重督促涉事单位或有关部门及时赔偿被害人损失，有效化解社会矛盾。安全生产事故涉及生态环境污染等公益损害的，刑事检察部门要和公益诉讼检察部门加强协作配合，督促协同行政监管部门，统筹运用法律、行政、经济等手段严格落实企业主体责任，修复受损公益，防控安全风险。

第一百一十一条 【政府部门未按规定报告事故违法责任】有关地方人民政府、负有安全生产监督管理职责的部门，对生产安全事故隐瞒不报、谎报或者迟报的，对直接负责的主管人员和其他直接责任人员依法给予处分；构成犯罪的，依照刑法有关规定追究刑事责任。

第一百一十二条 【按日连续处罚】生产经营单位违反本法规定，被责令改正且受到罚款处罚，拒不改正的，负有安全生产监督管理职责的部门可以自作出责令改正之日的次日起，按照原处罚数额按日连续处罚。

第一百一十三条 【生产经营单位安全管理违法责任(四)】生产经营单位存在下列情形之一的，负有安全生产监督管理职责的部门应当提请地方人民政府予以关闭，有关部门应当依法吊销其有关证照。生产经营单位主要负责人五年内不得担任任何生产经营单位的主要负责人；情节严重的，终身不得担任本行业生产经营单位的主要负责人：

（一）存在重大事故隐患，一百八十日内三次或者一年内四次受到本法规定的行政处罚的；

（二）经停产停业整顿，仍不具备法律、行政法规和国家标准或者行业标准规定的安全生产条件的；

（三）不具备法律、行政法规和国家标准或者行业标准规定的安全生产条件，导致发生重大、特别重大生产安全事故的；

（四）拒不执行负有安全生产监督管理职责的部门作出的停产停业整顿决定的。

第一百一十四条 【对事故责任单位罚款】发生生产安全事故，对负有责任的生产经营单位除要求其依法承担相应的赔偿等责任外，由应急管理部门依照下列规定处以罚款：

（一）发生一般事故的，处三十万元以上一百万元以下的罚款；

（二）发生较大事故的，处一百万元以上二百万元以下的罚款；

（三）发生重大事故的，处二百万元以上一千万元以下的罚款；

（四）发生特别重大事故的，处一千万元以上二千万元以下的罚款。

发生生产安全事故，情节特别严重、影响特别恶劣的，应急管理部门可以按照前款罚款数额的二倍以上五倍以下对负有责任的生产经营单位处以罚款。

第一百一十五条 【行政处罚决定机关】本法规定的行政处罚，由应急管理部门和其他负有安全生产监督管理职责的部门按照职责分工决定；其中，根据本法第九十五条、第一百一十条、第一百一十四条的规定应当给予民航、铁路、电力行业的生产经营单位及其主要负责人行政处罚的，也可以由主管的负有安全生产监督管理职责的部门进行处罚。予以关闭的行政处罚，由负有安全生产监督管理职责的部门报请县级以上人民政府按照国务院规定的权限决定；给予拘留的行政处罚，由公安机关依照治安管理处罚的规定决定。

第一百一十六条 【生产经营单位赔偿责任】生产经营单位发生生产安全事故造成人员伤亡、他人财产损失的，应当依法承担赔偿责任；拒不承担或者其负责人逃匿的，由人民法院依法强制执行。

生产安全事故的责任人未依法承担赔偿责任，经人民法院依法采取执行措施后，仍不能对受害人给予足额赔偿的，应当继续履行赔偿义务；受害人发现责任人有其他财产的，可以随时请求人民法院执行。

链接《民事诉讼法》第231—262条

第七章 附 则

第一百一十七条 【用语解释】本法下列用语的含义：

危险物品，是指易燃易爆物品、危险化学品、放射性物品等能够危及人身安全和财产安全的物品。

重大危险源，是指长期地或者临时地生产、搬运、使用或者储存危险物品，且危险物品的数量等于或者超过临界量的单元（包括场所和设施）。

第一百一十八条 【事故、隐患分类判定标准的制定】本法规定的生产安全一般事故、较大事故、重大事故、特别重大事故的划分标准由国务院规定。

国务院应急管理部门和其他负有安全生产监督管理职责的部门应当根据各自的职责分工，制定相关行业、领域重大危险源的辨识标准和重大事故隐患的判定标准。

第一百一十九条 【生效日期】本法自2002年11月1日起施行。

工伤保险条例

- 2003年4月27日中华人民共和国国务院令第375号公布
- 根据2010年12月20日《国务院关于修改〈工伤保险条例〉的决定》修订

第一章 总 则

第一条 【立法目的】为了保障因工作遭受事故伤害或者患职业病的职工获得医疗救治和经济补偿，促进工伤预防和职业康复，分散用人单位的工伤风险，制定本条例。

实务问答 **如何区别工伤保险与人身意外伤害保险？**

总体而言，工伤保险属于社会保险中的一种，而人身意外伤害保险属于商业保险的范畴。因此，工伤保险与人身意外伤害保险的关系，实质上是社会保险与商业保险的关系，二者在适用范围、基本原则、筹资办法、待遇水平等多方面均有不同。对于大多数用人单位而言,参加社会保险是法定义务,而是否参加商业保险,则由各单位自行决定。

第二条 【适用范围】中华人民共和国境内的企业、事业单位、社会团体、民办非企业单位、基金会、律师事务所、会计师事务所等组织和有雇工的个体工商户(以下称用人单位)应当依照本条例规定参加工伤保险,为本单位全部职工或者雇工(以下称职工)缴纳工伤保险费。

中华人民共和国境内的企业、事业单位、社会团体、民办非企业单位、基金会、律师事务所、会计师事务所等组织的职工和个体工商户的雇工,均有依照本条例的规定享受工伤保险待遇的权利。

实务问答 **1. 一般民事雇佣活动中的人身损害是否适用工伤保险的有关规定?**

不适用。一般民事雇佣活动中,雇员在从事雇佣活动遭受人身损害时,雇主应当承担赔偿责任。雇佣关系以外的第三人造成雇员人身损害的,赔偿权利人可以请求第三人承担赔偿责任,也可以请求雇主承担赔偿责任。雇主承担赔偿责任后,可以向第三人追偿。雇员在从事雇佣活动中因安全生产事故遭受人身损害,发包人、分包人知道或者应当知道接受发包或者分包业务的雇主没有相应资质或者安全生产条件的,应当与雇主承担连带赔偿责任。

2. 农民工应当如何参加工伤保险?

农民工用人单位注册地与生产经营地不在同一统筹地区的,原则上在注册地参加工伤保险。未在注册地参加工伤保险的,在生产经营地参加工伤保险。农民工受到事故伤害或患职业病后,在参保地进行工伤认定、劳动能力鉴定,并按参保地的规定依法享受工伤保险待遇。用人单位在注册地和生产经营地均未参加工伤保险的,农民工受到事故伤害或患职业病后,在生产经营地进行工伤认定、劳动能力鉴定,并按照生产经营地的规定依法由用人单位支付工伤保险待遇。

对跨省流动的农民工,即户籍不在参加工伤保险统筹地区(生产经营地)所在省(自治区、直辖市)的农民工,1-4级伤残长期待遇的支付,可以试行一次性支付和长期支付两种方式,供农民工选择。在农民工选择一次性或者长期支付时,支付其工伤保险待遇的社会保险经办机构应向其说明情况。一次性享受工伤保险长期待遇的,需由农民工本人提出,与用人单位解除或者终止劳动关系,与统筹地区社会保险经办机构签订协议,终止工伤保险关系。1-4级伤残农民工一次性享受工伤保险长期待遇的具体办法和标准由省(自治区、直辖市)劳动保障行政部门制定,报省(自治区、直辖市)人民政府批准。

第三条 【保费征缴】工伤保险费的征缴按照《社会保险费征缴暂行条例》关于基本养老保险费、基本医疗保险费、失业保险费的征缴规定执行。

第四条 【用人单位责任】用人单位应当将参加工伤保险的有关情况在本单位内公示。

用人单位和职工应当遵守有关安全生产和职业病防治的法律法规,执行安全卫生规程和标准,预防工伤事故发生,避免和减少职业病危害。

职工发生工伤时,用人单位应当采取措施使工伤职工得到及时救治。

第五条 【主管部门与经办机构】国务院社会保险行政部门负责全国的工伤保险工作。

县级以上地方各级人民政府社会保险行政部门负责本行政区域内的工伤保险工作。

社会保险行政部门按照国务院有关规定设立的社会保险经办机构(以下称经办机构)具体承办工伤保险事务。

第六条 【工伤保险政策、标准的制定】社会保险行政部门等部门制定工伤保险的政策、标准,应当征求工会组织、用人单位代表的意见。

第二章 工伤保险基金

第七条 【工伤保险基金构成】工伤保险基金由用人单位缴纳的工伤保险费、工伤保险基金的利息和依法纳入工伤保险基金的其他资金构成。

第八条 【工伤保险费】工伤保险费根据以支定收、收支平衡的原则,确定费率。

国家根据不同行业的工伤风险程度确定行业的差别费率,并根据工伤保险费使用、工伤发生率等情况在每个行业内确定若干费率档次。行业差别费率及行业内费率档次由国务院社会保险行政部门制定,报国务院批准后公布施行。

统筹地区经办机构根据用人单位工伤保险费使用、工伤发生率等情况,适用所属行业内相应的费率档次确定单位缴费费率。

第九条 【行业差别费率及档次调整】国务院社会保险行政部门应当定期了解全国各统筹地区

工伤保险基金收支情况,及时提出调整行业差别费率及行业内费率档次的方案,报国务院批准后公布施行。

第十条 【缴费主体、缴费基数与费率】用人单位应当按时缴纳工伤保险费。职工个人不缴纳工伤保险费。

用人单位缴纳工伤保险费的数额为本单位职工工资总额乘以单位缴费费率之积。

对难以按照工资总额缴纳工伤保险费的行业,其缴纳工伤保险费的具体方式,由国务院社会保险行政部门规定。

实务问答 特殊缴费行业工伤保险待遇的认定?

《工伤保险条例》第十条第三款规定的难以按照工资总额缴纳工伤保险费的行业,若用人单位按实际总造价、营业额或总产量缴纳工伤保险费,且职工与用人单位存在劳动关系的,应当认定享有工伤保险待遇。工伤保险中该类参保人员转岗,但与统筹范围内用人单位的劳动关系仍未间断的,工伤保险关系持续存在,参保人员增减明细表不能作为认定工伤保险关系的唯一依据。(罗某忠诉福建省将乐县劳动保险管理中心社会保障行政确认案,行政审判指导案例第120号)

链接《部分行业企业工伤保险费缴纳办法》

第十一条 【统筹层次、特殊行业异地统筹】工伤保险基金逐步实行省级统筹。

跨地区、生产流动性较大的行业,可以采取相对集中的方式异地参加统筹地区的工伤保险。具体办法由国务院社会保险行政部门会同有关行业的主管部门制定。

第十二条 【工伤保险基金和用途】工伤保险基金存入社会保障基金财政专户,用于本条例规定的工伤保险待遇,劳动能力鉴定,工伤预防的宣传、培训等费用,以及法律、法规规定的用于工伤保险的其他费用的支付。

工伤预防费用的提取比例、使用和管理的具体办法,由国务院社会保险行政部门会同国务院财政、卫生行政、安全生产监督管理等部门规定。

任何单位或者个人不得将工伤保险基金用于投资运营、兴建或者改建办公场所、发放奖金,或者挪作其他用途。

第十三条 【工伤保险储备金】工伤保险基金应当留有一定比例的储备金,用于统筹地区重大事故的工伤保险待遇支付;储备金不足支付的,由统筹地区的人民政府垫付。储备金占基金总额的具体比例和储备金的使用办法,由省、自治区、直辖市人民政府规定。

第三章 工伤认定

第十四条 【应当认定工伤的情形】职工有下列情形之一的,应当认定为工伤:

(一)在工作时间和工作场所内,因工作原因受到事故伤害的;

(二)工作时间前后在工作场所内,从事与工作有关的预备性或者收尾性工作受到事故伤害的;

(三)在工作时间和工作场所内,因履行工作职责受到暴力等意外伤害的;

(四)患职业病的;

(五)因工外出期间,由于工作原因受到伤害或者发生事故下落不明的;

(六)在上下班途中,受到非本人主要责任的交通事故或者城市轨道交通、客运轮渡、火车事故伤害的;

(七)法律、行政法规规定应当认定为工伤的其他情形。

注释 社会保险行政部门认定下列情形为工伤的,人民法院应予支持:(一)职工在工作时间和工作场所内受到伤害,用人单位或者社会保险行政部门没有证据证明是非工作原因导致的;(二)职工参加用人单位组织或者受用人单位指派参加其他单位组织的活动受到伤害的;(三)在工作时间内,职工来往于多个与其工作职责相关的工作场所之间的合理区域因工受到伤害的;(四)其他与履行工作职责相关,在工作时间及合理区域内受到伤害的。

工作原因、工作场所的认定应当考虑是否与履行工作职责相关,是否在合理区域内受到伤害的。"工作场所",指职工从事职业活动的场所,在有多个工作场所的情形下,还应包括职工来往于多个工作场所之间的必经区域。[参见"孙某兴诉天津新技术产业园区劳动局工伤认定行政案",最高人民法院发布的四起工伤保险行政纠纷典型案例(2014年8月21日)]

上下班途中的"合理时间"与"合理路线",是两种相互联系的认定属于上下班途中受机动车事故伤害情形的必不可少的时空概念,不应割裂开来。[参见"何某祥诉江苏省新沂市劳动和社会保障局工伤认定行政案",最高人民法院发布的四起工伤保险行政纠纷典型案例(2014年8月21日)]

实务问答如何理解"因工外出期间"?

(一)职工受用人单位指派或者因工作需要在工作场所以外从事与工作职责有关的活动期间;

(二)职工受用人单位指派外出学习或者开会期间;

(三)职工因工作需要的其他外出活动期间。

职工因工外出期间从事与工作或者受用人单位指派外出学习、开会无关的个人活动受到伤害,社会保险行政部门不认定为工伤的,人民法院应予支持。

第十五条 【视同工伤的情形及其保险待遇】职工有下列情形之一的,视同工伤:

(一)在工作时间和工作岗位,突发疾病死亡或者在48小时之内经抢救无效死亡的;

(二)在抢险救灾等维护国家利益、公共利益活动中受到伤害的;

(三)职工原在军队服役,因战、因公负伤致残,已取得革命伤残军人证,到用人单位后旧伤复发的。

职工有前款第(一)项、第(二)项情形的,按照本条例的有关规定享受工伤保险待遇;职工有前款第(三)项情形的,按照本条例的有关规定享受除一次性伤残补助金以外的工伤保险待遇。

第十六条 【不属于工伤的情形】职工符合本条例第十四条、第十五条的规定,但是有下列情形之一的,不得认定为工伤或者视同工伤:

(一)故意犯罪的;

(二)醉酒或者吸毒的;

(三)自残或者自杀的。

第十七条 【申请工伤认定的主体、时限及受理部门】职工发生事故伤害或者按照职业病防治法规定被诊断、鉴定为职业病,所在单位应当自事故伤害发生之日或者被诊断、鉴定为职业病之日起30日内,向统筹地区社会保险行政部门提出工伤认定申请。遇有特殊情况,经报社会保险行政部门同意,申请时限可以适当延长。

用人单位未按前款规定提出工伤认定申请的,工伤职工或者其近亲属、工会组织在事故伤害发生之日或者被诊断、鉴定为职业病之日起1年内,可以直接向用人单位所在地统筹地区社会保险行政部门提出工伤认定申请。

按照本条第一款规定应当由省级社会保险行政部门进行工伤认定的事项,根据属地原则由用人单位所在地的设区的市级社会保险行政部门办理。

用人单位未在本条第一款规定的时限内提交工伤认定申请,在此期间发生符合本条例规定的工伤待遇等有关费用由该用人单位负担。

实务问答如何理解"事故伤害发生之日"?

根据《工伤保险条例》第17条的规定,工伤认定申请时效应当从事故伤害发生之日起算。这里的"事故伤害发生之日"应当包括工伤事故导致的伤害结果实际发生之日。工伤事故发生时伤害结果尚未实际发生,工伤职工在伤害结果实际发生后1年内提出工伤认定申请的,不属于超过工伤认定申请时效的情形。(参见《最高人民法院公报》2008年第1期"杨某峰诉无锡市劳动和社会保障局工伤认定行政纠纷案")

第十八条 【申请材料】提出工伤认定申请应当提交下列材料:

(一)工伤认定申请表;

(二)与用人单位存在劳动关系(包括事实劳动关系)的证明材料;

(三)医疗诊断证明或者职业病诊断证明书(或者职业病诊断鉴定书)。

工伤认定申请表应当包括事故发生的时间、地点、原因以及职工伤害程度等基本情况。

工伤认定申请人提供材料不完整的,社会保险行政部门应当一次性书面告知工伤认定申请人需要补正的全部材料。申请人按照书面告知要求补正材料后,社会保险行政部门应当受理。

第十九条 【事故调查及举证责任】社会保险行政部门受理工伤认定申请后,根据审核需要可以对事故伤害进行调查核实,用人单位、职工、工会组织、医疗机构以及有关部门应当予以协助。职业病诊断和诊断争议的鉴定,依照职业病防治法的有关规定执行。对依法取得职业病诊断证明书或者职业病诊断鉴定书的,社会保险行政部门不再进行调查核实。

职工或者其近亲属认为是工伤,用人单位不认为是工伤的,由用人单位承担举证责任。

第二十条 【工伤认定的时限、回避】社会保险行政部门应当自受理工伤认定申请之日起60日内作出工伤认定的决定,并书面通知申请工伤认定的职工或者其近亲属和该职工所在单位。

社会保险行政部门对受理的事实清楚、权利义务明确的工伤认定申请,应当在15日内作出工伤认定的决定。

作出工伤认定决定需要以司法机关或者有关行政主管部门的结论为依据的,在司法机关或者有关行政主管部门尚未作出结论期间,作出工伤认定决定的时限中止。

社会保险行政部门工作人员与工伤认定申请人有利害关系的,应当回避。

第四章 劳动能力鉴定

第二十一条 【鉴定的条件】职工发生工伤,经治疗伤情相对稳定后存在残疾、影响劳动能力的,应当进行劳动能力鉴定。

第二十二条 【劳动能力鉴定等级】劳动能力鉴定是指劳动功能障碍程度和生活自理障碍程度的等级鉴定。

劳动功能障碍分为十个伤残等级,最重的为一级,最轻的为十级。

生活自理障碍分为三个等级:生活完全不能自理、生活大部分不能自理和生活部分不能自理。

劳动能力鉴定标准由国务院社会保险行政部门会同国务院卫生行政部门等部门制定。

第二十三条 【申请鉴定的主体、受理机构、申请材料】劳动能力鉴定由用人单位、工伤职工或者其近亲属向设区的市级劳动能力鉴定委员会提出申请,并提供工伤认定决定和职工工伤医疗的有关资料。

第二十四条 【鉴定委员会人员构成、专家库】省、自治区、直辖市劳动能力鉴定委员会和设区的市级劳动能力鉴定委员会分别由省、自治区、直辖市和设区的市级社会保险行政部门、卫生行政部门、工会组织、经办机构代表以及用人单位代表组成。

劳动能力鉴定委员会建立医疗卫生专家库。列入专家库的医疗卫生专业技术人员应当具备下列条件:

(一)具有医疗卫生高级专业技术职务任职资格;

(二)掌握劳动能力鉴定的相关知识;

(三)具有良好的职业品德。

第二十五条 【鉴定步骤、时限】设区的市级劳动能力鉴定委员会收到劳动能力鉴定申请后,应当从其建立的医疗卫生专家库中随机抽取3名或者5名相关专家组成专家组,由专家组提出鉴定意见。设区的市级劳动能力鉴定委员会根据专家组的鉴定意见作出工伤职工劳动能力鉴定结论;必要时,可以委托具备资格的医疗机构协助进行有关的诊断。

设区的市级劳动能力鉴定委员会应当自收到劳动能力鉴定申请之日起60日内作出劳动能力鉴定结论,必要时,作出劳动能力鉴定结论的期限可以延长30日。劳动能力鉴定结论应当及时送达申请鉴定的单位和个人。

第二十六条 【再次鉴定】申请鉴定的单位或者个人对设区的市级劳动能力鉴定委员会作出的鉴定结论不服的,可以在收到该鉴定结论之日起15日内向省、自治区、直辖市劳动能力鉴定委员会提出再次鉴定申请。省、自治区、直辖市劳动能力鉴定委员会作出的劳动能力鉴定结论为最终结论。

第二十七条 【鉴定工作原则、回避制度】劳动能力鉴定工作应当客观、公正。劳动能力鉴定委员会组成人员或者参加鉴定的专家与当事人有利害关系的,应当回避。

第二十八条 【复查鉴定】自劳动能力鉴定结论作出之日起1年后,工伤职工或者其近亲属、所在单位或者经办机构认为伤残情况发生变化的,可以申请劳动能力复查鉴定。

第二十九条 【再次鉴定和复查鉴定的时限】劳动能力鉴定委员会依照本条例第二十六条和第二十八条的规定进行再次鉴定和复查鉴定的期限,依照本条例第二十五条第二款的规定执行。

第五章 工伤保险待遇

第三十条 【工伤职工的治疗】职工因工作遭受事故伤害或者患职业病进行治疗,享受工伤医疗待遇。

职工治疗工伤应当在签订服务协议的医疗机构就医,情况紧急时可以先到就近的医疗机构急救。

治疗工伤所需费用符合工伤保险诊疗项目目录、工伤保险药品目录、工伤保险住院服务标准的,从工伤保险基金支付。工伤保险诊疗项目目录、工伤保险药品目录、工伤保险住院服务标准,由国务院社会保险行政部门会同国务院卫生行政部门、食品药品监督管理部门等部门规定。

职工住院治疗工伤的伙食补助费，以及经医疗机构出具证明，报经办机构同意，工伤职工到统筹地区以外就医所需的交通、食宿费用从工伤保险基金支付，基金支付的具体标准由统筹地区人民政府规定。

工伤职工治疗非工伤引发的疾病，不享受工伤医疗待遇，按照基本医疗保险办法处理。

工伤职工到签订服务协议的医疗机构进行工伤康复的费用，符合规定的，从工伤保险基金支付。

第三十一条　【复议和诉讼期间不停止支付医疗费用】社会保险行政部门作出认定为工伤的决定后发生行政复议、行政诉讼的，行政复议和行政诉讼期间不停止支付工伤职工治疗工伤的医疗费用。

第三十二条　【配置辅助器具】工伤职工因日常生活或者就业需要，经劳动能力鉴定委员会确认，可以安装假肢、矫形器、假眼、假牙和配置轮椅等辅助器具，所需费用按照国家规定的标准从工伤保险基金支付。

第三十三条　【工伤治疗期间待遇】职工因工作遭受事故伤害或者患职业病需要暂停工作接受工伤医疗的，在停工留薪期内，原工资福利待遇不变，由所在单位按月支付。

停工留薪期一般不超过12个月。伤情严重或者情况特殊，经设区的市级劳动能力鉴定委员会确认，可以适当延长，但延长不得超过12个月。工伤职工评定伤残等级后，停发原待遇，按照本章的有关规定享受伤残待遇。工伤职工在停工留薪期满后仍需治疗的，继续享受工伤医疗待遇。

生活不能自理的工伤职工在停工留薪期需要护理的，由所在单位负责。

第三十四条　【生活护理费】工伤职工已经评定伤残等级并经劳动能力鉴定委员会确认需要生活护理的，从工伤保险基金按月支付生活护理费。

生活护理费按照生活完全不能自理、生活大部分不能自理或者生活部分不能自理3个不同等级支付，其标准分别为统筹地区上年度职工月平均工资的50%、40%或者30%。

第三十五条　【一至四级工伤待遇】职工因工致残被鉴定为一级至四级伤残的，保留劳动关系，退出工作岗位，享受以下待遇：

（一）从工伤保险基金按伤残等级支付一次性伤残补助金，标准为：一级伤残为27个月的本人工资，二级伤残为25个月的本人工资，三级伤残为23个月的本人工资，四级伤残为21个月的本人工资；

（二）从工伤保险基金按月支付伤残津贴，标准为：一级伤残为本人工资的90%，二级伤残为本人工资的85%，三级伤残为本人工资的80%，四级伤残为本人工资的75%。伤残津贴实际金额低于当地最低工资标准的，由工伤保险基金补足差额；

（三）工伤职工达到退休年龄并办理退休手续后，停发伤残津贴，按照国家有关规定享受基本养老保险待遇。基本养老保险待遇低于伤残津贴的，由工伤保险基金补足差额。

职工因工致残被鉴定为一级至四级伤残的，由用人单位和职工个人以伤残津贴为基数，缴纳基本医疗保险费。

第三十六条　【五至六级工伤待遇】职工因工致残被鉴定为五级、六级伤残的，享受以下待遇：

（一）从工伤保险基金按伤残等级支付一次性伤残补助金，标准为：五级伤残为18个月的本人工资，六级伤残为16个月的本人工资；

（二）保留与用人单位的劳动关系，由用人单位安排适当工作。难以安排工作的，由用人单位按月发给伤残津贴，标准为：五级伤残为本人工资的70%，六级伤残为本人工资的60%，并由用人单位按照规定为其缴纳应缴纳的各项社会保险费。伤残津贴实际金额低于当地最低工资标准的，由用人单位补足差额。

经工伤职工本人提出，该职工可以与用人单位解除或者终止劳动关系，由工伤保险基金支付一次性工伤医疗补助金，由用人单位支付一次性伤残就业补助金。一次性工伤医疗补助金和一次性伤残就业补助金的具体标准由省、自治区、直辖市人民政府规定。

第三十七条　【七至十级工伤待遇】职工因工致残被鉴定为七级至十级伤残的，享受以下待遇：

（一）从工伤保险基金按伤残等级支付一次性伤残补助金，标准为：七级伤残为13个月的本人工资，八级伤残为11个月的本人工资，九级伤残为9个月的本人工资，十级伤残为7个月的本人工资；

（二）劳动、聘用合同期满终止，或者职工本人提出解除劳动、聘用合同的，由工伤保险基金支付一次性工伤医疗补助金，由用人单位支付一次性伤残就业补助金。一次性工伤医疗补助金和一次性伤残就业补助金的具体标准由省、自治区、直辖市人民政府规定。

第三十八条 【旧伤复发待遇】工伤职工工伤复发,确认需要治疗的,享受本条例第三十条、第三十二条和第三十三条规定的工伤待遇。

第三十九条 【工亡待遇】职工因工死亡,其近亲属按照下列规定从工伤保险基金领取丧葬补助金、供养亲属抚恤金和一次性工亡补助金:

(一)丧葬补助金为6个月的统筹地区上年度职工月平均工资;

(二)供养亲属抚恤金按照职工本人工资的一定比例发给由因工死亡职工生前提供主要生活来源、无劳动能力的亲属。标准为:配偶每月40%,其他亲属每人每月30%,孤寡老人或者孤儿每人每月在上述标准的基础上增加10%。核定的各供养亲属的抚恤金之和不应高于因工死亡职工生前的工资。供养亲属的具体范围由国务院社会保险行政部门规定;

(三)一次性工亡补助金标准为上一年度全国城镇居民人均可支配收入的20倍。

伤残职工在停工留薪期内因工伤导致死亡的,其近亲属享受本条第一款规定的待遇。

一级至四级伤残职工在停工留薪期满后死亡的,其近亲属可以享受本条第一款第(一)项、第(二)项规定的待遇。

第四十条 【工伤待遇调整】伤残津贴、供养亲属抚恤金、生活护理费由统筹地区社会保险行政部门根据职工平均工资和生活费用变化等情况适时调整。调整办法由省、自治区、直辖市人民政府规定。

第四十一条 【职工抢险救灾、因工外出下落不明时的处理】职工因工外出期间发生事故或者在抢险救灾中下落不明的,从事故发生当月起3个月内照发工资,从第4个月起停发工资,由工伤保险基金向其供养亲属按月支付供养亲属抚恤金。生活有困难的,可以预支一次性工亡补助金的50%。职工被人民法院宣告死亡的,按照本条例第三十九条职工因工死亡的规定处理。

第四十二条 【停止支付工伤保险待遇的情形】工伤职工有下列情形之一的,停止享受工伤保险待遇:

(一)丧失享受待遇条件的;

(二)拒不接受劳动能力鉴定的;

(三)拒绝治疗的。

第四十三条 【用人单位分立合并等情况下的责任】用人单位分立、合并、转让的,承继单位应当承担原用人单位的工伤保险责任;原用人单位已经参加工伤保险的,承继单位应当到当地经办机构办理工伤保险变更登记。

用人单位实行承包经营的,工伤保险责任由职工劳动关系所在单位承担。

职工被借调期间受到工伤事故伤害的,由原用人单位承担工伤保险责任,但原用人单位与借调单位可以约定补偿办法。

企业破产的,在破产清算时依法拨付应当由单位支付的工伤保险待遇费用。

实务问答 违法转包下的工伤保险责任?

用工单位违反法律、法规规定将承包业务转包或者发包给不具备用工主体资格的组织或者自然人,该组织或者自然人聘用的职工因工伤亡的,用工单位为承担工伤保险责任的单位。[参见"张某兵与上海市松江区人力资源和社会保障局工伤认定行政上诉案",最高人民法院发布的四起工伤保险行政纠纷典型案例(2014年8月21日)]

第四十四条 【派遣出境期间的工伤保险关系】职工被派遣出境工作,依据前往国家或者地区的法律应当参加当地工伤保险的,参加当地工伤保险,其国内工伤保险关系中止;不能参加当地工伤保险的,其国内工伤保险关系不中止。

第四十五条 【再次发生工伤的待遇】职工再次发生工伤,根据规定应当享受伤残津贴的,按照新认定的伤残等级享受伤残津贴待遇。

第六章 监督管理

第四十六条 【经办机构职责范围】经办机构具体承办工伤保险事务,履行下列职责:

(一)根据省、自治区、直辖市人民政府规定,征收工伤保险费;

(二)核查用人单位的工资总额和职工人数,办理工伤保险登记,并负责保存用人单位缴费和职工享受工伤保险待遇情况的记录;

(三)进行工伤保险的调查、统计;

(四)按照规定管理工伤保险基金的支出;

(五)按照规定核定工伤保险待遇;

(六)为工伤职工或者其近亲属免费提供咨询服务。

第四十七条 【服务协议】经办机构与医疗机构、辅助器具配置机构在平等协商的基础上签订服务协议,并公布签订服务协议的医疗机构、辅助器具配置机构的名单。具体办法由国务院社会保险行政部门分别会同国务院卫生行政部门、民政部门等部门制定。

第四十八条 【工伤保险费用的核查、结算】经办机构按照协议和国家有关目录、标准对工伤职工医疗费用、康复费用、辅助器具费用的使用情况进行核查,并按时足额结算费用。

第四十九条 【公布基金收支情况、费率调整建议】经办机构应当定期公布工伤保险基金的收支情况,及时向社会保险行政部门提出调整费率的建议。

第五十条 【听取社会意见】社会保险行政部门、经办机构应当定期听取工伤职工、医疗机构、辅助器具配置机构以及社会各界对改进工伤保险工作的意见。

第五十一条 【对工伤保险基金的监督】社会保险行政部门依法对工伤保险费的征缴和工伤保险基金的支付情况进行监督检查。

财政部门和审计机关依法对工伤保险基金的收支、管理情况进行监督。

第五十二条 【群众监督】任何组织和个人对有关工伤保险的违法行为,有权举报。社会保险行政部门对举报应当及时调查,按照规定处理,并为举报人保密。

第五十三条 【工会监督】工会组织依法维护工伤职工的合法权益,对用人单位的工伤保险工作实行监督。

第五十四条 【工伤待遇争议处理】职工与用人单位发生工伤待遇方面的争议,按照处理劳动争议的有关规定处理。

第五十五条 【其他工伤保险争议处理】有下列情形之一的,有关单位或者个人可以依法申请行政复议,也可以依法向人民法院提起行政诉讼:

(一)申请工伤认定的职工或者其近亲属、该职工所在单位对工伤认定申请不予受理的决定不服的;

(二)申请工伤认定的职工或者其近亲属、该职工所在单位对工伤认定结论不服的;

(三)用人单位对经办机构确定的单位缴费费率不服的;

(四)签订服务协议的医疗机构、辅助器具配置机构认为经办机构未履行有关协议或者规定的;

(五)工伤职工或者其近亲属对经办机构核定的工伤保险待遇有异议的。

第七章 法律责任

第五十六条 【挪用工伤保险基金的责任】单位或者个人违反本条例第十二条规定挪用工伤保险基金,构成犯罪的,依法追究刑事责任;尚不构成犯罪的,依法给予处分或者纪律处分。被挪用的基金由社会保险行政部门追回,并入工伤保险基金;没收的违法所得依法上缴国库。

第五十七条 【社会保险行政部门工作人员违法违纪责任】社会保险行政部门工作人员有下列情形之一的,依法给予处分;情节严重,构成犯罪的,依法追究刑事责任:

(一)无正当理由不受理工伤认定申请,或者弄虚作假将不符合工伤条件的人员认定为工伤职工的;

(二)未妥善保管申请工伤认定的证据材料,致使有关证据灭失的;

(三)收受当事人财物的。

第五十八条 【经办机构违规的责任】经办机构有下列行为之一的,由社会保险行政部门责令改正,对直接负责的主管人员和其他责任人员依法给予纪律处分;情节严重,构成犯罪的,依法追究刑事责任;造成当事人经济损失的,由经办机构依法承担赔偿责任:

(一)未按规定保存用人单位缴费和职工享受工伤保险待遇情况记录的;

(二)不按规定核定工伤保险待遇的;

(三)收受当事人财物的。

第五十九条 【医疗机构、辅助器具配置机构、经办机构间的关系】医疗机构、辅助器具配置机构不按服务协议提供服务的,经办机构可以解除服务协议。

经办机构不按时足额结算费用的,由社会保险行政部门责令改正;医疗机构、辅助器具配置机构可以解除服务协议。

第六十条 【对骗取工伤保险待遇的处罚】用人单位、工伤职工或者其近亲属骗取工伤保险待遇,医疗机构、辅助器具配置机构骗取工伤保险基金支出的，由社会保险行政部门责令退还，处骗取金额2倍以上5倍以下的罚款；情节严重，构成犯罪的，依法追究刑事责任。

第六十一条 【鉴定组织与个人违规的责任】 从事劳动能力鉴定的组织或者个人有下列情形之一的，由社会保险行政部门责令改正，处2000元以上1万元以下的罚款；情节严重，构成犯罪的，依法追究刑事责任：

（一）提供虚假鉴定意见的；

（二）提供虚假诊断证明的；

（三）收受当事人财物的。

第六十二条 【未按规定参保的情形】 用人单位依照本条例规定应当参加工伤保险而未参加的，由社会保险行政部门责令限期参加，补缴应当缴纳的工伤保险费，并自欠缴之日起，按日加收万分之五的滞纳金；逾期仍不缴纳的，处欠缴数额1倍以上3倍以下的罚款。

依照本条例规定应当参加工伤保险而未参加工伤保险的用人单位职工发生工伤的，由该用人单位按照本条例规定的工伤保险待遇项目和标准支付费用。

用人单位参加工伤保险并补缴应当缴纳的工伤保险费、滞纳金后，由工伤保险基金和用人单位依照本条例的规定支付新发生的费用。

实务问答 未参加工伤保险期间用人单位职工发生工伤的，如何处理？

根据《工伤保险条例》第2条和第62条的规定，用人单位应当按照规定参加工伤保险，为职工缴纳工伤保险费，未参加工伤保险期间用人单位职工发生工伤的，由该用人单位按照本条例规定的工伤保险待遇项目和标准支付费用。（参见《最高人民法院公报》2010年第3期“邹某英诉孙某根、刘某工伤事故损害赔偿纠纷案”）

第六十三条 【用人单位不协助调查的责任】 用人单位违反本条例第十九条的规定，拒不协助社会保险行政部门对事故进行调查核实的，由社会保险行政部门责令改正，处2000元以上2万元以下的罚款。

第八章 附 则

第六十四条 【相关名词解释】 本条例所称工资总额，是指用人单位直接支付给本单位全部职工的劳动报酬总额。

本条例所称本人工资，是指工伤职工因工作遭受事故伤害或者患职业病前12个月平均月缴费工资。本人工资高于统筹地区职工平均工资300%的，按照统筹地区职工平均工资的300%计算；本人工资低于统筹地区职工平均工资60%的，按照统筹地区职工平均工资的60%计算。

第六十五条 【公务员等的工伤保险】 公务员和参照公务员法管理的事业单位、社会团体的工作人员因工作遭受事故伤害或者患职业病的，由所在单位支付费用。具体办法由国务院社会保险行政部门会同国务院财政部门规定。

第六十六条 【非法经营单位工伤一次性赔偿及争议处理】 无营业执照或者未经依法登记、备案的单位以及被依法吊销营业执照或者撤销登记、备案的单位的职工受到事故伤害或者患职业病的，由该单位向伤残职工或者死亡职工的近亲属给予一次性赔偿，赔偿标准不得低于本条例规定的工伤保险待遇；用人单位不得使用童工，用人单位使用童工造成童工伤残、死亡的，由该单位向童工或者童工的近亲属给予一次性赔偿，赔偿标准不得低于本条例规定的工伤保险待遇。具体办法由国务院社会保险行政部门规定。

前款规定的伤残职工或者死亡职工的近亲属就赔偿数额与单位发生争议的，以及前款规定的童工或者童工的近亲属就赔偿数额与单位发生争议的，按照处理劳动争议的有关规定处理。

第六十七条 【实施日期及过渡事项】 本条例自2004年1月1日起施行。本条例施行前已受到事故伤害或者患职业病的职工尚未完成工伤认定的，按照本条例的规定执行。

失业保险条例

· 1998年12月26日国务院第11次常务会议通过

· 1999年1月22日中华人民共和国国务院令第258号发布

· 自发布之日起施行

第一章 总 则

第一条 【立法目的】 为了保障失业人员失业期间的基本生活，促进其再就业，制定本条例。

第二条 【适用范围】城镇企业事业单位、城镇企业事业单位职工依照本条例的规定，缴纳失业保险费。

城镇企业事业单位失业人员依照本条例的规定，享受失业保险待遇。

本条所称城镇企业，是指国有企业、城镇集体企业、外商投资企业、城镇私营企业以及其他城镇企业。

第三条 【主管部门】国务院劳动保障行政部门主管全国的失业保险工作。县级以上地方各级人民政府劳动保障行政部门主管本行政区域内的失业保险工作。劳动保障行政部门按照国务院规定设立的经办失业保险业务的社会保险经办机构依照本条例的规定，具体承办失业保险工作。

第四条 【失业保险费征缴】失业保险费按照国家有关规定征缴。

第二章 失业保险基金

第五条 【失业保险基金构成】失业保险基金由下列各项构成：

（一）城镇企业事业单位、城镇企业事业单位职工缴纳的失业保险费；

（二）失业保险基金的利息；

（三）财政补贴；

（四）依法纳入失业保险基金的其他资金。

第六条 【缴费主体】城镇企业事业单位按照本单位工资总额的2%缴纳失业保险费。城镇企业事业单位职工按照本人工资的1%缴纳失业保险费。城镇企业事业单位招用的农民合同制工人本人不缴纳失业保险费。

第七条 【统筹层次】失业保险基金在直辖市和设区的市实行全市统筹；其他地区的统筹层次由省、自治区人民政府规定。

第八条 【失业保险调剂金】省、自治区可以建立失业保险调剂金。

失业保险调剂金以统筹地区依法应当征收的失业保险费为基数，按照省、自治区人民政府规定的比例筹集。

统筹地区的失业保险基金不敷使用时，由失业保险调剂金调剂、地方财政补贴。

失业保险调剂金的筹集、调剂使用以及地方财政补贴的具体办法，由省、自治区人民政府规定。

第九条 【费率调整】省、自治区、直辖市人民政府根据本行政区域失业人员数量和失业保险基金数额，报经国务院批准，可以适当调整本行政区域失业保险费的费率。

第十条 【支出项目】失业保险基金用于下列支出：

（一）失业保险金；

（二）领取失业保险金期间的医疗补助金；

（三）领取失业保险金期间死亡的失业人员的丧葬补助金和其供养的配偶、直系亲属的抚恤金；

（四）领取失业保险金期间接受职业培训、职业介绍的补贴，补贴的办法和标准由省、自治区、直辖市人民政府规定；

（五）国务院规定或者批准的与失业保险有关的其他费用。

第十一条 【收支管理】失业保险基金必须存入财政部门在国有商业银行开设的社会保障基金财政专户，实行收支两条线管理，由财政部门依法进行监督。

存入银行和按照国家规定购买国债的失业保险基金，分别按照城乡居民同期存款利率和国债利息计息。失业保险基金的利息并入失业保险基金。

失业保险基金专款专用，不得挪作他用，不得用于平衡财政收支。

第十二条 【预算、决算】失业保险基金收支的预算、决算，由统筹地区社会保险经办机构编制，经同级劳动保障行政部门复核、同级财政部门审核，报同级人民政府审批。

第十三条 【财会制度】失业保险基金的财务制度和会计制度按照国家有关规定执行。

第三章 失业保险待遇

第十四条 【失业保险金领取条件】具备下列条件的失业人员，可以领取失业保险金：

（一）按照规定参加失业保险，所在单位和本人已按照规定履行缴费义务满1年的；

（二）非因本人意愿中断就业的；

（三）已办理失业登记，并有求职要求的。

失业人员在领取失业保险金期间，按照规定同时享受其他失业保险待遇。

第十五条 【停止领取失业保险金】失业人员在领取失业保险金期间有下列情形之一的，停止领取失业保险金，并同时停止享受其他失业保险待遇：

（一）重新就业的；

（二）应征服兵役的；

（三）移居境外的；

（四）享受基本养老保险待遇的；

（五）被判刑收监执行或者被劳动教养的；

（六）无正当理由，拒不接受当地人民政府指定的部门或者机构介绍的工作的；

（七）有法律、行政法规规定的其他情形的。

第十六条　【失业证明】城镇企业事业单位应当及时为失业人员出具终止或者解除劳动关系的证明，告知其按照规定享受失业保险待遇的权利，并将失业人员的名单自终止或者解除劳动关系之日起 7 日内报社会保险经办机构备案。

城镇企业事业单位职工失业后，应当持本单位为其出具的终止或者解除劳动关系的证明，及时到指定的社会保险经办机构办理失业登记。失业保险金自办理失业登记之日起计算。

失业保险金由社会保险经办机构按月发放。社会保险经办机构为失业人员开具领取失业保险金的单证，失业人员凭单证到指定银行领取失业保险金。

第十七条　【领取期限】失业人员失业前所在单位和本人按照规定累计缴费时间满 1 年不足 5 年的，领取失业保险金的期限最长为 12 个月；累计缴费时间满 5 年不足 10 年的，领取失业保险金的期限最长为 18 个月；累计缴费时间 10 年以上的，领取失业保险金的期限最长为 24 个月。重新就业后，再次失业的，缴费时间重新计算，领取失业保险金的期限可以与前次失业应领取而尚未领取的失业保险金的期限合并计算，但是最长不得超过 24 个月。

第十八条　【失业保险金标准】失业保险金的标准，按照低于当地最低工资标准、高于城市居民最低生活保障标准的水平，由省、自治区、直辖市人民政府确定。

第十九条　【医疗补助金】失业人员在领取失业保险金期间患病就医的，可以按照规定向社会保险经办机构申请领取医疗补助金。医疗补助金的标准由省、自治区、直辖市人民政府规定。

第二十条　【丧葬补助金与抚恤金】失业人员在领取失业保险金期间死亡的，参照当地对在职职工的规定，对其家属一次性发给丧葬补助金和抚恤金。

第二十一条　【一次性生活补助】单位招用的农民合同制工人连续工作满 1 年，本单位并已缴纳失业保险费，劳动合同期满未续订或者提前解除劳动合同的，由社会保险经办机构根据其工作时间长短，对其支付一次性生活补助。补助的办法和标准由省、自治区、直辖市人民政府规定。

第二十二条　【失业保险关系转迁】城镇企业事业单位成建制跨统筹地区转移，失业人员跨统筹地区流动的，失业保险关系随之转迁。

第二十三条　【城市居民最低生活保障待遇】失业人员符合城市居民最低生活保障条件的，按照规定享受城市居民最低生活保障待遇。

第四章　管理和监督

第二十四条　【劳动保障部门职责】劳动保障行政部门管理失业保险工作，履行下列职责：

（一）贯彻实施失业保险法律、法规；

（二）指导社会保险经办机构的工作；

（三）对失业保险费的征收和失业保险待遇的支付进行监督检查。

第二十五条　【社保经办机构职责】社会保险经办机构具体承办失业保险工作，履行下列职责：

（一）负责失业人员的登记、调查、统计；

（二）按照规定负责失业保险基金的管理；

（三）按照规定核定失业保险待遇，开具失业人员在指定银行领取失业保险金和其他补助金的单证；

（四）拨付失业人员职业培训、职业介绍补贴费用；

（五）为失业人员提供免费咨询服务；

（六）国家规定由其履行的其他职责。

第二十六条　【收支监督】财政部门和审计部门依法对失业保险基金的收支、管理情况进行监督。

第二十七条　【经费拨付】社会保险经办机构所需经费列入预算，由财政拨付。

第五章　罚　　则

第二十八条　【骗取失业待遇的处理】不符合享受失业保险待遇条件，骗取失业保险金和其他失业保险待遇的，由社会保险经办机构责令退还；情节严重的，由劳动保障行政部门处骗取金额 1

倍以上3倍以下的罚款。

第二十九条 【开具单证违规责任】社会保险经办机构工作人员违反规定向失业人员开具领取失业保险金或者享受其他失业保险待遇单证，致使失业保险基金损失的，由劳动保障行政部门责令追回；情节严重的，依法给予行政处分。

第三十条 【失职责任】劳动保障行政部门和社会保险经办机构的工作人员滥用职权、徇私舞弊、玩忽职守，造成失业保险基金损失的，由劳动保障行政部门追回损失的失业保险基金；构成犯罪的，依法追究刑事责任；尚不构成犯罪的，依法给予行政处分。

第三十一条 【挪用责任】任何单位、个人挪用失业保险基金的，追回挪用的失业保险基金；有违法所得的，没收违法所得，并入失业保险基金；构成犯罪的，依法追究刑事责任；尚不构成犯罪的，对直接负责的主管人员和其他直接责任人员依法给予行政处分。

第六章 附 则

第三十二条 【社会团体等组织的适用】省、自治区、直辖市人民政府根据当地实际情况，可以决定本条例适用于本行政区域内的社会团体及其专职人员、民办非企业单位及其职工、有雇工的城镇个体工商户及其雇工。

第三十三条 【施行日期】本条例自发布之日起施行。1993年4月12日国务院发布的《国有企业职工待业保险规定》同时废止。

最高人民法院关于审理劳动争议案件适用法律问题的解释（一）

- 2020年12月25日最高人民法院审判委员会第1825次会议通过
- 2020年12月29日法释〔2020〕26号公布
- 自2021年1月1日起施行

为正确审理劳动争议案件，根据《中华人民共和国民法典》《中华人民共和国劳动法》《中华人民共和国劳动合同法》《中华人民共和国劳动争议调解仲裁法》《中华人民共和国民事诉讼法》等相关法律规定，结合审判实践，制定本解释。

第一条 劳动者与用人单位之间发生的下列纠纷，属于劳动争议，当事人不服劳动争议仲裁机构作出的裁决，依法提起诉讼的，人民法院应予受理：

（一）劳动者与用人单位在履行劳动合同过程中发生的纠纷；

（二）劳动者与用人单位之间没有订立书面劳动合同，但已形成劳动关系后发生的纠纷；

（三）劳动者与用人单位因劳动关系是否已经解除或者终止，以及应否支付解除或者终止劳动关系经济补偿金发生的纠纷；

（四）劳动者与用人单位解除或者终止劳动关系后，请求用人单位返还其收取的劳动合同定金、保证金、抵押金、抵押物发生的纠纷，或者办理劳动者的人事档案、社会保险关系等移转手续发生的纠纷；

（五）劳动者以用人单位未为其办理社会保险手续，且社会保险经办机构不能补办导致其无法享受社会保险待遇为由，要求用人单位赔偿损失发生的纠纷；

（六）劳动者退休后，与尚未参加社会保险统筹的原用人单位因追索养老金、医疗费、工伤保险待遇和其他社会保险待遇而发生的纠纷；

（七）劳动者因为工伤、职业病，请求用人单位依法给予工伤保险待遇发生的纠纷；

（八）劳动者依据劳动合同法第八十五条规定，要求用人单位支付加付赔偿金发生的纠纷；

（九）因企业自主进行改制发生的纠纷。

第二条 下列纠纷不属于劳动争议：

（一）劳动者请求社会保险经办机构发放社会保险金的纠纷；

（二）劳动者与用人单位因住房制度改革产生的公有住房转让纠纷；

（三）劳动者对劳动能力鉴定委员会的伤残等级鉴定结论或者对职业病诊断鉴定委员会的职业病诊断鉴定结论的异议纠纷；

（四）家庭或者个人与家政服务人员之间的纠纷；

（五）个体工匠与帮工、学徒之间的纠纷；

（六）农村承包经营户与受雇人之间的纠纷。

第三条 劳动争议案件由用人单位所在地或者劳动合同履行地的基层人民法院管辖。

劳动合同履行地不明确的，由用人单位所在

地的基层人民法院管辖。

法律另有规定的,依照其规定。

第四条 劳动者与用人单位均不服劳动争议仲裁机构的同一裁决,向同一人民法院起诉的,人民法院应当并案审理,双方当事人互为原告和被告,对双方的诉讼请求,人民法院应当一并作出裁决。在诉讼过程中,一方当事人撤诉的,人民法院应当根据另一方当事人的诉讼请求继续审理。双方当事人就同一仲裁裁决分别向有管辖权的人民法院起诉的,后受理的人民法院应当将案件移送给先受理的人民法院。

第五条 劳动争议仲裁机构以无管辖权为由对劳动争议案件不予受理,当事人提起诉讼的,人民法院按照以下情形分别处理:

(一)经审查认为该劳动争议仲裁机构对案件确无管辖权的,应当告知当事人向有管辖权的劳动争议仲裁机构申请仲裁;

(二)经审查认为该劳动争议仲裁机构有管辖权的,应当告知当事人申请仲裁,并将审查意见书面通知该劳动争议仲裁机构;劳动争议仲裁机构仍不受理,当事人就该劳动争议事项提起诉讼的,人民法院应予受理。

第六条 劳动争议仲裁机构以当事人申请仲裁的事项不属于劳动争议为由,作出不予受理的书面裁决、决定或者通知,当事人不服依法提起诉讼的,人民法院应当分别情况予以处理:

(一)属于劳动争议案件的,应当受理;

(二)虽不属于劳动争议案件,但属于人民法院主管的其他案件,应当依法受理。

第七条 劳动争议仲裁机构以申请仲裁的主体不适格为由,作出不予受理的书面裁决、决定或者通知,当事人不服依法提起诉讼,经审查确属主体不适格的,人民法院不予受理;已经受理的,裁定驳回起诉。

第八条 劳动争议仲裁机构为纠正原仲裁裁决错误重新作出裁决,当事人不服依法提起诉讼的,人民法院应当受理。

第九条 劳动争议仲裁机构仲裁的事项不属于人民法院受理的案件范围,当事人不服依法提起诉讼的,人民法院不予受理;已经受理的,裁定驳回起诉。

第十条 当事人不服劳动争议仲裁机构作出的预先支付劳动者劳动报酬、工伤医疗费、经济补偿或者赔偿金的裁决,依法提起诉讼的,人民法院不予受理。

用人单位不履行上述裁决中的给付义务,劳动者依法申请强制执行的,人民法院应予受理。

第十一条 劳动争议仲裁机构作出的调解书已经发生法律效力,一方当事人反悔提起诉讼的,人民法院不予受理;已经受理的,裁定驳回起诉。

第十二条 劳动争议仲裁机构逾期未作出受理决定或仲裁裁决,当事人直接提起诉讼的,人民法院应予受理,但申请仲裁的案件存在下列事由的除外:

(一)移送管辖的;

(二)正在送达或者送达延误的;

(三)等待另案诉讼结果、评残结论的;

(四)正在等待劳动争议仲裁机构开庭的;

(五)启动鉴定程序或者委托其他部门调查取证的;

(六)其他正当事由。

当事人以劳动争议仲裁机构逾期未作出仲裁裁决为由提起诉讼的,应当提交该仲裁机构出具的受理通知书或者其他已接受仲裁申请的凭证、证明。

第十三条 劳动者依据劳动合同法第三十条第二款和调解仲裁法第十六条规定向人民法院申请支付令,符合民事诉讼法第十七章督促程序规定的,人民法院应予受理。

依据劳动合同法第三十条第二款规定申请支付令被人民法院裁定终结督促程序后,劳动者就劳动争议事项直接提起诉讼的,人民法院应当告知其先向劳动争议仲裁机构申请仲裁。

依据调解仲裁法第十六条规定申请支付令被人民法院裁定终结督促程序后,劳动者依据调解协议直接提起诉讼的,人民法院应予受理。

第十四条 人民法院受理劳动争议案件后,当事人增加诉讼请求的,如该诉讼请求与讼争的劳动争议具有不可分性,应当合并审理;如属独立的劳动争议,应当告知当事人向劳动争议仲裁机构申请仲裁。

第十五条 劳动者以用人单位的工资欠条为证据直接提起诉讼,诉讼请求不涉及劳动关系其他争议的,视为拖欠劳动报酬争议,人民法院按照普通民事纠纷受理。

第十六条 劳动争议仲裁机构作出仲裁裁决

后，当事人对裁决中的部分事项不服，依法提起诉讼的，劳动争议仲裁裁决不发生法律效力。

第十七条 劳动争议仲裁机构对多个劳动者的劳动争议作出仲裁裁决后，部分劳动者对仲裁裁决不服，依法提起诉讼的，仲裁裁决对提起诉讼的劳动者不发生法律效力；对未提起诉讼的部分劳动者，发生法律效力，如其申请执行的，人民法院应当受理。

第十八条 仲裁裁决的类型以仲裁裁决书确定为准。仲裁裁决书未载明该裁决为终局裁决或者非终局裁决，用人单位不服该仲裁裁决向基层人民法院提起诉讼的，应当按照以下情形分别处理：

（一）经审查认为该仲裁裁决为非终局裁决的，基层人民法院应予受理；

（二）经审查认为该仲裁裁决为终局裁决的，基层人民法院不予受理，但应告知用人单位可以自收到不予受理裁定书之日起三十日内向劳动争议仲裁机构所在地的中级人民法院申请撤销该仲裁裁决；已经受理的，裁定驳回起诉。

第十九条 仲裁裁决书未载明该裁决为终局裁决或者非终局裁决，劳动者依据调解仲裁法第四十七条第一项规定，追索劳动报酬、工伤医疗费、经济补偿或者赔偿金，如果仲裁裁决涉及数项，每项确定的数额均不超过当地月最低工资标准十二个月金额的，应当按照终局裁决处理。

第二十条 劳动争议仲裁机构作出的同一仲裁裁决同时包含终局裁决事项和非终局裁决事项，当事人不服该仲裁裁决向人民法院提起诉讼的，应当按照非终局裁决处理。

第二十一条 劳动者依据调解仲裁法第四十八条规定向基层人民法院提起诉讼，用人单位依据调解仲裁法第四十九条规定向劳动争议仲裁机构所在地的中级人民法院申请撤销仲裁裁决的，中级人民法院应当不予受理；已经受理的，应当裁定驳回申请。

被人民法院驳回起诉或者劳动者撤诉的，用人单位可以自收到裁定书之日起三十日内，向劳动争议仲裁机构所在地的中级人民法院申请撤销仲裁裁决。

第二十二条 用人单位依据调解仲裁法第四十九条规定向中级人民法院申请撤销仲裁裁决，中级人民法院作出的驳回申请或者撤销仲裁裁决的裁定为终审裁定。

第二十三条 中级人民法院审理用人单位申请撤销终局裁决的案件，应当组成合议庭开庭审理。经过阅卷、调查和询问当事人，对没有新的事实、证据或者理由，合议庭认为不需要开庭审理的，可以不开庭审理。

中级人民法院可以组织双方当事人调解。达成调解协议的，可以制作调解书。一方当事人逾期不履行调解协议的，另一方可以申请人民法院强制执行。

第二十四条 当事人申请人民法院执行劳动争议仲裁机构作出的发生法律效力的裁决书、调解书，被申请人提出证据证明劳动争议仲裁裁决书、调解书有下列情形之一，并经审查核实的，人民法院可以根据民事诉讼法第二百三十七条①规定，裁定不予执行：

（一）裁决的事项不属于劳动争议仲裁范围，或者劳动争议仲裁机构无权仲裁的；

（二）适用法律、法规确有错误的；

（三）违反法定程序的；

（四）裁决所根据的证据是伪造的；

（五）对方当事人隐瞒了足以影响公正裁决的证据的；

（六）仲裁员在仲裁该案时有索贿受贿、徇私舞弊、枉法裁决行为的；

（七）人民法院认定执行该劳动争议仲裁裁决违背社会公共利益的。

人民法院在不予执行的裁定书中，应当告知当事人在收到裁定书之次日起三十日内，可以就该劳动争议事项向人民法院提起诉讼。

第二十五条 劳动争议仲裁机构作出终局裁决，劳动者向人民法院申请执行，用人单位向劳动争议仲裁机构所在地的中级人民法院申请撤销的，人民法院应当裁定中止执行。

用人单位撤回撤销终局裁决申请或者其申请被驳回的，人民法院应当裁定恢复执行。仲裁裁决被撤销的，人民法院应当裁定终结执行。

用人单位向人民法院申请撤销仲裁裁决被驳回后，又在执行程序中以相同理由提出不予执行抗辩的，人民法院不予支持。

① 对应2021年《民事诉讼法》第244条。

第二十六条 用人单位与其它单位合并的,合并前发生的劳动争议,由合并后的单位为当事人;用人单位分立为若干单位的,其分立前发生的劳动争议,由分立后的实际用人单位为当事人。

用人单位分立为若干单位后,具体承受劳动权利义务的单位不明确的,分立后的单位均为当事人。

第二十七条 用人单位招用尚未解除劳动合同的劳动者,原用人单位与劳动者发生的劳动争议,可以列新的用人单位为第三人。

原用人单位以新的用人单位侵权为由提起诉讼的,可以列劳动者为第三人。

原用人单位以新的用人单位和劳动者共同侵权为由提起诉讼的,新的用人单位和劳动者列为共同被告。

第二十八条 劳动者在用人单位与其他平等主体之间的承包经营期间,与发包方和承包方双方或者一方发生劳动争议,依法提起诉讼的,应当将承包方和发包方作为当事人。

第二十九条 条劳动者与未办理营业执照、营业执照被吊销或者营业期限届满仍继续经营的用人单位发生争议的,应当将用人单位或者其出资人列为当事人。

第三十条 未办理营业执照、营业执照被吊销或者营业期限届满仍继续经营的用人单位,以挂靠等方式借用他人营业执照经营的,应当将用人单位和营业执照出借方列为当事人。

第三十一条 当事人不服劳动争议仲裁机构作出的仲裁裁决,依法提起诉讼,人民法院审查认为仲裁裁决遗漏了必须共同参加仲裁的当事人的,应当依法追加遗漏的人为诉讼当事人。

被追加的当事人应当承担责任的,人民法院应当一并处理。

第三十二条 用人单位与其招用的已经依法享受养老保险待遇或者领取退休金的人员发生用工争议而提起诉讼的,人民法院应当按劳务关系处理。

企业停薪留职人员、未达到法定退休年龄的内退人员、下岗待岗人员以及企业经营性停产放长假人员,因与新的用人单位发生用工争议而提起诉讼的,人民法院应当按劳动关系处理。

第三十三条 外国人、无国籍人未依法取得就业证件即与中华人民共和国境内的用人单位签订劳动合同,当事人请求确认与用人单位存在劳动关系的,人民法院不予支持。

持有《外国专家证》并取得《外国人来华工作许可证》的外国人,与中华人民共和国境内的用人单位建立用工关系的,可以认定为劳动关系。

第三十四条 劳动合同期满后,劳动者仍在原用人单位工作,原用人单位未表示异议的,视为双方同意以原条件继续履行劳动合同。一方提出终止劳动关系的,人民法院应予支持。

根据劳动合同法第十四条规定,用人单位应当与劳动者签订无固定期限劳动合同而未签订的,人民法院可以视为双方之间存在无固定期限劳动合同关系,并以原劳动合同确定双方的权利义务关系。

第三十五条 劳动者与用人单位就解除或者终止劳动合同办理相关手续、支付工资报酬、加班费、经济补偿或者赔偿金等达成的协议,不违反法律、行政法规的强制性规定,且不存在欺诈、胁迫或者乘人之危情形的,应当认定有效。

前款协议存在重大误解或者显失公平情形,当事人请求撤销的,人民法院应予支持。

第三十六条 当事人在劳动合同或者保密协议中约定了竞业限制,但未约定解除或者终止劳动合同后给予劳动者经济补偿,劳动者履行了竞业限制义务,要求用人单位按照劳动者在劳动合同解除或者终止前十二个月平均工资的30%按月支付经济补偿的,人民法院应予支持。

前款规定的月平均工资的30%低于劳动合同履行地最低工资标准的,按照劳动合同履行地最低工资标准支付。

第三十七条 当事人在劳动合同或者保密协议中约定了竞业限制和经济补偿,当事人解除劳动合同时,除另有约定外,用人单位要求劳动者履行竞业限制义务,或者劳动者履行了竞业限制义务后要求用人单位支付经济补偿的,人民法院应予支持。

第三十八条 当事人在劳动合同或者保密协议中约定了竞业限制和经济补偿,劳动合同解除或者终止后,因用人单位的原因导致三个月未支付经济补偿,劳动者请求解除竞业限制约定的,人民法院应予支持。

第三十九条 在竞业限制期限内,用人单位请求解除竞业限制协议的,人民法院应予支持。

在解除竞业限制协议时，劳动者请求用人单位额外支付劳动者三个月的竞业限制经济补偿的，人民法院应予支持。

第四十条 劳动者违反竞业限制约定，向用人单位支付违约金后，用人单位要求劳动者按照约定继续履行竞业限制义务的，人民法院应予支持。

第四十一条 劳动合同被确认为无效，劳动者已付出劳动的，用人单位应当按照劳动合同法第二十八条、第四十六条、第四十七条的规定向劳动者支付劳动报酬和经济补偿。

由于用人单位原因订立无效劳动合同，给劳动者造成损害的，用人单位应当赔偿劳动者因合同无效所造成的经济损失。

第四十二条 劳动者主张加班费的，应当就加班事实的存在承担举证责任。但劳动者有证据证明用人单位掌握加班事实存在的证据，用人单位不提供的，由用人单位承担不利后果。

第四十三条 用人单位与劳动者协商一致变更劳动合同，虽未采用书面形式，但已经实际履行了口头变更的劳动合同超过一个月，变更后的劳动合同内容不违反法律、行政法规且不违背公序良俗，当事人以未采用书面形式为由主张劳动合同变更无效的，人民法院不予支持。

第四十四条 因用人单位作出的开除、除名、辞退、解除劳动合同、减少劳动报酬、计算劳动者工作年限等决定而发生的劳动争议，用人单位负举证责任。

第四十五条 用人单位有下列情形之一，迫使劳动者提出解除劳动合同的，用人单位应当支付劳动者的劳动报酬和经济补偿，并可支付赔偿金：

（一）以暴力、威胁或者非法限制人身自由的手段强迫劳动的；

（二）未按照劳动合同约定支付劳动报酬或者提供劳动条件的；

（三）克扣或者无故拖欠劳动者工资的；

（四）拒不支付劳动者延长工作时间工资报酬的；

（五）低于当地最低工资标准支付劳动者工资的。

第四十六条 劳动者非因本人原因从原用人单位被安排到新用人单位工作，原用人单位未支付经济补偿，劳动者依据劳动合同法第三十八条规定与新用人单位解除劳动合同，或者新用人单位向劳动者提出解除、终止劳动合同，在计算支付经济补偿或赔偿金的工作年限时，劳动者请求把在原用人单位的工作年限合并计算为新用人单位工作年限的，人民法院应予支持。

用人单位符合下列情形之一的，应当认定属于“劳动者非因本人原因从原用人单位被安排到新用人单位工作”：

（一）劳动者仍在原工作场所、工作岗位工作，劳动合同主体由原用人单位变更为新用人单位；

（二）用人单位以组织委派或任命形式对劳动者进行工作调动；

（三）因用人单位合并、分立等原因导致劳动者工作调动；

（四）用人单位及其关联企业与劳动者轮流订立劳动合同；

（五）其他合理情形。

第四十七条 建立了工会组织的用人单位解除劳动合同符合劳动合同法第三十九条、第四十条规定，但未按照劳动合同法第四十三条规定事先通知工会，劳动者以用人单位违法解除劳动合同为由请求用人单位支付赔偿金的，人民法院应予支持，但起诉前用人单位已经补正有关程序的除外。

第四十八条 劳动合同法施行后，因用人单位经营期限届满不再继续经营导致劳动合同不能继续履行，劳动者请求用人单位支付经济补偿的，人民法院应予支持。

第四十九条 在诉讼过程中，劳动者向人民法院申请采取财产保全措施，人民法院经审查认为申请人经济确有困难，或者有证据证明用人单位存在欠薪逃匿可能的，应当减轻或者免除劳动者提供担保的义务，及时采取保全措施。

人民法院作出的财产保全裁定中，应当告知当事人在劳动争议仲裁机构的裁决书或者在人民法院的裁判文书生效后三个月内申请强制执行。逾期不申请的，人民法院应当裁定解除保全措施。

第五十条 用人单位根据劳动合同法第四条规定，通过民主程序制定的规章制度，不违反国家法律、行政法规及政策规定，并已向劳动者公示的，可以作为确定双方权利义务的依据。

用人单位制定的内部规章制度与集体合同或者劳动合同约定的内容不一致，劳动者请求优先适用合同约定的,人民法院应予支持。

第五十一条 当事人在调解仲裁法第十条规定的调解组织主持下达成的具有劳动权利义务内容的调解协议,具有劳动合同的约束力,可以作为人民法院裁判的根据。

当事人在调解仲裁法第十条规定的调解组织主持下仅就劳动报酬争议达成调解协议,用人单位不履行调解协议确定的给付义务,劳动者直接提起诉讼的,人民法院可以按照普通民事纠纷受理。

第五十二条 当事人在人民调解委员会主持下仅就给付义务达成的调解协议,双方认为有必要的,可以共同向人民调解委员会所在地的基层人民法院申请司法确认。

第五十三条 用人单位对劳动者作出的开除、除名、辞退等处理,或者因其他原因解除劳动合同确有错误的,人民法院可以依法判决予以撤销。

对于追索劳动报酬、养老金、医疗费以及工伤保险待遇、经济补偿金、培训费及其他相关费用等案件,给付数额不当的,人民法院可以予以变更。

第五十四条 本解释自2021年1月1日起施行。

最高人民法院关于审理拒不支付劳动报酬刑事案件适用法律若干问题的解释

· 2013年1月14日最高人民法院审判委员会第1567次会议通过
· 2013年1月16日最高人民法院公告公布
· 自2013年1月23日起施行
· 法释〔2013〕3号

为依法惩治拒不支付劳动报酬犯罪,维护劳动者的合法权益,根据《中华人民共和国刑法》有关规定,现就办理此类刑事案件适用法律的若干问题解释如下:

第一条 劳动者依照《中华人民共和国劳动法》和《中华人民共和国劳动合同法》等法律的规定应得的劳动报酬,包括工资、奖金、津贴、补贴、延长工作时间的工资报酬及特殊情况下支付的工资等,应当认定为刑法第二百七十六条之一第一款规定的"劳动者的劳动报酬"。

第二条 以逃避支付劳动者的劳动报酬为目的,具有下列情形之一的,应当认定为刑法第二百七十六条之一第一款规定的"以转移财产、逃匿等方法逃避支付劳动者的劳动报酬":

(一)隐匿财产、恶意清偿、虚构债务、虚假破产、虚假倒闭或者以其他方法转移、处分财产的;

(二)逃跑、藏匿的;

(三)隐匿、销毁或者篡改账目、职工名册、工资支付记录、考勤记录等与劳动报酬相关的材料的;

(四)以其他方法逃避支付劳动报酬的。

第三条 具有下列情形之一的,应当认定为刑法第二百七十六条之一第一款规定的"数额较大":

(一)拒不支付一名劳动者三个月以上的劳动报酬且数额在五千元至二万元以上的;

(二)拒不支付十名以上劳动者的劳动报酬且数额累计在三万元至十万元以上的。

各省、自治区、直辖市高级人民法院可以根据本地区经济社会发展状况,在前款规定的数额幅度内,研究确定本地区执行的具体数额标准,报最高人民法院备案。

第四条 经人力资源社会保障部门或者政府其他有关部门依法以限期整改指令书、行政处理决定书等文书责令支付劳动者的劳动报酬后,在指定的期限内仍不支付的,应当认定为刑法第二百七十六条之一第一款规定的"经政府有关部门责令支付仍不支付",但有证据证明行为人有正当理由未知悉责令支付或者未及时支付劳动报酬的除外。

行为人逃匿,无法将责令支付文书送交其本人、同住成年家属或者所在单位负责收件的人的,如果有关部门已通过在行为人的住所地、生产经营场所等地张贴责令支付文书等方式责令支付,并采用拍照、录像等方式记录的,应当视为"经政府有关部门责令支付"。

第五条 拒不支付劳动者的劳动报酬,符合本解释第三条的规定,并具有下列情形之一的,应当认定为刑法第二百七十六条之一第一款规定的"造成严重后果":

(一)造成劳动者或者其被赡养人、被扶养人、被抚养人的基本生活受到严重影响、重大疾病无法及时医治或者失学的;

（二）对要求支付劳动报酬的劳动者使用暴力或者进行暴力威胁的；

（三）造成其他严重后果的。

第六条 拒不支付劳动者的劳动报酬，尚未造成严重后果，在刑事立案前支付劳动者的劳动报酬，并依法承担相应赔偿责任的，可以认定为情节显著轻微危害不大，不认为是犯罪；在提起公诉前支付劳动者的劳动报酬，并依法承担相应赔偿责任的，可以减轻或者免除刑事处罚；在一审宣判前支付劳动者的劳动报酬，并依法承担相应赔偿责任的，可以从轻处罚。

对于免除刑事处罚的，可以根据案件的不同情况，予以训诫、责令具结悔过或者赔礼道歉。

拒不支付劳动者的劳动报酬，造成严重后果，但在宣判前支付劳动者的劳动报酬，并依法承担相应赔偿责任的，可以酌情从宽处罚。

第七条 不具备用工主体资格的单位或者个人，违法用工且拒不支付劳动者的劳动报酬，数额较大，经政府有关部门责令支付仍不支付的，应当依照刑法第二百七十六条之一的规定，以拒不支付劳动报酬罪追究刑事责任。

第八条 用人单位的实际控制人实施拒不支付劳动报酬行为，构成犯罪的，应当依照刑法第二百七十六条之一的规定追究刑事责任。

第九条 单位拒不支付劳动报酬，构成犯罪的，依照本解释规定的相应个人犯罪的定罪量刑标准，对直接负责的主管人员和其他直接责任人员定罪处罚，并对单位判处罚金。

五、刑　法

中华人民共和国刑法

· 1979年7月1日第五届全国人民代表大会第二次会议通过
· 1997年3月14日第八届全国人民代表大会第五次会议修订
· 根据1998年12月29日第九届全国人民代表大会常务委员会第六次会议通过的《全国人民代表大会常务委员会关于惩治骗购外汇、逃汇和非法买卖外汇犯罪的决定》、1999年12月25日第九届全国人民代表大会常务委员会第十三次会议通过的《中华人民共和国刑法修正案》、2001年8月31日第九届全国人民代表大会常务委员会第二十三次会议通过的《中华人民共和国刑法修正案(二)》、2001年12月29日第九届全国人民代表大会常务委员会第二十五次会议通过的《中华人民共和国刑法修正案(三)》、2002年12月28日第九届全国人民代表大会常务委员会第三十一次会议通过的《中华人民共和国刑法修正案(四)》、2005年2月28日第十届全国人民代表大会常务委员会第十四次会议通过的《中华人民共和国刑法修正案(五)》、2006年6月29日第十届全国人民代表大会常务委员会第二十二次会议通过的《中华人民共和国刑法修正案(六)》、2009年2月28日第十一届全国人民代表大会常务委员会第七次会议通过的《中华人民共和国刑法修正案(七)》、2009年8月27日第十一届全国人民代表大会常务委员会第十次会议通过的《全国人民代表大会常务委员会关于修改部分法律的决定》、2011年2月25日第十一届全国人民代表大会常务委员会第十九次会议通过的《中华人民共和国刑法修正案(八)》、2015年8月29日第十二届全国人民代表大会常务委员会第十六次会议通过的《中华人民共和国刑法修正案(九)》、2017年11月4日第十二届全国人民代表大会常务委员会第三十次会议通过的《中华人民共和国刑法修正案(十)》和2020年12月26日第十三届全国人民代表大会常务委员会第二十四次会议通过的《中华人民共和国刑法修正案(十一)》修正)①

理解与适用

《刑法》是规定犯罪与刑罚的法律,是我国的基本法律。刑法由于其调整社会关系的广泛性和调整手段的特殊性而区别于其他法律。一个人,也许一生都不会与犯罪打交道,但从犯罪学角度看,我们每一个人既是潜在的被害人,又是潜在的犯罪人。所以,了解学习刑法,不仅是维护我们自身权益的需要,也是增强法治观念,减少、避免违法犯罪的需要。

刑法组成的基本单位是条,有的条包括若干款,款中又可以包括若干项。具体到刑法分则,有的是一个或多个条文规定一个犯罪,有的是一条规定若干个犯罪,还有的是一条中的每一款分别规定一个犯罪。刑法中各编、章、节、条的序号用中文数字依次表述,款不编序号,项的序号用中文数字加括号依次表述。

我国刑法包括总则和分则两编。刑法总则的重点内容有:(1)刑法的适用范围;(2)刑事责任年龄、正当防卫、特殊人的刑事责任;(3)犯罪预备、中止和未遂;(4)共同犯罪;(5)刑罚的种类;(6)假释、减刑、时效、缓刑、数罪并罚、累犯、自首与立功、量刑情节等刑罚的具体运用。刑法分则根据犯罪侵犯的共同客体的不同分为十大类犯罪:危害国家安全罪、危害公共安全罪、破坏社会主义市场经济秩序罪、侵犯公民人身权利、民主权利罪、侵犯财产罪、妨害社会管理秩序罪、

① 刑法、历次刑法修正案、涉及修改刑法的决定的施行日期,分别依据各法律所规定的施行日期确定。另,总则部分条文主旨为编者所加,分则部分条文主旨是根据司法解释确定罪名所加。

危害国防利益罪、贪污贿赂罪、渎职罪、军人违反职责罪,其中第三章破坏社会主义市场经济秩序罪与第六章妨害社会管理秩序罪下面再分节,即小类罪。

第一编 总 则

第一章 刑法的任务、基本原则和适用范围

第一条 【立法宗旨】为了惩罚犯罪,保护人民,根据宪法,结合我国同犯罪作斗争的具体经验及实际情况,制定本法。

第二条 【本法任务】中华人民共和国刑法的任务,是用刑罚同一切犯罪行为作斗争,以保卫国家安全,保卫人民民主专政的政权和社会主义制度,保护国有财产和劳动群众集体所有的财产,保护公民私人所有的财产,保护公民的人身权利、民主权利和其他权利,维护社会秩序、经济秩序,保障社会主义建设事业的顺利进行。

第三条 【罪刑法定】法律明文规定为犯罪行为的,依照法律定罪处刑;法律没有明文规定为犯罪行为的,不得定罪处刑。

注释 我国刑法关于罪刑法定原则的表述是具有鲜明的特点和针对性的。与许多国家规定罪刑法定原则注重强调法无明文规定不为罪、法无明文规定不处罚有所不同,这一规定包括两个方面的内容:一方面,法律规定为犯罪的,要依照刑法的规定定罪处刑,要求严格执法,既不能不按法律的规定出入罪,也不能不按法律的规定放纵犯罪。这是根据我国的实际情况作出的规定,强调的是对犯罪的打击和维护社会秩序,保护公民利益,强调的是依照法律规定定罪量刑,而不能法外施刑,定罪量刑都要以法律为准绳;另一方面,法律没有规定为犯罪的行为,不得定罪处罚,即法无规定不可罚。一种行为无论社会危害性多么严重,只要法律没有规定为犯罪的,都不得定罪处刑。两个方面相辅相成,共同构成了我国的罪刑法定原则。

第四条 【适用刑法人人平等】对任何人犯罪,在适用法律上一律平等。不允许任何人有超越法律的特权。

第五条 【罪责刑相适应】刑罚的轻重,应当与犯罪分子所犯罪行和承担的刑事责任相适应。

第六条 【属地管辖权】凡在中华人民共和国领域内犯罪的,除法律有特别规定的以外,都适用本法。

凡在中华人民共和国船舶或者航空器内犯罪的,也适用本法。

犯罪的行为或者结果有一项发生在中华人民共和国领域内的,就认为是在中华人民共和国领域内犯罪。

第七条 【属人管辖权】中华人民共和国公民在中华人民共和国领域外犯本法规定之罪的,适用本法,但是按本法规定的最高刑为三年以下有期徒刑的,可以不予追究。

中华人民共和国国家工作人员和军人在中华人民共和国领域外犯本法规定之罪的,适用本法。

第八条 【保护管辖权】外国人在中华人民共和国领域外对中华人民共和国国家或者公民犯罪,而按本法规定的最低刑为三年以上有期徒刑的,可以适用本法,但是按照犯罪地的法律不受处罚的除外。

第九条 【普遍管辖权】对于中华人民共和国缔结或者参加的国际条约所规定的罪行,中华人民共和国在所承担条约义务的范围内行使刑事管辖权的,适用本法。

第十条 【对外国刑事判决的消极承认】凡在中华人民共和国领域外犯罪,依照本法应当负刑事责任的,虽然经过外国审判,仍然可以依照本法追究,但是在外国已经受过刑罚处罚的,可以免除或者减轻处罚。

第十一条 【外交代表刑事管辖豁免】享有外交特权和豁免权的外国人的刑事责任,通过外交途径解决。

第十二条 【刑法溯及力】中华人民共和国成立以后本法施行以前的行为,如果当时的法律不认为是犯罪的,适用当时的法律;如果当时的法律认为是犯罪的,依照本法总则第四章第八节的规定应当追诉的,按照当时的法律追究刑事责任,但是如果本法不认为是犯罪或者处刑较轻的,适用本法。

本法施行以前,依照当时的法律已经作出的生效判决,继续有效。

注释 对于中华人民共和国成立以后本法施行以前的行为的处理原则,我国刑法采用的是从旧兼从轻的原则,即新法原则上不溯及既往,但新法对

行为人处罚更轻时例外。具体内容有以下几个方面:(1)在新刑法1997年10月1日生效以后发生的一切犯罪行为,都应当适用新的刑法,原刑法和制定的单行刑事法律对新发生的犯罪不再适用。(2)新刑法施行后,在民事、经济、行政法律中,关于适用原刑法有关条文追究刑事责任的规定,如果新刑法已有具体的罪与刑的规定,原有规定不再适用;如果新刑法对原刑法规定的内容没有修改,只是条文顺序号变了,原规定适用的条文对不上号了,应当适用新的条文;如果在适用中不明确或者有争议,可以由全国人民代表大会常务委员会解释;新刑法施行以后,对于其生效前发生的行为,如果原有法律不认为是犯罪,新刑法认为是犯罪,如有的计算机犯罪、证券犯罪等,应适用原来的法律,按无罪处理。如果原有法律认为是犯罪,新刑法也认为是犯罪,并且"依照本法总则第四章第八节的规定应当追诉的",应当适用原有法律,但是遇到新刑法规定的处刑较轻时应当适用新刑法。也就是说,只有在不认为是犯罪或者处刑较轻这两种情况下,新刑法才能溯及既往。

第二章 犯 罪

第一节 犯罪和刑事责任

第十三条 【犯罪概念】一切危害国家主权、领土完整和安全,分裂国家、颠覆人民民主专政的政权和推翻社会主义制度,破坏社会秩序和经济秩序,侵犯国有财产或者劳动群众集体所有的财产,侵犯公民私人所有的财产,侵犯公民的人身权利、民主权利和其他权利,以及其他危害社会的行为,依照法律应当受刑罚处罚的,都是犯罪,但是情节显著轻微危害不大的,不认为是犯罪。

第十四条 【故意犯罪】明知自己的行为会发生危害社会的结果,并且希望或者放任这种结果发生,因而构成犯罪的,是故意犯罪。

故意犯罪,应当负刑事责任。

注释 故意犯罪必须同时具备以下两个特征:(1)行为人对自己的行为会发生危害社会的结果必须是明知的,而这种明知既包括对必然发生危害结果的明知,也包括对可能发生危害结果的明知。(2)行为人的心理必须处于希望或者放任的状态。"希望"和"放任"反映了行为人对犯罪结果的不同的意志取向。我国刑法理论根据刑法的这一规定,将"故意"分为"直接故意"和"间接故意"。"直接故意"是指行为人明知自己的行为会发生危害社会的结果,并且希望这种结果发生的心理状态;"间接故意"是指行为人明知自己的行为可能会发生危害社会的结果而采取漠不关心、听之任之的放任态度。区别"直接故意"和"间接故意",对判断行为人的主观恶性大小、其危害行为的社会危害程度和决定适当的量刑都具有重要意义。在通常情况下,行为人的心理状态不同,其行为的社会危害程度不同,对行为人改造的难度也不同,适用刑罚也应有所区别。

"刑事责任"是指犯罪行为人实施刑事法律禁止的行为所应当承担的法律后果。"刑事责任"和"刑罚"是两个不同的概念,二者既有联系又有区别。"刑事责任"是犯罪行为人因实施犯罪行为,而应当承担的刑法上的法律后果,是刑罚的前提条件,只有对负有刑事责任的人才能适用刑罚;而刑罚是承担刑事责任的一种形式和结果,是法院以国家的名义对犯罪人进行惩罚和改造的手段。负有刑事责任的人在某些情况下不一定受到刑罚处罚,比如具有法定可以免除处罚情节的,可以不处以刑罚,即免予刑事处罚也是承担刑事责任的一种方式;但受刑罚处罚的人,必须是负有刑事责任的人。

链接《刑法》第15、152、175、192、232、233、275、302、304、324条

第十五条 【过失犯罪】应当预见自己的行为可能发生危害社会的结果,因为疏忽大意而没有预见,或者已经预见而轻信能够避免,以致发生这种结果的,是过失犯罪。

过失犯罪,法律有规定的才负刑事责任。

注释"过失"和"故意"一样,同是行为人主观上对危害行为发生危害结果所持的心理状态。根据本条第一款的规定,过失犯罪分为两大类:一是疏忽大意的过失犯罪,即行为人应当预见自己的行为可能发生危害社会的结果,因为疏忽大意而没有预见,以致发生了危害社会的结果,构成犯罪的;二是过于自信的过失犯罪,即行为人已经预见到自己的行为可能发生危害社会的结果而轻信能够避免,以致发生了危害社会的结果,构成犯罪的。本条第一款规定的"应当预见"是指行为人对其行为结果具有认识的义务和能力。"应当预见"要求根据行为人的具体情况,行为人对自己的行为可

能发生危害社会的结果能够作出正确的判断。行为人的具体情况，主要是指行为人的年龄、责任能力、文化程度、知识的广度和深度、职业专长、工作经验、社会经验等。上述情况不同，行为人对其行为可能发生危害结果的可认识能力也不同。

疏忽大意的过失的特征有两点：一是行为人对自己的行为可能发生危害社会的结果具有可认识的能力，即应当预见；二是由于行为人主观上粗心大意，忽略了对行为后果的认真考虑，盲目实施了这种行为，以致发生了危害社会的结果。过于自信的过失的特征也有两点：一是行为人已经预见到自己的行为可能会发生危害社会的结果；二是由于行为人过高地估计自己的能力，相信自己能够避免这种结果的发生，以致发生了这种危害结果。不论是疏忽大意的过失还是过于自信的过失，其共同特点是行为人都不希望危害社会的结果发生，即主观上都没有让危害结果发生的意图。

链接《刑法》第14、16条

第十六条 【不可抗力和意外事件】行为在客观上虽然造成了损害结果，但是不是出于故意或者过失，而是由于不能抗拒或者不能预见的原因所引起的，不是犯罪。

注释 由于不可抗拒的原因而发生了损害结果，如自然灾害、突发事件及其他行为人无法阻挡的原因引起了损害结果，这在我国刑法理论上称为不可抗力。此外，由于不能预见的原因引起了损害结果，即根据损害结果发生当时的主客观情况，行为人没有预见，也不可能预见会发生损害结果，这在我国刑法理论上称为意外事件。由于这两种情况，行为人在主观上没有故意或过失，对实际发生的损害结果没有罪过，不应当负刑事责任。

“不可抗拒”，是指不以行为人的意志为转移，行为人无法阻挡或控制损害结果的发生。如由于某种机械力量的撞击、自然灾害的阻挡、突发病的影响等行为人意志以外的原因，使其无法避免损害结果的发生。“不能预见”是指根据行为人的主观情况和发生损害结果当时的客观情况，行为人不具有能够预见的条件和能力，损害结果的发生完全出乎行为人的意料。

链接《刑法》第14、15条

第十七条 【刑事责任年龄】已满十六周岁的人犯罪，应当负刑事责任。

已满十四周岁不满十六周岁的人，犯故意杀人、故意伤害致人重伤或者死亡、强奸、抢劫、贩卖毒品、放火、爆炸、投放危险物质罪的，应当负刑事责任。

已满十二周岁不满十四周岁的人，犯故意杀人、故意伤害罪，致人死亡或者以特别残忍手段致人重伤造成严重残疾，情节恶劣，经最高人民检察院核准追诉的，应当负刑事责任。

对依照前三款规定追究刑事责任的不满十八周岁的人，应当从轻或者减轻处罚。

因不满十六周岁不予刑事处罚的，责令其父母或者其他监护人加以管教；在必要的时候，依法进行专门矫治教育。①

注释 根据本条第一款的规定，实施犯罪行为的人负刑事责任的年龄是满十六周岁，即凡年满十六周岁的人，实施了刑法规定的任何一种犯罪行为，都应当负刑事责任。

根据第二款的规定，已满十四周岁不满十六周岁的人，只有实施故意杀人、故意伤害致人重伤或者死亡、强奸、抢劫、贩卖毒品、放火、爆炸、投放危险物质犯罪的，才负刑事责任。需要注意的是，这里所规定的八种犯罪，是指具体犯罪行为而不是具体罪名。“犯故意杀人、故意伤害致人重伤或者死亡”，是指只要故意实施了杀人、伤害行为，并且造成了致人重伤、死亡后果的，都应负刑事责任，而不是指只有犯故意杀人罪、故意伤害罪的，才负刑事责任，绑架撕票的，不负刑事责任。对司法实践中出现的已满十四周岁不满十六周岁的人绑架人质后杀害被绑架人，拐卖妇女、儿童而故意造成被拐卖妇女、儿童重伤或者死亡的行为，应当依据刑法追究其刑事责任。《最高人民法院关于审理未成年人刑事案件具体应用法律若干问题的

---

① 根据2020年12月26日《中华人民共和国刑法修正案（十一）》修改。原条文为：“已满十六周岁的人犯罪，应当负刑事责任。

“已满十四周岁不满十六周岁的人，犯故意杀人、故意伤害致人重伤或者死亡、强奸、抢劫、贩卖毒品、放火、爆炸、投毒罪的，应当负刑事责任。

“已满十四周岁不满十八周岁的人犯罪，应当从轻或者减轻处罚。

“因不满十六周岁不予刑事处罚的，责令他的家长或者监护人加以管教；在必要的时候，也可以由政府收容教养。”

解释》第五条规定,已满十四周岁不满十六周岁的人实施《刑法》第十七条第二款规定以外的行为,如果同时触犯了《刑法》第十七条第二款规定的,应当依照《刑法》第十七条第二款的规定确定罪名,定罪处罚。

《刑法修正案(十一)》增加了本条第三款规定,即在特定情形下,经特别程序,对法定最低刑事责任年龄作个别下调,而不是普遍降低刑事责任年龄。已满十二周岁不满十四周岁的人,犯故意杀人、故意伤害罪,致人死亡或者以特别残忍手段致人重伤造成严重残疾,情节恶劣,经最高人民检察院核准追诉的,应当负刑事责任。这里的"犯故意杀人、故意伤害罪,致人死亡或者以特别残忍手段致人重伤造成严重残疾",同第二款的规定一样,指的也是故意实施了杀人、伤害行为,并且造成了致人死亡或者以特别残忍手段致人重伤造成严重残疾的后果的,都应负刑事责任,而不是指只有犯故意杀人罪、故意伤害罪才负刑事责任,绑架撕票的,不负刑事责任。其中,"以特别残忍手段",同《刑法》第二百三十四条的规定一样,是指故意造成他人严重残疾为而采用毁容、挖人眼睛、砍掉人双脚等特别残忍的手段伤害他人的行为。本款中的"情节恶劣"需要结合犯罪的动机、手段、危害、造成的后果、悔罪表现等犯罪情节综合进行判断,包括行为人主观恶性很大、有预谋有组织地实施、采用残忍手段、多次实施、致多人死亡或者重伤造成严重残疾、造成恶劣的社会影响等情形。对于行为人主观恶性不大、被害人有明显过错、行为人家属积极给予被害人及其家属赔偿并取得被害人及其家属的谅解等情形的,最高人民检察院也可以不核准追诉。其中,最高人民检察院核准是必经程序,这是为了严格限制对这部分人追究刑事责任。

第十七条之一 【已满七十五周岁的人的刑事责任】已满七十五周岁的人故意犯罪的,可以从轻或者减轻处罚;过失犯罪的,应当从轻或者减轻处罚。

第十八条 【特殊人员的刑事责任能力】精神病人在不能辨认或者不能控制自己行为的时候造成危害结果,经法定程序鉴定确认的,不负刑事责任,但是应当责令他的家属或者监护人严加看管和医疗;在必要的时候,由政府强制医疗。

间歇性的精神病人在精神正常的时候犯罪,应当负刑事责任。

尚未完全丧失辨认或者控制自己行为能力的精神病人犯罪的,应当负刑事责任,但是可以从轻或者减轻处罚。

醉酒的人犯罪,应当负刑事责任。

实务问答行为人对吸食毒品而产生短暂神志异常后实施的故意杀人行为是否承担刑事责任

吸食包括摇头丸在内的毒品是违法行为。上诉人彭某并未患有任何精神病。其曾经多次服食摇头丸,并出现过服药后的幻想症状。对此彭某自己完全清楚。案发当晚,作为一个具有正常行为能力的人,在明知自己吸食毒品后会产生短暂神志异常的情况下,彭某仍然自愿服食摇头丸,最终导致神志异常而实施杀人行为。正是彭某的自愿吸毒行为,使其陷于神志异常状态,并在此状态下实施犯罪行为,造成严重的危害后果。故彭某应当对自己的行为承担刑事责任。(《最高人民法院公报》2007 年第 7 期:福州市人民检察院诉彭某故意杀人案)

第十九条 【又聋又哑的人或盲人犯罪的刑事责任】又聋又哑的人或者盲人犯罪,可以从轻、减轻或者免除处罚。

链接《刑事诉讼法》第 35、121、174、215、233 条

第二十条 【正当防卫】为了使国家、公共利益、本人或者他人的人身、财产和其他权利免受正在进行的不法侵害,而采取的制止不法侵害的行为,对不法侵害人造成损害的,属于正当防卫,不负刑事责任。

正当防卫明显超过必要限度造成重大损害的,应当负刑事责任,但是应当减轻或者免除处罚。

对正在进行行凶、杀人、抢劫、强奸、绑架以及其他严重危及人身安全的暴力犯罪,采取防卫行为,造成不法侵害人伤亡的,不属于防卫过当,不负刑事责任。

注释本条第三款是关于对一些严重危及人身安全的暴力犯罪,实施防卫行为不存在防卫过当的规定,即特殊防卫权。为了保护合法权益,鼓励见义勇为,1997 年刑法增加了这一款规定的内容。根据本款的规定,对正在进行行凶、杀人、抢劫、强奸、绑架及其他严重危及人身安全的暴力犯罪,采取防卫行为,造成不法侵害人伤亡的,不负刑事责任。这样规定主要有两点考虑:一是考虑了社会

治安的实际状况。严重暴力犯罪不仅严重破坏社会治安秩序,也严重威胁公民的人身安全。对上述严重的暴力犯罪采取防卫行为作出特殊规定,对于鼓励群众勇于同犯罪作斗争、维护社会治安秩序具有重要意义。二是考虑了上述暴力犯罪的特点。这些犯罪都是严重威胁人身安全的,被侵害人面临正在进行的暴力侵害,很难辨认侵害人的目的和侵害的程度,也很难掌握实行防卫行为的强度,如果对此规定得太严,就会束缚被侵害人的手脚,妨碍其与犯罪作斗争的勇气,不利于公民运用法律武器保护自身的合法权益。

实务问答 1. 如何准确认定正当防卫的起因条件

正当防卫的前提是存在不法侵害,这是正当防卫的起因条件。司法适用中,要准确把握正当防卫的起因条件,既要防止对不法侵害作不当限缩,又要防止将以防卫为名行不法侵害之实的违法犯罪行为错误认定为防卫行为。

第一,准确把握不法侵害的范围。不法侵害既包括侵犯生命、健康权利的行为,也包括侵犯人身自由、公私财产等权利的行为;既包括针对本人的不法侵害,也包括危害国家、公共利益或者针对他人的不法侵害。要防止将不法侵害限缩为暴力侵害或者犯罪行为,进而排除对轻微暴力侵害或者非暴力侵害以及违法行为实行正当防卫。对于非法侵入他人住宅等不法侵害,可以实行防卫。第二,妥当认定因琐事引发的防卫行为。实践中,对于因琐事发生争执,引发打斗的案件,判断行为人的行为是否系防卫行为,较之一般案件更为困难,须妥当把握。特别是,不能认为因琐事发生争执、冲突,引发打斗的,就不存在防卫的空间。双方因琐事发生冲突,冲突结束后,一方又实施不法侵害,对方还击,包括使用工具还击的,一般应当认定为防卫行为。(**2020年9月3日涉正当防卫典型案例:汪天佑正当防卫案**)

正当防卫的前提是存在不法侵害。不法侵害既包括侵犯生命、健康权利的行为,也包括侵犯人身自由、公私财产等权利的行为;既包括犯罪行为,也包括违法行为。就本案而言,本案案发开始时和案发过程中盛春平并不知道成某某、郭某等人是传销组织人员,也不了解他们的意图。在整个过程中,盛春平始终不能明确认识到自己陷入的是传销窝点,甚至以为对方要摘自己的器官,其感受到人身安全面临不法侵害是有事实根据的。而且,盛春平进入传销窝点后即被控制,随着成某某、郭某等人行为的持续,盛春平的恐惧感不断增强。盛春平到桐庐是和郭某初次见面,且进入郭某自称的住处后,盛春平提出上厕所、给家里人打电话,均被制止,此时其已经感觉到了危险。之后一名陌生男子不断劝盛春平进入里面房间,而里面又出来一名陌生男子,盛春平感觉到危险升级,拒绝他们靠近。而后房间内又出来三名陌生男子逼近,对于盛春平而言,不断升级的危险不仅客观而且紧迫。盛春平拿出随身携带的刀具警告阻吓不法侵害人无效后,精神紧张状态进一步增强。传销人员不断逼近,成某某上前夺刀。从当时情境看,盛春平面临客观存在且威胁、危害程度不断升级的不法侵害,其行为符合正当防卫的起因条件。(**2020年9月3日涉正当防卫典型案例:盛春平正当防卫案**)

根据刑法规定,不能要求只有在不法侵害已经对人身安全实际造成严重危害时才能进行特殊防卫,在不法侵害足以严重危及人身安全的情况下就可以进行特殊防卫。本案中,容某乙等人持械击打的是陈天杰的头部,是人体的重要部位,在陈天杰戴安全帽的情况下致头部轻微伤,钢管打到安全帽后滑到手臂,仍致手臂皮内、皮下出血,可见打击力度之大。在当时的情形下,陈天杰只能根据对方的人数、所持的工具来判断自身所面临的处境。容某乙、纪某某、周某某三人都喝了酒,气势汹汹,并持足以严重危及他人重大人身安全的凶器,在场的孙某某、刘某甲都曾阻拦,但孙某某阻拦周某某、刘某甲阻拦纪某某时均被甩倒。而且,陈天杰是半蹲着左手护住其妻孙某某、右手持小刀进行防卫的,这种姿势不是一种主动攻击的姿势,而是一种被动防御的姿势,且手持的是一把刀刃只有6厘米左右的小刀,只要对方不主动靠近攻击就不会被捅刺到。综上,应当认为本案符合特殊防卫的适用条件。(**2020年9月3日涉正当防卫典型案例:陈天杰正当防卫案**)

根据《最高人民法院、最高人民检察院、公安部关于依法适用正当防卫制度的指导意见》的规定,正当防卫的前提是存在不法侵害。不法侵害既包括侵犯生命、健康权利的行为,也包括侵犯人身自由、公私财产等权利的行为;既包括犯罪行为,也包括违法行为。不应将不法侵害不当限缩为暴力侵害或者犯罪行为。对于非法限制他人人身自由、非法侵入他人住宅等不法侵害，可以实行防卫。不法侵害既包括针对本人的不法侵害，也包括危害国家、公共利益或者针对他人的不法侵害。对于正在进行的拉拽方向盘、殴打司机等妨害安全驾驶、危害公共安全的违法犯罪行为，可以实行防卫。成年人对于未成年人正在实施的针对其他未成年人的不法侵害，应当劝阻、制止；劝阻、制止无效的，可以实行防卫。

2. 如何准确认定“明显超过必要限度”

司法适用中，要注意综合考虑案件具体情况，结合社会公众的一般认知，对防卫行为是否“明显超过必要限度”作出准确判断。第一，防卫过当仍属于防卫行为，只是明显超过必要限度并造成重大损害。第二，对防卫行为“明显超过必要限度”的判断，应当坚持综合考量原则。防卫是否“明显超过必要限度”，应当综合不法侵害的性质、手段、强度、危害程度和防卫的时机、手段、强度、损害后果等情节，考虑双方力量对比，立足防卫人防卫时所处情境，结合社会公众的一般认知作出判断。在判断不法侵害的危害程度时，不仅要考虑已经造成的损害，还要考虑造成进一步损害的紧迫危险性和现实可能性。不应当苛求防卫人必须采取与不法侵害基本相当的反击方式和强度，更不能机械地理解为反击行为与不法侵害行为的方式要对等，强度要精准。防卫行为虽然超过必要限度但并不明显的，不能认定为防卫过当。

本案虽然造成了李某重伤二级的后果，但是，从赵宇的行为手段、行为目的、行为过程、行为强度等具体情节来看，没有“明显超过必要限度”。赵宇在阻止、拉拽李某的过程中，致李某倒地，在李某起身后欲殴打赵宇，并用言语威胁的情况下，赵宇随即将李某推倒在地，朝李某腹部踩一脚，导致李某横结肠破裂，属于重伤二级。从行为手段上看，双方都是赤手空拳，赵宇的拉拽行为与李某的不法侵害行为基本相当。从赵宇的行为过程来看，赵宇制止李某的不法侵害行为是连续的，自然而然发生的，是在当时场景下的本能反应。李某倒地后，并未完全被制服，仍然存在起身后继续实施不法侵害的现实可能性。此时，赵宇朝李某腹部踩一脚，其目的是阻止李某继续实施不法侵害，并没有泄愤报复等个人目的，应当认定为正当防卫。（2020年9月3日涉正当防卫典型案例：赵宇正当防卫案）

根据《最高人民法院、最高人民检察院、公安部关于依法适用正当防卫制度的指导意见》的规定，防卫是否“明显超过必要限度”，应当综合不法侵害的性质、手段、强度、危害程度和防卫的时机、手段、强度、损害后果等情节，考虑双方力量对比，立足防卫人防卫时所处情境，结合社会公众的一般认知作出判断。在判断不法侵害的危害程度时，不仅要考虑已经造成的损害，还要考虑造成进一步损害的紧迫危险性和现实可能性。不应当苛求防卫人必须采取与不法侵害基本相当的反击方式和强度。通过综合考量，对于防卫行为与不法侵害相差悬殊、明显过激的，应当认定防卫明显超过必要限度。

3. 造成一死一伤的后果是否属于制止不法侵害的正当防卫行为

张那木拉是在周某强、陈某2新等人突然闯入其私人场所，实施严重不法侵害的情况下进行反击的。周某强、陈某2新等四人均提前准备了作案工具，进入现场时两人分别手持长约50厘米的砍刀，一人持铁锨，一人持铁锤，而张那木拉一方是并无任何思想准备的。周某强一方闯入屋内后径行对张那木拉实施拖拽，并在张那木拉转身向后挣脱时，使用所携带的凶器砸砍张那木拉后脑部。从侵害方人数、所持凶器、打击部位等情节看，以普通人的认识水平判断，应当认为不法侵害已经达到现实危害张那木拉的人身安全、危及其生命安全的程度，属于《刑法》第二十条第三款规定的“行凶”。另外，监控录像显示陈某2新倒地后，周某强跑向屋外后仍然挥舞砍刀，此时张那木拉及其兄张某1人身安全面临的危险并没有完全排除，其在屋外打伤周某强的行为仍然属于防卫行为。张那木拉的行为虽然造成了一死一伤的后果，但是属于制止不法侵害的正当防卫行为，依法不负刑事责任。（2020年12月29日最高人民法院指导案例144号：张那木拉正当防卫案）

4. 如何认定对于非法限制他人人身自由并伴有侮辱、轻微殴打，且并不十分紧迫的不法侵害，进行防卫致人死亡重伤的行为

对正在进行的非法限制他人人身自由的行为，应当认定为《刑法》第二十条第一款规定的“不法侵害”，可以进行正当防卫。

对非法限制他人人身自由并伴有侮辱、轻微殴打的行为，不应当认定为《刑法》第二十条第三款规定的“严重危及人身安全的暴力犯罪”。因此,该防卫致人死亡重伤的行为不属于特殊防卫。

判断防卫是否过当,应当综合考虑不法侵害的性质、手段、强度、危害程度,以及防卫行为的性质、时机、手段、强度、所处环境和损害后果等情节。对非法限制他人人身自由并伴有侮辱、轻微殴打,且并不十分紧迫的不法侵害,进行防卫致人死亡重伤的,应当认定为《刑法》第二十条第二款规定的“明显超过必要限度造成重大损害”。

防卫过当案件,如系因被害人实施严重贬损他人人格尊严或者亵渎人伦的不法侵害引发的,量刑时对此应予充分考虑,以确保司法裁判既经得起法律检验,也符合社会公平正义观念。(2018年6月20日最高人民法院指导案例93号:于欢故意伤害案)

5. 如何认定本条第三款规定的“行凶”

一是必须是暴力犯罪,对于非暴力犯罪或一般暴力行为,不能认定为行凶;二是必须严重危及人身安全,即对人的生命、健康构成严重危险。在具体案件中,有些暴力行为的主观故意尚未通过客观行为明确表现出来,或者行为人本身就是持概括故意予以实施,这类行为的故意内容虽不确定,但已表现出多种故意的可能,其中只要有现实可能造成他人重伤或死亡的,均应当认定为“行凶”。(2018年12月19日最高人民检察院检例第47号:于海明正当防卫案)

《刑法》第二十条第三款规定的“行凶”,可以是使用致命性凶器实施的严重危及他人人身安全的行为,也可以是以其他形式实施的严重危及他人人身安全的行为。不法侵害人的具体故意内容不确定,但根据侵害行为发生的时间、地点及不法侵害人持有凶器判断,暴力侵害行为足以严重危及人身安全的,防卫人可以实行特殊防卫。本案中,陈某某持菜刀砍中陈月浮脸部致其轻伤,陈某某再次砍向陈月浮时被其挡开,菜刀掉到地上。此时,要求陈月浮被菜刀砍伤后保持高度冷静,在将行凶者打倒之后,还要仔细判断行凶者有没有继续行凶的能力,这对于在黑夜之中高度惊恐的防卫人,是强人所难。因此,综合考虑案件的具体情况,应当认为在陈某某菜刀掉到地上之后仍然可以实行防卫。(2020年9月3日涉正当防卫典型案例:陈月浮正当防卫案)

根据《最高人民法院、最高人民检察院、公安部关于依法适用正当防卫制度的指导意见》的规定,根据《刑法》第二十条第三款的规定,下列行为应当认定为“行凶”:(1)使用致命性凶器,严重危及他人人身安全的;(2)未使用凶器或者未使用致命性凶器,但是根据不法侵害的人数、打击部位和力度等情况,确已严重危及他人人身安全的。虽然尚未造成实际损害,但已对人身安全造成严重、紧迫危险的,可以认定为“行凶”。

第二十一条 【紧急避险】为了使国家、公共利益、本人或者他人的人身、财产和其他权利免受正在发生的危险,不得已采取的紧急避险行为,造成损害的,不负刑事责任。

紧急避险超过必要限度造成不应有的损害的,应当负刑事责任,但是应当减轻或者免除处罚。

第一款中关于避免本人危险的规定,不适用于职务上、业务上负有特定责任的人。

第二节 犯罪的预备、未遂和中止

第二十二条 【犯罪预备】为了犯罪,准备工具、制造条件的,是犯罪预备。

对于预备犯,可以比照既遂犯从轻、减轻处罚或者免除处罚。

第二十三条 【犯罪未遂】已经着手实行犯罪,由于犯罪分子意志以外的原因而未得逞的,是犯罪未遂。

对于未遂犯,可以比照既遂犯从轻或者减轻处罚。

注释 根据本条第一款的规定,犯罪未遂应当同时具有以下特征:

(1)行为人已经着手实行犯罪。这是同犯罪预备相区别的主要标志,也是判断犯罪过程进行和犯罪停止阶段的重要节点。

(2)犯罪未得逞,即犯罪行为人没有完成刑法分则规定的具体犯罪的犯罪构成要件。这是犯罪未遂与犯罪既遂相区别的主要标志。

(3)犯罪未得逞是由于犯罪分子意志以外的原因。这是犯罪未遂与犯罪中止相区别的主要标志。“犯罪分子意志以外的原因”是指不以犯罪分子的主观意志为转移的一切原因。

实务问答 在数额犯中犯罪既遂与未遂并存时如何量刑

《最高人民法院、最高人民检察院关于办理诈骗刑事案件具体应用法律若干问题的解释》第六条规定，诈骗既有既遂，又有未遂，分别达到不同量刑幅度的，依照处罚较重的规定处罚；达到同一量刑幅度的，以诈骗罪既遂处罚。因此，对于数额犯中犯罪行为既遂与未遂并存且均构成犯罪的情况，在确定全案适用的法定刑幅度时，先就未遂部分进行是否减轻处罚的评价，确定未遂部分所对应的法定刑幅度，再与既遂部分对应的法定刑幅度比较，选择适用处罚较重的法定刑幅度，并酌情从重处罚；二者在同一量刑幅度的，以犯罪既遂酌情从重处罚。（2016年6月30日最高人民法院指导案例62号：王新明合同诈骗案）

第二十四条 【犯罪中止】在犯罪过程中，自动放弃犯罪或者自动有效地防止犯罪结果发生的，是犯罪中止。

对于中止犯，没有造成损害的，应当免除处罚；造成损害的，应当减轻处罚。

实务问答 **如何理解“自动有效地防止犯罪结果的发生”**

自动有效地防止犯罪结果的发生是指犯罪人在已经着手实施犯罪后、犯罪结果发生之前主动放弃继续犯罪，并主动采取积极措施防止了犯罪结果的发生。如杀人未杀死，但造成被害人重伤，如果这时犯罪人悔悟，在完全有条件把被害人杀死的情况下，主动放弃继续犯罪并将被害人送医院抢救，避免了被害人死亡的结果，犯罪人的上述行为就构成了犯罪中止；如果犯罪人虽然采取了积极措施，但是没有避免被害人死亡的结果，则不能认定为犯罪中止。

在共同犯罪的情况下，“自动有效地防止犯罪结果的发生”同样是判断行为人犯罪中止的重要依据。具体有以下几种情况：其一，共同犯罪中部分行为人决定中止犯罪后，积极劝说其他人放弃犯罪，其他人经劝说放弃犯罪，且有效防止结果发生的，共同犯罪的所有行为人均构成犯罪中止。其二，共同犯罪中部分行为人决定中止后，积极劝说其他人放弃犯罪未果，但是采取有效措施避免了危害结果发生的，该部分行为人构成犯罪中止。

链接《最高人民法院关于贯彻宽严相济刑事政策的若干意见》第3条第15项

第三节 共同犯罪

第二十五条 【共同犯罪概念】共同犯罪是指二人以上共同故意犯罪。

二人以上共同过失犯罪，不以共同犯罪论处；应当负刑事责任的，按照他们所犯的罪分别处罚。

注释 根据本条第一款的规定，共同犯罪应当具备以下两个特征：第一，主体数量特征。共同犯罪的犯罪主体必须是二人以上。第二，罪质特征。共同犯罪必须是共同故意犯罪。“共同故意犯罪”，应当具备以下三个条件：

（1）主观方面。数个犯罪人必须有共同犯罪故意。这里有两层意思：一是数个犯罪人对自己实施的危害行为都持故意的心理状态，即几个犯罪人都明知自己的行为会发生危害社会的结果，并希望或者有意放任这种结果的发生。二是数个犯罪人对行为的共同性是明知的，即数个犯罪人都认识到自己和其他行为人在共同进行犯罪活动。这里并不要求犯罪人认识到自己和其他行为人实施的是完全相同的具体活动，只要明知自己正在实施的行为与他人的行为是属于一个共同的犯罪活动即可。行为人主观上符合以上两个方面的情况，构成了犯罪人的共同故意。

（2）几个犯罪人必须有共同的犯罪行为。共同的犯罪行为，是指各个犯罪人的犯罪行为具有共同的指向性。即犯罪人各自的犯罪行为都是在他们的共同故意支配下，围绕共同的犯罪对象，为实现共同的犯罪目的而实施的。这里各个共同犯罪人的犯罪行为，既可能以分担的方式施行同一犯罪行为；也可能是部分共同犯罪人施行同一犯罪行为，部分共同犯罪行为人根据共同犯罪的目的，实施该犯罪行为以外的其他犯罪行为。总体来看，各个共同犯罪人所实施的犯罪行为都同危害结果具有因果关系，是完成统一犯罪活动的组成部分。

（3）共同犯罪具有共同的犯罪对象。即共同犯罪人的犯罪行为必须最终指向同一犯罪对象，这是构成共同犯罪必须有共同的犯罪故意和共同的犯罪行为的必然要求。

第二款规定了两层意思：一是二人以上共同过失犯罪，不以共同犯罪论处。二是二人以上由于过失造成危害结果，应当负刑事责任的，按照他们所犯的罪分别处罚，即按照行为人各自的罪责分别处罚，而不以共同犯罪论处。具体有以下几种情形：其一，分别定罪且罪名相同。共同过失行为人，先后或同时出现过失行为，共同造成危害结果发生的，如果违反的同一类性质的注意义务，则应以相同的罪名分别惩处。其二,分别定罪但罪名不同。共同过失行为人先后或同时出现过失行为,共同造成危害结果发生的,但是由于过失行为人的主体、行为等不同情况,分别违反了不同性质的注意义务,应以不同罪名定罪处罚。比如,国家机关工作人员和国有企业负责人共同负责一项涉外重大资产投资项目,结果失职被骗。对此,国家机关工作人员的严重不负责任,应以玩忽职守罪定罪处罚;国有企业负责人的严重不负责任,应以签订合同失职被骗罪定罪处罚。其三,发生数个过失行为,能够区分数个过失行为对危害结果具有不同程度的作用的,应根据各个过失行为对结果发生的作用,认定各自的责任,分别处罚。对结果发生起主要作用的过失行为认定较重的责任;对结果发生起次要作用的过失行为认定较轻的责任。

第二十六条　【主犯】组织、领导犯罪集团进行犯罪活动的或者在共同犯罪中起主要作用的,是主犯。

三人以上为共同实施犯罪而组成的较为固定的犯罪组织,是犯罪集团。

对组织、领导犯罪集团的首要分子,按照集团所犯的全部罪行处罚。

对于第三款规定以外的主犯,应当按照其所参与的或者组织、指挥的全部犯罪处罚。

第二十七条　【从犯】在共同犯罪中起次要或者辅助作用的,是从犯。

对于从犯,应当从轻、减轻处罚或者免除处罚。

第二十八条　【胁从犯】对于被胁迫参加犯罪的,应当按照他的犯罪情节减轻处罚或者免除处罚。

第二十九条　【教唆犯】教唆他人犯罪的,应当按照他在共同犯罪中所起的作用处罚。教唆不满十八周岁的人犯罪的,应当从重处罚。

如果被教唆的人没有犯被教唆的罪,对于教唆犯,可以从轻或者减轻处罚。

链接《最高人民法院关于审理毒品犯罪案件适用法律若干问题的解释》;《最高人民法院、最高人民检察院关于办理组织、利用邪教组织破坏法律实施等刑事案件适用法律若干问题的解释》

第四节　单位犯罪

第三十条　【单位负刑事责任的范围】公司、企业、事业单位、机关、团体实施的危害社会的行为,法律规定为单位犯罪的,应当负刑事责任。

第三十一条　【单位犯罪的处罚原则】单位犯罪的,对单位判处罚金,并对其直接负责的主管人员和其他直接责任人员判处刑罚。本法分则和其他法律另有规定的,依照规定。

第三章　刑　罚

第一节　刑罚的种类

第三十二条　【主刑和附加刑】刑罚分为主刑和附加刑。

注释根据本条的规定,刑罚分为主刑和附加刑。"主刑"是对犯罪分子进行惩罚的主要刑种,它只能独立适用,不能相互附加适用。对一个犯罪,只能判处一个主刑,不能同时适用两种以上主刑。我国刑法规定的主刑有五种,分为两大类:自由刑和生命刑。自由刑包括管制、拘役、有期徒刑和无期徒刑;生命刑,即死刑,包括死刑立即执行和死缓,即判处死刑的同时宣告缓期二年执行。"附加刑"是补充主刑惩罚罪犯的刑种,它既能附加主刑适用,又可以独立适用,可以同时适用两种以上的附加刑。在刑法条文中,通常是采用判处主刑,并处或者单处附加刑的表述方式。

第三十三条　【主刑种类】主刑的种类如下:

(一)管制;

(二)拘役;

(三)有期徒刑;

(四)无期徒刑;

(五)死刑。

第三十四条　【附加刑种类】附加刑的种类如下:

(一)罚金;

(二)剥夺政治权利;

(三)没收财产。

附加刑也可以独立适用。

第三十五条　【驱逐出境】对于犯罪的外国人,可以独立适用或者附加适用驱逐出境。

第三十六条　【赔偿经济损失与民事优先原则】由于犯罪行为而使被害人遭受经济损失的,对犯罪分子除依法给予刑事处罚外,并应根据情况判处赔偿经济损失。

承担民事赔偿责任的犯罪分子,同时被判处

罚金,其财产不足以全部支付的,或者被判处没收财产的,应当先承担对被害人的民事赔偿责任。

第三十七条 【非刑罚性处置措施】对于犯罪情节轻微不需要判处刑罚的,可以免予刑事处罚,但是可以根据案件的不同情况,予以训诫或者责令具结悔过、赔礼道歉、赔偿损失,或者由主管部门予以行政处罚或者行政处分。

第三十七条之一 【利用职业便利实施犯罪的禁业限制】因利用职业便利实施犯罪,或者实施违背职业要求的特定义务的犯罪被判处刑罚的,人民法院可以根据犯罪情况和预防再犯罪的需要,禁止其自刑罚执行完毕之日或者假释之日起从事相关职业,期限为三年至五年。

被禁止从事相关职业的人违反人民法院依照前款规定作出的决定的,由公安机关依法给予处罚;情节严重的,依照本法第三百一十三条的规定定罪处罚。

其他法律、行政法规对其从事相关职业另有禁止或者限制性规定的,从其规定。

第二节 管 制

第三十八条 【管制的期限与执行机关】管制的期限,为三个月以上二年以下。

判处管制,可以根据犯罪情况,同时禁止犯罪分子在执行期间从事特定活动,进入特定区域、场所,接触特定的人。

对判处管制的犯罪分子,依法实行社区矫正。

违反第二款规定的禁止令的,由公安机关依照《中华人民共和国治安管理处罚法》的规定处罚。

第三十九条 【被管制罪犯的义务与权利】被判处管制的犯罪分子,在执行期间,应当遵守下列规定:

(一)遵守法律、行政法规,服从监督;

(二)未经执行机关批准,不得行使言论、出版、集会、结社、游行、示威自由的权利;

(三)按照执行机关规定报告自己的活动情况;

(四)遵守执行机关关于会客的规定;

(五)离开所居住的市、县或者迁居,应当报经执行机关批准。

对于被判处管制的犯罪分子,在劳动中应当同工同酬。

第四十条 【管制期满解除】被判处管制的犯罪分子,管制期满,执行机关应即向本人和其所在单位或者居住地的群众宣布解除管制。

第四十一条 【管制刑期的计算和折抵】管制的刑期,从判决执行之日起计算;判决执行以前先行羁押的,羁押一日折抵刑期二日。

第三节 拘 役

第四十二条 【拘役的期限】拘役的期限,为一个月以上六个月以下。

链接《刑事诉讼法》第269条;《社区矫正法》第2条

第四十三条 【拘役的执行】被判处拘役的犯罪分子,由公安机关就近执行。

在执行期间,被判处拘役的犯罪分子每月可以回家一天至两天;参加劳动的,可以酌量发给报酬。

第四十四条 【拘役刑期的计算和折抵】拘役的刑期,从判决执行之日起计算;判决执行以前先行羁押的,羁押一日折抵刑期一日。

第四节 有期徒刑、无期徒刑

第四十五条 【有期徒刑的期限】有期徒刑的期限,除本法第五十条、第六十九条规定外,为六个月以上十五年以下。

第四十六条 【有期徒刑与无期徒刑的执行】被判处有期徒刑、无期徒刑的犯罪分子,在监狱或者其他执行场所执行;凡有劳动能力的,都应当参加劳动,接受教育和改造。

第四十七条 【有期徒刑刑期的计算与折抵】有期徒刑的刑期,从判决执行之日起计算;判决执行以前先行羁押的,羁押一日折抵刑期一日。

第五节 死 刑

第四十八条 【死刑、死缓的适用对象及核准程序】死刑只适用于罪行极其严重的犯罪分子。对于应当判处死刑的犯罪分子,如果不是必须立即执行的,可以判处死刑同时宣告缓期二年执行。

死刑除依法由最高人民法院判决的以外,都应当报请最高人民法院核准。死刑缓期执行的,可以由高级人民法院判决或者核准。

第四十九条 【死刑适用对象的限制】犯罪的时候不满十八周岁的人和审判的时候怀孕的妇

女,不适用死刑。

审判的时候已满七十五周岁的人,不适用死刑,但以特别残忍手段致人死亡的除外。

第五十条 【死缓变更】判处死刑缓期执行的,在死刑缓期执行期间,如果没有故意犯罪,二年期满以后,减为无期徒刑;如果确有重大立功表现,二年期满以后,减为二十五年有期徒刑;如果故意犯罪,情节恶劣的,报请最高人民法院核准后执行死刑;对于故意犯罪未执行死刑的,死刑缓期执行的期间重新计算,并报最高人民法院备案。

对被判处死刑缓期执行的累犯以及因故意杀人、强奸、抢劫、绑架、放火、爆炸、投放危险物质或者有组织的暴力性犯罪被判处死刑缓期执行的犯罪分子,人民法院根据犯罪情节等情况可以同时决定对其限制减刑。

实务问答 如何适用判处死刑缓期执行,同时对其限制减刑

因恋爱、婚姻矛盾激化引发的故意杀人案件,被告人犯罪手段残忍,论罪应当判处死刑,但被告人具有坦白悔罪、积极赔偿等从轻处罚情节,同时被害人亲属要求严惩的,人民法院根据案件性质、犯罪情节、危害后果和被告人的主观恶性及人身危险性,可以依法判处被告人死刑,缓期二年执行,同时决定限制减刑,以有效化解社会矛盾,促进社会和谐。(2011 年 12 月 20 日最高人民法院指导案例 4 号:王某某故意杀人案)

对于因民间矛盾引发的故意杀人案件,被告人犯罪手段残忍,且系累犯,论罪应当判处死刑,但被告人亲属主动协助公安机关将其抓捕归案,并积极赔偿的,人民法院根据案件具体情节,从尽量化解社会矛盾角度考虑,可以依法判处被告人死刑,缓期二年执行,同时决定限制减刑。(2012 年 9 月 18 日最高人民法院指导案例 12 号:李某故意杀人案)

链接《最高人民法院关于适用〈中华人民共和国刑事诉讼法〉的解释》第 497、499 条

第五十一条 【死缓期间及减为有期徒刑的刑期计算】死刑缓期执行的期间,从判决确定之日起计算。死刑缓期执行减为有期徒刑的刑期,从死刑缓期执行期满之日起计算。

第六节 罚 金

第五十二条 【罚金数额的裁量】判处罚金,应当根据犯罪情节决定罚金数额。

第五十三条 【罚金的缴纳】罚金在判决指定的期限内一次或者分期缴纳。期满不缴纳的,强制缴纳。对于不能全部缴纳罚金的,人民法院在任何时候发现被执行人有可以执行的财产,应当随时追缴。

由于遭遇不能抗拒的灾祸等原因缴纳确实有困难的,经人民法院裁定,可以延期缴纳、酌情减少或者免除。

第七节 剥夺政治权利

第五十四条 【剥夺政治权利的含义】剥夺政治权利是剥夺下列权利:

(一)选举权和被选举权;

(二)言论、出版、集会、结社、游行、示威自由的权利;

(三)担任国家机关职务的权利;

(四)担任国有公司、企业、事业单位和人民团体领导职务的权利。

第五十五条 【剥夺政治权利的期限】剥夺政治权利的期限,除本法第五十七条规定外,为一年以上五年以下。

判处管制附加剥夺政治权利的,剥夺政治权利的期限与管制的期限相等,同时执行。

第五十六条 【剥夺政治权利的附加、独立适用】对于危害国家安全的犯罪分子应当附加剥夺政治权利;对于故意杀人、强奸、放火、爆炸、投毒、抢劫等严重破坏社会秩序的犯罪分子,可以附加剥夺政治权利。

独立适用剥夺政治权利的,依照本法分则的规定。

第五十七条 【对死刑、无期徒刑犯罪剥夺政治权利的适用】对于被判处死刑、无期徒刑的犯罪分子,应当剥夺政治权利终身。

在死刑缓期执行减为有期徒刑或者无期徒刑减为有期徒刑的时候,应当把附加剥夺政治权利的期限改为三年以上十年以下。

第五十八条 【剥夺政治权利的刑期计算、效力与执行】附加剥夺政治权利的刑期,从徒刑、拘役执行完毕之日或者从假释之日起计算;剥夺政治权利的效力当然施用于主刑执行期间。

被剥夺政治权利的犯罪分子,在执行期间,应当遵守法律、行政法规和国务院公安部门有关监

督管理的规定,服从监督;不得行使本法第五十四条规定的各项权利。

第八节 没收财产

第五十九条 【没收财产的范围】没收财产是没收犯罪分子个人所有财产的一部或者全部。没收全部财产的,应当对犯罪分子个人及其扶养的家属保留必需的生活费用。

在判处没收财产的时候,不得没收属于犯罪分子家属所有或者应有的财产。

第六十条 【以没收的财产偿还债务】没收财产以前犯罪分子所负的正当债务,需要以没收的财产偿还的,经债权人请求,应当偿还。

第四章 刑罚的具体运用

第一节 量 刑

第六十一条 【量刑的一般原则】对于犯罪分子决定刑罚的时候,应当根据犯罪的事实、犯罪的性质、情节和对于社会的危害程度,依照本法的有关规定判处。

第六十二条 【从重处罚与从轻处罚】犯罪分子具有本法规定的从重处罚、从轻处罚情节的,应当在法定刑的限度以内判处刑罚。

注释 “从重处罚”,是指在法定刑的幅度内,对犯罪分子适用相对较重的刑种或者处以相对较长的刑期。

“从轻处罚”,是指在法定刑的幅度内,对犯罪分子适用相对较轻的刑种或者处以较短的刑期。

“法定刑的限度以内”,是指刑法分则针对某种特定的犯罪的特定情节规定的量刑幅度,既包括适用的刑种,也包括该条文具体规定的刑期。

第六十三条 【减轻处罚】犯罪分子具有本法规定的减轻处罚情节的,应当在法定刑以下判处刑罚;本法规定有数个量刑幅度的,应当在法定量刑幅度的下一个量刑幅度内判处刑罚。

犯罪分子虽然不具有本法规定的减轻处罚情节,但是根据案件的特殊情况,经最高人民法院核准,也可以在法定刑以下判处刑罚。

第六十四条 【犯罪物品的处理】犯罪分子违法所得的一切财物,应当予以追缴或者责令退赔;对被害人的合法财产,应当及时返还;违禁品和供犯罪所用的本人财物,应当予以没收。没收的财物和罚金,一律上缴国库,不得挪用和自行处理。

第二节 累 犯

第六十五条 【一般累犯】被判处有期徒刑以上刑罚的犯罪分子,刑罚执行完毕或者赦免以后,在五年以内再犯应当判处有期徒刑以上刑罚之罪的,是累犯,应当从重处罚,但是过失犯罪和不满十八周岁的人犯罪的除外。

前款规定的期限,对于被假释的犯罪分子,从假释期满之日起计算。

第六十六条 【特别累犯】危害国家安全犯罪、恐怖活动犯罪、黑社会性质的组织犯罪的犯罪分子,在刑罚执行完毕或者赦免以后,在任何时候再犯上述任一类罪的,都以累犯论处。

第三节 自首和立功

第六十七条 【自首和坦白】犯罪以后自动投案,如实供述自己的罪行的,是自首。对于自首的犯罪分子,可以从轻或者减轻处罚。其中,犯罪较轻的,可以免除处罚。

被采取强制措施的犯罪嫌疑人、被告人和正在服刑的罪犯,如实供述司法机关还未掌握的本人其他罪行的,以自首论。

犯罪嫌疑人虽不具有前两款规定的自首情节,但是如实供述自己罪行的,可以从轻处罚;因其如实供述自己罪行,避免特别严重后果发生的,可以减轻处罚。

实务问答 哪些情况应属于“自动投案”

根据《最高人民法院关于处理自首和立功具体应用法律若干问题的解释》第一条第一项的规定,自动投案包括:犯罪嫌疑人向其所在单位、城乡基层组织或者其他有关负责人员投案的;犯罪嫌疑人因病、伤或者为了减轻犯罪后果,委托他人先代为投案,或者先以信电投案的;罪行尚未被司法机关发觉,仅因形迹可疑,被有关组织或者司法机关盘问、教育后,主动交代自己的罪行的;犯罪后逃跑,在被通缉、追捕过程中,主动投案的;经查实确已准备去投案,或者正在投案途中,被公安机关捕获的,应当视为自动投案。并非出于犯罪嫌疑人主动,而是经亲友规劝、陪同投案的;公安机关通知犯罪嫌疑人的亲友,或者亲友主动报案后,将犯罪嫌疑人送去投案的,也应当视为自动投案。

根据《最高人民法院印发〈关于处理自首和立功若干具体问题的意见〉的通知》的规定，犯罪嫌疑人具有以下情形之一的，也应当视为自动投案：(1)犯罪后主动报案，虽未表明自己是作案人，但没有逃离现场，在司法机关询问时交代自己罪行的；(2)明知他人报案而在现场等待，抓捕时无拒捕行为，供认犯罪事实的；(3)在司法机关未确定犯罪嫌疑人，尚在一般性排查询问时主动交代自己罪行的；(4)因特定违法行为被采取行政拘留、司法拘留、强制隔离戒毒等行政、司法强制措施期间，主动向执行机关交代尚未被掌握的犯罪行为的；(5)其他符合立法本意，应当视为自动投案的情形。

第六十八条 【立功】犯罪分子有揭发他人犯罪行为，查证属实的，或者提供重要线索，从而得以侦破其他案件等立功表现的，可以从轻或者减轻处罚；有重大立功表现的，可以减轻或者免除处罚。

第四节 数罪并罚

第六十九条 【数罪并罚的一般原则】判决宣告以前一人犯数罪的，除判处死刑和无期徒刑的以外，应当在总和刑期以下、数刑中最高刑期以上，酌情决定执行的刑期，但是管制最高不能超过三年，拘役最高不能超过一年，有期徒刑总和刑期不满三十五年的，最高不能超过二十年，总和刑期在三十五年以上的，最高不能超过二十五年。

数罪中有判处有期徒刑和拘役的，执行有期徒刑。数罪中有判处有期徒刑和管制，或者拘役和管制的，有期徒刑、拘役执行完毕后，管制仍须执行。

数罪中有判处附加刑的，附加刑仍须执行，其中附加刑种类相同的，合并执行，种类不同的，分别执行。

第七十条 【判决宣告后发现漏罪的并罚】判决宣告以后，刑罚执行完毕以前，发现被判刑的犯罪分子在判决宣告以前还有其他罪没有判决的，应当对新发现的罪作出判决，把前后两个判决所判处的刑罚，依照本法第六十九条的规定，决定执行的刑罚。已经执行的刑期，应当计算在新判决决定的刑期以内。

第七十一条 【判决宣告后又犯新罪的并罚】判决宣告以后，刑罚执行完毕以前，被判刑的犯罪分子又犯罪的，应当对新犯的罪作出判决，把前罪没有执行的刑罚和后罪所判处的刑罚，依照本法第六十九条的规定，决定执行的刑罚。

第五节 缓 刑

第七十二条 【缓刑的适用条件】对于被判处拘役、三年以下有期徒刑的犯罪分子，同时符合下列条件的，可以宣告缓刑，对其中不满十八周岁的人、怀孕的妇女和已满七十五周岁的人，应当宣告缓刑：

（一）犯罪情节较轻；

（二）有悔罪表现；

（三）没有再犯罪的危险；

（四）宣告缓刑对所居住社区没有重大不良影响。

宣告缓刑，可以根据犯罪情况，同时禁止犯罪分子在缓刑考验期限内从事特定活动，进入特定区域、场所，接触特定的人。

被宣告缓刑的犯罪分子，如果被判处附加刑，附加刑仍须执行。

第七十三条 【缓刑的考验期限】拘役的缓刑考验期限为原判刑期以上一年以下，但是不能少于二个月。

有期徒刑的缓刑考验期限为原判刑期以上五年以下，但是不能少于一年。

缓刑考验期限，从判决确定之日起计算。

第七十四条 【累犯不适用缓刑】对于累犯和犯罪集团的首要分子，不适用缓刑。

第七十五条 【缓刑犯应遵守的规定】被宣告缓刑的犯罪分子，应当遵守下列规定：

（一）遵守法律、行政法规，服从监督；

（二）按照考察机关的规定报告自己的活动情况；

（三）遵守考察机关关于会客的规定；

（四）离开所居住的市、县或者迁居，应当报经考察机关批准。

第七十六条 【缓刑的考验及其积极后果】对宣告缓刑的犯罪分子，在缓刑考验期限内，依法实行社区矫正，如果没有本法第七十七条规定的情形，缓刑考验期满，原判的刑罚就不再执行，并公开予以宣告。

链接《社区矫正法》

第七十七条 【缓刑的撤销及其处理】被宣告缓刑的犯罪分子，在缓刑考验期限内犯新罪或者发现判决宣告以前还有其他罪没有判决的，应当撤销缓刑，对新犯的罪或者新发现的罪作出判决，把前罪和后罪所判处的刑罚，依照本法第六十九条的规定，决定执行的刑罚。

被宣告缓刑的犯罪分子，在缓刑考验期限内，违反法律、行政法规或者国务院有关部门关于缓刑的监督管理规定，或者违反人民法院判决中的禁止令，情节严重的，应当撤销缓刑，执行原判刑罚。

第六节　减　刑

第七十八条　【减刑条件与限度】被判处管制、拘役、有期徒刑、无期徒刑的犯罪分子，在执行期间，如果认真遵守监规，接受教育改造，确有悔改表现的，或者有立功表现的，可以减刑；有下列重大立功表现之一的，应当减刑：

（一）阻止他人重大犯罪活动的；

（二）检举监狱内外重大犯罪活动，经查证属实的；

（三）有发明创造或者重大技术革新的；

（四）在日常生产、生活中舍己救人的；

（五）在抗御自然灾害或者排除重大事故中，有突出表现的；

（六）对国家和社会有其他重大贡献的。

减刑以后实际执行的刑期不能少于下列期限：

（一）判处管制、拘役、有期徒刑的，不能少于原判刑期的二分之一；

（二）判处无期徒刑的，不能少于十三年；

（三）人民法院依照本法第五十条第二款规定限制减刑的死刑缓期执行的犯罪分子，缓期执行期满后依法减为无期徒刑的，不能少于二十五年，缓期执行期满后依法减为二十五年有期徒刑的，不能少于二十年。

第七十九条　【减刑程序】对于犯罪分子的减刑，由执行机关向中级以上人民法院提出减刑建议书。人民法院应当组成合议庭进行审理，对确有悔改或者立功事实的，裁定予以减刑。非经法定程序不得减刑。

第八十条　【无期徒刑减刑的刑期计算】无期徒刑减为有期徒刑的刑期，从裁定减刑之日起计算。

第七节　假　释

第八十一条　【假释的适用条件】被判处有期徒刑的犯罪分子，执行原判刑期二分之一以上，被判处无期徒刑的犯罪分子，实际执行十三年以上，如果认真遵守监规，接受教育改造，确有悔改表现，没有再犯罪的危险的，可以假释。如果有特殊情况，经最高人民法院核准，可以不受上述执行刑期的限制。

对累犯以及因故意杀人、强奸、抢劫、绑架、放火、爆炸、投放危险物质或者有组织的暴力性犯罪被判处十年以上有期徒刑、无期徒刑的犯罪分子，不得假释。

对犯罪分子决定假释时，应当考虑其假释后对所居住社区的影响。

注释 假释，是指对于被判处有期徒刑、无期徒刑的犯罪分子，在执行期间确有悔改表现不致再危害社会的，执行一定的刑期后，附条件地将其提前释放的一种制度。

第八十二条　【假释的程序】对于犯罪分子的假释，依照本法第七十九条规定的程序进行。非经法定程序不得假释。

第八十三条　【假释的考验期限】有期徒刑的假释考验期限，为没有执行完毕的刑期；无期徒刑的假释考验期限为十年。

假释考验期限，从假释之日起计算。

第八十四条　【假释犯应遵守的规定】被宣告假释的犯罪分子，应当遵守下列规定：

（一）遵守法律、行政法规，服从监督；

（二）按照监督机关的规定报告自己的活动情况；

（三）遵守监督机关关于会客的规定；

（四）离开所居住的市、县或者迁居，应当报经监督机关批准。

第八十五条　【假释考验及其积极后果】对假释的犯罪分子，在假释考验期限内，依法实行社区矫正，如果没有本法第八十六条规定的情形，假释考验期满，就认为原判刑罚已经执行完毕，并公开予以宣告。

第八十六条　【假释的撤销及其处理】被假释的犯罪分子，在假释考验期限内犯新罪，应当撤销假释，依照本法第七十一条的规定实行数罪并罚。

在假释考验期限内，发现被假释的犯罪分子

在判决宣告以前还有其他罪没有判决的，应当撤销假释，依照本法第七十条的规定实行数罪并罚。

被假释的犯罪分子，在假释考验期限内，有违反法律、行政法规或者国务院有关部门关于假释的监督管理规定的行为，尚未构成新的犯罪的，应当依照法定程序撤销假释，收监执行未执行完毕的刑罚。

第八节　时　效

第八十七条　【追诉时效期限】犯罪经过下列期限不再追诉：

（一）法定最高刑为不满五年有期徒刑的，经过五年；

（二）法定最高刑为五年以上不满十年有期徒刑的，经过十年；

（三）法定最高刑为十年以上有期徒刑的，经过十五年；

（四）法定最高刑为无期徒刑、死刑的，经过二十年。如果二十年以后认为必须追诉的，须报请最高人民检察院核准。

注释“追诉时效”，是指依照法律规定对犯罪分子追究刑事责任的有效期限。

第八十八条　【不受追诉时效限制】在人民检察院、公安机关、国家安全机关立案侦查或者在人民法院受理案件以后，逃避侦查或者审判的，不受追诉期限的限制。

被害人在追诉期限内提出控告，人民法院、人民检察院、公安机关应当立案而不予立案的，不受追诉期限的限制。

第八十九条　【追诉期限的计算与中断】追诉期限从犯罪之日起计算；犯罪行为有连续或者继续状态的，从犯罪行为终了之日起计算。

在追诉期限以内又犯罪的，前罪追诉的期限从犯后罪之日起计算。

第五章　其他规定

第九十条　【民族自治地方刑法适用的变通】民族自治地方不能全部适用本法规定的，可以由自治区或者省的人民代表大会根据当地民族的政治、经济、文化的特点和本法规定的基本原则，制定变通或者补充的规定，报请全国人民代表大会常务委员会批准施行。

第九十一条　【公共财产的范围】本法所称公共财产，是指下列财产：

（一）国有财产；

（二）劳动群众集体所有的财产；

（三）用于扶贫和其他公益事业的社会捐助或者专项基金的财产。

在国家机关、国有公司、企业、集体企业和人民团体管理、使用或者运输中的私人财产，以公共财产论。

第九十二条　【公民私人所有财产的范围】本法所称公民私人所有的财产，是指下列财产：

（一）公民的合法收入、储蓄、房屋和其他生活资料；

（二）依法归个人、家庭所有的生产资料；

（三）个体户和私营企业的合法财产；

（四）依法归个人所有的股份、股票、债券和其他财产。

第九十三条　【国家工作人员的范围】本法所称国家工作人员，是指国家机关中从事公务的人员。

国有公司、企业、事业单位、人民团体中从事公务的人员和国家机关、国有公司、企业、事业单位委派到非国有公司、企业、事业单位、社会团体从事公务的人员，以及其他依照法律从事公务的人员，以国家工作人员论。

注释本条规定的“国家机关”，是指国家的权力机关、行政机关、监察机关、司法机关以及军事机关。“从事公务的人员”，是指在上述国家机关中行使一定管理职权、履行一定职务的人员。在上述国家机关中从事劳务性工作的人员，如司机、门卫、炊事员、清洁工等勤杂人员以及部队战士等，不属于国家工作人员范畴。

第九十四条　【司法工作人员的范围】本法所称司法工作人员，是指有侦查、检察、审判、监管职责的工作人员。

第九十五条　【重伤】本法所称重伤，是指有下列情形之一的伤害：

（一）使人肢体残废或者毁人容貌的；

（二）使人丧失听觉、视觉或者其他器官机能的；

（三）其他对于人身健康有重大伤害的。

链接《人体损伤程度鉴定标准》；《人体损伤致残程度分级》

第九十六条　【违反国家规定之含义】本法所称违反国家规定，是指违反全国人民代表大会及其常务委员会制定的法律和决定，国务院制定的行政法规、规定的行政措施、发布的决定和命令。

第九十七条 【首要分子的范围】本法所称首要分子，是指在犯罪集团或者聚众犯罪中起组织、策划、指挥作用的犯罪分子。

第九十八条 【告诉才处理的含义】本法所称告诉才处理，是指被害人告诉才处理。如果被害人因受强制、威吓无法告诉的，人民检察院和被害人的近亲属也可以告诉。

第九十九条 【以上、以下、以内之界定】本法所称以上、以下、以内，包括本数。

第一百条 【前科报告制度】依法受过刑事处罚的人，在入伍、就业的时候，应当如实向有关单位报告自己曾受过刑事处罚，不得隐瞒。

犯罪的时候不满十八周岁被判处五年有期徒刑以下刑罚的人，免除前款规定的报告义务。

第一百零一条 【总则的效力】本法总则适用于其他有刑罚规定的法律，但是其他法律有特别规定的除外。

第二编 分 则

第一章 危害国家安全罪

第一百零二条 【背叛国家罪】勾结外国，危害中华人民共和国的主权、领土完整和安全的，处无期徒刑或者十年以上有期徒刑。

与境外机构、组织、个人相勾结，犯前款罪的，依照前款的规定处罚。

第一百零三条 【分裂国家罪】组织、策划、实施分裂国家、破坏国家统一的，对首要分子或者罪行重大的，处无期徒刑或者十年以上有期徒刑；对积极参加的，处三年以上十年以下有期徒刑；对其他参加的，处三年以下有期徒刑、拘役、管制或者剥夺政治权利。

【煽动分裂国家罪】煽动分裂国家、破坏国家统一的，处五年以下有期徒刑、拘役、管制或者剥夺政治权利；首要分子或者罪行重大的，处五年以上有期徒刑。

第一百零四条 【武装叛乱、暴乱罪】组织、策划、实施武装叛乱或者武装暴乱的，对首要分子或者罪行重大的，处无期徒刑或者十年以上有期徒刑；对积极参加的，处三年以上十年以下有期徒刑；对其他参加的，处三年以下有期徒刑、拘役、管制或者剥夺政治权利。

策动、胁迫、勾引、收买国家机关工作人员、武装部队人员、人民警察、民兵进行武装叛乱或者武装暴乱的，依照前款的规定从重处罚。

第一百零五条 【颠覆国家政权罪】组织、策划、实施颠覆国家政权、推翻社会主义制度的，对首要分子或者罪行重大的，处无期徒刑或者十年以上有期徒刑；对积极参加的，处三年以上十年以下有期徒刑；对其他参加的，处三年以下有期徒刑、拘役、管制或者剥夺政治权利。

【煽动颠覆国家政权罪】以造谣、诽谤或者其他方式煽动颠覆国家政权、推翻社会主义制度的，处五年以下有期徒刑、拘役、管制或者剥夺政治权利；首要分子或者罪行重大的，处五年以上有期徒刑。

第一百零六条 【与境外勾结的处罚规定】与境外机构、组织、个人相勾结，实施本章第一百零三条、第一百零四条、第一百零五条规定之罪的，依照各该条的规定从重处罚。

第一百零七条 【资助危害国家安全犯罪活动罪】境内外机构、组织或者个人资助实施本章第一百零二条、第一百零三条、第一百零四条、第一百零五条规定之罪的，对直接责任人员，处五年以下有期徒刑、拘役、管制或者剥夺政治权利；情节严重的，处五年以上有期徒刑。

链接《刑法》第 102—105、113 条

第一百零八条 【投敌叛变罪】投敌叛变的，处三年以上十年以下有期徒刑；情节严重或者带领武装部队人员、人民警察、民兵投敌叛变的，处十年以上有期徒刑或者无期徒刑。

第一百零九条 【叛逃罪】国家机关工作人员在履行公务期间，擅离岗位，叛逃境外或者在境外叛逃的，处五年以下有期徒刑、拘役、管制或者剥夺政治权利；情节严重的，处五年以上十年以下有期徒刑。

掌握国家秘密的国家工作人员叛逃境外或者在境外叛逃的，依照前款的规定从重处罚。

链接《刑法》第 93、113 条；《保守国家秘密法》第 2、9、48 条

第一百一十条 【间谍罪】有下列间谍行为之一，危害国家安全的，处十年以上有期徒刑或者无期徒刑；情节较轻的，处三年以上十年以下有期徒刑：

（一）参加间谍组织或者接受间谍组织及其代

理人的任务的；

（二）为敌人指示轰击目标的。

第一百一十一条 【为境外窃取、刺探、收买、非法提供国家秘密、情报罪】为境外的机构、组织、人员窃取、刺探、收买、非法提供国家秘密或者情报的，处五年以上十年以下有期徒刑；情节特别严重的，处十年以上有期徒刑或者无期徒刑；情节较轻的，处五年以下有期徒刑、拘役、管制或者剥夺政治权利。

第一百一十二条 【资敌罪】战时供给敌人武器装备、军用物资资敌的，处十年以上有期徒刑或者无期徒刑；情节较轻的，处三年以上十年以下有期徒刑。

第一百一十三条 【危害国家安全罪适用死刑、没收财产的规定】本章上述危害国家安全罪行中，除第一百零三条第二款、第一百零五条、第一百零七条、第一百零九条外，对国家和人民危害特别严重、情节特别恶劣的，可以判处死刑。

犯本章之罪的，可以并处没收财产。

第二章 危害公共安全罪

第一百一十四条 【放火罪】【决水罪】【爆炸罪】【投放危险物质罪】【以危险方法危害公共安全罪】放火、决水、爆炸以及投放毒害性、放射性、传染病病原体等物质或者以其他危险方法危害公共安全，尚未造成严重后果的，处三年以上十年以下有期徒刑。

第一百一十五条 【放火罪】【决水罪】【爆炸罪】【投放危险物质罪】【以危险方法危害公共安全罪】放火、决水、爆炸以及投放毒害性、放射性、传染病病原体等物质或者以其他危险方法致人重伤、死亡或者使公私财产遭受重大损失的，处十年以上有期徒刑、无期徒刑或者死刑。

【失火罪】【过失决水罪】【过失爆炸罪】【过失投放危险物质罪】【过失以危险方法危害公共安全罪】过失犯前款罪的，处三年以上七年以下有期徒刑；情节较轻的，处三年以下有期徒刑或者拘役。

链接《最高人民检察院、公安部关于公安机关管辖的刑事案件立案追诉标准的规定（一）》第1条

第一百一十六条 【破坏交通工具罪】破坏火车、汽车、电车、船只、航空器，足以使火车、汽车、电车、船只、航空器发生倾覆、毁坏危险，尚未造成严重后果的，处三年以上十年以下有期徒刑。

第一百一十七条 【破坏交通设施罪】破坏轨道、桥梁、隧道、公路、机场、航道、灯塔、标志或者进行其他破坏活动，足以使火车、汽车、电车、船只、航空器发生倾覆、毁坏危险，尚未造成严重后果的，处三年以上十年以下有期徒刑。

第一百一十八条 【破坏电力设备罪】【破坏易燃易爆设备罪】破坏电力、燃气或者其他易燃易爆设备，危害公共安全，尚未造成严重后果的，处三年以上十年以下有期徒刑。

第一百一十九条 【破坏交通工具罪】【破坏交通设施罪】【破坏电力设备罪】【破坏易燃易爆设备罪】破坏交通工具、交通设施、电力设备、燃气设备、易燃易爆设备，造成严重后果的，处十年以上有期徒刑、无期徒刑或者死刑。

【过失损坏交通工具罪】【过失损坏交通设施罪】【过失损坏电力设备罪】【过失损坏易燃易爆设备罪】过失犯前款罪的，处三年以上七年以下有期徒刑；情节较轻的，处三年以下有期徒刑或者拘役。

第一百二十条 【组织、领导、参加恐怖组织罪】组织、领导恐怖活动组织的，处十年以上有期徒刑或者无期徒刑，并处没收财产；积极参加的，处三年以上十年以下有期徒刑，并处罚金；其他参加的，处三年以下有期徒刑、拘役、管制或者剥夺政治权利，可以并处罚金。

犯前款罪并实施杀人、爆炸、绑架等犯罪的，依照数罪并罚的规定处罚。

第一百二十条之一 【帮助恐怖活动罪】资助恐怖活动组织、实施恐怖活动的个人的，或者资助恐怖活动培训的，处五年以下有期徒刑、拘役、管制或者剥夺政治权利，并处罚金；情节严重的，处五年以上有期徒刑，并处罚金或者没收财产。

为恐怖活动组织、实施恐怖活动或者恐怖活动培训招募、运送人员的，依照前款的规定处罚。

单位犯前两款罪的，对单位判处罚金，并对其直接负责的主管人员和其他直接责任人员，依照第一款的规定处罚。

第一百二十条之二 【准备实施恐怖活动罪】有下列情形之一的，处五年以下有期徒刑、拘役、管制或者剥夺政治权利，并处罚金；情节严重的，处五年以上有期徒刑，并处罚金或者没收财产：

（一）为实施恐怖活动准备凶器、危险物品或者其他工具的；

（二）组织恐怖活动培训或者积极参加恐怖活动培训的；

（三）为实施恐怖活动与境外恐怖活动组织或者人员联络的；

（四）为实施恐怖活动进行策划或者其他准备的。

有前款行为，同时构成其他犯罪的，依照处罚较重的规定定罪处罚。

第一百二十条之三 【宣扬恐怖主义、极端主义、煽动实施恐怖活动罪】以制作、散发宣扬恐怖主义、极端主义的图书、音频视频资料或者其他物品，或者通过讲授、发布信息等方式宣扬恐怖主义、极端主义的，或者煽动实施恐怖活动的，处五年以下有期徒刑、拘役、管制或者剥夺政治权利，并处罚金；情节严重的，处五年以上有期徒刑，并处罚金或者没收财产。

第一百二十条之四 【利用极端主义破坏法律实施罪】利用极端主义煽动、胁迫群众破坏国家法律确立的婚姻、司法、教育、社会管理等制度实施的，处三年以下有期徒刑、拘役或者管制，并处罚金；情节严重的，处三年以上七年以下有期徒刑，并处罚金；情节特别严重的，处七年以上有期徒刑，并处罚金或者没收财产。

第一百二十条之五 【强制穿戴宣扬恐怖主义、极端主义服饰、标志罪】以暴力、胁迫等方式强制他人在公共场所穿着、佩戴宣扬恐怖主义、极端主义服饰、标志的，处三年以下有期徒刑、拘役或者管制，并处罚金。

第一百二十条之六 【非法持有宣扬恐怖主义、极端主义物品罪】明知是宣扬恐怖主义、极端主义的图书、音频视频资料或者其他物品而非法持有，情节严重的，处三年以下有期徒刑、拘役或者管制，并处或者单处罚金。

第一百二十一条 【劫持航空器罪】以暴力、胁迫或者其他方法劫持航空器的，处十年以上有期徒刑或者无期徒刑；致人重伤、死亡或者使航空器遭受严重破坏的，处死刑。

第一百二十二条 【劫持船只、汽车罪】以暴力、胁迫或者其他方法劫持船只、汽车的，处五年以上十年以下有期徒刑；造成严重后果的，处十年以上有期徒刑或者无期徒刑。

第一百二十三条 【暴力危及飞行安全罪】对飞行中的航空器上的人员使用暴力，危及飞行安全，尚未造成严重后果的，处五年以下有期徒刑或者拘役；造成严重后果的，处五年以上有期徒刑。

第一百二十四条 【破坏广播电视设施、公用电信设施罪】破坏广播电视设施、公用电信设施，危害公共安全的，处三年以上七年以下有期徒刑；造成严重后果的，处七年以上有期徒刑。

【过失损坏广播电视设施、公用电信设施罪】过失犯前款罪的，处三年以上七年以下有期徒刑；情节较轻的，处三年以下有期徒刑或者拘役。

第一百二十五条 【非法制造、买卖、运输、邮寄、储存枪支、弹药、爆炸物罪】非法制造、买卖、运输、邮寄、储存枪支、弹药、爆炸物的，处三年以上十年以下有期徒刑；情节严重的，处十年以上有期徒刑、无期徒刑或者死刑。

【非法制造、买卖、运输、储存危险物质罪】非法制造、买卖、运输、储存毒害性、放射性、传染病病原体等物质，危害公共安全的，依照前款的规定处罚。

单位犯前两款罪的，对单位判处罚金，并对其直接负责的主管人员和其他直接责任人员，依照第一款的规定处罚。

第一百二十六条 【违规制造、销售枪支罪】依法被指定、确定的枪支制造企业、销售企业，违反枪支管理规定，有下列行为之一的，对单位判处罚金，并对其直接负责的主管人员和其他直接责任人员，处五年以下有期徒刑；情节严重的，处五年以上十年以下有期徒刑；情节特别严重的，处十年以上有期徒刑或者无期徒刑：

（一）以非法销售为目的，超过限额或者不按照规定的品种制造、配售枪支的；

（二）以非法销售为目的，制造无号、重号、假号的枪支的；

（三）非法销售枪支或者在境内销售为出口制造的枪支的。

第一百二十七条 【盗窃、抢夺枪支、弹药、爆炸物、危险物质罪】盗窃、抢夺枪支、弹药、爆炸物的，或者盗窃、抢夺毒害性、放射性、传染病病原体等物质，危害公共安全的，处三年以上十年以下有期徒刑；情节严重的，处十年以上有期徒刑、无期徒刑或者死刑。

【抢劫枪支、弹药、爆炸物、危险物质罪】【盗窃、抢夺枪支、弹药、爆炸物、危险物质罪】抢劫枪支、弹药、爆炸物的，或者抢劫毒害性、放射性、传染病病原体等物质，危害公共安全的，或者盗窃、抢夺国家机关、军警人员、民兵的枪支、弹药、爆炸物的，处十年以上有期徒刑、无期徒刑或者死刑。

第一百二十八条　【非法持有、私藏枪支、弹药罪】违反枪支管理规定，非法持有、私藏枪支、弹药的，处三年以下有期徒刑、拘役或者管制；情节严重的，处三年以上七年以下有期徒刑。

【非法出租、出借枪支罪】依法配备公务用枪的人员，非法出租、出借枪支的，依照前款的规定处罚。

【非法出租、出借枪支罪】依法配置枪支的人员，非法出租、出借枪支，造成严重后果的，依照第一款的规定处罚。

单位犯第二款、第三款罪的，对单位判处罚金，并对其直接负责的主管人员和其他直接责任人员，依照第一款的规定处罚。

第一百二十九条　【丢失枪支不报罪】依法配备公务用枪的人员，丢失枪支不及时报告，造成严重后果的，处三年以下有期徒刑或者拘役。

第一百三十条　【非法携带枪支、弹药、管制刀具、危险物品危及公共安全罪】非法携带枪支、弹药、管制刀具或者爆炸性、易燃性、放射性、毒害性、腐蚀性物品，进入公共场所或者公共交通工具，危及公共安全，情节严重的，处三年以下有期徒刑、拘役或者管制。

第一百三十一条　【重大飞行事故罪】航空人员违反规章制度，致使发生重大飞行事故，造成严重后果的，处三年以下有期徒刑或者拘役；造成飞机坠毁或者人员死亡的，处三年以上七年以下有期徒刑。

第一百三十二条　【铁路运营安全事故罪】铁路职工违反规章制度，致使发生铁路运营安全事故，造成严重后果的，处三年以下有期徒刑或者拘役；造成特别严重后果的，处三年以上七年以下有期徒刑。

第一百三十三条　【交通肇事罪】违反交通运输管理法规，因而发生重大事故，致人重伤、死亡或者使公私财产遭受重大损失的，处三年以下有期徒刑或者拘役；交通运输肇事后逃逸或者有其他特别恶劣情节的，处三年以上七年以下有期徒刑；因逃逸致人死亡的，处七年以上有期徒刑。

注释 构成本罪的，必须符合以下条件：

(1)本条规定的犯罪主体为一般主体。任何人只要从事机动车船驾驶的，均可成为本罪的主体。

(2)行为人主观上是出于过失。如果行为人故意造成交通事故的发生则应按其他有关条款定罪量刑，不能适用本条。

(3)行为人必须实施了违反交通运输法规的行为。这里的“违反交通运输法规”，是指违反国家有关交通运输管理方面的法律、法规。

(4)行为人的行为必须造成了重大事故，致人重伤、死亡或者使公私财产遭受重大损失的，才能构成本罪。这是区分交通肇事罪与一般交通事故的主要标准。

“交通运输肇事后逃逸”，是指行为人交通肇事构成犯罪，在发生交通事故后，为逃避法律追究而逃跑的行为。行为人交通肇事未造成严重后果而逃逸的，不属于本条所规定的情况，可作为行政处罚的从重情节考虑。

实务问答 1. 本罪与以危险方法危害公共安全罪如何区别

如果是以驾车撞人的方法，在公共场所故意撞死、撞伤多人的，应以以危险方法危害公共安全罪追究刑事责任。

被告人孙某具有完全刑事责任能力的人，明知必须经过相关培训并经考试合格，取得驾驶执照后才能驾驶机动车辆，但其无视国家交通安全法规和公共安全，在未领取驾驶执照的情况下，长期无证驾驶机动车辆并多次违反交通法规。而且其在醉酒后，驾车行驶于车辆、人群密集之处，对公共安全构成直接威胁，在发生追尾交通事故后，仍置不特定多数人的生命财产安全于不顾，继续驾车超速行驶，跨越禁止超越的道路中心黄色双实线，与对方正常行驶的多辆车辆相撞，造成四人死亡一人重伤、公私财产损失达数万元的严重后果，其行为已构成以危险方法危害公共安全罪，应以以危险方法危害公共安全罪定罪处罚。（《最高人民检察院公报》2010年第2号：孙某以危险方法危害公共安全案）

2. 如何认定“因逃逸致人死亡”

“因逃逸致人死亡”，是指行为人在交通肇事后为逃避法律追究而逃跑，致使被害人因得不到救助而死亡的情形。其具体要件包括：(1)交通事故的被害人在行为人逃逸时并未死亡。(2)行为人有逃逸行为，即为逃避法律追究而逃跑，不履行救助义务，逃避事故责任。(3)逃逸行为导致救治延误与受害人死亡之间有因果联系。(4)行为人主观上至少具有过失。交通肇事后，单位主管人员、机动车辆所有人、承包人或者乘车人指使肇事人逃逸，致使被害人得不到救助而死亡的，以交通肇事罪的共犯论处。

第一百三十三条之一 **【危险驾驶罪】**在道路上驾驶机动车，有下列情形之一的，处拘役，并处罚金：

(一)追逐竞驶，情节恶劣的；

(二)醉酒驾驶机动车的；

(三)从事校车业务或者旅客运输，严重超过额定乘员载客，或者严重超过规定时速行驶的；

(四)违反危险化学品安全管理规定运输危险化学品，危及公共安全的。

机动车所有人、管理人对前款第三项、第四项行为负有直接责任的，依照前款的规定处罚。

有前两款行为，同时构成其他犯罪的，依照处罚较重的规定定罪处罚。

实务问答 如何认定本条规定的“追逐竞驶”

机动车驾驶人员出于竞技、追求刺激、斗气或者其他动机，在道路上曲折穿行、快速追赶行驶的，属于《刑法》第一百三十三条之一规定的“追逐竞驶”。

追逐竞驶虽未造成人员伤亡或财产损失，但综合考虑超过限速、闯红灯、强行超车、抗拒交通执法等严重违反道路交通安全法的行为，足以威胁他人生命、财产安全的，属于危险驾驶罪中“情节恶劣”的情形。(2014年12月18日最高人民法院指导案例32号：张某某、金某危险驾驶案)

第一百三十三条之二 **【妨害安全驾驶罪】**对行驶中的公共交通工具的驾驶人员使用暴力或者抢控驾驶操纵装置，干扰公共交通工具正常行驶，危及公共安全的，处一年以下有期徒刑、拘役或者管制，并处或者单处罚金。

前款规定的驾驶人员在行驶的公共交通工具上擅离职守，与他人互殴或者殴打他人，危及公共安全的，依照前款的规定处罚。

有前两款行为，同时构成其他犯罪的，依照处罚较重的规定定罪处罚。

第一百三十四条 **【重大责任事故罪】**在生产、作业中违反有关安全管理的规定，因而发生重大伤亡事故或者造成其他严重后果的，处三年以下有期徒刑或者拘役；情节特别恶劣的，处三年以上七年以下有期徒刑。

【强令、组织他人违章冒险作业罪】强令他人违章冒险作业，或者明知存在重大事故隐患而不排除，仍冒险组织作业，因而发生重大伤亡事故或者造成其他严重后果的，处五年以下有期徒刑或者拘役；情节特别恶劣的，处五年以上有期徒刑。

第一百三十四条之一 **【危险作业罪】**在生产、作业中违反有关安全管理的规定，有下列情形之一，具有发生重大伤亡事故或者其他严重后果的现实危险的，处一年以下有期徒刑、拘役或者管制：

(一)关闭、破坏直接关系生产安全的监控、报警、防护、救生设备、设施，或者篡改、隐瞒、销毁其相关数据、信息的；

(二)因存在重大事故隐患被依法责令停产停业、停止施工、停止使用有关设备、设施、场所或者立即采取排除危险的整改措施，而拒不执行的；

(三)涉及安全生产的事项未经依法批准或者许可，擅自从事矿山开采、金属冶炼、建筑施工，以及危险物品生产、经营、储存等高度危险的生产作业活动的。

第一百三十五条 **【重大劳动安全事故罪】**安全生产设施或者安全生产条件不符合国家规定，因而发生重大伤亡事故或者造成其他严重后果的，对直接负责的主管人员和其他直接责任人员，处三年以下有期徒刑或者拘役；情节特别恶劣的，处三年以上七年以下有期徒刑。

第一百三十五条之一 **【大型群众性活动重大安全事故罪】**举办大型群众性活动违反安全管理规定，因而发生重大伤亡事故或者造成其他严重后果的，对直接负责的主管人员和其他直接责任人员，处三年以下有期徒刑或者拘役；情节特别恶劣的，处三年以上七年以下有期徒刑。

第一百三十六条 **【危险物品肇事罪】**违反爆炸性、易燃性、放射性、毒害性、腐蚀性物品的管理规定，在生产、储存、运输、使用中发生重大事故，造成严重后果的，处三年以下有期徒刑或者拘役；后果特别严重的，处三年以上七年以下有期徒刑。

第一百三十七条 **【工程重大安全事故罪】**建设单位、设计单位、施工单位、工程监理单位违反国家规定，降低工程质量标准，造成重大安全事故的，对直接责任人员，处五年以下有期徒刑或者拘役，并处罚金；后果特别严重的，处五年以上十年以下有期徒刑，并处罚金。

第一百三十八条 【教育设施重大安全事故罪】明知校舍或者教育教学设施有危险，而不采取措施或者不及时报告，致使发生重大伤亡事故的，对直接责任人员，处三年以下有期徒刑或者拘役；后果特别严重的，处三年以上七年以下有期徒刑。

实务问答 如何认定教育设施重大安全事故罪中直接责任人的过失

幼儿教育单位负责人明知本单位接送幼儿的专用车辆有安全隐患，不符合行车要求，而不采取必要的检修措施，仍让他人使用该车接送幼儿，以致在车辆发生故障后，驾驶人员违规操作引起车辆失火，使被接送的幼儿多人伤亡，该负责人的行为构成教育施舍重大安全事故罪。(《最高人民法院公报》2005年第1期：郑州市中原区人民检察院诉高某、乔某过失致人死亡案)

第一百三十九条 【消防责任事故罪】违反消防管理法规，经消防监督机构通知采取改正措施而拒绝执行，造成严重后果的，对直接责任人员，处三年以下有期徒刑或者拘役；后果特别严重的，处三年以上七年以下有期徒刑。

第一百三十九条之一 【不报、谎报安全事故罪】在安全事故发生后，负有报告职责的人员不报或者谎报事故情况，贻误事故抢救，情节严重的，处三年以下有期徒刑或者拘役；情节特别严重的，处三年以上七年以下有期徒刑。

第三章 破坏社会主义市场经济秩序罪

第一节 生产、销售伪劣商品罪

第一百四十条 【生产、销售伪劣产品罪】生产者、销售者在产品中掺杂、掺假，以假充真，以次充好或者以不合格产品冒充合格产品，销售金额五万元以上不满二十万元的，处二年以下有期徒刑或者拘役，并处或者单处销售金额百分之五十以上二倍以下罚金；销售金额二十万元以上不满五十万元的，处二年以上七年以下有期徒刑，并处销售金额百分之五十以上二倍以下罚金；销售金额五十万元以上不满二百万元的，处七年以上有期徒刑，并处销售金额百分之五十以上二倍以下罚金；销售金额二百万元以上的，处十五年有期徒刑或者无期徒刑，并处销售金额百分之五十以上二倍以下罚金或者没收财产。

注释 构成生产、销售伪劣产品罪必须具备以下几个条件：(1)生产者、销售者的主观方面是故意，如果行为人在主观上不是故意的，不知所售产品是次品，而当作正品出售了，应承担民事责任，不能作为犯罪处理。(2)生产者、销售者在客观上实施了"在产品中掺杂、掺假，以假充真，以次充好或者以不合格产品冒充合格产品"等行为。(3)生产者、销售者在产品中掺杂、掺假，以假充真，以次充好或者以不合格产品冒充合格产品，销售金额必须达到五万元以上，才构成犯罪，如果销售金额不足五万元的，不构成犯罪。(4)生产、销售伪劣产品的犯罪主体是生产者、销售者，消费者不能构成本罪的主体。

第一百四十一条 【生产、销售、提供假药罪】生产、销售假药的，处三年以下有期徒刑或者拘役，并处罚金；对人体健康造成严重危害或者有其他严重情节的，处三年以上十年以下有期徒刑，并处罚金；致人死亡或者有其他特别严重情节的，处十年以上有期徒刑、无期徒刑或者死刑，并处罚金或者没收财产。

药品使用单位的人员明知是假药而提供给他人使用的，依照前款的规定处罚。

第一百四十二条 【生产、销售、提供劣药罪】生产、销售劣药，对人体健康造成严重危害的，处三年以上十年以下有期徒刑，并处罚金；后果特别严重的，处十年以上有期徒刑或者无期徒刑，并处罚金或者没收财产。

药品使用单位的人员明知是劣药而提供给他人使用的，依照前款的规定处罚。

第一百四十二条之一 【妨害药品管理罪】违反药品管理法规，有下列情形之一，足以严重危害人体健康的，处三年以下有期徒刑或者拘役，并处或者单处罚金；对人体健康造成严重危害或者有其他严重情节的，处三年以上七年以下有期徒刑，并处罚金：

(一)生产、销售国务院药品监督管理部门禁止使用的药品的；

(二)未取得药品相关批准证明文件生产、进口药品或者明知是上述药品而销售的；

(三)药品申请注册中提供虚假的证明、数据、资料、样品或者采取其他欺骗手段的；

(四)编造生产、检验记录的。

有前款行为，同时又构成本法第一百四十一

条、第一百四十二条规定之罪或者其他犯罪的，依照处罚较重的规定定罪处罚。

第一百四十三条 【生产、销售不符合安全标准的食品罪】生产、销售不符合食品安全标准的食品，足以造成严重食物中毒事故或者其他严重食源性疾病的，处三年以下有期徒刑或者拘役，并处罚金；对人体健康造成严重危害或者有其他严重情节的，处三年以上七年以下有期徒刑，并处罚金；后果特别严重的，处七年以上有期徒刑或者无期徒刑，并处罚金或者没收财产。

第一百四十四条 【生产、销售有毒、有害食品罪】在生产、销售的食品中掺入有毒、有害的非食品原料的，或者销售明知掺有有毒、有害的非食品原料的食品的，处五年以下有期徒刑，并处罚金；对人体健康造成严重危害或者有其他严重情节的，处五年以上十年以下有期徒刑，并处罚金；致人死亡或者有其他特别严重情节的，依照本法第一百四十一条的规定处罚。

第一百四十五条 【生产、销售不符合标准的医用器材罪】生产不符合保障人体健康的国家标准、行业标准的医疗器械、医用卫生材料，或者销售明知是不符合保障人体健康的国家标准、行业标准的医疗器械、医用卫生材料，足以严重危害人体健康的，处三年以下有期徒刑或者拘役，并处销售金额百分之五十以上二倍以下罚金；对人体健康造成严重危害的，处三年以上十年以下有期徒刑，并处销售金额百分之五十以上二倍以下罚金；后果特别严重的，处十年以上有期徒刑或者无期徒刑，并处销售金额百分之五十以上二倍以下罚金或者没收财产。

第一百四十六条 【生产、销售不符合安全标准的产品罪】生产不符合保障人身、财产安全的国家标准、行业标准的电器、压力容器、易燃易爆产品或者其他不符合保障人身、财产安全的国家标准、行业标准的产品，或者销售明知是以上不符合保障人身、财产安全的国家标准、行业标准的产品，造成严重后果的，处五年以下有期徒刑，并处销售金额百分之五十以上二倍以下罚金；后果特别严重的，处五年以上有期徒刑，并处销售金额百分之五十以上二倍以下罚金。

第一百四十七条 【生产、销售伪劣农药、兽药、化肥、种子罪】生产假农药、假兽药、假化肥，销售明知是假的或者失去使用效能的农药、兽药、化肥、种子，或者生产者、销售者以不合格的农药、兽药、化肥、种子冒充合格的农药、兽药、化肥、种子，使生产遭受较大损失的，处三年以下有期徒刑或者拘役，并处或者单处销售金额百分之五十以上二倍以下罚金；使生产遭受重大损失的，处三年以上七年以下有期徒刑，并处销售金额百分之五十以上二倍以下罚金；使生产遭受特别重大损失的，处七年以上有期徒刑或者无期徒刑，并处销售金额百分之五十以上二倍以下罚金或者没收财产。

第一百四十八条 【生产、销售不符合卫生标准的化妆品罪】生产不符合卫生标准的化妆品，或者销售明知是不符合卫生标准的化妆品，造成严重后果的，处三年以下有期徒刑或者拘役，并处或者单处销售金额百分之五十以上二倍以下罚金。

第一百四十九条 【对生产销售伪劣商品行为的法条适用】生产、销售本节第一百四十一条至第一百四十八条所列产品，不构成各该条规定的犯罪，但是销售金额在五万元以上的，依照本节第一百四十条的规定定罪处罚。

生产、销售本节第一百四十一条至第一百四十八条所列产品，构成各该条规定的犯罪，同时又构成本节第一百四十条规定之罪的，依照处罚较重的规定定罪处罚。

注释 对于"生产、销售本节第一百四十一条至第一百四十八条所列产品，不构成各该条规定的犯罪，但是销售金额在五万元以上的，依照本节第一百四十条的规定定罪处罚"，即可按生产、销售伪劣产品罪追究刑事责任。

生产、销售假药、劣药，不符合安全标准的食品，有毒、有害食品，不符合标准的医疗器械、医用卫生材料，不符合安全标准的电器、压力容器、易燃易爆产品，伪劣农药、兽药、化肥、种子，不符合卫生标准的化妆品等行为，有的时候不仅构成了刑法规定的生产、销售特定伪劣产品的犯罪，如果销售金额在五万元以上，也同时构成了一般的生产、销售伪劣产品罪，对于这种情况本条第二款采取了从一重罪处罚的原则，即依照处罚较重的规定定罪处罚。

第一百五十条 【单位犯本节规定之罪的处理】单位犯本节第一百四十条至第一百四十八条规定之罪的，对单位判处罚金，并对其直接负责的主管人员和其他直接责任人员，依照各该条的规定处罚。

第二节 走私罪

第一百五十一条 【走私武器、弹药罪】【走私核材料罪】【走私假币罪】走私武器、弹药、核材料或者伪造的货币的，处七年以上有期徒刑，并处罚金或者没收财产；情节特别严重的，处无期徒刑，并处没收财产；情节较轻的，处三年以上七年以下有期徒刑，并处罚金。

【走私文物罪】【走私贵重金属罪】【走私珍贵动物、珍贵动物制品罪】走私国家禁止出口的文物、黄金、白银和其他贵重金属或者国家禁止进出口的珍贵动物及其制品的，处五年以上十年以下有期徒刑，并处罚金；情节特别严重的，处十年以上有期徒刑或者无期徒刑，并处没收财产；情节较轻的，处五年以下有期徒刑，并处罚金。

【走私国家禁止进出口的货物、物品罪】走私珍稀植物及其制品等国家禁止进出口的其他货物、物品的，处五年以下有期徒刑或者拘役，并处或者单处罚金；情节严重的，处五年以上有期徒刑，并处罚金。

单位犯本条规定之罪的，对单位判处罚金，并对其直接负责的主管人员和其他直接责任人员，依照本条各款的规定处罚。

第一百五十二条 【走私淫秽物品罪】以牟利或者传播为目的，走私淫秽的影片、录像带、录音带、图片、书刊或者其他淫秽物品的，处三年以上十年以下有期徒刑，并处罚金；情节严重的，处十年以上有期徒刑或者无期徒刑，并处罚金或者没收财产；情节较轻的，处三年以下有期徒刑、拘役或者管制，并处罚金。

【走私废物罪】逃避海关监管将境外固体废物、液态废物和气态废物运输进境，情节严重的，处五年以下有期徒刑，并处或者单处罚金；情节特别严重的，处五年以上有期徒刑，并处罚金。

单位犯前两款罪的，对单位判处罚金，并对其直接负责的主管人员和其他直接责任人员，依照前两款的规定处罚。

第一百五十三条 【走私普通货物、物品罪】走私本法第一百五十一条、第一百五十二条、第三百四十七条规定以外的货物、物品的，根据情节轻重，分别依照下列规定处罚：

（一）走私货物、物品偷逃应缴税额较大或者一年内曾因走私被给予二次行政处罚后又走私的，处三年以下有期徒刑或者拘役，并处偷逃应缴税额一倍以上五倍以下罚金。

（二）走私货物、物品偷逃应缴税额巨大或者有其他严重情节的，处三年以上十年以下有期徒刑，并处偷逃应缴税额一倍以上五倍以下罚金。

（三）走私货物、物品偷逃应缴税额特别巨大或者有其他特别严重情节的，处十年以上有期徒刑或者无期徒刑，并处偷逃应缴税额一倍以上五倍以下罚金或者没收财产。

单位犯前款罪的，对单位判处罚金，并对其直接负责的主管人员和其他直接责任人员，处三年以下有期徒刑或者拘役；情节严重的，处三年以上十年以下有期徒刑；情节特别严重的，处十年以上有期徒刑。

对多次走私未经处理的，按照累计走私货物、物品的偷逃应缴税额处罚。

第一百五十四条 【走私普通货物、物品罪的特殊形式】下列走私行为，根据本节规定构成犯罪的，依照本法第一百五十三条的规定定罪处罚：

（一）未经海关许可并且未补缴应缴税额，擅自将批准进口的来料加工、来件装配、补偿贸易的原材料、零件、制成品、设备等保税货物，在境内销售牟利的；

（二）未经海关许可并且未补缴应缴税额，擅自将特定减税、免税进口的货物、物品，在境内销售牟利的。

第一百五十五条 【以走私罪论处的间接走私行为】下列行为，以走私罪论处，依照本节的有关规定处罚：

（一）直接向走私人非法收购国家禁止进口物品的，或者直接向走私人非法收购走私进口的其他货物、物品，数额较大的；

（二）在内海、领海、界河、界湖运输、收购、贩卖国家禁止进出口物品的，或者运输、收购、贩卖国家限制进出口货物、物品，数额较大，没有合法证明的。

第一百五十六条 【走私共犯】与走私罪犯通谋，为其提供贷款、资金、帐号、发票、证明，或者为其提供运输、保管、邮寄或者其他方便的，以走私罪的共犯论处。

第一百五十七条 【武装掩护走私、抗拒缉私的刑事处罚规定】武装掩护走私的，依照本法第一百五十一条第一款的规定从重处罚。

以暴力、威胁方法抗拒缉私的，以走私罪和本法第二百七十七条规定的阻碍国家机关工作人员依法执行职务罪，依照数罪并罚的规定处罚。

第三节 妨害对公司、企业的管理秩序罪

第一百五十八条 【虚报注册资本罪】申请公司登记使用虚假证明文件或者采取其他欺诈手段虚报注册资本，欺骗公司登记主管部门，取得公司登记，虚报注册资本数额巨大、后果严重或者有其他严重情节的，处三年以下有期徒刑或者拘役，并处或者单处虚报注册资本金额百分之一以上百分之五以下罚金。

单位犯前款罪的，对单位判处罚金，并对其直接负责的主管人员和其他直接责任人员，处三年以下有期徒刑或者拘役。

第一百五十九条 【虚假出资、抽逃出资罪】公司发起人、股东违反公司法的规定未交付货币、实物或者未转移财产权，虚假出资，或者在公司成立后又抽逃其出资，数额巨大、后果严重或者有其他严重情节的，处五年以下有期徒刑或者拘役，并处或者单处虚假出资金额或者抽逃出资金额百分之二以上百分之十以下罚金。

单位犯前款罪的，对单位判处罚金，并对其直接负责的主管人员和其他直接责任人员，处五年以下有期徒刑或者拘役。

第一百六十条 【欺诈发行证券罪】在招股说明书、认股书、公司、企业债券募集办法等发行文件中隐瞒重要事实或者编造重大虚假内容，发行股票或者公司、企业债券、存托凭证或者国务院依法认定的其他证券，数额巨大、后果严重或者有其他严重情节的，处五年以下有期徒刑或者拘役，并处或者单处罚金；数额特别巨大、后果特别严重或者有其他特别严重情节的，处五年以上有期徒刑，并处罚金。

控股股东、实际控制人组织、指使实施前款行为的，处五年以下有期徒刑或者拘役，并处或者单处非法募集资金金额百分之二十以上一倍以下罚金；数额特别巨大、后果特别严重或者有其他特别严重情节的，处五年以上有期徒刑，并处非法募集资金金额百分之二十以上一倍以下罚金。

单位犯前两款罪的，对单位判处非法募集资金金额百分之二十以上一倍以下罚金，并对其直接负责的主管人员和其他直接责任人员，依照第一款的规定处罚。

链接《证券法》第2、19、181条

第一百六十一条 【违规披露、不披露重要信息罪】依法负有信息披露义务的公司、企业向股东和社会公众提供虚假的或者隐瞒重要事实的财务会计报告，或者对依法应当披露的其他重要信息不按照规定披露，严重损害股东或者其他人利益，或者有其他严重情节的，对其直接负责的主管人员和其他直接责任人员，处五年以下有期徒刑或者拘役，并处或者单处罚金；情节特别严重的，处五年以上十年以下有期徒刑，并处罚金。

前款规定的公司、企业的控股股东、实际控制人实施或者组织、指使实施前款行为的，或者隐瞒相关事项导致前款规定的情形发生的，依照前款的规定处罚。

犯前款罪的控股股东、实际控制人是单位的，对单位判处罚金，并对其直接负责的主管人员和其他直接责任人员，依照第一款的规定处罚。

第一百六十二条 【妨害清算罪】公司、企业进行清算时，隐匿财产，对资产负债表或者财产清单作虚伪记载或者在未清偿债务前分配公司、企业财产，严重损害债权人或者其他人利益的，对其直接负责的主管人员和其他直接责任人员，处五年以下有期徒刑或者拘役，并处或者单处二万元以上二十万元以下罚金。

第一百六十二条之一 【隐匿、故意销毁会计凭证、会计账簿、财务会计报告罪】隐匿或者故意销毁依法应当保存的会计凭证、会计帐簿、财务会计报告，情节严重的，处五年以下有期徒刑或者拘役，并处或者单处二万元以上二十万元以下罚金。

单位犯前款罪的，对单位判处罚金，并对其直接负责的主管人员和其他直接责任人员，依照前款的规定处罚。

第一百六十二条之二 【虚假破产罪】公司、企业通过隐匿财产、承担虚构的债务或者以其他方法转移、处分财产，实施虚假破产，严重损害债权人或者其他人利益的，对其直接负责的主管人员和其他直接责任人员，处五年以下有期徒刑或者拘役，并处或者单处二万元以上二十万元以下罚金。

第一百六十三条 【非国家工作人员受贿罪】公司、企业或者其他单位的工作人员，利用职务上

的便利，索取他人财物或者非法收受他人财物，为他人谋取利益，数额较大的，处三年以下有期徒刑或者拘役，并处罚金；数额巨大或者有其他严重情节的，处三年以上十年以下有期徒刑，并处罚金；数额特别巨大或者有其他特别严重情节的，处十年以上有期徒刑或者无期徒刑，并处罚金。

公司、企业或者其他单位的工作人员在经济往来中，利用职务上的便利，违反国家规定，收受各种名义的回扣、手续费，归个人所有的，依照前款的规定处罚。

国有公司、企业或者其他国有单位中从事公务的人员和国有公司、企业或者其他国有单位委派到非国有公司、企业以及其他单位从事公务的人员有前两款行为的，依照本法第三百八十五条、第三百八十六条的规定定罪处罚。

第一百六十四条　【对非国家工作人员行贿罪】为谋取不正当利益，给予公司、企业或者其他单位的工作人员以财物，数额较大的，处三年以下有期徒刑或者拘役，并处罚金；数额巨大的，处三年以上十年以下有期徒刑，并处罚金。

【对外国公职人员、国际公共组织官员行贿罪】为谋取不正当商业利益，给予外国公职人员或者国际公共组织官员以财物的，依照前款的规定处罚。

单位犯前两款罪的，对单位判处罚金，并对其直接负责的主管人员和其他直接责任人员，依照第一款的规定处罚。

行贿人在被追诉前主动交待行贿行为的，可以减轻处罚或者免除处罚。

第一百六十五条　【非法经营同类营业罪】国有公司、企业的董事、经理利用职务便利，自己经营或者为他人经营与其所任职公司、企业同类的营业，获取非法利益，数额巨大的，处三年以下有期徒刑或者拘役，并处或者单处罚金；数额特别巨大的，处三年以上七年以下有期徒刑，并处罚金。

第一百六十六条　【为亲友非法牟利罪】国有公司、企业、事业单位的工作人员，利用职务便利，有下列情形之一，使国家利益遭受重大损失的，处三年以下有期徒刑或者拘役，并处或者单处罚金；致使国家利益遭受特别重大损失的，处三年以上七年以下有期徒刑，并处罚金：

（一）将本单位的盈利业务交由自己的亲友进行经营的；

（二）以明显高于市场的价格向自己的亲友经营管理的单位采购商品或者以明显低于市场的价格向自己的亲友经营管理的单位销售商品的；

（三）向自己的亲友经营管理的单位采购不合格商品的。

第一百六十七条　【签订、履行合同失职被骗罪】国有公司、企业、事业单位直接负责的主管人员，在签订、履行合同过程中，因严重不负责任被诈骗，致使国家利益遭受重大损失的，处三年以下有期徒刑或者拘役；致使国家利益遭受特别重大损失的，处三年以上七年以下有期徒刑。

第一百六十八条　【国有公司、企业、事业单位人员失职罪】【国有公司、企业、事业单位人员滥用职权罪】国有公司、企业的工作人员，由于严重不负责任或者滥用职权，造成国有公司、企业破产或者严重损失，致使国家利益遭受重大损失的，处三年以下有期徒刑或者拘役；致使国家利益遭受特别重大损失的，处三年以上七年以下有期徒刑。

国有事业单位的工作人员有前款行为，致使国家利益遭受重大损失的，依照前款的规定处罚。

国有公司、企业、事业单位的工作人员，徇私舞弊，犯前两款罪的，依照第一款的规定从重处罚。

第一百六十九条　【徇私舞弊低价折股、出售国有资产罪】国有公司、企业或者其上级主管部门直接负责的主管人员，徇私舞弊，将国有资产低价折股或者低价出售，致使国家利益遭受重大损失的，处三年以下有期徒刑或者拘役；致使国家利益遭受特别重大损失的，处三年以上七年以下有期徒刑。

第一百六十九条之一　【背信损害上市公司利益罪】上市公司的董事、监事、高级管理人员违背对公司的忠实义务，利用职务便利，操纵上市公司从事下列行为之一，致使上市公司利益遭受重大损失的，处三年以下有期徒刑或者拘役，并处或者单处罚金；致使上市公司利益遭受特别重大损失的，处三年以上七年以下有期徒刑，并处罚金：

（一）无偿向其他单位或者个人提供资金、商品、服务或者其他资产的；

（二）以明显不公平的条件，提供或者接受资金、商品、服务或者其他资产的；

（三）向明显不具有清偿能力的单位或者个人提供资金、商品、服务或者其他资产的；

（四）为明显不具有清偿能力的单位或者个人提供担保，或者无正当理由为其他单位或者个人提供担保的；

（五）无正当理由放弃债权、承担债务的；

（六）采用其他方式损害上市公司利益的。

上市公司的控股股东或者实际控制人，指使上市公司董事、监事、高级管理人员实施前款行为的，依照前款的规定处罚。

犯前款罪的上市公司的控股股东或者实际控制人是单位的，对单位判处罚金，并对其直接负责的主管人员和其他直接责任人员，依照第一款的规定处罚。

第四节　破坏金融管理秩序罪

第一百七十条　【伪造货币罪】伪造货币的，处三年以上十年以下有期徒刑，并处罚金；有下列情形之一的，处十年以上有期徒刑或者无期徒刑，并处罚金或者没收财产：

（一）伪造货币集团的首要分子；

（二）伪造货币数额特别巨大的；

（三）有其他特别严重情节的。

第一百七十一条　【出售、购买、运输假币罪】出售、购买伪造的货币或者明知是伪造的货币而运输，数额较大的，处三年以下有期徒刑或者拘役，并处二万元以上二十万元以下罚金；数额巨大的，处三年以上十年以下有期徒刑，并处五万元以上五十万元以下罚金；数额特别巨大的，处十年以上有期徒刑或者无期徒刑，并处五万元以上五十万元以下罚金或者没收财产。

【金融工作人员购买假币、以假币换取货币罪】银行或者其他金融机构的工作人员购买伪造的货币或者利用职务上的便利，以伪造的货币换取货币的，处三年以上十年以下有期徒刑，并处二万元以上二十万元以下罚金；数额巨大或者有其他严重情节的，处十年以上有期徒刑或者无期徒刑，并处二万元以上二十万元以下罚金或者没收财产；情节较轻的，处三年以下有期徒刑或者拘役，并处或者单处一万元以上十万元以下罚金。

伪造货币并出售或者运输伪造的货币的，依照本法第一百七十条的规定定罪从重处罚。

第一百七十二条　【持有、使用假币罪】明知是伪造的货币而持有、使用，数额较大的，处三年以下有期徒刑或者拘役，并处或者单处一万元以上十万元以下罚金；数额巨大的，处三年以上十年以下有期徒刑，并处二万元以上二十万元以下罚金；数额特别巨大的，处十年以上有期徒刑，并处五万元以上五十万元以下罚金或者没收财产。

第一百七十三条　【变造货币罪】变造货币，数额较大的，处三年以下有期徒刑或者拘役，并处或者单处一万元以上十万元以下罚金；数额巨大的，处三年以上十年以下有期徒刑，并处二万元以上二十万元以下罚金。

第一百七十四条　【擅自设立金融机构罪】未经国家有关主管部门批准，擅自设立商业银行、证券交易所、期货交易所、证券公司、期货经纪公司、保险公司或者其他金融机构的，处三年以下有期徒刑或者拘役，并处或者单处二万元以上二十万元以下罚金；情节严重的，处三年以上十年以下有期徒刑，并处五万元以上五十万元以下罚金。

【伪造、变造、转让金融机构经营许可证、批准文件罪】伪造、变造、转让商业银行、证券交易所、期货交易所、证券公司、期货经纪公司、保险公司或者其他金融机构的经营许可证或者批准文件的，依照前款的规定处罚。

单位犯前两款罪的，对单位判处罚金，并对其直接负责的主管人员和其他直接责任人员，依照第一款的规定处罚。

第一百七十五条　【高利转贷罪】以转贷牟利为目的，套取金融机构信贷资金高利转贷他人，违法所得数额较大的，处三年以下有期徒刑或者拘役，并处违法所得一倍以上五倍以下罚金；数额巨大的，处三年以上七年以下有期徒刑，并处违法所得一倍以上五倍以下罚金。

单位犯前款罪的，对单位判处罚金，并对其直接负责的主管人员和其他直接责任人员，处三年以下有期徒刑或者拘役。

第一百七十五条之一　【骗取贷款、票据承兑、金融票证罪】以欺骗手段取得银行或者其他金融机构贷款、票据承兑、信用证、保函等，给银行或者其他金融机构造成重大损失的，处三年以下有期徒刑或者拘役，并处或者单处罚金；给银行或者其他金融机构造成特别重大损失或者有其他特别严重情节的，处三年以上七年以下有期徒刑，并处罚金。

单位犯前款罪的，对单位判处罚金，并对其直接负责的主管人员和其他直接责任人员，依照前款的规定处罚。

第一百七十六条 【非法吸收公众存款罪】非法吸收公众存款或者变相吸收公众存款，扰乱金融秩序的，处三年以下有期徒刑或者拘役，并处或者单处罚金；数额巨大或者有其他严重情节的，处三年以上十年以下有期徒刑，并处罚金；数额特别巨大或者有其他特别严重情节的，处十年以上有期徒刑，并处罚金。

单位犯前款罪的，对单位判处罚金，并对其直接负责的主管人员和其他直接责任人员，依照前款的规定处罚。

有前两款行为，在提起公诉前积极退赃退赔，减少损害结果发生的，可以从轻或者减轻处罚。

注释 构成非法吸收公众存款罪应符合以下条件：(1)非法吸收公众存款罪的主体可以是自然人，也可以是单位。(2)行为人在主观上具有非法吸收公众存款或者变相吸收公众存款的故意。行为人一般都千方百计冒充银行或者其他金融机构，或者谎称金融机构授权，或者变换手法、巧立名目，变相地吸收公众存款，以逃避法律的追究。(3)在客观方面，行为人实施了非法向公众吸收存款或者变相吸收存款的行为。(4)本罪侵犯了国家的金融管理秩序。非法吸收公众存款或者变相吸收公众存款的行为，一般都是通过采取提高利率的方式或手段，将大量的资金集中到自己手中，从而造成大量社会闲散资金失控。同时，行为人任意提高利率，形成在吸收存款上的不正当竞争，破坏了利率的统一，影响币值的稳定，严重扰乱国家金融秩序。

实务问答 **实践中，非法吸收公众存款或者变相吸收公众存款行为的典型表现有哪些**

根据《最高人民法院关于审理非法集资刑事案件具体应用法律若干问题的解释》第二条的规定，表现为：(1)不具有房产销售的真实内容或者不以房产销售为主要目的，以返本销售、售后包租、约定回购、销售房产份额等方式非法吸收资金的；(2)以转让林权并代为管护等方式非法吸收资金的；(3)以代种植(养殖)、租种植(养殖)、联合种植(养殖)等方式非法吸收资金的；(4)不具有销售商品、提供服务的真实内容或者不以销售商品、提供服务为主要目的，以商品回购、寄存代售等方式非法吸收资金的；(5)不具有发行股票、债券的真实内容，以虚假转让股权、发售虚构债券等方式非法吸收资金的；(6)不具有募集基金的真实内容，以假借境外基金、发售虚构基金等方式非法吸收资金的；(7)不具有销售保险的真实内容，以假冒保险公司、伪造保险单据等方式非法吸收资金的；(8)以投资入股的方式非法吸收资金的；(9)以委托理财的方式非法吸收资金的；(10)利用民间"会""社"等组织非法吸收资金的；(11)其他非法吸收资金的行为。

第一百七十七条 【伪造、变造金融票证罪】有下列情形之一，伪造、变造金融票证的，处五年以下有期徒刑或者拘役，并处或者单处二万元以上二十万元以下罚金；情节严重的，处五年以上十年以下有期徒刑，并处五万元以上五十万元以下罚金；情节特别严重的，处十年以上有期徒刑或者无期徒刑，并处五万元以上五十万元以下罚金或者没收财产：

(一)伪造、变造汇票、本票、支票的；

(二)伪造、变造委托收款凭证、汇款凭证、银行存单等其他银行结算凭证的；

(三)伪造、变造信用证或者附随的单据、文件的；

(四)伪造信用卡的。

单位犯前款罪的，对单位判处罚金，并对其直接负责的主管人员和其他直接责任人员，依照前款的规定处罚。

第一百七十七条之一 【妨害信用卡管理罪】有下列情形之一，妨害信用卡管理的，处三年以下有期徒刑或者拘役，并处或者单处一万元以上十万元以下罚金；数量巨大或者有其他严重情节的，处三年以上十年以下有期徒刑，并处二万元以上二十万元以下罚金：

(一)明知是伪造的信用卡而持有、运输的，或者明知是伪造的空白信用卡而持有、运输，数量较大的；

(二)非法持有他人信用卡，数量较大的；

(三)使用虚假的身份证明骗领信用卡的；

(四)出售、购买、为他人提供伪造的信用卡或者以虚假的身份证明骗领的信用卡的。

【窃取、收买、非法提供信用卡信息罪】窃取、收买或者非法提供他人信用卡信息资料的，依照前款规定处罚。

银行或者其他金融机构的工作人员利用职务上的便利，犯第二款罪的，从重处罚。

第一百七十八条 【伪造、变造国家有价证券罪】伪造、变造国库券或者国家发行的其他有价证券，数额较大的，处三年以下有期徒刑或者拘役，并处或者单处二万元以上二十万元以下罚金；数额巨大的，处三年以上十年以下有期徒刑，并处五万元以上五十万元以下罚金；数额特别巨大的，处十年以上有期徒刑或者无期徒刑，并处五万元以上五十万元以下罚金或者没收财产。

【伪造、变造股票、公司、企业债券罪】伪造、变造股票或者公司、企业债券，数额较大的，处三年以下有期徒刑或者拘役，并处或者单处一万元以上十万元以下罚金；数额巨大的，处三年以上十年以下有期徒刑，并处二万元以上二十万元以下罚金。

单位犯前两款罪的，对单位判处罚金，并对其直接负责的主管人员和其他直接责任人员，依照前两款的规定处罚。

第一百七十九条 【擅自发行股票、公司、企业债券罪】未经国家有关主管部门批准，擅自发行股票或者公司、企业债券，数额巨大、后果严重或者有其他严重情节的，处五年以下有期徒刑或者拘役，并处或者单处非法募集资金金额百分之一以上百分之五以下罚金。

单位犯前款罪的，对单位判处罚金，并对其直接负责的主管人员和其他直接责任人员，处五年以下有期徒刑或者拘役。

第一百八十条 【内幕交易、泄露内幕信息罪】证券、期货交易内幕信息的知情人员或者非法获取证券、期货交易内幕信息的人员，在涉及证券的发行，证券、期货交易或者其他对证券、期货交易价格有重大影响的信息尚未公开前，买入或者卖出该证券，或者从事与该内幕信息有关的期货交易，或者泄露该信息，或者明示、暗示他人从事上述交易活动，情节严重的，处五年以下有期徒刑或者拘役，并处或者单处违法所得一倍以上五倍以下罚金；情节特别严重的，处五年以上十年以下有期徒刑，并处违法所得一倍以上五倍以下罚金。

单位犯前款罪的，对单位判处罚金，并对其直接负责的主管人员和其他直接责任人员，处五年以下有期徒刑或者拘役。

内幕信息、知情人员的范围，依照法律、行政法规的规定确定。

【利用未公开信息交易罪】证券交易所、期货交易所、证券公司、期货经纪公司、基金管理公司、商业银行、保险公司等金融机构的从业人员以及有关监管部门或者行业协会的工作人员，利用因职务便利获取的内幕信息以外的其他未公开的信息，违反规定，从事与该信息相关的证券、期货交易活动，或者明示、暗示他人从事相关交易活动，情节严重的，依照第一款的规定处罚。

实务问答 如何准确适用本条第四款

《刑法》第一百八十条第四款利用未公开信息交易罪为援引法定刑的情形，应当是对第一款法定刑的全部援引。其中，“情节严重”是入罪标准，在处罚上应当依照本条第一款内幕交易、泄露内幕信息罪的全部法定刑处罚，即区分不同情形分别依照第一款规定的“情节严重”和“情节特别严重”两个量刑档次处罚。（2016 年 5 月 31 日最高人民检察院发布检例第 24 号：马乐利用未公开信息交易案）

第一百八十一条 【编造并传播证券、期货交易虚假信息罪】编造并且传播影响证券、期货交易的虚假信息，扰乱证券、期货交易市场，造成严重后果的，处五年以下有期徒刑或者拘役，并处或者单处一万元以上十万元以下罚金。

【诱骗投资者买卖证券、期货合约罪】证券交易所、期货交易所、证券公司、期货经纪公司的从业人员，证券业协会、期货业协会或者证券期货监督管理部门的工作人员，故意提供虚假信息或者伪造、变造、销毁交易记录，诱骗投资者买卖证券、期货合约，造成严重后果的，处五年以下有期徒刑或者拘役，并处或者单处一万元以上十万元以下罚金；情节特别恶劣的，处五年以上十年以下有期徒刑，并处二万元以上二十万元以下罚金。

单位犯前两款罪的，对单位判处罚金，并对其直接负责的主管人员和其他直接责任人员，处五年以下有期徒刑或者拘役。

第一百八十二条 【操纵证券、期货市场罪】有下列情形之一，操纵证券、期货市场，影响证券、期货交易价格或者证券、期货交易量，情节严重的，处五年以下有期徒刑或者拘役，并处或者单处罚金；情节特别严重的，处五年以上十年以下有期徒刑，并处罚金：

（一）单独或者合谋，集中资金优势、持股或者持仓优势或者利用信息优势联合或者连续买卖的；

（二）与他人串通，以事先约定的时间、价格和方式相互进行证券、期货交易的；

（三）在自己实际控制的帐户之间进行证券交易，或者以自己为交易对象，自买自卖期货合约的；

（四）不以成交为目的，频繁或者大量申报买入、卖出证券、期货合约并撤销申报的；

（五）利用虚假或者不确定的重大信息，诱导投资者进行证券、期货交易的；

（六）对证券、证券发行人、期货交易标的公开作出评价、预测或者投资建议，同时进行反向证券交易或者相关期货交易的；

（七）以其他方法操纵证券、期货市场的。

单位犯前款罪的，对单位判处罚金，并对其直接负责的主管人员和其他直接责任人员，依照前款的规定处罚。

第一百八十三条　【职务侵占罪】保险公司的工作人员利用职务上的便利，故意编造未曾发生的保险事故进行虚假理赔，骗取保险金归自己所有的，依照本法第二百七十一条的规定定罪处罚。

【贪污罪】国有保险公司工作人员和国有保险公司委派到非国有保险公司从事公务的人员有前款行为的，依照本法第三百八十二条、第三百八十三条的规定定罪处罚。

第一百八十四条　【金融机构工作人员受贿犯罪如何定罪处罚的规定】银行或者其他金融机构的工作人员在金融业务活动中索取他人财物或者非法收受他人财物，为他人谋取利益的，或者违反国家规定，收受各种名义的回扣、手续费，归个人所有的，依照本法第一百六十三条的规定定罪处罚。

国有金融机构工作人员和国有金融机构委派到非国有金融机构从事公务的人员有前款行为的，依照本法第三百八十五条、第三百八十六条的规定定罪处罚。

第一百八十五条　【挪用资金罪】商业银行、证券交易所、期货交易所、证券公司、期货经纪公司、保险公司或者其他金融机构的工作人员利用职务上的便利，挪用本单位或者客户资金的，依照本法第二百七十二条的规定定罪处罚。

【挪用公款罪】国有商业银行、证券交易所、期货交易所、证券公司、期货经纪公司、保险公司或者其他国有金融机构的工作人员和国有商业银行、证券交易所、期货交易所、证券公司、期货经纪公司、保险公司或者其他国有金融机构委派到前款规定中的非国有机构从事公务的人员有前款行为的，依照本法第三百八十四条的规定定罪处罚。

第一百八十五条之一　【背信运用受托财产罪】商业银行、证券交易所、期货交易所、证券公司、期货经纪公司、保险公司或者其他金融机构，违背受托义务，擅自运用客户资金或者其他委托、信托的财产，情节严重的，对单位判处罚金，并对其直接负责的主管人员和其他直接责任人员，处三年以下有期徒刑或者拘役，并处三万元以上三十万元以下罚金；情节特别严重的，处三年以上十年以下有期徒刑，并处五万元以上五十万元以下罚金。

【违法运用资金罪】社会保障基金管理机构、住房公积金管理机构等公众资金管理机构，以及保险公司、保险资产管理公司、证券投资基金管理公司，违反国家规定运用资金的，对其直接负责的主管人员和其他直接责任人员，依照前款的规定处罚。

第一百八十六条　【违法发放贷款罪】银行或者其他金融机构的工作人员违反国家规定发放贷款，数额巨大或者造成重大损失的，处五年以下有期徒刑或者拘役，并处一万元以上十万元以下罚金；数额特别巨大或者造成特别重大损失的，处五年以上有期徒刑，并处二万元以上二十万元以下罚金。

银行或者其他金融机构的工作人员违反国家规定，向关系人发放贷款的，依照前款的规定从重处罚。

单位犯前两款罪的，对单位判处罚金，并对其直接负责的主管人员和其他直接责任人员，依照前两款的规定处罚。

关系人的范围，依照《中华人民共和国商业银行法》和有关金融法规确定。

第一百八十七条　【吸收客户资金不入账罪】银行或者其他金融机构的工作人员吸收客户资金不入帐，数额巨大或者造成重大损失的，处五年以下有期徒刑或者拘役，并处二万元以上二十万元以下罚金；数额特别巨大或者造成特别重大损失的，处五年以上有期徒刑，并处五万元以上五十万元以下罚金。

单位犯前款罪的，对单位判处罚金，并对其直接负责的主管人员和其他直接责任人员，依照前款的规定处罚。

第一百八十八条 【违规出具金融票证罪】银行或者其他金融机构的工作人员违反规定，为他人出具信用证或者其他保函、票据、存单、资信证明，情节严重的，处五年以下有期徒刑或者拘役；情节特别严重的，处五年以上有期徒刑。

单位犯前款罪的，对单位判处罚金，并对其直接负责的主管人员和其他直接责任人员，依照前款的规定处罚。

第一百八十九条 【对违法票据承兑、付款、保证罪】银行或者其他金融机构的工作人员在票据业务中，对违反票据法规定的票据予以承兑、付款或者保证，造成重大损失的，处五年以下有期徒刑或者拘役；造成特别重大损失的，处五年以上有期徒刑。

单位犯前款罪的，对单位判处罚金，并对其直接负责的主管人员和其他直接责任人员，依照前款的规定处罚。

第一百九十条 【逃汇罪】公司、企业或者其他单位，违反国家规定，擅自将外汇存放境外，或者将境内的外汇非法转移到境外，数额较大的，对单位判处逃汇数额百分之五以上百分之三十以下罚金，并对其直接负责的主管人员和其他直接责任人员，处五年以下有期徒刑或者拘役；数额巨大或者有其他严重情节的，对单位判处逃汇数额百分之五以上百分之三十以下罚金，并对其直接负责的主管人员和其他直接责任人员，处五年以上有期徒刑。

第一百九十一条 【洗钱罪】为掩饰、隐瞒毒品犯罪、黑社会性质的组织犯罪、恐怖活动犯罪、走私犯罪、贪污贿赂犯罪、破坏金融管理秩序犯罪、金融诈骗犯罪的所得及其产生的收益的来源和性质，有下列行为之一的，没收实施以上犯罪的所得及其产生的收益，处五年以下有期徒刑或者拘役，并处或者单处罚金；情节严重的，处五年以上十年以下有期徒刑，并处罚金：

（一）提供资金帐户的；

（二）将财产转换为现金、金融票据、有价证券的；

（三）通过转帐或者其他支付结算方式转移资金的；

（四）跨境转移资产的；

（五）以其他方法掩饰、隐瞒犯罪所得及其收益的来源和性质的。

单位犯前款罪的，对单位判处罚金，并对其直接负责的主管人员和其他直接责任人员，依照前款的规定处罚。

注释 本条规定的上游犯罪，为“毒品犯罪、黑社会性质的组织犯罪、恐怖活动犯罪、走私犯罪、贪污贿赂犯罪、破坏金融管理秩序犯罪、金融诈骗犯罪”。这里规定的是某一类犯罪，例如“贪污贿赂犯罪”是指刑法分则第八章“贪污贿赂罪”一章中的所有犯罪；“破坏金融管理秩序犯罪”和“金融诈骗犯罪”包括刑法分则第三章第四节“破坏金融管理秩序罪”和第五节“金融诈骗罪”两节中规定的所有犯罪。这里的类罪也应包括基于实施“毒品犯罪”等七类犯罪的目的而实施其他犯罪的情况，具体确定的罪名不一定是这七类罪。

第五节 金融诈骗罪

第一百九十二条 【集资诈骗罪】以非法占有为目的，使用诈骗方法非法集资，数额较大的，处三年以上七年以下有期徒刑，并处罚金；数额巨大或者有其他严重情节的，处七年以上有期徒刑或者无期徒刑，并处罚金或者没收财产。

单位犯前款罪的，对单位判处罚金，并对其直接负责的主管人员和其他直接责任人员，依照前款的规定处罚。

实务问答 如何认定集资诈骗中的“非法占有的目的”

根据《最高人民法院关于审理非法集资刑事案件具体应用法律若干问题的解释》第四条第二款的规定，具有下列情形之一的，可以认定为具有“非法占有的目的”：（一）集资后不用于生产经营活动或者用于生产经营活动与筹集资金规模明显不成比例，致使集资款不能返还的；（二）肆意挥霍集资款，致使集资款不能返还的；（三）携带集资款逃匿的；（四）将集资款用于违法犯罪活动的；（五）抽逃、转移资金、隐匿财产，逃避返还资金的；（六）隐匿、销毁帐目，或者搞假破产、假倒闭，逃避返还资金的；（七）拒不交代资金去向，逃避返还资金的；（八）其他可以认定非法占有目的的情形。

第一百九十三条 【贷款诈骗罪】有下列情形之一，以非法占有为目的，诈骗银行或者其他金融机构的贷款，数额较大的，处五年以下有期徒刑或者拘役,并处二万元以上二十万元以下罚金;数额巨大或者有其他严重情节的,处五年以上十年以下有期徒刑,并处五万元以上五十万元以下罚金;数额特别巨大或者有其他特别严重情节的,处十年以上有期徒刑或者无期徒刑,并处五万元以上五十万元以下罚金或者没收财产:

(一)编造引进资金、项目等虚假理由的;

(二)使用虚假的经济合同的;

(三)使用虚假的证明文件的;

(四)使用虚假的产权证明作担保或者超出抵押物价值重复担保的;

(五)以其他方法诈骗贷款的。

第一百九十四条 【票据诈骗罪】有下列情形之一,进行金融票据诈骗活动,数额较大的,处五年以下有期徒刑或者拘役,并处二万元以上二十万元以下罚金;数额巨大或者有其他严重情节的,处五年以上十年以下有期徒刑,并处五万元以上五十万元以下罚金;数额特别巨大或者有其他特别严重情节的,处十年以上有期徒刑或者无期徒刑,并处五万元以上五十万元以下罚金或者没收财产:

(一)明知是伪造、变造的汇票、本票、支票而使用的;

(二)明知是作废的汇票、本票、支票而使用的;

(三)冒用他人的汇票、本票、支票的;

(四)签发空头支票或者与其预留印鉴不符的支票,骗取财物的;

(五)汇票、本票的出票人签发无资金保证的汇票、本票或者在出票时作虚假记载,骗取财物的。

【金融凭证诈骗罪】使用伪造、变造的委托收款凭证、汇款凭证、银行存单等其他银行结算凭证的,依照前款的规定处罚。

第一百九十五条 【信用证诈骗罪】有下列情形之一,进行信用证诈骗活动的,处五年以下有期徒刑或者拘役,并处二万元以上二十万元以下罚金;数额巨大或者有其他严重情节的,处五年以上十年以下有期徒刑,并处五万元以上五十万元以下罚金;数额特别巨大或者有其他特别严重情节的,处十年以上有期徒刑或者无期徒刑,并处五万元以上五十万元以下罚金或者没收财产:

(一)使用伪造、变造的信用证或者附随的单据、文件的;

(二)使用作废的信用证的;

(三)骗取信用证的;

(四)以其他方法进行信用证诈骗活动的。

第一百九十六条 【信用卡诈骗罪】有下列情形之一,进行信用卡诈骗活动,数额较大的,处五年以下有期徒刑或者拘役,并处二万元以上二十万元以下罚金;数额巨大或者有其他严重情节的,处五年以上十年以下有期徒刑,并处五万元以上五十万元以下罚金;数额特别巨大或者有其他特别严重情节的,处十年以上有期徒刑或者无期徒刑,并处五万元以上五十万元以下罚金或者没收财产:

(一)使用伪造的信用卡,或者使用以虚假的身份证明骗领的信用卡的;

(二)使用作废的信用卡的;

(三)冒用他人信用卡的;

(四)恶意透支的。

前款所称恶意透支,是指持卡人以非法占有为目的,超过规定限额或者规定期限透支,并且经发卡银行催收后仍不归还的行为。

盗窃信用卡并使用的,依照本法第二百六十四条的规定定罪处罚。

实务问答 如何认定"恶意透支"

根据《最高人民法院、最高人民检察院关于办理妨害信用卡管理刑事案件具体应用法律若干问题的解释》第六条的规定,持卡人以非法占有为目的,超过规定限额或者规定期限透支,经发卡银行两次催收后超过三个月仍不归还的,应当认定为"恶意透支"。对于是否以非法占有为目的,应当综合持卡人信用记录、还款能力和意愿、申领和透支信用卡的状况、透支资金的用途、透支后的表现、未按规定还款的原因等情节作出判断。不得单纯依据持卡人未按规定还款的事实认定非法占有目的。具有以下情形之一的,应当认定为《刑法》第一百九十六条第二款规定的"以非法占有为目的",但有证据证明持卡人确实不具有非法占有目的的除外:(一)明知没有还款能力而大量透支,无法归还的;(二)使用虚假资信证明申领信用卡后透支,无法归还的;(三)透支后通过逃匿、改变联系方式等手段,逃避银行催收的;(四)抽逃、转移资金,隐匿财产,逃避还款的;(五)使用透支的资金进行犯罪活动的;(六)其他非法占有资金,拒不归还的情形。

第一百九十七条　【有价证券诈骗罪】使用伪造、变造的国库券或者国家发行的其他有价证券，进行诈骗活动，数额较大的，处五年以下有期徒刑或者拘役，并处二万元以上二十万元以下罚金；数额巨大或者有其他严重情节的，处五年以上十年以下有期徒刑，并处五万元以上五十万元以下罚金；数额特别巨大或者有其他特别严重情节的，处十年以上有期徒刑或者无期徒刑，并处五万元以上五十万元以下罚金或者没收财产。

第一百九十八条　【保险诈骗罪】有下列情形之一，进行保险诈骗活动，数额较大的，处五年以下有期徒刑或者拘役，并处一万元以上十万元以下罚金；数额巨大或者有其他严重情节的，处五年以上十年以下有期徒刑，并处二万元以上二十万元以下罚金；数额特别巨大或者有其他特别严重情节的，处十年以上有期徒刑，并处二万元以上二十万元以下罚金或者没收财产：

（一）投保人故意虚构保险标的，骗取保险金的；

（二）投保人、被保险人或者受益人对发生的保险事故编造虚假的原因或者夸大损失的程度，骗取保险金的；

（三）投保人、被保险人或者受益人编造未曾发生的保险事故，骗取保险金的；

（四）投保人、被保险人故意造成财产损失的保险事故，骗取保险金的；

（五）投保人、受益人故意造成被保险人死亡、伤残或者疾病，骗取保险金的。

有前款第四项、第五项所列行为，同时构成其他犯罪的，依照数罪并罚的规定处罚。

单位犯第一款罪的，对单位判处罚金，并对其直接负责的主管人员和其他直接责任人员，处五年以下有期徒刑或者拘役；数额巨大或者有其他严重情节的，处五年以上十年以下有期徒刑；数额特别巨大或者有其他特别严重情节的，处十年以上有期徒刑。

保险事故的鉴定人、证明人、财产评估人故意提供虚假的证明文件，为他人诈骗提供条件的，以保险诈骗的共犯论处。

第一百九十九条　（删去）①

第二百条　【单位犯金融诈骗罪的处罚规定】单位犯本节第一百九十四条、第一百九十五条规定之罪的，对单位判处罚金，并对其直接负责的主管人员和其他直接责任人员，处五年以下有期徒刑或者拘役，可以并处罚金；数额巨大或者有其他严重情节的，处五年以上十年以下有期徒刑，并处罚金；数额特别巨大或者有其他特别严重情节的，处十年以上有期徒刑或者无期徒刑，并处罚金。

第六节　危害税收征管罪

第二百零一条　【逃税罪】纳税人采取欺骗、隐瞒手段进行虚假纳税申报或者不申报，逃避缴纳税款数额较大并且占应纳税额百分之十以上的，处三年以下有期徒刑或者拘役，并处罚金；数额巨大并且占应纳税额百分之三十以上的，处三年以上七年以下有期徒刑，并处罚金。

扣缴义务人采取前款所列手段，不缴或者少缴已扣、已收税款，数额较大的，依照前款的规定处罚。

对多次实施前两款行为，未经处理的，按照累计数额计算。

有第一款行为，经税务机关依法下达追缴通知后，补缴应纳税款，缴纳滞纳金，已受行政处罚的，不予追究刑事责任；但是，五年内因逃避缴纳税款受过刑事处罚或者被税务机关给予二次以上行政处罚的除外。

注释 实践中，虚假纳税申报主要有以下手段：(1)伪造、变造、隐匿和擅自销毁帐簿、记帐凭证，如设立虚假的帐簿、记帐凭证；对帐簿、记帐凭证进行挖补、涂改等；未经税务主管机关批准而擅自将正在使用中或尚未过期的帐簿、记帐凭证销毁处理等行为。(2)在帐簿上多列支出或者不列、少列收入，如在帐簿上大量填写超出实际支出的数额以冲抵或减少实际收入的数额。这里的“不申报”，是指应依法办理纳税申报的纳税人，不按照法律、行政法规的规定办理纳税申报的行为。3. 逃避缴纳税额达到一定数额并达到规定的所占应纳税额的比例。

---

① 根据2011年2月25日《中华人民共和国刑法修正案（八）》修改。原条文为：“犯本节第一百九十二条、第一百九十四条、第一百九十五条规定之罪，数额特别巨大并且给国家和人民利益造成特别重大损失的，处无期徒刑或者死刑，并处没收财产。”

根据2015年8月29日《中华人民共和国刑法修正案（九）》删除。原条文为：“犯本节第一百九十二条规定之罪，数额特别巨大并且给国家和人民利益造成特别重大损失的，处无期徒刑或者死刑，并处没收财产。”

第二百零二条 【抗税罪】以暴力、威胁方法拒不缴纳税款的,处三年以下有期徒刑或者拘役,并处拒缴税款一倍以上五倍以下罚金;情节严重的,处三年以上七年以下有期徒刑,并处拒缴税款一倍以上五倍以下罚金。

第二百零三条 【逃避追缴欠税罪】纳税人欠缴应纳税款,采取转移或者隐匿财产的手段,致使税务机关无法追缴欠缴的税款,数额在一万元以上不满十万元的,处三年以下有期徒刑或者拘役,并处或者单处欠缴税款一倍以上五倍以下罚金;数额在十万元以上的,处三年以上七年以下有期徒刑,并处欠缴税款一倍以上五倍以下罚金。

第二百零四条 【骗取出口退税罪】以假报出口或者其他欺骗手段,骗取国家出口退税款,数额较大的,处五年以下有期徒刑或者拘役,并处骗取税款一倍以上五倍以下罚金;数额巨大或者有其他严重情节的,处五年以上十年以下有期徒刑,并处骗取税款一倍以上五倍以下罚金;数额特别巨大或者有其他特别严重情节的,处十年以上有期徒刑或者无期徒刑,并处骗取税款一倍以上五倍以下罚金或者没收财产。

纳税人缴纳税款后,采取前款规定的欺骗方法,骗取所缴纳的税款的,依照本法第二百零一条的规定定罪处罚;骗取税款超过所缴纳的税款部分,依照前款的规定处罚。

第二百零五条 【虚开增值税专用发票、用于骗取出口退税、抵扣税款发票罪】虚开增值税专用发票或者虚开用于骗取出口退税、抵扣税款的其他发票的,处三年以下有期徒刑或者拘役,并处二万元以上二十万元以下罚金;虚开的税款数额较大或者有其他严重情节的,处三年以上十年以下有期徒刑,并处五万元以上五十万元以下罚金;虚开的税款数额巨大或者有其他特别严重情节的,处十年以上有期徒刑或者无期徒刑,并处五万元以上五十万元以下罚金或者没收财产。

单位犯本条规定之罪的,对单位判处罚金,并对其直接负责的主管人员和其他直接责任人员,处三年以下有期徒刑或者拘役;虚开的税款数额较大或者有其他严重情节的,处三年以上十年以下有期徒刑;虚开的税款数额巨大或者有其他特别严重情节的,处十年以上有期徒刑或者无期徒刑。

虚开增值税专用发票或者虚开用于骗取出口退税、抵扣税款的其他发票,是指有为他人虚开、为自己虚开、让他人为自己虚开、介绍他人虚开行为之一的。

第二百零五条之一 【虚开发票罪】虚开本法第二百零五条规定以外的其他发票,情节严重的,处二年以下有期徒刑、拘役或者管制,并处罚金;情节特别严重的,处二年以上七年以下有期徒刑,并处罚金。

单位犯前款罪的,对单位判处罚金,并对其直接负责的主管人员和其他直接责任人员,依照前款的规定处罚。

第二百零六条 【伪造、出售伪造的增值税专用发票罪】伪造或者出售伪造的增值税专用发票的,处三年以下有期徒刑、拘役或者管制,并处二万元以上二十万元以下罚金;数量较大或者有其他严重情节的,处三年以上十年以下有期徒刑,并处五万元以上五十万元以下罚金;数量巨大或者有其他特别严重情节的,处十年以上有期徒刑或者无期徒刑,并处五万元以上五十万元以下罚金或者没收财产。

单位犯本条规定之罪的,对单位判处罚金,并对其直接负责的主管人员和其他直接责任人员,处三年以下有期徒刑、拘役或者管制;数量较大或者有其他严重情节的,处三年以上十年以下有期徒刑;数量巨大或者有其他特别严重情节的,处十年以上有期徒刑或者无期徒刑。

第二百零七条 【非法出售增值税专用发票罪】非法出售增值税专用发票的,处三年以下有期徒刑、拘役或者管制,并处二万元以上二十万元以下罚金;数量较大的,处三年以上十年以下有期徒刑,并处五万元以上五十万元以下罚金;数量巨大的,处十年以上有期徒刑或者无期徒刑,并处五万元以上五十万元以下罚金或者没收财产。

第二百零八条 【非法购买增值税专用发票、购买伪造的增值税专用发票罪】非法购买增值税专用发票或者购买伪造的增值税专用发票的,处五年以下有期徒刑或者拘役,并处或者单处二万元以上二十万元以下罚金。

非法购买增值税专用发票或者购买伪造的增值税专用发票又虚开或者出售的,分别依照本法第二百零五条、第二百零六条、第二百零七条的规定定罪处罚。

第二百零九条 【非法制造、出售非法制造的

用于骗取出口退税、抵扣税款发票罪】伪造、擅自制造或者出售伪造、擅自制造的可以用于骗取出口退税、抵扣税款的其他发票的,处三年以下有期徒刑、拘役或者管制,并处二万元以上二十万元以下罚金;数量巨大的,处三年以上七年以下有期徒刑,并处五万元以上五十万元以下罚金;数量特别巨大的,处七年以上有期徒刑,并处五万元以上五十万元以下罚金或者没收财产。

【非法制造、出售非法制造的发票罪】伪造、擅自制造或者出售伪造、擅自制造的前款规定以外的其他发票的,处二年以下有期徒刑、拘役或者管制,并处或者单处一万元以上五万元以下罚金;情节严重的,处二年以上七年以下有期徒刑,并处五万元以上五十万元以下罚金。

【非法出售用于骗取出口退税、抵扣税款发票罪】非法出售可以用于骗取出口退税、抵扣税款的其他发票的,依照第一款的规定处罚。

【非法出售发票罪】非法出售第三款规定以外的其他发票的,依照第二款的规定处罚。

第二百一十条　【盗窃罪】盗窃增值税专用发票或者可以用于骗取出口退税、抵扣税款的其他发票的,依照本法第二百六十四条的规定定罪处罚。

【诈骗罪】使用欺骗手段骗取增值税专用发票或者可以用于骗取出口退税、抵扣税款的其他发票的,依照本法第二百六十六条的规定定罪处罚。

第二百一十条之一　【持有伪造的发票罪】明知是伪造的发票而持有,数量较大的,处二年以下有期徒刑、拘役或者管制,并处罚金;数量巨大的,处二年以上七年以下有期徒刑,并处罚金。

单位犯前款罪的,对单位判处罚金,并对其直接负责的主管人员和其他直接责任人员,依照前款的规定处罚。

第二百一十一条　【单位犯危害税收征管罪的处罚规定】单位犯本节第二百零一条、第二百零三条、第二百零四条、第二百零七条、第二百零八条、第二百零九条规定之罪的,对单位判处罚金,并对其直接负责的主管人员和其他直接责任人员,依照各该条的规定处罚。

第二百一十二条　【税收征缴优先原则】犯本节第二百零一条至第二百零五条规定之罪,被判处罚金、没收财产的,在执行前,应当先由税务机关追缴税款和所骗取的出口退税款。

第七节　侵犯知识产权罪

第二百一十三条　【假冒注册商标罪】未经注册商标所有人许可,在同一种商品、服务上使用与其注册商标相同的商标,情节严重的,处三年以下有期徒刑,并处或者单处罚金;情节特别严重的,处三年以上十年以下有期徒刑,并处罚金。

第二百一十四条　【销售假冒注册商标的商品罪】销售明知是假冒注册商标的商品,违法所得数额较大或者有其他严重情节的,处三年以下有期徒刑,并处或者单处罚金;违法所得数额巨大或者有其他特别严重情节的,处三年以上十年以下有期徒刑,并处罚金。

第二百一十五条　【非法制造、销售非法制造的注册商标标识罪】伪造、擅自制造他人注册商标标识或者销售伪造、擅自制造的注册商标标识,情节严重的,处三年以下有期徒刑,并处或者单处罚金;情节特别严重的,处三年以上十年以下有期徒刑,并处罚金。

第二百一十六条　【假冒专利罪】假冒他人专利,情节严重的,处三年以下有期徒刑或者拘役,并处或者单处罚金。

第二百一十七条　【侵犯著作权罪】以营利为目的,有下列侵犯著作权或者与著作权有关的权利的情形之一,违法所得数额较大或者有其他严重情节的,处三年以下有期徒刑,并处或者单处罚金;违法所得数额巨大或者有其他特别严重情节的,处三年以上十年以下有期徒刑,并处罚金:

(一)未经著作权人许可,复制发行、通过信息网络向公众传播其文字作品、音乐、美术、视听作品、计算机软件及法律、行政法规规定的其他作品的;

(二)出版他人享有专有出版权的图书的;

(三)未经录音录像制作者许可,复制发行、通过信息网络向公众传播其制作的录音录像的;

(四)未经表演者许可,复制发行录有其表演的录音录像制品,或者通过信息网络向公众传播其表演的;

(五)制作、出售假冒他人署名的美术作品的;

(六)未经著作权人或者与著作权有关的权利人许可,故意避开或者破坏权利人为其作品、录音录像制品等采取的保护著作权或者与著作权有关的权利的技术措施的。

第二百一十八条　【销售侵权复制品罪】以营利为目的，销售明知是本法第二百一十七条规定的侵权复制品，违法所得数额巨大或者有其他严重情节的，处五年以下有期徒刑，并处或者单处罚金。

第二百一十九条　【侵犯商业秘密罪】有下列侵犯商业秘密行为之一，情节严重的，处三年以下有期徒刑，并处或者单处罚金；情节特别严重的，处三年以上十年以下有期徒刑，并处罚金：

（一）以盗窃、贿赂、欺诈、胁迫、电子侵入或者其他不正当手段获取权利人的商业秘密的；

（二）披露、使用或者允许他人使用以前项手段获取的权利人的商业秘密的；

（三）违反保密义务或者违反权利人有关保守商业秘密的要求，披露、使用或者允许他人使用其所掌握的商业秘密的。

明知前款所列行为，获取、披露、使用或者允许他人使用该商业秘密的，以侵犯商业秘密论。

本条所称权利人，是指商业秘密的所有人和经商业秘密所有人许可的商业秘密使用人。

第二百一十九条之一　【为境外窃取、刺探、收买、非法提供商业秘密罪】为境外的机构、组织、人员窃取、刺探、收买、非法提供商业秘密的，处五年以下有期徒刑，并处或者单处罚金；情节严重的，处五年以上有期徒刑，并处罚金。

第二百二十条　【单位犯侵犯知识产权罪的处罚规定】单位犯本节第二百一十三条至第二百一十九条之一规定之罪的，对单位判处罚金，并对其直接负责的主管人员和其他直接责任人员，依照本节各该条的规定处罚。

第八节　扰乱市场秩序罪

第二百二十一条　【损害商业信誉、商品声誉罪】捏造并散布虚伪事实，损害他人的商业信誉、商品声誉，给他人造成重大损失或者有其他严重情节的，处二年以下有期徒刑或者拘役，并处或者单处罚金。

第二百二十二条　【虚假广告罪】广告主、广告经营者、广告发布者违反国家规定，利用广告对商品或者服务作虚假宣传，情节严重的，处二年以下有期徒刑或者拘役，并处或者单处罚金。

第二百二十三条　【串通投标罪】投标人相互串通投标报价，损害招标人或者其他投标人利益，情节严重的，处三年以下有期徒刑或者拘役，并处或者单处罚金。

投标人与招标人串通投标，损害国家、集体、公民的合法利益的，依照前款的规定处罚。

第二百二十四条　【合同诈骗罪】有下列情形之一，以非法占有为目的，在签订、履行合同过程中，骗取对方当事人财物，数额较大的，处三年以下有期徒刑或者拘役，并处或者单处罚金；数额巨大或者有其他严重情节的，处三年以上十年以下有期徒刑，并处罚金；数额特别巨大或者有其他特别严重情节的，处十年以上有期徒刑或者无期徒刑，并处罚金或者没收财产：

（一）以虚构的单位或者冒用他人名义签订合同的；

（二）以伪造、变造、作废的票据或者其他虚假的产权证明作担保的；

（三）没有实际履行能力，以先履行小额合同或者部分履行合同的方法，诱骗对方当事人继续签订和履行合同的；

（四）收受对方当事人给付的货物、货款、预付款或者担保财产后逃匿的；

（五）以其他方法骗取对方当事人财物的。

第二百二十四条之一　【组织、领导传销活动罪】组织、领导以推销商品、提供服务等经营活动为名，要求参加者以缴纳费用或者购买商品、服务等方式获得加入资格，并按照一定顺序组成层级，直接或者间接以发展人员的数量作为计酬或者返利依据，引诱、胁迫参加者继续发展他人参加，骗取财物，扰乱经济社会秩序的传销活动的，处五年以下有期徒刑或者拘役，并处罚金；情节严重的，处五年以上有期徒刑，并处罚金。

第二百二十五条　【非法经营罪】违反国家规定，有下列非法经营行为之一，扰乱市场秩序，情节严重的，处五年以下有期徒刑或者拘役，并处或者单处违法所得一倍以上五倍以下罚金；情节特别严重的，处五年以上有期徒刑，并处违法所得一倍以上五倍以下罚金或者没收财产：

（一）未经许可经营法律、行政法规规定的专营、专卖物品或者其他限制买卖的物品的；

（二）买卖进出口许可证、进出口原产地证明以及其他法律、行政法规规定的经营许可证或者批准文件的；

（三）未经国家有关主管部门批准非法经营证

券、期货、保险业务的,或者非法从事资金支付结算业务的;

(四)其他严重扰乱市场秩序的非法经营行为。

实务问答 如何认定本条第四项规定的"其他严重扰乱市场秩序的非法经营行为"

对于《刑法》第二百二十五条第四项规定的"其他严重扰乱市场秩序的非法经营行为"的适用,应当根据相关行为是否具有与《刑法》第二百二十五条前三项规定的非法经营行为相当的社会危害性、刑事违法性和刑事处罚必要性进行判断。判断违反行政管理有关规定的经营行为是否构成非法经营罪,应当考虑该经营行为是否属于严重扰乱市场秩序。对于虽然违反行政管理有关规定,但尚未严重扰乱市场秩序的经营行为,不应当认定为非法经营罪。(2018年12月19日最高人民法院指导案例97号:王力军非法经营再审改判无罪案)

第二百二十六条 【强迫交易罪】以暴力、威胁手段,实施下列行为之一,情节严重的,处三年以下有期徒刑或者拘役,并处或者单处罚金;情节特别严重的,处三年以上七年以下有期徒刑,并处罚金:

(一)强买强卖商品的;

(二)强迫他人提供或者接受服务的;

(三)强迫他人参与或者退出投标、拍卖的;

(四)强迫他人转让或者收购公司、企业的股份、债券或者其他资产的;

(五)强迫他人参与或者退出特定的经营活动的。

第二百二十七条 【伪造、倒卖伪造的有价票证罪】伪造或者倒卖伪造的车票、船票、邮票或者其他有价票证,数额较大的,处二年以下有期徒刑、拘役或者管制,并处或者单处票证价额一倍以上五倍以下罚金;数额巨大的,处二年以上七年以下有期徒刑,并处票证价额一倍以上五倍以下罚金。

【倒卖车票、船票罪】倒卖车票、船票,情节严重的,处三年以下有期徒刑、拘役或者管制,并处或者单处票证价额一倍以上五倍以下罚金。

第二百二十八条 【非法转让、倒卖土地使用权罪】以牟利为目的,违反土地管理法规,非法转让、倒卖土地使用权,情节严重的,处三年以下有期徒刑或者拘役,并处或者单处非法转让、倒卖土地使用权价额百分之五以上百分之二十以下罚金;情节特别严重的,处三年以上七年以下有期徒刑,并处非法转让、倒卖土地使用权价额百分之五以上百分之二十以下罚金。

第二百二十九条 【提供虚假证明文件罪】承担资产评估、验资、验证、会计、审计、法律服务、保荐、安全评价、环境影响评价、环境监测等职责的中介组织的人员故意提供虚假证明文件,情节严重的,处五年以下有期徒刑或者拘役,并处罚金;有下列情形之一的,处五年以上十年以下有期徒刑,并处罚金:

(一)提供与证券发行相关的虚假的资产评估、会计、审计、法律服务、保荐等证明文件,情节特别严重的;

(二)提供与重大资产交易相关的虚假的资产评估、会计、审计等证明文件,情节特别严重的;

(三)在涉及公共安全的重大工程、项目中提供虚假的安全评价、环境影响评价等证明文件,致使公共财产、国家和人民利益遭受特别重大损失的。

有前款行为,同时索取他人财物或者非法收受他人财物构成犯罪的,依照处罚较重的规定定罪处罚。

【出具证明文件重大失实罪】第一款规定的人员,严重不负责任,出具的证明文件有重大失实,造成严重后果的,处三年以下有期徒刑或者拘役,并处或者单处罚金。

第二百三十条 【逃避商检罪】违反进出口商品检验法的规定,逃避商品检验,将必须经商检机构检验的进口商品未报经检验而擅自销售、使用,或者将必须经商检机构检验的出口商品未报经检验合格而擅自出口,情节严重的,处三年以下有期徒刑或者拘役,并处或者单处罚金。

第二百三十一条 【单位犯扰乱市场秩序罪的处罚规定】单位犯本节第二百二十一条至第二百三十条规定之罪的,对单位判处罚金,并对其直接负责的主管人员和其他直接责任人员,依照本节各该条的规定处罚。

第四章 侵犯公民人身权利、民主权利罪

第二百三十二条 【故意杀人罪】故意杀人的,处死刑、无期徒刑或者十年以上有期徒刑;情节较轻的,处三年以上十年以下有期徒刑。

注释故意杀人罪是指故意非法剥夺他人生命的行为,是一种最严重的侵犯公民人身权利的犯罪。(1)本罪侵犯的客体是他人的生命权利。(2)本罪在客观方面表现为非法剥夺他人生命的行为,在实际发生的案件中,非法剥夺他人生命的方法是多种多样的,行为人采用何种方法,不影响本罪的成立。但是,正当防卫行为、人民警察依法执行职务的行为、依法对罪犯执行死刑的行为,不属于非法剥夺他人生命的行为,不构成本罪。(3)本罪是故意犯罪,包括直接故意和间接故意。直接故意是有明确的杀人目的,并且希望其行为能致使被害人死亡;间接故意是对自己的行为可能造成被害人死亡的后果采取放任的态度。

认定故意杀人罪不能客观归罪,不能只看行为的后果,要根据行为人的故意内容来认定。如果行为人不是要故意非法剥夺他人生命,而是出于其他故意行为致人死亡的,如故意伤害致人死亡的,强奸妇女致使被害人死亡的,使用暴力进行抢劫致人死亡的等,不能认定为故意杀人罪,而应将致人死亡这一后果作为各该罪的量刑情节考虑。

一般而言,故意杀人案件从性质上通常可分为两类:一类是严重危害社会治安、严重影响人民群众安全感的案件,如极端仇视国家和社会以不特定人为行凶对象的,针对妇女、儿童等弱势群体或在公共场所实施的杀人等;另一类是因婚姻家庭、邻里纠纷等民间矛盾激化引发的案件。对于前者应当作为严惩的重点,依法判处被告人重刑直至判处死刑。对于后者处理时应注意体现从严的精神,在判处重刑尤其是适用死刑时应特别慎重。对于被害人在起因上存在过错,或者是被告人案发后积极赔偿,真诚悔罪,取得被害人或其家属谅解的,应依法从宽处罚,对同时有法定从轻、减轻处罚情节的,也应当予以考虑。同时应重视此类案件中的附带民事调解工作,努力化解双方矛盾,实现积极的"案结事了",增进社会和谐,达成法律效果与社会效果的有机统一。

第二百三十三条 【过失致人死亡罪】过失致人死亡的,处三年以上七年以下有期徒刑;情节较轻的,处三年以下有期徒刑。本法另有规定的,依照规定。

注释过失致人死亡罪属于过失犯罪,是指由于过失导致他人死亡后果的行为。过失致人死亡,包括疏忽大意的过失致人死亡和过于自信的过失致人死亡。前者是指行为人应当预见自己的行为可能造成他人死亡的结果,由于疏忽大意而没有预见,以致造成他人死亡。后者是指行为人已经预见到其行为可能会造成他人死亡的结果,但由于轻信能够避免以致造成他人死亡。如果行为人主观上没有过失,而是由于其他无法预见的原因导致他人死亡的,属于意外事件,行为人不负刑事责任。

关于过失致人死亡罪的刑罚,本条规定,过失致人死亡的,处三年以上七年以下有期徒刑;情节较轻的,处三年以下有期徒刑。同时规定,"本法另有规定的,依照规定",也就是说,过失致人死亡,除本条的一般规定外,刑法规定的其他犯罪中也有过失致人死亡的情况,根据特殊规定优于一般规定的原则,对于本法另有特殊规定的,适用特殊规定,而不按本条定罪处罚,如本法第一百一十五条关于失火、过失决水、过失爆炸、过失投放危险物质等的规定;第一百三十三条关于交通肇事致人死亡的规定;第一百三十四条关于重大责任事故致人死亡的规定等。

链接《刑法》第115、133、134条

第二百三十四条 【故意伤害罪】故意伤害他人身体的,处三年以下有期徒刑、拘役或者管制。

犯前款罪,致人重伤的,处三年以上十年以下有期徒刑;致人死亡或者以特别残忍手段致人重伤造成严重残疾的,处十年以上有期徒刑、无期徒刑或者死刑。本法另有规定的,依照规定。

注释故意伤害是指故意非法损害他人身体健康的行为,包括损害人体组织的完整性或者损害人体器官的正常功能。如果不是对他人的身体健康造成损害,而是损害他人的人格、名誉或者人身自由的,不构成本罪,而是构成其他犯罪。故意伤害的方法很多,行为人采用何种具体方法不影响本罪的构成。

"致人重伤",依照《刑法》第九十五条的规定,是指有下列情形之一的伤害:(1)使人肢体残废或者毁人容貌的;(2)使人丧失听觉、视觉或者其他器官机能的;(3)其他对于人身健康有重大伤害的。

"致人死亡或者以特别残忍手段致人重伤造成严重残疾的,处十年以上有期徒刑、无期徒刑或者死刑"。这里所说的"特别残忍手段",是指故

意要造成他人严重残疾而采用毁容、挖人眼睛、砍掉人双脚等特别残忍的手段伤害他人的行为。以特别残忍手段致人重伤造成严重残疾的故意伤害案件，适用死刑时需要严格把握，并非只要达到“致人重伤造成严重残疾”的程度就必须判处死刑，还需要根据致人“严重残疾”的具体情况，综合考虑犯罪情节和危害后果来决定具体适用的刑罚。故意伤害致人重伤造成严重残疾，只有犯罪手段特别残忍，后果特别严重的，才能考虑适用死刑。

需要指出的是，故意伤害罪侵犯的客体是他人的身体健康，因此对于伤害自己身体的，一般不构成犯罪。但是，根据本法第四百三十四条的规定，如果军人在战时逃避执行军事义务而自伤身体的，构成战时自伤罪。

链接《人体损伤程度鉴定标准》

第二百三十四条之一　【组织出卖人体器官罪】组织他人出卖人体器官的，处五年以下有期徒刑，并处罚金；情节严重的，处五年以上有期徒刑，并处罚金或者没收财产。

未经本人同意摘取其器官，或者摘取不满十八周岁的人的器官，或者强迫、欺骗他人捐献器官的，依照本法第二百三十四条、第二百三十二条的规定定罪处罚。

违背本人生前意愿摘取其尸体器官，或者本人生前未表示同意，违反国家规定，违背其近亲属意愿摘取其尸体器官的，依照本法第三百零二条的规定定罪处罚。

第二百三十五条　【过失致人重伤罪】过失伤害他人致人重伤的，处三年以下有期徒刑或者拘役。本法另有规定的，依照规定。

注释 过失致人重伤，是指过失伤害他人身体，致人重伤的行为。本罪是过失犯罪，行为人对于伤害他人的结果不是持希望或者放任的态度，而是由于疏忽大意或轻信能够避免而致使他人重伤的结果发生。行为人的过失行为，只有造成他人重伤的才能构成犯罪，造成他人轻伤的不构成犯罪。因此，对于行为人过失给他人造成的伤害结果，应当在专门鉴定的基础上，参照《人体损伤程度鉴定标准》，正确认定伤害的结果是否符合《刑法》第九十五条规定的重伤标准。如果行为人主观上没有过失，而是由于无法预见的原因导致他人重伤的，属于意外事故，行为人不负刑事责任。

在处理伤害案件时，往往附带有损害赔偿问题，对此首先要注意划清罪与非罪的界限，既不能把已构成伤害罪的案件当作损害赔偿的民事案件处理，也不能把轻微伤害引起的民事案件当作刑事案件处理，更不能把被告人赔偿的态度好坏作为划分罪与非罪的标准。

链接《人体损伤程度鉴定标准》

第二百三十六条　【强奸罪】以暴力、胁迫或者其他手段强奸妇女的，处三年以上十年以下有期徒刑。

奸淫不满十四周岁的幼女的，以强奸论，从重处罚。

强奸妇女、奸淫幼女，有下列情形之一的，处十年以上有期徒刑、无期徒刑或者死刑：

（一）强奸妇女、奸淫幼女情节恶劣的；

（二）强奸妇女、奸淫幼女多人的；

（三）在公共场所当众强奸妇女、奸淫幼女的；

（四）二人以上轮奸的；

（五）奸淫不满十周岁的幼女或者造成幼女伤害的；

（六）致使被害人重伤、死亡或者造成其他严重后果的。

注释 强奸是指违背妇女的意志，以暴力、胁迫或者其他手段强行与妇女发生性关系的行为。本罪的犯罪主体一般是男子，教唆、帮助男子强奸妇女的女子，也可以成为强奸罪的共犯。

本罪在客观方面表现为违背妇女意志强行与妇女发生性关系的行为。这种行为具有以下特征：

（1）必须是违背了妇女的真实意愿。判断与妇女发生性关系是否违背妇女的意志，要结合性关系发生的时间、周围环境、妇女的性格、体质等各种因素进行综合分析，不能将妇女是否有明显的抗拒举动作为违背其意愿的唯一要件。对于有的被害妇女由于害怕等原因而不敢反抗、失去反抗能力的，也应认定是违背了妇女的真实意愿。同无责任能力的妇女（如呆傻妇女或精神病患者）发生性关系的，由于这些妇女无法正常表达自己的真实意愿，因此无论其是否“同意”，均构成强奸罪。

（2）行为人必须以暴力、胁迫或者其他手段，强行与妇女发生性关系。这里所说的“暴力”手段，是指犯罪分子直接对被害妇女采取身体强制，如施以殴打等危害妇女人身安全和人身自由，使妇女不能抗拒的手段；“胁迫”手段，是指犯罪分子对被害妇女施以威胁、恫吓,进行精神上的强制,迫使妇女就范,不敢抗拒的手段,如以杀害被害人、加害被害人的亲属相威胁的;以揭发被害人的隐私相威胁的;利用职权、教养关系、从属关系等形成的优势地位,以及妇女孤立无援的环境相胁迫的,等等。"其他手段",是指犯罪分子使用暴力、胁迫以外的使被害妇女不知抗拒、无法抗拒的手段,如假冒为妇女治病而进行奸淫的;利用妇女患病、熟睡之机进行奸淫的;将妇女灌醉、麻醉后进行奸淫的,等等。

奸淫幼女,是指与不满十四周岁的幼女发生性关系的行为。奸淫幼女的,无论幼女是否"同意",即构成强奸罪。

第二百三十六条之一　【负有照护职责人员性侵罪】对已满十四周岁不满十六周岁的未成年女性负有监护、收养、看护、教育、医疗等特殊职责的人员,与该未成年女性发生性关系的,处三年以下有期徒刑;情节恶劣的,处三年以上十年以下有期徒刑。

有前款行为,同时又构成本法第二百三十六条规定之罪的,依照处罚较重的规定定罪处罚。

注释 对已满十四周岁不满十六周岁的未成年女性负有监护、收养、看护、教育、医疗等特殊职责的人员,与该未成年女性发生性关系的,即构成本罪。本罪的犯罪主体是特殊主体,即对已满十四周岁不满十六周岁的未成年女性负有监护、收养、看护、教育、医疗等特殊职责的人员。这里的看护,是指对已满十四周岁不满十六周岁的未成年女性负有看护职责的人,如雇用的服务人员、保安等。这种看护职责通常是基于合同、雇佣、服务等关系确定,也可以通过口头约定、志愿性的服务等形式确定,如邻居受托或自愿代人照顾。这里的教育、医疗,主要是指对已满十四周岁不满十六周岁的未成年女性负有教育、医疗职责的人,如学校、培训机构、医院等机构的工作人员,包括教师、医生、护士等。这种教育、医疗职责通常是基于教育关系、医疗关系、服务合同等确定。上述负有特殊职责的人员与该已满十四周岁不满十六周岁的未成年女性发生性关系的,构成本罪。

链接《刑法》第 236 条;《未成年人保护法》第 54 条;《联合国儿童权利公约》第 19 条

第二百三十七条　【强制猥亵、侮辱罪】以暴力、胁迫或者其他方法强制猥亵他人或者侮辱妇女的,处五年以下有期徒刑或者拘役。

聚众或者在公共场所当众犯前款罪的,或者有其他恶劣情节的,处五年以上有期徒刑。

【猥亵儿童罪】猥亵儿童的,处五年以下有期徒刑;有下列情形之一的,处五年以上有期徒刑:

(一)猥亵儿童多人或者多次的;

(二)聚众猥亵儿童的,或者在公共场所当众猥亵儿童,情节恶劣的;

(三)造成儿童伤害或者其他严重后果的;

(四)猥亵手段恶劣或者有其他恶劣情节的。

第二百三十八条　【非法拘禁罪】非法拘禁他人或者以其他方法非法剥夺他人人身自由的,处三年以下有期徒刑、拘役、管制或者剥夺政治权利。具有殴打、侮辱情节的,从重处罚。

犯前款罪,致人重伤的,处三年以上十年以下有期徒刑;致人死亡的,处十年以上有期徒刑。使用暴力致人伤残、死亡的,依照本法第二百三十四条、第二百三十二条的规定定罪处罚。

为索取债务非法扣押、拘禁他人的,依照前两款的规定处罚。

国家机关工作人员利用职权犯前三款罪的,依照前三款的规定从重处罚。

实务问答 对为索取法律不予保护的债务非法拘禁他人行为如何定罪

根据《最高人民法院关于对为索取法律不予保护的债务,非法拘禁他人行为如何定罪问题的解释》的规定,行为人为索取高利贷、赌债等法律不予保护的债务,非法扣押、拘禁他人的,依照《刑法》第二百三十八条的规定定罪处罚。

链接《刑法》第 232、234 条

第二百三十九条　【绑架罪】以勒索财物为目的绑架他人的,或者绑架他人作为人质的,处十年以上有期徒刑或者无期徒刑,并处罚金或者没收财产;情节较轻的,处五年以上十年以下有期徒刑,并处罚金。

犯前款罪,杀害被绑架人的,或者故意伤害被绑架人,致人重伤、死亡的,处无期徒刑或者死刑,并处没收财产。

以勒索财物为目的偷盗婴幼儿的,依照前两款的规定处罚。

注释 "以勒索财物为目的绑架他人的"勒索型绑架,即通常说的"绑票"或者"掳人勒赎"。"勒索财物"是指行为人在绑架他人以后,以不答应要求就杀害或伤害人质相威胁,勒令与人质有特殊关系的人于指定时间,以特定方式,在指定地点交付一定数量的金钱或财物。这里的“绑架”是指行为人使用暴力、胁迫或者其他方法,完全控制了人质,人质被剥夺了人身自由。

“杀害被绑架人”,即通常说的“撕票”,是指以剥夺被绑架人生命为目的实施的各种行为。“杀害”只需要行为人有故意杀人的故意及行为,并不要求“杀死”被绑架人的结果。“杀害”既可以是积极作为也可以是消极不作为。积极作为指以杀害为目的,将被绑架人抛入深潭或水库中让其溺毙等情形;消极不作为,是指以杀害为目的,将被绑架人抛入人迹罕至的地方等待其冻、饿死等情形。实践中,杀害被绑架人未遂的情况时有发生。对于被绑架人基于各种原因最终生还的,并不影响“杀害”行为的认定。

“以勒索财物为目的偷盗婴幼儿”,是指以向婴幼儿的亲属或者其他监护人索取财物为目的,将被害婴幼儿秘密窃取并扣作人质的行为。“偷盗”,主要是指趁被害婴幼儿亲属或者监护人不备,将该婴幼儿抱走、带走的行为,如潜入他人住宅将婴儿抱走,趁家长不备将正在玩耍的幼儿带走,以及采取利诱、拐骗方法将婴幼儿哄骗走等。婴幼儿的具体年龄界限,刑法未作具体规定,实践中一般是指未满六周岁的未成年人。需要特别注意的是,由于婴幼儿缺乏辨别是非的能力,无论是将其抱走、带走,还是哄骗走,都是偷盗婴幼儿的行为,都应当依照绑架罪的规定处罚。

链接《反对劫持人质国际公约》

第二百四十条 【拐卖妇女、儿童罪】拐卖妇女、儿童的,处五年以上十年以下有期徒刑,并处罚金;有下列情形之一的,处十年以上有期徒刑或者无期徒刑,并处罚金或者没收财产;情节特别严重的,处死刑,并处没收财产:

(一)拐卖妇女、儿童集团的首要分子;

(二)拐卖妇女、儿童三人以上的;

(三)奸淫被拐卖的妇女的;

(四)诱骗、强迫被拐卖的妇女卖淫或者将被拐卖的妇女卖给他人迫使其卖淫的;

(五)以出卖为目的,使用暴力、胁迫或者麻醉方法绑架妇女、儿童的;

(六)以出卖为目的,偷盗婴幼儿的;

(七)造成被拐卖的妇女、儿童或者其亲属重伤、死亡或者其他严重后果的;

(八)将妇女、儿童卖往境外的。

拐卖妇女、儿童是指以出卖为目的,有拐骗、绑架、收买、贩卖、接送、中转妇女、儿童的行为之一的。

注释(1)拐卖妇女、儿童集团的首要分子。集团作案是拐卖妇女、儿童犯罪的主要特点之一。这里所说的“拐卖妇女、儿童集团”,是指有计划、有组织地进行拐卖妇女、儿童犯罪活动的犯罪集团;“首要分子”,是指在犯罪集团中起组织、领导、指挥作用的犯罪分子,可能是一人,也可能是多人。

(2)拐卖妇女、儿童三人以上的。这里的“三人以上”,是指犯罪分子直接参与拐卖的人数(包括本数在内)。“拐卖妇女、儿童三人以上”既包括以出卖为目的拐骗妇女、儿童三人以上,也包括在拐卖妇女、儿童犯罪活动中中转、接送、收买、贩卖妇女、儿童三人以上;既包括在一次犯罪活动中拐卖妇女、儿童三人以上,也包括多次进行拐卖活动,累计拐卖妇女、儿童三人以上。需要特别注意的是,对于拐卖妇女、儿童集团的首要分子应依照本款第一项的规定处理,对于拐卖集团中的其他成员,则不应以整个犯罪集团拐卖的人数当作该犯罪分子拐卖的人数,而应以其直接参与拐卖的妇女、儿童的人数作为处罚的根据。

(3)奸淫被拐卖的妇女的。这里所说的“奸淫被拐卖的妇女”,是指犯罪分子在拐卖过程中与被害妇女发生性关系的行为,这种行为既包括犯罪分子利用被害妇女处于孤立无援的境地和不敢反抗的心理与其发生性关系的行为,也包括以暴力、胁迫或者其他手段强奸被害妇女的行为。只要犯罪分子在拐卖过程中与被害妇女发生了性关系,无论其是否使用了暴力或者胁迫手段,也无论被害人是否有反抗的表示或行为,都应按照本项规定追究刑事责任。根据这一规定,拐卖人强奸被拐卖妇女的行为已作为处重刑的情节之一,所以对于犯罪分子不再适用数罪并罚。

(4)诱骗、强迫被拐卖的妇女卖淫或者将被拐卖的妇女卖给他人迫使其卖淫的。这里所说的“诱骗”被拐卖的妇女卖淫,是指犯罪分子以金钱、物质或者某种许愿等方法引诱、欺骗被拐卖的妇女进行卖淫活动。“强迫”被拐卖的妇女卖淫,是指犯罪分子以暴力、威胁手段迫使被拐卖的妇女卖淫。“将被拐卖的妇女卖给他人迫使其卖淫”,

是指犯罪分子明知收买人收买被拐卖的妇女后将迫使其卖淫,但出于营利等目的,仍将该妇女出卖的行为。

(5)以出卖为目的,使用暴力、胁迫或者麻醉方法绑架妇女、儿童的。这里所规定的绑架妇女、儿童,只要求以出卖为目的,不论犯罪分子是否将被绑架的妇女、儿童卖掉,都构成本项规定的情形。

(6)以出卖为目的,偷盗婴幼儿的。这里规定的偷盗婴幼儿,是以出卖为目的,如果偷盗婴幼儿是为了勒索婴幼儿的父母或者亲属的财物,则不能按照本罪定罪处罚,而应当根据《刑法》第二百三十九条第三款的规定,以绑架罪定罪处罚。根据有关司法解释的规定,对婴幼儿采取欺骗、利诱等手段使其脱离监护人或者看护人的,视为“偷盗婴幼儿”。

(7)造成被拐卖的妇女、儿童或者其亲属重伤、死亡或者其他严重后果的,即在拐卖过程中,犯罪分子采用捆绑、殴打、虐待、侮辱等手段,造成被害人重伤、死亡等严重后果的,以及被害人及其亲属因犯罪分子的拐卖行为而自杀、精神失常或者造成其他严重后果的。需要特别注意的是,如果上述后果是因收买人对所收买的妇女、儿童在收买后实施虐待等行为所致,则不属于本项所列的情况,应依法追究收买人的相应责任。如果犯罪分子对被拐卖的妇女、儿童故意伤害、杀害的,则应以故意伤害罪、故意杀人罪与拐卖妇女、儿童罪实行数罪并罚。

(8)将妇女、儿童卖往境外的,即犯罪分子为了牟取暴利,与境外的人贩子相勾结,将妇女、儿童卖往境外的行为。这里所说的“境外”,是指国境外和边境外,既包括中华人民共和国领土以外的其他国家、地区,也包括边境外的我国香港、澳门和台湾地区。

情节特别严重的,处死刑,并处没收财产。这里所规定的“情节特别严重”,是指拐卖妇女、儿童,具有本款所规定的八种严重情形之一,而且情节特别严重的。

实务问答以出卖为目的的倒卖外国妇女的行为是否构成拐卖妇女罪

根据《最高人民检察院法律政策研究室关于以出卖为目的的倒卖外国妇女的行为是否构成拐卖妇女罪的答复》的规定,《刑法》第二百四十条第二款明确规定:“拐卖妇女、儿童是以出卖为目的,有拐骗、绑架、收买、贩卖、接送、中转妇女、儿童的行为之一的。”其中作为“收买”对象的妇女、儿童并不要求必须是“被拐骗、绑架的妇女、儿童”。因此,以出卖为目的,收买、贩卖外国妇女,从中牟取非法利益的,应以拐卖妇女罪追究刑事责任。但确属为他人介绍婚姻收取介绍费,而非以出卖为目的的,不能追究刑事责任。

第二百四十一条　【收买被拐卖的妇女、儿童罪】收买被拐卖的妇女、儿童的,处三年以下有期徒刑、拘役或者管制。

收买被拐卖的妇女,强行与其发生性关系的,依照本法第二百三十六条的规定定罪处罚。

收买被拐卖的妇女、儿童,非法剥夺、限制其人身自由或者有伤害、侮辱等犯罪行为的,依照本法的有关规定定罪处罚。

收买被拐卖的妇女、儿童,并有第二款、第三款规定的犯罪行为的,依照数罪并罚的规定处罚。

收买被拐卖的妇女、儿童又出卖的,依照本法第二百四十条的规定定罪处罚。

收买被拐卖的妇女、儿童,对被买儿童没有虐待行为,不阻碍对其进行解救的,可以从轻处罚;按照被买妇女的意愿,不阻碍其返回原居住地的,可以从轻或者减轻处罚。

注释“不阻碍对其进行解救”,是指当国家机关工作人员、被害人家属对被买儿童进行解救时,收买人未采取任何方法阻止、妨碍国家机关工作人员、被害儿童家属的解救工作。“不阻碍其返回原居住地”,是指收买人提供路费或者交通工具,也包括不提任何要求,而让被买妇女返回其原居住地。“原居住地”,一般是指被买妇女被拐卖前的居住地。这里需要特别注意的是,有的妇女是在外出时遭到拐卖的,即“拐出地”和原居住地不一致。在这种情况下,如果收买人按照被买妇女的意愿,将其送到被“拐出地”的,也应视为被买妇女返回原居住地。还有的妇女要求到自己的亲友家,这种情况也应视为被买妇女返回了原居住地。除此之外,业已形成稳定的婚姻家庭关系,解救时被买妇女自愿继续留在当地共同生活的,可以视为“按照被买妇女的意愿,不阻碍其返回原居住地”。

链接《妇女权益保障法》第22条;《最高人民法院、最高人民检察院、公安部、司法部关于依法惩治拐卖妇女儿童犯罪的意见》;《最高人民法院、最高人民检察院、公安部、民政部、司法部、全国妇联关于打击拐卖妇女儿童犯罪有关问题的通知》;《最高人民法院关于审理拐卖妇女儿童犯罪案件具体应用法律若干问题的解释》第4—9条

第二百四十二条　【妨害公务罪】以暴力、威胁方法阻碍国家机关工作人员解救被收买的妇女、儿童的,依照本法第二百七十七条的规定定罪处罚。

【聚众阻碍解救被收买的妇女、儿童罪】聚众阻碍国家机关工作人员解救被收买的妇女、儿童的首要分子,处五年以下有期徒刑或者拘役;其他参与者使用暴力、威胁方法的,依照前款的规定处罚。

第二百四十三条　【诬告陷害罪】捏造事实诬告陷害他人,意图使他人受刑事追究,情节严重的,处三年以下有期徒刑、拘役或者管制;造成严重后果的,处三年以上十年以下有期徒刑。

国家机关工作人员犯前款罪的,从重处罚。

不是有意诬陷,而是错告,或者检举失实的,不适用前两款的规定。

第二百四十四条　【强迫劳动罪】以暴力、威胁或者限制人身自由的方法强迫他人劳动的,处三年以下有期徒刑或者拘役,并处罚金;情节严重的,处三年以上十年以下有期徒刑,并处罚金。

明知他人实施前款行为,为其招募、运送人员或者有其他协助强迫他人劳动行为的,依照前款的规定处罚。

单位犯前两款罪的,对单位判处罚金,并对其直接负责的主管人员和其他直接责任人员,依照第一款的规定处罚。

第二百四十四条之一　【雇用童工从事危重劳动罪】违反劳动管理法规,雇用未满十六周岁的未成年人从事超强度体力劳动的,或者从事高空、井下作业的,或者在爆炸性、易燃性、放射性、毒害性等危险环境下从事劳动,情节严重的,对直接责任人员,处三年以下有期徒刑或者拘役,并处罚金;情节特别严重的,处三年以上七年以下有期徒刑,并处罚金。

有前款行为,造成事故,又构成其他犯罪的,依照数罪并罚的规定处罚。

第二百四十五条　【非法搜查罪】【非法侵入住宅罪】非法搜查他人身体、住宅,或者非法侵入他人住宅的,处三年以下有期徒刑或者拘役。

司法工作人员滥用职权,犯前款罪的,从重处罚。

第二百四十六条　【侮辱罪】【诽谤罪】以暴力或者其他方法公然侮辱他人或者捏造事实诽谤他人,情节严重的,处三年以下有期徒刑、拘役、管制或者剥夺政治权利。

前款罪,告诉的才处理,但是严重危害社会秩序和国家利益的除外。

通过信息网络实施第一款规定的行为,被害人向人民法院告诉,但提供证据确有困难的,人民法院可以要求公安机关提供协助。

注释在客观表现方面,侮辱罪和诽谤罪有所不同。侮辱罪客观方面主要表现为以暴力或其他方法公然贬损他人人格、破坏他人声誉,情节严重的行为。这里所说的侮辱行为,可以是暴力,也可以是暴力以外的其他方法。“暴力”,是指以强制方法来损害他人人格和名誉,如强迫他人“戴高帽”游行、当众剥光他人衣服、以粪便泼人、强迫他人作出有辱人格的动作等。这里的暴力,其目的不是损害他人的身体健康,如果在实施暴力侮辱的过程中造成他人死亡或者伤害后果的,可能同时构成故意杀人罪或者故意伤害罪。“其他方法”,是指以语言、文字等暴力以外的方法侮辱他人,语言侮辱如当众用恶毒刻薄的语言对被害人进行嘲笑、辱骂,使其当众出丑,散布被害人的生活隐私、生理缺陷等,文字侮辱如贴传单、漫画、书刊或者其他公开的文字等方式诋毁他人人格、侮辱他人。“公然”侮辱他人,是指当众或者利用能够使多人听到或看到的方式,对他人进行侮辱,公然侮辱并不一定要求被害人在场。如果行为人仅仅针对被害人进行侮辱,没有第三人在场,也不可能被第三者知悉,则不构成本罪,因为只有他人在场,被害人的名誉才会受到伤害。“他人”,在这里是指特定的人,即侮辱他人的行为必须是明确地针对某特定的人实施,如果不是针对特定的人,而是一般的“骂街”、谩骂等,不构成侮辱罪。

诽谤罪在客观方面表现为行为人实施捏造并散布某种虚构的事实,足以贬损他人人格、名誉的行为。“诽谤”,是指故意捏造事实,并且进行散播,“捏造事实”,就是无中生有,凭空制造虚假的事实,而且这些内容已经或足以给被害人的人格、名誉造成损害。诽谤除捏造事实外还要将该捏造的事实进行散播,散播包括使用口头方法和书面

方法，口头方法是通过言论捏造事实并散布，书面方法包括用图画、报刊、书信或者通过互联网等方法，故意捏造事实并散布的行为。捏造事实的行为与散播行为必须同时具备才构成本罪。与侮辱罪类似，诽谤罪也必须是针对特定的人实施，这种行为不一定公开地指明对方姓名，但是只要从内容上知道被害人是谁，就可以构成诽谤罪，如果行为人捏造并散布的内容不针对特定的对象，也不能构成本罪。

第二百四十七条　【刑讯逼供罪】【暴力取证罪】司法工作人员对犯罪嫌疑人、被告人实行刑讯逼供或者使用暴力逼取证人证言的，处三年以下有期徒刑或者拘役。致人伤残、死亡的，依照本法第二百三十四条、第二百三十二条的规定定罪从重处罚。

第二百四十八条　【虐待被监管人罪】监狱、拘留所、看守所等监管机构的监管人员对被监管人进行殴打或者体罚虐待，情节严重的，处三年以下有期徒刑或者拘役；情节特别严重的，处三年以上十年以下有期徒刑。致人伤残、死亡的，依照本法第二百三十四条、第二百三十二条的规定定罪从重处罚。

监管人员指使被监管人殴打或者体罚虐待其他被监管人的，依照前款的规定处罚。

链接《监狱法》第14、45条；《刑法》第232、234条

第二百四十九条　【煽动民族仇恨、民族歧视罪】煽动民族仇恨、民族歧视，情节严重的，处三年以下有期徒刑、拘役、管制或者剥夺政治权利；情节特别严重的，处三年以上十年以下有期徒刑。

第二百五十条　【出版歧视、侮辱少数民族作品罪】在出版物中刊载歧视、侮辱少数民族的内容，情节恶劣，造成严重后果的，对直接责任人员，处三年以下有期徒刑、拘役或者管制。

第二百五十一条　【非法剥夺公民宗教信仰自由罪】【侵犯少数民族风俗习惯罪】国家机关工作人员非法剥夺公民的宗教信仰自由和侵犯少数民族风俗习惯，情节严重的，处二年以下有期徒刑或者拘役。

第二百五十二条　【侵犯通信自由罪】隐匿、毁弃或者非法开拆他人信件，侵犯公民通信自由权利，情节严重的，处一年以下有期徒刑或者拘役。

第二百五十三条　【私自开拆、隐匿、毁弃邮件、电报罪】邮政工作人员私自开拆或者隐匿、毁弃邮件、电报的，处二年以下有期徒刑或者拘役。

犯前款罪而窃取财物的，依照本法第二百六十四条的规定定罪从重处罚。

第二百五十三条之一　【侵犯公民个人信息罪】违反国家有关规定，向他人出售或者提供公民个人信息，情节严重的，处三年以下有期徒刑或者拘役，并处或者单处罚金；情节特别严重的，处三年以上七年以下有期徒刑，并处罚金。

违反国家有关规定，将在履行职责或者提供服务过程中获得的公民个人信息，出售或者提供给他人的，依照前款的规定从重处罚。

窃取或者以其他方法非法获取公民个人信息的，依照第一款的规定处罚。

单位犯前三款罪的，对单位判处罚金，并对其直接负责的主管人员和其他直接责任人员，依照各该款的规定处罚。

注释“公民个人信息”，是指以电子或者其他方式记录的能够单独或者与其他信息结合识别特定自然人身份或者反映特定自然人活动情况的各种信息，包括姓名、身份证件号码、通信通讯联系方式、住址、帐号密码、财产状况、行踪轨迹等。

第二百五十四条　【报复陷害罪】国家机关工作人员滥用职权、假公济私，对控告人、申诉人、批评人、举报人实行报复陷害的，处二年以下有期徒刑或者拘役；情节严重的，处二年以上七年以下有期徒刑。

链接《宪法》第41条

第二百五十五条　【打击报复会计、统计人员罪】公司、企业、事业单位、机关、团体的领导人，对依法履行职责、抵制违反会计法、统计法行为的会计、统计人员实行打击报复，情节恶劣的，处三年以下有期徒刑或者拘役。

第二百五十六条　【破坏选举罪】在选举各级人民代表大会代表和国家机关领导人员时，以暴力、威胁、欺骗、贿赂、伪造选举文件、虚报选举票数等手段破坏选举或者妨害选民和代表自由行使选举权和被选举权，情节严重的，处三年以下有期徒刑、拘役或者剥夺政治权利。

第二百五十七条　【暴力干涉婚姻自由罪】以暴力干涉他人婚姻自由的，处二年以下有期徒刑或者拘役。

犯前款罪，致使被害人死亡的，处二年以上七年以下有期徒刑。

第一款罪，告诉的才处理。

第二百五十八条 【重婚罪】有配偶而重婚的，或者明知他人有配偶而与之结婚的，处二年以下有期徒刑或者拘役。

注释 重婚罪是指有配偶而重婚，或者明知他人有配偶而与之结婚的行为。本条规定了两种重婚行为：一种是"有配偶而重婚"，"有配偶"是指行为人已经结婚，在婚姻关系存续期间又与他人结婚。另一种是"明知他人有配偶而与之结婚"，是指本人明知他人有配偶而仍然与之结婚。这里规定的"明知"是本罪的罪与非罪的重要界限，如果行为人是蒙受欺骗，不知道对方已有配偶而与之结婚的，则不构成本罪。本条所规定的"结婚"，既包括骗取合法手续登记结婚，又包括虽未登记结婚，但以夫妻名义共同生活。只要是有配偶而又结婚，或者是明知他人有配偶而与之结婚的，无论是骗取合法手续登记结婚，还是未登记结婚，但以夫妻名义共同生活的，都构成重婚罪。

链接《民法典》第1041条

第二百五十九条 【破坏军婚罪】明知是现役军人的配偶而与之同居或者结婚的，处三年以下有期徒刑或者拘役。

利用职权、从属关系，以胁迫手段奸淫现役军人的妻子的，依照本法第二百三十六条的规定定罪处罚。

第二百六十条 【虐待罪】虐待家庭成员，情节恶劣的，处二年以下有期徒刑、拘役或者管制。

犯前款罪，致使被害人重伤、死亡的，处二年以上七年以下有期徒刑。

第一款罪，告诉的才处理，但被害人没有能力告诉，或者因受到强制、威吓无法告诉的除外。

注释 虐待罪是指虐待家庭成员，情节恶劣的行为。本条规定的"虐待"，是指折磨、摧残家庭成员身心健康的行为。虐待具有经常性和连续性的特点，行为人对共同生活的家庭成员在相当长的时间里，进行持续或连续的肉体摧残、精神折磨，致使被害人的身心遭受严重创伤，通常表现为打骂、冻饿、捆绑、强迫超体力劳动、限制自由、凌辱人格等行为。偶尔发生的打骂、冻饿等行为，不构成虐待罪。这里所说的"家庭成员"，是指在同一家庭中共同生活的成员，如夫妻、父母、子女、兄弟、姐妹等。非家庭成员间的虐待行为，不构成本罪。

一般而言，对于犯虐待罪，在没有致使被害人重伤、死亡的情况下，只有被害人向司法机关提出控告的才处理，对于被害人不控告，司法机关不能主动受理的，追究行为人的刑事责任。如果被害人没有能力告诉，或者因受到强制、威吓无法告诉的，不适用告诉才处理的规定，而应作为公诉案件处理。被虐待人的亲属、朋友、邻居等任何人发现被害人被虐待，没有能力告诉或者因受到强制、威吓无法告诉的，都可以向公安机关报案。"被害人没有能力告诉"是指被害人因病重、年幼、智力缺陷、精神障碍等没有能力向人民法院告诉。

第二百六十条之一 【虐待被监护、看护人罪】对未成年人、老年人、患病的人、残疾人等负有监护、看护职责的人虐待被监护、看护的人，情节恶劣的，处三年以下有期徒刑或者拘役。

单位犯前款罪的，对单位判处罚金，并对其直接负责的主管人员和其他直接责任人员，依照前款的规定处罚。

有第一款行为，同时构成其他犯罪的，依照处罚较重的规定定罪处罚。

注释 本罪的犯罪主体是负有监护、看护职责的人，如幼儿园的教师对在园幼儿、养老院的工作人员对在院老人、医生和护士对病人等负有监护、看护职责。这种监护、看护职责通常是基于合同、雇佣、服务等关系确定，也可以通过口头约定、志愿性的服务等形式确定，如邻居受托或自愿代人照顾老人、儿童。

第二百六十一条 【遗弃罪】对于年老、年幼、患病或者其他没有独立生活能力的人，负有扶养义务而拒绝扶养，情节恶劣的，处五年以下有期徒刑、拘役或者管制。

注释 遗弃是指对于年老、年幼、患病或者其他没有独立生活能力的人，负有扶养义务而拒绝扶养，情节恶劣的行为。遗弃罪的犯罪对象是年老、年幼、患病或者其他没有独立生活能力的人。这里所说的"没有独立生活能力"，是指不具备或者丧失劳动能力，无生活来源而需要他人在经济上予以供给扶养，或者虽有经济收入，但生活不能自理而需要他人照顾等情况。

第二百六十二条 【拐骗儿童罪】拐骗不满十四周岁的未成年人，脱离家庭或者监护人的，处五年以下有期徒刑或者拘役。

注释"拐骗"，是指用欺骗、利诱或者其他手段，将不满十四周岁的未成年人带走。"脱离家庭或者监护人”，是指使不满十四周岁的未成年人脱离家庭或者离开父母或其他监护人，致使不满十四周岁的未成年人的父母或者监护人不能继续对该未成年人行使监护权。这里所规定的“监护人”，是指未成年人的父母以及其他依法履行监护职责，保护被监护人的人身、财产以及其他合法权益的人。

链接《宪法》第49条；《民法典》第27条

第二百六十二条之一 【组织残疾人、儿童乞讨罪】以暴力、胁迫手段组织残疾人或者不满十四周岁的未成年人乞讨的，处三年以下有期徒刑或者拘役，并处罚金；情节严重的，处三年以上七年以下有期徒刑，并处罚金。

第二百六十二条之二 【组织未成年人进行违反治安管理活动罪】组织未成年人进行盗窃、诈骗、抢夺、敲诈勒索等违反治安管理活动的，处三年以下有期徒刑或者拘役，并处罚金；情节严重的，处三年以上七年以下有期徒刑，并处罚金。

第五章 侵犯财产罪

第二百六十三条 【抢劫罪】以暴力、胁迫或者其他方法抢劫公私财物的，处三年以上十年以下有期徒刑，并处罚金；有下列情形之一的，处十年以上有期徒刑、无期徒刑或者死刑，并处罚金或者没收财产：

（一）入户抢劫的；

（二）在公共交通工具上抢劫的；

（三）抢劫银行或者其他金融机构的；

（四）多次抢劫或者抢劫数额巨大的；

（五）抢劫致人重伤、死亡的；

（六）冒充军警人员抢劫的；

（七）持枪抢劫的；

（八）抢劫军用物资或者抢险、救灾、救济物资的。

注释 构成本罪，必须具备以下几个条件：（1）行为人具有非法占有公私财物的目的，并且实施了非法占有或者意图非法占有的行为。（2）行为人对被害人当场使用暴力、胁迫或者其他方法。

暴力、胁迫或者其他方法，必须是犯罪分子当场使用，才能构成抢劫罪。如果犯罪分子没有使用暴力或者胁迫的方法就取得了财物，除本法第二百六十七条规定的携带凶器抢夺的情形外，不能以抢劫罪论处。反之，如果犯罪分子事先只是准备盗窃或者抢夺，但在实施盗窃或者抢夺的过程中遭到反抗或者阻拦，于是当场使用暴力或者以暴力相威胁强取财物，其行为就由盗窃或者抢夺转化为抢劫了，应以抢劫罪定罪处罚。

本条具体列举了抢劫罪应当判处十年以上有期徒刑、无期徒刑或者死刑的八种情形：

（1）入户抢劫的。这里所说的“户”，是指公民私人住宅。入户抢劫，不仅严重侵犯公民的财产所有权，更为严重的是危及公民的人身安全。“入户抢劫”，是指为实施抢劫行为而进入他人生活的与外界相对隔离的住所，包括进入封闭的院落、牧民的帐篷、渔民作为家庭生活场所的渔船、为生活租用的房屋等进行抢劫的行为。对于入户盗窃，被发现而当场使用暴力或者以暴力相威胁的行为，应当认定为入户抢劫。认定“入户抢劫”，要注重审查行为人“入户”的目的，将“入户抢劫”与“在户内抢劫”区别开来。以侵害户内人员的人身、财产为目的，入户后实施抢劫，包括入户实施盗窃、诈骗等犯罪而转化为抢劫的，应当认定为“入户抢劫”。因访友办事等原因经户内人员允许入户后，临时起意实施抢劫，或者临时起意实施盗窃、诈骗等犯罪而转化为抢劫的，不应认定为“入户抢劫”。

（2）在公共交通工具上抢劫的。“在公共交通工具上抢劫”，既包括在处于运营状态的公共交通工具上对旅客及司售、乘务人员实施抢劫，也包括拦截运营途中的公共交通工具对旅客及司售、乘务人员实施抢劫，但不包括在未运营的公共交通工具上针对司售、乘务人员实施抢劫。

（3）抢劫银行或者其他金融机构的，是指抢劫银行或者其他金融机构的经营资金、有价证券和客户的资金等。抢劫正在使用中的银行或者其他金融机构的运钞车的，视为“抢劫银行或者其他金融机构”。

（4）多次抢劫或者抢劫数额巨大的。“多次抢劫”，是指抢劫三次以上。对于抢劫数额巨大的认定标准，根据《最高人民法院关于审理抢劫刑事案件适用法律若干问题的指导意见》的规定，参照各地确定的盗窃罪数额巨大的认定标准执行。抢劫数额以实际抢劫到的财物数额为依据。抢劫信用卡后使用、消费的，以行为人实际使用、消费的数额为抢劫数额。

（5）抢劫致人重伤、死亡的。这里所说的“抢劫致人重伤、死亡”，是指为抢劫公私财物而实施的暴力行为或其他方法，导致被害人重伤或者死亡的情形。

(6)冒充军警人员抢劫的。“军警”，是指军人和警察。军人，是指中国人民解放军、中国人民武装警察部队的现役军官(警官)、文职人员、士兵及具有军籍的学员。警察，是指我国武装性质的国家治安行政力量，包括公安机关、国家安全机关、监狱的人民警察和人民法院、人民检察院的司法警察。

(7)持枪抢劫的。“持枪抢劫”，是指行为人使用枪支或者向被害人显示持有、佩带的枪支进行抢劫的行为。“枪支”的概念和范围，适用枪支管理法的规定。

(8)抢劫军用物资或者抢险、救灾、救济物资的。

实务问答 **抢劫过程中故意杀人案件如何定罪**

根据《最高人民法院关于抢劫过程中故意杀人案件如何定罪问题的批复》的规定，行为人为劫取财物而预谋故意杀人，或者在劫取财物过程中，为制服被害人反抗而故意杀人的，以抢劫罪定罪处罚。行为人实施抢劫后，为灭口而故意杀人的，以抢劫罪和故意杀人罪定罪，实行数罪并罚。

第二百六十四条　【盗窃罪】盗窃公私财物，数额较大的，或者多次盗窃、入户盗窃、携带凶器盗窃、扒窃的，处三年以下有期徒刑、拘役或者管制，并处或者单处罚金；数额巨大或者有其他严重情节的，处三年以上十年以下有期徒刑，并处罚金；数额特别巨大或者有其他特别严重情节的，处十年以上有期徒刑或者无期徒刑，并处罚金或者没收财产。

注释 盗窃的公私财物数额较大的，或者多次盗窃、入户盗窃、携带凶器盗窃、扒窃的。“数额较大”，是盗窃行为构成犯罪的基本要件。如果盗窃的财物数额较小，一般应当依照治安管理处罚法的规定予以处罚，不需要动用刑罚。但对于一些特定的盗窃行为，只要实施了该盗窃行为，即使达不到数额较大的条件，因该行为本身的社会危害性，本条也规定其构成犯罪。这些行为包括：

(1)多次盗窃。根据《最高人民法院、最高人民检察院关于办理盗窃刑事案件适用法律若干问题的解释》第三条的规定，对于二年内盗窃三次以上的，应当认定为“多次盗窃”，以盗窃罪定罪处罚。

(2)入户盗窃。入户盗窃不仅侵犯了公民的财产，还侵犯了公民的住宅，并对公民的人身安全形成严重威胁，应当予以严厉打击。这里所说的“户”，是指公民日常生活的住所，包括用于生活的与外界相对隔离的封闭的院落、牧民的帐篷、渔民生活的渔船等，不包括办公场所。根据上述关于办理盗窃案件的解释，非法进入供他人家庭生活，与外界相对隔离的住所盗窃的，应当认定为“入户盗窃”。

(3)携带凶器盗窃。行为人携带凶器盗窃，往往有恃无恐，一旦被发现或者被抓捕时，则使用凶器进行反抗。这种行为以暴力为后盾，不仅侵犯他人的财产，而且对他人的人身形成严重威胁，应当予以刑事处罚。“凶器”是指枪支、爆炸物、管制刀具等可用于实施暴力的器具。根据上述关于办理盗窃案件的解释，携带枪支、爆炸物、管制刀具等国家禁止个人携带的器械盗窃，或者为了实施违法犯罪携带其他足以危害他人人身安全的器械盗窃的，应当认定为“携带凶器盗窃”。需要明确的是，本条规定的构成盗窃罪的“携带凶器盗窃”，是指行为人携带凶器进行盗窃而未使用的情况，如果行为人在携带凶器盗窃时，为窝藏赃物、抗拒抓捕或者毁灭罪证而当场使用凶器施暴或者威胁的，根据本法第二百六十九条的规定，应当以抢劫罪定罪处罚。

(4)扒窃。“扒窃”是指在公共场所或者公共交通工具上窃取他人随身携带的财物。

实务问答 **1. 既采取秘密窃取手段又采取欺骗手段非法占有财物行为如何定性**

对既采取秘密窃取手段又采取欺骗手段非法占有财物行为的定性，应从行为人采取主要手段和被害人有无处分财物意识方面区分盗窃与诈骗。如果行为人获取财物时起决定性作用的手段是秘密窃取，诈骗行为只是为盗窃创造条件或作掩护，被害人也没有“自愿”交付财物的，就应当认定为盗窃；如果行为人获取财物时起决定性作用的手段是诈骗，被害人基于错误认识而“自愿”交付财物，盗窃行为只是辅助手段的，就应当认定为诈骗。

在信息网络情形下，行为人利用信息网络，诱骗他人点击虚假链接而实际通过预先植入的计算机程序窃取财物构成犯罪的，以盗窃罪定罪处罚；虚构可供交易的商品或者服务，欺骗他人点击付

款链接而骗取财物构成犯罪的，以诈骗罪定罪处罚。(2014年6月23日最高人民法院指导案例27号：臧某某等盗窃、诈骗案)

2. 盗窃网络域名的行为如何定性

网络域名是网络用户进入门户网站的一种便捷途径，是吸引网络用户进入其网站的窗口。网络域名注册人注册了某域名后，该域名将不能再被其他人申请注册并使用，因此网络域名具有专属性和唯一性。网络域名属于稀缺资源，其所有人可以对域名行使出售、变更、注销、抛弃等。网络域名具有市场交换价值，所有人可以以货币形式进行交易。通过合法途径获得的网络域名，其注册人利益受法律承认和保护。本案中，行为人利用技术手段，通过变更网络域名绑定邮箱及注册ID，实现了对域名的非法占有，并使原所有人丧失了对网络域名的合法占有和控制，其目的是非法获取网络域名的财产价值，其行为给网络域名的所有人带来直接的经济损失。该行为符合以非法占有为目的窃取他人财产利益的盗窃罪本质属性，应以盗窃罪论处。对于网络域名的价值，当前可综合考虑网络域名的购入价、销赃价、域名升值潜力、市场热度等综合认定。(2017年10月12日最高人民检察院发布检例第37号：张四毛盗窃案)

第二百六十五条 【盗窃罪】以牟利为目的，盗接他人通信线路、复制他人电信码号或者明知是盗接、复制的电信设备、设施而使用的，依照本法第二百六十四条的规定定罪处罚。

链接《最高人民法院、最高人民检察院关于办理盗窃刑事案件适用法律若干问题的解释》第4条

第二百六十六条 【诈骗罪】诈骗公私财物，数额较大的，处三年以下有期徒刑、拘役或者管制，并处或者单处罚金；数额巨大或者有其他严重情节的，处三年以上十年以下有期徒刑，并处罚金；数额特别巨大或者有其他特别严重情节的，处十年以上有期徒刑或者无期徒刑，并处罚金或者没收财产。本法另有规定的，依照规定。

注释 诈骗罪具有以下特征：(1)行为人主观上是出于故意，并且具有非法占有公私财物的目的。(2)行为人实施了欺诈行为，包括虚构事实或者隐瞒真相，并且这种欺诈行为使得被害人陷入错误认识，从而作出财产处置。至于诈骗的财物是归自己挥霍享用，还是转归第三人，不影响本罪的成立。(3)诈骗公私财物数额较大才能构成犯罪。诈骗罪并不限于骗取实体财物，还包括骗取无形物与财产性利益。

实务问答 1. 如何区分诈骗罪与盗窃罪

诈骗罪是由于行为人虚构事实或隐瞒真相，使被害人信以为真，以致"自愿"将自己所有或持有的财物交给行为人或者放弃自己的财产权。但应注意，在犯罪过程中并不是采取了欺骗手段的一定都构成诈骗罪。如果看似采取欺骗手段，但最终取得财物是通过和平手段并非出于被害人"自愿"处分财产的，构成盗窃罪。

2. 如何区分诈骗罪与敲诈勒索罪

两罪区别的要点不在于有无欺骗行为，在敲诈的场合，也可能虚构加害的事实恐吓他人。要点在于是通过欺骗使他人自愿交付财物还是通过恐吓迫使他人违心交付财物，即交付财物的自愿和非自愿。

3. 采取违法手段，骗取互联网公司给予的补贴的行为如何定性

一些互联网公司为抢占市场，以提供订单补贴的形式吸引客户参与。某些不法分子采取违法手段，骗取互联网公司给予的补贴，数额较大的，可以构成诈骗罪。

在网络约车中，行为人以非法占有为目的，通过网约车平台与网约车公司进行交流，发出虚构的用车需求，使网约车公司误认为是符合公司补贴规则的订单，基于错误认识，给予行为人垫付车费及订单补贴的行为，符合诈骗罪的本质特征，是一种新型诈骗罪的表现形式。(2017年10月12日最高人民检察院发布检例第38号：董亮等四人诈骗案)

第二百六十七条 【抢夺罪】抢夺公私财物，数额较大的，或者多次抢夺的，处三年以下有期徒刑、拘役或者管制，并处或者单处罚金；数额巨大或者有其他严重情节的，处三年以上十年以下有期徒刑，并处罚金；数额特别巨大或者有其他特别严重情节的，处十年以上有期徒刑或者无期徒刑，并处罚金或者没收财产。

携带凶器抢夺的，依照本法第二百六十三条的规定定罪处罚。

实务问答 如何认定"携带凶器抢夺"

《最高人民法院关于审理抢劫、抢夺刑事案件适用法律若干问题的意见》中进行了具体界定。

携带凶器抢夺是指行为人随身携带枪支、爆炸物、管制刀具等国家禁止个人携带的器械进行抢夺或者为了实施犯罪而携带其他器械进行抢夺的行为。行为人随身携带国家禁止个人携带的器械以外的其他器械抢夺,但有证据证明该器械确实不是为了实施犯罪准备的,不以抢劫罪定罪。

第二百六十八条 【聚众哄抢罪】聚众哄抢公私财物,数额较大或者有其他严重情节的,对首要分子和积极参加的,处三年以下有期徒刑、拘役或者管制,并处罚金;数额巨大或者有其他特别严重情节的,处三年以上十年以下有期徒刑,并处罚金。

链接《最高人民法院关于审理破坏森林资源刑事案件具体应用法律若干问题的解释》第14条

第二百六十九条 【转化的抢劫罪】犯盗窃、诈骗、抢夺罪,为窝藏赃物、抗拒抓捕或者毁灭罪证而当场使用暴力或者以暴力相威胁的,依照本法第二百六十三条的规定定罪处罚。

注释 根据本条的规定,犯盗窃、诈骗、抢夺罪后,因使用暴力或者以暴力相威胁转化为抢劫罪必须符合以下三个条件:

第一,转化为抢劫罪的前提条件是行为人构成"盗窃、诈骗、抢夺罪"。《最高人民法院关于审理抢劫、抢夺刑事案件适用法律若干问题的意见》对实践中转化抢劫的认定规定,行为人实施盗窃、诈骗、抢夺行为未达到"数额较大",为窝藏赃物、抗拒抓捕或者毁灭罪证当场使用暴力或者以暴力相威胁,情节较轻、危害不大的,一般不以犯罪论处,但具有下列情节之一的,可以抢劫罪定罪处罚:(1)盗窃、诈骗、抢夺接近"数额较大"标准的;(2)入户或在公共交通工具上盗窃、诈骗、抢夺后在户外或交通工具外实施上述行为的;(3)使用暴力致人轻微伤以上后果的;(4)使用凶器或以凶器相威胁的;(5)具有其他严重情节的。

第二,必须具有"窝藏赃物、抗拒抓捕或者毁灭罪证"的目的。"窝藏赃物",是指转移、隐匿盗窃、诈骗、抢夺所得到的公私财物的行为。"抗拒抓捕",是指犯罪分子抗拒司法机关依法对其采取的拘留、逮捕等强制措施,以及在犯罪时或者犯罪后被及时发现,抗拒群众将其扭送到司法机关的行为。"毁灭罪证",是指犯罪分子为逃避罪责,湮灭作案现场遗留的痕迹、物品以及销毁可以证明其罪行的各种证据。

第三,必须具有"当场使用暴力或者以暴力相威胁"的行为。这里的"当场",一般是指实施盗窃、诈骗、抢夺犯罪行为的作案现场。如果犯罪分子在逃离现场时被人发现,在受到追捕或者围堵的情况下使用暴力的,也应视为当场使用暴力。如果犯罪分子作案时没有被及时发现,而是在其他时间、地点被发现,在抓捕过程中行凶拒捕或者在事后为掩盖罪行杀人灭口的,不适用本条规定,应依其行为所触犯的罪名定罪。"使用暴力或者以暴力相威胁",是指犯罪分子对他人故意实施撞击、殴打、伤害等危及人体健康和生命安全的行为或者以立即实施这些行为相威胁。对于以摆脱的方式逃脱抓捕,暴力强度较小,未造成轻伤以上后果的,可不认定为"使用暴力",不以抢劫罪论处。

此外,关于两人以上共同实施盗窃、诈骗、抢夺犯罪,其中部分行为人为窝藏赃物、抗拒抓捕或者毁灭罪证而当场使用暴力或者以暴力相威胁的,对于其余行为人是否以抢劫罪共犯论处,《最高人民法院关于审理抢劫刑事案件适用法律若干问题的指导意见》第三条中提出,主要看其对实施暴力或者以暴力相威胁的行为人是否形成共同犯意、提供帮助。基于一定意思联络,对实施暴力或者以暴力相威胁的行为人提供帮助或实际成为帮凶的,可以抢劫共犯论处。需要说明的是,行为人"入户"或者"在公共交通工具上"盗窃、诈骗、抢夺后,为了窝藏赃物、抗拒抓捕或者毁灭罪证,在户内或者公共交通工具上当场使用暴力或者以暴力相威胁的,构成"入户抢劫"或者"在公共交通工具上抢劫",按照抢劫罪的加重情节处罚。

第二百七十条 【侵占罪】将代为保管的他人财物非法占为己有,数额较大,拒不退还的,处二年以下有期徒刑、拘役或者罚金;数额巨大或者有其他严重情节的,处二年以上五年以下有期徒刑,并处罚金。

将他人的遗忘物或者埋藏物非法占为己有,数额较大,拒不交出的,依照前款的规定处罚。

本条罪,告诉的才处理。

第二百七十一条 【职务侵占罪】公司、企业或者其他单位的工作人员,利用职务上的便利,将本单位财物非法占为己有,数额较大的,处三年以下有期徒刑或者拘役,并处罚金;数额巨大的,处三年以上十年以下有期徒刑,并处罚金;数额特别巨大的,处十年以上有期徒刑或者无期徒刑,并处罚金。

国有公司、企业或者其他国有单位中从事公务的人员和国有公司、企业或者其他国有单位委派到非国有公司、企业以及其他单位从事公务的人员有前款行为的，依照本法第三百八十二条、第三百八十三条的规定定罪处罚。

实务问答 1. 村民小组组长利用职务便利非法占有公共财物的行为如何定性

根据《最高人民法院关于村民小组组长利用职务便利非法占有公共财物行为如何定性问题的批复》的规定，对村民小组组长利用职务上的便利，将村民小组集体财产非法占为己有，数额较大的，应当依照《刑法》第二百七十一条第一款的规定，以职务侵占罪定罪处罚。

2. 在国有资本控股、参股的股份有限公司中从事管理工作的人员利用职务便利非法占有本公司财物如何定罪

根据《最高人民法院关于在国有资本控股、参股的股份有限公司中从事管理工作的人员利用职务便利非法占有本公司财物如何定罪问题的批复》的规定，在国有资本控股、参股的股份有限公司中从事管理工作的人员，除了受国家机关、国有公司、企业、事业单位委派从事公务的以外，不属于国家工作人员。对其利用职务上的便利，将本单位财物非法占为己有，数额较大的，应当依照《刑法》第二百七十一条第一款的规定，以职务侵占罪定罪处罚。

第二百七十二条 【挪用资金罪】公司、企业或者其他单位的工作人员，利用职务上的便利，挪用本单位资金归个人使用或者借贷给他人，数额较大、超过三个月未还的，或者虽未超过三个月，但数额较大、进行营利活动的，或者进行非法活动的，处三年以下有期徒刑或者拘役；挪用本单位资金数额巨大的，处三年以上七年以下有期徒刑；数额特别巨大的，处七年以上有期徒刑。

国有公司、企业或者其他国有单位中从事公务的人员和国有公司、企业或者其他国有单位委派到非国有公司、企业以及其他单位从事公务的人员有前款行为的，依照本法第三百八十四条的规定定罪处罚。

有第一款行为，在提起公诉前将挪用的资金退还的，可以从轻或者减轻处罚。其中，犯罪较轻的，可以减轻或者免除处罚。

注释 构成挪用资金罪，必须符合以下几个条件：

(1)行为人必须是公司、企业或者其他单位的工作人员。

(2)行为人必须利用职务上的便利。“利用职务上的便利”，主要是指利用自己在职务上所具有的主管、管理或者经手本单位财物的便利条件。应当注意的是，利用与其职责无关，只因工作关系而熟悉作案环境、条件，或者凭工作人员身份便于出入某单位，较易接近作案目标或者对象等便利条件的，不属于利用职务上的便利。

(3)行为人实施了挪用本单位资金的行为。“挪用”，是指利用职务上的便利，非法擅自动用单位资金归本人或他人使用，但准备日后退还。

实务问答 挪用尚未注册成立的公司资金能否构成挪用资金罪

根据《最高人民检察院关于挪用尚未注册成立公司资金的行为适用法律问题的批复》的规定，筹建公司的工作人员在公司登记注册前，利用职务上的便利，挪用准备设立的公司在银行开设的临时账户上的资金，归个人使用或者借贷给他人，数额较大、超过三个月未还的，或者虽未超过三个月，但数额较大、进行营利活动的，或者进行非法活动的，应当根据《刑法》第二百七十二条的规定，追究刑事责任。

第二百七十三条 【挪用特定款物罪】挪用用于救灾、抢险、防汛、优抚、扶贫、移民、救济款物，情节严重，致使国家和人民群众利益遭受重大损害的，对直接责任人员，处三年以下有期徒刑或者拘役；情节特别严重的，处三年以上七年以下有期徒刑。

第二百七十四条 【敲诈勒索罪】敲诈勒索公私财物，数额较大或者多次敲诈勒索的，处三年以下有期徒刑、拘役或者管制，并处或者单处罚金；数额巨大或者有其他严重情节的，处三年以上十年以下有期徒刑，并处罚金；数额特别巨大或者有其他特别严重情节的，处十年以上有期徒刑，并处罚金。

注释 构成敲诈勒索罪必须具备以下条件：(1)行为人具有非法占有他人财物的目的。(2)行为人实施了以威胁或者要挟的方法勒索财物的行为，这是敲诈勒索罪的最主要的特点。威胁和要挟，是指通过对被害人及其关系密切的人精神上的强制，对其在心理上造成恐惧，产生压力。威胁或者要挟的方法多种多样，如以将要实施暴力，揭发隐私、违法犯罪活动，毁坏名誉相威胁等。其形式可以是口头的，也可以是书面的，还可以通过第三者转达；可以是明示，也可以是暗示。在取得他人财物的时间上，既可以迫使对方当场交出，也可以限期交出。(3) 敲诈勒索的财物数额较大或者多次敲诈勒索的。

第二百七十五条 【故意毁坏财物罪】故意毁坏公私财物，数额较大或者有其他严重情节的，处三年以下有期徒刑、拘役或者罚金；数额巨大或者有其他特别严重情节的，处三年以上七年以下有期徒刑。

注释 本罪侵犯的客体是公私财物所有权，侵犯对象是各种公私财物。但是破坏某些特定的公私财物，侵犯了其他客体，则不能以故意毁坏财物罪论处，例如，故意毁坏使用中的交通设备、交通工具、电力煤气易燃易爆设备，危害公共安全的，以危害公共安全罪中的有关犯罪论处；故意毁坏机器设备、残害耕畜，破坏生产经营的，以破坏生产经营罪论处。

第二百七十六条 【破坏生产经营罪】由于泄愤报复或者其他个人目的，毁坏机器设备、残害耕畜或者以其他方法破坏生产经营的，处三年以下有期徒刑、拘役或者管制；情节严重的，处三年以上七年以下有期徒刑。

链接《最高人民检察院、公安部关于公安机关管辖的刑事案件立案追诉标准的规定(一)》第34条

第二百七十六条之一 【拒不支付劳动报酬罪】以转移财产、逃匿等方法逃避支付劳动者的劳动报酬或者有能力支付而不支付劳动者的劳动报酬，数额较大，经政府有关部门责令支付仍不支付的，处三年以下有期徒刑或者拘役，并处或者单处罚金；造成严重后果的，处三年以上七年以下有期徒刑，并处罚金。

单位犯前款罪的，对单位判处罚金，并对其直接负责的主管人员和其他直接责任人员，依照前款的规定处罚。

有前两款行为，尚未造成严重后果，在提起公诉前支付劳动者的劳动报酬，并依法承担相应赔偿责任的，可以减轻或者免除处罚。

注释“转移财产”，是指行为人为逃避欠薪将所经营的收益转移到他处，以使行政机关、司法机关或被欠薪者无法查找到。“逃匿”，是指行为人为逃避行政机关或司法机关的追究而逃离当地或躲藏起来。“劳动报酬”，是指劳动者按照劳动法和劳动合同法的规定，通过自己的劳动而应得的报酬，其范围不限于工资。“经政府有关部门责令支付仍不支付的”，这里的“政府有关部门”，一般是指县级以上政府劳动行政部门，即劳动和社会保障部门。这里的“责令支付仍不支付”，是指经政府劳动行政部门责令支付一次仍没有支付的情况。本条所称“造成严重后果的”，一般是指以下几种情况：(1) 由于不支付或没有及时支付劳动者报酬，以至于影响到劳动者家庭的生活或生存；(2) 导致劳动者自伤、精神失常或实施犯罪行为，如偷盗、伤人等；(3) 引发群体性事件等严重后果。

第六章 妨害社会管理秩序罪

第一节 扰乱公共秩序罪

第二百七十七条 【妨害公务罪】以暴力、威胁方法阻碍国家机关工作人员依法执行职务的，处三年以下有期徒刑、拘役、管制或者罚金。

以暴力、威胁方法阻碍全国人民代表大会和地方各级人民代表大会代表依法执行代表职务的，依照前款的规定处罚。

在自然灾害和突发事件中，以暴力、威胁方法阻碍红十字会工作人员依法履行职责的，依照第一款的规定处罚。

故意阻碍国家安全机关、公安机关依法执行国家安全工作任务，未使用暴力、威胁方法，造成严重后果的，依照第一款的规定处罚。

【袭警罪】暴力袭击正在依法执行职务的人民警察的，处三年以下有期徒刑、拘役或者管制；使用枪支、管制刀具，或者以驾驶机动车撞击等手段，严重危及其人身安全的，处三年以上七年以下有期徒刑。

注释 构成第五款规定的犯罪应当具备以下条件：

第一，必须是实施了暴力袭击的行为。这里所说的“暴力袭击”人民警察，根据《最高人民法院、最高人民检察院、公安部关于依法惩治袭警违法犯罪行为的指导意见》第一条规定，对正在依法执行职务的民警实施下列行为的，属于“暴力袭击正在依法执行职务的人民警察”：(1) 实施撕咬、踢打、抱摔、投掷等，对民警人身进行攻击的行为；(2) 实施打砸、毁坏、抢夺民警正在使用的警用车

辆、警械等警用装备,对民警人身进行攻击的行为。

第二,暴力袭击的对象必须是正在依法执行职务的人民警察,如果行为人袭击的对象不是人民警察而是其他国家机关工作人员,或者袭击的人民警察不是正在依法执行职务,都不构成本款规定的犯罪,对于袭击其他依法执行职务的国家机关工作人员,构成妨害公务罪的,依照第一款规定处罚。

实务问答 以暴力、威胁方法阻碍事业编制人员行政执法活动是否可以对侵害人适用妨害公务罪

根据《最高人民检察院关于以暴力威胁方法阻碍事业编制人员依法执行行政执法职务是否可对侵害人以妨害公务罪论处的批复》的规定,对于以暴力、威胁方法阻碍国有事业单位人员依照法律、行政法规的规定执行行政执法职务的,或者以暴力、威胁方法阻碍国家机关中受委托从事行政执法活动的事业编制人员执行行政执法职务的,可以对侵害人以妨害公务罪追究刑事责任。

第二百七十八条　【煽动暴力抗拒法律实施罪】煽动群众暴力抗拒国家法律、行政法规实施的,处三年以下有期徒刑、拘役、管制或者剥夺政治权利;造成严重后果的,处三年以上七年以下有期徒刑。

第二百七十九条　【招摇撞骗罪】冒充国家机关工作人员招摇撞骗的,处三年以下有期徒刑、拘役、管制或者剥夺政治权利;情节严重的,处三年以上十年以下有期徒刑。

冒充人民警察招摇撞骗的,依照前款的规定从重处罚。

第二百八十条　【伪造、变造、买卖国家机关公文、证件、印章罪】【盗窃、抢夺、毁灭国家机关公文、证件、印章罪】伪造、变造、买卖或者盗窃、抢夺、毁灭国家机关的公文、证件、印章的,处三年以下有期徒刑、拘役、管制或者剥夺政治权利,并处罚金;情节严重的,处三年以上十年以下有期徒刑,并处罚金。

【伪造公司、企业、事业单位、人民团体印章罪】伪造公司、企业、事业单位、人民团体的印章的,处三年以下有期徒刑、拘役、管制或者剥夺政治权利,并处罚金。

【伪造、变造、买卖身份证件罪】伪造、变造、买卖居民身份证、护照、社会保障卡、驾驶证等依法可以用于证明身份的证件的,处三年以下有期徒刑、拘役、管制或者剥夺政治权利,并处罚金;情节严重的,处三年以上七年以下有期徒刑,并处罚金。

实务问答 1. 买卖伪造的国家机关证件行为是否构成犯罪

根据《最高人民检察院法律政策研究室关于买卖伪造的国家机关证件行为是否构成犯罪问题的答复》的规定,对于买卖伪造的国家机关证件的行为,依法应当追究刑事责任的,可适用《刑法》第二百八十条第一款的规定以买卖国家机关证件罪追究刑事责任。

2. 伪造、贩卖伪造的高等院校学历、学位证明刑事案件如何适用法律

根据《最高人民法院、最高人民检察院关于办理伪造、贩卖伪造的高等院校学历、学位证明刑事案件如何适用法律问题的解释》的规定,对于伪造高等院校印章制作学历、学位证明的行为,应当依照《刑法》第二百八十条第二款的规定,以伪造事业单位印章罪定罪处罚。明知是伪造高等院校印章制作的学历、学位证明而贩卖的,以伪造事业单位印章罪的共犯论处。

第二百八十条之一　【使用虚假身份证件、盗用身份证件罪】在依照国家规定应当提供身份证明的活动中,使用伪造、变造的或者盗用他人的居民身份证、护照、社会保障卡、驾驶证等依法可以用于证明身份的证件,情节严重的,处拘役或者管制,并处或者单处罚金。

有前款行为,同时构成其他犯罪的,依照处罚较重的规定定罪处罚。

第二百八十条之二　【冒名顶替罪】盗用、冒用他人身份,顶替他人取得的高等学历教育入学资格、公务员录用资格、就业安置待遇的,处三年以下有期徒刑、拘役或者管制,并处罚金。

组织、指使他人实施前款行为的,依照前款的规定从重处罚。

国家工作人员有前两款行为,又构成其他犯罪的,依照数罪并罚的规定处罚。

第二百八十一条　【非法生产、买卖警用装备罪】非法生产、买卖人民警察制式服装、车辆号牌等专用标志、警械,情节严重的,处三年以下有期徒刑、拘役或者管制,并处或者单处罚金。

单位犯前款罪的,对单位判处罚金,并对其直接负责的主管人员和其他直接责任人员，依照前款的规定处罚。

第二百八十二条 【非法获取国家秘密罪】以窃取、刺探、收买方法，非法获取国家秘密的，处三年以下有期徒刑、拘役、管制或者剥夺政治权利；情节严重的，处三年以上七年以下有期徒刑。

【非法持有国家绝密、机密文件、资料、物品罪】非法持有属于国家绝密、机密的文件、资料或者其他物品，拒不说明来源与用途的，处三年以下有期徒刑、拘役或者管制。

第二百八十三条 【非法生产、销售专用间谍器材、窃听、窃照专用器材罪】非法生产、销售专用间谍器材或者窃听、窃照专用器材的，处三年以下有期徒刑、拘役或者管制，并处或者单处罚金；情节严重的，处三年以上七年以下有期徒刑，并处罚金。

单位犯前款罪的，对单位判处罚金，并对其直接负责的主管人员和其他直接责任人员，依照前款的规定处罚。

链接《刑法》第111、284、398条；《反间谍法实施细则》第18条；《最高人民法院、最高人民检察院关于执行〈中华人民共和国刑法〉确定罪名的补充规定（六）》

第二百八十四条 【非法使用窃听、窃照专用器材罪】非法使用窃听、窃照专用器材，造成严重后果的，处二年以下有期徒刑、拘役或者管制。

链接《刑法》第111、282、283、284条之一、第398条

第二百八十四条之一 【组织考试作弊罪】在法律规定的国家考试中，组织作弊的，处三年以下有期徒刑或者拘役，并处或者单处罚金；情节严重的，处三年以上七年以下有期徒刑，并处罚金。

为他人实施前款犯罪提供作弊器材或者其他帮助的，依照前款的规定处罚。

【非法出售、提供试题、答案罪】为实施考试作弊行为，向他人非法出售或者提供第一款规定的考试的试题、答案的，依照第一款的规定处罚。

【代替考试罪】代替他人或者让他人代替自己参加第一款规定的考试的，处拘役或者管制，并处或者单处罚金。

第二百八十五条 【非法侵入计算机信息系统罪】违反国家规定，侵入国家事务、国防建设、尖端科学技术领域的计算机信息系统的，处三年以下有期徒刑或者拘役。

【非法获取计算机信息系统数据、非法控制计算机信息系统罪】违反国家规定，侵入前款规定以外的计算机信息系统或者采用其他技术手段，获取该计算机信息系统中存储、处理或者传输的数据，或者对该计算机信息系统实施非法控制，情节严重的，处三年以下有期徒刑或者拘役，并处或者单处罚金；情节特别严重的，处三年以上七年以下有期徒刑，并处罚金。

【提供侵入、非法控制计算机信息系统程序、工具罪】提供专门用于侵入、非法控制计算机信息系统的程序、工具，或者明知他人实施侵入、非法控制计算机信息系统的违法犯罪行为而为其提供程序、工具，情节严重的，依照前款的规定处罚。

单位犯前三款罪的，对单位判处罚金，并对其直接负责的主管人员和其他直接责任人员，依照各该款的规定处罚。

实务问答**如何准确认定非法控制计算机信息系统罪**

通过植入木马程序的方式，非法获取网站服务器的控制权限，进而通过修改、增加计算机信息系统数据，向相关计算机信息系统上传网页链接代码的，应当认定为《刑法》第二百八十五条第二款“采用其他技术手段”非法控制计算机信息系统的行为。

通过修改、增加计算机信息系统数据，对该计算机信息系统实施非法控制，但未造成系统功能实质性破坏或者不能正常运行的，不应当认定为破坏计算机信息系统罪，符合《刑法》第二百八十五条第二款规定的，应当认定为非法控制计算机信息系统罪。（2020年12月29日最高人民法院指导案例145号：张竣杰等非法控制计算机信息系统案）

第二百八十六条 【破坏计算机信息系统罪】违反国家规定，对计算机信息系统功能进行删除、修改、增加、干扰，造成计算机信息系统不能正常运行，后果严重的，处五年以下有期徒刑或者拘役；后果特别严重的，处五年以上有期徒刑。

违反国家规定，对计算机信息系统中存储、处理或者传输的数据和应用程序进行删除、修改、增加的操作，后果严重的，依照前款的规定处罚。

故意制作、传播计算机病毒等破坏性程序，影响计算机系统正常运行，后果严重的，依照第一款

的规定处罚。

单位犯前三款罪的，对单位判处罚金，并对其直接负责的主管人员和其他直接责任人员，依照第一款的规定处罚。

实务问答 如何认定用棉纱等物品堵塞环境质量监测采样设备的行为

环境质量监测系统属于计算机信息系统。用棉纱等物品堵塞环境质量监测采样设备，干扰采样，致使监测数据严重失真的，构成破坏计算机信息系统罪。（2018年12月25日最高人民法院指导案例104号：李森、何利民、张锋勃等人破坏计算机信息系统案）

链接《计算机信息系统安全保护条例》；《最高人民法院、最高人民检察院关于办理危害计算机信息系统安全刑事案件应用法律若干问题的解释》第4—6、8—10条

第二百八十六条之一 【拒不履行信息网络安全管理义务罪】网络服务提供者不履行法律、行政法规规定的信息网络安全管理义务，经监管部门责令采取改正措施而拒不改正，有下列情形之一的，处三年以下有期徒刑、拘役或者管制，并处或者单处罚金：

（一）致使违法信息大量传播的；

（二）致使用户信息泄露，造成严重后果的；

（三）致使刑事案件证据灭失，情节严重的；

（四）有其他严重情节的。

单位犯前款罪的，对单位判处罚金，并对其直接负责的主管人员和其他直接责任人员，依照前款的规定处罚。

有前两款行为，同时构成其他犯罪的，依照处罚较重的规定定罪处罚。

第二百八十七条 【利用计算机实施犯罪的定罪处罚】利用计算机实施金融诈骗、盗窃、贪污、挪用公款、窃取国家秘密或者其他犯罪的，依照本法有关规定定罪处罚。

第二百八十七条之一 【非法利用信息网络罪】利用信息网络实施下列行为之一，情节严重的，处三年以下有期徒刑或者拘役，并处或者单处罚金：

（一）设立用于实施诈骗、传授犯罪方法、制作或者销售违禁物品、管制物品等违法犯罪活动的网站、通讯群组的；

（二）发布有关制作或者销售毒品、枪支、淫秽物品等违禁物品、管制物品或者其他违法犯罪信息的；

（三）为实施诈骗等违法犯罪活动发布信息的。

单位犯前款罪的，对单位判处罚金，并对其直接负责的主管人员和其他直接责任人员，依照第一款的规定处罚。

有前两款行为，同时构成其他犯罪的，依照处罚较重的规定定罪处罚。

第二百八十七条之二 【帮助信息网络犯罪活动罪】明知他人利用信息网络实施犯罪，为其犯罪提供互联网接入、服务器托管、网络存储、通讯传输等技术支持，或者提供广告推广、支付结算等帮助，情节严重的，处三年以下有期徒刑或者拘役，并处或者单处罚金。

单位犯前款罪的，对单位判处罚金，并对其直接负责的主管人员和其他直接责任人员，依照第一款的规定处罚。

有前两款行为，同时构成其他犯罪的，依照处罚较重的规定定罪处罚。

第二百八十八条 【扰乱无线电通讯管理秩序罪】违反国家规定，擅自设置、使用无线电台（站），或者擅自使用无线电频率，干扰无线电通讯秩序，情节严重的，处三年以下有期徒刑、拘役或者管制，并处或者单处罚金；情节特别严重的，处三年以上七年以下有期徒刑，并处罚金。

单位犯前款罪的，对单位判处罚金，并对其直接负责的主管人员和其他直接责任人员，依照前款的规定处罚。

第二百八十九条 【故意伤害罪】【故意杀人罪】【抢劫罪】聚众"打砸抢"，致人伤残、死亡的，依照本法第二百三十四条、第二百三十二条的规定定罪处罚。毁坏或者抢走公私财物的，除判令退赔外，对首要分子，依照本法第二百六十三条的规定定罪处罚。

第二百九十条 【聚众扰乱社会秩序罪】聚众扰乱社会秩序，情节严重，致使工作、生产、营业和教学、科研、医疗无法进行，造成严重损失的，对首要分子，处三年以上七年以下有期徒刑；对其他积极参加的，处三年以下有期徒刑、拘役、管制或者剥夺政治权利。

【聚众冲击国家机关罪】聚众冲击国家机关，致使国家机关工作无法进行，造成严重损失的，对

首要分子，处五年以上十年以下有期徒刑；对其他积极参加的，处五年以下有期徒刑、拘役、管制或者剥夺政治权利。

【扰乱国家机关工作秩序罪】多次扰乱国家机关工作秩序，经行政处罚后仍不改正，造成严重后果的，处三年以下有期徒刑、拘役或者管制。

【组织、资助非法聚集罪】多次组织、资助他人非法聚集，扰乱社会秩序，情节严重的，依照前款的规定处罚。

第二百九十一条　【聚众扰乱公共场所秩序、交通秩序罪】聚众扰乱车站、码头、民用航空站、商场、公园、影剧院、展览会、运动场或者其他公共场所秩序，聚众堵塞交通或者破坏交通秩序，抗拒、阻碍国家治安管理工作人员依法执行职务，情节严重的，对首要分子，处五年以下有期徒刑、拘役或者管制。

链接《刑法》第 290 条；《治安管理处罚法》第 23 条；《集会游行示威法》第 29 条

第二百九十一条之一　【投放虚假危险物质罪】【编造、故意传播虚假恐怖信息罪】投放虚假的爆炸性、毒害性、放射性、传染病病原体等物质，或者编造爆炸威胁、生化威胁、放射威胁等恐怖信息，或者明知是编造的恐怖信息而故意传播，严重扰乱社会秩序的，处五年以下有期徒刑、拘役或者管制；造成严重后果的，处五年以上有期徒刑。

【编造、故意传播虚假信息罪】编造虚假的险情、疫情、灾情、警情，在信息网络或者其他媒体上传播，或者明知是上述虚假信息，故意在信息网络或者其他媒体上传播，严重扰乱社会秩序的，处三年以下有期徒刑、拘役或者管制；造成严重后果的，处三年以上七年以下有期徒刑。

第二百九十一条之二　【高空抛物罪】从建筑物或者其他高空抛掷物品，情节严重的，处一年以下有期徒刑、拘役或者管制，并处或者单处罚金。

有前款行为，同时构成其他犯罪的，依照处罚较重的规定定罪处罚。

注释 构成高空抛物罪应当具备以下特征：

1. 行为人实施了从建筑物或者其他高空抛掷物品的行为。这里包含两层意思：

(1)物品必须是从建筑物或者其他高空抛掷，如果不是从建筑物或者其他高空抛掷的，不构成本罪。这里所说的“建筑物”，是指人工建筑而成的东西，既包括居住建筑、公共建筑，也包括构筑物。其中居住建筑，是指供人们居住使用的建筑；公共建筑，是指供人们购物、办公、学习、医院、娱乐、体育活动等使用的建筑，如商店、办公楼、影剧院、体育馆、医院等；构筑物，是指不具备、不包含或不提供人类居住功能的人工建筑，如桥梁、堤坝、隧道、水塔、电塔、纪念碑、围墙、水泥杆等。“其他高空”，是指距离地面有一定高度的空间，如飞机、热气球、脚手架、井架、施工电梯、吊装机械等。

(2)行为人必须实施了抛掷物品的行为。这里所说的“抛掷物品”，是指向外投、扔、丢弃物品的行为。如果行为人没有实施抛掷物品的行为，物品是由于刮风、下雨等原因，从建筑物或高空中坠落的，即使该物品是行为人的，也不构成本罪，如果给受害人造成损害的，可以依照民法典的有关规定处理。

2. 必须是情节严重的，这是给该罪设定的入罪门槛，只有情节严重的才能构成本罪，情节一般，危害不大的，不宜作为犯罪，符合违反治安管理处罚法规定的，应当依法予以治安处罚；需要承担民事责任的，应当依照民法典的有关规定处理。

链接《刑法》第 114、115、232—234、235 条；《民法典》第 1254 条；《最高人民法院关于依法妥善审理高空抛物、坠物案件的意见》

第二百九十二条　【聚众斗殴罪】聚众斗殴的，对首要分子和其他积极参加的，处三年以下有期徒刑、拘役或者管制；有下列情形之一的，对首要分子和其他积极参加的，处三年以上十年以下有期徒刑：

(一)多次聚众斗殴的；

(二)聚众斗殴人数多，规模大，社会影响恶劣的；

(三)在公共场所或者交通要道聚众斗殴，造成社会秩序严重混乱的；

(四)持械聚众斗殴的。

聚众斗殴，致人重伤、死亡的，依照本法第二百三十四条、第二百三十二条的规定定罪处罚。

注释“多次聚众斗殴”，一般是指聚众斗殴三次或者三次以上的。“聚众斗殴人数多，规模大，社会影响恶劣”，主要是指流氓团伙大规模打群架，在群众中造成很坏的影响。“在公共场所或者交通要道聚众斗殴，造成社会秩序严重混乱”，是指在人群聚集的场所中或者车辆、行人频繁通行的道路上聚众斗殴，造成公共场所秩序和交通秩序严重混乱，如在车站、码头、影剧院、学校、厂矿企业、居民小区等公共场所，或者在地铁、公共交通车辆上进行斗殴的等。“持械聚众斗殴”，主要是指参加聚众斗殴的人员使用棍棒、刀具以及各种枪支武器进行斗殴，这种斗殴不仅对受害人和周围群众的心理造成一种恐怖感，而且对社会公共秩序造成严重威胁。这里所说的“持械”，是指非法携带器械，器械既包括枪支等武器，也包括匕首、三棱刮刀、弹簧刀等足以致人伤亡的刀具，还包括斧头、锄头、棍棒等足以致人伤亡的器具。

第二百九十三条　【寻衅滋事罪】有下列寻衅滋事行为之一，破坏社会秩序的，处五年以下有期徒刑、拘役或者管制：

（一）随意殴打他人，情节恶劣的；

（二）追逐、拦截、辱骂、恐吓他人，情节恶劣的；

（三）强拿硬要或者任意损毁、占用公私财物，情节严重的；

（四）在公共场所起哄闹事，造成公共场所秩序严重混乱的。

纠集他人多次实施前款行为，严重破坏社会秩序的，处五年以上十年以下有期徒刑，可以并处罚金。

注释“寻衅滋事”，是指在公共场所无事生非，起哄捣乱，无理取闹，殴打伤害无辜，肆意挑衅，横行霸道，破坏社会秩序的行为。寻衅滋事包括以下四种具体破坏社会秩序的行为：

第一，随意殴打他人，情节恶劣的。“随意殴打他人”，是指出于耍威风、取乐等目的，无故、无理殴打相识或者素不相识的人。这里的“情节恶劣的”，是指随意殴打他人手段残忍的；多次随意殴打他人的；等等。

第二，追逐、拦截、辱骂、恐吓他人，情节恶劣的。“追逐、拦截、辱骂、恐吓他人”，是指出于取乐、耍威风寻求精神刺激等目的，无故、无理追赶、拦挡、侮辱、谩骂他人。“恐吓”是指以威胁的语言、行为吓唬他人，如使用统一标记、身着统一服装、摆阵势等方式威震他人，使他人恐慌或屈从。这里的“情节恶劣的”，主要是指经常追逐、拦截、辱骂、恐吓他人的；造成恶劣影响或者激起民愤的；造成其他后果的；等等。

第三，强拿硬要或者任意损毁、占用公私财物，情节严重的。“强拿硬要或者任意损毁、占用公私财物”，是指以蛮不讲理的手段，强行拿走、强行索要市场、商店的商品以及他人的财物，或者随心所欲损坏、毁灭、占用公私财物。这里的“情节严重的”，是指强拿硬要或者任意损毁、占用的公私财物数量大的；造成恶劣影响的；多次强拿硬要或者任意损毁、占用公私财物的；公私财物受到严重损失的；等等。

第四，在公共场所起哄闹事，造成公共场所秩序严重混乱的。根据《最高人民法院、最高人民检察院关于办理寻衅滋事刑事案件适用法律若干问题的解释》第五条的规定，在车站、码头、机场、医院、商场、公园、影剧院、展览会、运动场或者其他公共场所起哄闹事，应当根据公共场所的性质、公共活动的重要程度、公共场所的人数、起哄闹事的时间、公共场所受影响的范围与程度等因素，综合判断是否“造成公共场所秩序严重混乱”。

第二百九十三条之一　【催收非法债务罪】有下列情形之一，催收高利放贷等产生的非法债务，情节严重的，处三年以下有期徒刑、拘役或者管制，并处或者单处罚金：

（一）使用暴力、胁迫方法的；

（二）限制他人人身自由或者侵入他人住宅的；

（三）恐吓、跟踪、骚扰他人的。

第二百九十四条　【组织、领导、参加黑社会性质组织罪】组织、领导黑社会性质的组织的，处七年以上有期徒刑，并处没收财产；积极参加的，处三年以上七年以下有期徒刑，可以并处罚金或者没收财产；其他参加的，处三年以下有期徒刑、拘役、管制或者剥夺政治权利，可以并处罚金。

【入境发展黑社会组织罪】境外的黑社会组织的人员到中华人民共和国境内发展组织成员的，处三年以上十年以下有期徒刑。

【包庇、纵容黑社会性质组织罪】国家机关工作人员包庇黑社会性质的组织，或者纵容黑社会性质的组织进行违法犯罪活动的，处五年以下有期徒刑；情节严重的，处五年以上有期徒刑。

犯前三款罪又有其他犯罪行为的，依照数罪并罚的规定处罚。

黑社会性质的组织应当同时具备以下特征：

（一）形成较稳定的犯罪组织，人数较多，有明确的组织者、领导者，骨干成员基本固定；

（二）有组织地通过违法犯罪活动或者其他手段获取经济利益，具有一定的经济实力，以支持该组织的活动；

（三）以暴力、威胁或者其他手段，有组织地多次进行违法犯罪活动，为非作恶，欺压、残害群众；

（四）通过实施违法犯罪活动，或者利用国家工作人员的包庇或者纵容，称霸一方，在一定区域或者行业内，形成非法控制或者重大影响，严重破坏经济、社会生活秩序。

第二百九十五条 【传授犯罪方法罪】传授犯罪方法的，处五年以下有期徒刑、拘役或者管制；情节严重的，处五年以上十年以下有期徒刑；情节特别严重的，处十年以上有期徒刑或者无期徒刑。

第二百九十六条 【非法集会、游行、示威罪】举行集会、游行、示威，未依照法律规定申请或者申请未获许可，或者未按照主管机关许可的起止时间、地点、路线进行，又拒不服从解散命令，严重破坏社会秩序的，对集会、游行、示威的负责人和直接责任人员，处五年以下有期徒刑、拘役、管制或者剥夺政治权利。

第二百九十七条 【非法携带武器、管制刀具、爆炸物参加集会、游行、示威罪】违反法律规定，携带武器、管制刀具或者爆炸物参加集会、游行、示威的，处三年以下有期徒刑、拘役、管制或者剥夺政治权利。

第二百九十八条 【破坏集会、游行、示威罪】扰乱、冲击或者以其他方法破坏依法举行的集会、游行、示威，造成公共秩序混乱的，处五年以下有期徒刑、拘役、管制或者剥夺政治权利。

第二百九十九条 【侮辱国旗、国徽、国歌罪】在公共场合，故意以焚烧、毁损、涂划、玷污、践踏等方式侮辱中华人民共和国国旗、国徽的，处三年以下有期徒刑、拘役、管制或者剥夺政治权利。

在公共场合，故意篡改中华人民共和国国歌歌词、曲谱，以歪曲、贬损方式奏唱国歌，或者以其他方式侮辱国歌，情节严重的，依照前款的规定处罚。

第二百九十九条之一 【侵害英雄烈士名誉、荣誉罪】侮辱、诽谤或者以其他方式侵害英雄烈士的名誉、荣誉，损害社会公共利益，情节严重的，处三年以下有期徒刑、拘役、管制或者剥夺政治权利。

第三百条 【组织、利用会道门、邪教组织、利用迷信破坏法律实施罪】组织、利用会道门、邪教组织或者利用迷信破坏国家法律、行政法规实施的，处三年以上七年以下有期徒刑，并处罚金；情节特别严重的，处七年以上有期徒刑或者无期徒刑，并处罚金或者没收财产；情节较轻的，处三年以下有期徒刑、拘役、管制或者剥夺政治权利，并处或者单处罚金。

【组织、利用会道门、邪教组织、利用迷信致人重伤、死亡罪】组织、利用会道门、邪教组织或者利用迷信蒙骗他人，致人重伤、死亡的，依照前款的规定处罚。

犯第一款罪又有奸淫妇女、诈骗财物等犯罪行为的，依照数罪并罚的规定处罚。

第三百零一条 【聚众淫乱罪】聚众进行淫乱活动的，对首要分子或者多次参加的，处五年以下有期徒刑、拘役或者管制。

【引诱未成年人聚众淫乱罪】引诱未成年人参加聚众淫乱活动的，依照前款的规定从重处罚。

第三百零二条 【盗窃、侮辱、故意毁坏尸体、尸骨、骨灰罪】盗窃、侮辱、故意毁坏尸体、尸骨、骨灰的，处三年以下有期徒刑、拘役或者管制。

第三百零三条 【赌博罪】以营利为目的，聚众赌博或者以赌博为业的，处三年以下有期徒刑、拘役或者管制，并处罚金。

【开设赌场罪】开设赌场的，处五年以下有期徒刑、拘役或者管制，并处罚金；情节严重的，处五年以上十年以下有期徒刑，并处罚金。

【组织参与国（境）外赌博罪】组织中华人民共和国公民参与国（境）外赌博，数额巨大或者有其他严重情节的，依照前款的规定处罚。

实务问答 1. 如何区分期权交易与赌博行为

以“二元期权”交易的名义，在法定期货交易场所之外利用互联网招揽“投资者”，以未来某段时间外汇品种的价格走势为交易对象，按照“买涨”“买跌”确定盈亏，买对涨跌方向的“投资者”得利，买错的本金归网站（庄家）所有，盈亏结果不与价格实际涨跌幅度挂钩的，本质是“押大小、赌输赢”，是披着期权交易外衣的赌博行为。对相关网站应当认定为赌博网站。（2020年12月29日最高人民法院指导案例146号：陈庆豪、陈淑娟、赵延海开设赌场案）

2. 控制管理微信群哪些情形下可被认定为本条第二款规定的“开设赌场”

以营利为目的，通过邀请人员加入微信群，利用微信群进行控制管理，以抢红包方式进行赌博，在一段时间内持续组织赌博活动的行为，属于《刑法》第三百零三条第二款规定的“开设赌场”。(2018 年 12 月 25 日最高人民法院指导案例 106 号：谢检军、高垒、高尔樵、杨泽彬开设赌场案)

被告人洪小强、洪礼沃、洪清泉、李志荣以营利为目的，通过邀请人员加入微信群的方式招揽赌客，根据竞猜游戏网站的开奖结果，以押大小、单双等方式进行赌博，并利用微信群进行控制管理，在一段时间内持续组织网络赌博活动的行为，属于《刑法》第三百零三条第二款规定的“开设赌场”。(2018 年 12 月 25 日最高人民法院：指导案例 105 号：洪小强、洪礼沃、洪清泉、李志荣开设赌场案)

第三百零四条 【故意延误投递邮件罪】邮政工作人员严重不负责任，故意延误投递邮件，致使公共财产、国家和人民利益遭受重大损失的，处二年以下有期徒刑或者拘役。

第二节 妨害司法罪

第三百零五条 【伪证罪】在刑事诉讼中，证人、鉴定人、记录人、翻译人对与案件有重要关系的情节，故意作虚假证明、鉴定、记录、翻译，意图陷害他人或者隐匿罪证的，处三年以下有期徒刑或者拘役；情节严重的，处三年以上七年以下有期徒刑。

链接《刑事诉讼法》第 9、121、146、162 条

第三百零六条 【辩护人、诉讼代理人毁灭证据、伪造证据、妨害作证罪】在刑事诉讼中，辩护人、诉讼代理人毁灭、伪造证据，帮助当事人毁灭、伪造证据，威胁、引诱证人违背事实改变证言或者作伪证的，处三年以下有期徒刑或者拘役；情节严重的，处三年以上七年以下有期徒刑。

辩护人、诉讼代理人提供、出示、引用的证人证言或者其他证据失实，不是有意伪造的，不属于伪造证据。

第三百零七条 【妨害作证罪】以暴力、威胁、贿买等方法阻止证人作证或者指使他人作伪证的，处三年以下有期徒刑或者拘役；情节严重的，处三年以上七年以下有期徒刑。

【帮助毁灭、伪造证据罪】帮助当事人毁灭、伪造证据，情节严重的，处三年以下有期徒刑或者拘役。

司法工作人员犯前两款罪的，从重处罚。

注释“以暴力、威胁、贿买等方法阻止证人作证”，是指采用暴力伤害，以暴力或者其他手段相威胁，用金钱、物质利益行贿以及其他方法不让证人为案件提供证明。“指使他人作伪证”，是指以暴力、威胁、贿买或者其他方法让他人为案件提供与事实不符的虚假证明。这里的“证人”“他人”不限于狭义的证人，还可包括被害人、鉴定人、翻译人。本条的规定未限于刑事诉讼，也就是说本条的规定适用于刑事、民事、行政等一切诉讼当中。

“帮助当事人毁灭、伪造证据”，是指与当事人共谋，或者受当事人指使为当事人毁灭、伪造证据提供帮助的行为，如为贪污犯罪的嫌疑人销毁单据等。情节严重需要考虑诉讼活动性质、是否使无罪的人受到追究或者有罪的人逃避追究，是否在其他诉讼活动中给当事人合法利益造成重大损害等。

链接《民事诉讼法》第 113 条；《行政诉讼法》第 59 条；《刑事诉讼法》第 54、64 条

第三百零七条之一 【虚假诉讼罪】以捏造的事实提起民事诉讼，妨害司法秩序或者严重侵害他人合法权益的，处三年以下有期徒刑、拘役或者管制，并处或者单处罚金；情节严重的，处三年以上七年以下有期徒刑，并处罚金。

单位犯前款罪的，对单位判处罚金，并对其直接负责的主管人员和其他直接责任人员，依照前款的规定处罚。

有第一款行为，非法占有他人财产或者逃避合法债务，又构成其他犯罪的，依照处罚较重的规定定罪从重处罚。

司法工作人员利用职权，与他人共同实施前三款行为的，从重处罚；同时构成其他犯罪的，依照处罚较重的规定定罪从重处罚。

第三百零八条 【打击报复证人罪】对证人进行打击报复的，处三年以下有期徒刑或者拘役；情节严重的，处三年以上七年以下有期徒刑。

链接《刑事诉讼法》第 63 条

第三百零八条之一 【泄露不应公开的案件信息罪】司法工作人员、辩护人、诉讼代理人或者其他诉讼参与人，泄露依法不公开审理的案件中不应当公开的信息，造成信息公开传播或者其他严重后果的，处三年以下有期徒刑、拘役或者管制，并处或者单处罚金。

有前款行为，泄露国家秘密的，依照本法第三

百九十八条的规定定罪处罚。

【披露、报道不应公开的案件信息罪】公开披露、报道第一款规定的案件信息，情节严重的，依照第一款的规定处罚。

单位犯前款罪的，对单位判处罚金，并对其直接负责的主管人员和其他直接责任人员，依照第一款的规定处罚。

第三百零九条　【扰乱法庭秩序罪】有下列扰乱法庭秩序情形之一的，处三年以下有期徒刑、拘役、管制或者罚金：

（一）聚众哄闹、冲击法庭的；

（二）殴打司法工作人员或者诉讼参与人的；

（三）侮辱、诽谤、威胁司法工作人员或者诉讼参与人，不听法庭制止，严重扰乱法庭秩序的；

（四）有毁坏法庭设施，抢夺、损毁诉讼文书、证据等扰乱法庭秩序行为，情节严重的。

第三百一十条　【窝藏、包庇罪】明知是犯罪的人而为其提供隐藏处所、财物，帮助其逃匿或者作假证明包庇的，处三年以下有期徒刑、拘役或者管制；情节严重的，处三年以上十年以下有期徒刑。

犯前款罪，事前通谋的，以共同犯罪论处。

注释　“明知是犯罪的人”是本罪构成的主观要件。“明知是犯罪的人”，是指行为人已知道被包庇的人犯有罪行。本条规定了帮助犯罪人逃避法律追究的两种行为：(1)为犯罪人提供隐藏处所、财物，帮助其逃匿。这是指将自己的住处、管理的房屋提供给犯罪人或者给予犯罪人钱、物，包括食品、衣被等，帮助犯罪人隐藏或者逃跑，逃避法律追究。(2)作假证明包庇犯罪的人。这是指向司法机关提供假的证明来帮助犯罪分子逃避法律追究。如作假证明表示犯罪人不在犯罪现场等。上述两种犯罪行为，只要实施了行为之一，就构成本条规定的犯罪。

“事先通谋”，是指行为人与犯罪的人在其犯罪前已共同策划好，实施犯罪后由其帮助逃匿或作假证明帮助其逃避法律追究。对于事先通谋犯本条规定之罪的，以共犯论处。如某人与他人合谋盗窃，事先商定如案发由其提供隐藏处所，而在犯罪后实施窝藏行为的，应以盗窃罪的共犯处理。

第三百一十一条　【拒绝提供间谍犯罪、恐怖主义犯罪、极端主义犯罪证据罪】明知他人有间谍犯罪或者恐怖主义、极端主义犯罪行为，在司法机关向其调查有关情况、收集有关证据时，拒绝提供，情节严重的，处三年以下有期徒刑、拘役或者管制。

第三百一十二条　【掩饰、隐瞒犯罪所得、犯罪所得收益罪】明知是犯罪所得及其产生的收益而予以窝藏、转移、收购、代为销售或者以其他方法掩饰、隐瞒的，处三年以下有期徒刑、拘役或者管制，并处或者单处罚金；情节严重的，处三年以上七年以下有期徒刑，并处罚金。

单位犯前款罪的，对单位判处罚金，并对其直接负责的主管人员和其他直接责任人员，依照前款的规定处罚。

第三百一十三条　【拒不执行判决、裁定罪】对人民法院的判决、裁定有能力执行而拒不执行，情节严重的，处三年以下有期徒刑、拘役或者罚金；情节特别严重的，处三年以上七年以下有期徒刑，并处罚金。

单位犯前款罪的，对单位判处罚金，并对其直接负责的主管人员和其他直接责任人员，依照前款的规定处罚。

第三百一十四条　【非法处置查封、扣押、冻结的财产罪】隐藏、转移、变卖、故意毁损已被司法机关查封、扣押、冻结的财产，情节严重的，处三年以下有期徒刑、拘役或者罚金。

第三百一十五条　【破坏监管秩序罪】依法被关押的罪犯，有下列破坏监管秩序行为之一，情节严重的，处三年以下有期徒刑：

（一）殴打监管人员的；

（二）组织其他被监管人破坏监管秩序的；

（三）聚众闹事，扰乱正常监管秩序的；

（四）殴打、体罚或者指使他人殴打、体罚其他被监管人的。

第三百一十六条　【脱逃罪】依法被关押的罪犯、被告人、犯罪嫌疑人脱逃的，处五年以下有期徒刑或者拘役。

【劫夺被押解人员罪】劫夺押解途中的罪犯、被告人、犯罪嫌疑人的，处三年以上七年以下有期徒刑；情节严重的，处七年以上有期徒刑。

第三百一十七条　【组织越狱罪】组织越狱的首要分子和积极参加的，处五年以上有期徒刑；其他参加的，处五年以下有期徒刑或者拘役。

【暴动越狱罪】【聚众持械劫狱罪】暴动越狱或者聚众持械劫狱的首要分子和积极参加的，处十年以上有期徒刑或者无期徒刑；情节特别严重的，处死刑；其他参加的，处三年以上十年以下有期徒刑。

第三节 妨害国(边)境管理罪

第三百一十八条 【组织他人偷越国(边)境罪】组织他人偷越国(边)境的，处二年以上七年以下有期徒刑，并处罚金；有下列情形之一的，处七年以上有期徒刑或者无期徒刑，并处罚金或者没收财产：

(一)组织他人偷越国(边)境集团的首要分子；

(二)多次组织他人偷越国(边)境或者组织他人偷越国(边)境人数众多的；

(三)造成被组织人重伤、死亡的；

(四)剥夺或者限制被组织人人身自由的；

(五)以暴力、威胁方法抗拒检查的；

(六)违法所得数额巨大的；

(七)有其他特别严重情节的。

犯前款罪，对被组织人有杀害、伤害、强奸、拐卖等犯罪行为，或者对检查人员有杀害、伤害等犯罪行为的，依照数罪并罚的规定处罚。

第三百一十九条 【骗取出境证件罪】以劳务输出、经贸往来或者其他名义，弄虚作假，骗取护照、签证等出境证件，为组织他人偷越国(边)境使用的，处三年以下有期徒刑，并处罚金；情节严重的，处三年以上十年以下有期徒刑，并处罚金。

单位犯前款罪的，对单位判处罚金，并对其直接负责的主管人员和其他直接责任人员，依照前款的规定处罚。

第三百二十条 【提供伪造、变造的出入境证件罪】【出售出入境证件罪】为他人提供伪造、变造的护照、签证等出入境证件，或者出售护照、签证等出入境证件的，处五年以下有期徒刑，并处罚金；情节严重的，处五年以上有期徒刑，并处罚金。

第三百二十一条 【运送他人偷越国(边)境罪】运送他人偷越国(边)境的，处五年以下有期徒刑、拘役或者管制，并处罚金；有下列情形之一的，处五年以上十年以下有期徒刑，并处罚金：

(一)多次实施运送行为或者运送人数众多的；

(二)所使用的船只、车辆等交通工具不具备必要的安全条件，足以造成严重后果的；

(三)违法所得数额巨大的；

(四)有其他特别严重情节的。

在运送他人偷越国(边)境中造成被运送人重伤、死亡，或者以暴力、威胁方法抗拒检查的，处七年以上有期徒刑，并处罚金。

犯前两款罪，对被运送人有杀害、伤害、强奸、拐卖等犯罪行为，或者对检查人员有杀害、伤害等犯罪行为的，依照数罪并罚的规定处罚。

第三百二十二条 【偷越国(边)境罪】违反国(边)境管理法规，偷越国(边)境，情节严重的，处一年以下有期徒刑、拘役或者管制，并处罚金；为参加恐怖活动组织、接受恐怖活动培训或者实施恐怖活动，偷越国(边)境的，处一年以上三年以下有期徒刑，并处罚金。

第三百二十三条 【破坏界碑、界桩罪】【破坏永久性测量标志罪】故意破坏国家边境的界碑、界桩或者永久性测量标志的，处三年以下有期徒刑或者拘役。

第四节 妨害文物管理罪

第三百二十四条 【故意损毁文物罪】故意损毁国家保护的珍贵文物或者被确定为全国重点文物保护单位、省级文物保护单位的文物的，处三年以下有期徒刑或者拘役，并处或者单处罚金；情节严重的，处三年以上十年以下有期徒刑，并处罚金。

【故意损毁名胜古迹罪】故意损毁国家保护的名胜古迹，情节严重的，处五年以下有期徒刑或者拘役，并处或者单处罚金。

【过失损毁文物罪】过失损毁国家保护的珍贵文物或者被确定为全国重点文物保护单位、省级文物保护单位的文物，造成严重后果的，处三年以下有期徒刑或者拘役。

实务问答 风景名胜区的核心景区是否属于本条第二款规定的“国家保护的名胜古迹”

风景名胜区的核心景区属于《刑法》第三百二十四条第二款规定的“国家保护的名胜古迹”。对核心景区内的世界自然遗产实施打岩钉等破坏活动，严重破坏自然遗产的自然性、原始性、完整性和稳定性的，综合考虑有关地质遗迹的特点、损坏程度等，可以认定为故意损毁国家保护的名胜古迹“情节严重”。(2020年12月29日最高人民法院指导案例147号：张永明、毛伟明、张鹭故意损毁名胜古迹案)

第三百二十五条 【非法向外国人出售、赠送珍贵文物罪】违反文物保护法规，将收藏的国家禁止出口的珍贵文物私自出售或者私自赠送给外国人的，处五年以下有期徒刑或者拘役，可以并处罚金。

单位犯前款罪的，对单位判处罚金，并对其直接负责的主管人员和其他直接责任人员，依照前款的规定处罚。

第三百二十六条 【倒卖文物罪】以牟利为目的，倒卖国家禁止经营的文物，情节严重的，处五年以下有期徒刑或者拘役，并处罚金；情节特别严重的，处五年以上十年以下有期徒刑，并处罚金。

单位犯前款罪的，对单位判处罚金，并对其直接负责的主管人员和其他直接责任人员，依照前款的规定处罚。

第三百二十七条 【非法出售、私赠文物藏品罪】违反文物保护法规，国有博物馆、图书馆等单位将国家保护的文物藏品出售或者私自送给非国有单位或者个人的，对单位判处罚金，并对其直接负责的主管人员和其他直接责任人员，处三年以下有期徒刑或者拘役。

第三百二十八条 【盗掘古文化遗址、古墓葬罪】盗掘具有历史、艺术、科学价值的古文化遗址、古墓葬的，处三年以上十年以下有期徒刑，并处罚金；情节较轻的，处三年以下有期徒刑、拘役或者管制，并处罚金；有下列情形之一的，处十年以上有期徒刑或者无期徒刑，并处罚金或者没收财产：

（一）盗掘确定为全国重点文物保护单位和省级文物保护单位的古文化遗址、古墓葬的；

（二）盗掘古文化遗址、古墓葬集团的首要分子；

（三）多次盗掘古文化遗址、古墓葬的；

（四）盗掘古文化遗址、古墓葬，并盗窃珍贵文物或者造成珍贵文物严重破坏的。

【盗掘古人类化石、古脊椎动物化石罪】盗掘国家保护的具有科学价值的古人类化石和古脊椎动物化石的，依照前款的规定处罚。

第三百二十九条 【抢夺、窃取国有档案罪】抢夺、窃取国家所有的档案的，处五年以下有期徒刑或者拘役。

【擅自出卖、转让国有档案罪】违反档案法的规定，擅自出卖、转让国家所有的档案，情节严重的，处三年以下有期徒刑或者拘役。

有前两款行为，同时又构成本法规定的其他犯罪的，依照处罚较重的规定定罪处罚。

第五节 危害公共卫生罪

第三百三十条 【妨害传染病防治罪】违反传染病防治法的规定，有下列情形之一，引起甲类传染病以及依法确定采取甲类传染病预防、控制措施的传染病传播或者有传播严重危险的，处三年以下有期徒刑或者拘役；后果特别严重的，处三年以上七年以下有期徒刑：

（一）供水单位供应的饮用水不符合国家规定的卫生标准的；

（二）拒绝按照疾病预防控制机构提出的卫生要求，对传染病病原体污染的污水、污物、场所和物品进行消毒处理的；

（三）准许或者纵容传染病病人、病原携带者和疑似传染病病人从事国务院卫生行政部门规定禁止从事的易使该传染病扩散的工作的；

（四）出售、运输疫区中被传染病病原体污染或者可能被传染病病原体污染的物品，未进行消毒处理的；

（五）拒绝执行县级以上人民政府、疾病预防控制机构依照传染病防治法提出的预防、控制措施的。

单位犯前款罪的，对单位判处罚金，并对其直接负责的主管人员和其他直接责任人员，依照前款的规定处罚。

甲类传染病的范围，依照《中华人民共和国传染病防治法》和国务院有关规定确定。

第三百三十一条 【传染病菌种、毒种扩散罪】从事实验、保藏、携带、运输传染病菌种、毒种的人员，违反国务院卫生行政部门的有关规定，造成传染病菌种、毒种扩散，后果严重的，处三年以下有期徒刑或者拘役；后果特别严重的，处三年以上七年以下有期徒刑。

第三百三十二条 【妨害国境卫生检疫罪】违反国境卫生检疫规定，引起检疫传染病传播或者有传播严重危险的，处三年以下有期徒刑或者拘役，并处或者单处罚金。

单位犯前款罪的，对单位判处罚金，并对其直接负责的主管人员和其他直接责任人员，依照前款的规定处罚。

第三百三十三条 【非法组织卖血罪】【强迫

卖血罪】非法组织他人出卖血液的，处五年以下有期徒刑，并处罚金；以暴力、威胁方法强迫他人出卖血液的，处五年以上十年以下有期徒刑，并处罚金。

有前款行为，对他人造成伤害的，依照本法第二百三十四条的规定定罪处罚。

链接《最高人民检察院、公安部关于公安机关管辖的刑事案件立案追诉标准的规定（一）》第52、53条

第三百三十四条 【非法采集、供应血液、制作、供应血液制品罪】非法采集、供应血液或者制作、供应血液制品，不符合国家规定的标准，足以危害人体健康的，处五年以下有期徒刑或者拘役，并处罚金；对人体健康造成严重危害的，处五年以上十年以下有期徒刑，并处罚金；造成特别严重后果的，处十年以上有期徒刑或者无期徒刑，并处罚金或者没收财产。

【采集、供应血液、制作、供应血液制品事故罪】经国家主管部门批准采集、供应血液或者制作、供应血液制品的部门，不依照规定进行检测或者违背其他操作规定，造成危害他人身体健康后果的，对单位判处罚金，并对其直接负责的主管人员和其他直接责任人员，处五年以下有期徒刑或者拘役。

第三百三十四条之一 【非法采集人类遗传资源、走私人类遗传资源材料罪】违反国家有关规定，非法采集我国人类遗传资源或者非法运送、邮寄、携带我国人类遗传资源材料出境，危害公众健康或者社会公共利益，情节严重的，处三年以下有期徒刑、拘役或者管制，并处或者单处罚金；情节特别严重的，处三年以上七年以下有期徒刑，并处罚金。

第三百三十五条 【医疗事故罪】医务人员由于严重不负责任，造成就诊人死亡或者严重损害就诊人身体健康的，处三年以下有期徒刑或者拘役。

第三百三十六条 【非法行医罪】未取得医生执业资格的人非法行医，情节严重的，处三年以下有期徒刑、拘役或者管制，并处或者单处罚金；严重损害就诊人身体健康的，处三年以上十年以下有期徒刑，并处罚金；造成就诊人死亡的，处十年以上有期徒刑，并处罚金。

【非法进行节育手术罪】未取得医生执业资格的人擅自为他人进行节育复通手术、假节育手术、终止妊娠手术或者摘取宫内节育器，情节严重的，处三年以下有期徒刑、拘役或者管制，并处或者单处罚金；严重损害就诊人身体健康的，处三年以上十年以下有期徒刑，并处罚金；造成就诊人死亡的，处十年以上有期徒刑，并处罚金。

第三百三十六条之一 【非法植入基因编辑、克隆胚胎罪】将基因编辑、克隆的人类胚胎植入人体或者动物体内，或者将基因编辑、克隆的动物胚胎植入人体内，情节严重的，处三年以下有期徒刑或者拘役，并处罚金；情节特别严重的，处三年以上七年以下有期徒刑，并处罚金。

第三百三十七条 【妨害动植物防疫、检疫罪】违反有关动植物防疫、检疫的国家规定，引起重大动植物疫情的，或者有引起重大动植物疫情危险，情节严重的，处三年以下有期徒刑或者拘役，并处或者单处罚金。

单位犯前款罪的，对单位判处罚金，并对其直接负责的主管人员和其他直接责任人员，依照前款的规定处罚。

第六节 破坏环境资源保护罪

第三百三十八条 【污染环境罪】违反国家规定，排放、倾倒或者处置有放射性的废物、含传染病病原体的废物、有毒物质或者其他有害物质，严重污染环境的，处三年以下有期徒刑或者拘役，并处或者单处罚金；情节严重的，处三年以上七年以下有期徒刑，并处罚金；有下列情形之一的，处七年以上有期徒刑，并处罚金：

（一）在饮用水水源保护区、自然保护地核心保护区等依法确定的重点保护区域排放、倾倒、处置有放射性的废物、含传染病病原体的废物、有毒物质，情节特别严重的；

（二）向国家确定的重要江河、湖泊水域排放、倾倒、处置有放射性的废物、含传染病病原体的废物、有毒物质，情节特别严重的；

（三）致使大量永久基本农田基本功能丧失或者遭受永久性破坏的；

（四）致使多人重伤、严重疾病，或者致人严重残疾、死亡的。

有前款行为，同时构成其他犯罪的，依照处罚较重的规定定罪处罚。

实务问答 如何认定污染环境罪的“有毒物质”

根据《最高人民法院、最高人民检察院关于办

理环境污染刑事案件适用法律若干问题的解释》第十五条的规定，下列物质应当认定为《刑法》第三百三十八条规定的“有毒物质”：（一）危险废物，是指列入国家危险废物名录，或者根据国家规定的危险废物鉴别标准和鉴别方法认定的，具有危险特性的废物；（二）《关于持久性有机污染物的斯德哥尔摩公约》附件所列物质；（三）含重金属的污染物；（四）其他具有毒性，可能污染环境的物质。

第三百三十九条 【非法处置进口的固体废物罪】违反国家规定，将境外的固体废物进境倾倒、堆放、处置的，处五年以下有期徒刑或者拘役，并处罚金；造成重大环境污染事故，致使公私财产遭受重大损失或者严重危害人体健康的，处五年以上十年以下有期徒刑，并处罚金；后果特别严重的，处十年以上有期徒刑，并处罚金。

【擅自进口固体废物罪】未经国务院有关主管部门许可，擅自进口固体废物用作原料，造成重大环境污染事故，致使公私财产遭受重大损失或者严重危害人体健康的，处五年以下有期徒刑或者拘役，并处罚金；后果特别严重的，处五年以上十年以下有期徒刑，并处罚金。

以原料利用为名，进口不能用作原料的固体废物、液态废物和气态废物的，依照本法第一百五十二条第二款、第三款的规定定罪处罚。

第三百四十条 【非法捕捞水产品罪】违反保护水产资源法规，在禁渔区、禁渔期或者使用禁用的工具、方法捕捞水产品，情节严重的，处三年以下有期徒刑、拘役、管制或者罚金。

第三百四十一条 【危害珍贵、濒危野生动物罪】非法猎捕、杀害国家重点保护的珍贵、濒危野生动物的，或者非法收购、运输、出售国家重点保护的珍贵、濒危野生动物及其制品的，处五年以下有期徒刑或者拘役，并处罚金；情节严重的，处五年以上十年以下有期徒刑，并处罚金；情节特别严重的，处十年以上有期徒刑，并处罚金或者没收财产。

【非法狩猎罪】违反狩猎法规，在禁猎区、禁猎期或者使用禁用的工具、方法进行狩猎，破坏野生动物资源，情节严重的，处三年以下有期徒刑、拘役、管制或者罚金。

【非法猎捕、收购、运输、出售陆生野生动物罪】违反野生动物保护管理法规，以食用为目的非法猎捕、收购、运输、出售第一款规定以外的在野外环境自然生长繁殖的陆生野生动物，情节严重的，依照前款的规定处罚。

第三百四十二条 【非法占用农用地罪】违反土地管理法规，非法占用耕地、林地等农用地，改变被占用土地用途，数量较大，造成耕地、林地等农用地大量毁坏的，处五年以下有期徒刑或者拘役，并处或者单处罚金。

第三百四十二条之一 【破坏自然保护地罪】违反自然保护地管理法规，在国家公园、国家级自然保护区进行开垦、开发活动或者修建建筑物，造成严重后果或者有其他恶劣情节的，处五年以下有期徒刑或者拘役，并处或者单处罚金。

有前款行为，同时构成其他犯罪的，依照处罚较重的规定定罪处罚。

第三百四十三条 【非法采矿罪】违反矿产资源法的规定，未取得采矿许可证擅自采矿，擅自进入国家规划矿区、对国民经济具有重要价值的矿区和他人矿区范围采矿，或者擅自开采国家规定实行保护性开采的特定矿种，情节严重的，处三年以下有期徒刑、拘役或者管制，并处或者单处罚金；情节特别严重的，处三年以上七年以下有期徒刑，并处罚金。

【破坏性采矿罪】违反矿产资源法的规定，采取破坏性的开采方法开采矿产资源，造成矿产资源严重破坏的，处五年以下有期徒刑或者拘役，并处罚金。

第三百四十四条 【危害国家重点保护植物罪】违反国家规定，非法采伐、毁坏珍贵树木或者国家重点保护的其他植物的，或者非法收购、运输、加工、出售珍贵树木或者国家重点保护的其他植物及其制品的，处三年以下有期徒刑、拘役或者管制，并处罚金；情节严重的，处三年以上七年以下有期徒刑，并处罚金。

第三百四十四条之一 【非法引进、释放、丢弃外来入侵物种罪】违反国家规定，非法引进、释放或者丢弃外来入侵物种，情节严重的，处三年以下有期徒刑或者拘役，并处或者单处罚金。

第三百四十五条 【盗伐林木罪】盗伐森林或者其他林木，数量较大的，处三年以下有期徒刑、拘役或者管制，并处或者单处罚金；数量巨大的，处三年以上七年以下有期徒刑，并处罚金；数量特别巨大的，处七年以上有期徒刑，并处罚金。

【滥伐林木罪】违反森林法的规定，滥伐森林或者其他林木，数量较大的，处三年以下有期徒刑、拘役或者管制，并处或者单处罚金；数量巨大的，处三年以上七年以下有期徒刑，并处罚金。

【非法收购、运输盗伐、滥伐的林木罪】非法收购、运输明知是盗伐、滥伐的林木，情节严重的，处三年以下有期徒刑、拘役或者管制，并处或者单处罚金；情节特别严重的，处三年以上七年以下有期徒刑，并处罚金。

盗伐、滥伐国家级自然保护区内的森林或者其他林木的，从重处罚。

第三百四十六条　【单位犯破坏环境资源保护罪的处罚规定】单位犯本节第三百三十八条至第三百四十五条规定之罪的，对单位判处罚金，并对其直接负责的主管人员和其他直接责任人员，依照本节各该条的规定处罚。

第七节　走私、贩卖、运输、制造毒品罪

第三百四十七条　【走私、贩卖、运输、制造毒品罪】走私、贩卖、运输、制造毒品，无论数量多少，都应当追究刑事责任，予以刑事处罚。

走私、贩卖、运输、制造毒品，有下列情形之一的，处十五年有期徒刑、无期徒刑或者死刑，并处没收财产：

（一）走私、贩卖、运输、制造鸦片一千克以上、海洛因或者甲基苯丙胺五十克以上或者其他毒品数量大的；

（二）走私、贩卖、运输、制造毒品集团的首要分子；

（三）武装掩护走私、贩卖、运输、制造毒品的；

（四）以暴力抗拒检查、拘留、逮捕，情节严重的；

（五）参与有组织的国际贩毒活动的。

走私、贩卖、运输、制造鸦片二百克以上不满一千克、海洛因或者甲基苯丙胺十克以上不满五十克或者其他毒品数量较大的，处七年以上有期徒刑，并处罚金。

走私、贩卖、运输、制造鸦片不满二百克、海洛因或者甲基苯丙胺不满十克或者其他少量毒品的，处三年以下有期徒刑、拘役或者管制，并处罚金；情节严重的，处三年以上七年以下有期徒刑，并处罚金。

单位犯第二款、第三款、第四款罪的，对单位判处罚金，并对其直接负责的主管人员和其他直接责任人员，依照各该款的规定处罚。

利用、教唆未成年人走私、贩卖、运输、制造毒品，或者向未成年人出售毒品的，从重处罚。

对多次走私、贩卖、运输、制造毒品，未经处理的，毒品数量累计计算。

注释　本条第一款是关于走私、贩卖、运输、制造毒品，不论数量多少，都应予以刑事处罚的规定。只要有走私、贩卖、运输、制造毒品行为的，不论走私、贩卖、运输、制造毒品数量多少，一律构成犯罪，予以刑事处罚。根据该款的规定，对于走私、贩卖、运输、制造毒品数量较小的，不能适用《刑法》第十三条“情节显著轻微危害不大，不认为是犯罪”而不追究刑事责任。

第三百四十八条　【非法持有毒品罪】非法持有鸦片一千克以上、海洛因或者甲基苯丙胺五十克以上或者其他毒品数量大的，处七年以上有期徒刑或者无期徒刑，并处罚金；非法持有鸦片二百克以上不满一千克、海洛因或者甲基苯丙胺十克以上不满五十克或者其他毒品数量较大的，处三年以下有期徒刑、拘役或者管制，并处罚金；情节严重的，处三年以上七年以下有期徒刑，并处罚金。

注释　“非法持有毒品”是指除了依照国家有关规定生产、管理、运输、使用麻醉药品、精神药品的以外而持有毒品。本条没有规定死刑，处刑的毒品数量标准也相对高一些。

第三百四十九条　【包庇毒品犯罪分子罪】【窝藏、转移、隐瞒毒品、毒赃罪】包庇走私、贩卖、运输、制造毒品的犯罪分子的，为犯罪分子窝藏、转移、隐瞒毒品或者犯罪所得的财物的，处三年以下有期徒刑、拘役或者管制；情节严重的，处三年以上十年以下有期徒刑。

缉毒人员或者其他国家机关工作人员掩护、包庇走私、贩卖、运输、制造毒品的犯罪分子的，依照前款的规定从重处罚。

犯前两款罪，事先通谋的，以走私、贩卖、运输、制造毒品罪的共犯论处。

第三百五十条　【非法生产、买卖、运输制毒物品、走私制毒物品罪】违反国家规定，非法生产、买卖、运输醋酸酐、乙醚、三氯甲烷或者其他用于制造毒品的原料、配剂，或者携带上述物品进出境，情节较重的，处三年以下有期徒刑、拘役或者管制，并处罚金；情节严重的，处三年以上七年以下有期徒刑，并处罚金；情节特别严重的，处七年

以上有期徒刑，并处罚金或者没收财产。

明知他人制造毒品而为其生产、买卖、运输前款规定的物品的，以制造毒品罪的共犯论处。

单位犯前两款罪的，对单位判处罚金，并对其直接负责的主管人员和其他直接责任人员，依照前两款的规定处罚。

第三百五十一条 【非法种植毒品原植物罪】非法种植罂粟、大麻等毒品原植物的，一律强制铲除。有下列情形之一的，处五年以下有期徒刑、拘役或者管制，并处罚金：

（一）种植罂粟五百株以上不满三千株或者其他毒品原植物数量较大的；

（二）经公安机关处理后又种植的；

（三）抗拒铲除的。

非法种植罂粟三千株以上或者其他毒品原植物数量大的，处五年以上有期徒刑，并处罚金或者没收财产。

非法种植罂粟或者其他毒品原植物，在收获前自动铲除的，可以免除处罚。

第三百五十二条 【非法买卖、运输、携带、持有毒品原植物种子、幼苗罪】非法买卖、运输、携带、持有未经灭活的罂粟等毒品原植物种子或者幼苗，数量较大的，处三年以下有期徒刑、拘役或者管制，并处或者单处罚金。

链接《禁毒法》第59条；《最高人民法院关于审理毒品犯罪案件适用法律若干问题的解释》第10条

第三百五十三条 【引诱、教唆、欺骗他人吸毒罪】引诱、教唆、欺骗他人吸食、注射毒品的，处三年以下有期徒刑、拘役或者管制，并处罚金；情节严重的，处三年以上七年以下有期徒刑，并处罚金。

【强迫他人吸毒罪】强迫他人吸食、注射毒品的，处三年以上十年以下有期徒刑，并处罚金。

引诱、教唆、欺骗或者强迫未成年人吸食、注射毒品的，从重处罚。

第三百五十四条 【容留他人吸毒罪】容留他人吸食、注射毒品的，处三年以下有期徒刑、拘役或者管制，并处罚金。

注释 本条中规定的"容留他人吸食、注射毒品"是指提供场所，供他人吸食、注射毒品的行为。这里的"场所"，可以是自己的住所，也可以是其经管的场所，如酒吧等。其重点打击的应是以牟利为目的，为他人吸毒提供处所和集中为多人提供吸毒场所的行为。

链接《禁毒法》第61条；《最高人民法院关于审理毒品犯罪案件适用法律若干问题的解释》第12条

第三百五十五条 【非法提供麻醉药品、精神药品罪】依法从事生产、运输、管理、使用国家管制的麻醉药品、精神药品的人员，违反国家规定，向吸食、注射毒品的人提供国家规定管制的能够使人形成瘾癖的麻醉药品、精神药品的，处三年以下有期徒刑或者拘役，并处罚金；情节严重的，处三年以上七年以下有期徒刑，并处罚金。向走私、贩卖毒品的犯罪分子或者以牟利为目的，向吸食、注射毒品的人提供国家规定管制的能够使人形成瘾癖的麻醉药品、精神药品的，依照本法第三百四十七条的规定定罪处罚。

单位犯前款罪的，对单位判处罚金，并对其直接负责的主管人员和其他直接责任人员，依照前款的规定处罚。

第三百五十五条之一 【妨害兴奋剂管理罪】引诱、教唆、欺骗运动员使用兴奋剂参加国内、国际重大体育竞赛，或者明知运动员参加上述竞赛而向其提供兴奋剂，情节严重的，处三年以下有期徒刑或者拘役，并处罚金。

组织、强迫运动员使用兴奋剂参加国内、国际重大体育竞赛的，依照前款的规定从重处罚。

第三百五十六条 【毒品犯罪的再犯】因走私、贩卖、运输、制造、非法持有毒品罪被判过刑，又犯本节规定之罪的，从重处罚。

链接《全国法院毒品犯罪审判工作座谈会纪要》

第三百五十七条 【毒品犯罪及毒品数量的计算】本法所称的毒品，是指鸦片、海洛因、甲基苯丙胺（冰毒）、吗啡、大麻、可卡因以及国家规定管制的其他能够使人形成瘾癖的麻醉药品和精神药品。

毒品的数量以查证属实的走私、贩卖、运输、制造、非法持有毒品的数量计算，不以纯度折算。

第八节 组织、强迫、引诱、容留、介绍卖淫罪

第三百五十八条 【组织卖淫罪】【强迫卖淫罪】组织、强迫他人卖淫的，处五年以上十年以下有期徒刑，并处罚金；情节严重的，处十年以上有期徒刑或者无期徒刑，并处罚金或者没收财产。

组织、强迫未成年人卖淫的，依照前款的规定从重处罚。

犯前两款罪，并有杀害、伤害、强奸、绑架等犯

罪行为的,依照数罪并罚的规定处罚。

【协助组织卖淫罪】为组织卖淫的人招募、运送人员或者有其他协助组织他人卖淫行为的,处五年以下有期徒刑,并处罚金;情节严重的,处五年以上十年以下有期徒刑,并处罚金。

注释 这里所说的"组织",通常表现为以下两种形式:一是行为人设置卖淫场所,或者以发廊、旅店、饭店、按摩房、出租屋等为名设置变相卖淫场所,招募一些卖淫人员在此进行卖淫活动。二是行为人自己没有开设固定的场所,但组织、操纵他所控制的卖淫人员有组织地进行卖淫活动。

第三百五十九条 【引诱、容留、介绍卖淫罪】引诱、容留、介绍他人卖淫的,处五年以下有期徒刑、拘役或者管制,并处罚金;情节严重的,处五年以上有期徒刑,并处罚金。

【引诱幼女卖淫罪】引诱不满十四周岁的幼女卖淫的,处五年以上有期徒刑,并处罚金。

第三百六十条 【传播性病罪】明知自己患有梅毒、淋病等严重性病卖淫、嫖娼的,处五年以下有期徒刑、拘役或者管制,并处罚金。

第三百六十一条 【利用本单位条件犯罪的定罪及处罚规定】旅馆业、饮食服务业、文化娱乐业、出租汽车业等单位的人员,利用本单位的条件,组织、强迫、引诱、容留、介绍他人卖淫的,依照本法第三百五十八条、第三百五十九条的规定定罪处罚。

前款所列单位的主要负责人,犯前款罪的,从重处罚。

第三百六十二条 【为违法犯罪分子通风报信的定罪及处罚】旅馆业、饮食服务业、文化娱乐业、出租汽车业等单位的人员,在公安机关查处卖淫、嫖娼活动时,为违法犯罪分子通风报信,情节严重的,依照本法第三百一十条的规定定罪处罚。

第九节 制作、贩卖、传播淫秽物品罪

第三百六十三条 【制作、复制、出版、贩卖、传播淫秽物品牟利罪】以牟利为目的,制作、复制、出版、贩卖、传播淫秽物品的,处三年以下有期徒刑、拘役或者管制,并处罚金;情节严重的,处三年以上十年以下有期徒刑,并处罚金;情节特别严重的,处十年以上有期徒刑或者无期徒刑,并处罚金或者没收财产。

【为他人提供书号出版淫秽书刊罪】为他人提供书号,出版淫秽书刊的,处三年以下有期徒刑、拘役或者管制,并处或者单处罚金;明知他人用于出版淫秽书刊而提供书号的,依照前款的规定处罚。

第三百六十四条 【传播淫秽物品罪】传播淫秽的书刊、影片、音像、图片或者其他淫秽物品,情节严重的,处二年以下有期徒刑、拘役或者管制。

【组织播放淫秽音像制品罪】组织播放淫秽的电影、录像等音像制品的,处三年以下有期徒刑、拘役或者管制,并处罚金;情节严重的,处三年以上十年以下有期徒刑,并处罚金。

制作、复制淫秽的电影、录像等音像制品组织播放的,依照第二款的规定从重处罚。

向不满十八周岁的未成年人传播淫秽物品的,从重处罚。

第三百六十五条 【组织淫秽表演罪】组织进行淫秽表演的,处三年以下有期徒刑、拘役或者管制,并处罚金;情节严重的,处三年以上十年以下有期徒刑,并处罚金。

第三百六十六条 【单位实施有关淫秽物品犯罪的处罚】单位犯本节第三百六十三条、第三百六十四条、第三百六十五条规定之罪的,对单位判处罚金,并对其直接负责的主管人员和其他直接责任人员,依照各该条的规定处罚。

第三百六十七条 【淫秽物品的界定】本法所称淫秽物品,是指具体描绘性行为或者露骨宣扬色情的诲淫性的书刊、影片、录像带、录音带、图片及其他淫秽物品。

有关人体生理、医学知识的科学著作不是淫秽物品。

包含有色情内容的有艺术价值的文学、艺术作品不视为淫秽物品。

第七章 危害国防利益罪

第三百六十八条 【阻碍军人执行职务罪】以暴力、威胁方法阻碍军人依法执行职务的,处三年以下有期徒刑、拘役、管制或者罚金。

【阻碍军事行动罪】故意阻碍武装部队军事行动,造成严重后果的,处五年以下有期徒刑或者拘役。

第三百六十九条 【破坏武器装备、军事设施、军事通信罪】破坏武器装备、军事设施、军事通信的,处三年以下有期徒刑、拘役或者管制;破坏

重要武器装备、军事设施、军事通信的，处三年以上十年以下有期徒刑；情节特别严重的，处十年以上有期徒刑、无期徒刑或者死刑。

【过失损坏武器装备、军事设施、军事通信罪】过失犯前款罪，造成严重后果的，处三年以下有期徒刑或者拘役；造成特别严重后果的，处三年以上七年以下有期徒刑。

战时犯前两款罪的，从重处罚。

第三百七十条 【故意提供不合格武器装备、军事设施罪】明知是不合格的武器装备、军事设施而提供给武装部队的，处五年以下有期徒刑或者拘役；情节严重的，处五年以上十年以下有期徒刑；情节特别严重的，处十年以上有期徒刑、无期徒刑或者死刑。

【过失提供不合格武器装备、军事设施罪】过失犯前款罪，造成严重后果的，处三年以下有期徒刑或者拘役；造成特别严重后果的，处三年以上七年以下有期徒刑。

单位犯第一款罪的，对单位判处罚金，并对其直接负责的主管人员和其他直接责任人员，依照第一款的规定处罚。

第三百七十一条 【聚众冲击军事禁区罪】聚众冲击军事禁区，严重扰乱军事禁区秩序的，对首要分子，处五年以上十年以下有期徒刑；对其他积极参加的，处五年以下有期徒刑、拘役、管制或者剥夺政治权利。

【聚众扰乱军事管理区秩序罪】聚众扰乱军事管理区秩序，情节严重，致使军事管理区工作无法进行，造成严重损失的，对首要分子，处三年以上七年以下有期徒刑；对其他积极参加的，处三年以下有期徒刑、拘役、管制或者剥夺政治权利。

第三百七十二条 【冒充军人招摇撞骗罪】冒充军人招摇撞骗的，处三年以下有期徒刑、拘役、管制或者剥夺政治权利；情节严重的，处三年以上十年以下有期徒刑。

第三百七十三条 【煽动军人逃离部队罪】【雇用逃离部队军人罪】煽动军人逃离部队或者明知是逃离部队的军人而雇用，情节严重的，处三年以下有期徒刑、拘役或者管制。

第三百七十四条 【接送不合格兵员罪】在征兵工作中徇私舞弊，接送不合格兵员，情节严重的，处三年以下有期徒刑或者拘役；造成特别严重后果的，处三年以上七年以下有期徒刑。

第三百七十五条 【伪造、变造、买卖武装部队公文、证件、印章罪】【盗窃、抢夺武装部队公文、证件、印章罪】伪造、变造、买卖或者盗窃、抢夺武装部队公文、证件、印章的，处三年以下有期徒刑、拘役、管制或者剥夺政治权利；情节严重的，处三年以上十年以下有期徒刑。

【非法生产、买卖武装部队制式服装罪】非法生产、买卖武装部队制式服装，情节严重的，处三年以下有期徒刑、拘役或者管制，并处或者单处罚金。

【伪造、盗窃、买卖、非法提供、非法使用武装部队专用标志罪】伪造、盗窃、买卖或者非法提供、使用武装部队车辆号牌等专用标志，情节严重的，处三年以下有期徒刑、拘役或者管制，并处或者单处罚金；情节特别严重的，处三年以上七年以下有期徒刑，并处罚金。

单位犯第二款、第三款罪的，对单位判处罚金，并对其直接负责的主管人员和其他直接责任人员，依照各该款的规定处罚。

第三百七十六条 【战时拒绝、逃避征召、军事训练罪】预备役人员战时拒绝、逃避征召或者军事训练，情节严重的，处三年以下有期徒刑或者拘役。

【战时拒绝、逃避服役罪】公民战时拒绝、逃避服役，情节严重的，处二年以下有期徒刑或者拘役。

第三百七十七条 【战时故意提供虚假敌情罪】战时故意向武装部队提供虚假敌情，造成严重后果的，处三年以上十年以下有期徒刑；造成特别严重后果的，处十年以上有期徒刑或者无期徒刑。

第三百七十八条 【战时造谣扰乱军心罪】战时造谣惑众，扰乱军心的，处三年以下有期徒刑、拘役或者管制；情节严重的，处三年以上十年以下有期徒刑。

第三百七十九条 【战时窝藏逃离部队军人罪】战时明知是逃离部队的军人而为其提供隐蔽处所、财物，情节严重的，处三年以下有期徒刑或者拘役。

第三百八十条 【战时拒绝、故意延误军事订货罪】战时拒绝或者故意延误军事订货，情节严重的，对单位判处罚金，并对其直接负责的主管人员和其他直接责任人员，处五年以下有期徒刑或者拘役；造成严重后果的，处五年以上有期徒刑。

第三百八十一条 【战时拒绝军事征收、征用罪】战时拒绝军事征收、征用，情节严重的，处三年以下有期徒刑或者拘役。

第八章 贪污贿赂罪

第三百八十二条 【贪污罪】国家工作人员利用职务上的便利，侵吞、窃取、骗取或者以其他手段非法占有公共财物的，是贪污罪。

受国家机关、国有公司、企业、事业单位、人民团体委托管理、经营国有财产的人员，利用职务上的便利，侵吞、窃取、骗取或者以其他手段非法占有国有财物的，以贪污论。

与前两款所列人员勾结，伙同贪污的，以共犯论处。

注释 构成贪污罪，必须具备以下条件：

1. 贪污罪的主体是国家工作人员，即本法第九十三条规定的“国家机关中从事公务的人员”。我国国家工作人员可以分为以下四类：(1)国家机关中从事公务的人员，是指在国家机关中行使国家赋予该国家机关职权的人员，以及在这些国家机关中履行管理职责的人员。(2)国有公司、企业、事业单位、人民团体中从事公务的人员，是指在上述单位中履行经营、管理职责或者履行经管单位财务等职责的人员。国有公司、企业是指国家所有的公司、企业以及直接隶属于国家机关、行使一定行政管理职能的企业、事业单位，如烟草公司等。(3)国家机关、国有公司、企业、事业单位委派到非国有公司、企业、事业单位、社会团体从事公务的人员。委派人员不仅包括国有公司、企业、事业单位有投资而委派的经营、管理人员，也包括没有国有资产投资，但为了加强对非国有单位人员指导、监督而委派的人员。委派人员不一定具备国家机关工作人员的身份，但只要接受了委派，代表委派单位行使经营管理、督导等职权者就以国家工作人员论。如《刑法》第一百六十三条规定，国有公司、企业或者其他国有单位中从事公务的人员和国有公司、企业或者其他国有单位委派到非国有公司、企业以及其他单位从事公务的人员利用职务上的便利，索取他人财物或者非法收受他人财物，为他人谋取利益的行为，或者违反国家规定，收受各种名义的回扣、手续费，归个人所有的，按照受贿罪的规定定罪处罚。(4)其他依照法律从事公务的人员。这类人员是指依照宪法和法律、法规被选举、被任命从事公务的人员，包括：各民主党派的专职工作人员，人民陪审员，由法律法规授权行使行政管理职能的组织的人员，由行政机关委托行使行政管理职能的组织的工作人员等，以及农村的村民委员会、城镇的居民委员会等基层群众组织中协助人民政府从事特定的行政管理工作的人员等。

2. 贪污罪侵犯的对象是公共财物。《刑法》第九十一条对公共财产的范围作了规定，主要包括：(1)国有财产，即国家所有的资财和物品。国家所有，具有特定的含义，即中华人民共和国所有的财物、资源。(2)劳动群众集体所有的财产，即属于集体所有的资财和物品，如集体所有土地等。(3)用于扶贫和其他公益事业的社会捐助或者专项基金的财产。这些财产，既包括国家下拨的用于扶贫和其他公益事业的专项基金、公益机构的事业经费、国家拨付的专项研究基金，也包括由社会捐助、赞助的财物，还包括国外捐助的资金、实物，联合国的专项基金、援助资金和物资等。(4)在国家机关、国有公司、企业、集体企业和人民团体管理、使用或者运输中的私人财产。

3. 贪污罪在行为上主要表现为利用职务上的便利，侵吞、窃取、骗取或者以其他手段非法占有公共财物的行为。这里所说的“利用职务上的便利”，是指利用自己职务范围内的权力和地位所形成的主管、管理、经手公共财物的便利条件。

第三百八十三条 【对贪污罪的处罚】对犯贪污罪的，根据情节轻重，分别依照下列规定处罚：

（一）贪污数额较大或者有其他较重情节的，处三年以下有期徒刑或者拘役，并处罚金。

（二）贪污数额巨大或者有其他严重情节的，处三年以上十年以下有期徒刑，并处罚金或者没收财产。

（三）贪污数额特别巨大或者有其他特别严重情节的，处十年以上有期徒刑或者无期徒刑，并处罚金或者没收财产；数额特别巨大，并使国家和人民利益遭受特别重大损失的，处无期徒刑或者死刑，并处没收财产。

对多次贪污未经处理的，按照累计贪污数额处罚。

犯第一款罪，在提起公诉前如实供述自己罪行、真诚悔罪、积极退赃，避免、减少损害结果的发生，有第一项规定情形的，可以从轻、减轻或者免除处罚；有第二项、第三项规定情形的，可以从轻处罚。

犯第一款罪，有第三项规定情形被判处死刑缓期执行的，人民法院根据犯罪情节等情况可以同时决定在其死刑缓期执行二年期满依法减为无期徒刑后，终身监禁，不得减刑、假释。

第三百八十四条 【挪用公款罪】国家工作人员利用职务上的便利，挪用公款归个人使用，进行非法活动的，或者挪用公款数额较大、进行营利活动的，或者挪用公款数额较大、超过三个月未还的，是挪用公款罪，处五年以下有期徒刑或者拘役；情节严重的，处五年以上有期徒刑。挪用公款数额巨大不退还的，处十年以上有期徒刑或者无期徒刑。

挪用用于救灾、抢险、防汛、优抚、扶贫、移民、救济款物归个人使用的，从重处罚。

第三百八十五条 【受贿罪】国家工作人员利用职务上的便利，索取他人财物的，或者非法收受他人财物，为他人谋取利益的，是受贿罪。

国家工作人员在经济往来中，违反国家规定，收受各种名义的回扣、手续费，归个人所有的，以受贿论处。

注释 受贿罪的主体是国家工作人员。

"利用职务上的便利"，是指利用本人职务范围内的权力，即利用自己职务上主管、负责或者承办某种公共事务的职权所造成的便利条件，既包括利用本人职务上主管、负责、承办某项公共事务的职权，也包括利用职务上有隶属、制约关系的其他国家工作人员的职权。担任单位领导职务的国家工作人员通过不属于自己主管的下级部门的国家工作人员的职务为他人谋取利益的，也应当认定为"利用职务上的便利条件"。"索取他人财物"，是指行为人在职务活动中主动向他人索要财物。索贿是严重的受贿行为，比一般受贿具有更大的主观恶性和社会危害性，因此对索取他人财物的，法律没有规定要以"为他人谋取利益"为条件，不论是否为他人谋取利益，均可构成受贿罪。"非法收受他人财物"，是指行贿人向受贿人主动给予财物时，受贿人非法收受他人财物的行为。"为他人谋取利益"，是指受贿人利用职权为行贿人办事，即进行"权钱交易"。至于为他人谋取的利益是否正当，为他人谋取的利益是否实现，不影响受贿罪的成立。

实务问答 **如何认定为请托人谋取利益，"合办"公司与低价购房行为**

国家工作人员利用职务上的便利为请托人谋取利益，并与请托人以"合办"公司的名义获取"利润"，没有实际出资和参与经营管理的，以受贿论处。

国家工作人员明知他人有请托事项而收受其财物，视为承诺"为他人谋取利益"，是否已实际为他人谋取利益或谋取到利益，不影响受贿的认定。国家工作人员利用职务上的便利为请托人谋取利益，以明显低于市场的价格向请托人购买房屋等物品的，以受贿论处，受贿数额按照交易时当地市场价格与实际支付价格的差额计算。

国家工作人员收受财物后，因与其受贿有关联的人、事被查处，为掩饰犯罪而退还的，不影响认定受贿罪。（2011年12月20日最高人民法院指导案例3号：潘玉梅、陈宁受贿案）

第三百八十六条 【对受贿罪的处罚】对犯受贿罪的，根据受贿所得数额及情节，依照本法第三百八十三条的规定处罚。索贿的从重处罚。

第三百八十七条 【单位受贿罪】国家机关、国有公司、企业、事业单位、人民团体，索取、非法收受他人财物，为他人谋取利益，情节严重的，对单位判处罚金，并对其直接负责的主管人员和其他直接责任人员，处五年以下有期徒刑或者拘役。

前款所列单位，在经济往来中，在帐外暗中收受各种名义的回扣、手续费的，以受贿论，依照前款的规定处罚。

第三百八十八条 【受贿罪】国家工作人员利用本人职权或者地位形成的便利条件，通过其他国家工作人员职务上的行为，为请托人谋取不正当利益，索取请托人财物或者收受请托人财物的，以受贿论处。

注释 根据本条的规定，斡旋受贿行为，是指国家工作人员利用本人职权或者地位形成的便利条件，通过其他国家工作人员职务上的行为，为请托人谋取不正当利益，索取请托人财物或者收受请托人财物的行为。例如，利用上下级之间的隶属关系，利用部门、单位之间的工作关系，让其他国家工作人员为请托人办事。这里所说的"谋取不正当利益"，是指根据法律及有关政策规定不应得到的利益。根据本条的规定，如果为请托人谋取的是正当的利益，不构成本条规定的犯罪。对斡旋受贿行为以受贿论处，即依照《刑法》第三百八十六条的规定进行处罚。

关于利用本人职权或者地位形成的便利条件,并不要求行为人利用其职权或者地位,只要是利用其国家工作人员的立场实施斡旋受贿行为就符合条件。行为人与被其利用的国家工作人员之间在职务上虽然没有隶属、制约关系,但是行为人利用了本人职权或者地位产生的影响和一定的工作联系,如单位内不同国家工作人员之间,上下级单位没有隶属、制约关系的国家机关工作人员之间,工作关系认识的不同单位的国家工作人员之间,都符合利用本人职权或者地位形成的便利条件。对于国家工作人员利用本人职务上主管、负责、承办某项公共事务的职权,或者利用职务上有隶属、制约关系的其他国家工作人员的职权索取贿赂的,可以直接适用《刑法》第三百八十五条受贿罪的规定。

与普通受贿要求谋取利益不同,本条规定要求国家工作人员有为请托人谋取不正当利益的意图。只要行为人认识到其受托事项不正当就可以,不要求已经为请托人谋取了不正当利益,也不要求其他国家工作人员知道行为人有索取请托人财物或者有收受请托人财物的行为。

关于索取财物或者收受请托人的财物。这种财物是行为人使其他国家工作人员为请托人谋取不正当利益的报酬。对于事先索贿,或者事后索取、收受财物的行为,也成立斡旋受贿犯罪。

链接《刑法》第386条

第三百八十八条之一 【利用影响力受贿罪】国家工作人员的近亲属或者其他与该国家工作人员关系密切的人,通过该国家工作人员职务上的行为,或者利用该国家工作人员职权或者地位形成的便利条件,通过其他国家工作人员职务上的行为,为请托人谋取不正当利益,索取请托人财物或者收受请托人财物,数额较大或者有其他较重情节的,处三年以下有期徒刑或者拘役,并处罚金;数额巨大或者有其他严重情节的,处三年以上七年以下有期徒刑,并处罚金;数额特别巨大或者有其他特别严重情节的,处七年以上有期徒刑,并处罚金或者没收财产。

离职的国家工作人员或者其近亲属以及其他与其关系密切的人,利用该离职的国家工作人员原职权或者地位形成的便利条件实施前款行为的,依照前款的规定定罪处罚。

注释本罪的犯罪主体为与国家工作人员有着某种特定关系的非国家工作人员,包括国家工作人员的近亲属及其他与该国家工作人员关系密切的人。这里规定的近亲属,主要是指夫、妻、父、母、子、女、同胞兄弟姐妹、祖父母、外祖父母、孙子女、外孙子女。这里所说的"谋取不正当利益",根据《最高人民法院、最高人民检察院关于办理行贿刑事案件具体应用法律若干问题的解释》规定,是指行贿人谋取的利益违反法律、法规、规章、政策规定,或者要求国家工作人员违反法律、法规、规章、政策、行业规范的规定,为自己提供帮助或者方便条件。违背公平、公正原则,在经济、组织人事管理等活动中,谋取竞争优势的,可以认定为"谋取不正当利益"。

应当说明的是,受贿罪与贪污罪不同,受贿的数额可能不大,但给国家和人民的利益造成的损失可能是巨大的,因此,对受贿罪的量刑,除了要考虑数额之外,还要考虑其他情节。

"离职",是指曾经是国家工作人员,但目前的状态是已离开了国家工作人员岗位,包括离休、退休、辞职、辞退等。

链接《联合国反腐败公约》第18条;《最高人民法院、最高人民检察院关于办理贪污贿赂刑事案件适用法律若干问题的解释》第10条

第三百八十九条 【行贿罪】为谋取不正当利益,给予国家工作人员以财物的,是行贿罪。

在经济往来中,违反国家规定,给予国家工作人员以财物,数额较大的,或者违反国家规定,给予国家工作人员以各种名义的回扣、手续费的,以行贿论处。

因被勒索给予国家工作人员以财物,没有获得不正当利益的,不是行贿。

注释根据《最高人民法院、最高人民检察院关于办理行贿刑事案件具体应用法律若干问题的解释》的规定,行贿犯罪中的"谋取不正当利益",是指行贿人谋取的利益违反法律、法规、规章、政策规定,或者要求国家工作人员违反法律、法规、规章、政策、行业规范的规定,为自己提供帮助或者方便条件。违背公平、公正原则,在经济、组织人事管理等活动中,谋取竞争优势的,可以认定为"谋取不正当利益"。如果行为人谋取的利益是正当的,是迫于某种压力或屈于惯例不得已而给予国家工作人员以财物的,则不构成本款所说的行贿罪。

本条第二款规定的"违反国家规定",是指违反全国人大及其常委会制定的法律和决定,国务院制定的行政法规和行政措施、发布的决定和命令。"给予国家工作人员以各种名义的回扣、手续费的",是指违反国家规定,在帐外暗中给予回扣、手续费的行为。根据本款的规定,对上述行为应以行贿论处,即应当按照行贿罪追究行为人的刑事责任。

第三款规定的"被勒索",是指被索要或者被敲诈勒索。"没有获得不正当利益",是指行为人虽有给予国家工作人员以财物的行为,但最后没有获得不正当利益,包括其获取的是合法利益,也包括根本未获得任何利益。

第三百九十条 【对行贿罪的处罚】对犯行贿罪的,处五年以下有期徒刑或者拘役,并处罚金;因行贿谋取不正当利益,情节严重的,或者使国家利益遭受重大损失的,处五年以上十年以下有期徒刑,并处罚金;情节特别严重的,或者使国家利益遭受特别重大损失的,处十年以上有期徒刑或者无期徒刑,并处罚金或者没收财产。

行贿人在被追诉前主动交待行贿行为的,可以从轻或者减轻处罚。其中,犯罪较轻的,对侦破重大案件起关键作用的,或者有重大立功表现的,可以减轻或者免除处罚。

第三百九十条之一 【对有影响力的人行贿罪】为谋取不正当利益,向国家工作人员的近亲属或者其他与该国家工作人员关系密切的人,或者向离职的国家工作人员或者其近亲属以及其他与其关系密切的人行贿的,处三年以下有期徒刑或者拘役,并处罚金;情节严重的,或者使国家利益遭受重大损失的,处三年以上七年以下有期徒刑,并处罚金;情节特别严重的,或者使国家利益遭受特别重大损失的,处七年以上十年以下有期徒刑,并处罚金。

单位犯前款罪的,对单位判处罚金,并对其直接负责的主管人员和其他直接责任人员,处三年以下有期徒刑或者拘役,并处罚金。

注释 本条第一款规定的行贿犯罪主体是一般主体,行贿的对象有五类:第一类是国家工作人员的近亲属;第二类是与该国家工作人员关系密切的人;第三类是离职的国家工作人员;第四类是离职的国家工作人员的近亲属;第五类是其他与离职的国家工作人员关系密切的人。

第三百九十一条 【对单位行贿罪】为谋取不正当利益,给予国家机关、国有公司、企业、事业单位、人民团体以财物的,或者在经济往来中,违反国家规定,给予各种名义的回扣、手续费的,处三年以下有期徒刑或者拘役,并处罚金。

单位犯前款罪的,对单位判处罚金,并对其直接负责的主管人员和其他直接责任人员,依照前款的规定处罚。

链接《刑法》第 387 条

第三百九十二条 【介绍贿赂罪】向国家工作人员介绍贿赂,情节严重的,处三年以下有期徒刑或者拘役,并处罚金。

介绍贿赂人在被追诉前主动交待介绍贿赂行为的,可以减轻处罚或者免除处罚。

第三百九十三条 【单位行贿罪】单位为谋取不正当利益而行贿,或者违反国家规定,给予国家工作人员以回扣、手续费,情节严重的,对单位判处罚金,并对其直接负责的主管人员和其他直接责任人员,处五年以下有期徒刑或者拘役,并处罚金。因行贿取得的违法所得归个人所有的,依照本法第三百八十九条、第三百九十条的规定定罪处罚。

链接《刑法》第 389、390 条

第三百九十四条 【贪污罪】国家工作人员在国内公务活动或者对外交往中接受礼物,依照国家规定应当交公而不交公,数额较大的,依照本法第三百八十二条、第三百八十三条的规定定罪处罚。

第三百九十五条 【巨额财产来源不明罪】国家工作人员的财产、支出明显超过合法收入,差额巨大的,可以责令该国家工作人员说明来源,不能说明来源的,差额部分以非法所得论,处五年以下有期徒刑或者拘役;差额特别巨大的,处五年以上十年以下有期徒刑。财产的差额部分予以追缴。

【隐瞒境外存款罪】国家工作人员在境外的存款,应当依照国家规定申报。数额较大、隐瞒不报的,处二年以下有期徒刑或者拘役;情节较轻的,由其所在单位或者上级主管机关酌情给予行政处分。

第三百九十六条 【私分国有资产罪】国家机关、国有公司、企业、事业单位、人民团体,违反国家规定,以单位名义将国有资产集体私分给个人,数额较大的,对其直接负责的主管人员和其他直接责任人员,处三年以下有期徒刑或者拘役,并处或者单处罚金;数额巨大的,处三年以上七年以下有期徒刑,并处罚金。

【私分罚没财物罪】司法机关、行政执法机关违反国家规定,将应当上缴国家的罚没财物,以单位名义集体私分给个人的,依照前款的规定处罚。

第九章 渎职罪

第三百九十七条 【滥用职权罪】【玩忽职守罪】国家机关工作人员滥用职权或者玩忽职守,致使公共财产、国家和人民利益遭受重大损失的,处三年以下有期徒刑或者拘役;情节特别严重的,处三年以上七年以下有期徒刑。本法另有规定的,依照规定。

国家机关工作人员徇私舞弊,犯前款罪的,处五年以下有期徒刑或者拘役;情节特别严重的,处五年以上十年以下有期徒刑。本法另有规定的,依照规定。

第三百九十八条 【故意泄露国家秘密罪】【过失泄露国家秘密罪】国家机关工作人员违反保守国家秘密法的规定,故意或者过失泄露国家秘密,情节严重的,处三年以下有期徒刑或者拘役;情节特别严重的,处三年以上七年以下有期徒刑。

非国家机关工作人员犯前款罪的,依照前款的规定酌情处罚。

第三百九十九条 【徇私枉法罪】司法工作人员徇私枉法、徇情枉法,对明知是无罪的人而使他受追诉、对明知是有罪的人而故意包庇不使他受追诉,或者在刑事审判活动中故意违背事实和法律作枉法裁判的,处五年以下有期徒刑或者拘役;情节严重的,处五年以上十年以下有期徒刑;情节特别严重的,处十年以上有期徒刑。

【民事、行政枉法裁判罪】在民事、行政审判活动中故意违背事实和法律作枉法裁判,情节严重的,处五年以下有期徒刑或者拘役;情节特别严重的,处五年以上十年以下有期徒刑。

【执行判决、裁定失职罪】【执行判决、裁定滥用职权罪】在执行判决、裁定活动中,严重不负责任或者滥用职权,不依法采取诉讼保全措施、不履行法定执行职责,或者违法采取诉讼保全措施、强制执行措施,致使当事人或者其他人的利益遭受重大损失的,处五年以下有期徒刑或者拘役;致使当事人或者其他人的利益遭受特别重大损失的,处五年以上十年以下有期徒刑。

司法工作人员收受贿赂,有前三款行为的,同时又构成本法第三百八十五条规定之罪的,依照处罚较重的规定定罪处罚。

第三百九十九条之一 【枉法仲裁罪】依法承担仲裁职责的人员,在仲裁活动中故意违背事实和法律作枉法裁决,情节严重的,处三年以下有期徒刑或者拘役;情节特别严重的,处三年以上七年以下有期徒刑。

第四百条 【私放在押人员罪】司法工作人员私放在押的犯罪嫌疑人、被告人或者罪犯的,处五年以下有期徒刑或者拘役;情节严重的,处五年以上十年以下有期徒刑;情节特别严重的,处十年以上有期徒刑。

【失职致使在押人员脱逃罪】司法工作人员由于严重不负责任,致使在押的犯罪嫌疑人、被告人或者罪犯脱逃,造成严重后果的,处三年以下有期徒刑或者拘役;造成特别严重后果的,处三年以上十年以下有期徒刑。

第四百零一条 【徇私舞弊减刑、假释、暂予监外执行罪】司法工作人员徇私舞弊,对不符合减刑、假释、暂予监外执行条件的罪犯,予以减刑、假释或者暂予监外执行的,处三年以下有期徒刑或者拘役;情节严重的,处三年以上七年以下有期徒刑。

第四百零二条 【徇私舞弊不移交刑事案件罪】行政执法人员徇私舞弊,对依法应当移交司法机关追究刑事责任的不移交,情节严重的,处三年以下有期徒刑或者拘役;造成严重后果的,处三年以上七年以下有期徒刑。

第四百零三条 【滥用管理公司、证券职权罪】国家有关主管部门的国家机关工作人员,徇私舞弊,滥用职权,对不符合法律规定条件的公司设立、登记申请或者股票、债券发行、上市申请,予以批准或者登记,致使公共财产、国家和人民利益遭受重大损失的,处五年以下有期徒刑或者拘役。

上级部门强令登记机关及其工作人员实施前款行为的,对其直接负责的主管人员,依照前款的规定处罚。

第四百零四条 【徇私舞弊不征、少征税款罪】税务机关的工作人员徇私舞弊,不征或者少征应征税款,致使国家税收遭受重大损失的,处五年以下有期徒刑或者拘役;造成特别重大损失的,处五年以上有期徒刑。

第四百零五条 【徇私舞弊发售发票、抵扣税款、出口退税罪】税务机关的工作人员违反法律、行政法规的规定，在办理发售发票、抵扣税款、出口退税工作中，徇私舞弊，致使国家利益遭受重大损失的，处五年以下有期徒刑或者拘役；致使国家利益遭受特别重大损失的，处五年以上有期徒刑。

【违法提供出口退税凭证罪】其他国家机关工作人员违反国家规定，在提供出口货物报关单、出口收汇核销单等出口退税凭证的工作中，徇私舞弊，致使国家利益遭受重大损失的，依照前款的规定处罚。

第四百零六条 【国家机关工作人员签订、履行合同失职被骗罪】国家机关工作人员在签订、履行合同过程中，因严重不负责任被诈骗，致使国家利益遭受重大损失的，处三年以下有期徒刑或者拘役；致使国家利益遭受特别重大损失的，处三年以上七年以下有期徒刑。

第四百零七条 【违法发放林木采伐许可证罪】林业主管部门的工作人员违反森林法的规定，超过批准的年采伐限额发放林木采伐许可证或者违反规定滥发林木采伐许可证，情节严重，致使森林遭受严重破坏的，处三年以下有期徒刑或者拘役。

第四百零八条 【环境监管失职罪】负有环境保护监督管理职责的国家机关工作人员严重不负责任，导致发生重大环境污染事故，致使公私财产遭受重大损失或者造成人身伤亡的严重后果的，处三年以下有期徒刑或者拘役。

第四百零八条之一 【食品、药品监管渎职罪】负有食品药品安全监督管理职责的国家机关工作人员，滥用职权或者玩忽职守，有下列情形之一，造成严重后果或者有其他严重情节的，处五年以下有期徒刑或者拘役；造成特别严重后果或者有其他特别严重情节的，处五年以上十年以下有期徒刑：

（一）瞒报、谎报食品安全事故、药品安全事件的；

（二）对发现的严重食品药品安全违法行为未按规定查处的；

（三）在药品和特殊食品审批审评过程中，对不符合条件的申请准予许可的；

（四）依法应当移交司法机关追究刑事责任不移交的；

（五）有其他滥用职权或者玩忽职守行为的。

徇私舞弊犯前款罪的，从重处罚。

第四百零九条 【传染病防治失职罪】从事传染病防治的政府卫生行政部门的工作人员严重不负责任，导致传染病传播或者流行，情节严重的，处三年以下有期徒刑或者拘役。

第四百一十条 【非法批准征收、征用、占用土地罪】【非法低价出让国有土地使用权罪】国家机关工作人员徇私舞弊，违反土地管理法规，滥用职权，非法批准征收、征用、占用土地，或者非法低价出让国有土地使用权，情节严重的，处三年以下有期徒刑或者拘役；致使国家或者集体利益遭受特别重大损失的，处三年以上七年以下有期徒刑。

第四百一十一条 【放纵走私罪】海关工作人员徇私舞弊，放纵走私，情节严重的，处五年以下有期徒刑或者拘役；情节特别严重的，处五年以上有期徒刑。

第四百一十二条 【商检徇私舞弊罪】国家商检部门、商检机构的工作人员徇私舞弊，伪造检验结果的，处五年以下有期徒刑或者拘役；造成严重后果的，处五年以上十年以下有期徒刑。

【商检失职罪】前款所列人员严重不负责任，对应当检验的物品不检验，或者延误检验出证、错误出证，致使国家利益遭受重大损失的，处三年以下有期徒刑或者拘役。

第四百一十三条 【动植物检疫徇私舞弊罪】动植物检疫机关的检疫人员徇私舞弊，伪造检疫结果的，处五年以下有期徒刑或者拘役；造成严重后果的，处五年以上十年以下有期徒刑。

【动植物检疫失职罪】前款所列人员严重不负责任，对应当检疫的检疫物不检疫，或者延误检疫出证、错误出证，致使国家利益遭受重大损失的，处三年以下有期徒刑或者拘役。

第四百一十四条 【放纵制售伪劣商品犯罪行为罪】对生产、销售伪劣商品犯罪行为负有追究责任的国家机关工作人员，徇私舞弊，不履行法律规定的追究职责，情节严重的，处五年以下有期徒刑或者拘役。

第四百一十五条 【办理偷越国（边）境人员出入境证件罪】【放行偷越国（边）境人员罪】负责办理护照、签证以及其他出入境证件的国家机关工作人员，对明知是企图偷越国（边）境的人员，予以办理出入境证件的，或者边防、海关等国家机关工作人员，对明知是偷越国（边）境的人员，予以放行的，处三年以下有期徒刑或者拘役；情节严重的，处三年以上七年以下有期徒刑。

第四百一十六条 【不解救被拐卖、绑架妇女、儿童罪】对被拐卖、绑架的妇女、儿童负有解救职责的国家机关工作人员，接到被拐卖、绑架的妇女、儿童及其家属的解救要求或者接到其他人的举报，而对被拐卖、绑架的妇女、儿童不进行解救，造成严重后果的，处五年以下有期徒刑或者拘役。

【阻碍解救被拐卖、绑架妇女、儿童罪】负有解救职责的国家机关工作人员利用职务阻碍解救的，处二年以上七年以下有期徒刑；情节较轻的，处二年以下有期徒刑或者拘役。

注释 "负有解救职责的国家机关工作人员"，是指各级政府中主管打击拐卖、绑架妇女、儿童及解救被拐卖、绑架的妇女、儿童的工作人员，公安机关工作人员以及其他负有会同公安机关解救被拐卖、绑架的妇女、儿童职责的工作人员。"解救要求""举报"，既可以是口头的，也可以是书面的。"不进行解救"，是指对被害人及其家属或者其他人的解救要求和举报置之不理，不采取任何解救措施，或者推诿、推延解救工作。"严重后果"，主要是指负有解救职责的国家机关工作人员对被拐卖、绑架的妇女、儿童不进行解救，因而造成被害人及其家属重伤、死亡或者引起其他恶性案件发生的情形。

"利用职务阻碍解救"，是指负有解救职责的国家机关工作人员，利用职务给解救工作设置障碍，或者利用自己的身份、权力，阻止和干扰解救工作的进行。这种行为严重地破坏了解救工作的正常进行，破坏了国家机关在人民群众心目中的形象，社会危害性较大。具有"利用职务阻碍解救"行为的，无论是否造成严重后果，都构成犯罪，都要依法追究刑事责任。

第四百一十七条 【帮助犯罪分子逃避处罚罪】有查禁犯罪活动职责的国家机关工作人员，向犯罪分子通风报信、提供便利，帮助犯罪分子逃避处罚的，处三年以下有期徒刑或者拘役；情节严重的，处三年以上十年以下有期徒刑。

第四百一十八条 【招收公务员、学生徇私舞弊罪】国家机关工作人员在招收公务员、学生工作中徇私舞弊，情节严重的，处三年以下有期徒刑或者拘役。

第四百一十九条 【失职造成珍贵文物损毁、流失罪】国家机关工作人员严重不负责任，造成珍贵文物损毁或者流失，后果严重的，处三年以下有期徒刑或者拘役。

第十章 军人违反职责罪

第四百二十条 【军人违反职责罪的概念】军人违反职责，危害国家军事利益，依照法律应当受刑罚处罚的行为，是军人违反职责罪。

链接《军人违反职责罪案件立案标准的规定》第34条

第四百二十一条 【战时违抗命令罪】战时违抗命令，对作战造成危害的，处三年以上十年以下有期徒刑；致使战斗、战役遭受重大损失的，处十年以上有期徒刑、无期徒刑或者死刑。

第四百二十二条 【隐瞒、谎报军情罪】【拒传、假传军令罪】故意隐瞒、谎报军情或者拒传、假传军令，对作战造成危害的，处三年以上十年以下有期徒刑；致使战斗、战役遭受重大损失的，处十年以上有期徒刑、无期徒刑或者死刑。

第四百二十三条 【投降罪】在战场上贪生怕死，自动放下武器投降敌人的，处三年以上十年以下有期徒刑；情节严重的，处十年以上有期徒刑或者无期徒刑。

投降后为敌人效劳的，处十年以上有期徒刑、无期徒刑或者死刑。

第四百二十四条 【战时临阵脱逃罪】战时临阵脱逃的，处三年以下有期徒刑；情节严重的，处三年以上十年以下有期徒刑；致使战斗、战役遭受重大损失的，处十年以上有期徒刑、无期徒刑或者死刑。

第四百二十五条 【擅离、玩忽军事职守罪】指挥人员和值班、值勤人员擅离职守或者玩忽职守，造成严重后果的，处三年以下有期徒刑或者拘役；造成特别严重后果的，处三年以上七年以下有期徒刑。

战时犯前款罪的，处五年以上有期徒刑。

第四百二十六条 【阻碍执行军事职务罪】以暴力、威胁方法，阻碍指挥人员或者值班、值勤人员执行职务的，处五年以下有期徒刑或者拘役；情节严重的，处五年以上十年以下有期徒刑；情节特别严重的，处十年以上有期徒刑或者无期徒刑。战时从重处罚。

第四百二十七条 【指使部属违反职责罪】滥用职权,指使部属进行违反职责的活动,造成严重后果的,处五年以下有期徒刑或者拘役;情节特别严重的,处五年以上十年以下有期徒刑。

第四百二十八条 【违令作战消极罪】指挥人员违抗命令,临阵畏缩,作战消极,造成严重后果的,处五年以下有期徒刑;致使战斗、战役遭受重大损失或者有其他特别严重情节的,处五年以上有期徒刑。

第四百二十九条 【拒不救援友邻部队罪】在战场上明知友邻部队处境危急请求救援,能救援而不救援,致使友邻部队遭受重大损失的,对指挥人员,处五年以下有期徒刑。

第四百三十条 【军人叛逃罪】在履行公务期间,擅离岗位,叛逃境外或者在境外叛逃,危害国家军事利益的,处五年以下有期徒刑或者拘役;情节严重的,处五年以上有期徒刑。

驾驶航空器、舰船叛逃的,或者有其他特别严重情节的,处十年以上有期徒刑、无期徒刑或者死刑。

第四百三十一条 【非法获取军事秘密罪】以窃取、刺探、收买方法,非法获取军事秘密的,处五年以下有期徒刑;情节严重的,处五年以上十年以下有期徒刑;情节特别严重的,处十年以上有期徒刑。

【为境外窃取、刺探、收买、非法提供军事秘密罪】为境外的机构、组织、人员窃取、刺探、收买、非法提供军事秘密的,处五年以上十年以下有期徒刑;情节严重的,处十年以上有期徒刑、无期徒刑或者死刑。

注释 "军事秘密",是指在一定时间内只限于一定范围的人员知悉,不能对外公开并直接关系到国防安全和军事利益的事项。例如,国防和战斗力量建设规划及其实施情况;军事部署,作战和其他重要军事行动的计划及其实施情况;战备演习、军事训练计划及其实施情况;军事情报及其来源,通信、电子对抗和其他特种技术的手段、能力,机要密码及有关资料;武装力量的组织编制,部队的任务、实力、素质、状态等基本情况;部队及特殊单位的番号;武器装备的研制、生产、配备情况和补充、维修能力,特种军事装备的战斗技术性能;军事学术、国防科学技术研究的重要项目、成果及其应用;军事物资的筹措、生产、供应和储备等情况。对于军事秘密的范围和等级,有关法律、法规、条例中有具体的规定。

链接《保守国家秘密法》第11、16、21、30条

第四百三十二条 【故意泄露军事秘密罪】【过失泄露军事秘密罪】违反保守国家秘密法规,故意或者过失泄露军事秘密,情节严重的,处五年以下有期徒刑或者拘役;情节特别严重的,处五年以上十年以下有期徒刑。

战时犯前款罪的,处五年以上十年以下有期徒刑;情节特别严重的,处十年以上有期徒刑或者无期徒刑。

第四百三十三条 【战时造谣惑众罪】战时造谣惑众,动摇军心的,处三年以下有期徒刑;情节严重的,处三年以上十年以下有期徒刑;情节特别严重的,处十年以上有期徒刑或者无期徒刑。

第四百三十四条 【战时自伤罪】战时自伤身体,逃避军事义务的,处三年以下有期徒刑;情节严重的,处三年以上七年以下有期徒刑。

第四百三十五条 【逃离部队罪】违反兵役法规,逃离部队,情节严重的,处三年以下有期徒刑或者拘役。

战时犯前款罪的,处三年以上七年以下有期徒刑。

第四百三十六条 【武器装备肇事罪】违反武器装备使用规定,情节严重,因而发生责任事故,致人重伤、死亡或者造成其他严重后果的,处三年以下有期徒刑或者拘役;后果特别严重的,处三年以上七年以下有期徒刑。

第四百三十七条 【擅自改变武器装备编配用途罪】违反武器装备管理规定,擅自改变武器装备的编配用途,造成严重后果的,处三年以下有期徒刑或者拘役;造成特别严重后果的,处三年以上七年以下有期徒刑。

第四百三十八条 【盗窃、抢夺武器装备、军用物资罪】盗窃、抢夺武器装备或者军用物资的,处五年以下有期徒刑或者拘役;情节严重的,处五年以上十年以下有期徒刑;情节特别严重的,处十年以上有期徒刑、无期徒刑或者死刑。

盗窃、抢夺枪支、弹药、爆炸物的,依照本法第一百二十七条的规定处罚。

第四百三十九条 【非法出卖、转让武器装备罪】非法出卖、转让军队武器装备的,处三年以上十年以下有期徒刑;出卖、转让大量武器装备或者

有其他特别严重情节的，处十年以上有期徒刑、无期徒刑或者死刑。

第四百四十条 **【遗弃武器装备罪】**违抗命令，遗弃武器装备的，处五年以下有期徒刑或者拘役；遗弃重要或者大量武器装备的，或者有其他严重情节的，处五年以上有期徒刑。

第四百四十一条 **【遗失武器装备罪】**遗失武器装备，不及时报告或者有其他严重情节的，处三年以下有期徒刑或者拘役。

第四百四十二条 **【擅自出卖、转让军队房地产罪】**违反规定，擅自出卖、转让军队房地产，情节严重的，对直接责任人员，处三年以下有期徒刑或者拘役；情节特别严重的，处三年以上十年以下有期徒刑。

第四百四十三条 **【虐待部属罪】**滥用职权，虐待部属，情节恶劣，致人重伤或者造成其他严重后果的，处五年以下有期徒刑或者拘役；致人死亡的，处五年以上有期徒刑。

第四百四十四条 **【遗弃伤病军人罪】**在战场上故意遗弃伤病军人，情节恶劣的，对直接责任人员，处五年以下有期徒刑。

第四百四十五条 **【战时拒不救治伤病军人罪】**战时在救护治疗职位上，有条件救治而拒不救治危重伤病军人的，处五年以下有期徒刑或者拘役；造成伤病军人重残、死亡或者有其他严重情节的，处五年以上十年以下有期徒刑。

第四百四十六条 **【战时残害居民、掠夺居民财物罪】**战时在军事行动地区，残害无辜居民或者掠夺无辜居民财物的，处五年以下有期徒刑；情节严重的，处五年以上十年以下有期徒刑；情节特别严重的，处十年以上有期徒刑、无期徒刑或者死刑。

第四百四十七条 **【私放俘虏罪】**私放俘虏的，处五年以下有期徒刑；私放重要俘虏、私放俘虏多人或者有其他严重情节的，处五年以上有期徒刑。

第四百四十八条 **【虐待俘虏罪】**虐待俘虏，情节恶劣的，处三年以下有期徒刑。

第四百四十九条 **【战时缓刑】**在战时，对被判处三年以下有期徒刑没有现实危险宣告缓刑的犯罪军人，允许其戴罪立功，确有立功表现时，可以撤销原判刑罚，不以犯罪论处。

第四百五十条 **【本章适用范围】**本章适用于中国人民解放军的现役军官、文职干部、士兵及具有军籍的学员和中国人民武装警察部队的现役警官、文职干部、士兵及具有军籍的学员以及文职人员、执行军事任务的预备役人员和其他人员。

第四百五十一条 **【战时的概念】**本章所称战时，是指国家宣布进入战争状态、部队受领作战任务或者遭敌突然袭击时。

部队执行戒严任务或者处置突发性暴力事件时，以战时论。

附　则

第四百五十二条 **【施行日期】**本法自1997年10月1日起施行。

列于本法附件一的全国人民代表大会常务委员会制定的条例、补充规定和决定，已纳入本法或者已不适用，自本法施行之日起，予以废止。

列于本法附件二的全国人民代表大会常务委员会制定的补充规定和决定予以保留。其中，有关行政处罚和行政措施的规定继续有效；有关刑事责任的规定已纳入本法，自本法施行之日起，适用本法规定。

附件一

全国人民代表大会常务委员会制定的下列条例、补充规定和决定，已纳入本法或者已不适用，自本法施行之日起，予以废止：

1. 中华人民共和国惩治军人违反职责罪暂行条例
2. 关于严惩严重破坏经济的罪犯的决定
3. 关于严惩严重危害社会治安的犯罪分子的决定
4. 关于惩治走私罪的补充规定
5. 关于惩治贪污罪贿赂罪的补充规定
6. 关于惩治泄露国家秘密犯罪的补充规定
7. 关于惩治捕杀国家重点保护的珍贵、濒危野生动物犯罪的补充规定
8. 关于惩治侮辱中华人民共和国国旗国徽罪的决定
9. 关于惩治盗掘古文化遗址古墓葬犯罪的补充规定
10. 关于惩治劫持航空器犯罪分子的决定
11. 关于惩治假冒注册商标犯罪的补充规定
12. 关于惩治生产、销售伪劣商品犯罪的决定

13. 关于惩治侵犯著作权的犯罪的决定

14. 关于惩治违反公司法的犯罪的决定

15. 关于处理逃跑或者重新犯罪的劳改犯和劳教人员的决定

附件二

全国人民代表大会常务委员会制定的下列补充规定和决定予以保留，其中，有关行政处罚和行政措施的规定继续有效；有关刑事责任的规定已纳入本法，自本法施行之日起，适用本法规定：

1. 关于禁毒的决定①

2. 关于惩治走私、制作、贩卖、传播淫秽物品的犯罪分子的决定

3. 关于严禁卖淫嫖娼的决定②

4. 关于严惩拐卖、绑架妇女、儿童的犯罪分子的决定

5. 关于惩治偷税、抗税犯罪的补充规定③

6. 关于严惩组织、运送他人偷越国（边）境犯罪的补充规定④

7. 关于惩治破坏金融秩序犯罪的决定

8. 关于惩治虚开、伪造和非法出售增值税专用发票犯罪的决定

① 根据《中华人民共和国禁毒法》第七十一条的规定，本决定自 2008 年 6 月 1 日起废止。

② 根据《全国人民代表大会常务委员会关于废止有关收容教育法律规定和制度的决定》，该决定中第四条第二款、第四款，以及据此实行的收容教育制度自 2019 年 12 月 29 日起废止。

③ 根据《全国人民代表大会常务委员会关于废止部分法律的决定》，该补充规定自 2009 年 6 月 27 日起废止。

④ 根据《全国人民代表大会常务委员会关于废止部分法律的决定》，该补充规定自 2009 年 6 月 27 日起废止。

六、程序法

中华人民共和国刑事诉讼法

· 1979 年 7 月 1 日第五届全国人民代表大会第二次会议通过
· 根据 1996 年 3 月 17 日第八届全国人民代表大会第四次会议《关于修改〈中华人民共和国刑事诉讼法〉的决定》第一次修正
· 根据 2012 年 3 月 14 日第十一届全国人民代表大会第五次会议《关于修改〈中华人民共和国刑事诉讼法〉的决定》第二次修正
· 根据 2018 年 10 月 26 日第十三届全国人民代表大会常务委员会第六次会议《关于修改〈中华人民共和国刑事诉讼法〉的决定》第三次修正

理解与适用

《中华人民共和国刑事诉讼法》(以下简称《刑事诉讼法》)于 1979 年制定,1996 年第八届全国人大四次会议进行了第一次修正,2012 年第十一届全国人大五次会议进行了第二次修正,2018 年第十三届全国人大第六次会议进行了第三次修正。

2018 年修正后的《刑事诉讼法》共分 5 编 308 条,具体规定了刑事诉讼的任务、基本原则与制度,规定了公安机关、人民检察院和人民法院在办理刑事案件过程中的立案、侦查、起诉、审判、执行等程序,是公、检、法三机关办理刑事案件必须遵守的"操作规程"。

2018 年对《刑事诉讼法》的修改主要内容如下:

一、完善与《监察法》的衔接机制

为落实《中华人民共和国宪法》有关规定,做好与《中华人民共和国监察法》(以下简称《监察法》)的衔接,保障国家监察体制改革顺利进行,《刑事诉讼法》主要作了以下修改补充:

1. 删去人民检察院对贪污贿赂等案件行使侦查权的规定,保留人民检察院在诉讼活动法律监督中发现司法工作人员利用职权实施的非法拘禁、刑讯逼供、非法搜查等侵犯公民权利、损害司法公正的犯罪的侦查权。

2. 相应修改有关程序规定,在《刑事诉讼法》关于侦查期间辩护律师会见经许可、指定居所监视居住、采取技术侦查措施的规定中,删去有关贪污贿赂犯罪的内容。

3. 对人民检察院审查起诉监察机关移送的案件、留置措施与刑事强制措施之间的衔接机制作出规定。明确人民检察院对于监察机关移送起诉的案件,依照《刑事诉讼法》和《监察法》的有关规定进行审查;认为需要补充核实的,应当退回监察机关补充调查,必要时可以自行补充侦查;对于监察机关采取留置措施的案件,人民检察院应当对犯罪嫌疑人先行拘留,留置措施自动解除,人民检察院应当在十日以内作出是否逮捕、取保候审或者监视居住的决定。在特殊情况下,决定的时间可以延长。

二、建立刑事缺席审判制度

在《刑事诉讼法》第五编特别程序中增设"缺席审判程序"一章,主要规定了以下内容:

1. 建立犯罪嫌疑人、被告人潜逃境外的缺席审判程序,规定对于贪污贿赂等犯罪案件,犯罪嫌疑人、被告人潜逃境外,监察机关、公安机关移送起诉,人民检察院认为犯罪事实已经查清,证据确实、充分,依法应当追究刑事责任的,可以向人民法院提起公诉。

2. 规定犯罪嫌疑人、被告人潜逃境外的缺席审判的具体程序。(1)明确由犯罪地或者被告人离境前居住地或者最高人民法院指定的中级人民法院组成合议庭进行审理。(2)规定人民法院通过司法协助方式或者受送达人所在地法律允许的其他方式，将传票和起诉书副本送达被告人。(3)规定被告人未按要求归案的，人民法院应当开庭审理，依法作出判决，并对违法所得及其他涉案财产作出处理。

3. 充分保障被告人的诉讼权利。(1)对委托辩护和提供法律援助作出规定。(2)赋予被告人的近亲属上诉权。(3)规定人民法院应当告知罪犯有权对判决、裁定提出异议。罪犯提出异议的，人民法院应当重新审理。这样规定，既不违反刑事诉讼的公正审判和程序参与原则，也符合国际上通行的司法准则的要求。

4. 根据司法实践情况和需求，增加对被告人患有严重疾病中止审理和被告人死亡案件可以缺席审判的规定。

三、完善刑事案件认罪认罚从宽制度和增加速裁程序

对于刑事案件认罪认罚从宽制度与速裁程序，《刑事诉讼法》作以下修改补充：

1. 在《刑事诉讼法》第一编第一章中明确刑事案件认罪认罚可以依法从宽处理的原则。

2. 完善刑事案件认罪认罚从宽的程序规定。包括侦查机关告知诉讼权利；人民检察院在审查起诉阶段就案件处理听取意见，犯罪嫌疑人认罪认罚的，签署认罪认罚具结书；人民检察院提出量刑建议和人民法院如何采纳量刑建议；人民法院审查认罪认罚自愿性和具结书真实性、合法性等。并增加规定，犯罪嫌疑人认罪认罚，有重大立功或者案件涉及国家重大利益的，经最高人民检察院核准，可以不起诉或者撤销案件。

3. 增加速裁程序。适用于基层人民法院管辖的可能判处三年有期徒刑以下刑罚，案件事实清楚，证据确实、充分，被告人认罪认罚并同意适用速裁程序的案件。规定速裁程序不受《刑事诉讼法》规定的送达期限的限制，一般不进行法庭调查、法庭辩论，但应当听取辩护人的意见和被告人的最后陈述意见；应当当庭宣判。同时，对办案期限和不宜适用速裁的程序转化作出规定。

4. 加强对当事人的权利保障。对诉讼权利告知、建立值班律师制度、明确将认罪认罚作为采取强制措施时判断社会危险性的考虑因素等作出规定。

此外，《刑事诉讼法》对关于死缓执行、罚金执行、不得担任辩护人的情形、人民陪审员参加审判的有关规定作出修改。

为正确理解和适用修改后的刑事诉讼法，《最高人民法院关于适用〈中华人民共和国刑事诉讼法〉的解释》于 2020 年 12 月 7 日由最高人民法院审判委员会第 1820 次会议通过，2021 年 1 月 26 日公布，自 2021 年 3 月 1 日起施行；《人民检察院刑事诉讼规则》经 2019 年 12 月 2 日最高人民检察院第十三届检察委员会第二十八次会议通过，2019 年 12 月 30 日公布，自 2019 年 12 月 30 日起施行；《公安机关办理刑事案件程序规定》也于 2020 年 7 月 20 日修正。

第一编　总　则

第一章　任务和基本原则

第一条　【立法宗旨】为了保证刑法的正确实施，惩罚犯罪，保护人民，保障国家安全和社会公共安全，维护社会主义社会秩序，根据宪法，制定本法。

第二条　【本法任务】中华人民共和国刑事诉讼法的任务，是保证准确、及时地查明犯罪事实，正确应用法律，惩罚犯罪分子，保障无罪的人不受刑事追究，教育公民自觉遵守法律，积极同犯罪行为作斗争，维护社会主义法制，尊重和保障人权，保护公民的人身权利、财产权利、民主权利和其他权利，保障社会主义建设事业的顺利进行。

链接《宪法》第 28、33 条

第三条　【刑事诉讼专门机关的职权】【严格遵守法律程序原则】对刑事案件的侦查、拘留、执行逮捕、预审，由公安机关负责。检察、批准逮捕、检察机关直接受理的案件的侦查、提起公诉，由人民检察院负责。审判由人民法院负责。除法律特别规定的以外，其他任何机关、团体和个人都无权行使这些权力。

人民法院、人民检察院和公安机关进行刑事诉讼，必须严格遵守本法和其他法律的有关规定。

第四条　【国家安全机关职权】国家安全机关

依照法律规定，办理危害国家安全的刑事案件，行使与公安机关相同的职权。

第五条 【独立行使审判权、检察权】人民法院依照法律规定独立行使审判权，人民检察院依照法律规定独立行使检察权，不受行政机关、社会团体和个人的干涉。

第六条 【以事实为依据、以法律为准绳原则】【平等适用法律原则】人民法院、人民检察院和公安机关进行刑事诉讼，必须依靠群众，必须以事实为根据，以法律为准绳。对于一切公民，在适用法律上一律平等，在法律面前，不允许有任何特权。

第七条 【分工负责、互相配合、互相监督原则】人民法院、人民检察院和公安机关进行刑事诉讼，应当分工负责，互相配合，互相制约，以保证准确有效地执行法律。

第八条 【检察院法律监督原则】人民检察院依法对刑事诉讼实行法律监督。

实务问答 人民检察院是否可以听证方式开展立案监督工作

人民检察院开展立案监督工作必要时可组织听证，增强办案透明度和监督公信力。听证是检察机关贯彻以人民为中心，充分尊重和保障当事人的知情权、参与权、监督权，健全完善涉检矛盾纠纷排查化解机制的有效举措。检察机关组织听证应当提前通知各方做好听证准备，整理好争议点，选取合适的听证员。听证中应围绕涉案当事人对刑事立案所持异议的理由和依据、公安机关立案的证据和理由、行政执法部门及听证员的意见展开，重点就侵权抗辩事由是否成立、是否具有犯罪的主观故意等焦点问题进行询问，全面审查在案证据，以准确认定公安机关立案的理由是否成立。通过听证开展立案监督工作，有助于解决在事实认定、法律适用问题上的分歧，化解矛盾纠纷，既推动规范执法，又增强检察监督公信力。(2021年2月8日最高人民检察院检例第99号：广州卡门实业有限公司涉嫌销售假冒注册商标的商品立案监督案)

第九条 【使用本民族语言文字原则】各民族公民都有用本民族语言文字进行诉讼的权利。人民法院、人民检察院和公安机关对于不通晓当地通用的语言文字的诉讼参与人，应当为他们翻译。

在少数民族聚居或者多民族杂居的地区，应当用当地通用的语言进行审讯，用当地通用的文字发布判决书、布告和其他文件。

第十条 【两审终审制】人民法院审判案件，实行两审终审制。

注释 两审终审制是人民法院审判案件的一项重要制度。根据这一制度，在一般情况下，一个案件经过两级人民法院审判即告审判终结，判决和裁定即发生法律效力。

具体来讲，审判第一审案件所作出的判决和裁定，在法律规定的期限内，被告人不服提出上诉，或者人民检察院认为判决裁定有错误提出抗诉的，上一级人民法院对上诉、抗诉案件应当进行审判，第二审人民法院作出的判决和裁定，就是终审的判决和裁定，是发生法律效力的判决和裁定。第一审案件的判决和裁定，如果在上诉期限内被告人不上诉、人民检察院不抗诉，也是发生法律效力的判决和裁定。作为例外的情况，最高人民法院审判的第一审案件的判决和裁定，即终审的判决和裁定。

对于发生法律效力的判决和裁定，如果被告人仍不服的，不能再上诉，只能提出申诉。需要特别说明的是，对于死刑案件的判决，不论是经过一审还是二审，都要由最高人民法院经过死刑复核程序予以核准才发生法律效力。这一程序是专门为死刑案件所设置的特殊程序，体现了慎重适用、严格控制死刑的政策。对于发生法律效力的判决和裁定，人民检察院认为有错误的，只能按照审判监督程序提出抗诉，但不能停止判决和裁定的执行。

第十一条 【审判公开原则】【辩护原则】人民法院审判案件，除本法另有规定的以外，一律公开进行。被告人有权获得辩护，人民法院有义务保证被告人获得辩护。

注释 本条规定了以下两个方面的内容：(1)关于公开审判制度。公开审判是我国一项重要的诉讼制度，是社会主义民主在审判制度上的体现。公开审判，是指除本法另有规定的外，人民法院审判第一审案件和宣告判决都应当向社会公开。也就是说，人民法院在开庭审判前，应先期公布案由、被告人姓名、开庭的时间和地点，以便群众参加旁听和新闻记者采访、报导审判的有关情况。在开庭审判时，除本法另有规定的外，应当公开进行，允许群众参加旁听和新闻记者采访、报导。

(2)关于辩护制度。辩护权是被告人的一项基本诉讼权利。被告人有权获得辩护，这是我国宪法确定的诉讼制度，刑事诉讼法的规定是宪法确定的诉讼制度的具体化。认真实行辩护制度，有利于办案人员客观全面地查明事实，分析案情，准确惩罚犯罪，也有利于保障无罪的人不受刑事追究。人民法院、人民检察院、公安机关必须保障犯罪嫌疑人、被告人行使辩护权，不得以任何借口限制和剥夺。辩护是指被告人针对被指控的犯罪进行申辩，提出说明自己无罪、罪轻或者减轻、免除其刑事责任的材料和意见，以维护自己的合法权益。辩护权，可以由被告人自己行使，也可以委托他人行使。从立案侦查、审查起诉到审判的各个诉讼阶段，犯罪嫌疑人、被告人自己都可以行使辩护权。

第十二条 【未经法院判决不得确定有罪原则】未经人民法院依法判决，对任何人都不得确定有罪。

注释 根据本条的规定，未经人民法院依法判决，对任何人都不得确定有罪。人民法院是国家的审判机关，不经人民法院依法判决，任何机关、团体和个人都无权对他人确定有罪。

其中，“依法判决”是指人民法院依照刑事诉讼法规定的审判程序和诉讼制度，依照刑法以及有关刑法的修改补充决定、修正案作出有罪或者无罪判决，包括以下含义：一是这一判决必须是人民法院依据事实和法律规定作出的；二是这一判决必须是依照法律规定的程序作出的；三是这一判决是指已经发生法律效力的判决。这里规定的“有罪”，包括定罪并判处刑罚，也包括定罪但免予刑事处罚。“不能确定有罪”是指不能从法律上对其定罪，不能作为罪犯对待，即使现场抓获人赃俱在，也要经过法定的程序根据事实和法律由人民法院定罪处罚。

刑事诉讼法还规定在人民检察院向人民法院提起公诉以前，将被指控实施犯罪的人称为犯罪嫌疑人，起诉到法院以后称为被告人。犯罪嫌疑人、被告人不是罪犯，只是涉嫌犯罪。经人民法院审判，对于证据不足，不能认定被告人有罪的，应当作出证据不足、指控的犯罪不能成立的无罪判决。

第十三条 【人民陪审制度】人民法院审判案件，依照本法实行人民陪审员陪审的制度。

链接《最高人民法院关于适用〈中华人民共和国人民陪审员法〉若干问题的解释》

第十四条 【诉讼权利的保障与救济】人民法院、人民检察院和公安机关应当保障犯罪嫌疑人、被告人和其他诉讼参与人依法享有的辩护权和其他诉讼权利。

诉讼参与人对于审判人员、检察人员和侦查人员侵犯公民诉讼权利和人身侮辱的行为，有权提出控告。

第十五条 【认罪认罚从宽原则】犯罪嫌疑人、被告人自愿如实供述自己的罪行，承认指控的犯罪事实，愿意接受处罚的，可以依法从宽处理。

注释 本条中规定的“认罪”，是指犯罪嫌疑人、被告人自愿如实供述自己的罪行，对指控的犯罪事实没有异议。“认罚”，是指犯罪嫌疑人、被告人真诚悔罪，愿意接受处罚。被告人认罪认罚的，可以依照本条的规定，在程序上从简、实体上从宽处理。

实务问答 **自愿认罪认罚的职务犯罪案件中检察机关的职责是什么**

对于犯罪嫌疑人自愿认罪认罚的职务犯罪案件，应当依法适用认罪认罚从宽制度办理。在适用认罪认罚从宽制度办理职务犯罪案件过程中，检察机关应切实履行主导责任，与监察机关、审判机关互相配合，互相制约，充分保障犯罪嫌疑人、被告人的程序选择权。要坚持罪刑法定和罪责刑相适应原则，对符合有关规定条件的，一般应当就主刑、附加刑、是否适用缓刑等提出确定刑量刑建议。（2020年7月21日最高人民检察院检例第75号：金某某受贿案）

第十六条 【不追究刑事责任的法定情形】有下列情形之一的，不追究刑事责任，已经追究的，应当撤销案件，或者不起诉，或者终止审理，或者宣告无罪：

（一）情节显著轻微、危害不大，不认为是犯罪的；

（二）犯罪已过追诉时效期限的；

（三）经特赦令免除刑罚的；

（四）依照刑法告诉才处理的犯罪，没有告诉或者撤回告诉的；

（五）犯罪嫌疑人、被告人死亡的；

（六）其他法律规定免予追究刑事责任的。

注释 **已过追诉时效期限的犯罪**

犯罪经过下列期限不再追诉：(1)法定最高刑为不满5年有期徒刑的，经过5年；(2)法定最高刑为5年以上不满10年有期徒刑的，经过10年；(3)法定最高刑为10年以上有期徒刑的，经过15年；(4)法定最高刑为无期徒刑、死刑的，经过20年。如果20年以后认为必须追诉的，须报请最高人民检察院核准。

在人民检察院、公安机关、国家安全机关立案侦查或者在人民法院受理案件以后，逃避侦查或者审判的，不受追诉期限的限制。被害人在追诉期限内提出控告，人民法院、人民检察院、公安机关应当立案而不予立案的，不受追诉期限的限制。

追诉期限从犯罪之日起计算；犯罪行为有连续或者继续状态的，从犯罪行为终了之日起计算。在追诉期限以内又犯罪的，前罪追诉的期限从犯后罪之日起计算。

实务问答 不追究法律责任的案件在不同诉讼阶段如何处理

对于依法不予追究刑事责任的案件应当根据不同的诉讼阶段作出不同的处理。(1)对于公诉案件，在侦查阶段发现和出现六种情形中的任何一种，都应当由公安机关或者人民检察院作出撤销案件的决定；案件移送人民检察院审查起诉时，如果发现和出现上述任一情形，都应当作出不起诉的决定；案件如果在人民法院审判阶段发现和出现的，应分别情况处理。如对于本规定的第一种情形应当判决宣告无罪。被告人死亡的，应当裁定终止审理；但有证据证明被告人无罪，经缺席审理确认无罪的，应当判决宣告被告人无罪。(2)在自诉案件中，人民法院应当根据不同情况作出不立案的决定或准予撤诉、驳回起诉、终止审理的裁定，或者作出宣告无罪的判决。自诉案件中具有“犯罪已过追诉时效期限”或者“犯罪嫌疑人、被告人死亡”的情形，人民法院应当说服自诉人撤回自诉或裁定驳回起诉。

链接《刑法》第87—89条

第十七条 【外国人刑事责任的追究】对于外国人犯罪应当追究刑事责任的，适用本法的规定。

对于享有外交特权和豁免权的外国人犯罪应当追究刑事责任的，通过外交途径解决。

第十八条 【刑事司法协助】根据中华人民共和国缔结或者参加的国际条约，或者按照互惠原则，我国司法机关和外国司法机关可以相互请求刑事司法协助。

第二章 管 辖

第十九条 【立案管辖】刑事案件的侦查由公安机关进行，法律另有规定的除外。

人民检察院在对诉讼活动实行法律监督中发现的司法工作人员利用职权实施的非法拘禁、刑讯逼供、非法搜查等侵犯公民权利、损害司法公正的犯罪，可以由人民检察院立案侦查。对于公安机关管辖的国家机关工作人员利用职权实施的重大犯罪案件，需要由人民检察院直接受理的时候，经省级以上人民检察院决定，可以由人民检察院立案侦查。

自诉案件，由人民法院直接受理。

实务问答 1. 哪些刑事案件不是由公安机关管辖

根据《公安机关办理刑事案件程序规定》第14条的规定，根据刑事诉讼法的规定，除下列情形外，刑事案件由公安机关管辖：(1)监察机关管辖的职务犯罪案件。(2)人民检察院管辖的在对诉讼活动实行法律监督中发现的司法工作人员利用职权实施的非法拘禁、刑讯逼供、非法搜查等侵犯公民权利、损害司法公正的犯罪，以及经省级以上人民检察院决定立案侦查的公安机关管辖的国家机关工作人员利用职权实施的重大犯罪案件。(3)人民法院管辖的自诉案件。对于人民法院直接受理的被害人有证据证明的轻微刑事案件，因证据不足驳回起诉，人民法院移送公安机关或者被害人向公安机关控告的，公安机关应当受理；被害人直接向公安机关控告的，公安机关应当受理。(4)军队保卫部门管辖的军人违反职责的犯罪和军队内部发生的刑事案件。(5)监狱管辖的罪犯在监狱内犯罪的刑事案件。(6)海警部门管辖的海(岛屿)岸线以外我国管辖海域内发生的刑事案件。对于发生在沿海港岙口、码头、滩涂、台轮停泊点等区域的，由公安机关管辖。(7)其他依照法律和规定应当由其他机关管辖的刑事案件。

2. 人民检察院立案侦查的案件有哪些

根据《人民检察院刑事诉讼规则》第13条的规定，人民检察院在对诉讼活动实行法律监督中发现的司法工作人员利用职权实施的非法拘禁、刑讯逼供、非法搜查等侵犯公民权利、损害司法公正的犯罪，可以由人民检察院立案侦查。对于公安机关管辖的国家机关工作人员利用职权实施的重大犯罪案件，需要由人民检察院直接受理的，经省级以上人民检察院决定，可以由人民检察院立案侦查。

3. 由人民法院直接受理的案件有哪些

《最高人民法院关于适用〈中华人民共和国刑事诉讼法〉的解释》第1条的规定，人民法院直接受理的自诉案件包括：

（一）告诉才处理的案件：

1. 侮辱、诽谤案（《刑法》第246条规定的，但严重危害社会秩序和国家利益的除外）；2. 暴力干涉婚姻自由案（《刑法》第257条第1款规定的）；3. 虐待案（《刑法》第260条第1款规定的，但被害人没有能力告诉或者因受到强制、威吓无法告诉的除外）；4. 侵占案（《刑法》第270条规定的）。

（二）人民检察院没有提起公诉，被害人有证据证明的轻微刑事案件：1. 故意伤害案（《刑法》第234条第1款规定的）；2. 非法侵入住宅案（《刑法》第245条规定的）；3. 侵犯通信自由案（《刑法》第252条规定的）；4. 重婚案（《刑法》第258条规定的）；5. 遗弃案（《刑法》第261条规定的）；6. 生产、销售伪劣商品案（刑法分则第三章第一节规定的，但严重危害社会秩序和国家利益的除外）；7. 侵犯知识产权案（刑法分则第三章第七节规定的，但严重危害社会秩序和国家利益的除外）；8. 刑法分则第四章、第五章规定的，可能判处三年有期徒刑以下刑罚的案件。本项规定的案件，被害人直接向人民法院起诉的，人民法院应当依法受理。对其中证据不足，可以由公安机关受理的，或者认为对被告人可能判处三年有期徒刑以上刑罚的，应当告知被害人向公安机关报案，或者移送公安机关立案侦查。

（三）被害人有证据证明对被告人侵犯自己人身、财产权利的行为应当依法追究刑事责任，且有证据证明曾经提出控告，而公安机关或者人民检察院不予追究被告人刑事责任的案件。

第二十条　【基层法院管辖】基层人民法院管辖第一审普通刑事案件，但是依照本法由上级人民法院管辖的除外。

第二十一条　【中级法院管辖】中级人民法院管辖下列第一审刑事案件：

（一）危害国家安全、恐怖活动案件；

（二）可能判处无期徒刑、死刑的案件。

第二十二条　【高级法院管辖】高级人民法院管辖的第一审刑事案件，是全省（自治区、直辖市）性的重大刑事案件。

第二十三条　【最高法院管辖】最高人民法院管辖的第一审刑事案件，是全国性的重大刑事案件。

第二十四条　【级别管辖变通】上级人民法院在必要的时候，可以审判下级人民法院管辖的第一审刑事案件；下级人民法院认为案情重大、复杂需要由上级人民法院审判的第一审刑事案件，可以请求移送上一级人民法院审判。

第二十五条　【地区管辖】刑事案件由犯罪地的人民法院管辖。如果由被告人居住地的人民法院审判更为适宜的，可以由被告人居住地的人民法院管辖。

实务问答 1.《刑事诉讼法》第25条规定的“犯罪地”是指什么

根据《公安机关办理刑事案件程序规定》第16条第1款的规定，犯罪地包括犯罪行为发生地和犯罪结果发生地。犯罪行为发生地，包括犯罪行为的实施地以及预备地、开始地、途经地、结束地等与犯罪行为有关的地点；犯罪行为有连续、持续或者继续状态的，犯罪行为连续、持续或者继续实施的地方都属于犯罪行为发生地。犯罪结果发生地，包括犯罪对象被侵害地、犯罪所得的实际取得地、藏匿地、转移地、使用地、销售地。根据《刑诉解释》第2条第2款的规定，针对或者主要利用计算机网络实施的犯罪，犯罪地包括用于实施犯罪行为的网络服务使用的服务器所在地，网络服务提供者所在地，被侵害的信息网络系统及其管理者所在地，犯罪过程中被告人、被害人使用的信息网络系统所在地，以及被害人被侵害时所在地和被害人财产遭受损失地等。

2.《刑事诉讼法》第25条规定的“居住地”是指什么

根据《刑诉解释》第3条的规定，被告人的户籍地为其居住地。经常居住地与户籍地不一致的，经常居住地为其居住地。经常居住地为被告人被追诉前已连续居住一年以上的地方，但住院就医的除外。被告单位登记的住所地为其居住地。主要营业地或者主要办事机构所在地与登记的住所地不一致的，主要营业地或者主要办事机构所在地为其居住地。

第二十六条　【优先管辖】【移送管辖】几个同级人民法院都有权管辖的案件，由最初受理的人民法院审判。在必要的时候,可以移送主要犯罪地的人民法院审判。

链接《刑诉解释》第19、24条

第二十七条 【指定管辖】上级人民法院可以指定下级人民法院审判管辖不明的案件,也可以指定下级人民法院将案件移送其他人民法院审判。

第二十八条 【专门管辖】专门人民法院案件的管辖另行规定。

第三章 回 避

第二十九条 【回避的法定情形】审判人员、检察人员、侦查人员有下列情形之一的,应当自行回避,当事人及其法定代理人也有权要求他们回避:

(一)是本案的当事人或者是当事人的近亲属的;

(二)本人或者他的近亲属和本案有利害关系的;

(三)担任过本案的证人、鉴定人、辩护人、诉讼代理人的;

(四)与本案当事人有其他关系,可能影响公正处理案件的。

第三十条 【办案人员违反禁止行为的回避】审判人员、检察人员、侦查人员不得接受当事人及其委托的人的请客送礼,不得违反规定会见当事人及其委托的人。

审判人员、检察人员、侦查人员违反前款规定的,应当依法追究法律责任。当事人及其法定代理人有权要求他们回避。

第三十一条 【决定回避的程序】审判人员、检察人员、侦查人员的回避,应当分别由院长、检察长、公安机关负责人决定;院长的回避,由本院审判委员会决定;检察长和公安机关负责人的回避,由同级人民检察院检察委员会决定。

对侦查人员的回避作出决定前,侦查人员不能停止对案件的侦查。

对驳回申请回避的决定,当事人及其法定代理人可以申请复议一次。

第三十二条 【回避制度的准用规定】本章关于回避的规定适用于书记员、翻译人员和鉴定人。

辩护人、诉讼代理人可以依照本章的规定要求回避、申请复议。

第四章 辩护与代理

第三十三条 【自行辩护与委托辩护】【辩护人的范围】犯罪嫌疑人、被告人除自己行使辩护权以外,还可以委托一至二人作为辩护人。下列的人可以被委托为辩护人:

(一)律师;

(二)人民团体或者犯罪嫌疑人、被告人所在单位推荐的人;

(三)犯罪嫌疑人、被告人的监护人、亲友。

正在被执行刑罚或者依法被剥夺、限制人身自由的人,不得担任辩护人。

被开除公职和被吊销律师、公证员执业证书的人,不得担任辩护人,但系犯罪嫌疑人、被告人的监护人、近亲属的除外。

注释 本条共规定了四层意思:1. 犯罪嫌疑人、被告人除有权自行辩护外,还有权委托法律规定的其他人为自己辩护,这种委托权是辩护权中一个不可分割的部分。

2. 限定了犯罪嫌疑人、被告人委托的辩护人的人数,即每个犯罪嫌疑人、被告人只能委托一人或二人担任辩护人。

3. 规定了犯罪嫌疑人、被告人可以聘请以下三种人担任辩护人:(1)律师,是指依法取得律师执业证书,接受委托或者指定,为当事人提供法律服务的执业人员;(2)人民团体或者犯罪嫌疑人、被告人所在单位推荐的人;(3)犯罪嫌疑人、被告人的监护人、亲友。

4. 规定了不得担任辩护人的情形。下列人员不得担任辩护人:(1)正在被执行刑罚或者处于缓刑、假释考验期间的人;(2)依法被剥夺、限制人身自由的人;(3)被开除公职或者被吊销律师、公证员执业证书的人;(4)人民法院、人民检察院、监察机关、公安机关、国家安全机关、监狱的现职人员;(5)人民陪审员;(6)与本案审理结果有利害关系的人;(7)外国人或者无国籍人;(8)无行为能力或者限制行为能力的人。上述第3项至第7项规定的人员,如果是被告人的监护人、近亲属,由被告人委托担任辩护人的,可以准许。

第三十四条 【委托辩护的时间及辩护告知】犯罪嫌疑人自被侦查机关第一次讯问或者采取强制措施之日起,有权委托辩护人;在侦查期间,只能委托律师作为辩护人。被告人有权随时委托辩护人。

侦查机关在第一次讯问犯罪嫌疑人或者对犯罪嫌疑人采取强制措施的时候，应当告知犯罪嫌疑人有权委托辩护人。人民检察院自收到移送审查起诉的案件材料之日起三日以内，应当告知犯罪嫌疑人有权委托辩护人。人民法院自受理案件之日起三日以内，应当告知被告人有权委托辩护人。犯罪嫌疑人、被告人在押期间要求委托辩护人的，人民法院、人民检察院和公安机关应当及时转达其要求。

犯罪嫌疑人、被告人在押的，也可以由其监护人、近亲属代为委托辩护人。

辩护人接受犯罪嫌疑人、被告人委托后，应当及时告知办理案件的机关。

第三十五条　【法律援助机构指派辩护】犯罪嫌疑人、被告人因经济困难或者其他原因没有委托辩护人的，本人及其近亲属可以向法律援助机构提出申请。对符合法律援助条件的，法律援助机构应当指派律师为其提供辩护。

犯罪嫌疑人、被告人是盲、聋、哑人，或者是尚未完全丧失辨认或者控制自己行为能力的精神病人，没有委托辩护人的，人民法院、人民检察院和公安机关应当通知法律援助机构指派律师为其提供辩护。

犯罪嫌疑人、被告人可能被判处无期徒刑、死刑，没有委托辩护人的，人民法院、人民检察院和公安机关应当通知法律援助机构指派律师为其提供辩护。

第三十六条　【值班律师】法律援助机构可以在人民法院、看守所等场所派驻值班律师。犯罪嫌疑人、被告人没有委托辩护人，法律援助机构没有指派律师为其提供辩护的，由值班律师为犯罪嫌疑人、被告人提供法律咨询、程序选择建议、申请变更强制措施、对案件处理提出意见等法律帮助。

人民法院、人民检察院、看守所应当告知犯罪嫌疑人、被告人有权约见值班律师，并为犯罪嫌疑人、被告人约见值班律师提供便利。

第三十七条　【辩护人的责任】辩护人的责任是根据事实和法律，提出犯罪嫌疑人、被告人无罪、罪轻或者减轻、免除其刑事责任的材料和意见，维护犯罪嫌疑人、被告人的诉讼权利和其他合法权益。

实务问答 律师在接受委托后可以拒绝辩护或者代理吗

律师接受委托后，无正当理由的，不得拒绝辩护或者代理。但是，委托事项违法、委托人利用律师提供的服务从事违法活动或者委托人故意隐瞒与案件有关的重要事实的，律师有权拒绝辩护或者代理。

第三十八条　【侦查期间的辩护】辩护律师在侦查期间可以为犯罪嫌疑人提供法律帮助；代理申诉、控告；申请变更强制措施；向侦查机关了解犯罪嫌疑人涉嫌的罪名和案件有关情况，提出意见。

第三十九条　【辩护人会见、通信】辩护律师可以同在押的犯罪嫌疑人、被告人会见和通信。其他辩护人经人民法院、人民检察院许可，也可以同在押的犯罪嫌疑人、被告人会见和通信。

辩护律师持律师执业证书、律师事务所证明和委托书或者法律援助公函要求会见在押的犯罪嫌疑人、被告人的，看守所应当及时安排会见，至迟不得超过四十八小时。

危害国家安全犯罪、恐怖活动犯罪案件，在侦查期间辩护律师会见在押的犯罪嫌疑人，应当经侦查机关许可。上述案件，侦查机关应当事先通知看守所。

辩护律师会见在押的犯罪嫌疑人、被告人，可以了解案件有关情况，提供法律咨询等；自案件移送审查起诉之日起，可以向犯罪嫌疑人、被告人核实有关证据。辩护律师会见犯罪嫌疑人、被告人时不被监听。

辩护律师同被监视居住的犯罪嫌疑人、被告人会见、通信，适用第一款、第三款、第四款的规定。

实务问答《刑事诉讼法》第39条第3款涉及的“有碍侦查”包括哪些情形

根据《公安机关办理刑事案件程序规定》第52条第5款的规定，有下列情形之一的，属于《刑事诉讼法》第39条第3款规定的“有碍侦查”：(1)可能毁灭、伪造证据，干扰证人作证或者串供的；(2)可能引起犯罪嫌疑人自残、自杀或者逃跑的；(3)可能引起同案犯逃避、妨碍侦查的；(4)犯罪嫌疑人的家属与犯罪有牵连的。

第四十条　【辩护人查阅、摘抄、复制卷宗材料】辩护律师自人民检察院对案件审查起诉之日起,可以查阅、摘抄、复制本案的案卷材料。其他辩护人经人民法院、人民检察院许可,也可以查阅、摘抄、复制上述材料。

实务问答 辩护律师能否复制侦查机关讯问录像

根据《最高人民法院刑事审判第二庭关于辩护律师能否复制侦查机关讯问录像问题的批复》的规定,根据《刑事诉讼法》第38条(对应现行《刑事诉讼法》第40条)和最高人民法院《关于适用〈中华人民共和国刑事诉讼法〉的解释》第47条(对应现行《刑诉解释》第53条)的规定,自人民检察院对案件审查起诉之日起,辩护律师可以查阅、摘抄、复制案卷材料,但其中涉及国家秘密、个人隐私的,应严格履行保密义务。你院请示的案件,侦查机关对被告人的讯问录音录像已经作为证据材料向人民法院移送并已在庭审中播放,不属于依法不能公开的材料,在辩护律师提出要求复制有关录音录像的情况下,应当准许。

第四十一条　【辩护人向办案机关申请调取证据】辩护人认为在侦查、审查起诉期间公安机关、人民检察院收集的证明犯罪嫌疑人、被告人无罪或者罪轻的证据材料未提交的,有权申请人民检察院、人民法院调取。

第四十二条　【辩护人向办案机关告知证据】辩护人收集的有关犯罪嫌疑人不在犯罪现场、未达到刑事责任年龄、属于依法不负刑事责任的精神病人的证据,应当及时告知公安机关、人民检察院。

第四十三条　【辩护律师收集材料】【辩护律师申请取证及证人出庭】辩护律师经证人或者其他有关单位和个人同意,可以向他们收集与本案有关的材料,也可以申请人民检察院、人民法院收集、调取证据,或者申请人民法院通知证人出庭作证。

辩护律师经人民检察院或者人民法院许可,并且经被害人或者其近亲属、被害人提供的证人同意,可以向他们收集与本案有关的材料。

第四十四条　【辩护人行为禁止及法律责任】辩护人或者其他任何人,不得帮助犯罪嫌疑人、被告人隐匿、毁灭、伪造证据或者串供,不得威胁、引诱证人作伪证以及进行其他干扰司法机关诉讼活动的行为。

违反前款规定的,应当依法追究法律责任,辩护人涉嫌犯罪的,应当由办理辩护人所承办案件的侦查机关以外的侦查机关办理。辩护人是律师的,应当及时通知其所在的律师事务所或者所属的律师协会。

第四十五条　【被告人拒绝辩护】在审判过程中,被告人可以拒绝辩护人继续为他辩护,也可以另行委托辩护人辩护。

第四十六条　【诉讼代理】公诉案件的被害人及其法定代理人或者近亲属,附带民事诉讼的当事人及其法定代理人,自案件移送审查起诉之日起,有权委托诉讼代理人。自诉案件的自诉人及其法定代理人,附带民事诉讼的当事人及其法定代理人,有权随时委托诉讼代理人。

人民检察院自收到移送审查起诉的案件材料之日起三日以内,应当告知被害人及其法定代理人或者其近亲属、附带民事诉讼的当事人及其法定代理人有权委托诉讼代理人。人民法院自受理自诉案件之日起三日以内,应当告知自诉人及其法定代理人、附带民事诉讼的当事人及其法定代理人有权委托诉讼代理人。

第四十七条　【委托诉讼代理人】委托诉讼代理人,参照本法第三十三条的规定执行。

第四十八条　【辩护律师执业保密及例外】辩护律师对在执业活动中知悉的委托人的有关情况和信息,有权予以保密。但是,辩护律师在执业活动中知悉委托人或者其他人,准备或者正在实施危害国家安全、公共安全以及严重危害他人人身安全的犯罪的,应当及时告知司法机关。

第四十九条　【妨碍辩护人、诉讼代理人行使诉讼权利的救济】辩护人、诉讼代理人认为公安机关、人民检察院、人民法院及其工作人员阻碍其依法行使诉讼权利的,有权向同级或者上一级人民检察院申诉或者控告。人民检察院对申诉或者控告应当及时进行审查,情况属实的,通知有关机关予以纠正。

第五章　证　据

第五十条　【证据的含义及法定种类】可以用于证明案件事实的材料,都是证据。

证据包括:

(一)物证;

(二)书证;

(三)证人证言;

(四)被害人陈述;

（五）犯罪嫌疑人、被告人供述和辩解；

（六）鉴定意见；

（七）勘验、检查、辨认、侦查实验等笔录；

（八）视听资料、电子数据。

证据必须经过查证属实，才能作为定案的根据。

注释 **鉴定意见**

鉴定意见是指有专门知识的鉴定人对案件中的专门性问题进行鉴定后提出的书面意见，如法医鉴定报告、指纹鉴定报告、血迹鉴定报告等。鉴定的结果不是最终结论，仍然要经过司法机关结合全案情况和其他证据进行审查判断，查证属实之后，才能作为定案的根据。

辨认

为了查明案情，在必要的时候，侦查人员可以让被害人、证人或者犯罪嫌疑人对与犯罪有关的物品、文件、尸体、场所或者犯罪嫌疑人进行辨认。

第五十一条 【举证责任】公诉案件中被告人有罪的举证责任由人民检察院承担，自诉案件中被告人有罪的举证责任由自诉人承担。

注释 本条区分公诉案件和自诉案件两种情况，对刑事案件的举证责任作了规定。根据本条规定，公诉案件中被告人有罪的举证责任由人民检察院承担；自诉案件中被告人有罪的举证责任由自诉人承担。

在司法实践中，要正确理解和适用本条的规定，还要注意以下几点：一是规定被告人有罪的举证责任由人民检察院承担，并不是要求检察院只提供证明被告人有罪的证据。二是不能否定法院客观全面审查证据的义务。为确保法院公正作出判决，人民法院不能只消极审查人民检察院提出的证据，在法庭审理过程中，合议庭对证据有疑问的，也可以宣布休庭对证据进行调查核实。三是规定被告人不负举证责任，并不是说犯罪嫌疑人、被告人不能向司法机关提出证据。

第五十二条 【依法收集证据】【不得强迫任何人自证其罪】审判人员、检察人员、侦查人员必须依照法定程序，收集能够证实犯罪嫌疑人、被告人有罪或者无罪、犯罪情节轻重的各种证据。严禁刑讯逼供和以威胁、引诱、欺骗以及其他非法方法收集证据，不得强迫任何人证实自己有罪。必须保证一切与案件有关或者了解案情的公民，有客观地充分地提供证据的条件，除特殊情况外，可以吸收他们协助调查。

第五十三条 【办案机关法律文书的证据要求】公安机关提请批准逮捕书、人民检察院起诉书、人民法院判决书，必须忠实于事实真象。故意隐瞒事实真象的，应当追究责任。

第五十四条 【向单位和个人收集、调取证据】【行政执法办案证据的使用】【证据保密】【伪造、隐匿、毁灭证据的责任】人民法院、人民检察院和公安机关有权向有关单位和个人收集、调取证据。有关单位和个人应当如实提供证据。

行政机关在行政执法和查办案件过程中收集的物证、书证、视听资料、电子数据等证据材料，在刑事诉讼中可以作为证据使用。

对涉及国家秘密、商业秘密、个人隐私的证据，应当保密。

凡是伪造证据、隐匿证据或者毁灭证据的，无论属于何方，必须受法律追究。

第五十五条 【重证据、不轻信口供】【证据确实、充分的法定条件】对一切案件的判处都要重证据，重调查研究，不轻信口供。只有被告人供述，没有其他证据的，不能认定被告人有罪和处以刑罚；没有被告人供述，证据确实、充分的，可以认定被告人有罪和处以刑罚。

证据确实、充分，应当符合以下条件：

（一）定罪量刑的事实都有证据证明；

（二）据以定案的证据均经法定程序查证属实；

（三）综合全案证据，对所认定事实已排除合理怀疑。

实务问答 **1. 被告人有罪供述出现反复且前后矛盾，关键情节与其他在案证据存在无法排除的重大矛盾，能否作为定案根据**

对于被告人有罪供述出现反复且前后矛盾，关键情节与其他在案证据存在无法排除的重大矛盾，不能排除有其他人作案可能的，应当认为认定主要案件事实的结论不具有唯一性。人民法院据此判决被告人有罪的，人民检察院应当按照审判监督程序向人民法院提出抗诉，或者向同级人民法院提出再审检察建议。（2016年5月31日最高人民检察院检例第25号：于英生申诉案）

2. 如何运用间接证据证明案件事实

运用间接证据证明案件事实，构成证明体系的间接证据应当相互衔接、相互支撑、相互印证，证据链条完整、证明结论唯一。基于经验和逻辑作出的判断结论并不必然具有唯一性，还要通过审查证据，进一步分析是否存在与指控方向相反的信息，排除其他可能性。既要审查证明体系中单一证据所包含的信息之间以及不同证据之间是否存在矛盾，又要注重审查证明体系之外的其他证据中是否存在相反信息。在犯罪嫌疑人、被告人不供述、不认罪的案件中，要高度重视犯罪嫌疑人、被告人的辩解和其他相反证据，综合判断上述证据中的相反信息是否会实质性阻断由各项客观事实到案件事实的判断过程、是否会削弱整个证据链条的证明效力。与证明体系存在实质矛盾并且不能排除其他可能性的，不能认定案件事实。但不能因为犯罪嫌疑人、被告人不供述或者提出辩解，就认为无法排除其他可能性。犯罪嫌疑人、被告人的辩解不具有合理性、正当性，可以认定证明结论唯一。（2020年3月25日最高人民检察院检例第65号：王鹏等人利用未公开信息交易案）

第五十六条　【非法证据排除】采用刑讯逼供等非法方法收集的犯罪嫌疑人、被告人供述和采用暴力、威胁等非法方法收集的证人证言、被害人陈述，应当予以排除。收集物证、书证不符合法定程序，可能严重影响司法公正的，应当予以补正或者作出合理解释；不能补正或者作出合理解释的，对该证据应当予以排除。

在侦查、审查起诉、审判时发现有应当排除的证据的，应当依法予以排除，不得作为起诉意见、起诉决定和判决的依据。

注释 刑事诉讼中应当排除的非法证据有两类：第一类是采用刑讯逼供等非法方法收集的犯罪嫌疑人、被告人供述和采用暴力、威胁等非法方法收集的证人证言、被害人陈述，即采用非法方法收集的言辞证据。第二类是收集程序不符合法定程序的物证、书证、视听资料、电子数据。

第五十七条　【检察院对非法收集证据的法律监督】人民检察院接到报案、控告、举报或者发现侦查人员以非法方法收集证据的，应当进行调查核实。对于确有以非法方法收集证据情形的，应当提出纠正意见；构成犯罪的，依法追究刑事责任。

第五十八条　【对证据收集合法性的法庭调查】【申请排除非法证据】法庭审理过程中，审判人员认为可能存在本法第五十六条规定的以非法方法收集证据情形的，应当对证据收集的合法性进行法庭调查。

当事人及其辩护人、诉讼代理人有权申请人民法院对以非法方法收集的证据依法予以排除。申请排除以非法方法收集的证据的，应当提供相关线索或者材料。

第五十九条　【对证据收集合法性的证明】在对证据收集的合法性进行法庭调查的过程中，人民检察院应当对证据收集的合法性加以证明。

现有证据材料不能证明证据收集的合法性的，人民检察院可以提请人民法院通知有关侦查人员或者其他人员出庭说明情况；人民法院可以通知有关侦查人员或者其他人员出庭说明情况。有关侦查人员或者其他人员也可以要求出庭说明情况。经人民法院通知，有关人员应当出庭。

第六十条　【庭审排除非法证据】对于经过法庭审理，确认或者不能排除存在本法第五十六条规定的以非法方法收集证据情形的，对有关证据应当予以排除。

第六十一条　【证人证言的质证与查实】【有意作伪证或隐匿罪证的责任】证人证言必须在法庭上经过公诉人、被害人和被告人、辩护人双方质证并且查实以后，才能作为定案的根据。法庭查明证人有意作伪证或者隐匿罪证的时候，应当依法处理。

第六十二条　【证人的范围和作证义务】凡是知道案件情况的人，都有作证的义务。

生理上、精神上有缺陷或者年幼，不能辨别是非、不能正确表达的人，不能作证人。

第六十三条　【证人及其近亲属的安全保障】人民法院、人民检察院和公安机关应当保障证人及其近亲属的安全。

对证人及其近亲属进行威胁、侮辱、殴打或者打击报复，构成犯罪的，依法追究刑事责任；尚不够刑事处罚的，依法给予治安管理处罚。

第六十四条　【对特定犯罪中有关诉讼参与人及其近亲属人身安全的保护措施】对于危害国家安全犯罪、恐怖活动犯罪、黑社会性质的组织犯罪、毒品犯罪等案件，证人、鉴定人、被害人因在诉讼中作证，本人或者其近亲属的人身安全面临危险的，人民法院、人民检察院和公安机关应当采取以下一项或者多项保护措施：

（一）不公开真实姓名、住址和工作单位等个人信息；

（二）采取不暴露外貌、真实声音等出庭作证措施；

（三）禁止特定的人员接触证人、鉴定人、被害人及其近亲属；

（四）对人身和住宅采取专门性保护措施；

（五）其他必要的保护措施。

证人、鉴定人、被害人认为因在诉讼中作证，本人或者其近亲属的人身安全面临危险的，可以向人民法院、人民检察院、公安机关请求予以保护。

人民法院、人民检察院、公安机关依法采取保护措施，有关单位和个人应当配合。

第六十五条 【证人作证补助与保障】证人因履行作证义务而支出的交通、住宿、就餐等费用，应当给予补助。证人作证的补助列入司法机关业务经费，由同级政府财政予以保障。

有工作单位的证人作证，所在单位不得克扣或者变相克扣其工资、奖金及其他福利待遇。

第六章 强制措施

第六十六条 【拘传、取保候审或者监视居住】人民法院、人民检察院和公安机关根据案件情况，对犯罪嫌疑人、被告人可以拘传、取保候审或者监视居住。

注释 **拘传**

拘传是人民法院、人民检察院或公安机关对未被羁押的犯罪嫌疑人、被告人强制其到案接受讯问的一种强制措施。

取保候审

取保候审是人民法院、人民检察院或公安机关责令犯罪嫌疑人、被告人交纳保证金或提出保证人，并出具保证书，保证其不逃避或妨碍侦查、起诉和审判，并随传随到的一种强制措施。

监视居住

监视居住是人民法院、人民检察院或公安机关为防止犯罪嫌疑人、被告人逃避侦查、起诉和审判，而限定其不得离开住所或者指定居所，并监视其行动的一种强制措施。

第六十七条 【取保候审的法定情形与执行】人民法院、人民检察院和公安机关对有下列情形之一的犯罪嫌疑人、被告人，可以取保候审：

（一）可能判处管制、拘役或者独立适用附加刑的；

（二）可能判处有期徒刑以上刑罚，采取取保候审不致发生社会危险性的；

（三）患有严重疾病、生活不能自理，怀孕或者正在哺乳自己婴儿的妇女，采取取保候审不致发生社会危险性的；

（四）羁押期限届满，案件尚未办结，需要采取取保候审的。

取保候审由公安机关执行。

注释 人民法院、人民检察院和公安机关都有权决定对犯罪嫌疑人、被告人取保候审，但取保候审的执行机关只有一个，就是公安机关。

取保候审适用于犯罪行为轻微，犯罪嫌疑人、被告人社会危险性较小的情况。除本条第1款第1项的规定外，其他适用取保候审强制措施的，均需要对行为人的社会危险性进行评价。

第六十八条 【取保候审的方式】人民法院、人民检察院和公安机关决定对犯罪嫌疑人、被告人取保候审，应当责令犯罪嫌疑人、被告人提出保证人或者交纳保证金。

第六十九条 【保证人的法定条件】保证人必须符合下列条件：

（一）与本案无牵连；

（二）有能力履行保证义务；

（三）享有政治权利，人身自由未受到限制；

（四）有固定的住处和收入。

第七十条 【保证人的法定义务】保证人应当履行以下义务：

（一）监督被保证人遵守本法第七十一条的规定；

（二）发现被保证人可能发生或者已经发生违反本法第七十一条规定的行为的，应当及时向执行机关报告。

被保证人有违反本法第七十一条规定的行为，保证人未履行保证义务的，对保证人处以罚款，构成犯罪的，依法追究刑事责任。

第七十一条 【被取保候审人应遵守的一般规定和特别规定】【对被取保候审人违反规定的处理】被取保候审的犯罪嫌疑人、被告人应当遵守以下规定：

（一）未经执行机关批准不得离开所居住的市、县；

（二）住址、工作单位和联系方式发生变动的，在二十四小时以内向执行机关报告；

（三）在传讯的时候及时到案；

（四）不得以任何形式干扰证人作证；

（五）不得毁灭、伪造证据或者串供。

人民法院、人民检察院和公安机关可以根据案件情况，责令被取保候审的犯罪嫌疑人、被告人遵守以下一项或者多项规定：

（一）不得进入特定的场所；

（二）不得与特定的人员会见或者通信；

（三）不得从事特定的活动；

（四）将护照等出入境证件、驾驶证件交执行机关保存。

被取保候审的犯罪嫌疑人、被告人违反前两款规定，已交纳保证金的，没收部分或者全部保证金，并且区别情形，责令犯罪嫌疑人、被告人具结悔过，重新交纳保证金、提出保证人，或者监视居住、予以逮捕。

对违反取保候审规定，需要予以逮捕的，可以对犯罪嫌疑人、被告人先行拘留。

第七十二条 【保证金数额的确定与执行】取保候审的决定机关应当综合考虑保证诉讼活动正常进行的需要，被取保候审人的社会危险性，案件的性质、情节，可能判处刑罚的轻重，被取保候审人的经济状况等情况，确定保证金的数额。

提供保证金的人应当将保证金存入执行机关指定银行的专门账户。

第七十三条 【保证金的退还】犯罪嫌疑人、被告人在取保候审期间未违反本法第七十一条规定的，取保候审结束的时候，凭解除取保候审的通知或者有关法律文书到银行领取退还的保证金。

第七十四条 【监视居住的法定情形与执行】人民法院、人民检察院和公安机关对符合逮捕条件，有下列情形之一的犯罪嫌疑人、被告人，可以监视居住：

（一）患有严重疾病、生活不能自理的；

（二）怀孕或者正在哺乳自己婴儿的妇女；

（三）系生活不能自理的人的唯一扶养人；

（四）因为案件的特殊情况或者办理案件的需要，采取监视居住措施更为适宜的；

（五）羁押期限届满，案件尚未办结，需要采取监视居住措施的。

对符合取保候审条件，但犯罪嫌疑人、被告人不能提出保证人，也不交纳保证金的，可以监视居住。

监视居住由公安机关执行。

第七十五条 【监视居住的执行处所与被监视居住人的权利保障】监视居住应当在犯罪嫌疑人、被告人的住处执行；无固定住处的，可以在指定的居所执行。对于涉嫌危害国家安全犯罪、恐怖活动犯罪，在住处执行可能有碍侦查的，经上一级公安机关批准，也可以在指定的居所执行。但是，不得在羁押场所、专门的办案场所执行。

指定居所监视居住的，除无法通知的以外，应当在执行监视居住后二十四小时以内，通知被监视居住人的家属。

被监视居住的犯罪嫌疑人、被告人委托辩护人，适用本法第三十四条的规定。

人民检察院对指定居所监视居住的决定和执行是否合法实行监督。

第七十六条 【监视居住期限的刑期折抵】指定居所监视居住的期限应当折抵刑期。被判处管制的，监视居住一日折抵刑期一日；被判处拘役、有期徒刑的，监视居住二日折抵刑期一日。

第七十七条 【被监视居住人应遵守的规定】【对被监视居住人违反规定的处理】被监视居住的犯罪嫌疑人、被告人应当遵守以下规定：

（一）未经执行机关批准不得离开执行监视居住的处所；

（二）未经执行机关批准不得会见他人或者通信；

（三）在传讯的时候及时到案；

（四）不得以任何形式干扰证人作证；

（五）不得毁灭、伪造证据或者串供；

（六）将护照等出入境证件、身份证件、驾驶证件交执行机关保存。

被监视居住的犯罪嫌疑人、被告人违反前款规定，情节严重的，可以予以逮捕；需要予以逮捕的，可以对犯罪嫌疑人、被告人先行拘留。

第七十八条 【执行机关对被监视居住人的监督与监控】执行机关对被监视居住的犯罪嫌疑人、被告人，可以采取电子监控、不定期检查等监视方法对其遵守监视居住规定的情况进行监督；在侦查期间，可以对被监视居住的犯罪嫌疑人的通信进行监控。

第七十九条 【取保候审、监视居住的法定期限及其解除】人民法院、人民检察院和公安机关对犯罪嫌疑人、被告人取保候审最长不得超过十二个月，监视居住最长不得超过六个月。

在取保候审、监视居住期间，不得中断对案件的侦查、起诉和审理。对于发现不应当追究刑事责任或者取保候审、监视居住期限届满的，应当及时解除取保候审、监视居住。解除取保候审、监视居住，应当及时通知被取保候审、监视居住人和有关单位。

第八十条　【逮捕的批准、决定与执行】逮捕犯罪嫌疑人、被告人，必须经过人民检察院批准或者人民法院决定，由公安机关执行。

第八十一条　【逮捕的法定情形】对有证据证明有犯罪事实，可能判处徒刑以上刑罚的犯罪嫌疑人、被告人，采取取保候审尚不足以防止发生下列社会危险性的，应当予以逮捕：

（一）可能实施新的犯罪的；

（二）有危害国家安全、公共安全或者社会秩序的现实危险的；

（三）可能毁灭、伪造证据，干扰证人作证或者串供的；

（四）可能对被害人、举报人、控告人实施打击报复的；

（五）企图自杀或者逃跑的。

批准或者决定逮捕，应当将犯罪嫌疑人、被告人涉嫌犯罪的性质、情节，认罪认罚等情况，作为是否可能发生社会危险性的考虑因素。

对有证据证明有犯罪事实，可能判处十年有期徒刑以上刑罚的，或者有证据证明有犯罪事实，可能判处徒刑以上刑罚，曾经故意犯罪或者身份不明的，应当予以逮捕。

被取保候审、监视居住的犯罪嫌疑人、被告人违反取保候审、监视居住规定，情节严重的，可以予以逮捕。

注释 本条第2款是批准或者决定逮捕时评估社会危险性和考虑因素的规定。本款规定的犯罪的性质、情节是对犯罪嫌疑人、被告人已经实施的犯罪情况的客观判断。犯罪的性质主要是指是什么类型的犯罪、侵犯何种客体，以及可能适用的罪名等情况；犯罪的情节包括犯罪本身的情节轻重以及是否具有相关法定或酌定量刑情节的情况，如是否具有自首情节、有无立功，犯罪的一贯表现等；认罪认罚的情况，包括犯罪嫌疑人是否自愿认罪，能否如实供述自己的罪行，是否同意量刑建议和程序适用、愿意接受处罚等。

本条第3款规定的应当逮捕，主要包括三种情况：(1)有证据证明有犯罪事实，可能判处十年有期徒刑以上刑罚的情况。(2)有证据证明有犯罪事实，可能判处徒刑以上刑罚，曾经故意犯罪的犯罪嫌疑人、被告人。(3)有证据证明有犯罪事实，可能判处徒刑以上刑罚，身份不明的犯罪嫌疑人、被告人。

实务问答 无罪逮捕是否可以申请精神损害抚慰金

国家机关及其工作人员行使职权时侵犯公民人身自由权，严重影响受害人正常的工作、生活，导致其精神极度痛苦，属于造成精神损害严重后果。朱红蔚被羁押875天，正常的家庭生活和公司经营也因此受到影响，导致其精神极度痛苦，应认定精神损害后果严重。赔偿义务机关支付精神损害抚慰金的数额，应当根据侵权行为的手段、场合、方式等具体情节，侵权行为造成的影响、后果，以及当地平均生活水平等综合因素确定。（2014年12月25日最高人民法院指导案例第42号：朱红蔚申请无罪逮捕赔偿案）

第八十二条　【拘留的法定情形】公安机关对于现行犯或者重大嫌疑分子，如果有下列情形之一的，可以先行拘留：

（一）正在预备犯罪、实行犯罪或者在犯罪后即时被发觉的；

（二）被害人或者在场亲眼看见的人指认他犯罪的；

（三）在身边或者住处发现有犯罪证据的；

（四）犯罪后企图自杀、逃跑或者在逃的；

（五）有毁灭、伪造证据或者串供可能的；

（六）不讲真实姓名、住址，身份不明的；

（七）有流窜作案、多次作案、结伙作案重大嫌疑的。

注释 刑事拘留具有以下特点：(1)决定机关是公安机关和人民检察院，执行机关是公安机关；(2)拘留是在紧急情况下采用的一种处置方法；(3)拘留具有临时性。

拘留的条件包括两个：一是拘留的对象是现行犯或者重大嫌疑分子；二是具有我国《刑事诉讼法》第82条规定的情形之一。其中，现行犯，是指正在实施犯罪的犯罪分子，包括正在预备犯罪、正在实施犯罪，或者犯罪刚刚结束，尚未离开现场，在场目击的人或者随后追查犯罪的人可以确认犯罪系其实施的犯罪嫌疑人。重大嫌疑分子，一般是指侦查机关通过侦查，已经有较大量的证据能够基本证明犯罪系其实施的犯罪嫌疑人。“流窜作案”，是指跨市、县管辖范围连续作案，或者在居住地作案后逃跑到外市、县继续作案；“多次作案”，是指三次以上作案；“结伙作案”，是指二人以上共同作案。

第八十三条 【异地拘留、逮捕】公安机关在异地执行拘留、逮捕的时候，应当通知被拘留、逮捕人所在地的公安机关，被拘留、逮捕人所在地的公安机关应当予以配合。

第八十四条 【扭送的法定情形】对于有下列情形的人，任何公民都可以立即扭送公安机关、人民检察院或者人民法院处理：

（一）正在实行犯罪或者在犯罪后即时被发觉的；

（二）通缉在案的；

（三）越狱逃跑的；

（四）正在被追捕的。

第八十五条 【拘留的程序与通知家属】公安机关拘留人的时候，必须出示拘留证。

拘留后，应当立即将被拘留人送看守所羁押，至迟不得超过二十四小时。除无法通知或者涉嫌危害国家安全犯罪、恐怖活动犯罪通知可能有碍侦查的情形以外，应当在拘留后二十四小时以内，通知被拘留人的家属。有碍侦查的情形消失以后，应当立即通知被拘留人的家属。

第八十六条 【拘留后的讯问与释放】公安机关对被拘留的人，应当在拘留后的二十四小时以内进行讯问。在发现不应当拘留的时候，必须立即释放，发给释放证明。

第八十七条 【提请逮捕】公安机关要求逮捕犯罪嫌疑人的时候，应当写出提请批准逮捕书，连同案卷材料、证据，一并移送同级人民检察院审查批准。必要的时候，人民检察院可以派人参加公安机关对于重大案件的讨论。

第八十八条 【审查批准逮捕】人民检察院审查批准逮捕，可以讯问犯罪嫌疑人；有下列情形之一的，应当讯问犯罪嫌疑人：

（一）对是否符合逮捕条件有疑问的；

（二）犯罪嫌疑人要求向检察人员当面陈述的；

（三）侦查活动可能有重大违法行为的。

人民检察院审查批准逮捕，可以询问证人等诉讼参与人，听取辩护律师的意见；辩护律师提出要求的，应当听取辩护律师的意见。

第八十九条 【审查批准逮捕的决定】人民检察院审查批准逮捕犯罪嫌疑人由检察长决定。重大案件应当提交检察委员会讨论决定。

第九十条 【批准逮捕与不批准逮捕】人民检察院对于公安机关提请批准逮捕的案件进行审查后，应当根据情况分别作出批准逮捕或者不批准逮捕的决定。对于批准逮捕的决定，公安机关应当立即执行，并且将执行情况及时通知人民检察院。对于不批准逮捕的，人民检察院应当说明理由，需要补充侦查的，应当同时通知公安机关。

第九十一条 【提请批捕对其审查处理】公安机关对被拘留的人，认为需要逮捕的，应当在拘留后的三日以内，提请人民检察院审查批准。在特殊情况下，提请审查批准的时间可以延长一日至四日。

对于流窜作案、多次作案、结伙作案的重大嫌疑分子，提请审查批准的时间可以延长至三十日。

人民检察院应当自接到公安机关提请批准逮捕书后的七日以内，作出批准逮捕或者不批准逮捕的决定。人民检察院不批准逮捕的，公安机关应当在接到通知后立即释放，并且将执行情况及时通知人民检察院。对于需要继续侦查，并且符合取保候审、监视居住条件的，依法取保候审或者监视居住。

第九十二条 【公安机关对不批准逮捕的异议】公安机关对人民检察院不批准逮捕的决定，认为有错误的时候，可以要求复议，但是必须将被拘留的人立即释放。如果意见不被接受，可以向上一级人民检察院提请复核。上级人民检察院应当立即复核，作出是否变更的决定，通知下级人民检察院和公安机关执行。

第九十三条 【逮捕的程序与通知家属】公安机关逮捕人的时候，必须出示逮捕证。

逮捕后，应当立即将被逮捕人送看守所羁押。除无法通知的以外，应当在逮捕后二十四小时以内，通知被逮捕人的家属。

第九十四条 【逮捕后的讯问】人民法院、人民检察院对于各自决定逮捕的人，公安机关对于经人民检察院批准逮捕的人，都必须在逮捕后的二十四小时以内进行讯问。在发现不应当逮捕的时候，必须立即释放，发给释放证明。

第九十五条 【检察院对羁押必要性的审查】犯罪嫌疑人、被告人被逮捕后，人民检察院仍应当对羁押的必要性进行审查。对不需要继续羁押的，应当建议予以释放或者变更强制措施。有关机关应当在十日以内将处理情况通知人民检察院。

第九十六条 【强制措施的撤销与变更】人民法院、人民检察院和公安机关如果发现对犯罪嫌疑人、被告人采取强制措施不当的，应当及时撤销或者变更。公安机关释放被逮捕的人或者变更逮捕措施的，应当通知原批准的人民检察院。

第九十七条 【变更强制措施的申请与决定程序】犯罪嫌疑人、被告人及其法定代理人、近亲属或者辩护人有权申请变更强制措施。人民法院、人民检察院和公安机关收到申请后，应当在三日以内作出决定；不同意变更强制措施的，应当告知申请人，并说明不同意的理由。

第九十八条 【对不能按期结案强制措施的变更】犯罪嫌疑人、被告人被羁押的案件，不能在本法规定的侦查羁押、审查起诉、一审、二审期限内办结的，对犯罪嫌疑人、被告人应当予以释放；需要继续查证、审理的，对犯罪嫌疑人、被告人可以取保候审或者监视居住。

第九十九条 【法定期限届满要求解除强制措施】人民法院、人民检察院或者公安机关对被采取强制措施法定期限届满的犯罪嫌疑人、被告人，应当予以释放、解除取保候审、监视居住或者依法变更强制措施。犯罪嫌疑人、被告人及其法定代理人、近亲属或者辩护人对于人民法院、人民检察院或者公安机关采取强制措施法定期限届满的，有权要求解除强制措施。

第一百条 【侦查监督】人民检察院在审查批准逮捕工作中，如果发现公安机关的侦查活动有违法情况，应当通知公安机关予以纠正，公安机关应当将纠正情况通知人民检察院。

第七章 附带民事诉讼

第一百零一条 【附带民事诉讼的提起】被害人由于被告人的犯罪行为而遭受物质损失的，在刑事诉讼过程中，有权提起附带民事诉讼。被害人死亡或者丧失行为能力的，被害人的法定代理人、近亲属有权提起附带民事诉讼。

如果是国家财产、集体财产遭受损失的，人民检察院在提起公诉的时候，可以提起附带民事诉讼。

第一百零二条 【附带民事诉讼中的保全措施】人民法院在必要的时候，可以采取保全措施，查封、扣押或者冻结被告人的财产。附带民事诉讼原告人或者人民检察院可以申请人民法院采取保全措施。人民法院采取保全措施，适用民事诉讼法的有关规定。

第一百零三条 【附带民事诉讼的调解和裁判】人民法院审理附带民事诉讼案件，可以进行调解，或者根据物质损失情况作出判决、裁定。

第一百零四条 【附带民事诉讼一并审判及例外】附带民事诉讼应当同刑事案件一并审判，只有为了防止刑事案件审判的过分迟延，才可以在刑事案件审判后，由同一审判组织继续审理附带民事诉讼。

第八章 期间、送达

第一百零五条 【期间及其计算】期间以时、日、月计算。

期间开始的时和日不算在期间以内。

法定期间不包括路途上的时间。上诉状或者其他文件在期满前已经交邮的，不算过期。

期间的最后一日为节假日的，以节假日后的第一日为期满日期，但犯罪嫌疑人、被告人或者罪犯在押期间，应当至期满之日为止，不得因节假日而延长。

注释 刑事诉讼法中的“期间”，是指刑事诉讼中各个诉讼阶段、各种诉讼行为所用的法定时间。所谓“开始的时和日不算在期间以内”，是指期间应从诉讼行为开始后的第二个小时或者第二日起计算。本法第93条第2款规定，公安机关逮捕犯罪嫌疑人，应当在逮捕后二十四小时以内通知被逮捕人的家属。假如逮捕的时间是上午九时三十分，则起算二十四小时期限的时间点应当是次日上午十时。即“逮捕后二十四小时”是指从当日上午十时起，至次日上午十时止，公安机关应当在次日上午十时前通知被逮捕人的家属。关于以日为单位的期间起算，与此类似，应当从诉讼行为开始之日的第二日起计算。“路途上的时间”，是指司法机关邮寄送达诉讼文书及当事人向司法机关邮寄诉讼文书在路途上所占用的时间。

以月计算的期间，自本月某日至下月同日为

一个月；期限起算日为本月最后一日的，至下月最后一日为一个月；下月同日不存在的，自本月某日至下月最后一日为一个月；半个月一律按十五日计算。

链接《刑诉解释》第202条

第一百零六条 【期间的耽误及补救】当事人由于不能抗拒的原因或者有其他正当理由而耽误期限的，在障碍消除后五日以内，可以申请继续进行应当在期满以前完成的诉讼活动。

前款申请是否准许，由人民法院裁定。

第一百零七条 【送达】送达传票、通知书和其他诉讼文件应当交给收件人本人；如果本人不在，可以交给他的成年家属或者所在单位的负责人员代收。

收件人本人或者代收人拒绝接收或者拒绝签名、盖章的时候，送达人可以邀请他的邻居或者其他见证人到场，说明情况，把文件留在他的住处，在送达证上记明拒绝的事由、送达的日期，由送达人签名，即认为已经送达。

第九章 其他规定

第一百零八条 【本法用语解释】本法下列用语的含意是：

（一）"侦查"是指公安机关、人民检察院对于刑事案件，依照法律进行的收集证据、查明案情的工作和有关的强制性措施；

（二）"当事人"是指被害人、自诉人、犯罪嫌疑人、被告人、附带民事诉讼的原告人和被告人；

（三）"法定代理人"是指被代理人的父母、养父母、监护人和负有保护责任的机关、团体的代表；

（四）"诉讼参与人"是指当事人、法定代理人、诉讼代理人、辩护人、证人、鉴定人和翻译人员；

（五）"诉讼代理人"是指公诉案件的被害人及其法定代理人或者近亲属、自诉案件的自诉人及其法定代理人委托代为参加诉讼的人和附带民事诉讼的当事人及其法定代理人委托代为参加诉讼的人；

（六）"近亲属"是指夫、妻、父、母、子、女、同胞兄弟姊妹。

第二编 立案、侦查和提起公诉

第一章 立 案

第一百零九条 【立案侦查机关】公安机关或者人民检察院发现犯罪事实或者犯罪嫌疑人，应当按照管辖范围，立案侦查。

注释 立案，是指公安机关、人民检察院或者人民法院依法接受报案、控告、举报和自首，并且按照管辖范围，对报案、控告、举报和自首的材料进行审查，确认有无犯罪事实，决定是否作为刑事案件进行侦查或者审判的诉讼活动而追究刑事责任。立案是刑事诉讼活动的开始，也是刑事诉讼的必经阶段。

第一百一十条 【报案、举报、控告及自首的处理】任何单位和个人发现有犯罪事实或者犯罪嫌疑人，有权利也有义务向公安机关、人民检察院或者人民法院报案或者举报。

被害人对侵犯其人身、财产权利的犯罪事实或者犯罪嫌疑人，有权向公安机关、人民检察院或者人民法院报案或者控告。

公安机关、人民检察院或者人民法院对于报案、控告、举报，都应当接受。对于不属于自己管辖的，应当移送主管机关处理，并且通知报案人、控告人、举报人；对于不属于自己管辖而又必须采取紧急措施的，应当先采取紧急措施，然后移送主管机关。

犯罪人向公安机关、人民检察院或者人民法院自首的，适用第三款规定。

注释 "报案"，是指单位和个人（包括被害人）向公安机关、人民检察院、人民法院报告发现有犯罪事实或者犯罪嫌疑人的行为；"举报"，是指当事人以外的其他知情人向公安机关、人民检察院、人民法院检举、揭发犯罪嫌疑人的犯罪事实或者犯罪嫌疑人线索的行为；"控告"，是指被害人及其近亲属或其诉讼代理人，对侵犯被害人合法权益的犯罪行为向司法机关告诉，要求追究侵害人的法律责任的行为。

第一百一十一条 【报案、控告、举报的形式、程序及保障】报案、控告、举报可以用书面或者口头提出。接受口头报案、控告、举报的工作人员，应当写成笔录，经宣读无误后，由报案人、控告人、举报人签名或者盖章。

接受控告、举报的工作人员，应当向控告人、举报人说明诬告应负的法律责任。但是，只要不是捏造事实，伪造证据，即使控告、举报的事实有出入，甚至是错告的，也要和诬告严格加以区别。

公安机关、人民检察院或者人民法院应当保

障报案人、控告人、举报人及其近亲属的安全。报案人、控告人、举报人如果不愿公开自己的姓名和报案、控告、举报的行为,应当为他保守秘密。

第一百一十二条 【对报案、控告、举报和自首的审查】人民法院、人民检察院或者公安机关对于报案、控告、举报和自首的材料,应当按照管辖范围,迅速进行审查,认为有犯罪事实需要追究刑事责任的时候,应当立案;认为没有犯罪事实,或者犯罪事实显著轻微,不需要追究刑事责任的时候,不予立案,并且将不立案的原因通知控告人。控告人如果不服,可以申请复议。

第一百一十三条 【立案监督】人民检察院认为公安机关对应当立案侦查的案件而不立案侦查的,或者被害人认为公安机关对应当立案侦查的案件而不立案侦查,向人民检察院提出的,人民检察院应当要求公安机关说明不立案的理由。人民检察院认为公安机关不立案理由不能成立的,应当通知公安机关立案,公安机关接到通知后应当立案。

实务问答 检察机关如何进行立案监督

检察机关发现公安机关对拒不执行判决、裁定的行为应当立案侦查而不立案侦查的,应当依法监督公安机关立案。检察机关受理立案监督申请后,应当根据事实、法律进行审查,并依法开展调查核实。决定监督立案的,应当同时将调查收集的证据材料送达公安机关。(2020 年 12 月 22 日最高人民检察院检例第 92 号:上海甲建筑装饰有限公司、吕某拒不执行判决立案监督案)

第一百一十四条 【自诉案件的起诉与受理】对于自诉案件,被害人有权向人民法院直接起诉。被害人死亡或者丧失行为能力的,被害人的法定代理人、近亲属有权向人民法院起诉。人民法院应当依法受理。

第二章 侦　查

第一节 一般规定

第一百一十五条 【侦查】公安机关对已经立案的刑事案件,应当进行侦查,收集、调取犯罪嫌疑人有罪或者无罪、罪轻或者罪重的证据材料。对现行犯或者重大嫌疑分子可以依法先行拘留,对符合逮捕条件的犯罪嫌疑人,应当依法逮捕。

第一百一十六条 【预审】公安机关经过侦查,对有证据证明有犯罪事实的案件,应当进行预审,对收集、调取的证据材料予以核实。

第一百一十七条 【对违法侦查的申诉、控告与处理】当事人和辩护人、诉讼代理人、利害关系人对于司法机关及其工作人员有下列行为之一的,有权向该机关申诉或者控告:

(一)采取强制措施法定期限届满,不予以释放、解除或者变更的;

(二)应当退还取保候审保证金不退还的;

(三)对与案件无关的财物采取查封、扣押、冻结措施的;

(四)应当解除查封、扣押、冻结不解除的;

(五)贪污、挪用、私分、调换、违反规定使用查封、扣押、冻结的财物的。

受理申诉或者控告的机关应当及时处理。对处理不服的,可以向同级人民检察院申诉;人民检察院直接受理的案件,可以向上一级人民检察院申诉。人民检察院对申诉应当及时进行审查,情况属实的,通知有关机关予以纠正。

第二节 讯问犯罪嫌疑人

第一百一十八条 【讯问的主体】【对被羁押犯罪嫌疑人讯问地点】讯问犯罪嫌疑人必须由人民检察院或者公安机关的侦查人员负责进行。讯问的时候,侦查人员不得少于二人。

犯罪嫌疑人被送交看守所羁押以后,侦查人员对其进行讯问,应当在看守所内进行。

第一百一十九条 【传唤、拘传讯问的地点、持续期间及权利保障】对不需要逮捕、拘留的犯罪嫌疑人,可以传唤到犯罪嫌疑人所在市、县内的指定地点或者到他的住处进行讯问,但是应当出示人民检察院或者公安机关的证明文件。对在现场发现的犯罪嫌疑人,经出示工作证件,可以口头传唤,但应当在讯问笔录中注明。

传唤、拘传持续的时间不得超过十二小时;案情特别重大、复杂,需要采取拘留、逮捕措施的,传唤、拘传持续的时间不得超过二十四小时。

不得以连续传唤、拘传的形式变相拘禁犯罪嫌疑人。传唤、拘传犯罪嫌疑人,应当保证犯罪嫌疑人的饮食和必要的休息时间。

第一百二十条 【讯问程序】侦查人员在讯问犯罪嫌疑人的时候,应当首先讯问犯罪嫌疑人是否有犯罪行为,让他陈述有罪的情节或者无罪的辩解,然后向他提出问题。犯罪嫌疑人对侦查人员的提问,应当如实回答。但是对与本案无关的问题,有拒绝回答的权利。

侦查人员在讯问犯罪嫌疑人的时候,应当告知犯罪嫌疑人享有的诉讼权利,如实供述自己罪行可以从宽处理和认罪认罚的法律规定。

第一百二十一条 【对聋、哑犯罪嫌疑人讯问的要求】讯问聋、哑的犯罪嫌疑人,应当有通晓聋、哑手势的人参加,并且将这种情况记明笔录。

第一百二十二条 【讯问笔录】讯问笔录应当交犯罪嫌疑人核对,对于没有阅读能力的,应当向他宣读。如果记载有遗漏或者差错,犯罪嫌疑人可以提出补充或者改正。犯罪嫌疑人承认笔录没有错误后,应当签名或者盖章。侦查人员也应当在笔录上签名。犯罪嫌疑人请求自行书写供述的,应当准许。必要的时候,侦查人员也可以要犯罪嫌疑人亲笔书写供词。

第一百二十三条 【讯问过程录音录像】侦查人员在讯问犯罪嫌疑人的时候,可以对讯问过程进行录音或者录像;对于可能判处无期徒刑、死刑的案件或者其他重大犯罪案件,应当对讯问过程进行录音或者录像。

录音或者录像应当全程进行,保持完整性。

注释 根据《公安机关办理刑事案件程序规定》第208条的规定,"可能判处无期徒刑、死刑的案件",是指应当适用的法定刑或者量刑档次包含无期徒刑、死刑的案件。"其他重大犯罪案件",是指致人重伤、死亡的严重危害公共安全犯罪、严重侵犯公民人身权利犯罪,以及黑社会性质组织犯罪、严重毒品犯罪等重大故意犯罪案件。对讯问过程录音录像的,应当对每一次讯问全程不间断进行,保持完整性。不得选择性地录制,不得剪接、删改。

第三节 询问证人

第一百二十四条 【询问证人的地点、方式】侦查人员询问证人,可以在现场进行,也可以到证人所在单位、住处或者证人提出的地点进行,在必要的时候,可以通知证人到人民检察院或者公安机关提供证言。在现场询问证人,应当出示工作证件,到证人所在单位、住处或者证人提出的地点询问证人,应当出示人民检察院或者公安机关的证明文件。

询问证人应当个别进行。

第一百二十五条 【询问证人的告知事项】询问证人,应当告知他应当如实地提供证据、证言和有意作伪证或者隐匿罪证要负的法律责任。

第一百二十六条 【询问证人笔录】本法第一百二十二条的规定,也适用于询问证人。

第一百二十七条 【询问被害人的法律适用】询问被害人,适用本节各条规定。

第四节 勘验、检查

第一百二十八条 【勘验、检查的主体和范围】侦查人员对于与犯罪有关的场所、物品、人身、尸体应当进行勘验或者检查。在必要的时候,可以指派或者聘请具有专门知识的人,在侦查人员的主持下进行勘验、检查。

第一百二十九条 【犯罪现场保护】任何单位和个人,都有义务保护犯罪现场,并且立即通知公安机关派员勘验。

第一百三十条 【勘验、检查的手续】侦查人员执行勘验、检查,必须持有人民检察院或者公安机关的证明文件。

第一百三十一条 【尸体解剖】对于死因不明的尸体,公安机关有权决定解剖,并且通知死者家属到场。

第一百三十二条 【对被害人、犯罪嫌疑人的人身检查】为了确定被害人、犯罪嫌疑人的某些特征、伤害情况或者生理状态,可以对人身进行检查,可以提取指纹信息,采集血液、尿液等生物样本。

犯罪嫌疑人如果拒绝检查,侦查人员认为必要的时候,可以强制检查。

检查妇女的身体,应当由女工作人员或者医师进行。

注释 "某些特征",主要是指被害人、犯罪嫌疑人的体表特征,如相貌、皮肤颜色、特殊痕迹、机体有无缺损等。"伤害情况",主要是指伤害的位置、程度、伤势形态等,实践中检查人身伤害情况多是针对被害人进行的。"生理状态",主要是指有无生理缺陷,如智力发育情况,各种生理机能等。"必要的时候",是指不进行强制检查,人身检查的任务无法完成,侦查活动无法正常进行,而经教育,犯罪嫌疑人仍拒不接受检查等。需要注意的是,强制性人身检查只适用于犯罪嫌疑人,对于被害人,如果其拒绝接受人身检查,侦查人员不得使用本条规定的强制检查措施。

第一百三十三条　【勘验、检查笔录制作】勘验、检查的情况应当写成笔录，由参加勘验、检查的人和见证人签名或者盖章。

第一百三十四条　【复验、复查】人民检察院审查案件的时候，对公安机关的勘验、检查，认为需要复验、复查时，可以要求公安机关复验、复查，并且可以派检察人员参加。

第一百三十五条　【侦查实验】为了查明案情，在必要的时候，经公安机关负责人批准，可以进行侦查实验。

侦查实验的情况应当写成笔录，由参加实验的人签名或者盖章。

侦查实验，禁止一切足以造成危险、侮辱人格或者有伤风化的行为。

第五节　搜　查

第一百三十六条　【搜查的主体和范围】为了收集犯罪证据、查获犯罪人，侦查人员可以对犯罪嫌疑人以及可能隐藏罪犯或者犯罪证据的人的身体、物品、住处和其他有关的地方进行搜查。

第一百三十七条　【协助义务】任何单位和个人，有义务按照人民检察院和公安机关的要求，交出可以证明犯罪嫌疑人有罪或者无罪的物证、书证、视听资料等证据。

第一百三十八条　【持证搜查与无证搜查】进行搜查，必须向被搜查人出示搜查证。

在执行逮捕、拘留的时候，遇有紧急情况，不另用搜查证也可以进行搜查。

第一百三十九条　【搜查程序】在搜查的时候，应当有被搜查人或者他的家属，邻居或者其他见证人在场。

搜查妇女的身体，应当由女工作人员进行。

第一百四十条　【搜查笔录制作】搜查的情况应当写成笔录，由侦查人员和被搜查人或者他的家属，邻居或者其他见证人签名或者盖章。如果被搜查人或者他的家属在逃或者拒绝签名、盖章，应当在笔录上注明。

第六节　查封、扣押物证、书证

第一百四十一条　【查封、扣押的范围及保管、封存】在侦查活动中发现的可用以证明犯罪嫌疑人有罪或者无罪的各种财物、文件，应当查封、扣押；与案件无关的财物、文件，不得查封、扣押。

对查封、扣押的财物、文件，要妥善保管或者封存，不得使用、调换或者损毁。

第一百四十二条　【查封、扣押清单】对查封、扣押的财物、文件，应当会同在场见证人和被查封、扣押财物、文件持有人查点清楚，当场开列清单一式二份，由侦查人员、见证人和持有人签名或者盖章，一份交给持有人，另一份附卷备查。

第一百四十三条　【扣押邮件、电报的程序】侦查人员认为需要扣押犯罪嫌疑人的邮件、电报的时候，经公安机关或者人民检察院批准，即可通知邮电机关将有关的邮件、电报检交扣押。

不需要继续扣押的时候，应即通知邮电机关。

第一百四十四条　【查询、冻结犯罪嫌疑人财产的程序】人民检察院、公安机关根据侦查犯罪的需要，可以依照规定查询、冻结犯罪嫌疑人的存款、汇款、债券、股票、基金份额等财产。有关单位和个人应当配合。

犯罪嫌疑人的存款、汇款、债券、股票、基金份额等财产已被冻结的，不得重复冻结。

第一百四十五条　【查封、扣押、冻结的解除】对查封、扣押的财物、文件、邮件、电报或者冻结的存款、汇款、债券、股票、基金份额等财产，经查明确实与案件无关的，应当在三日以内解除查封、扣押、冻结，予以退还。

第七节　鉴　定

第一百四十六条　【鉴定的启动】为了查明案情，需要解决案件中某些专门性问题的时候，应当指派、聘请有专门知识的人进行鉴定。

第一百四十七条　【鉴定意见的制作】【故意作虚假鉴定的责任】鉴定人进行鉴定后，应当写出鉴定意见，并且签名。

鉴定人故意作虚假鉴定的，应当承担法律责任。

第一百四十八条　【告知鉴定意见与补充鉴定、重新鉴定】侦查机关应当将用作证据的鉴定意见告知犯罪嫌疑人、被害人。如果犯罪嫌疑人、被害人提出申请，可以补充鉴定或者重新鉴定。

第一百四十九条　【对犯罪嫌疑人作精神病鉴定的期间】对犯罪嫌疑人作精神病鉴定的期间不计入办案期限。

注释 “对犯罪嫌疑人作精神病鉴定的期间”，是指犯罪嫌疑人及其法定代理人或者辩护人向侦查机关提出确定犯罪嫌疑人在实施犯罪行为过程中精神状态的申请，或者侦查机关办理案件中认为需要对犯罪嫌疑人作精神病鉴定时，依照法定程序开始对犯罪嫌疑人进行鉴定到出具鉴定意见的期间。“不计入办案期限”，是指不计入侦查羁押期限和审查起诉、审判期限。

第八节　技术侦查措施

第一百五十条　【技术侦查措施的适用范围和批准手续】公安机关在立案后，对于危害国家安全犯罪、恐怖活动犯罪、黑社会性质的组织犯罪、重大毒品犯罪或者其他严重危害社会的犯罪案件，根据侦查犯罪的需要，经过严格的批准手续，可以采取技术侦查措施。

人民检察院在立案后，对于利用职权实施的严重侵犯公民人身权利的重大犯罪案件，根据侦查犯罪的需要，经过严格的批准手续，可以采取技术侦查措施，按照规定交有关机关执行。

追捕被通缉或者批准、决定逮捕的在逃的犯罪嫌疑人、被告人，经过批准，可以采取追捕所必需的技术侦查措施。

注释 技术侦查措施是指由设区的市一级以上公安机关负责技术侦查的部门实施的记录监控、行踪监控、通信监控、场所监控等措施。技术侦查措施的适用对象是犯罪嫌疑人、被告人以及与犯罪活动直接关联的人员。

第一百五十一条　【技术侦查措施的有效期限及其延长程序】批准决定应当根据侦查犯罪的需要，确定采取技术侦查措施的种类和适用对象。批准决定自签发之日起三个月以内有效。对于不需要继续采取技术侦查措施的，应当及时解除；对于复杂、疑难案件，期限届满仍有必要继续采取技术侦查措施的，经过批准，有效期可以延长，每次不得超过三个月。

第一百五十二条　【技术侦查措施的执行、保密及获取材料的用途限制】采取技术侦查措施，必须严格按照批准的措施种类、适用对象和期限执行。

侦查人员对采取技术侦查措施过程中知悉的国家秘密、商业秘密和个人隐私，应当保密；对采取技术侦查措施获取的与案件无关的材料，必须及时销毁。

采取技术侦查措施获取的材料，只能用于对犯罪的侦查、起诉和审判，不得用于其他用途。

公安机关依法采取技术侦查措施，有关单位和个人应当配合，并对有关情况予以保密。

第一百五十三条　【隐匿身份侦查及其限制】【控制下交付的适用范围】为了查明案情，在必要的时候，经公安机关负责人决定，可以由有关人员隐匿其身份实施侦查。但是，不得诱使他人犯罪，不得采用可能危害公共安全或者发生重大人身危险的方法。

对涉及给付毒品等违禁品或者财物的犯罪活动，公安机关根据侦查犯罪的需要，可以依照规定实施控制下交付。

第一百五十四条　【技术侦查措施收集材料用作证据的特别规定】依照本节规定采取侦查措施收集的材料在刑事诉讼中可以作为证据使用。如果使用该证据可能危及有关人员的人身安全，或者可能产生其他严重后果的，应当采取不暴露有关人员身份、技术方法等保护措施，必要的时候，可以由审判人员在庭外对证据进行核实。

第九节　通　缉

第一百五十五条　【通缉令的发布】应当逮捕的犯罪嫌疑人如果在逃，公安机关可以发布通缉令，采取有效措施，追捕归案。

各级公安机关在自己管辖的地区以内，可以直接发布通缉令；超出自己管辖的地区，应当报请有权决定的上级机关发布。

第十节　侦查终结

第一百五十六条　【一般侦查羁押期限】对犯罪嫌疑人逮捕后的侦查羁押期限不得超过二个月。案情复杂、期限届满不能终结的案件，可以经上一级人民检察院批准延长一个月。

第一百五十七条　【特殊侦查羁押期限】因为特殊原因，在较长时间内不宜交付审判的特别重大复杂的案件，由最高人民检察院报请全国人民代表大会常务委员会批准延期审理。

第一百五十八条　【重大复杂案件的侦查羁押期限】下列案件在本法第一百五十六条规定的期限届满不能侦查终结的，经省、自治区、直辖市人民检察院批准或者决定，可以延长二个月：

（一）交通十分不便的边远地区的重大复杂案件；

（二）重大的犯罪集团案件；

（三）流窜作案的重大复杂案件；

（四）犯罪涉及面广，取证困难的重大复杂案件。

第一百五十九条 【重刑案件的侦查羁押期限】对犯罪嫌疑人可能判处十年有期徒刑以上刑罚，依照本法第一百五十八条规定延长期限届满，仍不能侦查终结的，经省、自治区、直辖市人民检察院批准或者决定，可以再延长二个月。

第一百六十条 【侦查羁押期限的重新计算】在侦查期间，发现犯罪嫌疑人另有重要罪行的，自发现之日起依照本法第一百五十六条的规定重新计算侦查羁押期限。

犯罪嫌疑人不讲真实姓名、住址，身份不明的，应当对其身份进行调查，侦查羁押期限自查清其身份之日起计算，但是不得停止对其犯罪行为的侦查取证。对于犯罪事实清楚，证据确实、充分，确实无法查明其身份的，也可以按其自报的姓名起诉、审判。

第一百六十一条 【听取辩护律师意见】在案件侦查终结前，辩护律师提出要求的，侦查机关应当听取辩护律师的意见，并记录在案。辩护律师提出书面意见的，应当附卷。

第一百六十二条 【侦查终结的条件和手续】公安机关侦查终结的案件，应当做到犯罪事实清楚，证据确实、充分，并且写出起诉意见书，连同案卷材料、证据一并移送同级人民检察院审查决定；同时将案件移送情况告知犯罪嫌疑人及其辩护律师。

犯罪嫌疑人自愿认罪的，应当记录在案，随案移送，并在起诉意见书中写明有关情况。

第一百六十三条 【撤销案件及其处理】在侦查过程中，发现不应对犯罪嫌疑人追究刑事责任的，应当撤销案件；犯罪嫌疑人已被逮捕的，应当立即释放，发给释放证明，并且通知原批准逮捕的人民检察院。

注释 公安机关经过侦查，发现具有下列情形之一的，应当撤销案件：(1)没有犯罪事实的；(2)情节显著轻微、危害不大，不认为是犯罪的；(3)犯罪已过追诉时效期限的；(4)经特赦令免除刑罚的；(5)犯罪嫌疑人死亡的；(6)其他依法不追究刑事责任的。

第十一节 人民检察院对直接受理的案件的侦查

第一百六十四条 【检察院自侦案件的法律适用】人民检察院对直接受理的案件的侦查适用本章规定。

第一百六十五条 【检察院自侦案件的逮捕、拘留】人民检察院直接受理的案件中符合本法第八十一条、第八十二条第四项、第五项规定情形，需要逮捕、拘留犯罪嫌疑人的，由人民检察院作出决定，由公安机关执行。

第一百六十六条 【检察院自侦案件中对被拘留人的讯问】人民检察院对直接受理的案件中被拘留的人，应当在拘留后的二十四小时以内进行讯问。在发现不应当拘留的时候，必须立即释放，发给释放证明。

第一百六十七条 【检察院自侦案件决定逮捕的期限】人民检察院对直接受理的案件中被拘留的人，认为需要逮捕的，应当在十四日以内作出决定。在特殊情况下，决定逮捕的时间可以延长一日至三日。对不需要逮捕的，应当立即释放；对需要继续侦查，并且符合取保候审、监视居住条件的，依法取保候审或者监视居住。

第一百六十八条 【检察院自侦案件侦查终结的处理】人民检察院侦查终结的案件，应当作出提起公诉、不起诉或者撤销案件的决定。

第三章 提起公诉

第一百六十九条 【检察院审查决定公诉】凡需要提起公诉的案件，一律由人民检察院审查决定。

第一百七十条 【对监察机关移送起诉案件的处理】人民检察院对于监察机关移送起诉的案件，依照本法和监察法的有关规定进行审查。人民检察院经审查，认为需要补充核实的，应当退回监察机关补充调查，必要时可以自行补充侦查。

对于监察机关移送起诉的已采取留置措施的案件，人民检察院应当对犯罪嫌疑人先行拘留，留置措施自动解除。人民检察院应当在拘留后的十日以内作出是否逮捕、取保候审或者监视居住的决定。在特殊情况下，决定的时间可以延长一日至四日。人民检察院决定采取强制措施的期间不计入审查起诉期限。

第一百七十一条 【审查起诉的内容】人民检察院审查案件的时候，必须查明：

（一）犯罪事实、情节是否清楚，证据是否确实、充分，犯罪性质和罪名的认定是否正确；

(二)有无遗漏罪行和其他应当追究刑事责任的人;

(三)是否属于不应追究刑事责任的;

(四)有无附带民事诉讼;

(五)侦查活动是否合法。

实务问答 1. 检察机关办理组织、领导传销活动犯罪案件如何收集、审查、运用证据

检察机关办理组织、领导传销活动犯罪案件,要紧扣传销活动骗取财物的本质特征和构成要件,收集、审查、运用证据。特别要注意针对传销网站的经营特征与其他合法经营网站的区别,重点收集涉及入门费、设层级、拉人头等传销基本特征的证据及企业资金投入、人员组成、资金来源去向、网站功能等方面的证据,揭示传销犯罪没有创造价值,经营模式难以持续,用后加入者的财物支付给先加入者,通过发展下线牟利骗取财物的本质特征。(2018 年 7 月 3 日最高人民检察院检例第 41 号:叶经生等组织、领导传销活动案)

2. 检察机关办理集资诈骗罪案件如何收集、审查、运用证据

集资诈骗罪是近年来检察机关重点打击的金融犯罪之一。对该类犯罪,检察机关应强化证据审查。非法集资类案件由于参与人数多、涉及面广,受主客观因素的影响,取证工作易出现瑕疵和问题。检察机关对重大复杂案件要及时介入侦查、引导取证。在审查案件中要强化对证据的审查,需要退回补充侦查或者自行补充侦查的,要及时退查或补查,建立起完整、牢固的证据锁链,夯实认定案件事实的证据基础。(2018 年 7 月 3 日最高人民检察院检例第 40 号:周辉集资诈骗案)

3. 检察机关办理破坏计算机信息系统案件如何收集、审查、运用证据

对被害单位提供的证据和技术支持意见需结合其他在案证据作出准确认定。网络攻击类犯罪案件的被害人多为大型互联网企业。在打击该类犯罪的过程中,司法机关往往会借助被攻击的互联网企业在网络技术、网络资源和大数据等方面的优势,进行溯源分析或对攻击造成的危害进行评估。由于互联网企业既是受害方,有时也是技术支持协助方,为确保被害单位提供的证据客观真实,必须特别注意审查取证过程的规范性;有条件的,应当聘请专门机构对证据的完整性进行鉴定。如条件不具备,应当要求提供证据的被害单位对证据作出说明。同时,要充分运用印证分析审查思路,将被害单位提供的证据与在案其他证据,如从犯罪嫌疑人处提取的电子数据、社交软件聊天记录、银行流水、第三方机构出具的鉴定意见、证人证言、犯罪嫌疑人供述等证据作对照分析,确保不存在人为改变案件事实或改变案件危害后果的情形。(2020 年 6 月 3 日最高人民检察院检例第 69 号:姚晓杰等 11 人破坏计算机信息系统案)

第一百七十二条 【审查起诉的期限】人民检察院对于监察机关、公安机关移送起诉的案件,应当在一个月以内作出决定,重大、复杂的案件,可以延长十五日;犯罪嫌疑人认罪认罚,符合速裁程序适用条件的,应当在十日以内作出决定,对可能判处的有期徒刑超过一年的,可以延长至十五日。

人民检察院审查起诉的案件,改变管辖的,从改变后的人民检察院收到案件之日起计算审查起诉期限。

第一百七十三条 【审查起诉程序】人民检察院审查案件,应当讯问犯罪嫌疑人,听取辩护人或者值班律师、被害人及其诉讼代理人的意见,并记录在案。辩护人或者值班律师、被害人及其诉讼代理人提出书面意见的,应当附卷。

犯罪嫌疑人认罪认罚的,人民检察院应当告知其享有的诉讼权利和认罪认罚的法律规定,听取犯罪嫌疑人、辩护人或者值班律师、被害人及其诉讼代理人对下列事项的意见,并记录在案:

(一)涉嫌的犯罪事实、罪名及适用的法律规定;

(二)从轻、减轻或者免除处罚等从宽处罚的建议;

(三)认罪认罚后案件审理适用的程序;

(四)其他需要听取意见的事项。

人民检察院依照前两款规定听取值班律师意见的,应当提前为值班律师了解案件有关情况提供必要的便利。

实务问答 1. 办理认罪认罚案件如何开展量刑协商

办理认罪认罚案件,检察机关应当与被告人、辩护人或者值班律师进行充分有效的量刑协商。检察机关组织开展量刑协商时,应当充分听取被告人、辩护人或者值班律师的意见。检察机关可以通过向被告人出示证据、释法说理等形式,说明量刑建议的理由和依据,保障协商的充分性。被

告人及其辩护人或者值班律师提出新的证据材料或者不同意见的，应当重视并认真审查，及时反馈是否采纳并说明理由，需要核实或一时难以达成一致的，可以在充分准备后再开展协商。检察机关应当听取被害方及其诉讼代理人的意见，促进和解谅解，并作为对被告人从宽处罚的重要因素。（2020年12月8日最高人民检察院检例第82号：钱某故意伤害案）

2. 检察机关对于认罪认罚后反悔上诉导致量刑不当的案件如何处理

被告人通过认罪认罚获得量刑从宽后，在没有新事实、新证据的情况下，违背具结承诺以量刑过重为由提出上诉，无正当理由引起二审程序，消耗国家司法资源，检察机关可以依法提出抗诉。一审判决量刑适当、自愿性保障充分，因为认罪认罚后反悔上诉导致量刑不当的案件，检察机关依法提出抗诉有利于促使被告人遵守协商承诺，促进认罪认罚从宽制度健康稳定的运行。检察机关提出抗诉时，应当建议法院取消基于认罪认罚给予被告人的从宽量刑，但不能因被告人反悔行为对其加重处罚。（2020年12月8日最高人民检察院检例第83号：琚某忠盗窃案）

3. 认罪认罚从宽制度是否可以适用于涉黑涉恶犯罪案件

认罪认罚从宽制度可以适用于所有刑事案件，没有适用罪名和可能判处刑罚的限定，涉黑涉恶犯罪案件依法可以适用该制度。但“可以”适用不是一律适用，被告人认罪认罚后是否从宽，要根据案件性质、情节和对社会造成的危害后果等具体情况，坚持罪责刑相适应原则，区分情况、区别对待，做到该宽则宽，当严则严，宽严相济，罚当其罪。对犯罪性质恶劣、犯罪手段残忍、危害后果严重的犯罪分子，即使认罪认罚也不足以从宽处罚的，依法可不予以从宽处罚。（2020年12月8日最高人民检察院检例第84号：林某彬等人组织、领导、参加黑社会性质组织案）

第一百七十四条　【签署认罪认罚具结书】犯罪嫌疑人自愿认罪，同意量刑建议和程序适用的，应当在辩护人或者值班律师在场的情况下签署认罪认罚具结书。

犯罪嫌疑人认罪认罚，有下列情形之一的，不需要签署认罪认罚具结书：

（一）犯罪嫌疑人是盲、聋、哑人，或者是尚未完全丧失辨认或者控制自己行为能力的精神病人的；

（二）未成年犯罪嫌疑人的法定代理人、辩护人对未成年人认罪认罚有异议的；

（三）其他不需要签署认罪认罚具结书的情形。

第一百七十五条　【证据收集合法性说明】【补充侦查】人民检察院审查案件，可以要求公安机关提供法庭审判所必需的证据材料；认为可能存在本法第五十六条规定的以非法方法收集证据情形的，可以要求其对证据收集的合法性作出说明。

人民检察院审查案件，对于需要补充侦查的，可以退回公安机关补充侦查，也可以自行侦查。

对于补充侦查的案件，应当在一个月以内补充侦查完毕。补充侦查以二次为限。补充侦查完毕移送人民检察院后，人民检察院重新计算审查起诉期限。

对于二次补充侦查的案件，人民检察院仍然认为证据不足，不符合起诉条件的，应当作出不起诉的决定。

第一百七十六条　【提起公诉的条件和程序】【提出量刑建议】人民检察院认为犯罪嫌疑人的犯罪事实已经查清，证据确实、充分，依法应当追究刑事责任的，应当作出起诉决定，按照审判管辖的规定，向人民法院提起公诉，并将案卷材料、证据移送人民法院。

犯罪嫌疑人认罪认罚的，人民检察院应当就主刑、附加刑、是否适用缓刑等提出量刑建议，并随案移送认罪认罚具结书等材料。

实务问答 人民检察院对职务犯罪案件如何审查起诉

人民检察院在对职务犯罪案件审查起诉时，如果认为相关单位亦涉嫌犯罪，且单位犯罪事实清楚、证据确实充分，经与监察机关沟通，可以依法对犯罪单位提起公诉。检察机关在审查起诉中发现遗漏同案犯或犯罪事实的，应当及时与监察机关沟通，依法处理。（2020年7月21日最高人民检察院检例第73号：浙江省某县图书馆及赵某、徐某某单位受贿、私分国有资产、贪污案）

第一百七十七条　【不起诉的情形及处理】犯罪嫌疑人没有犯罪事实，或者有本法第十六条规定的情形之一的，人民检察院应当作出不起诉决定。

对于犯罪情节轻微，依照刑法规定不需要判处刑罚或者免除刑罚的，人民检察院可以作出不起诉决定。

人民检察院决定不起诉的案件，应当同时对侦查中查封、扣押、冻结的财物解除查封、扣押、冻结。对被不起诉人需要给予行政处罚、处分或者需要没收其违法所得的，人民检察院应当提出检察意见，移送有关主管机关处理。有关主管机关应当将处理结果及时通知人民检察院。

实务问答 1. 检察机关对于刑法规定仅为自然人犯罪中的单位如何处理

刑法规定违规披露、不披露重要信息罪只处罚单位直接负责的主管人员和其他直接责任人员，不处罚单位。公安机关以本罪将单位移送起诉的，检察机关应当对单位直接负责的主管人员及其他直接责任人员提起公诉，对单位依法作出不起诉决定。对单位需要给予行政处罚的，检察机关应当提出检察意见，移送证券监督管理部门依法处理。（2020年3月25日最高人民检察院检例第66号：博元投资股份有限公司、余蒂妮等人违规披露、不披露重要信息案）

2. 如何适用《刑事诉讼法》第177条第3款

检察机关依法作出不起诉决定的案件，要执行好《刑事诉讼法》第177条第3款的规定，对被不起诉人需要给予行政处罚、处分或者需要没收其违法所得的，应当提出检察意见，移送有关主管机关处理。有关主管机关应当将处理结果及时通知人民检察院。有关主管机关未及时通知处理结果的，人民检察院应当依法予以督促。（2020年12月8日最高人民检察院检例第81号：无锡F警用器材公司虚开增值税专用发票案）

第一百七十八条　【不起诉决定的宣布与释放被不起诉人】不起诉的决定，应当公开宣布，并且将不起诉决定书送达被不起诉人和他的所在单位。如果被不起诉人在押，应当立即释放。

第一百七十九条　【公安机关对不起诉决定的异议】对于公安机关移送起诉的案件，人民检察院决定不起诉的，应当将不起诉决定书送达公安机关。公安机关认为不起诉的决定有错误的时候，可以要求复议，如果意见不被接受，可以向上一级人民检察院提请复核。

第一百八十条　【被害人对不起诉决定的异议】对于有被害人的案件，决定不起诉的，人民检察院应当将不起诉决定书送达被害人。被害人如果不服，可以自收到决定书后七日以内向上一级人民检察院申诉，请求提起公诉。人民检察院应当将复查决定告知被害人。对人民检察院维持不起诉决定的，被害人可以向人民法院起诉。被害人也可以不经申诉，直接向人民法院起诉。人民法院受理案件后，人民检察院应当将有关案件材料移送人民法院。

第一百八十一条　【被不起诉人对不起诉决定的异议】对于人民检察院依照本法第一百七十七条第二款规定作出的不起诉决定，被不起诉人如果不服，可以自收到决定书后七日以内向人民检察院申诉。人民检察院应当作出复查决定，通知被不起诉的人，同时抄送公安机关。

第一百八十二条　【对特殊犯罪嫌疑人的处理】犯罪嫌疑人自愿如实供述涉嫌犯罪的事实，有重大立功或者案件涉及国家重大利益的，经最高人民检察院核准，公安机关可以撤销案件，人民检察院可以作出不起诉决定，也可以对涉嫌数罪中的一项或者多项不起诉。

根据前款规定不起诉或者撤销案件的，人民检察院、公安机关应当及时对查封、扣押、冻结的财物及其孳息作出处理。

第三编　审　判

第一章　审判组织

第一百八十三条　【审判组织】【合议庭的组成】基层人民法院、中级人民法院审判第一审案件，应当由审判员三人或者由审判员和人民陪审员共三人或者七人组成合议庭进行，但是基层人民法院适用简易程序、速裁程序的案件可以由审判员一人独任审判。

高级人民法院审判第一审案件，应当由审判员三人至七人或者由审判员和人民陪审员共三人或者七人组成合议庭进行。

最高人民法院审判第一审案件，应当由审判员三人至七人组成合议庭进行。

人民法院审判上诉和抗诉案件，由审判员三人或者五人组成合议庭进行。

合议庭的成员人数应当是单数。

第一百八十四条　【合议庭评议规则】合议庭进行评议的时候，如果意见分歧，应当按多数人的意见作出决定，但是少数人的意见应当写入笔录。评议笔录由合议庭的组成人员签名。

第一百八十五条 【合议庭评议案件与审判委员会讨论决定案件】合议庭开庭审理并且评议后，应当作出判决。对于疑难、复杂、重大的案件，合议庭认为难以作出决定的，由合议庭提请院长决定提交审判委员会讨论决定。审判委员会的决定，合议庭应当执行。

第二章 第一审程序

第一节 公诉案件

第一百八十六条 【庭前审查】人民法院对提起公诉的案件进行审查后，对于起诉书中有明确的指控犯罪事实的，应当决定开庭审判。

第一百八十七条 【开庭前的准备】人民法院决定开庭审判后，应当确定合议庭的组成人员，将人民检察院的起诉书副本至迟在开庭十日以前送达被告人及其辩护人。

在开庭以前，审判人员可以召集公诉人、当事人和辩护人、诉讼代理人，对回避、出庭证人名单、非法证据排除等与审判相关的问题，了解情况，听取意见。

人民法院确定开庭日期后，应当将开庭的时间、地点通知人民检察院，传唤当事人，通知辩护人、诉讼代理人、证人、鉴定人和翻译人员，传票和通知书至迟在开庭三日以前送达。公开审判的案件，应当在开庭三日以前先期公布案由、被告人姓名、开庭时间和地点。

上述活动情形应当写入笔录，由审判人员和书记员签名。

第一百八十八条 【公开审理与不公开审理】人民法院审判第一审案件应当公开进行。但是有关国家秘密或者个人隐私的案件，不公开审理；涉及商业秘密的案件，当事人申请不公开审理的，可以不公开审理。

不公开审理的案件，应当当庭宣布不公开审理的理由。

注释“有关国家秘密”的案件，是指该案件涉及国家秘密。关于什么是国家秘密，应根据保守国家秘密法的规定认定。“个人隐私案件”，是指案件涉及个人不愿公开的隐密，这些隐密的公开将会给当事人的生活造成不好的后果，给心理带来痛苦和压力，如两性关系、生育能力、收养子女等。涉及商业秘密的案件，“商业秘密”，是指有关不为公众所知悉，能为权利人带来经济利益，具有实用性并经权利人采取保密措施的技术信息和经营信息的案件。“不公开审理”，是指案件的审理过程不公开。对于依法不公开审理的案件，任何公民包括与审理该案无关的法院工作人员和被告人的近亲属都不得旁听，也不允许记者报道，但宣判一律公开进行。

“公开审理”是指人民法院审理第一审案件对社会公开，包含：(1)允许群众旁听人民法院对刑事案件的审理。(2)允许记者报道。记者可以在案件审理后将案件的审理情况通过报刊、电台、电视台以及其他媒体进行报道。至于对个别案件进行现场直播，必须依照规定经法庭许可且需在不得影响当事人权益和庭审程序的情况下进行。

第一百八十九条 【检察院派员出庭】人民法院审判公诉案件，人民检察院应当派员出席法庭支持公诉。

链接《人民检察院刑事诉讼规则》第 390 条

第一百九十条 【开庭】开庭的时候，审判长查明当事人是否到庭，宣布案由；宣布合议庭的组成人员、书记员、公诉人、辩护人、诉讼代理人、鉴定人和翻译人员的名单；告知当事人有权对合议庭组成人员、书记员、公诉人、鉴定人和翻译人员申请回避；告知被告人享有辩护权利。

被告人认罪认罚的，审判长应当告知被告人享有的诉讼权利和认罪认罚的法律规定，审查认罪认罚的自愿性和认罪认罚具结书内容的真实性、合法性。

第一百九十一条 【宣读起诉书与讯问、发问被告人】公诉人在法庭上宣读起诉书后，被告人、被害人可以就起诉书指控的犯罪进行陈述，公诉人可以讯问被告人。

被害人、附带民事诉讼的原告人和辩护人、诉讼代理人，经审判长许可，可以向被告人发问。

审判人员可以讯问被告人。

第一百九十二条 【证人出庭】【鉴定人出庭】公诉人、当事人或者辩护人、诉讼代理人对证人证言有异议，且该证人证言对案件定罪量刑有重大影响，人民法院认为证人有必要出庭作证的，证人应当出庭作证。

人民警察就其执行职务时目击的犯罪情况作

为证人出庭作证,适用前款规定。

公诉人、当事人或者辩护人、诉讼代理人对鉴定意见有异议,人民法院认为鉴定人有必要出庭的,鉴定人应当出庭作证。经人民法院通知,鉴定人拒不出庭作证的,鉴定意见不得作为定案的根据。

第一百九十三条 【强制证人到庭及其例外】【对无正当理由拒绝作证的处罚】经人民法院通知,证人没有正当理由不出庭作证的,人民法院可以强制其到庭,但是被告人的配偶、父母、子女除外。

证人没有正当理由拒绝出庭或者出庭后拒绝作证的,予以训诫,情节严重的,经院长批准,处以十日以下的拘留。被处罚人对拘留决定不服的,可以向上一级人民法院申请复议。复议期间不停止执行。

第一百九十四条 【对出庭证人、鉴定人的发问与询问】证人作证,审判人员应当告知他要如实地提供证言和有意作伪证或者隐匿罪证要负的法律责任。公诉人、当事人和辩护人、诉讼代理人经审判长许可,可以对证人、鉴定人发问。审判长认为发问的内容与案件无关的时候,应当制止。

审判人员可以询问证人、鉴定人。

第一百九十五条 【调查核实实物证据与未到庭证人、鉴定人的言词证据】公诉人、辩护人应当向法庭出示物证,让当事人辨认,对未到庭的证人的证言笔录、鉴定人的鉴定意见、勘验笔录和其他作为证据的文书,应当当庭宣读。审判人员应当听取公诉人、当事人和辩护人、诉讼代理人的意见。

第一百九十六条 【庭外调查核实证据】法庭审理过程中,合议庭对证据有疑问的,可以宣布休庭,对证据进行调查核实。

人民法院调查核实证据,可以进行勘验、检查、查封、扣押、鉴定和查询、冻结。

第一百九十七条 【调取新证据】【申请通知专业人士出庭】法庭审理过程中,当事人和辩护人、诉讼代理人有权申请通知新的证人到庭,调取新的物证,申请重新鉴定或者勘验。

公诉人、当事人和辩护人、诉讼代理人可以申请法庭通知有专门知识的人出庭,就鉴定人作出的鉴定意见提出意见。

法庭对于上述申请,应当作出是否同意的决定。

第二款规定的有专门知识的人出庭,适用鉴定人的有关规定。

第一百九十八条 【法庭调查、法庭辩论与被告人最后陈述】法庭审理过程中,对与定罪、量刑有关的事实、证据都应当进行调查、辩论。

经审判长许可,公诉人、当事人和辩护人、诉讼代理人可以对证据和案件情况发表意见并且可以互相辩论。

审判长在宣布辩论终结后,被告人有最后陈述的权利。

第一百九十九条 【对违反法庭秩序的处理】在法庭审判过程中,如果诉讼参与人或者旁听人员违反法庭秩序,审判长应当警告制止。对不听制止的,可以强行带出法庭;情节严重的,处以一千元以下的罚款或者十五日以下的拘留。罚款、拘留必须经院长批准。被处罚人对罚款、拘留的决定不服的,可以向上一级人民法院申请复议。复议期间不停止执行。

对聚众哄闹、冲击法庭或者侮辱、诽谤、威胁、殴打司法工作人员或者诉讼参与人,严重扰乱法庭秩序,构成犯罪的,依法追究刑事责任。

第二百条 【评议与判决】在被告人最后陈述后,审判长宣布休庭,合议庭进行评议,根据已经查明的事实、证据和有关的法律规定,分别作出以下判决:

(一)案件事实清楚,证据确实、充分,依据法律认定被告人有罪的,应当作出有罪判决;

(二)依据法律认定被告人无罪的,应当作出无罪判决;

(三)证据不足,不能认定被告人有罪的,应当作出证据不足、指控的犯罪不能成立的无罪判决。

第二百零一条 【认罪认罚案件中指控罪名和量刑建议的采纳】对于认罪认罚案件,人民法院依法作出判决时,一般应当采纳人民检察院指控的罪名和量刑建议,但有下列情形的除外:

(一)被告人的行为不构成犯罪或者不应当追究其刑事责任的;

(二)被告人违背意愿认罪认罚的;

(三)被告人否认指控的犯罪事实的;

(四)起诉指控的罪名与审理认定的罪名不一致的;

(五)其他可能影响公正审判的情形。

人民法院经审理认为量刑建议明显不当,或

者被告人、辩护人对量刑建议提出异议的，人民检察院可以调整量刑建议。人民检察院不调整量刑建议或者调整量刑建议后仍然明显不当的，人民法院应当依法作出判决。

第二百零二条 【宣告判决】宣告判决，一律公开进行。

当庭宣告判决的，应当在五日以内将判决书送达当事人和提起公诉的人民检察院；定期宣告判决的，应当在宣告后立即将判决书送达当事人和提起公诉的人民检察院。判决书应当同时送达辩护人、诉讼代理人。

第二百零三条 【判决书署名与权利告知】判决书应当由审判人员和书记员署名，并且写明上诉的期限和上诉的法院。

第二百零四条 【延期审理】在法庭审判过程中，遇有下列情形之一，影响审判进行的，可以延期审理：

（一）需要通知新的证人到庭，调取新的物证，重新鉴定或者勘验的；

（二）检察人员发现提起公诉的案件需要补充侦查，提出建议的；

（三）由于申请回避而不能进行审判的。

第二百零五条 【庭审中补充侦查期限】依照本法第二百零四条第二项的规定延期审理的案件，人民检察院应当在一个月以内补充侦查完毕。

第二百零六条 【中止审理】在审判过程中，有下列情形之一，致使案件在较长时间内无法继续审理的，可以中止审理：

（一）被告人患有严重疾病，无法出庭的；

（二）被告人脱逃的；

（三）自诉人患有严重疾病，无法出庭，未委托诉讼代理人出庭的；

（四）由于不能抗拒的原因。

中止审理的原因消失后，应当恢复审理。中止审理的期间不计入审理期限。

第二百零七条 【法庭笔录】法庭审判的全部活动，应当由书记员写成笔录，经审判长审阅后，由审判长和书记员签名。

法庭笔录中的证人证言部分，应当当庭宣读或者交给证人阅读。证人在承认没有错误后，应当签名或者盖章。

法庭笔录应当交给当事人阅读或者向他宣读。当事人认为记载有遗漏或者差错的，可以请求补充或者改正。当事人承认没有错误后，应当签名或者盖章。

第二百零八条 【公诉案件的审限】人民法院审理公诉案件，应当在受理后二个月以内宣判，至迟不得超过三个月。对于可能判处死刑的案件或者附带民事诉讼的案件，以及有本法第一百五十八条规定情形之一的，经上一级人民法院批准，可以延长三个月；因特殊情况还需要延长的，报请最高人民法院批准。

人民法院改变管辖的案件，从改变后的人民法院收到案件之日起计算审理期限。

人民检察院补充侦查的案件，补充侦查完毕移送人民法院后，人民法院重新计算审理期限。

注释 第1款是对人民法院审理第一审公诉案件的审理期限的规定。本条规定的期限，是指被告人被羁押的刑事案件的办案期限，从人民法院收到同级人民检察院移送来案件的第二日开始计算。本款规定包括三个方面的内容：(1)根据本款的规定，人民法院审理公诉案件，应当在受理后二个月以内宣判，至迟不得超过三个月。(2)以下三种情况下，经上一级人民法院批准可以延长三个月：一是可能判处死刑的案件。二是附带民事诉讼的案件。三是有本法第158条规定情形之一的案件。包括交通十分不便的边远地区的重大复杂案件；重大的犯罪集团案件；流窜作案的重大复杂案件；犯罪涉及面广，取证困难的重大复杂案件。(3)因特殊情况还需要延长的，报请最高人民法院批准。“特殊情况”是指案情特别重大、复杂或者有其他重要原因影响案件及时审理完毕的情况。

第2款是关于人民法院改变管辖的案件如何计算审理期限的规定。根据本款规定，人民法院改变管辖的案件，从改变后的人民法院收到案件之日起计算审理期限。

第3款是关于人民法院对人民检察院补充侦查完毕移送的案件如何计算审理期限的规定。根据本款规定，人民检察院补充侦查的案件，补充侦查完毕移送人民法院后，人民法院重新计算审理期限。

第二百零九条 【检察院对法庭审理的法律监督】人民检察院发现人民法院审理案件违反法律规定的诉讼程序，有权向人民法院提出纠正意见。

第二节　自诉案件

第二百一十条　【自诉案件适用范围】自诉案件包括下列案件：

（一）告诉才处理的案件；

（二）被害人有证据证明的轻微刑事案件；

（三）被害人有证据证明对被告人侵犯自己人身、财产权利的行为应当依法追究刑事责任，而公安机关或者人民检察院不予追究被告人刑事责任的案件。

注释　自诉案件

本条规定的“自诉案件”，是指被害人或者他的法定代理人以书面或者口头形式直接向人民法院提起刑事诉讼，由人民法院直接受理的刑事案件。

第二百一十一条　【自诉案件审查后的处理】人民法院对于自诉案件进行审查后，按照下列情形分别处理：

（一）犯罪事实清楚，有足够证据的案件，应当开庭审判；

（二）缺乏罪证的自诉案件，如果自诉人提不出补充证据，应当说服自诉人撤回自诉，或者裁定驳回。

自诉人经两次依法传唤，无正当理由拒不到庭的，或者未经法庭许可中途退庭的，按撤诉处理。

法庭审理过程中，审判人员对证据有疑问，需要调查核实的，适用本法第一百九十六条的规定。

第二百一十二条　【自诉案件的调解、和解与撤诉】【自诉案件的审限】人民法院对自诉案件，可以进行调解；自诉人在宣告判决前，可以同被告人自行和解或者撤回自诉。本法第二百一十条第三项规定的案件不适用调解。

人民法院审理自诉案件的期限，被告人被羁押的，适用本法第二百零八条第一款、第二款的规定；未被羁押的，应当在受理后六个月以内宣判。

第二百一十三条　【自诉案件中的反诉】自诉案件的被告人在诉讼过程中，可以对自诉人提起反诉。反诉适用自诉的规定。

第三节　简易程序

第二百一十四条　【简易程序的适用条件】基层人民法院管辖的案件，符合下列条件的，可以适用简易程序审判：

（一）案件事实清楚、证据充分的；

（二）被告人承认自己所犯罪行，对指控的犯罪事实没有异议的；

（三）被告人对适用简易程序没有异议的。

人民检察院在提起公诉的时候，可以建议人民法院适用简易程序。

第二百一十五条　【不适用简易程序的情形】有下列情形之一的，不适用简易程序：

（一）被告人是盲、聋、哑人，或者是尚未完全丧失辨认或者控制自己行为能力的精神病人的；

（二）有重大社会影响的；

（三）共同犯罪案件中部分被告人不认罪或者对适用简易程序有异议的；

（四）其他不宜适用简易程序审理的。

第二百一十六条　【简易程序的审判组织】【公诉案件检察院派员出庭】适用简易程序审理案件，对可能判处三年有期徒刑以下刑罚的，可以组成合议庭进行审判，也可以由审判员一人独任审判；对可能判处的有期徒刑超过三年的，应当组成合议庭进行审判。

适用简易程序审理公诉案件，人民检察院应当派员出席法庭。

第二百一十七条　【简易程序的法庭调查】适用简易程序审理案件，审判人员应当询问被告人对指控的犯罪事实的意见，告知被告人适用简易程序审理的法律规定，确认被告人是否同意适用简易程序审理。

第二百一十八条　【简易程序的法庭辩论】适用简易程序审理案件，经审判人员许可，被告人及其辩护人可以同公诉人、自诉人及其诉讼代理人互相辩论。

第二百一十九条　【简易程序的程序简化及保留】适用简易程序审理案件，不受本章第一节关于送达期限、讯问被告人、询问证人、鉴定人、出示证据、法庭辩论程序规定的限制。但在判决宣告前应当听取被告人的最后陈述意见。

第二百二十条　【简易程序的审限】适用简易程序审理案件，人民法院应当在受理后二十日以内审结；对可能判处的有期徒刑超过三年的，可以延长至一个半月。

第二百二十一条　【转化普通程序】人民法院在审理过程中，发现不宜适用简易程序的，应当按照本章第一节或者第二节的规定重新审理。

第四节　速裁程序

第二百二十二条　【速裁程序的适用范围与条件】基层人民法院管辖的可能判处三年有期徒刑以下刑罚的案件，案件事实清楚，证据确实、充分，被告人认罪认罚并同意适用速裁程序的，可以适用速裁程序，由审判员一人独任审判。

人民检察院在提起公诉的时候，可以建议人民法院适用速裁程序。

第二百二十三条　【不适用速裁程序的情形】有下列情形之一的，不适用速裁程序：

（一）被告人是盲、聋、哑人，或者是尚未完全丧失辨认或者控制自己行为能力的精神病人的；

（二）被告人是未成年人的；

（三）案件有重大社会影响的；

（四）共同犯罪案件中部分被告人对指控的犯罪事实、罪名、量刑建议或者适用速裁程序有异议的；

（五）被告人与被害人或者其法定代理人没有就附带民事诉讼赔偿等事项达成调解或者和解协议的；

（六）其他不宜适用速裁程序审理的。

第二百二十四条　【速裁程序的程序简化及保留】适用速裁程序审理案件，不受本章第一节规定的送达期限的限制，一般不进行法庭调查、法庭辩论，但在判决宣告前应当听取辩护人的意见和被告人的最后陈述意见。

适用速裁程序审理案件，应当当庭宣判。

第二百二十五条　【速裁程序的期限】适用速裁程序审理案件，人民法院应当在受理后十日以内审结；对可能判处的有期徒刑超过一年的，可以延长至十五日。

第二百二十六条　【转化普通程序或简易程序】人民法院在审理过程中，发现有被告人的行为不构成犯罪或者不应当追究其刑事责任、被告人违背意愿认罪认罚、被告人否认指控的犯罪事实或者其他不宜适用速裁程序审理的情形的，应当按照本章第一节或者第三节的规定重新审理。

第三章　第二审程序

第二百二十七条　【上诉主体及上诉权保障】被告人、自诉人和他们的法定代理人，不服地方各级人民法院第一审的判决、裁定，有权用书状或者口头向上一级人民法院上诉。被告人的辩护人和近亲属，经被告人同意，可以提出上诉。

附带民事诉讼的当事人和他们的法定代理人，可以对地方各级人民法院第一审的判决、裁定中的附带民事诉讼部分，提出上诉。

对被告人的上诉权，不得以任何借口加以剥夺。

注释 上诉，是指当事人及其法定代理人不服第一审法院的判决或裁定，在法定期限内依照法定程序提请上级法院重新审理和裁判该案的一种诉讼权利或活动。

第二百二十八条　【抗诉主体】地方各级人民检察院认为本级人民法院第一审的判决、裁定确有错误的时候，应当向上一级人民法院提出抗诉。

实务问答 1. 认为同级人民法院第一审判决重罪轻判，适用刑罚明显不当的，人民检察院是否应当提出抗诉

（1）对于入户盗窃，因被发现而当场使用暴力或者以暴力相威胁的行为，应当认定为“入户抢劫”。（2）在人民法院宣告判决前，人民检察院发现被告人有遗漏的罪行可以一并起诉和审理的，可以补充起诉。（3）人民检察院认为同级人民法院第一审判决重罪轻判，适用刑罚明显不当的，应当提出抗诉。（2016 年 8 月 11 日最高人民检察院检例第 17 号：陈邓昌抢劫、盗窃，付志强盗窃案）

2. 应当判处死刑，人民法院未判处死刑的，人民检察院是否应当提出抗诉

死刑依法只适用于罪行极其严重的犯罪分子。对故意杀人、故意伤害、绑架、爆炸等涉黑、涉恐、涉暴刑事案件中罪行极其严重，严重危害国家安全和公共安全、严重危害公民生命权，或者严重危害社会秩序的被告人，依法应当判处死刑，人民法院未判处死刑的，人民检察院应当依法提出抗诉。（2016 年 8 月 11 日最高人民检察院检例第 18 号：郭明先参加黑社会性质组织、故意杀人、故意伤害案）

第二百二十九条　【请求抗诉】被害人及其法定代理人不服地方各级人民法院第一审的判决的，自收到判决书后五日以内，有权请求人民检察院提出抗诉。人民检察院自收到被害人及其法定代理人的请求后五日以内，应当作出是否抗诉的决定并且答复请求人。

第二百三十条　【上诉、抗诉期限】不服判决的上诉和抗诉的期限为十日，不服裁定的上诉和

抗诉的期限为五日，从接到判决书、裁定书的第二日起算。

第二百三十一条 【上诉程序】被告人、自诉人、附带民事诉讼的原告人和被告人通过原审人民法院提出上诉的，原审人民法院应当在三日以内将上诉状连同案卷、证据移送上一级人民法院，同时将上诉状副本送交同级人民检察院和对方当事人。

被告人、自诉人、附带民事诉讼的原告人和被告人直接向第二审人民法院提出上诉的，第二审人民法院应当在三日以内将上诉状交原审人民法院送交同级人民检察院和对方当事人。

第二百三十二条 【抗诉程序】地方各级人民检察院对同级人民法院第一审判决、裁定的抗诉，应当通过原审人民法院提出抗诉书，并且将抗诉书抄送上一级人民检察院。原审人民法院应当将抗诉书连同案卷、证据移送上一级人民法院，并且将抗诉书副本送交当事人。

上级人民检察院如果认为抗诉不当，可以向同级人民法院撤回抗诉，并且通知下级人民检察院。

第二百三十三条 【全面审查原则】第二审人民法院应当就第一审判决认定的事实和适用法律进行全面审查，不受上诉或者抗诉范围的限制。

共同犯罪的案件只有部分被告人上诉的，应当对全案进行审查，一并处理。

注释 本条规定的“全面审查”，是指对一审判决所认定的事实、适用的法律和诉讼程序进行全面的审查。“不受上诉和抗诉范围的限制”，是指第二审人民法院在对上诉和抗诉案件认定的事实和适用的法律进行全面审查时，既要对提出上诉或者抗诉的部分进行审查，也要对没有提出上诉或者抗诉的部分进行审查，在审查的范围上，不受上诉人上诉和人民检察院抗诉范围的限制。“共同犯罪案件”，是指刑法规定的二人以上共同故意犯罪的案件。共同犯罪案件，上诉的被告人死亡，其他被告人未上诉的，第二审人民法院应当对死亡的被告人终止审理；但有证据证明被告人无罪，经缺席审理确认无罪的，应当判决宣告被告人无罪。具有上述规定的情形，第二审人民法院仍应对全案进行审查，对其他同案被告人作出判决、裁定。

第二百三十四条 【二审开庭审理与不开庭审理】第二审人民法院对于下列案件，应当组成合议庭，开庭审理：

（一）被告人、自诉人及其法定代理人对第一审认定的事实、证据提出异议，可能影响定罪量刑的上诉案件；

（二）被告人被判处死刑的上诉案件；

（三）人民检察院抗诉的案件；

（四）其他应当开庭审理的案件。

第二审人民法院决定不开庭审理的，应当讯问被告人，听取其他当事人、辩护人、诉讼代理人的意见。

第二审人民法院开庭审理上诉、抗诉案件，可以到案件发生地或者原审人民法院所在地进行。

第二百三十五条 【二审检察院派员出庭】人民检察院提出抗诉的案件或者第二审人民法院开庭审理的公诉案件，同级人民检察院都应当派员出席法庭。第二审人民法院应当在决定开庭审理后及时通知人民检察院查阅案卷。人民检察院应当在一个月以内查阅完毕。人民检察院查阅案卷的时间不计入审理期限。

第二百三十六条 【二审对一审判决的处理】第二审人民法院对不服第一审判决的上诉、抗诉案件，经过审理后，应当按照下列情形分别处理：

（一）原判决认定事实和适用法律正确、量刑适当的，应当裁定驳回上诉或者抗诉，维持原判；

（二）原判决认定事实没有错误，但适用法律有错误，或者量刑不当的，应当改判；

（三）原判决事实不清楚或者证据不足的，可以在查清事实后改判；也可以裁定撤销原判，发回原审人民法院重新审判。

原审人民法院对于依照前款第三项规定发回重新审判的案件作出判决后，被告人提出上诉或者人民检察院提出抗诉的，第二审人民法院应当依法作出判决或者裁定，不得再发回原审人民法院重新审判。

注释 第二审人民法院对上诉、抗诉案件，经过审理后，应当按照以下情况分别处理：(1)原判决认定事实和适用法律正确、量刑适当的，应当裁定驳回上诉或者抗诉，维持原判。“原判决认定事实和适用法律正确”，是指原判决对是否有犯罪事实、被告人的行为是否构成犯罪等的认定没有错误，适用的法律符合刑法总则和分则以及有关单行刑法的有关规定。“量刑适当”，是指根据犯罪事实和法律规定，对犯罪分子决定的刑罚得当，不畸轻畸重。二审人民法院维持原判以裁定的形式作出。

(2)原判决认定事实没有错误,但适用法律有错误,或者量刑不当的,应当改判。“适用法律有错误”,是指根据被告人的情况和犯罪事实,一审判决中适用的有关法律规定不正确、不恰当,主要是对案件的定性错误。“量刑不当”,是指根据犯罪情节、被告人的情况和法律规定,对被告人判刑过重或者过轻。“改判”,是指二审人民法院直接作出判决,改变一审判决的内容。

(3)原判决事实不清楚或者证据不足的,可以在查清事实后改判;也可以裁定撤销原判,发回原审人民法院重新审判。“原判决认定事实不清楚或者证据不足”,主要是指犯罪时间、地点、手段、危害后果等事实没有全部查清,证据不够充分或者遗漏了犯罪事实,原审收集的证据未经调查核实等。在上述情况下,第二审人民法院既可以依职权,通过审理或者调查核实证据等方式,自己查清事实,直接依法改判;也可以裁定撤销原判,发回原审人民法院重新审判。发回重审的案件,原审人民法院应当另行组成合议庭审理,按第一审程序进行审理,对其判决、裁定仍可提出上诉或者抗诉。

第二审人民法院认为第一审判决事实不清、证据不足的,可以在查清事实后改判,也可以裁定撤销原判,发回原审人民法院重新审判。有多名被告人的案件,部分被告人的犯罪事实不清、证据不足或者有新的犯罪事实需要追诉,且有关犯罪与其他同案被告人没有关联的,第二审人民法院根据案件情况,可以对该部分被告人分案处理,将该部分被告人发回原审人民法院重新审判。原审人民法院重新作出判决后,被告人上诉或者人民检察院抗诉,其他被告人的案件尚未作出第二审判决、裁定的,第二审人民法院可以并案审理。

原审人民法院对于二审人民法院因原判决事实不清楚或者证据不足裁定撤销原判,发回其重新审判的案件,应当按照一审程序进行审判后,作出判决或裁定。被告人对此判决或者裁定仍不服的,可以再提出上诉,人民检察院也可以提出抗诉。第二审人民法院对被告人的再次上诉或人民检察院的抗诉必须受理,并依法作出判决。依据本条第2款的规定,此判决或者裁定是终审的判决或者裁定,二审人民法院不得再发回原审人民法院重新审判。也就是说,二审案件发回重审仅限于一次。

第二百三十七条 【上诉不加刑原则及其限制】第二审人民法院审理被告人或者他的法定代理人、辩护人、近亲属上诉的案件,不得加重被告人的刑罚。第二审人民法院发回原审人民法院重新审判的案件,除有新的犯罪事实,人民检察院补充起诉的以外,原审人民法院也不得加重被告人的刑罚。

人民检察院提出抗诉或者自诉人提出上诉的,不受前款规定的限制。

注释 人民检察院只对部分被告人的判决提出抗诉,或者自诉人只对部分被告人的判决提出上诉的,第二审人民法院不得对其他同案被告人加重刑罚。

被告人或者其法定代理人、辩护人、近亲属提出上诉,人民检察院未提出抗诉的案件,第二审人民法院发回重新审判后,除有新的犯罪事实且人民检察院补充起诉的外,原审人民法院不得加重被告人的刑罚。对上述规定的案件,原审人民法院对上诉发回重新审判的案件依法作出判决后,人民检察院抗诉的,第二审人民法院不得改判为重于原审人民法院第一次判处的刑罚。

第二百三十八条 【违反法定诉讼程序的处理】第二审人民法院发现第一审人民法院的审理有下列违反法律规定的诉讼程序的情形之一的,应当裁定撤销原判,发回原审人民法院重新审判:

(一)违反本法有关公开审判的规定的;

(二)违反回避制度的;

(三)剥夺或者限制了当事人的法定诉讼权利,可能影响公正审判的;

(四)审判组织的组成不合法的;

(五)其他违反法律规定的诉讼程序,可能影响公正审判的。

第二百三十九条 【重新审判】原审人民法院对于发回重新审判的案件,应当另行组成合议庭,依照第一审程序进行审判。对于重新审判后的判决,依照本法第二百二十七条、第二百二十八条、第二百二十九条的规定可以上诉、抗诉。

第二百四十条 【二审后对一审裁定的处理】第二审人民法院对不服第一审裁定的上诉或者抗诉,经过审查后,应当参照本法第二百三十六条、第二百三十八条和第二百三十九条的规定,分别情形用裁定驳回上诉、抗诉,或者撤销、变更原裁定。

第二百四十一条 【发回重审案件审理期限

的计算】第二审人民法院发回原审人民法院重新审判的案件,原审人民法院从收到发回的案件之日起,重新计算审理期限。

第二百四十二条 【二审法律程序适用】第二审人民法院审判上诉或者抗诉案件的程序,除本章已有规定的以外,参照第一审程序的规定进行。

第二百四十三条 【二审的审限】第二审人民法院受理上诉、抗诉案件,应当在二个月以内审结。对于可能判处死刑的案件或者附带民事诉讼的案件,以及有本法第一百五十八条规定情形之一的,经省、自治区、直辖市高级人民法院批准或者决定,可以延长二个月;因特殊情况还需要延长的,报请最高人民法院批准。

最高人民法院受理上诉、抗诉案件的审理期限,由最高人民法院决定。

第二百四十四条 【终审判决、裁定】第二审的判决、裁定和最高人民法院的判决、裁定,都是终审的判决、裁定。

第二百四十五条 【查封、扣押、冻结财物及其孳息的保管与处理】公安机关、人民检察院和人民法院对查封、扣押、冻结的犯罪嫌疑人、被告人的财物及其孳息,应当妥善保管,以供核查,并制作清单,随案移送。任何单位和个人不得挪用或者自行处理。对被害人的合法财产,应当及时返还。对违禁品或者不宜长期保存的物品,应当依照国家有关规定处理。

对作为证据使用的实物应当随案移送,对不宜移送的,应当将其清单、照片或者其他证明文件随案移送。

人民法院作出的判决,应当对查封、扣押、冻结的财物及其孳息作出处理。

人民法院作出的判决生效以后,有关机关应当根据判决对查封、扣押、冻结的财物及其孳息进行处理。对查封、扣押、冻结的赃款赃物及其孳息,除依法返还被害人的以外,一律上缴国库。

司法工作人员贪污、挪用或者私自处理查封、扣押、冻结的财物及其孳息的,依法追究刑事责任;不构成犯罪的,给予处分。

第四章 死刑复核程序

第二百四十六条 【死刑核准权】死刑由最高人民法院核准。

第二百四十七条 【死刑核准程序】中级人民法院判处死刑的第一审案件,被告人不上诉的,应当由高级人民法院复核后,报请最高人民法院核准。高级人民法院不同意判处死刑的,可以提审或者发回重新审判。

高级人民法院判处死刑的第一审案件被告人不上诉的,和判处死刑的第二审案件,都应当报请最高人民法院核准。

第二百四十八条 【死刑缓期二年执行核准权】中级人民法院判处死刑缓期二年执行的案件,由高级人民法院核准。

第二百四十九条 【死刑复核合议庭组成】最高人民法院复核死刑案件,高级人民法院复核死刑缓期执行的案件,应当由审判员三人组成合议庭进行。

第二百五十条 【最高法院复核后的处理】最高人民法院复核死刑案件,应当作出核准或者不核准死刑的裁定。对于不核准死刑的,最高人民法院可以发回重新审判或者予以改判。

第二百五十一条 【最高法院复核的程序要求及最高检察院的监督】最高人民法院复核死刑案件,应当讯问被告人,辩护律师提出要求的,应当听取辩护律师的意见。

在复核死刑案件过程中,最高人民检察院可以向最高人民法院提出意见。最高人民法院应当将死刑复核结果通报最高人民检察院。

第五章 审判监督程序

第二百五十二条 【申诉的主体和申诉的效力】当事人及其法定代理人、近亲属,对已经发生法律效力的判决、裁定,可以向人民法院或者人民检察院提出申诉,但是不能停止判决、裁定的执行。

第二百五十三条 【对申诉应当重新审判的法定情形】当事人及其法定代理人、近亲属的申诉符合下列情形之一的,人民法院应当重新审判:

(一)有新的证据证明原判决、裁定认定的事实确有错误,可能影响定罪量刑的;

(二)据以定罪量刑的证据不确实、不充分、依法应当予以排除,或者证明案件事实的主要证据之间存在矛盾的;

(三)原判决、裁定适用法律确有错误的;

(四)违反法律规定的诉讼程序,可能影响公正审判的;

（五）审判人员在审理该案件的时候，有贪污受贿，徇私舞弊，枉法裁判行为的。

第二百五十四条 【提起再审的主体、方式和理由】各级人民法院院长对本院已经发生法律效力的判决和裁定，如果发现在认定事实上或者在适用法律上确有错误，必须提交审判委员会处理。

最高人民法院对各级人民法院已经发生法律效力的判决和裁定，上级人民法院对下级人民法院已经发生法律效力的判决和裁定，如果发现确有错误，有权提审或者指令下级人民法院再审。

最高人民检察院对各级人民法院已经发生法律效力的判决和裁定，上级人民检察院对下级人民法院已经发生法律效力的判决和裁定，如果发现确有错误，有权按照审判监督程序向同级人民法院提出抗诉。

人民检察院抗诉的案件，接受抗诉的人民法院应当组成合议庭重新审理，对于原判决事实不清楚或者证据不足的，可以指令下级人民法院再审。

第二百五十五条 【再审法院】上级人民法院指令下级人民法院再审的，应当指令原审人民法院以外的下级人民法院审理；由原审人民法院审理更为适宜的，也可以指令原审人民法院审理。

第二百五十六条 【再审的程序及效力】人民法院按照审判监督程序重新审判的案件，由原审人民法院审理的，应当另行组成合议庭进行。如果原来是第一审案件，应当依照第一审程序进行审判，所作的判决、裁定，可以上诉、抗诉；如果原来是第二审案件，或者是上级人民法院提审的案件，应当依照第二审程序进行审判，所作的判决、裁定，是终审的判决、裁定。

人民法院开庭审理的再审案件，同级人民检察院应当派员出席法庭。

第二百五十七条 【再审中的强制措施】【中止原判决、裁定执行】人民法院决定再审的案件，需要对被告人采取强制措施的，由人民法院依法决定；人民检察院提出抗诉的再审案件，需要对被告人采取强制措施的，由人民检察院依法决定。

人民法院按照审判监督程序审判的案件，可以决定中止原判决、裁定的执行。

第二百五十八条 【再审的审限】人民法院按照审判监督程序重新审判的案件，应当在作出提审、再审决定之日起三个月以内审结，需要延长期限的，不得超过六个月。

接受抗诉的人民法院按照审判监督程序审判抗诉的案件，审理期限适用前款规定；对需要指令下级人民法院再审的，应当自接受抗诉之日起一个月以内作出决定，下级人民法院审理案件的期限适用前款规定。

第四编 执 行

第二百五十九条 【执行依据】判决和裁定在发生法律效力后执行。

下列判决和裁定是发生法律效力的判决和裁定：

（一）已过法定期限没有上诉、抗诉的判决和裁定；

（二）终审的判决和裁定；

（三）最高人民法院核准的死刑的判决和高级人民法院核准的死刑缓期二年执行的判决。

第二百六十条 【无罪、免除刑事处罚判决的执行】第一审人民法院判决被告人无罪、免除刑事处罚的，如果被告人在押，在宣判后应当立即释放。

第二百六十一条 【执行死刑的命令】【死刑缓期执行的处理】最高人民法院判处和核准的死刑立即执行的判决，应当由最高人民法院院长签发执行死刑的命令。

被判处死刑缓期二年执行的罪犯，在死刑缓期执行期间，如果没有故意犯罪，死刑缓期执行期满，应当予以减刑的，由执行机关提出书面意见，报请高级人民法院裁定；如果故意犯罪，情节恶劣，查证属实，应当执行死刑的，由高级人民法院报请最高人民法院核准；对于故意犯罪未执行死刑的，死刑缓期执行的期间重新计算，并报最高人民法院备案。

第二百六十二条 【死刑的停止执行】下级人民法院接到最高人民法院执行死刑的命令后，应当在七日以内交付执行。但是发现有下列情形之一的，应当停止执行，并且立即报告最高人民法院，由最高人民法院作出裁定：

（一）在执行前发现判决可能有错误的；

（二）在执行前罪犯揭发重大犯罪事实或者有其他重大立功表现，可能需要改判的；

（三）罪犯正在怀孕。

前款第一项、第二项停止执行的原因消失后，必须报请最高人民法院院长再签发执行死刑的命令才能执行；由于前款第三项原因停止执行的，应当报请最高人民法院依法改判。

第二百六十三条 【死刑的执行程序】人民法院在交付执行死刑前，应当通知同级人民检察院派员临场监督。

死刑采用枪决或者注射等方法执行。

死刑可以在刑场或者指定的羁押场所内执行。

指挥执行的审判人员，对罪犯应当验明正身，讯问有无遗言、信札，然后交付执行人员执行死刑。在执行前，如果发现可能有错误，应当暂停执行，报请最高人民法院裁定。

执行死刑应当公布，不应示众。

执行死刑后，在场书记员应当写成笔录。交付执行的人民法院应当将执行死刑情况报告最高人民法院。

执行死刑后，交付执行的人民法院应当通知罪犯家属。

第二百六十四条 【死刑缓期二年执行、无期徒刑、有期徒刑、拘役的执行程序】罪犯被交付执行刑罚的时候，应当由交付执行的人民法院在判决生效后十日以内将有关的法律文书送达公安机关、监狱或者其他执行机关。

对被判处死刑缓期二年执行、无期徒刑、有期徒刑的罪犯，由公安机关依法将该罪犯送交监狱执行刑罚。对被判处有期徒刑的罪犯，在被交付执行刑罚前，剩余刑期在三个月以下的，由看守所代为执行。对被判处拘役的罪犯，由公安机关执行。

对未成年犯应当在未成年犯管教所执行刑罚。

执行机关应当将罪犯及时收押，并且通知罪犯家属。

判处有期徒刑、拘役的罪犯，执行期满，应当由执行机关发给释放证明书。

第二百六十五条 【暂予监外执行的法定情形和决定程序】对被判处有期徒刑或者拘役的罪犯，有下列情形之一的，可以暂予监外执行：

（一）有严重疾病需要保外就医的；

（二）怀孕或者正在哺乳自己婴儿的妇女；

（三）生活不能自理，适用暂予监外执行不致危害社会的。

对被判处无期徒刑的罪犯，有前款第二项规定情形的，可以暂予监外执行。

对适用保外就医可能有社会危险性的罪犯，或者自伤自残的罪犯，不得保外就医。

对罪犯确有严重疾病，必须保外就医的，由省级人民政府指定的医院诊断并开具证明文件。

在交付执行前，暂予监外执行由交付执行的人民法院决定；在交付执行后，暂予监外执行由监狱或者看守所提出书面意见，报省级以上监狱管理机关或者设区的市一级以上公安机关批准。

第二百六十六条 【检察院对暂予监外执行的监督】监狱、看守所提出暂予监外执行的书面意见的，应当将书面意见的副本抄送人民检察院。人民检察院可以向决定或者批准机关提出书面意见。

第二百六十七条 【对暂予监外执行的重新核查】决定或者批准暂予监外执行的机关应当将暂予监外执行决定抄送人民检察院。人民检察院认为暂予监外执行不当的，应当自接到通知之日起一个月以内将书面意见送交决定或者批准暂予监外执行的机关，决定或者批准暂予监外执行的机关接到人民检察院的书面意见后，应当立即对该决定进行重新核查。

实务问答 人民检察院如何对暂予监外执行案件进行法律监督

人民检察院对违法暂予监外执行进行法律监督时，应当注意发现和查办背后的相关司法工作人员职务犯罪。对司法鉴定意见、病情诊断意见的审查，应当注重对其及所依据的原始资料进行重点审查。发现不符合暂予监外执行条件的罪犯通过非法手段暂予监外执行的，应当依法监督纠正。办理暂予监外执行案件时，应当加强对鉴定意见等技术性证据的联合审查。（2020 年 6 月 3 日最高人民检察院检例第 72 号：罪犯王某某暂予监外执行监督案）

第二百六十八条 【暂予监外执行的收监、不计入执行刑期的情形及罪犯死亡的通知】对暂予监外执行的罪犯，有下列情形之一的，应当及时收监：

（一）发现不符合暂予监外执行条件的；

（二）严重违反有关暂予监外执行监督管理规定的；

（三）暂予监外执行的情形消失后，罪犯刑期未满的。

对于人民法院决定暂予监外执行的罪犯应当予以收监的，由人民法院作出决定，将有关的法律文书送达公安机关、监狱或者其他执行机关。

不符合暂予监外执行条件的罪犯通过贿赂等非法手段被暂予监外执行的，在监外执行的期间不计入执行刑期。罪犯在暂予监外执行期间脱逃的,脱逃的期间不计入执行刑期。

罪犯在暂予监外执行期间死亡的,执行机关应当及时通知监狱或者看守所。

第二百六十九条 【对管制、缓刑、假释或暂予监外执行罪犯的社区矫正】对被判处管制、宣告缓刑、假释或者暂予监外执行的罪犯,依法实行社区矫正,由社区矫正机构负责执行。

第二百七十条 【剥夺政治权利的执行】对被判处剥夺政治权利的罪犯,由公安机关执行。执行期满,应当由执行机关书面通知本人及其所在单位、居住地基层组织。

第二百七十一条 【罚金的执行】被判处罚金的罪犯,期满不缴纳的,人民法院应当强制缴纳;如果由于遭遇不能抗拒的灾祸等原因缴纳确实有困难的,经人民法院裁定,可以延期缴纳、酌情减少或者免除。

第二百七十二条 【没收财产的执行】没收财产的判决,无论附加适用或者独立适用,都由人民法院执行;在必要的时候,可以会同公安机关执行。

第二百七十三条 【对新罪、漏罪的处理及减刑、假释的程序】罪犯在服刑期间又犯罪的,或者发现了判决的时候所没有发现的罪行,由执行机关移送人民检察院处理。

被判处管制、拘役、有期徒刑或者无期徒刑的罪犯,在执行期间确有悔改或者立功表现,应当依法予以减刑、假释的时候,由执行机关提出建议书,报请人民法院审核裁定,并将建议书副本抄送人民检察院。人民检察院可以向人民法院提出书面意见。

第二百七十四条 【检察院对减刑、假释的监督】人民检察院认为人民法院减刑、假释的裁定不当,应当在收到裁定书副本后二十日以内,向人民法院提出书面纠正意见。人民法院应当在收到纠正意见后一个月以内重新组成合议庭进行审理,作出最终裁定。

实务问答 1. 人民检察院如何办理未成年罪犯减刑、假释监督案件

人民检察院在办理未成年罪犯减刑、假释监督案件时,应当比照成年罪犯依法适当从宽把握假释条件。对既符合法定减刑条件又符合法定假释条件的,可以建议刑罚执行机关优先适用假释。审查未成年罪犯是否符合假释条件时,应当结合犯罪的具体情节、原判刑罚情况、刑罚执行中的表现、家庭帮教能力和条件等因素综合认定。(2020年6月3日最高人民检察院检例第71号:罪犯康某假释监督案)

2. 人民检察院如何办理减刑监督案

对于判处拘役或者三年以下有期徒刑并宣告缓刑的罪犯,在缓刑考验期内确有悔改表现或者有一般立功表现,一般不适用减刑。在缓刑考验期内有重大立功表现的,可以参照《刑法》第78条的规定予以减刑。人民法院对宣告缓刑罪犯裁定减刑适用法律错误的,人民检察院应当依法提出纠正意见。人民法院裁定维持原减刑裁定的,人民检察院应当继续予以监督。(2020年6月3日最高人民检察院检例第70号:宣告缓刑罪犯蔡某等12人减刑监督案)

第二百七十五条 【刑罚执行中对判决错误和申诉的处理】监狱和其他执行机关在刑罚执行中,如果认为判决有错误或者罪犯提出申诉,应当转请人民检察院或者原判人民法院处理。

第二百七十六条 【检察院对执行刑罚的监督】人民检察院对执行机关执行刑罚的活动是否合法实行监督。如果发现有违法的情况,应当通知执行机关纠正。

第五编 特别程序

第一章 未成年人刑事案件诉讼程序

第二百七十七条 【未成年人刑事案件的办案方针、原则及总体要求】对犯罪的未成年人实行教育、感化、挽救的方针,坚持教育为主、惩罚为辅的原则。

人民法院、人民检察院和公安机关办理未成年人刑事案件,应当保障未成年人行使其诉讼权利,保障未成年人得到法律帮助,并由熟悉未成年人身心特点的审判人员、检察人员、侦查人员承办。

实务问答 共同犯罪案件中,未成年人与成年人是否需要分案起诉

(1)办理未成年人与成年人共同犯罪案件,一般应当将未成年人与成年人分案起诉,但对于未成年人系犯罪集团的组织者或者其他共同犯罪中的主犯,或者具有其他不宜分案起诉情形的,可以不分案起诉。(2)办理未成年人与成年人共同犯罪案件,应当根据未成年人在共同犯罪中的地位、

作用，综合考量未成年人实施犯罪行为的动机和目的、犯罪时的年龄、是否属于初犯、偶犯、犯罪后的悔罪表现、个人成长经历和一贯表现等因素，依法从轻或者减轻处罚。(3)未成年人犯罪不构成累犯。(2014年9月15日最高人民检察院检例第19号：张某、沈某某等七人抢劫案)

第二百七十八条 【法律援助机构指派辩护律师】未成年犯罪嫌疑人、被告人没有委托辩护人的，人民法院、人民检察院、公安机关应当通知法律援助机构指派律师为其提供辩护。

第二百七十九条 【对未成年犯罪嫌疑人、被告人有关情况的调查】公安机关、人民检察院、人民法院办理未成年人刑事案件，根据情况可以对未成年犯罪嫌疑人、被告人的成长经历、犯罪原因、监护教育等情况进行调查。

实务问答 办理附条件不起诉案件，社会调查报告内容不完整的，如何处理

办理附条件不起诉案件，应当进行社会调查，社会调查报告内容不完整的，应当补充开展社会调查。社会调查报告是检察机关认定未成年犯罪嫌疑人主观恶性大小、是否适合作附条件不起诉以及附什么样的条件、如何制订具体的帮教方案等的重要参考。社会调查报告的内容主要包括涉罪未成年人个人的基本情况、家庭情况、成长经历、社会生活状况、犯罪原因、犯罪前后表现、是否具备有效监护条件、社会帮教条件等，应具有个性化和针对性。公安机关、人民检察院、人民法院办理未成年人刑事案件，根据法律规定和案件情况可以进行社会调查。公安机关侦查未成年人犯罪案件，检察机关可以商请公安机关进行社会调查。认为公安机关随案移送的社会调查报告内容不完整、不全面的，可以商请公安机关补充进行社会调查，也可以自行补充开展社会调查。(2021年3月2日最高人民检察院检例第106号：牛某非法拘禁案)

第二百八十条 【严格限制适用逮捕措施】【与成年人分别关押、管理和教育】对未成年犯罪嫌疑人、被告人应当严格限制适用逮捕措施。人民检察院审查批准逮捕和人民法院决定逮捕，应当讯问未成年犯罪嫌疑人、被告人，听取辩护律师的意见。

对被拘留、逮捕和执行刑罚的未成年人与成年人应当分别关押、分别管理、分别教育。

第二百八十一条 【讯问、审判、询问未成年诉讼参与人的特别规定】对于未成年人刑事案件，在讯问和审判的时候，应当通知未成年犯罪嫌疑人、被告人的法定代理人到场。无法通知、法定代理人不能到场或者法定代理人是共犯的，也可以通知未成年犯罪嫌疑人、被告人的其他成年亲属，所在学校、单位、居住地基层组织或者未成年人保护组织的代表到场，并将有关情况记录在案。到场的法定代理人可以代为行使未成年犯罪嫌疑人、被告人的诉讼权利。

到场的法定代理人或者其他人员认为办案人员在讯问、审判中侵犯未成年人合法权益的，可以提出意见。讯问笔录、法庭笔录应当交给到场的法定代理人或者其他人员阅读或者向他宣读。

讯问女性未成年犯罪嫌疑人，应当有女工作人员在场。

审判未成年人刑事案件，未成年被告人最后陈述后，其法定代理人可以进行补充陈述。

询问未成年被害人、证人，适用第一款、第二款、第三款的规定。

第二百八十二条 【附条件不起诉的适用及异议】对于未成年人涉嫌刑法分则第四章、第五章、第六章规定的犯罪，可能判处一年有期徒刑以下刑罚，符合起诉条件，但有悔罪表现的，人民检察院可以作出附条件不起诉的决定。人民检察院在作出附条件不起诉的决定以前，应当听取公安机关、被害人的意见。

对附条件不起诉的决定，公安机关要求复议、提请复核或者被害人申诉的，适用本法第一百七十九条、第一百八十条的规定。

未成年犯罪嫌疑人及其法定代理人对人民检察院决定附条件不起诉有异议的，人民检察院应当作出起诉的决定。

实务问答 1. 办理未成年人附条件不起诉案件，应当考虑哪些因素

(1)办理附条件不起诉案件，应当注意把握附条件不起诉与不起诉之间的界限。根据《刑事诉讼法》第177条第2款的规定，检察机关对于犯罪情节轻微，依照刑法规定不需要判处刑罚或者可以免除刑罚的犯罪嫌疑人，可以决定不起诉。而附条件不起诉的适用条件是可能判处一年有期徒刑以下刑罚，符合起诉条件，但有悔罪表现的未成年犯罪嫌疑人，且只限定于涉嫌刑法分则第四章、第五章、第六章规定的犯罪。对于犯罪情节轻微符合不起诉条件的未成年犯罪嫌疑人，应依法适用不起诉,不能以附条件不起诉代替不起诉。对于未成年犯罪嫌疑人涉嫌刑法分则第四章、第五章、第六章规定的犯罪,根据犯罪情节和悔罪表现,尚未达到不需要判处刑罚或者可以免除刑罚程度的,综合考虑可能判处一年有期徒刑以下刑罚,适用附条件不起诉能更好地达到矫正效果,促使其再社会化的,应依法适用附条件不起诉。

(2)对涉罪未成年在校学生适用附条件不起诉,应当最大限度减少对其学习、生活的影响。坚持最有利于未成年人健康成长原则,立足涉罪在校学生教育矫治和回归社会,应尽可能保障其正常学习和生活。在法律规定的办案期限内,检察机关可灵活掌握办案节奏和方式,利用假期和远程方式办案帮教,在心理疏导、隐私保护等方面提供充分保障,达到教育、管束和保护的有机统一。(2021年3月2日最高人民检察院检例第103号:胡某某抢劫案)

2. 如何设定共同犯罪的未成年人附条件不起诉的附带条件

(1)附条件不起诉设定的附带条件,应根据社会调查情况合理设置,具有个性化,体现针对性。检察机关办理附条件不起诉案件,应当坚持因案而异,根据社会调查情况,针对涉罪未成年人的具体犯罪原因和回归社会的具体需求等设置附带条件。对共同犯罪未成年人既要针对其共同存在的问题,又要考虑每名涉罪未成年人的实际情况,设定符合个体特点的附带条件并制订合理的帮教计划,做到"对症下药",确保附条件不起诉制度教育矫治功能的实现。

(2)加强沟通,争取未成年犯罪嫌疑人及其法定代理人、学校的理解、配合和支持。检察机关应当就附带条件、考验期限等与未成年犯罪嫌疑人充分沟通,使其自觉遵守并切实执行。未成年犯罪嫌疑人的法定代理人和其所在学校是参与精准帮教的重要力量,检察机关应当通过释法说理、开展家庭教育指导等工作,与各方达成共识,形成帮教合力。(2021年3月2日最高人民检察院检例第104号:庄某等人敲诈勒索案)

3. 办理未成年人涉嫌数罪但认罪认罚案件,如何适用附条件不起诉

办理未成年人犯罪案件,对于涉嫌数罪但认罪认罚,可能判处一年有期徒刑以下刑罚的,也可以适用附条件不起诉。检察机关应当根据涉罪未成年人的犯罪行为性质、情节、后果,并结合犯罪原因、犯罪前后的表现等,综合评估可能判处的刑罚。"一年有期徒刑以下刑罚"是指将犯罪嫌疑人交付审判,法院对其可能判处的刑罚。目前刑法规定的量刑幅度均是以成年人犯罪为基准设计,检察机关对涉罪未成年人刑罚的预估要充分考虑"教育、感化、挽救"的需要及其量刑方面的特殊性。对于既可以附条件不起诉也可以起诉的,应当优先适用附条件不起诉。存在数罪情形时,要全面综合考量犯罪事实、性质和情节以及认罪认罚等情况,认为并罚后其刑期仍可能为一年有期徒刑以下刑罚的,可以依法适用附条件不起诉,以充分发挥附条件不起诉制度的特殊功能,促使涉罪未成年人及早摆脱致罪因素,顺利回归社会。(2021年3月2日最高人民检察院检例第105号:李某诈骗、传授犯罪方法,牛某等人诈骗案)

第二百八十三条 【对附条件不起诉未成年犯罪嫌疑人的监督考察】在附条件不起诉的考验期内,由人民检察院对被附条件不起诉的未成年犯罪嫌疑人进行监督考察。未成年犯罪嫌疑人的监护人,应当对未成年犯罪嫌疑人加强管教,配合人民检察院做好监督考察工作。

附条件不起诉的考验期为六个月以上一年以下,从人民检察院作出附条件不起诉的决定之日起计算。

被附条件不起诉的未成年犯罪嫌疑人,应当遵守下列规定:

(一)遵守法律法规,服从监督;

(二)按照考察机关的规定报告自己的活动情况;

(三)离开所居住的市、县或者迁居,应当报经考察机关批准;

(四)按照考察机关的要求接受矫治和教育。

第二百八十四条 【附条件不起诉的撤销与不起诉决定的作出】被附条件不起诉的未成年犯罪嫌疑人,在考验期内有下列情形之一的,人民检察院应当撤销附条件不起诉的决定,提起公诉:

(一)实施新的犯罪或者发现决定附条件不起诉以前还有其他犯罪需要追诉的;

(二)违反治安管理规定或者考察机关有关附条件不起诉的监督管理规定,情节严重的。

被附条件不起诉的未成年犯罪嫌疑人,在考

验期内没有上述情形,考验期满的,人民检察院应当作出不起诉的决定。

实务问答如何认定《刑事诉讼法》第 284 条第 1 款第 2 项规定的“考察机关有关附条件不起诉的监督管理规定,情节严重的”

准确把握“违反考察机关有关附条件不起诉的监督管理规定”行为频次、具体情节、有无继续考察帮教必要等因素,依法认定“情节严重”。检察机关经调查核实、动态评估后发现被附条件不起诉人多次故意违反禁止性监督管理规定,或者进入特定场所后违反治安管理规定,或者违反指示性监督管理规定,经检察机关采取训诫提醒、心理疏导等多种措施后仍无悔改表现,脱离、拒绝帮教矫治,导致通过附条件不起诉促进涉罪未成年人悔过自新、回归社会的功能无法实现时,应当认定为《刑事诉讼法》第 284 条第 1 款第 2 项规定的“情节严重”,依法撤销附条件不起诉决定,提起公诉。(2021 年 3 月 2 日最高人民检察院检例第 107 号:唐某等人聚众斗殴案)

第二百八十五条 【不公开审理及其例外】审判的时候被告人不满十八周岁的案件,不公开审理。但是,经未成年被告人及其法定代理人同意,未成年被告人所在学校和未成年人保护组织可以派代表到场。

第二百八十六条 【犯罪记录封存】犯罪的时候不满十八周岁,被判处五年有期徒刑以下刑罚的,应当对相关犯罪记录予以封存。

犯罪记录被封存的,不得向任何单位和个人提供,但司法机关为办案需要或者有关单位根据国家规定进行查询的除外。依法进行查询的单位,应当对被封存的犯罪记录的情况予以保密。

第二百八十七条 【未成年刑事案件的法律适用】办理未成年人刑事案件,除本章已有规定的以外,按照本法的其他规定进行。

第二章 当事人和解的公诉案件诉讼程序

第二百八十八条 【适用范围】下列公诉案件,犯罪嫌疑人、被告人真诚悔罪,通过向被害人赔偿损失、赔礼道歉等方式获得被害人谅解,被害人自愿和解的,双方当事人可以和解:

(一)因民间纠纷引起,涉嫌刑法分则第四章、第五章规定的犯罪案件,可能判处三年有期徒刑以下刑罚的;

(二)除渎职犯罪以外的可能判处七年有期徒刑以下刑罚的过失犯罪案件。

犯罪嫌疑人、被告人在五年以内曾经故意犯罪的,不适用本章规定的程序。

第二百八十九条 【对当事人和解的审查】【主持制作和解协议书】双方当事人和解的,公安机关、人民检察院、人民法院应当听取当事人和其他有关人员的意见,对和解的自愿性、合法性进行审查,并主持制作和解协议书。

第二百九十条 【对达成和解协议案件的从宽处理】对于达成和解协议的案件,公安机关可以向人民检察院提出从宽处理的建议。人民检察院可以向人民法院提出从宽处罚的建议;对于犯罪情节轻微,不需要判处刑罚的,可以作出不起诉的决定。人民法院可以依法对被告人从宽处罚。

第三章 缺席审判程序

第二百九十一条 【缺席审判案件范围和管辖】对于贪污贿赂犯罪案件,以及需要及时进行审判,经最高人民检察院核准的严重危害国家安全犯罪、恐怖活动犯罪案件,犯罪嫌疑人、被告人在境外,监察机关、公安机关移送起诉,人民检察院认为犯罪事实已经查清,证据确实、充分,依法应当追究刑事责任的,可以向人民法院提起公诉。人民法院进行审查后,对于起诉书中有明确的指控犯罪事实,符合缺席审判程序适用条件的,应当决定开庭审判。

前款案件,由犯罪地、被告人离境前居住地或者最高人民法院指定的中级人民法院组成合议庭进行审理。

第二百九十二条 【司法文书送达】人民法院应当通过有关国际条约规定的或者外交途径提出的司法协助方式,或者被告人所在地法律允许的其他方式,将传票和人民检察院的起诉书副本送达被告人。传票和起诉书副本送达后,被告人未按要求到案的,人民法院应当开庭审理,依法作出判决,并对违法所得及其他涉案财产作出处理。

第二百九十三条 【被告人辩护权】人民法院缺席审判案件,被告人有权委托辩护人,被告人的近亲属可以代为委托辩护人。被告人及其近亲属没有委托辩护人的,人民法院应当通知法律援助机构指派律师为其提供辩护。

**第二百九十四条 【判决书送达】【上诉、抗诉

主体】人民法院应当将判决书送达被告人及其近亲属、辩护人。被告人或者其近亲属不服判决的，有权向上一级人民法院上诉。辩护人经被告人或者其近亲属同意，可以提出上诉。

人民检察院认为人民法院的判决确有错误的，应当向上一级人民法院提出抗诉。

第二百九十五条 【缺席被告人、罪犯到案的处理】【财产处理错误的救济】在审理过程中，被告人自动投案或者被抓获的，人民法院应当重新审理。

罪犯在判决、裁定发生法律效力后到案的，人民法院应当将罪犯交付执行刑罚。交付执行刑罚前，人民法院应当告知罪犯有权对判决、裁定提出异议。罪犯对判决、裁定提出异议的，人民法院应当重新审理。

依照生效判决、裁定对罪犯的财产进行的处理确有错误的，应当予以返还、赔偿。

第二百九十六条 【中止审理案件的缺席审判情形】因被告人患有严重疾病无法出庭，中止审理超过六个月，被告人仍无法出庭，被告人及其法定代理人、近亲属申请或者同意恢复审理的，人民法院可以在被告人不出庭的情况下缺席审理，依法作出判决。

第二百九十七条 【被告人死亡案件的缺席审判情形】被告人死亡的，人民法院应当裁定终止审理，但有证据证明被告人无罪，人民法院经缺席审理确认无罪的，应当依法作出判决。

人民法院按照审判监督程序重新审判的案件，被告人死亡的，人民法院可以缺席审理，依法作出判决。

第四章 犯罪嫌疑人、被告人逃匿、死亡案件违法所得的没收程序

第二百九十八条 【适用范围、申请程序及保全措施】对于贪污贿赂犯罪、恐怖活动犯罪等重大犯罪案件，犯罪嫌疑人、被告人逃匿，在通缉一年后不能到案，或者犯罪嫌疑人、被告人死亡，依照刑法规定应当追缴其违法所得及其他涉案财产的，人民检察院可以向人民法院提出没收违法所得的申请。

公安机关认为有前款规定情形的，应当写出没收违法所得意见书，移送人民检察院。

没收违法所得的申请应当提供与犯罪事实、违法所得相关的证据材料，并列明财产的种类、数量、所在地及查封、扣押、冻结的情况。

人民法院在必要的时候，可以查封、扣押、冻结申请没收的财产。

实务问答 重大职务犯罪案件如何适用违法所得没收程序

对于贪污贿赂等重大职务犯罪案件，犯罪嫌疑人、被告人逃匿，在通缉一年后不能到案，如果有证据证明有犯罪事实，依照刑法规定应当追缴其违法所得及其他涉案财产的，应当依法适用违法所得没收程序办理。违法所得没收裁定生效后，在逃的职务犯罪嫌疑人自动投案或者被抓获，监察机关调查终结移送起诉的，检察机关应当依照普通刑事诉讼程序办理，并与原没收裁定程序做好衔接。（2020 年 7 月 21 日最高人民检察院检例第 74 号：李华波贪污案）

第二百九十九条 【对没收违法所得及其他涉案财产的审理程序】没收违法所得的申请，由犯罪地或者犯罪嫌疑人、被告人居住地的中级人民法院组成合议庭进行审理。

人民法院受理没收违法所得的申请后，应当发出公告。公告期间为六个月。犯罪嫌疑人、被告人的近亲属和其他利害关系人有权申请参加诉讼，也可以委托诉讼代理人参加诉讼。

人民法院在公告期满后对没收违法所得的申请进行审理。利害关系人参加诉讼的，人民法院应当开庭审理。

第三百条 【裁定的作出】人民法院经审理，对经查证属于违法所得及其他涉案财产，除依法返还被害人的以外，应当裁定予以没收；对不属于应当追缴的财产的，应当裁定驳回申请，解除查封、扣押、冻结措施。

对于人民法院依照前款规定作出的裁定，犯罪嫌疑人、被告人的近亲属和其他利害关系人或者人民检察院可以提出上诉、抗诉。

第三百零一条 【本程序的终止】【没收错误的返还与赔偿】在审理过程中，在逃的犯罪嫌疑人、被告人自动投案或者被抓获的，人民法院应当终止审理。

没收犯罪嫌疑人、被告人财产确有错误的，应当予以返还、赔偿。

第五章 依法不负刑事责任的精神病人的强制医疗程序

第三百零二条 【强制医疗的适用范围】实施

暴力行为,危害公共安全或者严重危害公民人身安全,经法定程序鉴定依法不负刑事责任的精神病人,有继续危害社会可能的,可以予以强制医疗。

实务问答 如何认定《刑事诉讼法》第 302 条规定的"有继续危害社会可能"

审理强制医疗案件,对被申请人或者被告人是否"有继续危害社会可能",应当综合被申请人或者被告人所患精神病的种类、症状,案件审理时其病情是否已经好转,以及其家属或者监护人有无严加看管和自行送医治疗的意愿和能力等情况予以判定。必要时,可以委托相关机构或者专家进行评估。(2016 年 6 月 30 日最高人民法院指导案例第 63 号:徐加富强制医疗案)

第三百零三条 【强制医疗的决定程序】【临时保护性约束措施】根据本章规定对精神病人强制医疗的,由人民法院决定。

公安机关发现精神病人符合强制医疗条件的,应当写出强制医疗意见书,移送人民检察院。对于公安机关移送的或者在审查起诉过程中发现的精神病人符合强制医疗条件的,人民检察院应当向人民法院提出强制医疗的申请。人民法院在审理案件过程中发现被告人符合强制医疗条件的,可以作出强制医疗的决定。

对实施暴力行为的精神病人,在人民法院决定强制医疗前,公安机关可以采取临时的保护性约束措施。

第三百零四条 【强制医疗的审理及诉讼权利保障】人民法院受理强制医疗的申请后,应当组成合议庭进行审理。

人民法院审理强制医疗案件,应当通知被申请人或者被告人的法定代理人到场。被申请人或者被告人没有委托诉讼代理人的,人民法院应当通知法律援助机构指派律师为其提供法律帮助。

第三百零五条 【强制医疗决定的作出及复议】人民法院经审理,对于被申请人或者被告人符合强制医疗条件的,应当在一个月以内作出强制医疗的决定。

被决定强制医疗的人、被害人及其法定代理人、近亲属对强制医疗决定不服的,可以向上一级人民法院申请复议。

链接《刑诉解释》第 639—643 条

第三百零六条 【定期评估与强制医疗的解除程序】强制医疗机构应当定期对被强制医疗的人进行诊断评估。对于已不具有人身危险性,不需要继续强制医疗的,应当及时提出解除意见,报决定强制医疗的人民法院批准。

被强制医疗的人及其近亲属有权申请解除强制医疗。

第三百零七条 【检察院对强制医疗程序的监督】人民检察院对强制医疗的决定和执行实行监督。

附 则

第三百零八条 【军队保卫部门、中国海警局、监狱的侦查权】军队保卫部门对军队内部发生的刑事案件行使侦查权。

中国海警局履行海上维权执法职责,对海上发生的刑事案件行使侦查权。

对罪犯在监狱内犯罪的案件由监狱进行侦查。

军队保卫部门、中国海警局、监狱办理刑事案件,适用本法的有关规定。

中华人民共和国民事诉讼法

- 1991 年 4 月 9 日第七届全国人民代表大会第四次会议通过
- 根据 2007 年 10 月 28 日第十届全国人民代表大会常务委员会第三十次会议《关于修改〈中华人民共和国民事诉讼法〉的决定》第一次修正
- 根据 2012 年 8 月 31 日第十一届全国人民代表大会常务委员会第二十八次会议《关于修改〈中华人民共和国民事诉讼法〉的决定》第二次修正
- 根据 2017 年 6 月 27 日第十二届全国人民代表大会常务委员会第二十八次会议《关于修改〈中华人民共和国民事诉讼法〉和〈中华人民共和国行政诉讼法〉的决定》第三次修正
- 根据 2021 年 12 月 24 日第十三届全国人民代表大会常务委员会第三十二次会议《关于修改〈中华人民共和国民事诉讼法〉的决定》第四次修正

第一编 总 则

第一章 任务、适用范围和基本原则

第一条 【立法依据】中华人民共和国民事诉讼法以宪法为根据,结合我国民事审判工作的经验和实际情况制定。

第二条 【立法目的】中华人民共和国民事诉讼法的任务，是保护当事人行使诉讼权利，保证人民法院查明事实，分清是非，正确适用法律，及时审理民事案件，确认民事权利义务关系，制裁民事违法行为，保护当事人的合法权益，教育公民自觉遵守法律，维护社会秩序、经济秩序，保障社会主义建设事业顺利进行。

第三条 【适用范围】人民法院受理公民之间、法人之间、其他组织之间以及他们相互之间因财产关系和人身关系提起的民事诉讼，适用本法的规定。

第四条 【空间效力】凡在中华人民共和国领域内进行民事诉讼，必须遵守本法。

第五条 【同等原则和对等原则】外国人、无国籍人、外国企业和组织在人民法院起诉、应诉，同中华人民共和国公民、法人和其他组织有同等的诉讼权利义务。

外国法院对中华人民共和国公民、法人和其他组织的民事诉讼权利加以限制的，中华人民共和国人民法院对该国公民、企业和组织的民事诉讼权利，实行对等原则。

第六条 【独立审判原则】民事案件的审判权由人民法院行使。

人民法院依照法律规定对民事案件独立进行审判，不受行政机关、社会团体和个人的干涉。

第七条 【以事实为根据，以法律为准绳原则】人民法院审理民事案件，必须以事实为根据，以法律为准绳。

第八条 【诉讼权利平等原则】民事诉讼当事人有平等的诉讼权利。人民法院审理民事案件，应当保障和便利当事人行使诉讼权利，对当事人在适用法律上一律平等。

第九条 【法院调解原则】人民法院审理民事案件，应当根据自愿和合法的原则进行调解；调解不成的，应当及时判决。

第十条 【合议、回避、公开审判、两审终审制度】人民法院审理民事案件，依照法律规定实行合议、回避、公开审判和两审终审制度。

第十一条 【使用本民族语言文字原则】各民族公民都有用本民族语言、文字进行民事诉讼的权利。

在少数民族聚居或者多民族共同居住的地区，人民法院应当用当地民族通用的语言、文字进行审理和发布法律文书。

人民法院应当对不通晓当地民族通用的语言、文字的诉讼参与人提供翻译。

第十二条 【辩论原则】人民法院审理民事案件时，当事人有权进行辩论。

第十三条 【诚信原则和处分原则】民事诉讼应当遵循诚信原则。

当事人有权在法律规定的范围内处分自己的民事权利和诉讼权利。

第十四条 【检察监督原则】人民检察院有权对民事诉讼实行法律监督。

第十五条 【支持起诉原则】机关、社会团体、企业事业单位对损害国家、集体或者个人民事权益的行为，可以支持受损害的单位或者个人向人民法院起诉。

第十六条① 【在线诉讼法律效力】经当事人同意，民事诉讼活动可以通过信息网络平台在线进行。

民事诉讼活动通过信息网络平台在线进行的，与线下诉讼活动具有同等法律效力。

第十七条 【民族自治地方的变通或者补充规定】民族自治地方的人民代表大会根据宪法和本法的原则，结合当地民族的具体情况，可以制定变通或者补充的规定。自治区的规定，报全国人民代表大会常务委员会批准。自治州、自治县的规定，报省或者自治区的人民代表大会常务委员会批准，并报全国人民代表大会常务委员会备案。

第二章 管 辖

第一节 级别管辖

第十八条 【基层法院管辖】基层人民法院管辖第一审民事案件，但本法另有规定的除外。

第十九条 【中级法院管辖】中级人民法院管辖下列第一审民事案件：

（一）重大涉外案件；

（二）在本辖区有重大影响的案件；

（三）最高人民法院确定由中级人民法院管辖的案件。

① 此条根据2021年12月24日《全国人民代表大会常务委员会关于修改〈中华人民共和国民事诉讼法〉的决定》增加。

第二十条 【高级法院管辖】高级人民法院管辖在本辖区有重大影响的第一审民事案件。

第二十一条 【最高法院管辖】最高人民法院管辖下列第一审民事案件：

（一）在全国有重大影响的案件；

（二）认为应当由本院审理的案件。

第二节 地域管辖

第二十二条 【被告住所地、经常居住地法院管辖】对公民提起的民事诉讼，由被告住所地人民法院管辖；被告住所地与经常居住地不一致的，由经常居住地人民法院管辖。

对法人或者其他组织提起的民事诉讼，由被告住所地人民法院管辖。

同一诉讼的几个被告住所地、经常居住地在两个以上人民法院辖区的，各该人民法院都有管辖权。

第二十三条 【原告住所地、经常居住地法院管辖】下列民事诉讼，由原告住所地人民法院管辖；原告住所地与经常居住地不一致的，由原告经常居住地人民法院管辖：

（一）对不在中华人民共和国领域内居住的人提起的有关身份关系的诉讼；

（二）对下落不明或者宣告失踪的人提起的有关身份关系的诉讼；

（三）对被采取强制性教育措施的人提起的诉讼；

（四）对被监禁的人提起的诉讼。

第二十四条 【合同纠纷的地域管辖】因合同纠纷提起的诉讼，由被告住所地或者合同履行地人民法院管辖。

第二十五条 【保险合同纠纷的地域管辖】因保险合同纠纷提起的诉讼，由被告住所地或者保险标的物所在地人民法院管辖。

第二十六条 【票据纠纷的地域管辖】因票据纠纷提起的诉讼，由票据支付地或者被告住所地人民法院管辖。

第二十七条 【公司纠纷的地域管辖】因公司设立、确认股东资格、分配利润、解散等纠纷提起的诉讼，由公司住所地人民法院管辖。

第二十八条 【运输合同纠纷的地域管辖】因铁路、公路、水上、航空运输和联合运输合同纠纷提起的诉讼，由运输始发地、目的地或者被告住所地人民法院管辖。

第二十九条 【侵权纠纷的地域管辖】因侵权行为提起的诉讼，由侵权行为地或者被告住所地人民法院管辖。

第三十条 【交通事故损害赔偿纠纷的地域管辖】因铁路、公路、水上和航空事故请求损害赔偿提起的诉讼，由事故发生地或者车辆、船舶最先到达地、航空器最先降落地或者被告住所地人民法院管辖。

第三十一条 【海事损害事故赔偿纠纷的地域管辖】因船舶碰撞或者其他海事损害事故请求损害赔偿提起的诉讼，由碰撞发生地、碰撞船舶最先到达地、加害船舶被扣留地或者被告住所地人民法院管辖。

第三十二条 【海难救助费用纠纷的地域管辖】因海难救助费用提起的诉讼，由救助地或者被救助船舶最先到达地人民法院管辖。

第三十三条 【共同海损纠纷的地域管辖】因共同海损提起的诉讼，由船舶最先到达地、共同海损理算地或者航程终止地的人民法院管辖。

第三十四条 【专属管辖】下列案件，由本条规定的人民法院专属管辖：

（一）因不动产纠纷提起的诉讼，由不动产所在地人民法院管辖；

（二）因港口作业中发生纠纷提起的诉讼，由港口所在地人民法院管辖；

（三）因继承遗产纠纷提起的诉讼，由被继承人死亡时住所地或者主要遗产所在地人民法院管辖。

第三十五条 【协议管辖】合同或者其他财产权益纠纷的当事人可以书面协议选择被告住所地、合同履行地、合同签订地、原告住所地、标的物所在地等与争议有实际联系的地点的人民法院管辖，但不得违反本法对级别管辖和专属管辖的规定。

第三十六条 【选择管辖】两个以上人民法院都有管辖权的诉讼，原告可以向其中一个人民法院起诉；原告向两个以上有管辖权的人民法院起诉的，由最先立案的人民法院管辖。

第三节 移送管辖和指定管辖

第三十七条 【移送管辖】人民法院发现受理的案件不属于本院管辖的，应当移送有管辖权的人民法院，受移送的人民法院应当受理。受移送的人民法院认为受移送的案件依照规定不属于本院管辖的，应当报请上级人民法院指定管辖，不得再自行移送。

第三十八条 【指定管辖】有管辖权的人民法院由于特殊原因，不能行使管辖权的，由上级人民法院指定管辖。

人民法院之间因管辖权发生争议，由争议双方协商解决；协商解决不了的，报请它们的共同上级人民法院指定管辖。

第三十九条 【管辖权的转移】上级人民法院有权审理下级人民法院管辖的第一审民事案件；确有必要将本院管辖的第一审民事案件交下级人民法院审理的，应当报请其上级人民法院批准。

下级人民法院对它所管辖的第一审民事案件，认为需要由上级人民法院审理的，可以报请上级人民法院审理。

第三章 审判组织

第四十条 【一审审判组织】人民法院审理第一审民事案件，由审判员、陪审员共同组成合议庭或者由审判员组成合议庭。合议庭的成员人数，必须是单数。

适用简易程序审理的民事案件，由审判员一人独任审理。基层人民法院审理的基本事实清楚、权利义务关系明确的第一审民事案件，可以由审判员一人适用普通程序独任审理。

陪审员在执行陪审职务时，与审判员有同等的权利义务。

第四十一条 【二审和再审审判组织】人民法院审理第二审民事案件，由审判员组成合议庭。合议庭的成员人数，必须是单数。

中级人民法院对第一审适用简易程序审结或者不服裁定提起上诉的第二审民事案件，事实清楚、权利义务关系明确的，经双方当事人同意，可以由审判员一人独任审理。

发回重审的案件，原审人民法院应当按照第一审程序另行组成合议庭。

审理再审案件，原来是第一审的，按照第一审程序另行组成合议庭；原来是第二审的或者是上级人民法院提审的，按照第二审程序另行组成合议庭。

第四十二条① **【不适用独任制的情形】**人民法院审理下列民事案件，不得由审判员一人独任审理：

（一）涉及国家利益、社会公共利益的案件；

（二）涉及群体性纠纷，可能影响社会稳定的案件；

（三）人民群众广泛关注或者其他社会影响较大的案件；

（四）属于新类型或者疑难复杂的案件；

（五）法律规定应当组成合议庭审理的案件；

（六）其他不宜由审判员一人独任审理的案件。

第四十三条② **【独任制向合议制转换】**人民法院在审理过程中，发现案件不宜由审判员一人独任审理的，应当裁定转由合议庭审理。

当事人认为案件由审判员一人独任审理违反法律规定的，可以向人民法院提出异议。人民法院对当事人提出的异议应当审查，异议成立的，裁定转由合议庭审理；异议不成立的，裁定驳回。

第四十四条 【合议庭审判长的产生】合议庭的审判长由院长或者庭长指定审判员一人担任；院长或者庭长参加审判的，由院长或者庭长担任。

第四十五条 【合议庭的评议规则】合议庭评议案件，实行少数服从多数的原则。评议应当制作笔录，由合议庭成员签名。评议中的不同意见，必须如实记入笔录。

第四十六条 【审判人员工作纪律】审判人员应当依法秉公办案。

审判人员不得接受当事人及其诉讼代理人请客送礼。

审判人员有贪污受贿，徇私舞弊，枉法裁判行为的，应当追究法律责任；构成犯罪的，依法追究刑事责任。

第四章 回 避

第四十七条 【回避的对象、条件和方式】审判人员有下列情形之一的，应当自行回避，当事人有权用口头或者书面方式申请他们回避：

① 此条根据2021年12月24日《全国人民代表大会常务委员会关于修改〈中华人民共和国民事诉讼法〉的决定》增加。

② 此条根据2021年12月24日《全国人民代表大会常务委员会关于修改〈中华人民共和国民事诉讼法〉的决定》增加。

（一）是本案当事人或者当事人、诉讼代理人近亲属的；

（二）与本案有利害关系的；

（三）与本案当事人、诉讼代理人有其他关系，可能影响对案件公正审理的。

审判人员接受当事人、诉讼代理人请客送礼，或者违反规定会见当事人、诉讼代理人的，当事人有权要求他们回避。

审判人员有前款规定的行为的，应当依法追究法律责任。

前三款规定，适用于书记员、翻译人员、鉴定人、勘验人。

第四十八条　【回避申请】当事人提出回避申请，应当说明理由，在案件开始审理时提出；回避事由在案件开始审理后知道的，也可以在法庭辩论终结前提出。

被申请回避的人员在人民法院作出是否回避的决定前，应当暂停参与本案的工作，但案件需要采取紧急措施的除外。

第四十九条　【回避决定的程序】院长担任审判长或者独任审判员时的回避，由审判委员会决定；审判人员的回避，由院长决定；其他人员的回避，由审判长或者独任审判员决定。

第五十条　【回避决定的时限及效力】人民法院对当事人提出的回避申请，应当在申请提出的三日内，以口头或者书面形式作出决定。申请人对决定不服的，可以在接到决定时申请复议一次。复议期间，被申请回避的人员，不停止参与本案的工作。人民法院对复议申请，应当在三日内作出复议决定，并通知复议申请人。

第五章　诉讼参加人

第一节　当事人

第五十一条　【当事人范围】公民、法人和其他组织可以作为民事诉讼的当事人。

法人由其法定代表人进行诉讼。其他组织由其主要负责人进行诉讼。

第五十二条　【诉讼权利义务】当事人有权委托代理人，提出回避申请，收集、提供证据，进行辩论，请求调解，提起上诉，申请执行。

当事人可以查阅本案有关材料，并可以复制本案有关材料和法律文书。查阅、复制本案有关材料的范围和办法由最高人民法院规定。

当事人必须依法行使诉讼权利，遵守诉讼秩序，履行发生法律效力的判决书、裁定书和调解书。

第五十三条　【自行和解】双方当事人可以自行和解。

第五十四条　【诉讼请求的放弃、变更、承认、反驳及反诉】原告可以放弃或者变更诉讼请求。被告可以承认或者反驳诉讼请求，有权提起反诉。

第五十五条　【共同诉讼】当事人一方或者双方为二人以上，其诉讼标的是共同的，或者诉讼标的是同一种类、人民法院认为可以合并审理并经当事人同意的，为共同诉讼。

共同诉讼的一方当事人对诉讼标的有共同权利义务的，其中一人的诉讼行为经其他共同诉讼人承认，对其他共同诉讼人发生效力；对诉讼标的没有共同权利义务的，其中一人的诉讼行为对其他共同诉讼人不发生效力。

第五十六条　【当事人人数确定的代表人诉讼】当事人一方人数众多的共同诉讼，可以由当事人推选代表人进行诉讼。代表人的诉讼行为对其所代表的当事人发生效力，但代表人变更、放弃诉讼请求或者承认对方当事人的诉讼请求，进行和解，必须经被代表的当事人同意。

第五十七条　【当事人人数不确定的代表人诉讼】诉讼标的是同一种类、当事人一方人数众多在起诉时人数尚未确定的，人民法院可以发出公告，说明案件情况和诉讼请求，通知权利人在一定期间向人民法院登记。

向人民法院登记的权利人可以推选代表人进行诉讼；推选不出代表人的，人民法院可以与参加登记的权利人商定代表人。

代表人的诉讼行为对其所代表的当事人发生效力，但代表人变更、放弃诉讼请求或者承认对方当事人的诉讼请求，进行和解，必须经被代表的当事人同意。

人民法院作出的判决、裁定，对参加登记的全体权利人发生效力。未参加登记的权利人在诉讼时效期间提起诉讼的，适用该判决、裁定。

第五十八条　【公益诉讼】对污染环境、侵害众多消费者合法权益等损害社会公共利益的行为，法律规定的机关和有关组织可以向人民法院提起诉讼。

人民检察院在履行职责中发现破坏生态环境和资源保护、食品药品安全领域侵害众多消费者合法权益等损害社会公共利益的行为，在没有前款规定的机关和组织或者前款规定的机关和组织不提起诉讼的情况下，可以向人民法院提起诉讼。前款规定的机关或者组织提起诉讼的，人民检察院可以支持起诉。

第五十九条 【第三人】对当事人双方的诉讼标的，第三人认为有独立请求权的，有权提起诉讼。

对当事人双方的诉讼标的，第三人虽然没有独立请求权，但案件处理结果同他有法律上的利害关系的，可以申请参加诉讼，或者由人民法院通知他参加诉讼。人民法院判决承担民事责任的第三人，有当事人的诉讼权利义务。

前两款规定的第三人，因不能归责于本人的事由未参加诉讼，但有证据证明发生法律效力的判决、裁定、调解书的部分或者全部内容错误，损害其民事权益的，可以自知道或者应当知道其民事权益受到损害之日起六个月内，向作出该判决、裁定、调解书的人民法院提起诉讼。人民法院经审理，诉讼请求成立的，应当改变或者撤销原判决、裁定、调解书；诉讼请求不成立的，驳回诉讼请求。

第二节 诉讼代理人

第六十条 【法定诉讼代理人】无诉讼行为能力人由他的监护人作为法定代理人代为诉讼。法定代理人之间互相推诿代理责任的，由人民法院指定其中一人代为诉讼。

第六十一条 【委托诉讼代理人】当事人、法定代理人可以委托一至二人作为诉讼代理人。

下列人员可以被委托为诉讼代理人：

（一）律师、基层法律服务工作者；

（二）当事人的近亲属或者工作人员；

（三）当事人所在社区、单位以及有关社会团体推荐的公民。

第六十二条 【委托诉讼代理权的取得和权限】委托他人代为诉讼，必须向人民法院提交由委托人签名或者盖章的授权委托书。

授权委托书必须记明委托事项和权限。诉讼代理人代为承认、放弃、变更诉讼请求，进行和解，提起反诉或者上诉，必须有委托人的特别授权。

侨居在国外的中华人民共和国公民从国外寄交或者托交的授权委托书，必须经中华人民共和国驻该国的使领馆证明；没有使领馆的，由与中华人民共和国有外交关系的第三国驻该国的使领馆证明，再转由中华人民共和国驻该第三国使领馆证明，或者由当地的爱国华侨团体证明。

第六十三条 【诉讼代理权的变更和解除】诉讼代理人的权限如果变更或者解除，当事人应当书面告知人民法院，并由人民法院通知对方当事人。

第六十四条 【诉讼代理人调查收集证据和查阅有关资料的权利】代理诉讼的律师和其他诉讼代理人有权调查收集证据，可以查阅本案有关材料。查阅本案有关材料的范围和办法由最高人民法院规定。

第六十五条 【离婚诉讼代理的特别规定】离婚案件有诉讼代理人的，本人除不能表达意思的以外，仍应出庭；确因特殊情况无法出庭的，必须向人民法院提交书面意见。

第六章 证 据

第六十六条 【证据的种类】证据包括：

（一）当事人的陈述；

（二）书证；

（三）物证；

（四）视听资料；

（五）电子数据；

（六）证人证言；

（七）鉴定意见；

（八）勘验笔录。

证据必须查证属实，才能作为认定事实的根据。

第六十七条 【举证责任与查证】当事人对自己提出的主张，有责任提供证据。

当事人及其诉讼代理人因客观原因不能自行收集的证据，或者人民法院认为审理案件需要的证据，人民法院应当调查收集。

人民法院应当按照法定程序，全面地、客观地审查核实证据。

第六十八条 【举证期限及逾期后果】当事人对自己提出的主张应当及时提供证据。

人民法院根据当事人的主张和案件审理情况，确定当事人应当提供的证据及其期限。当事人在该期限内提供证据确有困难的，可以向人民法院申请延长期限，人民法院根据当事人的申请适当延长。当事人逾期提供证据的，人民法院应当责令其说明理由；拒不说明理由或者理由不成立的，人民法院根据不同情形可以不予采纳该证据，或者采纳该证据但予以训诫、罚款。

第六十九条　【人民法院签收证据】人民法院收到当事人提交的证据材料，应当出具收据，写明证据名称、页数、份数、原件或者复印件以及收到时间等，并由经办人员签名或者盖章。

第七十条　【人民法院调查取证】人民法院有权向有关单位和个人调查取证，有关单位和个人不得拒绝。

人民法院对有关单位和个人提出的证明文书，应当辨别真伪，审查确定其效力。

第七十一条　【证据的公开与质证】证据应当在法庭上出示，并由当事人互相质证。对涉及国家秘密、商业秘密和个人隐私的证据应当保密，需要在法庭出示的，不得在公开开庭时出示。

第七十二条　【公证证据】经过法定程序公证证明的法律事实和文书，人民法院应当作为认定事实的根据，但有相反证据足以推翻公证证明的除外。

第七十三条　【书证和物证】书证应当提交原件。物证应当提交原物。提交原件或者原物确有困难的，可以提交复制品、照片、副本、节录本。

提交外文书证，必须附有中文译本。

第七十四条　【视听资料】人民法院对视听资料，应当辨别真伪，并结合本案的其他证据，审查确定能否作为认定事实的根据。

第七十五条　【证人的义务】凡是知道案件情况的单位和个人，都有义务出庭作证。有关单位的负责人应当支持证人作证。

不能正确表达意思的人，不能作证。

第七十六条　【证人不出庭作证的情形】经人民法院通知，证人应当出庭作证。有下列情形之一的，经人民法院许可，可以通过书面证言、视听传输技术或者视听资料等方式作证：

（一）因健康原因不能出庭的；

（二）因路途遥远，交通不便不能出庭的；

（三）因自然灾害等不可抗力不能出庭的；

（四）其他有正当理由不能出庭的。

第七十七条　【证人出庭作证费用的承担】证人因履行出庭作证义务而支出的交通、住宿、就餐等必要费用以及误工损失，由败诉一方当事人负担。当事人申请证人作证的，由该当事人先行垫付；当事人没有申请，人民法院通知证人作证的，由人民法院先行垫付。

第七十八条　【当事人陈述】人民法院对当事人的陈述，应当结合本案的其他证据，审查确定能否作为认定事实的根据。

当事人拒绝陈述的，不影响人民法院根据证据认定案件事实。

第七十九条　【申请鉴定】当事人可以就查明事实的专门性问题向人民法院申请鉴定。当事人申请鉴定的，由双方当事人协商确定具备资格的鉴定人；协商不成的，由人民法院指定。

当事人未申请鉴定，人民法院对专门性问题认为需要鉴定的，应当委托具备资格的鉴定人进行鉴定。

第八十条　【鉴定人的职责】鉴定人有权了解进行鉴定所需要的案件材料，必要时可以询问当事人、证人。

鉴定人应当提出书面鉴定意见，在鉴定书上签名或者盖章。

第八十一条　【鉴定人出庭作证的义务】当事人对鉴定意见有异议或者人民法院认为鉴定人有必要出庭的，鉴定人应当出庭作证。经人民法院通知，鉴定人拒不出庭作证的，鉴定意见不得作为认定事实的根据；支付鉴定费用的当事人可以要求返还鉴定费用。

第八十二条　【对鉴定意见的查证】当事人可以申请人民法院通知有专门知识的人出庭，就鉴定人作出的鉴定意见或者专业问题提出意见。

第八十三条　【勘验笔录】勘验物证或者现场，勘验人必须出示人民法院的证件，并邀请当地基层组织或者当事人所在单位派人参加。当事人或者当事人的成年家属应当到场，拒不到场的，不影响勘验的进行。

有关单位和个人根据人民法院的通知，有义务保护现场，协助勘验工作。

勘验人应当将勘验情况和结果制作笔录，由勘验人、当事人和被邀参加人签名或者盖章。

第八十四条　【证据保全】在证据可能灭失或者以后难以取得的情况下，当事人可以在诉讼过程中向人民法院申请保全证据，人民法院也可以主动采取保全措施。

因情况紧急，在证据可能灭失或者以后难以取得的情况下，利害关系人可以在提起诉讼或者申请仲裁前向证据所在地、被申请人住所地或者对案件有管辖权的人民法院申请保全证据。

证据保全的其他程序，参照适用本法第九章保全的有关规定。

第七章　期间、送达

第一节　期　间

第八十五条　【期间的种类和计算】期间包括法定期间和人民法院指定的期间。

期间以时、日、月、年计算。期间开始的时和日，不计算在期间内。

期间届满的最后一日是法定休假日的，以法定休假日后的第一日为期间届满的日期。

期间不包括在途时间，诉讼文书在期满前交邮的，不算过期。

第八十六条　【期间的耽误和顺延】当事人因不可抗拒的事由或者其他正当理由耽误期限的，在障碍消除后的十日内，可以申请顺延期限，是否准许，由人民法院决定。

第二节　送　达

第八十七条　【送达回证】送达诉讼文书必须有送达回证，由受送达人在送达回证上记明收到日期，签名或者盖章。

受送达人在送达回证上的签收日期为送达日期。

第八十八条　【直接送达】送达诉讼文书，应当直接送交受送达人。受送达人是公民的，本人不在交他的同住成年家属签收；受送达人是法人或者其他组织的，应当由法人的法定代表人、其他组织的主要负责人或者该法人、组织负责收件的人签收；受送达人有诉讼代理人的，可以送交其代理人签收；受送达人已向人民法院指定代收人的，送交代收人签收。

受送达人的同住成年家属，法人或者其他组织的负责收件的人，诉讼代理人或者代收人在送达回证上签收的日期为送达日期。

第八十九条　【留置送达】受送达人或者他的同住成年家属拒绝接收诉讼文书的，送达人可以邀请有关基层组织或者所在单位的代表到场，说明情况，在送达回证上记明拒收事由和日期，由送达人、见证人签名或者盖章，把诉讼文书留在受送达人的住所；也可以把诉讼文书留在受送达人的住所，并采用拍照、录像等方式记录送达过程，即视为送达。

第九十条　【电子送达】经受送达人同意，人民法院可以采用能够确认其收悉的电子方式送达诉讼文书。通过电子方式送达的判决书、裁定书、调解书，受送达人提出需要纸质文书的，人民法院应当提供。

采用前款方式送达的，以送达信息到达受送达人特定系统的日期为送达日期。

第九十一条　【委托送达与邮寄送达】直接送达诉讼文书有困难的，可以委托其他人民法院代为送达，或者邮寄送达。邮寄送达的，以回执上注明的收件日期为送达日期。

第九十二条　【军人的转交送达】受送达人是军人的，通过其所在部队团以上单位的政治机关转交。

第九十三条　【被监禁人或被采取强制性教育措施人的转交送达】受送达人被监禁的，通过其所在监所转交。

受送达人被采取强制性教育措施的，通过其所在强制性教育机构转交。

第九十四条　【转交送达的送达日期】代为转交的机关、单位收到诉讼文书后，必须立即交受送达人签收，以在送达回证上的签收日期，为送达日期。

第九十五条　【公告送达】受送达人下落不明，或者用本节规定的其他方式无法送达的，公告送达。自发出公告之日起，经过三十日，即视为送达。

公告送达，应当在案卷中记明原因和经过。

第八章　调　解

第九十六条　【法院调解原则】人民法院审理民事案件，根据当事人自愿的原则，在事实清楚的基础上，分清是非，进行调解。

第九十七条　【法院调解的程序】人民法院进行调解，可以由审判员一人主持，也可以由合议庭主持，并尽可能就地进行。

人民法院进行调解，可以用简便方式通知当

事人、证人到庭。

第九十八条 【对法院调解的协助】人民法院进行调解，可以邀请有关单位和个人协助。被邀请的单位和个人，应当协助人民法院进行调解。

第九十九条 【调解协议的达成】调解达成协议，必须双方自愿，不得强迫。调解协议的内容不得违反法律规定。

第一百条 【调解书的制作、送达和效力】调解达成协议，人民法院应当制作调解书。调解书应当写明诉讼请求、案件的事实和调解结果。

调解书由审判人员、书记员署名，加盖人民法院印章，送达双方当事人。

调解书经双方当事人签收后，即具有法律效力。

第一百零一条 【不需要制作调解书的案件】下列案件调解达成协议，人民法院可以不制作调解书：

（一）调解和好的离婚案件；

（二）调解维持收养关系的案件；

（三）能够即时履行的案件；

（四）其他不需要制作调解书的案件。

对不需要制作调解书的协议，应当记入笔录，由双方当事人、审判人员、书记员签名或者盖章后，即具有法律效力。

第一百零二条 【调解不成或调解后反悔的处理】调解未达成协议或者调解书送达前一方反悔的，人民法院应当及时判决。

第九章 保全和先予执行

第一百零三条 【诉讼保全】人民法院对于可能因当事人一方的行为或者其他原因，使判决难以执行或者造成当事人其他损害的案件，根据对方当事人的申请，可以裁定对其财产进行保全、责令其作出一定行为或者禁止其作出一定行为；当事人没有提出申请的，人民法院在必要时也可以裁定采取保全措施。

人民法院采取保全措施，可以责令申请人提供担保，申请人不提供担保的，裁定驳回申请。

人民法院接受申请后，对情况紧急的，必须在四十八小时内作出裁定；裁定采取保全措施的，应当立即开始执行。

第一百零四条 【诉前保全】利害关系人因情况紧急，不立即申请保全将会使其合法权益受到难以弥补的损害的，可以在提起诉讼或者申请仲裁前向被保全财产所在地、被申请人住所地或者对案件有管辖权的人民法院申请采取保全措施。申请人应当提供担保，不提供担保的，裁定驳回申请。

人民法院接受申请后，必须在四十八小时内作出裁定；裁定采取保全措施的，应当立即开始执行。

申请人在人民法院采取保全措施后三十日内不依法提起诉讼或者申请仲裁的，人民法院应当解除保全。

第一百零五条 【保全的范围】保全限于请求的范围，或者与本案有关的财物。

第一百零六条 【财产保全的措施】财产保全采取查封、扣押、冻结或者法律规定的其他方法。人民法院保全财产后，应当立即通知被保全财产的人。

财产已被查封、冻结的，不得重复查封、冻结。

第一百零七条 【保全的解除】财产纠纷案件，被申请人提供担保的，人民法院应当裁定解除保全。

第一百零八条 【保全申请错误的处理】申请有错误的，申请人应当赔偿被申请人因保全所遭受的损失。

第一百零九条 【先予执行的适用范围】人民法院对下列案件，根据当事人的申请，可以裁定先予执行：

（一）追索赡养费、扶养费、抚养费、抚恤金、医疗费用的；

（二）追索劳动报酬的；

（三）因情况紧急需要先予执行的。

第一百一十条 【先予执行的条件】人民法院裁定先予执行的，应当符合下列条件：

（一）当事人之间权利义务关系明确，不先予执行将严重影响申请人的生活或者生产经营的；

（二）被申请人有履行能力。

人民法院可以责令申请人提供担保，申请人不提供担保的，驳回申请。申请人败诉的，应当赔偿被申请人因先予执行遭受的财产损失。

第一百一十一条 【对保全或先予执行不服的救济程序】当事人对保全或者先予执行的裁定不服的，可以申请复议一次。复议期间不停止裁定的执行。

第十章　对妨害民事诉讼的强制措施

第一百一十二条　【拘传的适用】人民法院对必须到庭的被告，经两次传票传唤，无正当理由拒不到庭的，可以拘传。

第一百一十三条　【对违反法庭规则、扰乱法庭秩序行为的强制措施】诉讼参与人和其他人应当遵守法庭规则。

人民法院对违反法庭规则的人，可以予以训诫，责令退出法庭或者予以罚款、拘留。

人民法院对哄闹、冲击法庭，侮辱、诽谤、威胁、殴打审判人员，严重扰乱法庭秩序的人，依法追究刑事责任；情节较轻的，予以罚款、拘留。

第一百一十四条　【对妨害诉讼证据的收集、调查和阻拦、干扰诉讼进行的强制措施】诉讼参与人或者其他人有下列行为之一的，人民法院可以根据情节轻重予以罚款、拘留；构成犯罪的，依法追究刑事责任：

（一）伪造、毁灭重要证据，妨碍人民法院审理案件的；

（二）以暴力、威胁、贿买方法阻止证人作证或者指使、贿买、胁迫他人作伪证的；

（三）隐藏、转移、变卖、毁损已被查封、扣押的财产，或者已被清点并责令其保管的财产，转移已被冻结的财产的；

（四）对司法工作人员、诉讼参加人、证人、翻译人员、鉴定人、勘验人、协助执行的人，进行侮辱、诽谤、诬陷、殴打或者打击报复的；

（五）以暴力、威胁或者其他方法阻碍司法工作人员执行职务的；

（六）拒不履行人民法院已经发生法律效力的判决、裁定的。

人民法院对有前款规定的行为之一的单位，可以对其主要负责人或者直接责任人员予以罚款、拘留；构成犯罪的，依法追究刑事责任。

第一百一十五条　【对恶意串通，通过诉讼、调解等方式侵害他人合法权益的强制措施】当事人之间恶意串通，企图通过诉讼、调解等方式侵害他人合法权益的，人民法院应当驳回其请求，并根据情节轻重予以罚款、拘留；构成犯罪的，依法追究刑事责任。

第一百一十六条　【对恶意串通，通过诉讼、仲裁、调解等方式逃避履行法律文书确定的义务的强制措施】被执行人与他人恶意串通，通过诉讼、仲裁、调解等方式逃避履行法律文书确定的义务的，人民法院应当根据情节轻重予以罚款、拘留；构成犯罪的，依法追究刑事责任。

第一百一十七条　【对拒不履行协助义务的单位的强制措施】有义务协助调查、执行的单位有下列行为之一的，人民法院除责令其履行协助义务外，并可以予以罚款：

（一）有关单位拒绝或者妨碍人民法院调查取证的；

（二）有关单位接到人民法院协助执行通知书后，拒不协助查询、扣押、冻结、划拨、变价财产的；

（三）有关单位接到人民法院协助执行通知书后，拒不协助扣留被执行人的收入、办理有关财产权证照转移手续、转交有关票证、证照或者其他财产的；

（四）其他拒绝协助执行的。

人民法院对有前款规定的行为之一的单位，可以对其主要负责人或者直接责任人员予以罚款；对仍不履行协助义务的，可以予以拘留；并可以向监察机关或者有关机关提出予以纪律处分的司法建议。

第一百一十八条　【罚款金额和拘留期限】对个人的罚款金额，为人民币十万元以下。对单位的罚款金额，为人民币五万元以上一百万元以下。

拘留的期限，为十五日以下。

被拘留的人，由人民法院交公安机关看管。在拘留期间，被拘留人承认并改正错误的，人民法院可以决定提前解除拘留。

第一百一十九条　【拘传、罚款、拘留的批准】拘传、罚款、拘留必须经院长批准。

拘传应当发拘传票。

罚款、拘留应当用决定书。对决定不服的，可以向上一级人民法院申请复议一次。复议期间不停止执行。

第一百二十条　【强制措施由法院决定】采取对妨害民事诉讼的强制措施必须由人民法院决定。任何单位和个人采取非法拘禁他人或者非法私自扣押他人财产追索债务的，应当依法追究刑事责任，或者予以拘留、罚款。

第十一章　诉讼费用

第一百二十一条　【诉讼费用】当事人进行民

事诉讼,应当按照规定交纳案件受理费。财产案件除交纳案件受理费外,并按照规定交纳其他诉讼费用。

当事人交纳诉讼费用确有困难的,可以按照规定向人民法院申请缓交、减交或者免交。

收取诉讼费用的办法另行制定。

第二编　审判程序

第十二章　第一审普通程序

第一节　起诉和受理

第一百二十二条　【起诉的实质要件】起诉必须符合下列条件:

(一)原告是与本案有直接利害关系的公民、法人和其他组织;

(二)有明确的被告;

(三)有具体的诉讼请求和事实、理由;

(四)属于人民法院受理民事诉讼的范围和受诉人民法院管辖。

第一百二十三条　【起诉的形式要件】起诉应当向人民法院递交起诉状,并按照被告人数提出副本。

书写起诉状确有困难的,可以口头起诉,由人民法院记入笔录,并告知对方当事人。

第一百二十四条　【起诉状的内容】起诉状应当记明下列事项:

(一)原告的姓名、性别、年龄、民族、职业、工作单位、住所、联系方式,法人或者其他组织的名称、住所和法定代表人或者主要负责人的姓名、职务、联系方式;

(二)被告的姓名、性别、工作单位、住所等信息,法人或者其他组织的名称、住所等信息;

(三)诉讼请求和所根据的事实与理由;

(四)证据和证据来源,证人姓名和住所。

第一百二十五条　【先行调解】当事人起诉到人民法院的民事纠纷,适宜调解的,先行调解,但当事人拒绝调解的除外。

第一百二十六条　【起诉权和受理程序】人民法院应当保障当事人依照法律规定享有的起诉权利。对符合本法第一百二十二条的起诉,必须受理。符合起诉条件的,应当在七日内立案,并通知当事人;不符合起诉条件的,应当在七日内作出裁定书,不予受理;原告对裁定不服的,可以提起上诉。

第一百二十七条　【对特殊情形的处理】人民法院对下列起诉,分别情形,予以处理:

(一)依照行政诉讼法的规定,属于行政诉讼受案范围的,告知原告提起行政诉讼;

(二)依照法律规定,双方当事人达成书面仲裁协议申请仲裁、不得向人民法院起诉的,告知原告向仲裁机构申请仲裁;

(三)依照法律规定,应当由其他机关处理的争议,告知原告向有关机关申请解决;

(四)对不属于本院管辖的案件,告知原告向有管辖权的人民法院起诉;

(五)对判决、裁定、调解书已经发生法律效力的案件,当事人又起诉的,告知原告申请再审,但人民法院准许撤诉的裁定除外;

(六)依照法律规定,在一定期限内不得起诉的案件,在不得起诉的期限内起诉的,不予受理;

(七)判决不准离婚和调解和好的离婚案件,判决、调解维持收养关系的案件,没有新情况、新理由,原告在六个月内又起诉的,不予受理。

第二节　审理前的准备

第一百二十八条　【送达起诉状和答辩状】人民法院应当在立案之日起五日内将起诉状副本发送被告,被告应当在收到之日起十五日内提出答辩状。答辩状应当记明被告的姓名、性别、年龄、民族、职业、工作单位、住所、联系方式;法人或者其他组织的名称、住所和法定代表人或者主要负责人的姓名、职务、联系方式。人民法院应当在收到答辩状之日起五日内将答辩状副本发送原告。

被告不提出答辩状的,不影响人民法院审理。

第一百二十九条　【诉讼权利义务的告知】人民法院对决定受理的案件,应当在受理案件通知书和应诉通知书中向当事人告知有关的诉讼权利义务,或者口头告知。

第一百三十条　【对管辖权异议的审查和处理】人民法院受理案件后,当事人对管辖权有异议的,应当在提交答辩状期间提出。人民法院对当事人提出的异议,应当审查。异议成立的,裁定将案件移送有管辖权的人民法院;异议不成立的,裁定驳回。

当事人未提出管辖异议,并应诉答辩的,视为受诉人民法院有管辖权，但违反级别管辖和专属管辖规定的除外。

第一百三十一条　【审判人员的告知】审判人员确定后，应当在三日内告知当事人。

第一百三十二条　【审核取证】审判人员必须认真审核诉讼材料，调查收集必要的证据。

第一百三十三条　【调查取证的程序】人民法院派出人员进行调查时，应当向被调查人出示证件。

调查笔录经被调查人校阅后，由被调查人、调查人签名或者盖章。

第一百三十四条　【委托调查】人民法院在必要时可以委托外地人民法院调查。

委托调查，必须提出明确的项目和要求。受委托人民法院可以主动补充调查。

受委托人民法院收到委托书后，应当在三十日内完成调查。因故不能完成的，应当在上述期限内函告委托人民法院。

第一百三十五条　【当事人的追加】必须共同进行诉讼的当事人没有参加诉讼的，人民法院应当通知其参加诉讼。

第一百三十六条　【案件受理后的处理】人民法院对受理的案件，分别情形，予以处理：

（一）当事人没有争议，符合督促程序规定条件的，可以转入督促程序；

（二）开庭前可以调解的，采取调解方式及时解决纠纷；

（三）根据案件情况，确定适用简易程序或者普通程序；

（四）需要开庭审理的，通过要求当事人交换证据等方式，明确争议焦点。

第三节　开庭审理

第一百三十七条　【公开审理及例外】人民法院审理民事案件，除涉及国家秘密、个人隐私或者法律另有规定的以外，应当公开进行。

离婚案件，涉及商业秘密的案件，当事人申请不公开审理的，可以不公开审理。

第一百三十八条　【巡回审理】人民法院审理民事案件，根据需要进行巡回审理，就地办案。

第一百三十九条　【开庭通知与公告】人民法院审理民事案件，应当在开庭三日前通知当事人和其他诉讼参与人。公开审理的，应当公告当事人姓名、案由和开庭的时间、地点。

第一百四十条　【宣布开庭】开庭审理前，书记员应当查明当事人和其他诉讼参与人是否到庭，宣布法庭纪律。

开庭审理时，由审判长或者独任审判员核对当事人，宣布案由，宣布审判人员、书记员名单，告知当事人有关的诉讼权利义务，询问当事人是否提出回避申请。

第一百四十一条　【法庭调查顺序】法庭调查按照下列顺序进行：

（一）当事人陈述；

（二）告知证人的权利义务，证人作证，宣读未到庭的证人证言；

（三）出示书证、物证、视听资料和电子数据；

（四）宣读鉴定意见；

（五）宣读勘验笔录。

第一百四十二条　【当事人庭审诉讼权利】当事人在法庭上可以提出新的证据。

当事人经法庭许可，可以向证人、鉴定人、勘验人发问。

当事人要求重新进行调查、鉴定或者勘验的，是否准许，由人民法院决定。

第一百四十三条　【合并审理】原告增加诉讼请求，被告提出反诉，第三人提出与本案有关的诉讼请求，可以合并审理。

第一百四十四条　【法庭辩论】法庭辩论按照下列顺序进行：

（一）原告及其诉讼代理人发言；

（二）被告及其诉讼代理人答辩；

（三）第三人及其诉讼代理人发言或者答辩；

（四）互相辩论。

法庭辩论终结，由审判长或者独任审判员按照原告、被告、第三人的先后顺序征询各方最后意见。

第一百四十五条　【法庭调解】法庭辩论终结，应当依法作出判决。判决前能够调解的，还可以进行调解，调解不成的，应当及时判决。

第一百四十六条　【原告不到庭和中途退庭的处理】原告经传票传唤，无正当理由拒不到庭的，或者未经法庭许可中途退庭的，可以按撤诉处理；被告反诉的，可以缺席判决。

第一百四十七条　【被告不到庭和中途退庭的处理】被告经传票传唤，无正当理由拒不到庭的,或者未经法庭许可中途退庭的,可以缺席判决。

第一百四十八条 【原告申请撤诉的处理】宣判前,原告申请撤诉的,是否准许,由人民法院裁定。

人民法院裁定不准许撤诉的,原告经传票传唤,无正当理由拒不到庭的,可以缺席判决。

第一百四十九条 【延期审理】有下列情形之一的,可以延期开庭审理:

(一)必须到庭的当事人和其他诉讼参与人有正当理由没有到庭的;

(二)当事人临时提出回避申请的;

(三)需要通知新的证人到庭,调取新的证据,重新鉴定、勘验,或者需要补充调查的;

(四)其他应当延期的情形。

第一百五十条 【法庭笔录】书记员应当将法庭审理的全部活动记入笔录,由审判人员和书记员签名。

法庭笔录应当当庭宣读,也可以告知当事人和其他诉讼参与人当庭或者在五日内阅读。当事人和其他诉讼参与人认为对自己的陈述记录有遗漏或者差错的,有权申请补正。如果不予补正,应当将申请记录在案。

法庭笔录由当事人和其他诉讼参与人签名或者盖章。拒绝签名盖章的,记明情况附卷。

第一百五十一条 【宣告判决】人民法院对公开审理或者不公开审理的案件,一律公开宣告判决。

当庭宣判的,应当在十日内发送判决书;定期宣判的,宣判后立即发给判决书。

宣告判决时,必须告知当事人上诉权利、上诉期限和上诉的法院。

宣告离婚判决,必须告知当事人在判决发生法律效力前不得另行结婚。

第一百五十二条 【一审审限】人民法院适用普通程序审理的案件,应当在立案之日起六个月内审结。有特殊情况需要延长的,经本院院长批准,可以延长六个月;还需要延长的,报请上级人民法院批准。

第四节 诉讼中止和终结

第一百五十三条 【诉讼中止】有下列情形之一的,中止诉讼:

(一)一方当事人死亡,需要等待继承人表明是否参加诉讼的;

(二)一方当事人丧失诉讼行为能力,尚未确定法定代理人的;

(三)作为一方当事人的法人或者其他组织终止,尚未确定权利义务承受人的;

(四)一方当事人因不可抗拒的事由,不能参加诉讼的;

(五)本案必须以另一案的审理结果为依据,而另一案尚未审结的;

(六)其他应当中止诉讼的情形。

中止诉讼的原因消除后,恢复诉讼。

第一百五十四条 【诉讼终结】有下列情形之一的,终结诉讼:

(一)原告死亡,没有继承人,或者继承人放弃诉讼权利的;

(二)被告死亡,没有遗产,也没有应当承担义务的人的;

(三)离婚案件一方当事人死亡的;

(四)追索赡养费、扶养费、抚养费以及解除收养关系案件的一方当事人死亡的。

第五节 判决和裁定

第一百五十五条 【判决书的内容】判决书应当写明判决结果和作出该判决的理由。判决书内容包括:

(一)案由、诉讼请求、争议的事实和理由;

(二)判决认定的事实和理由、适用的法律和理由;

(三)判决结果和诉讼费用的负担;

(四)上诉期间和上诉的法院。

判决书由审判人员、书记员署名,加盖人民法院印章。

第一百五十六条 【先行判决】人民法院审理案件,其中一部分事实已经清楚,可以就该部分先行判决。

第一百五十七条 【裁定】裁定适用于下列范围:

(一)不予受理;

(二)对管辖权有异议的;

(三)驳回起诉;

(四)保全和先予执行;

(五)准许或者不准许撤诉;

（六）中止或者终结诉讼；

（七）补正判决书中的笔误；

（八）中止或者终结执行；

（九）撤销或者不予执行仲裁裁决；

（十）不予执行公证机关赋予强制执行效力的债权文书；

（十一）其他需要裁定解决的事项。

对前款第一项至第三项裁定，可以上诉。

裁定书应当写明裁定结果和作出该裁定的理由。裁定书由审判人员、书记员署名，加盖人民法院印章。口头裁定的，记入笔录。

第一百五十八条　【一审裁判的生效】最高人民法院的判决、裁定，以及依法不准上诉或者超过上诉期没有上诉的判决、裁定，是发生法律效力的判决、裁定。

第一百五十九条　【判决、裁定的公开】公众可以查阅发生法律效力的判决书、裁定书，但涉及国家秘密、商业秘密和个人隐私的内容除外。

第十三章　简易程序

第一百六十条　【简易程序的适用范围】基层人民法院和它派出的法庭审理事实清楚、权利义务关系明确、争议不大的简单的民事案件，适用本章规定。

基层人民法院和它派出的法庭审理前款规定以外的民事案件，当事人双方也可以约定适用简易程序。

第一百六十一条　【简易程序的起诉方式和受理程序】对简单的民事案件，原告可以口头起诉。

当事人双方可以同时到基层人民法院或者它派出的法庭，请求解决纠纷。基层人民法院或者它派出的法庭可以当即审理，也可以另定日期审理。

第一百六十二条　【简易程序的传唤方式】基层人民法院和它派出的法庭审理简单的民事案件，可以用简便方式传唤当事人和证人、送达诉讼文书、审理案件，但应当保障当事人陈述意见的权利。

第一百六十三条　【简易程序的独任审理】简单的民事案件由审判员一人独任审理，并不受本法第一百三十九条、第一百四十一条、第一百四十四条规定的限制。

第一百六十四条　【简易程序的审限】人民法院适用简易程序审理案件，应当在立案之日起三个月内审结。有特殊情况需要延长的，经本院院长批准，可以延长一个月。

第一百六十五条　【小额诉讼程序】基层人民法院和它派出的法庭审理事实清楚、权利义务关系明确、争议不大的简单金钱给付民事案件，标的额为各省、自治区、直辖市上年度就业人员年平均工资百分之五十以下的，适用小额诉讼的程序审理，实行一审终审。

基层人民法院和它派出的法庭审理前款规定的民事案件，标的额超过各省、自治区、直辖市上年度就业人员年平均工资百分之五十但在二倍以下的，当事人双方也可以约定适用小额诉讼的程序。

第一百六十六条①　**【不适用小额诉讼程序的案件】**人民法院审理下列民事案件，不适用小额诉讼的程序：

（一）人身关系、财产确权案件；

（二）涉外案件；

（三）需要评估、鉴定或者对诉前评估、鉴定结果有异议的案件；

（四）一方当事人下落不明的案件；

（五）当事人提出反诉的案件；

（六）其他不宜适用小额诉讼的程序审理的案件。

第一百六十七条②　**【小额诉讼的审理方式】**人民法院适用小额诉讼的程序审理案件，可以一次开庭审结并且当庭宣判。

第一百六十八条③　**【小额诉讼的审限】**人民法院适用小额诉讼的程序审理案件，应当在立案之日起两个月内审结。有特殊情况需要延长的，经本院院长批准，可以延长一个月。

第一百六十九条④　**【小额诉讼程序转化及当**

① 此条根据 2021 年 12 月 24 日《全国人民代表大会常务委员会关于修改〈中华人民共和国民事诉讼法〉的决定》增加。
② 此条根据 2021 年 12 月 24 日《全国人民代表大会常务委员会关于修改〈中华人民共和国民事诉讼法〉的决定》增加。
③ 此条根据 2021 年 12 月 24 日《全国人民代表大会常务委员会关于修改〈中华人民共和国民事诉讼法〉的决定》增加。
④ 此条根据 2021 年 12 月 24 日《全国人民代表大会常务委员会关于修改〈中华人民共和国民事诉讼法〉的决定》增加。

事人异议权】人民法院在审理过程中,发现案件不宜适用小额诉讼的程序的,应当适用简易程序的其他规定审理或者裁定转为普通程序。

当事人认为案件适用小额诉讼的程序审理违反法律规定的,可以向人民法院提出异议。人民法院对当事人提出的异议应当审查,异议成立的,应当适用简易程序的其他规定审理或者裁定转为普通程序;异议不成立的,裁定驳回。

第一百七十条 【简易程序转为普通程序】人民法院在审理过程中,发现案件不宜适用简易程序的,裁定转为普通程序。

第十四章 第二审程序

第一百七十一条 【上诉权】当事人不服地方人民法院第一审判决的,有权在判决书送达之日起十五日内向上一级人民法院提起上诉。

当事人不服地方人民法院第一审裁定的,有权在裁定书送达之日起十日内向上一级人民法院提起上诉。

第一百七十二条 【上诉状的内容】上诉应当递交上诉状。上诉状的内容,应当包括当事人的姓名,法人的名称及其法定代表人的姓名或者其他组织的名称及其主要负责人的姓名;原审人民法院名称、案件的编号和案由;上诉的请求和理由。

第一百七十三条 【上诉的提起】上诉状应当通过原审人民法院提出,并按照对方当事人或者代表人的人数提出副本。

当事人直接向第二审人民法院上诉的,第二审人民法院应当在五日内将上诉状移交原审人民法院。

第一百七十四条 【上诉的受理】原审人民法院收到上诉状,应当在五日内将上诉状副本送达对方当事人,对方当事人在收到之日起十五日内提出答辩状。人民法院应当在收到答辩状之日起五日内将副本送达上诉人。对方当事人不提出答辩状的,不影响人民法院审理。

原审人民法院收到上诉状、答辩状,应当在五日内连同全部案卷和证据,报送第二审人民法院。

第一百七十五条 【二审的审理范围】第二审人民法院应当对上诉请求的有关事实和适用法律进行审查。

第一百七十六条 【二审的审理方式和地点】第二审人民法院对上诉案件应当开庭审理。经过阅卷、调查和询问当事人,对没有提出新的事实、证据或者理由,人民法院认为不需要开庭审理的,可以不开庭审理。

第二审人民法院审理上诉案件,可以在本院进行,也可以到案件发生地或者原审人民法院所在地进行。

第一百七十七条 【二审裁判】第二审人民法院对上诉案件,经过审理,按照下列情形,分别处理:

(一)原判决、裁定认定事实清楚,适用法律正确的,以判决、裁定方式驳回上诉,维持原判决、裁定;

(二)原判决、裁定认定事实错误或者适用法律错误的,以判决、裁定方式依法改判、撤销或者变更;

(三)原判决认定基本事实不清的,裁定撤销原判决,发回原审人民法院重审,或者查清事实后改判;

(四)原判决遗漏当事人或者违法缺席判决等严重违反法定程序的,裁定撤销原判决,发回原审人民法院重审。

原审人民法院对发回重审的案件作出判决后,当事人提起上诉的,第二审人民法院不得再次发回重审。

第一百七十八条 【对一审适用裁定的上诉案件的处理】第二审人民法院对不服第一审人民法院裁定的上诉案件的处理,一律使用裁定。

第一百七十九条 【上诉案件的调解】第二审人民法院审理上诉案件,可以进行调解。调解达成协议,应当制作调解书,由审判人员、书记员署名,加盖人民法院印章。调解书送达后,原审人民法院的判决即视为撤销。

第一百八十条 【上诉的撤回】第二审人民法院判决宣告前,上诉人申请撤回上诉的,是否准许,由第二审人民法院裁定。

第一百八十一条 【二审适用的程序】第二审人民法院审理上诉案件,除依照本章规定外,适用第一审普通程序。

第一百八十二条 【二审裁判的效力】第二审人民法院的判决、裁定,是终审的判决、裁定。

第一百八十三条 【二审审限】人民法院审理对判决的上诉案件,应当在第二审立案之日起三个月内审结。有特殊情况需要延长的，由本院院长批准。

人民法院审理对裁定的上诉案件，应当在第二审立案之日起三十日内作出终审裁定。

第十五章　特别程序

第一节　一般规定

第一百八十四条　【特别程序的适用范围】人民法院审理选民资格案件、宣告失踪或者宣告死亡案件、认定公民无民事行为能力或者限制民事行为能力案件、认定财产无主案件、确认调解协议案件和实现担保物权案件，适用本章规定。本章没有规定的，适用本法和其他法律的有关规定。

第一百八十五条　【一审终审与独任审理】依照本章程序审理的案件，实行一审终审。选民资格案件或者重大、疑难的案件，由审判员组成合议庭审理；其他案件由审判员一人独任审理。

第一百八十六条　【特别程序的转换】人民法院在依照本章程序审理案件的过程中，发现本案属于民事权益争议的，应当裁定终结特别程序，并告知利害关系人可以另行起诉。

第一百八十七条　【特别程序的审限】人民法院适用特别程序审理的案件，应当在立案之日起三十日内或者公告期满后三十日内审结。有特殊情况需要延长的，由本院院长批准。但审理选民资格的案件除外。

第二节　选民资格案件

第一百八十八条　【起诉与管辖】公民不服选举委员会对选民资格的申诉所作的处理决定，可以在选举日的五日以前向选区所在地基层人民法院起诉。

第一百八十九条　【审理、审限及判决】人民法院受理选民资格案件后，必须在选举日前审结。

审理时，起诉人、选举委员会的代表和有关公民必须参加。

人民法院的判决书，应当在选举日前送达选举委员会和起诉人，并通知有关公民。

第三节　宣告失踪、宣告死亡案件

第一百九十条　【宣告失踪案件的提起】公民下落不明满二年，利害关系人申请宣告其失踪的，向下落不明人住所地基层人民法院提出。

申请书应当写明失踪的事实、时间和请求，并附有公安机关或者其他有关机关关于该公民下落不明的书面证明。

第一百九十一条　【宣告死亡案件的提起】公民下落不明满四年，或者因意外事件下落不明满二年，或者因意外事件下落不明，经有关机关证明该公民不可能生存，利害关系人申请宣告其死亡的，向下落不明人住所地基层人民法院提出。

申请书应当写明下落不明的事实、时间和请求，并附有公安机关或者其他有关机关关于该公民下落不明的书面证明。

第一百九十二条　【公告与判决】人民法院受理宣告失踪、宣告死亡案件后，应当发出寻找下落不明人的公告。宣告失踪的公告期间为三个月，宣告死亡的公告期间为一年。因意外事件下落不明，经有关机关证明该公民不可能生存的，宣告死亡的公告期间为三个月。

公告期间届满，人民法院应当根据被宣告失踪、宣告死亡的事实是否得到确认，作出宣告失踪、宣告死亡的判决或者驳回申请的判决。

第一百九十三条　【判决的撤销】被宣告失踪、宣告死亡的公民重新出现，经本人或者利害关系人申请，人民法院应当作出新判决，撤销原判决。

第四节　认定公民无民事行为能力、限制民事行为能力案件

第一百九十四条　【认定公民无民事行为能力、限制民事行为能力案件的提起】申请认定公民无民事行为能力或者限制民事行为能力，由利害关系人或者有关组织向该公民住所地基层人民法院提出。

申请书应当写明该公民无民事行为能力或者限制民事行为能力的事实和根据。

第一百九十五条　【民事行为能力鉴定】人民法院受理申请后，必要时应当对被请求认定为无民事行为能力或者限制民事行为能力的公民进行鉴定。申请人已提供鉴定意见的，应当对鉴定意见进行审查。

第一百九十六条　【审理及判决】人民法院审理认定公民无民事行为能力或者限制民事行为能力的案件，应当由该公民的近亲属为代理人，但申

请人除外。近亲属互相推诿的,由人民法院指定其中一人为代理人。该公民健康情况许可的,还应当询问本人的意见。

人民法院经审理认定申请有事实根据的,判决该公民为无民事行为能力或者限制民事行为能力人;认定申请没有事实根据的,应当判决予以驳回。

第一百九十七条 【判决的撤销】人民法院根据被认定为无民事行为能力人、限制民事行为能力人本人、利害关系人或者有关组织的申请,证实该公民无民事行为能力或者限制民事行为能力的原因已经消除的,应当作出新判决,撤销原判决。

第五节 认定财产无主案件

第一百九十八条 【财产无主案件的提起】申请认定财产无主,由公民、法人或者其他组织向财产所在地基层人民法院提出。

申请书应当写明财产的种类、数量以及要求认定财产无主的根据。

第一百九十九条 【公告及判决】人民法院受理申请后,经审查核实,应当发出财产认领公告。公告满一年无人认领的,判决认定财产无主,收归国家或者集体所有。

第二百条 【判决的撤销】判决认定财产无主后,原财产所有人或者继承人出现,在民法典规定的诉讼时效期间可以对财产提出请求,人民法院审查属实后,应当作出新判决,撤销原判决。

第六节 确认调解协议案件

第二百零一条 【调解协议的司法确认】经依法设立的调解组织调解达成调解协议,申请司法确认的,由双方当事人自调解协议生效之日起三十日内,共同向下列人民法院提出:

(一)人民法院邀请调解组织开展先行调解的,向作出邀请的人民法院提出;

(二)调解组织自行开展调解的,向当事人住所地、标的物所在地、调解组织所在地的基层人民法院提出;调解协议所涉纠纷应当由中级人民法院管辖的,向相应的中级人民法院提出。

第二百零二条 【审查及裁定】人民法院受理申请后,经审查,符合法律规定的,裁定调解协议有效,一方当事人拒绝履行或者未全部履行的,对方当事人可以向人民法院申请执行;不符合法律规定的,裁定驳回申请,当事人可以通过调解方式变更原调解协议或者达成新的调解协议,也可以向人民法院提起诉讼。

第七节 实现担保物权案件

第二百零三条 【实现担保物权案件的提起】申请实现担保物权,由担保物权人以及其他有权请求实现担保物权的人依照民法典等法律,向担保财产所在地或者担保物权登记地基层人民法院提出。

第二百零四条 【审查及裁定】人民法院受理申请后,经审查,符合法律规定的,裁定拍卖、变卖担保财产,当事人依据该裁定可以向人民法院申请执行;不符合法律规定的,裁定驳回申请,当事人可以向人民法院提起诉讼。

第十六章 审判监督程序

第二百零五条 【人民法院决定再审】各级人民法院院长对本院已经发生法律效力的判决、裁定、调解书,发现确有错误,认为需要再审的,应当提交审判委员会讨论决定。

最高人民法院对地方各级人民法院已经发生法律效力的判决、裁定、调解书,上级人民法院对下级人民法院已经发生法律效力的判决、裁定、调解书,发现确有错误的,有权提审或者指令下级人民法院再审。

第二百零六条 【当事人申请再审】当事人对已经发生法律效力的判决、裁定,认为有错误的,可以向上一级人民法院申请再审;当事人一方人数众多或者当事人双方为公民的案件,也可以向原审人民法院申请再审。当事人申请再审的,不停止判决、裁定的执行。

第二百零七条 【再审事由】当事人的申请符合下列情形之一的,人民法院应当再审:

(一)有新的证据,足以推翻原判决、裁定的;

(二)原判决、裁定认定的基本事实缺乏证据证明的;

(三)原判决、裁定认定事实的主要证据是伪造的;

(四)原判决、裁定认定事实的主要证据未经质证的;

(五)对审理案件需要的主要证据,当事人因客观原因不能自行收集,书面申请人民法院调查

收集,人民法院未调查收集的;

（六）原判决、裁定适用法律确有错误的;

（七）审判组织的组成不合法或者依法应当回避的审判人员没有回避的;

（八）无诉讼行为能力人未经法定代理人代为诉讼或者应当参加诉讼的当事人,因不能归责于本人或者其诉讼代理人的事由,未参加诉讼的;

（九）违反法律规定,剥夺当事人辩论权利的;

（十）未经传票传唤,缺席判决的;

（十一）原判决、裁定遗漏或者超出诉讼请求的;

（十二）据以作出原判决、裁定的法律文书被撤销或者变更的;

（十三）审判人员审理该案件时有贪污受贿,徇私舞弊,枉法裁判行为的。

第二百零八条 【调解书的再审】当事人对已经发生法律效力的调解书,提出证据证明调解违反自愿原则或者调解协议的内容违反法律的,可以申请再审。经人民法院审查属实的,应当再审。

第二百零九条 【不得申请再审的案件】当事人对已经发生法律效力的解除婚姻关系的判决、调解书,不得申请再审。

第二百一十条 【再审申请以及审查】当事人申请再审的,应当提交再审申请书等材料。人民法院应当自收到再审申请书之日起五日内将再审申请书副本发送对方当事人。对方当事人应当自收到再审申请书副本之日起十五日内提交书面意见;不提交书面意见的,不影响人民法院审查。人民法院可以要求申请人和对方当事人补充有关材料,询问有关事项。

第二百一十一条 【再审申请的审查期限以及再审案件管辖法院】人民法院应当自收到再审申请书之日起三个月内审查,符合本法规定的,裁定再审;不符合本法规定的,裁定驳回申请。有特殊情况需要延长的,由本院院长批准。

因当事人申请裁定再审的案件由中级人民法院以上的人民法院审理,但当事人依照本法第二百零六条的规定选择向基层人民法院申请再审的除外。最高人民法院、高级人民法院裁定再审的案件,由本院再审或者交其他人民法院再审,也可以交原审人民法院再审。

第二百一十二条 【当事人申请再审的期限】当事人申请再审,应当在判决、裁定发生法律效力后六个月内提出;有本法第二百零七条第一项、第三项、第十二项、第十三项规定情形的,自知道或者应当知道之日起六个月内提出。

第二百一十三条 【中止原判决的执行及例外】按照审判监督程序决定再审的案件,裁定中止原判决、裁定、调解书的执行,但追索赡养费、扶养费、抚养费、抚恤金、医疗费用、劳动报酬等案件,可以不中止执行。

第二百一十四条 【再审案件的审理程序】人民法院按照审判监督程序再审的案件,发生法律效力的判决、裁定是由第一审法院作出的,按照第一审程序审理,所作的判决、裁定,当事人可以上诉;发生法律效力的判决、裁定是由第二审法院作出的,按照第二审程序审理,所作的判决、裁定,是发生法律效力的判决、裁定;上级人民法院按照审判监督程序提审的,按照第二审程序审理,所作的判决、裁定是发生法律效力的判决、裁定。

人民法院审理再审案件,应当另行组成合议庭。

第二百一十五条 【人民检察院提起抗诉】最高人民检察院对各级人民法院已经发生法律效力的判决、裁定,上级人民检察院对下级人民法院已经发生法律效力的判决、裁定,发现有本法第二百零七条规定情形之一的,或者发现调解书损害国家利益、社会公共利益的,应当提出抗诉。

地方各级人民检察院对同级人民法院已经发生法律效力的判决、裁定,发现有本法第二百零七条规定情形之一的,或者发现调解书损害国家利益、社会公共利益的,可以向同级人民法院提出检察建议,并报上级人民检察院备案;也可以提请上级人民检察院向同级人民法院提出抗诉。

各级人民检察院对审判监督程序以外的其他审判程序中审判人员的违法行为,有权向同级人民法院提出检察建议。

第二百一十六条 【当事人申请再审检察建议及抗诉的条件】有下列情形之一的,当事人可以向人民检察院申请检察建议或者抗诉:

（一）人民法院驳回再审申请的;

（二）人民法院逾期未对再审申请作出裁定的;

（三）再审判决、裁定有明显错误的。

人民检察院对当事人的申请应当在三个月内进行审查,作出提出或者不予提出检察建议或者抗诉的决定。当事人不得再次向人民检察院申请检察建议或者抗诉。

第二百一十七条 【抗诉案件的调查】人民检察院因履行法律监督职责提出检察建议或者抗诉的需要，可以向当事人或者案外人调查核实有关情况。

第二百一十八条 【抗诉案件裁定再审的期限及审理法院】人民检察院提出抗诉的案件，接受抗诉的人民法院应当自收到抗诉书之日起三十日内作出再审的裁定；有本法第二百零七条第一项至第五项规定情形之一的，可以交下一级人民法院再审，但经该下一级人民法院再审的除外。

第二百一十九条 【抗诉书】人民检察院决定对人民法院的判决、裁定、调解书提出抗诉的，应当制作抗诉书。

第二百二十条 【人民检察院派员出庭】人民检察院提出抗诉的案件，人民法院再审时，应当通知人民检察院派员出席法庭。

第十七章 督促程序

第二百二十一条 【支付令的申请】债权人请求债务人给付金钱、有价证券，符合下列条件的，可以向有管辖权的基层人民法院申请支付令：

(一)债权人与债务人没有其他债务纠纷的；

(二)支付令能够送达债务人的。

申请书应当写明请求给付金钱或者有价证券的数量和所根据的事实、证据。

第二百二十二条 【支付令申请的受理】债权人提出申请后，人民法院应当在五日内通知债权人是否受理。

第二百二十三条 【审理】人民法院受理申请后，经审查债权人提供的事实、证据，对债权债务关系明确、合法的，应当在受理之日起十五日内向债务人发出支付令；申请不成立的，裁定予以驳回。

债务人应当自收到支付令之日起十五日内清偿债务，或者向人民法院提出书面异议。

债务人在前款规定的期间不提出异议又不履行支付令的，债权人可以向人民法院申请执行。

第二百二十四条 【支付令的异议及失效的处理】人民法院收到债务人提出的书面异议后，经审查，异议成立的，应当裁定终结督促程序，支付令自行失效。

支付令失效的，转入诉讼程序，但申请支付令的一方当事人不同意提起诉讼的除外。

第十八章 公示催告程序

第二百二十五条 【公示催告程序的提起】按照规定可以背书转让的票据持有人，因票据被盗、遗失或者灭失，可以向票据支付地的基层人民法院申请公示催告。依照法律规定可以申请公示催告的其他事项，适用本章规定。

申请人应当向人民法院递交申请书，写明票面金额、发票人、持票人、背书人等票据主要内容和申请的理由、事实。

第二百二十六条 【受理、止付通知与公告】人民法院决定受理申请，应当同时通知支付人停止支付，并在三日内发出公告，催促利害关系人申报权利。公示催告的期间，由人民法院根据情况决定，但不得少于六十日。

第二百二十七条 【止付通知和公告的效力】支付人收到人民法院停止支付的通知，应当停止支付，至公示催告程序终结。

公示催告期间，转让票据权利的行为无效。

第二百二十八条 【利害关系人申报权利】利害关系人应当在公示催告期间向人民法院申报。

人民法院收到利害关系人的申报后，应当裁定终结公示催告程序，并通知申请人和支付人。

申请人或者申报人可以向人民法院起诉。

第二百二十九条 【除权判决】没有人申报的，人民法院应当根据申请人的申请，作出判决，宣告票据无效。判决应当公告，并通知支付人。自判决公告之日起，申请人有权向支付人请求支付。

第二百三十条 【除权判决的撤销】利害关系人因正当理由不能在判决前向人民法院申报的，自知道或者应当知道判决公告之日起一年内，可以向作出判决的人民法院起诉。

第三编 执行程序

第十九章 一般规定

第二百三十一条 【执行依据及管辖】发生法律效力的民事判决、裁定，以及刑事判决、裁定中的财产部分，由第一审人民法院或者与第一审人民法院同级的被执行的财产所在地人民法院执行。

法律规定由人民法院执行的其他法律文书，由被执行人住所地或者被执行的财产所在地人民法院执行。

第二百三十二条 【对违法的执行行为的异议】当事人、利害关系人认为执行行为违反法律规定的，可以向负责执行的人民法院提出书面异议。当事人、利害关系人提出书面异议的，人民法院应当自收到书面异议之日起十五日内审查，理由成立的，裁定撤销或者改正；理由不成立的，裁定驳回。当事人、利害关系人对裁定不服的，可以自裁定送达之日起十日内向上一级人民法院申请复议。

第二百三十三条 【变更执行法院】人民法院自收到申请执行书之日起超过六个月未执行的，申请执行人可以向上一级人民法院申请执行。上一级人民法院经审查，可以责令原人民法院在一定期限内执行，也可以决定由本院执行或者指令其他人民法院执行。

第二百三十四条 【案外人异议】执行过程中，案外人对执行标的提出书面异议的，人民法院应当自收到书面异议之日起十五日内审查，理由成立的，裁定中止对该标的的执行；理由不成立的，裁定驳回。案外人、当事人对裁定不服，认为原判决、裁定错误的，依照审判监督程序办理；与原判决、裁定无关的，可以自裁定送达之日起十五日内向人民法院提起诉讼。

第二百三十五条 【执行员与执行机构】执行工作由执行员进行。

采取强制执行措施时，执行员应当出示证件。执行完毕后，应当将执行情况制作笔录，由在场的有关人员签名或者盖章。

人民法院根据需要可以设立执行机构。

第二百三十六条 【委托执行】被执行人或者被执行的财产在外地的，可以委托当地人民法院代为执行。受委托人民法院收到委托函件后，必须在十五日内开始执行，不得拒绝。执行完毕后，应当将执行结果及时函复委托人民法院；在三十日内如果还未执行完毕，也应当将执行情况函告委托人民法院。

受委托人民法院自收到委托函件之日起十五日内不执行的，委托人民法院可以请求受委托人民法院的上级人民法院指令受委托人民法院执行。

第二百三十七条 【执行和解】在执行中，双方当事人自行和解达成协议的，执行员应当将协议内容记入笔录，由双方当事人签名或者盖章。

申请执行人因受欺诈、胁迫与被执行人达成和解协议，或者当事人不履行和解协议的，人民法院可以根据当事人的申请，恢复对原生效法律文书的执行。

第二百三十八条 【执行担保】在执行中，被执行人向人民法院提供担保，并经申请执行人同意的，人民法院可以决定暂缓执行及暂缓执行的期限。被执行人逾期仍不履行的，人民法院有权执行被执行人的担保财产或者担保人的财产。

第二百三十九条 【被执行主体的变更】作为被执行人的公民死亡的，以其遗产偿还债务。作为被执行人的法人或者其他组织终止的，由其权利义务承受人履行义务。

第二百四十条 【执行回转】执行完毕后，据以执行的判决、裁定和其他法律文书确有错误，被人民法院撤销的，对已被执行的财产，人民法院应当作出裁定，责令取得财产的人返还；拒不返还的，强制执行。

第二百四十一条 【法院调解书的执行】人民法院制作的调解书的执行，适用本编的规定。

第二百四十二条 【对执行的法律监督】人民检察院有权对民事执行活动实行法律监督。

第二十章 执行的申请和移送

第二百四十三条 【申请执行与移送执行】发生法律效力的民事判决、裁定，当事人必须履行。一方拒绝履行的，对方当事人可以向人民法院申请执行，也可以由审判员移送执行员执行。

调解书和其他应当由人民法院执行的法律文书，当事人必须履行。一方拒绝履行的，对方当事人可以向人民法院申请执行。

第二百四十四条 【仲裁裁决的申请执行】对依法设立的仲裁机构的裁决，一方当事人不履行的，对方当事人可以向有管辖权的人民法院申请执行。受申请的人民法院应当执行。

被申请人提出证据证明仲裁裁决有下列情形之一的，经人民法院组成合议庭审查核实，裁定不予执行：

（一）当事人在合同中没有订有仲裁条款或者事后没有达成书面仲裁协议的；

（二）裁决的事项不属于仲裁协议的范围或者仲裁机构无权仲裁的；

（三）仲裁庭的组成或者仲裁的程序违反法定程序的；

（四）裁决所根据的证据是伪造的；

（五）对方当事人向仲裁机构隐瞒了足以影响公正裁决的证据的；

（六）仲裁员在仲裁该案时有贪污受贿，徇私舞弊，枉法裁决行为的。

人民法院认定执行该裁决违背社会公共利益的，裁定不予执行。

裁定书应当送达双方当事人和仲裁机构。

仲裁裁决被人民法院裁定不予执行的，当事人可以根据双方达成的书面仲裁协议重新申请仲裁，也可以向人民法院起诉。

第二百四十五条　【公证债权文书的申请执行】对公证机关依法赋予强制执行效力的债权文书，一方当事人不履行的，对方当事人可以向有管辖权的人民法院申请执行，受申请的人民法院应当执行。

公证债权文书确有错误的，人民法院裁定不予执行，并将裁定书送达双方当事人和公证机关。

第二百四十六条　【申请执行期间】申请执行的期间为二年。申请执行时效的中止、中断，适用法律有关诉讼时效中止、中断的规定。

前款规定的期间，从法律文书规定履行期间的最后一日起计算；法律文书规定分期履行的，从最后一期履行期限届满之日起计算；法律文书未规定履行期间的，从法律文书生效之日起计算。

第二百四十七条　【执行通知】执行员接到申请执行书或者移交执行书，应当向被执行人发出执行通知，并可以立即采取强制执行措施。

第二十一章　执行措施

第二百四十八条　【被执行人报告财产情况】被执行人未按执行通知履行法律文书确定的义务，应当报告当前以及收到执行通知之日前一年的财产情况。被执行人拒绝报告或者虚假报告的，人民法院可以根据情节轻重对被执行人或者其法定代理人、有关单位的主要负责人或者直接责任人员予以罚款、拘留。

第二百四十九条　【被执行人存款等财产的执行】被执行人未按执行通知履行法律文书确定的义务，人民法院有权向有关单位查询被执行人的存款、债券、股票、基金份额等财产情况。人民法院有权根据不同情形扣押、冻结、划拨、变价被执行人的财产。人民法院查询、扣押、冻结、划拨、变价的财产不得超出被执行人应当履行义务的范围。

人民法院决定扣押、冻结、划拨、变价财产，应当作出裁定，并发出协助执行通知书，有关单位必须办理。

第二百五十条　【被执行人收入的执行】被执行人未按执行通知履行法律文书确定的义务，人民法院有权扣留、提取被执行人应当履行义务部分的收入。但应当保留被执行人及其所扶养家属的生活必需费用。

人民法院扣留、提取收入时，应当作出裁定，并发出协助执行通知书，被执行人所在单位、银行、信用合作社和其他有储蓄业务的单位必须办理。

第二百五十一条　【被执行人其他财产的执行】被执行人未按执行通知履行法律文书确定的义务，人民法院有权查封、扣押、冻结、拍卖、变卖被执行人应当履行义务部分的财产。但应当保留被执行人及其所扶养家属的生活必需品。

采取前款措施，人民法院应当作出裁定。

第二百五十二条　【查封、扣押】人民法院查封、扣押财产时，被执行人是公民的，应当通知被执行人或者他的成年家属到场；被执行人是法人或者其他组织的，应当通知其法定代表人或者主要负责人到场。拒不到场的，不影响执行。被执行人是公民的，其工作单位或者财产所在地的基层组织应当派人参加。

对被查封、扣押的财产，执行员必须造具清单，由在场人签名或者盖章后，交被执行人一份。被执行人是公民的，也可以交他的成年家属一份。

第二百五十三条　【被查封财产的保管】被查封的财产，执行员可以指定被执行人负责保管。因被执行人的过错造成的损失，由被执行人承担。

第二百五十四条　【拍卖、变卖】财产被查封、扣押后，执行员应当责令被执行人在指定期间履行法律文书确定的义务。被执行人逾期不履行的，人民法院应当拍卖被查封、扣押的财产；不适于拍卖或者当事人双方同意不进行拍卖的，人民法院可以委托有关单位变卖或者自行变卖。国家禁止自由买卖的物品，交有关单位按照国家规定的价格收购。

第二百五十五条 【搜查】被执行人不履行法律文书确定的义务，并隐匿财产的，人民法院有权发出搜查令，对被执行人及其住所或者财产隐匿地进行搜查。

采取前款措施，由院长签发搜查令。

第二百五十六条 【指定交付】法律文书指定交付的财物或者票证，由执行员传唤双方当事人当面交付，或者由执行员转交，并由被交付人签收。

有关单位持有该项财物或者票证的，应当根据人民法院的协助执行通知书转交，并由被交付人签收。

有关公民持有该项财物或者票证的，人民法院通知其交出。拒不交出的，强制执行。

第二百五十七条 【强制迁出】强制迁出房屋或者强制退出土地，由院长签发公告，责令被执行人在指定期间履行。被执行人逾期不履行的，由执行员强制执行。

强制执行时，被执行人是公民的，应当通知被执行人或者他的成年家属到场；被执行人是法人或者其他组织的，应当通知其法定代表人或者主要负责人到场。拒不到场的，不影响执行。被执行人是公民的，其工作单位或者房屋、土地所在地的基层组织应当派人参加。执行员应当将强制执行情况记入笔录，由在场人签名或者盖章。

强制迁出房屋被搬出的财物，由人民法院派人运至指定处所，交给被执行人。被执行人是公民的，也可以交给他的成年家属。因拒绝接收而造成的损失，由被执行人承担。

第二百五十八条 【财产权证照转移】在执行中，需要办理有关财产权证照转移手续的，人民法院可以向有关单位发出协助执行通知书，有关单位必须办理。

第二百五十九条 【行为的执行】对判决、裁定和其他法律文书指定的行为，被执行人未按执行通知履行的，人民法院可以强制执行或者委托有关单位或者其他人完成，费用由被执行人承担。

第二百六十条 【迟延履行的责任】被执行人未按判决、裁定和其他法律文书指定的期间履行给付金钱义务的，应当加倍支付迟延履行期间的债务利息。被执行人未按判决、裁定和其他法律文书指定的期间履行其他义务的，应当支付迟延履行金。

第二百六十一条 【继续执行】人民法院采取本法第二百四十九条、第二百五十条、第二百五十一条规定的执行措施后，被执行人仍不能偿还债务的，应当继续履行义务。债权人发现被执行人有其他财产的，可以随时请求人民法院执行。

第二百六十二条 【对被执行人的限制措施】被执行人不履行法律文书确定的义务的，人民法院可以对其采取或者通知有关单位协助采取限制出境，在征信系统记录、通过媒体公布不履行义务信息以及法律规定的其他措施。

第二十二章 执行中止和终结

第二百六十三条 【中止执行】有下列情形之一的，人民法院应当裁定中止执行：

（一）申请人表示可以延期执行的；

（二）案外人对执行标的提出确有理由的异议的；

（三）作为一方当事人的公民死亡，需要等待继承人继承权利或者承担义务的；

（四）作为一方当事人的法人或者其他组织终止，尚未确定权利义务承受人的；

（五）人民法院认为应当中止执行的其他情形。

中止的情形消失后，恢复执行。

第二百六十四条 【终结执行】有下列情形之一的，人民法院裁定终结执行：

（一）申请人撤销申请的；

（二）据以执行的法律文书被撤销的；

（三）作为被执行人的公民死亡，无遗产可供执行，又无义务承担人的；

（四）追索赡养费、扶养费、抚养费案件的权利人死亡的；

（五）作为被执行人的公民因生活困难无力偿还借款，无收入来源，又丧失劳动能力的；

（六）人民法院认为应当终结执行的其他情形。

第二百六十五条 【执行中止、终结裁定的生效】中止和终结执行的裁定，送达当事人后立即生效。

第四编 涉外民事诉讼程序的特别规定

第二十三章 一般原则

第二百六十六条 【适用本法原则】在中华人民共和国领域内进行涉外民事诉讼，适用本编规定。本编没有规定的,适用本法其他有关规定。

第二百六十七条 【信守国际条约原则】中华人民共和国缔结或者参加的国际条约同本法有不同规定的,适用该国际条约的规定,但中华人民共和国声明保留的条款除外。

第二百六十八条 【司法豁免原则】对享有外交特权与豁免的外国人、外国组织或者国际组织提起的民事诉讼,应当依照中华人民共和国有关法律和中华人民共和国缔结或者参加的国际条约的规定办理。

第二百六十九条 【使用我国通用语言、文字原则】人民法院审理涉外民事案件,应当使用中华人民共和国通用的语言、文字。当事人要求提供翻译的,可以提供,费用由当事人承担。

第二百七十条 【委托中国律师代理诉讼原则】外国人、无国籍人、外国企业和组织在人民法院起诉、应诉,需要委托律师代理诉讼的,必须委托中华人民共和国的律师。

第二百七十一条 【委托授权书的公证与认证】在中华人民共和国领域内没有住所的外国人、无国籍人、外国企业和组织委托中华人民共和国律师或者其他人代理诉讼,从中华人民共和国领域外寄交或者托交的授权委托书,应当经所在国公证机关证明,并经中华人民共和国驻该国使领馆认证,或者履行中华人民共和国与该所在国订立的有关条约中规定的证明手续后,才具有效力。

第二十四章 管 辖

第二百七十二条 【特殊地域管辖】因合同纠纷或者其他财产权益纠纷,对在中华人民共和国领域内没有住所的被告提起的诉讼,如果合同在中华人民共和国领域内签订或者履行,或者诉讼标的物在中华人民共和国领域内,或者被告在中华人民共和国领域内有可供扣押的财产,或者被告在中华人民共和国领域内设有代表机构,可以由合同签订地、合同履行地、诉讼标的物所在地、可供扣押财产所在地、侵权行为地或者代表机构住所地人民法院管辖。

第二百七十三条 【专属管辖】因在中华人民共和国履行中外合资经营企业合同、中外合作经营企业合同、中外合作勘探开发自然资源合同发生纠纷提起的诉讼,由中华人民共和国人民法院管辖。

第二十五章 送达、期间

第二百七十四条 【送达方式】人民法院对在中华人民共和国领域内没有住所的当事人送达诉讼文书,可以采用下列方式:

(一)依照受送达人所在国与中华人民共和国缔结或者共同参加的国际条约中规定的方式送达;

(二)通过外交途径送达;

(三)对具有中华人民共和国国籍的受送达人,可以委托中华人民共和国驻受送达人所在国的使领馆代为送达;

(四)向受送达人委托的有权代其接受送达的诉讼代理人送达;

(五)向受送达人在中华人民共和国领域内设立的代表机构或者有权接受送达的分支机构、业务代办人送达;

(六)受送达人所在国的法律允许邮寄送达的,可以邮寄送达,自邮寄之日起满三个月,送达回证没有退回,但根据各种情况足以认定已经送达的,期间届满之日视为送达;

(七)采用传真、电子邮件等能够确认受送达人收悉的方式送达;

(八)不能用上述方式送达的,公告送达,自公告之日起满三个月,即视为送达。

第二百七十五条 【答辩期间】被告在中华人民共和国领域内没有住所的,人民法院应当将起诉状副本送达被告,并通知被告在收到起诉状副本后三十日内提出答辩状。被告申请延期的,是否准许,由人民法院决定。

第二百七十六条 【上诉期间】在中华人民共和国领域内没有住所的当事人,不服第一审人民法院判决、裁定的,有权在判决书、裁定书送达之日起三十日内提起上诉。被上诉人在收到上诉状副本后,应当在三十日内提出答辩状。当事人不能在法定期间提起上诉或者提出答辩状,申请延期的,是否准许,由人民法院决定。

第二百七十七条 【审理期间】人民法院审理涉外民事案件的期间,不受本法第一百五十二条、第一百八十三条规定的限制。

第二十六章 仲 裁

第二百七十八条 【或裁或审原则】涉外经济

贸易、运输和海事中发生的纠纷，当事人在合同中订有仲裁条款或者事后达成书面仲裁协议，提交中华人民共和国涉外仲裁机构或者其他仲裁机构仲裁的，当事人不得向人民法院起诉。

当事人在合同中没有订有仲裁条款或者事后没有达成书面仲裁协议的，可以向人民法院起诉。

第二百七十九条 【仲裁程序中的保全】当事人申请采取保全的，中华人民共和国的涉外仲裁机构应当将当事人的申请，提交被申请人住所地或者财产所在地的中级人民法院裁定。

第二百八十条 【仲裁裁决的执行】经中华人民共和国涉外仲裁机构裁决的，当事人不得向人民法院起诉。一方当事人不履行仲裁裁决的，对方当事人可以向被申请人住所地或者财产所在地的中级人民法院申请执行。

第二百八十一条 【仲裁裁决不予执行的情形】对中华人民共和国涉外仲裁机构作出的裁决，被申请人提出证据证明仲裁裁决有下列情形之一的，经人民法院组成合议庭审查核实，裁定不予执行：

（一）当事人在合同中没有订有仲裁条款或者事后没有达成书面仲裁协议的；

（二）被申请人没有得到指定仲裁员或者进行仲裁程序的通知，或者由于其他不属于被申请人负责的原因未能陈述意见的；

（三）仲裁庭的组成或者仲裁的程序与仲裁规则不符的；

（四）裁决的事项不属于仲裁协议的范围或者仲裁机构无权仲裁的。

人民法院认定执行该裁决违背社会公共利益的，裁定不予执行。

第二百八十二条 【仲裁裁决不予执行的法律后果】仲裁裁决被人民法院裁定不予执行的，当事人可以根据双方达成的书面仲裁协议重新申请仲裁，也可以向人民法院起诉。

第二十七章 司法协助

第二百八十三条 【司法协助的原则】根据中华人民共和国缔结或者参加的国际条约，或者按照互惠原则，人民法院和外国法院可以相互请求，代为送达文书、调查取证以及进行其他诉讼行为。

外国法院请求协助的事项有损于中华人民共和国的主权、安全或者社会公共利益的，人民法院不予执行。

第二百八十四条 【司法协助的途径】请求和提供司法协助，应当依照中华人民共和国缔结或者参加的国际条约所规定的途径进行；没有条约关系的，通过外交途径进行。

外国驻中华人民共和国的使领馆可以向该国公民送达文书和调查取证，但不得违反中华人民共和国的法律，并不得采取强制措施。

除前款规定的情况外，未经中华人民共和国主管机关准许，任何外国机关或者个人不得在中华人民共和国领域内送达文书、调查取证。

第二百八十五条 【司法协助请求使用的文字】外国法院请求人民法院提供司法协助的请求书及其所附文件，应当附有中文译本或者国际条约规定的其他文字文本。

人民法院请求外国法院提供司法协助的请求书及其所附文件，应当附有该国文字译本或者国际条约规定的其他文字文本。

第二百八十六条 【司法协助程序】人民法院提供司法协助，依照中华人民共和国法律规定的程序进行。外国法院请求采用特殊方式的，也可以按照其请求的特殊方式进行，但请求采用的特殊方式不得违反中华人民共和国法律。

第二百八十七条 【申请外国承认和执行】人民法院作出的发生法律效力的判决、裁定，如果被执行人或者其财产不在中华人民共和国领域内，当事人请求执行的，可以由当事人直接向有管辖权的外国法院申请承认和执行，也可以由人民法院依照中华人民共和国缔结或者参加的国际条约的规定，或者按照互惠原则，请求外国法院承认和执行。

中华人民共和国涉外仲裁机构作出的发生法律效力的仲裁裁决，当事人请求执行的，如果被执行人或者其财产不在中华人民共和国领域内，应当由当事人直接向有管辖权的外国法院申请承认和执行。

第二百八十八条 【外国申请承认和执行】外国法院作出的发生法律效力的判决、裁定，需要中华人民共和国人民法院承认和执行的，可以由当事人直接向中华人民共和国有管辖权的中级人民法院申请承认和执行，也可以由外国法院依照该国与中华人民共和国缔结或者参加的国际条约的规定，或者按照互惠原则，请求人民法院承认和执行。

第二百八十九条 【外国法院裁判的承认与执行】人民法院对申请或者请求承认和执行的外国法院作出的发生法律效力的判决、裁定,依照中华人民共和国缔结或者参加的国际条约,或者按照互惠原则进行审查后,认为不违反中华人民共和国法律的基本原则或者国家主权、安全、社会公共利益的,裁定承认其效力,需要执行的,发出执行令,依照本法的有关规定执行。违反中华人民共和国法律的基本原则或者国家主权、安全、社会公共利益的,不予承认和执行。

第二百九十条 【外国仲裁裁决的承认和执行】国外仲裁机构的裁决,需要中华人民共和国人民法院承认和执行的,应当由当事人直接向被执行人住所地或者其财产所在地的中级人民法院申请,人民法院应当依照中华人民共和国缔结或者参加的国际条约,或者按照互惠原则办理。

第二百九十一条 【施行时间】本法自公布之日起施行,《中华人民共和国民事诉讼法(试行)》同时废止。

中华人民共和国行政诉讼法

· 1989 年 4 月 4 日第七届全国人民代表大会第二次会议通过
· 根据 2014 年 11 月 1 日第十二届全国人民代表大会常务委员会第十一次会议《关于修改〈中华人民共和国行政诉讼法〉的决定》第一次修正
· 根据 2017 年 6 月 27 日第十二届全国人民代表大会常务委员会第二十八次会议《关于修改〈中华人民共和国民事诉讼法〉和〈中华人民共和国行政诉讼法〉的决定》第二次修正

第一章 总 则

第一条 【立法目的】为保证人民法院公正、及时审理行政案件,解决行政争议,保护公民、法人和其他组织的合法权益,监督行政机关依法行使职权,根据宪法,制定本法。

链接《宪法》第 41 条

第二条 【诉权】公民、法人或者其他组织认为行政机关和行政机关工作人员的行政行为侵犯其合法权益,有权依照本法向人民法院提起诉讼。

前款所称行政行为,包括法律、法规、规章授权的组织作出的行政行为。

第三条 【行政机关负责人出庭应诉】人民法院应当保障公民、法人和其他组织的起诉权利,对应当受理的行政案件依法受理。

行政机关及其工作人员不得干预、阻碍人民法院受理行政案件。

被诉行政机关负责人应当出庭应诉。不能出庭的,应当委托行政机关相应的工作人员出庭。

注释 被诉行政机关负责人应当出庭应诉,是指被诉行政机关负责人依法应当在第一审、第二审、再审等诉讼程序中出庭参加诉讼,行使诉讼权利,履行诉讼义务。法律、法规、规章授权独立行使行政职权的行政机关内设机构、派出机构或者其他组织的负责人出庭应诉,适用本规定。应当追加为被告而原告不同意追加,人民法院通知以第三人身份参加诉讼的行政机关,其负责人出庭应诉活动参照前述规定。

被诉行政机关负责人,包括行政机关的正职、副职负责人、参与分管被诉行政行为实施工作的副职级别的负责人以及其他参与分管的负责人。被诉行政机关委托的组织或者下级行政机关的负责人,不能作为被诉行政机关负责人出庭。

对于涉及食品药品安全、生态环境和资源保护、公共卫生安全等重大公共利益,社会高度关注或者可能引发群体性事件等的案件,人民法院应当通知行政机关负责人出庭应诉。

行政机关负责人有正当理由不能出庭的,应当提交相关证明材料,并加盖行政机关印章或者由该机关主要负责人签字认可。人民法院应当对行政机关负责人不能出庭的理由以及证明材料进行审查。

链接《最高人民法院关于行政机关负责人出庭应诉若干问题的规定》

第四条 【独立行使审判权】人民法院依法对行政案件独立行使审判权,不受行政机关、社会团体和个人的干涉。

人民法院设行政审判庭,审理行政案件。

第五条 【以事实为根据,以法律为准绳原则】人民法院审理行政案件,以事实为根据,以法律为准绳。

第六条 【合法性审查原则】人民法院审理行政案件,对行政行为是否合法进行审查。

第七条 【合议、回避、公开审判和两审终审

原则】人民法院审理行政案件,依法实行合议、回避、公开审判和两审终审制度。

第八条 【法律地位平等原则】当事人在行政诉讼中的法律地位平等。

第九条 【本民族语言文字原则】各民族公民都有用本民族语言、文字进行行政诉讼的权利。

在少数民族聚居或者多民族共同居住的地区,人民法院应当用当地民族通用的语言、文字进行审理和发布法律文书。

人民法院应当对不通晓当地民族通用的语言、文字的诉讼参与人提供翻译。

第十条 【辩论原则】当事人在行政诉讼中有权进行辩论。

第十一条 【法律监督原则】人民检察院有权对行政诉讼实行法律监督。

第二章 受案范围

第十二条 【行政诉讼受案范围】人民法院受理公民、法人或者其他组织提起的下列诉讼:

(一)对行政拘留、暂扣或者吊销许可证和执照、责令停产停业、没收违法所得、没收非法财物、罚款、警告等行政处罚不服的;

(二)对限制人身自由或者对财产的查封、扣押、冻结等行政强制措施和行政强制执行不服的;

(三)申请行政许可,行政机关拒绝或者在法定期限内不予答复,或者对行政机关作出的有关行政许可的其他决定不服的;

(四)对行政机关作出的关于确认土地、矿藏、水流、森林、山岭、草原、荒地、滩涂、海域等自然资源的所有权或者使用权的决定不服的;

(五)对征收、征用决定及其补偿决定不服的;

(六)申请行政机关履行保护人身权、财产权等合法权益的法定职责,行政机关拒绝履行或者不予答复的;

(七)认为行政机关侵犯其经营自主权或者农村土地承包经营权、农村土地经营权的;

(八)认为行政机关滥用行政权力排除或者限制竞争的;

(九)认为行政机关违法集资、摊派费用或者违法要求履行其他义务的;

(十)认为行政机关没有依法支付抚恤金、最低生活保障待遇或者社会保险待遇的;

(十一)认为行政机关不依法履行、未按照约定履行或者违法变更、解除政府特许经营协议、土地房屋征收补偿协议等协议的;

(十二)认为行政机关侵犯其他人身权、财产权等合法权益的。

除前款规定外,人民法院受理法律、法规规定可以提起诉讼的其他行政案件。

注释 公民、法人或者其他组织对行政机关及其工作人员的行政行为不服,依法提起诉讼的,属于人民法院行政诉讼的受案范围。

下列行为不属于人民法院行政诉讼的受案范围:

(1)公安、国家安全等机关依照刑事诉讼法的明确授权实施的行为;

(2)调解行为以及法律规定的仲裁行为;

(3)行政指导行为;

(4)驳回当事人对行政行为提起申诉的重复处理行为;

(5)行政机关作出的不产生外部法律效力的行为;

(6)行政机关为作出行政行为而实施的准备、论证、研究、层报、咨询等过程性行为;

(7)行政机关根据人民法院的生效裁判、协助执行通知书作出的执行行为,但行政机关扩大执行范围或者采取违法方式实施的除外;

(8)上级行政机关基于内部层级监督关系对下级行政机关作出的听取报告、执法检查、督促履责等行为;

(9)行政机关针对信访事项作出的登记、受理、交办、转送、复查、复核意见等行为;

(10)对公民、法人或者其他组织权利义务不产生实际影响的行为。

实务问答 **可以就哪些行政协议提起行政诉讼?**

行政机关为了实现行政管理或者公共服务目标,与公民、法人或者其他组织协商订立的具有行政法上权利义务内容的协议,属于本条第1款第11项规定的行政协议。

公民、法人或者其他组织就下列行政协议提起行政诉讼的,人民法院应当依法受理:(1)政府特许经营协议;(2)土地、房屋等征收征用补偿协议;(3)矿业权等国有自然资源使用权出让协议;(4)政府投资的保障性住房的租赁、买卖等协议;(5)符合本规定第一条规定的政府与社会资本合作协议;(6)其他行政协议。

第十三条 【受案范围的排除】人民法院不受理公民、法人或者其他组织对下列事项提起的诉讼：

（一）国防、外交等国家行为；

（二）行政法规、规章或者行政机关制定、发布的具有普遍约束力的决定、命令；

（三）行政机关对行政机关工作人员的奖惩、任免等决定；

（四）法律规定由行政机关最终裁决的行政行为。

第三章 管 辖

第十四条 【基层人民法院管辖第一审行政案件】基层人民法院管辖第一审行政案件。

第十五条 【中级人民法院管辖的第一审行政案件】中级人民法院管辖下列第一审行政案件：

（一）对国务院部门或者县级以上地方人民政府所作的行政行为提起诉讼的案件；

（二）海关处理的案件；

（三）本辖区内重大、复杂的案件；

（四）其他法律规定由中级人民法院管辖的案件。

第十六条 【高级人民法院管辖的第一审行政案件】高级人民法院管辖本辖区内重大、复杂的第一审行政案件。

第十七条 【最高人民法院管辖的第一审行政案件】最高人民法院管辖全国范围内重大、复杂的第一审行政案件。

第十八条 【一般地域管辖和法院跨行政区域管辖】行政案件由最初作出行政行为的行政机关所在地人民法院管辖。经复议的案件，也可以由复议机关所在地人民法院管辖。

经最高人民法院批准，高级人民法院可以根据审判工作的实际情况，确定若干人民法院跨行政区域管辖行政案件。

第十九条 【限制人身自由行政案件的管辖】对限制人身自由的行政强制措施不服提起的诉讼，由被告所在地或者原告所在地人民法院管辖。

第二十条 【不动产行政案件的管辖】因不动产提起的行政诉讼，由不动产所在地人民法院管辖。

第二十一条 【选择管辖】两个以上人民法院都有管辖权的案件，原告可以选择其中一个人民法院提起诉讼。原告向两个以上有管辖权的人民法院提起诉讼的，由最先立案的人民法院管辖。

链接 本法第18、19条

第二十二条 【移送管辖】人民法院发现受理的案件不属于本院管辖的，应当移送有管辖权的人民法院，受移送的人民法院应当受理。受移送的人民法院认为受移送的案件按照规定不属于本院管辖的，应当报请上级人民法院指定管辖，不得再自行移送。

第二十三条 【指定管辖】有管辖权的人民法院由于特殊原因不能行使管辖权的，由上级人民法院指定管辖。

人民法院对管辖权发生争议，由争议双方协商解决。协商不成的，报它们的共同上级人民法院指定管辖。

第二十四条 【管辖权转移】上级人民法院有权审理下级人民法院管辖的第一审行政案件。

下级人民法院对其管辖的第一审行政案件，认为需要由上级人民法院审理或者指定管辖的，可以报请上级人民法院决定。

第四章 诉讼参加人

第二十五条 【原告资格】行政行为的相对人以及其他与行政行为有利害关系的公民、法人或者其他组织，有权提起诉讼。

有权提起诉讼的公民死亡，其近亲属可以提起诉讼。

有权提起诉讼的法人或者其他组织终止，承受其权利的法人或者其他组织可以提起诉讼。

人民检察院在履行职责中发现生态环境和资源保护、食品药品安全、国有财产保护、国有土地使用权出让等领域负有监督管理职责的行政机关违法行使职权或者不作为，致使国家利益或者社会公共利益受到侵害的，应当向行政机关提出检察建议，督促其依法履行职责。行政机关不依法履行职责的，人民检察院依法向人民法院提起诉讼。

注释“与行政行为有利害关系”包括几种情形：(1)被诉的行政行为涉及其相邻权或者公平竞争权的；(2)在行政复议等行政程序中被追加为第三人的；(3)要求行政机关依法追究加害人法律责任的；(4)撤销或者变更行政行为涉及其合法权益的；(5)为维护自身合法权益向行政机关投诉，具有处理投诉职责的行政机关作出或者未作出处理的;(6)其他与行政行为有利害关系的情形。

"近亲属",包括配偶、父母、子女、兄弟姐妹、祖父母、外祖父母、孙子女、外孙子女和其他具有扶养、赡养关系的亲属。

第4款是《行政诉讼法》2017年修正新增加的条款,主要包括三方面内容:一是提起行政诉讼的领域为生态环境和资源保护、食品药品安全、国有财产保护、国有土地使用权出让等;二是人民检察院已经发现了这些重要领域中违法行使职权或者不作为,已经造成国家利益或者社会公众利益受到侵害的,有责任提起诉讼;三是并不是所有这些行为都要走完诉讼程序,还有一个缓冲,就是在提起诉讼前人民检察院应当向行政机关提出检察建议,督促其依法履行职责,给了改正错误的机会,并不是都走诉讼程序。

第二十六条 【被告资格】公民、法人或者其他组织直接向人民法院提起诉讼的,作出行政行为的行政机关是被告。

经复议的案件,复议机关决定维持原行政行为的,作出原行政行为的行政机关和复议机关是共同被告;复议机关改变原行政行为的,复议机关是被告。

复议机关在法定期限内未作出复议决定,公民、法人或者其他组织起诉原行政行为的,作出原行政行为的行政机关是被告;起诉复议机关不作为的,复议机关是被告。

两个以上行政机关作出同一行政行为的,共同作出行政行为的行政机关是共同被告。

行政机关委托的组织所作的行政行为,委托的行政机关是被告。

行政机关被撤销或者职权变更的,继续行使其职权的行政机关是被告。

注释 "复议机关改变原行政行为",是指复议机关改变原行政行为的处理结果。复议机关改变原行政行为所认定的主要事实和证据、改变原行政行为所适用的规范依据,但未改变原行政行为处理结果的,视为复议机关维持原行政行为。

复议机关确认原行政行为无效,属于改变原行政行为。

复议机关确认原行政行为违法,属于改变原行政行为,但复议机关以违反法定程序为由确认原行政行为违法的除外。

"复议机关决定维持原行政行为",包括复议机关驳回复议申请或者复议请求的情形,但以复议申请不符合受理条件为由驳回的除外。

第二十七条 【共同诉讼】当事人一方或者双方为二人以上,因同一行政行为发生的行政案件,或者因同类行政行为发生的行政案件、人民法院认为可以合并审理并经当事人同意的,为共同诉讼。

注释 因同一行政行为引起的共同诉讼,由于该行政行为不能分割,法院必须一起审理,所以学理上称为必要的共同诉讼。这是一项源于民法的理论和制度。可以分为两种情况,一是共同原告。就是两个以上的行政相对人对同一行政行为不服而向法院起诉。如两人以上共同违法,行政机关在同一行政决定中作出处罚,受处罚人均不服,提起诉讼的,或者行政处罚案件中违法行为人和受害人均不服处罚决定,提起诉讼。二是共同被告。就是两个以上行政主体共同实施的行政行为,被起诉到法院。

因同类行政行为发生的共同诉讼,由于不是因同一行政行为引起的,当事人之间不存在不可分割的权利义务关系,可以作为不同的案件审理,也可以一起审理,学理上将这类共同诉讼称为普通的共同诉讼。之所以成为共同诉讼,是因为这类行为性质相同,或者事实和理由相同,从提高审判效率和保证司法统一性上,可以共同审理。与因同一行政行为引起的共同诉讼不同,同类行政行为引起的共同诉讼,需要人民法院认为可以合并审理并经当事人同意。这类共同诉讼必须符合四个条件:一是必须由同一法院管辖。二是必须属于同一诉讼程序。如都适用普通程序,或者简易程序。三是当事人同意作为共同诉讼合并审理。四是必须符合合并审理的目的,即提高审判效率。

第二十八条 【代表人诉讼】当事人一方人数众多的共同诉讼,可以由当事人推选代表人进行诉讼。代表人的诉讼行为对其所代表的当事人发生效力,但代表人变更、放弃诉讼请求或者承认对方当事人的诉讼请求,应当经被代表的当事人同意。

第二十九条 【诉讼第三人】公民、法人或者其他组织同被诉行政行为有利害关系但没有提起诉讼,或者同案件处理结果有利害关系的,可以作为第三人申请参加诉讼,或者由人民法院通知参加诉讼。

人民法院判决第三人承担义务或者减损第三

人权益的,第三人有权依法提起上诉。

第三十条 【法定代理人】没有诉讼行为能力的公民,由其法定代理人代为诉讼。法定代理人互相推诿代理责任的,由人民法院指定其中一人代为诉讼。

第三十一条 【委托代理人】当事人、法定代理人,可以委托一至二人作为诉讼代理人。

下列人员可以被委托为诉讼代理人:

(一)律师、基层法律服务工作者;

(二)当事人的近亲属或者工作人员;

(三)当事人所在社区、单位以及有关社会团体推荐的公民。

第三十二条 【当事人及诉讼代理人权利】代理诉讼的律师,有权按照规定查阅、复制本案有关材料,有权向有关组织和公民调查,收集与本案有关的证据。对涉及国家秘密、商业秘密和个人隐私的材料,应当依照法律规定保密。

当事人和其他诉讼代理人有权按照规定查阅、复制本案庭审材料,但涉及国家秘密、商业秘密和个人隐私的内容除外。

第五章 证 据

第三十三条 【证据种类】证据包括:

(一)书证;

(二)物证;

(三)视听资料;

(四)电子数据;

(五)证人证言;

(六)当事人的陈述;

(七)鉴定意见;

(八)勘验笔录、现场笔录。

以上证据经法庭审查属实,才能作为认定案件事实的根据。

第三十四条 【被告举证责任】被告对作出的行政行为负有举证责任,应当提供作出该行政行为的证据和所依据的规范性文件。

被告不提供或者无正当理由逾期提供证据,视为没有相应证据。但是,被诉行政行为涉及第三人合法权益,第三人提供证据的除外。

第三十五条 【行政机关收集证据的限制】在诉讼过程中,被告及其诉讼代理人不得自行向原告、第三人和证人收集证据。

第三十六条 【被告延期提供证据和补充证据】被告在作出行政行为时已经收集了证据,但因不可抗力等正当事由不能提供的,经人民法院准许,可以延期提供。

原告或者第三人提出了其在行政处理程序中没有提出的理由或者证据的,经人民法院准许,被告可以补充证据。

第三十七条 【原告可以提供证据】原告可以提供证明行政行为违法的证据。原告提供的证据不成立的,不免除被告的举证责任。

第三十八条 【原告举证责任】在起诉被告不履行法定职责的案件中,原告应当提供其向被告提出申请的证据。但有下列情形之一的除外:

(一)被告应当依职权主动履行法定职责的;

(二)原告因正当理由不能提供证据的。

在行政赔偿、补偿的案件中,原告应当对行政行为造成的损害提供证据。因被告的原因导致原告无法举证的,由被告承担举证责任。

第三十九条 【法院要求当事人提供或者补充证据】人民法院有权要求当事人提供或者补充证据。

第四十条 【法院调取证据】人民法院有权向有关行政机关以及其他组织、公民调取证据。但是,不得为证明行政行为的合法性调取被告作出行政行为时未收集的证据。

第四十一条 【申请法院调取证据】与本案有关的下列证据,原告或者第三人不能自行收集的,可以申请人民法院调取:

(一)由国家机关保存而须由人民法院调取的证据;

(二)涉及国家秘密、商业秘密和个人隐私的证据;

(三)确因客观原因不能自行收集的其他证据。

第四十二条 【证据保全】在证据可能灭失或者以后难以取得的情况下,诉讼参加人可以向人民法院申请保全证据,人民法院也可以主动采取保全措施。

第四十三条 【证据适用规则】证据应当在法庭上出示,并由当事人互相质证。对涉及国家秘密、商业秘密和个人隐私的证据,不得在公开开庭时出示。

人民法院应当按照法定程序,全面、客观地审查核实证据。对未采纳的证据应当在裁判文书中说明理由。

以非法手段取得的证据，不得作为认定案件事实的根据。

第六章　起诉和受理

第四十四条　【行政复议与行政诉讼的关系】对属于人民法院受案范围的行政案件，公民、法人或者其他组织可以先向行政机关申请复议，对复议决定不服的，再向人民法院提起诉讼；也可以直接向人民法院提起诉讼。

法律、法规规定应当先向行政机关申请复议，对复议决定不服再向人民法院提起诉讼的，依照法律、法规的规定。

第四十五条　【经行政复议的起诉期限】公民、法人或者其他组织不服复议决定的，可以在收到复议决定书之日起十五日内向人民法院提起诉讼。复议机关逾期不作决定的，申请人可以在复议期满之日起十五日内向人民法院提起诉讼。法律另有规定的除外。

第四十六条　【起诉期限】公民、法人或者其他组织直接向人民法院提起诉讼的，应当自知道或者应当知道作出行政行为之日起六个月内提出。法律另有规定的除外。

因不动产提起诉讼的案件自行政行为作出之日起超过二十年，其他案件自行政行为作出之日起超过五年提起诉讼的，人民法院不予受理。

第四十七条　【行政机关不履行法定职责的起诉期限】公民、法人或者其他组织申请行政机关履行保护其人身权、财产权等合法权益的法定职责，行政机关在接到申请之日起两个月内不履行的，公民、法人或者其他组织可以向人民法院提起诉讼。法律、法规对行政机关履行职责的期限另有规定的，从其规定。

公民、法人或者其他组织在紧急情况下请求行政机关履行保护其人身权、财产权等合法权益的法定职责，行政机关不履行的，提起诉讼不受前款规定期限的限制。

第四十八条　【起诉期限的扣除和延长】公民、法人或者其他组织因不可抗力或者其他不属于其自身的原因耽误起诉期限的，被耽误的时间不计算在起诉期限内。

公民、法人或者其他组织因前款规定以外的其他特殊情况耽误起诉期限的，在障碍消除后十日内，可以申请延长期限，是否准许由人民法院决定。

第四十九条　【起诉条件】提起诉讼应当符合下列条件：

（一）原告是符合本法第二十五条规定的公民、法人或者其他组织；

（二）有明确的被告；

（三）有具体的诉讼请求和事实根据；

（四）属于人民法院受案范围和受诉人民法院管辖。

第五十条　【起诉方式】起诉应当向人民法院递交起诉状，并按照被告人数提出副本。

书写起诉状确有困难的，可以口头起诉，由人民法院记入笔录，出具注明日期的书面凭证，并告知对方当事人。

第五十一条　【登记立案】人民法院在接到起诉状时对符合本法规定的起诉条件的，应当登记立案。

对当场不能判定是否符合本法规定的起诉条件的，应当接收起诉状，出具注明收到日期的书面凭证，并在七日内决定是否立案。不符合起诉条件的，作出不予立案的裁定。裁定书应当载明不予立案的理由。原告对裁定不服的，可以提起上诉。

起诉状内容欠缺或者有其他错误的，应当给予指导和释明，并一次性告知当事人需要补正的内容。不得未经指导和释明即以起诉不符合条件为由不接收起诉状。

对于不接收起诉状、接收起诉状后不出具书面凭证，以及不一次性告知当事人需要补正的起诉状内容的，当事人可以向上级人民法院投诉，上级人民法院应当责令改正，并对直接负责的主管人员和其他直接责任人员依法给予处分。

第五十二条　【法院不立案的救济】人民法院既不立案，又不作出不予立案裁定的，当事人可以向上一级人民法院起诉。上一级人民法院认为符合起诉条件的，应当立案、审理，也可以指定其他下级人民法院立案、审理。

第五十三条　【规范性文件的附带审查】公民、法人或者其他组织认为行政行为所依据的国务院部门和地方人民政府及其部门制定的规范性文件不合法，在对行政行为提起诉讼时，可以一并请求对该规范性文件进行审查。

前款规定的规范性文件不含规章。

注释 公民、法人或者其他组织请求人民法院一并审查本条规定的规范性文件，应当在第一审开庭审理前提出;有正当理由的,也可以在法庭调查中提出。

修改后的行政诉讼法第五十三条增加了对规范性文件进行附带审查的条款。规范性文件的制定应以上位法为依据,与上位法相冲突的条款不具有合法性,不能作为认定行政行为合法的依据。本案涉及的上位依据包括:《山东省新型农村合作医疗定点医疗机构暂行管理规定》第十二条规定:“参合农民在山东省行政区域内非新农合定点医疗机构就医的费用不得纳入新农合基金补偿。”山东省卫生厅、民政厅、财政厅、农业厅《关于巩固和发展新型农村合作医疗制度的实施意见》规定:“完善省内新农合定点医疗机构互认制度,凡经市级以上卫生行政部门确定并报省卫生行政部门备案的三级以上新农合定点医疗机构,在全省范围内互认;统筹地区根据参合农民就医流向,通过签订协议互认一、二级新农合定点医疗机构,享受当地规定的同级别新农合定点医疗机构补偿比例。”《实施办法》第五条第二款关于“参合农民到市外就医,必须到政府举办的公立医疗机构”的规定,限缩了行政相对人选择就医的权利,不符合上位依据的相关规定,不能作为认定涉案行政行为合法的依据。(徐云英诉山东省五莲县社会医疗保险事业处不予报销医疗费用案,行政诉讼附带审查规范性文件典型案例)

第七章　审理和判决

第一节　一般规定

第五十四条　【公开审理原则】人民法院公开审理行政案件,但涉及国家秘密、个人隐私和法律另有规定的除外。

涉及商业秘密的案件,当事人申请不公开审理的,可以不公开审理。

第五十五条　【回避】当事人认为审判人员与本案有利害关系或者有其他关系可能影响公正审判,有权申请审判人员回避。

审判人员认为自己与本案有利害关系或者有其他关系,应当申请回避。

前两款规定,适用于书记员、翻译人员、鉴定人、勘验人。

院长担任审判长时的回避,由审判委员会决定;审判人员的回避,由院长决定;其他人员的回避,由审判长决定。当事人对决定不服的,可以申请复议一次。

第五十六条　【诉讼不停止执行】诉讼期间,不停止行政行为的执行。但有下列情形之一的,裁定停止执行:

(一)被告认为需要停止执行的;

(二)原告或者利害关系人申请停止执行,人民法院认为该行政行为的执行会造成难以弥补的损失,并且停止执行不损害国家利益、社会公共利益的;

(三)人民法院认为该行政行为的执行会给国家利益、社会公共利益造成重大损害的;

(四)法律、法规规定停止执行的。

当事人对停止执行或者不停止执行的裁定不服的,可以申请复议一次。

第五十七条　【先予执行】人民法院对起诉行政机关没有依法支付抚恤金、最低生活保障金和工伤、医疗社会保险金的案件,权利义务关系明确、不先予执行将严重影响原告生活的,可以根据原告的申请,裁定先予执行。

当事人对先予执行裁定不服的,可以申请复议一次。复议期间不停止裁定的执行。

第五十八条　【拒不到庭或中途退庭的法律后果】经人民法院传票传唤,原告无正当理由拒不到庭,或者未经法庭许可中途退庭的,可以按照撤诉处理;被告无正当理由拒不到庭,或者未经法庭许可中途退庭的,可以缺席判决。

第五十九条　【妨害行政诉讼强制措施】诉讼参与人或者其他人有下列行为之一的,人民法院可以根据情节轻重,予以训诫、责令具结悔过或者处一万元以下的罚款、十五日以下的拘留;构成犯罪的,依法追究刑事责任:

(一)有义务协助调查、执行的人,对人民法院的协助调查决定、协助执行通知书,无故推拖、拒绝或者妨碍调查、执行的;

(二)伪造、隐藏、毁灭证据或者提供虚假证明材料,妨碍人民法院审理案件的;

(三)指使、贿买、胁迫他人作伪证或者威胁、阻止证人作证的;

(四)隐藏、转移、变卖、毁损已被查封、扣押、冻结的财产的;

(五)以欺骗、胁迫等非法手段使原告撤诉的;

(六)以暴力、威胁或者其他方法阻碍人民法院工作人员执行职务，或者以哄闹、冲击法庭等方法扰乱人民法院工作秩序的；

（七）对人民法院审判人员或者其他工作人员、诉讼参与人、协助调查和执行的人员恐吓、侮辱、诽谤、诬陷、殴打、围攻或者打击报复的。

人民法院对有前款规定的行为之一的单位，可以对其主要负责人或者直接责任人员依照前款规定予以罚款、拘留；构成犯罪的，依法追究刑事责任。

罚款、拘留须经人民法院院长批准。当事人不服的，可以向上一级人民法院申请复议一次。复议期间不停止执行。

第六十条 【调解】人民法院审理行政案件，不适用调解。但是，行政赔偿、补偿以及行政机关行使法律、法规规定的自由裁量权的案件可以调解。

调解应当遵循自愿、合法原则，不得损害国家利益、社会公共利益和他人合法权益。

第六十一条 【民事争议和行政争议交叉】在涉及行政许可、登记、征收、征用和行政机关对民事争议所作的裁决的行政诉讼中，当事人申请一并解决相关民事争议的，人民法院可以一并审理。

在行政诉讼中，人民法院认为行政案件的审理需以民事诉讼的裁判为依据的，可以裁定中止行政诉讼。

注释 在行政诉讼中一并审理民事争议，应当具备一定的条件。首先，行政诉讼成立，符合起诉条件、起诉期限等规定。其次，该行政诉讼是涉及行政许可、登记、征收、征用和行政机关对民事争议所作的裁决的行政诉讼。再次，当事人在行政诉讼过程中申请一并解决民事争议。最后，行政诉讼与民事诉讼之间具有相关性。而行政诉讼与附带的民事诉讼的相关性主要体现在两个诉讼都涉及某一行政行为的合法性问题。

第六十二条 【撤诉】人民法院对行政案件宣告判决或者裁定前，原告申请撤诉的，或者被告改变其所作的行政行为，原告同意并申请撤诉的，是否准许，由人民法院裁定。

第六十三条 【审理依据】人民法院审理行政案件，以法律和行政法规、地方性法规为依据。地方性法规适用于本行政区域内发生的行政案件。

人民法院审理民族自治地方的行政案件，并以该民族自治地方的自治条例和单行条例为依据。

人民法院审理行政案件，参照规章。

第六十四条 【规范性文件审查和处理】人民法院在审理行政案件中，经审查认为本法第五十三条规定的规范性文件不合法的，不作为认定行政行为合法的依据，并向制定机关提出处理建议。

第六十五条 【裁判文书公开】人民法院应当公开发生法律效力的判决书、裁定书，供公众查阅，但涉及国家秘密、商业秘密和个人隐私的内容除外。

第六十六条 【有关行政机关工作人员和被告的处理】人民法院在审理行政案件中，认为行政机关的主管人员、直接责任人员违法违纪的，应当将有关材料移送监察机关、该行政机关或者其上一级行政机关；认为有犯罪行为的，应当将有关材料移送公安、检察机关。

人民法院对被告经传票传唤无正当理由拒不到庭，或者未经法庭许可中途退庭的，可以将被告拒不到庭或者中途退庭的情况予以公告，并可以向监察机关或者被告的上一级行政机关提出依法给予其主要负责人或者直接责任人员处分的司法建议。

第二节 第一审普通程序

第六十七条 【发送起诉状和提出答辩状】人民法院应当在立案之日起五日内，将起诉状副本发送被告。被告应当在收到起诉状副本之日起十五日内向人民法院提交作出行政行为的证据和所依据的规范性文件，并提出答辩状。人民法院应当在收到答辩状之日起五日内，将答辩状副本发送原告。

被告不提出答辩状的，不影响人民法院审理。

第六十八条 【审判组织形式】人民法院审理行政案件，由审判员组成合议庭，或者由审判员、陪审员组成合议庭。合议庭的成员，应当是三人以上的单数。

第六十九条 【驳回原告诉讼请求判决】行政行为证据确凿，适用法律、法规正确，符合法定程序的，或者原告申请被告履行法定职责或者给付义务理由不成立的，人民法院判决驳回原告的诉讼请求。

第七十条 【撤销判决和重作判决】行政行为有下列情形之一的，人民法院判决撤销或者部分撤销，并可以判决被告重新作出行政行为：

（一）主要证据不足的；

（二）适用法律、法规错误的；

（三）违反法定程序的；

（四）超越职权的；

（五）滥用职权的；

（六）明显不当的。

实务问答 撤销判决分为几种具体形式？

（1）全部撤销，适用于整个行政行为全部违法或行政行为部分违法但行政行为不可分；（2）部分撤销，适用于行政行为部分违法、部分合法，且行政行为可分，人民法院只作出撤销违法部分的判决；（3）判决撤销并责令被告重新作出行政行为，其适用于违法行政行为撤销后尚需被告对行政行为所涉及事项再次作出处理的情形。

第七十一条　【重作判决对被告的限制】人民法院判决被告重新作出行政行为的，被告不得以同一的事实和理由作出与原行政行为基本相同的行政行为。

第七十二条　【履行判决】人民法院经过审理，查明被告不履行法定职责的，判决被告在一定期限内履行。

注释 原告请求被告履行法定职责的理由成立，被告违法拒绝履行或者无正当理由逾期不予答复的，人民法院可以根据本条的规定，判决被告在一定期限内依法履行原告请求的法定职责；尚需被告调查或者裁量的，应当判决被告针对原告的请求重新作出处理。

第七十三条　【给付判决】人民法院经过审理，查明被告依法负有给付义务的，判决被告履行给付义务。

注释 原告申请被告依法履行支付抚恤金、最低生活保障待遇或者社会保险待遇等给付义务的理由成立，被告依法负有给付义务而拒绝或者拖延履行义务的，人民法院可以根据本条的规定，判决被告在一定期限内履行相应的给付义务。

第七十四条　【确认违法判决】行政行为有下列情形之一的，人民法院判决确认违法，但不撤销行政行为：

（一）行政行为依法应当撤销，但撤销会给国家利益、社会公共利益造成重大损害的；

（二）行政行为程序轻微违法，但对原告权利不产生实际影响的。

行政行为有下列情形之一，不需要撤销或者判决履行的，人民法院判决确认违法：

（一）行政行为违法，但不具有可撤销内容的；

（二）被告改变原违法行政行为，原告仍要求确认原行政行为违法的；

（三）被告不履行或者拖延履行法定职责，判决履行没有意义的。

实务问答 什么是“程序轻微违法”？

有下列情形之一，且对原告依法享有的听证、陈述、申辩等重要程序性权利不产生实质损害的，属于本条第 1 款第 2 项规定的“程序轻微违法”：

（1）处理期限轻微违法；

（2）通知、送达等程序轻微违法；

（3）其他程序轻微违法的情形。

第七十五条　【确认无效判决】行政行为有实施主体不具有行政主体资格或者没有依据等重大且明显违法情形，原告申请确认行政行为无效的，人民法院判决确认无效。

第七十六条　【确认违法和无效判决的补充规定】人民法院判决确认违法或者无效的，可以同时判决责令被告采取补救措施；给原告造成损失的，依法判决被告承担赔偿责任。

第七十七条　【变更判决】行政处罚明显不当，或者其他行政行为涉及对款额的确定、认定确有错误的，人民法院可以判决变更。

人民法院判决变更，不得加重原告的义务或者减损原告的权益。但利害关系人同为原告，且诉讼请求相反的除外。

第七十八条　【行政协议履行及补偿判决】被告不依法履行、未按照约定履行或者违法变更、解除本法第十二条第一款第十一项规定的协议的，人民法院判决被告承担继续履行、采取补救措施或者赔偿损失等责任。

被告变更、解除本法第十二条第一款第十一项规定的协议合法，但未依法给予补偿的，人民法院判决给予补偿。

注释 被诉行政机关不履行行政协议的情形主要有四类：不依法履行、未按照约定履行、违法变更和违法解除。不依法履行主要是指行政机关拒绝履行行政协议。未按照约定履行是指行政机关履行了行政协议，但未完全按照行政协议的约定履行，需要承担相应违约责任。违法变更、解除是指行政机关违法单方变更、解除行政协议。

法院经审查查明被告不依法履行、未按照约定履行或者违法变更、解除行政协议的，可以要求被诉行政机关承担违约责任，根据原告请求和实际情况，作出要求被诉行政机关继续履行行政协议、采取补救措施或者赔偿损失的判决。被告变更、解除行政协议合法，但未依法给予补偿的，人民法院判决给予补偿。

第七十九条 【复议决定和原行政行为一并裁判】复议机关与作出原行政行为的行政机关为共同被告的案件，人民法院应当对复议决定和原行政行为一并作出裁判。

第八十条 【公开宣判】人民法院对公开审理和不公开审理的案件，一律公开宣告判决。

当庭宣判的，应当在十日内发送判决书；定期宣判的，宣判后立即发给判决书。

宣告判决时，必须告知当事人上诉权利、上诉期限和上诉的人民法院。

第八十一条 【第一审审限】人民法院应当在立案之日起六个月内作出第一审判决。有特殊情况需要延长的，由高级人民法院批准，高级人民法院审理第一审案件需要延长的，由最高人民法院批准。

第三节 简易程序

第八十二条 【简易程序适用情形】人民法院审理下列第一审行政案件，认为事实清楚、权利义务关系明确、争议不大的，可以适用简易程序：

（一）被诉行政行为是依法当场作出的；

（二）案件涉及款额二千元以下的；

（三）属于政府信息公开案件的。

除前款规定以外的第一审行政案件，当事人各方同意适用简易程序的，可以适用简易程序。

发回重审、按照审判监督程序再审的案件不适用简易程序。

第八十三条 【简易程序的审判组织形式和审限】适用简易程序审理的行政案件，由审判员一人独任审理，并应当在立案之日起四十五日内审结。

第八十四条 【简易程序与普通程序的转换】人民法院在审理过程中，发现案件不宜适用简易程序的，裁定转为普通程序。

第四节 第二审程序

第八十五条 【上诉】当事人不服人民法院第一审判决的，有权在判决书送达之日起十五日内向上一级人民法院提起上诉。当事人不服人民法院第一审裁定的，有权在裁定书送达之日起十日内向上一级人民法院提起上诉。逾期不提起上诉的，人民法院的第一审判决或者裁定发生法律效力。

第八十六条 【二审审理方式】人民法院对上诉案件，应当组成合议庭，开庭审理。经过阅卷、调查和询问当事人，对没有提出新的事实、证据或者理由，合议庭认为不需要开庭审理的，也可以不开庭审理。

第八十七条 【二审审查范围】人民法院审理上诉案件，应当对原审人民法院的判决、裁定和被诉行政行为进行全面审查。

第八十八条 【二审审限】人民法院审理上诉案件，应当在收到上诉状之日起三个月内作出终审判决。有特殊情况需要延长的，由高级人民法院批准，高级人民法院审理上诉案件需要延长的，由最高人民法院批准。

第八十九条 【二审裁判】人民法院审理上诉案件，按照下列情形，分别处理：

（一）原判决、裁定认定事实清楚，适用法律、法规正确的，判决或者裁定驳回上诉，维持原判决、裁定；

（二）原判决、裁定认定事实错误或者适用法律、法规错误的，依法改判、撤销或者变更；

（三）原判决认定基本事实不清、证据不足的，发回原审人民法院重审，或者查清事实后改判；

（四）原判决遗漏当事人或者违法缺席判决等严重违反法定程序的，裁定撤销原判决，发回原审人民法院重审。

原审人民法院对发回重审的案件作出判决后，当事人提起上诉的，第二审人民法院不得再次发回重审。

人民法院审理上诉案件，需要改变原审判决的，应当同时对被诉行政行为作出判决。

第五节 审判监督程序

第九十条 【当事人申请再审】当事人对已经发生法律效力的判决、裁定，认为确有错误的，可以向上一级人民法院申请再审，但判决、裁定不停止执行。

第九十一条 【再审事由】当事人的申请符合下列情形之一的，人民法院应当再审：

（一）不予立案或者驳回起诉确有错误的；

（二）有新的证据，足以推翻原判决、裁定的；

（三）原判决、裁定认定事实的主要证据不足、未经质证或者系伪造的；

（四）原判决、裁定适用法律、法规确有错误的；

（五）违反法律规定的诉讼程序，可能影响公正审判的；

（六）原判决、裁定遗漏诉讼请求的；

（七）据以作出原判决、裁定的法律文书被撤销或者变更的；

（八）审判人员在审理该案件时有贪污受贿、徇私舞弊、枉法裁判行为的。

第九十二条 【人民法院依职权再审】各级人民法院院长对本院已经发生法律效力的判决、裁定，发现有本法第九十一条规定情形之一，或者发现调解违反自愿原则或者调解书内容违法，认为需要再审的，应当提交审判委员会讨论决定。

最高人民法院对地方各级人民法院已经发生法律效力的判决、裁定，上级人民法院对下级人民法院已经发生法律效力的判决、裁定，发现有本法第九十一条规定情形之一，或者发现调解违反自愿原则或者调解书内容违法的，有权提审或者指令下级人民法院再审。

第九十三条 【抗诉和检察建议】最高人民检察院对各级人民法院已经发生法律效力的判决、裁定，上级人民检察院对下级人民法院已经发生法律效力的判决、裁定，发现有本法第九十一条规定情形之一，或者发现调解书损害国家利益、社会公共利益的，应当提出抗诉。

地方各级人民检察院对同级人民法院已经发生法律效力的判决、裁定，发现有本法第九十一条规定情形之一，或者发现调解书损害国家利益、社会公共利益的，可以向同级人民法院提出检察建议，并报上级人民检察院备案；也可以提请上级人民检察院向同级人民法院提出抗诉。

各级人民检察院对审判监督程序以外的其他审判程序中审判人员的违法行为，有权向同级人民法院提出检察建议。

第八章 执 行

第九十四条 【生效裁判和调解书的执行】当事人必须履行人民法院发生法律效力的判决、裁定、调解书。

第九十五条 【申请强制执行和执行管辖】公民、法人或者其他组织拒绝履行判决、裁定、调解书的，行政机关或者第三人可以向第一审人民法院申请强制执行，或者由行政机关依法强制执行。

第九十六条 【对行政机关拒绝履行的执行措施】行政机关拒绝履行判决、裁定、调解书的，第一审人民法院可以采取下列措施：

（一）对应当归还的罚款或者应当给付的款额，通知银行从该行政机关的账户内划拨；

（二）在规定期限内不履行的，从期满之日起，对该行政机关负责人按日处五十元至一百元的罚款；

（三）将行政机关拒绝履行的情况予以公告；

（四）向监察机关或者该行政机关的上一级行政机关提出司法建议。接受司法建议的机关，根据有关规定进行处理，并将处理情况告知人民法院；

（五）拒不履行判决、裁定、调解书，社会影响恶劣的，可以对该行政机关直接负责的主管人员和其他直接责任人员予以拘留；情节严重，构成犯罪的，依法追究刑事责任。

第九十七条 【非诉执行】公民、法人或者其他组织对行政行为在法定期限内不提起诉讼又不履行的，行政机关可以申请人民法院强制执行，或者依法强制执行。

第九章 涉外行政诉讼

第九十八条 【涉外行政诉讼的法律适用原则】外国人、无国籍人、外国组织在中华人民共和国进行行政诉讼，适用本法。法律另有规定的除外。

第九十九条 【同等与对等原则】外国人、无国籍人、外国组织在中华人民共和国进行行政诉讼，同中华人民共和国公民、组织有同等的诉讼权利和义务。

外国法院对中华人民共和国公民、组织的行政诉讼权利加以限制的，人民法院对该国公民、组织的行政诉讼权利，实行对等原则。

第一百条 【中国律师代理】外国人、无国籍人、外国组织在中华人民共和国进行行政诉讼，委托律师代理诉讼的，应当委托中华人民共和国律师机构的律师。

第十章 附 则

第一百零一条 【适用民事诉讼法规定】人民法院审理行政案件，关于期间、送达、财产保全、开庭审理、调解、中止诉讼、终结诉讼、简易程序、执行等，以及人民检察院对行政案件受理、审理、裁判、执行的监督,本法没有规定的,适用《中华人民共和国民事诉讼法》的相关规定。

第一百零二条 【诉讼费用】人民法院审理行政案件,应当收取诉讼费用。诉讼费用由败诉方承担,双方都有责任的由双方分担。收取诉讼费用的具体办法另行规定。

第一百零三条 【施行日期】本法自 1990 年 10 月 1 日起施行。

中华人民共和国仲裁法

· 1994 年 8 月 31 日第八届全国人民代表大会常务委员会第九次会议通过

· 根据 2009 年 8 月 27 日第十一届全国人民代表大会常务委员会第十次会议《关于修改部分法律的决定》第一次修正

· 根据 2017 年 9 月 1 日第十二届全国人民代表大会常务委员会第二十九次会议《关于修改〈中华人民共和国法官法〉等八部法律的决定》第二次修正

第一章 总 则

第一条 【立法宗旨】为保证公正、及时地仲裁经济纠纷,保护当事人的合法权益,保障社会主义市场经济健康发展,制定本法。

第二条 【适用范围】平等主体的公民、法人和其他组织之间发生的合同纠纷和其他财产权益纠纷,可以仲裁。

第三条 【适用范围的例外】下列纠纷不能仲裁:

(一)婚姻、收养、监护、扶养、继承纠纷;

(二)依法应当由行政机关处理的行政争议。

第四条 【自愿仲裁原则】当事人采用仲裁方式解决纠纷,应当双方自愿,达成仲裁协议。没有仲裁协议,一方申请仲裁的,仲裁委员会不予受理。

第五条 【或裁或审原则】当事人达成仲裁协议,一方向人民法院起诉的,人民法院不予受理,但仲裁协议无效的除外。

第六条 【仲裁机构的选定】仲裁委员会应当由当事人协议选定。

仲裁不实行级别管辖和地域管辖。

第七条 【以事实为根据、符合法律规定、公平合理解决纠纷的原则】仲裁应当根据事实,符合法律规定,公平合理地解决纠纷。

第八条 【仲裁独立原则】仲裁依法独立进行,不受行政机关、社会团体和个人的干涉。

第九条 【一裁终局制度】仲裁实行一裁终局的制度。裁决作出后,当事人就同一纠纷再申请仲裁或者向人民法院起诉的,仲裁委员会或者人民法院不予受理。

裁决被人民法院依法裁定撤销或者不予执行的,当事人就该纠纷可以根据双方重新达成的仲裁协议申请仲裁,也可以向人民法院起诉。

第二章 仲裁委员会和仲裁协会

第十条 【仲裁委员会的设立】仲裁委员会可以在直辖市和省、自治区人民政府所在地的市设立,也可以根据需要在其他设区的市设立,不按行政区划层层设立。

仲裁委员会由前款规定的市的人民政府组织有关部门和商会统一组建。

设立仲裁委员会,应当经省、自治区、直辖市的司法行政部门登记。

第十一条 【仲裁委员会的设立条件】仲裁委员会应当具备下列条件:

(一)有自己的名称、住所和章程;

(二)有必要的财产;

(三)有该委员会的组成人员;

(四)有聘任的仲裁员。

仲裁委员会的章程应当依照本法制定。

第十二条 【仲裁委员会的组成人员】仲裁委员会由主任一人、副主任二至四人和委员七至十一人组成。

仲裁委员会的主任、副主任和委员由法律、经济贸易专家和有实际工作经验的人员担任。仲裁委员会的组成人员中,法律、经济贸易专家不得少于三分之二。

第十三条 【仲裁员的条件】仲裁委员会应当从公道正派的人员中聘任仲裁员。

仲裁员应当符合下列条件之一:

(一)通过国家统一法律职业资格考试取得法律职业资格,从事仲裁工作满八年的;

(二)从事律师工作满八年的;

(三)曾任法官满八年的;

（四）从事法律研究、教学工作并具有高级职称的；

（五）具有法律知识、从事经济贸易等专业工作并具有高级职称或者具有同等专业水平的。

仲裁委员会按照不同专业设仲裁员名册。

第十四条 【仲裁委员会与行政机关以及仲裁委员会之间的关系】仲裁委员会独立于行政机关，与行政机关没有隶属关系。仲裁委员会之间也没有隶属关系。

第十五条 【中国仲裁协会】中国仲裁协会是社会团体法人。仲裁委员会是中国仲裁协会的会员。中国仲裁协会的章程由全国会员大会制定。

中国仲裁协会是仲裁委员会的自律性组织，根据章程对仲裁委员会及其组成人员、仲裁员的违纪行为进行监督。

中国仲裁协会依照本法和民事诉讼法的有关规定制定仲裁规则。

第三章 仲裁协议

第十六条 【仲裁协议的形式和内容】仲裁协议包括合同中订立的仲裁条款和以其他书面方式在纠纷发生前或者纠纷发生后达成的请求仲裁的协议。

仲裁协议应当具有下列内容：

（一）请求仲裁的意思表示；

（二）仲裁事项；

（三）选定的仲裁委员会。

实务问答**当事人签订的多份合同中，对仲裁条款未作统一规定，如当事人提起诉讼，人民法院对此是否有管辖权**

当事人签订的多份合同中，有的约定了仲裁条款，有的既没有约定仲裁条款，也没有明确将其列为约定了仲裁条款的合同的附件，或表示接受约定了仲裁条款的合同关于仲裁管辖的约定。尽管上述合同之间具有一定的关联性，但不能因此否认各自的独立性。根据仲裁法的相关规定，当事人采用仲裁方式解决纠纷，应当自愿达成仲裁协议；未达成仲裁协议，一方当事人申请仲裁的，仲裁委员会不予受理。因此，当事人约定仲裁管辖必须有明确的意思表示并订立仲裁协议，仲裁条款也只在达成仲裁协议的当事人之间产生法律效力。（《最高人民法院公报》2007年第2期：苏州东宝置业有限公司、苏州市金城担保有限责任公司、苏州市东宝金属材料有限公司、苏州市东宝有黑色金属材料有限公司、徐阿大与苏州百货总公司、江苏少女之春集团公司资产转让合同纠纷案）

第十七条 【仲裁协议无效的情形】有下列情形之一的，仲裁协议无效：

（一）约定的仲裁事项超出法律规定的仲裁范围的；

（二）无民事行为能力人或者限制民事行为能力人订立的仲裁协议；

（三）一方采取胁迫手段，迫使对方订立仲裁协议的。

第十八条 【对内容不明确的仲裁协议的处理】仲裁协议对仲裁事项或者仲裁委员会没有约定或者约定不明确的，当事人可以补充协议；达不成补充协议的，仲裁协议无效。

实务问答**仲裁协议中未约定仲裁机构和合同履行地的情况下，如何确定管辖权的归属**

最高人民法院《关于适用〈中华人民共和国仲裁法〉若干问题的解释》第16条规定："对涉外仲裁协议的效力审查，适用当事人约定的法律；当事人没有约定适用的法律但约定了仲裁地的，适用仲裁地法律；没有约定适用的法律也没有约定仲裁地或者仲裁地约定不明的，适用法院地法律。"据此，在涉外合同纠纷案件中，当事人在合同中约定有仲裁条款的，可以同时对确定该仲裁条款效力的准据法作出明确约定。因仲裁条款的独立性，故合同中约定的适用于解决合同争议的准据法，不能用以判定该仲裁条款的效力。如果当事人在合同中没有约定确定仲裁条款效力的准据法，也没有约定仲裁地或者对仲裁地约定不明，应当适用法院地法律审查仲裁协议的效力。（《最高人民法院公报》2008年第1期：中国恒基伟业集团有限公司、北京北大青鸟有限责任公司与广晟投资发展有限公司、香港青鸟科技发展有限公司借款担保合同纠纷案）

第十九条 【合同的变更、解除、终止或者无效对仲裁协议效力的影响】仲裁协议独立存在，合同的变更、解除、终止或者无效，不影响仲裁协议的效力。

仲裁庭有权确认合同的效力。

第二十条 【对仲裁协议的异议】当事人对仲裁协议的效力有异议的，可以请求仲裁委员会作出决定或者请求人民法院作出裁定。一方请求仲裁委员会作出决定，另一方请求人民法院作出裁定的，由人民法院裁定。

当事人对仲裁协议的效力有异议，应当在仲裁庭首次开庭前提出。

第四章　仲裁程序

第一节　申请和受理

第二十一条　【申请仲裁的条件】当事人申请仲裁应当符合下列条件：

（一）有仲裁协议；

（二）有具体的仲裁请求和事实、理由；

（三）属于仲裁委员会的受理范围。

第二十二条　【申请仲裁时应递交的文件】当事人申请仲裁，应当向仲裁委员会递交仲裁协议、仲裁申请书及副本。

第二十三条　【仲裁申请书的内容】仲裁申请书应当载明下列事项：

（一）当事人的姓名、性别、年龄、职业、工作单位和住所，法人或者其他组织的名称、住所和法定代表人或者主要负责人的姓名、职务；

（二）仲裁请求和所根据的事实、理由；

（三）证据和证据来源、证人姓名和住所。

第二十四条　【仲裁申请的受理与不受理】仲裁委员会收到仲裁申请书之日起五日内，认为符合受理条件的，应当受理，并通知当事人；认为不符合受理条件的，应当书面通知当事人不予受理，并说明理由。

第二十五条　【受理后的准备工作】仲裁委员会受理仲裁申请后，应当在仲裁规则规定的期限内将仲裁规则和仲裁员名册送达申请人，并将仲裁申请书副本和仲裁规则、仲裁员名册送达被申请人。

被申请人收到仲裁申请书副本后，应当在仲裁规则规定的期限内向仲裁委员会提交答辩书。仲裁委员会收到答辩书后，应当在仲裁规则规定的期限内将答辩书副本送达申请人。被申请人未提交答辩书的，不影响仲裁程序的进行。

第二十六条　【仲裁协议的当事人一方向人民法院起诉的处理】当事人达成仲裁协议，一方向人民法院起诉未声明有仲裁协议，人民法院受理后，另一方在首次开庭前提交仲裁协议的，人民法院应当驳回起诉，但仲裁协议无效的除外；另一方在首次开庭前未对人民法院受理该案提出异议的，视为放弃仲裁协议，人民法院应当继续审理。

第二十七条　【仲裁请求的放弃、变更、承认、反驳以及反请求】申请人可以放弃或者变更仲裁请求。被申请人可以承认或者反驳仲裁请求，有权提出反请求。

第二十八条　【财产保全】一方当事人因另一方当事人的行为或者其他原因，可能使裁决不能执行或者难以执行的，可以申请财产保全。

当事人申请财产保全的，仲裁委员会应当将当事人的申请依照民事诉讼法的有关规定提交人民法院。

申请有错误的，申请人应当赔偿被申请人因财产保全所遭受的损失。

第二十九条　【仲裁代理】当事人、法定代理人可以委托律师和其他代理人进行仲裁活动。委托律师和其他代理人进行仲裁活动的，应当向仲裁委员会提交授权委托书。

第二节　仲裁庭的组成

第三十条　【仲裁庭的组成】仲裁庭可以由三名仲裁员或者一名仲裁员组成。由三名仲裁员组成的，设首席仲裁员。

第三十一条　【仲裁员的选任】当事人约定由三名仲裁员组成仲裁庭的，应当各自选定或者各自委托仲裁委员会主任指定一名仲裁员，第三名仲裁员由当事人共同选定或者共同委托仲裁委员会主任指定。第三名仲裁员是首席仲裁员。

当事人约定由一名仲裁员成立仲裁庭的，应当由当事人共同选定或者共同委托仲裁委员会主任指定仲裁员。

第三十二条　【仲裁员的指定】当事人没有在仲裁规则规定的期限内约定仲裁庭的组成方式或者选定仲裁员的，由仲裁委员会主任指定。

第三十三条　【仲裁庭组成情况的书面通知】仲裁庭组成后，仲裁委员会应当将仲裁庭的组成情况书面通知当事人。

第三十四条　【仲裁员回避的方式与理由】仲裁员有下列情形之一的，必须回避，当事人也有权提出回避申请：

（一）是本案当事人或者当事人、代理人的近亲属；

（二）与本案有利害关系；

（三）与本案当事人、代理人有其他关系，可能影响公正仲裁的；

（四）私自会见当事人、代理人，或者接受当事人、代理人的请客送礼的。

第三十五条 【回避申请的提出】当事人提出回避申请，应当说明理由，在首次开庭前提出。回避事由在首次开庭后知道的，可以在最后一次开庭终结前提出。

第三十六条 【回避的决定】仲裁员是否回避，由仲裁委员会主任决定；仲裁委员会主任担任仲裁员时，由仲裁委员会集体决定。

第三十七条 【仲裁员的重新确定】仲裁员因回避或者其他原因不能履行职责的，应当依照本法规定重新选定或者指定仲裁员。

因回避而重新选定或者指定仲裁员后，当事人可以请求已进行的仲裁程序重新进行，是否准许，由仲裁庭决定；仲裁庭也可以自行决定已进行的仲裁程序是否重新进行。

第三十八条 【仲裁员的除名】仲裁员有本法第三十四条第四项规定的情形，情节严重的，或者有本法第五十八条第六项规定的情形的，应当依法承担法律责任，仲裁委员会应当将其除名。

第三节 开庭和裁决

第三十九条 【仲裁审理的方式】仲裁应当开庭进行。当事人协议不开庭的，仲裁庭可以根据仲裁申请书、答辩书以及其他材料作出裁决。

第四十条 【开庭审理的方式】仲裁不公开进行。当事人协议公开的，可以公开进行，但涉及国家秘密的除外。

第四十一条 【开庭日期的通知与延期开庭】仲裁委员会应当在仲裁规则规定的期限内将开庭日期通知双方当事人。当事人有正当理由的，可以在仲裁规则规定的期限内请求延期开庭。是否延期，由仲裁庭决定。

第四十二条 【当事人缺席的处理】申请人经书面通知，无正当理由不到庭或者未经仲裁庭许可中途退庭的，可以视为撤回仲裁申请。

被申请人经书面通知，无正当理由不到庭或者未经仲裁庭许可中途退庭的，可以缺席裁决。

第四十三条 【证据提供与收集】当事人应当对自己的主张提供证据。

仲裁庭认为有必要收集的证据，可以自行收集。

第四十四条 【专门性问题的鉴定】仲裁庭对专门性问题认为需要鉴定的，可以交由当事人约定的鉴定部门鉴定，也可以由仲裁庭指定的鉴定部门鉴定。

根据当事人的请求或者仲裁庭的要求，鉴定部门应当派鉴定人参加开庭。当事人经仲裁庭许可，可以向鉴定人提问。

第四十五条 【证据的出示与质证】证据应当在开庭时出示，当事人可以质证。

第四十六条 【证据保全】在证据可能灭失或者以后难以取得的情况下，当事人可以申请证据保全。当事人申请证据保全的，仲裁委员会应当将当事人的申请提交证据所在地的基层人民法院。

第四十七条 【当事人的辩论】当事人在仲裁过程中有权进行辩论。辩论终结时，首席仲裁员或者独任仲裁员应当征询当事人的最后意见。

第四十八条 【仲裁笔录】仲裁庭应当将开庭情况记入笔录。当事人和其他仲裁参与人认为对自己陈述的记录有遗漏或者差错的，有权申请补正。如果不予补正，应当记录该申请。

笔录由仲裁员、记录人员、当事人和其他仲裁参与人签名或者盖章。

第四十九条 【仲裁和解】当事人申请仲裁后，可以自行和解。达成和解协议的，可以请求仲裁庭根据和解协议作出裁决书，也可以撤回仲裁申请。

第五十条 【达成和解协议、撤回仲裁申请后反悔的处理】当事人达成和解协议，撤回仲裁申请后反悔的，可以根据仲裁协议申请仲裁。

第五十一条 【仲裁调解】仲裁庭在作出裁决前，可以先行调解。当事人自愿调解的，仲裁庭应当调解。调解不成的，应当及时作出裁决。

调解达成协议的，仲裁庭应当制作调解书或者根据协议的结果制作裁决书。调解书与裁决书具有同等法律效力。

第五十二条 【仲裁调解书】调解书应当写明仲裁请求和当事人协议的结果。调解书由仲裁员签名，加盖仲裁委员会印章，送达双方当事人。

调解书经双方当事人签收后，即发生法律效力。

在调解书签收前当事人反悔的，仲裁庭应当及时作出裁决。

第五十三条 【仲裁裁决的作出】裁决应当按

照多数仲裁员的意见作出，少数仲裁员的不同意见可以记入笔录。仲裁庭不能形成多数意见时，裁决应当按照首席仲裁员的意见作出。

第五十四条 【裁决书的内容】裁决书应当写明仲裁请求、争议事实、裁决理由、裁决结果、仲裁费用的负担和裁决日期。当事人协议不愿写明争议事实和裁决理由的，可以不写。裁决书由仲裁员签名，加盖仲裁委员会印章。对裁决持不同意见的仲裁员，可以签名，也可以不签名。

第五十五条 【先行裁决】仲裁庭仲裁纠纷时，其中一部分事实已经清楚，可以就该部分先行裁决。

第五十六条 【裁决书的补正】对裁决书中的文字、计算错误或者仲裁庭已经裁决但在裁决书中遗漏的事项，仲裁庭应当补正；当事人自收到裁决书之日起三十日内，可以请求仲裁庭补正。

第五十七条 【裁决书生效】裁决书自作出之日起发生法律效力。

第五章 申请撤销裁决

第五十八条 【申请撤销仲裁裁决的法定情形】当事人提出证据证明裁决有下列情形之一的，可以向仲裁委员会所在地的中级人民法院申请撤销裁决：

（一）没有仲裁协议的；

（二）裁决的事项不属于仲裁协议的范围或者仲裁委员会无权仲裁的；

（三）仲裁庭的组成或者仲裁的程序违反法定程序的；

（四）裁决所根据的证据是伪造的；

（五）对方当事人隐瞒了足以影响公正裁决的证据的；

（六）仲裁员在仲裁该案时有索贿受贿，徇私舞弊，枉法裁决行为的。

人民法院经组成合议庭审查核实裁决有前款规定情形之一的，应当裁定撤销。

人民法院认定该裁决违背社会公共利益的，应当裁定撤销。

第五十九条 【申请撤销仲裁裁决的期限】当事人申请撤销裁决的，应当自收到裁决书之日起六个月内提出。

第六十条 【人民法院对撤销申请的审查与处理】人民法院应当在受理撤销裁决申请之日起两个月内作出撤销裁决或者驳回申请的裁定。

第六十一条 【申请撤销仲裁裁决的后果】人民法院受理撤销裁决的申请后，认为可以由仲裁庭重新仲裁的，通知仲裁庭在一定期限内重新仲裁，并裁定中止撤销程序。仲裁庭拒绝重新仲裁的，人民法院应当裁定恢复撤销程序。

第六章 执 行

第六十二条 【仲裁裁决的执行】当事人应当履行裁决。一方当事人不履行的，另一方当事人可以依照民事诉讼法的有关规定向人民法院申请执行。受申请的人民法院应当执行。

第六十三条 【仲裁裁决的不予执行】被申请人提出证据证明裁决有民事诉讼法第二百一十三条[①]第二款规定的情形之一的，经人民法院组成合议庭审查核实，裁定不予执行。

第六十四条 【仲裁裁决的执行中止、终结与恢复】一方当事人申请执行裁决，另一方当事人申请撤销裁决的，人民法院应当裁定中止执行。

人民法院裁定撤销裁决的，应当裁定终结执行。撤销裁决的申请被裁定驳回的，人民法院应当裁定恢复执行。

第七章 涉外仲裁的特别规定

第六十五条 【涉外仲裁的法律适用】涉外经济贸易、运输和海事中发生的纠纷的仲裁，适用本章规定。本章没有规定的，适用本法其他有关规定。

第六十六条 【涉外仲裁委员会的设立】涉外仲裁委员会可以由中国国际商会组织设立。

涉外仲裁委员会由主任一人、副主任若干人和委员若干人组成。

涉外仲裁委员会的主任、副主任和委员可以由中国国际商会聘任。

第六十七条 【涉外仲裁委员会仲裁员的聘任】涉外仲裁委员会可以从具有法律、经济贸易、科学技术等专门知识的外籍人士中聘任仲裁员。

第六十八条 【涉外仲裁的证据保全】涉外仲裁的当事人申请证据保全的，涉外仲裁委员会应当

① 对应2021年《民事诉讼法》第237条。

将当事人的申请提交证据所在地的中级人民法院。

第六十九条 【涉外仲裁的开庭笔录与笔录要点】涉外仲裁的仲裁庭可以将开庭情况记入笔录,或者作出笔录要点,笔录要点可以由当事人和其他仲裁参与人签字或者盖章。

第七十条 【涉外仲裁裁决的撤销】当事人提出证据证明涉外仲裁裁决有民事诉讼法第二百五十八条①第一款规定的情形之一的,经人民法院组成合议庭审查核实,裁定撤销。

第七十一条 【涉外仲裁裁决的不予执行】被申请人提出证据证明涉外仲裁裁决有民事诉讼法第二百五十八条第一款规定的情形之一的,经人民法院组成合议庭审查核实,裁定不予执行。

第七十二条 【涉外仲裁裁决的执行】涉外仲裁委员会作出的发生法律效力的仲裁裁决,当事人请求执行的,如果被执行人或者其财产不在中华人民共和国领域内,应当由当事人直接向有管辖权的外国法院申请承认和执行。

实务问答 **当事人向外国有管辖权的法院申请承认与执行我国涉外仲裁机构的仲裁裁决,需要具备哪些条件**

当事人向外国有管辖权的法院申请承认与执行我国涉外仲裁机构的仲裁裁决,需要具备以下条件:

(1)我国与被请求国之间有相互承认和执行对方国家涉外仲裁机构仲裁裁决的双边条约,或者两国共同参加的国际公约中有相互承认和执行对方国家涉外仲裁裁决的内容或者两国之间具有互惠关系。这是我国涉外仲裁机构的仲裁裁决能够得到外国承认与执行的一个必要条件。

(2)我国涉外仲裁机构的仲裁裁决是依符合仲裁法或者当事人选定的仲裁规则规定的仲裁程序作出的,也就是说,涉外仲裁裁决的作出程序是正当的。

(3)我国涉外仲裁机构作出的仲裁裁决必须是已经发生法律效力的,并且该涉外仲裁裁决具有执行内容。

(4)涉外仲裁裁决所确定的义务人不履行其实体义务时,权利人可以依法直接向有管辖权的外国法院申请强制执行。所谓有管辖权的外国法院,根据国际惯例,一般是指被执行人住所地国法院、被执行人国籍所属国法院或者被执行人可供执行的财产所在国法院。

(5)当事人须提交请求承认与执行涉外仲裁裁决的申请书及其相关文件,如据以执行的生效涉外仲裁裁决书及其译本,以及按照有关国际条约及被请求国法律的要求,需要办理的申请执行手续所需要的文件。

一般来说,我国涉外仲裁机构的仲裁裁决只要符合上述条件,即可得到被请求国的承认与执行。当然,我国涉外仲裁机构的仲裁裁决要得到外国的承认与执行,还需要符合被请求国国内法关于承认和执行外国涉外仲裁机构仲裁裁决的相应法律规定。(《最高人民法院2011年关于发布第八批指导性案例第37号:上海金纬机械制造有限公司与瑞士瑞泰克公司仲裁裁决执行复议案》)

第七十三条 【涉外仲裁规则】涉外仲裁规则可以由中国国际商会依照本法和民事诉讼法的有关规定制定。

第八章 附 则

第七十四条 【仲裁时效】法律对仲裁时效有规定的,适用该规定。法律对仲裁时效没有规定的,适用诉讼时效的规定。

第七十五条 【仲裁暂行规则的制定】中国仲裁协会制定仲裁规则前,仲裁委员会依照本法和民事诉讼法的有关规定可以制定仲裁暂行规则。

第七十六条 【仲裁费用】当事人应当按照规定交纳仲裁费用。

收取仲裁费用的办法,应当报物价管理部门核准。

第七十七条 【本法适用的例外】劳动争议和农业集体经济组织内部的农业承包合同纠纷的仲裁,另行规定。

第七十八条 【本法施行前制定的有关仲裁的规定的效力】本法施行前制定的有关仲裁的规定与本法的规定相抵触的,以本法为准。

第七十九条 【本法施行前后仲裁机构的衔接与过渡】本法施行前在直辖市、省、自治区人民政府所在地的市和其他设区的市设立的仲裁机构,应当依照本法的有关规定重新组建;未重新组建的,自本法施行之日起届满一年时终止。

① 对应2021年《民事诉讼法》第274条。

本法施行前设立的不符合本法规定的其他仲裁机构，自本法施行之日起终止。

第八十条 【施行日期】本法自1995年9月1日起施行。

中华人民共和国劳动争议调解仲裁法

· 2007年12月29日第十届全国人民代表大会常务委员会第三十一次会议通过
· 2007年12月29日中华人民共和国主席令第80号公布
· 自2008年5月1日起施行

第一章 总 则

第一条 【立法目的】为了公正及时解决劳动争议，保护当事人合法权益，促进劳动关系和谐稳定，制定本法。

第二条 【适用范围】中华人民共和国境内的用人单位与劳动者发生的下列劳动争议，适用本法：

（一）因确认劳动关系发生的争议；

（二）因订立、履行、变更、解除和终止劳动合同发生的争议；

（三）因除名、辞退和辞职、离职发生的争议；

（四）因工作时间、休息休假、社会保险、福利、培训以及劳动保护发生的争议；

（五）因劳动报酬、工伤医疗费、经济补偿或者赔偿金等发生的争议；

（六）法律、法规规定的其他劳动争议。

第三条 【基本原则】解决劳动争议，应当根据事实，遵循合法、公正、及时、着重调解的原则，依法保护当事人的合法权益。

第四条 【协商】发生劳动争议，劳动者可以与用人单位协商，也可以请工会或者第三方共同与用人单位协商，达成和解协议。

第五条 【调解、仲裁、诉讼】发生劳动争议，当事人不愿协商、协商不成或者达成和解协议后不履行的，可以向调解组织申请调解；不愿调解、调解不成或者达成调解协议后不履行的，可以向劳动争议仲裁委员会申请仲裁；对仲裁裁决不服的，除本法另有规定的外，①可以向人民法院提起诉讼。

第六条 【举证责任】发生劳动争议，当事人对自己提出的主张，有责任提供证据。与争议事项有关的证据属于用人单位掌握管理的，用人单位应当提供；用人单位不提供的，应当承担不利后果。

第七条 【推举代表参加调解、仲裁或诉讼】发生劳动争议的劳动者一方在十人以上，并有共同请求的，可以推举代表参加调解、仲裁或者诉讼活动。

第八条 【三方机制】县级以上人民政府劳动行政部门会同工会和企业方面代表建立协调劳动关系三方机制，共同研究解决劳动争议的重大问题。

第九条 【拖欠劳动报酬等争议的行政救济】用人单位违反国家规定，拖欠或者未足额支付劳动报酬，或者拖欠工伤医疗费、经济补偿或者赔偿金的，劳动者可以向劳动行政部门投诉，劳动行政部门应当依法处理。

第二章 调 解

第十条 【调解组织】发生劳动争议，当事人可以到下列调解组织申请调解：

（一）企业劳动争议调解委员会；

（二）依法设立的基层人民调解组织；

（三）在乡镇、街道设立的具有劳动争议调解职能的组织。

企业劳动争议调解委员会由职工代表和企业代表组成。职工代表由工会成员担任或者由全体职工推举产生，企业代表由企业负责人指定。企业劳动争议调解委员会主任由工会成员或者双方推举的人员担任。

第十一条 【调解员】劳动争议调解组织的调解员应当由公道正派、联系群众、热心调解工作，并具有一定法律知识、政策水平和文化水平的成年公民担任。

第十二条 【申请调解的形式】当事人申请劳动争议调解可以书面申请，也可以口头申请。口头申请的，调解组织应当当场记录申请人基本情

① 即指本法第47条。

况、申请调解的争议事项、理由和时间。

第十三条 【调解的基本原则】调解劳动争议,应当充分听取双方当事人对事实和理由的陈述,耐心疏导,帮助其达成协议。

第十四条 【调解协议书】经调解达成协议的,应当制作调解协议书。

调解协议书由双方当事人签名或者盖章,经调解员签名并加盖调解组织印章后生效,对双方当事人具有约束力,当事人应当履行。

自劳动争议调解组织收到调解申请之日起十五日内未达成调解协议的,当事人可以依法申请仲裁。

第十五条 【不履行调解协议可申请仲裁】达成调解协议后,一方当事人在协议约定期限内不履行调解协议的,另一方当事人可以依法申请仲裁。

第十六条 【劳动者可以调解协议书申请支付令的情形】因支付拖欠劳动报酬、工伤医疗费、经济补偿或者赔偿金事项达成调解协议,用人单位在协议约定期限内不履行的,劳动者可以持调解协议书依法向人民法院申请支付令。人民法院应当依法发出支付令。

第三章 仲 裁

第一节 一般规定

第十七条 【劳动争议仲裁委员会的设立】劳动争议仲裁委员会按照统筹规划、合理布局和适应实际需要的原则设立。省、自治区人民政府可以决定在市、县设立;直辖市人民政府可以决定在区、县设立。直辖市、设区的市也可以设立一个或者若干个劳动争议仲裁委员会。劳动争议仲裁委员会不按行政区划层层设立。

第十八条 【政府的职责】国务院劳动行政部门依照本法有关规定制定仲裁规则。省、自治区、直辖市人民政府劳动行政部门对本行政区域的劳动争议仲裁工作进行指导。

第十九条 【劳动争议仲裁委员会的组成与职责】劳动争议仲裁委员会由劳动行政部门代表、工会代表和企业方面代表组成。劳动争议仲裁委员会组成人员应当是单数。

劳动争议仲裁委员会依法履行下列职责:

(一)聘任、解聘专职或者兼职仲裁员;

(二)受理劳动争议案件;

(三)讨论重大或者疑难的劳动争议案件;

(四)对仲裁活动进行监督。

劳动争议仲裁委员会下设办事机构,负责办理劳动争议仲裁委员会的日常工作。

第二十条 【仲裁员】劳动争议仲裁委员会应当设仲裁员名册。

仲裁员应当公道正派并符合下列条件之一:

(一)曾任审判员的;

(二)从事法律研究、教学工作并具有中级以上职称的;

(三)具有法律知识、从事人力资源管理或者工会等专业工作满五年的;

(四)律师执业满三年的。

第二十一条 【劳动争议仲裁案件的管辖】劳动争议仲裁委员会负责管辖本区域内发生的劳动争议。

劳动争议由劳动合同履行地或者用人单位所在地的劳动争议仲裁委员会管辖。双方当事人分别向劳动合同履行地和用人单位所在地的劳动争议仲裁委员会申请仲裁的,由劳动合同履行地的劳动争议仲裁委员会管辖。

第二十二条 【劳动争议仲裁案件的当事人】发生劳动争议的劳动者和用人单位为劳动争议仲裁案件的双方当事人。

劳务派遣单位或者用工单位与劳动者发生劳动争议的,劳务派遣单位和用工单位为共同当事人。

第二十三条 【有利害关系的第三人】与劳动争议案件的处理结果有利害关系的第三人,可以申请参加仲裁活动或者由劳动争议仲裁委员会通知其参加仲裁活动。

第二十四条 【委托代理人参加仲裁活动】当事人可以委托代理人参加仲裁活动。委托他人参加仲裁活动,应当向劳动争议仲裁委员会提交有委托人签名或者盖章的委托书,委托书应当载明委托事项和权限。

第二十五条 【法定代理人、指定代理人或近亲属参加仲裁的情形】丧失或者部分丧失民事行为能力的劳动者,由其法定代理人代为参加仲裁活动;无法定代理人的,由劳动争议仲裁委员会为其指定代理人。劳动者死亡的,由其近亲属或者代理人参加仲裁活动。

第二十六条 【仲裁公开原则及例外】劳动争议仲裁公开进行,但当事人协议不公开进行或者涉及国家秘密、商业秘密和个人隐私的除外。

第二节 申请和受理

第二十七条 【仲裁时效】劳动争议申请仲裁的时效期间为一年。仲裁时效期间从当事人知道或者应当知道其权利被侵害之日起计算。

前款规定的仲裁时效,因当事人一方向对方当事人主张权利,或者向有关部门请求权利救济,或者对方当事人同意履行义务而中断。从中断时起,仲裁时效期间重新计算。

因不可抗力或者有其他正当理由,当事人不能在本条第一款规定的仲裁时效期间申请仲裁的,仲裁时效中止。从中止时效的原因消除之日起,仲裁时效期间继续计算。

劳动关系存续期间因拖欠劳动报酬发生争议的,劳动者申请仲裁不受本条第一款规定的仲裁时效期间的限制;但是,劳动关系终止的,应当自劳动关系终止之日起一年内提出。

第二十八条 【申请仲裁的形式】申请人申请仲裁应当提交书面仲裁申请,并按照被申请人人数提交副本。

仲裁申请书应当载明下列事项:

(一)劳动者的姓名、性别、年龄、职业、工作单位和住所,用人单位的名称、住所和法定代表人或者主要负责人的姓名、职务;

(二)仲裁请求和所根据的事实、理由;

(三)证据和证据来源、证人姓名和住所。

书写仲裁申请确有困难的,可以口头申请,由劳动争议仲裁委员会记入笔录,并告知对方当事人。

第二十九条 【仲裁的受理】劳动争议仲裁委员会收到仲裁申请之日起五日内,认为符合受理条件的,应当受理,并通知申请人;认为不符合受理条件的,应当书面通知申请人不予受理,并说明理由。对劳动争议仲裁委员会不予受理或者逾期未作出决定的,申请人可以就该劳动争议事项向人民法院提起诉讼。

第三十条 【被申请人答辩书】劳动争议仲裁委员会受理仲裁申请后,应当在五日内将仲裁申请书副本送达被申请人。

被申请人收到仲裁申请书副本后,应当在十日内向劳动争议仲裁委员会提交答辩书。劳动争议仲裁委员会收到答辩书后,应当在五日内将答辩书副本送达申请人。被申请人未提交答辩书的,不影响仲裁程序的进行。

第三节 开庭和裁决

第三十一条 【仲裁庭】劳动争议仲裁委员会裁决劳动争议案件实行仲裁庭制。仲裁庭由三名仲裁员组成,设首席仲裁员。简单劳动争议案件可以由一名仲裁员独任仲裁。

第三十二条 【通知仲裁庭的组成情况】劳动争议仲裁委员会应当在受理仲裁申请之日起五日内将仲裁庭的组成情况书面通知当事人。

第三十三条 【回避】仲裁员有下列情形之一,应当回避,当事人也有权以口头或者书面方式提出回避申请:

(一)是本案当事人或者当事人、代理人的近亲属的;

(二)与本案有利害关系的;

(三)与本案当事人、代理人有其他关系,可能影响公正裁决的;

(四)私自会见当事人、代理人,或者接受当事人、代理人的请客送礼的。

劳动争议仲裁委员会对回避申请应当及时作出决定,并以口头或者书面方式通知当事人。

第三十四条 【仲裁员承担责任的情形】仲裁员有本法第三十三条第四项规定情形,或者有索贿受贿、徇私舞弊、枉法裁决行为的,应当依法承担法律责任。劳动争议仲裁委员会应当将其解聘。

第三十五条 【开庭通知及延期】仲裁庭应当在开庭五日前,将开庭日期、地点书面通知双方当事人。当事人有正当理由的,可以在开庭三日前请求延期开庭。是否延期,由劳动争议仲裁委员会决定。

第三十六条 【申请人、被申请人无故不到庭或中途退庭】申请人收到书面通知,无正当理由拒不到庭或者未经仲裁庭同意中途退庭的,可以视为撤回仲裁申请。

被申请人收到书面通知,无正当理由拒不到庭或者未经仲裁庭同意中途退庭的,可以缺席裁决。

第三十七条 【鉴定】仲裁庭对专门性问题认

为需要鉴定的，可以交由当事人约定的鉴定机构鉴定；当事人没有约定或者无法达成约定的，由仲裁庭指定的鉴定机构鉴定。

根据当事人的请求或者仲裁庭的要求，鉴定机构应当派鉴定人参加开庭。当事人经仲裁庭许可，可以向鉴定人提问。

第三十八条 【质证和辩论】当事人在仲裁过程中有权进行质证和辩论。质证和辩论终结时，首席仲裁员或者独任仲裁员应当征询当事人的最后意见。

第三十九条 【举证】当事人提供的证据经查证属实的，仲裁庭应当将其作为认定事实的根据。

劳动者无法提供由用人单位掌握管理的与仲裁请求有关的证据，仲裁庭可以要求用人单位在指定期限内提供。用人单位在指定期限内不提供的，应当承担不利后果。

第四十条 【开庭笔录】仲裁庭应当将开庭情况记入笔录。当事人和其他仲裁参加人认为对自己陈述的记录有遗漏或者差错的，有权申请补正。如果不予补正，应当记录该申请。

笔录由仲裁员、记录人员、当事人和其他仲裁参加人签名或者盖章。

第四十一条 【申请仲裁后自行和解】当事人申请劳动争议仲裁后，可以自行和解。达成和解协议的，可以撤回仲裁申请。

第四十二条 【先行调解】仲裁庭在作出裁决前，应当先行调解。

调解达成协议的，仲裁庭应当制作调解书。

调解书应当写明仲裁请求和当事人协议的结果。调解书由仲裁员签名，加盖劳动争议仲裁委员会印章，送达双方当事人。调解书经双方当事人签收后，发生法律效力。

调解不成或者调解书送达前，一方当事人反悔的，仲裁庭应当及时作出裁决。

第四十三条 【仲裁案件审理期限】仲裁庭裁决劳动争议案件，应当自劳动争议仲裁委员会受理仲裁申请之日起四十五日内结束。案情复杂需要延期的，经劳动争议仲裁委员会主任批准，可以延期并书面通知当事人，但是延长期限不得超过十五日。逾期未作出仲裁裁决的，当事人可以就该劳动争议事项向人民法院提起诉讼。

仲裁庭裁决劳动争议案件时，其中一部分事实已经清楚，可以就该部分先行裁决。

第四十四条 【可以裁决先予执行的案件】仲裁庭对追索劳动报酬、工伤医疗费、经济补偿或者赔偿金的案件，根据当事人的申请，可以裁决先予执行，移送人民法院执行。

仲裁庭裁决先予执行的，应当符合下列条件：

（一）当事人之间权利义务关系明确；

（二）不先予执行将严重影响申请人的生活。

劳动者申请先予执行的，可以不提供担保。

第四十五条 【作出裁决意见】裁决应当按照多数仲裁员的意见作出，少数仲裁员的不同意见应当记入笔录。仲裁庭不能形成多数意见时，裁决应当按照首席仲裁员的意见作出。

第四十六条 【裁决书】裁决书应当载明仲裁请求、争议事实、裁决理由、裁决结果和裁决日期。裁决书由仲裁员签名，加盖劳动争议仲裁委员会印章。对裁决持不同意见的仲裁员，可以签名，也可以不签名。

第四十七条 【一裁终局的案件】下列劳动争议，除本法另有规定的外，仲裁裁决为终局裁决，裁决书自作出之日起发生法律效力：

（一）追索劳动报酬、工伤医疗费、经济补偿或者赔偿金，不超过当地月最低工资标准十二个月金额的争议；

（二）因执行国家的劳动标准在工作时间、休息休假、社会保险等方面发生的争议。

第四十八条 【劳动者不服一裁终局案件的裁决提起诉讼的期限】劳动者对本法第四十七条规定的仲裁裁决不服的，可以自收到仲裁裁决书之日起十五日内向人民法院提起诉讼。

第四十九条 【用人单位不服一裁终局案件的裁决可诉请撤销的条件】用人单位有证据证明本法第四十七条规定的仲裁裁决有下列情形之一，可以自收到仲裁裁决书之日起三十日内向劳动争议仲裁委员会所在地的中级人民法院申请撤销裁决：

（一）适用法律、法规确有错误的；

（二）劳动争议仲裁委员会无管辖权的；

（三）违反法定程序的；

（四）裁决所根据的证据是伪造的；

（五）对方当事人隐瞒了足以影响公正裁决的证据的；

（六）仲裁员在仲裁该案时有索贿受贿、徇私舞弊、枉法裁决行为的。

人民法院经组成合议庭审查核实裁决有前款规定情形之一的，应当裁定撤销。

仲裁裁决被人民法院裁定撤销的，当事人可以自收到裁定书之日起十五日内就该劳动争议事项向人民法院提起诉讼。

第五十条　【其他不服仲裁裁决提起诉讼的期限】当事人对本法第四十七条规定以外的其他劳动争议案件的仲裁裁决不服的，可以自收到仲裁裁决书之日起十五日内向人民法院提起诉讼；期满不起诉的，裁决书发生法律效力。

第五十一条　【生效调解书、裁决书的执行】当事人对发生法律效力的调解书、裁决书，应当依照规定的期限履行。一方当事人逾期不履行的，另一方当事人可以依照民事诉讼法的有关规定向人民法院申请执行。受理申请的人民法院应当依法执行。

第四章　附　则

第五十二条　【人事争议处理的法律适用】事业单位实行聘用制的工作人员与本单位发生劳动争议的，依照本法执行；法律、行政法规或者国务院另有规定的，依照其规定。

第五十三条　【劳动争议仲裁不收费】劳动争议仲裁不收费。劳动争议仲裁委员会的经费由财政予以保障。

第五十四条　【实施日期】本法自 2008 年 5 月 1 日起施行。

图书在版编目（CIP）数据

中华人民共和国常用法律注释法典 / 中国法制出版社编．—北京：中国法制出版社，2023. 7
（注释法典）
ISBN 978-7-5216-3444-0

Ⅰ．①中…　Ⅱ．①中…　Ⅲ．①法律解释-中国　Ⅳ．①D920. 5

中国国家版本馆 CIP 数据核字（2023）第 065796 号

责任编辑：张　僚　　　　封面设计：周黎明

中华人民共和国常用法律注释法典

ZHONGHUA RENMIN GONGHEGUO CHANGYONG FALÜ ZHUSHI FADIAN

经销/新华书店
印刷/三河市国英印务有限公司
开本/710 毫米×1000 毫米　16 开　　　　印张/ 41. 25　字数/ 1104 千
版次/2023 年 7 月第 1 版　　　　2023 年 7 月第 1 次印刷

中国法制出版社出版
书号 ISBN 978-7-5216-3444-0　　　　定价：106. 00 元

北京市西城区西便门西里甲 16 号西便门办公区
邮政编码：100053　　　　传真：010-63141600
网址：http：//www. zgfzs. com　　　　**编辑部电话：010-63141663**
市场营销部电话：010-63141612　　　　**印务部电话：010-63141606**

（如有印装质量问题，请与本社印务部联系。）